U0845179

马 强 池子华 主编

红十字在上海资料长编

（1904—1949）

上海市红十字会　红十字运动研究中心 / 编

上卷

中国出版集团 东方出版中心

图书在版编目(CIP)数据

红十字在上海资料长编：1904—1949/马强，池子华主编；上海市红十字会，红十字运动研究中心编.—上海：东方出版中心，2015.7

ISBN 978-7-5473-0736-6

Ⅰ.①红… Ⅱ.①马… ②池…③上…④红… Ⅲ.①红十字会-史料-上海市-1904—1949 Ⅳ.①D693.66

中国版本图书馆 CIP 数据核字(2014)第 256510 号

本书为上海文化发展基金会图书出版资助项目

红十字在上海资料长编(1904—1949)

出版发行：东方出版中心

地　　址：上海市仙霞路 345 号

电　　话：(021)62417400

邮政编码：200336

经　　销：全国新华书店

印　　刷：浙江新华数码印务有限公司

开　　本：710×1020 毫米　1/16

字　　数：1341 千字

印　　张：80.25

版　　次：2015 年 7 月第 1 版第 1 次印刷

ISBN 978-7-5473-0736-6

定　　价：680.00 元(上中下)

版权所有，侵权必究

东方出版中心邮购部　电话：(021)52069798

《红十字在上海资料长编(1904—1949)》编委会

单　位

上海市红十字会　红十字运动研究中心

主　编

马　强　池子华

副主编

李明磊　张　钢　孙大红　丁泽丽

编　委

李江英　杨钧仪　滕桂香　周湘兰

张　瑾　刘贵朝　崔月芳　郭进萍

徐　璐　袁　玲　崔龙健

前 言

1904年3月10日，中国第一个红十字会——上海万国红十字支会(中国红十字会前身)在上海诞生，历经清朝末年、中华民国、中华人民共和国三个历史时期，是近代以来历史最为悠久的人道救助团体。百余年来，中国红十字人抱志愿牺牲之志，本博爱襟怀，救死扶伤，扶危济困，谱写出一曲曲人道主义赞歌，在中国近代史和中华民族复兴史上留下了光辉的足迹，演绎了一场又一场波澜壮阔的人道、博爱、奉献的悲壮之剧；上海红十字组织在清末、民国时期均顺社会之所需，扮演了一个又一个令世人仰目的人道先锋角色，尤其是新中国的成立以及改革开放以来，在改善人道环境、服务民生需求、推进文化和社会建设、构建社会主义和谐社会的时代潮流中，更是发挥着越来越重要的"正能量"。

诚如时任中国红十字会会长彭珮云女士2009年7月14日在上海市红十字会第八次会员代表大会上的讲话所指出的那样："上海是中国红十字会的诞生地。100多年来，无论是在战争年代还是在和平建设时期，上海的红十字工作者都秉承红十字会的宗旨，为社会、为人民做了大量有益的工作。改革开放以来，特别是近几年来，在市委、市政府的重视和社会各界的支持下，上海市红十字会认真履行红十字会法赋予的各项职责，紧紧围绕中心，服务大局，积极工作，不断积累具有中国特色社会主义和国际大都市特点的红十字会工作经验，为上海市的经济社会发展和红十字事业的发展作出了可贵的贡献。"可是，长期以来，对上海红十字运动的研究并没有引起相关部门足够的重视，成果寥寥，这与上海在中国红十字运动史上独特的地位极不相称。

有鉴于此，上海市红十字会与苏州大学红十字运动研究中心精诚合作，开展了《红十字在上海(1904—1949)》课题研究。作为课题研究的有机组成部分，资料搜集整理工作同步进行。《红十字在上海资料长编(1904—1949)》系将搜集到的资料精挑细选，汇编而成的。要说明的是，有关红十字运动研究的资料，目前出版的有：中国红十字会总会编《中国红十字会历史资料选编(1904—1949)》(南京大学出版社1993年版)，池子华、严晓凤、郝如一主编《〈申报〉上的红十字》(4卷本，安徽人民出版社2011年版)，池子华、傅亮、张丽萍、汪丽萍主编《〈大公报〉上的红十字》(合肥工业大学出版社2012年版)，池子华、丁泽丽、傅亮主编《〈新闻报〉上的红十字》(合肥工业大学出版社2014年版)。但凡这些已公开出版的资料，在这部资料长编中不再收录，以避免重复。

《红十字在上海资料长编(1904—1949)》共分四编，即第一编晚清时期(1904—1911)、第二编民国前期(1912—1930)、第三编抗战时期(1931—1945)、第四编复员时期(1946—1949)。每一编，大体上依据资料性质，按综合、专题、函件、纪事、杂俎进行汇编，力求做到条理清晰，取舍精当。《红十字在上海资料长编(1904—1949)》由课题组成员郭进萍、袁玲、丁泽丽、徐璐、池子华、崔龙健、傅亮共同搜集整理，马强、池子华统筹并审稿、定稿。

《红十字在上海资料长编(1904—1949)》虽然逾百万字，不言而喻，奠定了进一步深入研究的基础。但因资料分散，加之时间仓促，遗漏以及选编欠妥之处在所难免，敬请读者批评指正。

目　录

上　卷

第一编　晚清时期(1904—1911)

第二编　民国前期(1912—1930)

第三编　抗战时期(1931—1945)

第一编　晚清时期(1904—1911)

一、启蒙时期

交战时宜预筹保护人命

《字林西报》论及东洋与我国或将来有交战之事，则宜预筹者首在人命。盖以近来两国皆奋力加意于购买军械、战艇各节而未闻一时，计及延请名医采办药饵以为调治将士受伤之用。盖惟想致伤于人而皆不意及治伤也。若事实出于构兵，则枪弹金刃之伤人必多，或烂额而焦头，或穿胸而动腹。念及之，实为惨然有心者，当早为之计也。又曰亚细亚诸国之从事于战阵也，以戮杀俘囚为常，故驻扎东洋及中国之各泰西钦使每存仁义之见，应协力向两国商议，务须舍弃旧习。两面定议战败之俘囚不献馘，被虏之伤疾不加害，且于(开)战后不分彼此，两造所有创伤者，均令设法调治焉云云。西报论事如是，实顾惜人命之仁心也。按战阵之事为仁者所不忍言，两国有议论不合，和好不终亦属出于无奈。惟此一法，庶可以上伸国威而下全民命焉。盖临战之时，矢石相加，枪炮互发，其杀人者不过冀以败强敌争上风而已。若另行戮杀俘虏之人或战场伤卧者，是则徒纵惨忍而无益于大局也。至于不分彼此，设法治伤，此亦仁义之行也。相传普、法两国之搆战时共有一万三千人，不受俸而甘心协力于济治各伤病之士，既不分彼此，惟从中以济治也。则两军亦视为局外之人而事不加扰，而此人之行善亦不可计算矣。盖战场之受伤者之能疗治与否每在当时，不可稍缓须臾，使血淤毒攻则万不能救矣，故赖此人以再生者实数万人云。今我国何不亦召好善者，以效作此善举乎？然欲兴此举，须两面商妥，且约束诸兵，使不纵悍心猛气，而杀害局外善济之人。庶几有应召而来，出青囊以处于两军之中者。

原载《申报》1874年9月7日

译西报述考试医学事书后

有中国学生二人皆系由香港学堂出身，读西书数年，经西医师挈之以赴台湾，使其专习西国医法。两年之前学已有获，经其师送之香港，曾考试一次。香港总督见而喜之,力加褒赏,仍由其师携回台地再求精进。于今更加两年之功,则其学问之益进,盖可知矣。其师知其艺已将成而不敢自信,今年又挈至上海再行覆考。既抵沪渎,则假英工部局之议事大堂,请泰西之有声于岐黄之道者计八人,公同面试,询之以骨节脏腑与各种药性筋血各道外科之法。盖西医之道不同于华医,华医初学时,无非先读药书,熟知药性,然后继之以脉诀,加之以汤头歌诀。如是者,计数年,复随其方,见其所治各症变化不同,各药其药。如是者,又数年,则临症稍惯,即可出以行道,而初无此一考。故其人虽已悬牌行医而凭据由其师所给,并非出于公评。叩以望闻问切诸事,或难必其一无所昧。而况详细考校,细审周身骨节筋络,恐未必能一一周知。西医以有此考而且术较华为可信矣。夫骨节脏腑则人身在内,只物知之甚难。余虽不知医道,然有时与种榆山人朱君滋仁,济其高足王君海峤并刘佛青、主政刘云抟、司马黄行之明经及徐君古春、蒋君仲韬、赖君□昆等相往还。闻其诸论,亦略识其蹊径。中国虽亦有铜人之图,而不及西人之细。倘于此而源源本本历指不爽,则于医已得其要领。次则药性不可不知。中国之药饮片为多,泰西则多用药水,然其药水则仍为各种药料所浸所化,则探本穷源之道不可不究知此而学已有把握矣。筋脉所贯,血气所行,各有一定之路,如天度之经纬,不可紊也。筋乃有定之道,血乃无定之道,而其道之不可以错乱则一。中国虽有成书,而与西法略有不同。明乎此,而运用之妙思过半矣。至于外科之法则假如疮痍之如何开刀、如何封、徒手足之断者如何接、骨节之折者如何联,一事有一事之法,不能混而同。一端有一端之器,不得移而易。中国内外分为两科,泰西则内外合为一手,惟牙科、眼科或有专门名家,此外皆合而为一,故必明乎外科之法而医学乃全其考试之道,可谓法至良而意至美矣。当此二学徒考试之时,有泊黄浦江之英国某兵轮上之医生亦赖观试考,至三日始毕乃事。该二人者当八医生公同试询,随问随答,一无疑误。据闻十分之中已得其七分有奇,其未尽者不过二分有奇而已。医师犹以为未足,拟仍挈以回台再学数年,必使之尽善尽美,如后已度。此次考试亦必如前次港督之赏赉优厚,特此时尚未闻知耳。闻此二学徒之从事西医乃李傅相为之助理,故西医之教习考试如是其尽心意者。李傅相欲造就人才以备他日海军各轮船之用乎?泰西之例,各兵轮均有医生,大者两人,小者一人,以故西人行兵不患有病。即或战阵受伤,亦不难立奏奇功,即时复旧。今中国初创,海军南北闽粤各洋均有兵轮船,合而计之,其数亦已不少。将来陆续尚有加增,则需用医生亦必不少。虽曰中国之兵船当用中国之医生,而不知平日稍有微恙,中国医生或亦能疗。

若当争战之际,碎颅损臂、刀斫弹伤所当立刻奏手,间不容发,瞬不容转。若此者,华医又乌乎能之?且华医各行其道,亦断不肯相随于惊涛骇浪之中,炮雨枪林之地。然则于此时而不早为计及储材以待,则将来需用之时又安及乎?顾吾犹有虑者,此二人习学西医虽已可称学之已成矣,所以此二人而欲兼顾中国诸兵船恶乎可者。而此外之学西医者,则尚未之有闻,此则殊为可忧。是当俟此二人学成之后,大广其传耶?以中国人而学西医之法先必致力于西文、西语,多此一层功夫即多此一番时候。倘能使学成之人先将泰西一书一一详细考核,译成华书以授华徒,则所谓事半功倍,其妙用有速于今日百倍者矣。或曰中国医生学已成而道不行者不知凡几,何不使之改习西医或者较外教者为易?不知中西医道截然两歧,虽以丹溪天士辈称医中圣手者,若令改习西医尚且不能得手,况其余哉?苟得译西书而成华文,俾习中医而已成者读之,其进境斯速矣,未识神而明之者亦果有其人也否欤?

原载《申报》1887 年 7 月 21 日

颁给凭据

初一日,本报论说中载有中国学生二人经西国医生挈赴台湾专习西国医学,曾送香港考试,近又挈至上海,在英工部局议事大堂请西人之精岐黄者公同面试一节,兹悉业经试过。昨日二点半钟时,各国领事官及各西人、苏松太道龚观察等咸集,旋经工部局董事给该学生以凭据,是可为有志西学者劝。

原载《申报》1887 年 7 月 24 日

述台湾打狗慕德医院办理原由

本报前译西报述台湾西医学童来沪考试情形而附书数语于后,谓当将西医书译成华字以便华人习学,乃细加参考。知此说实不能行。何则盖西国医书中字义名目有若干系中国文字所无考,且西医书与华医书不同。中国医书不过一人一家之言,书之有定者也,西医书则犹之。华医之医案日有所异,月有所增,书之无定者也。故知译西书为华文之说徒托空言,不能征诸实事,则欲华人而习西医之法无过于台湾打狗慕德医院之径之捷矣。查台湾之医院专医中国兵民之病,先系牧师主理其事,告助于各西商。各西商慨然乐输以资费用而医院之基以立数年之后,该院医生逝世,于是各西商从新整顿更为扩充,名其医院曰慕德。盖已故医生名万孙德,惠泽及人,西商等追慕其人,因以是为名也。至西历一千八百七十八年,梅威令医生主院事,院中诸事益绝尽善。每年赴院就医之人约在四千以外,其名声才智众人无不崇而信之。梅君因念必当使中国之人习学西医,则将来可以襄办院事,欲招华童先教以英语、英文。盖必知英语、英文而后可以观西国医书,否则无从入手也。梅君又见中国之兵与兵船近来皆用西法西例,军行必以医从。今中国而亦行西法,则将来西医一道实为中国之要务。惟华人而不习西医则已,苟习西医,不但思有裨于中国且必欲见信于外国,而此事厥有二难焉。一则华文华书与西医不同,有多少西人医书中之名目法则皆无华文可通,则学之也难。一则学医者必验视死人之肢体,细加剖验而后知其受病在何处,致死在何方。然西医优为之而华人则有所不乐为,且不但不乐为而已,即曰乐为而中国风气断不能将已死之身体用刀剖视。欲学西医者无从深知其受病致死之道,则学之也又难。有此二难,而西医之道其将不行于中国乎?梅君乃端居深念,求必有所以去此二难者。因思前者,广东有金医生,北京有德医生,兹二人才学最高,兼通中西文字,有译成华字之西医书,所译者为骨节脏腑各种药性筋血各道外科之法。二人者,殚心竭虑,译成此书,殊非易易,其中有华言所不能述者,则设法加造数字,颇费心力,然究尚有不能尽述之处。且西医向有日报某日某医治某证其证若何以何药治之,几日而愈,如中国之医案。不过中国医案并不传知外人,西医则登之新闻纸,俾众周知,凡比新症新法末由知之,则所学者止此一书之法,其余皆非所及,故以院中学生出而与西医相较,其相去也远矣。夫西医必通数国之语言文字,以是各国医生彼此相知,同气可通,性情可洽。若中国之人学习西医,而但知本国之语言文字,何能与西医相周旋,又何能与西医絜长较短也乎?故必先令习学西文并时见新症候、新医法,乃渐可与外洋之医相颉颃。外洋之医书,无不一一披览,外洋之西医新闻纸无不时时翻阅,如是而后可以快然于心。顾又念招一学童先教以西文再教以西医,两层工夫未免旷日持久,其意犹有所未惬。因思香港等处有西文书馆,华童之受业于彼者,正不乏人。彼自幼入塾诵读亦既有年,功夫日进,其中颇有深通英文之人,所惜此等学之已成者,往往出而他图,甘心小就,殊为可慨。若能招致此等已成之学生以学西医之法,历西医书,易于玩味。新症新法亦均易于领略,而其成也速,所谓一难可以无虑矣。然学西医而不能验尸身,以详知其病源,则必将为西医所轻视,而中国又不能任医生将之身体剖析而细说之,是真无可如何者也。梅君又穷思极想,忽得一法。以蜡为人之身体,如其长短大小,其中骨节筋络纤毫毕备,可以装,可以拆,以此教学生,令其详审而熟记之,则与人身无异,而所谓二难者又无虑矣。比及考试,医员果问及于此,幸先有蜡人之教在于胸中,学生等乃随问随答,一无讹误。梅君之善教于此,可见矣。梅君既破此二难,乃商之于院中董事,俱以为然。复赴香港,请于港员及西医等均亦称善,遂招得李荃芬、陈呈桀二人,挈以回台。入院肄业,始定学院例则及试场例则,如干条其例则已录入本报,兹不复赘于此,见梅君之苦心焉。

原载《申报》1887 年 7 月 28 日

述台湾打狗慕德医院学生考试情形

日前译西报言台湾西医学童来申考试实止一人。言两人者,误也。其人为吴杰模,并非去年在香港考试之李荃芬、陈呈桀。盖吴生之此次来上海,亦与李陈二生之赴香港同,皆头场也。头场已给执照,而执照中书明尚须学习才能即以此为行医之照,必须二场中式。然后另给羊皮纸执照,乃可为行医之据。西国医生大都如此。梅威令先生在台湾打狗主教慕德医院亦以此法行之,则其所造就也大。吴盖梅君先生在香港招得。李陈二生回台入院之后攻苦两年,习各种医法并在院试医各病。其所专习者,一系骨节脏腑,二系各种药性,三系筋血各道,四系外科之法。两年之后,知二生学有所得,欲送之赴考以验其能。盖主试者非止一国之医生而已也,必多延各国著名岐黄公同考校,如西国考试之式。斯其人之才与不才众目共睹,公论悉符,既考试头尾两场,一经给有执照,则不但中国可行其道,即往各国亦可行医。梅君既定章程,乃于去年挈陈李二生前赴香港,与港中诸医及港员商议订期考试头场。各名医之主试者颇极认真,有口中答问者,有振笔疾书者,计考七日之久而后终场。诸主试公同评定,许以中式,准给头场中式之执照。其执照由香港总督亲手递与,多官陪从,颇称荣显。事毕,仍回台湾再学二年以备入次场考试之地。时有华人吴杰模者,见而歆美。吴先生已熟谙英语英文,并在某医生处曾学西医之法已逾一年,欲就梅君执业,梅君乃尽心教之。一年之间,学已有获,故于今年挈之来申考试头场,亦如香港之例。盖头场在港则尾场在申,头场在申则尾场在港,两场主试不令仍旧,杜私弊也。吴生既来上海,即假英工部局议事大堂,请寓沪之各国著名医生八人公同考试,问之极详,纤维必析,考至五日而后卒事。主试诸医顾而乐之,咸赞吴生之功业精进,于是定于六月初三日请各西官及西商之体面者,并请上海关道龚仰蘧观察公同给予头场中式执照,工部局复钤印于照上,然后仍行带回台湾更加锐进。李陈二生明年当来上海考取尾场,吴生当于后年赴香港考取尾场。考而得中,则给以大执照。由主试诸人签字,加以批语,叙明邦族、姓名、年岁、籍贯并印该医生之照相于照纸之角上,以杜冒混等弊。盖西国之于医生如是其郑重也。既有此照,即成为西医,无论中国外国均可随地行医矣。按香港及外国并各属地之医生莫不各有执照,姓名登于各处地方官簿籍之上,方可行道,否则当科以假冒之罪。今梅君之门人亦均给有执照,则与西国医生无异,到处可以通行。香港已属英地,故医生而列名港员簿籍,即与西医一律而到处可以行道也。梅君之所以造就人才者,其用意可谓至矣。而其所以不惮勤劳,孜孜屹屹,成此一举者,只以见中国创设海军讲求西法,兵船炮舰事事皆新,而独无此西医一项以资各处之用,似为缺陷,故欲相助中国教成西医之法以佐不逮。闻梅君教人不独教以寻常医术,并制造药水及药水各种情形用法,遇有战事受伤之人如何医疗,手下相助之人如何调度,旁及水雷电报,凡用药水之事,莫不寻根究底,一一指授,与英人在印度办理此事章程一律,使成全才。其用心岂非深且远耶?陈生年仅二十有一,吴生年仅一十有九,得梅君循循善诱,已觉功力才智蔚然可观,不但中国人信之,即外国人亦共信之。然中国人尤当重以视之,庶几使旁人有所观感而益奋然兴起。可见华人欲学西医不必远至外国,即在中国亦可学成西医。所虑者,梅君一人之力,其作养者,能有几人?前此犹疑梅君此举为有中国大员为之助理,今知并无助理之人,而梅君所造就者已有三人。倘得有人相助为理,则竭其教训之力,可以推而至于十人数十人数百人,正如淮阴侯将兵多多益善,是在中国之深知其益者,亟当妥与筹商也。非然者,三生学已有成而中国不能重视则徒以资外洋之用。梅君一人之力,即使专心培养亦不免于后难为继,而所造无多,讵不深可惋惜也哉?

原载《申报》1887 年 7 月 29 日

论西医将行于中国

中西医学之不同几如水火,而其同归于治病,则一也。中国数千年以来,西医从未至中国而不闻中国之人类灭绝,西医之术虽精而亦不闻泰西之人皆不死于病,即此以见医之为道不过贪天之功。昔人有诗曰:“但闻方士求仙去,不见童男入海回。无药能令炎沛在,有人曾哭老聃来。”虽属出之以诙谐而其中要有至理,由是而言医固小道,非德成而上者可比也。虽然医不精则足以杀人,医不慎则足以杀人。不精者犹曰限于天资,阻于学力,其罪可诛,其情尚可原也。若不慎则以人之性命供医之玩弄游戏,三昧而颠倒百药,或本无人邀请而遇急症相请,亦必故作无暇之态,迟迟吾行或故作忽遽之形而书方草率。此等医生以律论之,罪当抵。闻西医何无此弊，华医则有之，此中西医生优劣之所由分也。前者，西医梅威令以其学生华人吴君来沪考试，试毕即天津沽谒见李傅相。傅相虚心延接，详加询问，盖该医生如何开设医学之馆，如何招华人习学西医，如何明定章程，如何前次挈两生至香港考试头场，此次挈一生至上海考试头场，无不了如指掌。甚矣，大人之明无远弗照而又不敢自尊而卑人殷殷垂询，该西医乃悉举所学及其教授之法以对，傅相闻之喜不自胜，即令该西医在其门下。又知所教中国学生前后三人皆已著有成效，再试二场之后，即可给以凭照。听其行道则又欣欣然有喜色，谓中国有人得此医术，则将来以一传十，以十传百，以百传千，愈学愈多，愈推愈广，西医之法将大行于中国，因许以该学生等他日二场试毕，得有凭照，则中国亦当给予文凭作为文生，俾得厕身于士类而不与肃[萧][1]艾为伍。傅相之乐于奖进后学，激劝人才，又如何至。该西医此次言旋于台，仍须挈同学生潜心习学。中国官宪必宜设法相助为理，乃足以济事。傅相乃复以巨函交之该医生，令其至台投呈刘爵帅暨林帮办，嘱其襄助。我知该西医，比次到台，大宪必当以另眼相看，其道之大行有较胜于从前数倍者。盖台湾之地本系民番杂处，初立省会，初置抚院，百废具举，诸务颇繁，加以生番出没无常，叛服相寻，迄无宁岁。近虽镇以爵帅之威望不敢窃发，而野性难驯，难保后来之竟不复逞。以故台湾一隅之地而兵勇猬集，军务鸱张，兵士之聚于该处者既多，或不免于水土不服，加以台地向有瘴气，时或发动，中之非死即病，医治一道，台地最为紧要。故当经营缔造之始，即经张叔和观察竭力招集商人而先开设官医局，以备疗治诸人病症之地。盖刘省帅知人善任，治得其要用得其宜，早有以持其纲而握其领。且省帅本精于医理，台湾又遍地药材，一设官医局，病既可治，药亦可销，诚所谓一举而两得，其用心可谓全矣。然官医局所延者皆中国医生，所用者皆中国药物，初无西医参预于其间。中西医术虽各有所长短，然西医之所长者，或为华医之所短，则有何妨？舍我之短，用彼之长，今乃有此精于泰西医理之梅威令先生曾游于上相之门，荷蒙优待，奉书遄返，投谒铃辕，不特为一时之光宠，实欲大行其道以展其素袍而为中国造就人才，孜孜教习，仆仆奔驰，不厌不倦，此其志可嘉。

中国此时正在购求海军募练水师，一兵船中兵数以百计，一铁甲船兵以数百计，大者或以千计。人数既多，安保其不偶生疾病。虽有中国之医救治，犹恐不给，

---

[1] 肃，原文如此。当是“萧”字之误，用方括号标出，表示为本书编者所加，以区别于原文所有的带有圆括号的文字。后皆采用此体例，不再说明。——编者注

且恐不如西医之易见速效。得梅君所教之三生而外，推而广之，则习之者多，而用之者亦不虞不足。即台地一区，生番叛服不常，难保其永无蠢动。苟有事变则两军相接，岂无死伤？死者已矣，伤者所当急治。而治之法，则华医又不及西医之捷。盖华医每营中不过一二人，而西医则另成一队，专事救伤。人手多而施治速，故其效神也。得梅君专心教习或亦仿西人之法，俾医生独树一帜，则军行有恃而不恐，其所裨当非浅鲜也。夫良医者，所以补良相之所不足者也。梅威令津沽之行，以良医而遇良相。吾知以活人之道推而广之以至活国，而受其惠者且不止千百人矣。

原载《申报》1887 年 9 月 14 日

论梅威令医生教习之认真

中西医学迥乎不同，扬中者以为西医不足以治华人之疾，扬西者以为非西医不能治疾。此其说皆未免近于偏。吾则以为医之为道，中西之所以不同者其术，而同焉者其心也。操术不同则未免有出奴入主之见，用心既同，又何有率情任性之时？其中国之医之所以似稍逊于西医者，只欠一考。此说也，仆已屡论及之矣。盖西人之于医者之有年，然后考之，考不一次。考之者，亦不止一人。历试其技，果有把握可以出而问世，而后给以凭据使之行道。故西人之行医者，未有无凭据者也。梅威令先生怀大才、挟大术、具大愿，欲行大道于中国，搜罗中国人才而引之于医，亦既有年矣。李傅相知先生之用心独苦，用意良深，苟果能遵其所教，则中国将来可增出无数仁术。而尤为紧要者，则军中之医。夫随营医生中国初亦恒有第，仍即寻常之医生，初非先时练习者也。梅君既收得高足弟子，悉心教授，无或间断，前时曾挈之至港、至沪考试数次，今则学之已成，居然自树一帜，因又挈以来沪，经俺特生等著名医士历试数日，又至各医馆看视病人，考其脉络，询其渊源，究其治理，而该学生一一应之如响。日前又试演临阵时救治受伤兵弁之法。盖临阵对敌，非死即伤，死者已矣，伤者必为之救拯，而中国则向无此法。往往因伤而死，岂不可悯。西人则素有此法，凡阵上受伤，立即饬医生为之施治。彼为医生者，另有一种随营医生之号衣并用襄佐者数人，其扛抬舁扶一切器具简而且便，灵而且捷。舁至静处即与敷治。如有枪弹打入身上，刃即为之取出，虽伤筋动骨折臂断腿无不竭力为之疗治，故为随营医生全在乎眼明手快。药品不过金刃伤、铅丸伤等数种，或途中触秽、触热、中寒等症，大约不用多品。而其治之也，则究不若在病院之方便，苟非手眼灵敏，医治干净，则病者伤者有不死于病与伤，而死于医者矣。梅君率其徒三人，并有佐助者一人，合为四人，如法试演，奔救援拯，其捷如风，其应如响，其平日之教练认真于此可见。观该学生等之究心艺事克底有成，亦足多焉。故与考诸医生，无不啧啧称羡并为梅君贺得人，即日当公同给据以昭信守，俾得大行其道。盖梅君之功至是而告厥成功也。或者谓中国之医每多专门名家，盖于医之中分为多少科，如内科、外科、妇科、儿科之类，专则其艺益精，西人比而同之，则未免博而不能专，犹之前明国初以专经取士，一人专习一种，则此一经中研精深造大有可观，厥后有通五经者，于是专经之学废。而所谓兼通五经者，实则仅得其皮毛而一经不精者也。与其为西医之博而不专，何如为华医之专而精之为得乎？不知华医固多专门而专焉者，亦未必其精焉者也。西人固合而为一，然亦何尝无别树一帜。苟如眼科牙科之类，而其学之之时，则必欲挈领而提纲，穷源而竟委，其认真较华医为过之，其考覈亦较华医为精。梅君教成此三人，以遗中国，是犹之取核而种之于地。虽止一果而将来由果生，因由因生果老子所谓一生二，二生三，三生万物。吾知苟能俾此三人以梅君之法广为传授，则将来西医之道必有大行于中国者矣。或又谓西医之道行，则华医之道将从此而败，不亦可虑之一端乎？而不知华医自有华医之妙处，西医又自有西医之善处，并行焉而不相悖，初无俟过虑为也。况中国现在整顿海军，振兴边防，则兵轮之中需医，边营之中需医，虽有华医未必肯乐于从军且其医疗之法亦不若西医之操演有素，扶救有方。苟能由梅君教成之三人中，以一化三，以三化九，以九化廿七，渐而推焉，以至于不可数计，则分以置之各兵轮各军营，无事则教以传人，有事则起而救人，其利便有无穷者。以敬谢梅君先生之名，成中国之利溥矣。

原载《申报》1888 年 7 月 28 日

书本报领凭志盛事后

西医梅威令先生教授医法于华，学生三人业已成功，日前试演军营救疗兵士之法并请在沪各医生公同评骘，给予凭据，俾得行。道关直宪及沪上中西医官莫不咸集，此已登诸前日报章。道宪顾之颇为喜悦，不但当众鸣谢，而且次日特往梅医生处踵谢以宠之。盖中国之有西医自此而始，故视之若不胜郑重也。闻不日梅君即当挈之北上，交与李傅相。因傅相前曾有言，谓此次学生学成之后，当量为保奖，请给以功名，并欲令此学生等分往各军再行教授，以便薪传授受，愈推愈广。傅相之用心可谓周至矣。当给凭时，计有四人，一为李君荃芬，一为陈君呈棨，一为吴君杰模，兹三人者乃专习西医而皆已成功者也，其所给者为行医之凭据。其一则为林君环璋,乃在医院中襄事已有九年之久,惜于西文不甚精熟,以故不能授医理,而于办理医院中诸事则极为熟悉,故其所给者为办理医院事务之凭照。此四人者亦可谓有志竟成者矣。吴君杰模前年曾蒙枉顾,年虽轻而学已积,翩翩儒雅,蔼然可亲,与之谈,娓娓不倦。李陈林三君则惟于给凭时见之,未与接谈而其所学之浅深,则初无所殊也。梅君久欲以西医之法授华人,而无如华人之中精于西文者少。不精于西文,即不便授以医理,故特至香港向学堂中各绅董商之,各绅董亦深以梅君此举为善,无不乐为允许,遂于学生之中,悉心挑选,择其质性聪敏、西文已精者,得两人即李君荃芬、陈君呈桀,挈之赴台湾,专心教授。复有吴君杰模闻而欣慕,自愿负笈从梅君游。其用心尤为真挚,故吴君之就梅君学业后李陈一年,而其成功则一。今次一律给凭,初无轩轾于其间。至此而梅君之功乃告成矣,梅君之心乃大慰矣。夫梅君之有此志也,匪伊朝夕,因见泰西各国皆有随军医士,照万国公法之例,虽在两国交绥之时,而此辈随军医生自成一队,另有号衣,两军皆不得犯之。设有受伤倒地,无论为弁为兵,即由医士舁去敷治。此种随军医生有老有少,有男有女,皆能照顾病人,料理伤患,各国各军皆有之,中国独无。故发此心愿为中国创此未有之奇。然先时所教,则尚属治病诸法,即有疗伤诸术亦寻常之伤,非行军时受伤之比也。自闻傅相言将来学生等学成之后,拟分置各军。于是知中国之所以习西医者所重在此,乃复教以行军时救治受伤兵士之法,并一切应用器具重新添置,俾得以尽其长。至今日而业已有成,前此试演之时,无不一一如法。首领医生俺特生及各医生与兵船哨弁等见之咸拍手称善,然则中国之所欲者,至此而可偿其愿,傅相闻之喜可知已。虽曰此时止有三人,梅君今后亦未必再肯选徒授业,盖即此三人学业之成而梅君之心力几于交瘁,故知其可一者,未必可再然,既有此三人,则譬之种植果树,有此三人以为之种,则将来之生生不已者,当无穷期。而中国自此当有无数西医,更有无数随营医士,与泰西各国无异,此皆梅威令先生之功。不但李傅相之心慰,龚观察之色喜,即我中国之人亦当同深感激者也。或者谓西医之法与中国不同,中国数千年来尚无西医而治病之法亦未尝失传,名医世出,历观各家医案及所著各家各书,何者逊于西医而必舍中而就西哉?余曰不然。时移世易,风气亦且为之转移,自与泰西通商以来,凡西医之药贩运至中国者,不知凡几,而销场日广,则可知华人之喜服西药者,殊不乏人。与其乱服西药,何如请教西医之为愈乎?与其请教西医,何如华人自习西医之为尤妙乎?吾故曰,梅君之有此一举,中国人所当同深感激者也。此次梅君功成名就,挈带此学成之四人赴津以交之于傅相,必有位置，此四人之处苟得创设西医学堂，令此学成诸人为之教授，则以一生二，以二生三，以三生万，中国之所裨，当有不可限量者矣。余将拭目以俟之，余更将翘首以待之。梅君行乎哉，即以此篇作赠行之序焉，可也。

原载《申报》1888 年 8 月 7 日

医　国　篇

有热肠客问于素心人曰："上医医国，信乎？"对曰："然。夫医国者故非一手一足之烈，但凭望问闻切以辨表里虚实，浮沉迟数而已也。所医之事亦不一端，大都总以救时为要。时哉！不可失此，则医国之圣手也。"热肠客曰："若然，则吾有一疑窦于此前者。西医梅威令君苦心孤诣教华人以西医之法，有徒三人皆考验数次，由港而沪，各国医生随意问难无不应之如响，其技已精，其道已成，给以凭照，俾行其道。梅君又挈以至津，谒见李傅相。盖以傅相前此本有所授意于梅君，迨抵津之后，即闻有当派往各营之说。仆闻之方且喜而不寐，以为中国自此得以有西医随行于军中以救死伤，且可以展转教授，以一生三，以三生万，其有裨于中国者。为何如乃久之而寂然无所闻？有来自丁字沽书询以此事，或茫然不知，或曰尚未闻有所位置梅君之三徒。现在析津无所事事，则不禁心焉疑之，是岂有人焉从中阻挠如鲁之灭仓者乎？夫李傅相之于各西人固欲常常而见之，故源源而来或谈矿务，或论枪炮，大都通商之事居多。傅相无不随时接见，深相款洽。而梅君之举则故傅相所见，诸西人中所绝无而仅有者也。傅相深知梅君之有裨于时事，当此整顿海军添设练员，讲求边备，防患未然之际，随营不可无医生。中国虽与西国之法不同，而近来仿效西法既日见其众，则此事亦系当务之急。故傅相当时收之门下，许以相助为理直将以责成梅君。梅君于是竭尽心力以教华人得三徒，入第训诲，随时考验。数年之后，居然成功。之三徒者，其授导与西医无异。从此而录用此三人，转收学徒，广传医道，则诚所谓此其时矣。傅相固所谓救时之贤相，又得乘时之权，夫岂肯失之交臂者，而何以久之而寂然也？梅君创中国所未有之奇，傅相亦既知之且允为襄助之。设梅君教之而不成，则深负傅相期望之心矣。乃有志者事竟成。三学徒考于香港而港国皆以为可，考于沪上而沪医亦以为能。西人之中无论老少皆有欣然属望之意。夫港中沪上之诸医皆西医中之赫然有名者而皆以为良，则非处士之纯盗虚声者比矣。前者在沪，试演军营救治死伤之法，中西官咸召仆亦与于其盛，亲见其便捷轻利奔以灵快之状，拍手称善，以为得未曾有其外之有可见者，如是则其中之有所蕴者,可知宜乎。各西国名医皆向梅君贺得人,旁观者咸为之欢忭也。旁人之所以欢忭者,非专为梅君庆,盖喜中国从此得有随营医生与西国无异。倘有兵事可以有所侍而不恐,国家爱惜军士之意彰,而军士亦感激思奋且中有所侍,则胆亦壮而气愈雄。以中国所未有者而忽然有之,不觉视为新奇有济时之贤者,正宜及此而荣之崇之,使行其教于中国。学之者亦有所歆羡而竞思奋口,如此乃为救时之良策,医国之神方而顾落落若此,是岂意料所及哉?以为梅君自受傅相之知,予以责成,使得传其绝学。今已有三人受其衣钵,习其青囊。学徒考验推许者,众口签同。爰以此教习已成之,三人而复命于傅相。梅君之事则已毕矣,梅君之责则已谢矣,而所以作养此三人驰骤。此三人甚而至于以此三人化出无数医生,俾得各营无论水陆皆可以有医生随行悉心救疗,军士心安,士卒乐于用命。其实方谢始成。识时之俊杰,处乘时之大位,有济时之大权。此固可以自主独断,不必谋及于众人者矣,而乃不免令人怀疑而不能释,子亦有以开仆之心胸乎?"素心人闻之掀髯而笑,轩渠而起曰:"异哉!予何疑所不当疑,而以小人之腹度君子哉?夫一事也而果不可行,则虽哄动于一时,必将贻悔于日后,一事而果可行则虽偶阻于今日,亦当发泄于他时,此天地自然之理,不可以勉强为也。傅相之智足以知时,傅相之位足以乘时,傅相之权足以救时。夫岂必如筑室之与道谋,安知其缓也者,非因慎重起见,倘郑重其事,审慎周详而后发则一发焉,而其先益显矣。圣人云,无欲速无见小利,欲速则不达,见小利则大事不成。吾子之为此言,其一片热肠固亦足嘉,其如以管窥大,以蠡测海何?"客彷徨而起俯仰以思,怃然为间曰:"敬闻命矣,请以俟诸异日。"

原载《申报》1888 年 9 月 29 日

行军以医生为要说

嗟乎!两军相见之余,炮火喧天,戈矛匝地,断脰折胫,肉薄血飞,惨莫惨于此矣。泰西于军行之际,必携医士随行,俾兵士一或受伤,即可为之敷疗。此项医士厥有二者,一为官医,一为教会中之精于医术者。官医必幼时就医科肄业,熟于扎裹割截之法,明于膏丹丸散之方。试之以时得有证据,然后量能受职,派赴各营各病船,盖非同中国医生略读一二部方书即可悬壶行道焉。教会中有所谓红十字会者,其人专习医伤之技,每逢战阵衣袖上缀红色十字之,衣腋下悬利刀,提药笼而出。见有中弹中刃者,舁归药室,敷以刀圭,又有舍身妇人悉心奉侍,称药量水,劳瘁不辞。此等人出自善心并不受国家诏糈,故无论敌人与本营卒伍,但见伤者,即异归医之。敌人亦敬其为善会中人,任其出入于枪林弹雨中,不准有人加害。今中国于行军之道事事效法泰西而营中尚乏医生,致一旦两国交兵,则呻吟疾苦之声几致惨难入耳。岂非武备中一大缺陷哉?或曰中国营中亦例设医官,惟仍依古法医人,尚未改行西法耳,不知西医与华医大异。华医惟知察脉,不免泥古不通。西医则除察脉外,复有筒以听肺之盈虚,表以验身之冷热,观其颜色,聆其语言,细意研求,务识病源之所在。华医谓知觉运动悉本乎心,西医则谓一身皆以脑气筋为宗,心惟宰血之运行,此外别无所主。此其立说,实有枘凿不相能者。今用西法以疗华人于虚怯劳损等情,未必立时见效,独至医伤之术,则其效十倍于华医。中国无行善之医生,不能创为红十字会。然此官医一职,实有万不可少且必须慎选名医者。华医每谓医中惟内科最难,外科伤科,习之颇易。殊不知西人于医伤一道详察脉络,细若牛毛。尝闻诸名家所著之书,谓战阵之中时,有枪子穿入胃中,须以刀割开,用箝取出或深嵌入骨亦出之以箝,惟系入肺中则颇难。奏手至于系去一足则以锯截去,犹可装假足以行,甚至腹破肠流而缝之以针,仍不至于丧命。此种医伤之术即华元化亦不得专美于前,而谓随营官医可不汲汲于效西法乎?或曰旅顺向有官医局,天津亦已仿而行之,招致学生用心研习,数年之后自必成效可观。试思中国兵舰三四十艘,陆军一百余万,岂医生数十辈即可照料周详?平时释甲而嬉,无所事事。兵勇偶有抱恙者,华医或尚可为功。洎乎外患频仍,海氛甚恶,一经鏖战,胜固不免稍有折损,败更疮痍载道,血肉交飞,此等情形,乌能以区区数十辈医生次第为之施救?观夫前者,鸭绿江之战,伤者皆载至威海、旅顺、天津诸处医调。事隔数天,岂竟无因伤而毙者?迨至旅顺一失,负伤者为数益多,既无官医前往施医,致劳西国红十字会诸君附图南轮船往救,及至,则倭奴已代为敷疗。会中人乃相率言旋。噫!使我中国及早留心,振兴医学,虽遭败衄,何至如斯?奈何以食毛践土之人,而反受敌人之恩惠。静中回想,能不恧然?犹忆昔年有英国医生梅威令君就台湾开设医学堂,收学生十数人,教以军营中医伤之技,学之数载,其技已精,乃带赴北洋,请当轴者派赴营中效用,当轴者毫不在意,一笑置之,梅威令君遂重返台湾施医济世。噫!天下事失之交臂,虽悔莫追。使尔时当轴者俯采其言,将诸学生留诸营内,梅威令君则佽以经费,使之大启规模,广收聪俊幼童,循循善诱,则目今一有战事,即可分往医伤,何至借助于红十字会中人及不共戴天之倭奴将旅顺受创之勇丁代我华人医疗哉?于是乎,作行军以医生为要说。

原载《申报》1894 年 12 月 19 日

募捐小引

奉省诸军现与倭兵奋力交战，计受伤者不计其数，忠义之气殊属可嘉，本由西国善士及病船上医生陆续舁归医治。兹以医药资不敷，行将中止，特函请沪上大牧师慕维廉先生出(为劝募，其情形已录入今日本报)内，惟此款自应多多益善，是以本馆愿效微劳帮同办理，务祈远近诸君共切同仇敌忾之心，溥施起死回生之力，克日佽助，多寡不拘。本馆当立掣收条，一俟集有成数，即交慕维廉先生汇解。奉省此非寻常善举可比，切勿迟延观望，盼甚祷甚。

原载《申报》1895 年 2 月 7 日、2 月 10 日

善会募捐

中倭战事靡有已时，每一交绥，疮痍满目，盖以炮火之利远甚戈矛。当夫天惊石破之时，肉薄血飞，真觉目不忍睹。中国向少随营医士，受伤丁卒敷治无人。西人之好善为心者，见而悯之，就营口设一医院，纠约传教牧师及病船统带共得八人，置备药饵糜粥及扎裹所用之布，专医华兵之被药弹所伤者。去岁十二月十五日，盖州之战，伤者更多。盖州距营口八十里之遥，十六日破晓时，求医者约数百人或不敷，因函致上海教士慕维廉君，请广为劝募。或施药物，或施布匹，或施银钱，苟能量力捐输，可交慕君代为汇解。至倭人，自设慈善会以疗弁兵，故院中例不代医，即有送来者，亦必麾之门外云。

原载《申报》1895 年 2 月 7 日

顾恤疮痍

昨日承天马山庄主人陈君惠函云，顷闲阅报，得悉关外受伤军士绝痉陷脰，呻楚可怜，此皆大清三百年祖宗养育之忠臣义士也。家母郭太恭人闻之凄然下泪，拟节缩衣食，以救难人。幸得泰西各善士设立红十字会为之医治，生死肉骨，恩德无量。比闻就医者多，款将告竭，乔居贫窘，斥变衣饰，得属银四十八圆，乞察收购药，解济关东，为家母乞四纪之寿。仍望海内仁人君子眼前功德，勿吝解囊。又愿主多庆积善子助医费洋银五圆，如此慈祥恺恻，顾恤疮痍，不惜倾囊以资佽助，较之古人毁家纾难实尤过之。钦佩之余，谨书此以代鸣谢。

原载《申报》1895 年 2 月 10 日

劝助行营医院经费说

斯矣，军士之苦也，当夫荷戈执戟列队而前，道路崎岖，日行百里，热则尘砂被体，汗血淋漓；冷则雪窖冰天，皮拆指堕有无不得诉有苦，不得号在。稍有仁慈者，已见而恻然，心有不忍。及至戈矛林立，炮火喧天，肉薄血飞，赤地千里，每一鏖战，尸体纵横，断脰残肢，乌鸦争啄，即幸而不死，而疮痍遍体，鲜血交流，药弹及身，深入筋骨，倒卧于路，痛不能行，辗转哀号，惨难入耳。无论战而败，受伤兵卒固必累百盈千，即使我武维扬全获大胜，而当奋不顾身之际，安保不中枪著弹痛苦淹煎？此西国红十字会中人所以必不避艰危为之疗治也。红十字会者皆各国好善之士或精于医术者，纠集同志制备刀箝、药饵之属，随营前进，遇受伤者则医之。其人装束略如武员，腰佩长刀，手执小方旗，旗上画一红十字，衣之右袖亦如之。背负小药箱出入于枪林炮雨中，人见其为行善之人，不之禁阻。一有兵士中弹而仆，即舁归施救，敷以妙药，饮以美酒维持调护，备极周详。昔年英医梅威令君曾设是会于台湾，招集学生悉心指授数年之久。技术已精，乃航海至申江，北赴津郡。谒中国某当轴，愿将学生分布各营，当轴者笑而却之。梅君无可如何，废然而返。噫！使当日而重用梅君，得以大展其长，广集生徒，授以奥妙，何至今日而受伤兵士皆借助于各西人哉？日前接营口来函，悉中倭开战以来，有教士及兵船上员弁八人凑集资材，就营口设一医院，凡兵士之伤而未死者，皆可入院求医。当盖州失守时，伤者甚众，或雇人舁至，或匍匐而来，或载以车辆，虽相距八十里，而来者多至数百人，类皆血肉模糊，鳞伤遍体。西人尽心施救，留养院中后，以经费不敷医药罔继，乃函致沪上慕维廉教士请广为劝募，汇至营口，以免半途而废之虞。慕君一面苦口劝捐，一面商请汇丰银行代为汇解，此其实心行善，畛域不分，诚哉可嘉而敬焉。本馆向从诸君子后筹办振捐，行之数年，集款不少，兹见兵士受伤之苦，更甚于饥民，因列小启于报端，遍劝诸君佽助。顾或以为营口医院既设自西人，自必用西法施医，恐与华兵不甚相合，殊不知西法之灵效实有精妙入神者。华医从师一二年略读方书数本，即可悬壶市上藉以生财，西医必由大医院栽培，学之既成，考列上等，给以凭照，方可行道济时，故必心地明敏之人加以勤学好问始得学成出考，名列医林。而其伤科外科更有神妙不可思议者，他事不必论，即如日前本报所纪同仁医院主文医生等割治石淋之症，实为人所共见共闻。夫石淋先生在膀胱中欲用药化之，颇非易易，文君乃为之割穿海底穴将石箝出，用药线缝纫。据去一二十日中，即可痊愈。曾谓华医而有此惊人妙技乎？则以西法而医受伤兵士，不可信其著手成春。会中人当两国交兵，不论何国之人，凡有伤者，一律舁回医治。今劝华人捐助而倭人亦蒙其恩，在捐者恐心有所不愿，则告之曰：“前日报上已略言之矣，倭人自设慈善会，由倭后为首，纠约女医生及闺阁中之好善者历年节衣缩食积得金资存储。东京鹿鸣，馆中以供临战时医药之用，而赤十字社施医之局，其立法亦复相同。西人以为倭国既自有行善之医生广疗兵士，故营口所设医院不复疗及倭人，即或舁来，亦必挥之门外。若是，则华人及西人所捐之款只以疗治华兵，人何乐而不各解腰緫，以纾兵士之痛楚乎？且倭人之凶悍蔑理亦已极矣，其凶恶残忍之性，几同化外顽民矣。慈善会中人尚能各出资财拯人之苦，岂有我堂堂上国声名文物照耀寰区而不慷慨解囊以救目前之惨劫？所望寰球中义士、海内仁人悯兹劫运之难回，大发慈悲以济世，或输布帛，或助金资，随分输将，不遗微末，俾早日汇解前去以应急需，则本馆固不敢居行善之功而诸君子之大发善心，其食报岂有涯涘哉！”又闻日内寓沪各西人之捐助者，或数百金或数十金，集腋成裘，为数已属不少。而威海之战，伤残兵士约有千百人，刻已载至烟台求为疗治。所苦烟台只一医士，虽有他人辅助，终难遍应所求，势必推广善缘，玉成斯举，想领袖者自必熟筹良法，而尤望我华众善士之及早解汇，毋任西人捷足先登也。

原载《申报》1895 年 2 月 10 日

劝募北洋医院经费

倭奴犯顺，薄海同仇。从军士卒忠义奋发，北洋一带战阵受伤兵勇，蒙泰西乐善之士于营口烟台等处设局医治，更得教士慕维廉先生集募经费，源源接济。某等食毛践土，尤属义不容辞，敬告远近忠义仁人推同袍敌忾之心，念兵凶战危之苦，仁囊慨解，以助刀圭，多多益善，造福无量，倘蒙惠助，祈交上海六马路仁济善堂经收汇解，即行掣付收照并刊登申沪新各报以昭大信，伏祈公鉴。

原载《申报》1895 年 2 月 17 日

好 善 可 风

本馆昨承朱少梅大善长掷下鹰洋一百五十元，系节省医药资拨充营口医院经费；又五十元节省游戏资，充顺直赈捐；又庆云堂助行营医费洋五十元，又电报学堂交来洋二十元，系五亩园捐医治兵丁战伤费；又京兆子助北洋裴君医院经费洋一元，又金利源账房铜洋十元，又杨静记洋二十元，又寿萱堂洋八元，又李记洋二元，又隐名氏洋医院，皆助医院经费；又汉口天成亨汇号捐银一十两，山西平遥县李芝兰捐银五两，由大德通山西票号递来，均助行营医费；又延陵求安子移医药费洋十五元，助作营口烟台等处医治受伤兵丁经费；又王存厚堂三十元，又无名氏求事平安助东省行营医资英洋五元，又无名氏洋二元，又无名氏洋二元，以上均助行营医院经费；又青英馆主人以洋十二元由常州鸿源局交来，助顺直赈款，或疗疮痍之战士，或拯困苦之饥民。凡此义粟之频颁，具见善缘之广结。彼行间罴虎泽畔，雁鸿有不踊跃欢欣，共拜仁人之赐哉。既已分掣收条，复志数言于报牍，以扬高谊。

原载《申报》1895 年 2 月 17 日

劝募北洋营勇医费

迩来倭奴骚扰，凡军士之冒刃前驱者，杀贼致果，洵属可嘉。一时猝不及御，不免夷伤。已承泰西好善者设局于营口、烟台等处施医给药，随时疗治，又赖慕维廉大牧师醵资相济。海外异邦犹能恫瘝在抱，佩服良深，况同隶帡幪，久沐圣朝德泽，尤宜知所感奋，伏乞仁人义士垂念战场窘况，痛楚堪怜，多寡不拘，随队佽助，较之寻常善举，其积德不止倍蓰矣。

上海北市丝业会馆筹赈公所施善昌谨志

原载《申报》1895 年 2 月 21 日

驭 胜 卒 伍

昨日承庆瑞采记捐助受伤军士医药费洋银六圆，嘉善花园寿金君静得由汪协源局来洋六圆。耀华照相号施君德之捐助十圆，又募捐同事六圆，计方建亭、游贡南、朱子锠、罗玉衡各一圆，钱翰生、陈玉涵、麦砺山、李泽生各半圆。常州陈君口渔捐助鹰银六圆，小洋银十角。本邑仁盛号谢君鉴泉助来鹰银二十圆。孙乐安同吴与氏捐助十圆，求家门和顺、诸事称心，由恒丰顺寄来汇丰钞票一纸。无锡达源庄交信局寄来不书名捐助十圆。金陵救吞生烟局徐文韶大善士募程君仲纶二十四圆，并由周君胜以手函云，顷阅新正十六日报章，敬悉贵馆诸位先生一体同仁，倾心普济，为奉省诸军募捐医药之资，疗治受伤战士，博施好善无过于斯，救难扶危莫切于此。贵馆既烦劳不惮，鄙人敢微末谨陈。兹有南通州程德泰典程君仲纶去岁十月赋玉台之作，日下同事诸君相赠鹰饼以作贺仪，计本店六圆，章君穆卿、程君鸣吉、仁泰衣装各二圆。知交送礼，却之既属不恭，而隔岁张筵相请究违敬意，仲纶即相赠之数再加一倍恰如廿四,春风交局送来,仰祈收入,候解巨款。乞附区区,所谓河海不择细流,泰山不让土壤也,不胜盼祷之至。若诸君者,好行其德,一视同仁,使海陆诸军得免呻吟痛苦,生死人而肉白骨,其功德岂楮墨所可形容哉,谨表微忱,藉酬大德。

原载《申报》1895年2月21日

善宇宏开

昨日本馆承保泰会助营口、烟台红十字会票银一百两,情殷报国人助兵伤医捐三圆,兆信求母病愈,助红十字会医院洋银三圆。王陶氏以母病十分沉重,神前敬助红十字会医院洋银两圆,无名氏助一圆。慨解输钱,恍入布金之地,春回橘井,胜铭挟纩之恩。一念仁慈,三军感戴矣。除分别填奉收照外书此,以志谢忱。

原载《申报》1895年2月28日

敬募营口、烟台军士医伤费

倭人肇衅,犯我岩疆,杀戮频仍,惨无天日,即幸未丧身锋镝而血飞肉薄,折股伤筋,疾痛呼号,不堪入耳。西人之好善者,爰就营口、烟台两处创为红十字会医院,凡我华军之伤而未死者一律收养疗治,药饵饮食务极周详,特所费不赀,深恐后难维继,是以本馆特襄同慕维廉教士代为劝募以应急需。惟望海内仁人源源接济,一俟集有成数,即交汇丰银行,分别汇往以济燃眉。至于日本兵士之伤者,院中概不敷疗。肃此布达,即颂福绥。

原载《申报》1895年3月5日

又解汇捐

申报馆谨启

本馆承诸君子捐助牛庄、烟台红十字会疗治华军经费,前已次第汇去洋银二千圆,兹又请汇丰银行代解五百圆。惟是连日东省又有战务,昨得戴医生电信知牛庄新收受伤弁勇六百名,以致费用不赀,存款竭蹶,所望诸君子倾囊慨助,恐后争先,庶几集腋为裘,不致半途而废。他日杀敌致果,扫净边氛,何莫非诸善士之赐乎?肃此布达,伏惟德鉴。

原载《申报》1895年3月6日

仁恩远霈

牛庄红十字会医院中近又有受伤华兵六百名，就医药饵饮食在皆须供给，需款甚急，此正仁人种德之秋，善士解囊之会也。本馆昨接瑶林馆主湘人女士贻函云："阅报知宋聂吴诸军与倭奴苦战，众义士为国家效死出力摧锋陷阵，受伤者如鱼鳞，幸赖红十字会泰西诸善士为之医治。比闻连日大战，伤兵益多，经费愈拙，中华善绅偶有捐助，而闺阁中尚未有闻而兴起者，何我华四万万人六千余年之大国。须眉巾帼岂少英雄，其所见顾不及一日本小邦之王后也。湘人幼读诗书，粗知大义，自恨口脂面粉，不能执干橹以卫国家，然小戎驷铁，女子知兵，闻鼓鼙之声，则心神飞越。于受伤诸将士，敬之慕之，伤且怜之，盖忠义之气尽人所同，无男女无中外也。谨聚针黹所余，得洋十元，祈先察收解赴营口、烟台，聊当杯水车薪之用，嗣后当于娣姒间苦口劝募，陆续送呈，仍望天下之女中丈夫各解私囊，同心济助，较之烧香念佛，其功德尤不可限量也。"又接心余力薄人惠函云："阅贵报，知营口各处战事未止，军士伤残已经西国善士创设医局疗治疮痍，仆异乡客士萍借西太节省六十岁阴寿助洋四元，杨六观因病许愿助洋一元，铜洋一元，又补过氏洋二元，同顺洋二元，知痛人助洋一元，隐名氏为母亲求病愈益寿，助军士费洋六元。比皆好行其德者，既已掣奉收条，复缀数言以志钦佩。"

原载《申报》1895 年 3 月 6 日

同心行善

前日省过子投书本馆云："阅贵报知红十字会疗伤经费待需。西人尚属怜恤，况我华民敢不踊跃？今特送上洋银十圆，聊尽私心，到祈察收，便烦汇往。"又愤士助五圆，又东园旧庐主人交来洋银三十圆，嘱解营口、烟台充军士医伤费。又安河孙公馆将家用月费节省鹰饼十枚，交信局寄来充营口医局费，又视如伤力不足人捐红十字会兵勇医费洋银二十圆。又协顺义求平安，助洋银五圆。又茅姓惠书云："今值友人过敝寓，偶读贵馆报章代募北路军营受伤药资，由公润信局寄上银四圆，敬恳解交为感。"又幸生乐土人续助小洋银五角，又安不忘危氏三角，又无名氏二角。至昨日邦上嫠人函称："刻因小女患疾，特交铨昌祥局寄上鹰银五圆，俱有图记，至望检收，并入北洋军士医费内。区区微忱，惟求小女速愈，是所厚幸。"又有心无力子劝助红十字会医军士伤费洋银六圆，又杭州申昌来享文氏洋银二圆。又刘君述文寄来洋银四圆为营口医捐之用,内一圆系刘阿诚所捐,三圆为刘氏昆仲所捐。若诸君子者,悯兹疾苦同发慈悲,较之振抚饥民,尤为功德远大。他日者,王师告捷,行赏论功,当与戮力疆场者,同勒旗常钟鼎,岂止善余庆而已哉!特先书此以表颂。

原载《申报》1895年3月8日

恩同再造

本馆昨承析津同袍子惠函云:"贵报函知,因前敌军士创巨痛深,承泰西诸善长创为红十字会,专疗诸军之受伤者,庶得病起杀贼。秦越一家,无分畛域,凡我华民,无不感极涕下。兹特寄上英洋四元,又叶姜氏一元,共五元,先望察收,再当竭力筹措,勉副盛意。尤愿富商巨贾敌忾同仇,倾囊输助,俾得源源接济,共襄善举,此尤鄙人所昕宵企望颂祷无穷者也。"又承程蓉孙善士惠函云:"倭人犯顺,荦杀震惊,薄海士民同深义愤,弟寒儒冷宦,欲杀敌则手无尺枘,思纾难则家愧素封,徒怀投笔之思,莫遂请缨之志。前读贵报知泰西善士浱我军士力战受伤,特开医院,溥赐刀圭,特虑经费不敷,经贵馆代为筹募,弟等同属华民,既感西人畛域不分,又感贵馆顾全大局,虽非身受良切心铭,适有同志四人偶来闲叙,与言及此,遂各出英饼一枚,合之弟处共得五枚,虽区区者能济几何?然鳌戴三山,蚁驮一粒,各尽其力之所能到,行乎心之所安,或亦大君子所不哂乎?且我华人口甲于诸洲,若使人人各出一枚,计数颇亦不菲。人之欲善,谁不如我?闻风兴起,或于大局不无小补,是所望于同此食毛践土者尔。"本馆接五元中有一铜质,理合注明。又除大庄汇到杭州诒燕堂洋五十元,又隐名氏酬愿敬助英洋四元,又浙西爱财如命吏助洋十四元,又顾松泉善士助洋十元以上,皆助医伤经费。又陕西务本新报馆递来柳竹溪大令经募各户陕平银四十两,合申规银四十二两正助顺直赈款。诸大善士累仁积德,泽被疮痍受赐者,当同声感颂,除分掣收条外,特缀数言以扬盛美。

原载《申报》1895年3月10日

猛士衔恩

本馆昨接苏城王枢密巷彭大善士惠函云:"屡读报章得悉营口、烟台红十字会医院惠恤中华受伤军士,收养疗治全活甚多,鄙人宦囊羞涩,力不从心,爰劝苏闾同寅解囊乐助,收集鹰洋四十大元,转递医院,薄助药需,虽后再当勉力募凑,陆续奉寄。惟愿普天善士大发慈悲,源源捐助,济刀圭之妙用,拯锋镝之余生,不但造福兵丁,实有大功时局，是则诸善士之功德而鄙人所跂望无穷也。”又永生利递来横滨永义和助伤兵医院经费五十元，又江冠之十元，又吴桂垣十元，计来票元五十两零四钱，又英署诸公助红十字会共计英洋廿四元，又隮余堂还愿洋十元。需款孔集之时，得此义粟仁浆，源源接济，此固载道疮痍所欢呼颂祷者也，除分掣收条外，谨志数语以扬大德。

原载《申报》1895年3月19日

收解声明

启者十三日，奉上海刘道宪面谕，准英国领事函开，营口、烟台等处医药经费不敷甚巨，请即设法劝募，当经分别电禀，即蒙江都宪捐银一万两，苏抚宪捐银二千两，饬即一体解助，以济要需等因。当于十五日先行凑解规元一千两，呈请道宪转交英领事署，拨由汇丰银行照数电汇，俾忠义之士得以指日全痊。至近数日来续承赣州电报周募无名氏求痔病痊愈助洋一百元，苏州隐名氏病愈还愿助洋一百元，金陵协和典万善之求腰痛速愈，助洋一百元，柏云亭求长男子亭病愈五十元，红鹦馆主人三十元，有福读书堂蒙蒙子，浙西爱财如命吏三户各廿元，徐子威二十元，又铜洋七十元，海阳再余生求妻病愈并为长男完姻，蒙诸君赐贺移助筵资代为造福十五元，陈晴峰、梅花居士、无名氏、潘胡氏寿筵移助、无锡吴子相五户各十元，平湖薛朱氏求次房长孙庆麟病愈，隐名氏资冥福二户各八元，无为州全泰盛局募三户八元，无名氏、无锡南市无名氏二户各五元，希颠居士、李志伯、杨绍先、不书名子、求读书敏巧平安、浙西求病愈子、徐朱氏、无名氏寿慈增福增寿，直塘黄叶村求是居十户各二元，太原锦记一元又铜洋一元，杨郭氏、敏慎堂二户各一元，张氏保圆儿五角，思淮堂、无名氏、不留名三户各四角，均指助医药经费合并附登，藉志谢忱。

上海北市丝业会馆筹赈公所施善昌谨志

原载《申报》1895年3月19日

译营口红十字会致谢募费并述近状书

营口红十字会医院戴力君致书于经劝红十字会经费诸西人，略言敬谢！沪上各友出力劝捐，助成善举，俾我等有所藉手，保全无数生灵，曷胜感谢！医院于西历去年十二月开设，是月内到有伤兵五十名，系在金州争战受伤，至今年正月又到伤兵二百名，系在盖州争战受伤。至二月距营口之东约廿余里，有大战事，到有伤兵六百名，宋祝帅于战后雇车多辆装载伤兵至医院就疗，别处伤兵皆不能全数赶到，有行至半路而就毙者。此次用车装载,趱程既速且无跋涉之劳,即受伤甚重者亦得就医,人数既多,医治者为之应接不暇。其时天降大雪,平地积成山阜,寒暑表已退至最低处。近闻将有大战,遂预备房舍以待伤兵之至,惟伤兵之多少不能预定。因近日宋祝帅移营向西,不必至营口也。英国斐礼勃伦兵船医生名班尼自愿力任其劳,为伤兵疗治。是时共有医院四处,遂让一院,俾之掌理。班君请兵官二人、水手六人伺候伤兵,颇能悉心经理也。

原载《申报》1895 年 4 月 6 日

请奖中日战期出力救护兵勇之红十字会西医

十二月二十七日,军机处交出王文韶抄摺称,奏为西医代治受伤弁勇出力开单恳恩奖励恭摺仰祈圣鉴事。窃查泰西红十字会专以救人济世为务,凡两国搆兵,会中医士在于用兵处设立公所,救治受伤将士。上年中日失和,北洋虽派有西医委员在关外设局医治,而受伤弁勇众多,深虑难以遍及,用药尤复不赀。该会总董等闻信,即寄助药料十三箱,约值银三千余两。其羁留营口及赴烟台者,会中人并即代医。又各军载回天津受伤弁勇八百余名,分养中西各医院。该医士等亲奏刀圭,不遗余力。饮膳药资并皆出自会中,不取分文酬谢。即李鸿章在马关受伤,亦赖西医疗治速痊,实属心存利济,畛域无分,深堪嘉尚。据督办东征粮台新授顺天府府尹胡燏棻、代理津海关道黄建筦查明,呈请奏奖前来。臣覆查无异,理合缮具清单,恭呈御览。仰恳天恩,俯准分别赏给宝星并"乐善好施"字样,由臣制给匾额,以昭激劝。除中国医士另由臣酌给奖赏并咨总理衙门查照外,所有请奖捐资出力西医缘由,谨恭折具陈。伏乞皇上圣鉴训示,谨奏。

光绪二十一年十二月二十六日奉硃批。著照所请,该衙门知道,单并发。钦此。

照录清单。

谨将红十字会西医代治受伤弁勇出力,拟请奖叙,缮具清单,恭呈御览。

计开:

法国医官司里巴

法国医官德博施

以上二名均拟请赏给二等第三宝星。

红十字会总董、奥国驻沪领事官哈斯

天津红十字会绅董克慎生

英国驻津副领事官、北洋头二等学堂总教习丁家立

以上三名均拟请赏给三等第一宝星。

美国医官阿布德

英国医官伊尔文

以上二名均拟请赏给三等第二宝星。

天津英国医士法来沙施米士欧士敦汤甡詹米士

美国教士白闢

营口英国医士施德清亭厘白兰达达来边纳

烟台医士杜司会

以上二名均拟请赏给三等宝星。

总查中国洋面搭灯洋妇安得生

美国女医郝氏、边氏

红爱会女会长德氏

以上四名均拟请赏给“乐善好施”字样，由臣制就匾额给领，理合登明。

台湾“中研院”近史所馆藏档案，档号：01-25-046-02-016

综纪乙未年本馆协赈所筹赈事略

传有之曰天灾流行，国家代有。尧有九年之水患，汤有七年之旱。灾年岁凶荒，虽古圣王时，亦所难免，是亦天时地利之使然也。然年岁不能无灾荒之时，而国家不能无补救之术，故《周礼》备详救荒之政，诚以未荒之时，政在于备。既荒之后，政在于赈。我朝圣恩汪涉，政在养民。民间一有灾荒，无不发帑以赈拯斯民于沟壑之中。所谓备荒赈荒者，诚不古让也。无如连年以来灾荒迭见且西北为尤甚，而又值多事之秋，库款支绌，不能不藉民间之捐输以为挹注。当十余年前，晋豫被灾最重，皆赖东南财力以救穷黎。嗣后灾区虽不若晋豫之甚，而燕赵齐鲁之间几至无岁无灾，赈不胜赈，虽四方乐善之士慷慨解囊，而年复一年已有江河日下之势。况自去岁中日构衅之后，国家糜费数钱百万金钱，民间骤增无数捐助，东南财力不更形支绌耶？现在各项经费概从节省裁汰，而断不能裁赈款，若舍民间不分畛域输将，挹注之款更无别策。上海为财货荟萃之区，曩者一有捐输，无论多寡，不难立时募集。近今商务既不及从前而捐款日繁，民财易竭者，有力不从心之势，故办赈者尤觉舌敝唇焦，劳心棘手。无如被灾之区，哀鸿遍野，均有朝不保暮之势，告急之函急

于羽檄。若舍沪地一隅,别处更难筹措,故沪地办赈诸君虽舌敝唇焦,劳心棘手,亦不敢稍存推诿,竭力从事。犹幸乐善之士念筹赈之艰难,悯灾民之困苦,或节庆会之资,或减游观之费,或以钗珥见贻,或以书画相助,源源接济,衔感莫名。去年不特赈务之急,在在需捐,即辽东受伤士卒经西人医治,所费亦巨。在海外之人尚不分畛域,悯此伤残,真能生死人而肉白骨,而谓同为食毛践土者,反能漠视之乎?于是知士卒之得以起死回生,皆出西医之所赐而亦蒙诸君子义粟仁浆之助也。本馆从诸君子后,襄办有年,深愧集腋成裘犹不免杯水车薪之诮,惟仰体诸君子实心为善之意,不敢稍存推诿,以期滴滴归公,尤望多多益善,为诸君子广种福田也,所有去岁收解清数已核算清晰:

一、收英洋一万一千二百九十一元三角七分;一、收花洋四十五元兑见英洋四十一元四角;一、收虚对开洋六元兑见英洋三元;一、收票元四千九百廿八两七钱二厘;一、收规元六十两二钱四分五厘;一、收铜洋四百九十二元五角,烊见规元一百廿二两三千四分七厘;一、收庄息规元十四两四钱四分。

总共收规元五千一百廿五两七钱三分四厘,英洋四千七百十一元八角一分,尚有英洋六千六百廿三元九角六分,则扯作规元五千廿三两二钱九分七厘。

共合英洋四千七百十一元八角一分,规元一万一百四十九两三分一厘,此所收之总数也。其所出者:

一、还本馆甲午年垫款英洋二百十一元八角一分;一、解红十字会英洋四千五百元;一、解红十字会规元一千两;一、解顺直四批规元五千两;一、解山东一批规元二千两;一、解河南一批规元一千五百两。

计解出英洋四千七百十一元八角七分,规元九千五百两。

除解出净结存延康庄规元六百四十九两三分一厘。

所收较去年为旺,所解亦较去年为多,虽不能博施济众,遍泽灾区,然犹窃比河海之细流,泰山之土壤,谅不无小补也。尤望多收入一钱,即多解一钱,以备该处灾民多一钱之用,所以一切向不开支,即小洋耗费,亦由本馆贴补。延康代本馆经理出入费用,一切亦从未开支生源,炉房代本馆熔化铜洋炭火,工资亦并不收取,实令人铭心镂骨,敬佩弗忘。现虽冬赈告竣,而青黄不接之时,被灾之区尚不能免呼庚癸,是所望于乐善之君子不吝解囊,广种福田,则本馆区区之苦心也,尚祈鉴之。

原载《申报》1896年2月25日

论金陵拟设西医院事

本月初九日，本报白门笳鼓之第三则云，金陵洋操管务处钱琴齐观察以自强军皆由各路新募而来，沿途露宿风餐，恐感受天时不正之气，易生疾病，拟添设官医局以疗之。适步队第三管翻译官徐君家庠禀请营务处转详都宪刘岘帅请设立公济医院，选精通泰西医术之医生一人主持其事，凡本军洋操员、弁兵丁等人有患内外一切病症者概归施诊，兼指教勇丁练习保伤之法等情。观察批阅之下，以所陈切中事情，为之首肯者，再拟即禀请大帅举行。执笔人读至此，不禁以手加额曰，此举若成，则观察之施惠弁兵，其功德岂有涯涘矣哉？考中国治疾之法传自上古，代有名人顾脉理，虽考核精详，脏腑究未能剖视，以故一遇疑难之症，医者即细心揣度，终不免于影响模糊。自西人航海来华，其医术渐渐流行各省，日新月盛，精益求精，初时华人将信将疑，未敢轻于尝试。及见一试，辄效相率称善。近乃有病人不服华药改而求西医者，诚以西医于平时剖解尸骸，深求血脉之运行，详察脏腑之位置，所见既确凿有据，辨症自不致模棱，而于药物更去粕取精，能以数釐抵华药数两之力，以故取效神速，往往著手成春，特是通商各埠头每有西医行道各省，内地依然付之阙如，即如金陵为省会之区，户口以数十万计，近来大吏以洋法训练士卒，所募多至十三营加以洋员洋弁数十人，营官哨官译员其数亦觉不少。一旦惨罹疾病，在华人延华医诊治，得失参半，未必果有生机。西人则生长欧洲，饮食异宜，衣服异制，使令华医治疗更不能却病魔而起沉疴计，惟有预请西医，庶得临时奏手。且华医略读方书数部，从师一二年以误传讹，自以为是，即可悬壶市上，博糊口之资。西医则自幼入学堂精研药性病肤，又以余力习练化电、光热诸学，学有成效，复遴其尤者入书院入太学。试可，而给以证据，始能行道济时，是以西医无一不艺[医]术精良，不似华医之遇病漫无把握也。或犹恐西医高自为之，未必肯往内地居停，即肯往矣，而薪水之资，岁必以数千计，需用过巨，未免公款难筹，则莫若延华人之精习西医者，代承其乏，每岁给以数百金或千金之谱，当亦可以力任不辞。徐君之上此条陈其用心，不可谓周密欤？况我国军营中既设西医院，更不第平日为弁勇治疾已也，当夫两军相见，炮火喧天，肉薄血飞，死亡相继。泰西乐善之士创为红十字会常出入于万马千军之际，舁伤者而治之，其人身穿号衣，袖上绘一红色十字，背荷药囊、医具，随地施医。中国向无此种医生，以致去年与日本交争，借助于泰西红十字会。今当令西医生于诊疾之暇，聚兵士而教授之，一以避敌人之弹丸，一以救我军之伤损。

他日者，军士皆知救治之术，保护之方，更何致临阵苍皇，坐视士卒之断脰折胫哉。抑仆尤有一说焉。穷乡僻壤小民多困苦颠连，无论无名医以起死回生，即有名医，恐贫病者亦乏资求疗，诚使即徐君之条陈而由渐推广，初设医院以疗兵士，继复分设于各府州县，如上海西人之施医。然无论何等之人，皆可入院疗疾，其经费即在本地筹措，并选聪颖子弟从西医学习，待学成之后，分派各医院量材使用，使之各尽所长。庶乎所费不多而收效甚广。我知钱观察出洋日久，经济夙优，必将嘉纳徐君之言而为之次第布置也。跂予望之。

原载《申报》1896 年 5 月 24 日

函述红十字会各条关键由

光绪二十五年九月初四日出使大臣杨儒函称，五月二十日肃布俄字第二十六号函计邀堂鉴，俄国创设保和公会，本意专在限制兵数暨禁用猛力军火，故原拟列作第一股。若和解公断陆地战例、推广日来弗原议行之于水战即红十字会各条约皆系陪笔。在会各强国议员均谓兵数固不可限制，而猛力军火尤属战务要需，碍难禁用。迭次驳诘不得列入条约之中，于是公议将限制兵数一层叙入首篇，蒇事文据内，愿归下次续议。虚词塞责，禁用猛力军火一层改作声明文件附诸帙末，以示变通。故此次会章定稿除首篇蒇事文据外，和解公断条约作为第一股，陆地战例条约作为第二股，推广日来弗原议行之于水战条约作为第三股，禁用猛力军火声明文件三件作为第四股。至画押一事，原议援照比利时订立陆地战例旧章先行一律画押。至批准与否，仍候各国政府核夺，是以儒有五月支电之请。现据各议员公同商酌，谓比利时战例虽经画押，讫未批准。此次所议各款，如已画押必须批准，宽定期限以本年西十二月三十一号(即中历十一月二十九日)为止，俾各政府从长计议，免致促迫为难。六月二十三日公会告竣，除蒇事文据如春秋盟会之例，一概从众画押外，其余各条约暨声明文件，各国已奉政府训条者或全款画押或择款画押。计第一款画押者十六国，第二款画押者十五国，第三股画押者十五国，第四股文件之一画押者十七国，文件之二画押者十六国，文件之三画押者十五国。若德、奥、英、义、日本、瑞士、塞尔维亚、森不尔厄等国均以未奉政府训条暂缓画押为辞。儒当即对众言明，亦须详告政府再酌画押。各议员陆续散归，儒亦率同参随员役启程返俄，即肃钦电奉闻，敬请堂宪代奏在案。兹将会章定稿就其体例文义详细考核译作华文校录成编并法文原稿一本邮寄钧署，恭备进呈御览。儒窃念画押为批准之基础，如森字第五号堂函称,所云会章如何办法究竟与我有无窒碍,希相机筹议,随时电达本署,请旨遵行,以期详慎等语。谨就管见所及为钧署覼陈之。第一股和解公断条约所议设立常川公断衙门势在必行,如遇争端,愿归公断与否仍听自便。第四股声明文件禁用气球掷放炸药暨迷闷毒气硬壳枪弹,中国虽有制造局厂,尚未讲求此项猛力军火,此两股似于我无甚窒碍也。若第二股陆地战例条约附列章程,在泰西各国陆军同一训练,视章程为习见之端,此次意在精益求精。中国虽间改洋操,未必尽谙西例。设或准约,一旦与外邦开战,必须如约办理。第三股推广日来弗原议行之于水战条约,在泰西各国均有红十字会由陆军推诸水战,中国各口岸向无官设置西式医院,并无西学医生及执役人等,又无救伤船只,设或准约,一旦与外邦开战,或我为局外之国,所有病伤军士亦必须如约办理,此两股似与我究有窒碍也。然以此两股轻重相较,陆地战例非旦夕所克举行,实有窒碍。若日来弗约之红十字会,各国均视为最关文化之善举。即如日本向未入会,官倡民捐著有成效。中国如不准约,必致独违善举,措辞较难。如欲准约,似宜仿照日本办法较为捷便,以示中国善与人同。是虽有窒碍而仍可免于窒碍也。宗旨,此次与会为中国入会之始,倘概不画押批准,外人将疑我显分畛域,此后遇有应入之公会,未必肯与我周旋。以上所陈皆属紧要关键,务乞堂宪明察会章定稿,熟酌从违,应如何画押,以备批准之处请旨施行,并祈于西十二月三十一号之前一个月电示遵办,至未经画押之德奥英义等国按期限内或全款画押或择款画押,由儒确探陆续电陈,以副堂宪详慎图维之至意,谨具恭报会竣一折,调补陈谢一折,敬请钧署代备。

安摺各两分,饬承恭递。除分别钞稿备文咨呈外,统乞代回堂宪鉴核,是所企感,专肃,祗请勋安。不备。

台湾“中研院”近史所馆藏档案,档号:01－28－001－04－001

军机大臣面奉谕旨总理衙门奏议复保和会一折所有拟准各画押各款究竟有无窒碍著该衙门再行谨慎复核并所称红十字会系何等善举一并查明具奏

九月二十八日,收军机处交出交片,称军机大臣面奉谕旨总理各国事务衙门奏议复保和会各股章程一摺,所有拟准画押各款究竟有无窒碍,著该衙门再行详慎复核,并所称红十字会系何等善举一并查明具奏,钦此。相应转知贵衙门钦遵可也。

台湾“中研院”近史所馆藏档案,档号:01－28－001－03－007

具奏遵旨查照保和会拟准画押各款并红十字会章尚无窒碍由

十月二十二日本衙门奏折称为遵旨查明保和会拟准画押各款并红十字会章程尚无窒碍恭折覆陈仰祈圣鉴事。

光绪二十五年九月二十八日军机大臣面奉谕旨，总理各国事务衙门奏议，覆保和会各股章程一摺，所有拟准画押各款究竟有无窒碍，著该衙门再行详慎复核并所称红十字会系何善举一并查明具奏，钦此。由军机处传知臣衙门钦遵。仰见圣怀慎重，权衡虑远，防微之至意。臣等谨就出使大臣杨儒原奏及所送会章定稿参酌中外事宜，悉心复核，为我皇太后皇上敬陈之。伏查会章第一股和解公断条约、第二股陆地战例条约、第三股推广日来弗原议行之于水战条约、第四股声明文件，原其用意大抵因欧洲列邦互相猜忌，兵端屡启，火器日精，有各不相安之势，故思保全和局，以弭兵端。除第二股陆地战例条约业经臣等陈明究有窒碍无庸画押外，其第一股和解公断条约分为四章曰保持和局，曰和解调处，曰派员查究，曰公断。意在申明公法，评议是非，设立常川公断衙门，遇有争端，特请友邦调处设法和商，预免兵燹。查中美条约第一款内开，若他国有何不公轻藐之事，一经照知，必须相助，从中善为调处，以示友谊关切等语。是友邦调处亦曾载入章约，果能遇事转圜，亦弥燹息争之一术。且现据杨儒声明愿归公断与否仍听自便，不至有牵制之虞。此查无窒碍者，一也。第四股声明文件一禁用气球掷放炸药，二禁用迷闷毒气之弹，三禁用硬壳弹枪。泰西以火器擅长，竞尚新奇，未免愈趋酷烈。各强国议员虽不愿入禁约，仍议附诸帙末，限以五年，盖亦难遽违公义。中国练兵之要，武备为先。本年三月间，钦奉电旨饬查各省设厂制造枪炮、子弹具系何项名目，旋据各督抚电奏，如后膛枪炮、无烟栗色火药等厂逐渐扩充。至于此项猛力军火，现在各局厂并未制造，于行军利器并无出入。此查无窒碍者，二也。至第三股推广日来弗原议行之于水战条约，西人称为红十字会。日来弗即瑞士都城。始自同治三年各国公议立约十条，大致遇有战事在战地设立病院救治伤病军士，两军当视作局外中立之人，公同保护。大抵泰西政俗与墨子兼爱之义相近。此次推广会章行之水战，详立十四款，添设救伤船只，意在广施医药，拯溺扶伤，故环球各国均视为最要之善举。杨儒原奏内称日本官倡民捐，著有成效。查日本名此约曰博爱社，平时习练人员，搜集药物，为战时救护之需，大都出自社员之醵资及有志者之佽助，不由官办。风气既开，未始不可仿照，以示大公仁爱之意。此查无窒碍者，三也。臣等复查各条约后均有业经订议之国，如不愿从此约，知照各国以一年为限，允许出会之条，是以后仍可自为操纵。前据杨儒电称保和会章，奥义美三国各派员赴和全款画押，闻英德亦有派员画押之信。德似可全押，惟英适开战务，稍须审择等语。现计为期较近，所有拟准画押各款如蒙俞允，臣等即电知该大臣届时从众画押，以示联属邦交之意。谨将臣等遵旨覆核缘由缮折具陈。伏乞皇太后、皇上圣鉴训示。谨奏。

台湾"中研院"近史所馆藏档案，档号：01－28－001－02－005

救济善会启

敬启者，近因京师拳匪为非，激成大变，列国师船连樯北上，竟以全球兵力决胜中原。炮火环轰，生灵涂炭，兵刃交接，血肉横飞，最可怜者中外商民寄居斯土，进无门、退无路，不死于枪林弹雨之中，即死于饥渴沟壑之内，身家尽毁，几如釜底之鱼，玉石俱焚，枉作他乡之鬼。呜呼，痛哉！能无冤乎？某等不忍坐视，先集同志筹捐举办，拟派妥实华人并延请洋医华医赴津沽一带，遇有难民广为救援，名曰"中国救济善会"。呈请上海道照会各国领事，声明此系东南各善士募资创办，亦如外国红十字会之例，为救各国难民及受伤兵士起见。已蒙各国领事会议，允由德总领事发给护照，俾善会中人携向军前救护并拟即日遣人由清江浦至德州一带沿途接济盘川，振救难民。一面先请法总领事电达各国领兵官，如遇中国被难官商军民必须妥为救护，倘有费用将来如数由善会缴还。窃念东南各省之旅居京师者，或官或贾，不知凡几。父母倚闾，妻儿问卜，其存其没，家莫闻知。凄凉之状，真令人耳不忍闻，目不忍睹。惟是北方之遭难者甚众，广为救济，需费浩繁，为此不惮烦劳，遍呼将伯，倘能多募一金，即可多救一命。方今海疆多故，中外骚然，与其埋藏黄金以祸为忧，何如布施金钱为造福之计？所有善会办理章程明日附刊于报。倘蒙诸君子好行其德，慷慨解囊，伏乞惠赐。敝所转解地北，是则某等所馨香祷祝者尔。尚有章程十则及上海道照会等件，容俟后两日续登。

原载《申报》1900 年 9 月 9 日

劝募救济兵灾捐款

申报馆协振所谨启

拳匪作乱，兵燹惨遭。凡我南人之作客京津者，琐尾流离，苦难言状。沪上诸善士不忍坐视，创为救济善会，其宗旨与泰西红十字会相同，并资送遇难之人遄回故里,此真莫大阴功也。敝协振所辱承诿唾,劝募捐资,如有义士仁人慨发慈悲,倾囊以佽者,不拘多寡,同是善缘,请及早掷交申报馆账房以便汇齐解往。预知颠末,请观报后排日所登小启及章程。肃此布陈,伏维德鉴。

原载《申报》1900年9月9日

济急善局公启

启者,本年京津一带自四、五月间拳匪扰乱,惨被兵灾。江浙人士在北方游宦经商,毙于枪炮之中者不可胜数。其余乘间逃出,孑然一身,妻子分离,沿途留滞者亦不知凡几。人生至此,惨目伤心。信厚等昨奉合肥相国面谕并接同村好善诸君函嘱,集资往救,以尽桑梓之情。因议在上海三马路申报馆、后马路源通官银号、陈家木桥电报局、六马路仁济善堂、盆汤弄丝业会馆设立济急善局,即由信厚等分别筹办,一面函恳杭州同善堂樊介轩、高白叔两先生、苏州吴君景萱、潘君祖谦、尤君先甲、郭君熙光、焦君发昱、徐君俊元、俞君兆莅、吴君理杲、尹君思纶、倪君思九、江西丁少兰观察、镇江招商局朱君熙庭诸善长暨则敬胞兄汉口招商局紫卿二家兄随缘观助,源源接济并由信厚等敦请多年放振之刘兰阶先生恳约同仁分赴津东一带查明被难官商,苦无盘费者,或酌送川资,或代雇船车并请沿途地方官妥为照料回南,免致流离失所。至应送川资若干,议由承收之人出具收条,注明某省县某官某商,以昭信实。惟事甚急迫,需款又巨,苟非迅速开办,恐北地早寒,筹办更难为力,特请登报疾呼。伏祈好善诸君子慨解囊金,多多益善,并乞同乡中之好行其德者分头募助,以冀积少成多。信厚等谬司收解,不胜急切待命之至。再此举恐经费不敷,谨指救济江浙人士而言。如有别省善绅捐款指明救助某省官商亦当一律核办,以期推广。至所收捐款仍照向章钞请登报声明。收条格式(略)。

上海后马路源通官银号严信厚、三马路申报馆席裕福、陈家木桥电报局杨廷杲、六马路仁济善堂、盆汤弄丝业会馆庞元济、施则敬等谨志

原载《申报》1900年9月18日

济急公函

启者,则敬等前议延请刘兰阶先生约友驰赴清江德州一带开办济急善局,早经乘轮前往,禀请山东抚宪袁慰亭中丞行局垫发银五千两,以便及时接济。兹蒙盛京卿敦请招商局顾缉庭、郑关齐、前川东道任逢辛三观察会同前议。诸君备函奉恳合

肥相国幕府诸君子于到京后,转讬各省现尚在京之京官分别妥办,即于初三日附入包封寄去。兹将函稿并大略章程四条钞,乞登报布告同仁。所有讬寄信函等件亦即一并附,请设法探投矣。彝卿莲甫次舟莘伯仁兄大人钧鉴,敬启者,树藩创议救济善会,拟即赴津开办,信厚、元济、则敬、裕福、廷杲亦即约友驰赴德州添设济急善局。昨复与弟宣等公同商酌,各省官绅商民困守都门无可如何者较在津的必更多。苦同类之伤,何堪设想,尤应设法接济。徒以道路既多,梗阻情形亦未深知。只能筹款汇京师,即讬各省同志京官各就所知分别等差妥办,以期实在。且悬揣现在都下情形,此事似必须与各使说明,方能妥协。用特撮举大略四条,谨恳台端,一面代陈傅相于便晤各使时,说明此事,一面设法遍访各省现尚在京之京官先行接洽,款到即办。至汇款之法,弟等已向汇丰熟商,刻间尚无成议,必当设法为之。因思赫税司各使馆及联军入都后必各有余资,其意亦必以汇沪为是。如能就近划兑,尤为便捷。伏乞设法妥商电示,不胜感盼之至。专肃虔颂,均祺不备。愚弟盛宣怀、顾肇熙、任锡汾、郑官应、严信厚、庞元济、陆树藩、杨廷杲、施则敬、席裕福顿首,闰八月初三日。

东南救急会开办章程大略章程四条:一此系仿照红十字会意办理。各省集款汇交上海中国通商银行暂收,由同人妥商划拨,至少以十万金为度;一现在在京之江苏、江西、安徽、浙江、福建、广东、广西、云南、贵州、四川、山东、河南、湖南、湖北各省绅士商民及各直省京朝官均应接济,即请各该省公举一人经理,酌量人数匀济,至多每一人不得过一百金;一收受此款者或即出京或仍留京,均听自便。其有出京而百金仍不敷者,天津由救济善会,德州由济急善局随时添助;一此系东南官绅商民合力筹办,其收受此款者,将来归还与否均听其便,有则全数拨充振需。以上四条系开办大略,如有未尽事宜,随时续议。至各省同人如有专款济其亲友者,请将在京住址详细开示,不论多少均可代寄。

上海北市丝业会馆济急善局庞元济施则敬钞

原载《申报》1900年9月30日

劝募济急局捐款

申报馆协振所谨启

拳匪作乱,兵燹惨遭。凡我南人之作客京津者,琐尾流离,苦难言状。沪上诸善士不忍坐视,创为济急善局,其宗旨与泰西红十字会相同,并资送遇难之人遄回故里,此真莫大阴功也。敝协振所从诸君之后劝募捐资,如有义士仁人慨发慈悲,倾囊以佽者,不拘多寡,同是善缘,请及早掷交本馆协振所,随时汇解,俾孑遗黎庶荏席同登,翘企仁施,迫切以待。肃此谨曰,惟冀垂青。

原载《申报》1900 年 10 月 2、21 日,11 月 23 日

善堂善会诸君均鉴

申报馆执笔房启

各处善堂善会凡有事关行善者,嘱登报尾,例得蠲免刊资。惟是篇幅有限,时或新闻挤压,则登报不免稍迟。而各善士心急如焚,往往重覆投函以致无从清理,即如昨日庆顺里救济善会嘱登捐款清帐中,有已登本月初六日本报附张者,亦有未经列入者,压线匆忙之际,未能一一订正,只得暂付阙如,此诚不得已之苦衷,当亦诸善士所共鉴者也。所望以后凡有单件之既交本馆者,不必一再抄来,庶本馆拼日附登,不致山重水复。手此谨白,幸垂谅焉。

原载《申报》1900 年 10 月 2 日

汇解救济捐款第一批

申报馆协振所启

本馆协振所诸君子诿諈襄办救济善会筹款事宜,登报以来,荷蒙四方仁人源源佽助,昨日汇集九八规银二百七十四两二钱,洋银二百五十一圆,小银钱三百零二角,解往北省以济遇难官商。所望寰区善士各解腰缠,俾集腋成裘,不致功亏一篑,则不第身受其惠者刻骨铭心矣。肃此布陈,伏维德鉴。

原载《申报》1900 年 10 月 6 日

济急第三号公函

彝卿、莲甫、次舟、莘伯、仁兄大人阁下,闰月初三初五寄奉一号二号两函并道胜大班带奉规元二万两先后计均鉴,及兹弟宣接据香港通商银行董事冯厚光寄到规元五百两,函称舍亲区阁读湛霖,号朋萧,在京供职十余年,今秋匪焰大炽,始送眷暂避离京百二十里之怀柔县城景隆客寓,仍只身回京住南海馆。宦囊如洗,大有朝不保暮之虑。而京号闭歇,无从汇借,特备具规银五百两,敬祈设法即寄京师,交米市胡同南海馆区君收领。倘或不遇,请饬守馆人送至怀柔景隆客寓,探交其眷属

手收等语，即请查照。于已汇奉之二万金内提规元五百两按冯君函开事理，妥交广东同乡京官酌量妥办，务取区君或区君家属收银字据，掷寄来沪。又弟汾堂兄顺天差委候补知县任令汝霖号铁君，向在弟宣处办理文案，现在京需次，家有老母悬望不置，该令朴诚耐劳可用。弟汾又有至亲顺天籍丁忧编修徐仁静号莹甫，因乃翁之事羁留在京，此两人踪迹情形现已不知如何，遥揣恐皆在必需接济之列，应请江苏同乡酌办。附任徐家信两封，弟宣堂侄代寄杨子通星使家信一封，附请饬送并恳各取回信掷寄，尤为感荷。傅相前仍恳便间代陈，专此奉布，余容续达。再陆纯伯兄现已料理赴津，此后沪寄公函即不列名合并声明，敬颂均祺不具。愚弟盛宣怀、顾肇熙、任锡汾、郑官应、严信厚、庞元济、杨廷杲、施则敬、席裕福顿首。闰八月初十日第三号正封函间，弟则敬又接冯曜东兄汇到规银五百两，并区君湛森，梁君士诒，彦君廷佐信一件，名片三纸，颜君照片一页，并据称三君如携名片或颜君来领查，与所寄名片照相相符即请照付。倘此后三君以不敷应用，前来添借，以一千两为度，务祈照付，随即汇还等语。兹将来信一封、名片三纸、影相一纸均附上，即请查照。仍于前已汇奉之二万金内照数动支，取寄收条为凭，冯曜翁共计汇千金，所请区君等随后添借，以千金为度，自应照办，并祈转致广东同乡京官查照。又弟则敬有乙亥座师前礼部尚书奎星齐、夫子之世兄宝鼎臣部郎、铭宝瑞臣、太史熙，向住东华门外大甜水，并附函一件并乞探明代送规银一百两，仍即取寄收条。该款即由弟则敬于下批解还；再四川陈子钧兄来电，有专济四川同乡薪米之资，规银五千两。又浙江刘仲丞专济云贵同乡洋二千元，均尚未到，特先附闻，随后或续汇，或即在京就近划付，候示遵办，载请均祺。弟等又顿首。附启者，此项济急经费查照原议，至少以十万金为度，极应迅筹续解，免致办理为难，惟杨彝卿观察诸公甫于十一日随同傅相入都，应俟抵京后奉有电音再行续解。至冯君等讬汇银两，以零星不便汇兑，因即就近在已解款内划拨，日后即当照数补汇，俾清经手合并声明。

上海北市丝业会馆济急善局庞元济、施子英钞

原载《申报》1900 年 10 月 6 日

东南各省同人公电

各局译送制台、抚台、河台、漕台、提台、镇台、藩臬、运道台、各局所、各统领、各商号钧鉴，现尚在京之各省官绅商民百物荡然，一筹莫展，苟延旦夕，急切望援。宣怀因与肇熙、锡汾、官应、信厚、元济、树藩、廷杲、则敬、裕福等在上海通商银行内议

设救急之法,恳由李傅相照会驻京各使,在京设局由各省同乡经理。现先筹款,随后设法运粮,均请傅相转交。如藉众擎得以推广自官绅以迄商民,自京城以迄畿辅,务期尽力救济。乞即设法劝助各省同志有专款寄其亲友者亦可代寄。除将办法章程函达外,特先电恳酌助,感祷。宣怀叩,文。

原载《申报》1900 年 10 月 6 日

本日随报分送济急善局捐册

今夏京津一带猝遇兵氛,南省诸人士之旅居北地者,弃家避难,琐尾流离。沪上诸善长悯之,创为济急善会。募捐集款,分赴京东,查明被难官商,酌送川资,俾得遄回故里。兹由本馆随报分送捐册,伏冀四方好善诸君子大发慈悲同襄义举,有力则汇金慨解,无力则代为劝捐,积少成多,汇齐解往,俾孑遗黎庶免至葬身沟壑之中,是诚莫大之功德也。肃此布陈,诸维德鉴。

原载《申报》1900 年 10 月 13 日

饬属输将

本善会同志候选州同包通刺严驰赴金陵,设立救济北省筹捐分局,前由树藩禀请两江督宪饬属输将,以资接济。昨蒙督宪批准,诚被难官民之福也。批语照录于下:所禀事关善举,自应照准。仰候札,行江藩司标中军分别移行,各属一体酌量捐助可也。

上海庆顺里救济善会陆树藩、潘炳南、丁绍芬等谨志

原载《申报》1900 年 10 月 21 日

泽被宣南

启者,前蒙福州许制军、长沙俞中丞、浙江刘中丞、南昌张方伯诸公分别电助济急经费,业经乞登日报,叩谢恩施。兹又蒙安徽王中丞汤方伯电开,文电悉,京中官绅商民兵燹之余,奇窘可悯。尊处设法救急,胞与为怀,中外咸钦,弟等勉筹五千金日内汇沪,聊效绵薄。祈汇存散放,感荷承示,代寄专款。兹有弟春亲友颜曾,湖南附生现保通判管带水局团勇往绳匠胡同王宅并汇银四百两,亦乞查交,为感弟之春寿铭同覆效;覆电:奉效电,蒙助五千金,佛力仁心,同深钦感,一俟汇到,即由银行汇京汇办,另寄附生颜曾四百两,即按住址寄送。宣汾应等同叩效;云南丁制军电

开，盛京堂鉴，前奉尊电，因现尚在京之官绅商民百物荡然，拟设法筹款援救，由各同乡外官捐助等因。滇虽瘠苦，义不容辞，已与司道商定各将俸余，勉力相助，铎允捐河南银一千两，藩司李经羲允捐安徽银二千两，署臬司曹鸿勋允捐山东银五百两，署粮道汤鲁璠允捐湖南银四百两，迤西道全懋绩允捐浙江银四百两，署开广道刘敏图允捐贵州银五百两，共滇平银四千八百两，余再陆续电达，已集之款，寄交何处。由滇汇沪，尚需时日，能否由尊处照数垫款，先电汇交京都转交各省妥当京官首事匀散，以济燃眉，希尊裁。兹先电复，铎叩马；覆电，马电敬悉，承公与司道诸公集银四千八百两，望交天顺祥汇沪通商银行再转汇京，援照各省办法请傅相转交京官首事匀散。浩劫余生得兹接济，当同深铭感。宣叩养；又李方伯电开，盛京堂钧鉴，亥密昨电，谕助济各省京官一节已由循帅遵集捐数。电复，不赘。羲到滇未久，缺复瘠苦，勉助滇平银二千两，帮贴安徽京官，惟滇沪汇解过迟，欲恳吾丈垫款汇交家伯，照交或交安徽首事匀散或请家伯按同乡戚友交谊分等致送，均可。候尊处电复，款即速寄，不误。惟琐屑烦渎至深感悚。羲叩号；覆电，两电悉，济急会已汇京洋银各二万，拟照循帅公电先函傅相，仍望速解接济，宣叩；四川陈观察电开，济急善局诸公鉴，电悉以敝款三千解京二千解清德，筹画周密，感甚。昨电禀傅相，拟借万两，候示分拨接济各省京官，值此艰难，心余力薄，为济几何，是望诸公鼎力维持是祷，陈光弼叩；覆电陈子钧观察，电悉五竿，遵即分拨承示续助万金，已电请傅相示分拨具仰宏愿，大力钦佩无涯，现在京城汇款不易，通电亦难，尊处如尚未奉傅相复示或将万金仍汇沪由弟等代电声明尊意，一面设法汇京较为妥速。此款是否专济贵同乡，抑系统捐并乞电示宣怀等；又奉陈观察电开，济急善局转盛京卿鉴示，悉猥承奖饰，实增惭赧，按敝同乡已有助款，此次万金原拟统济各省京官。前电奉傅相，尚未奉复款，今电嘱盘记信义生呈缴。听贵局如何设法拨济，仍祈转达傅相施行。光弼叩。

上海北市丝业会馆济急善局庞元济、施则敬谨录

原载《申报》1900年10月21日

来函照登

小舫宗叔方伯大人阁下，初二日曾具芜函定早钧鉴，尊处经办济急会，实莫大善举。今陶心云太尊首先捐洋一百元，余由侄经募大约可集五百元。念救灾如救火，款虽未齐，将此五百元先行汇上并附陶心翁信，至祈察收捐户名单。俟捐定，再

行开奉可也。宗侄国焘顿首;小舫莱臣吾兄大人均鉴,昨寄筱公一函并诗数册,谅达崇览,二公创设善会,仁心义举发乎至诚,登高而呼,响应必众,钦佩奚似。弟以矿务未集受累甚巨,旅况奇窘殆不可言,虚具苦心,□负负近客。厦门厦地新受日人之警,又办福州水灾之捐已难措手,而盛京师又电告延观察及各官绅募办救济善捐,弟更无从措手。因勉凑百金,苦心劝导,又深赖严小秋兄臂助之力,因先汇寄英洋五百元,伏乞察收至各户捐名,俟下次再行开呈再给收条。因现在尚未捐足,系属垫借以济急用也。弟陶濬宣顿首;赋诗五章:

救济会原红十字,温拯宁止活千家。登高一啸群山应,天地回春顷刻花。

……闻焉有感并怀陆纯伯部郎;庚子浩劫,惨目伤心,小舫莱臣吾兄与陆纯伯部郎暨诸善长创济急善会以拯京朝官之厄,天下响应,洵盛举也。自惭棉力,仓粒杯浆未足裨补百千之一敬,赋五诗以志钦愧,并呈诸大善长赐鉴。濬宣呈稿。

上海源通官银号严信厚

原载《申报》1900 年 11 月 14 日

救济善会纪事

日前敝善会第一批轮船抵沪后,即将被难官民分住名利长春两栈,承栈主人力为照拂,有适馆授餐之雅,固不独身受其惠者,欢声雷动也。兹于二本月十二日由敝善会分别遣散虎口余生,安旋故里,当亦海内同仁所欣慰者。至第二批南下官民,俟公平、安平两轮船抵埠,再将姓氏抄登。敝善会承裕记募来棉衣裤二百三十二件,盛泽郑慈谷交来棉衣裤帽二百四十八件,铁城方衍庆堂交来甘露茶一箱,计五千服装,棉怜远道之寒,赠药见用心之厚。作善降祥,可操左券矣。乞登报牍,藉谢隆施。

上海庆顺里救济善会陆树藩、潘炳南、丁邵芬等谨志

原载《申报》1900 年 11 月 16 日

指 日 南 旋

启者,京都南旋官绅商民现已陆续到津,即蒙盛京卿派公平、安平、爱仁、泰顺四轮赴津分配送沪。所有寓津官商亦即附搭四轮同来,届时伏祈各帮绅董惠临金利源码头,公同照料并求洋泾浜、长发栈、长春栈、全安栈、泰安栈、永安栈、双庆里、同丰祥栈、法界马路名利栈、珊记马头、晋升栈、昼锦里、鼎升栈、集贤里、天保栈诸

位主人先行预备,届时即当缮具凭条,注明姓名人数,以便寄寓栈中。能求各派妥人前往马头照料,尤深感盼。钞乞登报布告同仁。

上海庆顺里救济善会、丝业会馆、济急善局同人谨启

原载《申报》1900 年 11 月 16 日

救济善会启

敬启者,近因京师拳匪为非,激成大变,列国师船连樯北上,竟以全球兵力决胜中原。炮火环轰,生灵涂炭,兵刃交接,血肉横飞,最可怜者中外商民寄居斯土,进无门退无路,不死于枪林弹雨之中,即死于饥渴沟壑之内,身家尽毁,几如釜底之鱼,玉石俱焚,枉作他乡之鬼。呜呼,痛哉!能无冤乎?某等不忍坐视,先集同志筹捐举办,拟派妥实华人并延请洋医华医赴津沽一带,遇有难民广为救援,名曰中国救济善会。呈请上海道照会各国领事,声明此系东南各善士募资创办,亦如外国红十字会之例,为救各国难民及受伤兵士起见。已蒙各国领事会议,允由德总领事发给护照,俾善会中人携向军前救护并拟即日遣人由清江浦至德州一带沿途接济盘川,振救难民。一面先请法总领事电达各国领兵官,如遇中国被难官商军民必须妥为救护,倘有费用将来如数由善会缴还。窃念东南各省之旅居京师者或官或贾不知凡几。父母倚闾,妻儿问卜,其存其没,家莫闻知。凄凉之状,真令人耳不忍闻,目不忍睹。惟是北方之遭难者甚众,广为救济,需费浩繁,为此不惮烦劳遍呼将伯,倘能多募一金,即可多救一命。方今海疆多故,中外骚然,与其埋藏黄金以祸为忧,何如布施金钱为造福之计?所有会中办理章程附刊于八月十七日申报中。倘蒙诸君子好行其德,慷慨解囊,伏乞惠赐。敝所转解北地,解彼倒悬,是则某等所馨香祷祝者尔。陆纯伯等启。

代收救济北省被难士商捐款处:上海交北京路庆顺里救济善会公所、申报馆协振所、杭州交清和坊巷鼎记钱庄、苏州交东大街同元钱庄、广东交源丰飞票号、宁波交北江下富康钱庄、绍兴交保昌钱庄、杭州庆福绸庄、苏州中市仁和钱庄亦可代收、湖州交彩凤坊洪元钱庄、汉口交中马头春源油行经手吴干庭、南京交宝善源银号。

原载《申报》1900 年 11 月 16 日

救济电音

上月三十日上海救济善会接保定分局来电云,保定附近难民极多,已蒙孙麟伯

观察严亲傅倚大专差分救，并代筹款协助。惟无船运津，请专电纯翁速雇大船十余只并带棉衣四十，限初五前到保，迟恐冻河，须请洋兵保护同来。方妙汝。救济会致陆纯伯部郎去电云，安平装去八百五十石、衣五千、洋五千，请收各处讬垫款均妥。保定来电，难民多，转请雇大船十余只并衣四千，初五前到保，须洋兵保护。潘。

上海庆顺里救济善会潘炳南录

原载《申报》1900年11月23日

声明代办

启者，则敬随同盛京卿诸公承办济急善局事宜，适寒舍有喜庆事，拟自十月初二日起暂交后马路源通官银号严筱舫老伯暨严渔珊先生代办七日，俾免稽延贻误。敝寓近在咫尺，必当拨冗前往会商，不敢漠然不顾，至初八日后仍在丝业会馆亲自办理，谨乞登报奉闻。

济急善局施则敬谨启

原载《申报》1900年11月23日

署直隶臬司孙麟伯廉访致陆纯伯部郎函

纯伯仁兄大人阁下，仰企嘉徽，闻风兴起，伏承仁襟义袍，济物宏施，钦佩奚似。京津失陷以来官商被难者流离转徙正苦，托足无方，大君子倡设救济善会救护东南人士得庆生还，洵为莫大功德。谢君汝舟偕陈张诸君来保设立分局，弟已广为函播，现在报名回南者已有三百余人。其避居外州县之人纷纷续至，自当一体护送，惟封河在即，船极难雇，弟等因与同志谢君筹商在省城分局左右赁定宽大公所两处专备东南省籍难友家眷来迟不及赴津者，暂时安置，俟明春开河，备船送津，附会中轮船南旋。此举系为推广仁施而设，一切办法详见章程二十条内，寄呈台览。弟复分函劝募，倘集有捐款汇交尊处，藉资协助。所有保定公所经费，亦即取诸其中，将来核实开除，备册送请登报。设有不敷，仍希阁下拨助，以成善举，想亦许为同志也，专泐奉布，祇请善安。诸惟惠照不。愚弟孙钟祥顿首。

附章程一分，计开：一、救济善会专为东南省籍在京在津被难官幕士商流离失所者而设，凡省城各公馆安居如常者，不能援例概请保护；一、避居外州县回南之人或来迟不及赶上或船少不及俱载，准在善会公所暂住，俟来春开河护送到津，搭轮船还南省，城内赁定公所几处，均由善会知照法德统兵官一体保护：一、善会公所房屋无多，除各处报名回南，业已来保赴津不及者暂准居住外，其他避难外州县各家安居无恐，勿因城内有公所可以保护率行迁回；一、公所内只准女眷居住，酌量人数多寡，每两三家合住一院，其男眷不便同处，应各人自觅寓所，如有携带男仆，只准住在门房非传唤不准入内。饭食各家自备，火烛自宜小心；一、凡回南各家要住公所者报明人数后，由善会经理人酌配院屋，编立号数，搬入居住不准任意挑剔；一、凡公所一处须择妥靠管事人照料，除洋兵保护外，派华巡捕两名、杂役两名、管门一门常川在门口伺候，不准擅离，支更两名夜间分班巡更；一、门房设一号簿，凡各家男客到公所探望，须在门簿登某人到第几号住院看某姓家眷，来客不带名片，所说住眷姓名情节不符，毋许放入；一、公所管门每日至晚八点钟必须关门，勿准出入；一、各处发出函信章程辗转知照，如有来信报名者，先将籍贯、姓名、官幕商民、男女、主仆、眷口若干人登记簿册，一面派红十字会兵役前往接护；一、各处家眷行李来保，先行通知善会，即刻派红十字会执事兵役接护，搬运公所善会中，应先与各国兵官说明难民眷口进城，洋兵勿可拦阻；一、善会本为救济被难之人，凡行李箱笼过多不能携带；一、各家年轻妇女幸勿穿带粧扮，须与被难情形相符，切嘱切嘱；一、凡善会执事之人登列名册，衣上有红十字记号，洋文写明“中国红十字会执事人”字样，外人不得仿照钉用红十字希图冒混，如敢故违，查出究罚；一、公所管门兵役人等由善会备发工食，其管事人酌送薪水；一、公所开支薪水工食费项按量按月造册，送交善会查销，经理人勿得丝毫浮开；一、公所经费即在救济善会筹集款项内动拨，由经理人核实报销，用归实际款，不得应糜；一、各处募捐银两送由西关外铁路工程局收，转交救济善会分局，掣取收据寄回，将来汇入捐册，登报以昭信实；一、善会筹款维艰，凡住公所者无论官幕士商，借贷银钱概不应付；一、经理人逐日到所查察，凡在公所兵役人等不得酗酒滋闹；一、各家眷属住在公所设或患病，应由管事人报知善会延医施治。

原载《申报》1900 年 12 月 24 日

北方救济并归顺直春振启

概自北方搆乱变起仓皇，其时东南疆土亦岌岌可危，赖大府立约联盟，始克潜消祸患。伏念京师为人文渊薮，一旦兵戈所指，玉石俱焚，势必英俊沦亡，典章散失。焦思终夜，莫展一筹，是以邀集同志创办救济善会，劝募巨资，舌敝唇焦，不遗余力,以事非亲往从胜堪虞,雨雪风涛备尝艰阻。幸能援救多士,尚未陨越贻羞。归来蒙诸君子逾格奖饰,愧不敢当。此次仰蒙海内诸大善长赐加捐助,仁浆义粟,点滴恩波,惟有劳瘁不辞,力求济非。慕善人之名誉,始冒恶险之风波,至若广收捐款,无征信之可稽。愿点开支,惟虚名之是负。此等行径,必尤耻之,既不忍为,亦不屑为耳。现际来源支绌,筹募维艰,救济事宜拟以二月底停止,并当将一切收支汇刊征信录,以昭信实。凡南人羁留北省者,如须南归,无力措资,望即束装以待。转瞬和议告成,洋兵撤退,从此被难士商自可居安乐土,无事南迁。拟俟救济停止后,一面接办顺直春振,以苏兵燹。余生一面仍筹办红十字会,以垂永久。缘此次仿泰西红十字会章程,冒险北行办理善会,深赖洋兵保护,履险如夷。经此番痛深创巨之余,敢不勉为去杀胜残之举,但事大款巨,棉力无多。倘望诸大善长力加匡助,俯赐玉成,则尤感德无既矣。

上海庆顺里筹办顺直义振局陆树藩等谨启

原载《申报》1901年3月22日

二、专　题

上海万国红十字会暂行简明章程并节略

上海万国红十字会暂行简明章程：

一、此会系中英法德美五中立国联合特别倡办，由中国政府知照两战国政府转告，战国军队将帅士卒皆知此会，其名曰“上海万国红十字会”。

二、此会经费以电报、轮船、火车为三大宗均承北洋核准免费，卢汉火车亦免半费。蒙中国皇上钦奉、皇太后慈恩颁帑，又承中西官商输助专以医治战地因战被伤之战国、非战国兵民，救护战地之无关战事因战被难人民。

三、此会由上海公举中西董事主办，总董就近禀承，中国钦差盛、吕、吴大臣随时随事电牍咨商中国外务部、商部、南北洋大臣、各省大府钦遵中国皇太后、皇上旨意与中国出使日俄大臣、日俄驻京大臣商酌维持，有劝捐办事之特别全权。所有附近战地之紧要地方，由总董会议遴延中西员董缮给，凭信前往。添设分会办事，仍由总董呈请中国钦差盛、吕、吴大臣给发，该分会华员印扎以专责成而昭慎重。

四、此会应有医院、医车、医船，恐侵战国权利，是以只设医院，暂就泰西教会已设、拟设或因战暂停罢之医院房屋或另觅房屋，由本会筹给经费、药物，仿中国海关延用洋员办事之法，商由西董指请教会向办医院之人主持办事，作为本会特设之医院。该医院于租赁房屋应备药品、器具之外，其余尚无开支经费。因极节省而西医生、看护人一切具备，足以医治因战被伤兵民，其非因战被伤兵民由该分会随时斟酌办理。

五、本会最重救护战地，因战事被难无关战事之人民先由营口分会倡办，后由烟台分会酌办，现各分会均已照办。其救护之法有数端：甲、水路现已阻塞，由难民自行设法出险至烟台分会，查督近则给资听其自回原籍，远则给以轮船免票，陆路办法最难最多详列于后；乙、陆路分会均依傍火车站设立，蒙北洋核准火车免票发交会员领存，应用与北洋救济公所，事同一律皆督酌难民之实，系贫苦一无所有者方给免票，即以此免票，递转至芦汉铁路照给半票，招商局轮船照给免票。其再转至沪者验明免票，于换给免票之外，量其归途远近加给川费自洋二元起递至数元不等以足敷到家,尚略有余为度。其候船宿食之费仍由本会核实给付;丙、轮船、火车免票或半票设已用竣,尚未及续领或领而未到,则有营口初办时之法,先与站局约明于每人衣襟手心钤一印记,编数十人为一起,会员亲自护送至停船车之处,帮同船车办事人验明。俾登船车启行,其中如有贫苦不堪者,每人加给洋一二元不等,按日按人详细登薄以便播告征信,各分会皆仿照办理不使难民有守候饥饿之苦;丁、同是被难而其人向来体面,或随带家眷尚有行李,但无现金或不愿侵占难民免票地步,欲自留体面,则有沟帮子初办时之法,计其车费若干,其人写立借据由本会如数代给,一面将借据寄交其所指地方收回归款或寄交上海本会听候酌办,总使其出险而免受窘,各分会皆仿照办理;戊、体面人不用免票之外,尚有官商知战国禁令不敢出险者,则有新民屯分会酌办之法。由其人自将眷属、行李分为数起商明,本会坿入难民之列仍不用免票,由本会一体保护出险。据报每日经过百人中类此者过半,其人既与战事无关同属避难,亦本会应尽救护之义务。各分会应即酌办,不列难民册报另行报查;己、以上皆系救护出险,无论华人、西人,何国人均一体相待,营口曾救护德人,随时知照天津接护。烟台曾救护俄人、韩人,资遣各回本国,已屡次函电切嘱各分会加意照办,毋得稍有歧视。

六、救护出险办法业已略备,尚有土著系恋世业或已濒于危,又自知他出仍无可为生者,该分会目击心伤,岂能恝置?本会义应博爱预筹办法数端:甲、地方被兵即多失业,衣食何资,饥寒可悯。中国最重赈荒,况联合英法德美四大国,现已由总董会议广设筹款之法,筹集办赈应随地制宜总期不出险之无关战事人民不绝生机;乙、大兵之后必有凶年,即多疫疠又非医院之医伤药品所能治疗,现先购运暑药交各分会酌办,随后再讲求避疫方药购运济用,俾难民既免流离同登仁寿;丙、战地炮火纷飞,未易过问战地外及附近处或有不愿出险不能出险之人民既与战事无关。凡有中国地方官之处均已承中国大府拨款饬交设法赈抚,本会谊应协助已切嘱各分会中西会员因地制宜带同翻译与战国将领恳切情商办法,总期不出险之人民得以安居再办给赈救疫诸事。丁、以上为无形之救护,庚子联军在京及京西北直至张家口办法尽人所知。现闻日军奉具政府训条到处施仁布惠,俄军亦以仁爱收拾人心,本会已将庚子所以能如此办法之故,及现在两战国军将优待无关战事人民之确闻详细函告各分会中西会员,俾可仿照酌办。又特延山东周抚帅函荐前来之德男爵司肯多福偕同华员设法办理,以期有济。

七、此会办事华总董宁波沈仲礼观察敦和、宜同任逢辛观察锡汾、钱塘施子英观察则敬、兼总书记宜同任振采观察凤苞、驻津办事总董江西毛实君观察庆蕃、西总董英国按察使威金生、副总税务司裴式楷、工部局总董安德生、高易律师麦尼而、法国工部局总董勃鲁那、德国宾隆医生、美国礼裕洋行葛累、兼总书记英国教士李提摩太。凡事中西会议仍由华总董会商，刘星阶学士宇泰、杨杏城参议士琦秉承中国钦差大臣吕镜宇尚书海寰、盛杏孙宫保宣怀、吴仲怡侍郎重熹核定施行。以上与每星期议事，各董事及华邦总书记宜同陈漱六大令、艺邦书记震泽程鸿征、司马延、第归安、周少莱、大令廷华均不支薪水，夫马西总董所延之副书记英人李治华、总董所延之英文翻译宁波朱仲宾礼琦、并在公所办事之震泽徐盖臣惟岱、嘉同盛萍旨沅、湖州罗家征驹及抄写人等由中西总董支薪水或津贴不等。

八、各分会或西董主持、华董襄理，或华董主持、西董襄理，皆与上海总董联络一气。营口设立最先，西董美领事密勒、英教士魏伯诗德办理最为得法。嗣经华总董遴延上海张丹荣、别驾庆桂、宝山周正卿、司马传诫赴山海关外，添设新民屯、沟帮子分会。周正卿旋即自请辞退回沪，总董续延高□刘兰阶、大令芬、宜兴任启人、刺史锡琪、上元徐性模、都尉信谟、日照朱殿卿、都戎庆章、扬州许文卿、游戎正寿前往。任刺史、徐都尉已至奉天，禀商大府会同西董设立分会医院，并电商密勒、魏伯诗德等展设辽阳、开原、吉林分会医院。总董又以烟台为水路要重，联络津沪旅青之气，请招商局李载之直刺福全设立分会，公举中西董事并请东海关道何秋辇观察彦升就近督率，各分会中西董事亦均不支薪水，总董禀商中国。

钦差盛、吕、吴大臣以山东周抚帅函荐之德男爵司肯多福自愿前赴战地相机办事，已遴派许游击正寿与之偕行，各分会翻译、书记、司事人等人数众多，另单布告，均开支薪水，其不愿开支者仍听总期。广设分会，辗转筹设医伤救难之法以副中国圣旨，英法德美国同心联合创办之义务。以上以已经之办法为暂行之章程，未尽事宜仍随时中西会议，以期妥洽。至中国红十字会章程应由华总董另拟呈候咨部核奏，请旨饬行，合并声明。

光绪三十年五月二十九日，上海万国红十字会谨订

节略：

窃自上海中国绅商联合英法德美在沪绅商会议，特设上海万国红十字会，公举敦和、锡汾、则敬为中国办事总董，英按察威金生、副总税务裴式楷、英工部局董安德生高易、律师麦尼而、教士李提摩太、法工部局董勃鲁那、德国宝隆医生、美国礼裕洋东葛累为西国办事，总董麦尼而将会章详细译明。中西分别募捐酌设分会医

院,救护战地无关战事人民出险,应商请两战国政府承认。先由中国与商,敦和等与海寰等熟商,以上海丝业会馆为中总董办事处。凡与西董会议及交涉各事由敦和等三人承乏,一面邀集众商刊拟捐启,联合公寄各省各埠恳为劝募,一面筹拟商请两战国承认之法,适奉商部电嘱劝办,因据情电覆并电请外务部与日俄驻使电驻日俄使,商请两战国政府承认,又准北洋往来电商南北合办。乃两战国政府均以已设有红十字会足敷分布为词,而战地情形日亟势难延待。迭经中西总董会议,以营口最为重要,先行设立分会,由美领事密勒、教士魏伯诗德等遴举中西总董酌设医院,并救护无关战事人民出险。该处向无法人,据称已举丹国人、俄国人与会就近商明。该处俄官允准照办,海道业已梗塞,难民出险只可取道铁路,以距山海关天津较远恐照料不及,又由沪遴举苏绅候补通判张庆桂、同知周传諴带同俄法英文翻译人等附轮至津商。请袁慰帅示饬与赈抚局毛实君观察、会办张绅等函商营口,于该分会已展设奉天、辽阳分会外,再添设新民屯、沟帮子、山海关、塘沽四处分会,电沪请添派人往办事,又由沪遴举历办义赈同办,庚子东南济急会之苏绅、直隶候补知县刘芬指分、直隶候补知州任锡琪、云骑尉世职徐信谟、前安徽候补通判左桢并令酌带向曾共事可靠之员友,俾可分投办事,以资得力。现正部署启行沪,又添设烟台分会以联津沪旅青之气。查此会宗旨重在医疗,其救护难民出险一层本系条议中之绪余,实为今日之要著。蒙外务部一再据情转商并已奏请颁给驻英张星使全权补画。瑞士总会原约尚有应行声明之处已拟另备函电商请张星使酌办,俄政府久无覆音似已无暇,及此日政府于救护难民出险一层,据总领事面称必可商办。惟战地情形迭据各分会电函及迭次来人吁诉,自去秋以来农氓失业、商贾裹足、日用昂贵、耕畜余粮概被搜括,俄兵每退于可携带之物外必焚毁无遗,转瞬饥荒自在意中。向来饥荒之后,必有大疫,将来分局施诊施药亦须筹及。现在分会传单所到,侨民均陆续内徙而土著之人则以出走亦无以为生,仍只株守待毙。东三省虽向为产粮之区,农氓久已失耕,秋收无望,亟应接济。惟幅员辽阔,无论禁令如何,粮食从何购运,随后甚烦计议。目前山海关外,俄兵将退,日兵未到,胡匪横行,人有戒心,各分会均依傍铁路车站与北洋官绅联络一气。据报截至三月底止,合营口、奉天、辽阳、新民屯、沟帮子、山海关六处救护山险难民二千余人,均有名册来电。据称即当录寄,又据烟台分会电由沙河、东沟等处民船冒险渡到第一次一百余人、二次三百余人,工匠居多,酌量抚恤资遣,随后造册函报。除总分会往来电报商恳免费外,所有轮船、火车又恳蒙袁慰帅饬由毛实君观察印制免票,在事南北官绅一体领用。其有已给免票而尚难启行者,按口量与津贴,俾回原籍或另谋生。闻尚无出险而致失所之人,其未领用免票以前,各该分会商明车站于各人手心衣襟钤印图记,分起派人护送至火车站验明免费运送。医院现只设营口一处,购运药物两次,现又拟购寄该分会治暑防疫诸药品,所费均尚无多,至在事中西官绅士商、中西总董固皆不支薪水。夫马西总董公延书记由英法工部局捐给中总董公延翻译书记月薪,及油烛、笔墨、纸张由敦和等另行设法筹给,各分会中西董事暨由沪前往之张、周、刘、任、徐、左诸绅亦不支薪水。其沿途来往川费、所用翻译书记等人均万不可少,断无再令捐给之情理,均令量给薪水,据实撙节开支。就目前而论,捐启分寄各省,荷蒙筹募陆续拨寄沪市,则下至优伶亦集资相助,具见好善人有同心经费尚无虞不给。惟将来分会推广兼办赈济,其地方广阔难限,其时日久暂难知所费浩繁,设竟见绌点金何术将何以仰体圣慈,如伤之隐慰灾黎待命之情。此尤昕夕旁皇难安,寝馈而不能不偏呼将伯也。谨略右节略缮送后,旋接张绅等电称,在京蒙振贝子面谕具呈转咨外部照会俄日使给发会员护照各八纸。现俄护照已到,闻日使先有决不拦阻之说,其护照现尚未到即函详等语,核与营口分会。俄官允准即为两战国默许之据,适于十一日奉外务部蒸电奉上谕朕钦奉慈禧端佑康颐昭豫莊诚寿,恭钦献崇熙皇太后懿旨,前据外务部奏万国红十字会总会请旨画押一折,业经批准饬谕张德彝画押。此会医治战地受伤军士并拯被难人民实称善举,现经中国官绅筹款前往开办,深惬朝廷轸恤之怀,著颁发内帑银十万两以资经费。传谕该员绅等尽心经理,切实筹办,钦此。谨查外务部原奏内开谨奏为,补画瑞士红十字会原约谨拟颁给驻英使臣全权敕谕缮单具陈,并请批准保和公会画押,各款恭折仰祈圣鉴事。窃查光绪二十五年前出使俄国大臣杨儒奉会前赴荷兰都城保和公会与各国使臣会议条约奏请择款画押,当经总理衙门先后遵旨查明。议奏除陆地战例条约无庸画押外,一曰和解公断条约,一曰推广日来弗原议行之于水战条约,一曰声明文件禁用各项猛力军火。以上之款均查无窒碍,请准从众画押等因,于是年十一月初五日奉朱批依议钦遵电知该大臣画押在案,各国使臣于画押之后均由其本国批准知照荷兰政府,中国以二十六年适有事变未及,请旨办理。臣等伏查保和会所载,推广日来弗议行水战一条,泰西名为红十字会创自同治三年,各国在瑞士日来弗都城公立陆战条约后又推之于水战救病扶伤,实为环球善举。现值日俄事亟,战地居民流离可悯,本年二月十二日御史夏敦复奏,请查照西例设红十字会等语,奉旨外务部知道,钦此。迭经臣部会同商部电致上海绅董筹办,旋据电覆已议中英法德美五国合办上海万国红十字会,各举总董分筹款项。惟须转商日俄两国政府,并须知照瑞士总会方能承认等语,臣等当即电知驻日本使臣杨枢、驻俄使臣胡惟德切商,两国外部尚未定议。适接瑞士总会来函以中国应补画陆战条约为请,臣等以瑞士为未经订约之国,拟由驻英使臣张德彝照会瑞士驻英公使作为入会之据。兹据张德彝电称,瑞士政府以该大臣办理此事务须奉有补画该约之全权,敕谕方能照办等语。臣等查中国与各国订约颁给使臣全权字样历经遵办在案,此次补画瑞士红十字会原约自应奏请颁给,以昭慎重。谨拟敕谕一道缮具清单恭呈御览伏候命下,臣等即行恭缮请用御实发文驻英使臣张德彝遵照办理,至保和会业经画押之和解公断条约推广日来弗原议之于水战条约及声明文件禁用猛力军火各款,应一并请旨批准。由臣等咨行驻俄使臣胡惟德知照荷兰政府以符前案,所有补画红十字会原约并请批准,保和会画押缘由,理合恭折陈。伏乞皇太后、皇上圣鉴。谨奏。

台湾“中研院”近史所档案馆所藏红十字档案,档号:02-35-015-03

三、函　　件

红十字会事照日俄两使并电胡杨二使迅商由

光绪三十年二月初三日，收商部文称，照得日俄开战旅顺等地适当攻战之冲，该处人民流离可悯。查泰西各国两有红十字会，中国素未与会，所有会中应得权利未能同享，前由本部饬由杨参议士琦在沪，会集商董妥筹设法。兹据电复称遍商上海各国官商议定中英法德美五国合办，名曰“上海万国红十字会”，公举中西办事总董各自筹款会同合办。据西董称此系权宜办法应由中国政府电致中国驻洋公使商请两国政府承认此会，饬下战员知照等语，应请贵部查照。前因迅与日俄两国公使商办，一面电致胡杨两驻使分诣两国政府迅速妥商办理，一俟复到请迅复，以便转饬遵办可也。

台湾“中研院”近史所档案馆所藏红十字档案，档号：02－21－013－01－002

拟定红十字会办法请照日俄两使即电胡杨二使迅商并知照瑞国总会由

光绪三十年二月初四日，收商约、电政大臣电称，奉商部鉴电敬悉一切，上海绅商正初己集议设法格于会例，兹幸议成中英法美合办上海万国红十字会，译得会章：一在战地设医院治受伤军士误中流弹人民；二置医车载受伤军士人民；三拯被难人民难离去战地。凭红十字旗在战地切是行其权利，战国不得侵欺。举沈敦和、施则敬、任锡汾为中办事总董，英按察使威金生、英法工部局总董李提摩太、同孚传密生福医生、己伦高易麦尼而为西办事总董各筹款项会商妥办。与商部来电，商家出名之意适相符合，中款已筹垫五万余金，并刊募捐册函海等均列名，广劝西董，现公议请中政府电饬两国驻使转商两战国政府承认此会，饬下战员知照驻使。西董亦各电其政府承认如再战国政府不受驻使所商，该西董等当再电其政府转商，以必期允洽。自系目前最要关键，拟请大部一面与日俄驻使面商，一面即电胡杨使，据情与商。又闻须先照例知照瑞典与总会两战国方能承认并讫乞钧裁示覆。海、宣、熹，江。

台湾“中研院”近史所档案馆所藏红十字档案，档号：02－21－013－01－003

发北洋大臣上海电政电片呈即排发

光绪三十年二月初七日,收商部文称片呈事,本部现有发北洋大臣电一件,上海电政吴大臣电一件,相应片呈贵部迅即排发可也。

照录粘钞电

发天津袁宫保、上海吴侍郎电各一道

袁宫保、吴侍郎鉴,顷接上海施则敬电禀现办红十字会请免会中来往电费,禀奉吴侍郎贵处批准赈电例免费三十字为限,断不敷用,请电商。凡遇会中办事筹款各电,无论字数多寡概请免收等语。查该会为援救被难人民起见,按西例国家皆助款维持,较之赈务尤重,且来往电报即繁字句更难从简,业与外务部商明。该道所请会中各电均免收费之处,应即照准,希查照饬遵并电复。商部,阳。

台湾"中研院"近史所档案馆所藏红十字档案,档号:02-21-013-01-008

张庆桂赴辽西是否政府核准有无专条均去详悉未便允认由

光绪三十年三月二十三日,收日本国公使内田康哉照会称,接准光绪三十年三月十九日来文内开中国商董在上海与各国商董合办红十字会收治战国各国战伤兵民,救护无关战事人民出险。现由该会派商董张庆桂等拟即驰赴营口辽河以西一带地方招呼被难商民附搭轮车运离险境,相应照会贵大臣查照允认,迅即复仍由本部缮就护照送交贵大臣签字等因,本大臣均已阅悉。查贵国会同各国人合办红十字会以治战国伤病兵民,救护被难商民,其宗旨所在固属仁慈善举,本大臣实所赞叹□。闻营口地方现在俄国布行军律,田庄台、沟帮子、新民屯等处时有俄兵往来,即由日本大臣于贵部所缮发护照签字,仍属无济于事。本大臣并悉在上海创设红十字会一事,前经由驻东京杨大臣商及小村外部大臣,只缘此项红十字会是如何立法、何项性质以及如何办法均未确切提明,致未允认等情。现在由该会派张庆桂等前往辽西一带地方,本大臣未便擅自允认之处殊深抱歉。本大臣惟凡各国红十字会,各该国政府定有必须遵行之专条办理,并由应管衙门查核。该红十字会,遵照国家所定专条认真施行,方准其随同前往战地,是为通例。而此次在上海及营口贵国所设红十字会,是否业由贵国政府核准设立,并是否定有应遵专条由何项衙门为之监管等节,本大臣未尝详知,相应照请贵王大臣查照核复,以便转达本国可也。

台湾"中研院"近史所档案馆所藏红十字档案,档号:02-21-013-01-052

请饬各使臣向该会觅抄各国自定之章程由

光绪三十年五月十三日,收商约、电政大臣吕海寰、盛宣怀、吴重熹电称,据沈任施道等称遵拟中国红十字会章程,惟备始美已蒙抄发美日两国,来件尚有同盟四十二国各自定章,虽已设法觅抄并向日本觅取据译洋文原本及医院医车图式,诚恐辗转需时可否。仰恳大部电饬驻英俄德法比义奥大臣各向该会觅抄各国自定之章洋文译文一并迅速咨呈,如能多备一分径寄上海。尤所祷盼荷兰原约已向沪领事借到译出瑞士原约并恳电饬张大臣向该总会索取一分,寄示等情。该道等深思远虑,实力虚心拟章务求美备所请极关紧要。敬乞钧察,即饬电为祷。海、宣、熹,元。

台湾"中研院"近史所档案馆所藏红十字档案,档号:02-21-013-02-032

收到内帑及部捐银两并送节略由

光绪三十年五月十三日,收商约大臣吕海寰等函称,四月二十一日接奉大部号电:内帑银十万两,本部堂司捐银二千一百两,已电沪道拨交总会绅董只领等因,旋据江海关道遵饬将前项银两拨解前来正拟函达。三十日接奉赐函并捐款清单,仰荷鼎力提倡,钦感同深。海寰等酌拟奉发。

恩帑京平足银十万两,谨照复奏分拨并筹兼顾之意饬,据敦和、锡汾、则敬会同宇泰、士琦、庆蕃、凤苞与各绅商公同筹酌各半,分别具领呈送。又具备案呈词另牍咨呈大部察核,大部捐款京平足银二千一百两,照章由会掣寄收照。兹谨分掣收照七纸,敬祈鉴核代为呈堂会事。前于四月初九日分别肃函缕陈办理情形,谅邀赐察随即刊印节略,分寄各处以慰同志盼望。兹谨捡寄一分,敬乞詧阅,应否呈堂鉴核,并请卓裁再前系官绅三十二人联名具函嗣或前赴分会办事或另有事他出。又经中西公议续举庆蕃为驻津办事总董,凤苞为副总董兼总书记,海寰等主议就在事十人联名以昭核实,合并附及除未尽事宜,仍随时函电驰商外肃复敬颂均绥不具。

照录节略。节略文舆,初三日收商约大臣函并十字会官绅来函,全同右节略。缮送后,旋接张绅等电称,在京蒙振贝子面谕具呈转咨外务部照会俄日使给发会会员护照各八纸。现俄护照已到,闻日使先有决不拦阻之说,其护照现尚未到即函详等语,核与营口分会俄官允准即为两战国默许之据。适于十一日奉外务部蒸电奉上谕朕钦奉,慈禧端佑康颐昭豫庄诚寿恭钦献崇熙皇太后懿旨,前据外务部奏万国红十字总会请旨画押一折,业经批准饬谕张德彝画押。此会医治战地受伤军士并拯救被难人民,实称善举。现经中国官绅筹款前往开办,深惬朝廷轸恤之怀,着颁发内帑银十万两,以资经费传谕该员绅等尽心经理切实筹办,钦此。谨查外务部原奏内开谨奏为补画瑞士红十字会原约,谨拟颁给驻英使臣全权敕谕缮单具陈,并请批准保和公会画押,各条恭折仰祈圣鉴事。窃查光绪二十五年前出使俄国大臣杨儒奉命前赴荷兰都城保和公会与各国使臣会议条约,奏请择款画押,当经总理衙门先后遵旨查明议奏,除陆地战例条约无庸画押外,一曰和解公断条约,一曰推广日来弗原议行之于水战条约,一曰声明档禁用各项猛力军火,以上之款均查无窒碍,请准从众画押等因。于是年十一月初五日奉朱批依议(钦)钦此遵电知该大臣画押在案,各国使臣于画押之后由其本国批准知照荷兰政府。中国以二十六年适有事变未及请旨办理。臣等伏查保和会所载推广日来弗议行之于水战一条,泰西名为红十字会创自同治三年。各国在瑞士日来弗都城公立陆战条约后,又推之于水战救病扶伤实为环球善举。现值日俄事亟,战地居民流离可悯。本年二月十二日御史夏敦复奏,请查照西例设红十字会等语。奉旨外务部知道,钦此。迭经臣部会同商部电致上海绅董筹办,旋据电复已议中英法德美五国合办上海万国红十字会,各举总董分筹款项,惟须转商日俄两国政府并须知照瑞士总会方能承认等语。臣等当即电知驻日本使臣杨枢驻、俄使臣胡惟德切商两国外部,尚未定议。适接瑞士总会来函以中国应补画陆战条约为请,臣等以瑞士为未经订约之国,拟由驻英使臣张德彝照会瑞士驻英公使作为入会之据。兹据张德彝电称瑞士政府以该大臣办理此项事务,须奉有补画该约之全权,敕谕方能照办等语。臣等查中国与各国订约,颁给使臣全权字样,历经遵办在案。此次补画瑞士红十字会原约自应奏请颁给,以昭慎重。谨拟敕谕一道,缮具清单,恭呈御览。伏候命下臣等即行恭缮,请用御实发交驻英使臣张德彝遵照办理至保和会,业经画押之和解公断条约,推广日来弗原议行之于水战条约及声明文件禁用猛力军火,各款应一并请旨批准,由臣等咨行驻俄使臣胡惟德知照荷兰政府以符前案。所有补画红十字会原约,并请批准保和会画押各款缘由,理合恭折具陈。伏乞皇太后、皇上圣鉴。谨奏。

台湾"中研院"近史所档案馆所藏红十字档案,档号:02-21-013-02-033

寄捐册由

光绪三十年三月二九日,收商约大臣吕海寰等函称,前约同志创设上海万国红十字会以救护日俄战地被难人民,正在议定筹办。适奉大部电示,当将办理情形随时陈荷，承鉴察极意主持指示周详匡所不逮至为感幸。此事需费浩烦，中国初创非比各国累年积储充裕，临事拨用自应设法筹劝。当红会合在沪绅商刊印捐启缮备公函分寄各省大□暨出使各国大臣，各省绅商合力设法广募，正拟寄请台督边接津电转奉商部饬催迅速寄等语。兹谨检寄捐册一百本，敬祈查核，亟乞代为呈堂声明不另肃函。除未尽事宜，随时电商外。专肃敬倾均祺，诸惟德鉴。不备。

台湾"中研院"近史所档案馆所藏红十字档案，档号：02-21-013-01-056

西董议定后司肯多福进京面见各公使商明前进由

光绪三十年五月十五日，收商约、电政大臣吕海寰、盛宣怀、吴重熹电称，德男爵司肯多福自济南来沪，持周玉帅函以战地内难民红十字会员尚未深入救护。司肯多福原为前驱，因嘱中西总董与商，始悉会章难以深入。自托俄领事，幸俄副将搭西努将其来意各电请政府示日领，复语含混。俄副将接伊政府电，不愿中国往办红十字会事，可准渠前往，已电京雷使核示。现中西董会议定后，司肯多福拟同济绕津晋京见各该公使，商明前进已派分会员弁桢与偕同须德文翻译。据称玉帅允派海等拟电玉帅预备，俟司肯多福弁桢到京，再面禀一切。先此电达，以期接洽。为今之计，得步进步能办一切事，即尽一切心，刻下自以广行救济为第一义。海、宣、熹，願。

台湾"中研院"近史所档案馆所藏红十字档案，档号：02-21-013-02-034

俄不给会员执照未便直往战地可否照各公使切商由

光绪三十年六月初一日，收盛京将军增祺、奉天府尹廷杰电称，昨由上海红十字总会派员来奉办理会事，因无俄护照未便直往战地，当派朱道荣钦偕同翻译官与来员往。与俄员商议始则互相推延，继称医院不可用洋人，辽阳亦不准洋人同去，护照有碍战务不能发给。复谓即用俄医，亦不给护照等语，坚与辩论，迄无成议。已令来员电达总会能否由大部照会各国公使同与俄使切商，俾该会得以救济，东民幸甚，并祈示覆。祺、杰，沁。

台湾"中研院"近史所档案馆所藏红十字档案，档号：02-21-013-03-001

抄送呈问答照会各件俟德员到京请示由[节录]

光绪三十年六月十八日，收商约、电政大臣吕海寰、盛宣怀、吴重熹文称，上海万国红十字会总董记名海关道沈敦和、前四川川东道任锡汾、直隶候补道施则敬、副总董兼总书记江西候补道任凤苞呈称,窃照本会延订德男爵司肯多福前赴战地会商关外各分会中西员董筹办救护难民事宜。所有合同、稿训、条稿宪台照会并总董等历次会晤问答攸关紧要各语及中西特别会议关涉该男爵各稿。兹经总书记汇录清折齐全,呈请宪台备案,另缮清折二扣清单十二张,拟恳宪恩俯赐将清折二扣咨送外务部、商部,将清单十二张黏咨盛京军尹宪、台林军宪、黑龙江军宪、齐齐哈尔副都统、北洋大臣、山东抚宪、备粘行关外分会华员张倅庆桂、刘令芬、任牧锡琪、徐世职信谟、朱都司庆章。俾凭与该男爵联络商办,所有呈报德男爵司肯多福交涉稿件备案并请咨行缘由,谨会同驻津总董调直差委毛道庆蕃合词具陈,伏乞察核施行。此系总书记主稿,商同总董等办理合办陈明等情,并附清折、清单等件。据此除备案并分别咨行外,相应检折咨呈为大部。谨请察照备查,并于该男爵晋见时察酌训示饬遵须至咨呈者。

照录清单

谨将德男爵司肯多福到沪后历次会晤会议问答,及照会训条合同各稿汇录清折,恭呈钧鉴。

计间

五月初九日下午一点钟,华总董沈敦和、兼总书记任凤苞与德男爵司肯多福会晤问答。司肯多福先将其五月初三日寄周抚台信交阅,大致谓到沪禀见吕、盛大臣表明饬派来沪联合上海红十字会赴东三省办理救护难民出险。吕、盛大臣皆以会事关紧要,亟宜设法筹办,惟日俄两国虽经中国总董与商多次迄未允洽,现与牛庄教会联合已开医院一所。此外尚有华人二十人派往东三省大车站附近设立分会,已在离奉天省城一百二十里之新民屯、沟邦子、山海关设有分会。此方系袁制台主政,南方中国董事系沈敦和、任锡汾、施则敬、任凤苞四道台。此外尚有西董司与华总董及西董书记李提摩、西董宝隆谭论数次已略知会中底蕴。据述会款现约有三十万两内十万两系奉发恩帑,其余二十万两系各省所捐,其用款计牛庄开医院及备床一百张用银四千两,魏伯诗德办理救济银五千两汇交袁制台,作救济之用银二万两,赈济全州难民日洋一万五千元银。牛庄魏伯诗德来信言会事最详,摘其要旨六条照录如后:

一、有权力董事已经举定,遇有意外无美不备。

二、医院应用各物亦经齐备,假使附近之处明日开战立刻可以医救五十人,如果人受伤众多可推广医生多人,俱经说定,一经电邀,一日可至。

三、现备有中国人容寓一所,足敷客留难民四百人,凡曾设馆授养者男女孺子已不下二十余人之多。

四、此间已有无数难民送往直隶、山东等处原籍。

五、将来无论救伤救难诸事具备,一遇意外便可随意设施。

六、余等即望新民屯及辽河以西各处设立分所,承派张、周二君前来相助感甚,但余等之意最妙。现在先往以上所指之处办理一切,遇事镇定有恒,不乱不忙,亦不必禀请允准,与其先允不易,何如不请默允之为愈也。

中国总董禀交来华文办法节略清折一扣,附呈察阅钧意红十字会必须两战国遵照日来弗盟约保护承认,是以司仰体钧意及吕盛大臣之意托俄副将搭西努日领事小田切电商,俄日政府电文录后。因念东三省难民被灾甚重,中国红十字会设法拯救预备粮食,栖止并救护回籍,如有难民无论何国,一视同仁。中国总董请两战国按照日来弗盟约承认保护,此电发后皆未得复,随面见德总领事克纳贝表明来意,克谓如何帮忙,必当竭力。司又将日本领事来往信三纸交阅,第一纸系小田切来信言,日前承面商上海中国红十字会欲在满洲救护难民之事,前接本国外部来电以为满洲地方现在俄驻兵之地多于日本,俄国现在既未答应,我国何能遽允?

第二纸系复小田切信言,接奉来函,贵国于中国红十字会未能慨然允认,甚为怅然,惟日本兵力所得之地面,应请允准前往办理救护。

第三纸系小田切信言,中国红十字会欲在满洲救护难民,本总领事曾将本国政府实在意旨详细告知中国总董总书记沈、任、施、任四道台请晤,便知大致本国军队所到之处迅遇中国人民性命物产均加意保护,并无受苦情形,似不必再有别人前往救护。

沈云:"俄国有无复函?"

司云:"至今未有。"

沈云:"俄国于应办复文等事每多疏忽迟延,不知搭西努当日如何应允?"

司云:"搭西努当日允我电其政府。"

任云:"搭西努是否确电其政府?抑系空话敷衍。"

司云:"搭西努与俄领事最为要好,我昨见俄领事,据言搭西努见面时并未提及有电寄与政府之事,现在无论搭西努寄电与否,我当电商政府。"

沈云:"阁下系德国人,其实指须领有贵国驻京公使护照前往东三省游历为名,派数华人随同前往,相机办理赈抚等事。素仰阁下俄语精通,如其前往必可顺手,与我们不通俄语者不同。现在吕大夫与我们同人均以不能前进一步为憾,大家颇有盼望阁下能赴辽阳、奉天等处理一切。”

司云:“恐有不能因俄国常疑我等为奸细,必多阻留之事断难顺手,不遇俄领事以我俄文甚好为不见外,允我如政府不能明认,当缮一信介绍于东方总督阿力克塞夫,搭西努并为介绍于陆将苦罗巴金。”

任云:“然则无论俄国允准与否,阁下总可到东三省矣。”

司云:“稍有再定,我此来往拜俄官数次,总未见答,拜大约我名位不正,非贵会之人,所以不甚见重。可否请吕大人委作会员或请吕大人代我致函搭西努说项,声明我是本会之人。”

任云:“吕大人与搭西努恐无往来,有所未便。”

沈云:“会员一层须照西例投函本会,特别会议方定可否。”

司云:“前见李提摩太,即允随时可以特别会议。”

沈云:“我当将尊意告之李提摩太可也。”

五月十二日午后两点钟,华总董沈敦和、兼总书记任凤苞与德男爵司肯多福会晤问答。

五月十五日下午五点钟,华总董沈敦和、任锡汾、施则敬、兼总书记任凤苞,两总董威金生安得生、麦尼而、宾隆、葛累、兼总书记李提摩太特别会议问答。李提摩太精将德男爵司肯多福来信语意宣读一遍,大旨谓山东周抚台之意以上海万国红十字会开办多时,虽经派员出关设立分会。然未深入战地,大约须用通晓俄国语言、风俗之人前往,方可有济。现有德男爵司肯多福熟悉俄国语言文字及东三省情形,是以延请来沪与会董商议办法,司肯多福到沪即函商日本领事小田切、俄副将搭西努均婉辞相谢。

上海万国红十字会中国总董沈敦和和任锡汾、施则敬、兼总书记任凤苞今据贵男爵自请前赴东三省战地办事训条。当经会商西董禀明,吕、盛、吴三大臣酌定开列如左:一、此次偕同本会华董许正寿前赴满洲救护难民出离战地,与本会分设之各分会中西董事和衷办理,所有各分员、会董姓名及驻扎地方均已告知并由许董随时知会司君。二、满洲华称东三省因内分奉天、吉林、黑龙江也,目前战事俱在奉天,所以救护之事先在奉天下手,闻近来难民以金州、复州、海城、盖平为最多情形,亦最苦,金州已有袁宫保派张道台救护复海盖三处。日前俄兵甚多,司君精通俄语必能与俄将联络设法救护出险，酌量咨送之最近分会接送，其奉天以北亦有难民，俟复海盖救出后再行前往难民最多地方相机办理。三、难民有两种：一曰客籍，一曰土著，客籍均欲逃回故乡，故须询明某省人，凡极贫者量其地之远近给伊川资，有可送至新民屯营口者可以减少川资，因该两处均有分会可给舟车免票也。土著大都不愿离其故土，因战事失业，衣食缺乏，必须周济，随时与许董事商明，会同各该地方官酌办。四、东西纪律之师所至均能保护闾阎。庚子北京之事，凡在京城，善待百姓之国之兵，至今都中人感念不已。此次俄日战地不幸借用满洲自不能即作占领敌国地论，两战国将帅岂无仁义之人，司君往晤婉言商酌设法保全。务请两战国将帅即将此事出一军令，禁阻扰害百姓之事，则保全必多，功更在救人出险之上，名誉更著两战国之文明亦遍五洲。现本会医院救护均已办有成效，惟保护闾阎一层尚无办法，望司君格外加意。

台湾"中研院"近史所档案馆所藏红十字档案，档号：02-21-013-03-014

奉会董来电辞退拟即回京抄呈禀件由[节录]

光绪三十年八月二十七日，收德国男爵司肯多福禀称，窃多福自蒙上海总办红十字会委充会员以来，无不悉心擘划以冀速成事功。日前方与袁宫保筹商在新民屯附近地方设立粮局医院，两事尚未定议，忽奉上海总董致电辞退多福，再思维实不得。所以辞退之故中心疑惑，颇难辞释。兹将先后上袁宫保上，上海总董两禀录呈电鉴多福。拟即东装回东未遑告别，深用歉然。肃此，恭叩钧安。

台湾"中研院"近史所档案馆所藏红十字档案，档号：02-21-013-04-009

希妥筹红十字会事并安插难民由

光绪三十年二月初一日，致北洋大臣袁世凯函称，日俄开衅以来，两国调集兵队，势将以东三省为战地，陆军交绥，计期亦当不远。中国商民猝遭兵燹，强壮流为盗贼，老弱且转沟壑，生灵涂炭，其何以堪？东省原有之兵尚须退紮，以免相犯。兵力单薄，动多窒碍。地方官勉守中立，一遇战事，其权力必不足弹压保护，若一任百姓之流离颠沛，呼吁无门，救死扶伤将何所赖？东西各国所立红十字会虽为医治病伤军士而设，藉前往战地救济难民实亦推广善举之办法。前阁津报尊处已设法办理，同深佩仰。北洋地当冲要，执事念切恫瘝，如议有头绪，当尚希力为提倡，详细熟筹。官办恐有难行，若以商办为名，想想无扞格，所需经费可由公家酌拨款项，其余广行劝募，并择好善勇往之人按照公例与日俄两国商明,准其前往相机妥办。近闻铁路所载东省避难入关之人每日有千余名,将来警报日急,迁徙更多,内如何安插,应预为布置。谅执事必已筹画及之,统望卓裁见复,以便合力商办。专此密布,顺颂勋妥。

台湾“中研院”近史所馆藏档案,档号:02-21-013-01-001

红十字会已定办法希商日政府承认由

光绪三十年二月初五日,发驻日本大臣杨枢电称,日俄开衅,战地商民猝遭兵燹,必须设法拯救。前经电致上海绅董仿照红十字会筹议办法。兹准吕、盛、吴大臣电称,议定中英法德美合办上海万国红十字会。所订会章:一、在战地设医院治受伤军士、误中流弹人民;二、置医车载受伤军士、人民;三、拯被难人民离去战地。凭红十字旗在战地切实行其权利,战国不得侵欺,中西各举总董各筹款项,会商妥办公议,请两国驻使转商政府承认此会,西董六名电其政府承认等语。希即切商日政府承认此会,饬知战员及其驻使,务查保会章程内红十字会一条,前经总署奏准期允给,并电复。外务部、商部。歌。

台湾“中研院”近史所馆藏档案,档号:02-21-013-01-004

红十字会已定办法希商俄政府承认各项知照瑞国即查案妥办由

光绪三十年二月初五日,发驻日本大臣杨枢电称,日俄开衅,战地商民猝遭兵燹,必须设法拯救。前经电致上海绅董仿照红十字会筹议办法。兹准吕盛吴大臣电称,议定中英法德美合办上海万国红十字会。所订会章:一、在战地设医院治受伤军士、误中流弹人民;二、置医车载受伤军士人民;三、拯被难人民离去战地。凭红十字旗在战地切实行其权利,战国不得侵欺,中西各举总董各筹款项,会商妥办公议,请两国驻使转商政府承认此会,西董六名电其政府承认等语。查保和会章程内红十字会一条前经总署奏准,饬子通前使画押,惟瑞士总会尚未派员前往执事,具知此事原委。希先切商俄政府承认此会,饬知战员及其驻使,务期允给,如必须知照瑞士总会,即查照原案妥拟办法,电复。外务部、商部。歌。

台湾“中研院”近史所馆藏档案,档号:02-21-013-01-005

请商吴侍郎免收红十字会电费由

光绪三十年二月初六日,收道员施则敬电称,职道前与英法德美官商合办红十字会援救东三省华民，业经筹有端倪，所有本会及各省分会往来电费禀奉吴侍郎批准，照赈济电报章程办理。查赈电免费三十字为限，逾期仍收费，断不敷用，拟请电商吴侍郎，凡遇本会及各分会办事筹款，各电无论字数多寡均准免收报费，以节縻费而免误公，实为德便。职道施则敬禀。

台湾"中研院"近史所馆藏档案，档号：02－21－013－01－006

电费已商准免收由

光绪三十年二月初九日，代商部发上海招商局杨参议电称，施道则敬电禀红十字会免收报费事，业经商明，外务部电商袁宫保吴侍郎照准。顷准吴侍郎覆称，已分饬各局照办，希饬知司道遵照。至该会来往电报虽不限字数，务须简明，以免虚縻，祈一并饬遵治英。穆。

台湾"中研院"近史所馆藏档案，档号：02－21－013－01－012

外部称所商未便承认如有遭兵祸者当极力拯救由

光绪三十年二月十一日，收出使日本大臣杨枢电称，据外部覆称，贵国议设红十字会宗旨，我政府本应体谅，惟该会在战地应行之事或有与战事不能两立者，故未便承认，实深抱歉。然战地内如有贵国官民遭兵祸者，我国军队及赤十字社自当极力设法妥为救助等语。谨奉闻，枢，具。

台湾"中研院"近史所馆藏档案，档号：02－21－013－01－014

夏敦复奏请设红十字会奉旨外务部知道钦此由

光绪三十年二月十二日，收军机处交片称，交外务部本日御史夏敦复奏请查照西例红十字会等语奉旨外务部知道钦此。相应传知贵部钦遵办理可也。

照录交片

再自日俄两国开战，战地居民最为可怜，本荷圣朝之帱载，忽罹邻国之兵锋。既迁徙而无从将仳离以莫保，其困苦情形，诚有不堪言状者。臣风闻沪上义绅施则敬等创率同志举办东三省红十字会普济善会，仿照庚子救济会之例，筹集款项，雇募轮船前赴东三省一带救济被兵难民，甚盛举也。惟开办伊始，颇有为难，约章未明，冒险前进，交绥之际，锋镝堪虞，其难一也；战区太广，集款无多，接济偶疏，势将中辍，其难二也。若不曲纾其难阻，深虞事败夫垂成，兵燹余生，更将何赖？伏念东省本昭代发祥之地,灾黎尽圣主怀保之民,固宜特伸保护之权,尤应备尽解悬之策,拟饬下外务部王大臣商明俄日两国公使查照泰西红十字会公例,请其各电致统兵大员传谕所部将弁,凡遇中国红十字善会所到之处一律保护不加侵犯,俾无险阻之虞,得尽拯援之力,并请饬下南北洋大臣躬为提倡,力予维持。一遇该绅等救护难民到境,即饬属加意拊循,其羁旅即资以还乡,其土著即妥为收养,一俟事平再行资遣。至该会经费或有不敷,并由该大臣等广为筹募,源源协助,俾该绅等放胆往援,无虞不继。苟多尽一分心力,即多救千百难民。臣知恻隐之心人所同具,既荷恩纶之告戒,必能合力以图维,庶伸该绅等缨冠往救之忱,益广我圣主衽席同登之赐,其于国体民生关系匪细,理合附片具陈。伏乞圣鉴训示。谨奏。

台湾"中研院"近史所馆藏档案,档号:02-21-013-01-016

红十字会已在牛庄开办由

光绪三十年二月十三日,收驻营口美领事总办米勒尔等致伍大人函称,启红十字会已在牛庄设立分局,俾医治因此战受伤之人,其有危难者亦可代为保护。本局共派办事人十员代理,俄美华丹德英六国襄办一切局事,以美领事米勒尔为总办,渥布司特尔为司事,达勒为支应官,现已速议详细章程,遇有应为之事,即为作速办理。兹特早日奉闻,俾大人得知牛庄地方已立此会,一切局势均归以上各员管理,本局将特行设法考查满洲内地居民之情形。该处居民如有危难时,本局即可仰恳大人助成本局之举。凡关保护华民应为之事,大人如有所见,即请示知,则合力办理,成功更易矣。

台湾"中研院"近史所馆藏档案,档号:02-21-013-01-019

红十字会办法应由驻英大臣照会瑞使办理由

光绪三十年二月十三日,收总税务司赫德致汪参议函,函称:敬启者,红十字会应如何办理一事,现又据驻英金税务司电称,前任驻俄杨大臣画押之保和会专约内第十二条有应由各国互相批准之语。准中国尚未批准,现在莫若请由外部将已奉批准之谕旨电致驻俄胡大臣就近照会荷国政府,谓前任杨大臣画押之件,中国业经批准,云云。顷又据金税务司电称瑞国驻英大臣,业将中国情愿入会之意照知本国政府并复称中国驻英大臣照会内应谓现奉特旨予本大臣以办理此事之全权,合将全权字样恭录,并另具英文译件,一并照送存查,云云。如此办理方行画押之据。

除将原函送缴外，专是布泐，顺颂升祺。

附缴原函一纸

台湾“中研院”近史所馆藏档案，档号：02－21－013－01－020

劝募各省官绅捐款由

光绪三十年二月十四日，收商约大臣吕海寰等电称，顺天府尹堂、各省军督、抚学院、提镇、台藩臬、运道台、各关、各局、各处均鉴，并请转行府厅州县知会绅商，日俄开衅，战地华绅商民被难凄惨，亟宜救护，限于两国材示令，惟泰西红十字会救护暂得实际，中国向未与会，动多格碍，在沪绅商竭尽心思笔舌，商准沪在英德美各官商公举中西办事董，合办上海万国红十字会。适奉商部电饬筹办，因即电请外务部据情商明日俄驻使，电驻日俄使转致政府承认此会，各董事并电各国政府一体转商承认。事体重大，于中立有益无损。而经费浩烦，议明中西分筹并由海寰等先行筹凑，以上海丝业会馆为华董办事处，公同酌刊捐册，备函分寄各省官绅商富，务恳鼎力提倡，俾被难华人同等袵席，中立主义益明，国势民心两有裨益，不胜祷盼。除函册克日驰寄外，谨先电闻。再北洋久欲筹办，现已由电商明合办，不另刊捐册劝募。会例首重医疗，沪已购运药物先至营口设立大医院，即兼办救护事宜，并闻。吕海寰、盛宣怀、吴重熹、吴郁生、刘宇泰、杨士琦、李经迈、庞元熙、顾肇、沈能虎、杨廷杲、朱宝奎、沈敦和、任锡汾、施则敬等既在沪绅商同叩，元。

台湾“中研院”近史所馆藏档案，档号：02－21－013－01－021

允认中国入会由

光绪三十年二月十八日，给总办摩尼业等函称，前接贵总办参督来函，以万国红十字会始于西历一千八百六十四年支乃沃会议，增补陆军应行各款之约。至一千八百九十九年，在海牙弭兵会，各国使臣会议海军应行各款之约，中国同附此约而入会之事至今有阙，惟有按照章程将一千八百六十四年之约补行。承允向瑞士国声明此事，中国既愿遵行海军各款，其余陆军自应并重，请速核复等因。查万国红十字会实为环球善举，贵总办参赞等施济为怀，具见大公仁爱之意。本爵大臣深为欣佩。光绪二十五年即西历一千八百九十九年，保和会所定海军应行各款中国已经入约，所有一千八百六十四年陆军应行各款之约自应一体承允，除由本部电致驻英张大臣照会贵国驻英大臣转达外，相应函复贵总会查照，即将中国允认此约照会作为入会补行画押之据，并望见复为荷。专此布达，顺颂日祉。

附洋文

台湾“中研院”近史所馆藏档案，档号：02－21－013－01－028

设会在战场附近并无窒碍希再与切商由

光绪三十年三月初八日，发驻俄大臣胡惟德电称，上海吕盛吕大臣电称，据西董称，中西合办红十字会并无医车，只在战场外附近处设医院，收治战国各国伤病兵民，救护无关战事人民出险，恳将此宗旨速电尊处，再向俄政府声明等语。战场内为战国，本会权利，中立国会权利，只在战场外附近处分别办理，并无窒碍。前俄外部不允，恐有误会，希再向切商电复。外务部、商部，庚。

台湾“中研院”近史所馆藏档案，档号：02－21－013－01－035

恭录初十日谕旨知照由

光绪三十年三月十六日，发驻英大臣张德彝电称，本部于初十日具奏补画瑞士红十字会原约。颁给驻英使臣全权敕谕并请批准保和会画押各款一折，奉硃批依议，钦此。敕谕即日咨寄，希钦遵办理。外务部，铣。

台湾“中研院”近史所馆藏档案，档号：02－21－013－01－040

抄寄初十日奏折谕旨即查原案照知和国由

光绪三十年三月十七日，发驻英大臣张德彝文称，光绪三十年三月初十日，本部具奏补画瑞士红十字会原约谨拟颁给驻英使臣全权敕谕并请批准保和会画押各款一摺，本日奉硃批依议，钦此。除领回敕谕咨行驻英张大臣外，相应恭录谕旨，抄录原奏，咨行贵大臣钦遵查照。前驻俄杨大臣原案照知荷兰国政府可也。

台湾“中研院”近史所馆藏档案，档号：02－21－013－01－043

红十字会仍希允认由

光绪三十年三月二十八日，给日本公使内田康哉照会称，光绪三十年三月二十三日准照称，中国商董在上海与各国商董合办红十字会一事，此会是否业由政府核准设立并是否实有应遵专条，由何项衙门为之监管，应请核实复，等因。查中外红十字会业由本部具奏，请颁给驻英张大臣全权敕谕补画瑞日红十字会原约，奉旨允准。一俟敕谕寄到,张大臣应即钦遵照会瑞士政府入会。至应遵专条,仍按红十字会原订章程办也。昨准俄国雷大臣照复并允将护照签字。贵大臣敦崇睦谊,仁爱为怀,仍希一体照允为荷,为此照会即望见复可也。

台湾"中研院"近史所馆藏档案,档号:02-21-013-01-054

梁诚奏请仿设红十字会奉朱批外务部知道钦此

光绪三十年四月初一日,收军机处交出出使美国大臣梁诚抄折文,载三月二十一日梁大臣咨文内收。

台湾"中研院"近史所馆藏档案,档号:02-21-013-02-001

开办红十字会着颁内帑银十万两等因钦此

光绪三十年四月初十日,奉上谕,朕钦奉慈禧端佑康颐昭豫庄诚寿恭钦献崇熹皇太后懿旨,前据外务部奏万国红十字总会请旨画押一摺,业经批准,敕谕张德彝画押。此会医治战地受伤军士并拯救被难人民,实称善举。现经中国官绅筹款前往开办,深惬朝廷轸恤之怀者,颁发内帑银十万两以资经费,传旨该员绅等尽心经理,切实筹办,钦此。

台湾"中研院"近史所馆藏档案,档号:02-21-013-02-005

开办红十字会着颁内帑银十万两等因钦此

光绪三十年四月初十日,发北洋大臣袁世凯电称,本日奉上谕,朕钦奉慈禧端佑康颐昭豫庄诚寿恭钦献崇熹皇太后懿旨,前据外务部奏万国红十字总会请旨画押一折,业经批准,敕谕张德彝画押。此会医治战地受伤军士并拯救被难人民,实称善举。现经中国官绅筹款前往开办,深惬朝廷轸恤之怀者,颁发内帑银十万两以资经费,传旨该员绅等尽心经理,切实筹办,钦此。

外务部丞

同日发南洋大臣魏光焘

商约大臣吕海寰

商约大臣盛宣怀

电政大臣吴重熹

台湾"中研院"近史所馆藏档案,档号:02-21-013-02-006

办理红十字会详细情形由

光绪三十年五月初三日,收商约、电政大臣吕海寰、盛宣怀、吴重熹函称,三月十六日沈道敦和和任道锡汾、施道则敬送阅津电,转奉商部饬催上海万国红十字会捐册,当经商酌,备具公函,检同捐册一百本寄交大部 司务厅转送。当蒙钧鉴,缘自客腊上海中国绅商联合英法德美在沪绅商会议,至今春二月特设上海万国红十字会,公举中国记名海关道沈敦和、前四川川东道任锡汾、直隶候补道施则敬为中国办事总董。英按察威金生、副总税司裴式楷、英工部局董安德生、高易律师麦尼而、教士李提摩太、法工部局董勃鲁那、德国宝隆医生、美国丰裕洋东葛垒为西国办事总董。麦尼而将会章详细译明,中西分别募捐,酌设分会医院救护战地无关战事人民出险。应商请两战国政府承认,先由中国与商沈道等因。与海寰等熟商,以上海丝业会馆为中总董办事处,凡与西董会议及交涉各事由沈道等三人合办,一面邀集众绅商刊拟捐启,联名公寄各省各埠恳为劝募,一面筹拟商请两战国承认之法,适奉商部电嘱劝办,因据情电复并电请大部与日俄驻使电驻日俄使商请两战国政府承认。又准北洋往来电商南北合办,乃两战国政府均以已设有红十字会足敷分布为词,而战地情形日亟,势难延待,迭经中西总董会议,以营口最为冲要,先行设立分会,由美领事密勒教士、魏伯诗德等遴举中西董事酌设医院并救护无关战事人民出险。该处向无法人,据称已举丹国人俄国人与会就近商明。该处俄官允准照办。海道业已梗塞,难民出险只可取道铁路,以距山海关天津较远,深恐照料不及,又由沪遴举苏绅候选通判张庆桂同知周传诚带同俄法英文繙[翻]译人等附轮至津,商请袁慰帅示饬,与赈抚局毛道庆蕃会办。张绅等函商营口于该会已展设奉天、辽阳分会外,再添设新民屯、沟邦子、山海关、塘沽四处分会,电沪请添派人往办事,又由沪遴举历办义赈同办庚子东南济急会之苏绅直隶候补知县刘芬、指分直隶候补知州任锡琪、云骑尉世职徐信谟、前安徽候补通判左桢,并令酌带向曾共事可靠之员友,俾可分投办事,以资得力。现正部署启行。沪人添设烟台分会,以联津沪旅青之气。查此会宗旨重在医疗,救护难民出险一层本系条议中之绪余,实为今日之要著。蒙大部一再据情转商并已奏请颁给驻英张星使全权补画瑞士总会原约,尚有应行声明之处,拟令备函电,商请张星使酌办。俄政府久无复音,似已无暇及此。日政府于救护难民出险一层,据总领事面称必可商办。惟战地情形迭据各分会电函及迭次来人吁诉,自去秋以来,农氓失业,商贾裹足,日用昂贵,耕畜余粮概被搜刮。俄兵每退，于可携带之物外，必焚毁无遗，转瞬饥荒自在意中。向来饥荒之后必有大疫，将来分局施诊施药亦须筹及。现在分会传单所到，侨民均陆续内徙，而土著之人则以出走亦无以为生，仍只株守待毙。东三省虽向为产粮之区，农氓久已失耕，秋收无望，亟应接济。惟幅员辽阔，无论禁令如何，粮食从何购运，随后甚烦，计议目前山海关外俄兵将退，日兵未到，髯匪横行，人有戒心，各分会均依傍铁路车站，与北洋官绅联络一气。报载截至三月底止，合营口、奉天、辽阳、新民屯、沟邦子、山海关六处救护出险难民二千余人，均有名册来电，据称即当录寄。又据烟台分会电，由沙河、东沟等处民船冒险渡到第一次一百余人，二次三百余人。工匠居多，酌量抚恤，资遣随后造册函报。除总分会往来电报商恳免费外，所有轮船火车，又恳蒙袁慰帅饬由毛道庆蕃印制免票在事，南北官绅一体领用。其有已给免费而尚难启行者，按口粮与津贴俾回原籍或另谋生。尚无出险而致失所之人，其未领用免票以前，各该分会商明车站于各人手心衣襟钤印图记，分起派人护送至火车站，验明免费运送医院。现只设营口一处购运药物两次。现又拟购寄各该分会治暑防疫诸药品，所费均尚无多。至在事中西官绅士商、中西总董固皆不支薪水，夫马西总董公延书记月薪由英法工部局捐给。中总董公延繙[翻]译、书记月薪及油烛、笔墨、纸张由沈道等另行设法筹给。各分会中西董事暨由沪前往之张、周、刘、任、徐、左诸绅亦不支薪水。其沿途来往川费，所用繙[翻]译、书记人等，均万不可少，断无再令捐给之情理，均令量给薪水，据实撙节开支。就目前而论，捐启分寄各省，荷蒙筹募，陆续拨寄沪市，则下至优伶亦集资相助，具见好善人有同心，经费尚无虞不给。惟将来分会推广兼办赈济，其地方广阔，难限其时日，久暂难知。所费浩繁，设竟见绌，点金何术将何以仰体圣慈如伤之隐慰灾黎待命之情，此尤昕夕旁皇，难安寝馈而不能不偏呼将伯也。前伦贝子过沪，经在会绅商面陈办理情形，蒙谕捐启刊印告成，可寄交带至沿途各埠，酌量劝募。遵经函寄三百本，并分别函寄各国驻使暨张弼士、张榕轩两京卿恳为广募。现接日本杨星使陆续函进捐款。此外，尚无复音，除未尽事宜随时函电驰陈外，专肃，恭请金安。

台湾“中研院”近史所馆藏档案，档号：02-21-013-02-019

捐款千两请饬沪道垫付由

光绪三十年五月初五日，收驻伏大臣胡惟德电称，沪十字会，弟自捐廉助库平一千金,乞饬沪道垫付,下次使费扣还德支。

台湾“中研院”近史所馆藏档案,档号:02-21-013-02-022

胡使捐银照拨由

光绪三十年五月初六日,发上海道袁树勋电称,驻俄胡大臣电捐助红十字会库平银一千两,希照拨,在下次使费扣抵。外务部,鱼。

台湾“中研院”近史所馆藏档案,档号:02-21-013-02-023

商议红十字会情形由

光绪三十年五月十一日,收出使俄国大臣胡惟德函称,红十字会事,前遵二月阳电反复切商,伊竟不允,顷又奉庚电自当再向切实声明宗旨。然推诿延宕乃其惯技,固不敢必具有效也。总之,无论何事由彼开谈则非成不休,由我开谈则百无一允。此各国所同然,而以此间为尤甚。弟尸位使职,忧愤不堪,遇事虽不敢畏难,然隐忍太久磨折太久,亦苦不胜矣。要事随时电达,兹不赘叙,敬请勛安,统维亮察。不备。

台湾“中研院”近史所馆藏档案,档号:02-21-013-02-027

奉求各省大员饬属捐款由

光绪三十年五月十一日,收商约、电政大臣盛宣怀、吕海寰、吴重熹电称,外务部、商部、顺天府尹、各省将军、都统、督抚、学院、提镇、藩臬、运道、各关局处所均鉴,敝处前寄红十字会捐册,荷承鼎力提倡,设法劝募。德契九重,惠周百姓,下风頫首,敬佩难名。惟闻各属奉文劝募,每谕书差携册派捐,揆诸亲友,互相劝勉,慷慨乐输,原议殊觉歉然,拟请俯赐查察,通饬各属分向好善商民劝令,随缘乐助,勿假吏胥之手,以免苛扰而济要需。同副圣慈期望责成之至意,乞卓裁并希鉴谅为幸。海、宣、熹,佳。

台湾“中研院”近史所馆藏档案,档号:02-21-013-02-028

分派办理红十字会情由

光绪三十年五月十七日,收商约、电政大臣吕海寰、盛宣怀、吴重熹电称,前奉增廷帅鱼电,即饬华董电属新民屯分会员徐世职信谟、任牧锡琪,酌量前进并知照西董电属营口分会魏伯诗德等一体筹商,又与周玉帅派来之德人司恳多福面商,劝令前赴辽阳一带,派分会员左桢与偕。经中西董会议,定见缮给凭函回济绕津晋京西面见各该公使,再定前顷接魏伯诗德自营口复电称,遵即于辽阳、盛京、开原添设医院,一切照营口办法,药物先由营口匀济,仍盼沪克速购运并汇银以资经费。中西会议一面电复魏伯诗德照办所议,经费药物即日购办汇运,一面经西董首自倡捐,并拟西董联名函致伦敦、巴黎、柏林三处善会吁恳协助。据沈任施道等面禀前情,海等查董等所称各节均已在辽河以东,非中西合办,不能至此。合亟奉闻,乞查照分会员刘令芬,现在京候照徐世职信谟、任牧锡琪已由新民屯赴奉,敬恳大部增廷帅分别谕令各该员知之,以资接洽。再徐任二员据报十五日早动身,曾否随带繙[翻]译电未声明,倘无繙[翻]译,拟恳增廷帅就近酌派一人与偕,并指示分会医院处所,俾便商办。祷甚幸甚。海、宣、熹,谏。

台湾"中研院"近史所馆藏档案,档号:02-21-013-02-037

和政府称批本未交碍难先认由

光绪三十年五月二十四日,收驻俄大臣胡惟德电称,马电悉,和政府电复批本未交照章,碍难先认,当照覆用宝,即寄。德,漾。

台湾"中研院"近史所馆藏档案,档号:02-21-013-02-042

日俄皆不允往战地仍令在辽西救济由

光绪三十年六月初一日,发盛京将军增祺电称,沁电悉。俄使亦言中国红十字会勿用外人,勿往辽东,否则将占医院作兵房等语。本部已电沪会密饬派出各员妥慎办理,日俄皆不允该会前往战地。俄尤疑忌,只可仍令该员等在辽西附近设法救济,俟有机会再等办法。外务,东。

台湾"中研院"近史所馆藏档案,档号:02-21-013-03-002

瑞政府已准入会由

光绪三十年六月初五日,收驻英大臣张德彝电称,昨准瑞使文称,贵政府请入红十字会业经本政府照准,并已知会各国矣。彝,支。

台湾"中研院"近史所馆藏档案,档号:02-21-013-03-005

瑞准入会希饬知沪会由

光绪三十年六月初五日,发商约大臣吕海寰等电称,顷准驻英张大臣电称,准瑞使文称,贵政府请入红十字会业经本政府照准,并已知会各国等语,希饬沪会查照。外务部,歌。

台湾"中研院"近史所馆藏档案,档号:02-21-013-03-006

奏请仿设红十字会抄折咨呈由

光绪三十年六月十七日,收出使美国大臣梁诚文称,光绪三十年五月初七日承准贵部咨回原摺一封、安摺二封。本大臣均已只领。所有具奏联约各国仿办红十字会一摺于本年四月初一日奉硃批。外务部知道,钦此。除分别咨行外,理合恭录谕旨咨呈贵部,谨请察照,须至咨呈。

台湾"中研院"近史所馆藏档案,档号:02-21-013-03-011

画押事竣由

光绪三十年六月十七日,收驻英大臣张德彝电称,红十字会事前奉到敕谕后于五月十八日将入会画押文件面交驻英瑞使转递瑞政府。旋于六月初三日,瑞使文称入会一节,业经本政府照准并已知会各国等因,所有文件兹已译竣,函送。谨将钦遵画押竣事缘由电请代奏。彝,铣。

台湾"中研院"近史所馆藏档案,档号:02-21-013-03-012

附奏红十字会被阻并仿照医院抄折咨呈由

光绪三十年八月十六日,收盛京将军增祺等文称,案照本军督部堂副都统抚尹堂于光绪三十年七月十一日附奏为密陈商办万国红十字会被阻情形,现饬各属仿设英医院以拯灾黎等因一片,除俟奉到硃批,再行恭录咨呈并分行外,相应抄奉咨呈贵部谨请鉴核施行。

照录抄奏

再密陈者,前以日俄开衅,经上海官绅联合英法德美创筹万国红十字会,设立医院并办理救护等事,本年二月由该总会电知,当由增祺、廷杰先行筹款汇银一万两,一面分饬各属广为劝募,以资众擎之助。该总会先后派员分赴天津、山海关、沟帮子、新民屯、沈阳等处办理会事并由西董商妥营口、辽阳、沈阳、开原等处耶稣教会教士代办一切,嗣以医院救护等事非深入战地切实办理不能惠及灾民,节经上海总会及奴才等处电商暨派员面商两战国,日则婉辞,俄则直阻,以是辽东各医院均未能办理得手。东省会员亦返新民,而北洋大臣袁世凯前交东边道张锡銮接济金川难民之银,遂亦难以运往赈抚。当此灾黎遍野之时,两战国既不允该会深入战地,斯不能不权宜办理,拯之于水火之中。现在辽阳州业已商允英医士以设立英国医院为名,实办红十字会事,医治伤病,招集流亡,款由红十字会及本省赈款分别支给,颇见有济,拟即密饬各处仿照办理并在省城设立筹济局,如有各属送到难民,酌发川资,接送新民红十字会员转送入关。现在哈尔滨有土工数千,由该处用专车分批运沈,即照此办法。并闻袁世凯在海关一带亦经派员办理救济之事。战事无定,灾黎日多,奴才等惟有竭尽心力,设法维持,以广皇仁而安民心。除随时联络北洋大臣及上海红十字会认真筹办外,谨附片密陈。伏乞圣鉴。谨奏。

台湾"中研院"近史所馆藏档案,档号:02-21-013-04-004

函送营口领事与魏教士办理红十字会各件已阅悉由

光绪三十年八月二十三日,复美国公使康裕函称,昨准函称,接据驻营口梅总领事官与英国魏教士所报袁宫保信并抄稿,详言红十字会事,请转送政府查核,本大臣愿照所请将该抄稿备函附送等因,前来本爵大臣等均已阅悉,该徽章等办理红十字会竭尽心力,行此善举,殊甚欣悦。此复,顺颂日祉。

台湾"中研院"近史所馆藏档案,档号:02-21-013-04-008

附奏红十字会被阻等因录旨咨呈由

光绪三十年九月十四日,收盛京将军增祺等文称,案照本军督部堂副都统抚尹堂于光绪三十年七月十一日附奏为密陈商办万国红十字会被阻情形,现饬各属仿设英医院以拯灾黎等因一片,当经抄奏咨呈在案。兹于八月初九日奉到硃批知道了,钦此。除钦遵并分省行外,相应恭录咨呈贵部,谨请钦遵鉴核施行。

台湾"中研院"近史所馆藏档案,档号:02-21-013-04-011

示知红十字会在何地设立俾得从速汇寄捐款由

光绪三十一年四月初五日,收爪哇岛华商洋信译文称,今本国政府拟设红十字会以救满洲之难民，凡侨寓爪哇岛之华民闻之无不欣悦，华民等甚愿捐资以助此举，惟不知会之名，故难由银行汇寄捐款，为此仰恳大人将此会之名并在何地设立一并示知，俾得从速汇寄捐款。华民等深望本国多行此类之仁政，并祝此会得收美效也。

台湾“中研院”近史所馆藏档案，档号：02-21-014-01-005

红十字会分四股间议应否从众办理恭候圣训由

光绪三十二年闰四月二十四日，收驻和陆大臣电称，红十字会现分四股开议，一救护病伤身敌士；二救护兵士、执事人等权限；三行军医所权限；四公认红十字标记及日后远犯。该约在各国自定任办新例事闰仁政，原无甚窒碍，咸愿遵从我国应否从众办理，恭候圣训，恳代奏。祥，漾。

台湾“中研院”近史所档案馆所藏红十字档案，档号：02-12-025-02-010

顷会议悉以红十字志会缘起应否众公认乞示遵由

光绪三十二年闰四月二十二日，收驻和陆大臣电称，顷会议悉红十字标记非本宗教，瑞士国旗用十字而该会发端自瑞，故各国议定以红十志会缘起。现日本、暹罗均仿照德国不明会议未便相援应否从众，公认乞士遵。祥，马。

台湾“中研院”近史所档案馆所藏红十字档案，档号：02-12-025-02-012

红十字会事关仁政既据称无甚窒碍自应从众办理请查照转知由

光绪三十二年五月初四日，收练兵处文称，准贵部片开，准驻和陆大臣电称红十字会现分四股开议，应否从众办理等因。查来电所开，各节关系军事，相应抄录原电，片行贵处查照，迅即酌核声复，以凭办理并粘抄原电等因。前来查红十字会事关仁政，于兵事尤有关涉。现值编练新军之际，既据称无甚窒碍，自应从众办理，相应咨复贵部查照，希即转知该大臣办理可也。须至咨者。

台湾“中研院”近史所馆藏档案，档号：02-21-014-02-006

保和会已函致各会馆各驻使并商标禁用红十字一节应各国一律由

光绪三十三年二月十七日，致驻和大臣陆征祥函称，海牙保和公会开议在即本部以现在时局趋重，亚东中国外交尤形吃重，正宜公会发言隐资补狱。业经函致各国驻使将各国之议论宗旨译加探访，随时译出，逢寄阁下以资放镜。其关系紧要或各该驻使自有见地，亦可公别电闻，希即查照办理并将执事裁复情形电知本部以期接洽。再商号标记禁用红十字徽章一节，业经本部照录，复奏咨行法律大臣。据该大臣复称咨商农工部，应俟英日两国画押之后再行斟酌办理，以期与各国一律等语，相应一并函复阁下查照。此布，顺颂时祉。

台湾"中研院"近史所档案馆所藏红十字档案，档号：02-21-002-02-020

陆战例补押已宣告乙股沿用红十字标记已宣告丙股会中均鼓掌致敬由

光绪三十三年五月十八日收专使陆、驻和钱大臣电称，陆战例补押已宣告，乙股沿用红十字标记已宣告丙股会中均鼓掌致敬。祥病体弱，有会议仍力疾躬赴至酬应例，除王官外说明概辞，并闻。祥、恂，篠。

台湾"中研院"近史所档案馆所藏红十字档案，档号：02-21-002-03-012

红十字会董在英京会议中国并不派员由

光绪三十三年正月二十七日，发英国公使朱迩典函称，光绪三十三年正月十七日准函称，本国外部咨各国红十字会拟于本年西历六月间在伦敦会议，现将英国该会总董致各国红十字会请派员前往会议信函附送一分，贵国若欲派员，请将衔名示知转达等因。查该会英总董在伦敦会议时期已迫，中国此次并不派员，相应函复贵大臣查照转达可也。此复，顺颂时祉。

台湾"中研院"近史所馆藏档案，档号：02-21-012-02-013

红十字约俟陆使假满赴瑞遵办由

光绪三十三年三月十九日，收驻和钱代办电称，红十字约俟陆使假满赴瑞遵办，恂代，哨。

台湾"中研院"近史所馆藏档案，档号：02-21-012-02-064

商约大臣奏创办上海红十字会及善后事宜请奖叙绅员一折录旨钞奏钦遵由

光绪三十三年六月十七日，发东三省总督商约盛大臣称，光绪三十三年六月十二日准军机处钞交商约大臣吕、盛奏创办上海红十字会及善后持久各事宜，并请立案奖叙员绅一摺即日奉硃批，著徐世昌查明具奏该部知道，钦此。相应恭录谕旨并抄录原奏，咨行贵督大臣钦遵查照可也。

附抄件

台湾"中研院"近史所馆藏档案，档号：02-21-014-03-005

商标禁用红十字一事当由本馆编入新律由

光绪三十三年七月初六日，收法律大臣文称，接准咨称商标禁用红十字，另订专律一事，前准咨称英日既未画押，应俟两国办法发布，再行酌办等因。当经本部函达专使陆大臣去后，兹准。复称此项徽章若使商号标记可以借用，恐致习而生玩，英日虽未颁布，我能订定在先，尤可为我律完全之证据等因。前来本馆查商标禁用红十字徽章一节，我国现已画押，自以订定专条为宜。本馆修订刑律，现正起草所有滥用该徽章罚则，当即酌量编入，以示新律完全之证，相应咨呈贵部查照可也。

台湾"中研院"近史所馆藏档案，档号：02-13-026-02-041

制备赏给红十字会出力人佩章凭照并清单式样咨呈查照由

宣统元年十月初四日，收商约大臣文称，据中国红十字会总董沈道敦和、任道锡汾、施道则敬、任道凤苞等呈称，案查光绪三十四年五月初九日奉宪台照开，光绪三十四年五月初五日承准外务部咨开，本部于四月二十二日具奏遵议核定红十字会佩章并请赏给在会出力人员佩带一摺奉硃批依议钦此。相应恭录硃批，抄录原奏，咨行查照钦遵等因。承准此相应照会钦遵查照，照式制备，分别赠给在会出力华各员，以奖劳绩等因。计抄粘原奏清单华员十二名、洋员三十名各等因。奉此遵经制备金质佩章，又照样译印华洋文凭照次第告成，凭照应钤何印禀商宪台，饬由冯编修恩崐传谕，现暂钤用商约关防，仍将凭照佩章样张并照案开列。华洋各员姓名清单呈候，咨送外务部备案。兹呈上佩章凭照样张二份、清单二份，请宪台备案并咨送外务部备案……

硃批赏给红十字会出力人员佩章华洋各员开列名单须至清单者

计开

中国总董记名海关道沈敦和、中国总董前四川川东道任锡汾、中国总董直隶候补道施则敬、中国总董兼书记直隶候补道任凤苞、前直隶天津道升任甘肃布政使毛庆蕃、前办关内外铁路局升任外务部左丞梁如浩、会办招商局前直隶通永道沈能虎、前会办招商局浙江候补道徐润、前总办电报局江苏候补道周晋□、会办招商局候选道唐德熙、二品封典候选道陈作霖、二品封典候选主事黄錞，以上华员十二名。

西总董领袖威金生、西总董裴式楷、西总董安特生、西总董勃鲁那、西总董麦尼而、西总董宝隆、西总董葛垒、西总董兼总书记李提摩太、西代总董兼代总书记潘慎文、西董兼书记李治、分会西董领袖魏伯诗德、西董屠达纳、西董霍医士、西董吴医士、西董密勒、西董法勒、西董额必廉、西董大理医生、西董魏司华德、西董克澜斯惕、西董麦克诺顿、西董费有顿、西董英格烈司、西董伯勒、西董葛澜格、西董克录福、西董杨克罗、西董魏雅格、西董远来、西董傅密生，以上洋员三十名。

［下略］

台湾“中研院”近史所馆藏档案，档号：02－21－014－01－029

文牍：军咨处奏详核红十字会原奏敬陈管见折［节录］

奏为详核红十字会原奏，敬陈管见恭折仰祈圣鉴事，宣统二年正月十八日奉谕旨吕海寰等奏酌拟中国红十字会试办章程，请立案一折著派盛宣怀充红十字会长，余依议该衙门知道，钦此。由军机处钞交到处，自应钦遵办理。惟臣等伏查红十字会前会订立公约，经入会各国际续创设原为医伤救难起见，其章制办法类皆大同小异。光绪三十二年瑞政府志在改良复行，邀请各国会议修改将原约十条改为八张，厘订三十三款较诸原约尤为详善，而限制亦愈严，先后经全权议约大臣陆征祥及外务部、陆军部奏明批准画押在案。去年十月间会由外务部咨商筹办，海军处、陆军部及臣处派员详加商榷译成汉文，原文附入保和会条约内装订成帙，正拟颁发各军队、学堂及各省督抚转饬所属，一律遵守原折。仅就瑞士原约十条及推广约十四条酌定章程实多未洽，应饬其按照新约办理，以期悉臻妥协。至红十字会宗旨在平时救灾恤邻以辅行政之不及,战时扶伤拯溺,以补军医之缺憾,刻下火器日精,遇大战时往往有数舰,同时沉没者亦兼有全队均患伤病者,各国请设置医药舰及卫生队,无论其编制如何完全、筹备如何完足亦必赖该会,以相助为理,然后其措施乃愈尽周密。惟查各国所设之红十字会平时一切应行举办事宜多就商于海陆军医员,而战时则归其指挥,监督方不致有妨军事坐□机宜且会中所设之医药船车等项,其装置配置之法亦由海陆军医员核定,以期适用。原奏并未声及未免挂漏,至原折章程第一条内称上海为通商总埠,中外交通利便。前经中西总董创办万国红十字会,现仍于上海徐家汇路设立中国红十字总会医院学堂,附设事务所一节。查各国慈善会均以都城为总汇之区,以便遇事与政府会商,而召集亦易,其会员且多贵族。上海虽系通商之埠与京师相隔较远,虽倡设在先,自未便作为总会拟请将总会移设京师,而各省省会及沿海商部各设分会一所,以期互相联络,逐渐推广……皇上圣鉴训示再次系君谘处主稿会同外务部筹办,海军事务处、陆军部办理合并声明,谨奏。宣统二年四月十二日奉旨依议,钦此。

原载《外交报》1910年第22期

收到保和会暨红十字会约本由

宣统二年八月二十一日,收军咨处文称,准贵部咨称两次批准海牙保和会条约暨瑞士红十字会条约,现已刊成书。相应该约本三部咨送贵处查收备案见覆等因,前来本处,业将该约本三部照收备案,相应咨复贵部查照可也,须至覆者。

台湾"中研院"近史所档案馆所藏红十字档案,档号:02-21-008-06-041

收到保和会暨红十字会约本由

宣统二年八月二十二日,收北洋大臣文称八月十五日准贵部咨开两次批准《海牙保和会条约》,前后凡九种。又《瑞士红十字会条约》新旧凡两种于上年十一月经本部奏请,会同军咨处筹办,海军处、陆军部修订,法律馆选派专员悉心校订印成专书通咨各省,以备研究。现已刊印成书,相应将该约本三部咨送查收备案见复可也等,因到本大臣准此,除将条约扎发津关道查收外,相应咨呈贵部,谨请查照,须至咨呈者。

台湾"中研院"近史所档案馆所藏红十字档案,档号:02-21-008-06-042

希将关于红十字条例抄送过部由

宣统三年三月初二日发陆军部、海军部、军谘处、修订法律馆文称，案查《日来弗红十字会条约》第二十八条载，凡签押各国政府，其现行刑法不完全者应一面设法禁制个人在战事掠夺或虐待军队内伤者，各行为并禁止受本条约保护以外之军人或个人滥用红十字记号章旗及袖章，一面提议于本国修订法律处所修订新例施行，至迟应于本约批准后五年以内将颁行新例，经由瑞士政府互相通告等语。查该约，我国于光绪三十二年十二月初二日奏准签押扣计年月，应于本年十二月以前将所有关于红十字会新例照交瑞士政府，通告缔约各国贵部馆□部查照，希将关于此项新定条例规则抄送过部，以凭办理可也。

台湾"中研院"近史所档案馆所藏红十字档案，档号：02-21-008-07-012

咨复关于红十字会新例俟本部拟订妥协后再行钞送由

宣统三年三月初八日收陆军部文称，军法司案呈准贵部咨开，查《日来弗红十字会条约》第二十八条载，凡签押各国政府其现行刑法不完全者应一面设法禁制个人在战时掠夺或虐待军队内伤者病者各行为，并禁止受本条约保护以外之军人或个人滥用红十字记号章旗及袖章，一面提议于本国修订法律处所修定新例施行，至迟于本约批准后五年以内将颁行新例，经由瑞士政府互相通告等语。查该约，我国于光绪三十二年十二月初二日奏准签押，扣计年月，应于本年十二月以前将所有关于红十字会新例照交瑞士政府通告缔约，各国相应咨请贵部查照，希将关于此项新定条例规则抄送过部，以凭办理，等因。到部，查。光绪三十二年十二月初二日贵部奏请红十字会新约，拟请画押。原折内载第八章惩办违约一层，因参考中西通行例章从详编辑，设于该约所定五年限内尚未颁订就绪，亦不足以昭示外人，是以对众宣言暂缓允从。又载所有惩办违约办法关系綦重，一经签约即应按照五年期限先期颁布。现在中西通例一时尚未能编辑就绪，自未便预行画押，致与约定年限有所妨碍。此项约本并无批准，限期亦经臣部咨明驻和国大臣将各国在会议员各种议论详行报告，一俟该大臣复到及军律奏准之后应即行知该大臣，将未允两款补行画押等因，是此项约本原奏业经声明则厘订。此项条例规则原不必以五年为限，容俟本部拟订妥协奏准后再行抄送贵部请旨补行画押，兹准前因，理合咨呈贵部，请烦查照可也。

台湾"中研院"近史所档案馆所藏红十字档案，档号：02-21-008-07-013

四、纪　　事

1904年

天国景象：上海万国红十字会节略

自上海中国绅商联合英法德美在沪绅商会议，特设上海万国红十字会，公举敦和、锡汾、则敬为中国办事总董。莫生副总税司裴式楷、英工部局董安德生、高易律师麦尼而、教士李提摩太、法工部局董勃鲁那、德国宝隆医生、美国丰裕洋东葛垒为西国办事总董，麦尼而将会章详细译明，中西分别募捐，酌设分会医院，救护战地无关战事人民出险。应商请两战国政府承认，先由中国与商，敦和等与海寰等熟商，以上海丝业会馆为中总董办事处，凡与西董会议及交涉各事，由敦和等三人承乏，一面邀集众商刊拟捐启，联名公寄各省各埠恳为劝募，一面筹拟商请两战国承认之法。适逢商部电嘱劝办，因据情电覆并电请外务部与日俄驻使电驻日俄使，商请两战国政府承认。又准北洋后来电商南北合办，乃两战国政府均以已设有红十字会足敷分布为词，而战地情形日亟，势难延待。迭经中国总董会议，以营口最为冲要，先行设立分会，由美领事密勒教士、魏伯诗德等遴举中西董事，酌设医院并救护无关战事人民出险。该处向无法人。据称已举丹国人、俄国人与会就近商明。该处俄官允准照办，海道业已梗塞，难民出险只可取道铁路，以距山海关、天津较远，深恐照料不及。又由沪遴举苏绅候补通判张庆桂、同知周传诚带同俄法英文翻译人等附轮至津，商请袁慰帅示饬，与赈抚局毛实君观察会办。张绅等函商营口于该分会已展设奉天、辽阳分会外，再添设新民屯、沟帮子、山海关、塘沽四处分会。电沪请添派人往办事，又由沪遴举历办义赈，向办庚子东南济急会之苏绅直隶候补知县刘芬、指分直隶候补知州任锡琪、云骑尉世职徐信谟、前安徽候补通判左镇，并令酌带向曾共事可靠之员友，俾可分投办事，以资得力。现正部署启行。沪人添设烟台分会，以联津沪旅青之气。查此会宗旨重在医疗且救护难民出险一层，本系条议中之绪余，实为今日之要著。蒙外务部一再据情转商，并已奏请颁给驻英张星使全权补画瑞士总会原约，尚有应行声明之处，已拟另备函电商请张星使酌办。俄政府久无覆音，似已无暇及此。日政府于救护难民出险一层，据总领事面称，必可商办。惟战地情形迭据各分会电函及迭次来人吁诉，自去秋以来农氓失业，商贾裹足，日用昂贵，耕畜余粮概被搜刮。俄兵每退，于可携带之物外，必焚毁无遗。转瞬饥荒自在意中，向来饥荒之后必有大疫，将来分局施诊施药，亦须筹及。现在分会传单所到，侨民均陆续内徙而土著之人则以出走，亦无以为生，仍只株守待毙。东三省虽向为产量之区，农氓久已失耕，秋收无望，亟应接济，惟幅员辽阔，无论禁令如何，粮食从何购运，随后甚烦，计议目前山海关外俄兵将退，日兵未到，胡匪横行，人有戒心，各分会均依傍铁路车站与北洋官绅联络一气，报载截至三月底止，合营口、奉天、辽阳、新民屯、沟帮子、山海关六处救护出险难民二千余人，均有名册。来电据称，即当录寄。又据烟台分会电，由沙河东沟等处民船冒险渡到第一次一百余人，二次三百余人，工匠居多，酌量抚恤，资遣随后造册函报。除总分会往来电报商恳免费外，所有轮船火车又恳蒙袁慰帅饬由毛实君观察印制免票在事情，南北官绅一体领用，其有已给免票而尚难启行者，按口粮与津贴，俾回原籍或另谋生。闻尚无出险而致失所之人，其未领用免票以前，各该分会商明车站于各人手心衣襟钤印图记，分起派人护送至火车站，验明免费运送医院。现只设营口一处购运药物两次。现又拟购寄各该分会治暑防疫诸药品，所费均尚无多。至在事中西官绅士商、中西总董固皆不支薪水，夫马西总董公延书记由英法工部局捐给。中总董公延繙[翻]译书记月薪及油烛、笔墨、纸张由沈道等另行设法筹给，各分会中西董事暨由沪前往之张、周、刘、任、徐、左诸绅亦不支薪水，其沿途来往川费所用繙[翻]译、书记人等均万不可少，断无再令捐给之情理，均令量给薪水，据实撙节开支。就目前而论，捐启分寄各省，荷蒙筹募，陆续拨寄沪市，则下至优伶亦集资相助，具见好善人有同心，经费尚无虞不给。惟将来分会推广兼办赈济，其地方广阔，难限其时日，久暂难知。所费浩繁，设竟见绌，点金何术将何以仰体圣慈如伤之隐，慰灾黎待命之情，此尤昕夕旁皇，难安寝馈而不能不偏呼将伯也。谨略。

右节略。续送后，旋接张绅等电称在京蒙振贝子面谕具呈，转咨外部照会俄日使给发会员护照各八纸，现俄护照已到。闻日复，先有决不拦阻之说。其护照现尚未到，即函详等语。核与营口分会俄官允准，即为两战国默许之据。

原载《中西教会报》1904年第8卷第107期

设会在战场附近并应即允认由

光绪三十年三月十九日,给日本、俄国公使内田康哉、雷萨尔照会称,中国商董在上海与各国商董合办红十字会。前经商请贵大臣转达贵国政府照允,尚未定议。近据上海商董等电称所有中西合办红十字会只在战场外附近处设医院收治战国各国伤病兵民救护无关战事人民出险。现在营口已设医院即系如此办理,拟由沪派人绕道天津前往会同赶办等因,旋据商董张庆桂等禀称拟即驰赴营口辽河以西及由庄台、沟帮子、新民郫一带战外各地招呼被难伤民附搭轮车速离险境。按照公法中立条约均无违碍,恳请发给护照并照会日本、俄国驻京大臣签字,以便前往等因。本部查红十字会为各国最要之善举,现值贵国与俄、日本两国用兵,中西商董合办此会在战场外附近处收治伤病兵民救护被难人民出险。其办法宗旨均与中立公例相符,当为贵国所深许,相应照会贵大臣查照允认。迅即见复,仍由本部缮就护照送交贵大臣签字。俾该董就执持前往,按例妥为办理,实纫公谊,须至照会者。

台湾"中研院"近史所档案馆所藏红十字档案,档号:02-21-013-01-047

咨送办理红十字会各员职名由

光绪三十年六月十四日,收商约大臣吕海寰等文称,案据上海万国红十字会中国总董记名海关道沈敦和、前四川川东道任锡汾、直隶补用道施则敬、副总董兼总书记江西候补道任凤苞呈称,窃照总董等随同宪台联合英法德美创筹上海万国红十字会一切办理情形,荷承雷蒙大部,据情具奏。钦奉懿旨颁发内帑传谕尽心经理,切实筹办等因,遵经禀蒙,谕中国红十字会章程办法应另行拟议呈候核咨,请旨饬遵。所有现在英法德美联合之机会均系中立国特别创办,应仍创照常办事,以符原议,而合时宜。仰副圣兹期望责成之至意总董等,遵即熟商各西董均甚允洽遵照办理而事绪纷烦。烟台及山海关以外添设分会日多,中西续举调直差委毛道庆蕃为驻津办事总董、职道凤苞为副总董兼总书记,以便分头办事。总董等与各西董均在上海总书记随同总董等传上德而达下情,每遇一事或面禀或具函均可就近禀商宪台,随时核定遵行。各分会相隔窎远,每经选员前往会员均不支薪水,随带翻译书记人等,由总董等核定薪工数目,仍由该会员经手酌给其往来乘坐火车、轮船及因公发寄明码电报。业蒙北洋大臣维持善举,准予免费、免票,其沿途车马、宿食及分会处所一切杂支并无恤难民经费，均由会员按照会章核实撙节支用。中西会员事同一律，并无丝毫扰累地方，惟有时必须地方官及各该局所处随宜照料之事，会员自行面商，彼此必须推诚相待，乃能有济总董等照章缮给该会员中西凭函。又经该会员等赴京呈蒙大部给发华洋文护照，此外尚无印文给执以为凭信，遇与中国地方官及官设局所处往来商酌事件殊多未变，亦未足以昭慎重。兹总董事等公同酌拟所有历次派赴关外分候选通判张庆桂、直隶特用知县刘芬、指分直隶候补知州任锡琪、云骑尉世职徐信谟、仅先补用游击许正寿、补用都司朱庆章及烟台分会员候选直隶州知州李福全等、营口分会员候补选同知陈承第等，拟恳宪恩各给印札一道，饬令该会员遵照以上饬办各节，查照会章与西董和衷共济。彼会此会仍联络一气，务期办理妥洽。曲尽各国中立特别创办之务，勿致上负圣慈下辜众望，并各将办理情形随时函电驰报总董等转禀，并恳咨明外务部商部盛京军尹宪、吉林军宪、黑龙江军宪、热河都统宪、北洋大臣袁、南洋大臣魏、督办商务大臣湖广督宪张、会办关内外铁路大臣刑部堂宪胡 、山东抚宪 、江苏抚宪、顺天府尹宪 、齐齐哈尔副都统、直隶提台查照行知东海关道轮船招商总局遵照，分别备案，饬属一体知照。至许正寿现经派令协同德男爵司肯多福绕道济南、天津、晋京商酌，前赴分会总董等已照章缮给凭函，应需川费亦已给发司肯多福，系山东抚宪函派前来之员与各分会两员情形略有不同。业经禀请电商山东抚宪，应俟复电到日，另行办理。所有呈请给发各分会员咨扎缘由，谨会同驻津总董调直差委毛道庆蕃合词具陈，伏乞察核施行，再候选同知同传诚。前经总董事等延赴关外开办分会劳绩卓著，现据该员称接办有人其在沪商务未能分身，自愿告退。业经禀商宪台准其所请，自可毋庸给扎。此系总书记主稿商同总董等办理。又据另呈江南制造总局委员分省补用知县陈艺，前经总董等延为帮总会书记部支薪水，公费仍兼顾其本差实资得力，恳请加扎，并行制造局知照各等情。据此本大臣查，此会现系五国联合、中西协力捐助，权设医院疗治受伤兵民，救护无关战事人民出险。上荷深宫德意，下紧全球观瞻，事体极为郑重，向非寻常，水旱偏灾荒赈可比本大臣与该总董等遵旨办理。一切情形久为该员等之所深悉，既经遴选该员等前往分会办事，必须彼此互相联络，仍与西董和衷共济，随时随事切实施行，勿稍疏略该员等。膺此重任实力奉行，以为此会之基础，即为将来开办之先声，据呈前情除分别咨行咨饬并照会德男爵司肯多福外，为此咨呈大部，谨请察核备案施行。

台湾“中研院”近史所档案馆所藏红十字档案，档号：02-21-013-03-009

拟派奉天委员渠守李经历充会员由[节录]

光绪三十年七月十一日，收商约大臣吕海寰等文称，案据上海万国红十字会中国总董记名海关道沈敦和前四川川东道任锡汾、直隶候补道施则敬、副总董兼总书记江西候补道任凤苞呈称，窃照总董等前奉盛京军尹宪电谕以营口分会西董魏伯诗德之请，饬派奉天差委补用知府梁掌卿、湖北候补府经历李洄前赴营口商办事宜等因。并据梁守李经历函称，到营晤商西董密勒、魏伯诗德，据密勒给与一函，嘱赴烟台面商日本水野领事，请给金复岫盖等处护照，随即赴烟偕同分会员李福全谒见东海关何道订期晤商。水野领事允给鸭绿江一带护照金复岫盖等处，以奉其政府电均系战地暂缓照办。现拟绕津回营再行请示进止等情，总董等查梁守李经历历膺要差，梁守并精通俄文。

台湾"中研院"近史所档案馆所藏红十字档案，档号：02-21-013-03-018

红十字会章程译拟办理情形由

光绪三十年十月三十日，收商约大臣吕海寰等文称，案据上海万国红十字会总董记名海关道沈敦和、前四川川东道任锡汾、直隶候补道施则敬、副总董兼总书记江西候补道任凤苞呈称，窃照总董等禀商宪台暨北洋大臣袁宫保会同各西董筹办上海万国红十字会。经遴延中西员绅于烟台、营口、辽河东西先后添设分会。据该分会员绅请示章程遵照办理东西各国员绅亦屡次索阅会章，禀蒙宪台指示，饬就办有成效之事，理拟定暂行简明之章程遵于五月间拟稿，呈蒙宪台核定。一面赶缮华文刊印发交各分会，俾资循办；一面录送各西董公同察阅，适值各西董避暑远游，西董书记李提摩太亦因公他出。九月间陆续言旋先后阅看各无异词，据照译英文并添派绘图一纸由西副书记李治送还，请为付印。兹已印订成本，理合分别呈送成本饬发，除奉天军尹宪已饬由新民屯分会员就近呈递山东抚宪衙门，已附便函寄呈其余各省，及驻扎各国出使大臣随时遇便呈寄外，所有外务部、商部、南北大洋大臣、吉林军宪、黑龙江军宪、热河都统宪、督办商务大臣、湖广督宪张会办、关内外铁路大臣、刑部堂宪明、顺天府尹宪、直隶提台、齐齐哈尔副都统各衙门应均呈送备查，拟恳宪台察核施行。再此系现在中西合办之上海万国红十字会暂行简明章程，将来之中国红十字会应拟章程，总董等奉饬遵拟，已先向日本觅取各项定章，又设法至泰西各国觅取。现甫觅到日本赤十字社英文、法文、东文各项章程正在分别编译。该两国先后复据复称即当觅寄，现尚未到，容俟日本定章译准，参酌各国章程再行拟议呈请核奏。至此项暂行简明章程内，西董斐式楷因调赴北京未能兼顾，请为辞退。又另延德男爵司肯多福一节，现据该男爵以日俄均未允准辞退章程刊印，在前未及更改，此系总书记主稿商同总董等办理等情，据此除分咨外相应咨呈大部，谨请查核施行。

台湾“中研院”近史所档案馆所藏红十字档案，档号：02-21-013-04-028

1906年

红十字会约本及派员赴会等事

光绪三十二年闰四月初一，收驻和大臣陆征祥函称，月前奉寄和字第四号函暨折牍等件计可如期递达典籤二月二十三日接荫使辞任图书当，与和外部订期于三月初四日谒见和主呈递图书如仪，日内复循例谒和太后暨和主之夫亨利亲王、德意志联邦墨林堡大公爵之子，并按日拜各驻使，此邦最重礼节，虽时见面仍不少此周旋也。谢恩折承准咨回蒙备安折代递不胜心感，兹于本月初日日拜发呈递图书正折一件，附上印花敬乞代封代递，并此次答词诵词一并钞稿另牍，咨呈大部查核批准红十字会约本屡与和外部晤商。据称各国批本未到未便先收，嗣奉鱼电复再三与言始允通融收存，当订初九日送交，曾于阳电复陈在案，瑞士邀请各国修改红十字会公约一节，其初俄意在并入保和会，同时举行以该会为保和会开议节目中之一。迨瑞政府以发端，自彼仍应在瑞会议庶于会务、国体两得其全，相持既久，各国亦以瑞理为直。于是俄舆定办法二条：一该会开议当在保和会之前；二该会虽经议定画押，而批准仍须俟保和会译成。俄虑该会约款日后与保和会议之各节互允其先议而缓批准，得以从宽改订。现瑞政府业从俄议，定于西六月十一号即华闰四月二十日在瑞京或日来弗开议，各国因其与保和会事多牵涉，多拟派保和会员先赴瑞会议。盖为两面接洽起见，屡据各使谈询，此事特于虞电奉陈，究应若何派员赴会之处，自必早为堂宪尽筹所及。尚乞先期示知为盼，使员川装一项，前因开办有款暂行挪用，现需款甚亟而核计使臣以下川装尚自不敷，故酌请拨万三千两。日后用有赢余，自应随案声明，归入常年经费抵算。又查使臣在洋，如系由参赞擢升本馆公使者就近费用无多，故未接任以前，仅领整装不支薪俸。祥系在俄馆奉旨，当日参赞薪俸既已停止。而未到任以前，一切费用如寓租马车等项俱属有增无减，又适有年内俄皇接见一层赏费、节费处处须合公使体制。实视到和后,公用较巨。现值使费艰难,何敢另自请款?今拟薪俸则从奉旨之日起算,而此项用费即在应得薪俸内自行开支,不再报销款项,似是简省办法。伏冀酌夺示遵以上各节,统祈代回堂宪是荷,耑泐肃布,敬请勋安,诸惟台照。不宣。

台湾"中研院"近史所档案馆所藏红十字档案,档号:02－12－025－02－013

1911年

红十字会急行方法(红十字会赠)

本埠红十字会自出发甲乙丙三医队后业已到汉,昨由无线电报至沪会,谓初六、七日大战,军士、居民死伤遍野,医员看护不敷分布,所带药物、器具只敷旬日之需,迅即接济等语。该会理事总长沈仲礼观察,一面赶办药物并拟续发别队医士即妥定试办章程,征集中外男女会员按照万国红十字会条约,除公推名誉经理员外,并广征特别会员、正会员两项,驰电欧洲赶制佩章。惟战务方兴,会员愿入会者纷至沓来,不得已先将医队及事务职员所置之金银佩章暂行假用,以资佩带,到沪再行倒换。凡报名者先觅一介绍人或同会会员介绍人入会,纳足会费,即行赠予佩章,俟会员成数后再行开会续发。医队救护人员,悉于会员中公推,日来报名者甚众,而捐款亦尚踊跃云。

理事长沈仲礼、队长英国医博士柯师、丹国医博士蛾利生、英国医博士班纳德、江宁医博士王培元、广东医博士杨智生、战地会计员杨忠言、红会英文医学生……(15个字于夹缝中无法辨识)红会德文医学生朱恪臣、朱寿田、郁廷襄、李其芳、王翎、曹省三、章子玉、邱仁高、孙国镇、王韬、救护队长日本陆军医队监谷铁钢、红会医院看护妇丹国克立天生女士、日本赤十字社细谷松子女士、毒汁闺阁入会看护韦增瑛女士、徐祉君女士、傅光宇女士、范梦圆女士,调剂看护人林春山、陈玉麟、曹桂卿、陈侠毅、俞鸿昭。

原载《协和报》1911年第5期

第二编　民国前期(1912—1930)

一、综　　合

1912年

Organization of the Shanghai Branch

Before shanghai was taken by the Revolutionary army, people had already been seized by consternation, because it was almost sure that the Arsenal would be the bone of contention. Realizing this ,Messrs. Hsia Shao Ting and Yin Sih Chang prevailed upon those who were interested in the project to organize a branch in the native city. The members were assigned to the Provisional First Aid Crop and trained to meet emergency calls. At the beginning, the work of organization was not without difficulties.

In 1913 there were constant reports of hostilities in Kiangsi. On June 16 fighting took place in Shanghai. The First Aid Crops of the city Branch begin fully prepared beforehand, was able begin the relief immediately. All the members worked heroically admit the shower of bullets and under the burning sun. They were highly lauded by the Headquarters as well as the general public. When the fighting ceased, a temporary Isolation Hospital was opened to fight against the epidemic that had followed.

Six months later, when fighting was going on in Nanking and Chinkiang, the Shanghai Branch helped the Headquarters in attending to the wounded soldiers brought back from the battlefields. Several hundred of them were received at the Hospital, and beyond general expectations, not a single casualty occurred.

In June, 1914,the Branch was asked to supervise the sanitary conditions and the temporary hospital opened in connection with the Exhibition at Liukiapang in the native city, held preliminary to the Panama Exhibition. At the close of the Exhibition, Civil Governor Han of Kiangsn in view of the noble service rendered conferred upon the Branch a Certificate of Merit.

For several years the Branch has also been taking precautionary measures against epidemic, giving free Vaccination, clothes, rice, and so forth. In fact, it has done all that is possible to improve the sanitary conditions and to promote the general welfare of the community. The finance of the Branch has been borne by the members themselves, while matters relating to membership and contributions are always referred to the Headquarters. In 1922, when the Second General Membership Meeting was convened to make amendments to the Articles of Association, the Branch gave its full supports.

——*The Twentieth Anniversary Cerebration of the Red Cross Society of China*, 1924

1913年

中国红十字会医院医学堂

本会总医院医学堂落成四年，自置产业，购地建筑费约十五万元，悉由善士捐助，聘请英美各国名医，成绩优美，为华人完全自办之医院。又医学堂一所，造就医学人才，常年经费约四万元，悉由海内外善士会员捐助。分医院另赁屋于上海天津路八十号，计地四十亩，坐落上海徐家汇路七号亨白花园对门，右为医院，养病室计分三等，头等日费五元、二等二元、三等五角，贫病免费，会员养病七折收费，门诊取号金铜元三枚，不取医药费，有大割症室为开腹接骨，刀割重大症候。左为医学堂，考选青年子弟入校学习，不取脩膳，毕业后再遣送英美各国习练，聘请欧美各国高等医士、西医王培元君等分科教授，造就医学人才为他日本会救护之需。

原载《人道指南》1913年第2号

1921年

中国红十字会总分会一览表

总会：总会设北京金鱼胡同九号，总会办事处设上海九江路二十六号。

正会长　汪大燮　伯唐

副会长　蔡廷干　耀堂

理事长　唐元湛　露园

省份　名称　分会长　　通讯处

江浙　普陀　了余和尚　普陀山锡麟堂

原载《中国红十字月刊》1921 年第 1 期

中国红十字会成绩纪略(续前)

建筑总医院学堂

本会恤兵救灾，首需救护人才，爰在沪西徐家汇路置地十余亩，建筑洋房二所为本会总医院及医学堂，凡冷热水管、解剖室、割症室、诊病室、爱克司电光室、配药室、储药所、化学室、养疴室、浴室、殡殓所及□□讲堂、寄宿所、膳堂等等，悉皆置备，精美通用，为沪地冠，延聘西医□□医务并兼教授。(按：医学堂后已停办，今常议会筹议总医院基本金仍必推步……。)

分医院(即北市医院、南市医院)

既而以该院地点稍远，于是复设市医院于租界中，既而又设南市医院[于]沪南十六铺，诊病给药，其病症较重者则留院疗治，乃与租界中之市医院南北对峙，皆为分医院，相承至今。

时疫医院及防疫医院

又于夏秋之间，增设时疫医院，是为临时医院，专治时疫急痧，活人无算，岁以为常，又设防疫医院于吴淞，而检验轮舶焉。(未完)

原载《中国红十字会月刊》1921 年第 2 期

分会成绩录要——沪城分会

组织之原因

沪上为中国商埠之领袖，华洋荟萃之要区，车轮辐辏，人烟稠密，所以总会有总办事处驻于沪北焉。沪南一带地舆辽阔，南纵黄浦，陆地皆与租界毗连，聚居人民于是数近百万。同志有鉴于前日俄战争，东省人民千数百万，因无红会之设，交通阻断，待援无从，饮弹饿殍，惨不忍闻。厥后盛、沈两会长经几度之交涉，始得请万国红十字会之名义，按照规约，施救出险。然遭罹浩劫者，已不知其数矣。辛亥秋，武汉风云日紧，因思沪南处于绝地，且制造局为军事上所必争，交通除水程外，陆行须经租界，若一旦有事，交通断绝，定蹈东省之覆辙，是以集合同志，特组织沪城分会，经总会总办事处核准,当给凭照等,并转呈海陆内务各部立案,得以成立。遵照总会总办事处所定章程,节节筹办,以臻完备,设有警燮,可张红十字旗,护送百万居民以出险地,因红会早经万国承认,庶免交通断绝之虞,此我同志所以组织沪城分会之意志也,且总办事处可以临时接洽,藉聆南针之示,聊尽臂助之劳。惟介绍会员、汇集捐款皆直接于总办事处者,所以本分会之惨淡经营,不若其他各分会之规模宏大也。

开会之日程

本分会组织成立以来,初订办事简章,经几度之修改,得以渐臻完善,每逢阴历五、十两期为会期,逢十为会员常会,集议会务,如卫生、防疫、振灾、恤兵等各事,逢五为救护医队议[医]员会,宣讲日来弗[日内瓦]所订之陆战救护规约三十三条、海战救护规约十条,分期按条详细解释,使全体队员及会员皆知救护之章程、各种之缔约,并传习初级救伤、扎缚、用药、施救等种种方法。研究有素,得编成甲乙救护医队,两队队员悉由会员充任之,如有紧急动议,临时召集开会。

历办之事迹

辛亥政体改革之初,东南半壁义旗蠡起,九月十三日沪上始光复,事前风鹤频警,本分会自八月十九后即齐集会员,轮值编练临时救护队,以备不虞,事当艸创之初筹,大非易事。后癸丑为江西之警耗频传,六月十九夜,沪南亦发生战事,本分会责无旁贷。救护医队早经编练纯熟,当即出发救护受伤兵民,掩埋路遗尸骸,各队员奋力从事,虽炮声流弹未止,酷暑烈日之中,皆所不顾。办事成绩蒙总办事处所称许,谓真有鼐鼎盖儿之风,中外人士咸赞叹不置。兵事幸免后,开办临防时疫医院。半载后宁镇兵燹,随总办事处施救,运来受伤兵民以数百计,收容于医院,皆获治痊,无一殆者亦属意料所不及也。甲寅六月,巴拿马赛会出品协会开展览会于上海陆家浜,敦请本分会办理会场卫生事宜及临时医院,事竣稽劳,蒙江苏省长韩颁赠谢状焉。后肇和之变亦从事预备,幸即无事,数年来历办卫生、防疫、保赤种痘及施衣施米等,每年经常之举无不应办尽办,惟囿于经经[费]方面,为会员所担负,未克大为发展耳。

原载《中国红十字月刊》1921 年第 2 期

1922 年

中国红十字会总分会一览表(十一年续修)

总会:总会设北京金鱼胡同九号,总会总办事处设上海九江路二十六号。

会长	汪大燮	伯唐
副会长	蔡廷干	耀堂
理事长	庄箓	得之

分会：江苏

省份	名称	主任	通讯处
江苏	沪城	夏应堂	上海城内旧县前
江苏	吴淞	谢瑶轩	宝山吴淞镇

原载《中国红十字会月刊》1922年第7期

1923年

中国红十字会总分会一览表

总会

会长	汪大燮	伯唐
驻京副会长	蔡廷干	耀堂
驻沪副会长	杨晟	小川
理事长	庄箓	得之

分会

省份	名称	主任	通讯处
江苏	沪城	夏应堂	上海城内旧县前
江苏	吴淞	谢瑶轩	宝山吴淞镇

原载《中国红十字会月刊》1923年第18期

中国红十字会上年之要略

此篇寄万国红十字会年刊中

他国红会之会长由于推选，中国红会之会长近年由于政府任命，至一千九百二十二年(即中华民国十一年)会中人员鉴于各国之先例，改良进行之方针，于六月二十五日全国各分会代表集沪开大会，改订新章，公选议长王一亭君震、副议长盛竹书君炳纪及政商学界有名誉者共四十八人为红会常议会，公选汪伯棠君大燮、蔡耀堂君廷干、杨筱(小)川君晟诸公为正副会长，公推庄得之君箓为理事长。汪会长就职而后，会中职任付倚蔡、杨二公，蔡则专职驻京，担任对于政府及外交方面之交接，杨则专职驻沪，担任对于各分会之进行，战时对于军事长官及战地司令之保护，平时对于官厅及一切外交方面之事宜，权限皆载列修正之章程以及对于红会万国联会之事务，如一九二二年杨会长偕王培元医博士同赴暹罗开万国红会第十一次大会，各尽其一切进行之职任，积极推广，前途日益发展，分会已加至二百零九处，筹备未正式成立者又二十七处，并在上海新闸路购买屋基修筑北市医院，即总办事处上海五医院之一，海格路总医院亦大加整顿，购极大爱克司光镜，治疗法日起有功，中国红十字会历史遂于此告一段绝大之改革。自汪、蔡、杨三公被选之后，分职以来，军事频兴，灾荒迭告，如粤赣之战、粤桂之变、闽中之争、滇黔之讧、川陕之乱、汴皖之匪、东三省之盗、鄂汴之旱、苏皖全浙之水、潮汕之风、皖北浙温之疫，各地浩劫如烟，陆续并起，会中人奔走呼号，危难之消息晨来，救护之队员夕发，穿插于枪林弹雨之天，奔走于瘴疠风雨之地，时露宿于荒野，杂饮食以尘沙，而救伤也、瘗埋也、诊病也、施药也、发放衣食也，诸多庶务纷如乱丝。在沪总办事处又就近组织马路救护队，集资发遣俄舰难民离沪，救灾恤邻，无役不从，以少数之会员(约占中国人民万分之一)负繁多之重责，整理救护，备极周详，不因会章之改革，难得如此之效果，此中国红会历史上之一段优点，亦即于选举制上获良好之成绩也。

原载《中国红十字会月刊》1923 年第 19 期

时疫医院成绩概言

沈瑞清鼎臣甫述

霍乱一症势极凶猛，初起时偶不注意或施治不得其法，即渐致□螺吊筋、肢体冰冷等种种现象，生命濒于危险，传染之速复捷于影响，故西人对于此症非常注重，非过举也。本院每届秋初，必早设备预，聘富于经验之中西医士，疗治之际复审慎精密，故历稔以来，成绩昭著，活人无算。即鄙人承会长之委托，管理院务，溽暑奔走，不自耽逸，诚以人命为重，日夜兢兢，惟恐挂误，惟经费浩繁，统计每年院中所需医药、施棺、赁屋、薪工、伙食等费为数颇巨，不得不赖乐善君子慷慨解囊。俾本院逐年赓续进行而使沪地永为无疫之口岸，此则本会同人暨鄙人之所深望也，至本届成绩限于篇幅，未能一一披露，爰撮要略举如下：

八月廿三日由公共租界汇四捕房送一病人到院，势已垂毙，口不能言，察其病原，因在起初时不即施治，为日既多，致成不治，既不知其名姓，又不悉其亲属，亦不详其里居，仅于草帽顶内见一宋字，祇得照章摄影并登申、新二报招认，乃不数日，其父母妻子即来院认领，运回宁波原籍安葬，俾死者不致抛骸异地，而生者亦得尽期饰终之典，此盖由于本院办法之周密。有以致之，或以为既为棺殓，似可毋庸登报矣，庸讵知，若不登报，则其家属何能来院认领而归正首丘。故虽一告白之微，当事者亦不可疏忽也。又如新放驻美国金山领事王稷臣君于九月九日傍晚因腹痛来院求治，疑为霍乱，余察其神色与时疫迥异，其时适西医亨司德君就诊他处，余急以电话速之及其回院诊视，果如所料，并非时疫，乃腹中有伤，厥名歧肠即西名 Appendicitis，颇属危险，若不亟治则数日后毒布五中即难奏效，当由医员将此症危险情形及施治方法一一详告，王君信之，遂亟转送徐家汇路总医院割治，一星期后即已霍然。若王君不到本院而误投药石，或至本院而误认时疫，岂非徒伤其身，故我谓医员，贵在精细，而治病尤赖神速，庶不背乎慈善之初旨矣。

以上二节本不在时疫范围，然鄙人以生命所关，责任所在，未敢稍涉忽略，谨提出之以为世告，幸垂察焉。

原载《中国红十字会时疫医院征信录》1923 年

1924 年

中国红十字会总分会一览表

总会

会长	汪大燮	伯唐
驻京副会长	蔡廷干	耀堂
驻沪副会长	杨晟	小川
理事长	庄箓	得之

分会

省份	名称	主任	通讯处
江苏	沪城	夏应堂	上海城内旧县前
江苏	吴淞	谢瑶轩	宝山吴淞镇

原载《中国红十字会月刊》1924 年第 28 期

中国红十字会分会各省分会一览表

江苏　沪城分会　吴淞分会

原载《中国红十字会二十周年纪念册·分会》1924 年

1926 年

教讯：其一、中国之部：红十字会总医院护士学校(上海)

本校由理事长庄得之先生与院长牛惠霖医生发起，创办于一千九百二十二年，伍哲英女士充当校长，招收学生二十三名，男护士二名、女护士四名，当时即报名于中华护士会驻[注]册，当时教员之职，院中医士不敷分任，即请沪上名医周仲衡等为义务教授。

至一九二十三年，院中病人渐多，所有护士与学生不敷分派，即添男护二人、女护士二人，收学生二十八人，又由别处医院派来练习护士二人。一九二四年又添男护士二人、女护士一人，又收学生五名。

一九二十五年本校第一班学生均考入护士会，名列优等，本年又招收学生十名，练习生一名。

今年收学生三十名，今在试习期内，期满后分别去留。

本院现有男护士七名，女护士二名，实行护士一名，学生六十四名，分任全院职务。

日班：割症室男护士二名，学生三名；卫生部学生四名，管理院中厨房及一切卫生事务；门诊部与急症室男护一名，学生五名；化验室学生二名，药房间学生一名；电疗室男护士一名，学生一名；头等病室女护士一名，学生八人；二等病室男护士一名，学生六名；普通男病室男护士二名，女护士一名，学生十二名；普通女病室与小儿病室女护士一名，学生十四名。

夜班：男护士一名，女护士一名，学生十名，分任职务于全院。每年夏天时疫医院开办时，即派学生四名至时疫医院习练。

本年毕业秩序：(一) 主席牛惠霖报告；(二) 王元培医生演说；(三) 淞沪商埠卫生局局长胡鸿基演说《护士与公共卫生关系之重要》；(四) 萧志吉医生演说；(五) 石美玉医生演说；(六) 西人胡女士演说；(七) 护士校长伍哲英报告；(八) 西

人(Hospin)音乐;(九) 钟先生独唱;(十) 何女士代表中华护士会演说《护士责任重要》;(十一) 何女士给中华护士会文凭;(十二) 院长牛惠霖给本院文凭。

本年毕业生姓名: 陈秀云,浙江定海;朱寄沧,江苏常熟;刘汉英,河南开封;陈玉华,江西九江;殷粹和,安徽太湖;陈德华,江苏南京;俞密云,安徽滁州;蒋□范,浙江诸暨;周锦明,湖北黄梅。

原载《兴华》1926 年第 23 卷第 38 期

二、专　　题

法令：通令南京府知事、各县民政长准内务部电转饬境内红十字会赴上海大会

为通令事，[1912 年]十月初九日准内务部齐电中国红十字会，咨称定于阳历十月三十日在上海开统一大会，请速电各省红十字会派代表届期前往与会，并携带现行办事规则及一切成绩报告以备研究，特此电达等语。合行令仰，各该民政长查明境内如有红十字会即行传饬，遵照预备赴会，此令。

原载《江苏省公报》1912 年第 56 期

令示：大总统令内务部准予中华民国红十字会立案文

兹准黎副总统电开，鄂省自起义以来血战数十日，尸骸枕藉无算，幸赖中国红十字会在武汉设立临时医院，救治被伤兵士并施掩埋。兹查该会已由赤十字社长松元侯爵特派法学博士有贺长雄来沪商榷修改会章，复承介绍，得邀万国红十字联合会公认该会为中华民国正式红十字会。此次民军起义，东西南北各省均设立分会共五十余处，所费不赀，其功甚巨，如此热心慈善事业似不可不特别表彰，伏恳准予立案，揭诸报章以资提倡而重诚等因。前来查该会热诚毅力，殊堪嘉尚，应予立案，以昭奖励，合就令行，该部仰即查照可也，此令。

原载《临时政府公报》1912 年第 25 期

红会存金何处去

江海关施监督顷财政部令，据上海中国公立医院经理沈敦和元电内称，上年本院以上海鼠疫甚炽，请在拨存防疫款内，仍照旧案，按月照发经常费银九百五十两并先酌拨临时费银四千两等情。当蒙照准，饬下陈交涉使遵照办理在案，兹准陈交涉使函开敝处，前由此领事交存余款，月前已全数拨交江苏银行，现无存款可拨等因。本院十二月分[份]经常费遂致无从支领，查此项防疫专款尚存三万余两，现在

上海鼠疫尤未肃清，防范断难稍懈，仰恳大部电饬江苏银行按月照发，以维善举，抑改由何处拨发，伏候钧鉴，祇遵等语。

查所称防疫专款，海关道署有无卷据，系在何项捐款项下带收，当时共征存若干，现在此项是否仍前继续征收，岁入约数若干，公立医院经常费每月九百五十两系何处批准之案，此次此领事所交是否全系防疫经费，仰即会同驻沪通商交涉使逐节查明，迅速详晰具复，以凭核办。[后略]

原载《民立报》1913年1月27日

中国红十字会时疫医院简章

第一章　总则

甲、时疫医院系临时筹办，归红十字会管理，定名曰"中国红十字会时疫医院"。

乙、时疫医院赁屋于英租界大马路小菜场北首天津路、广西路嘴角门牌第四百十三号。

丙、医院设头二等男女仕商养疴室，三等男女病房并男女候诊室、男女诊病室，男女异处。

丁、由红十字会募捐筹办，由总办事处会长以下节制之。

戊、医院中举医务主任及医院理事责成之。

第二章　宗旨

甲、照《中国红十字会章程》第二章乙条，在平时应筹募款项，设立医院，造就[医]学人才，置办医务科，振济水旱偏灾、防护疫疠及他项危害。时疫为夏令最危险之症，传染最速，募款筹办自夏令开院至秋冬时疫肃清闭幕。

乙、时疫医院专治急痧、吐泻之症，无论如何危险，随到随治，由医院主任责任之，不涉别项症候。

丙、医院就医者不论中外，不拘贫富，不论本埠外埠、男女老幼，随时随治，病人入院后除头二等酌收病费外，三等一律免费并无号金等项名目。

丁、病人医愈后如自愿出资酬谢，悉充医院捐款，不得私相授受，又并无别项需索设。施治无效身故，立即迁入殡殓所，报知家属听其自由入殓(欲抬回家中者听)，如是系贫苦者，由医院施送普通棺木，抬送保安堂义冢暂厝。

戊、贫病治愈合后如实在无力还乡，由医院理事查明实在，报告本会酌送船票。

己、时疫医院纯乎慈善事业,劝募绅商捐款开办,不涉他事。

庚、病马车、橡皮病车专为救护病人、抬运病人而设,不论远近概不取资,该车等不得指作别用。

第三章　职务

甲、医务主任管理医药事宜,医生、看护人等由主任督责之,不分昼夜轮流值班,如有延误,主任担其责任。

乙、凡遇急痧及危险不治之症,果病极危险,气尚未绝者,一经入院随到随治,设病人无多,时疫未盛,医生他出,一经接到电话应即赶到施治。

丙、病房、候诊室、诊病室等虽分头、二、三等及男女病室,应一律平等诊治。

丁、医院理事督率司事、看护、仆役、车夫不分昼夜,轮流值宿,如有延误,理事担其责任。

戊、本埠病人不论远近,一经病人家属报告,立遣病车,由家属伴送来院。

己、病人一经入院不论重轻不得提前拔号,除头二等病人逐日收费外,并无酬劳及额外开支名目,如有私相授受,当以违背章程论罚。

庚、如病家邀请医士出外赴诊,所需诊费由病家直接与医生自由论价,与医院无涉。

辛、医院自医务主任以下或送薪水,或赠津贴,如有托故不到,办事因循者,当以违背章程论罚。

壬、医务主任与院务主任各分责任,另由医务主任等另订医药规则、病人规则、办事人应守规则,通知本会择要宣布,如至时疫极盛时病房设有不敷,当随时通知本会,商请中国公立总医院运送该医院养病,所需费用由本会核价。

癸、病人施救无效,富者任其自由殡殓,贫病者由本会给以相当之棺木代为殡殓、掩埋,一切不取价值,应由理事会同家属妥为办理。

第四章　报告

甲、□日将号簿、日记、收支大略、医愈姓氏逐日开单报告,由本会汇报。常议会闭幕后当刊印征信录、成绩表,分送捐户、病[人]家属。

乙、将夏令卫生大意演成白话文布告本外埠人,事前留意并劝告抱病人勿事……

第五章　捐款优待券

甲、不拘中外,绅商各界巨细捐款,悉用红十字会正式收条加盖“指捐时疫医院”字样为据，病人治愈后如自愿捐助亦以本会正式收条为凭，一面登报征信。

乙、凡捐时疫医院捐款逾五十元以上，预送头等优待券一帋，许由捐款人介绍亲族朋友上等人病者一位，凭券入头等室，免收病费；捐廿五元以上者，预送二等优待券一帋，准入二等病室，免收病费，惟下等人（如仆役、车夫之类）虽有优待券祗能入三等病房，以符医院定章。

丙、头等仕商养疴室每日收回医药费三元，二等每日收回医药费一元，给以收条并入捐款项下作正开支。

第六章　附则

甲、此项简章经常议会通过后实行。

乙、此项简章经常议会三分之一请求即可改修。

丙、医务规则、院务规则、病房规则、看护司事应守章程，茶房侍役告诫规条由管理医院院务者订正，交本会宣布。

丁、此项简章于常议会通过后译成洋文，交医务主任照章执行。

原载《人道指南》1913 年第 2 号

申　令

兹制定《中国红十字会条例》公布之，此令。

原载《兵事杂志》1914 年第 8 期

中国红十字会条例

（九月二十四日大总统申令公布）

第一条　中国红十字会依据陆军、海军部之指定，辅助海军战时卫生勤务，并依内务部之指定，分任赈灾、施疗及其他救护事宜。

第二条　中国红十字会得募款设立医院，造就救护人才，并储备救护材料。

第三条　中国红十字会设总会于北京，设分会于各省，各分会均隶属于总会。总会设会长一人，总理会务，监督各分会；副会长一人，辅助会长，办理一切会务。

第四条　中国红十字会会长、副会长由大总统委派充任，分会由分会推举，经会长认可后方得就任，并由会长报明内务、陆军、海军各部。

分会长就所在地范围内执行紧急职务时，得直接陈请于该地军事长官及地方长官，余均陈请总会传陈。

第五条　中国红十字会之资产及账簿,得由陆军部、海军部、内务部各就所管事项,随时派员检查。

第六条　中国红十字会须于每年一月以内将上年收支之计算,事业之成绩,造具清册,报告陆军部、海军部及内务部。

第七条　中国红十字会战时随军救护人员之待遇,与军属同,救护队之编制及其服装之定式,暨阶级之比较,由陆军部、海军部协商核定。

第八条　中国红十字会战时随军救护人员及救护材料,需用国有轮舶、铁道时,得依陆海军人员及军用品例办理。

第九条　中国红十字会战时随军救护人员在战地应用房屋、粮食、船车、马匹,得由会长分别陈请陆海军部,转饬支给。

第十条　中国红十字会有功人员,得由会长分别陈请内务、陆军、海军各部审核,呈请大总统给奖。

《中国红十字会奖励条例》另定之。

第十一条　本条例自公布日施行。

原载《时事汇报》1915 年第 8 期

大总统令

派蔡廷干为中国红十字会副会长,此令。

原载《兵事杂志》1919 年第 61 期

专件:中国红十字会条例暨施行细则

大总统指令第一千三百三十九号:

令内务总长田文烈,陆军次长暂行代理部务,罗开榜。

海军总长萨镇冰呈修改《中国红十字会条例暨施行规则》,呈请鉴核,由呈悉准,如所拟办理,此令。

中华民国九年(1920 年)五月二十日

国务总理海军总长萨镇冰、内务总长田文烈、陆军总长靳云鹏

内务总长田文烈、陆军总长靳云鹏、海军总长萨镇冰呈请,大总统为修改《中国红十字会条例暨施行规则》,呈请鉴核文。

为修改《中国红十字会条例暨施行规则》恭呈仰祈,鉴核事,窃查《中国红十字

会条例》于民国三年九月曾经奉令公布，又《中国红十字会条例施行规则》于民国四年十月呈奉指令，准如所拟办理等因。各在案是项条例暨规则行之数年，征诸事实并体察该会现在情形，不无应行修改之处，现经内务、陆军、海军三部会议，依照《中国红十字会条例施行规则》第七十五条，将该项目条例及施行规则修改数端，俾臻尽善，是否有当，理合缮具，全呈文，请鉴核训示，公布施行，再此稿系陆军部主稿会同内务、海军两部办理合并声明，谨呈。

原载《中国红十字会月刊》1921 年第 3 期

上海吴淞两口防护染疫章程

(十年十二月中国红十字会吴淞防疫医院抄稿)

分解本章

(一) 凡章内所列医员字样，乃即系指江海关监督聘定专辨本口防疫医员之或正或副，亦或暂由他医所派充者而言。

(二) 凡有来船驶至吴淞口外之先在十日内，或于抵口之时，该船上有人如有患过霍乱、发疫以及黄症并痒子瘟等类之病，抑或有患疑似以上各类之病，并或有已死尸首，而疑是染疫致毙者，则其船俱为染疫之船。

(三) 凡来船抵口，而该船上人内有传染痒子瘟者，不论其在抵口以前所染或即抵口之时所染，应俱为有痒子瘟之船，

(四) 凡所谓可疑之船者，乃即来自有疫口岸之船，不论其系一径直走到口或系转由别埠抵口。但计其自彼开船至此，尚在十天之内，应即为可疑之船。

(五) 凡所称崇宝沙防疫医院，因该院系在崇宝沙西南尽头地方，故以是称。(注：崇宝沙被风浪冲崩入海，因将医院迁至淞吴黄浦江东，故名吴淞防疫医院。嗣又分出华人一部分归上海华商经办，故有防疫华医院名称。后更归中国红十字会经理，因即为中国红十字会吴淞防疫医院矣。)崇宝沙海面计有白色浮筒两个，乃即系为停泊疫船之界而设。

总章

(一) 凡染疫以及可疑船只驶近吴淞之时，务须即在船首前桅悬上黄旗，必俟医员上船检验后，给有准单，方可下旗进口。

(二) 凡染疫以及可疑船只，无论何人，或上或下，均须执有防疫医员之准单方可，至若此外之起卸货物、行李等项，亦俱照此办理。

（三）凡引水之人，带领染疫以及可疑之船者，非得有医员准单，不能擅自离船。至若该船如须轮船拖行，则必得在该船之前，断不可在两旁并拖，以防致相传染之患。

（四）凡船只抵口，医员到轮验疫，所定时刻，早自六点钟起，晚至六点钟止，而其间船多候久，总以愈速开验为愈妙，而该船主务须准如医员所嘱，令凡在船之人，自大副以至水手并各搭客等，均需出立舱面，一同候验。所有船内各段房间等处，亦准听由医员遍加察看，一若医员问及船上一切，或自开行暨至本口一路之前后情形，皆应详细一并答复为要。

（五）凡遇吴淞防疫医院，因各别口已无瘟疫停止办防之时，而如有他口来船，或到上海，或进吴淞，除即遵此总章外，并须按其后列之专章办理。

（六）凡遇防疫医院举办验疫之时，而如有他埠染疫之口来船，或到上海或进吴淞，抑或欲往长江即遵此总章外，并须按其后列另章办理。

（七）凡遇他口疫起之后，而所有防疫医院一切防疫事宜均应由监督与各国领事会同察核情形，斟酌定夺出示施行，即如何埠因已患疫，应即预防作为有疫之口，此其一也。又何埠因已疫净，应即免防，作为无疫之口，此其二也。又吴淞防疫医院应于何时为始，必须开办防疫并于何时为止，即须停办防疫，此其三也。又其四，办防之法，或各别口有疫之时，则防其传染进口，致碍本口，或本口有疫之时，则防其传染出口，致碍各别口。是以凡有应行禁止进口及出口之各种货物，自当随时格外小心，设法会禁，以全保护，而免彼此传染之患。一面即由本口税务司转饬理船厅传谕周知一体遵行，并由本口税务司通知该疫口税务司查照。至若该疫口系属外洋，则即通知该地方官办理可也。

（八）凡在上海吴淞停泊之船，除患痒子瘟及疑是痒子瘟外，如患似分解本章第二款所载各种疫症者，应即报明理船厅转嘱医员到船检验，该船倘在上海，则须酌令驶至泊船界外，即耶松引翔港船厂下首停泊，倘在吴淞，则应令与他船远离停泊，以便按照后列之专章办理。

（九）凡进口船只而有患痒子瘟及疑是痒子瘟者，应立即报知离船厅转嘱医员到船检验，酌令该船始至崇宝沙停泊，以便按船后列之另章办理。

（十）凡有疫之口来船不准进口之货，如各种皮货、皮张、毛发、破烂纸币、鲜果菜疏[蔬]以及沾有泥土之花草，并沙泥杂土，又植物化成泥块沙屑，兼如尸棺等类，一概不得运进本口。

(十一) 凡华洋人等,如有违背以上各款者,华人则送地方官,洋人则交该管领事官分别罚办。

专章

(一) 凡来船有患痒子瘟者,概不准其驶进吴淞、上海两处停泊,必得在吴淞口外之船路红浮筒以外停俟,医员上船验明属实,乃由理船厅饬令该船移往崇宝沙泊船界内停泊,以便按照后列之另章办理。

(二) 凡驶抵吴淞之船,除痒子瘟及疑是痒子瘟外,如或有患别种疫症而并非痒子瘟者须听该处指泊人员指定泊处停泊。该船倘赴上海,则应驶至泊船界外,即耶松引翔港船厂下首停泊,务照医员所嘱将病人与人离开,或设法令人离开病人,并须在船上熏除净之后,方可给予准单进口。

(三) 凡染疫之人离船之时,必须凭有医员在船照料,且须处处格外小心,即如该病人大小便所遗,并其用过浴水,脱下衣履,在床被褥等类,倘犹未经熏过,不得遽弃江中。此外又有例应用火焚毁之件,则亦不得遽弃于江也。

另章

(一) 凡来船之染有瘟疫以及形有可疑而似乎染疫者,均须在崇宝沙之泊船界内,照章停泊办理。

(二) 凡有疫之船一切办法,必须悉遵防疫医员指示而行,或须将患疫暨疑疫之各病人离去此船,或须将此船上人离开该病人,又或须将疫死之尸移埋他处,均惟听候斟酌办理,以便将其船身如法照熏。至该船于病人起净之后,总不过再扣十天而已,但若该船尚在未经熏透之时,不得遽予放行,必俟医员给予准单,方可进口。

(三) 凡形有可疑染疫来船,一俟验明实属,并无传染瘟疫情事,而业已悉如理船厅定章遵办完毕者,应即给予准单放行进口。惟若该船倘果查有可诉之处,则即作为染疫之船。

(附释)以上防疫医院章程与各处设立医治普通病症之医院性质不同,故不合用。盖防疫医院专收患传染疫症之病人,而诊治普通病症之医院,不能收容染病人者也,中国红十字会吴淞防疫医院谨识。

原载《中国红十字会二十周年纪念册·章程》1924 年

《中国红十字会时疫医院民国十一年壬戌征信录》序

本会时疫医院创办至今十五年矣,今年开幕,正本会召集全国会员大会之期,改良会务，修正章程，晟被选副会长，又蒙大总统特派驻沪，震被选常议会议长，箓被公推理事长。时疫医院开幕后，天灾流行，就医人数之多逾于往岁。上年来院就医者三千一百零五人，住院者六百四十一人，割症二百七十人。今年来院就医及医痊即去者则有四千九百七十九人，重症住院者八百十六人，又头二等养疴者一百八十五人，割症四百八十三人，其数皆逾于去岁。幸而所收捐款亦略超过于去岁。去岁收捐银元八千余，今年则九千余，以入为出，不敷者有限耳。惟藉总办事处以为挹注，此可见上海本会总医院、南北市医院、吴淞防疫医院之外，由总办事处担任困难者，时疫医院亦一端也。征信录成，各界诸公幸垂览焉。中华民国十一年十二月中国红十字会时疫医院院长杨晟、王震、庄箓谨识。

杨晟

原载《中国红十字会二十周年纪念册·中国红十字会纪事诗文》1924年

中国红十字会通告

为通告事，本会以博爱、恤兵为宗旨依据。

大总统公布《中国红十字会条例》及中国在保和会签押之红十字条约办理慈善事业，实为国际上法定最尊重之团体，并为地方重人道，谋幸福起见，得由各省公正绅商具函请愿，听候本会核准，依法每县组织一分会以期联络而利进行，凡我同仁自应遵照慎重，将事乃查各地分会照章办理者固属不小，亦有假借红十字会名义冒捐敛钱，干预种种非分之事，妄为种种不法之举，既违背大总统公布《中国红十字会条例》而与保和会红十字条例亦大相抵触，人道毛贼莫此为甚，际此时艰，孔棘灾害洊存，本会职责司救护，责有攸归，若不切实整顿，严行取缔，流弊将伊于胡底。查本会前奉陆军部公函，凡假借中国红十字会名义及私制佩章、旗帜、标记等件者，一经发觉，由中国红十字会通知地方官厅，按照新刑律“伪造及行使公文图书、欺诈”等罪名办理，咨照转行各分会，通告各界人士一体凛遵在案，部令何等森严，亟应遵照查禁，除将《中国红十字会施行细则》第七十三条惩罚办法附列后方查照外，合行通告，务各遵行，切切此布。

中华民国九年十月　日

附惩罚办法四项：

一、本会会员中受刑事处分或其行为有违本会章程者，本会得褫夺其会员资格。

二、假本会名义招摇撞骗者，得由总分会长就近通知地方官厅严行究办。

三、分会会长如有品行不正或行为违背会章，一经总会查明，得知照该分会撤换，另行选举。

四、分会执行会务有不妥适者，得由总会分别令其更正，或改组，或函请地方官厅，令其更正或改组之。

原载《中国红十字会月刊》1922 年第 4 期

中国红十字会组织分会章程

总则

一、各省县属地方，办理慈善事业得依据大总统公布《中国红十字会条例》，备具愿书陈送办事处(设上海九江路二十号)，听候本总会(设北京金鱼胡同)核准后组织分会。

中国红十字分会以设立医院者为限，但特经总会认可者不在此限。

二、组织分会并应报由地方官厅或地方团体(如商会、农会、教育会是)，备具公文，邮送本总会及总办事处证明，委系实心为善。

三、组织分会当现招正会员三十名，每名缴会费洋二十五元，共计七百五十元(上海通用银元)，全数一次缴足，由本会总办事处填发佩章、凭照给领。

四、组织分会，每县设立一处，但遇通商大埠应时势之需要，不在此限。

五、分会定名为“中国红十字会(某处)分会”，隶属本会。

六、分会应择定地点为会所，订期开会，公举会长及办事职员，报告本总会及总办事处听后核准，给予认可方准就任，并由本会报明内务、海军、陆军各部暨本省军民长官立案保护之。

七、分会应用印旗图记，免费电报执照及救护时需用各物品，均由本会总办事处发给。

八、分会成立后续招入会者不论正会员、特别会员、名誉会员，所收会费应准一律截留，一半分作分会基本金(应其基金领证)，其余一半随时解交本会，总办事处核收作本会基本金，但普通会员、学生会员由分会介绍者，其会费不得截留，一并解归本会总办事处。

(甲) 凡纳会费二十五元者，推赠为正会员。

(乙) 凡纳会费二百元以上者，推赠为特别会员。

(丙) 凡纳会费一千元以上者,推赠为名誉会员。

九、分会会务每三月报告本会总办事处一次。

职员

十、分会职员设立如左:

分会长,理事长,理事,资产监督,文牍员,会计员,书记。

十一、所设职员视事务之简繁定之,各员任期三年,连举得连任一次。

事业

十二、分会宗旨以协助本会,就所在地不分畛域,办理以下各事。

(甲) 在战时应遵守中国海陆军部定章程及临时军司令官命令,协助警队救护病者、伤者。

(乙) 在平时应筹募款项,设立医院,造就医学人才,制备医务材料并预备赈济水旱偏灾,防护疫疠及其他项危害之事。

惩罚

十三、分会会员有犯刑事者或举动有违背会章者,得取销其会员资格,如有假冒红十字会名义招摇撞骗,得由分会长(或理事长)报告本会总办事处,通知地方官厅按律严惩。

十四、分会长及各职员如有品行不正、违法营私,一经本总会及办事处查□,得知照该分会撤换,另行选举。

十五、分会执行会务有不妥适者,得由总会及办事处分别令其更正或改组,或函请地方官厅令其更正或改组之。

奖励

十六、奖励办法如左:

(甲) 捐款在一千元以上及募捐五千元以上,或对于会务有特别劳绩者,分会得报由本会总办事处分情形陈请政府呈大总统奖励。

(乙) 捐款在一千元以下及募捐在五千元以下,或对于会务著有成绩者,分会得报由本会总办事处分别奖励,陈明各部备案。

议事会

十七、分会设议事会办理,左列事项:

(一) 初审分会预决算;

(二) 议决会员入会之准否及除名;

（三）选举分会长及分会各职员；

（四）议决分会长临时重要事件。

以上各事项应由分会长陈报本会总办事处查考。

十八、议事会以会员十二人组织之，由分会长召集，就该分会所在地会员开分会大会，用记名单记法选举之，以得票多数者为当选，当选者由分会长报告本会总办事处。

十九、分会议事员任期三年，但第一年选举常议员之任期分三种各左：

（一）任期一年者四人；

（二）任期二年者四人；

（三）任期三年者四人。

二十、分会议事每月开会一次，由分会长召集之。

二十一、分会议事除议事长外非全数议员半数以上出席不得开会，但战时及有紧急事件不在此限。

医院

二十二、医院之组织另定之。

救护队

二十三、救护队之组织另定之。

附则

二十四、本章程如有应行修改之处，由分会议事会提出理由，由分会长陈请本会修改之。

原载《中国红十字会月刊》1922 年第 4 期

中国红十字总会总办事处放振上海虹口分水庙及胡家木桥两处火灾

（1922 年 3 月 20 日）

一、起火之原由：分水庙后，而及胡家木桥左近，两处地方居民起火原因，一于本年阴历二月二十二日上午十点钟时，午炊不慎；一于念四日夜十一点钟时，因夜间烧饭遗火于薪，遂成燎原之势。

二、风势之狂猛：连日本埠飓风时起，两处起火之时，一在午初，一在深夜，当时风势甚大，以致被灾各户，仓皇失措，无从扑灭。

三、救火车之踊跃：两处闻警时，本埠中西救火车均立刻赶到，约有数十人竭力施救,云成丝厂各处龙头均安皮带灌水注射,得以救熄,而周围各户,赖以保全。

四、居民之麕集:分水庙及胡家木桥一带,草蓬林立,或以小船而驻泊浜内,或以蓆蓬搭盖沿浜,种种高低形状,难以尽数。

五、泥浜之污秽:分水庙后坟山居多,木棺朽烂,抛露者甚多,胡家木桥沿浜,一经日晒,秽气熏蒸,居民随处溲便,不知卫生,行人遇之,辄为掩鼻,一到夏间则易传染疫气。

六、居民之生活:两处居民大概为劳苦工人,男以推车做工,女以缝衣缫丝度日者居多,此次被灾各户,有因外出谋生,而家门闭锁者,有仅留小孩在家,而男女外出者,及收业回家,已成灰烬,可谓惨矣。

七、受伤之惨痛:此次受伤各名,有唐立国、刘学宝、蒋如林诸人,无不焦头烂额,其当日葬身火窟者,则有张学泰一名,及茂昌家之幼孩一名,已由善堂备棺收殓。

八、该帮之热心:左近江北帮居民,有最为热心者,如王锦春、戴如藻等,手执黄簿,热心调查,按户计口,不惮烦琐,可谓该帮中之可尽义务者。

九、聊益会之救济:被灾各户大率无家可归,露宿风餐,惨不忍观,老幼哭泣,辗转沟渎,幸赖聊益会施以芦席竹架,俾搭草圈以资棲住。

十、本会之放赈:是役被灾各户,分水庙计共七十七家,男女大小三百四十一户,胡家木桥计共一百零三家,男女大小四百七十七名,本会按名逐一放赈,计共现银二千余元,俾沾实惠而免偏枯。

原载《慈善近录》1924 年

中国红十字会修正章程

(中华民国十一年六月二十七日)

第一章　总则

第一条　本会依民主国社团之习惯,以本会会员组织之。

第二条　本会会务之施行以一千八百六十四年《日来弗条约》、一千九百零六年《日来弗红十字条约》、一千九百二十一年《红十字万国联合会议决案》为准。

第三条　本会旗帜、袖章及各种标记得用白地红十字。

第四条　本会章程于会员大会通过后,陈请政府备案。

第五条　本会章程于会员大会通过后,发生效力。

民国二年统一通过之章程，于本章程发生效力后，废止之。

第二章　名称及会所

第六条　本会定名中国红十字会。

第七条　本会设总会于中央政府所在地，设总办事处于上海，设分会于全国各县及繁盛之市镇。

第三章　总会与总办事处之职权

第八条　总会之职权如左：

一、对于政府交接事件。

二、对于外交方面交接事件。

第九条　总办事处职权如左：

一、对于各分会交接事件。

二、战时对于军事长官及战地司令官交接事件。

三、平时对于地方官厅交接事件。

四、对于各商埠外交方面交接事件。

五、对于红十字会万国联合会交接事件。

六、其他一切会务。

第四章　事业

第十条　本会事业如左：

一、战时得经军事长官及战地司令官之同意，救护伤兵。

二、平时得请地方官厅之协助振灾施疗。

第十一条　为达上条之目的，得设机关如左：

(甲) 平时常设之机关

一、设总医院于办事处所在地之上海，及总会所在地之北京，设分医院于分会之所在地 。

二、于总医院内附设救护学校。

三、于总医院内附设看护学校。

(乙) 临时特设之机关：一救护队，二掩埋队，三疗养院，四关于一切救济事宜。

第十二条　医院及救护学校看护之规则，另定之。

第十三条　为达救护及看护之目的，应备材料如左：

一、卫生材料，如器械、药品、滋养品、治疗用消耗品、病者被服寝具、运搬用具属之。

二、普通材料,如事务用品,被服、帐篷、食品及杂品属之。

三、赈济材料,如衣服、粮食、棺具等属之。

第五章　财产

第十四条　本会财产如左:

一、会员缴纳之会费。

二、慈善家捐助之金钱物品。

三、属于本会所有动产,不动产及其利润。

第十五条　本会得受中央政府或地方官厅之补助。

第十六条　关于财产之管理及处分之规则,由常议会订定,公告之。

第六章　会员

第十七条　本会会员分五种如左:

一、名誉会员,独捐银元一千元以上,或募捐银元五千元以上,或办事异常出力者。

二、特别会员,独捐银元二百元以上者,或募捐银元一千元以上,或办事著有成绩者。

三、正会员,每年纳捐银元五元满六年者,或一次纳捐银元二十五元者。

四、普通会员,一次纳捐十元以上者。

五、学生会员,捐纳一元者以上者。

第十八条　除正会员外,名誉会员、特别会员之推赠均须经常议会之议决,普通会员、学生会员别以规则定之。

第十九条　名誉会员、特别会员、正会员均为终身会员,普通会员以十年为有效期间,学生会员以修业期间为有效期间。

第二十条　会员得分别佩戴本会徽章。

第二十一条　会员徽章、凭照由上海总办事处发给之。

第二十二条　会员如受剥夺公权之处分,同时丧失其会员资格。

第二十三条　会员有违反本会章程及其他不正当之行动,得经常议会之议决,宣告除名。

第二十四条　会员或丧失资格,或被宣告除名,本会得追缴徽章、凭照,但所纳会费概不发还。

第二十五条　会员得以各项动产、不动产核价作为会费,但不得以无完全所有权者充之。

第七章　常议会

第二十六条　常议会设于总办事处所在地之上海。

第二十七条　常议会以议员四十八人组织之。

第二十八条　常议会议员于会员大会时选举之,选举法另定之。

第二十九条　常议会议员遇有辞职,或出缺时,以次多数递补之。

第三十条　常议会议员任期三年,但得连选连任。

第三十一条　常议会之职权如左:

一、审判、预算、决算;

二、审查入会会员之资格;

三、议决会员之除名;

四、订定各项规则;

五、选举会长、副会长;

六、公推理事长;

七、公推财产委员;

八、议决其他重要事件;

九、刊印征信录及提出成绩,报告于大会。

第三十二条　常议会设议长、副议长各一人,均由议员中互选之。

第三十三条　常议会每月开会一次,由议长召集之。

第三十四条　常议会除议长,非有四分之一以上出席之议员,不得开会。议长因事缺席时,以副议长代之。

第三十五条　常议会之议决,以出席议员过半数之同意行之。

第三十六条　常议会于战时及有紧急事件,得开临时会,由议长召集之。

第三十七条　常议会于会员大会时,举行第三十一条第五项之选举,用记名选举法行之,以得票多数者为当选,被选者以正会员为限。

第八章　会长 副会长 理事长

第三十八条　本会设会长一人,副会长二人,有常议会选举之,陈请政府加以任命。

第三十九条　会长驻于总会之所在地。副会长一驻总会,一驻总办事处所在地。

第四十条　会长之职权依第三章第八条之规定,驻于总会之副会长,辅助会长处理第三章第八条规定之事务,会长有事故时,得代理之。

第四十一条　副会长之驻于上海,其职权依第三章第九条之规定。

第四十二条　会长、副会长任期一年,但得连选连任。

第四十三条　会长为完全之名誉职。

第四十四条　本会设理事长一人,由常议会公推之。

第四十五条　理事长驻于总办事处所在之地上海。

第四十六条　理事长会同驻在上海之副会长,行使第三章第九条规定之职权。

第九章　职员

第四十七条　本会设财产委员五人,由常议会公推之。

第四十八条　本会得设顾问及理事,均由理事长会同驻在上海之副会长聘任之。

第四十九条　本会各项办事之职员,别以规则定之。

第十章　大会

第五十条　本会每三年开会员大会一次,以是年四月在总办事处所在地之上海举行之。

常议会认为须开临时大会时,得临时召集之。

第五十一条　有分会总额五分二以上,或会员总额五分一以上,联合之请求召集临时大会,得提出理由于常议会,于五星期内召集之。

第五十二条　临时会员大会,须将会议之目的登报通告之。

第五十三条　大会之议长以常议会议长充之,议长缺席时以常议会副议长代之。

第五十四条　会员大会之议决,以出席会员为限。

第五十五条　大会之议事以出席议员过半数决之可否,同数时以议长决之。

第十一章　战时及灾害时之特例

第五十六条　本会于战时,随军救护之人员,得临时陈请军事长官优予待遇。

第五十七条　本会于战时,随军救护人员及运送救护材料,需用国有轮舶、铁道时,得临时陈请主管公署,依海陆军人员行军法办理。于灾害时,办理救灾者同。

第五十八条　本会于战时,随军救护人员,需用房屋、粮食、船车、马匹,得陈请军事长官就地拨给之。于灾害时，救护人员需用房屋、船车者，得陈请地方官厅拨给之。

第五十九条　于战时及灾害时，如遇常议会议员会长、副会长之任满，得延长其任期，以回复通常状况为限。

第六十条　于战事延长时，常议会得以全体一致改组临时议会，并增选必要之临时议员。

前项增选之临时议员须提出于临时大会，请求其认可，前项临时议会于平和恢复后解散之。

第十二章　分会

第六十一条　凡设立分会均须经常议会之认可设立之。

第六十二条　分会章程，须依据本会章程，及本会规定之分会通则。

第六十三条　分会章程须经常议会之审查及认可。

第六十四条　分会应各就所在地，名为中国红十字会某地分会。

第六十五条　分会所在地，如军事时得受总会及地方官厅之补助费。

第六十六条　分会应按年将所办事宜，及会员名册报告本会，每三年另造总册报告大会。

第六十七条　分会通则，别定之。

第十三章　保护

第六十八条　会员如遇危险，或为人借端诬陷，妨害身家，并及红十字会全体慈善名誉者，本会应尽保护申理之责。

第十四章　奖励及惩罚

第六十九条　奖励办法如左：

一、独捐银元五千元以上，或募捐银元一万元以上者，赠以金质之功章。前项金章附赠上盘金线之赤绶。

二、独捐银元三千元以上，或募捐银元六千元以上者，赠以银质之功章。前项功章附上盘银线之赤绶。

功章之奖赠，须经常议会之议决。

第七十条　惩罚办法如左：

一、会员有受刑事处分者，得经常议会议决，取消其会员资格。

二、会员有假借本会名义，作不正当之行为者，除经常议会议决会议宣告除名外,其情节重大者,并得由本会常议会,或通告分会常议会,向法庭提起诉。

三、本会职员及分会职员,有犯前项情事者,得由本会常议会,或通告分会常议会取销其职员资格,另行选举。

第十五章　附则

第七十一条　本章程非经常议会五分[之]四以上议员提议,会员大会五分[之]三以上出席会员之可决,不得变更之。

台湾"中研院"近史所档案馆所藏的红十字档案,档号 03-47-156-04

中国红十字会邮寄佩章、凭照、图记、印旗等件免税纪事本末

十一年七、八月间

致蔡副会长函十一年七月八日发

径启者,本处送交邮局寄往各分会之佩章、凭照向邀免税,乃日前邮局验关员新换一生手,坚执税项必须质本照收,当经本处具洋文函一通,致海关税司,恳其饬该验关员照向例办理,讵知竟不允蠲免,兹将原函稿录呈,敬祈。

察阅,拟请用税务处名义,致函海关税司,转知邮局验关员,以事关慈善,永远特许免税,深为德便,相应函陈,至乞,俯准施行,此上,蔡会长。

庄箓

七月八日

蔡副会长复函七月九日到

径复者,接准来函,以邮寄各分会之佩章,拟请用税务处名义致函海关,永远特许免税等语,当经据情函达税务处,饬令税务司转令海关照办矣。相应函复,查照可也。此致,中国红十字会总办事处。

蔡廷干启

七月九日

七月十四日北京税务处来函七月十七日到

径复者,接奉来函并附件,悉备一切,查中国红十字总会寄往各分会佩章、凭照,事属慈善,应准免税,已由本处令饬总税务司转饬遵办矣。相应函达,台端查照可也。此致,中国红十字会副会长。

税务司处启

七月十四日

致江海关监督姚函十一年七月三十一日发

径启者，中国红十字会寄发各分会佩章向系免税，月前忽须完税等语。当即函致北京税务处饬总税务司转令海关查照办理，去后于七月十七日准函复称，中国红会寄往各分会佩章、凭照，图记，事属慈善，应准免税，已由本处令饬总税务司转饬遵办矣等因。查此事本会既已得复多日，谅海关当已接洽，除另具洋文函致上海税务司外，相应函请贵监督转嘱税务司迅饬该邮务司查照向章遵奉处令办理，切勿延误以维善举，至级公谊。此致，江海关监督姚函。

中国红十字会总办事处

江海关监督公署来函十一年八月三日到

径启者，查中国红十字会寄发各分会佩章、凭照，前奉税务处核准免税，以襄善举，令行到署，经于七月十九日第九十七号公函致关照办在案。兹接贵会来函，此事本已得复多日，谅已接洽，除另具洋文函致上海税务司外，请转嘱迅转邮务司查照向章尊奉处令办理，切勿延误，以维善举等因。除再函知税务司外，合行奉复，即祈贵会查照此颂，台祉。

姚煜

八月二日

蔡副会长致江海关税务司侯礼威函八月七日发

径启者，本会寄往各分会佩章、凭照、旗帜等件前请税务处永远特许免税一事，旋准覆称来函并附件，备悉查中国红十字总会寄往各分会佩章、凭照事属慈善，应准免税，已由本处令饬总税务司转饬遵办等因在案，现查本会上海总办事处储有佩章等件，急待邮寄各省分会，未知尊处已否奉到总税务司行知转饬邮局验关员遵照免税，以便寄递。为此抄录税务处复函，函请查照，即速令饬海关暨邮局验关员遵照免税，以便寄递，为此抄录税务处复函，函请查照即速令饬海关暨邮局验关员一律照办，实纫公谊，并希见复为荷。此致，江海关税务司侯礼威先生。

中国红十字会总会副会长蔡廷干启

沪关税务司第三百八十九号函十一月八月九日到

径复者，本月七日接展来函，以本会寄往各分会佩章、凭照、旗帜等件，请税务处特许免税，旋准复称，已由本处令饬总税务司转饬遵办。现查本会佩章等件急待邮寄，为此抄录处函请为查照，令饬验关员照办等因，附抄件到关查前项佩章等件。本关业奉总税务司令转税务处核准免税，自应照办，除行知验放外，合特函复，即祈查照办理为荷。此致,上海红十字会总办事处。

侯礼威

八月九日

原载《中国红十字会二十周年纪念册·纪事》1924年

另见《中国红十字会月刊》1922年第12期

中国红十字会上海总办事处出发两次救护队救疗潮汕巨灾

[1922年]十一年八月二日,潮汕巨灾,千载浩劫,为从来所未有,淹毙人民不下十万之多,损失财产约计三千万元之巨,中国红会上海总办事处迭接官厅绅商函电,于八月十一日派第一批救护队随带药品多箱,乘太古局苏州号轮船往汕头各地施救,并携带摄影队,将灾区状况及救疗情形,摄影寄沪,悬挂总办事处大门前,又择要制成铜版,刊印本期及下期月报中。旋接第一队医员报告,谓灾地甚广,灾民甚众,灾情甚重,又派第二批救护队携带药品于八月二十六日乘太古公司新宁号轮船前往施救。

八月二十一日上海总办事处电致大总统、国务院钧鉴,并分送税务处孙督办,北京红十字会汪会长、蔡副会长鉴:"汕头飓风为灾,全埠房屋倒塌,伤毙人口三千有奇,潮属沿海乡村,被水漂没,淹毙乡民约及十万,灾区广大,灾情奇重,为历来所未有。该处现正筹办急赈,无如灾广费巨,募捐势成弩末,拟恳政府一视同仁,商明各国驻使,援照直北加捐赈济成案,饬令总税务司,先就汕头进口货物附加一成振捐,由潮汕关税司征收,交汕埠筹赈绅商,核实赈济以救沈[沉]灾,谨为灾民九顿首,以请上海红十字会总办事处,马。"此电去后,旋得国务院复电云:"所请附加税,已交内务部税处核办矣。"九月十六日上海《新闻报》登北京专电云:"关税拨用附捐十万元,充汕头振灾费,使团复部同意。"

原载《慈善近录》1924年

例规:卫生:大总统令一则

派汪大燮为中国红十字会会长,蔡廷干、杨晟为副会长,此令。

[1922年]八月十七日

原载《内务公报》1922年第128期

中国红十字会上海办事处出发救护浙江温处等区风水灾害

浙江省瓯海道属温州及缙云、丽水等处风水为灾，上海红会总办事处又派出救护队于九月二十三日携带药品，乘招商局飞鲸轮船前往救护，以后详情续载下期月刊。

原载《中国红十字会月刊》1922 年第 12 期

另见《慈善近录》1924 年

中国红十字会总办事处会同澄海分会(即岭东分会)救潮汕灾

(八·二)风灾本分会救护之情形[1922 年]

第五次出发鸥汀乡之救护情形

是次本分会前队尚在东陇救护未回，缘上海中国红会总办事处特派医队来汕，本分会即添聘医员，加募队士，再整一队，共十余人。由前队长辛子基会同上海特派医员沈嗣贤等前往鸥汀乡，即于辛氏大宗祠佈临时医所，其时因该处受灾颇轻，虽医治多人，尚未全由受灾所致，旋沈嗣贤因病回沪，越五天，该队虽离回，本分会仍会同上海医员，召回前队，再往鮀江区一带重行救护，此第五次救护之情形也。

第六次再往鮀江区大场乡等处救护情形

本分会因先后赶办两队，而上海总办事处特派员诸多回，是以尔队改编，仍合一队，复由队长颜钦洲、医长吴济民与上海总办事处医员钱宝珍等重赴江区大场乡设临时医院焉。兹据报告云："本队奉调，会同上海总办事处特派员钱宝珍君开赴鮀区一带，重行救护。计是日八钟，由汕开拔，二点到大场乡，借赖氏族宗祠为临时医所，率同医生医员，通事队士，统共二十余人，连日落乡救护，所有医治人数另表呈阅，此间伤病极多，差幸无甚重大，得药即疗。距此乡约六七里，则有莲塘乡前派员寻医至该处，所诊吐泻症□多，乡民多请挨队驻扎救护，□以此事会商钱医员，亦绝对赞同，本拟日间移队，因此乡绅耆校董，极力挽留，虽本队以博爱为主旨，不容稍事偏枯，以失人望，然亦当徇乡情，稍缓须臾，为一劳永逸之计(余略)，于是虽驻该处十余天，逐日派医员循环巡医，共计医治数百人，医表另立本分会医案。"此本分会第六次出发之救护情形也。

第七次再赴潮阳之救护情形

是次，上海医员沈嗣贤由沪重来，召回钱宝珍，自编一队，前赴潮阳，邀本分会同往，借住城东林氏洋楼为临时医院，本分会仍派员帮忙焉。是时，各灾区伤民已渐次平复，本分会医队遂暂收回汕，即发通告，略谓敝会自(八·二)风灾发生，及整救伤队，陆续向各灾区出发前后六次，第一次赴鮀江，第二次赴潮阳，第三次赴外砂，第四次赴东陇，第五次会同上海总办事处特派员赴鸥汀，第六次赴大场乡，前后均置临时医所，现查各处伤病逐渐减少，会商上海总办事处医员，议决日间将医队暂收回汕，另组进行，惟灾区过广，山僻乡村恐仍有未知未能普及，嗣后如有受灾重大村落尚须救护者，请该处父老即速函知，以便按址驰救，本分会绝不惮劳，此第七次救护情形也。

本分会灾后经过之概略

本分会对于此次风灾救护情形，即如上所述，溯自灾变发生，即赶办医队出发，幸医长吴济民，队长颜钦洲，均愿尽义务，临时经费，由理事长杨阴垣理事，理事黄作卿商请会长黄道远维持，旋蒙驻汕法领事颖宝君捐洋二十元，汕头赈灾善后办事处以本分会实事求是，捐三百元，本分会再增医员，积极进行，又续蒙各善士捐数十元，又旅港潮州八邑商会赈灾团，香港东华医院、华商总会共捐五百元，天津赈灾诸善士捐一千元，汕头赈灾善后办事处结束，再捐五百元，经即随时登报鸣谢，是以数次出发，添聘医员队士，及购药品，尚可支持，兹特陈其大略复此。

原载《慈善近录》1924 年

上海车马伤人之救星

[1922 年]上海红十字会总办事处因鉴近来上海车马伤人，日见其多，特组织急救队，以重人命，特发出通告云："为通告事，照得上海为万国通商巨埠，中外官绅及士商人民居留南北两市者，不下数百万，终日车驰马骤，往来俨如梭织，行人稍不留意，时被撞倒，轻则压伤，重则立毙，伤心惨目，莫此为甚。嗣后各路，如有行人被汽车、电车、人力车撞跌者，无论受伤轻重，当事者或不免惊惶失措，本会总办事处特组织急救队，常驻会中，务请沿途商号、居户人民，随时电话通知。上午九点钟至下午五点钟，通知二马路望平街东首总办事处，电话中央三三七九；下午六点钟至夜十二点钟，通知天津路北市医院，电话中央五六九，当立刻驰往救济，并有救护汽车送医院疗治。本会无非为尊重人道起见，想我沪上同胞，必乐于赞成也，恐未知週，特此通告。"

原载 1924 年《慈善近录》

上海马路救护队日记

中国红十字会救护队张丹卿医士之报告：

[1922年]十一年十一月十一日下午三时，马家琪，鄞县人，在二马路望平街口被人力车轧伤小腿，即以药品敷治伤处，痛止而愈，渐能步行。

十三日上午十一时，江都县人张文祥，五十四岁，由嘉兴来沪，寻亲不遇，在山西路集益里内，因受饿过甚，立即晕去，即给药水灌服，稍醒，以薄粥饮之，内里某君赠洋一元。

十四日下午五时，本地人王福生，十八岁，在宝山路河南路口被人力车撞倒，压破手指及脸部两处，即为医治，叫车送归其宝山路华兴里寓。

十六日正午十二时，人力车夫在二马路、山西路口被载重二百余斤之小车撞倒，扎破脚背，流血颇多，即用止血药为之救治。

二十日晚十一时晚，江北人黄春山行经二马路、浙江路转角，被人力车撞倒，腿足两处皆受微伤，医治即愈。

十二月一日下午三时，鄞县人胡阿裕，二十七岁，在江西路鲁意师洋行门前，因下车不慎，跌伤头手两部，即救愈。

三日晚七时，扬州人江天铎，三十二岁，在民国路下电车时被汽车碾伤足部，即为医治，叫车送回小东门寓所。

八日下午三时，南京人乐有成，十四岁，系小西门和门路镜锠祥钟表店学徒，因病重还至新民路南京公所，由电话告本会总办事处，救护医士即往该处诊治，实系不服水土所致，病势颇重，即给药水为之救治。

十一日下午三时，吴县人王阿香，三十四岁，因谋事来沪，在北浙江路、海宁路下电车时，跌伤头部，流血不止，即用止血药救止之，再给药物调治。

又下午四时，广东人伦堃，二十五岁，在靶子路，鸿安里口上电车时跌脱左臂骨骱，即由救护队张医士亲往前骱，护送回家。(未完)

谨按：本会庄理事长新组织上海马路救护队常川驻总办事处，一闻电话，立即出发施救，由医士报告，每次登录月刊，以供众览。

原载《中国红十字会月刊》1923年第15期

上海马路救护队日记(摘录)

张丹卿医士之报告

[1922年]十一年十二月十九日午饭后，救护队张丹卿医士在总办事处接电话云，美租界文极思脱路二百零七号小柴店内一家压伤多人，张医士率救护队急往，

其店主周家顺，浙江鄞县人，三十六岁，被柴爿倒下压伤头部，流血甚多，急用止血药品止其血，包束伤处；其妻周童氏二十九岁，压伤足部及内部微伤，敷以止痛药，又饮以内服药品；其子周石榴七岁，压伤头足两部，流血亦多，给止血药，一家止三人，别无他人。洗伤处血痕，系楼上赁屋者代为泡水，其电话前来报知者，亦系行路人悯其一门受压，向近处电报局材料房借打电话，该店主人极朴诚，心感之余，袖出小洋七八角谢医，医不受，告以："我等为中国红十字会慈善服务，决不受谢，如愿捐者，可向本会交纳，掣取收条，我等出门救护，不带收条，未便收受"，并嘱其明日可至新闸路北市医院就诊、换药，速愈伤患。

原载《中国红十字会月刊》1923 年第 16 期

上海中国红十字会总医院护士学校章程

十一年新订

一　校长

看护长兼校长伍哲英，美国玛[马]里兰巴尔的摩尔·霍约翰医院护士科毕业，美国纽约产科医院护士科毕业，美国麻沙朱色[马萨诸塞]得士·华士德纪念医院实习化验学，江西九江但福医院护士科毕业。

二　宗旨

本校专为女看护生而设，兹定于民国十一年六月开学，规定课程以三年为毕业，特聘欧美毕业医士教授内科、外科、妇科、产科、小儿科及临床看护等学术。

三　资格

甲、年龄须在十八岁以上而未出嫁者或寡妇；

乙、身家清白品行端正；

丙、具有中学相当之程度；

丁、身体康健而无嗜好者。

四　入学须知

甲、入学时须具有一保证书及医生验身证书。

乙、入学时须携带表一只(须有秒针)，手帕一打，衬衫袴六副，袜六双，黑软底鞋子四双。

丙、诸生来校不必携带贵重物品，如携带而偶或遗失者，本校概不负责。

五　学期

学生入校后先试学三月，在此期内学生可自决去留，若该生品行端正，操作勤俭，则定为正式学生而继续，肄业设于三年后而无违规旷课及考试合格者，本校则给与毕业文凭。

六　纳费及津贴

凡学生入校时须先缴入学费洋二十五元，膳宿费概不收取，俟肄业一年后本校给津贴费，按月两元，二年后按月五元，卧舍需用物品及校服、书籍、洗衣等费亦由本校供给。

七　假期

每年例假四礼拜，有事请假须有家族函达校长，或蒙校长允许方可出校。

八　考试

考试每年一次，合格者升级否则留班。

九　学科

一、第一年

身体结构学及生理学、药性学、伦理学、看护法要、绷缠带法、英文。

二、第二年

身体结构学及生理学、饮食法、产科学、看护法则。

三、第三年

内科学、产科学及妇科学、揉捏法、英文。

十　校址

附设于中国红十字会之总医院(海格路)及徐家汇二百六十三号，电话西八十七号。

原载1924年《中国红十字会二十周年纪念册·章程》

《中国红十字会时疫医院民国十二年癸亥征信录》序

上海之中国红十字会总办事处时疫医院自戊申年迄今癸亥已达十六年，院址仍在天津路三百十六号，每年夏秋之间，治疗时疫，为期三四阅月。上年壬戌岁，即民国十一年，鉴于病房之不敷，曾新建两大病房，上年来院就诊医愈即去者计一千九百八十九人，重病院者八百十六人，头二等病房养疴者一百八十五人，割症四百八十三人，疫重病故者一百六十八人，医药及一切用费约近万元。今年疫气肃清较早，计自七月一号开幕至九月三十号闭幕，三匝月间，挂号总数二千零一十六人，计来院就诊医愈即去者九百九十二人，重病住院者五百二十七人，头等、二等病房养疴者一百七十三人，割症三百二十四人，而疫重病故者仅有七十六人，较上年减少过半，则差堪慰藉者也。承诸善士输捐计收款一万一千零九十九元，外收病费八百七十二元，而支出之款则九千零七十八元八角九分，所余之数即归总办事处他项振灾之用，征信录成，爰缀片语于简端。时疫医院院长盛炳纪、王震、庄箓谨识。

原载1924年《中国红十字会二十周年纪念册·中国红十字会纪事诗文》

上海马路救护队日记摘录

方蔡氏三十岁，浙江鄞县人，在小东门西姚家弄朱宅为孏，于十二年(1923年)三月四日下午三时三刻，由十六铺乘电车到英租界费文元银楼望其胞兄蔡仪林，于大马路望平街口因人多拥挤，下车跌伤面部及两手部，流血颇多，当即用止血药品医治，并嘱其兄伴送回家。

原载《中国红十字会月刊》1923年第17期

上海马路救护队日记(摘录)

[救护马路大游行之报告]

中华民国十二年[1923年]三月廿五日，为取消“日本二十一条”，上海马路大游行，中国红十字会总办事处特派全体救护医队及马路救护队，及救护汽车等，在集合地并游行所经之处，分头救护。是日天气甚暖，时有昏闷之人经张丹卿君及各队员救护如左：

吴永兴

吴永兴二十二岁，在沪军营场内受热过甚，头昏闷气，张丹卿给开窍药品，即愈。

陆慧珍

女学生陆慧珍十六岁，亦在沪军营内受热太过，头部发昏几致晕倒，张丹卿即速给以药水，始渐愈。

陈华卿

宁波人陈华卿十八岁，在丰记码头街口因人众受轧，损破手部，稍有流血，张丹卿即用止血收口药品，医治而愈。

王阿毛

无锡人王阿毛十二岁，在裹马路被人踏伤足部，张丹卿当即敷治伤药，乃愈。

无名氏三人

有三人未悉姓名，在西门外被汽车碰伤一人，踏伤一人，经救护队员靳纬曾、蔡厚安、秦瑞廷各救一人。

游行队总指挥

游行队总指挥唐豪辛劳过甚，脑筋昏疲，即由张丹卿诊治，给以药水服之，即愈。次日来函致谢，录之如左：

“敬启者，昨日游行，一时受热，脑力昏疲，荷贵会救护队治愈，用函肃谢。专颂，公祺。总指挥唐豪谨启，三月二十六日。”

原载《中国红十字会月刊》1923 年第 19 期

上海马路救护队日记(摘录)

吴阿大三十二岁，无锡人，于夜十一时在上海闸北宝山路跌伤头部、手部、足部，受伤颇重，本会救护队员张丹卿接电话即往医治，用止血药品，又用收口药品，并嘱该受伤人明日到医院复诊(五月四日)。

上海开国耻纪念游行大会，本会救护队员张丹卿君，看护生秦瑞庭等到会救护。是日天气颇热，会场人数众多，有丝兰女工总工会女工王徐氏中暑晕倒，当将药水救醒。中华救国十人团联合会董天爵亦受热，头昏气闷，当给服药水治愈。又有金有才、吴宣涛、倪锡甲、王作霖、胡月樵、朱新之诸人，均因受热过甚，当给服药品医治(五月九日)。

徐阿秀年十一岁，浙江鄞县人，上午在北河南路小菜场口被人力车压破足部，适本会救护队员张丹卿君经过该处，即用药品医治而愈(五月十九日)。

原载《中国红十字会月刊》1923 年第 20 期

总办事处时疫医院之报告

中国红十字会总办事处之时疫医院，今年[1923 年]自七月一日开幕后医务长牛惠霖偕医生黄子静、黄戒宜、倪承方、江岳树昼夜分班施治，其报告如左：

七月份：霍乱症七十五人，肠泻八十四人，肺病十六人，大便闭二人，疟疾四人,肺炎一人,胃病二人,痢疾十二人,以上一百九十六人皆住院者,来诊即去者五百七十一人,打盐水注射针者五十五人,打二次者十三人,打三次三人,总共八百三十八人。

八月份:门诊五百七十五人,住院四百人,中有打针二百二十九人,总共九百七十五人。

原载《中国红十字会月刊》1923年第23期

瑞士国万国联合救濡会之报告书

驻瑞日本公使述各国救济日灾

一千九百二十三年九月三十日,驻瑞士国日本公使将其政府消息报告红十字会大略如左:

此次大地震灾后所最需要者为衣服及建筑材料等,惟日本之风俗与欧洲大不相同,且转运不便,故日本政府方面最希望各国救以金钱,汇兑较为便利,苟或济以建筑材料,或各原料等,日政府亦颇感激,其最需要者如下:白铅、瓦料、衣服、羊毛、骆驼绒、毯子、外科药品及卫生需要品种种。

英国红十字会、法国红十字会、意大利红十字会开会讨论,并于第廿六号报告书征求意见,各国红十字会及万国联合救濡会主张极力救济。

译者按:上海中国红十字会前已出队至东京救疗,逾月始返,又以金币四千元、药品及毛巾各物二十三大箱赠送赤十字社,而此报告中未载,特附志之。

原载《中国红十字会月刊》1923年第26期

本会医队在日本之日记

九月十七日接本会理事长庄得之君由神户来函(日记),民国十二年[1923年]九月八日六时在上海新关码头出发,七时余登亚细亚皇后轮。九日上午五时启椗,致下午遇风,颇觉颠簸,晕者甚多。十日抵长崎,陆仲芳君上岸调查,有东京华工三十余人,步行逃灾至该处,该处中华会馆募集之捐款,业已尽数汇至神户,搭救此等被难华工回国,现尚无办法。十二日晨七时到神户,神户商业会议所副会头西川庄之君及外事科长西川涉君,兵库县所知事,官方主事藤冈长和君,及神户市长石桥为之助君之代表二人来接,又由中国领事柯荣陔君特派署员龚礼田君招待一切,上岸由神户商业会议所备汽车,伴送至该所暂歇,款以茶点,由马聘之君详告各节如下。

(灾情)被灾各区以东京、横滨、琦玉、千叶县及静冈县为甚,尤以横滨为最烈,东京房屋毁去四分之三,被难人口一百三十余万,伤念余万,死十万余,毁坏横滨房屋二十分之十九,该地人口总数为四十余万,死伤达十余万,占四分之一。

(救伤情况)日本政府已下动员令,招[召]集全国工兵先修东京建筑物及通神户之铁路,自来水已可供用,电灯在数日内亦能放光,铁路须绕道可达,时间既多,来客亦拥挤,而路点离东京尚有约百里之遥,神户各寺院均改为难民收容所,想他处各寺院亦同也。

(华人方面情形)东京工人约三千,学生约二千,横滨华人共七千,伤约三千,已逃至神户者三千七百人,已一次送八百人往香港,陆续附轮往天津、上海各处者,又四五百人。今晚有六百二十八人趁[乘]熊野丸回上海,所有回国之难民,概由神户中华会馆给绒毯一条,现金五元,衣履不全者,则再给衣履,该会已捐有专作华人振款六万元,内除募自大阪五个日本团体一万元,香港东华医院五千元,天津广东会馆一千元外,其余均系捐自日本华侨者。

(收容所六处)一中华会馆,二三江公所,三福建公所,四中华义庄,五尚志社,六商业研究会,以三江公所因地点大而最多。十时余由西川庄之君、本多一太郎及马聘之伴同庄得之、牛惠霖及徐可陞往谒中国领事、神户市长、日本赤十字社、兵库支部主事藤井治三郎,十二时半回所,适大阪《日日新闻》派记者来要求摄影,列入今日晚报,允之,即就所门摄焉。本日午晚两餐,均神户商业会议所作东道主,午在八阶食堂,晚至平和楼,殷勤可感,神户上等旅馆均为欧美人占去,土式者亦无多空房,今晚各人分三处宿,一前田旅馆,三西中屋旅馆,二田村会馆,定明早趁[乘]上海丸往东京,船费由神户商业会议所与日本邮船会社神户支店黑川新次郎接洽免费。

新铭轮亦于今日安抵,据云途中遇风,几濒于险,所载米粮菜炭,由中国协济日灾义振会代表叶慎斋、庄得之、朱苣臣、徐可陞送交神户商业会议所,会头泷川仪作君掣有收条,至如何支配振济,概由神户商业会议所办理,以后各情再续告,九月十三日,庄得之启。

(九月十三日)清晨各队员集于前田旅馆,各道其毕生以来第一次席地而眠之情形,并有数人被扰于蜚虫而不能熟睡,午前时商业会议所副会长来亲送船票又伴送至码头,风大浪激,船不能傍岸,各人则由小轮驳登上海丸,行李药料等件由田中侍役雇土式驳船运送，因浪大半途折回，仍由孙文贤君押运上岸，交由田中旅馆并由孙君与商业会议所本多一太郎接洽，准次日由该会照料，将原物交长崎丸运东京，并由本多一太郎另雇小轮送孙君登大轮。幸船虽起椗而未行速也，船行二三小时后，渐入太平洋，摇荡之势较亚洲皇后号为甚，不食尚可勉强支持，食则立时呕吐，今晨庄理事长与牛医长在神户议决，汇日金四百元至长崎作为该处三十余中华难民回国之用，由李桐村君往购银行汇票，寄至长崎中国使国[团]，转交中华会馆，办理遣送。

(十四日)于十二时抵东京湾，约二时，始由小轮驳上岸，乃有日本赤十字社内藤君招待，并伴同本队庄、牛二君至该社事务所，晤见平山社长，及外务省支那文化事务官冈部长景君，此二君对于本队至东京协助救护一事，未有何等主见，云须由本队至中国使馆接洽后再行计议，即由山本全君伴同庄、牛二君至中国使馆，晤见代理公使张雁南君，秘书江洪述君，办事员保瑞云君(号子祥)，询得大略情形如下：

被难人数难以确计，每日在瓦砾堆中寻获死尸，而火化者辄三四万，自来水、电灯只修好一部份，车亦未能完全□行。日政府日日开紧急会议，讨论善后事宜，所有东京进出口轮，均为运粮及输送日本难民赴各处之用，东京全市戒严，华人数十人因有附和鲜人嫌疑被幽禁至今，生死不明，现在吾国商学界人均匿不敢出，有二千五百人无轮回国，情形殊惨，中国使馆房屋业已被毁，现搭帐篷外别无他法。

幸牛君在神户遇友人向在美国红十字会办事者，此次美国协济日灾事宜概由美国海军红十字会办理，并不另派。当由牛君约其同来东京助本队办事，故得其介绍庄、牛二君亦至赤坂地区灵南坂町十四番地基督教堂，与牧师山崎道雄接洽，暂居此堂，为该本队人员宿处，当荷首肯，惟露不可久之意，乃催汽车至码头，将所有队员接至该教堂，已钟鸣八下矣。是夜分宿于教堂屋中，因行李未到，日本赤十字社送来地席、毛毯三十余条作为卧，其既不适意，又有蚊扰，咸叹出门之苦，本日晚餐乃由日本赤十字社送来粮食等件，本队司役遂自为炊。

由神户至东京，有一人与本队同行，为云南省政府代表李文辅君，乃赴东京调查留日云南学生情形者，当晚闻有学生、工人数百人将附大熊丸回国，遂由牛君至码头察看有无病人，既到船，调查并无病人。

(十五日)晨九时，张雁南君来商榷，庄得之理事长拍发一电如下，

“上海九江路红十字会传协济日灾义振会，暨总商会鉴：

箓安抵东京,与驻日张代使商议救护同胞回沪。在东京商学界尚有二千五百人,现日本船更缺乏,租借困难且地震后水道变更,非常危险,船小风巨,倘遭不测,更为凄惨,请速商招商局派图南或借太古怡和船吨位稍大者,至少三艘,直抵横滨,何日启椗,请先电驻神户柯领,以便接洽。庄箓。"

来此晤谈者列下,均由庄君接见。

日华协济会油谷恭一君,东京商业会议所后久泰次郎君代表三人,一会头藤山雷太、二副会头科礼藏、三副会头杉原荣三郎来致谢本队至日协济救护,及神户商业会议所收到中国协济日灾义振会,由新铭船装赴日本之米粮菜炭等物。

山崎通雄君云:"现该教堂已改为难民收容所,并由该堂提供给一切食品,华人亦有数十人至该堂避难。"

帝国大学医学部教授入泽达吉君,致欢迎本队辞。

冈部长景君,允其往商日本赤十字社,为本队觅宿处。

中华留日基督教青年会干事谭育普君云:"中国学生受伤者不能确计,惟可信不多,然大半不愿回籍。"

晨间,并由牛君偕同华君至日本赤十字社,接洽本队如何协助救护事宜,该社社长平山公爵云,应先由本队参观该社在东京所办救援各事之景况,后再定办法,定下午同去参观,至码头访行李、药料等件,悉长崎丸风大未入湾,午后二时本队全至日本赤十字社,由内藤君同往该社总医院参观,有病人一百余,医生、看护完全无缺,一切设施齐正。出院由内藤君领至该社对面一宽大之日本式木屋内,云,系为本队赁定之宿处,定明日迁入,次至产科,医院现由赤十字社管理,专收难民中之已产未产之妇女,此院定额原四十五人,现均改为三等,已收八十余人,后至福田会,前本孤儿院,现亦改为赤十字社分医院,内有小儿三十人,病人一百余,因时已晚,约定明日上午同本队往参观其他医院。日本赤十字社在地震前已有预备金四百万元,震灾后,又由政府拨五百万元专做救援死伤难民之用,以后成绩必有可观。

此二日间,教堂内避难人民甚伙,该堂供给亦极週到,调查彼方经费甚绌,庄君拟于明日临行时捐助若干。

今夜因行李仍未来,各队员所受之痛苦一如昨日。

闻得吾国北京红十字会,亦有代表汤尔和、孙柳溪、戴棣龄、侯毓汶诸君来此,据云募得赈款二万元,业由北京红十字会交与驻京日公使,此行乃代表北京方面及北京红十字会慰问灾情而来。

(十六日)晨起,早餐后捐助教堂,作为救济灾民款,日金二百五十元。全队迁至高树町日本赤十字社对面木屋内,此屋建筑甚好,惟多时未修理,地旷树多,想为昔时贵族之别墅也,日本赤十字社派来司役四名,听候差遣,并再三要按餐送饭。今日因其来意甚殷,姑受之,明日决自作餐,并遣去所派之司役,业将此意向彼方言明。

早九时,牛君与各医生至日本赤十字,由内藤君导往,参观东京各受灾处,先至芝公园增上寺,而后二重桥前,而后上野公园,而后浅草公园,均由该社搭设蓬帐作为收容所。二重桥设备为最完全,收容人数亦最多,末至寺岛临时陆军病院及回至寓所,钟鸣四下,约定明日往横滨考察灾情。

今日访得长崎丸已入湾,由孙文贤君往视,附小轮渡至大轮船,觅见田中旅馆侍役,又知彼误以本队在横滨而未预备,时大轮又将开驶,乃于急忙中取出轻巧者二十六件,其余仍有田中侍役押至横滨,约明日再往横滨取齐。晚吾国代理公使张南雁君来信,借日金五百元,云为横滨中国使馆救济中华难民之急需,由庄君允之,当取来收条一纸,日本赤十字社又派其庶务系中村秀树君,会计系号井成弘君,来云如本队需有所要,该二君可为力。

今夜各队员因行李大半已取来,睡眠较前数日稍舒适。

(十七日)早九时,庄、牛二君同华、焦、汤三医生赴日本赤十字社晤平山社长,致谢该社照料本队事宜,后庄君即往中国使馆,约同张代使至日本外务省晤见亚细亚局长出㵎胜次郎君,由冈部长景君及中华民国救济委员顾问黑泽礼吉君陪坐,并翻译出㵎胜次郎语,谓本队此来,该国人民非常感激,至于本队如何协同救护,则云仍须本队与日本赤十字社接洽,本队于有困难之处,可随时告知该省,无不竭力设法云云。一面牛君与华、焦、汤三医生由内藤君伴出,约同赤十字社分乘汽车二辆向横滨出发,沿途房屋震毁者不及半数,一入横滨则遍地瓦砾,凄惨之情,不堪入目。本队中有数人前曾往来横滨数次,至有曾在横滨居住多时者,此时均不识其途径矣,及二十时,方寻得横滨赤十字社总办事处,就该处出所带干粮充饥,后由该处派人领往各处参观,先至伊势町枫畈,次至公园,内有灾民极多,闻地震时,中鲜人大半避难于此,现所有树木已均成无叶无枝,焦枯而直立之木料矣。又公园步行至中国人民集住之处,已完全焚毁,余烬至今未熄,面积周围约三里,秽臭难堪,想系火烧尸气也,吾国领事因往楼上取印而罹难,尸亦杂于此间云。后车游至行寺中,有灾民数百,再绕海行,抵根岸疗养院,现亦改为赤十字社临时医院,由院长引导参观各病房,约有病人五十左右,至院就诊即去者,已达一千七百以外,院中一切布置可称完备,惟房屋甚小,据云乃横滨全市经震灾而留存之唯一医院云。所至各处,其灾民之多,难以数计,病者亦杂于其中,惟每处均有日本赤十字社所设之临时医院,据云此种医院,全市共有二十二处,因时间局促,不克逐一参观,即回东京,行至本队住所,已上灯矣。此行查得横滨房屋共计七万五千余所,灾后余存二万五千所,大半在僻静处者,闹事房屋几等于全毁,华人死于难者二千人,受伤者六百人,其余刻已各分东西,无从可寻,日政府拟出资买地基,重建横滨市场、马路,定经纬式放宽马路一百八十尺。帝国银行已提拨五百万元备用,东京、横滨间电车、货车已通行,往来均拥挤,每日约有数万人,各银行对于持有确实凭证之存款,已陆续照付,综观日本此次地震,实为千古未有奇灾,难民之数,人人言殊,惟日本赤十字社办理救护及疗治病人甚普及,有条不紊。目下之困难,首在粮食,次乃金钱,华人中愿回国者,已陆续登轮,未回者乃大半不愿回。东京电信传达困难,故庄得之君及张信培君拟先同李桐君回神户,设法粮食及银钱,所谓先择其急者而济之也。

孙文贤君于今晨七时半,即因行李、药件事往横滨,以街路火后不易辨别,耗费多时,始寻得长崎丸所泊之码头,又以无船车驳运,只择要件一箱取回,其余各件与船主言明,下次该轮至东京时,再行设法驳卸。

(十八日)晨十时,黑泽礼吉君来寓,又庄君托其向外务省代办通行证,旋邀同张信培君同往日本邮船公司购买船票,并代雇汽车及运货车,备明晨九时由东京启程赴横滨,移时吉君又与张君同回云:“恐途中有阻碍情形,自愿明晨伴送庄、张二君赴横滨上船为止”。当由庄君面谢之,并书立聘书,敦请黑君为本队顾问,以便日后遇有困难,请其赞助一切,查黑君对于华人方面一切事务非常乐于相助,其情甚为可感。下午一时,山本全君来寓,与牛君谈本队进行协救事宜,并询本队意见,是否可以分队办理,抑或自另设医院,所带药品、医具完全否,牛君答以本队所带药品、医具均全,惟尚在长崎丸上,并告以经过领取困难情形,请其设法,以便下次长崎丸进湾时可完全代为办理,当为首肯。牛君又云:“分队办理事一节,因所来医生、看护均不谙日语,仅有华君能之,诸多未便,最好能由本队另设医院,共同办事为妥”,山本全君答以回社商议后再来接洽。

四时,内藤君送赤十字社所给庄、张、李君赴神户通行证至寓,又与牛君谈及本队进协救事务,牛君告以一切答山本全者,内藤君又交来昨日日本赤十字社所刊之救护情报第十三号,内有一条云:“上海红十字会庄箓一行七人,本月十七日至横滨方面视察,五时亚细亚局长出淵胜次君来寓答拜,留名刺而去。”

(十九日)晨九时,理事长庄得之趁[乘]大洋丸往神户筹备善后事宜,本队送行。十时医务长牛惠霖往日本赤十字社拜谒内藤及黑野二君,后偕黑野君回本队,商酌临时医院事宜,即蒙赤十字社借福田医院为本队疗养所,故本队定于次日预备一切进行方案,遂可开幕。

是日午,函告张代办云:“日本外务省要求中国公使备文通知日本政府,本队来日事宜,及略述办事手续,并报告目下东京华侨情形,据查除已回国者外尚有工人二千四百学生及商人各三百有奇,以上各界虽罹震灾,尚愿留日以谋生机。”

闻中华政府又遣江庸君来日,携款二万元为救济华侨之用,此消息未知确否。

四时半,《朝日新闻》访员太田宇之功探访本队情形载之报端,谓本队热忱协助之真挚。

内藤君来本队,告知翌日往见日本赤十字社总医院院长,与兴办临时医院。

黑泽礼吉君允于翌晨往日本邮船公司,商酌运送事宜。

(二十日)晨九时,内藤君来本队,偕牛医务长往日本赤十字社医院,商酌办法,因院长出外未归,午刻,牛君再往该院,晤见院长,院长嘱本队在该院内任事,指定八号病房归本队主持,该病房容病者四十六人,惟允许医生及女看护在此间任事。午后四时,牛君偕医生等参观华人收容所,查得华人共计四百三十余,浙江籍居其半,不日趁[乘]船返国,其中患病者多。是日匆促间共诊治十余人,故本队定于翌日在此间创设临时时疫医院,疗治内外科,冀其早日痊愈,重返故国。

是日,已由黑泽礼吉君与日本邮船公司商妥,买棹前往,运载行李、药品等件。

会计沈金涛君由牛医务长等公议,推其兼理华文书记及庶务两职务,并主持饮食诸事。

(二十一日)晨九时,牛医务长及医生、女看护在日本赤十字社医院服务,规定每日任事时间,自上午八时起至下午五时止。是日,由该院外科主任逐一说明各人病状及一切治疗法。午后,女看护等仍往该院办事,牛医务长及医生等往华人收容所诊治华侨中之患病者,共计四十七人。据云,有百余人已定翌日起程归国,本队又往中国公使馆谒见施代办,报告本队来日之宗旨及办事手续,据公使报告,刻下华人在东京及附近地尚有工人一千余、学生三百余,翌日下午在使馆开会,商议送学生返国事宜。

(二十二日)自是日起,本队共分三部:医院部,由牛医务长主持,每晨八时进院,诊治各病;收容部,每日由汤铭新医生带领救护,前往华侨收容所,诊治华人之患病者,是日共诊十五人;事务部,由沈金涛君管理。午刻,内藤及华阜熙二君谒见日本赤十字社长,说明本队来此之宗旨,愿与日本赤十字社共同行事。

(二十三日)各班部照常办事。是日华侨约一百余坐日本邮船往神户,再换公司船回国,尚有三百余,定本月二十六日启程。

(二十四)上午天晴,下午风雨交作,晚则其势更烈,本队宿舍潮湿异常,以致起居诸多不便,今日华人收容所病人共诊二十有余,中有一患赤痢者,即由警察送往医院疗治。

(二十五日)天晴气暖,各职员照常任事,日本赤十字社社长送给本队各职员茶点一盒。是日为阴历中秋,本队略办鱼肉,籍度佳节。

(二十六日)本日医院部仍由医务长率领男女医生及女看护等进院服务,刻下院中凡震灾后之负伤者日渐减少,收容部共诊病人三十有二,本队备文致谢日本赤十字社由黑顾问转交。

(二十七日)是日,赤十字社病院内病人,由本队医官主持者,共计四十有余,该院院长今午来本队宿舍询候同人等。华人收容所内共计三十九人,又接十字社长来帖,邀请本队医院等于十月二号,引见日本摄政王。

(二十八日)是日,照常任事,收容所内共有病人六名,华人四百有余,由收容所发出,趁[乘]长顺船回国。

(二十九日)华人收容所内尚有华工三十八人,因无船票须暂留几天方可回国。传闻尚有华工四百由习志野来东京,拟于次日趁[乘]博爱丸回国。是日十一时,本队医员、会计等六人,往日本赤十字社拜谒社长后,应黑君之邀请在帝国旅社午餐毕,即坐车回宿舍。

(三十日)医院中本队照常任事收容所,本队自是日起即停止诊治,因华侨均已返国矣。本队宗旨以救治华侨为重,至此遂有归志。

(十月一日)日午赠送日本赤十字社药品等共计二十三件,牛医务长等往见陆仲芳先生,未晤,即返。晚六时陆君来本队叙谭,当时本队向伊暂借日金二千元,以济急需。

(二日)是日上午,同人等照常办公,下午本队牛医务长及医员汤、华、焦三君,女医员刘美锡君,会计沈金涛君蒙日本载仁亲王之邀请,于三时乘车赴御邸引见,款以茶点,陪坐者有赤社正副社长及该社病院正副院长及武装军官等,旋即合摄一影而散,洵一时之盛会也。

是日上午十一时,江苏特派救济华侨委员沈重堪君来本队略述梗概,由杨铭新、沈金涛二君招待。晚七时半,牛医务长等赴菊坡町,答拜沈君。

(三日)是日医院中本队照常办事,上午由牛医务长暨汤医生往沈君处,及中华公使馆接洽事宜。午膳后,本队全体由日本赤十字社病院邀同该馆职员等,共摄一影以留纪念,旋由昨日本队往见载仁亲王之六人,同至王宫签名以遵日本礼节,遂由本队邀请赤十字社病院各职员来队晚膳,自备粗肴十余色,均颇适口,到者莫不极口称誉,陪坐者为牛、汤、华、焦、沈五人,膳毕,牛君发起余兴,由中日两方之能歌曲、拳术者各展其长。十时,宾主尽欢而散,当即安睡。至半夜地震势又大发,吾队队员均从梦中醒来,惊惶失措,此次地震荡摇之剧烈为本队抵东京以来所未经者。

□右日记,本会救护医队在日本国略记每日之事,陆续邮寄上海总办事处,排日登载上海各报,自十月四日救护医队离开东京旋返回后,此日记已告一结束。

原载《中国红十字会二十周年纪念册·纪事》1924年

中国红十字会救护日本震灾概要

(一九二四年初次巴黎万国红会联合会第三届大会用)

一千九百二十三年九月一日,日本大地震自古未有,中国红十字会总办事处在上海由无线电音知悉灾状,即日决意组织救护医队出发驰赴日本,一方面又与各慈善团会议,组织协济会,本会首先认捐国币一万元,九月六日成立中国协济日灾义振会,上海各团体合组而本会领袖之。

九月八日救护医队组织已成,乘亚洲皇后轮船出发,队长本会理事长庄得之偕医务长牛惠霖,率医生焦锡生、汤铭新、华阜熙、张信培,女医生刘美锡,会计兼书记沈金涛,英文书记李桐村,看护生杜易、朱继善、张惠理、陈威烈、史之芬、孙有杖、钱宝珍、孙文贤,女看护曾德光、刘振华、黄秀春、钱文昭,队役四人,药品器具九十余件。

九月十二日本队抵神户,查询灾情,而中国协济日灾义振会所派之新铭轮船亦于是日到神户,载有米粮菜炭等件,交送神户商业会议所会长泷川仪作,请其支配振济事宜。

九月二十日以后牛医长偕各医生及女看护在医院服务,诊治日本病人,本队共分三组,一曰医院部,由牛君主持,每晨八时进院诊治日本人各病;一曰收容部,每日由汤铭新医生率救护员前往华侨收容所诊治病者;一曰事务部,由沈金涛君管理。九月二十七日,由日本赤十字社长来帖,邀请本队人员于十月二号谒见摄政主,本队每日办理治疗,收容部至九月杪停止,因华侨均已陆续返国,本队乃作归计。

十月一日,以药品等件二十三大箱赠送日本赤十字社,又以金币四千元助之。

十月四日,本队离日本东京返国。

上海本会总办事处自九月十三日起,每次接神户中华会馆来电,报知被灾华侨返沪,即备车至码头,有病者接至医院治疗,余则由协济日灾义振会招待,统计至十月十八日止,共有六千四百二十一人,其中学生三百四十九人,女学生十六人,以后则十月二十九日有十一人,十一月十四日有一百零七人,十八日有五十二人均陆续返国。

本队此次救护用款一万七千二百十七元大角四分,本会各分会多有捐助。

原载《中国红十字会月刊》1924年第27期

中国红十字会时疫医院规则

一、本医院专治急痧、霍乱、吐泻、绞肠、吊脚、□瘰等症,不诊别项。

二、凡来院就诊病人先赴挂号处报告姓名、年岁、籍贯、住址、门牌号数,领取号票,陪送诊病室诊治。

三、凡住院病人应将号票系在手腕,以防病人与诊候表移动讹错。

四、凡割诊病人气血亏弱,胃中消化无力,七十二分钟内不能饮食,由医生制有滋养药水调补气血,俟可以饮食时,由医生签字后注明"可以食米"字样,方可进食。

五、凡割诊病人七十二分钟内不能饮食,虽觉饥饿,万不可食,如亲友探访及陪伴者,切勿私赠食物,致误本人生命。

六、诊病室看护凡见有挂号病人,不论轻重,立刻知照医生诊治,随到随看。至交班、接班时,若遇重症,切勿推诿,病人性命攸关,稍延时刻,施救不及,均应以慎重人命为主义。

七、本院病房分头、二、三等,男女各别,经常议会议决,凡住头等养病者每人每日收养病费洋三元,住二等养疴者每人每日收养病费洋一元,住三等病房免费。

八、凡住二等养疴室者,本院病房极为清洁,饮食完美,侍役、女佣服侍无不周到,但亲友来院陪伴者,只可一人,以免拥挤,有碍卫生。

九、头、二等病人养疴以静养为主,无论亲友前来探访者,只可稍谈片刻,即行退出。

十、凡病人穿来衣服及银洋物件,须交明帐房编号存储,免致遗失。

十一、凡头、二等陪病人之伙食,照本院定章,头等每人每日收洋四角,二等每人每日收洋二角,三等陪病人者概不预备。

十二、本医院雇佣男女侍役之亲友,一概不准到病房接洽,以免传染,如违,罚辛工一月。

十三、诊病室看护、男女病房侍役,凡接班时延宕迟误者,罚薪水一月。

十四、本院特备橡皮救护病车,如有重症病人不能来院,可用电话通知,本院即行往接,极为便捷。

十五、凡遇病人痊愈出院,如自愿略赏酒资,随时送交帐房收存,月底按份分派,不准向病人争论多少,亦不得向病人私索分文,倘隐匿不报者,查出议罚。

十六、本医院中西医生专任院内职务,如各界延聘出诊,请向医生直接诊费若干,医生另有章程,与本医院不涉。

原载《中国红十字会时疫医院征信录》1923 年

中国红十字会救护学校暂行章程

本会为培植救护员人材起见,拟创办一救护学校,暂时设于北市医院,请本医院医员、看护长担任教授医学上之必要学术,一俟办有成效,再行将校务扩充。兹将本校暂行简章列举于后。

入学资格

来校肄业学生之程度,至少须高等小学毕业,曾读过英文一二年,年在十六岁以上二十岁以下,体格健全,身家清白,性情温善,志愿服务社会者。

入学手续

报名时须有家长出面并带高小毕业或同等学校之文凭来校验看,经本校认可,即请寓居上海之保人填写保证书,并缴保证金拾[十]元,携带所需行李,入校试验三个月,俟期满后,经医长认为合格,再填写关约。

本校待遇

凡学生填写关约后,除膳宿由本校供给外,且按月给予膏火津贴一元,若勤于学业,得随时增加之,毕业后,本会需用此项人材,即先以本校毕业生充任。

假期

本校除例假外,每年另给予两星期之假期,但平时告假过多者,当扣除之。

保证金之处分

凡学生毕业时,保证金即如数给还,惟有损失本校仪器用品者,当酌取若干以作赔偿,其半途辍学,或犯规斥退者,则保证金全部充公。

学生之义务

学生须绝对服从本校章程,师长教训,遵从本会调遣,毕业后若不在本会医院服务,一闻本会召集,即须报到,尽厥义务事项,除不得已外,若故意恝置,对于本会之义务事项,本会得撤销其文凭。

毕业期限

学生在本校肄业三年,考试合格,再在本会医院实地练习一年,经医长考察认可,即由本会总会给予毕业文凭,但不及格者,仍须留级补习,方得毕业。

授课时间

本校除假期外,每日授课二小时至四小时,余时须在医院实习病房间、急症间、割诊间之手术,上课及服务时间,须恪守校规院章。

校规摘要

学生不得无故缺课,怠惰所派职务,自由外出及沾染嗜好,有不名誉之行为。每晨须六时半起床,晚十点息灯安睡,卧室务必整理清洁,有疾即须报告看护长,转报医员。同学务须友爱,书籍、仪器、药品当善为保护,违者轻则记过,重则立即斥退。

原载《中国红十字会二十周年纪念册·章程》1924 年

上海中国红十字会出发救护队临时章程

第一章　组织

一、救护队以两部组织而成,一曰医务部,一曰庶务部。

二、医务部管理救护医治等事,庶务部管理输运、购办、会计、通信等事。

第二章　队员

三、救护员以本会会员及临时志愿者充之。

四、置救护队长一人,医务长或庶务长可以兼任。

五、医务部置医务长一人,医员数人,救护长、副长各一人,救护员数人。

六、庶务部置庶务长一人,庶务员数人。

七、队长奉本会总办事处之指令,督率队员从事救护,临时调度,队长主之。

八、队员有服从队长或上级队员指挥之义务。

第三章　遵守规则

九、全体队员,共应遵守本会拯难救伤之宗旨,一切行为不得越出范围以外。

十、凡拯救伤痍不论中外兵民,一律待遇,不得偏歧。

十一、队员应尊重本会及一己之名誉,各宜廉洁自爱,待人诚敬,处世谦和。凡购买物品,租赁房屋、舟车等事,宜优给价值,不得稍有强迫。其他一切强暴行为自在严禁之例。

十二、队员一经出发,除病伤之外,若半途辞退者,自召集之后一切费用,须由保人赔偿,如服务日久,或有不得已之理由,而经本会许可者,不在此例

十三、队员在服务期内,不得兼营别项事业及一切贸易行为之事。

十四、救护队在战地服务,凡日来弗条约及陆地战例所载名节,应格外注意遵守。

十五、本会一切章程及临时规则,全体队员皆应遵守。

第四章　津贴川资

十六、队员除上级员外,一应救护队员、庶务员每月津贴计分六等。

一等四十元,二等三十五元,三等三十元,四等二十五元,五等二十元,六等十六元。

十七、队员津贴,除前曾服务本会及查明确有学术经验者预定等级外,一切投效人员概照第六等支给津贴,如将来办事勤敏,劳绩出众者,不论时日久暂,可以不次迁擢,即品行方正循善无过者,亦得按级递升。

十八、队员津贴于投到之日起算,按每月二十五日,由本队会计处支给,如愿归家族领取,由本人指定家族一人,按月至上海本总办事处支领,如未满一月者按日计算。

十九、队员来沪川资,于出发之前,由本会计路之远近酌量支给,将来回乡川资于事竣后全队回至上海解散时支给,如半途辞职,而非本会认为有正当之理由者,一概不给川资。

第五章　奖恤惩罚

二十、队员服务勤劳,热心任事者,由本会按其劳绩,分别给予奖赏。

(甲) 请政府给予奖章;

(乙) 本会赠予奖章或感谢状;

(丙) 本会赠予奖金。

二十一、队员如因职务之故,致受伤而成残废者,本会每年给予半俸,赡其终身。

二十二、队员如因职务之故,而致不幸者,对于遗族(限本人父母、妻子),本会每年给予半俸,至十五年截止。

二十三、前项抚恤之款每年于十一月间至本会领取,如在外埠,由附近分会查明发给。

二十四、队员如行为暴戾,操守难信及有一切不端之事者,查明斥革外,损失着保证人赔偿,如情罪较重,违犯法律者,送有司惩办,对于附带私诉,亦归保证人担负责任。

第六章　附则

二十五、本会救护队除召集旧员外,其临时志愿者须开具姓名、籍贯、职业、履历并妥实保人,在会报名考验,以备录用。

《出发救护队临时要则》(欧战中国守中立时)录之以备参考。

(一) 本会以拯难救伤为天职,队员皆应守此宗旨,待人接物宜以仁爱为心。

(二) 救护队与军队略同,首重纪律始能克尽厥职,凡本会章程及上级队员之约束皆应遵守。

(三) 红十字会为世界最高尚、最慈善之事业,救护队员地位之清高、名誉之隆重,久为世人钦敬,队员皆宜自爱,凡贪欲淫乱之事痛戒之。

(四) 此次战事,我国中立,两方皆系友邦,不容有所憎爱,我会救护队在战地除救护病伤之外,概不干预他事。

(五) 凡受伤兵民不论何国,皆应一律待遇,不得歧视。

(六) 凡交战国受伤兵民,如有要求购物传递等事,须禀明队长查核,由队长指令一人办理,若不经队长许可,无论事之巨细,不得擅专。

原载《中国红十字会二十周年纪念册·章程》1924 年

中国红十字会时疫医院简章

第一章　总则

甲、时疫医院系临时筹办,归红十字会管理,定名曰中国红十字会时疫医院。

乙、时疫医院赁屋公共租界天津路三百十六号。

丙、医院设头二等男女仕商养疴室、三等男女病房并男女候诊室、男女诊病室,男女异处。

丁、由红十字会募捐筹办,总办事处节制之。

戊、医院中推定医务主任及理事分任医务及院务。

第二章 宗旨

甲、照中国红十字会章程,在平时应筹募款项,设立医院,造就医学人才,置办医务材料,振济水旱偏灾、防护疫疠及他种危害,时疫为夏令最危险之症,传染最速,募款筹办自夏令开院,至秋冬时疫肃清闭幕。

乙、时疫医院专治急痧吐泻之症,无论如何危险,随到随治,由医务主任责任之,不涉别项症候。

丙、医院就医者,不论中外,不拘贫富,不论本埠外埠男妇老幼随时施治。病人入院后,除头、二等酌收病费外,三等一律免费,并无号金等各项名目。

丁、病人医愈后,如自愿出资酬谢,悉充医院捐款,不得私相授受,又并无别项需索,设施治无效身故,立即迁入殡殓所,报知家属,听其自由入殓(欲抬回家中者听),如实系贫苦者由医院施送普通棺木,抬送保安堂义塚暂厝。

戊、贫病治愈后,如实在无力还乡,由医院理事查明实在,报告本会酌送船票。

己、时疫医院纯乎慈善事业,劝募绅商捐款开办,不涉他事。

庚、救护汽车、橡皮病车专为救护病人、抬运病人而设,不论远近概不取资,该车等不得擅作别用。

第三章 职务

甲、医务主任管理医药事宜,医生、看护人等由主任督责之,不分昼夜轮流值班,如有延误主任担其责任。

乙、凡遇急痧及危险不治之症果,病极危险,气尚未绝者,一经入院,随到随治。设病人无多,时疫未盛,医生他出,一经接到电话应即赶到施治。

丙、病房、候诊室、诊病室虽分头、二、三等及男女病室,应一律诊治。

丁、医院理事都率司事、看护、仆役、车夫,不分昼夜轮流值宿,如有延误,理事担其责任。

戊、本埠病人不论远近,一经病人家属报告,立遣病车,由家属伴送来院。

己、病人一经入院,不论重轻不得提前拔号,除头二等病人逐日收费外,并无酬劳及额外开支名目,如有私相授受,当以违背章程论罚。

庚、如家属邀请医士出外赴诊,所需诊费由病家直接与医生自由论价,与医院无涉。

辛、医院自医务主任以下,或送薪水或赠津贴,如有托故不到办事因循者,当以违背章程论罚。

壬、医务主任与院务主任各分责任,另由医务主任等妥订医药规则、病人规则、办事人应守规则、通知本会择要宣布。

癸、病人施救无效,富者任其自由殡殓,贫者由本会给以相当之棺木,代为殡殓掩埋,一切不取价值,应由理事会同家属妥为办理。

第四章　报告

甲、每日将号簿日记收支大略、医愈姓氏逐日开单报告,由本会□报告议会,开幕后,当刊印征信录、成绩表分送捐户病家。

[乙、]将夏令卫生大意演成白话文布告本外埠人,事前留意并劝告抱病人勿事挑痧及乱投医药等事。

第五章　捐款优待券

甲、不拘中外绅商各界巨细捐款悉用红十字会正式收条,加盖指捐时疫医院字样为据。病人治愈后,如自愿捐助亦以本会正式收条为凭,一面登报征信。

乙、凡捐时疫医院捐款逾五十元以上预送头等优待券一纸,许由捐款人介绍亲族朋友上等人病者一位,凭券入头等室,免收病费;捐念五元以上者预送二等优待券一纸准入二等病室,免收病费,惟非上等人(如仆役、车夫之类)虽有优待券祇能入三等病房,以符医院定章。

丙、头等仕商养疴室每日收回医药费三元,二等每日收回医药费一元,给以收据,并入捐款项下作为开支。

第六章　附则

甲、此项简章经常议会通过后实行。

乙、此项简章经常议会三分之一之请求即可修正。

丙、医务规则、院务规则、病房规则,看护司事遵守章程,茶房侍役诂诫规条由管理医院院务者订正,交本会宣布。

丁、此项简章于常议会通过后,交医务主任照章执行。

原载《中国红十字会二十周年纪念册·章程》1924 年

中国红十字会市医院章程

第一章　总则

一、本医院为中国红十字会筹款设立,归总办事处节制管理之。

二、战时疗治病伤军民,平时兼治普通病症。

三、设男女病房,除定时施治门诊外,并供人住院养疴。

四、设医长、医员、会计、药剂、看护、庶务等职员,由医长督率之。

第二章　宗旨

一、照本会章程第二章甲项,战时协助医队救护病者、伤者。乙项,平时筹款设立医院,除传染症及疯病外,其余普通病症概行收治。

二、除例假日及星期日下午停诊外,每日上午九时至十二时,下午二时至四时施治门诊,夏秋间则至四时为止。

三、本院以慈善为主体,病家治愈出院,除照章应纳各费外,并无酬谢等项名目,如其自愿捐助本会经费,照章制正式收据为凭。

第三章　职员职务

一、设监院一员,经常议会之认可,由董事会举任之,督率各职员办理一切院务。

二、设医员二员,收支一员,药剂、看护、庶务、学生、工役人等随时酌要委用。

三、各职员服务勤惰由监院及医长随时监察之。

第四章　治病规则

一、门诊应纳挂号金五十文,先行挂号,挨次就诊,凭方配药。

二、门诊如系服毒、急痧等危险之症,应准其提前诊治,除贫病照常例祇收号金外,其余应加纳医费洋一元。

三、门诊祇取号金,不收医药费,所给药瓶每次复诊应随带至院。

四、住院、医药、饭食费等,头等每日一元,二等每日半元,三等每日二角,特别房间每日二元。

五、住院病人每日诊察时间,由医员按照病状随时酌定,但无论病之重轻,每日至少必须诊察两次。

六、病人卧处必须备具症候单,注明病人进院日期、每次诊察之状况,以及其他关于病人服药、食物等事项。

七、住院病人必须先经医员察验其确有住院之必要者，方得挂号入院，照常例收取号金，并照所住房间之等次预缴住院费七日。

八、住院病人应每七日预缴住院费一次，如住院未满七日，则已缴之费当照算退还。

九、诊察室内应置诊察簿，两医员各备一册，将每日门诊及住院病人之名姓、病情详细记载。

十、如有住院病人病情危险不克治疗者，应通知病人家属到院及时筹备一切，倘无家属在申，除设法致信外，应即由院妥为料理。

十一、住院病人如须家属陪伴或自带仆人者，应随时由医员陈请医长核夺，其在院宿食亦照住院人例收费。

十二、如就诊病人系本会会员，持有总办事处之凭证者，门诊得免挂号金，住院者应纳例费得减百分之三十分，惟三等病房者不在其列。

十三、如有病家延请医员出外诊治，应照本会向章纳费。

(甲) 普通症：初次会员三元，非会员五元；复诊每次会员二元，非会员三元。

(乙) 急救生烟服毒等症每次十元，贫苦不计。

(丙) 时疫及传染症用注射法施治者，每次十元，贫苦不计。

第五章　附则

一、本院管理规则另订之。

二、本章程由常议会之认可得以随时修改之。

原载《中国红十字会二十周年纪念册·章程》1924 年

例规：卫生：大总统令一则

派颜惠庆为中国红十字会会长，蔡廷干、杨晟为副会长。

四月二十九日

原载《内务公报》1924 年第 108 期

中国红十字会分会通则

民国十一年六月会员大会起草，常议会核正

总则

一、国内各县属地方及国外各侨埠有赞同本会宗旨者，得依据本会第二次会员大会通过修正章程，备具愿报由地方官厅或法团，或商会、农会、教育会，或邻近分会证明实心为善，陈送本会总办事处，交由常议会通过后得设立分会，在未成立之前则称筹备处。

二、凡分会筹备处陆续劝募正会员会费全数汇交本会总办事处，以上海通用银元为准，俟募足三十人以上时得成立分会，定名为“中国红十字会某处分会”。

分会应设立医院，但因特别情形，报经本会总办事处许可者，亦可暂行缓设。凡分会所在地有旧会员愿参加会务者，须验明本会凭照，并补缴参加费一元，得享有该分会会员同一之待遇。

三、筹设分会，俟分会成立后，所介绍之各种会员入会费，一律准予截留半数为分会基金(应具基金领证)，其余一半随时解交本会总办事处核收。

分会未成立时，其开支由筹备处另筹之。

四、凡一县属地方或一侨埠只能设一分会，如因地方需要，得由分会择定地点设办事处，名为“中国红十字会某处分会驻某办事处”，仍将理由陈明本会总办事处备案，商埠巨镇不在此限。

五、分会应择定地点为会所，订期开会，公举会长、副会长，理事长，随将履历报告本会总办事处，经常议会审查确定，分别发给通知书后方得就职，并由本会总办事处报明外交、内务、陆军、海军各部，暨该省军民长官立案，依据《日来弗条约》第五、第六、第九、第十各条，请予尊重保护，其余各职员由该分会长聘任后，陈报本会总办事处备案。

六、分会应用图记、印旗、免费电报、执照及救护时需要各物品，均由本会总办事处发给。

七、分会会务每年报告本会总办事处一次，每于开大会时另造总册报告。

职员

八、分会职员设立如左：

会长、副会长、理事长、理事、资产委员，由议事会选举之，任期各三年，连举得连任，当选者以正会员为限。文牍员，会计员、书记由分会长酌量任用。

九、分会长综理分会一切事务，副会长、理事长辅助分会长执行会务。分会长有事故时，副会长代行职权，资产委员保管分会所有资产。

议事会

十、分会设议事会办理左列事项：

(一) 初审分会预决算；

(二) 议决会员入会之准否及除名；

(三) 选举分会长、副会长及各职员；

(四) 议决分会重要事件。

以上各事项应由分会长陈报本会总办事处查考。

十一、议事员名额视分会会员之多寡，事务之繁简，由会员会定之，但至少十二人，至多不得过二十四人。

十二、议事员由会员大会选举之，任期三年，每年改选三分之一，第一次、第二次改选者用抽签法定之。

十三、议事员选举时须同时选出同数之候补人，遇有议员辞职，或缺席半年以上时递补之。

十四、议事会每月开会一次，由分会长召集之，遇有紧要事件得召集临时会。

十五、议事会设议长、副议长各一人，由议员互选之。

十六、议事会非全数议员半数以上出席，不得开议，但战时及有紧急事件不在此限。

事业

十七、分会应随时协赞本会，不分畛域，办理以下各事：

(甲) 战时应遵守中国海陆军部令及临时军事长官命令，协助医队救护伤者、病者，并救济战地居民出险，如在事人员受有侮辱、损失或危及生命者，得申请所在地军事长官保护、赔偿及相当恤典。

(乙) 平时应筹募捐款，设立医院及医学校，造就医学人才，置备医院材料并预备救灾、防疫及其他慈善事业，如无力筹设医院、医学校时，得就所在地之医院、医学校与订互助条件以利会务之进行，俟确有成绩，报明本会总办事处，当酌予助力。

惩罚

十八、本会会员有犯刑事者，或违背会章者，得由议事会公决，详叙事由，报明本会总办事处取消其会员资格，如有假冒本会名义招摇诈欺、损害本会名誉者，应即报告本会总办事处函知该地方官厅查明，按律严办。

十九、分会长、副会长及各职员如有品行不正，违法营私，一经本会总办事处查觉得知照该分会改选或撤换，情节重大者并予以相当之处分。

二十、分会执行会务有不妥适者，本会总办事处得分别令其更正或改组之。

奖励

二十一、凡捐款一千元以上及募捐五千元以上,或对于会务有异常劳绩者,得由分会详报本会总办事处,照章推赠会员,或分别情形陈请政府呈明大总统从优奖励。

二十二、凡捐款在二百元以上,募捐一千元以上,或对于会务著有成绩者,得由分会陈报本会总办事处,照章推赠会员,或分别优奖以资鼓励。

保护

二十三、凡分会办理会务场所及战时从事救护,或平时救灾、防疫所有租借之房屋、舟车及材料,曾经报明官厅间有红十字标记者,如受损害时得由分会报告本会总办事处函知地方官厅负保护、赔偿之责。

二十四、凡分会平时或战时从事救济人员佩有本会袖章者,其身体及居室应由地方官厅尊重保护,如或因公危及生命者,得由分会罗列事实,陈报本会总办事处转呈政府优予奖恤。

二十五、凡分会会员有被人侮辱及诬陷者,分会应负维持申理之责,如分会力有不及时,得将经过情形报明本会总办事处,尽力保护之。

医院

二十六、医院之组织另定之。

救护队

二十七、救护队之组织另定之。

附则

二十八、本通则如有应行修改之处,由各分会议事会提出理由,陈请本会总办事处汇交下届会员大会修改之。

原载《中国红十字会二十周年纪念册·分会》1924 年

三、函　　件

令示：大总统令内务部准予中华民国红十字会立案文

兹准黎副总统电开，鄂省自起义以来血战数十日，尸骸枕藉无算，幸赖中国红十字会在武汉设立临时医院，救治被伤兵士并施掩埋。兹查该会已由赤十字社长松元[方]侯爵特派法学博士有贺长雄来沪商榷修改会章，复承介绍，得邀万国红十字联合会公认该会为中华民国正式红十字会。此次民军起义，东西南北各省均设立分会共五十余处，所费不赀，其功甚巨，如此热心慈善事业似不可不特别表彰，伏恳准予立案，揭诸报章以资提倡而重诚等因。前来查该会热诚毅力，殊堪嘉尚，应予立案，以昭奖励，合就令行，该部仰即查照可也，此令。

原载《临时政府公报》1912年第25期

部查红十字会员

上海红十字会准民政长函云：奉江苏都督令，准内务部咨准北京红十字会咨开，请查各省红十字会处所、地址以及办事人员姓名，造册呈府，转报内务部咨会，以便召集会议等因。到署当经函请贵会查造，迄未送到，合再函请贵会迅速将各处会所地址、办事人员姓名详造清册送署，以凭转报云。

原载《民立报》1912年10月22日

垄断捐钱慈善家

上海红十字会昨致交涉使、县知事函云："顷准北京总会俭日电开，顷准陆军部函开，准南京红十字会女子救护团。自南京战起，生灵涂炭，同人等组织女队出发(中略见前报)，希即知照等因。查本会遵照一千八百六十四年各国[汇集]瑞士《日来弗万国红十字条约》办理一切慈善事业，得邀万国红十字联合会公认为中国正式红十字会，复经中央政府批准在案，谨按《万国红十字条约》第七章第二十三条，凡属白地红十字记章及红十字并日来弗[红]十字称号，不问平时战时，非本条约所载明享有保护利益之移动,及固定卫生机关,及其人员材料则不得滥用,所以严杜弊端,尊重善举,故非隶属于本会之会员及非本会呈请保护之慈善各团体,均不得滥用红十字名义及标识。前阅各报登有上海法租界大马路红十字会救护团急募临时捐告白,查该团并非本会各设机关,自应遵守条约,不得滥用红十字名义标识。当经本会登报否认,数日以来,仍未见其取销,保无藉名,敛捐情事,若不陈清禁阻,殊于本会名誉攸关,且恐阻碍善举进行,应请迅赐照会法总领事暨公廨,勒令该团即日取消,并请出示通告,嗣后如未经本会认为附属机关者,不得滥用红十字名义、标志,以杜弊端,□维善举云。”

原载《民立报》1913 年 8 月 3 日

红十字会纪事

中国红十字会昨致江苏都督、江苏民政长、上海镇守使、县知事公函:“敝会顷准国务院江电,奉大总统命令,饬敝会赶派医队、救护队分别前往战地,妥为救济,以恤生命而重人道。该会经费支绌,并由该会正副会长设法劝募,藉广仁施等语。查‘救灾、恤兵’本敝会之天职,此次浔江启衅,各省蔓延,业派医队分赴赣、徐、皖、镇等处救护医治并电分会出发医队,加设临时医院,实力进行。今虽沪局略定,淞口复又戒严,除派医队赴淞救护并设医院外,沪地难民数万,流离失所,暴动堪虞,兼之疫疠丛生,蔓延可虑,善后之事刻不容缓。敝会特设妇孺留养院一所、平粜局三所、浦东粥厂一所、南市医院二所,至赣、徐、皖、镇、宁、淞,复又加派医队并设水陆救护机关,以期无负大总统博爱之意而尽敝会固有之天职。惟值此民生凋敝,生计困穷,振恤之方刻难延缓,敝会任重力绵,时虞陨越,除遵大总统令分投劝募,会商当地公正绅商妥筹善后外,素稔我公关怀民瘼,念切痌瘝,为此专函奉达,即祈通盘筹画,指示方针,俾本会得以遵守而利进行,其敝会所设办事各机关并请出示一体保护。”

原载《民立报》1913 年 8 月 8 日

红十字会募捐忙

上海南商会昨致各业领袖函云:“径启者,接准中国红十字总会函开,淞沪战局虽幸平定,赣、皖、镇、宁风云犹亟,历叙该会对于本埠所办种种成绩,将以推诸徐、皖、宁、镇,以期普及。惟是事巨款绌,乞募维艰,不得不借才推毂,请由本会通函各业董事,举一领袖为该总会募捐赞助员,不惜齿芬,广为托钵等语。”同时准市政厅来函:“事同前由,查红十字会功德,所被推之弥广,凡有血气者,莫不钦崇,准函前因，为特奉布，尚希转劝贵同业热心资助，共襄善举，无任企恳。"

原载《民立报》1913 年 8 月 28 日

青岛吕会长来电

七月二十五日

红十字会沈副会长鉴：

敬电悉，上海鏖战，民遭涂炭，深为可悯。我公仁心为怀，救伤恤死，功德无量，钦佩莫名。本会经费极为困难，兹特勉由汇丰汇上千元，杯水车薪，无济于事，聊尽微心而已。海经。

海经

原载《中国红十字会杂志·关于本会要电节录》1914 年第 2 号

北京国务院来电

八月四日

中国红十字会奉大总统令，自赣淮用兵以来，匪军节节败逃，伤亡枕籍，每闻战耗，怒焉心伤，其在战线接近之区，无辜平民横遭锋镝，尤堪悯恻。兹本大总统特捐银二万元，饬财政部汇交上海中国红十字会兑收，分拨江苏徐州等处，作为该会捐款，即由该会赶派医队、救护队分别前赴该地妥为救护，以悯生命而重人道，该会经费支绌，并由该会正副会长设法劝募，藉广仁施，此令等因。合电知照国务院，江。

原载《中国红十字会杂志·关于本会要电节录》1914 年第 2 号

照录苏州大同女学来函

启者宁沪两地，惨遭兵祸，亿万同胞，顿失栖止，秋风瑟瑟，转瞬霜天，啼饥之外，重以号寒，敝校同人，感焉伤之，爰拟劝募棉衣，汇送贵会，解往灾区，聊助万一，非敢追随诸大善士之后，亦聊尽国民之天职。兹已在敝校学生中劝募，怦然心动，颇不乏人，已有陆续送来者，应如何运寄之处。贵会于火车轮船，有无免收水脚条例，谨慎请示下以便按次递寄。贵会恫瘝在抱，必有善导之方，统希指示是幸，专此即请。仲礼先生台鉴。

苏州大同女学校谨启

原载《中国红十字会杂志·关于本会要函汇录》1914 年第 2 号

红十字会随大军出发

北京国务院均鉴:

阅报屡载吾国有派兵赴欧助战之议,如有实行,本会军事救护为唯一之天职,自应完全担任,随大军之后出发赴欧,以稍尽世界义务,并可使各会员增进经验学识,为此电恳钧院,如开此项军事会议可否准由本会专员列席,以资(咨)预备之处,统□鉴□示遵,无任延跂。中国红十字会副会长沈敦和,宥,叩。

原载《中华新报》1917 年 9 月 28 日

红十字会消息

本埠红十字会办理京直等省水灾义振已迭纪前报,现该会以所认文安等七县放赈地点之灾民房屋大半被水冲塌,无处栖身,复担任编查户口,酌给窝棚、经费,并加助京兆灾民以工代赈棉衣一百套,业于昨日前运京。兹将曹督军、熊督办并京兆尹王达君谢电并录于后,

"沈会长鉴:梗电悉直隶灾民备承贵会关注,衣食之外兼谋住屋,惠爱所及无微不至,谨代灾民顿谢!曹锟,勘。"

"沈仲礼先生鉴:篠电悉担任文安等处窝棚经费,仁心毅力无任感佩,谨先电谢!希龄,祃。"

"沈会长鉴:前议召集灾民万人以上,以工代赈,承美红会允准借款,贵会助棉衣万套,承此美举,实于真实赤贫者普霑实惠,欢胜挟编,感与颂俱,谨电鸣谢!王达,养。"

又该会散放天津杨柳青急赈,业经告竣。昨接该处绅耆来电,致谢照录如下:

"红十字会沈会长鉴:敝镇决口,当为受灾最烈,虽经就地筹振一次,而杯水车薪,正虞青黄不接,幸蒙贵会查振员姚衢笙惠临灾地,急济哀黎,查得极贫者六千七百余人,散放红粮五百余石、棉衣二千件、饼干药品等十四箱,筹备至周,措施极当,并于孤寡、产妇等四百余人口特别振济,尤为定善,万家生佛,当为会长颂之。阖镇感戴,无以报酬,除登报章扬仁风外,南望慈云,谨代灾黎九叩首!杨柳青全镇、绅耆石元士、安文忠等公叩。"

原载《中华新报》1917 年 12 月 3 日

红十字会消息

本埠红十字会昨接北京熊督办来电云:“沈仲礼先生鉴：此次京直巨灾，端赖南中诸大慈善家热心救济，慷助巨款，分头驰赈，仁心义闻，薄海同钦。敝处现拟将捐助及募集巨款人员呈明大总统特予奖励，惟沪上各慈善家捐输，数目敝处无案可稽，拟恳尊处代为同函，在沪各慈善团体迅赐抄示，捐款至千元以上各户或募款人至五千元以上各户，姓氏、职衔及缴款实数克日详示，俾汇办。此外助赈出力人员并祈续行开示，另案办理，无任盼祷。熊希龄，寒”。现闻该会已分函各慈善团遵照办理矣。

原载《中华新报》1917 年 12 月 19 日

教会通信门：上海

(红十字会谢内地会募捐函)

穆信诚、张崇德先生均鉴：

顷奉台函，敬悉贵会同人于本月十三号主日捐集银钱洋三百二十八元六角五分，捐助津直水灾急振，业照拜收，仰见贵会同人视人如己，嘉惠灾黎，拜领之余，莫名感谢。所有收据已交穆先生带呈，谅蒙察收。除登报奉扬仁风外，特此鸣谢，敬颂善祺。

中国红十字会沈敦和启

原载《新民报》1918 年第 5 卷

中国红十字会副会长蔡廷干呈大总统　呈报接收红十字会日期并选派理事驻沪办事情形文

为呈报接收红十字会日期，并选派理事长驻沪办事情形，仰祈钧鉴事。本年四月二十九日廷干奉令派充中国红十字会副会长，旋因京中公务殷繁，不克赴沪接任，正拟呈明间，接准国务院公函，内开贵副会长在京事务殷繁，一时不能前往，即希举派代表前往接收，以重会务，函请查照办理。同时并准吕正会长海寰来函，以如果即日南下，固属甚善，否则委托□表到申，暂为接收，容再续图进行等因。遵即遴派专员文溥、黄松会同内务、陆军、海军三部监盘委员邵福瀛、王懋义、吴应科、谭其濂先行赴沪接洽，廷干赶将京事料理就绪，于七月二十六日由京首途，二十八日抵沪面晤沈前副会长，磋商交接手续。八月一日准将会中文卷、账簿、款项、资产、书籍、物品、员役人等，暨上海总分医院、各省分会分别列册三十二本移交前来，并声明本会关防向储北京总会等语。廷干即于是日莅会视事，随派专员文溥、黄寿松会同部派各员分日按册逐项点收，并选派本会常议员唐元湛充当驻沪总办事处理事长，继续照章办理，惟综核所存现金，仅有一万余元，沪上时疫流行，日事救济尚不能杜其蔓延，灾情日重，款项日绌，进行事件更非易易，势不得不设法维持，爰议定酌增常议员额数，力求会务发展，约集新旧常议员举行大会一次，开诚宣言，颇受各界赞同。廷干即于十五日接收事竣，由沪返京，除会商吕正会长，遵照主管各部，前呈整顿方法，宜将总会事务实行在北京办理一节筹拟妥洽，再行呈报外，所有接收红十字会日期，并选派理事长驻沪办事情形各缘由，理合具文呈报，伏乞鉴核，谨呈。八年九月四日已奉，指令。

原载《政府公报》1919 年第 1291 期

振济常州沙洲水灾

[1922 年]十一年一月九日本会总办事处理事长庄君致武进、沙洲灾振公所任琢初函云："径启者，今年吾邑沙洲水灾，值此暮冬，遗黎冻馁交迫，良堪悯念，兹由本会筹拨现洋五百元、棉衣二百件，即乞核收散放。棉衣已交中国运输公司带常径送贵公所，洋款由上海银行汇上，并望制给收据，寄交本会为盼，此致"。

原载《慈善近录》1924 年

中国红十字会总会总办事处致徐家汇总医院医务团函

[1922 年]敬启者，本会总医院叠经常议会议决，实行收回自办，惟院务重要，医务人才尤为难得。前日公议，除组织经济董事会专为赞募该院经常费外，夙稔贵团诸君，学谧兼优，仁义素著，当经公决，敦请贵团承办本会总医院院务、医务救济民生。十里洋场，我华人多办理一完善之大医院，本会之幸，亦国际之光，想贵团恻隐为怀，胞与在抱，定蒙俯允也，此致。医务团牛惠霖、牛惠森、俞凤宾、萧智吉、刁信德、黄琼仙、周仲衡、陆锦文、石美玉诸位先生公鉴，中国红十字会总办事处启。

原载《慈善近录》1924 年

电北京总会

六月九日发

[1922年]北京金鱼胡同中国红十字会汪会长大鉴：浙绅张天铸，夙性慈祥，热忱公益，近又以沪上时疫流行，又复捐助时疫医院经费三千元，似此乐善好施，若不陈□给奖，恕不足以励来。兹已电达国务院周□□，请晋予二等大绶嘉禾章矣。特电奉闻，并希维持。蔡廷干印，佳。

原载《慈善近录》1924年

呈大总统文

中国红十字副会长杨晟为呈报事，窃本年八月十七日，奉大总统令"派汪大燮为中国红十字会会长，蔡廷干、杨晟为副会长，此令"等因。奉此，晟遵于八月二十五日就中国红十字会副会长之职，依据章程驻上海总办事处执行会务，理合具文呈报，伏乞俯赐察核，深为德便。谨呈大总统。

中华民国十一年九月一日

原载《中国红十字会二十周年纪念册·纪事》1924年

上海车马伤人之救星

[1922年]上海红十字会总办事处因鉴，近来上海车马伤人，日见其多，特组织急救队，以重人命，特发通告云："为通告事，照得上海为万国通商巨埠，中外官绅及士商人民居留南北两市者不下数百万，终日车驰马骤，往来俨如梭织，行人稍不留意，时被撞倒，轻则压伤，重则立毙，伤心惨目，莫此为甚。嗣后各路如有行人被汽车、电车、人力车撞跌者，无论受伤轻重，当事者或不免惊惶失措，本会总办事处特组织急救队常驻会中，务请沿途商号、居户人民随时电话通知。上午九点钟至下午五点钟，通知二马路望平街东首总办事处，电话中央三三七九；下午六点钟至夜十二点钟，通知天津路北市医院，电话中央五六九，当立刻驰往救济，并有救护汽车送医院疗治。本会无非为尊重人道起见，想我沪上同胞必乐于赞成也。恐未知週，特此通告。"

原载《慈善近录》1924年

总办事处施送棉衣各函

致安徽义振会函[1922年](十二月八日发)

径启者,天气严寒,皖中灾黎良可悯念,兹有棉衣裤一百件、帽子一百顶,望即饬人持函来取,带至灾区散给为荷,此致。

安徽义振会

致温州慈善急振会函(同上)

径启者,时届隆寒,浙东灾黎良可悯念,兹送上棉衣裤一百件,望即查收,带至灾区散给为荷,此致,慈善急振会吕文起先生。

中国红十字会总办事处

致谢仲笙函(同上)

径启者,兹有寄往温州发给棉衣裤一百件,并信一函,乞即交轮船带去,送至吕文起先生查收散放,事关慈善,重费消神,尚乞免收水脚为荷,此致,谢仲笙先生。

庄箓拜启

致江海关姚监督函(十二月十三日发)

径启者,兹有运赴汕头棉衣、棉被等件,共计三大包,交招商轮船载送,以便散给灾黎为御寒之用,敬乞俯赐护照,并予免税以利航运,附上印花税一元,暨清单一纸,即请饬填护照一张。至级德谊,此致,江海关监督姚。

庄箓拜启

原载《慈善近录》1924年

施送棉衣往来函

中国红十字会总办事处十一月三十日致上海本埠汇通转运公司函云:"径启者,兹有旧棉施衣一千件在苏州山塘新民桥裕昌衣庄,请即由苏运沪散给,此系南浔刘氏所捐,另行派人诣贵公司面洽,专此奉托,即致汇通运转公司。"

又同日致苏州关监督函云:"径启者,兹有旧棉施衣一千件,由苏交火车运沪散给贫民,敬祈贵监督发给护照,径交汇通转运公司藉资验放,事关慈善,并乞俯准免税。是所祷切,此致,苏州关监督。"

十一月二十九日,接聂容卿先生函云:"得之老哥大人阁下,多日未晤,至念。前阅报纸载今岁旱潦迭见,各处灾民值北严寒,无衣无褐,至堪悯恻,敝处现制就棉衣裤一百套,拟送贵会代为施放,即希派人来寓车取为荷,专此奉布,敬请台安,愚弟聂宗义拜启。”

十一月三十日复函云:“径启者,接奉大函,敬悉执事恫瘝在抱,胞与为怀,特制棉衣裤一百套,以备散给灾民之用,仰见仁风洋溢,泽及远黎,感荷同深矣,附呈收据一张,祈即察收,所有衣裤乞交去役雇车运来,为盼,致容卿先生。庄箓。”

同日又接常熟南门大街屈宅来函云:“兹送上施送棉衣四十件,祈收代为施送,到后掣给收据,此上中国红十字会会长鉴。”即复函云:“径复者,接到来示,并棉衣四十件,均照收不误,今年各省旱潦,被灾情形较之去年尤为甚,现届冬令,饥寒交迫,至堪怜悯,兹荷鸿施远逮,仰沾仁泽,感篆同深,除转送灾区散放并登报鸣谢,收据已交原人带回外。此致,屈先生。”

原载《慈善近录》1924年

淞沪警察厅长捐助时疫医院

(十一年十二月二十六日到函)

敬复者,接准大函,以时疫医院开幕以来,经济维艰,虽承各善士捐款接济,而医药等费浩繁,不敷尚巨。所有前奉捐册劝募,不论多寡嘱为送上,足征热心公益,救济关怀,深堪钦佩! 兹特由鄙人捐洋二十元,备函送上,即请查收,聊资补助。[下略]

徐国樑启

谨按:中国红十字会时疫医院上年征信录业已刊成。徐厅长此款交来,未及载入壬戌征信录,谨特登载月刊,以昭征信而扬仁风,再补登癸亥征信录。

原载《慈善近录》1924年

国务院公函第二百七十一号

径启者,奉大总统交下,中国红十字会副会长杨晟呈暹罗华侨情形,并请与该国通商订约,设置公使领事折一件,除函侨务局外,相应抄原折函达贵部查核办理可也。此致外交部,附抄件。

中华民国十二年一月廿七日

敬呈此东方红十字大会在暹罗京□盘谷[曼谷]开会一事,曾奉指令派晟代表中国红十字会前往列席,并蒙面谕派晟前往宣慰暹罗华侨及宣事,颁玉照二张,□代赠旅暹中华总商会华会馆等因,遂于觐见,请训斥由沪抵道汕头放洋,上年□月。

……

再该华侨领袖等□系热心祖国,倾向中央,历年以来维持侨务,力顾大局,似应嘉予奖励,以策激励。兹谨收旅暹中华总商会会长、副会长及议董等拟具修奖励,第开折呈请特准领给条东方红十字会会议决案件,另文译汉报告外,所有□谕宣慰暹罗华侨情形,先行具折呈复,伏乞钧鉴,谨呈大总统。

暹罗华侨宣慰条中国红十字会副会长杨晟谨呈

谨拟特请奖给旅暹中华总商会会长苛勋章等,第开具请折,呈请特准颁奖。

计开

旅暹中华总商会会长高学修,该员曾浔有三等嘉禾章,现充农商部顾问,拟请晋给二等嘉禾章。

旅暹中华总商会副会长马棠骏、曾季国以上二人,拟请均给予三等嘉禾章。

中国红十字会医学博士随同赴暹参与会议王培元,该员曾得有四等文虎章,请拟给予三等奖禾章。

旅暹中华总商会董廖云章、林存命以上二人,拟请均给予三等嘉禾章。

郑大经、郑自悟、萧铿麟、符福临、伍佐南、陈泽如以上六人,拟请均给予四等嘉禾章。

陈抡魁、卢泽淋、吴兆济、陈蜜来、陈宁思、许锷、徐炎辉、赖渠岱、周炎、陈峰嵘、陈联奎、黄庆修、曾泽如、马锥损、曾纪芳以上十五人,拟请均给予五等嘉禾章。

国务院函一件:抄送府,交中国红十字会副会长杨晟,呈报宣慰暹罗华侨情形,并请与该国通商订约,设置公使领事折,原来折请核办由。树三件

金字第九八五号

原载台湾"中研院"近史所档案馆所藏的红十字档案,档号 03-23-007-01-001

敬谢天津路中国红十字会时疫医院再生之德

八月二号《新闻报》

愚兄弟二人先后染疫甚危急,至天津路时疫医院求治,幸蒙西医宾德力、谭维雄、徐兆蓉、朱筱舫诸君用注射法施救,均转危为安。理事鲍康宁君督率职员昼夜调护,俾能霍然出院。今鄙人追思再生之恩,特登报□谢。如各界同胞或染同等危症,望速至该院求治,切勿挑痧致误生命为要。梧州路任永康、任启乾、仁同拜。

原载《中国红十字会时疫医院征信录》1923 年

敬谢中国红十字会天津路时疫医院恩同再造

八月三号《新闻》《时事》《新申报》

鄙人于[1923年]七月二十五号陡患急痧，呕吐交作，脚吊瘰痧，势已垂危。素悉红十字会时疫医院治疫如神，久著成绩。承西医林君春山介绍，送至院中求治极亟，宾德力、谭维雄、徐兆蓉、朱筱舫、黄勉中西诸大医士悉心施救，护庆更生，而理事鲍康宁君不时慰问，调护周至，几忘身在病中也。兹已病愈出院，无以为报，谨登报鸣谢，并为同病者作迷津之指示焉。杨幼如叩。

原载《中国红十字会时疫医院征信录》1923年

敬谢天津路中国红十字会时疫医院救命之恩

鄙人于[1923年]本月十六日早晨陡患忽[急]痧，四肢麻木，已现危象，即投贵院求治，蒙西医宾得力、谭维雄、徐兆蓉、黄勉、朱筱舫诸位先生评症给药，不数时顿觉精神爽快，爰于病次见各界接踵求治者日以百计，又见贵院理事鲍君康宁率诸职员等尽力看护，不辞劳瘁。出院之后，追感万分，谨登报端，以表谢忱，并扬仁德。文监师路一百二十号华昌张进云谨叩。

原载《中国红十字会时疫医院征信录》1923年

敬谢中国红十字会时疫医院救命之恩

八月十七号《新闻报》

小儿志学陡患急痧，吐泻交作，眼凹瘰痧，危险万分。素仰贵院治疫神速，当求诊治，蒙西医宾德力、朱筱舫、谭维雄、黄勉竭诚施救，果见注射灵妙异当，不数时而危症转安。住院旬日后，蒙理事鲍康宁君及诸职员殷切慰护，感德靡涯。现该院救活之人日以百计，实为上海之普济慈航。凡我同胞有患时疫者，切勿挑痧，速至该院求治，万无一失。特登报端，聊扬盛德。

六马路念二号半杨氏同子唐志学谨启

原载《中国红十字会时疫医院征信录》1923年

敬谢天津路中国红十字会时疫医院有起死回生之术

拙荆陈李氏身患急痧，脉沉瘰痧，危险万分，当送天津路该院求治。蒙西医博士黄子静、黄勉、谭维雄、林春山、朱筱舫诸君旋用注射法诊治，不数时而神志清爽，转危为安，殊有再造之功。住院一星期，承诸医士轮流看护及理事鲍康宁君并诸职员不时慰问，颇为周至。鄙人陪同在院，目睹该院病人求治者日以百计，而施救之神速，手术之灵敏，实为上海独帜。如有患急痧者，即送天津路该院来治，万无一失，切勿因循挑痧自误。特此登报，聊致谢忱。陈安嘉谨启。

原载《中国红十字会时疫医院征信录》1923 年

敬谢天津路中国红十字会时疫医院活命之德

仆前患上吐下泻之症，历一昼夜而不止，病甚沉重。幸承管熙臣先生使人持片往求，即蒙立刻开驶病人汽车接仆到院医治，非常迅捷。西医博士黄子静、黄勉、谭维雄、林春山、朱筱舫诸先生分别施治，得渐转危为安。理事鲍康宁先生暨诸职员精神办事，慰问周至，真不可多得之贤能办事员。仆目睹该院病人求治者纷纷，一经诊治，莫不妙手回春，概观止矣。特志报章以鸣谢忱，并告我同病者知所问津焉。信交日报馆发行所。王少英志。

原载《中国红十字会时疫医院征信录》1923 年

敬谢天津路中国红十字会时疫医院再造之恩

小女吉凤云于本年夏间陡患急痧，人事不知，当急送至贵会时疫医院施治。蒙诸位大医士如法施救，得庆更生，又蒙在院职员调护，慰问备至，鄙人无以为报用，特登报以扬盛德。闸北兴隆里五十八号吉寓叩。

原载《中国红十字会时疫医院征信录》1923 年

施送棉衣之慈善汇志

十一月十五日，接上海广东银行王云衢函云："中国红十字会理事长得之先生大鉴：敬启者，兹送上蓝色布男棉衫裤二十套、元青布男棉袍十件、蓝色布女棉衫裤十套、元青布女棉衫裤十套，即请点收代为散给贫户，至级公谊，专此奉佈，并颂善安。"同日复函云："敬复者，展奉惠函，承赐助棉衣九十件，感谢无似，除掣奉收据并登报征信外，合肃鸣谢。此复王云衢先生，庄箓顿首。"

觉园主人刘梯青频年捐助棉衣，冬日哀鸿铭恩挟纩，前日又来助一千件，本会收到，亟登报章，以扬仁风。

原载1924年《慈善近录》

照录前致各分会通函

径启者，此次日灾惨重，本会与各团体发起中国协济日灾义振会，不仅恤邻，尤以救援侨胞为急，附上捐册，希即查收，代为劝募，迅即寄交本处以便转解。此致，各贵分会。

中国红十字会总办事处启

原载《中国红十字会月刊》1923年第26期

聂榕卿君捐助棉衣一百套之来往函

[1923年]十二月十九日接上海本埠派克路登贤里七百十一号聂榕卿君来函云："敬启者，敝处近制棉衣一百套，以备严冬施放贫民之用，故特专函贵会，务乞派人来舍车取，代为施放，不胜感荷，□□，敬□善安，聂宗义谨启，十二月十八日。"

二十日即派人持函去云："敬启者，昨奉大函，得悉执事以时届严冬□□棉衣一百套，以备散给贫民之用，仰见大善士胞与为怀，良深感佩，兹掣奉收据一张，希即察收，其棉衣即请饬交来人运回，代为施放，除登报外，专此鸣谢！即致，榕卿先生。中国红十字总办事处谨复。"

原载《慈善近录》1924年

函询日本总领事日本第二次大地震

[1924年]一月十六日，致驻沪日本总领事矢田七太郎函云："顷阅沪报，得悉本月十五日，贵国又遇第二次地震，不胜惊骇，惟细译报中情形，尚无如上次之剧烈，第噩耗传来，殊足令人紧念，未识贵署中得有确报否，敬祈即日转函贵国赤十字社代为慰问，无任延企，尚希察照。此致，驻沪日本总领事。"

原载《慈善近录》1924年

贫儿院灌溉梅椿上市之接洽

[1924年]一月十九日，接本埠贫儿院来函云："敝院历年寒届梅椿上市，承贵会热心慈善，将大门两旁让摆花摊，出售梅椿，至级公谊。近日梅市已届，可否仰邀

鸿惠，援照向例摆摊，如荷俯允，敬希惠复，为感肃此，奉商，祗颂善棋，上海贫儿院谨启。”

[近]日复函云：“接诵大函，籍悉一枝春讯又到江南，花事迎年，拟在本会门前陈列出市，想贫儿夙夜灌溉，备著辛勤，隙地一弓，尽堪择用也。此复，上海贫儿院。”

原载《慈善近录》1924 年

中国红十字会对于万国红会联合会第三次大会之筹备

中华民国十三年[1924 年]二月一日，致北京总会八百四十九号公函云：“敬启者，万国红十字会联合大会今年三月底开会，所有本会列席应付报告等件，译成洋文一份，理合具函，送请钧会察核，迅交与会代表，以便报告，并乞示知代表姓名，以资记录，为感此上。中国红十字会会长汪、副会长蔡”。(旋得复云：“代表系驻法使馆二等秘书戴明辅君。”)又致北京总会函云：“敬启者，寄上公函，附有洋文报告，以便我国出席万国红十字会大会之用，尚有万国红会联合会第三次常议会议题，相应抄录华文一份，又特快邮递上，敬祈察核，併案转交为叩，此上。”

原载《中国红十字会月刊》1924 年第 29 期

丝兰交易所余资分助振灾

[1924 年]二月十五日，许理大律师、翻译赵毅成君来函云：“上海丝兰交易所业已结束，所余款项，曾经登报五次招请取收，迄今不至。爰将该项分拨捐助各慈善团，以一百元拨捐红会等□，除即掣付收据外，登报于此，以扬仁风。”

原载《慈善近录》1924 年

上海护军使麾下团长营长加入会员

[1924 年]三月一日，接江海关监督姚文敷君函云：“得之先生大鉴：多日来未聆教，至为记注，顷刘小舟兄来函，以同营中有数愿入红十字会，嘱即介绍云云。足征贵会誉望丰隆，莫名喜悦，敬特肃函代达，并将函单附呈，请赐察核照行，并祈示答，以便转致，是所至幸。专肃，祗颂善祺(附函单各一纸)，愚弟姚煜拜启。”

(附录刘团长致姚监督函)“文敷监督大鉴：多日未晤，念甚，维勋祺政祉，并吉为颂。日前把晤时，承谈及加入红十字会一事，弟回团后，即与敝团各营营长谈起，各营营长均皆赞成，愿入红十字会。兹将姓名及通信处列后，特函奉达，祈代加入。

是所拜祷专此，敬颂勋绥，弟刘永胜鞠躬，二月二十六日。”

名单列左：

陆军第六混成旅步兵第一团长(刘永胜)字小舟，年五十七岁，直隶天津县人，通信处：上海西门斜桥老营盘团本部。

陆军第六混成旅步兵第一团第一营营长(贾万胜)字凯臣，年四十六岁，安徽宿县人，通信处：上海西门斜桥老营盘营本部。

陆军第六混成旅步兵第一团第二营营长(赵云龙)字会堂，年五十岁，直隶天津县人，通信处：上海西门斜桥老营盘营本部。

陆军第六混成旅步兵第一团第三营营长(马贞元)字乾元，年四十三岁，直隶平乡县人，通信处：松江枫泾镇积縠仓营本部。

以上四员均愿加入红十字会。

三月二日复姚君函云：“昨奉大函，承介绍刘小舟先生等会员，热诚义气，□汉为昭，引跂□云，无任欢迓，兹附上章程一册，内第六章第十七条至二十五条，皆属于会员，敬乞转至刘君等为荷，此复文敷监督大鉴(附章程一册)。庄箓拜启。”

三月三日，又接姚君函云：“得之先生大鉴，昨上无笺，即蒙青睐矣，顷王子平团长来函，以同营各长愿入红十字会，开单嘱即介绍云云，远来近悦，会友日增，发达可喜，敬特专函代达，函单奉附，希即鉴赐照行，并祈示复，以便转运，是为至荷，此颂善祺。”(附录王团长函)

“文敷仁兄先生台鉴：顷接小舟兄函，□及该团团营各长已加入红十字会，此会慈善为怀，有益袍泽，弟当与各营长□提及，闻者均愿加入，用将衔名籍贯住址，另附一单函送至祈查阅，请为加入，是荷，专此，敬颂台祺，愚弟王保安鞠躬，二月二十八日。”

名单列左：

陆军第六混成旅步兵第二团团长(王保安)字子平，山东邹县人，通信处：上海高昌庙团本部。

陆军第六混成旅步兵第二团第一营营长(张树德)字润园，直隶静海县人，通信处：上海高昌庙营本部。

陆军第六混成旅步兵第二团第二营营长(张廷栋)字良辅，安徽宿县人，通信处：上海闸北营本部。

陆军第六混成旅步兵第二团第三营营长(张步印)字紫绶，直隶南宫县人，通信处：上海高昌庙团本部。

以上四员均愿加入红十字会。

三月六日复姚君函云："年来国事蜩螗，战事未息，本会员有救护之责，饬由各省县分会就近办理，在在需款专恃会员会费，藉资挹注，本年三月一日，接奉大函并承介绍刘小舟君等四员入会，当经奉复在案，亮荷察入，旋又奉惠函，介绍王子平君等四人入会，仰见热心会务。钦敬莫名，本会自当并案办理，兹将正会员章照八份先行送上，敬祈查收转至为□，此复文敷监督大□。庄箓拜启。"

附章照八份及章程一册。

原载《慈善近录》1924 年

中国红十字会新选举正副会长记事

中华民国十三年[1924 年]三月二十三日下午四时，常议会开特别大会，按照十一年六月二十五日会员大会修正章程，投票公举正副会长，颜惠庆当选为正会长，蔡廷干当选为驻京副会长，杨晟当选为驻沪副会长，陈请政府加以任命。

"北京大总统钧鉴：中国红十字会上届选举正副会长，呈奉任命在案，现因任满，照章由常议会议员投票选举，颜惠庆为驻京正会长，蔡廷干为驻京副会长，杨晟为驻沪副会长，恭请任命，昭示中外，以重职务。中国红十字会谨呈。常议会议长王震，副议长盛炳纪暨常议员等叩，梗。(二十三日发)"

发电后又寄呈北京大总统文

"中国红十字会常议会议长王震，副会长盛炳纪暨常议员：

□为照章选举，缮折恭请任命，事窃照《中国红十字会全国会员大会修正章程》规定，中国红十字会设会长一人，驻于总会之所在地，副会长二人，一驻总会，一驻总办事处之所在地，由常议会选举之，陈请政府加以任命，上届常议会照章选举会长，副会长，当经呈奉大总统任命在案，现在会长、副会长任期均满，照章应由常议会议员选举，本会常议员今于本年三月二十三日，在上海总办事处集合，依法投票，颜惠庆当选为驻京会长，蔡廷干当选为驻京副会长，杨晟当选为驻沪副会长，除电请特加任命外，为此缮折，具呈钧座，仰祈鉴核实行，谨呈大总统。中华民国十三年三月二十五日呈。"

又咨国务院文

"为咨陈事，窃照《中国红十字会全国会员大会修正章程》(中略)除电请大总统特加任命外，相应咨陈，即乞察核施行，此咨国务总理孙。中国红十字会常议会议长王震、副会长盛炳纪。”

又咨北京中国红十字总会公函第八百六十八号文“为咨会事，案[按]照《中国红十字会全国会员大会修正章程》(中略)除请大总统特加任命外，相应咨会，即乞贵总会查照施行，此咨中国红十字会总会。中国红十字会常议会议长王震、副会长盛炳纪。”

又常议会议长欢迎新会长、农商总局长颜惠庆函文：

“骏人先生侍右，都门睽隔，音敬久稽，侧听风猷，弥增乡往，敬维。讦谟劼毖，动福丰隆，纲纪列州，耆望协经纶之美，聿修内政，润谋剂宫府之平，引歧卿云，抡叶曷既。震等频年旅沪，逐队商场，悯世界之沦胥，为慈航之普渡，任事中国红十字会常议会，数载于兹矣。今中国红十字会正副会长任期届满，谨于本年三月二十三日照章投票选举，台端为驻京正会长，蔡君廷干为驻京副会长，杨君晟为驻沪副会长，除另折恭请大总统分别任命外，理合专肃驰陈，敬请劝安，诸惟垂照不尽。中国红十字会正议长王震、副会长盛炳纪暨常议员等同启。”

又颜会长复函文：

“一亭、竹书先生阁下，久睽芝範，时切葭思，旧雨兴怀，寄遥情于天末，朵云忽賁，递远驿于江南，展诵琅函，曷胜篆感，藉譾鼎祺笃祜，履祉凝釐，本斯密原富之论，成史迁平准之书，引瞻斋晖，式福□颂，弟谬膺艰钜，无补涓埃，任重材轻，夙夜只惧，辱蒙奖饰，且感且□，中国红十字会会长任期届满，猥承贵会不遗葑菲，投票选举推挤鄙人，无任惶悚，似此慈善之事业，实为中外所观瞻，如弟才薄德鲜，深恐不足以孚众望，尚祈时锡箴言，允资韦佩，是所冀也。专复申谢，敬请台安。弟颜惠庆拜启。”

又庄理事长欢迎颜会长函文：

“骏人先生阁下，迢睽南北时，企桴晖消息，鸿鱼递传梅讯一，昨，一亭、竹书两君出示，琅函敬聆，玉唾遥挹，为谦之度，益坚景佩之忱，辰维总莞农商，宣猷强富，前度仰钧衡之重，柱石中朝，万家迎生佛之欢，□□在抱，斋辉引领，藻颂倾心，箓卜筑沪浜，隐沦□□数年，承乏长理事于慈团，千里翘瞻，藉秉承夫，圭臬谨修，芜牍衹颂，荃祺统希，霭鉴不备。庄箓拜启。”

“敬再启者，我国红十字会为国际法团，紧系中外观察，此次常议会一致公推，不仅为本会幸，尤足增国际光。兹由常议会推赠，敬奉台端，名誉会员徽章证书，尚希□入,并冀惠颁训示,俾有遵循,无任企盼,再颂善祺。箓又启。”

又颜会长复函文:

“得之先生阁下,暌隔光仪,时深景慕,欣奉华翰,如挹兰言,荷藻饰之缤纷,辱珍徽之璀璨,追随志切,陨越情惭,辰维慈祥延福,泽广被乎群生,经济宣猷,智兼权于互市,下风逖听,乡往弥殷,惠庆忝列阁曹,愧乏建白。十年树木,自□□□之才,一视同仁,仰羡岂悌之泽,复陈谢悃,祗颂道祺,诸惟朗照不罄。颜惠庆拜启。”

四月二十九日,大总统令:“派颜惠庆为中国红十字会会长,蔡廷干、杨晟为副会长,此令。”

又接北京中国红十字总会邮代电文:

“庄理事长鉴:四月二十九日奉令,派颜惠庆为中国红十字会会长,此令等因。颜会长已于今日莅会任事,特此奉闻,并希转达常议会,暨电告各分会知照总会,冬。”

“径复者,本年五月五日接奉,来函并附快邮代电,均谨诵悉。承示颜会长业已于二号接事,除由本处分行各省军政长官及各分会一体知照外,其在京各官署请钧会就近知照。此致,中国红十字会总会。中国红十字会总办事处启。”

又通告各分会文:

“径启者,本会正副会长任期届满,于本年三月二十三日召集常议会议员照章选举,呈请政府特加任命在案。兹于本年四月二十九日奉大总统令派颜惠庆为中国红十字会会长,蔡廷干、杨晟为副会长,此令等因,除遵照交替外,相应通告。”

原载《中国红十字会月刊》1924 年第 31 期

上海平民教育游行运动之救护

[1924 年]四月十二日,上海平民教育社在租界游行运动,本会出发救护队,计救七人,胡金仁、陈启荣、任德、毛文海、邬谟、包荣、任贵章。

四月十七日又接平民教育社来函如下:“敬启者,本月十二日,平民教育游行运动,承贵会担任临时救护,服务公益,热忱堪佩。惟是日因限于租界照会,闸北一区以致未能举行,因是各校代表共同主张,另于本月十九日下午二时专在闸北游行一次,以达普遍宣传目的,使一般平民从而知其本身,已得有求学机会,仍恳贵会担任救护,想贵会勇于为善,必不嫌其烦渎,敝社谨为闸北平民额手[首]以谢也。专肃,敬颂公安。平民教育社谨启。”

即复函如下:“径复者,顷奉大函,藉悉贵社定于本会十九日下午二时在闸北游行运动,以达普遍宣传目的,所有救护任务仍嘱敝会□员担任,以诸公之热心提倡教育,本会自当依时勉从于后。专肃奉复,即颂公安。中国红十字会总办事处启。”

是日救护,计六人。道南学校朱福祥十六岁,无锡人;又王振祥十五岁,无锡人;宁波旅沪学校金丰德十四岁,镇海人;又董松岳十四岁,镇海人;沪北公学李祖唐二十八岁,绍兴人;民福学校戎文炳十五岁,宁波人。

原载1924年《慈善近录》

各官厅通函

(1924年)

敬启者,查《中国红十字会章程》规定设总办事处于上海,兹奉大总统令,派杨晟为副会长,特驻上海总办事处,依据修正章程第三章第九条执行会务,自应刊刻关防,以示郑重而昭信守,文曰:“中国红字会总办事处关防,于本年九月一日,敬谨启用。”除呈报大总统暨外交、内务、陆军、海军、交通各部外,特此函达,即希查照为荷,此致。

原载1924年《中国红十字会二十周年纪念册·纪事》

公函:函上海世界红卍字会为准函以将运存徐州赈粮小米四十九包绿豆四十一包运济请免补费放行准铁部复函已饬局记帐放行文(十九年二月六日)

敬启者前准:大函以将运存徐州赈粮分拨小米四十九包、绿豆四十一包,于一月十八日由徐运到济南请饬免补运费,即予放行一案。当经转部核办,兹准铁道部函复已电饬津浦路局记账放行等由,相应函达,即希查照,此致上海世界红卍字会。许世英。

原载《振务月刊》(南京)1930年第1期

函财政部为准中国红十字会函由沪运往南宁救护药品四箱时疫药水一小箱,请填发护照转交备运文(十九年七月十四日)

敬启者案准中国红十字会公函开兹有敝会补助广西南宁分会救护队用之救护药品四箱、时疫药水一小箱,急待由沪装轮出口运送南宁。该分会收用,特附具发票二纸，函请贵会察照，迅转财政部将上项药品护照填发连同原发票一并过会，以便装运等因。计附发票二纸到会，相应检同原发票二纸，函请大部查照办理为荷，此致财政部。附发票二纸。许世英。

原载《振务月刊》(南京)1930 年第 6 期

公函：函中国红十字会为准财政部函送贵会由沪运往广西南宁分会救护队用之药品四箱时疫药水一小箱免税护照一张到会兹检同护照送请查收文(十九年七月二十四日)

敬启者，案准财政部公函开准贵会函以中国红十字会购运救护药品四箱、时疫药水一小箱，由沪运往广西南宁为补助该处救护队之用，请填发护照并令饬各关免税放行等因。除分令沿途各关免税验收外，检同护照一张并原送发票二纸送请查收转发等因，计附护照一张、发票二纸，到会相应检同护照一张、原发票二纸函送贵会查收执运为荷，此致中国红十字会。附护照依照发票二纸。

原载《振务月刊》(南京)1930 年第 6 期

四、纪　　事

1912 年

紧要教务：红十字会与基督教（本埠）

王完白

十月三十号，中国红十字会开统一大会于上海汇中大旅馆，中央政府及各省长官多派代表莅会，合全国各分会代表约共百数十人。鄙人为江阴部理事长，亦躬与斯盛，会中除讨论统一方法外，并有各名人演说，以外交部代表陈征宇君及黎副总统代表赵伯威君所论尤为透切，会长沈仲礼君极赞耶稣教各医士之热心公益。盖各省分会、教会医院实居多数，皆能不受津贴，而甘为红十字善功力尽义务，诚令人感愧无已云云。次日尚□续会，鄙人以事不克延留，遂匆匆辞归。

原载于《通问报：耶稣教家庭新闻》1912 年第 527 卷

中国红十字会第一届捐款汇总志谢

本月自九月初二起至九月底止为第一届报告捐款收数汇总登报之期，诸善士如有已送捐款未列此单者，即系本会未收到之证据，善士可将某日捐洋若干赐函至上海三马路新闻报馆楼上事务所查询，为感本会向无人在外挨户募捐，亦未在园场车站逄[逢]人募捐等事。再凡关于会员入会费不列此单，又铜洋、药材、棉衣、棉被、杂物等另单汇总报告，合并声明，兹将善士台衔列后。第一届捐款一览表：九月初三日至九月三十日止，事务所经收沈洪赉君经募四明公所、各医局、各善会洋五千元，日本大阪中华商务总会业良弼、张益三经募日金九百七十四元，合银八百十两八钱五分；陈润夫君经募上海商务总会洋六百元，施子英洋五百元；日本长崎中华商务总会苏道生、潘达峰、梁肇三经募日金三百元，合银二百四十七两五钱；十龄童徐奉母命二百元，张君求病速愈，施涵香、李柏安、杨信之君经募无名氏，以上各捐助洋一百元；长源泰交来筹办皖振协所银六十二两八分三厘，梁炳光、张寿波合洋五十元，金云从、柳萃芝合洋五十元；生源油号、贤记和聚栈、信大祥交来袭业公所洪少圃、田丰记、木作、田益辉、袁仲蔚经募唐凤墀,以上各捐助洋五十元;曹星垣洋三十元,朱合记洋念五元,谢筠亭银念两;洪昌隆茶栈、洪玉如、洪君经募程醴泉、陈渭宾、郁屏翰、安宁、太平、瞿致恭、协丰昌记、尤昌记、张复女士、洪文廷、潘祥生,以上各助洋念元;汉口鑫隆煤矿公司洋十五元,沈安庆银十两,中英药房陈镜如,五洲药房项松茂、陈镇甫,洪昌隆茶账房郁屏翰君经募敦裕号石调梅、会稽施重午老人、周有宝女士、唐宗猷、普昌良记、吕梦麟、管明义、尹平昌、蒋昌权女士、朱节香、吴成和、徐紫峰,以上各捐助洋十元;郁仲华洋八元,甘翰臣洋六元,苏州崇文女学校邵丽生同上;武崇文、梁达樵、保泰绸庄、陈保钦、江西安义彭介寿、江西奉新熊应瑞、包秀中、朱哲夫、胜家缝纫女学校关锦裳女士、杨兆云女士、陈璧荷女士,以上各捐助洋五元;解英生洋四元,丰治通记、留东学生中国两份子、黄少岩、程杏坪、席少卿、张嗣昌、连僧氏、石门蔡芹士、石门蔡朱氏、熊应瑞夫人、胜家缝纫女学校吴兆初女士、吴詠霓女士、吴振球女士、张惠女士、关兆芳女士、梁桂卿女士、周惠君女士、吴琼华女士、贝祥珍女士、何融文女士、徐秀芬女士、郑慧卿女士、陈惠琪女士、吴月娇女士、郑凤芝女士,以上各助洋二元;何幼仙、严泸熊、石门蔡品嘉、张海书、无名氏、胜来缝纫女学校马宝英女士、李氏、吴琼仙女士、吴琼珍女士、包良箴女士、胡闻清女士、唐玉书、李丽清女士、蔡汉侠女士、沈组青女士、宋杰庄女士、韦吴氏夫人、徐淑英女士、徐文英女士、雷秋姊女士、汤振华女士、李莲珍女士、赵佩琳女士、侯陈氏夫人、罗淑英女士、玉珍女士、何秀珍女士、温李氏夫人,以上各助洋一元;韦佩文女士、韦季超女士合洋一元,张士珍女士小洋六角,江西兴安马兴旺、江西铅山陈旺庆、杨静宜女士、周裴煜女士、胡惠芳女士、李方兰女士、叶林氏,祥渭郑冠贤,以上各助小洋五角;蔡显荣、蔡显灵合助小洋二角;正金银行经收美国三藩市埠中国少年同盟会第一批捐助洋二千元,域[维]多利亚埠中华公所洋二千四百四十元,纽约埠中华公所一千两,驻美中国领事黄荣良君经募银五百八十二两五分,雪利埠帝国宪政会银二百七十六两六钱一分,日本邮船会社银一百两,仁记洋行银一百两,葛主教经募圣玛利学堂教员学生合助洋三十六元,南昌会曾林汉洋二十五元,曹业记洋四元,隐名氏洋三元,蔡根发洋二元,金云卿洋一元,宫时洋一元,麦旦尼尔洋八角五。西十月念四号至西十一月三十号止,慎裕号经收唐稼轩洋十元,乐安子洋二元,无名氏洋一元;红十字会分医院邓笠航君经收郑耀廷洋五十元,汤崇厚堂洋念元;裕大恒、陈望坤、李殿云、百忍堂、陶华瑚、方仁钦、毛叔荃、□金书屋,以上各助洋十元;侯逸如、黄筱堂、王吉民、陈家恩、爱日轩、竺裕大、恒糖行、林继荣,以上合助洋五元;无名氏洋四元,侯赓良、无名氏、胡炳莲、李伯贤、陈裕仁,以上各助洋二元;陈国振、黄嘉祥、无名氏、谭东平、无名氏,以上各助洋一元;张醒石助小洋一百角,新闻报馆经收凤阳英霖洋一百四十一元,铜元四枚,表件等列入杂物项下。四明隐名氏洋一百元,吴勉初洋二十元,徐芳莲、吕希复各助洋十元,赵鹤舫五元,无名氏、郑君弇西、寄闲畅永轩,以上各助洋二元,洽和小洋二十二角;朱绍伯、卜松林庄君、莫厘无力子,以上各助洋一元;四明公所沈洪赉君经收四明公所长生会洋二百元;存义会、郑桂春各助洋五元,陶宗耀洋三元,任昌生、鲍安祥、华瀛丰、柳福金、柳生桂、柳寄生、柳生和,以上各助洋二元;潘永兴洋一元。九月十六日至九二十日止,四明公所经收捐款洋二百二十八元。自九月初三日起至九月念九日止,第一届共收捐款银三千二百九两九分三厘,洋一万二千九百念八元八角五分,小洋一百六十五角,钱四十文。第二届续刊。

部长沈敦和、苏玛利谨启

原载《民立报》1912 年 1 月 4 日

中国红十字会第二届捐款汇总志谢

十月份第二届报告事务所经收北京红十字会第一批拨助银五千廿五两六钱九分,北京红十字会第二批拨助银三千四十五两,美国小吕宋埠中华商务总会银五千两,由王敬祥君交来日本神户埠中国慈善会刘次荆君银二千七百七十九两五钱,日本横滨中华商会总会卢瑞堂经募日金二千元,合银一千六百六十两,孙伯熊洋一千元。日本长崎中华商务总会经募第二次捐款日金四百元,合洋四百六元,德顺号、德泰号洋三百十元,山东济南商会汪瑶庭君经募洋三百元,金陵隐名氏洋三百元,汪如馨洋二百元;又新公司、刘公鲁各助洋一百元,望德堂银五十两,甘作蕃、梁根生、程七九、合丰号、韩子鹏,以上各助洋五十元;陆春翔君经募吴伯和助洋四十元,李伯葆四十元,哈少甫、唐建昌堂、胡继鋆兄罗福君经募安息会,以上各助洋念五元;汪富道、守先堂、乐善堂、郁屏翰君经募许怀芳,又朱举也,又胡正木,又叶仁示,又陈文奎,又张梅芝,又向凤木,又邹季佳,又丁紫英,又陈正羽、郭明秋、陈玉亭、阜成号、安和号、和源号、慰记、双榴书屋、裕茂号,以上各助洋念元;郁屏翰君经募王松龄、无名氏各助洋十五元;公慎应、筱梅、裕兴洋行、司徒留泼、美生号、恒丰号、陈季良、宝源号、德华号,以上各助洋十元;寿忠氏洋六元,龚舜卿、汤汉章洋药房同人、杨继贤、章琴阁、蔡叶江、金锡芝、谢植之、朱怀仁,以上各助五元;徐礼焯、梁倬记、郁屏翰经募吴芝轩,以上各助洋四元;曹觉民洋三元,万家春、赵爱堂、俞才元、吴文澜、刘桂芳、张海门、李杏泉、胡维瀚、徐玉铭、李慰农、陈谷香、吴本庆、李明德、李显廷,以上各助洋二元;无名氏、许本善、叶吴氏求病速愈、顾葆卿、周松如、吴林宝、陈镇甫、高仲均、陈德仁、吴朗亭、俞毂臣、程翊云、沈炳章、石振荃、闻纶、沈镜蓉、尹莘农、韩文政、程慰慈、张云裳、李小华、李春生、蔡学濂、赵萃如、王秉麟、黄恩勤、田泽泉、王永佳、张星五、胡益康、张永年、张之琳、潘士彬、高雨生、周润田、孟燮臣、莫荣棠、回文韩、张鸿恩,以上各助洋一元;潘少廉、吴伯英合助洋一元,叶鹤铭、乌镇无名氏各助小洋五角。十月初一日至十月念九日止,事务所共收捐款银一万七千五百六十两一钱五分,洋三千八百元,小洋十角。正金银行经收美国三藩市埠中国少年同盟会第三批捐银三千两,泗水埠中华商务总会洋二千元,正金银行、三井洋行、日清公司,以上各助银一百两。梵王渡圣约翰学堂感恩日经募洋一百二十二元五角二分,苏州麦耨德教士洋三十三元,沙咪洋行洋十五元,亨德银十两,沙咪洋行(音译)沈渭卿十元,厦门英领事署法雷吉夫人洋十元。西十二月一号至西十二月十三号止,正金银行共收捐款银三千三百十两,洋二千一百九十元五角二分,慎裕号经收杨子公司银二百两,谦信洋行银一百五十两,美最时洋行银一百两,怡和丝厂洋一百元,赵馥记洋五十元,袁伯揆洋二十元,张炳炎洋二十元,袁爵祉洋十元,无名氏洋五元,沈燮臣洋五元,郑凤翥洋五元,冯先生洋二元。十月初一日至十月廿九日止,慎裕号共收捐款银四百五十两,洋二百十七元,华安公司经收施子英君经募无名氏洋三百元,吴子敬洋五十元,明记洋一元,韶记洋行一元,从记小洋五角。十月初一日至十月廿九日止,华安公司共收捐款洋三百五十二元,小洋五角,天津路本会分医院经收大连华商洋十元,王惠五洋三元。十月初一日至十月念九日止;本会分医院共收捐款洋十二元,宁波旅沪同乡会张樸庵君经收陆维镛君洋四十元,曹铁甫、胡澹然各洋十元,夏雨生洋五元,胡金宝洋二元,姚秋圆洋一元。十月初一日至十月念九日止,宁波同乡会共收捐款洋六十八元,万昌当徐鲁卿君经收上海典质业洋一百元,万乾记洋六元,源昌、成信昌各洋五元,裕丰景洋四元,吴伟臣、源昌祥、信源祥各洋三元,晋源典洋二元,追思情洋一元。十月初一日至十月念九日止,万昌共收捐款一百三十二元,四明公所沈洪赉君经收无名氏洋二十元,陈万丰洋十元,顾锦华、蔡文秀各洋五元,朱相顺洋四元,刘丰林洋三元;陈顺佑、陈顺楚、马成龙、邵霖生、陈阿全、胡龙生、陈道镛、朱金宝、陆德敬、沈桂生、李何海、曹瑞生、伍文琴、协大号、永茂,以上各助洋二元;周庆林、沈汶淇、陈阿发、郑悦卿、赵茂兴、叶永昌、曹锡渭、楼寅标、源利、王永玮、李阿米、诸桂桂、晋大、朱声茂、曹德成、顺茂,以上各助洋一元;顾荣江小洋五角。十月初一至十月念九止,四明公所共收捐款洋九十三元,小洋五角,老九章绸庄经收上海南北市绸业绪纶公所洋五十元,苏州顺庸庄洪少圃君经收沈赓洋念五元,何钧如七元,小洋三十三角,蒋厚伯洋一元,小洋四角。十月初一日至十月二十九日止,苏州顺康庄共收捐款洋三十三元,小洋三十七角。自十月初一日起至十月二十九日止,第二届共收捐款银二万一千三百二十两一钱九分,洋六千九百四十七元五角二分,小洋五十七角。自九月初三日起至十月廿九日止,共收捐款银二万四千五百二十九两二钱八分三厘,洋一万九千八百七十六元三角七分,小洋二百二十二角钱四十文。本会所收捐款,不论多寡,随时登报征信。深恐有人在外冒本会名义,逢人劝募等事,特再汇总,遍登各报,以昭信实而扬仁风。附启者:再本会向无人在外挨户募捐,亦未在圆场演剧车站逢人劝募,特将九月初三起至九月底多收捐款为第一届汇总,业经刊登申、新、民立、时事各报,以备众览。如本外埠、外洋、华侨中西各善士已输捐款未列此单者,即为本会并未收到之证,望即赐函至上海三马路新闻报馆楼上红十字会事务所查询,再棉衣、铜洋、药材、杂物等另单报告,会员入会费不列此单,特此声明。

原载《民立报》1912年1月9日

中国红十字会报告

中国红十字会谨谢爪哇扯□浪埠中华会馆廖秀冬君捐一千三百两。

中国红十字会谨谢日本横滨埠中华商务总会卢瑞棠君经募日洋一百元七角二分,合银八十二两九分四厘。

中国红十字会谨谢日本横滨埠中华商务总会经募香港静蓉女士日洋一百元,合银八十两七钱五分。

中国红十字会谨谢香港婉芳女士日洋一百元,合银八十两七银五分。

中国红十字会谨谢霹□埠中华商会银五百三十两。

中国红十字会谨谢墨国□诗□埠中华商工会鄂赵生君经募□来洋五百五十三元二角五分。

中国红十字会谨谢驻澳洲领事府黄荣良君经募英金二百五十磅十二先令二便士,合上海银一千九百四十两四钱二分。

中国红十字会谨谢英属加拿大云高华埠中华会馆叶晓初君汇来洋一千五

十元。

中国红十字会事务所捐款志谢：兴华恒善堂十元，高子益十元，陈叔伊五元，沈次裳十元，林伯颖十元，袁恒之二十五元，庞树勋十元，树□女士十元，洁如女士合助十一元，铜洋一元，李子扬阖府七元，宝记一元，隐名氏二十元，蒋志刚经募潘霖生三十元，少年同盟会雷祝三五元，李达贤五元，邝灼五元，黄景三五元，邝桓二元五角，邹林二元五角，特此登报，以扬仁风。

部长沈敦和、苏玛利同启

原载《民立报》1912 年 1 月 29 日

中国红十字会总分医院送诊免收药咨广告

本总医院及天津路分医院开办有年，成效昭著，前因经费支绌，公议酌收药资，以为持久之计。军兴以来，来院就诊如军人实居多数，现奉沈会长面谕，自旧历十二月十七日起，每日门诊暂行免收药资，以符博爱恤兵主义。住院养病列入三等者，膳宿费亦概免，惟头二等不在此列，以期无负中外捐助诸君之盛德，特此广布。

上海三马路中国红十字事务所谨启

上海总医院在徐家汇路七号，分医院在大马路后天津路八十号。

原载《民立报》1912 年 2 月 5 日

中国红十字会特别广告

敬启者，中国红十字会业于阳历十一月十六号在大马路工部局议事厅开会，公举华洋董事部办理会中一切应办事务。曾托日本赤十字社社长松方侯爵将本会原始及办理情形函达瑞士国之日来弗万国红十字联合会。现接瑞士联合总会法文覆电，谓本会已经万国承认，所有应享利益与各国红十字会例优待，特将来电译录如左，惟希公鉴接诵："阳历十二月念□号来函，内开中国红十字会现已开办，设总会于上海地方，该会组织完全□理合法，愿具保结，请即知照万国承认，以利进行等因。俱征贵爵大臣善与人同，友谊克敦，遵即分电寰球入会各国，皆已一律承认，合电奉告，总会长安，笃。中国红十字会会长沈敦和、苏玛利同启。"

原载《民立报》1912 年 2 月 7 日

访拿冒收红十字会捐款

本会向无人在外挨户募捐,业经遍登上海各日报声明。乃近悉仍有人假本会名义分赴字号、住宅、轮船、车站劝募,滥印收据,下有“广济临时师资”字样,口称系本会特派等因,似此假慈善……为可恶,特行登报防……户,望即扭送来会。

三马路中国红十字会总办事处

原载《民立报》1912 年 2 月 10

中国红十字会获国际认可

瑞士国日内瓦万国红十字会总部,已准上海所设之中国红十字会加入承认之列。(德文报电)

原载《民立报》1912 年 3 月 2 日

上海徐家汇路红十字会医学堂添招新生

本校尚有学额,凡在高等英文学堂毕业,程度高深,能直接听英文讲授,年在十八岁以上者,于每星期一及星期五午后二旬至三旬钟到北苏州路三十九号柯师医生住宅面试。考取即入校肄业,每学期仅收膳食费四元,入学时预缴,余概豁免,五年卒业。

原载《民立报》1912 年 4 月 28、29、30 日

上海中国红十字会总医院复收三等病费广告

战局开后,本会总医院为恤兵起见,将三等养病费一律豁免。现已停战,议定自阴历四月初一日起,总医院三等养病费仍旧照收,以符定章,特此广告。

红十字会办事处启

原载《民立报》1912 年 5 月 15、16、17、18 日

上海中国红十字会大会改期广告

本会会员大会日期,原订于阳历九月十五号,兹因各种印刷品赶办不及,改订于阳历九月廿九号下午三旬[点]钟,在上海英大马路议事厅开会员大会。凡属会

员、捐户、各分会诸公,均乞惠临赐教,无任欢迎。

天津路八十号本会事务所启

原载《民立报》1912 年 9 月 14 日

中国红十字会商允沪宁铁路公司发给半价车票

本会于阳历九月二十九号即旧历八月十九日在议事厅开会员大会,凡外埠会员、捐户诸君莅会者,速向本会事务所函取为祷。

天津路八十号中国红十字会启

原载《民立报》1912 年 9 月 22 日

红十字开联合会

昨日午后四时,红十字会假座汇中开常议员会,商议一切进行手续,并预备月终开各省联合大会事宜,闻大副总统均派代表到沪赴会,现该会坐办江君趋丹已往青岛恭迎正会长吕海寰先生来申主持大会事务云。

原载《民立报》1912 年 10 月 14 日

上海红十字会定阳历十月卅号开统一大会之广告

本会光复以来,各省联合分会不下数十处,现定阳历十月三十号午后二句[点]钟在徐家汇路七号本会总医院,开各分会统一大会,藉以敦睦情谊,筹策进行。除正式函电各分会,敦请推举代表莅会外,并指定二洋泾桥大同栈为各分会代表旅馆,已承大同栈热心善举,允照七折收帐,各分会代表到申,请到本会事务所索取该栈优待券,为祷。

中国红十字会总会总办事处天津路八十号谨启

原载《民立报》1912 年 10 月 15、16、17、18、19、20、21 日

红十字会移北京

中国红十字会于阳历上月廿九号开会员大会,于英大马路议事厅内推举常议员三十余人。顷常议会业已成立,议移总会于都城,而设常议会及总办事处于上海,一切会务拟由总办事处办理,并举定袁大总统、黎副总统为名誉总裁,吕镜宇、沈仲礼二君为正副会长,沈仲礼君兼任常议会议长,朱葆三君及正金银行总

理儿玉谦次君为会计,王阁臣、朱仲宾二君为常议会秘书,江趋丹君为理事长,吴敬仲君为外务秘书,冯伯葵君为秘书长。驻京总会并举福开森博士、日本赤十字社外务顾问有贺长雄博士、驻沪英按察使苏玛利君、日本总领事有吉明君、尚贤堂监院李佳白博士五君为顾问。日前,常议会议定于阳历本月三十号开全国红十字联合大会,于本埠徐家汇路七号红十字会总医院内,除由该会分电各省分会及联合各团体外,并由会长咨由内务部,电咨各省部□通□各州县民政长,凡有红十字会者均委□代表,届时与会,藉图全国统一办法而筹进行,以宏慈善事业。红十字会范围甚广,恤兵之外并拯灾患,故今日捐款甚为踊跃。盖一经纳捐即为会员,所纳之捐既可以为振济之需,而纳捐之人又可以得战时之保护,所以慈善家争相乐输也。

原载《民立报》1912 年 10 月 15 日

红十字会代表多

中国红十字会前月开全体大会,月初开恳亲会,均极一时之盛,现又定于阳历十月三十号在徐家汇路七号红十字会总医院内开各分会统一大会,以期一致进行。政府以红十字会为全国惟一慈善事业,力任维持,闻黎副总统派赵伯葳、周振禹,直隶都督派徐蔚、卡荫昌、刘家忻,外交部派陈懋鼎、王继曾为代表莅会,海军部则函饬上海总司令处,届时就近派员与会。余若厦门分会举许嘉斯,常熟分会举孙志英,安东分会举王星武,九江分会举江楚鸣、孙多奋,南昌分会举丁瑾臣,烟台分会举陈季安,广东分会举黄宾坚、罗星舫,庐州分会举黄锡候、杨栋臣、夏玉峰,长沙分会举聂潞生,四川分会举石省斋,重庆分会举廖焕翁,均先后到沪。届期各分会代表到齐,公同讨论,必可为中国慈善界放一异彩也。

原载《民立报》1912 年 10 月 16 日

红十字会纪事

元年十月十八日,派吕海寰为红十字会正会长,沈敦和副之。

原载 1912 年《民誓》第 1 期

中国红十字会开统一大会

十月三十、三十一号,中国红十字会在上海开统一大会(假座黄浦滩汇中旅馆三十号),星期三下午二时开会。(一) 宣布开会宗旨(正会长吕镜宇君,副会长沈仲礼君)。(二) 各省政界代表致辞。(三) 报告本会规条及章程(秘书长冯伯严君)。(四) 报告红十字会之成绩(徐森玉君、赵伯威君、谢蘅甫医博士、江趋丹君)。(五) 红十字会与外交部之关系(陈征宇君),红十字会与内务部之关系(刘伯刚君),红十字会与陆军部之关系(汪植圃医博士),红十字会与海军部之关系(谢卫臣医博士)。

三十一号星期四下午二时开会。(一) 红十字会筹款方法(施子英君)。(二) 红十字会应得医士之协助(萧智吉医博士)。(三) 禁止滥用红十字会记章、旗帜及袖章(陈徵宇君)。(四) 初级救伤,关于军士(汪植圃医博士),关于工艺厂工人(王阁臣君)。(五) 女界赞助本会并筹款方法(石美玉医博士)。(六) 分会组织法(朱仲宾君)。(七) 编辑红十字会印刷品,以鼓吹本会事业之发达(童弼臣君)。

十一月一号星期五下午二时,在静安寺南首亭白花园对门总医院内参观总医院。

原载《医学世界》1912 年第 16 期

红会之联合会

中国红十字会前日在汇中旅馆开统一大会,业见前报。昨日午后二时又假汇中旅馆继续开会,当将总会章程经多数通过,次施子英君演说《红十字会筹款方法》,谓"此事全仗群力,先赖新界加意鼓吹提倡,并请各部总、次长,各省都督劝其属员入会,各省绅士劝地方人民入会,复得海外华侨互相劝勉,以此计之。会员既众,会费自多"。次萧智吉君演说《红十字会应得□士之协□》,陈徵宇言演说《禁止滥用红十字会记章、旗帜及袖章》,汪植圃君演说《初级受伤之关于军士》,王阁臣君演说《初级受伤之关于工人》,石美玉女医士演说《女界赞成本会并筹款法》,现身说法,字字真切,合座鼓掌不置。童弼臣君演说《编辑红十字会印刷品》,以鼓吹本会事业之发达。又华拯黎君提议筹款方法,六时散会。按此次统一大会集中西男女善士于一堂,西国慈善家除总会顾问福开森君始终在场照料一切,如黎副总统代表赵伯威,江苏都督代表许伯明,外交部陈徵宇,内务部刘伯刚,陆军部汪植圃,海军部谢卫臣,陆军十六师顾司长、华拯黎,七师周诗祁诸君并陈交涉、吴民政。他如武昌、广东、天津、陕西、太原、济南、士天、安东、南昌、烟台、庐州、重庆、保定、芜湖、颍州、滁州、吉林、潮州、九江、黄县、成都、广西、南京、杭隔[州]、绍兴、安庆、全椒、上海,分会计三十余,红十字、赤十字代表约九十余人,并北京幼幼会、九江医院石美女医士等红会常议员、赞助员及上海中西各报界来宾众多,极一时之盛云。

原载《民立报》1912年11月1日

1913年

红十字队返沪记

温处水灾受祸,居民饥溺之余,继之以疫。本埠中国红十字会总办事处延请前陆军第一军军医司长柏栋医士为队长,陈士芬医士,王心林、王锡如副之,杨柏荪为总干事,沈石农领掩埋队,余若放振救疫诸队经过数十村落,医振兼施,银粮并放,活人无算,掩埋尸身千数百具,为时三月,于上星期竣事,乘同华船返沪,濒行时,温处绅商团体开会欢送,并赠联对匾额。二十余日,昨返沪,该会沈副会长定今日会宴全体人员以示慰劳,并细访灾区放振情形云。

原载《民立报》1913年1月24日

张竹君定要赔偿

上海医院院长张竹君女士以前在本医院医治之湖北铁血军胡天云等三十余人正在伤痊,拟欲回鄂之际,适因细故与巡士冲突,致被警局各巡士殴伤。之后因此迄今仍在本院医治,且前被打落之橡皮假手等物重复购配,以致本医院损失医药、膳宿等费甚巨。此项损失皆由警局凶殴致伤该军人等所致,累及本医院受此糜费,惟查两造互殴之后而检察厅并不断令警局赔偿,遽行送请混成第三旅司令□安置,是以当时仍由李旅长转送来院,则本医院所有损失之医膳等费应向李旅长索偿,否则应由李旅长转请检察厅如数偿还。业于日前函致混成第三旅司令部核办,李旅长以该军人等受伤之后系由检察厅送来,现既索偿医膳等费,自应要求检察厅归还。曾经据情转函该厅□照去后,兹因检察厅亦不承认,以致李旅长对于此事甚为掣肘,现拟再行商请检察厅略为贴补,以便解决云。

原载《民立报》1913年3月15日

红十字救护团出发

近自九江开战以来，南北军人死伤甚众，闻者无不悲感。社会党上海机关部因之特组织红十字救护团，该党本以博爱主义为旨，凡南北军人一体救护，特选定知医之人担任前往。闻第一队十人已由该党干事沙淦君支配，于昨晚向浔江出发，按沙君于军医术□尤长，前年武昌起义，沙君昆仲救愈军人数千人之多，曾志于武昌报纸，至今军人尤称颂不绝，想此次支配，出发必能救护众生也。

原载《民立报》1913 年 7 月 20 日

红十字会之布置

中国红十字会抱定疗伤葬亡，拯救同胞宗旨，不分畛域，一视同仁，惟恐战线蔓延，伤亡日众，临时组织，鞭长莫及。该会二马路总办事处暨天津路分医院、徐家汇路总医院昼夜部署，函电旁午，兹将进行手续探录下方。

一　请黄兴司令电饬津浦南段允给红十字救护专车，并给救护员乘车执照。

一　电宁、赣、皖各省司令长官通饬各军队，一体优待保护，业得回电照准。又接黎元洪电，陆军部通饬鄂、鲁、豫各军队并张勋、倪嗣冲等一体优待承认。

一　请南京宝琅二医生急组沿津浦南段救护车暨救护队往来徐州、浦口一带。

一　请段少沧、朱星斋等组织徐属五县分会，接徐州玛法典、刘仁航来电，有战事惨苦，死伤枕藉，医药不敷，星夜救援等语。

一　请苏州柏乐文、惠庚生教会医生、镇江白廉教会医生组织沿沪宁铁路救护，并苏镇临时医院。

一　定念二号四时考验救护队学生，念四开课。

一　定设本埠城内外救护队聚集及机关部。

一　红十字制药部照本出售救伤药材、救护队材料、担架、药包、水壶等。

一　赶制号衣、篷帐、担架、救护员证书，足敷十余医队之用。

一　南京、浦口、滁州、临淮、怀远、颍州至徐州一带加派掩埋救护队。

一　函电沪杭、沪宁各车站，凡有战事，电报通知系〇五七七，密码电话通知系三三七九。

一　本埠如有警报，经各处飞报后十分钟内可以出发。

一　举柯师、王培元医士为本埠救护队长,邓笠航为召集机关。

原载《民立报》1913 年 7 月 21 日

本社记者战地访闻

红十字会确实报告,民军今晨(二十五日)与北军战于油车码头一带,北军败退至沪军营。

孤儿院,北军炮灰院中孤儿二百余,幸为红十字会冒险救出,伤数儿,尚不致命。

原载《民立报》1913 年 7 月 26 日

红十字会之纪事

沈仲礼会长于四点二十分电话两军,已准红十字会之请求,停战两日,领事团亦甚为赞成,沪事可望和平解决。然至晚间九时余,炮声即起,则停战之说又不成矣。

沈仲礼已赴海筹军舰会商调和方法。

二十五号午刻,红十字会接南昌分会电,德安沙河战争剧烈,该会已派救护队往救。

此次医队、救护队在战线内救伤兵,颇属危险。昨晚十二时查点人数,一无受伤者,惟曾目睹一有红十字袖章之人在贫儿院相近地方被击,经其家属收殓,闻非本会会员。

今日(念五)上午九时,沈仲礼先生、柯司医生偕赴海筹兵舰见李、郑二司令,说上海租界内外居民有二百万人,请以人道为重,再四央求得李、郑洋文回信二条:(一) 南北军一律退往吴淞外决战;(二) 闸北与城内不准再战,南军司令部不准在华界再行开战云。

十一时见沈、柯乘汽车赴闸北,与陈其美再四商说:"勿因袁一人,伤害沪人数千万生民财产",出示北军条件,申说至三小时之久,复往领事团劝其赞助,各领事同声赞成,即邀工部局主任等定四时开会,忽接海筹无线电,属[嘱]沈先生往该舰面议。四时三刻由新关红十字小轮赴海筹舰与李、郑二司令磋商,大约有和平希望,闻今晚必有实在回复。然九时许又已开战矣。

下午六时半接北京红十字总会电云:"沈副会长二个电□夜到,计此间马个养三电,可览军队保护交通,手续已请部分别电饬,可舒注。念兹再将四医队及颍州、正阳分会之地点,请部详电黎、段、冯、张诸公,并各军队嗣有出发者奉电即照办,惟另定标识即发证书,最关紧要。样。”

四时接天津红十字会来电云:“红十字总会沈会长鉴:效电悉,分会现编成第一队,定于二十七日出发徐州战地,谨闻。天津红十字分会。经。”

原载《民立报》1913 年 7 月 26 日

红十字会之纪事

红十字会柯司医员于昨晨五时带救护队乘小轮在龙华一带抢救伤兵数十人,斜桥高昌庙及车站相近亦救得伤兵数十人,并抬埋尸身二十余具。又浦东烂泥渡码头浮有兵尸二具,为五区警察署员邵鲁所见,亦请红十字会代为掩埋,可见此次战死之众也。

昨晨停战后,红十字救护团一队约二十余人,乘坐汽车三辆驰至斜桥之南湖北会馆,左近沿途寻觅死伤军民,甫及桂墅里前,北军疑为奸探,遂开排枪遥击。有该队员某君急以红十字旗向之指挥,北军仍开枪,该队乃暂行伏地以避其锋,待枪声停后,始退回事务所。后又冒险往高昌庙火车站,乃以四人舁一伤车前进(内有社会党,红十字救护团二人)。行过桂墅里未数步,北军又开枪轰击,该四团员仍进,勿少却直近火车站,次见该处只有死尸并无受伤者。刻沪军营及湖北会馆周数里间均作为战地,不得行人,即红十字会员亦不得入。所有死者由北军向各棺店收罗棺材收殓,每棺放尸三、四具不等。昨因高昌庙一带无棺可寻,遂在西栅内掘一总穴,将所有男女老幼尸首一并掩埋矣。

原载《民立报》1913 年 7 月 27 日

红十字会之报告

上海红十字会昨致南京黄克强总司令电云:南京黄克强总司令再鉴:柏冷师长一体保护,再临淮红十字分会徐月崖电称,冷师又派三师第三连,又将该医院占据作为兵站,祈迅饬让出,至感,希电复。红十字会沈敦和叩。勘。

又电云:津浦南局、徐州、蚌埠、临淮、滁州、浦口由分会暨教会医院于徐州分埠、临淮、浦口车站旁汇通公司内设临时医院,务祈电□照办。

上海红十字会昨接芜湖分会来电云:敝处已派赵汉卿医士并看护药品今晨往庐,以便救护,特开,芜分会叩。

北军海陆军总司令由无线电约红十字会柯司医生至海筹兵舰商议，以后红会医队、救护队、掩埋队自今日起，准其在戒严地线内一律救伤葬亡。又缴第一批捐款，元二千五百两(红会章程，关于军界中人概不推赠会员)，并面谢致意诸医士、各救护员辛劳盛意。

西门外斜桥湖南会馆以南为北军之战线戒严地，有乡民十七人经过，形□侦探军情，即被击毙十一人，伤六人，由红会医员王培元将生者救往医院，死者殓埋。

原载《民立报》1913 年 7 月 29 日

红十字会之报告

红十字会悯遭难妇孺惨状，将来恐有鬻妇卖孩之事，亟开董事会，组织红十字妇孺留养所并编辑《兵事惨状录》，每星期一册，第一期系描绘，第二期起用铜版刷印，即日出版。

红十字会救护员加给凭证，每人一纸，函请南北军按陆军部、上海万国商团巡捕洋兵，每日游行交界处逐日查验假冒及查禁为某军作战机关、某国间谍。

万国商团法界洋兵取缔假冒红十字会旗帜、袖章，收检极严，该会加派红十字小轮两艘为吴淞战务之预备。

时疫医院内现尚有伤兵六十八人，二十九号经柯师、王培元医士于制造局南市十六铺一带抢救伤民十四人，伤兵一人，死者七人。

陆军部电红十字会，嘉慰职员劳苦。海陆军总司令李、郑二君嘉奖红十字会宗旨纯正，救护认真。

闸北天通庵公立医院并借吴淞海军医院，现均改为红十字临时医院，徐家汇总医院盖搭极大木棚，铺以地板，加设伤兵病床。

上海红十字会昨上午十一时半接吴淞分会电云："淞未开战，火车停驶，分会乏人无款，速速设法交通筹款，派人来淞会同办理。吴淞分会曹文贵。"

昨日止战后，红十字会救伤队出发向东南城一隅调查受伤之人民以及军界，至旧道辕司令部已无军队驻扎，火神庙内所驻陆军□队第二师第三营询问，亦无受伤一人，该军士答以向高昌庙一带，则伤者必多，该员答称本会已早派队前往矣。

原载《民立报》1913 年 7 月 30 日

十字旌旗两路行

吴淞前日开战，两方面均有死伤，红十字会救护员刻分水陆两路出发，水陆乘汇□丰□船及汉元小轮，陆路乘淞沪火车预备□□。

原载《民立报》1913 年 8 月 4 日

红十字会纪事录

中国红十字会昨致江苏都督、江苏民政长、上海镇守使、县知事公函："敝会顷准国务院江电，奉大总统命令，饬敝会赶派医队、救护队分别前往战地，妥为救济，以恤生命而重人道。该会经费支绌，并由该会正副会长设法劝募，藉广仁施等语。查'救灾、恤兵'本敝会之天职，此次浔江启衅，各省蔓延，业派医队分赴赣、徐、皖、镇等处救护医治并电分会出发医队，加设临时医院，实力进行。今虽沪局略定，淞口复又戒严，除派医队赴淞救护并设医院外，沪地难民数万，流离失所，暴动堪虞，兼之疫疠丛生，蔓延可虑，善后之事刻不容缓。敝会特设妇孺留养院一所、平粜局三所、浦东粥厂一所、南市医院二所，至赣、徐、皖、镇、宁、淞，复又加派医队并设水陆救护机关，以期无负大总统博爱之意而尽敝会固有之天职。惟值此民生凋敝，生计困穷，振恤之方刻难延缓，敝会任重力绵，时虞陨越，除遵大总统令分投劝募，会商当地公正绅商妥筹善后外，素稔我公关怀民瘼，念切恫瘝，为此专函奉达，即祈通盘筹画，指示方针，俾本会得以遵守而利进行，其敝会所设办事各机关并请出示一体保护。"

六号夜八钟，接吴淞红十字会临时医院海关电话，有重伤兵士七人乘红十字汉元小轮于九时半抵沪，由沈仲礼会长、王培元医士率同救护队迎接，分别装束汽车运至徐家汇路红十字会总医院，悉须刀割医治。

吴淞红十字会抢救轻伤者，悉送红十字临时医院，掩埋队查见死尸念七人，昨已运棺一百具，石灰一百担，乘淞沪专车赴淞。

镇江受难人民十余万，公举代表焦乐山诸君至红十字会报告镇江危急情状，请为救援。缘镇江炮台，城内上级军官业于八月一日一律反正，其下级队官兵士全体不服，因而作乱，坚闭城门。混立士兵联合会名目据城负嵎，四城坚闭，城上架以大炮，城内居民约十余万，粮道已绝，危急万分，请红十字会设法救护出险。现红十字会正筹救护方法云。

原载《民立报》1913 年 8 月 8 日

红十字会纪事录

红十字会放赈人数不敷，且救护队赴吴淞，水陆救护，力尽精疲。商诸童子队队长周大纶、副长张涵元率二十人，每晚七时赴闸北、虹口、英法界等处散发面包、饼干、药物、仁丹，每日约放八千数百名，浦东六里桥一带，间日一发。

红十字会第三平粜局在西门西方庵，准今日开局，每升六十五文，五升为度。

接南京红十字会医院院长宝瑯医生来电："马林医生现回九江，无恙。沪报所载被害一节不确。"

南昌红十字分会来电："省城吃紧，现救护队开赴吴城。"

红十字会妇孺留养院设南市新舞台，定今日开院。

上海时疫流行，日来红十字会时疫医院医生昨在四马路查见患疫，业送入公立医院医治。

淞沪收埋死尸事宜，自始至终悉由红十字会掩埋队收检，并无别处慈善团帮办。红十字会南市治病防疫医院设南市新舞台，定今日开院施诊，每人衹收铜元二枚，不取医药费。

原载《民立报》1913 年 8 月 9 日

红十字会瘗骸记

七日，红十字会掩埋队携齐畚钟、药水、石灰、棺木等至斜桥，会同北军特派员取道高昌庙至制造局东炮台门一带，检得腐尸念一具，无首者五，肢残者三，其一头部已失，胸仅白骨星星，腐肉尚有存者，下部则袴履依然，秽气逼人，中之欲倒。又一尸失其一腿，其为炮毁无疑。又于某姓屋中获尸三具，身首分离，虫蛆拥结在洞，其腿其腹剥蚀净尽，其头者皆犬所食也。井中有自尽尸三具，呜呼！战场残骸其惨有如是者，余等不忍久视，急命如法喷洒药，棺而埋之。时已夕阳在西，归途遥望炮毁之处不啻武汉之所见也。

八日破晓，王培元医士专至沪杭车站南杨家宅后遍寻残骸，得六具。其在河中者，尸胀如鼓，头存片躯，全而缺腿，同时共获三尸，因穴地深三尺、广七尺、宽五尺而共埋之，复垒土为塚，颇称高大。军士之见者，佥谓："本队作军不苟而叹，若辈之愈于□葬万万也"，既竣，寻至一家，庭有松土，秽气扑人，发之一腐尸也，体尽黝黑，蛆蠕蠕然，令人作呕，亟喷以药水，纳诸棺。又于邻近百步之遥获骸二具，已残腐，其为炮所毁耶,犬所食耶已,已莫能辨已,均棺而瘗之。当时暑气正甚,又为秽气所逼,汗霪霪衣尽湿,队员多不能堪,旋归。

原载《民立报》1913 年 8 月 9 日

红十字会新纪事

上海红十字会以法大马路所设红十字会救护团查非分设机关,曾经函请交涉使转商法,领勒令取消在案。兹经法副领事查得法界果有私设红十字会救护团一处,昨已勒令取消,并将该团门首红十字标帖一纸揭下,函送交涉使转送红十字会查收矣。

原载《民立报》1913 年 8 月 10 日

红十字会纪事录

十一号晚七点十分,红十字会救护队队长王培元君乘沪宁专车开赴江湾。到车站时,团长李厚基派队至车欢迎,并道:"下午受险歉忱"。王君寻救伤兵二十人,陆续送入蓬车施治,又官军交来兵尸三具,运上海棺殓,十时半火车抵沪。

十二号清晨四时半,柯师医生率救护员乘红十字小轮汉元号赴淞以救张华浜以上之伤兵。又晨五时,王培元医生等乘红十字救护专车赴江湾张华浜,获伤兵四人。八时抵沪,沿途死尸多至百余人,定午刻一时带掩埋队运棺木百具,石灰百担,乘专车收尸。

原载《民立报》1913 年 8 月 13 日

红会从军到嘉定

血战后之上海

红十字会会长沈仲礼君因两军开战,救护伤兵,掩埋死亡,颇具热忱。兹闻民军总司令钮惕生君顾全人道主义,退于嘉定,深恐袁军不惜地方糜烂,前往开衅,故于昨特派本会会员前往该处,组织临时分会,以资预备云。

原载《民立报》1913 年 8 月 15 日

谨告患病诸君

本会为培养救护人才,嘉惠病人起见,特建高大洋房,设立医院学堂于上海徐家汇路七号,医院内有割症室、消毒室、头二三等病房,一切器用什物均用西式,西医如柯师、亨司德、王培元诸君皆于医道素擅能名者,开办以来治愈危险症候甚众,门诊每日上午十时至十二时，只收挂号金三十文，医药资费分文不收，住院每日膳宿医药费共五元，二等二元，三等五角，贫苦免费。医学堂学生即由医院诸医士兼授，藉资实地练习，又因地处西僻，就诊不便，特设分医院于英租界天津路八十号，每人收号金五十文，医药资费仍分文不收，每日就诊者多至数百号。以上二医院实为我国惟一完善之医院，谨详志之，为患病诸君告。

原载《人道指南》1913 年第 1 号

中国红十字会设立制药部原由

寰球人类，黑人而外，夭折之多以华人为最，良以医药不精，卫生无术，丁壮之夫死于时疫者有之，死于传染者有之，天生我人，而不终其年，人道之谓何？本会宗旨所在，天职所关，宁能不为之谋。爰经常议会□议决，除已设立总医院、分医院、时疫医院外，特设立制药专部，聘请中外名医，征集东西药草，发行经验□药、卫生新书，以尊重人道而弭患未形，定价从廉，期在普及，际此骄阳肆虐，时疫流行，适值本会制药□开办伊始，爰先制合卫生良药及夏令急救之药，业经次第发行，其他仁人善士，如以人道为念，幸祈□购分送，以惠穷黎，其在僻壤穷乡，尤不容缓，如欲保身家之康宁，谋社会之幸福，更当以此为首图，凡我同胞，幸共垂鉴焉。

中国红十字会总办事处制药部谨启

原载《人道指南》1913 年第 2 号

赏　　格

如有人查出假冒本会名义冒捐吞用，或将此宝塔捐向人劝募后，不将捐款送至本会，查有真实凭据，并将冒捐人指引访获者，谢洋一百元，知风报信因而查获者谢洋五十元，如不愿得洋，或为名誉至报酬，或赠红十字纪念品亦可，此启。

中国红十字会总办事处谨启

原载《人道指南》1913 年第 2 号

1914 年

Typhoon Disasters in Shanghai

On the night of July 27, a violent tornado swept over Shanghai, followed by heavy rains. As the typhoon continued, it gathered greater force doing damages to buildings and other things. The angry surges of the Huangpu River rolled on fiercefully, overturning a number of boats. The small huts in Chapei, homes of the coolie class, were all destroyed and those in the Native City were, most of them, carried away by the whirlwind. Vice-president Shen Tung Ho was deeply moved by the wretched condition of the people and generously contributed a big amount of money himself, besides appropriating a sum from the treasury of the Society. Relief workers were immediately sent to take care of the emergency cases; while medical corps were organized to give treatment to the injured. A preliminary survey was conducted to gather data for the guidance of the workers. Ships were hired to fish for the drowned and Cheap Ricc Stations opened for the poor. To every hut that had been blown down, the Society gave four dollars. About 100 huts were thus subsidized.

——*The Twentieth Anneversary Cerebration of the Red Cross Society of China*, 1924

1915年

大　事　记

九月二十四日特赦王树功,同日公布《中国红十字会条例》。

原载《时事汇报》1915年第8期

1917年

接管吴淞防疫医院

本埠吴淞口防疫医院前由上海总商会筹款兴办,光复后各省协助,当年经费往往不能照拨,势难久支,业经该商会呈请中央,每年在江海关拨费洋五千元,移交中国红十字会经管在案。现奉税务处批示内开,所拟将吴淞防疫医院移交中国红十字会经管,每年由江海关代征码头捐,项下拨费银五千元,以后即由中国红十字会分期支领,各节可自照办,惟遇有关系该院重大各事,仍望协同整理,以维公益,云云。

前日已由商会录批函知,红十字会查照该会会长沈仲礼接函后即于昨日下午会同商会会长朱葆三及该院理事长赵芹波医士、黄培元等假乘新关河司小轮前往吴淞接收,旁(傍)晚返沪云。

原载《中华新报》1917 年 5 月 4 日

红十字会准备出发

复辟祸起,近畿一带战事方兴。本埠红十字会沈仲礼会长因念兵事救护为该会惟一天职,特于前日开临时会议,筹备一是,□□召集医队,置备器械、药品等件,预备出发。兹将该会所发南京马厂通电照录如下:

"南京冯代总统、齐督军、马厂段总理均鉴:复辟祸起,国师北伐,本会职司救护,业在筹备,特电敬闻,如需出发医队,伏候钧示,以便遵行。中国红十字会副会长沈敦和叩。"

原载《中华新报》1917 年 7 月 12 日

红十字会消息

本埠红十字会前日会集议,京直水灾急赈办法十二条,照录如下:(一)京直水灾区域广大,灾民众多,本会现行筹募洋二万元(药资、棉衣均不在内),认定天津、石家庄、文安县三处,又京兆区域择被灾极苦之一二县,派员亲临查放。(二)北方秋凉,最早灾民必苦无衣,本会先以垫洋购买衣件运赴各灾区散放。(三)京直水灾罹难之人多在沿河岸之搭盖茅屋栖身,又有一般农民日在水中捞取禾稼,将来必染秋疫,而天津一埠灾民麕集,疠疾尤易发生。本会此次多制药里,凡被各县一律分送,以救疾苦。(四)本会散放各振向来之处即请本地正绅帮同购办,该价若干,即将振洋多寡约同正绅当面付给各户,取回单据存案。(五)认定放赈各灾区经本会派员,约同正绅确查后即给予赈票,择定日期散放。(六)水灾急赈办理手续最宜迅速,而对于各灾户应否发给赈票,当有一定之标准,其应得赈之灾民分为三项:(一)房屋冲塌者,(二)溺毙人口者,(三)田亩冲积砂石不能耕种,以及极贫、疾病、老弱孤寡者(按北方有种碱地,向称不毛,自经水灾后转成肥土,可以种。查有此种者不发赈款)。其不能得赈之灾民分三项:(一)房屋未经冲毁,稍有损失者,(二)房屋虽被冲毁而素有积蓄者,(三)房屋稍毁而有田可耕,秋收有望者。(七)各灾区如有房屋冲塌无力盖造者,本会得亲视灾款之多寡,酌量代搭芦蓬,以安灾众。(八)遇有大水冲毁坟墓,抛露尸身以及溺毙无力安葬者,本会一律购棺代为掩埋。(九)搭盖芦蓬暨掩埋尸具所用各款,均须本人具领备查。(十)凡购买各粮,装袋过磅运至各灾区,再磅无讹即由本地官绅出具印收,以备查核。(十一)赈票计分两联,须请地方官盖印齐封,以一联给灾民,收四时即交地方官厅存根,带回存案。(十二)本会查赈细则另定。

又本埠红十字会会长沈仲礼君前因筹办京直各灾,曾假大世界开救护灯会,藉资急赈等情,已志前报。兹悉沈君以该会特别会员黄楚九慨念灾黎,热心赞助,特制名誉会员徽章一枚,已于昨日赠送,以酬其功德云。

原载《中华新报》1917 年 9 月 19 日

红十字会消息

本埠红十字会陆续装运京直等省振济棉衣已迭纪前报。兹复由招商局新铭、新丰两轮船各分棉衣一万件于前昨两日运津,分转京兆工赈及问安等处急赈,闻该会装出棉衣已达八万余件,尚有二万余件亦正在赶制云。

原载《中华新报》1917 年 11 月 23 日

红十字会消息

京兆区域灾广阔,灾民众多,京兆尹王子襄君拟筹以工代赈办法,召集灾民数万人修筑马路,自京城直达汤山,除由美国红十字会愿出资协助外,专函商请中国红十字会酌助棉衣等件。兹悉此项棉衣已由中国红十字会上海总事务所制成二万件,由沈会长特派该会义务秘书朱仲宾君偕同书记员孙赞良君于前星期携带进京,昨得朱孙两君函告已于昨日抵达津,假寓红十字分会,一俟部署齐全即行入都,按名散放,此举于灾民固受饱暖之惠,于交通又增利便之益,诚一举两得之利便云。

原载《中华新报》1917 年 11 月 25 日

红十字会发棉衣

本埠红十字总会每届冬令,悯念穷民无衣御寒,向有发给棉衣裤之举,现因日来天气骤冷,故特于前日起发给,连日穷苦无告之男女纷往英租界二马路该会总办事处请求,给领者极为踊跃,该会今次所发棉衣均系自行雇工监制,花布等料与寻常施衣不同,故得之者无不诵声载道云。

原载《中华新报》1917 年 12 月 27 日

1918 年

征 求 会 员

民国七年[1918 年]夏,美国红十字会在沪征求会员,上海一埠共征得会员三万余人,银十万余元,与其事者均本会会员。

原载《环球》1918 年第 8 次征求号

Plague Prevention Hospital at Wusoong

The Pneumonic Plague that broke out in the North had also become prevalent in Kiangsu and Anhuei. Shanghai immediately started the Plague Prevention Service and a Plague Prevention Hospital was opened at Wusoong to inspect passengers from outports. All suspicious cases were retained in the Hospital for closer examination. Managing Director Chu intended to appoint a resident physician, but finally it was decided by the Council to put the matter under Dr. B. Y. Wong's direction. Dr. Tsao Wen Kuei was engaged as bouse physician.

——*The Twentieth Anniversary Cerebration of the Red Cross Society of China*, 1924

1919 年

Fire Relief at Wusoong

As the result of a ghastly conflagration at Woosung, many of the poor class were made destitute. The branch there made a careful survey of the situation. The poor were each given one suit of wadded clothes and 6 pints of rice; while the poorest were given 2 pints extra. Merchants who were not willing to accept clothes and rice were aided in the form of loans which ranged from $10 to $20, according to the needs of the individual cases.

——*The Twentieth Anniversary Cerebration of the Red Cross Society of China*, 1924

1920年

红十字会请拨捐款

中国红字会自沪移京后应需各项用款，本亟支绌，而一切筹备事宜又不得不着手计划积极进行。前由政府捐助会款五千元，虽经财部先行拨给现洋一千元以资应用，惟该会目前需款甚切，应付维难。现又派员赴瑞士万国红十字联合会有所接洽，应需旅费等款尤须急于筹措。昨已函部请将其余捐款四千元，迅予儘先发放以济要需云。

原载《通俗医事月刊》1920年第6期

1921年

各省水灾纪事

中国红十字会时疫医院之捐助

今年夏秋之间，上海气候炎热，时疫尤多，有病侠君投函中国红十字会谓，郑家本桥西河滨一带疫症甚剧，先后已死百余人云。然红会早已登报警告，令染疫者速来救治，不取分文。惟红会所设临时救疫医院素无常备基金，经费不充，幸赖各界善士及红会常议员诸君捐助，自本年六月一日开幕以来，简照南君捐助一自[百]元，又经募中国南洋兄弟烟草有限公司一百元，庄得之君捐助一百元，潮州会馆二百元，九江陈华平君一百元，蓝季北君经募海军总司令公署一百元，陆维镛君二百元，嚼雪庐一百元，丝吐号马之骏君捐助上海丝兰交易股份票价一百四十元，智德堂徐君一百元，虹口丝厂同业会商处一百元，黎集云君二百五十元，郭亮甫君二百元，英美烟[草]公司五百元，万余宛欣君一百元，上海钱业公会经募南北各钱庄一千元，王费氏寿筵移助二百元，陈玉初喜筵移助一百元(以上至七月底止，余见第二册)，此外在一百元……

原载《中国红十字会月刊》1921年第1期

中国红十字会时疫医院之捐助(续志)

诸大善士热心捐助时疫医院前已登录本刊第一期，厥后捐助者邵子愉君洋一百元，又经募福由记洋二百元，其数在一百元以内者，姓名均已登报征信，嗣于九月二十五日布告，疫气肃清即行开幕。

原载《中国红十字会月刊》1921年第2期

中国红十字会时疫医院敬谢诸大善士捐助经费台衔列下

刘悌青君、徐乾麟君经募无名氏，倪远甫君经募盐业银行，以上又捐洋一百元。松春君、薛文泰君以上各捐洋五十元，高懿丞君、鼎新纱厂各捐洋一百元，朱吟江君洋五十元，关纲之君、唐乃安君经募中英药房，陈翊周君经募忠信昌，郭若雨君经募郭乾泰号各捐洋念元，李仲安君、席嘉荪君经募同仁药房各捐洋十元，孙瑞康五元，韩心源洋二元，陈馨甫君经募方萃和君洋一元。

院长杨晟、王震、唐湛元谨启

原载《中国红十字会月刊》1921年第2期

敬　谢

中国红十字会敬谨江海关民国十年份第二批拨助吴淞防疫医院，经费银元一千五元。

汪大燮、蔡廷干谨启。

原载《中国红十字会月刊·广告》1921年第3期

上海闸北急振火灾[十年]

十一月十二日上海闸北大火，本会新理事长庄得之君，派人调查，被灾者多系贫民，立即散发急振银元、棉衣等件，又登各报劝募，从事一切善后云。

原载《慈善近录》1924年

中国红十字会劝募闸北大灾急振启

闸北邢家木桥于本月十二晚间骤兆焚如，所有草棚数千间、楼房念余幢尽付一炬。当日本会闻，当即经派员前往调查，实被焚毁者，尸棺五具，灼伤者男童一名，烧死者人口二十二名，其景象之悲惨已令人目不忍观矣。至于烬余之民，无家可归者不下一二万名。本会救济情殷，深惭力薄，除设法疗伤瘗亡外，还祈沪上仁人君子、善女淑媛或慷慨捐输，或担任劝募，但使多得一金即可多活一命，早施一日即可早救一人，俾此灾害，孑遗得出水火而登衽席，则功德岂有限量耶？无任馨香，顶祝待命之至，惟祈，公鉴。

中国红十字会总办事处谨启

原载《中国红十字会月刊》1921 年第 3 期

敬　谢

中国红十字会敬谢隐名氏振助闸北火灾急振洋一千元。

中国红十字会总办事处谨启

中国红十字会敬谢穆志静君捐助闸北火灾急赈洋二百元。

中国红十字会总办事处谨启

中国红十字会敬谢郭纯嘏堂并经募捐助闸北火灾急振洋五百六十元。郭纯嘏堂洋五百元又经募隐名氏洋六十元。

中国红十字会总办事处谨启

原载《中国红十字会月刊》1921 年第 3 期

Big Fire at Chapei

On December 12, a big fire broke out at Chapei, Shanghai. Parties were sent out to make investigations. As most of the sufferers belonged to the poor class, immediate relief was necessary. So clothes and money were first distributed among them and measures were adopted to mitigate the consequences of the disaster.

——*The Twentieth Anniversary Cerebration of the Red Cross Society of China*, 1924

1922 年

托代散米票小启(旧历壬戌年终)

启者，查上海一埠商贾交出于途，而失业穷黎散处其间者亦项背相望。本会每届年终向有施放米票之举，今届支费支绌万分，然又难于辍废，兹仍勉力办理，聊尽区区之意，奉上米票若干张，敬祈察收，代为散放。惟博施济众，古圣犹病其难，杯水车薪，小惠何能遍及，寸衷耿耿，祇益惭惶耳。此布，敬颂善绥。

中国红十字会总办事处启

原载《中国红十字会二十周年纪念册·中国红十字会纪事诗文》

《中国红十字会第八届征信录》序

自本年六月二十五日大会修正章程后，晟谬承公选，复膺大总统特加任命驻沪服务，旋又承简充吾国代表赴暹罗国与议万国红十字会联合大会，行有日矣。适本会第八届征信录刊成，是录起于民国十年八月一日，止于十一年六月三十日，一期之时，计不足者一月，则承前第七届而留后第九届之故也。十一年七月八日常议会议决，嗣后征信录一年一报告，不用连年并计，每年以七月始，今届止于六月，职是之故，年来天灾人患酷烈，于前竭厥以图，幸无陨越，各大善士将伯之助，本会实嘉赖之，用昭实录，以供众览。

中华民国十一年十月杨晟谨识

原载《中国红十字会二十周年纪念册·中国红十字会纪事诗文》

兹因振济俄灾游行大运动蒙赞助加入团队具征

悯念邻灾，热忱善举，藉以表彰人道之光辉，增进国际之祥和，为国民外交开一新纪元，岂惟救灾恤邻，远绍令典，自今泛舟输粟，永志楷模。特赠此状，昭垂纪念，即祈中国红十字会惠存。

俄国灾荒振济会上海部敬赠

中华民国十一年四月□日

原载《中国红十字会月刊》1922年第9期

中国红十字会代表团报告书

本会前年特派医博士王培元先生代表赴瑞士国参与红十字万国联合会，今年十一月回华，以此书及摄影数帧见示书中要旨，具有奋发吾曹，与警惕吾曹之精意，吾曹其可不自警惕而奋发也乎？民国十年十二月记者谨识。

万国红十字会开第十次大会于日来弗(瑞士)，请各国红十字总会派代表赴会，提议关于红十字会进行问题，中国红十字总会特派医博士王培元，并请外交部驻法总领事廖世功为代表到会参列。

谨将开会大概情形录呈如左：

开会第一日即民国十年三月三十日。

上午十时聚集，同日下午三时在日来弗大学校会集，当场举定职员部，有会长、副会长、秘书等名目外，复分为七部，每部有部长及报告员并参议员等名目，公举前任瑞士大总统埃独君为万国红十字会第十次大会主席，遂由主席点名并宣言，各代表愿议各部事者请自认，王君认第四部兼第六部，廖君认第一部及第五部……当初对于中国仅派王博士，在某部后一日主席宣告升德秘书为副会长，以廖君补入秘书云。下午四时全体赴大学大礼堂行正式开幕礼，主席入座后即请各代表就位，中国代表列入第二行，盖次以西文字母为序，中国系“O”字，故也。主席起诵欢迎各国代表词及宣布各国君主、总统贺电，中国因路途遥远，未及来电，即由中国代表道贺，时已六时半矣，鼓掌如雷而散。

……

第三日即四月三日。

……中国红十字会代表王培元君报告中国红十字会年来经历、过[程]、成绩及徐总统夫人、熊秉老夫人与中国各女界人物等提创女子红十字会事，廖君世功亦曾为该会男子协助员，徐总统派人救助西伯利亚事及救波兰传染病事，与红十字会派王培元等亲赴青岛战时救济事，与中国红十字会在欧战时汇捐款于万国红十字会事，并前任会长吕镜宇先生、副会长沈仲礼先生、新任会长汪伯棠先生、副会长蔡耀堂先生、理事长唐露园先生诸公办事热心等情。继而会长推廖代表演说略谓：“本国各事已由敝同事王培元博士报告，业已详尽，实无赘言之必要，惟念红十字会以人道主义为宗旨，则以后须防战时之凶残人命等事，以培植生机并以中国自古以人命为重，故春秋时已有不重伤、不禽二毛之言，实与《日来弗公约》宗旨有合而更高一层，满望诸公注意，以此为请愿而藉以窥见中国文化之万一”等语。二人言毕，满堂拍掌赞美，各国代表有起立道贺者，正会长前任瑞士总统以主席资格特起立致谢中国政府及各国红十字会，自后全体散会。

……

第五日即四月五日。

……下午三时由旧俄红十字会要求特开秘密谈话会，到者仅有英、美、瑞士、中国诸代表，其宗旨为对待俄劳工改[政]府所设新红十字会事，中国代表王培元演说华国难民在俄甚多，要求万国红十字会设法振救，华国难民在俄所受俄劳工政府种种苛虐,万国红十字会会长埃独君承诺将欲设法救护,惟现时难于着手,暂应稍待。

……

兹将此次大会所分七部记录如左:

第一条,修改原来日来弗大会章程(即一千八百六十四年与一千九百零六年),本定红十字旗不得侵犯,红十字会职员不得拘留,红十字会药品等件不得强占等宗旨,中国代表决不赞成修改原有之规程,如将其改革,恐将不利于人道,各国亦有深以为然者,此案将来决然提起也。

……

第十次大会议决:(一)无红十字会之国,万国红十字会有创办权,或派邻国红十字会创办之。(二)已有红十字会之国而办无成效,万国红十字会有监督、取消权。我中国不可不注意也。

……

博览会,我国以各种相片及印刷品陈列,并承留法美术学生钟熽光君彩绘数大幅中国红十字会至各处救护情形大张图画藉供点缀,来观者颇称悦目云……

会场中所悬统计图,全国人民与红十字会会员比较,以美国为最多,故居第一,中国为最少,故列末位,尚有数国竟无比较资格。

原载《中国红十字月刊》1922年第4期

告国人以中国红十字会之重要

……王君培元由上海中国红十字会,为因华北旱灾,委来美募捐,幸我侨胞踊跃乐助,成效昭然。王君又往欧洲,今日回美与记者晤谈,斯会往事,闻其中艰难困顿,辛苦备尝,无时或息,幸赖会员竭心毅力,善士乐解腰囊……

原载《中国红十字会月刊》1922年第5期

通告各分会扩充会员启

径启者,中国红十字会与万国缔盟,绝不类寻常慈善机关。沪上为中国最大之通商埠,中外观瞻所系,本办事处开办迄今十有九年,为全球所闻悉。民国八年,蔡副会长接办之先,各界群疑移京官办,即热心慈善家亦颇多观望,盖不知蔡副会长亦一慈善之大君子也,久已悉红会之由来,迥非官款所办之署局可比,沪民非犹是国民哉!倘会长一经命令更换,此种公同资助之救济团,即可因此撤销,中外古今万无此理。故蔡副会长一经到沪,即延集常议员剀切剖明,并为本处筹划基金不遗余力,种种无稽之言始涣然冰释。讵适逢其会,灾害迭侵,红会天职所在,不得不尽力济施,致经费困难达于极点,即以平时四医院之开支暨北京总会之经常费而论,本处担资之重已无日不在愁急筹画之中。近来收回总医院又年需四五万元,收入会费丝毫无把握,然不能因款无把握,使十数年来彰明较著已成之慈善大机关即行解散。近查中国红十字会会员尚不及三万人,而美国则全国统计有会员十分之四,相形之下判若天壤。窃以红会为惟一之救命星,务希各贵分会多方劝导诸大善士源源入会,为国民增福,为国际争光,本处即以收入会费之多寡交常议会评定甲乙,从优给奖。本总办事处一俟费到,即当陆续分别列表汇齐核算。是为启。

上海中国红十字会总会总办事处启

原载《中国红十字会月刊》1922 年第 7 期

中国红十字会募建时疫医院病房启

敬启者,本会时疫医院设在上海天津路三百十六号,每年夏初开幕,历四月之久,活人甚众,遇有病房不敷之时,虽即盖芦席厚棚,以权济之,似尤未得为尽美尽善,现拟改建朴实适用之统房一所,惟需费较巨,本会正值困难之际,距开幕之日又已无多,必仰赖诸大善士慷慨解囊,方得成此善愿,为贫病者造福,不胜感激之至。

中国红十字会总办事处启

中国红十字总会总办事处上海二马路望平街口二十六号,电话码三三七九,电报码〇五七七。

原载《中国红十字会月刊》1922 年第 8、9 期

通告各分会来赴联合大会启

径启者,本会成立十九年矣,险阻艰难备尝之矣,天灾人患互为消弭,而各分会遂接踵告成,分会如手足之捍头目,本会如躯干之运指臂,其精神之联合固自昭昭也。夫我国各界均有联合大会,皆以为公益之谋,并藉社会之力以表示我国之非不统一,况我会统一之精神尤欲发挥而光大,以人道之命脉为国本之培滋,将必能以慈善立国。瑞士小邦卓立于诸强国之间,而国本弥坚无与比伦,非明效大验乎！虽然我会既有精神之联合,尤不可有形式之阔疏,此联合大会之不可再缓也。三载以

前,曾通函各分会准拟召集大会,旋以"沈前副会长即世,一遭顿挫,忽忽至今",今蔡副会长自太平洋会议归国,襜帷暂驻沪滨。前月二十五日常会议事提议筹备联合大会事宜,公决于本年阴历六月间举行,各分会有曾已填注调查表格寄来者,有未经填寄者,兹一律颁发表格两纸,无论以前曾寄未寄,于文到后尽十日内查照填注寄还本会,各分会来沪赴会者以两员为限,或分会长、或理事长,如因事故未克成行,即举会员中通晓会务者为代表,均望预先报告来员姓名、简明履历以备编查,一俟各员联翩来会,互抒嘉谟,同舟之济,倚盼方殷,各分会成绩昭垂,非仅本会得考镜之资,同人获切磋之益,亦使全国闻风向慕,庶精神团结,魄力雄厚,将来筹款办事事半功倍,则本会名誉事业蒸蒸日上,以与万国红十字会相抗衡,胥于此举卜之矣。除确定日期再行通告并登报召集外,特此先布,即希查照施行。此致,各贵分会。计附调查表册二纸。

上海中国红十字会总会总办事处启

原载《中国红十字会月刊》1922 年第 8 期

兹因振济俄灾游行大运动蒙赞助加入团队具征

贵团体踊跃加入,成此盛举,使我国国民之对外表示藉以宣扬,而募捐之进行亦因以顺利。同人等感激之余,谨代俄国千万灾民道谢。附奉纪念状一纸,即希哂纳并恳,协助募捐积极进行,从速报名以成九仞一篑之功。先此鸣谢,并颂善安。

俄国灾荒振济会上海部公启

原载《中国红十字会月刊》1922 年第 9 期

专件:万国红十字会第十次大会纪要

中国红十字会代表王培元回沪报告

去年三月,培等奉命代表中国红十字会赴万国红十字大会,业载第四期月刊中,惟会议之事有关极紧要者不可不更详述之。大会代表各国皆有或派为某部议员,或自由担任,中国代表则得总秘书及四部议员,为自有红十字会第一次。红十字会本为世界惟[唯]一之慈善机关,外人以此机关为文化之表现,从而定国际位置之标准,吾人欲中国在国际上得高尚之位置,必须扶助中国红十字会精神上之进行,日本现居第五位,不但由其外交手段之敏活,实由其慈善机关上努力进行之结果,吾国并非缺少人才,何以进步迟缓若是,皆因慈善团体过多,人才遂以分而见少，若将各种慈善机关联合为一，则中国慈善事业虽不能及美国，亦能胜日本数倍。大会凡分七部，惟第一部为最要，因此部非特有慈善事业服务之关系，而且有军事上极要之关系，其议决事件为修改日来弗原有之条约，即一千八百六十三、四年间所定之约，此约之要点即红十字会服务会员及其药品、材料与一切应用物件，如为战胜国军队所拘留应即迅速送回，且红十字会服务职员可近战线振救受伤兵士等条件。又因一千九百零六年海牙大会之时，预防冒用红十字会之会旗侦探军情，尝有人提议修改会章，一千九百十二年华盛顿大会时并未提及，去年又欲修改，实因此次欧洲大战时发生许多军事关系的问题。由此观之，外人因军事上之关系，遂注意慈善事业上不得有腐败的行动。吾国在红十字会服务者须慎之又慎，如掉以轻心，非但败坏慈善事业名誉，而且必召外人之责言，酿成无谓之交涉矣。

原载《中国红十字会月刊》1922 年第 9 期

万国红十字会第十次联合大会议案摘译序言

考红十字会条约，以瑞士日来弗[日内瓦]之万国红十字会为母会，而以各缔约国之红十字会为分会，除由各国政府为国际的缔盟外，并由各国红十字会互组万国红十字会联合会，而以瑞士日来弗万国红十字会为总部，例定每五年集会一次，预定地点，届期各红十字会遴派代表赴会，报告各该国成绩，交换意见，研究会务，增进人道责务而联络感情。我中国红十字会虽于前清早经缔盟，但加入联合会始于民国建元前一年，迨翌年而万国红十字会召集第九次联合大会于美京华盛顿，我会始有代表与会……王培元奉派为我国红十字会首席代表前往与会，及事竣回国，而第十次联合大会假瑞士日来弗[日内瓦]召集开会，培元又忝膺代表之职兼程赴会，并举驻巴黎领事廖君世功同为代表……培元奉副会长蔡公耀堂之命，将本会历年成绩编造报告，刊送大会，内承主座意旨，外察各会情形，相与周旋，幸免偾事，外人以慈善事业为国内文化之标准，而慈善事业以红十字会为首领，慎重至极点，务须注目在国际上，不至使吾堂堂之中国落后，爰将第十次万国联合大会议案撮要迻译，以告我会同人。伏祈，亮察。

王培元谨识

十一年五月

原载《中国红十字会月刊》1922 年第 10 期

二次通告各分会赴沪大会启

径启者，本会于本年六月间在沪开大会，曾发通告在案。兹已择定于六月二十五日即阴历闰五月初一日为开大会之期，务请贵分会代表于开会前五日莅沪报到，领取到会证，并希将贵代表姓名、履历赶先函寄本总办事处，以便接洽为盼。

中国红十字会总会总办事处启

中国红十字总会总办事处上海二马路望平街口二十六号，电话码三三七九，电报码〇五七七。

原载《中国红十字会月刊》1922 年第 10 期

第二届会员大会议长演说词

（十一年六月二十五日）

本会自民国二年第一届会员大会而后，逾十年始获与邦人君子相聚一堂，饔轩称庆之中，尤有俯仰踌躇之慨，邦人君子谅有同情。溯本会发轫之岁在甲辰，海上诸寓公相与醵金，肇设万国红十字会，其名虽屡改而卒定今名。岁辛亥得加入瑞士万国联合会，于是公共组织之慈善团体蔚然成为国际慈善团体之一焉，诚盛事也。夫公共组织之慈善团体非国家组织之慈善团体，自非询谋佥同，即无可为施行之准则。八年八月，蔡副会长尝于开会之顷，告诸议员曰："外间颇有误会为收归官办者，须为剖明，应请各方释疑，疑者何？盖误疑此为商办事业，收回者有可染指耳。夫公共组织之慈善团体既无利可以觊觎，国家何乐于收回，此固无可疑虑者，顾国家未尝收回公共组织之慈善团体，而民国三年、九年两次公布之《中国红十字会条例及施行规则》似不知本会固有民国二年统一大会尝经通过之《中国红十字会章程》，悉本诸公共意思所编辑者，抑且政府公布之法律案必先经过国会之议决，而后能发生效力。民国三年，于时无国会。民国九年，新国会虽经召集，而此《中国红十字会条例及施行规则》初未闻其提交会议，是则不成为法律，更绝无效力之可言。本会为公共组织之慈善团体，仍当以公共意思为根据。十年以来，人事变迁，前此统一大会通过之章程不尽可以适用，即不能不由常议会于万国联合大会后参酌通例亟事修正，此当告者一也。本会并无经常收入，全恃捐款以资挹注，此犹水之无源、草木之无根，可流通一时，不可峙立永久，何况灾祲迭告，应接不暇，商市凋敝，乐输已成弩末，思之辄为危惧。因念美国红十字会其基金达三千余万金元，日本赤十字社次之，亦得二千余万日金。本会事业犹是美、日两国红会之事业，而施之国内者且加繁，自非广募基金不可，不敢遽拟美与日庶几得十之五，即足以树不拔之基，然求得美、日十之五之基金，所望非奢，要不能不谓之钜，使非合群策群力以赴之，宁望有成功之一日，邦人君子，其能相与有成乎？此当告者二也。基金之募集为道多端，征求会员，其一也。民国二年统一大会之时，本会会员仅二千余人，今逮三万矣，所加者不为不多，然以全国人口总额较之，又不能不谓之少，故累岁所收会费仅能弥补捐款之不足，未尝能储之为基金，抑且事变纷乘之际，将伯徒呼。究仍以现有会员为同心之佳侣，以人数过少，遂往往竭蹶不能相应，如九年北五省灾赈，北京募得之数不逮上海，其所以相差之钜，是否人与地之关系？在明白事理之大君子，自不待考查而已了然于心。继今以后，有欲为本会之永久计，为会务之进行计，皆不能不从征求会员入手，不能得美国人口总额十之六之会员，庶几得十之三，即可以肆应而无穷，此当告者三也。常议会为本会主体，常议会议员则为本会之骨干，今当选举之期，邦人君子抚今而追昔，必能兢兢焉，以得人为志，来者得人。庶几弥去者之憾，是则馨香祷祀以求之已。”

原载《中国红十字会月刊》1922 年第 10 期

大总统令

中华民国十一年八月十七日

大总统令：

派汪大燮为中国红十字会会长，蔡廷干、杨晟为副会长，此令。

原载《中国红十字会月刊》1922 年第 11 期

世界要闻：红十字会选举正副会长

中国红十字会常议员近日选举正、副长。汪大燮得三十三票，当选正会长；驻京副会长蔡廷干得三十三票，当选；驻沪副会长杨小川得二十六票，当选。当已电请大总统任命矣。

原载《时兆月报》1922 年第 17 卷第 8 期

大总统呈文

中国红十字会副会长杨晟为呈报事，窃本年八月十七日奉大总统令，派汪大燮为中国红十字会会长，蔡廷干、杨晟为副会长，此令，等因。奉此，晟遵于八月二十五日就中国红十字会副会长之职，依据章程驻上海总办事处执行会务，理合具文呈报，伏乞俯赐察核，深为德便，谨呈大总统。

中华民国十一年九月一日

原载《中国红十字会月刊》1922 年第 12 期

中国红十字会时疫医院开幕通告

本年天气寒燠，不时闻已有疫症发现，滋蔓可惧。本会为防患未然起见，特开常议会议决照旧开办，仍在天津路三百十六号旧址房屋，择于阳历七月九号开幕，专治急痧、霍乱、时泻、吊脚、瘪瘰等症，务请官绅、商学各界诸公届时贲临参观，指导进行，无任盼幸，并望各病户遇有□项痧症初发时立刻送本院诊治，切勿挑痧，自误性命。本院备有汽车运送病人，非常安稳迅捷，如需用时随时通知预备，并不收费用，或用中央五百六十八，又六百五十九电话亦可。专此奉布，诸希台鉴。

中国红十字会时疫医院院长王震、杨晟、庄箓谨启

代收捐款处：上海银行、中国银行、交通银行、兴业银行、浙江银行、盐业银行、通商银行、招商总局、红十字会总办事处、红十字会南市医院。

中国红十字会总办事处上海二马路望平街口二十六号，电话码三三七九，电报码〇五七七。

原载《中国红十字会月刊》1922 年第 10、12 期

中国红十字会总办事处劝募温州风灾振捐启

据本埠温州同乡会及永嘉筹赈主任暨张知事来电，以前月十一日晚飓风骤作，继以大雨，平地水深数尺，市店民房坍倒无数，其尤惨者沿江一带洪潮怒涌，浮尸满江，船舶沉没殆尽等情报告到会并请发急赈，前来本会闻之殊深悯恻，查浙省金衢、宁绍、温处各县今年叠被巨风大雨，几无一不灾，而温属为尤甚。本会职司救济义不容辞，业已编配医队出发驰往拯救，但天气骤寒，灾民衣食住三者俱无，而本会捐款早成弩末，点金乏术，巧媳难为。惟祈诸大善士本己饥己溺之心，宏物与民胞之量，慨解仁囊，源源接济，不拘多寡，集腋成裘，本会曷禁馨香祝之，如蒙惠赐，请径送二马路望平街口本会总办事处收，掣取收据不误。

中国红十字会总办事处上海二马路望平街口二十六号,电话码三三七九,电报码〇五七七。

原载《中国红十字会月刊》1922 年第 13、14、15 期

代表赴暹记事:红会欢送杨小川副会长赴暹记

中国红十字会总办事处开会欢送副会长杨小川、医士王培元,代表中国红会出席暹罗万国红十字会联合会,到者议长王一亭、理事长庄得之、劳敬修、刘襄孙、张篇云等百余人。王一亭主席至时入席致词,谓:"此次暹罗大会,杨君小川代表本会出席深庆得人,盖杨君前曾出使奥、德、荷三国,而为上海交涉使者三次,在外交上确有经验且又仁慈为怀,近为出席大会方自北京旋沪,不日即须放洋,故今日之会欢迎亦欢送也。至于王医培元在一千九百十九年曾随劳敬修君赴瑞万国红会出席,老成练达,此次代表本会出席大会报告一切,不仅光耀本会,抑且增进吾中国在国际上之地位也,敬代同人祝颂康健,并请在座同人起立欢送。"次杨、王先后致答词,杨略示谦逊,并赴述京谒见黄陂及汪大燮情形,毕,继谓:"此次暹大会最重要之议题大概可分四项,一、慈善教育,二、养善院,三、卫生法,四、取缔毒物。查中国红会自创办以来,分会遍达全国,对于慈善事业颇著劳绩,然较诸各国红会尚多逊色,故鄙人列席之余,尚须加以考察,以人之长补吾之短,以使吾中国红会事业益增发达。至于本会准备在会提大案,共分教育、救护、办事、禁止吗啡、鸦片四项。所谓教育,与普通教育异,目的在养成慈善性能。而四项中尤以禁止鸦片吗啡为主,诸君当忆鸦片之战,实留吾历史上之大污点,而吾中国积弱之因实根于斯,故吾人须达澈底纯清目的。总之,鄙人有一分力量尽一分责任,务使吾红会在国际上多得一些效果"。次王培元谓:"鄙人得随杨君出席大会,深为荣幸。盖暹罗华侨多粤之汕头人,汕人素与杨君莫逆,此往必多赞助,以予之愚仅能负报告中国红会情形而已,此去更当设法使旅外华侨深印一祖国有红会之观念,藉为今后借助云"。最后由劳敬修报告一千九百十九年赴瑞士万国红会并与华侨接洽情形,更建议筹建中国红会会所,以固基础,最好乘此时机向海外华侨稍募捐款,想华侨热心祖国当无不可也。谈次,适接瑞士万国红会联盟大会总代表来电云:"瑞士万国红会联盟会总代表薛理司准十一月十一日抵沪,转赴暹罗大会"。遂决议欢迎及招待办法,又闻英国代表亦将到沪,将在联华总会欢迎。

原载《中国红十字会月刊》1922 年第 14 期

代表赴暹记事：各国红会代表到沪

此次暹罗举行万国红十字会联合大会，会期伊尔，各国代表均由沪转船赴暹。十一月十日又有瑞士、日本等代表莅沪，由中国红会派员招待。即于是晚由中国代表邀同各国代表在联华总会宴会，专事讨论关于远东红会问题，又闻英国派赴暹罗国际红十字大会之代表希尔君亦已到沪，将偕同各国代表南行云。

原载《中国红十字会月刊》1922 年第 14 期

上海回教救济会成立推杨小川哈少甫为副会长

上海回教各团体，前以万国红十字会秘书长瑞士人施雷满来沪，传述土希战后回教灾黎亟待救济，即组织中华民国回教救济土希战后妇孺会，设会所于上海穿心街清真寺内，推马子贞为会长，该会于[1922 年]十二月间已经成立，当场并公推出使暹罗之中国红会驻沪会长杨小川暨中国红会常议员哈少甫为副会长，又推举办事董事二十余人，另刊有对内外募捐宣言分送各省区、各大老，设法广为劝募云。

原载《慈善近录》1924 年

中国红十字会新建筑市医院迁移开诊

北市医院前年自北京路迁移至天津路，皆系赁屋，今新购得新闸路二十二号地址，建筑医院一所，空气新鲜，于病者之卫生布置得宜。[1922 年]十二月八日将天津路市医院迁往，于十二月十八日照常开诊，如有急病之人并迁于迁移期内前往就诊，沪地人民无不称便。

原载《慈善近录》1924 年

1923 年

补录救济俄舰出境：救灾恤邻之义举

中华民国十一年岁杪至十二年岁首，上海中外善团关心于海参崴驶抵吴淞之俄舰十五艘，所载白俄难民由何护军使、许交涉使诸官商热心筹画，嘱托中国红十字会总办事处主持其事，共集捐集二万元，购备煤斤、粮食、麦粉、饼干、茶砖、盐、萝葡[卜]干等，欲其出境，彼曾一再迁延，乃至十二年一月，俄侨务局长知难再留，保证该舰自此次离沪后决不再留中国国境，红会即将所定各物送给俄舰队司令接收分派。闻该舰中将校及男女难民，请由国际联盟会向俄赤党索得安全保证，然后驶舰送至德萨登陆，各归故国。

原载《中国红十字会月刊》1923年第19期

中国红十字会北市医院迁移广告

本会现在上海北市新闻路，即卡德路转角西首二十二号，自行建筑医院一所，空气新鲜，布置得宜，于病者之卫生极为有益。兹已将天津路北市医院迁往，夏历十一月初一日，即新历十二月十八日照常开诊。恐未週知，特此布闻。

中国红十字会总办事处谨启

中国红十字会总办事处上海二马路望平街口二十六号，电话码三三七九，电报码〇五七七。

原载《中国红十字会月刊》1923年第16、17、18、19、20、21期

赴暹代表归国纪事：中国红十字会总办事处开会欢迎纪

中华民国十二年一月六日下午四时，开会欢迎赴暹代表返会，主席者副议长盛竹书，列席常议员姚文敷、姚虞琴、哈少甫、倪远甫、袁仲蔚、许秋帆、江趋丹。常议员兼理事长庄得之，中华工商会王、江、柏三君，总办事处职员，五医院职员全体欢迎。

杨小川副会长、王培元医博士、曾兰圃随员均入席。

主席起立致词欢迎，兼道谢贤劳。

杨会长起立报告："此次在暹开会，为万国红十字会东方大会，晟及王培元博士代表中国红十字会，领事罗昌亦为北京总会代表。

自上年十一月十一日由沪启行，十三日抵汕头，十六日由汕赴暹，二十二日抵暹京。暹皇特派专员来迎，华侨尤多，汇丰银行总理林存命、《侨声报》主笔稽翥青、《华暹报》主笔萧佛成、萧松琴、客籍会馆萧铿麟、暹罗中华总商会高辉石、曾季园、曾泽如。五色旗扬，彩光无限，此非优礼于晟及王博士，实优礼于中华民国暨中国红十字会。

自十一月二十二日到暹，至二十九日大会以前，数日中接洽诸人，均为预备会

议事宜,各国代表均寓荷良丁大酒店,殊形便利,酬酢尽欢,暹政府及暹红会亦频来款洽。

第一日大会公推大会会长(英代表克劳的笑呵)就主席职,又公推副主席二人(暹亲王摩拉达)(日本代表民纳咯蛀)。

每日早八钟至十二钟或一钟均开会讨论,约分三项:一、扩充会务,一、禁止毒物,一、公共卫生及教练看护,第三项尤为重要,王博士担任讨论,与各国红会员列议。虽然各国情形种种特殊,讨论结果得免一切之障碍。至十二月七日,各议案完全通过,遂告结束。

各国会员互相研究时,或有误会中国红会未能进行者,旋经王博士报告中国救灾种种之事,听者乃无不满意。

所咸注意之公共卫生在中国未能进行者,实系于内政、警务诸问题,非红会所能越俎。乃蒙各国允为互助,资以进行,并有函信接洽。

华侨对于红会虽有非常之希望,然华侨向曾补助祖国,而国人素不注意于侨民,独至捐募时则又欲资其挹注,此为彼最难堪之事,吾人深察其情,故此次绝不露劝捐之意,反有捐助于彼方。此次到暹,华侨欢迎,几历两旬而不倦,欢迎用费钜万,我等既于公私两面,绝不取求于彼,遂乃甚乐与我等周旋,联络感情至深且渥,必可信将来遇有缓急时,一纸书缄能邀响应也。盖既深悉其情,彼如乐输,巨款不吝,否则纤毫无望耳。至关于医学者,晟素未研求,深滋愧怍,赖有王博士在,仰仗实多,今请其报告。"

王培元博士起立,先致谦抑之词,乃报告云:"此次得满意之成绩全仗杨会长之贤劳,俾我会光荣,我国亦有光荣,杨会长主持荦荦大端,培元乃于琐务,略效臂助。一、(陈列博览会)由沪启行时所携各件及印刷品,又随时所置各件,预参陈列,颇得暹之亲王、郡王(皆红会员)特别欣赏。一(起草委员会)共设四员,培元忝列其一,一为暹皇子亦为红会员;一为美红会员,其一不常到。起草问题:一、为禁毒物;二、红会无权则有万国合办之必要;三、为公共卫生,中国格于警政,租界则有工部局,红会不能便宜行事,且疲于救灾,有志未逮,亟谋进行;四、为医院,则为红会之本务,尤待扩充;五、为青年红会,在中国已别有团体,红会宜联络之。以上诸务除每日上午大会正式讨论外,每日下午导往各处消遣之余间,常与诸起草员随时讨论,讨论之结果通过议案,一俟暹国寄到议案全册,即可译出华文,以供众览,其中皆为培元讨论之经过,翻译亦易。"

杨会长又起立云:“暹罗四民与贵族止[只]分上下两级,高卑实判天渊,华人血统在其中者,几占全国十之七八,其国小民寡如是,乃其红会规模、医院布置大可惊人。医院有由皇族遗资悉数建筑者,极为雄伟。红会职员则皇母、皇子、亲王、郡王皆在列焉。我堂堂中国红会难比国小民寡之暹罗,遑言美国乎!故在大会时,将我会历年救灾,如国内之水灾、火灾、旱灾、风灾、兵灾、疫灾及国外救美地震、救俄旱灾等事,详为报告。始能邀各国红会之起敬,务期我会此后更力谋进行,日起有功,是为吾人之大希望。”

杨会长又郑重提议一事云:“此次由汕而暹,复由暹而汕,航海往来,舟中无论是何国籍,皆有诊所、病室、药房之组织,独我华人无之。故往返两度频见华人病毙,尽焉伤之,拟亟设法援照他国人办理。虽海权属于英国,此无虑其不准行者,诸君其注意焉。”

六点钟,茶点散会。

原载《中国红十字会月刊》1923 年第 16 期

中国红十字会总医院募捐启

上海徐家汇之有总医院,始创于有清之季。本会前副会长沈公仲礼购沪西海格路某姓地十四亩有奇,自行建筑,为我同胞养疴之所也。院建洋楼三栋,其东南栋二为医院,西则为医学校,初延西医柯师管理之,其室内一切布置应有尽有,一时中外人士前往参观者,咸推为沪上冠。当是院之开办也,年需经费其始不过三万元,嗣后设备愈周而开支用途亦增至四五万之钜,岁由本会总办事处支拂,总办事处基金未立,历三稔而财力遂不支。岁癸丑乃有与哈佛合办之议,经交常议会议决,以五年为期,所有总办事处应得医院房租作为津贴哈佛合办之费,五年期满,安息会蓝医生继之,历三稔又期满,蓝医生为函告退,本会总办事处以经费奇绌,接收无办法,召集沪上名医周君仲衡、徐君逸洲、古君恩康、陆君锦文、牛君惠霖、牛君惠生、萧君智吉、刁君信德、黄君琼仙、俞君凤宾(以西文字母先后为次),诸同仁组织医务团收为自办,公举牛君惠霖为主任,经本会提出于常议会付之公决,于是案乃定。顾医院自上年收回接办以来,治疗内外症以及刀圭手术,奏效彰然,中西人士啧啧称羡。比来又设有爱克司电光镜照验脏腑,洞见症瘕,箸手成春,神妙不可思议。计自民国十一年三月起至年终,共收病人六百八十九人,其中住三等病房仅收膳费二角者三百六十九人,完全免费者九十六人,门诊一千九百零二人,急症一百四十九人。惟院中常年修理需费、添置需费、薪资需费、火[伙]食需费,除由本会总办事处支付津贴一万二千元外,仅就本年十个月计算,医务尚未扩充,亏累至六千有奇,债台高筑,敢骧首为将伯之呼!基础宏开,惟拜手求仁人之赐,专此布悬,惟祈善鉴。

中国红十字会总办事处杨小川、庄得之谨启

原载《中国红十字会月刊》1923 年第 17 期

又见 1924 年《中国红十字会二十周年纪念页册·文苑》

Public Demonstration in Shanghai

[1923]In protest against the Twenty-one Demands imposed upon China by Japan, the Chinese in Shanghai staged a parade demonstration on March 25. The Headquarters despatched Medical Corps, First Aid Corps and Ambulances to go with the parade. As the weather was rather warm, a number of the paraders succumbed to the heat. The different Corps were quite busy in attending to them and other accidents. Owing to the strenuous work of direction and supervision, Mr. Tang Hao, Generalissimo of the parade fell down exhausted and was immediately given medical attention.

——*The Twentieth Anniversary Cerebration of the Red Cross Society of China*, 1924

中国红十字会救护队参列全国武术运动大会记事

[1923 年]四月十四日,中华全国武术运动大会在上海西门公共体育场举行开会仪式,并表演技术。各省武术专家暨武术运动员、行政官长、中西来宾、各学校、各团体之到者不下五千余人,并由童子军维持全场秩序。中国红十字会亦派有汽车救护队、自由车救护队均到场,布置井然。

原载《中国红十字会月刊》1923 年第 19 期

中国红十字会总办事处时疫医院癸亥岁之开幕

上海之中国红十字会时疫医院,创办于前清戊申年,迄今癸亥岁已达十六年。院址在天津路三百十六号,每年于夏秋间治疗时疫,上年壬戌岁,即中华民国十一年,红会理事长庄得之君鉴于病房之不敷,曾新建筑两大病房,上年来院就诊医愈者计四千七百十九人,重病住院者八百十六人,医药费及一切费约逾万元,均由会中捐款筹拨。

今年[1923年]七月一日开幕,院长盛竹书君、王一亭君、庄得之君(兼红会总办事处理事长)于开幕日邀请来宾参观。是日到者,许交涉员、许工巡捐局长以及中西人士均经总办事处副会长杨小川君暨院长一一招待,并由医务长牛惠霖君,西医爱而华,医员黄子瑶、黄戒宜、倪承方等引导来宾,参观各部医室及病房布置,一切完备,来宾颇表满意云。

时疫业已发生,医院先有来就诊者,治愈而去,开幕日摄影一帧,登列本刊本期册首。

原载《慈善近录》1924年

中国红十字会时疫医院募捐广告

敬启者,本会时疫医院创自清季戊申之岁,于今[1923年]十有六年,其成绩之佳,活人之众,中西人士尽皆知之。院址在天津路三百十六号,每年例于夏初开幕,历时约四阅月之久,专收沪上之身染霍乱、急痧、疫痢等症者,其间以贫民苦役为最多,每年约诊数千余号,亦曾经诊至万余号者。此项病症,上海中外各医院均不接收,因为易于传染,故本会特设一时疫医院,专为救济此项病症起见,每年经费皆从筹募而得,至于医药一项约需洋万余元。上年于院内空地上添造合宜病室两大间,可增留时疫病人百名。查本会时疫医院治术精益求精,注射盐水器具皆本院发明,设置完备。历年救活人数甚众,往往有别院不及施治送至本院而得救者。上年来院就医者四千九百七十九人,重病住院者八百十六人,故时疫医院实为医院中最要紧之医院,不但救治病人,而且使病家隔离免致传染之害,对于防卫治疗,均有莫大之关系。惟本会经济困难,兼值四处救护,挹注无从。兹于七月一日开幕,不得不仰求诸大善士热心毅力,慨解慈囊,救人一命胜造七级浮屠,功莫大焉。伏恳大善士合力施行,不胜感祷之主,专此敬颂善安。

中国红十字会总办事处谨启

中国红十字会总办事处上海二马路望平街口二十六号,电话码三三七九,电报码〇五七七。

原载《中国红十字会月刊》1923年第22、23、24期

中国红十字会告各慈善家公启

[1923年]敬启者，日灾奇重，报章载述已详。兹不复赘，本会医队到东京后即设临时医院于麻布区高树町，日赴华侨收容所为华侨诊治病症，并分遣队员至横滨从事救护难民，陆续回国者虽已不少，而有病不能与，并川资无着，未能起程者亦所在皆有。异域殊乡，嗟我同胞遭此奇厄，虽妇孺闻知，亦为惨伤。惟本会依据万国红十字会会章，始能前往灾区，以冀达到救人救澈之目的。所望仁人君子慷慨解囊，俾此灾黎得出水火而登衽席，则功德实无涯涘，如荷鸿施，请送二马路本会总办事处或云南路仁济善堂内协济日灾义振会，随时照掣收据，登报征信，无任馨香，祷祝之至，专此肃启，惟祈公鉴。

中国红十字会总办事处谨启

中国红十字会总办事处上海二马路望平街口二十六号，电话码三三七九，电报码〇五七七。

原载《中国红十字会月刊》1923年第25、26、27、28、29、30、31期

总办事处时疫医院之报告

（七月份诊治八三八人、八月份诊治九七九五人）

中国红十字会总办事处之时疫医院，今年[1923年]自七月一日开幕后，医务长牛惠霖偕医生黄子静、黄戒宜、倪承方、江岳□、书夜分组施治，其报告如左：

七月份，霍乱症七十五人、肠泻八十四人、肺病十六人、大便闭二人、疟疾四人、肺炎一人、病胃二人、痢疾十二人，以上一百九十六人皆住院者，来诊即去者五百七十一人。打医水注针者五十五人、打二次者十三人、打三次三人，总共八百三十八人。

八月份，门诊五百七十五人，住院四百人，中有打针二百二十九人，总共九百七十五人。

原载《慈善近录》1924年

1924年

上海闸北邢家宅地方火灾放赈

一月十八日，为日前邢家宅地方大火，焚烧贫民草屋甚多，当此隆冬，啼饥号

寒,极为惨苦。总办事处特派办事员数人,与该区区长接洽,派同巡士多人,实地调查,按户计口,给以领米凭证,令往警局先领米票,再向各店取米,俾沾实惠而无虚耗云。

原载《慈善近录》1924 年

中国红十字会救护日本震灾纪念品到沪

上年日本震灾,本会总办事处组队前往救护,兹于四月四日接日本赤十字社寄来大震灾救护纪念明信片多种,悉系当时该队在震灾地点本会施行各种救护情形之摄影,并加以说明,此为中国红十字会慈善事业纪念之一种也。

原载《慈善近录》1924 年

改选正会长

启者,本会正副会长任期届满,于本年[1924 年]三月二十三日召集常议会,议员照章选举,呈请政府特加任命在案。

兹于本年四月二十九日奉大总统令,派颜惠庆为中国红十字会会长,蔡廷干、杨晟为副会长,此令,等因。惠庆等遵于本年五月一日到会任事,除呈报并分行外,此致各界公鉴。

中国红十字会启事

原载《中国红十字会月刊》1924 年第 31 期

中国红十字会通告

径启者,本会正副会长任期届满,于本年[1924 年]三月二十三日召集常议会,议员照章选举,呈请政府特加任命在案。兹于本年四月二十九日奉大总统令,派颜惠庆为中国红十字会会长,蔡廷干、杨晟为副会长,此令,等因。除遵照交替外,相应通告,希即知照。此致各分会。

中国红十字会总办事处启

中国红十字会总办事处上海二马路望平路街口二十六号,电话码三三七九,电报码〇五七七。

原载《中国红十字会月刊》1924 年第 31 期

国情述要：本周国情纪要：社会：红十字会改选会长

中国红十字会会长任满改选，举出颜惠庆为会长，蔡廷干为驻京副会长，担任对外会务，对内会务由驻沪副会长杨晟主持云。

原载《清华周刊》1924 年第 312 期

1926 年

教　讯

其一　中国之部

红十字会总医院护士学校(上海)

本校由理事长庄得之先生与院长牛惠霖医士发起，创办于一千九百二十二年，伍哲英女士充当校长，招收学生二十三名，男护士二名，女护士四名，当即报名于中华护士会驻[注]册。当时教员之职，院中医士不敷分任，即请沪上名医周仲衡等为义务教授。

至一九二十三年，院中病人渐多，所有护士与学生不敷分派，即添男护士二人，女护士二人，收学生二十八人，又由别处医院派来练习护士二人。一九二四年又添男护士二人，女护士一人，又收学生五名。

一九二十五年，本校第一班学生均考入护士会，名列优等。本年又招收学生十名，练习生一名。

今年收学生三十名，今在试习期内，期满后分别去留。

本院先有男护士七名，女护士二名，实习护士一名，学生六十四人名，分任全院职务。

日班　割症室男护士二名，学生三名。

卫生部学生四名，管理院中厨房及一切卫生事务。

门诊与急症室，男护士一名，学生五名。

化验室学生二名，药房间学生一名。

电疗室男护士一名，学生一名。

头等病室女护士一名，学生八人。

二等病室男护士一名，学生六名。

普通男病室男护士二名，女护士一名，学生十二名。

普通女病室与小儿病室，女护士一名，学生十四名。

夜班　男护士一名，女护士一名，学生十名，分任职务于全院。

每年夏天时疫医院开办时，即派学生四名至时疫医院习练。

本年毕业秩序：

(一) 主席牛惠霖报告；

(二) 王培元医生演说；

(三) 淞沪商埠卫生局局长胡洪基演说《护士与公共卫生关系之重要》；

(四) 萧志吉医生演说；

(五) 石美玉医生演说；

(六) 西人胡女士演说；

(七) 护士校长伍哲英报告；

(八) 西人(Hospin)音乐；

(九) 钟先生独唱；

(十) 何女士代表中华护士会演说《护士责任重要》；

(十一) 何女士给中华护士会文凭；

(十二) 院长牛惠霖给本院文凭。

本年毕业生姓名

陈秀云 浙江定海	朱寄沧 江苏常熟
刘汉英 河南开封	陈玉华 江西九江
殷粹和 安徽太湖	陈德华 江苏南京
俞密云 安徽滁州	蒋艳范 浙江诸暨
周锦明 湖北黄梅	

原载《兴华》1926 年第 38 期

出席万国红十字会大会

万国红十字会联合会将召集太平洋各国之红会于本年[1926 年]十一月在东京举行大会。本会事业本与红十字会有相当联合，故该联会已函请本会董事长 Hill 君直致本会，并要求本会先期预备一文，叙述意见，提交大会。本会章元善君对此极有兴味，倘执行委员会愿以此托彼者，彼愿出席该大会代表本会宣读论文也。

原载《救灾会刊》1926 年第 3 期

红会时疫医院诊务统计：今夏共诊一万七百十二人

中国红十字会每届夏季为救济时疫起见，照例设立时疫医院于天津路。十余年来，活人无算。今年虎疫猖獗较往者尤甚，该会以旧址者踵趾相接，原址不敷容纳，特在闸北分处设时疫医院两处，自七月一日开幕起至昨日止，天津路共诊七千一百四十人，住院二千零九人，注射盐水一千七百二十八人，病故一百十三人。闸北两处共诊三千九百六十五人，住院一千三百八十六人，注射盐水者八百四十七人，病故一百零七人。以上三处共诊一万零七百十二人，共故二百二十人(内有不及救治到院遽毙者七十三人，急症十八人，中尿毒者九人)，就上述之数而平均之，每百人中仅死一人云。

原载《中西医学报》1927 年第 1 期

1927 年

沪局写真：为红十字会掩埋队在沿路收殓兵尸

三月二十一日，党军抵沪时，在闸北方面曾与鲁军作巷战，上为红十字会掩埋队在沿路收殓兵尸。

原载《国闻周报》1927 年第 13 期

五、杂　　组

来鸿去雁

自武昌起义以来，风云日急，淮上□继，光复议和阁内，吾颍民军与清军屡启战端，伤兵乏人医治。于去年十二月初十日激战更剧，两军相持两夜之久，死伤遍野，惨不忍睹。□经颍郡，西教士伏格思君联合上海红十字总会在颍邀请会员，成立红十字分会，即设临时医院二处，安置受伤军民七十余人。□上海派来医士行□正阳，因医治军民伤兵不暇分身，□颍众会员束手无策，虽即协商邀请赤十字会第二团医士赵君汉江、王君元林到颍救治伤兵。溯自开战以来，所治兵民不下百人，成效卓著。迄今计算，获痊而得庆更生者已□大半，如二君之不惮劳悴加□于颍□者，可钦佩之至也。

颍州府红十字分会全体会员公具

原载《民立报》1912年3月14日

好生之德[十年纪念增刊]

[1913年]上海地方要算慈善家人山人海之区，这几十年里头水灾、旱荒、兵灾、瘟疫，办赈济的，办善举的，不知化了几千万捐款，救活了几千万性命。捐钱的，富翁也有，经纪人也有，做工人也有，你拿了捐簿向他劝劝，他没有一毛不拔的。有种好善的太太、奶奶、小姐，情愿拿头上插的，手上带的变卖助捐，女人家慈善的心肠比男人们高几倍，这话是不差的，所以报灾的电报朝来，赈灾的钜款夕发，十八省的舆论，外国人的口碑都说上海地方是一个最大的慈善区域。几十年来不曾听见水旱偏灾，瘟疫危难的事体，就像民国二年制造局大战五次，炮火喧天，流弹如雨，不但红十字会管救护的，管掩埋的，没有伤一个，就是红十字会的会员和捐过钱的人也没有受一点点伤，百姓遭流弹死的，房屋被炮火轰的统统算起来，住在上海的二百万男男女女当中，不及万分之一，东西也没有被败兵抢过，房子也没有被土匪烧过，像南京叫什么抢劫掳掠，被抢被烧得苦况。天津、汉口热闹市场变了一片焦

土的惨状,上海是一点没有的,这就是上海人肯做好事的报应,故能逢凶化吉,遇难呈祥,这是人人亲眼看见的,就是做好事的利益,因为上海地方肯做好事就能逃脱这样的大劫数呢。

第二次革命的时候,南京人围困在城里,露宿在江边,那一天夜头里面头十二点钟[盛宣怀]请沈仲礼先生去道:"你们要到南京去用轮船救难民,我极赞成的,我现在经济虽然困难,这几个钱也还勉强能担任得来,大通租船费用四千五百两归我筹划就是了"。那六月廿十五的一天,一个流弹打进他公馆里,东西虽然毁去不少,人口是没有一个伤的,他老先生就对家里人说道:"吾们家里离战地狠[很]远,还有这样的流弹飞,危险可以想见的了,但是没有伤我们一个人,这不是做好事的报应么,先老太爷积下的阴功么。我盛家门里男的女的,那一个不是饱食暖衣的,无灾无害的,我现在虽没有钱,这金陵振恤会我是一定要办的,我先发起认捐一万块钱才好向别处劝募呢。"

还有一个大善士,我们中国人都晓得的,就是创办仁济善堂的施少钦先生,这位先生劝募捐款多至一千几百万,各省水旱偏荒,赈济至十三省,还要叫他的四公子子英先生同了办赈的人到受灾地方一家一家的去调查,一个一个去给他们钱,给他们米,去救活将要饿煞的,捐款不够了就到人家去求,像老和尚募化斋饭的一般,常向人家说:"一个人要救几百几千人也要碰着机会,现在的的确确是我顶好的机会,我现在有力量去救人,将来我受难的时候人家可以救我,我一生一世可以不受难,我的子子孙孙不能保他几百年没有灾难的,我不望人家报答我,我望我的子子孙孙也不受这种灾难,这'天道好还'四字是不能不信的。"他老先生享高寿到七十岁,受过多少劳碌辛苦,仍是酣眠饱饭,无病无痛的,到临终的时候仍是清清楚楚不受丝毫苦难的,口齿有些不清楚了,他还连说三声'善举'而逝。现在他的子子孙孙人丁旺极了,家道也过得去了,他的令郎子英先生也拼命的做好事,他经办红十字会也不知出了多少钱多少力,地方上的善举,各省的赈济没有一处不是他赞成的,就像这仁济善堂在上海地方算一个极大的慈善机关,诸位终晓得施府上历史的,他现在三代同堂子孙昌盛,这不是容易的事体,是少钦老先生积下来的阴功,别人抢不去的。

还有个江西钜商叶君(隐名),光复后的一年同家眷逃到上海,住在新闸白克路某里中(隐地名),他有个独养儿子才九岁,兼祧三房香烟的,在六月间忽然身热头昏,危险的了不得,中国医生、外国医生挤了一屋子,拿这病人当药靶子,越吃越重起来了,到深夜辰光说胡话,跳起来像疯人一般,叶太太说这一定是邪气碰着了阴兵了,什么关亡起课、禳星拜斗,道士先生挤了几屋子,这病人还是一刻重似一刻,危险的实在不得了,哭的、叹的、急的、跺脚的,乱的不成样子,叶先生弄的六神无主,隔壁有位湖南逃难来的李颂卿先生,向来是热心的,跑过去对叶先生说道:“医生也没用,鬼神也没用,你钱也用的不少了,不妨再化几个钱去做赈济捐,行好事或能够逢凶化吉,遇难呈祥,这也是末了儿的一着棋子”。叶太太听见了忽然醒悟起来,拿二百块钱在夜里头送到红十字会去,指明这是救伤兵用的,问收捐的人多少钱可能救一条性命,红十字会的人说:“受伤的大约十块钱可救一个人”,拿了收条、佩章、凭照回家,叶家的人希[稀]奇得了不得,一心一想捐了钱病就可以好的,药也不吃了,道士也不用了,拿些稀粥牛奶给他吃,慢慢的神智也清醒了,胡话也不说了。到明天,一位老太太又拿了二百块钱到红十字会对收捐的人说:“你们这红十字的东西比道士医生的还要灵几百倍,我的儿子药也不吃了,医生也不请,他的病已经好多了,邪气也赶掉了。”红十字会的人对他说:“这不是东西灵,是你一心好善,天保佑你的。但药是不能不吃的,医生是不能不请的,我们医院里有医生跟你去瞧瞧看。”医生到了叶府,细细心心诊过脉,对老年人说道:“这小少爷是积食、受惊、受凉、痰痈所致,各位医生糊里糊涂当他伤寒症看,这药是越吃越不对了,这医生的钱、道士的钱、关亡的钱化的太冤枉了,老太太要这位小少爷无病无晦还是多捐几个钱到红十字会去罢。”

上海四马路杏花楼伙计孙建堂六七年前头在棋盘街新太和馆里头作伙计的,六月间发瘪螺痧,差不多要死了。有位唐雨先生在里头请客听见了,立刻送到沈仲礼君所创办的时疫医院去,用机器治病的法子,竟然起死回生了。这伙计在杏花楼每年不过赚一百多块钱,他就拿出六七十块钱来做好事,什么红十字会捐咧,时疫医院捐咧,买了药去到乡下去送人咧,人家说他:“你所赚的钱有限,为什么一大半去捐掉了呢?”这孙建堂说:“我是已经死了的人,这几年是多活的,这些钱是多赚的,我多做些好事盼望再多活几年,盼望再多赚几个钱。”

还有一个穷源和尚是四川巴州人,在南京门外八十里板桥镇犊儿矶做观音寺方丈。那光复的一年就同南京的于少彰先生说:“这红十字会宗旨就是我大慈大悲观世音菩萨的化身,吃长素、拜菩萨、修行是修修来世的事体,这救伤兵、埋尸骨、救难民是眼前的功德,这种事情应该是出家人做的。”就拿二十五块钱送到红十字会里来,入了一个正会员。他同少彰先生说:“这一方面掩埋的事体我来担任就是了”。第二次革命的时候南京城围困得水泄不通,四乡八镇受土匪骚扰的,兵士经过的,许多乡下人统通逃光了,这犊儿矶离板桥镇不远,八月间冯国璋军统从浦口渡过江,经过板桥镇看见一面红十字旗,旗傍[旁]边立了一个老和尚,身上挂了红十字会的徽章,还有几个年轻和尚同一班小工抬棺材的抬棺材,掘土的掘土,冯军统亲眼看见了说道:“这和尚也是红十字会的会员,在那里做掩埋的好事么,可敬可敬。”叫一个中军跑过去对和尚说:“咱们大帅要见见你,请你去。”和尚到了面前,冯军统就对他行了一个军礼,举举手,拉了和尚的手说道:“你们出家人肯做这个好事,这是比烧香念佛强多了,我不但一个佩服,我还要吩咐兵士们看见了你们红十字会的人行举手的礼,见了红十字旗还要举枪致敬呢。这板桥地方小,不许损害一草一木,倘然有无知的兵士来作践你们,你可以来告诉我。”这穷源和尚退下来,同这镇上老百姓说:“这地方可以保全了,你们尽管做生意的做生意,种田的种田,可以不用担忧了。”那时候南京城已经绝粮了,挑菜蔬的,卖米的统通聚在这个地方,南京分会、医院、贫儿院、教养院,教育会里的养伤的、避难的也断了米了。于先生到板桥去同这和尚商量,买几百石米冒险送进城里去,办赈济去,许多贩米的乡下人大家说:“你们红十字会保全我们地方不小,现在要买米,原来每石应该四元二角的,特别减去二角,略尽我们乡下人一些些的意思罢了咳。”这种功德是穷源和尚做成的,这老和尚还要对烧香念佛的太太奶奶们说:“红十字会所做的功德的的确确替我们大慈大悲救苦救难观世音菩萨代做的,诸位信重菩萨,修来世,不如拿烧香的钱捐到红十字会做好事,既可以今身[生]修子修孙修来世,菩萨晓得了也敬重你、呵护你、保佑你的”,“我还要告诉办善举的,赈济的绅商善士,要晓得人家捐下来的钱是托我们去救人的,不问他是三角五角,五块十块,总要办得实在,尽我经手人的责任。”

原载《人道指南》1913 年第 2 号

一般国民对于红十字会之关系

陈寿源

溯红十字会之缘起,始于慈善家之丢南氏也。丢南氏于一千八百五十九年“阴尔飞里之战”追随法军,目击战士之苦,以救助伤兵及待遇病卒,施行其拯救人群为目的,未几,而法、俄、普、比、意各国皆赞成之,且入为会员。及一八六四年开万国公会于遮尼窪,至一八八四年,遵奉红十字会者四十四国,厥后凡海陆战争皆有红十字会员到场救护。而红十字会之设,遂遍布寰球,且推广其慈善事业,除战场救护之外,如天灾地变,一切意外灾害,红十字会员无不发其仁爱之心,尽其救人之力。至前清光绪三十年,我中华民国亦加入焉,又创设焉,谓非有益于国民,果何以推行之速而传播之远耶。

夫红十字会以救伤为□志，然遇天灾地变，人民之疮痍疾苦，无不发厥慈悲而力救焉，是红十字会虽为战时有关，至于平时则国民之受益亦非浅也。远者姑勿论，即以近年兵燹而述之，则红十字会对于国民之关系更非南山之竹可得而尽数焉。自光复以来，人民之遇创伤者固得救矣，他如北伐军兴及陈龙之役、讨龙之役、粤军凯旋之战，有赖于红十字会者指不胜屈。虽然[红]十字会固有益于一般军国人民矣，然推行职务，发展其博爱之心，果何道而坚持之，客有答余曰："是非财力不为力，然以财力言之，又非一人可胜其任，是当合多数仁人义士谋之，使慷慨乐输，同襄盛举，方能永久弗替。"吾粤急公好义，善长人翁，不乏人矣。当斯文明□进，争竞日繁，待救日亟，于此有裨于军国人民之大任，固非一手一足可竟其功，此红十字会实为今日□社会废得而缺焉者矣。第[然]世界良莠不一，往往冒名图利，大有鱼目混珠之势，诚堪浩难，今欲为国民谋幸福，使人人皆登春亳，同跻寿域。然非入红十字会则不能起其恻隐之心，尤非多入红十字会，不能强其救灵之念，查[红]十字会之在欧美各国，人皆以入会为荣，跂之吾民则异是，无怪中邦之潺[孱]弱也。诸君乎，其有爱身爱家爱国爱群者，不可不以丢南氏为依归，尤不可不以救人为职志也，诚如是也，吾国之兴，其有艾乎。

原载《竹秀园月报》1921年第8期

中国红十字会总会月刊出版

芸芸众生，苦海无边，流难疾疫，兵荒颠连。
惟我红会，巨任独肩，绘图写照，状况尽宣。
博爱慈善，普救万千，济世宝筏，赖兹鸿编。
宏图民昔，劝善心虔，风行全球，广结善缘。

沪城分会殷锡璋、夏绍庭、张淦敬祝
原载《中国红十字月刊》1921年第1期
另见《中国红十字会二十周年纪念册·颂词》

红十字会记事诗

中国红十字会特别会员、前沪城分会会计员华敦堃(星垣)遗著

救护

旗飘十字映晴空，炮火横飞射日红。博爱慈肠存孔佛，踊先毅胆迈英雄。腥风

气扑男儿血,甘露恩施造化功。拯得伤残登寿域,克全宗旨恤兵戎。

掩埋

夕阳蔓草起荒烟,锄铲齐施惠九泉。命等沙虫嗟浩劫,功摧汗马逝征鞯。陈尸遍野无完体,埋骨归邱结善缘。为国捐躯天职尽,还将死迹立碑镌。

放振

流亡载道惨遭兵,市辍经营野辍耕。涸鲋难求升斗济,哀鸣遍觅稻粱声。蓬门馈食资朝夕,麦饼疗饥乞癸庚。嗟彼黎民咸菜色,谁兴祸水误苍生。

医院

彼苍为底厄民深,兵革才消疫又侵。病院卫生劳布置,医林好义救呻吟。奏刀擅有回春手,侍药咸多爱护心。满目疮痍沾再造,仁风吹遍乐愔愔。

原载《中国红十字月刊》1921 年第 1 期

红十字会记事诗

中国红十字会名誉会员、沪城分会文牍主任张淦(杏荪)步韵

救护

征云冉冉蔽长空,救护旗翻十字红。倒卧甲兵扶不起,横飞子弹尚称雄。可怜勇士成残疾,须恃医人奏厥功。万里沙场神鬼泣,最乖道德是兴戎。

掩埋

弹雨枪林断续烟,生灵涂炭入黄泉。继横血骼遍狼藉,收拾残肢裹马鞯。浮土一抔寻有迹,薄棺三寸觅无缘。英魂毅魄凭荒塚,碑立斜阳十字镌。

放振

既遭凶岁又遭兵,畎亩荒芜尽辍耕。万户凄凉呈菜色,四乡离散咽酸声。绸缪不必分寅卯,慷慨何妨呼癸庚。得免转乎沟壑死,全凭义粟救苍生。

医院

重重院落静幽深,炉火荧荧药气侵。何事昊天行疫疠,可怜床笫苦呻吟。良医淹贯中西学,济世长存和缓心。生死人面肉白骨,群黎感颂德愔愔。

原载《中国红十字月刊》1921 年第 1 期

峨利生医博士传

峨利生,丹麦人,生有特操,好医术,弱冠毕业于大学,以精解剖术名于世。庚

戌,本会医院学堂落成,特聘君为解剖专门医员,热心服务,不遗余力。武汉举义,君为救护医员,偕全队赴汉医治伤兵,应手而愈。有一兵弹穿脑部,君为剖脑检取枪子,未几即愈,其他贯胸洞腹、断股折肱者,君或为剖腹,或为截腿,都庆更生。时战争甚烈,伤兵满院,君早夕临治,未尝稍息。

卒以积劳致病,犹力疾将事,竟以不起,时[1921年]十月二十二日也。年二十有五,名医不寿,不仅本会之私痛也。爰于十一月五日假上海友宁礼拜堂开追悼会,值天雨,中西会员多至千人,咸冒雨莅会表哀思云。是月某日,本会武汉救护队员暨中西士绅,葬君于汉口。事定,为立石碑,以志不朽。

赞曰:"十九世纪以来,战争之烈甚于野蛮时代,求深合于人道主义者,其红十字会乎,顾嚆矢于弱女子,巾帼远胜夫须眉,而服务以好男儿,黄种步趋夫欧杰,闻先垂后,当崇拜此两仁人。"

谨按:此为合赞体,合赞英国鼐鼎盖儿女士及丹国峨利生医博士也,英女士传已见本刊第一期,附缀数语于此。

原载《中国红十字月刊》1921年第2期

又见《中国红十字会二十周年纪念册·列传》

唐露园先生传

唐先生,名元湛,字露园,粤东香山县人,生于辛酉岁,为清咸丰之季年。十二龄时赴美国,中国遣派求学于美者实始于此。二十一岁,政府召归国,执事电报局,初充电报生,历年升迁以至局长,前后凡三十二年。又兼充出洋考察政治五大臣随员、两江督署驻沪接待外宾专员、筹防局总办、驻沪津浦路转运材料事宜、开濬黄浦工程局咨议,并为政府代表,招待美总统塔虎脱来华,丹麦、瑞典、瑙[挪]威等国均曾给奖章。出电局后,即任上海商业储蓄银行董事,上海各重要中外团体几无不以列唐先生之名为荣。

先生秉性仁慈,急于公益,任中国红十字总会理事长,在上海总办事处筹措振灾,创举救疫,心力交瘁。此次为徐家汇中国红十字会总医院与医务团草定合同,开常议会时忽中风,弥留三日遽尔逝世,时在民国十年[1921年]十一月九日。越十一日卜葬于虹桥路之蕹露园,即万国公墓,是日大雨,中外人士送葬者数以千计,纷纷冒雨临穴,深致哀悼。先生六十一岁,子二,长观冀,充沪宁路汽车机副工程师;次观爵,充湖南醴陵粤汉路副工程师。孙二,善人有后,咸知其方兴未艾也。

赞曰:“服务社会,尽瘁殒身,万家生佛,一代完人。”

原载《中国红十字月刊》1921年第3期

又见《中国红十字会二十周年纪念册·列传》

唐露园先生事略

唐露园先生,粤东香山县人,幼而敏慧、志趣高尚,年十一从父沪游,适曾文正奏遣幼童赴美留学,以香山容纯甫先生董其事,设讲舍于沪,幼童肄业一二年然后赴美。

先生投考中选,次年选送,时同治十一年,轮舶之利未大兴,先生附帆船往,数十日始抵旧金山,改乘汽车,东迈值南北美战争甫终,萑苻未靖,半途盗劫童稚,远走数万里外,猝遘惊惶,多面无人色者,先生镇定如常,旁观咸异之。

抵美入小学而中学、大学,留美十年方冀专精一艺效忠祖国,忽清廷御史劾奏留欧学生多从外教,学成亦不可用,遂召学生悉返。

先生归国后,谒李文忠于津门,派入电局,始充学生,月薪仅四两,衣食且不赡先生不以为苦,潜心讨论电学,监造津沪烟台各海线,收回各要区陆线,兴利别弊,上峰称之。递由学生而领班、而稽核、而总管,并由从九累保至道员。光绪三十一年五大臣出洋考察政治,调充随员,遍历十余国,壇坫间多资赞助。其时电学正日新月异,先生所到之处悉心研究电政一门,那[挪]威、丹麦、瑞典各国均给宝星,差竣回电局,江督端公委充驻沪接待外宾专员,适西人开马丽孙来华传道百年纪念大会于沪上,端公复委充代表与会。

先生以中西交涉,我国割地赔款多由教民肇□,乃将耶教博爱与孔教汎[博]爱宗旨本非纳凿,洋洋洒洒演说数千言,更劝以勿因小故而酿大祸,袒教民而伤感情。西人多为动容,厥后教会气焰稍戢,咸归美[矣]。

先生语言文字之功既而擢升电局总办,嗣以国事日益蜩螗,宦途险阻备尝,于政界中讨生活不如于社会上办公益。民国四年赴美参观巴拿马赛会,遄返后,从此专心办理公共团体事业,不复与闻政事,虽经随办修改税则,遣送敌侨并调查苏州、南通、无锡蚕桑棉花事宜,亦不过承知己之暂时邀请耳。综计列名董事或职员或会员,日孜孜以从事者有三十余团体之多,若总商会、万国大学俱乐部、濬浦局建设会、上海西人友辅会、美国红十字会、尚贤堂、寰球中国学生会、上海初次飞机会、吴淞同济医工学校、复旦大学、南洋路矿学校、盲童学校、启秀女学、万国拒土会、妇孺救济会、仁济同仁两医院、良贸煤铁公司、上海商业储蓄银行等,其尤著者也。

先生尤注重游学及慈善事，尝谓中国革新应自人民始，假使各省得一二百人游学，学成归国分布各重要机关，于风俗、卫生、教育诸端大加改革，使国民程度日高，以辅助政府，则政府渐入佳境。盖以改革之道由下而上其效广，自上而下其效微也。故于各省公私费及北京清华各学生游学外国者，首途之日多来求作导师，先生必热忱赞助不以为劳，近日赴美留学者众，而该国工禁綦严，领事签发护照，医生检验身体，多方挑剔，手续甚繁。欧战起后，购买船位尤不易，一学生出发必奔走多日，始克成行，每年中学生及官商出发者又必有二三百起。

先生本无官守，无职责而勤劬不休，比之有官守职责者尤况瘁，近年公举为中国红十字总会总理事长。

先生以红十字会为慈善中最高机关，会中经费竭蹶，所辖南北市两医院、时疫医院、吴淞防疫医院费用不赀，各省战事一凡起，救护伤兵、振恤灾歉，复有临时发生之费，受任以来苦心经营，商请沪上慈善家协力饮助得以支持，不致陨越。益将各医院锐意整顿，成绩皆佳，故沪地中西人士，无论识与不识皆相钦重。民国十年[1921 年]十一月七日，正在会议收回徐家汇总医院事，忽中风，头痛不省人事，扶赴医院，西医指为不治之症，翌日迎返范园寓所，延至十一月九日逝世，二十日卜葬于虹桥路之薤露园，即万国公墓，是日大雨，中外人士送葬者纷纷冒雨临穴，深为哀悼，嗣于十一年[1922 年]一月七日开追悼会于青年会，沪上中外各团体成来致悼并摄影以留纪念云。

原载《中国红十字会月刊》1922 年第 4 期

欧彬先生传

中国红十字会常议员，华侨欧灵生先生，名彬，为人仁慈，慷慨好义，自少奔走澳洲，为小贩经营，虽劳苦得资，而对于社会公益以及祖国改革诸事无不倾囊相助。迨至先施公司成立，首创于香港时，实为中国商业之模范，先生赞助甚力，成效大著，其后遂扩充于广州、上海。生平尤重视教育以及实业，各处教会学校多得其助，上海之广东银行、中华邮船公司、南洋烟草公司诸大业商皆赖其擘画，为中华民国商业历史开幕之一人。又能将本宅新建房屋大半为开办工艺学校及中学校之用，独力维持，专收贫苦孤寡子弟教育成人，俾能自立，是又中华民国学业历史之曙星也。先生尽力于社会如此，方冀为平民造福，乃于民国十年[1921 年]十二月五日溘然病逝，知先生者无不悼叹。

先生为中国红十字总会常议员，热心捐振，时列议席。民国十年十一月九日，总会理事长唐露园先生逝世，开紧急议会，公推庄得之先生继任理事长。是为欧先生末次列席议会，旬日后葬唐公，先生偕其夫人乘摩托车送葬，御者不戒，陷于河中，凶遭灭顶，归大病遂以不起。呜呼，伤哉！新理事长庄公以联挽之曰："通商兴学，输欧化文明，方期永赖维持，志切同胞真爱国，白马素车，为唐衢痛哭，岂料忽遭蹉跌，魂从好友共升天。"

赞曰："死寻死友，生为生佛，生劳社会，死登天国。"

原载《中国红十字会月刊》1922 年第 5 期

又见《中国红十字会二十周年纪念册·列传》

王培元医博士时疫抉微

时疫为夏日最危之症，罹之者强半无幸。余以庚壬之间承乏时疫医院，与诸西医相周旋，施刀作药，存活颇众。驹光易逝，今又夏令矣，谨以历年心得参酌西书，为是篇以饷我同胞，幸共留意焉。

病原　是病西名 Cholers，日本名虎列剌，我人俗名绞肠痧、吊脚痧、瘪螺痧者是也。始于印度西南部，后渐蔓延全印度及亚洲东部，自十六世纪至十八世纪欧人始知有是病，一千八百十七年全亚侵及，东起日本，西至叙利亚，南始暹罗，北达西比利亚，传染毙命者辄千百人，于是欧西医者始群起研究。一千八百三十年由阿富汗、波斯经俄罗斯传入欧洲，是为第一次，越二年传入英国，是年又传入美洲。

传染　是病为一种微生虫，发生至速，故传染至易，印度传染之烈俱由印人群集礼佛，其传入他国也则由船舶。上海为四通之地，舟车往来，传染尤易，诚能散居以隔绝之，其势即衰。查沪地法租界、菜市街等处，及闸北为最易发生，历年皆然。良以菜市街等处人烟稠密，居民不重卫生；闸北则贫民麕聚，编茅列屋之所，秽气熏蒸，发生既易，传染尤烈，前车可鉴。愿是地之人格外注意也。

媒介　不洁之水及水果类等蕴蓄微生物最伙。强壮者食之或能抵抗，其外强中弱及羸弱者既乏抵抗能力，食之鲜有免者，又传染是病人所遗尿粪微生虫更多，传染更速，馁鱼败肉及隔宿或已腐之食物亦易传染。时疫之媒介不外以上数者而已。

微生虫　一千八百三十二年德国名医柯克尝至埃及，发明一时疫之微生虫，此虫形似□，如用化药法染之成法，有时两端较浓，有时中间较浓，有时两虫相连，形似西字母"S"，每分钟能生二万之多。

病情　起初畏寒、吐泻、全身疲乏、耳鸣，继则大泻，初时尚含粪质，继尽水浆，略似米汤，盖即血液也。血液即竭，四肢抽筋、皮干绉、失伸缩力、指间螺瘪、眼微陷、面黑暗、身出冷汗、口干胸燥，困苦不可言状，终则人事不省。间有经医者施治，变症为时疫伤寒，面红、舌黄、呓语，溺渐有而含蛋白质，亦颇危险。然亦有变症为肺炎、肠炎、肾炎者。又有一种最危险者，西名 Cholera Sicca，不甚吐泻而猝毙，尤可怖也。

个人豫[预]防法　首宜注意卫生，勿感寒，勿饮酒过度，勿食未熟或过熟之水果，不洁之水、未沸之水、不鲜之鱼肉、隔宿已腐之菜蔬及蝇蚊所集栖之食物，而黄瓜、西瓜、香瓜尤宜忌食，碗盖宜用沸水洗涤，偶遇腹泻立服十滴药水，亲朋染时疫而病危者勿往观。

按：食物已腐，理宜弃之，乃我国陋俗辄曰"罪过"，强入腹中以为灭"罪过"，不知讳上天好生之德，以自戕其生，适以增其罪过，窃谓是俗急宜除之也。又亲朋已死而不往视实为公德，何则我往视而我罹之，我罹之而我又传之他人，如是以人传人，其害将无底止，慎患于微幸，勿视为不亟之务也。

公众豫[预]防法　凡遇败腐食用之物，切宜远弃。阴沟勿令淤塞，房屋、器具勤洗多洒本会辟瘟药水，勿多人麕聚一处，居家左近如有淤塞或不洁之小浜，宜洒煤油或辟瘟药水以杀各虫。

一千八百九十三年，俄名医哈虎肯曾发明一种药苗，针射人体能豫[预]防时疫，越年俄大疫用以试之，四万三千一百七十人俱获良果，惟针后有寒热，越四五日须再针，且不能决其能抵制若干日耳。

治疗法　起初时急服本会急救时疫药水及樟脑勃兰地酒，如不愈请速请名医医治或车送本会时疫医院，万勿因循或妄为医治至于不救。

按：樟脑勃兰地酒制法，用陈年三星勃兰地酒一瓶加入顶上中国樟脑四钱，每次一匙和温水服。

原载《中国红十字会月刊》1922 年第 8 期

中国红十字会上海新闸路北市医院对联(有跋)

理事长庄箓

跋云：中国红十字会成立迄今，垂二十年，虽久设有市医院，院所犹未自建也。去年箓承乏理事，念赁屋之非计，拮据经营，购得基础，创建斯院。兹已告成，爰缀数言，藉留纪念。中华民国十一年十二月，武进庄箓敬题。

徒手挽疮痍，历廿年建筑未遑，敢云良相同功，次第编成红会史；苦心谋发展，幸一旦规模粗具，但愿活人无算，东西比美墨洲邦。

原载《中国红十字会月刊》1923年第16期

祝　词

察创视折，救灾恤邻。粤稽古制，博爱无垠。繄我红会，咸与维新。万邦合组，一视同仁。敬维总会，揽总大钧。成绩伟著，历二十春。辛亥癸丑，颠沛相因。继以水旱，黎庶沉沦。馈药调护，挟纩抚循。援拯万众，功在斯民。执鞭相助，杯水与薪。壤流掠美，愧我同人。沧桑一瞬，念载周巡。景佩隆轨，藻颂引伸。

沪城分会理事长沈树璜

原载《中国红十字会二十周年纪念册・颂词》

全球红会，瑞士主盟。吾国缔约，万邦欢迎。成立念载，惨澹经营。苦海宝筏，普济苍生。天开劫运，弹雨枪林。救护出队，博爱存心。埋骨瘗骸，山崖水浔。九幽安妥，揭櫫陇阴。赍粮筹赈，寒野荒村。流离载道，再造之恩。兵荒之后，疫疠无垠。施医量药，功奏返魂。慈善事业，月盛日增。救苦救难，众志成城[诚]。基础永固，规模恢宏。留斯纪念，远播令名。

中国红十字会名誉会员，沪城分会资产监督耿夑

原载《中国红十字会月刊》1923年第20期

又见《中国红十字会二十周年纪念册・颂词》

纪念辞：中国红十字会二十年纪念辞

红十字会，吾中国自张公奉使缔盟入会，经盛、吕、沈、汪、蔡、杨诸公建设缔造，至于今日倏忽已二十年矣。回首此二十年中，如日俄之战之旅大、塞奥之战之青岛，共和肇建以来政见纷歧，内争不息，戎衣相见，涂炭生灵，从事于救护掩埋，几无宁岁，天降厥凶，水患旱灾，地震海啸，饥馑载道，疫疠蔓延，振饥治疗，昕夕不遑，责任繁重，来日方长。淦于兹二十年中追随有素，尝推究百凡之进行，良由经济为主体，只缘筹集之困难，尚无坚固之基础。考吾中国国中各种善举之经济力，统计之巨大无垠，且根深蒂固，惜乎！各私为谋，分道而驰，无统驭之机关，如一盘散沙不能粘合，良可慨也。所望邦人君子、善团领袖存统一之思想，作合群之观念，对于伟大慈善事业之红十字会，共谋赞助进行，深愿再二十年既侪于万国之盟，当冠乎五

洲之上,以发扬吾中国之荣光焉。兹就经过事实,缀成短句十二章,聊作写真以留记念,深愧不文,幸大雅教之。

瑞士宏开博爱宗,中华奋袂喜相从。旗翻十字红光艳,二十年来溯去踪。强邻压境虎狼争,殃及我民惨被兵。旅大四围烽火恶,挥旗仗义救苍生。风雨飘摇起大波,武昌首义建共和。九州警耗相传速,愿发慈悲劝息戈。欧西战祸祸亚东,莱墨劳青毒雾蒙。百万群生逃大厄,一轮落日映旗红。政见纷歧劫运开,干戈扰攘逼将来。可怜无数英雄骨,埋入荒丘土一堆。群雄逐鹿自摧残,弹雨枪林走极端。一视同仁施救护,尽斯天职也心酸。撄锋饮弹血流红,骨折肢残战线中。看护人人齐着力,刀圭施治奏全功。兵气未销疫气来,四方传染迅如雷。安排注射开新法,共喜春从腕底回。浩劫流行遍八荒,频年饥馑叹空仓。兆民幸免填沟壑,拯救宏施义粟浆。降降地下起雷鸣,城塌山崩最可惊。一望人烟齐断绝,赍粮千里效长征。闪如飞电市中过,制造翻新摩托多。接触行人频出险,病车稳载去如梭。善果收来数万千,经营惨澹结成缘。进行不懈求深造,发展宏图仰大贤。

谨按：昔人称杜少陵为诗史,此诗亦可作中国红会历史读,故弁诸首。(编辑者注)

有功章名誉会员、沪城分会理事张淦

原载《中国红十字会月刊》1923 年第 20 期

中国红十字会廿周[年]纪念词

(谨以来函先后为次)

十字红旗四处扬,恰如海南渡慈航。而今愿代苍生祝,兵气销为日月光。世间缺陷能弥补,人定由来足胜天。廿载经营功德懋,热心端不让人先。

沪城分会议员夏殿臣

博爱存心主恤兵,喜从万国缔同盟。乃丁盖尔流风远,几许功夫始得成。十字红旗耀日光,博施济众费周章。天开劫运人遭厄,普渡群生有法航。水旱兵荒疫气蒸,九州人死若丘陵。不醉劳瘁能施救,消弭诸灾免沸腾。苦志经营二十年,慈祥恻怛颂声传。救人处处留成绩,万善同登记念篇。

沪城分会议员朱鸿翔

原载《中国红十字会月刊》1923 年第 22 期

另见《中国红十字会二十周年纪念页册·颂词》

序曰：沪上为中华全国大市廛，东接海洋，西窥皖鄂，南控浙闽，北瞰鲁直。我总会办事处建设于此，中外之交通甚便，慈善之基础适宜，诚可谓天造地设，为万国所观瞻也。溯自甲辰发轫，海上寓公醵金缔造，光阴迅速，廿载于兹。回忆日俄一战之旅大、塞奥一战之青岛、武昌首义、阳夏鏖战，南北纷争，风云变色。奉直皖豫滇黔频年交閧，川陕粤桂湘鄂各地称兵，兼之华洋赈灾、十二省赈灾、上海七年之风、十年闸北之火，此区纪涝，彼区纪旱，天灾人祸不胜枚举。前岁辛酉，万国红会开十次大会，我国有钟君燏光彩绘数大幅陈列其间，中国红会各处战地救护情形及救济各区瘟疫灾异，以供寰球各国之博览。去夏承总会召集赴沪与议章程，而又遵章改选，职务均得其人。其中创办事宜，纯粹为人道主义，约举数端曰"恤兵、救灾、恤邻、医疗、汇报会务、推广会员、逐渐改良、成绩昭著"。本团结社会之精神，收博爱美满之效果，名实攸归，诚为二百余处之分会所当心焉感激。今值二十周[年]纪念之年，正发扬吾会荣光之日，遭逢盛会，还须同调相赓，联络感情，窃慰合群之愿云尔。

海天江汉尽朝宗，风虎云龙任适从。二十年前盟瑞士，联翩入会继芳踪。日俄塞奥肇纷争，谁挽天河洗兵甲。举世奉行红十字，何须仙诀觅长生。杨枝一滴似恩波，洒遍全球饮太和。更有赤旗驱疫疠，也如逐日鲁阳戈。义旗遍举鄂西东，阳夏鏖兵弹雨蒙。不有善团施救护，征衣大半血流红。犁扫清庭战祸开，风风雨雨劫频来。至今多少英雄泪，湿透当年铁血堆。万国陈图博览残，钟君彩绘耀毫端。俨如战地尸骸露，铁石心肠也要酸。荷花生目去年红，大放慈航沪海中。遴选得人肩巨任，一时嘉会告成功。欧风亚雨一齐来，枪弹横飞迅若雷。为恤兵戎深感慨，古时争战几人回。年年积谷为防荒，常备千箱与万仓。拯救灾黎诸险出，攀迎夹道捧壶浆。欧洲鼙鼓不平鸣，翻惹华洋共震惊。我愿亲仁盟万国，自相揖让弗交征。医院参观几度过，市南市北活人多。善因广种收良会，廿载流光一掷梭。月报箴言累万千，鸿裁巨制结文缘。汇将历史编成帙，告语同仁启后贤。

鄂城分会会长高华和张君淦原韵(原韵见本刊第二十期)

原载《中国红十字会月刊》1923 年第 22 期

中国红十字会记事诗

步华星垣韵

救护

战云黑雾蔽长空，弹雨横飞血染红；不惜头颅真气壮，肯抛生死是英雄。

慈航普渡全天职，救护辛勤岂贪功；悯念斯民憔悴甚，早销兵气早和戎。

神州大陆遍烽烟，多少英雄丧九泉；忍使阋墙抛血骼，不甘和睦息征鞨。

几堆黄土埋遗恨，半壁青山了善缘；太息男儿结局苦，胜将野火照碑镌。

放振

十载中原久苦兵，民无棲止野无耕；餐风宿露流离状，扶老携雏哀吁声。

饥溺有谁怀切己，粟浆遍放免呼庚；杨枝洒满大千界，多少穷黎获再生。

医院

慈悲红会德高深，肯使生民苦病侵；技奏刀圭称妙术，药投丹散释呻吟。

活人争说回春手，济世常存化育心；疗治疮痍宏大愿，千秋功德颂歆歆。

南城分会文牍张鸣球

原载《中国红十字会月刊》1923 年第 24 期

《中国红十字会时疫医院征信录》序

上海之中国红十字会总办事处时疫医院，自戊申迄今癸亥，已达十六年，院址仍在天津路三百十六号，每逢夏秋之间治疗时疫，为三四阅月。上年壬戌岁，即民国十一年，鉴于病房之不敷，曾新建两大病房，上年来院就诊医愈即去者计一千九百八十九人，疫重病故者一百六十八人。今年疫气肃清较早，计自七月一号开幕至九月三十号闭幕，三匝月间，挂号之数二千零十六人，计来院就诊疗愈即去者九百九十二人，重病住院者五百二十七人，头二等病房养疴者一百七十三人，割症三百二十四人，而疫重病故者仅七十六人，较上年减少过半，则堪差慰藉者也。承诸善士捐输计收款一万一千零九十九元，外收病费八百七十二元，而支出之款则九千零七十元八角九分，所余之款即归总办事处他项振灾之用。征信录成，爰缀片语于简端。

中华民国十二年十二月时疫医院院长王震、盛炳纪、庄箓谨识

原载 1923 年《中国红十字会时疫医院征信录》

《中国红十字会时疫医院癸亥征信录》序

[1923 年]上海之中国红十字会总办事处时疫医院，自戊申年迄今癸亥已达十六年，院址仍在天津路三百十六号。每年夏秋之间，治疗时疫，为期三四阅月。上年壬戌岁即民国十一年，鉴于病房之不敷，曾新建两大病房，上年来院就诊医愈即

去者计一千九百八十九人，重病住院者八百十六人，头二等病房养疴者一百八十五人，割症四百八十三人，疫重病故者一百六十八人。医药及一切用费约近万元，今年疫气肃清较早，计自七月一号开幕至九月三十号闭幕三匝月间，挂号总数二千零一十六人，计来院就诊医愈即去者九百九十二人，重病住院者五百二十七人，头等、二等病房养疴者一百七十三人，割症三百二十四人，而疫重病故者仅有七十六人，较上年减少过半，则差堪慰藉者也。承诸善士输捐，计收款一万一千零九十九元，外收病费八百七十二元，而支出款则九千零七十元八角九分，所余之数即归总办事处他项振灾之用，征信录成，爰缀片语于简端。

时疫医院院长盛炳纪、王震、庄箓谨识

原载《中国红十字会月刊》1924 年第 27 期

中华民国十三年中国红十字会总办事处春联

首句砌十三两字

十字红旗光日月，三江碧水息风潮。

原载《中国红十字会月刊》1924 年第 28 期

《中国红十字会二十年纪念册》序

欧美之有红十字会，所以体昊苍生好生之德，救灾恤邻，扶伤省疾，盖犹古惠民之要道，而政教所并重者也。举儒家同仁之量、墨家兼爱之□、佛家普度之心，三者之善备于一宗，视人之父母、昆弟犹己之父母、昆弟，视人之夫妇、子女犹己之夫妇、子女，其奔赴也恐不及，其抚辑也虞不时，其调护也虑不周。广包宇宙，细逾粟缕，动静必有度，进退必中节，釐然秩然存其盛欤！中国红十字会轫始于甲辰日俄之战，沈先生(敦和)实主其事，初规懋著，不一二年，辽海东西义声宏播。辛亥武汉战役、癸丑宁沪战役、丁巳京津战役、庚申直皖战役、壬戌直奉战役，靡役弗从，施济益溥。中间欧战猝起，兵灾之区既输金应募。西历一九零六年美国旧金山地震之灾、一九一四年与一九二三年日本地震之灾，皆就其财力所及相为援助，仁风慈泽更骎骎乎。达于瀛寰之表，摩日镜而盪月，珠，夐哉，其寖远矣。至于南北各省旱涝、风火、兵燹、疫疠所为，巡国及野而赒万人之黐阸者，殆不可殚。纪正副会长暨理董以次诸公如盛先生(宣怀)、吕先生(海寰)、汪先生(大燮)、杨先生(晟)、蔡先生(廷干)、江先生(绍墀)、任先生(逢辛)、施先生(则敬)、朱先生(佩珍)、吴先生(宝义)、朱先生(煜)、唐先生(元湛)、庄先生(箓),咸与宝琦为道义交,其推怀之肫挚、任事之勇毅、规画之缜密而详赡,经历之槃错而辛劬,(宝琦)固夙已心焉。识之顷会中,集其二十年来成绩纂述《大事纲目》一编,介言及于(宝琦)循绎再三,感夫古今万事得人而理诸公之维持,斯会艰难缔造,同德同心,大赍于四海竞誉,列邦锡福,群庶是可为,吾国光也。今会长颜先生(惠庆)志远神和,深明教义,(宝琦)属在婣友之间,契识至久,知其适时应权,必将踵诸公之盛美以壮前规,而公利愈宏。更越十年方策,所垂云蒸霞蔚,又岂隶首商高之,遂能加以乘除者耶。爰为序以贻,附于善颂之意云尔。

中华民国十三年六月杭县孙宝琦撰

原载1924年《中国红十字会二十周年纪念册》

女娲炼五石,天缺亦可补。断鳌立四极,地轴赖以拄。
天地有缺陷,人尚能助辅。矧在覆载中,力讵有所阻。
伟哉红十字,万国之救主。水旱与疫疠,俾各得其所。
博爱扩其怀,施济罔不普。嗟今廿世纪,环球竞尚武。
炮火震连天,千里成赤土。悯彼从戎者,断脰并折股。
遍地悉疮痍,举目不忍睹。维兹会中人,奔走冒寒暑。
死者为瘗埋,生者得安抚。出入枪林中,营救竭心膂。
天下本一家,从不分疆宇。忆昔瑞典人,创此大善举。
联盟卌三国,倡予而和汝。我华有红会,甲辰肇其绪。
逐渐事扩充,规模亦甚钜。分会遍四方,总会在申浦。
迄今二十年,功难更仆数。佛家崇慈悲,儒者大胞与。
一视本同仁,天心亦所许。凡属吾同志,其各力是努。
俾共登春台,熙熙乐歌舞。

沪城分会正会长夏绍庭、副会长殷锡璋

原载1924年《中国红十字会二十周年纪念页册·颂词》

棚疫俗名鼠疫的历史

本会吴淞防疫医院　曹文贵

[1924年]棚疫这个名词是医学家用的,就是上海吴淞口验疫章程所说的痒子瘟,也是广东地方的核瘟,俗名鼠疫,更有称为黑死病的,名目虽然不同,疫症确是

一种,不过因他的来历和情形、颜色上随人的称呼各别罢了。在古时,亚美利加与南希米司地方,不知道有鼠疫的毒症,即或在世界的别处略见发生,然亦不觉十分利害,但在欧洲有一时最盛行,从此方知研究、驱逐、防止与卫生的道理。从前英京伦敦发生真正大鼠疫的时候死了有十万多人,而且传染极快,无法阻止,所以提议把伦敦全城烧毁,重造新都,希望可以健全无疫,但是烧城以后,疫症仍是流行,惟独新造的伦敦比旧城略觉好些,再加上卫生局的防护,不使蔓延,从此疫症在伦敦同英国各地延长了十三年才得肃清。接连就在一千八百八十三年的三月,中国西南云南省发生疫症,传染及于邻境通商的各处,在一千八百九十四年的春季传染到广东,死了六万余人,从广东传染及于香港,即流行到麦嘉、汕头、厦门、福州、台州,并且传染到南方各处都有了,计至那年的六月三十号,已有报告患疫的人一千三百零八名中有死的一千一百五十三人,死人的身体立变黑色,所以又名黑死疫。患疫症死人的地方,死鼠也多,腐臭秽气与湿毒地气酿成瘟疫,人一感触,疫毒生核,疫核多生两腋两腿湾,其核恶痛非常,所以又名核瘟,况且鼠死之后鼠蝨就要爬跳开来,向别处去寻找食物,倘若爬跳到人的身上,一被叮咬,即便染疫症,死亡相继,因此俗名鼠疫,现今这个名词最通用,所以这篇棚疫的历史上,取他普通都知道的意思,也就用"鼠疫"二字了。印度孟买在一千八百九十六年从广东装米的船舱里误带了一个掮米患疫的工人去,先未查悉竟致孟买发生鼠疫,传遍了印度西部,及西北各省都患了鼠疫,孟买地方传染鼠疫的时候,每天损失十万金镑,印度西部人民死亡十余万,岂不可怕。上海向无鼠疫,然而上海地方生意繁盛,轮船通商,客货往来,每日进出不知多少,东南各省既已传染鼠疫,难免也传染到上海来,所以上海领事团会同税务司、江海关监督工部局卫生处,议设防疫医院于吴淞口外,凡有疫口岸开来船只一概须要检验明白,确知船上无疫方可给凭进口。上海商埠五方杂处,人烟稠密,无传染鼠疫的缘故,是在谨慎预防,鼠疫无机会发生,所以能免传染,虽在宣统二年的十月间,闸北偶见死鼠,疑将发生鼠疫,但经工部局卫生处与商董沈仲礼先生等部局检查,消毒防止,不久就平息了。大概鼠疫的发生先在潮热暗湿有霉毒气处,时候又在春夏二季为多,患疫而死的人,贫苦的劳动界比上中等人多数倍,从此可以明白防疫的法子,最要紧住处高燥,开通窗户,搜灭鼠类,洁净身体,洗换衣裳,谨慎食物,保养精神,倘遇患疫的,立即设法使与别人隔离,防止传染,须注射哈肯氏防疫液,男人可用三西西量,女人用二至二西西半量,若小孩,须察其年纪的大小,身体的强弱,酌量施用。注射哈肯氏防疫液后,三四点钟体温升高,在十二点钟内升到法伦海寒暑表一百零二至一百零三度，并在一二天内针处发肿，身体不适意，然而也有注射后不觉困苦者，随各人的体质而异也，注射哈肯氏防疫液的人，可免传染鼠疫，每次约有两个多月的抵抗功能，现在虽有研究敌疫苗浆的发明家，然而尚未见有胜过哈肯氏者，患疫人的饮食，富滋养而运行气血的流质为最妙。

原载《中国红十字会二十周年纪念册·论说文》1924 年

第三编　抗战时期(1931—1945)

一、综　　合

国民后方救济与慰劳[节录]

第一节　救护队

自一月二十八夜开战，闸北十万生灵罹于浩劫，我军奋勇而牺牲与伤残者都得着了国民空前的热烈救济。这在平时内战时期除自己军队所设置的小数担架排而外，亿人死尸暴露，谁来代为出力掩埋？一任伤残者坐以待死，谁来设法救济？而此时则大大不同了，民众组织之救护队如潮斯起，不可记数。他们都不顾生死，不顾污秽出入枪林弹雨之中毫无难色，纷纷驾卡车由战区救出难民和伤残的官兵向后方安全世界输运。经过战区死尸载道，不能通过的地方他们也不稍馁其气，开足马力向前直冲，一时死尸血肉飞溅，厥状甚惨。呜呼，仁爱之心人皆有之，救人杀人壮矣哉。

关于救护队因为材料不能集中而且无法集中，所以很难作详尽而有系统的叙述。其间成绩亦难判其高下，但据著者实地调查所得，当以煤业工会和中国红十字会两救护队为最努力最勇敢，而其牺牲亦较大。童子军及各职业团体所组织者次之，而由女学生临时组织者最劣，他们个个都配武装带。然军官不到战地不操苦役，怕死畏劳，虚荣，特重救国云云，认为时髦。虽然女子能知救国，亦足为鬓眉生色，当然不能苛责，不过总觉得美中不足罢了。

中国红十字会救护队于战争发生后即筹备救护事宜，于二十九日晨全队出发，即救出难民数十，又至北火车站战区救护伤兵。因铁门已关，乃由北高寿里至车站时正值日兵冲锋之际。其时日军以大礮掩护并以飞机抛掷炸弹，我军以高射炮仰射，先后落地炸弹五枚，将伤兵车炸毁。该会义务救护员及护士等正在搬运伤兵之际，甫离地点不及一分钟，虽未波及，但该会人员竟从容不迫及视死如归之精神殊不多得。这因为他们长期训练的关系，同时蓝十字会救护队三队连同已设置救护队其共计四队分往前线救护并辟闸北慈善团体为临时收容所。公共租界白克路之宝隆医院亦于同时紧急组织救护队于三十日晨八时携带药品往战地救伤，而中国童子军在此时更有大规模之组织，其慕尔堂童子军团所组织之救护队于二十九日即出发救出难民百数十人即寄存于该团团址之慕尔堂。此时之上海市卫生局亦为其职责的关系，特电红十字会、红万字会迅组救护队救护伤兵伤民并分电红十字会总医院、公立上海医院、新普育堂医院等准备收容医伤床位数百张以便应付，又电同仁辅元堂、普善山庄等慈善团体速组掩埋队以便收敛战地死亡之人，工作亦甚紧张。其实人民爱国比官场为切，一切救护队等都是自动组织，用不着什么致电督促的。不过在市卫生局也算是一项例行公文为国努力了。市卫生局亦是如此，特派科员赴各慈善团体接洽收容战地难民，工作甚忙。而中国著名慈善家朱子桥又因闸北住民纷纷搬入租界，致租界内各大小旅馆莫不均告客满，但一般贫民虽逃入租界却无处投宿，均露宿于路中，而不及逃之难民更众，乃赴济生会、红十字会等慈善机关接洽收容并指定嵩山路国恩寺等处为收容难民处所，而妇女界领袖何香凝及陈朱光珍(陈铭枢夫人)更组织妇女救护队往前方救护伤兵。于三十日下午率领全队工作人员余心一夫人、曾献声夫人、王礼锡夫人、陆晶清女士、甘陈杏容、陈孚木夫人、刘蘅静、陈铭英、杨建平夫人等加入翁旅参加救护工作。而何香凝所组织之国难妇女救护训练班即改名为国难战士救护队，计队员六十人，假新闸路口海关监督公署为办公处所。三月一日由刘毅天夫人持函与红十字会接洽工作，当经该会允许指为第七救护队专任官兵救护事宜。市商会之童子军救护队亦于同日各支队陆续出发，成绩亦佳。至于战地服务团在二月一日除市商会另行组织者外，已报到参加服务者有理事会教训班慕尔堂、邮务工会光华、青年会金荣、静安、友声、金庭、少年会、宁波、沪江、爱国等童子军及服务员共三百余人，其大半工作为救护运输等。天真活泼之童子军出入战区，使人肃然起敬，即在同日[三月一日]上海各公益团体及慈善家朱子桥、王一亭等百余人对闸北战事，同胞惨遭寇祸，目击伤心，组织大规模之上海战区难民救济会专办战区被难同胞临时收容所给养事务。上海各大学生联合会亦在同日议决将同济大学学生六百人，编为救护队出发前方服务，设立临时救护病院于暨南大学内，从事救护。[后略]

第二节　伤兵医院与难民收容所

[前略]

自一月二十八夜开战，其翌日一切大的医院及慈善团体均纷纷改设或筹设伤兵医院，其间如红十字会、红万字会、宝隆医院、大陆商场等都是很著名的为民众自动所组织的伤兵医院。而难民收容所更是星罗棋布，为各慈善家及慈善团体争先恐后的设立了，救伤与恤难当然是我国民众应尽的义务。

伤兵医院治首先成立者为红十字会各医院、宝隆医院、红万字医院、公立上海医院、新普育堂医院、普善医院等等。而后又要求加入红十字会纯粹尽义务者有星[新]加坡建华颐养园、龙华路惠工医院，而红十字会迄至二月五日已编成后方医院十一处，计第一院为海格路红十字会总医院，第二医院为新闸路红十字会北市医院，第三院为十六铺红十字会南市医院，第四院在西藏路，第五院在静安寺，第六院在胶州路建华颐养园，第七院在枫林桥骨科医院，第八院在天潼路粤商医院，第九路在青云桥下公立医院，第十院在新民路普善医院，第十一院在法租界巨籁达路公时学校。伤兵总站在爱文义路中国医学会，又在吴淞组织后方医院一所，又以浏河太仓受伤难民过多，组织一救护医院，而救急站则遍于真茹、闸北、江湾各附近战区。真茹则有前方医院一所，至二月五日又有联义善会惠旅养病院及南洋医大同学会三团体合组红十字会第十二病院并担任药品伙食经费等项，日夜分治受伤兵民，国难战事慰劳救护会除组织红十字会救护第七支队外，并在沪法租界公时学校及苏州阊门外农业学校成立后方医院收容前线受伤将士。而地方维持会并为难民预防疠疫，设有临时救济医院于小沙渡路劳工医院内，难民患病均送往该处。医师公会更为统一进展计，又召集何香凝主办之国难救济会、庞京周主办之同德救护队及红十字会等联席会议。议决添设救护队外，并在真茹设医疗所，在上海设医院，收容伤者，设总办事处于西宁路武定路口，其第二步进行计划接洽苏州办理后方病院事宜。而上海各大学校义勇军亦设后方医院于打浦桥法政学院内，震旦大学亦让屋作医院。兹将上海伤兵医院列表于下：

上海伤兵医院一览表[节录]

医院名称	院长或负责人姓名	地　址	受伤官兵人数	备考
中国红十字会第一伤兵医院	颜福庆	海格路三六三三号	二五二	
二	王培元	新闸路八五六号	九四	
三	王一亭	福熙路爱仁里末弄	六七	
四	刘鸿生 史量才	西藏路五四五号	九七	
五	俞松筠	静安寺路张家浜六号	九三	
六	张竹君	胶州路健华颐养院		

续 表

医院名称	院长或负责人姓名	地　　址	受伤官兵人数	备考
七	牛惠生	徐家汇路八五二号骨科医院	五〇	
八	周楚页	南市多稼路公立上海医院	一八八	
九	陈秋田	蒲石路一一〇号	一八	
十	王一亭	新民路普善医院		
十一	何香凝 郭景鬻	巨籁达路公时学校校舍	一二三	
十二	王一亭 陈荣章 翁演初	爱文义路派克路口惠旅医院	一八八	
十三	叶露	南市大南门阜民路叶露医院	二八	
十四	金爱章	法租界保健路十九号	一五	
十五	王汉礼	江湾镇花园街		
十六	陆伯鸿	南市大门国货路新普育堂	一四四	
十七	金伯琴 席云生 顾吉生	嘉定大场	二二二	
十八	S. Rmisentbol	法租界吕班路望志路口	六〇	
十九	李元善	赫德路康脑脱路口	六五	
二十	惠主教	法租界金神父路广慈医院	五三	
二十一	王苏香	闵行敏家花园	一〇八	
二十二	庄德	天主堂街泪思小学校内	一三八	
二十三	张佩年	贝勒路底恒庆里后华东中学	七四	
二十四	俞松筠	静安寺路梅白克路张家浜十四号	一〇七	
二十五	钱龙章	福熙路多福里疗养院	二八	
二十六	方液仙	梹榔路一五〇号	一〇三	
二十七	范守洞	小沙渡路四八五九号	五四	
二十八	庄桂生	法租界吕班路震旦大学	一九一	

续　表

医院名称	院长或负责人姓名	地　　址	受伤官兵人数	备考
二十九	陆伯鸿	杨树浦宁国路十四号圣心医院		
三十		南市董家渡天主堂街对面公严进行会	一八八	
三十一	罗直夫	南市老西门蓬莱路新上海县东首八十八号	三一	
三十二		徐家汇天主堂		
三十三	郭守纯	胶州路贫儿教养院	二〇二	
三十四	张维光	康脑脱路五五号	一七七	
三十五	邵声清 边瑞馨	望平街民国日报馆	七九	
三十六	朱世恩	新闸路和安学校	六九	
三十七	魏鸿文	北新江路蒋春园		
三十八	顾南群	天后宫桥北堍	八二	
三十九		太仓	四三	
四十		胶州路大夏学校	一〇三	
四十一	张箴言	恒运路三青中学		
四十二	牛惠生	静安寺大西路日延哲里一号	二八	
四十三	陆伯鸿 周学文	松江西门外马路桥后瑟医院		

至于战区逃出难民经上海市民地方维持会救济股调查股调查，谓截至二月七日，上海市设有之收容所已达三十三处，九日达四十七处，收容难民共五千余人，各所难民大半只身逃出。除随身衣服外，一无他物，其一切都是赖社会各公益团体接济的，其最大多数还纷纷逃往原籍及附近各县乡间，其稍有钱者均自找门径或寄往他处或暂宿旅馆，即以公共租界而论，在二月四日前已有五万七千余人，兹列表于下：[节录]

区　域	人　数	住　　所
戈登路	3 057	在红十字会医院收容或居友人家

此外,经公共租界入法租界或浦东或赴他处者为多,赴杭州者亦众,各公益团体之难民收容所为明了起见,列表如下[节录]:

名　　称	地　　址	管理机关	负责人姓名	收容人数
红十字会第一收容所	潭子湾	红十字会		500
红十字会第二收容所	新闸路棲流所	红十字会	宋世恩	700
红十字会第三收容所	四马路天蟾舞台	红十字会	顾竹轩	1 000

[后略]

第三节　物质慰劳

[前略]

一月二十八夜,闸北开火不到两天,即收到慰劳品不可胜数已堆积如山,故一月三十一日申新各报刊出如是消息云:"近据司令部消息,谓各界慰劳品大多食品,固属军所需,但各界几多类同,殊嫌过剩,目下军中所最需要者即运货汽车汽油机器脚踏车、跑鞋及药品等,尚望热心同胞,尽量捐助,至捐输现金,一则漫无稽考,二则以之犒军,徒增军士重财爱命之嫌。目下士气盛极,早置生命于度外,何论金钱也。"此消息一刊出,于是不到半天,上海全市的大大小小的车辆不论汽车、脚踏车、机器脚踏车、运货车等等交通工具,几完全捐空,齐向军中输送,其热烈的盛况在大革命的时期亦不多见。作者在此书中当然不能记其万一的啊,即以市商会所发的通告而论,自该会二十九日通告征集现金、物品慰劳前敌将士之讯传出后,三十日各公共团体及个人名义前往输助现金物品。自晨至暮极其踊跃,仅香港路四号银行公会一处,已堆积如山,物品种类亦甚伙,若面粉、年糕、饼干、牛肉、羊肉、牛奶、红枣、毛巾、药布、鸡蛋糕等难以枚举,当经该会请由十九路军派员押运装货车十余辆,络绎运赴闸北一带散发。截至傍晚而捐助者犹接踵而至,几至无地可以容纳,而输将现金者约有十余万元,由此即可见当时的热烈慰劳情景更有许多使人感泣者,如二十九日午前十一时红十字会救护车经过北四川路海宁路时有一苦力持饼四斤向该会救护员董心琴哭泣,请即带交伤兵,董即收受,谓请放心决将尊意达到受伤军士之前。该苦力道谢而去。又于同日九江路中国红十字会收得各方男女老幼捐送饼干面包甚多,院中堆积如山,有一年约七八龄之童女至该会送去饼干二包赠予伤兵称系:"吾母今晨给我吃食者,我偷了送来给伤兵吃。"问其姓名含笑而去。二月八日时事新报又登有爱国的孩子们的一封信和洋十五元钱,是他们所得的拜年钱,原函是这样的写着。

[略]

此次作战欧美人士对于中国殊表同情,故于救伤恤难两项得到外人的援助不少。在救伤方面,例如各外国医院均尽量为我国受伤官兵收容医治均为纯粹无报酬的义务,各公私立医院亦有许多外国医生来尽义务的,而华人所组织之救护队亦有许多英美女士参加且有单独自己组织者,例如中国红十字会救护队于二月四日即皆由美国旅沪侨民韦慈丸尔斯夫人电话自愿约同美籍女友十余人为中国红十字会办理救伤所用之棉花纱布即由队长王培元送去,以便制成绷带、棉花球等应用品出发前方救护。五日,又有上海德商美狄根洋行特将价值一千七百元之橡皮膏棉花纱布及绷带分送二马路及海格路红十字会以救治受伤军民。嗣后来参加救护者更络绎不绝,可见公理自在人心,当然不分中外,都一视同仁也。而对于难民之救济旅沪外人亦多表同情,而愿援助上海市民维持会救济股自一月三十一日成立以至二月八日不过十天,已收到捐款五万余元,且有二千元为外人所捐助者。[后略]

其次,使人感泣不忘者即各界人士不辞劳瘁或为伤兵服役,或到前线作苦工而亲身持物前往伤兵医院慰劳或往战线慰劳,以鼓励士气者尤使前线将士乐为效死,其热烈的情绪无一不使军民感动而至于涕泣。其最努力者如孙总理夫人宋庆龄女士与廖仲恺夫人何香凝女士,除组织救护队创设伤兵医院捐款输物之外,复至再至三,不辞劳瘁,亲至前线及伤兵医院散物慰劳,使将士忘身,伤兵忘痛,敌忾同仇都愿得一光荣的死所。这样的热烈的情景,实为中国空前所未有。

[后略]

原载《十九路军抗日血战史》神州国光社 1933 年版

论上海之沙眼:中国红十字会第一医院眼科近四年来四千五百二十五病例之统计报告

结合膜粒炎,即吾人通称沙眼之一病,其在吾国传播之普遍与为害之剧烈,非惟医家所公认且为社会各界人士所感受而承认者也。其关于经济上之损失,无论国家与个人皆蒙无形之奇害,非有特殊之调查研究不足发露此为害之事实。盖沙眼之为病也,起于不觉,播于无形,寻常初起之病无显明之病状,微痒与不适,常易为患者所忽视,殆至流泪、发红,上眼粪,畏光及视力朦胧诸症起时,往往为病已复杂,难于治疗之时期,则费时耗事,收效缓而少矣。语云:“星星之火,可以燎原,”甚矣哉,勿以沙眼之为祸小也。试观沙眼之蔓延我全国,其受患者约有百分之二十乃至四十。吾国人口号称四万万,若此计算果确,则竟有一万六千万之害沙眼者矣。Pillat 氏对于消灭中国沙眼之意见一文中有云:“中国人民对于疾病最能容忍,最易漠视,辄有患眼疾致瞎者,则视为作恶报应,患者忍之,以求□悔,见者亦互相警诫,视若神为”。人生之眼睛可以忍,孰不可忍?其次:“中国人对于治疗,不能耐久,往往就医数次,至病症消退之初,或仅半愈,遂自行停止其治疗”。由此二点视之,无怪沙眼之数目有增无已也。近数年来,国势日蹙,教育及卫生方面,均无大进步,对于沙眼之注意防止[治]者,大都会或有多少觉悟。乡村偏僻,谁注意及之。民国二十年[1931 年]周氏曾在中华医学会年会会中有上海各学校消弭沙眼之建议,彼虽唱之,谁从而和之?至今无实行之办法。各医院之沙眼统计报告,可为佐证者为数甚稀,尤以能详细分类与各项合并病之甄别为甚。

沙眼之诊断,似易实难,通常辨别沙眼,须谨记数事:(一)勿仅认结合膜表面之沙粒状滤泡即为沙眼,即粒状滤泡消退时,亦勿谓为无沙眼或沙眼痊愈。Pillat 氏谓粒状滤泡病之存在,仅为一种慢性激刺所起之状。据吾人之经验,即滤泡性沙眼,甚为轻缓,且为数不多;所紧要者则为乳头性沙眼,常在睑结膜炎与结合膜穹窿等处呈肥大现象,为诊断沙眼之要证。(二)根据血管翳诊断沙眼,非有经验之专家,则恒易误诊,即有类似血管翳者,勿得即谓为沙眼。反之,具有其它症状,而无血管翳者,不能谓沙眼。我国人以种族之别,在角膜缘上常有较宽之灰色半透明镰形缘,此实与初起之血管翳大有区别,即有经验者,亦恒恃放大镜与角膜头显微镜为准确之诊断。(三)勿认沙眼为多数致盲之因,沙眼可以致目盲,诚然有之;但不可轻易断定,角膜粘着白斑,往往为其它疾病所生角膜溃疡之结果,初与沙眼漠不相关,此非专家与经验者不能诊断。然则欲求正确之统计,至少须有以上数事之诊断甚明晰,方具有沙眼统计之真价值焉。

本文统计之分类,大都按诸 Mac Callan 氏与 Pillat 氏之分类法,兹分别于下:

(一)早期沙眼	Mac Callan	第一期
(二)过滤性沙眼	〃	第二期 A
(三)乳头性沙眼	〃	第二期 B
(四)混合型沙眼	〃	第二期 B
(五)结瘢性沙眼	〃	第三期及第四期
(六)胶质性沙眼	〃	第四期

(一) 早期沙眼(Trachoma Unrlassified.)

此类沙眼,多属沙眼初起病症,临证[诊]诊断颇多疑难。今类别为早期,实未必妥当。与MacCallan氏之第一期相符之处颇多。此期之病理不甚显明,细心察之,或见睑板腺之结合膜面甚为粗糙,或有灰色半透明之细微粒状,无血管连之,结合膜则正常,不显炎症,无排泄物,患者全不觉焉。有时自然消减而无痕迹,有时或侵袭角膜而起血管翳,此期沙眼间或有少量排泄物自粘膜排出,即无其它之细菌浸染亦然。此时之传染力甚高,潜伏期约为四日至十日。

(二) 滤泡性沙眼(Trachoma Follicular.)

此类沙眼,最为缓和,治疗易愈,豫[愈]后最佳,其病理为粒状滤泡,多见于睑板后折,半月折与睑板上缘等处,其它结合膜亦有之。此等滤泡多为圆形或不规则形之粒,大小不等,色为红灰,显半透明,盖此滤泡多含白血球而无血管,故显灰色,其背景为红色,由于结合膜发炎也。滤泡增大时,与邻近滤泡接触,常致连合成乳头或小块,或穿破结合膜面而排去其含蓄物,或自然消退于无形,其数目之多少亦因病势而异。此类之所以异于小儿时之结合膜滤泡病者,以后者之全由于结合膜淋巴组织之增生性过长,无沙眼之炎症也。至于滤泡性沙眼,则除定型之滤泡外,结合膜常有炎症,且增肥厚,其构造常变其正常性质,然吾人必首先认定滤泡为此类之主要症状,亦为正理。

(三) 乳头性沙眼 (Trachoma Papillary.)

此类沙眼在我国之普通与重要,与其它各国无异。结合膜常显炎症,呈定型之增厚状态,临诊时结合膜之正常构造,皆为乳头增厚所掩蔽。轻缓者结合膜呈绒毛状面,病重者则为定型之乳头面;病剧者则乳头面成桑子或覆盆子状之突起面,间或有滤泡存在其间。此时之滤泡,非重要症状。结合膜之组织较正常之结合膜增厚数倍,皆为淋巴细胞与浆细胞之浸润及结缔组织之活动增生所致。乳头沙眼之性质顽固较滤泡沙眼为烈,治疗见效亦迟。通常之认为沙眼已痊愈,必须达到结合膜无一增厚之点余留为度,是以治疗之延长,须待增厚之结合膜,全行结瘢。然虽至如此程度,病之复发,仍为可能性。

(四) 混合性沙眼(Trachoma Mixed.)

此类沙眼有滤泡与乳头增厚各半,混合掺杂之,诊断较易,因该二类之临诊病状,皆甚明显也。

(五) 结瘢性沙眼(Trachoma Cicatricial.)

此类为以上各期或各类沙眼之结束期，即以结合膜之结瘢形成为结瘢性沙眼，包含结瘢初起以至结瘢完成之病程。MacCalla 氏之第三、四期均属之，早期结斑，不易诊断，须以放大镜检查，以为之助。最轻微者，则可用聚隙光与角膜显微镜以诊断之。结瘢渐成熟者，则甚显然，可于结合膜任何部份见之，但以上睑，睑板上缘，眼板下沟等处为最明显。瘢痕常现于红色增厚结合膜之间，呈白色条纹，斑痕渐多，则互相交叉，成网状纹。至结瘢完成，瘢痕收缩时，结合膜即变灰白，质薄而光，最后且微带青灰色矣。

(六) 胶质性沙眼(Trachoma Gelatinous)

此类沙眼为结瘢后所生之一种萎缩状态，常为最末之一期，除显定型性之结瘢完或症状外，其结合膜呈淡灰白带黄或微绿色之半透明增厚，此即为透明性变(hyaline degeneration)之结果，于睑板上缘及睑板下沟等处见之。若施压力于睑板上缘，则有半透明胶质榨出，故其诊断并不甚难，此即为沙眼之末患矣。

沙眼之地理分配情形如何，全恃各区域有明确之统计报告，方可得其真像。本文之目的即就上海市一隅沙眼患者分析而统计之，原以供专家之参考，亦足以唤起群众之注意且望有多数统计报告之集合成类，树将来抗沙眼运动之基础。

按吾人在中国红十字会第一医院眼科门诊之经验，自民国十九年[1930]一月一日起，至民国二十二年[1933]十二月三十一日止，共收初诊病人 7 890 人，其中患沙眼者有 4 525 人(57.4%)。凡遇患沙眼之病人初次就诊，对于其并发症与复发病尤为注意，与此病同时发生，而与沙眼无关者皆删去之，以求明晰。兹将所分析四年间之 4 525 病例统计如下表：

表一 沙眼之分类与各类之百分率

年别	早期沙眼	滤泡性沙眼	混合性沙眼	乳头性沙眼	结瘢性沙眼	胶质性沙眼	各年沙眼之总数
1930	16	85	73	223	209	—	706
1931	19	113	70	183	493	—	878
1932	16	179	64	274	746	1	1 280
1938	20	268	70	583	702	9	1 661
各类沙眼之数目及百分率	80	645	277	1 263	2 250	10	4 525
	1.8%	14.3%	6.1%	27.9%	49.7%	0.2%	100%

结瘢性沙眼，几乎居沙眼总数之半(49.7%)，胶质性沙眼为极少数(0.2%)，然此仅为结瘢性沙眼之最小部份亦可作结瘢性论之。乳头性沙眼为次多(27.9%)，其次为滤泡性，又其次为混合性，早期沙眼为数甚少。图一之表示，极为明了且可见早期沙眼滤泡性、混合性及乳头性之总和，适于结瘢性及其小部之胶质性之和相等，则前四者之结果均成为后二期，能如此证明乎？亦趣事也。

沙眼之于性别与百分率之比较列于下表：

表二　性别之人数与各类之百分率

性　别	早期沙眼	滤泡性沙眼	混合性沙眼	乳头性沙眼	结斑性沙眼	胶质性沙眼	各年沙眼之总数
男性百分率	52	412	168	869	1 430	4	2 935
	65.0%	63.8%	60.8%	68.8%	63.6%	40.0%	64.9%
女性百分率	28	233	109	394	820	6	1 590
	35.0%	36.1%	39.2%	31.2%	36.4%	60.0%	35.1%

各类沙眼男女性别人数之比较，大概成为二与一之比例，惟胶质性沙眼以人数太少之故而成例外，即并入结瘢性沙眼内，亦无多影响。

沙眼之与年龄关系，吾人之统计分五年为一期，所得每期之人数，列于下表：

表三　五年分期各类沙眼之人数统计表

年龄	滤泡性沙眼	混合性沙眼	乳头性沙眼	结斑性沙眼	胶质性沙眼	早期沙眼	各年沙眼之总数
0—5	53	6	20	8	0	3	99
5—10	70	19	45	24	0	4	163
10—15	72	28	79	64	0	2	245
15—20	149	57	245	277	1	21	750
20—25	118	53	245	411	2	18	847
25—30	71	37	231	409	1	14	763
30—35	47	24	148	292	2	8	521
35—40	31	30	103	259	1	5	429

续 表

年龄	滤泡性沙眼	混合性沙眼	乳头性沙眼	结斑性沙眼	胶质性沙眼	早期沙眼	各年沙眼之总数
40—45	15	9	65	177	0	5	271
45—50	7	7	29	125	1	0	169
50—55	5	5	18	81	0	0	109
55—60	5	0	16	67	0	0	88
60—65	2	2	6	31	0	0	41
65—70	0	0	3	21	2	0	26
70 以上	0	0	1	4	0	0	5
各类沙眼之数目	645	277	1 263	2 250	10	80	4 525

沙眼最盛行之时期，为人生十五岁至四十岁之间，各类沙眼皆然，可见沙眼之害全在人生之工作时间，影响于社会经济者尤大。本院为公共机关之医院，来就诊者，皆为中产以下之平民，其多数之生活既已达艰难之苦境，再加沙眼之疾害，经济受其打击，更无疑义。在上海之平民业洋务者，为数甚众，男女皆有之，往往有以沙眼之存在而失其业者，虽无统计，事实上吾人已常见之。此项职业调查之付缺如，实由本院人员缺乏，颇感烦难之故耳。至于婴儿之受染机缘，甚为重要。Olitziki氏在埃及赞表言论，认沙眼为婴儿之疾病，年幼时期以滤泡性沙眼为最多，乳头与混合性次之，年老者结瘢性沙眼为最多。

各类沙眼之无并发病症者，列于下表：

表四　各类纯粹之沙眼及其百分率(指无并发症状者而言)

病状之差别	早期沙眼	滤泡性沙眼	混合性沙眼	乳头性沙眼	结斑性沙眼	胶质性沙眼	纯粹沙眼之总数
轻和者	7	28	2	51	78	0	166
较重者	41	382	156	466	618	2	1 665
急性加重者	4	66	7	127	104	0	308
各类之数目	52	476	165	614	800	2	2 139
各类沙眼之数目及百分率	80	645	277	1 263	2 250	10	4 525
	65.0%	73.8%	59.6%	51.0%	35.6%	20.0%	47.3%

在上表中,滤泡性之百分率最高,结瘢性之百分率为最低,因最多数之并发病均在结瘢时期发生。反之,滤泡性为易于治疗,豫[愈]后最佳之沙眼,宜乎其无并发病症也。

有并发病状之沙眼,列于下表:

表五 各类沙眼之并发病状与其百分率

并合病状	早期沙眼	滤泡性沙眼	混合性沙眼	乳头性沙眼	结瘢性沙眼	胶质性沙眼	各种并发症之总数	各并发病之百分率
各类沙眼之并发病例之百分率	35.0%	26.2%	40.4%	49.0%	64.4%	80.0%	52.7%	
有滤泡者					100	2	102 病例	2.6%
有瘢痕者	0	28	6	47			81 病例	1.6%
百分率		2.2%	1.1%	1.9%	2.2%	10.0%		
角膜血管翳								
初起血管翳	0	10	0	84	242	0	342 眼数	3.8%
部分角膜血管翳	11	92	88	290	1 118	13	1 612 眼数	17.8%
全部角膜血管翳	5	22	14	11	176	1	239 眼数	2.5%
角膜浸润	2	24	16	60	199	2	303 眼数	3.3%
血管翳溃疡	0	8	8	28	141	2	187 眼数	2.1%
患血管翳之眼之总数	18	162	126	473	1 876	18	2 673 眼数=1 337 病例	
百分率	11.3%	12.7%	22.7%	18.7%	41.7%	90.0%		29.5%
泡性并发症								
泡性结合膜炎	6	64	22	235	193	0	520 眼数	5.7%
结合膜角膜炎	8	8	2	41	116	0	175 眼数	1.7%
泡性角膜炎	2	6	10	40	65	0	123 眼数	1.3%
角膜溃疡	0	9	6	29	92	0	136 眼数	1.3%
角膜炎症	8	20	43	202	631	2	906 眼数	10.4%
角膜白斑	2	15	6	33	118	0	174 眼数	2.0%

续 表

并合病状	早期沙眼	滤泡性沙眼	混合性沙眼	乳头性沙眼	结瘢性沙眼	胶质性沙眼	各种并发症之总数	各并发病之百分率
患泡性并发病之眼之总数	26	122	89	580	1 215	2	2 034 眼数=1 017 病例	
百分率	16.3%	9.5%	16.1%	23.0%	27.0%	10.0%		22.4%
维生素缺乏病								
干燥性结合膜炎	0	0	0	16	19	0	35 眼数	
Bitot 氏斑点	0	0	0	11	10	0	21 眼数	
患维生素缺乏病之眼之总数	0	0	0	27	29	0	56 眼数	0.6%
其它并发症								
睑缘炎	24	68	18	206	264	0	562 眼数	6.2%
窦状胬肉	0	8	12	54	204	0	278 眼数	3.1%
浆细胞瘤	0	1	0	11	6	0	18 眼数	

沙眼之并发病，在吾人统计中已超过全数之半(52.7%)，而以结瘢性沙眼之百分率为最高，乳头性次之，滤泡性为最低，此实与表四之结果相反。所以然者，结瘢性为各类沙眼之结束期，固已熟知，乳头性则为病势最重之期，最为难治，时日旷久，故并发病因以增多。并发病症中，以血管翳形成(pannns formation)为最普通，血管翳形成者，乃血管深入角膜，时生浸润，时或消退，循环增进，结果成为全部角膜血管翳。其次则泡性(phlyctenular)结合膜，角膜等炎症。此等病症恒由于营养不良或痨病体质，与沙眼同时发生，或随之继起，为沙眼加剧之因。而沙眼病势既增重，又可为诱起泡性结合膜炎之因，互为因果日趋沉重。又次则维生素缺乏病(avitamiuosis)，如干燥性结合膜炎与 Bitot 氏点等症常于结瘢性与乳头性沙眼中见之，此由于营养缺乏所致也。尚有眼睑缘炎，亦恒为沙眼之并发病，由于沙眼病症之慢性刺激成为慢性炎症。为招致其它传染之源，至于翼状胬肉(pterygium)亦多与沙眼并行，而以结瘢性沙眼为最多，乳头次之，此胬肉之形成，由于慢性刺激所致，或由于我国之旧医眼药乱投所致。至于浆细胞瘤(plasmoma)亦非罕见，于乳头性沙眼为最多，结瘢性次之，此瘤大都由乳头性中之淋巴细胞增生过多，而成浆

细胞性变，致增生过大，终成为瘤，固为慢性增殖。为害之烈者，角膜全部为之蒙蔽，视力全失，轻者常生于结合膜弯窿处，另成一折，非仅有碍眼之开闭，亦为损毁面貌之一因也。

沙眼之角膜溃疡为数极稀，何者，在血管翳一带之溃疡与浸润皆称为角膜血管翳溃疡与浸润。所谓沙眼性溃疡者(trachomatous ulcer)必于血管翳外之角膜上见之，与血管翳分离者也。以吾人之经验观之，此种溃疡实为罕见，属于泡性一类之溃疡，易于辨证，自为例外。沙眼之角膜血管翳为最普通之并发病，兹作图说明于下(略)。

早期沙眼与滤泡性沙眼之百分率几相等，乳头性与混合性则渐次升高，结瘢性沙眼为最高(41.7%)；胶质性沙眼虽高至百分之九十，实因病例甚少，不足为判断之根据；而结瘢性沙眼患血管翳之百分率所以最多者，无他，此类之患者甚多，病程甚久，并发病之由于泡性结合膜炎与倒睫、睑内翻等症，亦甚普通故耳。

据以上之统计，则血管翳之生长为吾人病例 4 525 人之 29.5%，几等于全数十分之三，与周氏十九年[1930]之华北沙眼统计 25.7%血管翳相比，虽高百分之四，然亦相差无几。与其它国报告之比，尚较低少也。Ogavra 氏之报告为三分之一，Axenfeld 则断为百分之三十乃至五十。吾人平日临诊之检查，凡属我国人之特性，具有正常之宽角膜缘，皆摒除例外，然无此经验者或断为初期血管翳耳。

除并发病之外，则为沙眼之后患。所谓后患者，即结瘢形成之收缩性过强，结果必至眼睑之毁形，如睫毛乱生，眼睑内翻之类是。表六即为沙眼后患之统计表：

表六　沙眼之后患与其百分率

<table>
<tr><th>后患之类别</th><th>带后患之眼数</th><th>后患之百分率</th></tr>
<tr><td>倒睫</td><td>348</td><td>3.8%</td></tr>
<tr><td>睑内翻</td><td>191</td><td>2.1%</td></tr>
<tr><td>睑外翻</td><td>42</td><td>0.5%</td></tr>
<tr><td>兔眼</td><td>47</td><td rowspan="2">0.7%</td></tr>
<tr><td>兔眼角膜炎</td><td>12</td></tr>
<tr><td>眼球后黏着</td><td>68</td><td>0.8%</td></tr>
<tr><td>致后患眼数之总和</td><td>708 - 304(病例)</td><td>6.7%</td></tr>
</table>

此疾之后患几全在结瘢时期，虽在乳头性沙眼，亦甚稀少，其它则绝无仅有，或非沙眼之重要关系，为眼睑之其它疾病所致，如睑板腺炎、脓肿、烫伤等是。至于纯粹之乳头性沙眼罕有睫毛乱生如倒睫之形态者，有之(见表五之结瘢性并发症一栏)，则必先带结瘢之并发病状，而结瘢人数不多且非重要，不致起毁形之变相也。至于结瘢性沙眼，则为纯粹结疤时期，若至结合膜深层结瘢，必与睑板脊骨黏着，始成眼睑变形之根本原因。

眼球后黏连(Posterior symblepharon)亦为结瘢时期之普通后患，吾人所统计，为纯粹系沙眼所致者，有0.8%，其数甚少。

沙眼之为害，已如前述，究与目盲之统计关系若何，此吾人宜严重注意而加以讨论者也。对于目盲之统计，是否由于沙眼，首宜注意诊断之举准确与否。本文所统计之病例，十有九为周诚浒医师本人之诊断，有疑难者，且凭藉放大镜，罅隙光与角膜显微镜检验之，错误当然极少。

本文之认为目盲，即以其视力1/60以下，不能配眼镜纠正者为标准。然此仅就妨碍日常之生活工作而言，盖常人之所恃以工作而谋生活者，较此视力低下，则无能为矣，故又称此为“工业盲”。常人目力完全者为6/6，本文则以6/6至6/15以上为完好之目力，称之曰“良”，6/20以上者，曰“平”，6/30以上，曰“差”，6/60以上，曰“劣”，1/60以下即为“盲”也。兹将各种目力损坏之差别与各有关系之并发病，统计于下表：

表七　患沙眼者之视力及盲目之百分率

视力等差	角膜血管翳				泡性并发症		无并发症之沙眼	限之总数
	全部	部分	浸润	总数	角膜斑点	泡性结合膜及角膜诸炎		
良 6/6 至 6/15		973	151	1 124	384	414	3 850	5 772
平 6/20		208	32		69	185		494
差 6/30	8	189	37		69	175		478
劣 6/60	29	152	22		71	100		365
盲 1/60	39	91	19		52	31		235
	114	60	17		39	8		238
	52	8	3		1			64

续　表

视力等差	角膜血管翳				泡性并发症		无并发症之沙眼	限之总数
	全部	部分	浸润	总数	角膜斑点	泡性结合膜及角膜诸炎		
平、差、劣、盲之眼数及总和	233	708	130	1 071	301	502		1 874
全数及总和	233	1 081	281	2 195	685	916	8 850	7 646
平、差、劣、盲之眼数之百分率	100%	42.1%	46.3%	48.8%	43.7%	54.8%	0.0%	24.6%
优良视力眼数之百分率	6%	57.6%	53.7%	51.2%	56.3%	45.2%	100.0%	75.4%

本表之制成，系就 4 525 沙眼病例中之视力检查，将年幼不识字与愚笨不能检查视力者，视力由于屈光不正者以及因其它疾病而致视力损失者除外，尚得7 646 眼数全由沙眼关系之记载，合计为 3 823 病例而统计之。

血管翳生于角膜，为沙眼最普通之并发病，其所妨碍之视力，甚有关系。见图四[略]

兹按血管翳之进行程度，分为数类：(一) 全部角膜血管翳，则角膜全面积概行遮盖，患此翳者皆成盲人，其数为百分之百，幸此数非特殊之大，然亦有 233 眼数，计为一百三十余人焉；(二) 部份角膜血管翳，则初起者，尚不致妨碍视力，进一步而角膜血管翳伸展至瞳孔境或超越瞳孔境者，则目力受损失焉，故其数有百分之四十二又一；(三) 角膜浸润，多属血管翳伸展之侵袭活动，其妨碍视力为百分之四十六又三。总括之，凡患角膜血管翳而致目力损失，几及半数，况血管翳之伸展扩大，有进无已。据吾人之经验，其最活动者有在半年或二三月内，即成全部角膜血管翳者，然则此统计之数目尚含有多少之历史性也。至于泡性之并发病亦视其程度而异：(一) 仅为结合膜炎，则其视力之损坏即随炎症消退而痊愈，遂恢复正常视力；(二) 若为角膜炎或结合角膜炎，则视其痊愈后之后效而异，所谓后效者有无角膜斑点遗留也。故其视力，全因所生角膜斑点之厚薄大小与位置，而异其损失之程度焉。又凡侵袭角膜而致发炎者，有暂时与永久之视力损失之别，此则视乎治疗之迟早而异，无并发病之沙眼，亦非全无视力之损失，但其重要性，尚未影响患者之生活耳。

表八　按病例之数目为目盲之鉴别

并发病症	目盲		视力不全		总数
	单眼	双眼	单眼	双眼	
全部角膜血管翳	121	42	16	6	
部分角膜血管翳	105	27	385	82	
角膜浸润	27	6	75	8	
角膜斑点	72	10	151	29	
泡性结合膜及角膜诸炎	32	5	314	73	
双眼视力损失		99		198	288
单眼视力损失	357		941		1 298
视力损失之眼数总和及百分率			288*2+1 298	=1 874	=24.6%
因血管翳形成视力损失之眼数及百分率			1 071 眼数		=14.0%
因血管翳形成目盲之眼数及百分率			403 眼数		=5.3%
四年间新病人之总数			7 890 病例		
视力损失在 6/20 以下者之与四年间新病人之百分比					=6.8%
由于沙眼目盲与四年间新病人之百分比					=2.6%

因沙眼而致目力受损失者为百分之二十四又六，单眼受损失者为 1 298 人，双眼受损失者 288 人，单眼目盲者为 357 人，双眼目盲者为 90 人，此为本文因沙眼致目盲之总数。若严格计之，将泡性并发病之目力损失除外，则纯粹由于沙眼者之目力损失，尚有 1071 眼(14%)，其中目盲者有 403 眼数(5.3%)。林文秉氏研究我国目盲之原因，其报告沙眼有 37.4%为致目盲之主因。此数包括之并发症范围太广，当非全由于沙眼之纯粹主因也。周诚浒氏之华北沙眼统计，全由于沙眼致目盲者为 1.12%，以本文之新病人总数比例之，则全由于沙眼致目育者为 2.6%，此虽较高于华北，亦尚未有特殊之恶迹，则以多数病人未曾遇并发病而自行痊愈耳。

总结

(一) 自民国十九年[1930 年]一月一日起至民国二十二年[1933 年]十二月底止，共计四年，在上海中国红十字会第一医院眼科所收之门诊新病人为 7 890 人，其中患沙眼者有 4525 人，其百分率为 57.4%。

(二) 统计此 4 525 沙眼病例之结果,则结瘢沙眼为上海一隅最盛行之沙眼,其数目如次:

结瘢性沙眼 2 250 人=49.7%

乳头性沙眼 1 263 人=27.9%

滤泡性沙眼 645 人=14.3%

混合性沙眼 277 人=6.1%

其他 90 人=2.0%

(三) 性别之统针,男与女之人数,约为二比一,即男为 2 935 人(64.9%),女为 1 590 人(35.1%)。

(四) 年龄之统计,以十五岁至四十岁之期间为沙眼最盛行之时期,滤泡性沙眼,则幼年较多,结瘢性沙眼,老年较多。

(五) 在 4 525 病例中,有 1 337 人患有角膜血管翳之并发病为 29.5%。

(六) 直接因沙眼而致视力损失之比例为 14.0%,全然目盲者为 5.3%,若以全数初诊病人计之,则目力损失为 6.8%,全然目盲者为 2.6%。

原载《中华医学杂志(上海)》1934 年第 6 期

中国红十字会第一医院(国上海医学院第一实习医院)

(二十三年七月至二十四年六月 院长报告)

一年以来,本院各项工作虽处于物质困难之中,但大部分仍属前进。因地域之狭仄及病人之续增,致供不应求,幸得澄衷肺病疗养院及上海时疫医院之合作,将本院容不下之病人,分送治疗。新近又得虹桥疗养院及上海普慈疯病院加入合作。前者系最新式之疗养院,容病架六十架,目下虽系普通医院之性质,但日后拟逐渐改为产科医院,以应社会之亟需。后者创办于二十四年夏间,容病床六百架,为陆伯鸿先生苦心毅力所经营。其医务主任系由国立上海医学院精神病与神经科教授韩芬医师担任,故病人之医治,得能一致。凡精神病人均送往该院,本院仅收容神经病人。该院又以病床四十,指定为教学研究之用,故医学院之学生与教员,于精神病方面,得能深加研讨。此种合作利益甚大,各医院虽经费独立,然病人之治疗与学生之学习,则同归一致。

本院既感地域之狭仄,复因设备之不足,以致逾量病人无法收容,而职员之工作,难免顾此失彼,殊多歉疚,然同人砥砺之精神,以蕲求缔造较大较美之医院,始终一贯，今则新同之中山医院，已告动工，同人之长期奋斗一得相当之补偿。

本年住院病人总数为四千九百人，较上年之四千九百二十一人之数，减少二十一人。然其它各合作医院之病人数，尚不在内。澄衷肺病疗养院之容量，亦由六十架病床，增至一百四十架病床。各科分别言之，则妇产科较上年增加百分之二十，眼科较上年增加百分之一十，其它各科则较上年稍有减少。

门诊病人本年为九万五千五百四十五人，较上年之九万一千三百五十八人，增加四千一百八十七人，以神经科、泌尿科、妇产科增加最多。泌尿科病人之增加，系因该科门诊时间由上午改至下午四时以后。九万五千五百四十五名之病人中有一万一千零三十七名为特别挂号者，急症方面本年为四千三百三十三人，亦较去年之三千九百七十一人，增加三百六十二人。

兹将各项详细统计列下：

甲、住院病人

（一）各科住院人数表

科　　别	二十三年度	二十四年度	差　　别
内科	1 859	1 765	−5.3%
外科	1 201	1 106	−8.5%
妇产科	1 202	1 442	+20%
眼科	165	181	+10%
耳鼻喉科	230	168	−36%
皮肤花柳科	72	59	−22%
泌尿科	192	179	−7.2%
总计	4 921	4 900	—

（二）每月住院人数表

月　　份	二十三年度	二十四年度	差　　别
七月	445	498	+12%
八月	475	418	−13%
九月	385	423	+9.6%
十月	437	459	+5%

续　表

月　　份	二十三年度	二十四年度	差　　别
十一月	362	384	＋6％
十二月	345	357	＋3.4％
一月	367	358	－2％
二月	370	304	－21％
三月	426	434	＋2％
四月	422	415	－1.6％
五月	442	449	＋1.6％
六月	445	401	－10％
总计	4 921	4 900	

（三）住院月数表

年　　度	住院病人总数	住院总月数	平均每人住院月数
二十三年度	4 921	72 755	14
二十四年度	4 900	79 748	16

本年共死亡三百九十九人死亡率为百分之八

乙、门诊病人

（一）各科门诊人数表

科　　别	二十三年度	二十四年度	差　　别
内科	10 968	9 061	－21％
外科	36 375	33 377	－8％
妇产科	3 731	5 089	＋36％
眼科	15 508	17 170	＋11％
耳鼻喉科	4 599	4 331	－6％
小儿科	8 236	9 705	＋17％
皮肤花柳科	4 826	5 252	＋9％
肺痨科	1 729	2 224	＋29％

续 表

科　　别	二十三年度	二十四年度	差　　别
泌尿科	5 109	8 548	+67%
神经科	286	788	+17.6%
总计	91 358	95 545	—

（二）每月住院人数表

月　　份	二十三年度	二十四年度	差　　别
七月	7 808	7 597	−2%
八月	8 939	9 288	+4%
九月	7 883	8 425	−7%
十月	7 374	8 654	+17%
十一月	9 238	7 474	+3%
十二月	6 952	7 039	+1%
一月	6 339	6 483	+2%
二月	6 549	5 428	−20%
三月	8 225	8 551	+4%
四月	7763	8 476	+9%
五月	8 912	10 197	+14%
六月	7 377	7 933	+8%
总计	91 358	95 545	—

丙、逐年急诊人数

年　　度	急 诊 人 数
二十四年度	4 333
二十三年度	3 971
二十二年度	3 379
二十一年度	3 453
二十年度	1 715

续 表

年 度	急诊人数
十九年度	1 467
十八年度	1 136
十七年度	830

丁、本市各区病人表

区 别	住院病人	急症病人
本市区	1 366	1 480
第一特区	2 208	1 338
第二特区	1 326	1 015
第三特区	4 900	4 333

下列各项之进步为历年所未有者，特另述之：

（一）门诊病人之增加。系因本院租得院址对过之市房，增加门诊处所致。该项市房内设有皮肤花柳科、泌尿科、特别挂号处及新添设之牙科，特诊之增加使本院收入增加不少。

（二）本会实验工作曾以增加工作能率为原则，加以改组。前此在医院临症实验室所作之工作，今已改由医学院各科实验室处理。其中临诊实验由应元岳医师管理，寄生虫实验由朱佐治博士管理，细菌血清实验由王许德兰女士管理，病理实验由山谷镜汧医师管理。各项实验工作既司责有人，而医学之实验室又得应医院之用，故本院实验工作得以发展。近且将研究所得，刊就专书以使其他医院及开业医师有所参考焉。

（三）本年度妇产科工作在王逸慧医师指导之下有莫大之进步，不仅住院病人较上年增加分之二十，门诊病人数较上年增加百分之三十六，且该科工作质与量双方均有进展。本年度且加办孕妇、节育、癌瘤等项临诊。

职 员

本年本院敦聘下列职员，工作效能，益增便利。王逸慧医师，前任北平协和医学院妇产科医师，就任本院妇产科主任。单惠泉医师，曾任齐鲁大学医学院外科教授，于二十三年十一月来院，现任门诊部主任兼医学院校医。董秉奇医师，前服务于长沙湘雅医学院及北平协和医学院，于二十三年七月，就任本院外科副教授。林元英医师于一九二九年毕业于协和医院，就任妇产科助教。前任圣约翰医学院教授之陈琦医师，被聘为小儿科特约讲师。王逸慧夫人被聘为细菌学副教授。

本院深谢中央医院，因本院眼科专家周诚□医师患病之时，该院会请江幸曼医师，来院代理二月。

至离职之职员，则有贾德辉医师，现服务于上海普慈疯病医院；张文山医师，就任西北；李振翩医师，现服务于卫生署。

其中出洋研究者，则有得洛氏基金前往欧美研究肺痨之刘德启医师；得贺尔德奖金之穆瑞芬及邹尚贤二医师，前者系在爱丁堡研究耳鼻喉科，后者在英国研究X光腺学。此外尚有得英庚款学额之林兆耆、吴在东、张毅等三医师，各在英国研究肠胃病、病理学及药理学等科。

经　济

经济状况另载经济报告中，不另赘述，兹将过去八年之收支作下表以比较之。

年　度	支　出	收　入	收入(诊费收入)	来源(捐款)
二十四年	$489 835 40	$474 430 75	$367.815.75	$106 615.75
二十三年	407 470 52	415 861 23	301 096 44	114 764 79
二十二年	339 824 83	338.076.61	221.197.10	116.879.51
二十一年	339.970 12	345 041 38	195 226.57	146 774.81
二十年	244 099.72	233 747.50	152 548 93	81 198.57
十九年	204 690.00	211 728.00	126 977.00	84 751.00
十八年	156 298.00	156 685.00	66.258.00	90 427.00
十七年	74 420.00	70 269.00	52 935.00	17 334.00

由上表观之，吾人可知本年收入之国币四十七万四千四百三十元七角五分，较去年之四十一万五千八百六十一元二角三分，增加五万八千五百六十九元五角二分。然支出方面，上年为四十万七千四百七十元五角二分，本年为四十八万九千八百三十五万四角，亦同时增加八万二千三百六十四元八角八分，不敷数竟达一万五千四百零四元六角五分之多。幸本年各慈善家之捐款，有二万另二百五十二元九角七分，较去年增加一万一千三百十九元八角五分，足抵不敷数之大部。

吾人深信私人捐款，日后必能增加，因本院过去未曾组织募捐队，向各界正式请捐，所有各项捐款，均系自动输来，各界热心善士之如此长期爱护本院，吾人深为感幸。

著作[略]

院长颜福庆

内 科 报 告

(二十三年七月至二十四年六月)

本年度本科工作极为顺遂，其中除新设神经及精神病学一科，以应神经及精神病人之需要，并供教学材料外，别无较大之更革。新设之神经学及精神病学科，有病床十，病人踊跃，无时或空。除此项病房之增设外，又得普慈疗养院之允许，以富有兴趣之病例，交本科研究。故本学院本年以来，关于该二科之教学，深感便利。

本科因地域局促，乃为急性传染症病人增设隔离病房之问题，仍未解决，故每当此项病人来门诊处要求住院疗治时，吾人深感困难，如允彼等杂人普通病房医治，公在传染上之危险，固不待言，如彼等不听劝告不肯转投时疫医院医治时，则社会上所受之危险，何堪设想。且本院护士、学生或职员，一但[旦]患有猩红热或白喉症时，须送往隔离病院医治，本院医师不能为之医治，亦深觉歉然。

住 院 病 人

本年出院病人，共计一千八百二十六名，较上年之一千八百五十九人，减少三十三人。其减少之原因，系受肺痨科病人，由三百零一名，减至一百八十七人(减少一百一十四人)之影响，但该科病人虽减，而病人住院日期较前增长。

兹将本科各系病人人数及住院日数列表于下：

科　　别	病人数目	住院日数	平均住院日数
内科	1 077	14 323	13.3
小儿科	389	4 432	11.4
肺痨科	187	8 936	47.7
神经科	114	2 832	24.9
皮肤花柳科	59	814	13.8
总计	1 826	31 328	

本科本年度死亡率，为百分之十三点一十四，即一千八百二十六名病人中，死去二百四十人，与上年之百分之十三点三十四，相差无几。此二百四十人中，有七十七名，系入院二十四小时之内死去者。死因最普通者为伤寒病(一百七十三人中，死去三十六人，计百分之二十点八)及肠出血、毒血症等病，其次为肺痨，一百八

十七人中死去三十六人，其余较普通之死因为支气管炎，八十八人中死去二十一人，脑出血，十六人中死去九人，婴儿腹泻，二十二人中死十二人，肺叶炎，十六人中死七人，鸦片中毒二十八人中，死八人。

兹将各科病人死亡数列表如下：

科　别	病人数	死亡数	死亡率
内科	1 077	113	10.5
小儿科	389	109	28.02
肺痨科	187	13	6.95
皮肤花柳科	59	0	0
神经科	114	5	4.38
总计	1 826	240	

应用腰椎穿刺术泻出适量之脊髓，为作急性鸦片及肥罗那中毒之特殊疗法，结果，能使死亡率减少。有时，此种功效能立时显现，病人于液体抽出后，即能回复知觉，虽或知觉之回复仅属暂时。在各病案中，脊髓之压力恒高，其中包含之蛋白质，亦同时增加。其它各种戒烟法，如卵磷脂之服用，本体血清与血及人工起泡法，所得之液体注射，均经吾人试用，但俱不能令吾人感觉较逐渐抽液法为善。吾人时或由上述新法，得有成功，但结果不能一致，恐系心里疗法所致。

每年恒有病人数名，于出院时，其诊断俱为病因不明之发热。其病因虽经本院临床及细菌科之艰苦研究，仍不能有令人满意之发现，但近日以来，少数患此项病因不明之规则热病之病人。经吾人缜密检查后，发现其大便中含有日本血吸虫之卵。病人均称，病前曾在河湖中游泳，故在此游泳运动日渐普及之时，吾人应深记早期血吸虫病，或为该项病因未明之热病病因之一也。

自一九三〇年，伤寒症诊断上，投用拜雷米登后，此药已被用为常规药物。此药不仅不致使病发展，且确能退热，并显呈各种进步之状态，而对于该病之延长或增剧亦无证明。在整百病人中，继续投用此药，唯一加以重复之血液检查，亦未曾发现一例之粒性白血球缺乏之症。

本年罕有病症中，有脑膜炎球菌败血病一项，其诊断系由重复之正性培养所证明者，该病人曾示急性之关节炎痛，及与三日疟相似之间歇发热，未久即自行痊愈。

门诊病人

本年本科病人之继续增加，一如旧贯，统计共有病人二万八千三百六十七人，与上年之二万六千另三十六人比较，其增加二百三十有一人。各系病人之分配有如下表：

临症类别	内科	皮肤花柳科	肺痨科	小儿科	神经科	总计
普通号	6 401	4 705	1 715	7 584	702	21 110
特别号	2 460	572	466	2 191	206	5 896
急症	1 326	—	—	—	—	1 362
总计	10 226	5 277	2 181	9 775	908	29 369

教　学

关于医学学生方面，内科实习，昔日系从旧制三年级起，但以该年度学生功课太忙，故改自旧制四年级起。然彼等每日仍须上临床课。至门诊处临诊练习，则于驻院时期中施行之。

为日后教学便利起见，新制三年级学生，将于本年暑假，学生实习生理诊断及临症实验诊断，庶下期开学时，彼等与旧制二年级生合班。

职　员

应元岳医师，自请假一年往印度研究热带病学，并游历马来联邦及菲列滨群岛后，现已返院，照常工作。乐文照医师，曾于秋季告假二月往北平协和医学院，任特约讲师，亦已返院。贾德辉医师已辞职，往普慈疗养院服务。

化　验　室

化验室仍由乐文照医师管理，下表为本年度工作之大概情形，其结果均系定量者。

化学的——血　990

脊髓液　452

胸膜液　4

腹水　9

新陈代谢的　89

共计　1 085

著作[略]

外科主任乐文照

肺痨科报告

本年度本科工作，一仍旧贯，其最使吾人庆幸者，则为本院外科聘有经验宏富之胸廓手术后专家董秉奇医师。昔日疗治上发生困难之病症，今可用胸廓成形术医治矣。每周一次爱克司光会议,得董医师之参加,亦获益匪少。

往欧美专研肺病之刘德启医师,于二十四年七月底回国,将秉其深造为本科服务。本科日后前进,当不待言。

本科出院病人减少,其原因由于二等病室病床之减少,但气胸病人数目,不仅未受影响,且较上年增多。同时肺痿之各式疗法次数,亦与上年大约相同。但胸廓成形术之正式施行,则自秉医师来院后始。

住院病人表

出院数　187

住院日数　8 936

平均每人住院日数　47.7

肺痿治疗

单例人工气胸术

(甲)初施　78

(乙)覆施　1 379

两侧人工气胸术　4

人工油胸术　2

膈神经截断术　3

胸廓成形术　8

门诊病人,不论初诊或复诊,本年亦极度增加。初诊病人均需要本科爱克司光影屏检查,如经爱克司光影屏换查后,可疑之病人,方用射线观察法,故初期肺结核病人,可得较早之诊断。同时此类病人,多系穷苦,亦可省爱克司光照片费。

门诊人数表:

年度 诊别	二十二年度	二十三年度
切　诊	592	890
覆　诊	955	1 246
总　计	1 547	2 136

著作[略]

肺痨科主任美

澄衷肺病疗养院报告

二十四年七月至二十四年六月

吾人稔知沪上贫苦及中等阶级之结核病人，缺乏疗养之所，然因地域之选择，经费之浩大，竟使此项需要难以解决。民国二十二年春，叶子衡先生，将其私产江湾叶园捐作医院，是为本院成立之始，即于是年六月开始收容病人。

本院处于江湾，离上海约五英里，交通便利病人易达。且估地八十五亩，环境爽垲，花木清幽，缀以人工湖山，风景如画，洵为病人疗养最适宜之处。初系就园中旧有房屋，改为病房。厥中逐渐加筑者计有：克银翰夫人纪念堂，可容幼年病人五十名；新病房可容女病人二十名；颜氏纪念堂，容头等病人及职员住宅等。此外尚有坎大利夫人纪念堂，及总厨房与工人室等，均将竣工。总计本院能容病人一百二十五名，甚望不久能加建一能容三等病人百五十名之病房一幢，以期普惠贫病。

宗　旨

本院之宗旨，略述如下：

1. 疗养结合病人；

2. 收容结核病人，以免家族再受传染；

3. 养成病人卫生习惯，并使之学习结核病之预防与治疗法，俾出院之后，得实行于社会中；

4. 利用设备，作研究工作。

组　织

本院系国立上海医学院实习医院之一，故职员均由该学院肺痨科职员兼任，但另聘有住院医师三人，护士及助理护士六人。

设　备

本院设备仍属简陋，但尚足供结核病人之诊断与治疗及研究工作之用。现有小规模之实验室、手术室及治疗室，内设爱克司光，透热及人工气胸等治法之器械。

病　人

本期中，病人共计四百七十六名，其中患肺痨者三百六十人；患肺门淋巴腺结核者四十六人；患渗出性胸膜炎者十四人；患骨结核者二十九人；患肾结核者一人。其余均系初疑为结核，继证为患他症者。计患神经衰弱者十五人，支气管扩张者三人，支气管念珠状菌病者二人，急性呼吸器感染者二人，甲状腺机能亢进者二人，百日咳及僧帽瓣肺血坠积者各一人。

以本院住院病人与病床数相较,似嫌甚少。实则因病人住院多系日久者——总平均数为一百八十日。更有不少之病人住院超过一年,致时患人满,而候补入院者,仍日益加多。二十三年度共计住院日数为二万一千六百零四日,其中二千三百五十日,属于免费病人。

病人之分布

病人之籍贯,各省均有,尤以江浙为多。其它远处如马来联邦,荷属东印度及菲列滨来者,亦有数人。二十三年度之四百另四病人中,七十六名系半费者,八人系全免者,其分布有如下表:

	第一特区	第二特区	上海市	外埠	总计
半费者	30	21	18	7	76
全免者	3	—	4	1	8

统　计

兹将本院各项统计列表于下,以供同道之参考:

(一) 病人之性别与年龄

性别及年龄	肺结核	其它结核
男性	244	49
女性	119	34
五岁至十五岁	4	66
十六岁至二十五岁	176	7
二十六岁至三十五岁	135	8
三十六岁至五十五岁	47	2

(二) 病人之职业

职　业	肺	肺门	胸膜	骨	肾
学生	116	—	4	3	—
十二岁以下儿童	4	46	3	17	—

续 表

职 业	肺	肺门	胸膜	骨	肾
书记	88	—	2	1	—
商人	47	—	2	1	—
主妇	73	—	1	5	1
专门人材	21	—	—	1	—
仆役	10	—	2	1	—
服务员	5	—	—	—	—

(三)肺结核病人分类表

		产生性	渗出性	慢性溃烂性
微小的	单侧	90	15	—
	双侧	30	3	2
稍久的	单侧	4	31	35
	双侧	17	22	21
极久的	单侧	—	4	18
	双侧	3	17	48

(四)各种治疗方法之结果

结 果	休息法	膈神经解除术	人工气胸	胸廓成形术
显示痊愈者	15	1	15	—
制止者	35	5	26	6
显示制止者	21	1	13	3
静息者	14	4	7	2
转佳者	89	8	37	4
未转佳者	28	2	7	—
死亡者	8	2	5	2

(五)各种病类治疗后之结果

	显示痊愈者	制止者	显示制止者	静息者	转佳者	未转佳者	死亡率
微度产生性	22	33	18	6	40	2	—
微度渗出性	2	3	2	1	9	3	—
稍久产生性	1	7	1	3	8	2	—
稍久渗出性	4	10	6	4	20	4	1
稍久溃烂性	2	12	6	6	26	4	3
极久产生性	—	1	—	—	1	—	—
极久渗出性	1	3	—	1	8	7	2
极久溃烂性	—	5	6	5	25	15	10

著作[略]

经 济

本院二十三年度之经济状况,可于下表见之。表中所载均系常年经费之支出,至建筑新屋所用之特别捐款则未列入。本年差数为四千八百七十一元八角七分。本院因非营业性质,故举凡经常之支持,事业之改进,前途之发展,均赖各热心家之自由捐赠,为此,吾人特向爱护本院者谨伸谢悃。

支 出

办公室

薪资 1 524.00 办公费 415.20

病人治疗

医师薪资 2 684.07 病房及外科设备 2 649.96

各部

药房

薪资药料及用具 3 912.77

临诊实验室

药料及用具 240.00

爱克司光部 1 868.68

经常费

病人伙食 8 425.50 职员工役伙食 3 579.19

被服	1 980.16	洗衣作	1 021.53
文具	449.68	薪资	3 728.92
煤	644.45	电及瓦斯	2 374.38
家具	1 451.46	修理	943.02
杂项	1 836.00	护士部	1 787.94
免费及到账	3 646.80	特项支出(建筑)	16 647.62
圆工薪资	2 913.26	修理花园	576.45
总计	66 301.04		

收入

病房费	37 531.60	手术费	673.00		
爱克司光	5 345.50	临诊实验	2 173.25		
X 光影屏	403.50	注射	3 030.00		
药方	237.94	挂号	785.00		
出诊	45.00	救护车	2 678.00	杂项	898.70
常年津贴					
公用租界	500.00				
红十字会第一医院	5 317.06				
园艺部	1 818.62				
总计	61 429.17				

总　　结

收入	支出	不敷数
61 429.17	66 301.04	4 871.97

澄衷肺病疗养院主任钱慕韩

儿 科 报 告

本年本科病室工作甚为忙碌，但婴孩病室则较轻松。住院病人共计三百八十九名，其中病例最多者，为肠胃及呼吸系病，而尤以伤寒、痢疾、支肺管炎及结核病为重。此外尚有沙力利斯赫勒克氏式紫癍病数起及患脑肿病入院就医之三四岁男童二人。

本科为应极度之需要，已将门诊处工作重行编定如下：

1. 普通门诊于每日上午应诊；

2. 特别门诊除星期五外,每日下午应诊;

3. 健康婴孩及未成熟之婴孩门诊,于每星期二及星期五下午应诊;

4. 儿童结核病门诊,于没星期三级星期四下午应诊。

在此种规定中,驻院医师、见习医员及本科职员均能努力工作,祝慎之医师及陈琦医师,轮流管理午前诊视。门诊处病人,计共八千另四十三人,其中初诊者,计三千另四十九人,复诊者,计四千九百九十四名,患结核病求诊者,七百五十二人。

婴孩健康诊务工作,顺遂一如往昔,其各项统计列表于下。[略]

自去冬江湾澄衷肺病疗养院有儿童疗养之建筑后,本院儿童患结核病者,多转送该院治疗。除受疾病治疗之外,并受卫生指导,且在康健程度可能范围之内,施与学校教育。故该院之设立,予吾人莫大利益焉。

儿科主任高镜明

皮肤花柳科报告

本科最近已迁入一较大之办公处,分设检查室、实验室、治疗室及主任室,然仍不足以应病人之增加与繁重事务。将来中山医院建筑后,或能为吾人设立一极新式宏大之皮肤科也。

本年共有病人七千八百零六名,较上年增多九百二十二人,其中初诊者二千九百七十八人,复诊者四千七百六十四人,住院者六十四人。

本年本科出版之著作如下。[略]

吾人深谢哈曼来洛其公司赠与"律多克逊"药片,该药在诊治牛皮癣及萨乏散皮炎中有相当之效验,惜吾人尚在研究中,不能给该药以决定之意见也。

皮肤花柳科主任罗爱思

神经学及精神病科报告

本科系本年度创设,一切工作于筹备将竣时,即正式进行,虽经济有限,但对于各种新式疗法,十分注重。吾人因感普通医院,收容此项病人,诸多不便,故与上海普慈疗养院协商,借得该院之一部,为本医学院之实习处所。本科主任既系该院之主任医师,各工作人员亦得轮流在该院工作,以是在管理病人中,吾人得益匪浅。

神经学与精神病科之合组,对于生理、心理及教导治疗法上,有莫大之便利,且使本科工作形成活跃。(关于普慈疗养院之各项统计及详细情形,另有报告,本院工作报告中之一切,与该院无关。)

本年中,本科新工作之继续增加,因门诊病人及住院病人之加多而逐渐踊跃,但吾人鉴于广义之精神病不仅限于病人之治疗,且当虑及人格之发展及心理之保养,故当医学院教学与医院工作向前猛展之时,吾人更进一步,决在医院范围之外,扩充神经及精神方面工作,以应此项扩充之充分需要。吾人以为凡愿加入此项工作之医学院及医师,应有一范围宽大,系统周密之计划。而对于精神病之社会工作、精神卫生、精神病之预防,以及心理治疗建设,均在积极筹备中。

现虽因经济限制,工作较难,而各方面仍有无数之必需工作,亟待吾人之努力,预测将来,吾人实有无限之发展也。

神经学及精神科主任韩芬

外科报告

(二十三年七月至二十四年六月)

本年度本科除旧有之普通外科,矫形外科及泌尿生殖科外,又新增胸廓外形、成形外科、痔科、癌瘤科等四科。结果极良,病人与医师均称便利。

本年自本院将矫形外科孩童病人,转送江湾澄衷医院之后,本院儿科病室之工作,逐形活跃,病童在良好卫生情形之中,进步甚速。矫形外科门诊处,开办于两年之前,但该时病人过少,即每周临诊一次,亦不能照例举行。自去年病人增多后,该科临诊即改为每周二次,其中诊断最多者为骨结核,次为骨折。

新设之胸廓外科,由董秉奇医师主持,自开办之初以至年终,成绩斐然,且其胸廓成形术之结果良好,更时[是]给吾人以激励。关于肺结核病与脓胸之研究,及是否需外科手术治疗之选择,则吾人不得不深感本院内科之输诚合作。至澄衷医院给与胸科之莫大辅助,又为吾人所不得不深谢者。

成形外科病人之增加,亦为本科显著之成绩。董医师对于该科之兴趣,给与本科各医师及学生鼓励不小。至痔科之骤进,则全系纪长庚医师苦心毅力所致。

本科已自备镭锭少许,使癌瘤科之诊治,因以便利,吾人又由白良知医师之介绍,深谢宏恩医院之张伯医师与包温医师,使吾人能得深度爱克司光及免费镭锭之疗治。吾人深惜前此未能筹设深度爱克司光疗治机械,深愿不久即能自备一具也。

本院虽处于沪西人口稀松之区域,但本科门诊人数,仍极众多,本年度普通挂号计三万一千六百六十五人,特别挂号计一千七百十二人。吾人深幸能得单惠泉医师管理此处,其人品格高超,经验宏富,为学生之良好楷模,至其监督下层工作之令人满意,似非常人所可及者。

本科本年驻院医师之人数与工作相比,颇感事务繁重供不应求,致各医师过于劳顿,幸吾人早鉴及此,随将驻院医师增加一倍。

署外科主任任廷桂

泌尿生殖科报告

本科本年进展甚速,尤以门诊处为甚,门诊病人计八千五百三十七名,较上年之五千一百另九人增加百分之六十五点三,考其原因,则由于下列二项之改革:

(一) 临诊由间日一次改为每日一次;

(二) 临诊时间由上午移至下午四时至六时。

此种改革虽加重本科之工作,但结果甚属优良。各种诊断中,仍以花柳病为最多,此外本科与产妇科合作,实施男性节育之实验与治疗。

至住院病人方面,本年出院者仅一百七十九人,较上年之一百九十二减少百分之六点七,其主要原因,由于割除皮包之病人多在门诊处受术,非若上年之允其住院割除也。然关于手术方面,则生殖尿道大手术之数目与种类较去年增加颇多。

本年度下期,本科会与细菌部合作,从事研究淋菌之培养及其临诊用途。

著作[略]

泌尿生殖科主任高日枚

妇产科报告

(二十三年七月一日至二十四年六月三十日)

职　　员

本科主任王逸慧医师,会任北平协和医学院副教授五年,本年特约医师四月,二十三年七月一日就任本职。

林元英医师,毕业于北平协和学院,曾任芜湖弋矶山医院外科驻院医师及新加坡亚细亚人寿保险公司医师。自就任本科后,即由本医学院第三实习医院(虹桥疗养院)聘为副院长,以代该院前院长丁惠康医师之职,以是本科寄住该院之特别病人,得受较密之监察,然林医师每日仍在本科服务。

林德馨医师,毕业于上海同德医学院,于二十三年十月十五日就任本职,因工作努力,二月后即负助理医师之全责。

产　　科

产科发展已至病床可供之数,本年度曾二次增加产妇医费,以使就医产妇减少至所希望之限度，并曾劝告病人在家生产。特别病人则超出病床可供之数，幸赖借用虹桥疗养院，方足敷用。本年住院分娩者共五百三十七人，其中顺产四百十八次，手术八十九次。兹将本年手术分类列表于下(略)。

本年会举办外接生，但民众未能接受，仅在少数小康之家接生数次，又因缺少职员，故此项工作并无前进计划。

兹将历年分娩数目列表于下以示本年之骤增：

十八年度 184；十九年度 190；二十年度 258；二十一年度 320；二十二年度 487；二十三年度 537。

妇　　科

本科组织本年内已极度扩大，除门诊小手术及虹桥疗养院所施之手术外，本年共施手术二〇九次。

兹将数年来妇科手术次数列表于下：

十八年度 78 次；十九年度 129 次；二十年度 114 次；二十一年度 86 次；二十二年度 138 次；二十三年度 209 次。

门　　诊

本年度门诊初病人，计一千六百一十六人。复诊病人计三千二百三十六人。因门诊处小，故特别病人另设诊断处。

不孕临诊

此科开办于二十三年十二月十二日。每星期二下午诊病一次。凡患初期或二期不孕病者，均在本院诊察。从开办之日起至二十四年六月底止，共有病人一百十六人，均受妇产检查。其中九十人曾受子宫颈喇叭管照像术，患者之夫亦有十九人曾投本院生殖泌尿系，作精子检查。

本科之发展迅速，其原因泰半由于泌尿学专家高日枚医师、X 光学专家邹尚贤医师、应元岳医师及各医界名宿之推诚相助。高医师等曾为本科作内科检查，及基础代谢之决定，并为解决其它日常之各项切要问题。

特　　诊

二月以前，吾人习见本科特别及普通病人，均团集于临诊处，致特别病人深感不便，而普通病人时间上，亦受无谓损失。自特别病人另设门诊处，本科各医师之工作，虽稍加重，但病人咸称便利，且特别病人由此骤增，下表足以证明之。

月　份	病人数目
二十三年七月	65
八月	110
九月	104
十月	126
十一月	97
十二月	81
二十四年一月	92
二月	82
三月	124
四月	148
五月	160
六月	380

节育临诊

本科应中国节育之请，设有节育临诊处，订每星期二下午为此项需要之妇女服务。自二十四年一月十七日起，至同年六月一日止，共得病人四十八人，对此项工作，吾人不仅作测量，装子宫托，处避孕方而已，且训练医生以应社会之需。中国节育秘书周夫人，曾耗其宝贵时间给与本科莫大帮助。吾人希望在该会与本科合作之下，能使沪上妇女界，不论中外贫富，均沾益利。

癌临诊

本年度本科曾用镭医治子宫颈圆柱细胞癌病者四十人，其中受该疗治二次者十人，四次者二人，三次者一人。除受镭放射外，尚加用全子宫截除术者三人，均无再发之现象。此外尚有两病人，因其病过深，未用镭治。该四十病人中，上海二十四人，苏州四人，无锡二人，南京三人，北平、福州、宁波、清江、镇江、泰州、汕头各一人。

除医癌病外，亦曾用镭三次：一次系子宫内膜结核病，其它二次系纤维形变子宫病及月经过多症。

本科深谢圣心医院，该院在本院自办之镭未到时，曾免费给与吾人镭五十克应用，更深谢宏恩医院张伯医师、包温医师时[施]以镭贷与吾人，并为本院病人施深度X光疗治，本科现已购得镭五十克，需再加购五十克，方够应用。

著作[略]

妇产科主任王逸慧

眼科报告

（二十三年七月至二十四年六月）

本科工作与上年无异，门诊处虽地位狭小，职员有限，但病人继续增加。每日上午，来此就诊者，踊跃异常，门诊处为之水泄不通。为此本年终，另设一痧眼临诊处，凡已诊断之痧眼患者，可于午后投该处诊治，庶吾人对于其他眼病患者，得以多加注意，而痧眼患者，亦不致等候多时也。

下表特示三年来本科工作之进步。

	二十一年度	二十二年度	二十三年度
门诊病人	10 600	15 508	17 170
住院病人	135	165	181

依次，可见本年门诊人数，较上年增加百分之十点七，较前年增加百分之六十二，而住院病人，亦由一百六十五人增至一百八十一人，倘在本科空隙处，再增设备，则日后之进步当可逆睹，至隔离之特殊眼病病因实验室之增设，亦为急不容缓者。

张文山医师，在本科服务二年后，于本年初辞职，前往东北，在经济委员会监督之下，从事公共卫生工作。邓志强医师，已升任助理驻院医师。林和鸣医师之职务仍旧。本年终当本人患病时，南京中央医院江幸曼医师，曾来此代理职务，吾人深为感谢。

本年度本科之著作，有下列一项，出版于传染病杂志："野口氏杆菌属于砂[沙]眼之关系"，周诚浒医师、汤飞凡医师合著。

兹将本科各项手术次数列表于下。[略]

眼科主任周浒诚

耳鼻喉科报告

（二十三年七月至二十四年六月）

本年度本科工作均与上年无多出入，平均每月门诊处，有病人四百，仅二月间，病人减至二百二十人，其原因未悉，然与上年同月比较，则亦无逊色。

至病人之确数，则普通挂号方面，初诊者计一千六百三十九人，复诊者二千一百二十八人。特别挂号方面,初诊者计四百二十二人,复诊者一百八十二人,共计四千三百七十一人,上年度总数却为四千五百九十九人,手术次数为一百七十七次,较上年之一百九十二次略为减少。总之,本年度本科之纪录较上年度退步。其原因有二:一因社会不景气中病人经济困难,手术次数因受影响;一因自去年以来,沪上耳鼻喉诊所加多,门诊人数因以减少。

本年本科内医师职员均无更动。

兹将各项手术次数列表于下。[略]

耳鼻喉主任李冈

爱克司光部及生理治疗部报告

(二十三年七月至二十四年六月)

生理治疗部

本年度本部三等病人及门诊病人较上年增加一部,同时头等及二等病人亦略有增加。以此,吾人深觉设电流及电感合组之器械,又在治疗各种神经病中,甚为适用,且此种器械,在检查肌肉及神经系是否有任何变性反应时,亦不能缺少。凡此种种,吾人皆得以其结果证明其步骤之无误。

本届曾有内地医师二人,趁来沪之便,在本埠考察数日。

兹将本年度受疗之人数列表于下:住院病人 头等 72、二等 182、三等 1 239、门诊病人 1 776、出诊病人 64、总计 3 333。

爱克司光部

本年度投本部检查及治疗之病人,较上年增加。去年病人三千三百五十人,但本年已增至四千二百七十人,其增加率为百分之二十七点五。

本部主任钱慕韩医师,从下年起,其时间虽将大半耗之于澄衷医院,然与本部工作上仍发生密切关系。此外,邹尚贤医师已往英国利物浦留学,范朵如小姐又赴北平协和医学院研究,故除十八年就任本部之俞甘霓小姐外,已增聘助手二人。兹将本年度各项统计列下:

1. 爱克司光检查次数

胸　2 863　心 12　骨 579　关节　235　肠胃系 209

革纳享氏试验 17　胆囊 2　尿道系 71　子宫输卵管照像 94

齿 34　检查次数总计　4 446 次

2. 爱克司光治疗次数 330 次

3. 病人人数

住院病人 1 514 人 门诊病人 2 756 人

病人总计 4 170 人

爱克司光部及生理治疗部主任钱慕韩

病理科报告

(二十三年七月至二十四年六月)

本年度尸体解剖,共计四十九次。其中三十九次系本院者,余系本埠其它医院及开业医师送来,兹将一年以来,病理解剖列表于下:

性别\年龄	0—10	11—20	21—30	31—40	41—50	51—60	61—70	总计
男	7	1	7	6	2	2	2	26
女	17	1	2	0	2	0	0	23
总计	24	2	9	6	4	2	2	49

罕见之症有二:(一)生后四日即罹肥硬皮病而死之婴孩;(二)由中耳炎发生之中耳室鳞状细胞癌。

临床切除物

本年检查临床切除物,共计一千二百九十八例。较上年增加一倍,其中一百九十四例系院外送来者,其余皆来自本院各科,兹将列表于下:外科 443,妇产科 564;皮肤花柳科 67;耳鼻喉科 14;眼科 10;寄生虫科 4;内科 2;总计 1 104;院外送来 194;共计 1 298。

著作[略]

病理部主任镜湃

实验诊断部报告

(二十三年七月一日至二十四年六月三十日)

本部前主任李振翩医师于二十三年六月底离职往京,部务于七月一日起,即由王许德兰医师继任,王许德兰医师曾任北平协和医学院细菌免疫科副教授。

本年本部工作化为三,朱佐治博士管理寄生物实验,应元岳医师管理临诊,化学及生理实验,王许德兰医师管理细菌及血清实验,同时技士增多,工作加紧,而部务亦日进。

临诊细菌实验所负之工作如下:

1. 致病菌之标本检验

2. 本体液之预备

3. 决定人体液质内凝结素及淀素之有无

4. 检验牛乳及水

5. 供给各科所用之媒质

6. 与各科合作研究特别病案

血清实验所负之工作如下：

1. 科尔马改正式乏□曼氏反应实验

2. 康氏沈[沉]淀实验

3. 克来印氏试体

4. 胶体金实验

5. 齿龈检验

6. 血球分组及直接分配

7. 与各科合作研究特别病案

花柳病诊断上应用之克来印显微镜沈[沉]淀实验，已为本部应用，故不愿输血之小孩与偏执病人得受检查。此外本部日常所作之结核杆菌动物移植之各种特别培植，亦使诊断得以匪少。

兹将二年以来实验数目列表于下以示骤增。[略]

其中三项因属罕有，故饶兴趣，一为马耳他热病，正性凝结反应实验之下，证明为一与二千五百六十之比；一为正性薄皮培养实验证明之菊形线病；其他为包虫囊肿，此病百分之五十在血清检查虽属正常但在手术之下却为正性。

著作[略]

实验诊断部主任王许德兰

药剂室报告

（二十三年七月一日至二十四年六月三十日）

本室工作限于配方，本年度门诊处所配方单，计三万七千二百十五张，较前骤增，其中病房配方及重配之方，尚不在内。此外，又曾供给澄衷肺病疗养院及虹桥疗养院等处药剂。兹将数字表其价值如下：

门诊处现金购药 $43 659.94；

江湾澄衷医院 3 578.42；

虹桥疗养院 583.85

病房、手术室、化验室 22 832.24；

专卖药及注射剂 14 092.94；

私人账目 1 849.87；

总计　＄86 597.26

本室所需各种药料，均逐日向本埠各药房购进，货既新鲜，又免堆聚。其余可耐久之药品，则每年向外洋购入二次。至注射剂、药片、药酒、液膏等则由本室自制，省费不少。

本年本院拟办正式药剂学校，曾增设药剂学班，有学生六人。现已得教育部之允准，拟开办一较完备之药剂职业学校，如经济能从速筹措，则可于二十五年秋间开办也。

本室现有职员共十一人，计药剂主任一人，药剂师二人，助理药剂师二人，药剂生六人。

药剂室主任金鳌

护士学校及护士部报告

（二十三年七月至二十四年六月）

本年度护士学校与护士职员稍有更动，护士学校教员兼病室监理员喻意寿女士于二十三年夏间，由本院派至江湾澄衷医院任护士长职。刘伟杰女士于三月间离职他就。北平协和医学院护士学校毕业处卢祺女士于二十三年九月加入本院，为护士学校教员妇产科病室监理员。

护士学校

本年度护生八十人，试读期护生十二人，共计九十二人。二十四年春间，护生十一人毕业于本校，得中华护士会文凭。其中有殷雪琴女士，由本校保荐至南京卫生署公共卫生人员训练班，研究公共卫生护病学。金缪女士供护士职于上海市立医院，嵇海兰女士回河南故乡，其余八人从事于本院护理工作。

护士部

护士职员共四十有七人，护生共八十人。护士职员工作分配如下：护士长一人、副护士长一人、病室监理护士长四人、病室护士长九人、门诊处护士长一人、手术室护士长一人、爱克司光科护士二人、蒙药士一人、公共卫生护士二人、助理护士二十五人。

本院为应本院住院及门诊病人之需要，聘请或介绍特别护士，已于二月间添设特别护士登记部，惟中华护士会会员方可登记。请用时轮流办法，凡已登记者，于每一年内须在本院服务三星期，给予规定之酬劳。此三星期之服务，在护士方面可得机会温习医院护病技术，与学得医学及护病等方面之新加坡；同时在医院方面，在护士休假或病人骤增时，得人襄助焉。

较民国二十二至二十三年度增加十一人。

经济报告

（二十三年七月一日至二十四年六月三十日）

收入

病房费 112 084.93　爱克司光费 37 010.60　割症费 45 545.10

接产 8 117.50　化验室 21 489.52　电疗室 2 301.13

救护车 1 895.40　药针费 24 321.73　配方 22 223.43

病房及各种配药 26 410.21　普通挂号 3 787.30　特别挂号 20 986.00

出诊费 8 682.50　眼科 636.00　急诊 3 902.01

特别食品 405.02　杂费 24 408.35　护士学校 2 966.02

特别护士费 643.00

常年津贴

国立上海医学院(医师薪资) 92 470.00　中国红十字总会 6 000.00

公共租界工部局 5 000.00　法租界工部局 1 000.00

特别捐项 2 145.00　总计 474 430.75

本年度法租界工部局除上项捐款外，再捐本院房地税计洋 2 742.14 元，共计实捐本院 3 742.14 元。

支出

事务处

薪资 13 619.80　办事室用费 487.80

医诊部

医师薪金 138 487.00　病室外科室用具 36 952.80　药品 17 082.70

各部

门诊处

薪资 1 609.00　药品及用具 5 272.91

药房

薪资 5 386.40　药品及用具 46 801.93

化验室

薪资 3 630.60　药料及用品 3 931.06　爱克司光 14 827.11　电疗室 4 387.30

经常费

厨房

病人伙食 15 256.17　职工伙食 12 824.00　被服部 4 445.82　洗衣作 9 948.24

救护车 2 076.11　寄宿舍 4 511.32　总工资 8 905.80　交具印刷 4 924.23

煤炭 4 381.00　电灯及自来水 13 007.91 自来水 2 868.06　添置 1 545.80

修补 8 921.99　饮料部 4 843.36　王小涵欠款 13 567.23　杂费 12 757.60

护士部 31 977.30　护士学校 19 891.93　免费计减费 20 252.97

保险费 452.15　总计 489 835.40

总结

收入 ＄474 430.75　支出＄489 835.40　不敷数＄15 404.65

内政部特派查赈员潘序伦会计师查讫各项统计(略)

诊断报告[略]

原载《中国红十字会第一医院(国上海医学院第一实习医院)报告》1934 年,上海市

国人对于红十字会应有之认织(节录)

第二章　本 国 之 部

第一节　中国红十字会之历史

中国红十字会有三十一年之悠久历史,创立于一九〇四年。日俄战争波及东三省时,当地居民咸履危境,各国侨民由各国红会救护出险,独吾国红会未设,殊难着手救护,乃由沪上人士准中立国领事创设万国红十字会于上海,并设分会于华北协助救护,得救者拾万余人,此为本会肇端之始。于一九〇六年,由我国驻英公使出席瑞士保和会签订《日内瓦条约》。此后本会进行工作綦繁,如国内战争、国际战争、中外天灾等之救济,几无役不从,计达二十有七次,支款约计数百万元。迨一九三二年一二八上海中日之役,本会无从措手,惶恐逾恒,在最短期间,幸能组织救护队二十四队、伤兵医院四拾五处、难民收容所十余所、义务服役人员达五千之众,日夜工作不息。在各地之前线、辽阔之闸北,救护伤兵共约一万余名,救护难民出险者共约七千余人。虽谓工作热烈,究嫌事起仓卒,平时缺乏准备,此后能不警惕也哉。

第二节　中国红十字会现在之工作

甲、医务

本合(会)现在上海设立医院三处,第一医院与中央医学院互助合作设于海格路,备有三百五拾床位,每年住院者四千九百余人,门诊达九万余人;第二医院门诊有五万余人;第三医院亦有三万余人,而第一医院尚附设护士学校,训练女生计一百名。该三医院并夏令之时疫医院兼为免费注射防疫针、预防伤寒针及施种牛痘等,现在全国分会达五百余处,设立各种医院者亦有百余处。查江西省之各分会对于近年剿共一役,曾努力工作,奋发有为。

第三节 [略]

第四节 中国红十字会最近举行之全国会员代表大会及改组情形

中国红十字会于一九三四年九月召集各地分会代表二百五拾余人在上海开会,(全)体代表大会讨论本会一切兴革事宜,并依照政府所定规章,中国红十字会须直接受内政部统辖,间接属于外交、军政、海军各部指挥。又按政府规章第九、第十、第十一条之规定,红十字会在战争时期之救济工作,辅助海陆空军后方卫生勤务各项之规定。故实行将本会重加改组,即以国民政府林主席、军事委员会蒋委员长、行政院汪院长为中国红十字会之重要监护人与领导者,并以蒋委员长充任中国红十字会名誉会长,浙省黄主席、驻俄大使颜惠庆及上海市长吴铁城等任名誉副会长,前外交部长王正廷为中国红十字会会长,刘鸿生、杜月笙为副会长,另选三十余热心慈善事业之社会领袖为会理监事,并选任曹云祥为本会秘书长总览本会内外一切事物,以实行改组后之新创造。

原载《中国红十字会月刊》1935 年第 1 期

征求会员特载

(甲) 上届成绩报告

上届第一次征求会员大会于二十三年三月一日开始,总会恭请国府林主席、蒋委员长暨汪院长等为名誉总队长,兹聘海上闻人一百零五人为总队长,其分会方面发出临时收据等四百三十八处,其间完全未经争辩者二百十八处。照章于四月三十日截止后,经远地分会请求延长日期,由总会呈请内政部核准,乃至九月三十日始得全部结束。兹将是届各总队、各分会、各机关、各个人所征求之成绩及应受之奖励分别报告如下[节录]:

分会:

上海市分会,征得二千七百三十九分(排名第三);

松江分会，征得二百分；

上海市铜铁机器同业公会，征得九十分；

上海市银行业同业公会，征得五十分；

上海呢绒业同业公会，征得二十五分；

上海市南北货拆兑业同业公会，征得二十五分；

上海市航业同业公会，征得十分。

原载《中国红十字会月刊》1935 年第 1 期

报告：《中国红十字会第一医院成绩报告》

（二十四年）

住院

科目	普通病	肺病	儿科	皮肤及花柳科	外科	尿道科	产科妇科	眼科	耳鼻喉科	神经科
一月份	65 人	15 人	29 人	9 人	97 人	14 人	111 人	13 人	9 人	7 人
二月份	41 人	7 人	33 人	4 人	66 人	10 人	106 人	9 人	15 人	3 人
三月份	91 人	22 人	41 人	3 人	101 人	13 人	122 人	20 人	16 人	15 人
四月份	92 人	24 人	33 人	6 人	99 人	12 人	95 人	17 人	35 人	10 人
共计	289 人	68 人	136 人	22 人	363 人	49 人	434 人	59 人	75 人	35 人
总计	1 530 人									

门诊

科目	普通诊	肺痨	神经科	儿科	皮肤及花柳科	外科	尿道科	产科妇科	眼科	耳鼻喉科	口腔科
一月份	419 人	91 人	43 人	318 人	286 人	2 008 人	572 人	276 人	1 478 人	266 人	
二月份	417 人	92 人	38 人	474 人	245 人	1 626 人	534 人	204 人	964 人	192 人	
三月份	532 人	95 人	76 人	1 209 人	433 人	2 450 人	764 人	297 人	1 526 人	313 人	14 人
四月份	659 人	186 人	75 人	914 人	497 人	2 016 人	380 人	380 人	1 675 人	357 人	29 人
总计	2 027 人	464 人	232 人	2 915 人	1 461 人	8 100 人	1 157 人	1 157 人	5 630 人	1 128 人	43 人
总共	26 034 人										

原载《中国红十字会月刊》1935 年第 1 期

中国红十字会第一医院报告

颜福庆

民国二十二年七月起至民国二十三年六月底止。

一年以来,本院物质方面极感不足,求治病人激增,而物质设备有限,以致供不应求。门诊病人在二十二年为70 499人,二十三年为91 358人,增加20 859人,即百分之三十,如眼科,每日门诊在一百号以上,早晚应诊,倍感繁忙。急诊处日夜开放,以利病者,二十二年为3 379,至二十三年则为3 971,增加百分之十七点五。全院住院病人二十二年为4 084,在二十三年为4 907,增加823人,即增加百分之二十点一,病床总数已增至338,各级病房,用至极量。头等病房自修葺后,加筑一层,仍觉拥挤。本院原有各科,不足供社会之需求。本年仍添设神经病科,置有床二十具,又妇产科病房分设脓毒性与非脓毒性二处,接生间与手术室亦分脓毒性与非脓毒性二处。

肺痨科病人分置二处,轻症者送入江湾澄衷医院疗养,重症者留本院施治。此外并与虹桥疗养院约,送头等病人至该院养病;并与陆伯鸿先生约,俟其新建之疯人院落成后,将以本院精神病人送入受治。

本院因产科病房有限,故本年起兼办院外接生。然以顺产为限,凡欲本院接生之产妇,须先至妇产科登记,并受产前检查。为服务社会起见,本年创办医诊社,公开征求社员,无论团体或个人皆可加入,视纳费之多寡而定其应享权利,分每年五元及十二元二种。凡社员得免费每年验体格一次,门诊处免收挂号费,以本社发给之社证粘贴本人照片者为凭,如欲住院或行施手术时,其费用亦照章减低。此项办法专为中产及中产以下而设,凡学校教员、商店职员及学生等,均欢迎加入。

职员　本年内,本院职员颇有更动。二十二年十二月,新聘英国维也纳大学精神病专家海而本医师为本院精神病科主任医师,原任药剂室主任谭诗礼先生辞职,改聘金鳌先生为主任。内科医师应元岳博士,得罗氏基金优学额,至印度研究热带病学,为时一年,今已返院,照常工作。二十三年三月,北平协和医校内科正教授杜威博士来院讲学,为期一月。

二十三年春,外科骆传荣医师辞职,殊为怅惘。缘骆医师任职本院,已达五年,学识优良,服务勤奋,极为同人所器重也。此外,事务主任张锡良先生辞职,改聘黄馥亭先生继任。本年内本院医师中得优学额而赴外洋继续深造者，有肺痨科之刘德启医师得罗氏基金优学额，赴维也纳研究肺痨；外科穆瑞芬医师得贺而特优学额，赴爱丁堡研究耳鼻喉科。此外，考取中英庚款赴英留学者，有林兆耆、吴在东二医师，林医师专研肠胃病学，吴医师则专研病经学。兹将本院四年内医师人数，列表如下：

年　　度	二十二年度	二十一年度	二十年度	十九年度
医学院教员兼任医师	29	28	20	17
正副驻院医师	19	16	18	15
见习医师	8	10	10	8
总计	56	54	48	40

（待续）

原载《中国红十字会月刊》1935年第2期

中国红十字会第一医院(续)

民国二十二年七月至民国二十三年六月止

病人纪录

甲、住院病人

（一）各科住院病人数如下：

科　别	内科	外科	妇产科	眼科	耳鼻喉科	脾胃花柳科	泌尿生殖科	总计
二十一年度	1 832	935	842	143	135	56	141	4 084
二十二年度	1 859	1 201	1 202	165	230	72	192	4 921

（二）每月住院病人数如下：

月　别	二十一年度	二十二年度	增加百分率
七月	385	445	15.5
八月	404	475	17.5

续 表

月 别	二十一年度	二十二年度	增加百分率
九月	361	385	6.6
十月	350	437	25.0
十一月	323	362	12.0
十二月	343	345	0.6
一月	281	367	30.6
二月	344	370	7.5
三月	295	426	44.4
四月	280	422	50.7
五月	354	442	24.8
六月	364	445	22.2
总计	4 084	4 921	

(三) 住院日数

年 度	二十一年	二十二年
住院病人总数	4 084	4 921
住院日期总数	71 423	72 755
每一病人住院日数	17	17

本年度内病人死亡数351,百分比7.40。

乙、门诊病人

(一) 各科门诊病人数如下:

科 别	外科	内科	妇产科	眼科	耳鼻喉科	小儿科	皮肤花柳科	肺痨科	泌尿生殖科	神经科	总计
二十一年度	8 245	32 295	2 796	10 600	2 574	5 352	3 840	897	3 909		70 499
二十二年度	10 968	36 375	3 731	15 508	4 599	8 236	4 826	1 720	5 109	286	91 358
增加百分率	33.0	12.3	33.4	46.3	78.2	53.5	25.6	95.6	30.6		

（二）每月门诊病人

月　　别	二十一年度	二十二年度	增加百分率
七月	6 162	7 807	26.6
八月	7 149	8 939	25
九月	6 588	7 883	19.6
十月	5 970	7 374	23.5
十一月	5 370	7 238	34.7
十二月	5 210	6 952	33.4
一月	3 718	6 339	70.5
二月	4 454	6 549	47
三月	6 329	8 225	29.9
四月	6 264	7 763	23.9
五月	7 039	8 912	26.6
六月	6 246	7 377	18.1
总计	70 499	91 358	

丙、本市各区病人表

区　别	市区	第一特区	第二特区	总　计
入院病人	1 488	1 970	1 463	4 921
急症病人	1 375	1 597	999	3 971

丁、历年医务比较表

年度	病床数	住院病人数	门诊病人数	急症病人数
二十二年度	338	4 921	91 358	3 971
二十一年度	328	4 084	70 499	3 379
二十年度	310	4 236	59 148	3 453
十九年度	220	2 947	40 812	1 715
十八年度	201	2 934	39 320	1 467

续　表

年度	病床数	住院病人数	门诊病人数	急症病人数
十七年度	120	2 242	23 124	1 136
十六年度	120	2 081	22 574	830

经　　济

本院一年来之收支,另详专栏,兹将历年来经济概况列表比较,使读者可一目了然。

(一)本院历年收支表(单位:元)

年　　度	支　　出	收入结构
二十二年度	407、470、52	415、861、23
二十一年度	339、824、83	338、067、611、748、22
二十年度	339、970、12	345、041、38
十九年度	244、099、72	233、747、50
十八年度	204、690、00	211、728、00
十七年度	156、298、00	156、685、00
十六年度	74、420、00	70、269、00

(二)经济收入来源(单位:元)

年　度	税　费	捐　款	总　结
二十二年度	301、096、441	14、764、79	415、861、23
二十一年度	221、197、101	16、879、51	338、076、61
二十年度	195、266、571	49、774、81	345、041、38
十九年度	152、548、93	81、198、57	233、747、50
十八年度	126、977、00	84、751、00	211、728、00
十七年度	66、258、00	90、427、00	156、685、00
十六年度	52、935、00	17、334、00	70、269、00

鄙人草此报告,谨向各界热心人士,或以金钱,或以物件,或以工作赞助本院者,

敬致谢忱。至各科工作、医务统计及经济报告,详见各项报告中,兹不赘述。(待续)

原载《中国红十字会月刊》1935 年第 3 期

中国红十字会第一医院报告(续)

颜福庆

内 科 报 告

(二十二年七月至二十三年六月)

本年内,本科所有病房及病床数,大致与上年略同,惟二十三年春,新开神经及精神病房,仅备而不用,所有精神病人,仍在普通内科病房受诊。

本科对于急性专[传]染病症,因无相当之检查室,对于诊断上须感无从着手,是以多转送隔离医院,尤以儿童为然,此诚为教学上一大损失也。

本年内出院病人为一八五九人,较上年多二七人,兹将各院病人之住院日数列于下表。

科　别	普通内科	儿科	肺痨科	神经及精神病科	皮胃花柳科	总计
病人数	1 065	396	301	25	72	1 859
住院日期	13 341	4 337	12 089	662	1 159	31 588
平均住院日数	12.5	10.9	40.1	26.5	16.0	

观上表可知肺痨病人平均住院日数最多,较之普通内科或小儿科病多至三倍。而全体病人之住院日数中,肺痨一科竟占三分之一强,而在普通内科及儿科中受治之肺痨病人,尚不在内。故虽设立江湾之澄衷医院,以为肺痨疗养院,然结果仍感不数,即此可见平均住院之日数延长,则其他疾病之教材即感缺乏,希望能在新设立之中山医院改变方针。对于肺痨病人,另设专门病房,勿使并入本科,以图补救。

本年内出院病人共一八五九人,死亡数二四九人,死亡百分率为 13.3,列表如下。

科　别	普通内科	儿科	肺痨科	神经及精神病科	皮肤花柳科
病人数	1 065	396	301	25	72
死亡人数	125	87	35	2	0
百分率	11.7	21.9	11.6	8.0	

死亡数二四九中,入院后二十四小时即死者共 103 例,占百分之 41.3,尤以肺

结核之死亡率为最高,共48例,占百分之19.43。在伤寒症中,儿童死亡较成人为少,而杆菌痢疾,则儿童死亡率较成人高,三九例中死亡一三例,在成人则六〇例中死二例。肺炎一症在儿童中死亡率亦高,一〇五例中死二八例,其他致死最易之病为中风,每三七人中死一〇人,肺炎每六十人中死九人,急性鸦片烟中毒,每二六人中死八人,婴儿脚气病,一一人中死五人,糖尿病每二四人中死五人,其因糖尿病而死者,或为入院时已昏迷,或有外科并发症。至于疟疾一症,本年较上年为少,入院者共五二人,死亡者二人,自杀中仍以服过量之鸦片为最多。

门　诊

本院虽地处沪西,较为偏僻,但门诊人数,有增无已。本年内内科各科门诊共二六〇三六号,其中普通门诊二〇〇一二号,特别门诊四八四七号,急症一一七七号,较上年增加七七一一号,恐下年或不致增加如此之多。一因院址较远,病人往返,车资不赀;二因本院容量有限,如果有加无已,或恐妨碍工作效能也。

职　员

本科医师应元岳博士,曾于上年请假至印度、马来半岛、菲律滨等处,研究热带病学,现已返院。神经及精神病科新聘海而本医师为主任。二十三年三月,北平协和医校内科教授杜威博士来院一月,作公开学术演讲,并教导本学院高年级学生,对于本科教学方法及课程支配,颇多贡献。

化 验 室

本年化验室工作,仍由本人主持,一年内各项化验,列表如下:

化学的	血液:	689
	脊髓液:	275
	胸膜液:	18
	腹膜液:	30
	尿:	2
新陈代谢		71
	总计:	1 085

内科主任乐文照报告(待续)

原载《中国红十字会月刊》1935年第4期

中国红十字会第一医院报告(续)

颜福庆

肺 痨 科

本科原名心肺科，现改肺痨科，然实际工作一仍旧贯。二年以来，对于肺痨一门，教学治疗，双方兼顾。本年本科住院医师刘德启得罗氏基金优学额，赴欧美专研肺病各项诊断治疗以及预防方法，将来归国后当能本其所学，为本科谋进步，此吾人应向罗氏基金致谢者也。

在刘医师去国期间，其职务由陈长辛医师代行，并聘钟志和医师为助理，兹将二年来诊务情形，列表如下。

诊　别	初　诊	复　诊	总　计
二十一年度	380	541	921
二十二年度	592	628	1 720

本科门诊，每星期二次，而特别挂号，几乎每日皆有。本年内应用爱克司光特广，凡门诊病人之疑有肺结核者，多受爱克司光检查，初诊中占百分之二十五。

住院病人表	出院数	住院日数	平均每人住院日数
二十一年度	323	11 034	34.1
二十二年度	301	12 089	40.1

观上表可知出院人数较上年为少，而平均住院日数则较上年为多，其原因因施行两侧肺萎疗法，须住院较长也。本科病床并未增加，候补病人每次约五人至十人。

肺 萎 疗 法

手术方式	二十一年度	二十二年度
甲、单侧人工气胸术		
(一) 初施	63	73
(二) 复施	1 629	2 109

续　表

手术方式	二十一年度	二十二年度
（乙）两侧人工气胸术	6	5
（丙）人工油胸术	2	2
（丁）隔膜神经切断术	11	14
（戊）胸廓成形术	3	2
总计	1 714	2 205

二十二年十月，本科曾参加中华医学会主持之第一次全国肺痨会议，兹将一年内本科医师之著作列下：

（一）布美：《肺病诊疗所在防痨中之地位》（登《中华医学杂志》之第48期）；

（二）刘德启：《人工气胸术在华人施行之范围》（登《中华医学杂志》之第48期）；

（三）布美、刘德启：《肺结核之血液凝固》（在中华医学会大会宣读）。

此外，本科尚有论文二篇，在欧美发表。

肺痨科主任布美报告

儿　科

本年开始时，本科病房迁入门诊处之三层楼，与其他各科病房相隔离，以免传染成人各项疾病，而病房宽大，病床由二十三架增至二十九架，住院病人计有三九六人，较上年增加一三三名。春季疾病以百日咳为多，而夏季则盛行痧子，本年痧症较为温和，为本市十年以来所仅见。以上两症，皆不准住入病房，故于住院病人数量，并未因此而增加。

本科用孟德氏试验法，试验结核病反应，包括婴孩保健科及学童，共计一千四百五十人，呈正反应者占百分之六十五。本科有鉴于此，特于每星期三下午设立童痨特诊，测验结果已与本学院卫生科联合发表。

本科应中华医学会之约，设立儿科研习班，本市儿科医师多有延请担任课程者，本班于五月开课，授课时间共五星期，听讲者共计十人。

本年将终之时，蒙陈琦医师义务加入工作，应门诊，教学生，殷殷不倦，至用感谢。

本年之预防工作如下：

(一) 体格检验次数　854
(二) 婴孩沐浴次数　374
(三) 种牛痘数　58
(四) 注射百日咳预防剂数　73
(五) 注射白喉预防剂数　46
(六) 注射痢疾预防剂数　21
(七) 注射霍乱及伤寒混合预防剂数　35
(八) 登记新婴孩数　136

儿科主任高镜朗报告(待续)

原载《中国红十字会月刊》1935年第5期

中国红十字会第一医院报告(续)

颜福庆

皮肤花柳科

本年内,本科工作较上年无甚变更,门诊病人数为六八八四名,其中初诊病人二八八七名,复诊病人三九九七名,比去年增加二四六八人,住院病人七十二名。本年专闻梅毒及麻疯门诊,每星期三次,病人甚为踊跃,尤致意于结核性之麻疯研究。其结果在中华医学会第二次大会发表。此外,杨国亮医师研究罗森德氏试验在血清上之价值,凡一千标本,已著专篇,即将发表,兹将本年著作列下:

(一) 罗爱思:《华人中之结核性痳疯症》

(二) 黄镜清:《中枢神经注入铋剂之研究》

(三) 孙蔚庭:《淋病用韦司基氏与密勒氏试验之比较的研究》

本人草此报告毕,谨向罗达公司致谢,因该公司赠送本科验梅砒剂九〇五管,业经试用,对于各期梅毒,甚著功效。

皮肤花柳科主任罗爱思报告

外科报告

(二十二年七月至二十三年六月)

一年以来,本科病人激增,教学研究,两感便利,病床增设六十架,住院病人在上年为九三五人,在本年为一二〇一人,尚有一部分骨科病人于二十二年六月起转送澄衷医院疗养,其他各科病房皆满。故工作亦较从前为紧张,每一病人平均住院日数为一八.七，死亡率为百分之九.五。本科医师每月开会一次，讨论病人致死之由并研究医疗方法，然其结果恒觉致死者之病，多属不治，缘本院所收外科病人有时已在垂危，而治疗方法惟力是视，以求减低死亡率也。

二十三年四月，中华医学会在南京开会，本科医师每人皆宣读所著论文并参加讨论。

本年本科教授白良知博士，因服务已满四年循例休假，考察外科各症之最新电疗方法，旋因他故，向本院辞去主任职务，仍为本科兼任医师，继续服务。

本科骆传荣医师服务有年，甚著成绩，二十二年终应两路医院之聘，向本院辞职。本科方面颇感损失，然骆医师念同舟之谊，对于本院，未能恝置。故辞职后在本院义务工作历数月之久，此本院应深致感谢者也。

本年内，本科穆瑞芬医师赴英研究耳鼻喉科。

署外科主任廷桂报告

泌尿生殖科

一年以来，本科门诊及住院病人较去年皆有增加，门诊次数在上年为三九〇九，在本年为五一〇九，增加百分之三〇.六。各项疾病中，仍以淋病及其并发症为最多，本科鉴于病人之有加无已，而诊所之地位有限，医师人数虽感缺乏，但拟于下年度起，每日应诊，其时间改在下午四时至六时，以利病人。

本科住院病人之出院者，在上午为一百四十一人，在本年则为一九二人，增加百分之三六。在此一九二人中，死亡者二人，死亡率百分之一。各项疾病中，以后期之肾结核、尿道结石及生殖器病、肾囊病等为多，而良性之摄护腺膛胀，则不多见。此外有输精管丝虫病二例，在临床中亦为不可多见者也。

著作：

(一) 高日枚：《膀胱内之外物》

(二) 高日枚、李学易：《肾捐伤》

以上二篇论文，皆在廿三年四月中华医学会大会时宣读，而《膀胱内之外物》一篇又在《中华医学杂志》发表。

泌尿科生殖科主任高日枚报告

妇产科报告

(二十二年七月至二十三年六月)

本年内本科工作照常进行，门诊病人三七三一名，出院病人一二〇二名，较上年增加门诊六八〇名，住院四〇三名。

本年接生工作甚为繁忙，共计四八七例，顺产四零三例，难产八四例，钳取胎四八例，开臀摘取术一七例，倒转取胎术一三例，开腹产术五例，颅骨截除术一例，人工摘除胎盘七例。诊断方面，计有惊厥产四例，胎盘未熟先裂四例，前置胎盘五例，子宫裂一例，子宫倒转二例，妊娠充血六例，早产三十三例，死产二十例，此产科之大概也。

妇科方面，行施手术共一三八例，输卵管切开术及输卵管卵巢截除术共四二例，其中子宫外孕计一六例，此为本市所习见者。其他常行之手术为子宫切开术二七例，子宫挂吊术六例，因打胎致伤而摘胎者计二九例，此又为本市所习见者，用输卵管镜检查子宫不孕者计十例，此妇科之大概也。

本年暑期中，白良知教授赴美，妇科主任由本人署理，请周萼芬医师为本科驻院助理医师。至本年春，本科工作格外吃重，乃加聘外科邵幼善医师为驻院医师，以资臂助。

妇产科吴烈忠报告(待续)

原载《中国红十字会月刊》1935 年第 6 期

中国红十字会第一医院报告(续)

颜福庆

眼 科 报 告

(二十二年七月至二十三年六月)

本年内，本科工作繁忙，门诊病人共三一三零名，门诊次数为一五五零八次，比较上年计增加新病人百分之二二.七，门诊次数增加百分之四七，此外其他各科及医学院卫生处送来病人尚不在内。上午普通门诊，下午特别门诊及矫正屈光门诊，皆甚踊跃，门诊处矫正屈光者计一三五例。本科工作之忙，为成立以来所未有，深感门诊处地位之逼仄，对于工作效能，殊受妨碍也。

本年内住院人增加亦多，在上年为一五七人，在本年则为一七二人，出院一六五人。教学方面，指导医学院旧制三、四年级学生授课及临诊工作。兹将本年著作列下：

(一) 周诚浒：《少年性白内障中胆固酮》

(二) 周诚浒、张文山：《上海市沙眼症之统计的研究》

（三）张文山：《透镜脱骱》

（四）林和鸣：《希司忒利性之弱视症》

眼科主任周诚浒报告

耳鼻喉科报告

（二十二年七月至二十三年六月）

一年以来，本科工作较上年为繁忙，但因设备有限，故未能尽量容纳要求住院之病人。本年普通门诊较上年增加百分之六二，特别门诊百分之九八，新病人百分之一五，住院病人百分之二零，施行手术数百分之一零。此诊务之大概也。

穆瑞芬医师今年赴英留学，继续深造，约于明年夏季回院。此外，蒙伊慕田医师加入本科义务工作，深为感谢，兹将本科工作列表如下：

普通门诊	男	女	童	免费	总计
初诊	767	372	306	55	496
复诊	1 476	582	409	100	2 572
合计	2 243	954	716	155	4 068

特别门诊	男	女	童	总计
初诊	153	107	69	329
复诊	110	46	46	202
合计	263	153	115	531
门诊总数	4 599			

住院病人	男	女	童	总计
入院	82	74	45	201
出院	95	82	53	230

出院时之情状

出院状况	病愈	有进步	无进步	未受治	死
病例	179	39	2	9	1
百分率	77.82	16.96	0.87	3.91	0.44

入院病例数：201；出院病例数：230；手术例数：192；

住院日期总数：1 359　每例住院日数：5.9

诊　断　别	手　术　别	例　　数
慢性扁桃体炎	腺扁桃体截除术	115
急性扁桃体炎		4
急性乳突炎	乳突凿开术	9
慢性乳突炎	断根乳突凿开术	5
恶急性乳突炎	乳突凿开术	3
中隔偏曲	粘膜下层切除术	16
鼻息肉	切除术	6
息肉变性	节状切除术	6
急性小泡性扁桃体炎		8
慢性节骨炎	节骨切开术	11
耳疖病		4
外物入食管	浸渍食道镜检法	3
咽喉的脓肿	切开与排脓	2
急性浮肿喉炎	气管切开术	3
慢性中耳炎		4
扁桃体周围脓肿	切开与排脓	7
衄血		3
急性颧弓鼻炎		1
慢性颧弓鼻炎		2
奋森忒氏咽峡炎		2
含齿的囊□	切除术与刮术	1
神经性聋		1
鼻部肉瘤	活体检视	1
鼻孔脂质瘤	切除术	1

续 表

诊 断 别	手 术 别	例 数
急性咽炎		4
慢性萎缩性鼻炎		1
结核病喉炎		1
恶性鼻炎		1
中鼻甲肥大	中鼻甲切开术	2
下鼻甲肥大	局部切开术	1
外物入耳	浸渍	1
瘘管外侧血栓形成	外颈脉结扎瘘管外侧探察术	1
总计		230

耳鼻喉科主任李冈报告(待续)

原载《中国红十字会月刊》1936 年第 7 期

报告：中国红十字会第一医院报告(续)

颜福庆

爱克司光部及生理治疗部报告

(二十二年七月至二十三年六月)

本年助理驻院医师仍由邹尚贤医师担任。护士方面，贺允蕃女士于二十三年九月辞职，俞甘霓女士曾在南京中央医院爱克司光科服务一年，现已返院工作，范朵如女士为本科专任技佐。

本科于每星期举行爱克司光讨论会，参加者为本科、肺痨科、外科及澄衷医院医师。

爱克司光检查分类：

胸	2 101
关节	216
生殖系	186
躯干	182

肢	161
尿道系	62
齿	42
头颅	158

在内，供给病房及本医院各科之药，其价值总计一万六千一百二十四元五角六分。为购买上便利起见，所需药品皆向本市各药房随时买进，货既新鲜又免堆积。

本年内向各药房所购之药，其价值总数为三万四千七百五十四元三角二分。

本室现有职员共计七人，计药剂主任一人，助理药剂师三人，药剂生三人。

本室供给江湾澄衷医院应用药剂，其价值总计二千〇二十三元四角六分正。

药剂室主任金鳌报告

护病部报告

（二十二年七月至二十三年六月）

一年以来，本部工作，因医院诊务繁忙，故亦随之而紧张。本年内各科病人，较上年增加约百分之二十五，而护士并未增加，可喜者护士与护生竭力合作，业务进行至为顺利。护士学校方面所授课目及钟[重]点，较前亦略有加添，兹将本部职员列下：

助理护士长一人，病室主任护士十人，门诊处主任护士一人，蒙药士一人，病室监理员三人，爱克司光科护士二人，公共卫生护士二人，助理主任护士十四人。

本年廖丽华女士加入本院为护士学校教员兼病房监理，其余职员无甚更动。

护士长殷粹和报告（待续）

原载《中国红十字会月刊》1936年第8期

报告：中国红十字会第一医院报告（续）

颜福庆

护士女学校报告

（二十二年七月至二十三年六月）

一年以来，本校物质方面大有进步，学生宿舍内购置新式器具。宿舍第一层装设图书馆及休息室，学生人数由五十八名增至七十二名，但鉴于医院住院及门诊病人之激增,护士人数仍嫌不足也。

本年教职员方面,新聘汪师母为舍监,小吕宋同仁医院附设护士学校毕业生卢女士为教员。

二十三年春,本校与枫林桥骨科医院附设之护士学校联合举行毕业典礼。本年毕业学生共计九名,考取中华护士会优等文凭者占三分之二。

护士学校代理校长高镜朗报告

原载《中国红十字会月刊》1936 年第 9 期

论文《恭贺新年 中国红十字会之新希望》[节录]

沈金涛

今为中华民国二十五年一月一日,履端于始,百度维新,我中国红十字会之希望于此新年者,厥有四端。

……

(三) 关于总会者。上海为我国金融集中之区,亦为中国红十字会发源之地,始于甲辰,为海上士绅醵金成立。历年对于救护兵灾、振济灾祲诸大端,莫不努力从事,无役不从。总会会所,原系赁屋,僦居一隅,今则迁入新闸路,自置之产,差堪自慰。惟以数年来工作既繁,责无旁贷,苦心孤诣几致捉襟见肘。值兹风云日紧,更宜踊跃从公。今后,譬之个人,病瘳而精旺;譬之国祚,几绝而中兴。惟愿新年成绩,大胜往年,我中国红十字会之希望新年者,此其三。

原载《中国红十字会月刊》1936 年第 7 期

报告:中国红十字会第二次征求会员成绩报告[节录]

(民国二十四年七月一日至二十五年六月三十一日止)

(甲) 总会

儒堂总队:征得四百九十七分半　照章酬赠奖状

恭绰总队:征得二百六十九分半　仝上

晋卿总队:征得一百二十八分　仝上

一亭总队:征得一百十分　仝上

汉章总队:征得一百分

动军总队:征得一百分

伯奇总队：征得一百分

邦俊总队：征得一百分

铁城总队：征得九十七分

佩璜总队：征得八十分半

梅南总队：征得七十分

秉文总队：征得五十六分

涵之总队：征得四十一分

照寰总队：征得三十分

雁宾总队：征得三十分

公展总队：征得十分

云祥总队：征得五分

世英总队：征得半分

以上合计一千八百二十五分(每分计国币一元)

(乙)分会

崇明分会：征得一千一百七十九分半　赠给银盾一座

松江分会：征得一千零六十八分　仝上

上海市分会：征得一百五十一分　赠给奖状一张

以上合计六万八千三百二十六分(每分计国币一元)

(丙)各地方政府

上海市社会局：征得五十分

原载《中国红十字会月刊》1936年第16期

中国红十字会上海市分会会务报告

(子)关于重要职员之推选及递补事项

本分会于二十年十一月二十八日，改选张杏荪等十一人为议事员，潘君宇生等十一人为候补议事员。同年十二月一日，开第一次议事会，公推张杏荪君为议长，谈干臣君为副议长，并于当日由议事员互选夏应堂君为正会长，殷受田君为副会长，李鸿声君为理事长，张杏荪君为理事，倪颂兼君为资产监督。同日续开第二次议事会，以张杏荪君辞理事职，挽留，改推臧廉逊君为议长。十二月十日第三次议事会，公推张杏荪君为文牍主任，蒋茂荣君为会计主任，蔡槐孙君为庶务主任。二十一年一月,救护队全体选举蔡槐孙君为救护队总队长,郑鸿钧君为甲队长,鲁志献君为乙队长,滕克勤君为掩埋队长。同年七月开第五次议事会,以殷副会长病故出缺,选举姚鑫之君为副会长。八月,第六次议事会,姚副会长因事辞职,改选李鸿声君为副会长,张杏荪君为理事长,夏理彬君为理事。九月,第七次议事会以夏理事辞职,推次[辞]多数,蔡槐孙君为理事。二十三年八月,第十四次议事会,顾议员鸿声病故出缺,推盛茂祥君递补为议员。十一月,第十七次理事会,陆议员子华病故出缺,推顾渭川君递补为议员。二十四年一月,第十八次议事会,推包句香君为文牍主任,二月,将文卷图记送请文牍主任保管。七月,第二十一次议事会,请包文牍主任兼会计职。二十五年三月,第二十四次议事会,姚议员菊亭病故出缺,推储颐绶君递补为议事员;谈议员干臣病故出缺,推鲁志献君递补。二十五年六月,第二十六次议事会,夏会长应堂病故出缺,推李副会长鸿声兼代。

(五) 关于救济者

(一) 二十年八月,因水灾延及各省,特制备棉衣分送总会及各省水灾急振会,转解灾区散放。二十四年九月,沿江各省又患大水,特拨助国币五百元,送请总会转解灾区。

(二) 一二八战役,事起仓卒,幸吾会救护、掩埋、担架各队队长统率有方,从容应付,并由同仁辅元堂协助,共同担任闸北掩埋事宜。公立上海医院等暂改为临时医院,收容伤兵,昼夜医治,全活甚众。事后本会为酬劳绩起见,特造具出力人员清册,陈请总会分别褒奖,以资鼓励。计是役奖叙人数如下:本会职员及救护、担架、掩埋各队人员张杏荪先生等九十一人,公立上海医院周楚良先生暨医药师、护士等十九人,南洋医院顾南群先生暨医药师、护士等十三人,叶露病院叶露先生暨医药师、护士等八人,瞿直甫医院瞿直甫先生暨医药师、护士等十四人。

(三) 时战事正酣,本会除努力救护外,悯念各处棉被、棉衣、粮食不敷分配尚多,特拨助战区面包二十一包,红十字会第八伤兵医院白米二石、棉被二十条,三十一伤兵医院白米二石,上海市民地方维持会炒熟米二十石,瞿直甫医院白米十一石、棉被二十条、棉被裤五套、短衫三十九件、单裤三十八条,上海战区难民救济会白米二十石,上海市收容灾民办事处棉衣二百套,聊为补助。

(四) 二十一年夏,时疫盛行,特借福佑路煤炭公所开办临时时疫医院。自七月十日起至九月二十日止,共诊治二千二百二十八人,由夏君应堂为院长,李君鸿声主持总务,张君杏荪主持医务,中西医轮值担任诊务,计收各界捐赠银六千三百三十元八角二分、中华珐琅厂磁面盆一打、马骥良君赠药橱二件橇一具。是役计共支洋四千八百四十九元六角一分，结存银一千四百八十四元二角一分，移送本会基金保管。

（五）施米、施衣。自二十年至二十四年底止，每年冬季计施米各一百石、衣裤二百套，凭券照发，由事务所吴简生办理。

（六）种痘由种痘主任潘君宇生主持，每年分春秋两期，每期平均约五百余人。

（七）夏季施送痧药，除二十一年自购七百瓶外，每年由舒同寿国药号捐助，计二十一年至二十四年各赠行军散一百瓶、卧龙丹二百瓶、蟾酥丸二百瓶、天中药茶五百包，二十五年行军散五十瓶、卧龙丹二百瓶、蟾酥丸二百瓶、天中茶四百包，并附志谢，概由事务员郭培芝经手施送。

（寅）关于征求会员事项

（一）本分会成立已久，会员人数众多，或散居四方，或已谢世，无从统计，故改组以后，遂照总会先例，重行登记。凡有填具表格送会者，仍有会员资格。计登记者，名誉会员二人，特别会员八人，正会员二十八人，普通会员一人。第一次征求会员，计特别会员三人，正会员六十四人，普通会员五十三人，青年会员九人。第二次征求会员，计正会员十二人，普通会员四人，并总会正会员照章参加为本分会正会员一人。因第一次征求会员，按照酬赠给奖办法，以正会员推赠为特别会员者三人，赠与普通会员者七人，总共为一百九十五人。除五年以来，因病故出缺者，计名誉会员一人，特别会员一人，正会员五人，以晋级而除去正会员者额三人外，计现有名誉会员一人，特别会员十人，正会员一百人，普通会员六十五人，青年会员九人，总共会员为一百八十五人。

（二）总会按照管理条例，应于每年征求会员一次。第一次为二十三年三月，本分会征求成绩为二七三九分，核与征求会员酬赠给奖办法第五条甲项，奉总会致赠奖旗一面。又出力人员，核与同法第二条甲、乙两款及第七、八两条之规定，推赠蒋茂嵘君等三人为特别会员，赠汪季英君七人为普通会员，赠包句香君等二人各三等奖章，以资纪念。第二次征求会员为二十四年八月，时因市面萧瑟，应者寥寥，总核成绩为一三五分，赞助费为一六分。

（卯）关于改进者

（一）沪城分会时代案牍向来保藏箧笥之中，偶有查阅，颇费周章。改组以后，用最新方法，编为四大纲，曰总务，曰公益，曰组织，曰参考。每纲之中再分门类，每类以书形纸匣贮之，每类匣中分置各案，排列玻璃橱中。譬如纲为“公益”，类为“救灾恤邻”,则该类之中所存者(振济辛未水灾案)、(拨解灾区棉衣案)等是。如欲检取,一望即知,无须翻阅目录之烦,似较便利。

(二) 医疗器械及动用器具,由管理员分别编号登册负责保管,并随时加意整理,以免损坏。

(辰) 关于其他事项

(一) 本会会计年度终了,应将全年簿册及单据等件,先行推员审查,认为无误,分别呈报主管机关。第一会计年度(二十年十二月至二十一年六月止),经第十一次议会推李鸿声、蔡槐孙、陆子华三君审查。第二会计年度(二十一年七月至二十二年六月止)经十六次议事会,推李鸿声、蔡槐孙、潘宇生三君审查。第三会计年度(二十二年七月至二十三年六月止)推李鸿声、蔡槐孙、夏理彬、包句香四君审查。第四会计年度起,依照会计规程,改用簿记,请蔡尔康君担任誊录簿记及造具月报、总报事务。年度终了,推储颐绥、鲁志献二君审查,并依法送由会计师审核证明。又会计规程施行时,本会在未改选以前,对于收据等项之列名,如何暂定,并查总会收据上列名者为副会长、常务理事、常务监事。请求购置单下,由秘书长或常务理事、常务监事批准。领物凭单下,由秘书长具名、预算、决算。月报下列名者为会长,应以何种为标准一案,经议事会议决如下办法:

(一) 在本会未改选理监事制以前,暂定下列为标准。

(甲) 凡单据上,照总会颁行格式中,用会长单独名义者,由正会长签名、盖章,如非单独者,由正副会长签名盖章;

(乙) 凡用单独常务理事名义者,暂由理事长签名、盖章,非单独者,由理事长或理事签名、盖章行之;

(丙) 凡用单独常务监事名义者,由资产监督签名、盖章行之;

(二) 在本会未改选以前,凡应用秘书长、会计、出纳等名义者,暂以下列为标准。

(甲) 凡用秘书长名义,由现任文牍主任签名、盖章行之;

(乙) 凡用会计名义者,由现任经济主任签名、盖章行之;

(丙) 凡用出纳名义者,由现任会计员签名、盖章行之;

(三) 第三次议事会修正救护队章程第十三条,“本分会队员,须经队员二人以上之介绍,开具经历、籍贯、住址及家长本人签字,妥觅铺保,由总队长送由议会通过”。原有队员,应补送志愿书及保证书。

(四) 前沪城分会时,所设马桥、三林两乡分办事处,因不属市区范围,经第二十一次议事会决议撤销。函请两分办事处将前发图章、旗帜等件，送会销毁。

（五）总会举行第一次全国会员代表大会，本会公举李鸿声、藏廉逊、蒋茂嵘三君代表出席。

（六）朱星江、蔡尔康二先生及救护人员热心会务，成绩卓著，各赠予正会员。一二八战役出力人员，奉总会各赠救护奖章，本会并开联欢会，设筵宴请，以酬勋绩。

（七）参加防空演习，由救护队全体动员。

（八）第二十一次议事会决议，雇员郭培芝改为收发兼书记，事务员吴简生为庶务员。

（完）

原载《中国红十字会月刊》1936年第17期

中国红十字会第三医院报告(续)

每月门诊人数表

（二十四年七月至二十五年六月）

月份	七月	八月	九月	十月	十一月	十二月	总计
内科	812	855	881	863	758	437	4 606
外科	2 065	1 222	1 282	2 244	1 767	1 622	12 201

半年统共一万六千八百零七人，内计男性9 507人，女性7 300人。

月份	一月	二月	三月	四月	五月	六月	总计
内科	570	786	973	894	837	960	5 025
外科	1 198	1 400	1 749	1 907	1 545	1 655	9 454

半年统共一万四千四百七十四人，内计男性8 771人，女性5 703人。

本院诊治服毒人数表

月份		七月	八月	九月	十月	十一月	十二月
人数	男		2				
	女	1	2	1		2	1

续 表

月份		七月	八月	九月	十月	十一月	十二月
自杀方法	男		吞咽				
	女	吞咽	吞咽	吞咽		吞咽	吞咽
自杀原因	男		失业				
	女	口角	口角	口角		口角	口角
月份		一月	二月	三月	四月	五月	六月
人数	男		2	3		1	1
	女	1		1	1	1	
自杀方法	男		吞咽	吞咽		吞咽	吞咽
	女	吞咽		吞咽	吞咽	吃花露水	
自杀原因	男		失业	口角		失业	失业
	女	口角		口角	口角	口角	

一年内共计男性九人,女性十人。

住院人数表

月　份	内　科	外　科	共　计
七月	5	7	12
八月	9	7	16
九月	8	5	13
十月	7	6	13
十一月	4	6	10
十二月	6	5	11
一月	8	5	13
二月	3	5	8
三月	7	5	12
四月	7	6	13

续　表

月　份	内　科	外　科	共　计
五月	13	5	18
六月	5	6	11
共计	82	68	150

本年度住院共计一百五十人，较上年减低百分之七十零。

列年门诊人数比较表

二十年度	21.983
二十一年度	23.484
二十二年度	33.586
二十三年度	31.302
二十四年度	31.661
二十五年六月止	14.474

外科施行手术表

(廿一年一月至廿五年六月止)

年　　份	局部麻醉者	全体麻醉者	不用麻醉者	共计
二十年度	125	98	7	230
二十一年度	253	161	4	419
二十二年度	324	241	0	565
二十三年度	328	163	0	491
二十四年度	332	128	0	460
二十五年六月止	105	20	0	125
总计	1 467	812	11	2 290

上列各项次数仅就割症室内计算，门诊室施行手术不在其内。

原载《中国红十字会月刊》1937 年第 22 期

中国红十字会第三医院报告

经 济 报 告

(廿四年七月一日至廿五年六月三十日止)

本院会计依照《中国红十字会附设各医院及其他机关会计规程》,办理所有会计科目及帐薄式样一律遵照会计规程第三条办理,如月有月结表报告。每三个月政府派员查账一次。每至会计年度终了,造具决算表,连同账册、单据送交总会查核备案。兹将本届决算表列后:

收 入 之 部

类别	上届结余数	总会拨款	住院费	号金	注射费	药瓶费	房租	共计
金额	161.57	10 100.00	934.90	1 024.84	547.08	492.89	840.00	14 301.08

支 出 之 部

类别	房租	员役伙食	药品	印刷	消耗	文具	年资	本届结余数
金额	3 330.00	1 839.50	994.61	102.65	590.50	18.95	67.13	265.88
类别	员役薪工	病人伙食	药品附件	购置	邮电	修缮	什项	共计
金额	5 000.50	926.50	634.13	201.97	108.70	127.17	192.89	14 201.08

以上收支,经内政部暨卫生署特派查账员潘序伦会计师查讫。

(完)

事务主任周根绪报告

原载《中国红十字会月刊》1937 年第 24 期

抗战中之救护工作

全国之救护工作准备

鉴于日人谋我之亟,中日关系之日趋恶化,中央政府对于非常时期之救护工作,早在上年已公布条例及施行细则,规定为非常区域者,达十余省市。经党部、红十字会分会、医事机关、医学团体及商会等之合作,各该地之救护组织,业已粗有头绪。此外,中央卫生署联络中国红十字会总会及军医署等,于首都成立中央救护组织,以推进事务,并固定各辅助团体间之合作。中国红十字会总会即由各方面及各种人才组织一救护委员会,以处理医药材料之流通,及救护训练班之开办。

卢沟桥事件发生后,为虑及事态之扩大,红十字会救护委员会及中央救护组织,立即开始五万伤兵五个月治疗之准备,同时开始药械之贮藏。一面即由教育部及卫生署动员全国医师、护士及其他救护工作人员,为组二十队救护队之准备。关于药械,三分之二分藏于六处安全地域,三分之一则分配于战区备用。医学院校之参加者,在上海有国立上海医学院、国立同济医学院、济南齐鲁大学医学院、东南医学院、同德医学院等,在各地则有中央医院、长沙湘雅、华西大学、光华、南通、河南、广西等医校。同时在中国红十字会指导下,河南省立医专校长担任华北救护委员会之副主席,派遣手术组赴保定等地服务,由中央供给材料。各地之义勇救护队,亦随即成立。吴兴队、江苏省卫生中心成立之一院、山海关医院之职员、中华护士会等,均请准予参加救护工作。

华北战区之救护概况

在去年绥远战事发生后,中国红十字会即在平组设华北救护委员会,俾便该地之工作。卢沟桥之战发生后,该会工作甚为紧张。平津失陷后,该会职员退保定,迅即联合河北省立医专及清苑红十字会分会,共组手术组,以应事变。其时中央大学及中央医院合组之救护队,北上赴平汉路工作。齐鲁大学医学院所组之救护队,则在津浦线辅助军医。红会萧城、武进、长兴、宜兴等各地支会,亦均受命充分准备救护工作。同时红会青岛、兴化、洛阳、宅县及卫民等地支会,均报告工作到会,并请发给药械,俾设后方医院。关于各地工作,大都颇能满意,但南口商都等地,由于种种困难情形,红会未能为军医分劳,殊属憾事。

淞沪战区之救护动态

在八一三事件之前,上海红十字会、市党部、地方协会、社会局、卫生局已会商组织上海市救护委员会之办法,经费则由上海市抗敌后援会供给。该委会更分材料科、医院小组及救护队等部份。自战事爆发前夜至八月二十八日间,救护队发动全沪人员,组手术组十组、救护队数队。在闸北、江湾、顾家宅、真茹、大场、南翔、吴淞、虹口、罗店、嘉定、殷行、浏河、浦东、白龙港、烂泥渡、南市、龙华等地冒炮火以抢救伤兵、伤民,并送入上海之各救护医院、昆山陆军医院,及苏州、嘉兴、杭州、无锡、常州、吴兴等地之医院内,俾受治疗。上海之同仁辅元堂,则出发从事掩埋工作。每急救队,共有工作人员五十三人,卡车三辆;救护队则每队有工作人员十五至二十人,卡车三辆。由于日军之残暴行为,救护工作人员之受牺牲者如下:

八月十八日,日机轰炸真茹红十字会医院,虽有巨幅之红十字旗,亦无顾忌。是役也,房屋全毁,死扛架队长一人,伤医师一人,救护员三人。

八月十九日,日机轰炸南翔之救护队,死治疗中之伤兵二名,伤四人,其中一人为萧医师。

八月二十三日,日军包围罗店之救护队,捕去伤兵多名,院中人员被迫跪下后,更以机枪扫射,罹难者有粟[苏]医师、刘医师、秦护士及陈护士等,陈女士乃逃至上海后,由中德医院手术,不救而死者。被捕伤兵,亦遭惨杀。

八月二十四日,中兴路上,第五急救队某队员遭日机炸伤。

八月二十七日,第二急救队某队员遭日机炸伤。

九月二日,第八队某队员受伤。

九月十三日,在殷行,救护队队员四人重伤,毁卡车一辆。

日军之暴行,虽使救护人员遭上述损失,但服务人员之勇敢,毫未受其挫折。红会为谋减少牺牲起见,乃尽量在夜间活动。

救护人员虽尽力改善工作,但以目前环境而论,仍感困难甚多,惟望水陆交通能设法安全后,俾伤兵多量迁入内地。(编者按:此点现已解决。)

救护委员会最初本拟在真茹、昆山、无锡、嘉兴四地分设医院,真茹医院自遭轰炸后,乃与昆山医院合并。无锡方面,则有国立上海医学院人员在彼工作,甚为活跃。因救护委员会之活动局于昆山松江一带,故无锡方面之医院,乃直辖于红十字会总会,吴兴方面亦受总会药械接济,设立医院。

吾人虽深受日本军人残酷之待遇,但激于人道,仍拟设一专收日本伤兵之医院,以示大国风度。

鉴于前方疟疾之流行,红十字会已送去大批金鸡纳霜,以资预防,为济各救护医院之不足,更筹设一医院,用作疏浚,苏州、松江、常熟等地则送去多量药物,以供需要。

最后应予申明者,即吾人救护工作中须加注意者尚多,上海在事实上已形成一中心区域,故医师、护士及他种救务人员等之数量,自远驾他处之上。在战事初起时，因大量伤兵之运来，彼等之力量自集中沪埠，但此后战事扩大，则医务人员之散布亦将随之推广，故不得不征求多数人才，分赴战区附近各医院服务，关于此种征求之结果，尚感不敷。

第二点感到未尽妥善者，即缺权力集中及合作之精神，目前在上海一隅，其由公家或私人经费设立，而由红十字会统辖之医院，虽已达四十余所，各医院互相间似乏合作表现。对于各医院之办事精神及热忱，自属十分满意，但设在全国最高救护组织下携手合作，则工作效率将见大增也。

吾人之政府已下长期抗战决心，抗战愈久，结果愈佳，前敌将士亦已效命沙场，愿为国捐躯。吾人安居后方，自应亟起努力救护事业，以尽职责，为国宣劳也。

原载《中华医学杂志》1937 年第 23 卷第 11 期

上海市救护委员会工作概况

本会原称上海市救护事业协进会，由本市各界领袖虞洽卿、钱新之、黄炎培、江问渔等所发起，于去年（廿五年）十一月十八日假市商会举行成立大会，宣告成立，假中汇大楼四楼地方协会为办事处。嗣以根据中央所颁布非常区域救护事业办法大纲之规定，改组为上海市救护委员会，于本年七月二十日举行成立大会。并因时局转趋严重，工作范围扩大，原有办事处不敷分配，乃于七月三十日起，迁至新闸路红十字会总会内办公。兹将本会最近工作概况，迄八[月]卅一日止，概述于后：

（一）组织——本会以负责协助并办理上海一带战区（京沪线至昆山为止、沪杭线至松江为止）军民救护工作，以期事前得充份训练准备，临时得以统一调度为宗旨。由市党部、社会局、卫生局、红十字会、市商会、地方协会、医药团体、医事教育机关等与救护事业有关之团体机关，各推代表为会员所共同组成。由全体会员推举委员，组成委员会，设主任委员一人，副主任委员若干人，现任主任委员为颜福庆，副主任委员为许冠群、徐乃礼、俞松筠、翁之龙、郭琦元等。委员会下附设训练推行委员会，主席为江问渔；及药品供应委员会，主席为许晓初。在日常会务执行方面，设总干事一人，主持一切，现由王揆生担任。总干事下分设总务医务二组，各设组长一人，副组长若干人。现任总务组长为杨怀僧，医务组长为郭琦元。总务组下设文书、纪录、会计、庶务、运输、情报、交际、稽查、慰劳、掩埋等课；医务组下设事务、医院、材料、救护队四课，分掌日常会务。职员人数约共五十，均为义务职。兹为易于明了组织情形起见，特列表如下：

上海市救护委员会组织系统图

会员大会
(各团体代表会)

委员会

主任委员
副主任委员

药品供应委员会　　总干事　　训练推行委员会

医务组组长　副组长
总务组组长　副组长

救护队课　材料课　医务课　事务课

掩埋课　慰劳课　稽查课　交际课
情报课　运输课　庶务课　会计课
纪录课　文书课

附注：本会根据中央所颁布《非常区域救护事业办法大纲》之规定，由红十字会、市商会、地方协会、医药团体、医事教育机关、卫生局等与救护事业有关之团体机关，各推代表为会员共同组织之，并受中央救护事业总管理处之指挥及监督。

(二) 经费——本会工作范围广大，费用浩繁，一切支出全赖各机关团体及各界热心人士捐助。迄八月三十一日为止，本会共计收到各界抗敌后援会拨助洋七万五千元，地方协会转来救护捐款一万三千六百四十六元七角一分，红十字会转来心记捐助洋一千元，共计收到八万九千六百四十六元七角一分。此外由红十字会总会方面领到物品，价值七千三百零五元七角四分。以上捐款，均充医务工作之用，办公费用均经另行筹划。兹将本会医务组开办用费及每月经常费预算列表如下：

(一) 本会医务组开办费预算表

救伤包	十万只	每只九分	共计九千元
担　架	五百只	每只四元	共计二千元
急救囊	一百只	每只二元	共计二百元

续　表

医疗囊	五十只	每只五十元	共计二千五百元
器　械			共计二万元
杂　件			共计三千元
破伤风抗毒素	五千单位	每单位二元四角	共计一万二千元

以上共计四万八千七百元。

（二）本会医务组每月经常费预算表

类　　别	材料费	伙食费	津贴费	共　　计
救护医院(按二千床位计)	六千元	二万元		二万六千元
特约医院(按一千床位计)	三千元	一万二千元		一万五千元
野战医院(按三百床位计)	九百元	一千四百七十元	一千二百元	三千五百七十元
救护队(六队)	一千八百元	三千六百元	六千元	一万一千四百元
急救队(三队)	六百元	九百元	一千五百元	三千元
运输费				三万六千元
杂支				四千元

以上总计每月需九万八千九百七十元。

（三）医院——在战事发生以前，本会对于收容受伤兵民之医院，即预有布置，待战事发生后，更陆续添设，凡由本会所辖之医院共分三种：第一为救护医院，乃由本会自行设立者，现共有该项医院十六所，约共床位三千四百余只；第二为特约医院，乃指受本会委托收受伤兵之私家医院，现共有该项医院十六所，约共床位九百只，以上两种医院分设本市第一、二两特区；第三为野战医院，现有一所，设立于昆山，共有床位三百只。以上共计医院三十二所，床位约四千五百只，所有服务人员，均由经验丰富之医师、护士等热心义务担任，对于所收受伤兵民，平均每日由本会供给药械材料及伙食费用约计五角左右，至于因伤重而死亡之兵民，则由本会约定普善山庄代为掩埋。

（四）救护队、急救队——救护队及急救队之组织，乃就由本会所自行设立及附属之各救护训练班毕业学员，以及自行投效具有经验之人员编制而成。现先后成立者计有救护队十队、急救队五队,救护队每队五十三人,急救队每队十五至二十人,分驻南市、浦东、龙华、虹口、闸北、江湾、大场、吴淞、真如、南翔、嘉定、杨行、浏河、罗店及苏州、无锡等地,各救护员均能不计生死,不分昼夜,努力救护伤兵分送各医院。惟是该项工作处于火线,且以遭人之忌,故危险万分。如八月十八日真如第二队驻所被轰炸,队长龚继长受伤,担架长张松林炸死,尚有队员数人受伤;十九日南翔第三队驻所被炸,当经另迁驻所,而于二十日又被轰炸,伤队员数人,死伤兵二人;二十二日第一队罗店分驻所被轰炸,次日该队陈队长被劫特示时,而副队长苏克己及医师护士陈秀美[芳]等均遇难,自二十五日起,改于夜间工作。

(五) 运输——凡由救护队救得之受伤兵民,即由本会卡车运送至各医院,该项卡车由本会自备及各界义务供给,经常应用者共二十五辆,共[其]中有煤业公会供用之九辆,长驻嘉定、昆山、苏州之间,其余十六辆,即驻在本会,随时派赴前后方救护。惟此种车辆之来往,遭对方之忌甚深,虽车辆上扯有本会红十字旗帜,但被日机发现之后即加轰炸,故现为避免危险起见,改在夜间工作,但夜间工作,困难殊多,以不准点灯火,且军用车来往频繁,以致时有互撞及翻车情事。兹以战事日益激烈,救护工作,因此随之日益紧张,故本会仅有之车辆,实颇感难以应付也。

(六) 救护工作人员登记——本会以在战争时间,亟需各种经验丰富之救护工作人员,因于八月四日起公开征集,惟旋以应征来会登记者人数过多,故一星期后即行截止,当经登记之人员计二百四十四人,内医生男五十八人、女三人,护士男二十九人、女九十人,急救员男三十三人、无女性,事务员男十六人、女一人,其他男十四人,女性无。现经择尤,陆续指派工作。

(七) 救护训练班——本会自设救护训练班,系于上年十一月间开始办理假北成都路和安小学为讲习所,招收热心人士,义务授与战时救护必要学术,每届训习三十小时卒业,本年八月八日曾在南市公共体育场举行历届受训救护员检阅式表演各种术科,整齐迅速,咸受到场各界称许。至八月底止,计已训练五届,卒业救护员共二百八十七人,现已多数编入本会各救护队,派赴前后方服务。

以上为本会工作之大概情形,有许多资料,以尚未至发表时间,暂时从略。按:本会为全市办理救护事宜之最高机关,在此非常时期,职责所在,自属义无反顾,惟此项工作,关系民族命运前途者甚大,而开支浩繁,运输工具,大感缺乏,故困难尤多,特此慎重报告,敬希各界热心人士赐予指导赞助也。

原载《中国红十字会月刊》1937年第27期

中华民国红十字会总会对于淞沪战事支配物品款项公告

此次淞沪战役承各界慨捐巨款、惠助物品,除掣正式收据外,迭经登报鸣谢在案,兹将款项、物品支配概况公告如左:

(甲) 现金		十万千百十元角分
一、拨给上海市救护委员会经费	国币	五三二五〇〇〇
二、拨助其他各团体救护经费	国币	二八〇〇〇〇〇
三、购用交通工具	国币	六七八八三〇〇
四、购用救护药械(除一部份已在沪消耗外其他大部已移存某某等地)	国币	一三一九五一四八
五、购用救护物品	国币	二八二八六四三

共计国币三十万九千三百七十元九角一分

(乙) 物品(各界捐输者)		万千百十元角分
一、衣被	估计国币	三三〇一五七七
二、交通工具	估计国币	一四六七五〇〇
三、棉花纱布	估计国币	一八一三五八五
四、药械	估计国币	一〇三七三五二
五、灰毯	估计国币	一一七三〇六〇
六、布疋	估计国币	一〇九九九〇〇
七、用具	估计国币	九二七四三五
八、食品	估计国币	四九二九七五

共计估值国币十一万三千一百三十三元七角九分

综计现金及收入物品代价,截至九月底止,除已拨用消耗外,其购进及捐入项下之药械、灰毯、衣服、棉花纱布,尚存估计约值十万余元,但以战事扩展,需用甚殷,所存无几,转瞬即罄。敬请各界不论金钱物质,多量捐输,以利进行,诸维公鉴。

原载《中国红十字会月刊》1937年第28期

中国红十字会上海国际委员会经济概况

沪上难民麕集于各收容所、各医院以及南市难民区等处，不下十七万人之多，给养浩繁，经费竭蹶，尤以食米一项连现剩及在订购中者，已不敷来月之需，故该会执行委员会已向中外人士迫切呼吁，俾能宏施乐助，藉以维持。查目下最紧要之问题，厥为以现金定购价值二十万元之食米以及面粉、黄豆之属，必须先事筹措，不容稍缓，否然者时届七月间，十余万嗷嗷待哺之难胞悉将有断餐之虞，因此不惟为多数生命之所系，亦即为社会安危之关键，进而言之，此辈难民给养之得当与否，对于人类福利亦不无重大之影响也。

海上善士对于国际红十字会以及其他救济机关维护备至，惟战事方殷，其所盼望于各界继续襄助者，为日方长，正未有艾也。

国际红十字会自去年十月起，即开始担负沪上各收容所难民治疗及输助药品，十二月间复增拨衣被，及本年一月则各收容所之难民给养亦全归本会担任供给，此项收容所之主办机关计有救世军总会、基督教青年会、国际救济会、上海慈善团体联合救灾会、广东同乡会收容所、世界红卍字会、镇金丹溧扬五县同乡会、中国黄十字会、江宁六邑公所、只园莲社、蓝十字会、尊圣善会、白十字会、中国济生会、上海市地方协会第一特区市民联合会、南市基督教进行会等，除此以外，南市安全区难民管理委员会亦由国际红会予以补助，该委员会虽非国际红会之一部，但在办理救济难民事宜，殊有相互联络之必要也。

国际红十字会所收各处赈款，截至五月七日止，共计国币一百七十五万二千七百八十二元，兹将主要各户胪列如次：

中华民国国民政府(现款)	三十五万元
救国公债(票面)八十万元	
除去未曾售出者三十一万三千九百四十元	四十八万六千零六十元
英国对华救济会	二十四万零三百七十四元五角九分
中国华洋义赈会(China Famme Relief Inc)	九万元
上海华洋义赈会(For Civilern Relief In China)	七万一千九百五十五元二角三分
王正廷先生经募	七万元
上海银行公会	五万元
Local Caupaign shanghai	二万四千五百零二元四角九分

旧金山旅美统一义捐救国总会	四万五千元
公共租界工部局	二万元
法租界公益慈善会	二万元
美国红十字会	一万五千元
伦敦华侨女子救灾会	一万零一百零五元二角六分
檀香山华灾救济委员会	二万元
中国红十字会	一万元
其他各户捐款	二十二万九千七百八十四元四角三分

总计收入国币一百七十五万二千七百八十二元。

在同时期内支出各项经费及补助款项共计一百七十万零四千七百元零零二角三分，分列如下：

难民救济委员会(食粮及其他)	一百二十二万五千五百四十八元
医务委员会	十九万零七百十九元
伤兵救护委员会(连残废军人救济费)	十七万三千零八十三元
南京国际红十字会	二万二千五百元
南市难民区管理委员会	五万二千九百四十九元
中华医学会 Chinese medical association	一万五千元
宣传征募委员会(连调查费)	一万五千九百八十二元
事务经费	六千元

总计一百七十万零一千七百八十一元

China International Famme relief Commission 因有中国国际救济会供给大批医务工作人员及其他设施之故，国际红十字会对于该项支出连宣传征募费用在内，仅占全部经费千分之十五而已。

难民给养之如何，实际支配可于下表见之：

西贡米	四千八百八十二吨
国　米	一百八十四吨
面　粉	六百吨
黄　豆	一千一百五十五吨
煤	二千九百吨
木　柴	三百六十吨

豆　油	四十二吨
蔬　菜	七百八十吨
食　盐	一百吨

衣被之分配亦为该会重要工作之一,约计衣被四十万套,冬夏各半,均已分发于各所难民。

国际红十字会并拨款于救护委员会组织巡环诊察团四组,自去年十二月至本年四月,共计诊治难民一一八三三六人,同时该会难民医院疗治人数为五二八八三人,自去年十月至本月[年]四月,经由该委员会辅导之各医院治疗难民人数,计住院三三一五九七人,门诊三一九四一九人,本年二月至四月试种牛痘,难民共四千余人,又四月份注射伤寒霍乱菌苗者共计二〇〇六七人。

去冬留沪治疗之伤兵尚有七千余人,业已逐渐递减,迄今尚未遣送者仅剩残废兵士二百五十二人而已。

除南市难民区以外,约计难民十万人收容于一百三十处收容所内,均由国际红十字会担任给养,每人每月所需约三元弱,其中伙食方面约在一元六角五分至一元八角五分之间,已堪供给。每日进膳两次,膳食方面亦需时常更易,计晨餐为麦糊及米粥,有时并加面食及咸菜,晚餐则系米饭,间杂黄豆,并佐以油煎咸菜。

关于遣送难民问题,业已努力进行,本埠难民自去秋战事发生迄今,已遣送者约计三十五万人,现在尚不拟继续大批遣送,因多数难民均系工人,苟本埠工厂恢复营业时,彼等即可前往工作也。

国际红十字会急需筹款一百万元,以为六月份添购粮食及七、八、九月给养之需,预计十余万难民每日约需一万二千五百元,每月共计三十七万五千元,其中粮食二十五万元,医药卫生设备三万元,衣被一万五千元,蓆棚建设四万元,水电管理费用四万元,四月总计为数甚巨,甚望中外善士慈愿宏发,慨助乐输,不惟造福无量,抑亦为非常时期中提倡和平之一道也。

原载《中国红十字会月刊》1938 年第 36 期

沪战一年来难民救济概况

密勒氏

一年来上海有一件重大的事业,化去了二百五十万元,那就是救济难民。人员的总数,连主持人和办事员在内,一共有二十五万人。

沪战爆发一月，中国政府便成立了上海临时救济委员会，建筑一百四十九个临时收容所，收容难民十万人。中国国民政府，在那时候，(现在仍旧是这样)，是救济难民的主要的捐助人。上海、国内、国外、报关、私人都有捐款。其后上海临时救济委员会所主办之收容所，于五月间已减至六十一所，八月间只有五十所，最近仅有难民三万人不足。

上海失陷以后，上海临时救济委员会以政府关系，被迫离开上海。后来就改组为上海慈善团体联合会。

去年冬天，难民救济的组织，风起云涌。以适应当时事实上的需要。可是各组织间彼此互相调整，也是很需要的，所以在今年正月初，便统一于上海国际红十字会了。

在西爱咸斯路的收容所，是救世军和上海国际救济会主办的，那儿是很清洁。

每一所柴篷，须费二百九十元，可容二百五十人，一共收容了五六五〇人。里面有学校、讲演厅、肺病疗养所、运动场，给他们一些材料，难民们自己就搭起一所很高大的医院，和别处收容所一样，这儿流行着虎疫和伤寒病。收容所的全部，布置很美丽，地上没有乱草，房屋清洁，难民的身上，好像也洗得很干净。

新闸路收容所的情形，就两样了，两排房子，隔着一条弄堂，难民们在泥泞里、垃圾里蜷伏着，苟延着。在黑暗的走廊上，你的脚会蹴到正在哺乳的母亲身上去，在只有一个窗子的房间里，难民们在狼吞虎咽。没有家具，没有卫生设备，没有人管理，房间里挤得不能转动。那能算是“家庭”呢？有一个办事处，有一点洗澡水，还有一所容纳一千人的房子。

界于这两种迥不相同的收容所之间的，还有一四一处收容所，公共租界有一二四所，法租界还有十八所，还有一个很大的收容所在南市，共总一四三处收容所，收容十五万人。大部份的工作，和供给经费的，都是中国人，可是欧美人士的热忱捐助，也是不可消灭的。

许多外国人，为了人道主义，对于救济工作，费不少的时间和精力。南市的饶神甫，更是功德无量。红十字会的白克博士，供应难民的食粮，也出了不少的力量。还有不少的外国人，他占着很重要的地位。

国际红十字会，在三月初，要供应一二一〇〇〇难民的食粮。在正月底，却要供应一三九〇〇〇人。难民生数，在正月底二月初，可算是达到最高点，但是在三月里，就逐渐减少了，一直到七月中为止，到七月十九日，只有八四八四六人。红十字会的数字，当然不能代表整个上海区域内的难民，可是也能看到一般的趋势是这样，当红十字会供养八五〇〇〇难民的时候，上海全体难民的众数，是一五〇〇〇〇人。在去年，全体难民，总计有二五〇〇〇〇人至三〇〇〇〇〇人。其间也许有重复的，也有出了收容所再进去的。难民的情形，时刻在变动，所以很难有正确概括叙述。并且许多的救济组织，忙着迫切的给养问题，没有统计，没有数字，可以稽考。

七月十九日以后，上海国际红十字会，要供养一〇三个收容所，它是一切宗教的慈善的组织的主体。救世军、中国政府以及佛教、天主教，也协助减轻难民的痛苦。

有二十七所医院，是帮助着救济难民，其中十二个医院是战前成立的，其余都是临时创办的。有六个难民收容所里有看护班，还有八个流动看护班，一个保姆班，一个花柳病班，一共十六班看护。二十七个医院，看护一四三个收容所一五〇〇〇〇难民。还有一所儿童医院，在黄医师领导之下，以豆浆补助人乳之不足，哺养婴儿，更以制造豆浆的渣滓，制造豆饼，给年龄较大的儿童吃。

还有三万重伤兵士，在二十个临时医院里医治，这些医院，都是在战事发生的当儿成立的。其后硕果仅存的，只有傅医师和施医师所主持的红十字会伤兵医院，得了北平协和医院的协助，替伤兵做了许多的人造腿，并且教授各种手艺，六月底，医院里有二二九个伤兵，到七月间，只有一三〇伤兵了。

至七月十六日为止，捐助国际红十字会的捐款，计有二. 三九〇. 九〇七. 二七元，一年来共用去三. 五〇〇. 〇〇〇元左右。六月三十日，据白克博士称，红十字会有现金十七万元，到七月十九日，又获得十七万元，其中十万元是中国政府的，六万元是美国捐助的。

根据最近的情形，红十字会每月要花费十七万元来供养难民，主要的开支，就是食粮，每人每月要二元，一百难民，每日要花费五十磅米、二十二磅豆、十磅面条、十四磅菜、一又三分之一磅油、三分之一磅盐、四十八磅煤、三磅木材。

为了引起难民工作的兴趣，有几种计划，已在进行了，由当局供给材料，难民们正准备做二万五千条女人裤子。据原来估计，须用七千元，但物价高涨，恐怕要更多的花费。又织了四万条毛巾，各人分用，以免传染沙眼。

织造、编篮、做扇子、刺绣等计划，都已经实行了，目的是叫他们能够自立，还有些收容所，已经把各种工作，让难民自己去做了。

难童教育,已在陈鹤琴先生知道之下开始了。二万五千儿童在受着基本的教育。可是还有二万儿童失学。至于成人教育,也有九二八〇人受教了。

这些数目字,并不能包含那些无人照顾的难民;成千成万的乞丐、苦力、码头工人、寡妇孤儿,整日在街头流浪,餐风宿露,状极凄惨;实是人世间最苦最惨的一群。

原载《中国红十字会月刊》1938 年第 39 期

中国红十字会时疫医院工作简报

(廿七年十月十五日)

本院于本年七月初奉命筹备,原拟于七月十五日开始收容病人,惟因所需房屋,业主于七月三十日,方始交与使用,经数日之部署,遂于八月五日开始收容病人。时适霍乱流行最烈,本院因经济地位等关系,不得不先其所急,限于霍乱一症之疗治。迨八月底霍乱疫势稍退,乃自九月一日起,兼收痢疾病人,但患霍乱而来院求治者仍多。至十月初,天气转凉,病人减少,爰于十月十日起停收新病人,并将住院病人陆续出清,至十月十五日宣告结束,共计开办两个月又十天。兹将办理经过情形,分项开列于后,以备查考。

一、职工人数

院长	一人	主任医师	一人
住院医师	二人	医师	四人
护士	十二人	事务员	六人
工役	二十一人		

二、床位

甲种病室	一张
乙种病室	八张
普通病室	九十二张

按:本院开办目的,系以加惠贫病为主旨,一切治疗皆为免费,分文不取。惟间有病家要求较舒适之病室,因为划出病床九张,作为纳费病床,以遂其愿,并将收入所得用之于普通病人。至医疗方针及药品品质,则无分贫富,凡能有助于治疗者,即昂至十数元一剂,亦照样享受。

三、收治病人数及其分类

甲、门诊人数

八月份	七四四人	
九月份	二八一人	
十月份	四五人	
总计	一〇七〇人	
乙、住院病人总数	女性人数	男性人数
八月份	一六八人	二二八人
九月份	七二人	一一六人
十月份	五人	一七人
共计	二四五人	三六一人

总计：六〇六人。

注：内计纳费病人三十八人，免费病人五百六十八人。

丙、住院病人住院日数

月份	男病人住院日数	女病人住院日数
八月份	一〇三七	七四九
九月份	一〇六六	六六八
十月份	二一七	一三八
共　计	二三二〇	一五五五

总计：三八七五日。

丁、住院病人病症分类

病症	人数
霍乱	一二九
类似霍乱	四〇八
痢疾	六〇
其他	九
总计	六〇六

注：病症栏内所列霍乱，皆经粪便检验证实找到霍乱弧菌，又病症栏内所列类似霍乱，系指临床症状及经过，皆与霍乱相似之病症，惟粪便中未能找到霍乱菌。

戊、死亡

一般死亡：

病人总数	六〇六

治愈人数　五三五
死亡人数　七一
死亡率　百分之一一.六
霍乱:
患者人数　一二九
治愈人数　一一六
死亡人数　一三
死亡率　百分之一〇.〇
类似霍乱:
患者人数　四〇八
治愈人数　三六九
死亡人数　三九
死亡率　百分之九.六
痢疾:
患者人数　六〇
治愈人数　四三
死亡人数　一七
死亡率　百分之二八.三
其他:
患者人数　九
治愈人数　七
死亡人数　二

四、经费

开办费:二千七百五十四元二角二分

注:本院有一部份用具,系由总会就伤兵医院旧物中拨用。

经常费:

月份	总会拨款	病室收入	实支数	结余
八月	三〇〇〇元	一三一二.二〇	三一三五.一八	一一七七.〇二
九月	三〇〇〇元	七五三.六五	二三二九.五九	一四二四.〇六
十月	未　领	四一.七一	一七三四.一七	亏一六九二.四六

总计　六〇〇〇元　二一〇七.五六　七一九八.九四　九〇八.六二

注：另有每月房租七百五十元，系由总会另款拨给，未列入上列各月经费内。

原载《中国红十字会月刊》1938年第41期

一年来的上海难民教育

陈鹤琴

回忆民国廿六年的国庆日，沪战方酣，上海各界正忙于难民救济工作，以全力注意收容与给养，尚未暇顾及难民教育问题，到了收容工作渐有端绪，接着就举办难民教育了。从去年十一月到现在，适逢一年，因将经过情形向各界人士报告，希望海内硕彦，加以指教！

教育门类本极众多，平时所办之教育，大概可分为普通教育与特殊教育两种。战事发生以后，社会各项事业都发生极大的变化，就教育一端而论，当然也不能例外，也随着时势的推移而改变状况；除安全区域尚能一本其本来状态，继续办理外，战区及沦陷区教育，就随而停顿，不过安全区域也麇集着多数的难民，因而难教问题随之发生。就性质论，难民教育一方面可说是特殊的教育，因为平时没有这类的教育的，但另一方面却也就是普通教育，因为不过继续供给受教育的机会罢了，但就功能方面说，这种教育，接近于特殊教育，而与普通教育不同；因为要急于实现某种目的，并且时间方面也极短促，不是十年树木，百年树人的学校教育可比，所以从两方面综合看来，与其当他是普通教育，还是说他是特殊教育。

不过，这种特殊教育，又和其他特殊教育不同，以前没有成规，亦没有参考的先例，更没有理论上的根据，完全要根据现在的环境和需要而实施的，它的课程和方法，都要重新规定，必须能在短时期内收极大效果。环境较差而效果要与一般教育相等，所以办理应格外得宜，格外努力，方可以有些成效。上海的难民教育，本过去一年来的经验和表现的事实，虽不能说是全部达到完善的境界，但也可说是相当的成效。就数量和内容，与所用的经费，和平时的普通学校相比较，那所得的比率，当然有过之无不及。因为难民教育，确是以最少的经济，办最多数人的教育为目的的。

一、概论

难民教育的办理经过，上海自八一三战事发生以后，难民收容所逐渐成立，到民国廿七年一月底，各慈善团体设立的收容所计有二百另五所，后来增到二百廿一所。难民教育的演进，大约可分五个时期：(一)各所自动组织儿童教育班，由各所指导员兼任教师；所用教材，授课时间，也不相同。(二)各主办机关看到难教的重要，就在办公处先后成立教育组，管理教育事宜，并派视导员到各所视导。(三)中国红十字会上海国际委员会担任各所给养后，成立教育委员会，主持各所难民教育事宜，同时慈联总会、慈联分会亦成立教导委员会，国际救济会设立教育组，协助难教。一切教育用品，概由教育委员会供给。(四)教育委员会成立办公处，统一难民教育行政，并且视导各所教育工作。(五)推进成人教育和职业教育，增加视导员、演讲员和难教教师。

难民教育现状，上海难民最多时候，约有十四万九千七百人，学龄儿童共有三万二千九百四十八人，其中受难教之儿童达二万七千九百四十八人，受教成人有二万二千七百八十七人，受识字教育之成人计有四千五百五十二人，教师计有二百七十八人。(与义务教师合计有五百八十人)每月经费，由委员会规定月支三千元。第二期难教开始，本会统计全市难民减到八万一千二百八十九人，连南市和没有教育老弱难民，(收容所没有教育的不统计)，合计有十三万人，其中受儿童教育有一万四千五百六十人，未受儿童教育有一千六百九十九人，受成人教育有六千七百四十一人，未受成人教育有七千八百三十四人，教师计三百八十三人。所用经费，到六月底止，书籍文具用品一项，计费七千六百八十元九角七分九厘。经费的来源，各慈善团体也有一部份，国际委员会则拨给整批经费，此外冯炳南先生、大陆银行、地方协会等等，也捐助了很多。

二、概况

上海国际红十字会教育委员会委员共有十九人，组织内容，设正副主任各一人，主持一切教育事宜。主任以下，分设中英文秘书各一人、会计一人及组长七人，分掌经济、宣传、交际、儿童教育、成人教育、职业教育、师资训练等七项工作。组长以下，设教育视导员、体育视导员、职业教育视导员及拉丁化中国字视导员等十五人，另设视导长一人，领袖计划难民之推进及扩展。此外另组办事处，设干事四人，分理秘书、儿童教育、成人教育、职业教育等日常行政工作，另由委员会聘请演讲员四人，担任各收容所演讲和其他指导事项。

委员会工作。(一)先由各委员会讨论经费预算问题，教师聘任和奖惩问题，师资训练办法，儿童、成人、职业三种教育推进计划，新文字及注音符号推进办法，卫生教育之灌输与指导方法等重要问题,决议后,交各组分别推行及实施。四月间,本会经费由国际红十字会核减为每月二千元,各项预算不得不重行支配,同时国际救济会所属各收容所之教育经费与本会划分,月支一千元,独立支配。(二)向本市行政当局接洽提拨娱乐捐,办理难民中学及职业训练之用,推定委员三人,积极进行。(三)通过成绩展览会办法。(四)计划全体工作人员推进难教工作。(五)报告大陆银行每月拨助一百另四元,指定推进拉丁化中国字之用。(六)讨论儿童教育考试问题。(七)规定学艺成绩展览会工作大纲。(八)计划第二期难教的实施计划。(九)计划摄制教育影片。(十)通过第二期难教实施计划。(十一)参加全市节约运动。(十二)讨论经济开源方法。(十三)通过保送各所中等失学免费生办法。

办公处工作。教育委员会办公处,设在上海圆明园路一六九号四楼,常驻工作人员,有干事四人,及办事员五人,处理日常行政和调整各所教育,并供给各所课业用品。其一年来之工作如下:(一)举行视导会议,由视导长美国萌卢爱德夫人主持,报告一周内视导经过情形,一年来没有间断。(二)举行师资训练演讲四次。(三)办理教师登记。(四)编印难民问题特刊八期,每周一期,由上海译报出版。(五)摄制影片。(六)向各大公司各学校劝募儿童节奖品及衣服一次,分发各所。(七)调整视导工作。(八)委派收容所教师。(九)举办成绩展览会。(十)分发各所教育用品。(十一)根据视导员书面报告,函请各收容所主办机关,设法改进难教。(十二)订发收容所教育人员服务规程。(十三)编辑民众常识,供给各所常识教材。(十四)请各大学学生分赴各所调查难民家庭状况。(十五)分发儿童节纪念会优良成绩奖状,计六十一所。(十六)编印考试须知、考试程序及试卷;试卷分三个阶段,每一阶段测验,包括国语、常识、算术三科,每科二十题,需时九十分钟。(十七)举办难民学艺成绩展览会。(十八)通知各所难童升留级标准,并填发修业证明书计三千二百二十九人,约占考试全数百分之廿三强。(十九)函请上海各公私立中等学校添设免费学额。(二十)拟定中等学校免费试卷,及考试办法。(二十一)举办中等学生免费学额考试,投考初中者一百四十二人、高中廿九人,录取初中生一百十六人、高中生廿二人,分别保送各校肄业。

教师　(一)教师来源。(A)选择各收容所中合格之指导员充任。(B)由教育委员会择登记之合格人员直接委派。(C)社会热心人士,不受任何待遇,赴各所担任教育指导。(二)教师资格。以师范学校,或高中师范科毕业;和高中普通毕业以上为合格,并由教育委员会审查后加聘。(三)教师待遇。由教育委员会聘任教师,每月津贴车资八元;慈联总会委派之教师,每月津贴车资六元,饭食六元;慈联分会委派之教师,每月津贴菜资六元。(四)教师工作。每人每日担任之教育工作,以四小时为最低标准,每级人数以五十人为标准,每人担任以二班为原则。

视导　(一)视导员资格。由教育委员会聘请师范学校以上毕业,或大学教育科毕业,曾任教育行政,及视导工作,富有经验者任之,现有教育视导员十一人、职业视导员一人、体育视导员一人。(二)视导员工作。每人负责指导十所至十五所,推进各收容所难民教育工作,每日轮流至各所视导,每周须将各所视导报告,交教育委员会办公处审核。(三)视导会议。每周假国际饭店举行一次,报告视导经过及困难问题,予以相当之解决。

电影演讲及其他。成人教育方面,聘请演讲员四人,担任各所讲演。演讲内容,分道德演讲、精神讲话、卫生指导及体育指导等,由各所订定适当时间,分别举行,此外并开映教育电影、说书等,以灌输国民常识,增加学习兴趣。

儿童教育　(一)课程分国语、算术、常识、唱歌、体育等五科。每天授课时间,每班至少二小时,每星期至少十二小时,因环境各异,(儿童书局出版)算术采用复兴算术教科书,(商务印书馆出版)常识由教委员自编民众常识,每周分发各所。(二)受教不分男女。凡儿童自六足岁起,至十六足岁,除少数因病免学、缓学外,一律强迫受课。(三)上课时间。由各所根据自身环境,订定日课表一份留所,一份送会存查,每日最早自上午八时起,最迟到下午六时止。每课时间,以四十分钟为标准,至少须三十分钟。(四)程度根据普通小学六年编制。

成人教育　(一)课程分识字、精神训练、演讲、说书、电影、健身体操等,把识字教育做主体,演讲说书电影做辅助。(二)教材。识字课本用市民千字课(商务印书馆出版)、民众读本(商务印书馆出版)两种,另外有拉丁化中国字班及注音符号班。(三)受教成人不分男女,自十七岁起至四十岁止,努力劝导入学。(四)教学时间由各所自定,每日上午八时至下午六时止,亦有少数在晚间上课。(五)程度根据了难民识字程度,分为四个阶段。

职业教育　(一)课程分职业训练及生产教育两种。(二)教材。职业训练,选用职业指导材料,兼授服务常识、生产教育,举办洗衣、刺绣、草织、肥皂、绒线、缝纫、木工、花边等廿二种,聘请专门技师,赴各收容所担任指导,使每个难民学得生活技能,做将来谋生工具。(三)训练。选择难民中有职业技能的人,加以训练,或选择智巧的人，教他技能，从事生产。

三、设施

教育委员会的工作，分儿童教育、成人教育、职业教育三班，分述如下：

儿童教育　（一）设置流通图书，由视导员每周轮流分发各所一次，不得间断。流通图书计有四千另四十二本。（二）编订儿童节庆祝办法，向各界征求物品，于四月四日由视导员分赴各所视导，并分发糖果，以资鼓励。（三）举办难民教育考试。（1）订定难民成绩考试办法。（2）编印试题试卷，分三个阶段。每一阶段测验，包括国语算术常识三科，每科十二题，共六十题，以九十分钟考毕为原则。（3）六月五六二日举办难童成绩考试，参加考试者，计低级一千六百九十五人，中级二千五百七十二人，高级六百七十三人，共计一万三千九百四十人。（4）监试教师由本会聘定，每日担任四所至七所。（5）阅卷由本会视导员及干事等十九人分任之。（6）评定分数及决定升留级标准，算术十点，国语十二点，常识八点。（7）审核考试结束，及格儿童计三千二百廿九人。约占考试全数百分之廿三强，分别通知各所作升留级标准，并填发修业证明书。（四）举办难民学艺成绩展览会。（A）刊印征求成绩办法，计征得儿童成绩五千一百六十七件。（B）假爱多亚路浦东大厦三楼，第四中华职业补习学校为会场，七月一日至四日为会期。（C）职务支配，分总务、宣传、招待、布置四股。（D）分函上海各慈善团体各银行及中外人士来会观览，总计四天参观的人，约有一万五千余人。（E）聘请中外教育专家评判成绩，计发特优奖状六十四张，优等奖状六十四张。（五）订定第二期难民教育改进计划。（A）根据各所填报学籍表，除免学缓学外，其他的难童，一律须受教育。（B）凡是入学儿童，如有缺席，无故不到的。（1）要劝导入学。（2）停止一餐给养。（3）停止收容。（4）或用别的方法处罚。（5）遇有教室不敷时，视导员会同管理员设法利用寝室。（6）函商各主办机关，嗣后对于教师调动，不宜过多。（7）编辑民众常识，每月按期出版，供给各所常识教材。

成人教育　（一）演讲。聘请演讲员四人，担任各所道德卫生等演讲，每次演讲时间，一小时或二小时，每人担任十五所，轮流演讲。（二）说书。为增进难民兴趣及陶冶难民性情起见，聘请弹词家六人，分赴各所弹唱水浒、英烈传、岳传、全台传等小说，到四月底，因经济关系，暂行停办。（三）电影教育。系与电影教育社合作，轮流到各收容所开映电影，有饮水、卫生、手脸清洁、洗澡、养鱼、制造肥皂、菜园经营、卓别麟[林]酒醉及顽童班等卡通片共二十多种。开映地点，仅限公共租界中西两区及法租界为限，最近也到公共租界北区放映。除放映电影外，再同上海柯达公司，为难民教育和生活状况，摄制影片，现已接制完成，即可放映，约共八百多尺。(四) 体育及卫生设施。(A) 聘请体育指导员负责指导体育。(B) 分函上海各团体各商店劝募运动卫生等用具，计募得大皮球十余个，运动衫、牙刷、肥皂、手巾等奖品，由体育视导员酌量支配奖给各所。(C) 举行体育比赛，参加小球比赛，约有教职员九队，难童十一队。(D) 早操及国术。(1) 举行早操收容所计七十六所，占全数百分之五十以上，每天参加早操人数计七千余人约占全体难民百分之廿五以上。(2) 曾请王怀琪先生任国术名誉总指导，并请澄衷中学毕业生二十人，分赴各所担任义务指导，计二十二所，共一千三百人学习国术。(E) 主办篮球慈善赛，函请崇德、坤范、黑鹰、国光、百乐门、全黑著名篮球队，在国光中学球场比赛，票资拨充难童体育经费。(F)举办慈教慈联两小球锦标赛，本会赠大银杯二只，以示提倡。(G)举办体育训练班，地点借卡德路爱文义路口国光中学，训练人数七十人，训练时期为二星期，后经考试及格者六十人，并组织同学会，以便联络。

职业教育　(一) 在国际六所筹设裁缝工场，聘定技师，训练难民，缝制难童单式短衫裤二百套，成绩尚佳。(二) 组织难民手工艺改进所。(三) 由委员会在慈愿收容所筹设木工场，聘请技师仿制各种玩具，成绩尚佳。(四) 组织难民推销团。(五) 介绍难民赴各厂各公司练习服务。(六) 训练慈愿道德及十五收容所难民，制造发绸。(七) 第二游民教养所筹设洗衣场。(八) 筹设摇袜工场。(九) 大慈、四行孤军、太嘉宝抚儿院等筹设草织工场。(十) 在十二收容所举办织花边、做台毯等，总计参加生产工作者计八千另四人。(十一) 筹备难民学艺成绩展览会，职业教育生产品之设计陈列，及推销等事宜。(十二) 组织难民生产品推销处，地点在福煦路同孚路口，以谋难民产品能得良好的推销。

拉丁化中国字研究　(一) 举办拉丁化中国字训练班，地点第一次假八仙桥青年会，其余均假四川路青年会举行。共训练四班，第一、第二两班考试及格者仅廿二人，第三届及格者计五十三人，第四届及格者计六十四人。本会视需要情形，委派至各所推行拉丁化中国字。(二) 各收容所的推行情形。儿童有八十班，计三千一百四十四人；成人有六十六班，计三百八十一人；妇女有二十五班，计七百六十人。共计已受拉丁化中国字研究者四千二百八十五人。(三) 编印拉丁化中国字民众读本一、二两册及历史故事六种。(四) 民众常识上，每期刊登拉丁化中国字研究。(五) 考试成绩及格，由本会给予证章一枚。(六) 训练学员参加上海语文学会举办之拉丁化中国字检定考试。(七)举行四届拉丁化中国字训练班学院会考,及格者六十一人,均发给证明书。

四、结论

纵观一年来的难教事业,在极短时期,极困难环境的中间,能够得到相当的发展,当然是经各方面的努力,方能有这种成就,国际红十字会教育委员会不过总其成罢了。各团体也都有难民教育部份的设施,如训练师资、调整环境、协助视导等等。今后的难教工作,当一本以往精神,同时尚须调整行政,统一事权,使难教工作,有一贯精神,行政机关能健全,自然如脑之使臂,臂之使指。此外教育经费问题,时感困难,因此不能充分发展,希望上海人士,尤其是教育界同人,一致的为苦难失学的被灾同胞和儿童,做一个有力的援助! 现在正是教育界为社会、国家出力的时期,希望把物力、财力、心力并合起来,为难民、难童解决失学的苦痛!

原载《中国红十字会月刊》1938 年第 42 期

中华民国红十字会总会三年来总报告[节录]

(编者按:本会于中华民国二十九年一月十四、十五两天,在九龙假座德胜街十四号召开第一届理监事会第二十三次联席会议,其报告事项由本会各个机关分别送报到会,兹将各项报告刊录如后。)

中华民国红十字会总会工作概况报告

(民国二十六年、二十七年、二十八年)

叙言

本会创办迄今已届三十六载,其间对于振灾恤邻、救护军民,莫不殚精竭虑,尽量发挥其能力,有难皆拯,无役不从,尤以最近民国二十六年至二十八年,凡此三年中为国难期间最严重阶段,亦即本会历来工作最紧张时代。现在前线救护方兴未艾,而过去成绩虽不能谓为绝后,实属空前。爰就经过实施概况,依年月之递嬗,凭事实之沿革,编成报告焉。

(一) 救护绥战

征召救护委员

本会鉴于时局日亟,风云益急,为未雨绸缪计,延揽本市各医药团体及公团代表组织救护委员会,于二十五年四月开始筹备,至六月一日即告成立。由本会正副会长为当然正副主席,推定常务委员七人,执行委员四十一人,正副总干事各一人负责进行，并分设“训练”“供应”“人事”三委员会，分别办理各项事宜，订定组织规程、各种章则，呈准卫生署备案。自开办以至七七事变，对于药材之储备及学员之训练，无不努力推行，曾未稍懈。迨百灵庙战端前后，既经各委员飞赴前方视察与慰劳，并调查各地医院、督促分会工作，及后组织救护队、手术组输助大量医药材料。添设华北分会以迄二十六年八月三日，尚有国立上海医学院暨国立同济大学担任两大组前往，旋因沪战开始，关于归绥救护，仍由华北分会负责进行矣。

救护委员会职员

主　　席　王儒堂

副 主 席　杜月笙　刘鸿生

常务委员　林康侯　朱恒璧　陆伯鸿　徐乃礼　许　超　金润庠　言潘景芝

执行委员　闻兰亭　曹云祥　翁之龙　李宣渠　任廷桂　褚民谊
宋悟生　顾毓琦　曾立群　郭琦元　汤蠡舟　王霖生
蔡禹门　许晓初　徐翔孙　朱玉泉　袁鹤松　周邦俊
张辅忠　陈思义　裘少白　周梦白　俞佐廷　王伯元
陆书臣　严大有　徐采臣　任矜苹　蔡金瑛　吴戴仪
杨益惠　彭三美　谢祖仪　张志学　张祖华　徐宝彝
邝安堃　颜雅清　胡　美　陈梁佩淋　麦惠而

训练委员会　主席颜福庆　委员郭琦元　朱恒璧　顾毓琦　翁之龙　张祖华
宋悟生　杜和生

供应委员会　主席林康侯　委员金润庠　许　超 许晓初　徐翔孙　项绳武
何子康　袁鹤松　任廷桂　周邦俊

人事委员会　主席陆伯鸿　委员徐乃礼　言潘景芝　周梦白　王霖生

统计医护人才

救护委员会既由文化及职业各团体所组织，筹备救护事宜，以为国家遇有非常事变或灾害时之需用，其中医药护士人才极关重要。为统计准确计，特印就志愿服务调查表，分送中华医学会三千份，全国医师联合会三千份，中华护士会五千份，中华民国医学会一千五百份，由各该团体分寄会员填就寄回，汇集存案，至必要时能在二十四小时内得召集之。

设班训练学员

本会为灌输相当救护技能、医药常识起见，由本会创办训练班三届，毕业约计三百余人，并在交通大学、务本女子中学、青年会、中华妇女会、本会护士学校、量才补习学校、海关俱乐部等十二处均设班训练，毕业学员计五百四十七人。本会为扩大计，特自二十六年二月起，添设晨班夜班，以期各界业余均有参加机会，来者益众，其规定之课程为“战时外科学”、“实用护病学”、“简易实验诊断学”、“简易药剂学”、“毒气学”、“担架学”、“附急救常识”，呈请教育部核准，通令全国学校，凡有训练救护者，应一律采用本会讲义为标准课本，并经本会推动全国分会一致促进训练，结果响应者，凡三十余分会。

检阅学员操演

自各处训练班毕业后，鉴于战云弥漫，为准备动员，特于二十六年八月九日在大吉路公共体育场举行救护训练班检阅典礼，由总会沈金涛、朱振新、分会蒋茂鑅、救委会王揆生、地方协会徐采臣及各团体各机关代表均到参加检阅，并各致词嘉勉，其项目为“担架”“防毒”“绷带”等，由三百余学员操演，手法纯熟，秩序井然。

储备药品材料

责成新药业公会预先准备多量药品(以五百床位为单位)，存储于各药商号，于事变时得随时取用，并征募大量“药囊”“防毒面具”作为训练之用，筹备大量急救包以为发给伤兵自疗之需，均经预为约定，以防临时仓卒。

飞赴绥远视察

绥战既开，本会常务理事林康侯、王晓籁，救委会正副总干事颜福庆、庞京周代表本会暨各团体乘坐飞机驰往西安，继赴太原再至归绥视察，并往各地伤兵医院调查情况，督促当地分会加速进行救护事宜。

运输医械药品

本会鉴于绥地卫生材料之缺乏，特将大量急救包(又名裹伤包)、棉花、纱布、绷带、血清、黄典[碘]、石碳酸、来苏儿、双养[氧]水、酒精、哥罗方、橡皮膏、刀剪镊子、注射液、注射器、葡糖注射液、医药囊(内置手术器具、包扎用品、药物，为救护队员所用)等药械及棉衣被褥担架等，于二十五年十二月二十五日运往为第一批，于二十六年一月二十日为第二批，于同年二月十日为第三批，计装四百三十三件，急救包二十余万包。

添设华北分会

救委会为便利就近指挥救护起见，于二十六年一月二十日在北平添设华北分会，聘请姜文熙为主席，齐清心为副主席，全绍清、林可胜、方石珊、杨朗川、吴祥凤为常务委员，庞京周、朱其辉、王锡爔、贾魁、江清、侯宝璋、尹莘农、刘韵涛为委员负责办理，并会同各医院各学院合作进行。

组织手术医队

首先组织重伤手术组，随附于政府所办“野战”、“预备”、“兵站”、“后方”各种医院担任重伤手术，由北平协和医院，山东齐鲁大学医科同学为基本人员，会同清苑县分会分赴卢沟桥、天津、廊坊、南苑、北苑、杨村等地，此外又出发救护医队三大队，一在沧州，由齐鲁大学担任，一在定兴保定一带，由保定医学院担任，一为随军救护，由中央医学院担任并由天津小站、任邱、清苑、蠡县、献县等分会分别出发救护，最后于二十六年八月三日，由国立上海医学院暨国立同济大学担任两大组前往战区工作。

拨款赈济难民

本会鉴于绥远战区附近难民綦众，特先捐助十万元设立难民收容所及临时医院，继以天津方面难民达三十万众，饥饿难忍，无家可归，又拨款二万元，即派代表驰赴天津会同当地善团施放急赈。

（二）沪战救护

准备动员救护

本会鉴于沪战风云日紧，除扩大训练积极准备外，特于二十六年七月二十五日召开理监事会紧急联席会议，以沪方总会为全国救护事业之总汇，负有统筹调度之责，即席决议：（一）规定非常时期之非常工作；（二）集中毕业救护学员；（三）募集巨额捐款，购置医具药品。此外并于先期会同上海市商会、地方协会、医师公会、中华医学会药业公会、医事教育机关及其他与救护有关之团体合组中国红十字会上海市救护委员会，设办公处于总会内，在红十字会旗帜下，集中力量统一组织，依照日内瓦条例编练救护人员。

组织经过情形

中国红十字会上海市救护委员会既经组织，公推颜福庆为主任委员，许冠群、徐乃礼为副主任委员，俞松筠等为委员。内设总务与医务两组，下设事务、医院、材料、救护、文书、纪录、会计、庶务、运输、情报、交际、稽查、慰劳、掩埋等十四课，当聘王揆生、杨怀僧、郭琦元、朱仰高、朱恒璧、徐世纶、吴利国、叶植生、张子道、汪民视等为各主任干事，受中央救护事业总管理处之指挥及监督。

战时工作概况

自八月十五日即开始会议工作，关于经费之筹募、人员之征集、医院之设立，进行尚称顺利。八一三战事爆发,工作顿形紧张,各团体亦踊跃参加,但救护工具实感缺乏,惟有审察战区之广狭、战士之多寡,权衡需要,以定救护之方针。八一五至二十五前,尽可能成立救护队四队,救护医院四处。八一五后战区日广,救护范围亦逐渐扩大,救护队增至十队,各方自动参加组织之急救队亦增至十二队,救护医院亦扩展至二十四处,综计自二十六年八月十四日至二十七年四月三十日止,计由本市各医院收治之伤兵、伤民,凡一万九千五百三十九名。由伤兵分发站运送后方各地者,计七千一百二十八名;由前线直接运送后方各地者,计一万七千七百二十二名,总计收治伤兵伤民凡四万四千三百八十九名。

救护医院

当淞沪情势日趋急迫,战事爆发危在旦夕之际,本会即着手进行组织救护医院,以期迅速应付事变。迨八一三战端既开,第一至七及第二十救护医院即次第成立,收容伤兵,继行开办者有第八至十三及第十八救护医院,计自八一三至八月底共成立救护医院十五处,对前线伤兵之收容尚能应付。九月以后,医院各院设立之手续,一为本会直接创办担负全部经费,二为与其他机关或团体合作开办,由本会津贴一部分经费,其中亦有经费完全独立者,但全部医院悉隶属于本会。关于伤兵之收容与遣送,由本会规定办法统一指挥。兹将救护医院列表如下:

院　名	床　位	开办日数
第一救护医院	四四八	一二九天
第二救护医院	三二五	九六天
第三救护医院	五〇八	二四四天
第四救护医院	三三九	四三天
第五救护医院	二四九	二九一天
第六救护医院	二二二	三八天
第七救护医院	二一五	六四天
第八救护医院	二八五	一五七天
第九救护医院	二〇五	九二天
第十救护医院	一〇九	二九天
第十一救护医院	二一〇	三五天
第十二救护医院	一三〇	九四天

续　表

院　　名	床　　位	开 办 日 数
第十三救护医院	二二四	一五三天
第十四救护医院	一〇三	七三天
第十七救护医院	四三六	四三天
第十八救护医院	一二九	一一三天
第十九救护医院	一九五	一四〇天
第二十救护医院	一一七	一一七天
第廿一救护医院	一〇〇	六六天
第廿三救护医院	五四〇	一五九天
第廿四救护医院	一四〇	一〇七天

第一救护医院

八一三战事爆发，本院即奉中国红十字会上海市救护委员会之命，成立第一救护医院于胶州路三九七号。本爱国之热忱，尽救护之绵薄，数月以来，幸免陨越。爰将创办经过、院务进行略述一二。本院房屋，借诸贫儿教养院，设第一、二病室于大礼堂与图书馆，容床一百只，其右为手术室，后为护士室，未及筹备完毕，伤兵已纷至沓来，院务遂难井然有条，幸赖诸同人尽心竭力，夜以继昼，姑克应付。嗣因大世界惨剧发生，被难同胞日众，遂另添床位一百五十张于延平路申园体育馆，为第三病室。至九月中旬，战事激烈，伤兵甚多，又增设第四、五、六、七、八、九诸病室于贫儿教养院，病床乃增至五百。迨十月中旬，本院因经济关系，将申园病室转于国际第四医院。及十二月中旬后，因时局转变，除继续遣送轻伤士兵外，其余重伤六十余名，概转入国际第四医院与第二十三救护医院，本院遂告结束。统计本院开办，历时四月有余，共收伤兵一千一百十三名，伤民百余名，伤愈出院之伤兵，计一千〇十三名，死亡率占全数百分之八，每日住院人数，达四百七十名。夫沧海一粟，固难言有功；然集腋成裘，亦不无小补，此则同人所聊足自慰者也。

第三救护医院

溯自八一三沪战爆发，震旦大学医学院于八月十四日即集合毕业同学、在校师生暨法医研究所同人等，为救护伤兵之举，经中国红十字会上海市救护委员会定名为第三救护医院，假震旦大学为临时院址。当由筹备会推选孙逵方医师任院长，分总务、收发、医务三科,设床位二百只,并商由广慈医院为本院第一特约医院,设床位五十只,医师除原有驻院医师外,并由五、六级学生分别担任。护士方面,均由方济各会撒助爵会天主教修女三十余人,暨圣心医院、公济医院男女护士十余人,分别担任。所有办事人员,均勉尽义务,为国宣劳,一概不支薪给。迨至十月一日,孙院长因公离沪,经本院院务会议议决,公推吴云瑞医师继任院长,于十月三日接收视事。一切组织,悉仍其旧。惟对于原有床位,深感不敷,除本院增设一百只外,后商得安当医院为本院第二特约医院,另设床位二十只,共计为三百七十只,以期尽量收容。嗣于十一月上旬,战事紧张,本市各救护医院,均告无法收容,救护委员会嘱为设法扩充,当即于震旦大学中学部辟让校舍数间,俾得尽量收容。查十一月九日之统计,在院伤兵共有五百另八人之多,旋至十二月初,各医院以时局转变,多数办理结束,计有第一救护医院等先后转来伤兵约三百余人。总计本院办理阅时八月,先后收容伤民五百余人,伤兵一千四百余人,除陆续治愈出院外,尚有一百余人正在医治中,而本院奉命办理结束,乃于二十七年四月八日起,将伤兵悉数转出,至四月十五日止,始告完全结束,此系本院经过之大要。

第五救护医院

自全面抗战发动以来,中西疗养院同人本共赴国难之精神,决定筹设救护医院,从事救护伤兵工作,即于蒲石路五三六号中西疗养院院址,成立中国红十字会上海市救护委员会第五救护医院,于二十六年八月十四日起开始收容伤兵。开办迄今,共计收容伤兵一三四九人(内有伤民八人),其中直接自前线救护来院者,达七五〇人,由本市其他救护医院因伤势严重及院务结束关系转送来院就医者,达五九九人,内因伤势过重不幸死亡者,凡九一人,占全数百分之六有强,伤愈归队及伤势将愈转送后方医院疗养者,共计一二二七人,现尚须诊视者计三人,由中西疗养院继续负责治疗,本院乃于五月三十一日奉命结束。

第六救护医院

八一三沪战爆发后,上海中山医院当局即将病人迁移至租界医院内,同时在原址迅速筹设救护医院,惟因地点关系,得救护委员会负责人谅解,暂设床位二百只,视战事变化与需要之程度,再行增减。本院当于八月十六日起开始收容伤兵,至九月二十二日止,凡三十八日,共计收容负伤者四百十九人,内官兵四百另四人,平民十五人。八月二十二日起,上海市救护委员会为便利输送负伤者起见,令本院附设伤兵包扎所于门诊处,负责收容;并予以适当治疗与看护,每夜限收一百五十名。

次日须将轻伤重伤,分别输送,伤重者经诊治与包扎后,送入租界内救护委员会指定之救护医院;伤势较轻而能行动者,包扎后咸用救护火车,或由船舶转往后方医院。由包扎所转入租界者,有一千余人;转后方者,有二千二百六十七人。九月中旬,战区内霍乱猖獗,伤兵之送入租界,渐感困难,租界卫生当局,为防止此症之蔓延起见,毅然于十九日起,禁止负伤输入租界。救护委员会鉴于问题严重,几经磋商,租界卫生当局爰即提出补救办法,在租界区外,设立一霍乱医院,专事收容界外霍乱病人。医院经费,则由本市卫生局及两租界卫生处共同负责,并指定中山医院为院址,本院于是奉命结束。即于九月二十二日起,将全院住院及包扎所收容之负伤者,一概转送至救护委员会指定之医院,或后方医院中。本院经费,除中山医院负责供给医疗上设备及工作人员外,有中国实业银行全体职员捐助药品手术材料费,计国币三千四百九十九元九角八分;救护委员会伙食津贴,共计三千八百三十六元二角八分,此外各界热心仕女所捐助之慰劳用品,为数亦不少。

第七救护医院

本院原系中国红十字会第三医院,八一三事变卒起,本院秉承中国红十字会上海市救护委员会之意旨,筹备改组为第七救护医院,觅得四川路一号物品交易所为本院院址,一切人员均系前第三医院调用,故工作方面,颇为联络,又得总会加派医师来院助理,并有本市热心同志自动投效,分任各职。于十月间,因鉴于受伤平民之众多,遂停止收容伤兵,本院乃告结束,恢复第三医院,专门治疗平民,以应环境之需要。本院自八月十五日开办日起,至十月十七日结束日止,共收伤兵三百七十一名,总计治愈出院及转至他院者三百四十九名,伤重死亡者二十二名,遗体均由普善山庄殓埋之。

第八救护医院

本院由友声旅行团秉承中国红十字会上海市救护委员会之意旨,组织成立,定名为中国红十字会上海市救护委员会第八救护医院,于二十六年八月十六日开办,总计前后收治伤兵伤民共一〇七二人,后以战事西移,伤兵日少,本院奉命办理结束。除治愈者逐渐送往后方外,尚有未愈伤兵,悉数转至他院继续治疗,本院乃于二十七年一月三十一日结束。

第十一救护医院

本院由南京路商界联合会及上海机制国货工厂联合举办,院址原设于大华路维也纳舞厅,后以特区当局限制伤兵入境,乃告结束。自全面抗战发动之后,物色富有经验之医师,确非易事。经许冠群先生向中国红十字会上海市救护委员会数度接洽,非惟医师由该会指派,而器械药品亦由该会供给。至于院址,亦经黄延芳先生设法,始借得陈占熊先生所经营之维也纳舞厅,各项进行,尚称顺利。本院组织,系遵照红十字会救护委员会之章则,并参酌本院实际情形而定,本院另设院务委员会,由委员六十五人组织之,并互推常务委员七人,组织常务委员会。在委员会之下,设院长、副院长各一人,下分医务、事务两大部,各设主任一人。医务方面,除药师、护士及服务员外,医师计分五组,每组有主任医师,事务方面,因工作繁杂,故分科较多,每科有一科主任。至于本院工作人员,连工役在内,完全系义务职,此种热忱,颇堪告慰。本院于二十六年八月二十二日,开始收容伤兵及伤民,至九月二十八日办理结束,计阅三十八天。但以环境关系,本院奉命结束,故事实上已于九月二十二日停止收容。

第十二救护医院

八一三沪战发生,民立疗养院院长高济民先生鉴于救护工作之急切需要,爰经邀集陆大公、夏仲民先生等磋商,佥认此项救护工作实属刻不容缓,旋乃商请蔡福棠先生、赵启华医师等共同参加,开始筹备,着手寻觅院址,聘请医师、护士,旋借得慕尔鸣路光夏中学为院址。医务方面,由高、赵二医师负责物色人才。经三日之奔波,诸事均已妥就,推定高济民先生为院长,赵启华先生为医务主任,于八月二十五日正式成立。本院自八月二十五日开办日起,至十一月二十七日结束止,历三阅月,共收治住院伤兵民三百九十八人(内官兵三百八十四人)(伤民十四人),门诊伤民一百三十八号。住院官兵三百八十四人,中计治愈转送前方归队者三十九人,将愈转送后方休养者二百三十八人,结束时转送他院者八十五人,伤重死亡二十二人。

第十三救护医院

同济毕业同学周世选等,目击我卫国健儿浴血抗战,慨然以救护为己任,即于八月中旬,动议创设救护医院,期尽国民天职,议成乃分头筹募经费。于八月二十四日,向吴瑞元、慈藏居士、杨叔鼎先生等募得国币三万元,由蒋益生、金问淇、阮尚丞、曾耀仲、沈树宝诸医师协力筹备,设计布置,并指定新闸路、赫德路培明女子中学为院址。于八月二十六日开始收容伤兵,除组织董事会外,并推定同济校长翁之龙为院长,秘书蒋益生为副院长。翁院长为校务及其他公务关系,未能常驻办公,一切院务概由副院长蒋益生全权办理。金问淇医师为医务长,曾耀仲、阮尚丞二医师分任内、外科主任。九月上旬因院址发生问题,乃迁至海格路大沪花园,此处前曾充作难民收容所,水电俱无,而房屋园亭污秽不堪,整理清除煞费工夫,房屋又不敷应用,乃搭盖芦蓆棚以济急需。是时前方战事方酣,致沪上各医院均感无法收容,故芦蓆棚盖造甫竣,伤兵、伤民接踵而来,一日间达七十余人之多,常感不敷容纳,乃再行搭盖蓆棚一座,四日内即告完工。而是时适当本市沦陷之前夕,留居沪西南市之伤兵,全数移入租界,本院亦收容八十余人。是时亦为本院收容伤兵之最高额,计达二百五十余名,以后伤兵次第痊愈,陆续送往后方,本院救护工作,乃暂告段落。医务设备,计有X光室一、手术室一、消毒室一、配药室一、摄影室一、化验室一、重病室一、普通病室八,床位曾扩充至二百五十张,前后共计收容伤兵五百八十七人、伤民二十四人,计受枪伤子弹贯通者二四七人,盲管五十一人,擦伤者九四人,刺刀伤一人,击伤一人,炸伤者二一七人。受伤部分,上肢最多,共一〇四人,下肢次之,胸部受伤者,计十三人,腹部受伤者五人,其余伤兵,因前线战事紧张,运输困难,辗转运送,为时颇久,致伤口化脓者居半数以上,死亡伤兵民计五三人,占总数百份之八强。

第十四救护医院

本院由中华妇女互助会主办,院址系假福煦路中德医院之一部分。本院共设床位一百张,自九月六日筹备就绪后,七日即开始收容伤兵。至十一月二十日止,计共收容伤兵三百二十人,其中完全治愈者十四人,将愈转送后方者一百九十三人,转送本市各医院者八十四人,伤重不治而死者二十九人。伤兵入院,每于深夜,院中工作人员均轮班值夜,伤兵自救护车上移下后,即由医师诊疗伤势,作初步治疗,一面由登记股将姓名等登记入册,所有银钱交会计课保管,其他重要物件交总务主任保管。伤兵转送后方疗养者,以能行走为原则,未能达到步履程度者,均不予转送。出院时除发给出院证外,院中并给棉衣裤、鞋袜、日用品及食物等以作慰劳,其原有银钱、衣服等件亦同时发还。伤兵如有死亡,即电知普善山庄,派人前来殓埋,所有遗存银钱、衣服等悉数交由总会办理。连长以上长官,则通知总会来院收敛。本院以环境关系,不得不奉命结束,最后留院不能步行之伤兵五十八人,已于十一月二十日悉数转送他院继续医治,留存物件如绒毯、棉被等物,亦均移交总会。

第十七救护医院

二十六年九月上旬,淞沪之间抗战正烈,前敌军民创伤甚多。各救护医院均有人满之患,伤兵之运抵后方者,呻吟待治,为状至惨。同人等受良心之驱使,相与集议,创设救护医院一所,以尽扶伤救危之责。于是一方认募款项,一方筹备院址,既而觅得古拔路、蒲石路口七四四号之房屋一所,虽室宇不多,而场地甚广,且略有竹木,空气清新,宜于疗养。因商诸屋主业广公司,承其慨然相假,不收租金。院址既得,经费亦略有把握,乃召集同人会议,推举院董十八人,院长一人,副院长一人,负责办理。议定设病榻四百张,就原有楼房先行布置。另在空地筑棚,建立病室五所、办公室三所、起居室三所。自九月二十日起,开始收容。其时战事方烈,伤兵拥至,病榻不敷,又添设临时病房,以图尽量收容,最多时期收容达四百五十余人。至十一月间,沪郊渝胥,交通阻塞,伤兵不能来院,其他医院次第结束,而本院则以所收病人重伤居多,处理匪易,他院之创重未愈者又归并本院,故本院一时未能结束,至二十六年终,尚存病人一百余名,大多断腿折臂,已成残废。会中国红十字会上海国际委员会,有筹设残废医院之议,苦无适宜之院址,以本院设备尚称完善,故就本院原址,由该会接办残废医院。经院董会议决,同属救护事宜,自当接受,并商得屋主同意,于二十七年二月一日起,本院移交国际红十字会残废医院,所有本院自建篷屋及装修家具、医药器械,以至一切剩余物品,统由该院点收。而本院所有未愈病人九十六名,由该院继续负责治疗,本院乃告结束。

第二十救护医院

本院原为私立平民疗养院,自八一三沪战发生,即于二十六年八月十五日改组成立第二十救护医院。嗣以战事西移,伤兵日少,本院即于同年十二月十日,奉命办理结束。本院设疗病室二十余间,化验室、重病室以及内、外各科医疗器具尚称完善,如最新式爱克司光机及各种电疗机,亦均置备。自开始收容伤兵、两阅月内,经济由上海华商证券交易所及本院院长担任,于十月十二日,曾一度结束,之后本院独力维持收容伤兵。进院人数计二百三十二人,出院人数送后方者一百六十三人,转院者六十二人,死亡七人。

第二十三救护医院

二十六年九月十二日,中国红十字会上海市救护委员会干部会议议决,设立第二十三救护医院,推朱恒璧医师为院长,并指定汉口路一三一号四行大厦为院址,当即邀请张伯钧、吴兴业二医师为副院长,任廷桂医师为医务主任,负责筹备,并即日扫除房屋、添建厨房、布置病室、手术室及消毒室、募集用品、罗致医务及事务人员。至十五日,全院各项布置,差告就绪,十六日开始收容伤兵,此筹备本院大概情形也。本院规模较宏，设备亦求周全。院屋有楼房六层。除底层设置警卫、收发、材料、厨房四处，六层为职工宿舍外，余二、三、四、五四层，全作医疗病室及办公室之用。计设病房二十一间，病床五百四十架，手术台二架，消毒器全付，爱克司光机一具，化验室、药剂室、材料库各一间，水灶二具，厨房一所，重病房二间，停尸室一间，木匠间一间，理发室一间，其余各种办公室，及医师、护士宿舍十余间。应用医疗仪器一应具备，并由中华基督教青年会战时服务团在五楼另开伤兵俱乐部，配备各种书报、杂志、象棋、战斗棋、乒乓球、留声机及一切娱乐物品，以供伤兵消遣。治负伤官兵一千四百二十五员名，内有一百二十八名因伤势沉重，不及救治，以致死亡，先后由同仁辅元堂及普善山庄分别棺殓收埋，一名自行出院，其余一千一百五十四名，或经治愈，由各该师直属长官管领归队；或已将愈，经遣送后方休养；最后一百四十二名，则因本院奉命结束，分送第三及第五等救护医院，继续调治。本院收治负伤官兵，以重伤为多，故手术次数亦较繁杂，自开办日起至结束日止，共施大小手术九百五十六次。

第二十四救护医院

本院为国民战时互助会所主办，公推陈丕士夫人、刘经芳夫人、唐士煊夫人、李霞卿女士、唐士煊医师、杜焜泉先生等为委员会委员，以唐士煊夫人为主席委员，杜焜泉为院长，并得中比镭锭医院赞助担任全部医务工作。俞鸿钧夫人等借用房屋家具，并捐助物品用具，前项所收物品器具估计价值约达五千元以上。本院于民国二十六年九月二十九日成立，至二十七年一月十四日奉命结束。本院自成立至结束，共收容伤兵二六三人、伤民三人，死亡二十九人，因治疗神经系转送中国红十字会第一医院者二人，治疗眼疾转送广慈医院者五人，余因奉命办理结束转第三救护医院者六人，至于治疗结果，成为残废者六人，转国际委员会残废医院办理，其余均陆续归队，或转往后方。

(附)昆山伤兵分发站报告［略］

特约医院

当战事初起，所有救护医院未能完全成立，为求尽量收容伤兵计，乃与沪上原有医院洽商兼收伤兵，由本会津贴各医院每名每日药品伙食费五角，合计与本会合作之医院凡十六所，各特约医院之床位约共九百张。对于伤兵之收容给与本会助力不少，后以各救护医院次第成立，床位日增，为求管理便利计，自九月十日起，除少数特约外，一律结束，将所存伤兵转送各救护医院治疗。兹将特约医院列表如左：

院　名	床　位	开办日数
人和医院	三六	三四天
大德医院	三五	二八天
大华医院	二〇	三三天
太和医院	七一	三四天
中德医院	六〇	一七天
生生医院	三八	三四天
永川医院	六一	四〇天
同德医院	四八	三六天
同德产科医院	二三	三四天
东南医院	一〇〇	一六天
本会第一医院	二五九	二一六天
本会第三医院	一四〇	一六九天
惠旅医院	五四	三四天
劳工医院	五二	三四天
宝隆医院	二一六	二四一天
铁路医院	四〇	九一天

其他伤兵医院

除上述本会所属救护医院二十四处、特约医院十六处外，更有其他私人团体，或个人设立之伤兵医院，其组织及经费完全独立，但仍与本会合作，对于伤兵之收容及遣送，悉由本会负责。先开办者，其日期为二十六年八月十四日，最迟结束者为二十七年二月八日。

伤兵分发站

战事延长，伤兵运沪，日有三百名至九百名之多，而沪市伤兵医院床位最多时仅五千余张，势不能全体收容，乃自八月二十二日起就第六救护医院内设立伤兵分发站一所，自前线救下，视其伤势轻重分别处理，重者送入医院，轻伤兵暂住所内，等候火车船只转送后方。殆至第六救护医院结束，乃改设于枫林桥外交大楼，可容伤兵一千名，内设站长一人、医师二人、护士十余名，司理伤兵换药包扎事宜，另由市商会童子军团部派童子军一队常驻站内，帮同维持秩序，并管理伤兵登记。伤兵输送后方，每晚铁路当局调集车辆应用。第六救护医院附设之伤兵分发站，自八月二十日起至九月二十日止，计共收容伤兵二千二百六十七名，外交大楼分发站自九月二十一日起至十一月八日止，共计收容伤兵一万七千九百四十人。

收容重伤统计

所有伤兵入院，悉经本会分发，每日由各医院将床铺定位额报告本会，由本会通知分发站，遇前线伤兵救下，即按各医院空额送往。当战事初起时，所有救至沪地伤兵，悉数送入医院。迨至各医院之床位渐告额满，乃改变方法，择伤势较重者直送医院，其轻伤者则转送后方。一方将院中伤口就痊之伤兵尽量向后方输送，以便空出床位，收容重伤士兵。第一至第二十四救护医院共收伤兵一万二千七百三十一名，外收伤民一千三百十九名；特约医院十六处，共收人数二千〇二十九名；其他团体或私人主办医院，共约人数五千八百六十名。

药材与服装之供给

本会设有材料课，专司管理药品材料，各医院如有需要，即开具清单，由该课主任批准发给。至住院伤兵之服装，如棉被、棉衣、大衣、卫生衫裤、鞋袜、衬衫等件，皆由本会事先购置或捐募，以供各院伤兵应用，其他各物亦务求供应无缺。

伤兵医院之管理与待遇

各医院之伤兵一律禁止出外，其有需要购置物品者，由院中工役代为办理；如欲书写信件，则由驻院童子军代办，并备收音机、书报、棋子等物，以供消遣。各界如有慰劳之举，除由委员会核准外，必先通知本会，经本会许可，并转知各医院后，始准入内。

治疗之效率

全沪医院共收治伤兵一万七千六百九十二名，因地处前线，需继续收容新来伤兵，故多数不能待至伤口完全痊愈，即转送后方医院疗养。平均每名住沪治疗三四五六日，计经完全治愈或伤口就痊者共一万六千余人，伤重治疗无效死亡者共一千五百八十一人，死亡率为百分之八·九，其死亡率之所以高者，盖由本会收治之伤兵多数为重伤之故，甚至有甫达医院，即已死亡者。

伤兵出院之办理

凡伤口完全治愈伤兵，由本会送伤兵管理委员会转送前方归队；伤口就愈之伤兵，则由火车或船舶转送后方医院疗养。至十一月九日以后，因战事西移，乃改由海道转送宁波与温州等地，再转往后方。输送地点，由本会事先派员与当地军政机关或陆军医院洽妥后,始行送往。沿途派员随行照料,并设分办事处于送往地点,以便会同办理照料一切。输送地点计杭州五七五〇名、松江二六四名、苏州四〇五名、嘉兴六五九名、吴兴三二一名、无锡六七名、香港九一名、宁波五六〇名、温州二九一名、其他一六〇三名、伤痊归队八九五名、残废医院一五八名,共计一万六千一百十一名。

慰劳伤兵

各界慰劳伤兵,为防止流弊起见,特组慰劳委员会订定办法,遵照实行。选派专员,每人负责一个至二个医院,各团体或私人慰劳伤兵赠送物品,先须商得同意,并检验无误,必要时得令赠送人试服,排定日期,准时由专员率领同往同返,并须绝对服从医师之指导、监督,慰劳人不得对伤兵演说或探寻军情,呈报党政机关备案。

代书家信

为便利伤兵代书家信起见,在每一医院派员一人至六人义务办理,每日下午二时至五时止,规定:(甲)代写信札;(乙)汇寄银钱;(丙)寄递衣物;(丁)其他属于邮务范围以内之工作。所有办公用具由会供给,其工作人员由邮务公会备卡证明。

规定服务人员恤金

本会服务人员如因公殉难者,得下列之恤金:

医生六百元至一千二百元,护士三百元至六百元,职员二百元至三百元,司机二百元至五百元,担架二百元至三百元,工友二百元至三百元。

救护队人员之收敛费及养伤费:

医生、队长二百元,护士、童子军、汽车夫一百五十元,担架工人一百元,队员收[受]伤由本会供给医药,随时加以慰劳。

伤兵死亡之善后

遇有士兵死亡,由各医院直接通知普善山庄或同仁辅元堂备棺埋葬,连长以上官长死者,由红十字会总会备棺成殓。死亡官兵遗银,除一部分由伤兵管理委员会保存外,其余皆缴存救护委员会造就清册,连同款项暂交红十字会总会保管,另行呈报军政部听候处理。

残废伤兵之处理

各种残废伤兵,除一部分上肢残废,伤口痊愈,转送后方外,其余下肢残废及其他部分残废者尚有一百五十八人,皆转送国际残废医院代为装配人造臂腿,并授予生活技能,助其独立营生。

伤兵医院之结束

战事西移,伤兵人数日少。于是依次将伤兵人数最少之医院先行结束,将所余伤兵并入他院。至本年五月三十一日,所有临时伤兵医院皆告结束,至其他私人团体办理之医院举行结束,亦由本会协同办理,将伤兵转送他院。

救护之组织

救护队之组织,事前虽有准备,在八一三之前夕,积极奔走,如救护人员之征求、车辆之募集,均为当务之急。民众团体、爱国青年或自行组织,或个人参加,纷纷请求工作。有相当训练者固不乏人,以救护为名而别有作用者,间亦有之,经过相当选择,煞费周章。于八一三至二十日间,以最短时日,应环境之急需,先后成立救护队六队。按照中央救护大纲,加以缩编,每队队员为五十六人,更择其干练者,由本会委任为各该队队长。及各业救护团体请求参加者,除煤业公会单独组织救护队一队,队员有百余人外,余均经本会审查,编为急救队六队,每队十六人,以期统一事权,藉取分工合作之效。

救护队之驻在地

当时战事虽起,战线尚短,故所出发之救护队员,分布于江湾、大场、闸北、真如、浦东一带,互相策应,颇能应付。至八月二十五日后,战线逐渐扩大至吴淞、罗店等处,于是原有人员咸感不敷。乃继续组成救护队四队,急救队亦由六队增至十二队,先后出发前方,协助工作。直至最后一月,战线屡异,而我救护人员之增减、屯驻地点之转移,亦因之屡更。除南市、浦东、沪西尚驻有多数救护队员外,其他如黄渡、浏河、太仓等地,九十余公里外,均有我队员分布其间。所引为难能可贵者,不论距离远近,昼伏夜行,餐风露宿,不畏艰险,奔走于枪林弹雨之中,不惜任何牺牲,均能密切合作。综其过去所救伤兵,达三万九千余人,死伤救护人员凡三十余名。

救护之困难

根据数月工作之实际情形,所认为困难而不能使救护工作顺利进行者:(一)[救护]工具尚感不敷;(二)租界门禁无定,阻碍交通;(三)日机轰炸,只能昼伏夜行;(四)医院床位有限,有输送无从之时;(五)车辆缺乏,征集维艰,调遣为难;(六)军部卫生队时感不足,不能与救护队联系输送。以上数端均足使受伤将士多尝痛苦,增加死亡。自十一月一日起,由本总会直接管辖,改称救护股,照常办理一切救护事宜(另列专条)。

附组织表

主任	叶植生	副主任	李伟业	张子道
登记	汪民视	文书	刘春波	
第一队队长	陈荣章	驻昆山	队员三十人	
第二队队长	田仓本	青安公路		
第三队队长	王金魁		队员三十四人	
第四队队长	俞卓初	本埠公共租界	队员二十八人	
第五队队长	刘士林	太仓	队员四十八人	
第六队队长	韩一雷	浦东	队员三十九人	
第七队队长	叶　露	南市	队员五十四人	
第八队队长	徐　伟	南市	队员五十三人	
第九队队长	瞿绍伟	浦东	队员七十四人	
第十队队长	蒋方九	浦东	队员七十六人	
第一急救队	张丹卿	顾家宅	队员十六人	
第二急救队	谢葆生	郊外	队员六十四人	
第三急救队	雷树德	大场	队员十六人	
第四急救队	蔡香荪			
第五急救队	褚一峰	本埠华界	队员十八人	
第六急救队	何惠钧	本部公共租界	队员三十一人	
第七急救队	汪政卿	本埠法租界	队员十九人	
第八急救队	刘星耀	本会	队员十六人	
第九急救队	陈培德	本埠法租界	队员四十人	
第十急救队	郑连坤	曹家渡	队员十六人	
第十一急救队	蒋传源	本埠公共租界	队员四十人	
第十二急救队	李从善	本埠法租界	队员十六人	

各救护队工作概况

第一救护队

第一救护队成立于八月十三日，由本会委陈荣章为队长，共有队员六十余人，分为三支队，设绷带所于大场、罗店、嘉定三处。开始工作后，各队员颇能分工合作，至八月廿三日，日军由石洞口潜渡，占据罗店时，该队因执行任务，遭日军惨杀而死者四人,队长被拘,幸即脱险,余多身受重伤。除苏克己医师由救护委员会发给收殓抚恤费五百元、陈秀芳护士备衣棺收殓外,尚有护士谢志贤、刘中武等迄今遗尸未获,侦悉无由,此实为该队工作史上所不可磨灭惨痛之一页。同时亦为该队表现救护精神之一斑也。经此一役后,该队长重加整饬为补充生力起见,自十月份起与第三急救队合并办理,由雷树德、陈荣章二队长领导,出发苏昆。旋陈队长由本会派为驻苏办事处副主任,于是归并之第一队,职务全由雷树德单独办理。至最后一月底止,该队驻扎苏州、昆山间从事救护工作,须臾未尝疏懈,三月来该队综计救护伤兵一千另十一名,其经过、屯驻工作地点另立总表,兹姑不赘。

第二救护队

第二救护队成立于八月十三日,当时该队长为龚继长,共有队员五十人,设临时医院于真如东南医学院。开始工作后,均能各负使命,勉尽任务。八月十八日起,日军不断向该地轰炸,该院礼堂被其炸毁,我救护队部因防觉较早,未遭巨殃,唯龚继长、葛林宗、谷逸民甘冒危险,力驰救护,致受轻伤。担架长勇敢前驱,不稍回避,卒以身殉,当由本会备棺收殓。厥后龚队长因另有任务,由郭主任委任田仓本继任队长。为适应前线需要起见,率同全体队员改赴罗店、大场、顾家镇、杨行、南翔等处工作。旋复以战线转移,于十月一日一度移驻南翔、黄渡之间,工作未几,日机轰炸不断,阻止救护进行,不得已集中全部队员暂驻外交大楼,相机出发。不幸该田队长即于斯时为救护车撞伤腿部,乃由本会改委全仁忠为该队队长,后虽出发前方,迄今仍在前方与野战救护队分工合作。总计该队三月来救护伤兵凡五千五百五十一名。其经过工作地点另列总表。

第三救护队

第三救护队成立于八月十三日,计有队员十八人,由王金奎任队长。于十四日开始出发大场、顾家镇、南翔等处工作。未及两旬,即因内部发生纠纷,不能合作,旋于九月十日明令解散,其中一部份工作成绩较优良者编入他部。该队存在时期既甚短,复受纠纷之影响,以致甚少成绩可言。驻扎南翔时,曾遭日机轰炸甚烈,结果伤队员赵汝信一人,惟不甚重,略事医治即愈。该队救护伤兵总计一千七百四十六人。

第四救护队

第四救护队成立于八月十六日,经本会委任俞卓初为队长,担任本市救护伤兵、难民工作。自大世界永安公司及南车站轰炸惨案发生后,该队之工作更觉重要。本课督促该队长努力工作,颇有相当成绩。嗣以本市轰炸之惨举渐次减少,而前方战事紧急,该队长乃整饬队部出发大场、真如、杨行一带工作。各队员均能含辛茹苦,以尽天职。至九月一日,本会为适应实部需要起见,爰将该队调回,分组输送各路伤兵。其初分十余人为一组,后以分发较繁,应接不暇,乃改四人为一组,于是杭州、苏州、嘉兴、松江、湖州、木渎、无锡等处莫不有该队员之分布其间,跋涉奔驰,虽在日机极端威胁之下,从未稍间,实堪嘉尚。总计三月以来,该队前后运送伤兵达二万余名,殉难队员凡十余员,除经本会收殓抚恤者外,迄尚有数员尸身未获,住址不明,此本课在检讨该队员过去工作之际,洵为耿耿于心不能或释者也。该队救回伤兵,凡二百八十五人。

第五救护队

第五救护队成立于八月十二日。队员初为七十余人,嗣因按照本会重新编制,减缩为五十三人,其中大都为救护委员会训练班学员。经本会委任李伟业为救护队长。八一三战事发生后,即出发大场、闸北、顾家宅一带,分别从事救护工作。各队员纪律森严,颇足规范。至九月二十日,该李队长奉调本课干事,于是队长一职改由该队顾问刘士林接充。于九月二十日,刘新队长经正式接收后,即整饬所部,继续执行任务,并分拨队部输送伤兵至杭州、嘉兴、苏州、湖州等处。当时该段路线,日机侦察轰炸甚烈,该队员几历险境,伤及救护员十余人,卒能从容趋避,敏捷运护,以无畏之精神充当前之危境,卒使呻吟创痛之战士多能安全到达此目的地,洵为该队过去工作上之一大成绩也。当时该队驻扎地点在新闸路和乐小学。十月二十一日,应前方之需要,全队出发太仓,迄以战局变化莫测,该队驻扎地点亦无由决定。总计该队前后救回伤兵,计四千零三十名;运送伤兵,凡八百零七名。

第六救护队

第六救护队于八月十七日成立,由韩一雷任队长,设总队部于浦东周浦。开始工作时,队员仅四十余人,后增至七十余人,成立三支队。其第一支队,在沿浦春江码头、塘桥、三林一带;第二支队在南汇望海楼小洼港、老港一带;第三支队在大团新开河万祥外,三灶、泥城一带驻扎。当时日机轰炸极烈,伤兵、伤民多数在绷带所包扎后住院留养,不愿住院而每日来院换药者,亦复不少。该队人数虽多,其始颇能分工合作,不意经过两月后,意见丛生,纠纷迭起,韩队长以整饬不力之咎,呈准辞职,由副队长韩尚德代理队务。未久即遭局变,而该队即在无形中解散。揆其事实，确有份子复杂，不能推诚合作之嫌。斯时本课适奉命归并红会之际，各地均将重新改编，于是饬令该队结束，于十月底由韩副队长将移交各件汇造清册，分别缴送本课，除印鉴、臂章外，余皆转送庶务课保存。该队前后救护伤兵，计五百三十三人，伤民四百十六名。

第七救护队

第七救护队成立于八月二十八日，由上海市铁业公会所组织，经呈报本会核准后，由会委叶露为队长。叶氏本为医生，该队组织时对医务人才正感缺如，同时该队长住居南市多年，本课当委任时深庆得人。盖既身居南市，则对此苦难同胞必更抱己饥己溺之心肠，竭尽服务之天职。该队共有队员四十八人，分两支队，在南市流动救护。当时实际情势，以救济难民为重要，盖日机频施轰炸，无辜难民被击死，伤者颇多，同时原有医院大都迁避一空，故该队除分别视察巡救外，又在该地大佛厂设门诊部，专事疗治贫苦难民。当时南市民众，虽相率迁避，然老弱无处可奔者，仍有数万人，以故就诊者颇不乏人。该队自开始工作以来，尚能勉尽天职，惟以内部时起纷争，阻碍工作机能，本课检讨过去，实为该队一大缺点。该队于十月十五日，因不能推诚合作，经本会明令解散。前后总计救回伤兵九十九名，伤民二百七十六名。

第八救护队

本队成立于八月二十三日，由国医战地救护队与上海市中医药界救护队联合组织，共有队员五十三人。经呈请本会核准成立，列为本会第八队，委徐伟为队长。初驻闸北共和路西铭里，后迁至白克路上公小学，后复迁方斜路。在闸北、虹口、江湾、大场、杨行、刘行一带救护伤兵。其初出发时间，大都早出晚归，嗣以日机空袭甚烈，乃昼伏夜行。本队各队员，均在医药界受有相当教育者，同时该徐队队长导领得力，颇能分工合作，不分界域，同一目标下共尽天职。当时本市流弹惨案迭起，该队长躬率驰救，不遗余力，其尤为难能可贵者，虽在极度纷乱环境之下，而能力持纪律，有条不紊，受伤者既得以减少痛苦，安然得治；施救者因亦能按步[部]就班，以推进工作效率，实为当时一般伤兵、伤民所称道，而本课所认为足资表率之队部也。总计前后救护伤兵二千二百四十八名，伤民十六名。

第九救护队

第九救护队系由瞿绍伟集合浦东川沙地方青年及本会训练班学员合组而成。于八月二十八日，经本会委任瞿绍伟为队长，设队部于浦东川沙，进行救护工作。

当时浦东尚非战区,而炮弹流射,飞机空袭,一时民众受伤者甚多,故主要工作为拯救伤民。至九月底,该处逐渐发生剧烈战争,于是伤兵、伤民同为紧张救护之工作对象。该处乡村甚多,且无汽车可通,伤兵运输极感困难。乃分组数小队,队员增至七十余人,密布金沙,互相策应。然仍交通不便,有事倍功半之苦。所幸各队员忍苦耐劳,且大都为地方青年,颇收驾轻就熟之效。直至十月底止,该队奉命改编,总计前后救护伤兵六百七十九名,伤民九十七名。

第十救护队

第十救护队成立于八月二十一日,队员五十余人,由浦东保卫团及救火会人员集合组成。经本会核准后,编入本会救护队,当由本会委任蒋方九医师为队长。因蒋医师在浦东各慈善医院服务有年,深洽舆情,以故开始工作以来,深得各方之辅助。设总队部于浦东太古华通堆栈内,下设十支队,分驻四乡,互谋策应,并设三十床位之疗伤所于华通栈内,为重伤临时急救之用。其间救回之伤兵,大都经该部包扎后,送往南汇县立医院及三林塘后方伤兵总站疗养。第二支队队员郁然章、袭继纲因救护伤兵,在其昌栈附近被日舰机枪射伤,经送上海仁济医院疗治,现已痊愈出院。总该队过去工作,尚属努力。其工作区域,大多乡僻之区,辛勤奔走,艰苦不辞,尤能通力合作,各尽所能。直至十月底,本课奉命归并红总会,暂令解散,听候改编。综计救回伤兵六百另六名,伤民六百五十名。

第一急救队

第一急救队成立于八月十三日,由队长张丹卿率领,队员十六人。于八一三战事发生后,驻扎本市顾家宅宝兴纱厂进行救护事宜。其初尚能遵循本会救护意旨,实施工作。乃未经一月,该队长以行为不检,经人举发。本课为整饬救护纲纪起见,经详细侦查,结果发现该队长确有超越救护范围之嫌,乃于九月二十五日宣令解散。其过去工作,前后计四十余日,救护伤兵凡五百九十三人。

第二急救队

第二急救队由上海市公仁社救亡委员会救护组所组织,经本会核准编列急救队后,聘谢葆生为队长。于八月十六日开始,分六组出发前方各战区实施救护工作。共有队员六十四人,均多奋发青年,怀志救国者。当时第三急救队改组,该队员蒋相君、王琦璋本为干练队员,经编入本队后,相得益彰,勇敢前驱,不畏艰苦,成绩佳良。嗣以该队内外纷争突起,虽经本会设法疏解,终未解决,结果停止工作,于十月内自行解散。总计工作凡两月余,救护伤兵一千零九名。

第三急救队

第三急救队由雷树德集合同志十余人组织成立,经本会委任雷树德君为队长。其队员全为本市民立女中、东亚体专审美女中女生。于八月十五日开始出发至八字桥大场驻扎,每日分赴各战地救护。所救之伤兵,大多经过包扎后,分送后方医院疗治。该雷队长身先部属,率同全体队员在最前线实行任务,当时受伤战士挣扎前线,不克得他队救治者,经该队奋勇疾趋,均能一一驰救。厥后战线转移,该队部迁设真如真北路照常出发工作。旋以本课遵照本会缩编决议案,并经队长会议议决,该队与第一救护队合并办理,并指定由陈荣章、雷树德为正副队长,各遣所属,相辅而行,继续工作以来,颇收指臂之效。未几,陈队长因另有任务,由雷队长递补正缺。迄至十月底止,该队仍在前方工作。其过去所救伤兵计一千四百二十五名(尚有在前线实施急救者六百余人不在其内)。

第四急救队

第四急救队成立于八月二十三日,由原组织人蔡香荪君担任名誉队长,谈益民君为副队长,其实际领导工作纯由谈副队长任之。谈君为一热心救护工作者,且受有高深教育,其队员十七人,又属江湾智识青年,出发战地工作后,该队长苦心筹划,对外力谋联络呼应,对内统求一德一心,相共奋勉,始终如一,以故工作颇获优良成绩,从无意外纠纷。此固由各队员训练有素,然该队长应付有方,智勇兼备,实足以资表率也。本课嘉其干练,适当时本会有派员赴前方督察救护之议案,乃聘该队长督察前方,旋复赴苏协助郭琦元先生组织苏州办事处。于是第四队队长职务势难兼顾,经本会决定于十月五日与第二救护队合并办理。该队自成立迄归并止,凡四十余日,所救之伤兵达一千八百五十七名,成绩良可观也。

第五急救队

上海酱业青年服务团,在八一三战事发生后,联合同志二十余人,出发战地从事救护工作。因力量薄弱,在工作方面发生种种障碍,后请求参加本会,经本课审核呈准加入后,编为第五急救队,聘褚一峰为队长,于九月十日正式成立。当时设队部于南阳桥方浜路寿祥里四十号,每晚出发工作,地点无定。当时前方战事逐渐紧张,各队员均能奋勇工作。后因车辆不断损坏,不能顺利救护伤兵,同时前方战线亦发生变化,在此种环境下乃于十月十五日自动宣告解散。综核该队工作时间,计一月余,救护伤兵二百九十九人。

第六急救队

第六急救队初由一二八救亡协会名义组织,于九月十一日成立,由费光华为队长。工作未几,内部发生纠纷,自行解散。后由八一三救亡协会改编,加入本会继续工作。由何惠钧任队长,率有队员十六人,一切给养均自行筹给,惟汽油、车辆、药品,本会略予补助。该队部设本市牯岭路高民里,每晚出发各战区工作。在第一日开始工作时,司机杜连生即被炸殒命,并伤及队员涂忠明,经本会分别收殓、医治后,各队员照常工作。迄十月底,所救之伤兵达一千四百九十九名。

第七急救队

第七急救队由本市海员公会所组织。于九月十一日来函声请登记,编列本会急救队。队员计十六人,由汪政卿为队长,每晚集合本会,出发前方工作。该队一切给养皆自行负担,后以战线转移,于十月十五日自行解散。综核该队工作时期,仅一月,救护之伤兵为一千一百零六名,成绩颇佳。该队之所以有如此成绩者,盖由该队长英勇耐劳,每日奔驰于炮火之中,对于重伤将士尤其爱护有加,乃他队所不及者也。

第八急救队

八一三战事发生后,该队由骆亦文先生组织担架队未成,遂选其优良担架员十六人编入本会,列为第八急救队,由刘星耀为队长,于九月八日开始工作,各队员勇敢努力,颇负盛誉。唯纪律及智识方面比较稍差,幸能服从命令,忍苦耐劳,卒获相当成绩。总计救护伤兵,达一千七百八十八名。

第九急救队

第九急救队由镇丹金溧扬五县旅沪同乡会,集合救护同志二十余人,于十月十三日来会请求登记,经核准后,于十月十八日成立,由陈培德为队长。出发真如、嘉定、真北路一带,实施救护工作。为时旬余,该段战线即发生重大变化,同时本课归并红会,各队均将重新改编,于是该队工作遂告停顿。其一切给养,均由该队自理。在极短之工作期间,所救护之伤兵达一千四百三十二名。

第十急救队

第十急救队由沪西救火会救火人员与童子军联合组成,经本会审核登记手续,准许参加后,由该救火会郑连坤先生任队长,于本月十七日正式成立。计有队员十六人,多为年少强壮之青年。斯时沪西战事极烈,该队即出发该段附近地点,实施救护工作。一切给养费用,纯由该郑队长负担。各队员多数具有救火之训练与经验，奔驰救护，极为勇敢。惟工作未及一月，战线变动，即自行解散。计前后救护伤兵二百三十九名，伤民一百四十二名。

第十一急救队

上海市商会童子军第五十团，自八一三战事发生后，即率童军四十人，热烈参加本课工作，协助运送伤兵，日夜宣劳，至为兴奋。经过几度为日机轰炸，并枪伤队员郑志强、徐健来、陈香荪等，幸未致命，经医疗治，旋即告痊。至十月中，该团部改组一队加入本会，列为第十一急救队，并委蒋传源为队长，驰赴太仓、真如、周家桥一带，专任救护工作。至十月底止，前后仅十余日，计救回伤兵达四百十一人。

第十二急救队

第十二急救队为上海职业青年战时服务团所组织，由该队队长冯少山先生名义来会登记，经本会核准列入急救队，由李从善任队长。成立未久，战时西移，缺少实际工作，颇少成绩可言。自十一月底，有队员十余人自动出发前方，一切给养及其他费用，均由该队自理，惟该队组织除救护队外，内有救护组，曾发生滥用会名，擅行募捐情事，经本课察觉后，呈报本会澈究在案。最后该队李从善辞职，由冯少山自行担任。旋因本课奉命归并红会，遂由本课通知解散。

材料之管理

自会务开始以还，总计自八月十三日至十二月底止，本会直接向各药房、各药厂购办卫生材料费用，仅五万五千六百六十五元强，原定预算所属各医院及各救护队之药品器械开办费乃一万四千元左右，每月应支经常费为一万三千七百另五元，合计与五月之过程中应总支八万余元，然实际情形仅为原预算百分之十七弱，其中原委：(一) 若干救护医院创办时较昂贵之医疗器械多为各医院创办人自行购置，或蒙各界捐助；(二) 若干救护医院所有药械多属自给，本课所供者仅为补助其不足；(三) 需要巨量之破伤风血清以及其他药品，一部份或全部由本总会直接供给；(四) 此外应用多量之急救包及其他药械，蒙各界热心捐助。综合上述情形，因得撙节多量之经费，本课工作之初即根据军医署材料处各种救护医院及救护队发给药械之标准，而缩订本课发给药械之单位，是以数月来之工作即以此为准绳，各医院结束后所移交之药品在账单上，并无该项名目，因其数量过小，品名过繁，未曾列入，另详簿记，凡各药厂及各药房捐助之样品亦以品名繁细未予列入。十二月份收入之药械大部分为各医院结束后所移交，十二月份支付之药械大部分为供给安徽及浙东等处之后方医院。本课五月来之工作当称顺利，标准单位内之药品亦勉能维持,目前存货尚值一万元左右之巨,不忍搁置,是以将此项药械继续往内地各救护机关输送。

事务之分配

此项工作范围限于普通之物品及其他普通事务,其医药用品有材料[课]专司其事。又各救护医院所需物品因各院情形不同,大都归各院自行备办,仅统一之物品或该院不及备置之物由本会供给。救护队各队之用品及运输课之杂用物,皆由本课备置供给。至银钱出入均由会计课负责,仅零星之款由本课支付,每日向会计课报销结清。本课设主任一人,下设采办、出纳、保管、收发四系。

战时之交通工作

本课原称运输股,成立于八一三之后,主其事者首为骆亦文君,八月十九日以后由胡会林君接管,十月十四日复归金芝轩君主持。本课工作在国军未西移前,主要在救护及转运伤兵,国军西移后,即从事运输医院用品,遣送伤兵及难民,在十一月间更有一项特殊工作,即将沪地伤兵分送内地,是项工作颇形困难,因上海陷于四面包围之后,交通梗阻,后路交通既未疏通,送去之伤兵遂难安置。本课为解除此种困难在先前宁波船只停驶时,派员于十一月二十七日,由台入浙分两路进行。一路由台至宁波,一路由台经百官、萧山而至杭州,并分拨人员驻金华、衢州,从事于后路之疏通,此项工作颇属有效。在十二月间,沪地伤兵得以逐渐遣送内地,至一月份则大抵为结束工作,本课此后工作已移交中国红十字会总会交通股办理。兹将六阅月来之工作大要,分别纪录于下:

(八月十九日至九月十五日)

一、车辆方面

1. 车辆共计八十七辆

计开

租来现已不用者	计二十五辆
租来现在修理者	计四辆
租来仍用者	计十二辆
租来已退还不用者	计一辆
租来现在修理者	计三辆
租来仍用者	计七辆
借来全部损坏者	计一辆

煤业公会在外工作者	计十四辆
煤业公会预备补充者	计六辆
本会自购旧车	计三辆
孔太太捐新车	计四辆
红十字会购办新车	计二辆
红十字会购办旧车	计四辆
张嘉甫先生送来	计一辆
2. 修理费	共计国币一千三百五十九元八角五分(全部损坏之车尚未赔偿)。
3. 消耗汽油	(八月二十四日以前归医务组)八月廿四日至三十一日计六百另七介[加]仑,九月一日至十五日计四千六百十六介[加]仑,共计五千二百二十三介[加]仑。
4. 消耗机油	共计四十三又四分之三介[加]仑(九月九日以前未详)。

二、工作方面

1. 出勤次数	共计六百十五次
2. 救护伤兵	共计五千三百六十五人
3. 救护伤民	共计二十六人

(九月十六日至三十日止)

一、车辆方面:

1. 车辆共计九十八辆

计开

租来时换用之车	计二十二辆
自备车	
红十字会新购新旧各车	计六辆
捐借来旧车	计六辆
前报告所载(连捐借者在内)	计十六辆
派在无锡者	计一辆
派在昆山第一医院用	计一辆

派红十字会市分会用	计一辆
派赴南京	计三辆
改装吊车	计一辆
在修理中	计五辆
不宜于远道者	计五辆
工作救护者	计八辆
留为本埠转运用者	计三辆
煤业在外工作连预备车	计二十辆
2. 修理费(修理及配件)	共计二千四百十七元九角七分
3. 租车费	共计四千另四十元
4. 工资	共计五百另一元
5. 伙食	共计九十四元六角
6. 消耗汽油	共计四千九百六十四介[加]仑
7. 消耗机油	共计九十一介[加]仑半

二、工作方面

1. 出勤次数	共计四百六十五次
2. 救护伤兵(在外转运者不计)	共计五千六百十七人
3. 转运伤兵(至外埠)	共计三千三百九十七人

(十月一日至十五日)

一、车辆方面:

1. 车辆共计八十二辆

计开

A. 自备车共三十一辆	红十字会新购福特计二辆

B. 固定在外各医院分会

派赴松江	计一辆
派赴苏州	计二辆
前期报告中派出	计六辆
暂不能用者	计七辆
撞坏在修理中	计二辆
已归还者	计三辆

C. 特务车共二辆

装吊车拖车服务者　　计一辆

改装带担架派外交大楼用者　　计一辆

D. 暂固定在外第一、第二两处　　计四辆

E. 每日派救护用　　计四辆

F. 每日送松江老龙华用　　计五辆

G. 煤业队在外工作连预备车　　计二十辆

(租用车共八辆,而每日至多用六辆,最少用四辆,每日救护出发之连十五日内,平均每日十辆,内中自备约十分之六。)

2. 修理费　　修理及配料　共计二千四百六十七元四角七分

3. 租车费　　共计三千六百九十元

4. 工资　　共计四百五十六元五角

5. 伙食　　共计一百三十六元七角五分

6. 消耗汽油　　共计五千七百三十二介[加]仑

7. 消耗机油　　共计六十五又四分之三介[加]仑

以上连煤业用油在内,每日平均一百廿五介[加]仑,本期中时有因车胎损破或漏汽而被伤兵等强迫行驶,致全胎及钢圈损坏,因之须加配新胎及钢圈,需费在一百元之上。

二、工作方面

1. 出勤次数　　共计三百四十五次

2. 转运伤兵(至松江老龙华等)　　共计四千三百十人

3. 救护伤兵　　共计六千八百八十九人

(十月十六日至三十一日)

一、车辆方面

1. 车辆共计三十二辆

A. 在上海共十五辆

吊车　　计一辆

有担架车　　计三辆

运货用　　计一辆

救护转运用　　计六辆

在修理中	计四辆
在外埠	共十七辆
南京	计八辆
苏州	计三辆
松江	计一辆
太仓	计一辆
市分会	计一辆
B. 损失者	
在真如	计一辆
在昆山被焚	计一辆
在昆山被军部借取未还	计一辆
2. 修理费(修理及配件)	共计二千三百十一元七角一分
3. 租车费	共计二千二百四十元
4. 工资	共计六百另五元〇二分
5. 伙食	共计一百三十五元九角
6. 消耗汽油	共计五千三百十二介[加]仑
7. 消耗机油	共计一百廿四介[加]仑半
二、工作方面	
1. 出勤次数	共计三百十八次
2. 救护伤兵	共计三千九百二十九人
3. 转运伤兵出境	共计七千二百八十六人

(十一月一日至三十日)

一、车辆方面

1. 车辆共计三十二辆(煤业队车十二辆不在内)

计开

在本埠者	计十二辆
由胡会林先生带去者	计十一辆
太仓退京归野战队者	计一辆
损毁者	计五辆(一辆送油去)
军部拖去未回者	计一辆

租来者　　计二辆

2. 修理费　　共计三百二十三元另五分

3. 消耗汽油　　共计三百五十介[加]仑

4. 消耗机油　　共计七十九介[加]仑

二、工作方面

1. 出勤次数　　共计二百九十八次

2. 救护伤兵　　共计二千一百廿五人

3. 转运伤兵　　共计五千八百九十九人

(十二月一日至三十一日)

一、车辆方面

1. 车辆共计三十辆

计开

在本埠者	计五辆	号码四九、七三、七五、八一、一〇〇
由胡会林先生派去者	计十一辆	号码七六、七七、七八、七九、八四、八五、八六、八七、九二、九六、四二
在野战救护队者	计一辆	号码九〇
售出者	计四辆	号码八〇、八九、九一、九三
抵还赔偿者	计三辆	号码七四、八二、八三
因公损坏者	计六辆	号码八八、九四、九五、九七、九八、九九

2. 修理费　　共计一百七十六元五角

3. 消耗汽油　　共计六百六十二介[加]仑

4. 消耗机油　　共计十八又四分之三介[加]仑

二、工作方面

1. 出勤次数　　共计九十三次

2. 转运伤兵　　共计三百七十八人

(一月一日至十日)

一、车辆方面

1. 车辆共计十七辆

计开

在本埠者　　计五辆　　号码为四九、七三、七五、八一、一〇〇

在外埠者　　　　计十二辆　号码为四二、七六、七七、七八、七九、八四、八五、八六、八七、九〇、九二、九六

2. 修理费　　　　共计一百四十二元七角一分

3. 消耗汽油　　　共计一百七十五介[加]仑

4. 消耗机油　　　共计八介[加]仑半

二、工作方面

1. 出勤次数　　　　　　共计二十三次

2. 转运货物租车损坏赔偿者　共计三辆

一七〇八五租车，因第六、八急救队于十一月八日往虹桥及北桥去救护时，忽被军用车撞坏，该车未能拖回，后以第八二号车赔偿。

一六五三六租车，于十月廿六日在真南路载伤兵回沪，因黑夜不能开灯，误堕小河内，未能拖出，后以第八三号赔偿。

五四租车，于九月二十九日在马陆镇、南翔之间，与二六军军用车相撞，致被撞损，以七四号赔偿。

因公殒命人员

姓　名	日　期	地　点	经过情形
杜连生	九月十三日	真大桥	在真北路遇飞机掷弹受伤殒命
沈毛毛	十月六日	老龙华	在龙华港边时已夜深，因下车问路误堕港内，而□□其急，当时即飘[漂]流无踪，至次日尸身浮起
曹惠丰	十月廿五日	昆　山	因去拖车，在洛阳桥附近有飞机十余架，追车掷弹受伤殒命
翁福根	同　上	同　上	同　上
王元发	同　上	同　上	同　上

因公受伤人员

姓　名	日　期	地　点	受伤种类	受伤部位
郑志强		陈家桥	步　枪	左肩入穿肺部从右腋出
陈杏荪	十月廿五日	洛阳桥	炸　伤	腿部及腰部
徐健来	同　上	同　上	同　上	足部
陈应乾	同　上	同　上	同　上	额部

胡会林先生带去车辆	共计十二辆
车号	车主或经手人
七六	红十字会
七七	同　上
七八	同　上
七九	同　上
八四	孔太太送
八五	红十字会
八六	同　上
八七	孔太太送
九一	红十字会
九六	同　上
四二	南洋烟公司
九〇	孔太太捐
售出车辆	共计四辆
车号	车主或经手人
八〇	红十字会
八九	孔太太送
九一	红十字会
三三	同　上
抵还赔偿车辆	共计三辆
车号	车主或经手人
七四	红十字会
八二	救护委员会
八三	同　上
本埠现存车辆	共计五辆
车号	车主或经手人
四九	红十字会
七三	同　上
七五	同　上

八一	救护委员会
一〇〇	红十字会

因公损毁车辆　　共计六辆

车号	车主或经手人
八八	红十字会
九四	同　上
九五	张嘉甫君
九七	红十字会
九八	同　上
九九	谈益民君

损毁车辆情形

车号	损毁日期	损毁地点	损毁情形
八八		安　亭	被军部拖去
九四	十月三十日	昆　山	烧毁
九五	十月二十六日	真南路	被炸不及拖回
九七	兵退时	苏　州	同　上
九八	同　上	南　京	同　上
九九	同　上	苏　州	同　上

干部会议

自救护委员会成立后，为增进工作效率起见，逐日召开干部会议一次，出席者均为各部重要人员，由主任委员颜福庆主席，先后记录由王揆生、沈金涛、蔡书祥、杨怀僧、吴振之、陆砥平、陈瑀、刘大作等担任，自第一次于二十六年八月五日起，至二十七年二月十八日止，前后共开五十六次，决议议案约有三千余件之多。

经济结束情况

关于此次沪战时，救护委员会自民国二十六年八月九月至二十七年六月三十日止。期内现金收支账目，自民国二十六年八月三十日至二十七年三月二十一日止，计收国币四四八四四三.九八元，支出国币四四六六〇一.二七元，结存国币一八四二.七一元，均经公信会计师事务所主任会计师奚玉书于二十七年七月二十日，将账册、单据分别审核相符，出具报告书，以资证明，而昭大信。

(待续)

原载《中国红十字会月刊》1940年第57期

中华民国红十字会总会三年来总报告(续)[节录]

(编者案[按]:本会于中华民国二十九年一月十四、十五两天,在九龙假座德胜街十四号召开第一届理监事会第二十三次联席会议,其报告事项由本会各个机关分别迭报到会,兹将各项报告刊录如后。)

中华民国红十字会总会工作概况报告

(民国二十六年、二十七年、二十八年)

叙言

本会创办迄今已届三十六载,其间对于振灾恤邻、救护军民,莫不殚精竭虑,尽量发挥其能力,有难皆拯,无役不从,尤以最近民国二十六年至二十八年,凡此三年中为国难期间最严重阶段,亦即本会历来工作最紧张时代。现在前线救护方兴未艾,而过去成绩虽不能谓为绝后,实属空前,爰就经过实施概况,依年月之递嬗,凭事实之沿革,编成报告焉。

会务概况

赴法考察青年部

本会经第一次理事会之决议,派陈湘泉医师赴巴黎万国红十字会联盟会学习红十字会事业,并考察青年部概况。于二十六年一月返国编著报告书以备参考,并对本会有组织青年部之必要迅予推行。

代表参加巴黎会议

万国红十字联盟会于二十六年六月二十八日至三十日在巴黎举行红十字会青年领袖研究会,函请本会推派代表参加,即经二十六年三月十六日第九次理监事会联席会议决议,委托驻法大使馆谢秘书就近代表参加。

掉发分会图记

本会总、分会所用关防图记式样沿用已久,颇不一致,呈准卫生署制定《中国红十字会关防及各地分会图记刊发办法》,并将总会关防由卫生署刊发,其各地分会图记由总会刊发,并拓具印模编号,呈报卫生署备案,总会旧关防呈送卫生署销毁,分会旧图记呈送总会销毁。自二十六年一月至六月止,限期一律换发完竣,旋卫生署将总会关防颁发,于二十六年四月十日启用,旧关防同日销毁。

购助英红会市场物品[略]

捐助美国水灾[略]

宴请中华医药会全体会员

中华医药会第四届大会在甫经开募之中山医院开会,前后凡八日,出席会员之多为历届所鲜见。本会与医学界原有密切关系,特于二十六年四月七日宴请全体会员,分发各项宣传品,席间并由庞秘书长奉王会长代表致词,辞意恳挚,当时即席入会者颇不乏人。

夏令购办时疫药水

本会每届夏令例有发给时疫药水之举,二十六年五月下旬,特向中西药房购办保命时疫药水及中法药房急救时疫水,两共十万瓶,分发各地分会及沪郊村落,以期普遍。二十七、八年份:(一)沪地原有时疫医院已恢复设立;(二)各地分会交通阻滞,无从寄递;(三)本会集中经济力量应付救护事宜,故不再购办,仅向各药房征募各种药水发给本埠为限。

牯岭设立临时治疗所[略]

添设团体会员[略]

参加卫生展览

上海市政府十周纪念大会于二十六年七月七日至十八日止举行七大展览会,本会被邀参加卫生展览会,当将宣传刊物及图表、照片等,并搜集有关"救护"、"医药"、"卫生"等工具,分为十大类:(一)救护类二十一种;(二)病院类十二种;(三)旗帜类二种;(四)证书类七种;(五)证章类九种;(六)刊物类十四种;(七)照片类五大种一百余帧;(八)图表类十一种;(九)影灯类二种;(十)防毒类五种。除开专室陈列外,并盖篷帐,将本会一切设备之标本与模型、历来救护医械,均经长时间之悉心规划而成。会期十日,参观者达万人以上,莫不交口称誉。

欢迎联盟会秘书长[略]

招待万国红会代表[略]

在京设立首都办事处之经过[略]

首都伤兵医院概况[略]

设下关伤兵接应所[略]

驻汉办事处经过情形[略]

长沙临时办事处经过情形[略]

祁阳办事处经过情形[略]

总会芜湖救护队[略]

各地救护事业[略]

协助掩埋及火葬工作[略]

派专员视察分会[略]

捐助庇寒所[略]

组临时救护委员会[略]

本会国际委员会工作概况[略]

本会国际委员会视察组报告[略]

林常务理事出席万国红会大会[略]

防疫运动[略]

本会代表出席红十字联盟会[略]

香港理事室兼办事处之工作报告[略]

医务委员会组织概况[略]

总会文书股工作报告[略]

总会编译宣传股工作报告[略]

总会庶务股工作报告[略]

总会会计股工作报告[略]

交通股工作报告[略]

救护股工作报告

本股在八一三之前夕，由红十字会总会及前救护委员会共同组织，当称本股为救护课，至二十六年十一月一日归并总会单独办理后，始改课为股。八一三战事既发，所急需要之救护人才，虽有前救护训练班先期训练，顾不足以应当时环境之需求，乃于仓猝间极积极从事收罗，当时民众团体爱国青年虽不乏自动参加，惟情形极为复杂，经过相当选择，于八一三至二十日间，以最短时日应环境之急需，先后组织成立救护队六队，按照《中央救护大纲》加以缩编，每队队员为五十六人，更择其干练者，由总会委任为各该队队长。各业救护团体请求参加者，除煤业公会单独救护队一队，队员有百余人之多外，余均经本股审查编为急救队六队，每队十六人，以期统一事权，藉取分工合作之效。当时战时[事]虽起，战线尚短，故所发出之救护队员分布于江湾、大场、闸北、真如一带,互相策应,颇能应付。至八月二十五日后,战线逐渐扩大至吴淞、罗店等处,于是原有人员咸感不敷,乃继续组成救护队四队、急救队六队,先后出发前方协助工作,直至最后一月战线屡易,而我救护人员之增减、屯驻地点之转移,亦因之屡更,除南市、浦东、沪西尚驻有多数救护员外,其他如黄渡、浏河、太仓等地九十余公里外,均有我队员分布其间,所引为难能可贵者,不论距离远近,昼伏夜行,风餐露宿,不畏难险,奔走于枪林弹雨之下,不惜任何牺牲,均能密切合作,综其过去所救伤兵达三万九千余人,死伤救护人员凡三十余名。二十六年十一月一日,本股奉命归并总会后,照常管理一切救护事宜。当时国军由沪西迁,环境所趋,除原驻苏州、昆山、大场、罗店、南翔、杨行等处之救护员可以随军西移外,其余如浦东、南市、闸北一带之队员均因交通阻断,无法工作,乃奉命从事解散。本股自八一三后,先后组织救护队计十队、急救队八队,余皆解散或归并,当本股奉命着手解散时,所认为最大困难者,即随军西移之救护员如第一、二、五、三队及第十二急救队等,既不能停止工作责令一并解散,同时又以交通阻断,无法供其给养,其工作之报告、队员之统制更无从办理,在此种情势之下,只有先就原驻闸北、南市之第四、第七、第八及驻浦东之第六、第九、第十救护队从事解散,急救队除自动解散或归并外,当时所留后方工作者只十二急救队。厥后国军逐渐西移,所有随军工作之救护员颇有一部份与野战救护队分工合作,其一部份队员则以战局屡变,工作与给养两感困难,沦为难民者有之,中途乞化者有之。幸本会驻汉办事处协助一切,补本股所不及,先后经其资散者凡三十余人,其余仍星散各地,陷于进退维谷之中。本股责任所系,睹此热心救护份子,长此流离,旦夕难安,乃于二十七年一月呈准总会,特派张子道、陈荣章两君前往灾地视察,并相机办理解散事宜。自二十七年一月二十三日出发,至二月二十八日返沪,计经过宁波、溪口、永康、屯溪、新潭、景德镇、南昌、九江、汉口等处,历三十余日,被解散队员凡一百十四人,当时本股除积极从事解散工作外,并调查因公死难之救护员及家属抚恤事宜,计死伤者二十余人,均根据总会议决例案,伤者医之,死者恤之。直至最近,虽解散及调查抚恤工作已告完成,而已往之救护员仍不时前来问讯,有请求发给证明以赴内地工作者,有自各地零星逃难来沪请求补发解散费者,或因原有证书遗失而请求补发者,经本股严密调查后,据呈总会审核办理。

附注:

各解散队员名单,所领解散费额,陈、张特派员经手解散名单当存会计股外,其

零星陆续到会领取解散费之各队员均直接向会计股领付，可参阅会计股报告表。

附救护队组织表(八一三沪战时适用)

队　长	一人
副队长	一人至二人
医　师	二人至四人
护　士	八人至十二人
特　务	二人
书　记	一人
庶　务	一人
担架长	一人
担架兵	二十四人
夫　役	四人
车　夫	六人

上计每队四十九人至五十六人。

总会收支总报告[略]

本会第一医院报告

谨将廿六、廿七两年度本院院务及经济概况摘要报告如下：

自二十五年底，国立上海医学院及中山医院新舍落成以后，本院医师及教职员对于新医院之各项计划莫不热心赞助，溯自二十六年三月以后，本定主要各科之住院部及门诊部相继迁入中山医院，除各科普通门诊及急诊照常诊治外，住院部仅留妇产科及神经科，床位减至一百个。鉴于医院大部份房舍已陈旧不堪，如加修葺，费用颇巨，故将不需要部份暂予关闭，以省开支。按当时颜院长之原定计划，拟将本院逐渐发展，以冀成一妇产科及神经科专科医院，以应社会之需。七七以后，本院以国难当前，开始整顿院舍，草草修理，准备不时之需。八一三沪战开始，在本市救护伤兵医院未成立之前，本院已能收容负伤士兵及平民。八一四飞机炸役，本院当日收容罹难市民百余之众。自本市救护委员会成立以后，本院以医务人员及各科设备较为完善，被指定为特约医院，专事诊治重伤士兵及平民，工作情形列入附表十二，同时中山医院因院址在枫林桥(斯时已指定为第六救护医院)，为病人安全起见，将全部病人转入本院，至于澄衷疗养院亦因地位关系，将全部肺痨病人迁入本院，际此紧急之时，幸国立上海医学院尚未开学，故得将海格路原址暂时借用，以容纳该两院之病人。本院院务情形除办理救护事业外,其他各部工作已恢复廿五年度以前之原状,当时行政及经济两方之困难不难想像,所幸者当时中山医院及澄衷医院之重要设备及资金随时可以借用,否则将更形棘手矣。

廿七年三月以后,本院工作情形渐入常执(参见附表)。为贯澈[彻]服务社会宗旨,遂竭力整顿院务,以求改进。两年内改革事宜有:一、三等病室之改造。内三科等病舍系平房,可容一百床位,得总会理事之赞助,由总会拨款国币四千元专为该病舍修理费。二、全院病舍之整理,以改装设施增加床位一百。本院原有床位仅二百七十个,现已增至三百七十个,必要时能扩充至三百九十个。虽床位增添,然病人激增,在春、夏两季仍不敷用,病人常因病床无空而退出,所增设之病床大都为三等,本院现有三等病床二百六十个,占本院病床总额百分之七十有奇。三、建设新厨房以适合医院之用。旧厨房本系汽车间改造,光线不足,排水不便,有碍卫生,为病人谋幸福计,殊有改良之必要。四、分设特诊及普通门诊处,为避免门诊拥挤起见,本院将特诊室另立一处,将外科门诊及急诊室并在一处,小儿科门诊及成人门诊则分开。五、为神经病人之娱乐及工作治疗起见,特开一娱乐室以解除病者之苦闷。

本院业务上改进其主要者:一、每周举行医学杂志研究会议,由各科主任选择题目,令所属医师轮流讲演,并将讲材译成中文刊入《医学季刊》。二、每星期六举行全体医师临床会议,探讨每周中最有意义之病案。三、化验室之改组。临床化验室因地位狭小,不敷应用,另建一室。生物及化学化验室、心脏测验室、新陈代谢测验室,为管理上便利起见,并在一起。细菌学、血清学、病理学等化验室本属医学院,兹因医学院内迁,暂由医院负责管理。廿七年度病理部之尸体解剖,除本院三十七例外,有难民儿童医院廿二例。四、为骨科及其他重症病人便利起见,本院X光部购置轻便X光机一座。五、X光部因肺科病人激增及X光底片价格高昂,特设萤光部,以减少拥挤并减轻病家负担,又为治疗瘤症及皮肤症设有X光治疗部(深浅X光治疗机由中山医院借得)。六、为赠进护士技术一统,特组护士委员会,由医师五人及护士二人主持办理关于护士技术上之难题。七、本院医师亦担任中华医学会所设立之X光及小儿科等进修班讲师之职。

本院经济向感困难,廿七年度亏蚀竟达国币八万五千二百四十三元六角三分。其原因有三:一、偿付廿四年度以后历年亏耗之数,全数几达五万余元(此项亏损已披露与廿四年度院务报告书);二、社会经济不景气,以至病人无力偿付医药费,本年内免费病人激增，据本院社会服务部之报告，其人数有九百八十七人(见一表)，虽本院三等收费已属低廉，但病人付费时仍纷纷请求减付，综计两年度贫病免费、减费等款竟达国币七万八千一百另八元五角八分；三、外汇逐渐紧缩，物价高昂，医疗材料及药品等价格更是飞涨，开支随之激增。

廿七年度之收入为国币七十二万三千一百七十二元八角六分，平均每月收入为六万另二百六十四元四角另五厘，支出为国币八十万八千四百十六元四角九分，平均每月支出为六万七千二百六十八元另四分。与廿四年度相比(表十一)，全年支出之项增加国币三十万三千二百三十八元二角二分，以百分率计算竟增百分之六十二. 四九。幸本院高级医师之薪金，均由国立上海医学院支付，并于廿七年度得由医学院津贴国币二万四千元，不然收支更难相抵矣。又本院同人因鉴于本院经济困难，于廿六、廿七两年度薪金经医务会议之赞许，完全以折扣支取，所扣之数亦颇可观，对于本院经济不无小补，其服务精神甚可钦佩。

兹将本院廿六、廿七两年度之医务工作及经济概况分别列表于下，以资参考。

廿六、廿七两年度医务工作一览表(表一)

		七月	八月	九月	十月	十一月	十二月
普通门诊	廿六	四三五六	四八四六	七一八三	七六三三	六五三三	六九八〇
	廿七	一一九六一	一三一九一	一一八六五	一〇八七六	一〇四六三	一〇一八〇
特诊	廿六	三〇九	三七一	五四五	六二一	四五〇	五一七
	廿七	一二四〇	一三九四	一二七〇	一〇四一	一〇二三	一〇五六
急诊	廿六	四四九	五七五	五一七	五〇九	三七七	三二〇
	廿七	五九一	五三五	四五五	四一二	三四四	三九八
住院病人	廿六	一五五	二六〇	四一〇	三二〇	三三〇	三一四
	廿七	四九七	五二三	五一九	五〇一	四四九	四九三
手术	廿六	四四	一六二	六〇	一二九	一三一	一二二
	廿七	一八六	二〇二	一九二	一九四	一九六	二〇三
接生	廿六	四四	六一	五一	五四	四四	六七
	廿七	四二	四三	七〇	七一	五四	七二
爱克司光	廿六	五八	一〇三	一七三	二〇六	一五三	一八〇
	廿七	四九一	五一一	五四六	五二三	四九三	四七三

续表

		七月	八月	九月	十月	十一月	十二月
施诊	廿六	三一五	四七一	四〇一	四〇七	三二五	三〇一
	廿七	四四九	三七一	三六三	三〇三	二九一	三三六
免费减费	廿六	二八	三〇	三六	八三	五七	九八
	廿七	六〇	五九	七六	八六	九三	一三二

普通门诊分科计表(表二)

科别	廿六年度人数	廿七年度人数	两年比较
内科总数	三四八六二	五八〇八四	增　六六.六一
普通内科	八八五一	一三六八八	增　五四.六五
小儿科	八五五五	一三六七八	增　五九.八八
肺痨科	八四五一	一三四八〇	增　五九.五〇
皮肤科	七九九二	一六一四四	增一〇二.〇〇
神经科	一〇一三	一〇九四	增　七.九九
外科总数	三五四〇五	四三四四〇	增　二二.六九
普通外科	二七四二八	三六五七一	增　三三.三三
骨科	二一六	一〇〇六	增三六五.七四
泌尿生殖科	七七六一	五八六三	增　一五.三一
妇产科总数	四九七七	六五二五	增　三一.一〇
产科	一六四一	二三二七	增　四一.八〇
妇科	三三三六	四一九八	增　二五.八四
眼科	一六五一四	二二二〇六	增　三三.八六
耳鼻喉科	三六六三	六三五七	增　七三.五四
总计	九五四二一	一三六六一二	增　四三.一六

特诊分科统计表(表三)

科别	廿六年度人数	廿七年度人数
内科总数	四三九二	九一六四
普通内科	二五四五	四八二八

续　表

科　　别	廿六年度人数	廿七年度人数
小儿科	七九三	一四二七
肺痨科	四七一	一三三五
皮肤科	三五三	一〇六七
神经科	二三〇	四八七
外科总数	一七七六	二三八八
普通外科	一一八四	一四九七
骨科	六〇	九〇
泌尿生殖科	五三二	八〇一
妇产科总数	一〇四三	一六九五
产科	二九〇	二九〇
妇科	七五三	一四〇五
眼　　科	六七六	一〇七三
耳鼻喉科	四二一	一〇六七
总　　计	八三〇八	一五三八七

住院病人分科统计表(表四)

年度	廿七—廿八	廿六—廿七	廿五—廿六	廿四—廿五	廿三—廿四
内科	二七三五	一二三二	一七三六	二一八二	一八二四
外科	一一八八	一二五四	八二〇	一一九九	一二八五
妇产科	一五九七	一五二〇	一四一〇	一五二二	一四四二
眼科	一二六	五一	一〇七	一六五	一八一
耳鼻喉科	二一九	六〇	一四二	二五一	一六八
总计	五八六五	四一一七	四一一五	五三一九	四九〇〇

廿六年度住院病人按月分科统计表(表五)

	七月	八月	九月	十月	十一月	十二月	一月	二月	三月	四月	五月	六月	总数
普通内科	0	10	52	31	31	37	41	56	79	92	136	107	673
肺痨科	0	0	16	13	11	14	21	16	15	28	23	32	189

续 表

	七月	八月	九月	十月	十一月	十二月	一月	二月	三月	四月	五月	六月	总数
皮肤科	0	0	0	1	0	0	3	5	4	5	4	1	23
神经科	14	10	19	10	19	15	10	9	13	10	15	19	154
小儿科	0	3	5	4	5	9	12	16	26	41	42	35	194
普通外科	0	218	132	141	132	102	83	57	21	83	89	70	1 180
骨科	0	0	0	1	0	2	0	0	0	2	14	9	30
泌尿生殖科	0	0	1	1	1	1	5	5	4	10	5	12	44
产科	51	54	64	54	64	65	54	55	75	64	44	51	700
婴儿	44	42	52	48	52	53	51	52	62	58	32	37	582
妇科	46	14	15	15	15	13	18	19	18	18	21	17	238
眼科	0	1	0	0	0	0	4	10	10	7	8	11	51
耳鼻喉科	0	0	0	0	0	3	2	10	10	17	14	10	60
总数	155	260	410	320	330	314	304	304	437	425	447	411	4 117

廿七年度住院病人按月分科统计表(表六)

	七月	八月	九月	十月	十一月	十二月	一月	二月	三月	四月	五月	六月	总数
普通内科	127	152	52	31	31	37	41	56	129	133	139	144	1 474
肺痨科	25	58	39	27	30	45	33	26	45	35	28	27	418
皮肤科	3	0	3	8	2	3	8	8	9	8	6	5	63
神经科	24	11	15	13	15	19	17	16	24	33	26	25	248
小儿科	51	56	56	45	27	35	40	41	35	43	44	59	532
普通外科	95	86	59	56	76	69	55	58	62	80	66	69	831
骨科	15	18	27	25	26	30	19	15	14	20	13	16	238
泌尿生殖科	7	11	8	15	9	10	6	9	11	10	13	10	119
产科	64	52	76	86	72	70	82	69	52	53	42	58	776
婴儿	48	37	55	57	56	64	59	55	36	39	31	51	588
妇科	12	21	29	19	22	23	13	13	23	15	24	19	233

续 表

	七月	八月	九月	十月	十一月	十二月	一月	二月	三月	四月	五月	六月	总数
眼科	9	9	8	7	14	9	12	10	11	15	13	9	126
耳鼻喉科	17	12	15	19	13	5	34	18	16	29	26	15	219
总数	497	523	195	501	449	493	476	449	467	513	471	507	5 865

本院廿六年度出院病人一览表(表七)

科别	全愈	半愈	未愈	死亡	自动出院	未治	转院	总数
普通科	二四五	二二三	三一	一三一	三二	四	七	六七三
小儿科	四九	五一	一四	六三	一五	〇	一	一九三
肺痨科	一一	一二七	一〇	二九	九	三	〇	一八九
皮肤科	八	一四	〇	〇	一	〇	〇	二三
神经科	一八	九九	二	一八	一〇	六	一	一五四
普通外科	三三五	五五四	一三	一八九	三二	五	五二	一一八〇
骨科	六	二一	〇	二	一	〇	〇	三〇
泌尿科	一五	一九	二	二	四	二	〇	四四
产科	一〇八八	六三	二	三五	八四	八	二	一二八二
妇科	一二九	七九	六	二	一一	九	二	二三八
眼科	二三	二四	三	〇	一	〇	〇	五一
耳鼻喉科	四五	一三	〇	〇	二	〇	〇	六〇
总数	一九二二	一二八七	八三	四七一	二〇二	三七	六五	四一一七

本院廿七年度出院病人一览表(表八)

科别	全愈	半愈	未愈	死亡	自动出院	未治	转院	总数
普通内科	五七四	五〇三	四三	二六一	七一	一七	五	一四七四
小儿科	一三七	一八三	二五	一五八	二八	一	〇	五三二
肺痨科	一七	三一六	二六	三七	一九	三	〇	四一八
皮肤科	二八	三四	一	〇	〇	〇	〇	六三
神经科	一九	一六五	七	二六	一三	一八	〇	二四八
普通外科	三七六	二九五	二四	八七	三七	一二	〇	八三一

续　表

科别	全愈	半愈	未愈	死亡	自动出院	未治	转院	总数
骨科	六九	一四五	六	七	五	六	○	二三八
泌尿科	四六	五五	六	四	四	四	○	一一九
产科	一一○二	一○一	七	二七	一一五	一一	一	一三六四
妇科	一二○	八二	七	六	一一	七	○	二三三
眼科	四八	七三	二	○	三	○	○	一二六
耳鼻喉科	一五八	四○	一	七	五	八	○	二一九
总计	二六九四	一九九二	一五五	六二○	三一一	八七	六	五八六五

五年来经济状况比较表(表九)

			经　济　来　源		
年　度	实　收	实　付	收　费	捐　款	亏　蚀
廿七年	七二三、一七二.八六	八○八、四一六.四九	六六八、三○一.二四	五四、八七一.六二	八五、二四三.六三
廿六年	三七二、七八二.八三	三五八、○六四.四三	三三四、六三○.九六	三八、一五一.八七	
廿五年	三八八、七九三.九六	三六二、四一一.六○	三五三、三二二.八○	三五、四七一.一六	
廿四年	四八一、○六八.六二	五○五、一七八.二七	四五四、七六六.二二	二六、三一二.四○	二四、一○九.六五
廿三年	四七四、四三○.七五	四八九、八三五.四○	三六七、八一五.七四	一○六、六一五.○○	一五、四○四.六四

本会第二医院报告[略]

本会第三医院报告[略]

本会时疫医院报告(二十七年份)[略]

本会第一难民医院报告

(二十七年十二月至二十八年十月)

一、成立经过

上海自八一三战事发生后，各处难民集于沪市者不下三十万人，流离失所，惨绝人寰，虽有各慈善团体组织收容所，设法救济，得免冻馁，惟因营养不足，寒暖失调，以致疫疠猖獗，疾病丛生，当经上海国际红十字会商借前上海铁路医院海格路四七六号院址及全部器械、药品、被服、家具等开办第一难民医院，设病床一百二十张，于二十六年十二月一日起正式成立，专收各收容所患病难民免费住院治疗。至二十七年十一月底，该会以经费关系，将该院停办，当时中国红十字会总会鉴于上海难民仍极众多，难民医院万分需要，为继续救治起见，即于十二月一日起接办，更名为中国红十字会第一难民医院。

二、组织情形

本院设院长、副院长各一人，内分医务、护理、事务三部。医师方面，除主任医师外，内、外科各设驻院医师专司诊治，并特聘专科顾问医师逐日莅院诊治及指导，又有东南医学院派来实习医师多人助理诊治。护理方面，分护士长、护士、护士助理及助手等级，护士皆系国内正式护士学校毕业，并领有中华护士会公考文凭者，护士助理及助手亦均遴选训练有素者充任之。事务方面，分会计、文书、事务三项，分别执行职务。此外，更设司药及检验员专司处方调剂及临床化验等工作。

三、设备概况

本院位于海格路福开森路口，系西式三层楼房，除以底层及二楼为病室外，并就院内网球场搭建整洁坚固之芦蓆棚一座，充作病室，均装有卫生设备。全院共设病床一百二十张，于二十八年八月，因病人拥挤，又增设病床十张，共为一百三十张。按男女病情支配病室，不分等级，后承残废医院将木建手术室全间拆赠本院搭作办公室及化验室之用。此外，分设手术室、药剂室、消毒室、隔离室、传达室各一间，储藏室二间，太平间一间，厨房一所，水灶一具，其余各种办公室及医师、护士等宿舍均备。又本院一切医疗设备均系前上海铁路医院所借给，故各项器械及应用家具等均尚称完备。

四、经费收支

本院经费预算自二十七年十二月至二十八年七月，每月规定为国币三千六百元，八月份起因药品、膳食各项继涨增高，实属不敷应用，经呈请总会核准，每月暂加津贴六百元，共计国币四千二百元，按月向总会具领，由院以实报实销办法行之。至于本院接办以来收入各款，如上海英国救济会、上海慈善团体联合救灾会、公共租界工部局等补助费及总会医务委员会医药补助费、病兵补助费暨上海外侨慈善联合会之捐款等，共计国币三万七千余元，随时缴总会核收，每月收支呈报总会审核，均奉有指令核销。兹将十一个月收支状况列表如下：

经费收支对照表

(二十七年十二月至二十八年十月)

收入之部	金　额	支出之部	金　额
中国红十字会发给经费	四〇、五〇〇.〇〇	员工薪津[金]及特别津贴	一三、一五〇.七八
又　发给暂加津贴	一、八〇〇.〇〇	病人员工膳食及燃料	一四、七〇五.九八
又　发给备用款	一、〇〇〇.〇〇	药品器械及特别营养费	四、二一六.一〇
		水电及房租	四、七四一.五二
		文具、洗衣、旅运、装修杂费	四、二〇二.二五
		每月结余解缴总会	一、二八三.二五
		结存备用款	一、〇〇〇.〇〇
总计	四三、三〇〇.〇〇	总计	四三、三〇〇.〇〇

补助费收支对照表

(二十七年十一月至二十八年十月)

国际红十字会第一难民医院移交款	四、六九三.八〇	解交中国红十字总会	三七、四一七.三〇
廿七年十一月至廿八年九月病兵补助费	四、五〇三.〇〇		
廿七年十二月至廿八年五月医药补助费	八、八三九.〇〇		
廿八年一月至十月英国救济会拨	一四、五〇〇.〇〇		
廿八年五月至九月慈善团体救灾会拨	四、三四四.五〇		
廿八年八月至九月公共租界工部局拨	三〇七.〇〇		
上海外侨慈善联合会	二〇〇.〇〇		
黄常委子方捐赠药品费	三〇.〇〇		
总计	三七、四一七.三〇	总计	三七、四一七.三〇

上列开支倘以十一个月住院病人日数三万六千八百六十八天折算,平均每一病人每日约国币一元左右。员工方面,除院长暨顾问医师、实习医师系完全义务,各主任医师只略致车资外,其余各医师、护士及事务人员等均系半义务性质。

五、医疗工作

本院以救治患病难民免费住院医治为原则,凡各收容所患病难民送院须凭各该管医师签具入院请求书,经本院医师诊断认为有留院必要者,方予收治。如上海慈善团体联合救灾会、上海难民救济分会所属各收容所患病难民及公共租界工部局、中国红十字会、中华医学会模范卫生处暨其他慈善团体机关送来救治之病人,如有空余床位,无不立予收容。在此十一个月中,共收入院病人,计慈善团体联合救灾会各收容所三百八十四人、工部局一百四十三人、中国红十字会二百零五人、中华医学会模范卫生处二百四十六人、上海难民救济分会各收容所三百二十七人、其他慈善机关一百零七人,合计一千四百十二人,住院日数共三万六千八百六十八天。

至于治疗难民疾病以及设备方面,无不以病者为前提,绝不因系难民而稍予改变。如有残废病人需要装置假肢者,商请同仁第二医院酌量情形免费装置,并承中华医学会花柳病诊疗所免费注射六〇六;如需深部爱克司光治疗及诊察摄影,商请中国红十字会第一医院及中比镭锭医院代为办理;如发现传染病人则立即转送工部局隔离医院,并与肺病医院商洽,遇有空床则将本院之肺结核患者随时转送。

又本院为谋辅助增进治疗效能起见,关于病人膳食方面,由医师酌量情形而定,计分全膳、软食、流质三种,菜肴均采取富有维他命者为主,如病人营养不足者,再由医师酌定,另予牛奶、鸡蛋、豆浆、牛肉汤、赤豆、汤面及鱼肝油、橘子等,最近承难民儿童营养委员会每日赠送豆粉二十小包,分给幼年病人,以资营养。

兹将二十七年十二月起至二十八年十月底止,收治病人数目分别列表如下:

住院病人出入统计表

(廿七年十二月至廿八年十月)

月　份	上月留院	本月入院	本院出院	本院留院
二十七年十二月	七七	一三四	九一	一二〇
二十八年　一月	一二〇	一一八	一二一	一一七
二月	一一七	一一九	一二一	一一五
三月	一一五	八一	七四	一二二
四月	一二二	八二	九五	一〇九
五月	一〇九	一九二	一八七	一一四

续　表

月　　份	上月留院	本月入院	本院出院	本院留院
六月	一一四	一四五	一四一	一一八
七月	一一八	一五二	一五七	一一三
八月	一一三	一六五	一六二	一一六
九月	一一六	一〇九	一一四	一一一
十月	一一一	一一五	一一五	一一一
总计		一四一二	一三七八	

出院病人治疗结果统计表

(廿七年十二月至廿八年十月)

月　　份	痊愈	减轻	未愈	未治	自动出院	死亡	总计
二十七年十二月	五四	六	〇	〇	五	二六	九一
二十八年　一月	八〇	一一	〇	〇	二	二八	一二一
二月	九二	三	一	一	二	二二	一二一
三月	三九	一四	〇	〇	三	一八	七四
四月	五一	一六	一	二	〇	二五	九五
五月	一三八	二五	〇	二	三	一九	一八七
六月	九三	二三	〇	九	四	一二	一四一
七月	八九	三四	三	二	〇	二九	一五七
八月	七五	五八	〇	七	三	一九	一六二
九月	五六	三〇	〇	三	三	二二	一一四
十月	六八	二〇	〇	二	五	二〇	一一五
总计	八三五	二四〇	五	二八	三〇	二四〇	一三七八

本院十一个月出院病人计一千三百七十八人，住院日数计三万六千八百六十八天，平均每人住院日数为百分之二六.七天，是项数字较之其他公私立医院之统计稍有逾越，而事实上对其服务效率亦不无影响，是项情形迭经研究，归纳原因有四：

(一) 本院所收内科病人大都系肺结核、脚气、伤寒、痢疾、花柳等顽固性疾病，外科病人则大都为结核性骨疾患以及各部顽因[固]性溃疡，治疗上颇费时日。

（二）本院病人多属各收容所难民，其平日营养状况大都不良，一旦患病，对于疾病之抵抗力异常薄弱。本院复以经费关系，未能于日常膳食之外，充分供给所需要之滋养食饵，亦足以影响治愈，日期使之延长。

（三）本院收治之难民病愈之后，每因原送收容所结束或地址变更，无法遣送，且本院治疗疾病非俟全愈不能使之出院，即住院已愈之病人，亦以收容所宿食不如本院舒适，往往藉故不愿出院，以致住院日数平均增加。

（四）本院残废病人虽经治愈，因普通收容所不便收容，须辗转设法遣送，以致多住时日。至关于本院病人死亡率较高之主要原因，则以本院旨在救治患病难民，非但不能拒收重症病人，即其病入膏肓亦不能不予收治。查本院以肺结核、痢疾、脚气等病之死亡率为最高，因各难民本身营养不佳，抵抗力薄弱，一罹疾病，医治罔效，尤以年老体弱者为最，又如工部局救护车所送之病人十九系倒卧路旁之病丐，致有不及送入病房已经气绝，或甫入病房不久即死者。

综观上述各因，故本院虽设备尚称完善，各医务人员又均竭尽绵薄，极尽医疗之能事，而住院日数及死亡率较高于其他公私立医院者，殆亦意中事也。

六、其他工作

中华医学会以上海各收容所患病难民为数众多，对于各医院逐日空余床位之调查及支配病人与转院等手续亟应集中办理，以资迅捷，特于二十六年十二月起即在本院附设患病难民入院管理处，派人专司每日调查各难民医院及特约医院空余病床数目，办理按照病类支配病人送院事宜。

本会医务委员会难民诊疗队报告

（廿七年十一月至廿八年十月）

八一三沪战发生，本市难民麕集，以环境欠佳，致疾病丛生，当由中国红十字会上海国际委员会组织难民诊疗队，设法施治，工作推行颇见成效。嗣以该会经费竭蹶，势难继续，当斯时也，难民尚多，诊疗工作自难中止。本会有鉴于斯，爰自二十七年十一月份起，令由本委员会接收继续办理。兹将一年来工作情形择要报告如下：

一、组织情形

全部组织约分为二部，一为固定诊疗队，自开办起至本年十月份止逐渐裁并为二队，一驻惇信路上海难民救济协会第一收容所，一驻延平路上海难民救济协会第二收容所，现有难民一万四千余人，惟以经费所限，其驻在延平路之诊疗队在十月份业经办理结束。一为巡回诊疗队，自开办起至本年十月份止逐渐裁并为三队，每日乘坐诊疗汽车分往各难民收容所诊疗疾病。至收容所计难民救济分会所属者二十所，及其他国际、镇江、抚儿等共二十三所，现有难民一万余人。其他尚有与上海眼科学会联合办理之眼疾诊疗队一队，亦因经费关系自十月份起停止诊疗，又与中国牙科学会联合办理之牙科诊疗所亦已于六月份起结束。

二、工作人员

本队设主任一人综理之，其全队工作人员计有医师六人、护士八人、助理七人及其他书记、司机、工役等五人，合并组成之(上项人数系依本年十月份统计)。

三、经费开支

本队经费开支包括员工薪水、药品、汽油、杂费等，每月原定预算为二千二百余元，自本年六月份起逐月减少，按月向本会具领，以实报实销办法报销之，截至本年十月份止，仅实支一千三百余元。

四、工作统计表

1. 固定诊疗队工作统计表

时　期	诊疗队数	收容所数	难民总数	诊疗次数
二十七年十一月	六	一八	二二、一七一	二〇、二九九
十二月	三	一一	一四、七二四	一四、六三七
二十八年　一月	三	一〇	一四、九一三	一三、八五〇
二月	三	一〇	一四、五二三	八、五六〇
三月	三	八	一四、五六八	一〇、六三三
四月	二	三	一六、三五二	九、〇六三
五月	二	三	一六、八六一	九、六九三
六月	二	三	一八、一〇〇	一一、五三八
七月	二	三	一八、六四八	一一、七五三
八月	二	三	一八、四三一	一二、一三一
九月	二	三	一八、五〇六	一七、二〇二
十月	二	二	一四、二一四	一二、八六九
总　计				一五二、二二八

2. 巡回诊疗队工作统计表

时　　期	诊疗队数	收容所数	难民总数	诊疗次数
二十七年十一月	四	二一	一一、一一六	一九、四六二
十二月	四	二六	一五、〇九六	二〇、五〇一
二十八年　一月	四	二七	一三、四四〇	一七、五〇一
二月	四	二六	一七、五四六	一八、八四九
三月	四	二六	一五、四四七	二一、七一三
四月	四	二六	一二、六三一	一九、〇二二
五月	四	二五	一二、六六一	二〇、三二六
六月	四	二六	一一、九三五	一九、四〇一
七月	三	二四	一一、九二〇	一六、四八一
八月	三	二四	一一、七四五	一六、一二〇
九月	三	二四	一一、三九一	一四、九八九
十月	三	二三	一〇、八四五	一二、二七二
总　　计				二一六、九六八

3. 眼疾诊疗队工作统计表

时　　期	治疗次数	施用手术次数
二十七年　　十二月	一、四九六	三六
二十八年　　一月	二、三六〇	四一
二月	一、六〇八	三八
三月	七、五五三	三九
四月	五、一六二	三七
五月	六、二四六	六二
六月	六、一四八	五二
七月	九、九四二	二一
八月	五、二二八	一九
九月	一、八八六	二八
总　　计	四七、二六九	三六三

4. 牙科诊疗所工作统计表

时　　期	填牙		拔牙		治疗		合计	
	初诊	复诊	初诊	复诊	初诊	复诊	初诊	复诊
二十七年十一月	二六	一五	九一	一九	一五	一一	一三一	四五
十二月	二一	一六	九〇	三五	一九	二七	一三〇	七八
二十八年　一月	一一	一一	一〇四	一〇	一〇	七	一二五	六
二月	二六	一一	九四	三	一二	六	一三二	二〇
三月	一八	一一	一五三	二三	二六	六	一九七	四〇
四月	八	五	一一〇	二一	二二	六	一四〇	三二
五月	三〇	一八	一四三	六一	二五	一六	一九八	九五
总　　计	一四〇	八七	七八五	一七二	一二九	七九	一〇五四	三三八

5. 运送病人工作统计表

时　　期	受治医院数	受治诊所数	救护车运输数	人力车输送数
二十七年十一月	七	二	二〇六	二一一
十二月	一〇	二	二〇五	三六五
二十八年　一月	一六	二	一八二	二五〇
二月	一四	二	九八	一七六
三月	一二	二	一六八	一六七
四月	一四	二	一八二	一四三
五月	一〇	二	一七二	一六一
六月	一二	二	一二九	一七五
七月	一二	二	一三二	一九八
八月	一一	二	一一二	一五六
九月	八	二	一五三	一二二
十月	六	一	一三三	一一二
总　　计			一、八七一	二、二三六

综计以上各表，诊疗次数内最多数病类为皮肤病、砂眼及其他眼病；消化系病、气管枝炎、脚气及其他维他命缺乏病、耳病、流行性感冒、疯[风]湿病及痛疯[风]、

疟疾、痢疾、肺结核及其他结核病等。

五、其他工作

本队因鉴于每届夏季时疫流行，爰自本年五月份起在原组织各队中抽调医师、护士、助理员各一人，组成一队，办理霍乱、伤寒预防注射工作。至六月底结束，本年份共计难民受注射者三万一千二百三十六人，又于本年八月、九月两月内指派公共卫生护士三人，至各难民收容所指导公共卫生常识，以期减少疾病。

原载《中国红十字会月刊》1940年第58期

马 强 池子华 主编

红十字在上海资料长编

（1904—1949）

上海市红十字会 红十字运动研究中心 /编

中卷

中国出版集团 東方出版中心

目　录

中　卷

二、专　　题

中华民国红十字会管理条例

（二十二年一月国民政府公布）

第一条　中华民国红十字会依军政部、海军部之指定辅助陆海空军战时后方卫生勤务，并依内政部、外交部之指定分任国内外赈灾施疗及其他救护事宜。

第二条　本会得募款设立医院，造就救护人才及储备救护材料，前项募款每年得举行一次，其日期及办法应呈请内政部核准备案。

第三条　本会设总会及分会。

总会以内政部为主管官署，并受外交部、军政部、海军部之监督。分会隶属于总会，以所在地地方行政官署为主管官署。

第四条　本会置理事、监事各若干人，由全国会员代表大会就会员代表中举之。

理事互选常务理事五人，监事互选常务监事三人，由本会呈请内政部转报行政院转呈国民政府聘任之。

第五条　分会置理事、监事各若干人，由分会会员大会选举之。

分会于理事、监事选出后，应分别陈报地方主管官署及总会，俟核准及认可后始得就任并由总会于每年一月七月呈报内政部、外交部、军政部、海军部。

第六条　前二条理事、监事之额数及任期，于本条例施行细则中定之。

第七条　本会之资产及账簿，属于总会者，内政部得随时派员检查，并于必要时，会同外交部、军政部、海军部行之。属于分会者，地方主管官署及总会，得随时分别派员检查。

第八条　本会总会应于每年一月、七月将过去半年收支之计算、事业之成绩及将来工作进行之计划报告内政、外交、军政、海军各部。分会应于每年一月、七月，将前项所定事项报告地方主管官署及总会。

第九条　本会战时随军救护人员之待遇与军属同。

救护队编制及其服装之定式,由总会呈请军政部、海军部协商核定。

第十条　本会战时随军救护人员及救护材料之载运,准用军属及军用品办。

第十一条　本会战时随军救护人员,在战地应用卫生材料、房屋、粮食、舟车、马匹、飞机,得分别呈请内政部、军政部、海军部转饬拨给。

第十二条　办理红十字会,除本条例有规定者外,依其它法律之规定。

第十三条　本条例施行细则由内政部、外交部、军政部、海军各部会同拟定,呈请行政院核准公布,并转呈国民政府备案。

第十四条　本条例自公布日施行。

原载《中华医学杂志(上海)》1933 年第 3 期

中华民国红十字会管理条例

(二十四年七月十二日国民政府公布)

第一条　中华民国红十字会,依内政部、外交部、军政部、海军部之指定,办理左列事务。

一、辅佐陆海空军战时卫生勤务及平时军事人员医务及救护;

二、国内外灾变之救护、振济及伤病之治疗。

第二条　本会应提倡服务精神,并完成妇女及青年组织,实施有效之服务与训练。

第三条　本会应设立医院充实医护设备,造就救护人才,并预备各项救护材料。

第四条　本会经费除会务收入政府辅助金外,每年得募款一次,其日期及办法应先呈请内政部核准备案。

前项会务收入于本条例施行细则中定之。

第五条　本会设总会及分会。

总会以内政部为主管官署,并依其事务之性质,受外交部、军政部、海军部之监督。分会隶属于总会,以所在地地方行政官署为主管官署。

第六条　总会置会长一人及副会长二人,由总会全体理事、监事推选,呈由内政部转报行政院转呈国民政府聘任之。

总会置理事、监事各若干人,由全国会员代表大会就会员中选举之,理事互选常务理事五人,监事互选常务监事三人,由本会呈请内政部转报行政院转呈国民政府聘任之。

第七条　前条理事、监事于必要时,得经由国民政府遴选相当人员聘任之。但不得超过全体理事、监事人数三分之一。

第八条　分会置理事、监事各若干人,由分会员大会选举之,分会于理事、监事选出后,应陈报总会核准聘任之,并报请地方主管官署备案。

第九条　会长、副会长之任期及总会、分会理事、监事之额数及任期,于本条例施行细则中定之。

第十条　本会之资产及账簿属于总会者,内政部得随时派员检查,并于必要时会同外交部、军政部、海军部行之。属于分会者,地方主管官署及总会得随时分别派员检查。

第十一条　总会应于每年年度开始前,聘下年度进行计划及收支预算,呈请内政部查核,于必要时会同外交部、军政部、海军部行之。

分会应于每年年度开始前,将下年度进行计划及收支预算陈报总会查核,并报请地方主管官署备案。

第十二条　总会应于每年年度终了后,将上年度收支细数及事业成绩编具报告,分报内政部、外交部、军政部、海军部查核。

分会应于每年年度终了后,将上年度收支细数及事业成绩编具报告,陈报总会查核,并报请地方主管官署备案。

第十三条　本会战地随军救护人员之待遇,与军属同。

救护队编制及其服装之定式,由总会呈请军政部、海军部协商核定。

第十四条　本会战时随军救护人员及救护材料之载运,准用军属及军用品办法。

第十五条　本会战时随军救护人员,在战地应用卫生材料、房屋、粮食、舟车、马匹、航空机,得分别呈请内政部、军政部、海军部转饬拨给。

第十六条　办理红十字会,除本条例有规定者外,依其它法律之规定,订有国际公约者,并准适用,但以经政府批准者为限。

第十七条　本条例施行细则,由内政部、外交部、军政部、海军部会同拟定,呈请行政院核准公布,并转呈国民政府备案。

第十八条　本条例自公布日施行。

原载《中华医学杂志(上海)》1935 年第 8 期

中华民国红十字会管理条例

(二十五年七月二十三日修正公布)

第一条　中华民国红十字会依内政部、外交部、军政部、海军部之指定办理左列事务：

一、辅佐陆海空军战时卫生勤务及平时军事人员医务与救护；

二、国内外灾变之救护、振济及伤病之治疗。

第二条　中华民国红十字会应提倡服务精神，普遍征求会员，并完成妇女及青年组织，实施有效之服务与训练。

第三条　中华民国红十字会应设立医院，充实医护设备，造就救护人才，并预备各项救护材料。

第四条　中华民国红十字会经费，除会务收入政府辅助金外，每年得募款一次。其日期及办法，应先呈请卫生署核准备案。

前项会务收入于本条例施行细则中定之。

第五条　中华民国红十字会设总会于首都，设分会于各地。

总会以卫生署为主管官署，并依其事务之性质，受内政部、外交部、军政部、海军部之监督。分会隶属于总会，以所在地地方行政官署为主管官署。

第六条　总会置会长一人及副会长二人，由总会全体理事、监事推选，呈由卫生署转报行政院转呈国民政府聘任之。总会置理事、监事各若干人，由全国会员代表大会就会员中选举之，理事互选常务理事五人，监事互选常务监事三人，由本会呈请卫生署转报行政院转呈国民政府聘任之。

第七条　前条理事、监事于必要时，得经由国民政府遴选相当人员聘任之。但不得超过全体理事、监事人数三分之一。

第八条　分会置理事、监事各若干人，由分会员大会选举之，分会于理事、监事选出后，应陈报总会核准聘任之，并报请地方主管官署备案。

第九条　会长、副会长之任期，及总会、分会理事、监事之额数及任期，于本条例施行细则中定之。

第十条　中华民国红十字会之资产及账簿属于总会者，卫生署得随时派员检查，并于必要时，会同内政部、外交部、军政部、海军部行之。属于分会者，地方主管官署及总会，得随时分别派员检查。

第十一条　总会应于每年年度开始前，将下年度进行计划及收支预算，呈请卫生署查核，于必要时，会同内政部、外交部、军政部、海军部行之。

分会应于每年年度开始前，将下年度进行计划及收支预算陈报总会查核，并报请地方主管官署备案。

第十二条　总会应于每年年度终了后，将上年度收支细数及事业成绩编具报告，分报卫生署及内政部、外交部、军政部、海军部查核。

分会应于每年年度终了后，将上年度收支细数及事业成绩，编具报告，陈报总会查核并报请地方主管官署备案。

第十三条　中华人民共和国红十字会战时随军救护人员之待遇，与军属同。

救护队编制及其服装之定式，由总会呈请军政部、海军部协商核定。

第十四条　战时随军救护人员及救护材料之载运，准用军属及军用品办法。

第十五条　战时随军救护人员，在战地应用卫生材料、房屋、粮食、舟车、马匹、航空机，得分别呈请卫生署、军政部、海军部转行酌拨。

第十六条　办理红十字会，除本条例有规定者外，依其它法律之规定，订有国际公约者并准适用，但以经政府批准者为限。

第十七条　本条例施行细则，由卫生署及内政部、外交部、军政部、海军部会同拟定，呈请行政院核准公布，并转呈国民政府备案。

第十八条　本条例自公布日施行。

原载《上海市政府公报》1936 年第 172 期

中华民国红十字会第二次征求会员章程

第一条　本会征求会员依据《中华民国红十字会管理条例施行规则》第十八条之规定举行。

第二条　征求会员由本会组织征求会员委员会以全体理监事为委员，由正副会长为正副委员长，常务理事为常务委员负责办理征求会员事宜。

前项委员会应于筹备期内组织成立，至征求期满后一月内结束之。

第三条　征求会员预备期定于二十四年五月一日起至六月三十日正式举行，期间定于七月一日至八月三十日止。

第四条　征求会员由总分会同时举行,但分会征求会员区域以各该分会地方主管官署之行政区域为限。

第五条　征求会员办法如下:

甲、总会

一、由本会设立若干总队,每队各设总队长一人,分队长若干人。

二、本会正副会长暨全体理监事为当然总队长。

三、国府主席、军事委员会委员长暨中央各院部会长官,均得由本会聘为总队长。

四、其他各队总队长由本会分别聘请之,分队长由各该总队长自行聘请之。

五、各队队名即以各队队长之姓氏名之。

六、征求会员之种类如下:

(甲) 名誉会员一次缴入会费洋五百元;

(乙) 特别会员一次缴入会费洋一百元;

(丙) 正会员一次缴入会费洋十元;

(丁) 普通会员一次缴入会费洋五元;

(戊) 青年会员一次缴入会费洋五角。

前项(甲)、(乙)、(丙)三种会员均为终身会员,(丁)种会员以十年为限,(戊)种会员以五年为限。

除上项各级会员外,在征求会员期间,本会特设赞助捐款一项,无论是否会员每一人得捐洋一元,由本会填给赞助证一纸,以资凭信,其捐款分数得与征求会员分数同等待遇。

七、征求会员应用之各种宣传品及入会志愿书等件,由本会送交各总队长分别转送各分队长。

八、各分队征求所得之各种会员,应将会资连同志愿书送由总队长转交本会核收,由本会填发会员证书章程及正式收据,送请各队长转送各分队长转给各会员。

九、各总队长收到会员会费应即将志愿书连同会费缴会,由会填发会员证书、徽章及正式收据。

十、各总队征求会员成绩,在正式举行期内每旬报告一次。

乙、分会

一、各分会所在地，由各该分会组织中华民国红十字会某省市县征求会员委员会，于筹备期内组织成立，征求期满后半月内结束之。

二、前项委员会设立委员九人至十一人，以各该地方主管官署长为委员长，各该分会正副会长暨常务理监事为当然委员，其他人选由主管官署会同分会聘请之，均属名誉会员，办事规则得酌量情形自行订定之。

前项委员会附设分会工作人员亦以分会职员兼充，不另支薪。

三、未设分会之各该地方前项委员会，由各该地方行政官署组织之，仿以各该地方主管官署长官为委员长，由各该委员长聘请当地各界领袖为委员，其委员会附设于各该地方行政官署内，一面函知总会，俟结束后准由征得各会员依照会章组织分会。

四、前项委员会得设若干征求队，以委员会委员长及全体委员为当然队长，并得聘请当地党政军商学等各界之热心善举者为队长，各队组织由各该委员会自行酌量订定之。

五、凡同一市县内设有二分会或二分会以上者，前项委员会委员名额得增加之，但至多以二十一人为限。委员会应附设于地方主管官署所在地之分会内，会同办理征求会员事宜。

六、征求会员应用之各种宣传品及志愿书等件由本会制发，各委员转送各队长。

七、各队长征求所得之各种会员应将全数会费连同志愿书送交各该委员会，由委员会将志愿书连同全数会费送请本会核收，由本会填发会员证书、徽章及正式收据寄交各该委员会转送各队，分送各会员，但已设分会之各该地方委员会得截留半数扩充分会基金，未设分会之该地方如已依照会章报经总会核准，进行组织分会时亦得截留半数作为该分会之基金并得由各该地方主管官署于缴解总会会费项下，至多百分之五留作征求期内各项开支。

八、本条甲款五六两项办法，各该委员会均适用之，其它各项办法得按照当地情形由委员会酌量办理。

第六条　总会征求会员各总队长暨各地方征求会员委员会委员长，均应由本会于征求会员筹备期内分别聘请之。

第七条　总会暨各地方征求会员委员会各队征求成绩优良者，依本会另订酬赠给奖办法分别奖励之，征求会员完毕应造具报告书呈请内政部备案。

第八条　本章程经本会理监事联席会议之决议，呈请内政部核准备案施行之。

原载《上海市政府公报》1935年第157期

中华民国红十字会第二次征求会员酬赠给奖办法

一、本办法依据《第二次征求会员章程》第七条规定之。

二、凡各总队长暨各该地方委员会委员长，在征求会员期内对于征得会员之成绩，分别酬赠给奖办法如下：

（甲）总分在一百分以上者，赠给奖状一张；

（乙）总分在五百分以上者，赠给奖旗一面；

（丙）总分在一千分以上者，赠给银盾一座；

（丁）总分在三千分以上者，赠给敉银宝塔一座；

（戊）总分在五千分以上者，赠给银鼎一座；

（己）总分在一万分以上者，赠给匾额；

（庚）总分在五万分以上者，呈请内政部依照褒扬条例转呈奖给匾额；

（辛）总分在十万分以上者，呈请内政部依照褒扬条例转呈奖给褒章。

前项总分以每一总队或每一委员会征得之分数合并计算，分数均以会费一元作一分计算，其各地方委员会委员长如非本会会员并得比照第四项之规定推赠为会员。

三、凡征得分数足能建筑会所、医院、学校之全部或一部者，除照章给奖外，即以经征人之姓氏为此项建筑物之名称并勒名铸像，以志纪念，并另立名碑刊立各应征会员之姓名，以垂不朽。

四、凡各总队之各分队长暨各委员会之委员或其他个人，在征求会员期内，对于征得分数之成绩，分别给奖如下：

（甲）五十分以上者，推赠为普通会员；

（乙）一百分以上者，推赠为正会员；

（丙）五百分以上者，推赠为特别会员；

（丁）一千分以上者，推赠为特别会员，并给丙等奖状、奖章；

（戊）二千分以上者，推赠为特别会员，并给乙等奖状、奖章；

（己）三千分以上者，推赠为特别会员，并给甲等奖状、奖章；

（庚）五千分以上者，推赠为名誉会员；

(辛) 一万分以上者,推赠为名誉会员,并给匾额;

(壬) 五万分以上者,推赠为名誉会员,并呈请内政部依照褒扬条例转呈奖给匾额;

(癸) 十万分以上者,推赠为名誉会员,并呈请内政部依照褒扬条例转呈奖给褒章。

五、凡合于前条得推赠为会员者,如本身已为会员,得晋级推赠或赠给奖章,如欲将此项会员或奖章转赠亲属或友人亦得照办。

六、凡合于呈请内政部依照褒扬条例转呈奖给匾额或褒章者,应备具清册三份,详载经征会员姓名暨会费数目,以凭查核。

七、凡合于前项规定之各总队及地方委员会办事出力人员,得由各该地方委员会及总队开具名单报请本会核奖。

八、凡在本届征求会员会之各项职员,于期满结束后各赠纪念章一枚,以志纪念。

九、本办法经理监事联席会议之决议,呈请内政部核准备案施行之。

原载《上海市政府公报》1935 年第 157 期

中华民国红十字会总会第三次征求会员章程

第一条 本会征求会员依据《中华民国红十字会管理条例施行细则》第十八条之规定举行;

第二条 征求会员由本会组织征求会员委员会以全体理监事为委员,由正副会长为正副委员长,常务理事监事为常务委员负责办理征求会员事宜。前项委员会应于筹备期内组织成立,征求期满后一月内结束之;

第三条 征求会员筹备期定于二十五年十二月一日起至十二月三十一日止,正式举行期间定于二十六年一月一日至二月二十八日止;

第四条 征求会员由总分会同时举行,但分会征求会员区域以各分会地方主管署之行政区域为限;

第五条 征求会员办法如下:

甲、总会

一、本会设立征求队若干队,每队各设队长一人,副队长二人,并由本会聘请总队长一人,副总队长二人主持之;

二、各队正副队长除本会正副队长暨全体理监事充任外，余由正副队长聘请中央各院部会长官暨各省市长担任，其队名即以各队队长名字或所属机关名之；

三、各队队员由各该队队长自行聘请之；

四、征求会员之种类如下：

(甲) 名誉会员一次缴入会费国币五百元；

(乙) 特别会员一次缴入会费国币一百元；

(丙) 正会员一次缴入会费国币十元；

(丁) 普通会员一次缴入会费国币五元；

(戊) 青年会员一次缴入会费国币五角。

前项甲乙丙三种会员均为终身会员，丁种会员以十年为限，戊种会员以五年为限。

五、征求会员应用之各种宣传品及入会志愿书等件由本会送交各队长分别转送各队员；

六、各队员征求所得之各种会员应将会费连同志愿书送由队长转交本会核收，由本会填发会员证书、徽章及正式收据送请各队长转送各队员转给各会员；

七、各队长收到会员会费应即将志愿书连同会费缴会，由会填发会员证书、徽章及正式收据；

八、各队征求会员成绩在正式举行期内，每月报告一次。

乙、分会

一、各分会所在地由各该分会组织中华民国红十字会某县分会征求会员委员会于筹备期内组织成立，征求期满后半月内结束之；

二、前项委员会设委员九人至十一人以各该地方主管官署长官为委员长，各该分会正副会长暨常务理监事为当然委员，其它人选由主管官署会同分会聘请之，均属名誉职委员会，办事规则得酌情自行定之；

三、前项委员会得设若干征求队以委员会委员长及全体委员为当然队长并聘请当地党政军商学等各界之热心善举者为队长，各队组织由各该委员会自行酌量订定之；

四、征求会员应用之各种宣传品及志愿书等件由总会制发，各委员会转送各

队长;

五、各队征求所得之各种会员应将全数会费连同志愿书送交各该委员会,由委员会将志愿书连同会费(分会得截留半数掣具领证拨充分会基金)送请总会核收,由总会填发会员证书及正式收据寄交各该委员会转送各队分送会员;

六、各队队名即以各队队长之姓氏名之;

七、本条甲款第五项办法各该委员会均适用之。

第六条　总会征求会员正副队长暨各队长均由本会于筹备期内聘请之,各地方分会征求会员委员会委员长及各队队长由各该分会聘任报请总会备案。

第七条　总会暨分会征求会员委员会各队征求成绩优良者,依本会另订酬赠给奖办法,分别奖赠之。

征求会员完毕,应造具报告书呈请卫生署备查。

第八条　本章程经本会理监事会联席会议之决议,呈请卫生署核准备案施行之。

原载《中国红十字会月刊》1937 年第 19 期

中国红十字会总会第三次征求会员酬赠给奖办法

一、本办法依据《第三次征求会员章程》第七条规定之。

二、凡各征求队暨各地分会委员会在征求会员期内对于征得会员之成绩分别酬赠,给奖如下:

(甲) 总分在一百分以上者,赠给银杯一座;

(乙) 总分在五百分以上者,赠给奖旗一面;

(丙) 总分在一千分以上者,赠给银盾一座;

(丁) 总分在三千分以上者,赠给银宝塔一座;

(戊) 总分在五千分以上者,赠给银鼎一座;

(己) 总分在一万分以上者,赠给匾额;

(庚) 总分在五万分以上者,呈请内政部依照褒扬条例转呈奖给匾额;

(辛) 总分在十万分以上者,呈请内政部依照褒扬条例转呈奖给褒章。

前项总分以每一征求队或每一委员会征得之分数合并计算,分数均以会费一元作一分计。

三、凡征得分数足能建筑会所医院学校之全部或一部者,除照章给奖外,即以经征人之名氏为此项建筑之名称，并勒石铸像以志纪念，并另立石碑刊立各应征会员之姓名，以垂不朽。

四、凡各征求队队长、队员暨各委员会之各委员或其它个人在征求会员期内对于征得分数之成绩分别给奖如下：

(甲) 五十分以上者，推赠为普通会员；

(乙) 一百分以上者，推赠为正会员；

(丙) 五百分以上者，推赠为特别会员；

(丁) 一千分以上者，推赠为特别会员，并给丙等奖状奖章；

(戊) 二千分以上者，推赠为特别会员，并给乙等奖状奖章；

(己) 三千分以上者，推赠为特别会员，并给甲等奖状奖章；

(庚) 五千分以上者，推赠为名誉会员；

(辛) 一万分以上者，推赠为名誉会员，并给匾额；

(壬) 五万分以上者，推赠为名誉会员，并呈请内政部依照褒扬条例转呈奖给褒章。

五、凡合于前条得推赠为会员者，如本身已为会员得晋级推赠或赠给奖章，如欲将此项会员或奖章转赠亲属戚友，亦得照办。

六、凡合于呈请内政部依照褒扬条例转呈奖给匾额或褒章者，应备具清册三份，详载经征会员姓名暨会费数目，以凭查核。

七、凡合于前项规定之各征求队各该分会委员会办事出力人员，得由各该队会开具名单报请本会核奖。

八、凡在本届征求会员之各项职员，于期满结束后各赠纪念章一枚，以志纪念。

九、本办法经理监事会联席会议之决议，呈请行政院卫生署核准备案施行之。

(完)

原载《中国红十字会月刊》1937 年第 19 期

中国红十字会第一医院章程

一、宗旨

本院以诊治疾病、救护伤兵、宣传卫生并促进医学教育为宗旨。

二、组织

本院于民国十七年八月一日改组，由国立上海医学院与中国红十字会合办，全院共设五科，并附属各科如下：

内科：附设小儿科、神经科、梅毒科、皮肤科、肺痨科等；

外科：附设骨节科、泌尿生殖科等；

妇科：产科；

眼科；

耳鼻喉科；

爱克司光：电疗并镭锭治疗部。

三、诊治

本院因病室有限，目下只收容急病、亚急症、伤寒及痢症等数种传染病，并急救服毒、接产等。其他烈性传染病如痧痘、天花、猩红热、白喉以及疯癫、麻疯(风)病暨慢性弗药诸症，概不收纳。

四、住院

(甲) 凡欲住院治疗，须先经本院医师认为有住院需要，而对于本院其他病人不致发生危险者，方得由本院医师填写入院单入院。

(乙) 病人入院时间，除星期日外，每日从上午九时至下午四时止，但有意外急症以及生产等皆可随时入院。

(丙) 本院因所有病床每致不敷应用，故对于远道来函请求住院者恕不预定床位。

五、探望

为病人静养及医师、护士等之工作起见，对于病人亲友探望时间不得不严格规定如左：

(甲) 头等自上午十时至下午六时半；

(乙) 二等自上午十一时至十二时，下午二时至五时半；

(丙) 三等自下午二时至五时；

(丁) 每次会客以二人为限，并请先至事务室取得探病证始，方可凭证入视；

(戊) 除右列规定时间外，如遇病人病势沉重者，由本院通知家属俾其亲友得来院探望；

(己)凡亲友带来物品非先经医生或主任、护士检查许可者,不得给与病人;

(庚)凡来院戒烟者,不得有亲友探望;

(辛)凡在十岁以下之儿童,除经本院特别许可者,不得入院探望病人;

(壬)非经本院负责医师许可,不得临请其他医师在院诊治。

六、衣物

(甲)病人入院时,务必将衣服物件交与护士保管,出院时如数取回。凡病人出院六个月后,不来领取所存衣物,本院即行充慈善事业之用。

(乙)病人入院时,如有贵重物品务必交与本院会计处保管,领取收条。出院时,凭条取件,否则如有损失,本院概不负责。

七、陪侍

头等病室及小儿二等病室可带陪客一人,其余二等以及三等因空间有限而对于秩序诊治,并护士、工役之工作诸多妨碍,即对于其他病人亦诸多不便,故不能增置陪客,祈谅之。

八、酬赏

本院不准工役直接收受病人酬赏,倘病家因本院工役服务认真自愿给与赏金时,请将此项赏金交本院账房,领取收条。此种赏金由本院于月终按照各工役勤务分别支配之。

附注:如本院各部员役对于病人有无礼行为、不听呼唤等情,请病家随时直接报告事务主任。

九、收费

(一)门诊

(甲)普通挂号

各科一律初诊铜元三十枚,复诊铜元十枚。

附注:一、赤贫免费;

二、本院门诊均有记录以作参考,故如复诊不带诊卷者须另收号金二角。

以上诊金不包括他种用费,如换药、小手术、药费以及特别治疗等均须另行付费。

(乙)特别挂号

特别挂号时间,除星期日外,每日从上午十时至十二时,下午二时至四时止。每次收号金二元,逾时号金加倍。星期停诊,检验体格及产科检验须另行付费。

(丙)急症

凡中毒、服毒、创伤、跌伤,一切意外急症随到随诊,急诊手术等费自一元至五元,由就诊医师规定之,赤贫仍免。

(二)出诊

(甲)诊金每次十元。

(乙)倘系由院外其他医师议诊,而请本院指定之医师特往者则以议诊论,计每次二十五元。

接产请参考本院产妇科家庭接生部章程,至多一百元,至少十五元。

(三)住院

头等病室分十元及六元二种,二等每日二元,三等每日五角。

附注:一、以上所收住院费包括伙食费、看护费及普通针药费在内,但特别手术及特种饮料、特种药品、爱克司光检验等在外。二、在本院新生婴儿凡属头等、二等者每日五角,三等免费。三、三等病室病人如有特别情形者,得减费或免费。

(四)预缴

凡住院者头等病人入院时,须先预付洋一百元;二等病人入院时,须先预付洋四十三元;三等病人入院时,须先预付洋十五元。

附注:一、预缴费于出院时有余找还,不敷照补。二、住院费用每十天一结,如有超出预缴费时即须继缴付。

注意:凡缴付一切账项并病房费用,请直交本院账房,取得本院正式收据为凭,否则本院概不负责。

(五)戒烟

住院戒烟者,按照普通住院例收费外,并须预缴戒烟药费及押金,如烟瘾未断,中途出院者,押金不还。若用其他特种药品者另外收费。

戒烟费及押金规定如左:

	戒烟费	押金
头等	五十元	五十元
二等	三十元	三十元
三等	十五元	十五元

(甲) 在戒烟时间,亲友致送药品,须经医生验明后方能送入病室;

(乙) 在戒烟时间,不得借故请假;

(丙) 在戒烟时间,亲友不得来院探视。

(六) 特别收费

(甲) 特别看护

在院内看护每十二小时六元(膳由病家供给),到家中看护每十二小时六元(膳宿由病家供给)。

(乙) 手术

住头等病室大手术不过三百元,小手术不过五十元;

住二等病室大手术不过一百元,小手术不过二十五元;

住三等病室大手术不过二十五元,小手术不过五元。

(丙) 手术室费

包括麻醉手术与麻醉药品,并用具之消耗及一切所需材料。住头等病室者,每次十五元至二十五元;住二等病室者,每次五元至十五元;住三等病室者,每次二元至五元。

(丁) 生产

住头等病室者,不过三百元;住二等病室者,不过一百元;住三等病室者,不过二十五元。倘须施用特种手术,请参阅六条乙项。

(戊) 电疗或按摩

院内每次五角至三元;院外每次六元。

(己) 爱克司光

种类	普通检验	泌尿检验	肠胃检验
头等	二十元至三十元	三十元至四十元	四十元至六十元
二等	较头等减半	同上	同上
三等	较二等减半	同上	同上

(庚) 陪侍者膳宿费

只限头等病室,每日一元。小儿科二等每日五角。

(辛) 试验室各费

(一) 门症病人另有规定;

(二) 头等病室十元,二等病室五元,三等病室二元。

以上收费包括血、痰、粪、华氏康氏血清反应等项，以普通检验为限，特别检验按照规定，另行收费。孙得爱克亨氏检验即用尿为生物学法检验妇女之有无受孕。病者将早晨第一次所解小便存在一干净小瓶，写明姓名、住址并验费十元送到本院妇产科公事处，八天后可得化验结果。

（七）镭锭治疗

头等每觉厘每小时二角，至多三百元，预缴五十元；二等每觉厘每小时一角，至多一百元，预缴二十五元；三等面议。

（八）救护车

（一）凡在租界内或接或送，每次收费洋四元；

（二）凡至南市与闸北或接或送，每次收费洋五元；

（三）凡至江湾、龙华、引翔港、真如等处或接或送，每次收费洋六元；

（四）凡至吴淞、大场、闵行等处其路程较远者，车资另议；

（五）如须本院救护车等候者，每二十分钟收费一元，每小时三元；

（六）如救护车所过之汽车路遇有徵收捐费者，概由病家自理。

（九）诊断书

本院乃治病机关，纯以治病为主旨，除治病外，不负任何书面报之责任。倘有病家或其服务机关需要该病者之诊断或治疗报告时，须另纳大洋十元。如由院外医师介绍来院或指定医师诊治而需要诊断书者，则以“议诊”论计算，每次另纳大洋二十五元。

（十）星期与假期

凡星期日及例假日，除急症及接产外，其他门诊及特别挂号，概行停止。

（十一）出院

（甲）病愈仅需休养者，半愈而可；在门诊处治疗者，慢性而认为无所增益者，本院得随时请其出院。

（乙）不守本院及病室规章者，不遵守本院医师吩咐者，以及违反本院医师之劝导强行出院者，本院除随时令其出院外，并酌取诊治金：头等每日二元以内，二等一元以内，三等五角以内。

（丙）倘对于本院医师、护士、工役或其他职员有认为渎职或疏忽者，请随时将事实报告各该上级职司。倘在报告后未得圆满解释者，或以为事实上无须解释者，务请即直接报告院长。

(十二)门诊时间

(甲)普通挂号

内科外科：每日下午一时至三时；眼科：每日上午十时至十一时；肺痨病科：每星期二、六上午十时至十一时；皮肤花柳科：每星期一、三、五上午九时至十一时；耳鼻喉科：每星期一、三、五上午十时至十一时；妇产科：每日上午十时至十一时；生育科：每星期二下午二时至四时；节制生育科：每星期四下午二时至四时；妇女□癌科：每星期五上午九时至十一时；泌尿生殖科：每日下午四时至六时，星期六下午一时至二时；小儿科：每日上午九时至十一时；神经科：每星期一、三五下午一时至三时；骨科：每星期一四下午一时至三时；小儿保健科：每星期二、五下午二时至四时；爱克司光：每日上午十时至十二时，下午一时半至四时，惟须得本院医师许可，并在必要时间内随到随摄。

(乙)特别挂号

每日上午九时半至十一时半，下午二时至四时，逾时号金加倍，星期[日]停诊。

(丙)电疗

每日上午九时至十二时，下午二时至五时。

附注：星期[日]及假期日除急症随到随诊外，其余一律停诊，以上之规定如有变更得临时通告。

原载《中国红十字会月刊》1935年第1期

中国红十字会第一医院护士女学校章程

第一章　总纲

一、定名

本校为中国红十字会第一医院附设，定名为中国红十字会第一医院护士女学校。

二、沿革

本校成立于民国十一年，翌年并向中华护士会注册，迄今盖已十有余年。至十七年，本校所附医院合组为国立中央大学医学院之实习医院，院内添设专科医学院。各科教授协助教课学生，亦兼增各科实习之机会。

三、宗旨

本校以教授看护学理及技能，藉以造就高等护士为宗旨。

四、程度

身体强健,品行端正,有初中毕业以上之程度者为合格。

五、年龄

在十八岁以上,三十岁以下,未曾出嫁者。

六、招考

本校每年招考新生一次或二次,投考者须先报名并缴纳报名费洋一元,学业成绩单或学校证明书及四寸半身相片一张,招考时考试科目为国文、英文及算术三科,并须经过体格检查。

七、学程

本校学程分试习期及肄业期二期,最初六个月为试习期,后三年为肄业期,共计三年六个月卒业。

八、插班

本校不收插班生。

第二章　入学

一、入学手续

新生录取后,本校即寄以通告书,以通告该生于入学时须填写入学志愿书并缴保证书及缴纳本章第二条规定诸费。

二、缴费

考取学生当缴纳诸费开列如左:

(甲)学膳费六十元;

(乙)赔损费十元;

(丙)中华护士会学生注册费三元;

(丁)中华护士费学业公考费二元;

(戊)中华护士费会员费(一年)三元。

以上各费除戊项外,均于入学时一次缴足,戊项会员费至毕业期缴付。丙、丁、戊三项所缴之费,均由本校收齐后汇寄中华[护]士会,赔损费按学生所损毁各物价值之半数扣算赔还物主,倘有所余,在毕业时退还,不足亦照补,学膳费照本章第一条处理。

三、自备物件

学生在校书籍及衣服、枕头、被褥、蚊帐等并洗衣袋二只,盖床漂白布单二条

(长七尺、宽五尺),有秒针表一只,自来水笔一枝。

第三章　课程

一、课程

本校课程除按照中华护士会规定诸课程外,复因时代之演进及社会之需要增加各课规定,每年课程如左:

(甲) 学课

试习期:最初六个月为试习期,在此期中,前三个月完全读书,以后读书兼实习。

二、缺课

倘每学期缺课至四星期以上者须留级。

三、考试

本校考试分学课及实习二种。学课考试于每学期终举行,每年考试二次,分数以六十五分为及格,如每学期有一科不及格可补考,二科不及格须留级。实习考试多系平日病室实习工作之成绩,其成绩为工作勤惰、衣履整洁、态度和蔼、爱护病人等数项,每月考核一次,与学课分数一并计算。试习期内功课考试及格、性情合宜则升入肄业期,由本校加给护士冠,并向中华护士会注册兼为该会学生。

四、毕业

肄业期内,品行端正、考试合格,于期满后经中华护士会公考合格发给该会证书后,方由本校给予毕业文凭。凡肄业期未满三年者或本校学课考试未及格者,均不得参与中华护士会之公考。

五、假期

试习期内无假期,肄业期内每年有三星期之假期,其时间由校长酌定之。本校学生须一律遵照规定之日期到校,否则援照本校规章处罚。

第四章　规则

上课规则:

一、诸生须准时上课,不得无故缺席;

二、凡在休息期间或夜班实习时期,均须照常上课;

三、课室内器物不得随时搬移;

四、上课时不得谈笑;

五、迟到五分钟者须报告原因。

实习规则：

一、每生每日实习八小时，全校分日班、夜班、早夜班三大班。日班自上午七时至晚七时止，中间得有四小时之休息，夜班自夜间十一时至次晨七时，早夜班自晚七时至夜十一时，又于日间实习四小时，自上午九时起随各病室、主任护士酌定之。

二、实习目标

知识方面：学习技能；

德品方面：学习谨慎勤奋、忍耐谦和、仁慈机警。

每月按实习成绩给各项分数。

三、实习时应注意左列各项：

（一）须准时上班，不得迟到；

（二）上班时衣履整洁朴实为主，须穿制服并遵守护士会所规定，勿着高跟鞋，冬季黑鞋、黑袜，夏季白鞋、白袜；

（三）不得高声谈笑；

（四）听从各室主任护士之指挥；

（五）上班、下班须通知病室主任护士；

（六）不得随时应接电话或出外会客；

（七）不得私受病人馈赠；

（八）不得私自请人代替；

（九）倘值夜班不转睡眠或作病室以外事务。

四、实习下班后，不得擅入病室。倘欲探望病人，须先向教务处领取探望证。

寝室规则：

一、每早六时起身，每晚八时点名，十时息灯；

二、各寝室人数及物件均经规定不得随意迁搬；

三、夜班生须睡于特别寝室内；

四、每日地板、桌椅由校役抹洗外，其他整洁事宜概由学生自行负责；

五、宿舍内应注意下列各项：

（一）不准随地吐痰或抛弃废物（如碎纸、果皮等）于地板；

(二)息灯后不得私点灯烛或发高声动作;

(三)窗口不准倒水、抛物;

(四)室内不准用燃烧品或火酒、电气器,违者器具没收;

(五)不准私增电灯光支;

(六)不准在室内用膳;

(七)不准容留外客住宿;

(八)墙上不得随意涂贴;

六、宿舍内器物照下列各项办理:

(一)一切公物加意爱护,如有损坏均须赔偿;

(二)倘抛弃废物于浴盆内或抽水厕桶内以致水管塞住者,须赔偿修理费;

(三)自来水须随用随关,倘不关闭以致水满泛滥渍损物件,须照价赔偿。

七、每次换下衣服须随即装入洗衣袋内,不得抛积床下。

八、洗衣办法列左:

(一)由本校雇定洗衣作,每周二次收洗,每月至多七十件;

(二)衣服收付须凭清单当场点交,倘有损失报告舍监;

(三)自己洗衣须在小缸内,洗后缸水随即倾去。

九、会客须在客室内,不得随意引入寝室。

十、凡贵重物品当特别留藏,如有银钱,当交医院会计处,否则如有遗失,学校概不负责。

十一、如有疾病,当即报告舍监以便转请校医,非得校医许可,不得请假。

膳堂规则:

一、每桌规定六人,不满六人不得开菜。

二、早餐六时半,午餐十二点或一点,晚餐六点或七点,夜班夜饭夜间十点半。

三、夜班夜饭亦以六人为一桌,其菜每桌规定四荤二素,如有特别看护加入,每人加一菜。

四、日间膳食由训育主任管理,夜班由护士长管理之,诸生须听从劝告。

五、值夜班者,中餐概不开出,惟于日中十一点至十二点有功课之护士不在此例。

六、食有余菜及所有各种碗盏,不得留藏宿舍。

七、如有宾客来院，须添客菜，必须先行报告护士长签字，转知账房并取得正式收据为证。

八、护士对于膳食方面如有意见发表，可先报告护士长，由护士长转达帐(账)房。

九、食后不准以饭投入菜内。

病假规则：

一、诸生患病均须报告舍监或教务处，即请校医诊治。

二、病假须由校医酌定之。

三、病时须听医生诊治或住寝室或移医院，病生不得自定。

四、病中有愿归家治疗者，听，但须得家长函件证明。

五、倘在本校所附医院诊治，医药费概由本校担任，但以二个月为限，倘离院医治概不负责。

六、病假荒课每学期至四星期以上者留级。

七、试习期内，倘因病缺课至二星期以上者须留级；肄业期内，每学生在三年中可得二星期病假，逾二星期者病室所缺实习时间须于肄业期满后补足方予毕业。

休假、请假规则：

一、每一学生每年得三星期之休假。

二、凡休假离校者须向教务处领取给假单，返校时将单交还销假。

三、假满不得迟到，倘因患病迟延，须有正式医生证明书。

四、学生除左列数因外，不得托故请假。

（一）自己患病；

（二）家中父母患病(祖父母、叔伯、兄弟、姊妹等疾病或死亡，均不得请假或迟到)。

五、每学期休假或请假，因而荒课至四星期以上者均留级。

六、凡请假回家者，须有家长或保证人信件作证。

七、在学期内，除每星期有半日休假外，不得无故告假。倘有要事告假，须经校长许可方准离校。

会客规则：

一、会客时间上午十时以后，下午六时以前，倘有特别事故而不堪久待者，须通知校长。

二、学生会客须在下班及下课时间内。

三、每次会客以半小时为限。

四、会客室内不宜吸烟及随地吐痰。

五、诸位不得擅自引客入寝室。

六、如客人欲参观医院，须先过[通]知护士长。

通告书

新生入学手续

此次考取新生须于　月　日以前到校办理入学手续

一、填写入学志愿书并交保证书

二、纳费计学膳费等六十五元，赔损费十元，均一次缴足

三、保人须具左列资格之一并须经本校认可者

（一）殷实商家（二）母校校长

（三）学生亲戚好友确实能担保者

民国　年　月　日　校长

入学志愿书

立志愿书　年　岁　省　县人今愿入

上海中国红十字会第一医院护士学校肄业，遵守校规先试习六月，一俟合格补入正班修业三年，以称职毕业为限。倘有违犯规则，中途开除或自退学，则自入校起至离校止，每月应缴还膳费洋八元并校服费。倘在六月以后，不论何种情形离校，学费概不退还，否到均归保人完全负责处理，此上。

上海中国红十字会第一医院护士学校

中华民国　年　月　日 立志愿书　押印

保证书

具保证人　今保得　年　岁　省　县人今愿入

上海中国红十字会第一医院护士学校肄业，确能遵守一切校规，倘有违犯规则不测之事发生，均凭具保证书人完全负责处理，毫无异言，恐后无凭，特立保证书存照，此上。

上海中国红十字会第一医院护士学校台照

中华民国　年　月　日

具保证书　签字盖章

保证人地址

原载《中国红十字会月刊》1935 年第 6 期

第二次征求会员各省市县委员会题名录[节录]

（以报到先后为序）

上海市：

委员长：吴醒亚

委员：夏应堂、李鸿声、张杏荪、蔡槐孙、倪颂兼、臧廉逊、朱星江、顾渭川、蒋茂荣、石筱山

队长：（委员兼任）

松江县：

委员长：金体乾

委员：翟秉乾、周学文、吴存甫、耿绩之、朱广涵、朱久望、何润漳、张敬垣、蔡仲瑜、沈联璧

队长：（委员兼任）

原载《中国红十字会月刊》1935 年第 6 期

中国红十字会总会经济委员会组织规程草案

第一章　总则

第一条　本委员会依据本会理事会及监事会组织规程第四十四条乙项之规定组织之。

第二条　本委员会直接隶属于总会，设于总会所在地。

第三条　本委员会以筹募各种款项、谋本会事业之发展，并支配及监督各项经费费用及特种支出为目的。

第二章　组织

第四条　本委员会设委员若干人，除以总会正、副会长及秘书长为当然委员外，聘请各界领袖组织之。

第五条　本委员会以总会正、副会长为当然正、副主席，并就委员中互推常务委员

七人处理一切重要事务,前项正、副主席及常务委员姓名应呈报总会及卫生署备案。

第三章　会议

第六条　本委员会每月开会一次,必要时间得召集临时会议。

第七条　会议时以全体委员四分之一以上之出席举行之。

第八条　会议由正、副主席召集之,正、副主席不能召集时,由常务委员会召集之。

第九条　会议时以主席为当然主席,缺席时由出席委员中公推常务委员一人为主席。

第四章　附则

第十条　本规程自本委员会通过后,陈[呈]请总会理、监事会联席会议通过后,转呈卫生署备案。

(完)

原载《中国红十字会月刊》1936年第18期

中国红十字会总会第三医院暂行简章

(一) 宗旨

本院以博施济众为旨,办理诊治病患、救护伤残等工作,对外宣传卫生,对内培有后进,以符红十字会之博爱恤兵为原则。

(二) 组织

本院隶属于中国红十字会总会,内设院长一人,医务、事务二组设主任各一人,医务组凡医师、助医、护士长、药剂均属之(护士、护生由护士长领导之),事务组凡庶务、材料、挂号、会计均属之,但会计得直接向总会会计股办理之。

(三) 工作

在院长领导之下,凡医药事务由医务主任负责统率,通常院务由事务主任负责支略,每月择要汇报总会,复于每年造具详细报告,呈报总会。其办事细则,得由主任酌量考订,经院长核准施行。

(四) 经费

本院经费项目,计分收入、支出二种。

甲、收入部份,由总会供给,并规定之住院费、药瓶、手术、挂号等费,若非经总会许可,并不单独在外募捐。倘有各界自愿捐赠指定为本院所用者,亦必缴存总会，于必要时，再请总会拨发之。

乙、支出部份，为房租、薪金、伙食、消耗、药材、器用、杂项等类，每月按照簿据造表呈报总会，每三月由政府指定之查账员查核一次，会计规程均照总会所定办理。

(五) 收费

本院规定收费如下(所收各费均掣给正式收条)：

一、住院费(四种)：

头等　每日自六元至十元(暂不设)；

二等　每日二元(暂不设)；

三等　每日八角；

普通　每日四角。

病人住院，须经医师诊断后认为必要时，始可收容。惟须由殷实店铺填具保单，并须预先缴费一月。若未满一月出院者，按日计算，余数给还；或已满一月而病未痊愈，仍须继续住院者，应再缴费一月。此外，注射、手术等费，亦须于入院时预先缴清，陪病人酌收膳金。

二、戒烟费：普通每人十五元，三等每人三十元，余类推(注射另算)。

三、验伤单：每名十四元。

四、出诊费：每次拾元(车资、号金、药资在外)。

五、挂号费：在门诊时间内者，每人铜元十枚(如逾门诊时间或急症提前等，每次纳费一元)。

六、瓶药费：自五分起，一元止。

七、注射及手术各费，依照病症酌定之。

(六) 免费

免费计分五种：

甲、特有市政府甲、乙种诊病券者，免除挂号费及药资(但若所备普通床位已满，住院者须纳饭金，至若花柳病或戒烟，则全纳)；

乙、慈善机关函送者，免除挂号及瓶药资，住院仅收饭金；

丙、公安局或法院用公函送来者，住院则酌量情形收留，如系门诊则挂号费及药资均免；

丁、总会或院长函送者，得酌免全部或一部分；

戊、乞丐难民普通门诊，于下午一律免费，急症随到随诊亦全免费；

上列各项免费,以所指定之免费床位,依次住满为限(现定床位四名)。

(七) 时间

本院门诊,自上午九时至十二时,下午一时至四时止,星期日上午九时至十二时止,下午休息。

其余例假,均照总会指定日期遵行,于先一日公布之。

(八) 附则

本简章,系暂定施行,如于应行修正时,由院长召集议订之。

(完)

原载《中国红十字会月刊》1937 年第 21 期

组织：分会一览表[节录]

江苏省：廿七十五处。

上海市分会、吴江分会、吴淞分会、崇明分会、松江分会、江浦分会。

原载《中国红十字会月刊》1937 年第 19 期

组织：第一医院

院长：颜福庆；

副院长兼内科主任：乐文照；

副院长兼医务长：刘崇恩；

外科主任：任廷桂；

外科：白良知、董秉奇、刘崇恩(兼)、纪长庚、温干臣；

外科驻院主任：邵幼善；

外科驻院：李学易、王霖生、孙慰庭；

骨科主任：任廷桂(兼)；驻院：邵幼善、孙慰庭；

胸部外科与外科修补术主任：董秉奇；驻院：邵幼善、王霖生；

泌尿生殖科主任：高日枚；驻院：邵幼善、李学易；

瞳瘤科主任：白良知；驻院：邵幼善；

痔漏科主任：纪长庚；驻院：邵幼善；

蒙药士：过文瑚；

特诊处主任：尤彭龄；医师：刘崇恩(兼)；

产妇科主任：王逸慧；医师：吴烈忠、兰金爱；驻院：林元英、杨葆华、吴慧珍；

耳鼻喉科主任：李冈；驻院：吴曜；

眼科主任：周诚浒；驻院：林扣鸣；

爱克司光科主任：钱慕韩、邹尚贤；助理：范朵如、俞甘□；

生物化学系主任：乐文昭(兼)；助理技佐：韩宗学；

寄生虫系主任：朱佐治；助理技佐：盛传淦；

临诊化学系主任：应元岳；助理技佐：胡秉武；

细菌系兼血清系主任：王许德兰；助理技佐：谭世熹、周禄庆、赵越虎、王那鸿；

电疗科：麦玉英、王奎仁；

药剂科主任：金鳌；助理：陈其仪、章事三、沈甘立智、姚允中；

病史保管处：全体委员、洪孝先、邵幼立；

护士部长：殷粹和；监理护士：卢祺英、廖丽华、汤竞群、刘伟杰、袁佩英；

蒙药士：过文瑚；

被服部：俞勉裳；

公共卫生护士：张佩英；

病室主任：汤品仙、杨牧英、程士杰、王育芳、廖玉洁、詹月桂、朱季安、范士良、汪李光辉、曹铎、耿锡玮；

病室护士：梅英华、张志华、郭秀英、邵毓英、陈秀琴、董安慰、傅秀阶、江素华、单志美、蒋凤尧；

急诊室门诊处主任：金荣生；护士：黄自新、汪慎远、李徐罗德、赵杨仪清、蒋芸、陈辉；

事务长：黄馥亭；

出纳科监察：顾星若；出纳科主任：李星耀；助理：胡鸿鑫、马钧立；

入院科：王慰曾、胡鸿鑫；

转办材料科兼工匠科：胡秀三、蒋友林、颜意生、顾永年；

庶务科：黄克勤、沈复生、喻耀甫；

文牍科：黎雪梅、马钧立；

饮食科：颜斐雯、李马大；

挂号科：庄永康、缪镜湖、钱金林、徐宪章；

问询兼邮务科：沈复生；

工友兼电话股：黄克勤；日班：蒋鸿川；夜班：张火根。

原载《中国红十字会月刊》1935 年第 1 期

组织：第二医院

院长：王培元；

副院长兼医务主任：徐兆蓉；

医师：钟拱宸、张丹卿、周鸿章、耿国祥、张子道、秦瑞庭；

药剂师兼护士长：蔡厚安；

男护士：吴菊坡、张云亭；

女护士：赵德义、俞爱梅、张云莲、周素瑛、顾珊瑛 ；

女护生：王素琴；

男护士：马锡田、王才根；

男护生：朱元庆、吴玉书、壮儒宗、沈国荣、章辅臣；

事务主任：江如松；

会计：毛济美；

庶务：靳兴林；

材料：黄寿康。

原载《中国红十字会月刊》1935 年第 1 期

组织：第三医院

院长：王一亭；

医务主任：吕守白；

医师：王启祥、王显华、靳纬曾、张剑雄；

护士长：陆洪元；

护士：郁绍周；

药剂：章然白；

护生：杨淑明、吴子焕、吴文亭、许妙贞、张秀士；

会计：周根镛；

庶务：李耀星。

原载《中国红十字会月刊》1935 年第 1 期

组织：护士学校

校长：高镜朗；

训育：汪朱岫仙；

教员：殷粹和、汤竞群、廖丽华、刘伟杰、卢祺英、过文瑚；

四年级学生：高仪珍、杜蕙兰、王淑莲、方照容、朱铁君、俞彼息、黄景惠、陈玉青、刘德荨、王恩雨、曾心仪、秦毓芬、牛韫山、陈志爱、顾似梅、张敬承、傅家芬、叶希英、王印、柯维利；

三年级学生：石秀华、张作服、杨美德、郭湘娥、郑淑娟、丁惠芳、雷爱德、顾慧珠、程秀珍、冯琰英、张静英、戴彩息、沈德贞、徐昱芝、潘国铭、杨美德；

二年级学生：孙爱德、陆品珍、许昌华、朱淑贤、童绮娟、李德仪、唐月英、游宝珠、杨秀英、张秀云、陶碧霞、陈淑筠、李璧君、严永惠、陈锦彩、段书兰、罗长淳、王云君；

一年级学生：胡银翠、邹安慰、潘仍东、吴子新、朱树宝、吴培珍、万炎珍、汤静文、司徒锦莲、伍振娴、陈淑均、江励群、李汉仪、徐玉芝、唐芝英、邹丽庄、张继珍、虞月娥、张绍兰、孙明、唐光曦、王桂森、姜永清、陈明英、林韫山、黄淑梅、丑荷先、涂家义、罗家善、唐桂芬。

原载《中国红十字会月刊》1935 年第 1 期

征信：二十四年一月份会费捐款清册[节录]

松江分会介绍徐彩元先生洋二十五元。

原载《中国红十字会月刊》1935 年第 1 期

征信录：二十四年二月份会费捐款清册[节录]

松江分会介绍耿嘉基、瞿思明、孙佩迟各洋念五元。

原载《中国红十字会月刊》1935 年第 2 期

征信录：民国二十四年四月一日起至三十日止会费捐款清册[节录]

松江分会介绍金雄白洋二十五元，张维善先生介绍张治平洋念五元。

原载《中国红十字会月刊》1935 年第 3 期

征信录：二十四年七月份会费捐款清册[节录]

松江分会介绍高廷佐、周瑞昌各洋一元；上海跑马总会洋五百元：经纬老人(第二百四十七度洋一元)，天兴昌号章先生洋四元，汪公馆洋二元；(时疫医院经费)乐善记洋一百元；务慈堂应洋二百元：芮根泉洋二十元正。

原载《中国红十字会月刊》1935 年第 4 期

征信录：二十四年八月份会费捐款清册[节录]

松江分会介绍俞维庚洋十元；松江分会介绍孙少池、庄天闲、赵莲塘、何润章、陈叔俊、张敬垣、金体乾、吴存甫、吴伯庚以上各洋十元，庄尧声、赵中民、郑慎霖以上各洋十元。

原载《中国红十字会月刊》1935 年第 5 期

征信录：民国二十四年九月一日起三十日止会费捐款清册[节录]

松江分会介绍章振淦、沈联璧、唐志敏、李杏林以上各洋十元，冯泰来洋五角。松江分会介绍沈季中、蔡钟瑜、王华峰、徐亚杰、孙增浩、张宗华、殷宝藩、杨桂连、郑织云、褚平、江钱、吴佩璋诸君洋各十元，董志刚、宗文祥、余友钝、楼南虎、盛锡筵、倪松坡、朱善增、周凤冈、周凤皋、周凤邻诸君洋各五角。崇明分会筹备处介绍沈英、蔡闰民、黄炎冰、王君颜、王甫其、陈银福、吴凤元、王志贤、王甫祥、吴廷皋、陈燥江、沈辅成、陈志祥、施初郎、施度、施江、秦掌其、黄彦圣、陈三书、秦老火、张其、王三郎、陆金根、唐国相、吴元明、黄金郎、陆林江、黄亦郎、英元全、吴元富诸君各洋十元。崇明分会介绍王志其、郭华郎、朱玉成、陈凤翔、韩愈良、陈芝郎、陈妶婧、龚银虎、倪信其、王省身诸君各洋十元，马雄冠君洋十元。松江分会：空白洋十元。上海市社会局经募聂醉仁、梅肃堂、邵昌宗、徐实圃、宋钟庆、刘保衡、潘明珊、王宝鉴、张达夫、谢纪南、陆思红、刘振岳、邵彤轩、周鸿冈、孙祥松、马忠干、钱仲南、袭绍熊、田和卿、江之永、李崇扑、李树德、沈日升、吴冰海、何景元、王健民、俞天碧、费昌华、彭振球、陈善林、陆东亚、赵廉、秦德瑜、蒋建策、杭定安、熊思宁、聂剑南、谈佩言、陈良屏、崔从灏、吾家驹、郑杰、萧思之、何文彬、平祖仁、陈贯一、潘世荫、张灿善、魏之屏、柳培潜诸君各洋一元。本会杨泰祥、何茂如、沈善樑、王峄仙、王筱仙诸君各洋一元。上海电力公司洋一百元,邓可则君洋一元,爱琴记君洋三元。中国红十字会上海市分会洋五百元(捐助物品),周先生捐旧呢马褂等二十三件,上海联益善会陆文中痧药水一千五百瓶,徐先生布棉被二条、旧衣服四件。

原载《中国红十字会月刊》1935 年第 6 期

征信录:二十四年十月份会费捐款清册[节录]

南翔分会介绍范文六、郁拜赓、陆镜明、朱之美、朱粹生、王镜渊、顾文生、张荫高、戴仁俦、余震吴、周公励、陈省初、吴其祥、周诗杨、陆尚之、孟深钦、杨惠民、庞公哲、周芝德、陈崇权、余培英、张幼□、甘维廉、金鸿宾、黄庆云、诸伯镕、吴品杰、费懋功、吉端甫、程尉民诸君各洋十元,张人龙、冯学文、许同昌、吴端杰、张永昌、瞿忠贤、李崇熹、张祖良、李锷、李震熹、张亩周、张章国、黄□玉、顾永福、李舜仪、许乃芹、许乃仓、费钟麟、费德连、吴导之诸君各洋五角。

松江分会介绍叶学祥、姚湘佩、张宪时诸君各洋十元,叶苹洲君洋五元,□应星、高耀祖、富镜安、周熙龄、唐文杰君各洋十元,叶福清、陈崇武二君各洋五元,黄颂虞、潘干丞、许国喆、□□诸君各洋五角。

崇明分会介绍陆养浩、程梯云、蔡子拙、孙方烜、朱协中、倪则何、黄振权、李子芹、徐德衍、黄震西、孙永康、陈粲衎女士、张友方女士、苏钟冕、费利川、周亨、姜祖恺、赵立群、黄兆麟、黄公勇、顾尊贤、施韵秋、陈稚秋、施文定、龚凤才、龚凤良、龚才江以上各洋十元,倪淦、朱振庠、方镇泰以上各洋五角。

南翔分会介绍陆麟勋洋十元。

(振捐)外滩开泺矿务局同人洋二百四十八元,上海电车有限公司一百元。

原载《中国红十字会月刊》1936 年第 7 期

征信录:民国二十四年十一月一日起三十日止会费捐款清册[节录]

崇明分会介绍徐士祥、陆思明以上各国币十元。松江分会介绍蔡树槐、徐家珍、瞿华稌、徐惟萱女士、李怀仁、吴念椿以上各国币十元,瞿国础、吴韫琦以上各国币五元,卞凤芝女士、张志学女士以上各国币五角。

原载《中国红十字会月刊》1936 年第 8 期

征信录：二十四年十二月份会费捐款清册[节录]

崇明分会介绍黄仇全、黄向荣、黄向芝、蔡林江、蔡甫江、吴锡康、以上国币各十元，黄鉴鑫国币五元。

松江分会介绍文之龙、毛裕孚、戴荣湘、陈衡、席志高、席念曾、冯变之、王韫石、乐俊翘、崔存初、张永祚、陈絅甫、瞿惠民、周颂尧、张炳扬、李传声、李传铭以上国币各十元，高钟伦、张复、钱模楷、张白钢、张子孚以上国币各五元，陆葆权、席仰高、席怀高、柯成标、钱荣锦、陆铭爵、周志刚、陈志力、王天鍪、王葭清、赵勋、吴超洞、朱芹、张凤龙、高德夫、叶淡波、赵永年、邹钧、张贯卿、刘梃生、彭惠、谭雄辉、宗作华、余梅萼、何文中、周云祥、李佑生、刘奇、方效伯、班福明、萧炳才、黄大振、廖斌、潘宏、唐勋华、朱世芳、曹志强、宝戴侦、王瑳、胡剑刚、谢鸿准、丁翊、徐元中、李青云以上国币各五角，李万成、孙立良、孙立全以上国币各五角。

崇明分会介绍施会嘉国币五元。

原载《中国红十字会月刊》1936 年第 9 期

征信录：二十五年四月份会费捐款清册[节录]

(会费)松江分会介绍叶南田、吴念祖、罗李悳以上各国币十元；崇明分会介绍施继香、陈栋兰各国币十元。

原载《中国红十字会月刊》1936 年第 13 期

征信录：二十五年五月份会费捐款清册[节录]

崇明分会介绍张文虎、沈肇功、王纲永以上各国币十元，施文蔚国币五元，吴锡琛、蔡兆汀、陈耀伦以上各国币五角。

原载《中国红十字会月刊》1936 年第 14 期

征信录：二十五年六月份会费捐款清册[节录]

崇明分会介绍沈厚哉、赵廷雄、江伯亨、徐雨同以上各国币十元，刘公亮、王孝武、秦增翰、陈秀夫以上各国币五元。

原载《中国红十字会月刊》1936 年第 15 期

征信录：二十五年七月份会费捐款清册[节录]

崇明分会介绍姜二狗、施杏郎、杨太江、龚二郎、施四郎、杨富民、施先郎、施三郎、陈其团、施五郎、龚老虎、沈夏其、顾友郎、曹早明、沈相其、杨向其、徐义耆、徐佑清、施牛郎、杨顺江、杨林清、施下郎、董才郎、龚下狗、施其郎、施海郎、周学奇、张兆康、顾度郎、徐官郎以上各国币拾元，顾才宝、曹才元各国币五元，沈富其、杨才宝、杨向华、徐金初以上各国币五角。

松江分会介绍沈友芳、魏指薪、王寄尘、杨桂有、杨桂堂、张文灿、倪吉仁、金根荣、沈晋怡、钱风歧、王顺发、江润宇以上各国币十元，高钟央、高廷亮各国币五元。

崇明分会介绍袁凤鸣、金有隆、施中元以上各国币五元。

(捐款)上海跑马总会国币四百五十元：汪公馆国币二元，汪公馆国币二元，汪四小姐国币一元，荣广颐国币二元。

原载《中国红十字会月刊》1936 年第 16 期

征信录：二十五年八月会费捐款清册[节录]

松江分会介绍王鹤麒、叶望冈、王深根、张我周、顾景贤、叶理绍、姚范畴、宋腾蛟、姚伊谟、郁宝贤、徐维章以上各国币十元。

(九月份当再续刊)

原载《中国红十字会月刊》1936 年第 17 期

征信录：二十五年九月份会费捐款清册[节录]

松江分会介绍朱骏声、陈近德、张蓝田、张施民、王祖镐、褚仲樵、孙慧民以上各国币十元。

松江分会介绍朱家声、朱家馨、陈秋实以上各国币十元。

原载《中国红十字会月刊》1936 年第 18 期

征信录：二十五年十月份会费捐款清册[节录]

松江分会介绍程履和、彭绍裘、彭文炽、周开文、张明光以上各国币十元；

松江分会介绍冯□□国币十元；

松江分会介绍沈文浩国币十元；

松江分会介绍钱金贵、陈尧臣、程斯立各国币十元；

松江分会介绍吴秉彝、倪福欣、朱润民、顾希文、顾射霖、顾射鹄、赵稚松以上各国币拾元。

原载《中国红十字会月刊》1937 年第 19 期

征信录：中国红十字会二十五年十一月会费捐款清册[节录]

松江分会介绍陈韵芳、朱文波、王双石、徐秉钧、朱什深、王永芳、朱吟辉、王孙奇、陈绍裘、张佐良、许忠铭、韩季超、褚文才、邵长寿、吴源泉、顾学行、韩君铸、黄克汉、宓景昌以上各国币十元。

宝山分会介绍江允明、孙桂林、王毓清、孙启贤、王□民、林沛然、金克溥、王开麟、李昂、鲍思仁、陶云明、鲍汝为、顾杏生以上各国币十元，王曾济、王乃修、顾文华、赵荣生、宣跂洲、张琢玉、张思年、顾阿福、鲁耀庭、应森度、顾云来、顾丕谟、苏云生、徐少恩以上各国币五元。

原载《中国红十字会月刊》1937 年第 20 期

征信录：中国红十字会二十五年十二月份会费捐款清册[节录]

松江分会介绍姚一均、俞丙章、顾阳初、顾秋棠、黄宗香、王佩青、彭宗其、沈慧锋、吴豪仁、孙鸣鹤、顾公慎、王甫廷、程子远、萧寿芝、薛士赓、张少舫姚张湘云女士、徐喻义、姜世绮、姚士奇、程龚儒珍女士、李文虎以上各国币十元。

(救护经费)狄楚青先生捐助国币一百元、(王儒堂会长经券)六河沟铁厂管理处上海事务所同人国币五百元、朱家骅先生国币二百元、(张慰如先生经募)上海邮政储金汇业局兑汇处第三课同人(叙餐资)捐助国币六十八元。(捐助物品)上海久余丝厂、同诚绸厂丝绵背心一百件、钱文麟君棉花三包计值一元零六分、上海市救护事业协进会征募上海各界急救药品包一万组。

(二十六年一月份待续)

原载《中国红十字会月刊》1937 年第 21 期

征信录：中国红十字会二十六年一月份会费捐款清册[节录]

松江分会介绍周秉苏、庄唐秀英女士、张宗瑛、陈天麟以上各国币拾元。

(捐款)上海跑马总会国币二百二拾元。

原载《中国红十字会月刊》1937年第22期

征信录：中国红十字会二十六年四月份会费捐款清册[节录]

(会费)上海市分会介绍孙良骥、王政邵、金芝轩、朱赓陶、许蓉芳以上各国币一百元，李霖齐、唐吉父、殷震贤、徐耀章、周菊初以上各国币十元。

庞京周介绍杨宝璋国币十元。

上海市分会介绍开泺集品处乐汝成、钱福林、吴道善以上各国币一百元，谢宝珍、谢宝珠、谢宝瑛、谢宝琳、谢荣华、谢庆、许廷钰、李文翰、于鳌峰、顾筱严、顾伯棠、严二陵、谢荣增以上各国币十元。

颜福庆介绍林可胜、方石珊、吴祥凤以上各国币十元。

(五月份待续刊)

原载《中国红十字会月刊》1937年第25期

征信录：中国红十字会二十六年五月份会费捐款清册[节录]

上海市分会介绍倪润生、赵樵林、姜子衍、勤庐主人、宋春涛、谭小麟、袁尧卿、袁鹤松、陈佐赓、徐之萱、盛璞声以上各国币十元。

原载《中国红十字会月刊》1937年第26期

中国红十字会救护委员会供应委员会简章

第一条 本委员会依据《中国红十字会救护委员会组织规程》第八条之规定产生之。

第二条 本委员会委员由中国红十字会会长聘任之。

第三条 本委员会担任储备救护材料如下：

一、药品(棉花、纱布、绷带、防毒、面具等附之)；

二、食物；

三、手术用器。

第四条 本委员担任制备救护人员用品如下：

一、旗帜；

二、服装；

三、篷帐；

四、担架;

五、车辆。

第五条　本委员会担任接洽救护人员来往舟车、宿舍及一切运输事宜。

第六条　本委员设法接洽、劝募关于救护用之医药用品及食物等类。

第七条　一切用品凡非劝募能得,必须购置者,所需经费另制预算表呈报中国红十字会救护委员会核准后置备。

第八条　本委员会设主席一人,由中国红十字会会长指定,为开会时之主席。

第九条　本委员会每二星期须开会一次,由主席召集之,必要时得召集临时会议。

第十条　本委员会遇必要时,得雇用事务员呈由中国红十字会救护委员会派充之。

第十一条　本简则呈由中国红十字会救护委员会执行委员会核准施行。

第十二条　本简则如有未尽事宜,得由本委员会随时修订,并呈报中国红十字会救护委员会备案。

(完)

原载《中国红十字会月刊》1936 年第 13 期

中国红十字会救护委员人事委员会简则

第一条　本委员会依据《中国红十字会救护委员会组织规程》第八条之规定产生之。

第二条　本委员会委员,由中国红十字会会长聘任之。

第三条　本委员会专任调查,于国家遇有战争或灾害时,能为本会服务救护事宜之医药或护士人才为职责。

第四条　本委员会制有志愿服务调查表,规定事项如后:

一、姓名;

二、年龄;

三、性别;

四、籍贯;

五、曾在何处及何校毕业;

六、现任何职;

七、擅长何科;

八、愿担任何种工作;

九、能否往外埠服务;

十、如只能本埠担任工作注明(专任或兼任);

十一、能否尽义务,若要酬报,每月若干;

十二、现在通讯处。

第五条　未曾填报志愿服务调查表之医药及护士人才,本委员会有设法劝励其填报之责。

第六条　本委员会设主席一人,由中国红十字会会长指定之,为开会时之主席。

第七条　本委员会每二星期须开会一次,由主席召集之。如有特别事故,得由主席随时召集之。

第八条　本简则呈由中国红十字会救护委员会执行委员会核准施行。

第九条　本简则有未尽事宜,得由本委员会随时修订,并呈报中国红十字会救护委员会备案。

(完)

原载《中国红十字会月刊》1936年第13期

中国红十字会救护委员会训练委员会简则

第一条　本委员会依据《中国红十字会救护委员会组织规程》第八条之规定产生之。

第二条　本委员会委员,由中国红十字会会长聘任之。

第三条　本委员会担任训练下列课程:

一、战时外科学(训练医师及医学生用);

二、实用护病学(训练女生用);

三、简易实验诊断学;

四、简易药剂学;

五、毒气学;

六、担架学。

第四条　本委员会担任分期训练下列人员:

一、医学院一、二、三、四年级生(四年级已往南京训练);

二、医学院四、五年级生;

三、大学男女学生；

四、高中三年级男女学生。

第五条　以团体为单位请来训练者方得接受训练。

第六条　凡团体请求训练者，应视人数之多寡及课程内容得酌收训练费，其细则另订之。

第七条　本委员得延聘医药护专家若干人担任教学，并每课设置主任一人管理各课程之实施上项。教员及主任均为名誉职，得酌给夫马费。

第八条　本委员训练各课所需之经费，另制预算表呈报中国红十字会救护委员会核准后施行。

第九条　凡请求训练者不拘性别，年龄须在十八岁以上，并须填具本委员会制备之志愿书。

第十条　本简则呈由中国红十字会救护委员会执行委员会核准施行。

第十一条　本简则有未尽事宜，得由本委员会随时订修，并呈报中国红十字会救护委员会备案。

(完)

原载《中国红十字会月刊》1936年第13期

中国红十字会总会救护委员会训练班细则

一、医学校医学生由各该校分别担任训练，不征求训练费。

二、本委员会先行试办下列各科：

(甲) 战时外科学(约计六十小时)；

(乙) 实地护病学(约计六十小时)，每班暂定三十名；

(丙) 简易实验诊断学(约计三十小时)，每班暂定二十名；

(丁) 简易药剂学(约计三十小时)，每班暂定二十名；

(戊) 毒气学(约计十二小时)，每班暂定五十名；

(己) 担架学(约计十小时)，每班暂定四十名。

三、凡团体请求训练者，其纳费额由一元至五元(以每人为单位)，视授课之时间长短及课程之性质而定。

四、凡个人具相当程度而请求训练者，先行报名登记，俟足额时开班训练。

五、凡请求训练者，须先行报名，填具志愿书送会审核。

六、训练费须于报名时一次缴清，非缴清训练费后不得上课，中途退学亦不发还。

七、凡训练班应用之纸墨、文具及书籍等，均归学员自备。

八、凡收入之训练费，皆由本委员会会计处管理之。

九、本细则由训练委员通过，呈报救护委员会核准施行。

十、本细则如有未尽事宜，得由训练委员会随时修订，并呈报救护委员会备案。

中国红十字会总会救护委员会学员志愿书

具志愿书人　　兹因自愿遵守贵会章则，学习救护课程以备在国家遇有非常事变或灾害时服务，特请　　君为负责保证人，照章缴纳训练费　元。谨将履历开列于后，并填具志愿书送请，

中国红十字会总会救护委员会察核。

附履历

学员姓名	性别	年龄	籍贯
职业	住址	永久通讯处	

中华民国　年　月　日

学员(签名盖章)

保证人(签名盖章)

原载《中国红十字会月刊》1936年第13期

中国红十字会总会救护训练班简章

第一条　本班名称定名为中国红十字会总会救护训练班，由本会总会设立之救护委员会主办。

第二条　训练宗旨系灌输相当救护技术，以备非常时期之需(该项技术并非供私人职业之用，而本训练之性质亦与普通学校绝对不同)。

第三条　训练科目及名额收费等暂行规定如左：

(一) 战时外科学：约计六十小时，每班名额十五人(限于医学校毕业者)，每人每期收费五元；

(二) 简易实验诊断学：约计三十小时，每班名额二十人(限于理科毕业者)，每人每期收费五元；

(三) 简易药剂学：约计三十小时，每班名额二十人(限于理科毕业者)，每人每期收费三元；

(四) 实用护病学：约计六十小时，每班名额二十人，每人每期收费三元；

(五) 防毒常识：约计十二小时，每班名额五十人，每人每期收费一元；

(六) 担架术(附急救常识)：约计十六小时，每班名额五十人，每人每期收费一元半。

第四条　所用课本由本会编印、发售，应用之纸墨、文具均归受训者自行购办，膳宿亦归自理。

第五条　请求训练者之纳费视所选之各科目而不同暂定，如第三条所规定之费额。凡团体请求者，均须以每人为单位。

第六条　受训者之资格及年龄以初中毕业或同等程度，年龄在十八岁以上，四十五岁以下，体格健全，经本会审核者为合格。

第七条　报名手续。凡合于本简章第六条之规定者，不分性别，均可向本会报名。经审定合格后，亲自携带最近半身照片两张到会填具志愿书，并同时将费一次缴清，始得上课，中途退学概不发还(缴费时皆由本会会计处填给收据)。

第八条　凡一切手续完竣后，方可上课。本班名额满五分之四以上即开始上课，若报名时间已过本班上课时间四分之一以上，应即编入次届上课，另由本会报名处函知。

第九条　训练期满，经测验及格，由本会予以登记证明本人受过之训练科目与时间。如遇必要时，当优先编入救护队服务。

第十条　本简章由本总会救护委员会之训练委员会通过，呈报救护委员会核准施行。

第十一条　本简章如有未尽事宜，得由训练委员会随时修订，呈报救护委员会备案。

附则

外埠各地有志愿受训者，可向就近本会分会主办之训练班接洽，该项训练班皆系根据本总会所定之通则办理。

原载《中国红十字会月刊》1937年第19期

中国红十字会救护训练班通则

第一条　本班名称定名为中国红十字会救护训练班(由本总会设立之救护委员会主办)。

第二条　训练宗旨系灌输相当救护技术，以备国家非常时期之需。

第三条　训练之课目如左：

(一) 战时外科学　　约计六十小时(限于医校毕业者)

(二) 简易实验诊断术　　三十小时

(三) 简易药剂学　　三十小时(限于理科毕业者)

(四) 实用护病术　　六十小时

(五) 防毒常识　　十二小时

(六) 担架术(附急救常识)　　十六小时

以上各科每班不得超过五十人。

第四条　训练教材由总会编印、发行，各地分会如开办训练班时均须采用，以收划一之效。

第五条　教员须学有专长而对于训练救护之真义有深切认识者，分会及其他团体师资，须经本会审定或曾经本会师资训练者为合格。

第六条　受训者资格及年龄以初中毕业或同等程度，年龄在十八岁以上，四十五岁以下，体格健全，经本会审核后为合格。

第七条　请求训练者纳费须视各人所选之科目而不同，暂定费额由一元至五元，团体请求训练者须以每人为单位。

第八条　凡训练时应用之纸墨、文具及书籍等件均归受训者自备，膳宿概归自理。

第九条　报名手续。凡合于第六条之规定者，不分性别，均可向本会报名。经审定合格后，随带最近半身照片二张到会填具志愿书，并同时将费一次缴清，始得上课，中途退学概不发还(缴费时皆由本会会计处填给收据)。

第十条　各地志愿受训者，可向就近分会主办之训练班接洽。

第十一条　训练期满，经测验及格，由本会予以登记，如遇必要时当仅先编入救护队服务。

第十二条　各分会办理训练事宜者，均须按照本通则办理，并须随时呈报本会审定，以照划一。

第十三条　各社团、机关、学校等自行筹备救护训练事宜，如欲本会认可者须依本通则办理，并随时函知本会备案。

第十四条　本通则由本总会救护委员会之训练委员会通过，呈报救护委员会核准施行。

第十五条　本通则如有未尽事宜,得由训练委员会随时修订,呈报救护委员会备案。

附则

本通则如有修订时,核准后须随时通知各分会遵照办理。

原载《中国红十字会月刊》1937年第19期

特载:中国红十字会救护委员会训练组

急救护病学讲义

第一卷　普通护病原理及实习

第一章　护理员护病职务上之精神

第一节　护理员应俱(具)之品德

第二节　护理员之责任

第二章　病室清洁及温室调节

第一节　每日清晨病室内清洁法

第二节　病室内温度之调节

第三节　空气温度之调节

第三章　病人日常护理法

第一节　密盖床

第二节　暂空床(参观密盖床)

第三节　迷蒙床

第四章　每日病人之普通护病

第一节　卧床病人之晨间护理法

第二节　床上浴

第三节　口之料理

第四节　寝前料理

第五节　帮助病人入睡之方法

第五章　病人之饮食

第一节　病人饮食之重要

第二节　普通饮食如何预备

第三节　给病人饮食时之规则
第四节　帮助病人饮食法或喂养法
第六章　观察病人病状之重要
第一节　病状之定义
第二节　护理员对于病人之病状所应负之责任
第三节　较普通之自觉病状与他觉病状护理
第四节　体温
第五节　脉搏
第六节　呼吸
第七节　体温、脉搏、呼吸之记载法
第七章　给病人便盆法
第一节　目的
第二节　给法
第三节　便盆之消毒法
第八章　发之料理
第一节　早晨护理法
第二节　虱
第九章　消毒法及其重要
第一节　消毒法之分类
第十章　消毒法之应用
第一节　身体之消毒
第二节　排泄物之消毒
第三节　用过敷料之消毒法
第四节　房屋之消毒法
第五节　厕所之消毒法
第六节　食具之消毒
第七节　被褥、衣服等之消毒法
第八节　书籍之消毒法
第九节　各种污水及浴水、漱口水、洗面水之消毒法
第十节　尸体之消毒

第一卷　普通护病原理及实习

第一章　护理员护病职务上之精神

第一节　护理员应具之品德

护理病人乃一种劳苦而重要之工作，护理员之优良与否，对于病人之生命及幸福关系至大，故护理员必须有下列之品格：

一、克[刻]苦耐劳。夫医院中护理病人之工作本极辛苦之事，此乃人人所共知者，欲胜任此种劳苦之事务须有克[刻]苦勤劳之精神。夫懒于作事，护理员对于病人之呼求不能应声，而至有时因此使病人之病加剧。

二、服从。护理员不可片刻缺少此种美德，盖医院内之一切规律及工作皆属乎[非]寻常之机关，故必须服从医师及护士长之吩咐，否则任随己意不独使医院内一切纪律不能一致，且危及病人之前途。例如，某医院某护士嘱伊当注意该病人使之不可下床，而护理员不从其言使病人下床，因此病人之病转危。

三、谨慎准确。护理病人最重要者莫如准确，盖每种治疗必有一相当之护理，而种种之治疗与护理每因病而异，如不谨慎准确，或将一外科所用之消毒药水误给病人内服，此种错误咸使病人有生命之危险。

四、温和与同情。病人每因病而性情急燥[躁]，常易发怒，故为护理员者当有温和之态度与同情之心怀，以解去病人之烦恼及痛苦。无论为病人作任何工作，切不可露显怨态，要以病人之心为心，病人有不快之处须安慰之。

五、诚实。护理员须诚实，对诸医师、护士及病人所谓有一说一，有二说二，切忌信口开河，无中造有，失去信任于人，尤须在作错事时必诚实承认，将一切错误报告护士及医师，例如当护理员试体温计，护理员因怕受责而任病人吞下水银，如立刻报告，医生或护士可施一相当之解救法。

六、护理员维持健康之法。护理员身体之健康甚为重要，盖有健康之身体方能护理已病之人，且身体健康能增护病之效率，普通保守健康之方法如下：

护理员虽工作劳苦，常与病人接触，若欲保守身体强健，则必须严守卫生方法，尤须注意个人之清洁、衣服之适体、鞋之合脚，多得新鲜空气及日光与充分之休息，力避消化不良。

清洁：每日必须沐浴一次，发宜常洗，齿宜常刷，两手须注意最为重要。如若忽略此事，不仅危及本人之性命，且将危及所照护之病人与共事之人，故须注意下列数项：

1. 每遇有传染性之物质或换敷料时，均当以钳取之；

2. 每次食前、睡前必须洗手；

3. 每次当心病人后，必须用肥皂水洗手；

4. 切不可以手摸面任何部分，预防生一切传染病，即注射预防针。

第二节　护理员之责任

一、护理病人之任务颇为重要，盖护理员之责任系助护士观察病人之病情，例如面色如何出汗、如何呕吐之情形、大小便之次数、体温之升降、呼吸之快慢、脉搏之强弱等须特别注意，万一病人病情有所改变，立可辨识，以报告医师或护士。

二、夜班之护理员与日班者无异，须注意病人之睡眠时间，夜间必须安静，免惊醒病人之安睡，切不可在夜间偷睡或因此误失病人之性命。

第二章　病室清洁及温度调节

第一节　(每日清晨病室内清洁法)

每日清晨病室内之地板必须吩咐工人拭净，板壁或墙壁必至少每月洗三、四次，须注意病室内一切床椅桌等是否依法排列及清洁，外科敷料、内科用药是否放置一定之处所。

第二节　温度之调节

病室之温度以百度表二十度即华氏六十八度为最宜，夜间温度稍低较为适宜，如冬日严寒可生暖炉，夏日炎热可多开窗以通风。病室须有新鲜空气与充足之日光,但不可使病人受猛风之侵袭,故须用屏风围于床之近窗处。

第三节 空气温度之调节

天气太燥可喷水以润之,天气太湿可洒石灰于地上,使之干燥。

第三章 病人日常护理法

第一节 密 盖 床

铺床法主要原则:使病人舒服,使病室整洁。

甲、目的:使病室整齐与美观,预备为新来之病人而用;

乙、预备:病床、床褥、褥套、枕为病室已有者。大单被二、橡皮中单、中单、枕套二,如用一枕则枕套亦一,绒毯或棉被多少视气候而定罩单或看被。

丙、手续:

1. 将床旁之椅自床侧移至床旁之适当地方;

2. 将床上之枕移至椅上,同时亦将所预备之单被、棉被等按次放在椅上;

3. 将褥由床脚向床头翻转;

4. 自床之近边铺起,先以一大单被完全铺上盖满,褥之两端塞入褥下;

5. 将大单被于卧褥之首尾两端折成方角后,将大单被近身之一边塞入褥下;

6. 将橡皮中单横铺在大单被上,约在病人之腰与臀部处;

7. 再以中单铺在橡皮单上,然后两层塞入褥下;

8. 绕至另一边即对边将各层铺好,其法与铺另一边相同,拉紧一一塞入;

9. 将另一大单被反铺于上,在褥首处作一八寸宽之折,在褥尾折成方角塞入褥下;

10. 将绒毯或棉被铺上,距褥首约五寸,将下层之大单被反折盖过被之首边,理平后塞入褥下;

11. 再绕至床之对边;

12. 将每层一一拉紧塞入褥下,法如上述;

13. 将看被铺上,使垂下之两边相等。

第三节 给病人饮食时之规则

1. 悦目;

2. 清洁;

3. 整齐;

4. 温度适宜;

5. 要有定时；

6. 有适当之环境(例如在一病人饮食时而另给他一便盆)；

7. 注意病人之饮量。

第四节　帮助病人饮食法或喂食法

普通病人可自坐在床上后用一靠背，床上放一小桌，可不必须他人助理。但在利害之病人必须人喂者，其法如下：先用方巾将病人颏下围好，免污被褥；每次用匙或筷将食物送入口时，令病人张大口，每次分量不宜太多，亦不宜太急，温度亦适宜，不可太热，最要者即须有耐心；利害病人之饮食多少宜记在图表上，以便检查，如病人用流质则可将流质放在有嘴壶内或用草管使之吸饮。

(待续)

原载《中国红十字会月刊》1936 年第 18 期

特载：中国红十字会救护委员会训练组[节录]

普通护病原理及实习(续)

第六章　观察病人病状之重要

第一节　病状之定义

病状为指示疾病或病人状态变动之征象或证据。普通分为二种，即自觉病状与他觉病状是也。自觉亦称主观，系病人自言之病状，而非他人所能查出者，例如头痛、腹痛等；他觉亦称客观，系病人不可知者，由观察所得来者，例如呼吸、脉搏、体温、面色等等。既知病状为疾病之征，而疾病之改变亦由病状可得知，故护理病者当留心观察病人之一切病状如何，此为护理病人之惟一责任。盖有时因不注意病人之病状改变，而将病人之生命丧失也。例如，一病人面色苍白并自言头昏，护理者并未察知，数小时后病人危极万分，如该护理者如察觉此病人之面色变为苍白，而自言头昏，可立时报告负责之人，如医师或护士等等，医师可设法急救，使之不至入于危险之地步。

第二节　护理员对于病人之病状所应负之责任

甲、对于自觉病状当注意病人之诉说，切不可以为病人之言语不确而置之不顾，盖有时因病人之诉说有何不爽之处或可助医师之诊断，例如在肠热病病人诉说腹痛，护理者切不可轻忽视之，盖腹痛或示此病发生危险之证，即肠穿破之证。

乙、对于他觉之病状当留心观察，因在多数之疾病由于观察他觉之病状而知，例如,病人面色苍白,烦噪[燥]不安,脉弱而细,盖即流血之征,如能早察即报告医师,可预防出血过多之危险。

总上而言,护理员对病人之病状须留心观察,详细报告为最要。

第三节 (较普通之自觉病状与他觉病状护理)

较普通之自觉病状与他觉病状,护理员应注意者如下:

皮色——苍白或发紫为呼吸不佳之征,红为发热之征,有红点为出疹之征;

面容——面容之改变常为重要病征,如愁眉苦脸为出血与休克之征,若病逐渐变恶,往往亦如此,如过于活泼、兴奋或忧郁之情形为精神错乱之征;

痛——有各种不同之痛,如锐痛、刺痛、钝痛、压痛等等,亦有各部之不同,有痛只限于局部,有痛及全身;

咳嗽——有干咳,咳时而痛,及有痰之咳;

休克与虚脱——面色青紫,脉细而弱,安静呼吸,浅而艰难,体温低,出冷汗;

出血——面色苍白,脉细而弱,烦噪[燥]出冷汗,体温减低,呼吸急而浅;

呕吐——注意呕吐之次数,呕吐物之情形,呕吐时有痛苦否,关于呕吐物之情形必特别注意,例如呕血为胃出血之状,呕粪为肠塞之征,皆亦立时报告;

卧式——病人之卧式为一应当注意之症状,若腹痛因发炎而致者,病人每曲膝仰卧;若因脑膜发炎,病人之卧式每成弓状。

第四节 体　温

常人体温约在摄氏表三十七度、华氏表九十八度零四分,但因病之不同而体温亦随之各异,例如一切急性传染病皆足使体温升高,如虚脱流血每使体温减低,而在脑病(非传染病)每使体温升降无定,故护理员必知病人体温如何,详记度表中以助医师之治疗。

检测体温法:

甲、目的:确知病人之体温如何,助医师之诊断;

乙、预备:

一般内放之物如下:大口玻璃杯,杯内放千分之一升汞或百分之七十火酒,杯底须放棉花或纱布,内放体温计;颜色之玻璃杯一,内放同一之溶液为放直肠体温计而用者;凡士林一小罐;棉花或纱布;弯盆;簿子及铅笔;

丙、手续:

1. 由于口内试体温者,必须确知病人半小时内未饮任何热饮料及未食任何熟食物者或冰水等等，将体温计之水银震之，使下到最低度，拭净放入口内舌下，约一分钟取出，仔细看系何度数，记于簿上后，将水银震之使下，放在杯中之溶液内；

2. 由于腋下试体温者，盖因病人之口中有病，或有破伤口，或因病人神志不清，在未放在腋下之先必须用毛巾将腋下拭干，使净后将体温计放入病人腋下，使病人之臂直向前臂湾[弯]，体温计必贴近皮肤，不可隔在衬衣外面，试温约十分钟后方可取出，仔细看过记于簿上，体温计料理法同上。注意腋下之体温较口中低一度，故记在簿上时必须注明系由腋下量得者；

3. 由肛门内试体温者，盖因小儿或须确知病人之体温如何，因神志不清之病人有时在腋下所量之体温不准确，故必须在肛门内试温。凡在肛门内试体温时，在大便后不可即试，如量时而有大小便排出亦不可试，如肛门有破伤口亦不可试，此足以改变体温计之水银升降故也，且体温计之一端插入肛门者，须用凡士林润之使易滑入，插入约一英寸余，切不可全体温计插入，约留五分钟取出拭净，将所得之温度记于簿上，且须注明由肛门内量得者，因肛门内较口上高一度故也；

丁、测验体温之时间及次数。普通每日两次，约在上午八时与下午四时，但在热病之人或特殊病人之时，有每四小时试一次者，有每小时试一次者。每次试体温时，如病人之体温升至华氏表一百另三度以上，或下降至九十六度以下者，必立时报告医师；

戊、体温计之保护。每次用后必须放在消毒药中，已如上述，杯底须放棉花，否则易使体温计触破。

附注：切不可将已用过之体温计，而未经合法之消毒转给另一病人试用，盖未经消毒之体温计最易传染疾病，其消毒法即放在升汞液内或火酒内。

第五节　脉　　搏

疾病之轻重与脉搏之次数性质大有关系，故必须准确测量。(略)

第六节　呼吸(略)

第七节　体温脉搏呼吸之记载法(略)

第七章　给病人便盆法(略)

第八章　发之料理(略)

第九章　消毒法及其重要

第一节　消毒法之分类

一、物理之消毒法，即借光和热而消毒是也；

二、化学之消毒法，即用药水消毒之法，普遍所用消毒水如下：

甲、升汞；乙、石炭酸；丙、火酒又名乙醇；丁、来苏尔；戊、生石灰；己、福马林；庚、碘酒。

第十章　消毒法之应用(略)

第十一章　隔离防法(略)

第十二章　给肥皂水灌肠法(略)

第十三章　预备普通小伤口之换药法(略)

第十四章　死后处置(略)

(尚有第二卷待续)

原载《中国红十字会月刊》1937年第19期

特载：中国红十字会救护委员会训练组

急救护病学讲义(续)

第二卷 外科护病学

第一章　创　　伤

创伤之定义

创伤为身体之组织，因连续受暴力或因被利器或钝器"射"刺及或切割而分解或破裂。

创伤之分类

按创伤之性质，其分类列下：

一、割创，为锋利之器如刀刃等所伤，其割口之两边整齐，组织并未撕破；

二、挫伤，与组织之挫伤有连带关系者(挫伤为一种创伤，皮下之血管破裂，其皮变色，即因血渗入组织所致)，其创口之边破碎不整，大抵因重物打击或跌仆所致；

三、裂创，其创口之边扯破，血肉模糊，此种创伤多因机器所致；

四、刺创，此种创伤较深而直径则并不大，只有一小口乃尖器如钉、剑、刺刀等物所致，有时为枪弹所伤。

创伤亦因其起源而分类，如手术创伤、枪弹创伤等，并视其是否染菌而分为无毒创伤与染毒创伤。无毒创伤乃创口绝无细菌而不显染毒之症状者；染毒创伤乃创口被细菌侵入，其菌数与毒数足以发生病理的病状者；开口之疮伤如溃疡、褥疮等亦与创伤同属，但不名为创伤。

创伤之愈合

身体欲治愈，其组织之创伤发生下列四种天然作用：

一、制阻传染；

二、分解并排除废料，如血块已死之细胞；

三、增生新细胞以补偿毁灭之细胞；

四、于可能之时，即封合伤口之壁。

愈合之方法

在软组织内各种创伤之愈合作用实际多半相同，惟其一不同之点则为：一、伤口之壁是否能粘合；二、所需新组织之多寡因此不同之点而创伤之愈合乃有：(一) 第一期愈合与(二) 第二期愈合之分。

一、第一期愈合：若洁净创口之边于分开后不久即令其紧合，则起凝集反应，而愈合时所需之新组织乃极少。故至创伤后之第四日，其愈合之初期已终，虽新组织尚柔弱而易破，但至十日至二十日以后，则平常已比较坚强矣。治创口之新皮(即瘢痕)虽仍作红色，而其四围之皮则已颜色如常。稍后因细胞之收缩，自新组织中驱出许多之血，而瘢之红色乃渐退，直至较其四围之组织更白。

痛之原因：洁净之割创缝合后，若使受创部份休息，敷料包裹合法则数小时后平常即可止痛。因创口之痛系因神经末梢受兴奋所致，若创口如常状，则此兴奋立止，如有痛者殆因：(一) 肌肉之运动拉扯缝线；(二) 因夹板或绷带太紧或创口内有渗出物积聚致受迫压；(三) 染毒。

温度上升之原因：受大创伤后不久，不论此创伤为何原因所致，其温度即略上升，但非有并发病诊[症]则于数小时内即行降落。此温度上之上升，平常称为损伤性热，并不重要，然若病人之温度于三、四日后上升则必疑其染毒矣。

二、第二期愈合：若伤口不能闭合及各种损伤如烧伤与深溃疡其浅组织已经损坏者，愈合时其裸落之空隙必须新组织充满之。因此新组织于生长时有粗糙之粒状肉芽，故又名肉芽。愈合创口面上之粒状小突，乃毛细管之萌芽由结缔组织细胞“围”任之，各细胞之肉芽变长，而与他细胞之肉芽接合，且因分裂而组成新细胞，故虽为一深伤口平常不久亦可充满。当此作用进行之际，在创口四围之皮生出新上皮细胞，但因生长不如结缔组织之快，故创口之面积若大往往需用植皮术。

创伤之传染病菌

创伤之传染：病原微生物从创伤侵入，可发生各种病症，其侵入之经过：

一、发生创伤的利器或侵入创内的异物，如衣服、碎片、砂土、竹木等都带有病原微生物；

二、受伤以前，衣服或皮肤上附有病原微生物在受伤时乘机侵入；

三、受伤后，伤者用不洁的布片包创，或由伤者的手、衣服等的媒介把病原微生物送入创内；

四、由医治的手或外科器械、敷料及绷带等之未经灭菌，致将病原微生物带入创内。

第二章　创伤之护理法

关于治疗创伤之根本原则如下：

一、虽已经染毒之创口，亦不可以未灭菌之物与之接触；

二、当勉为染毒之伤口消毒；

三、凡异物如尘垢、血块失去活力之组织等，宜早由伤口除去；

四、伤口如有渗出物或脓，当设法使之排出；

五、宜利用身体天然修补组织损伤之力，以促伤口之愈合，故伤口之边于受伤之后从速接合，切不可妨碍循环，如缚绷带太紧等；

六、受伤之部份须安静，可免伤口疼痛、缝线不迸裂，并可免染毒之伤口预防毒素之吸收。

外科灭菌(消毒)法

外科灭菌之完善，与创伤愈合之缓速有莫大关系，盖治疗者之手与应用之器械、敷料及创伤之部份若能妥为灭菌，则创伤之并发病可避免，并可迅速愈合。

普通灭菌之物：

一、日光：乃最便之灭菌法，有时十分可靠；

二、烧：乃最妥之灭菌法，但对于业经传染之废弃物则可，若对于尚能再用之物如此灭菌，则于经济原则不合；

三、若于法伦表三百度之高热度内置一小时之久，能灭诸菌及其芽胞，但因其透入之力甚小且易损坏物质，故不合用；

四、煮法：此法灭菌致力甚大，因热且湿亦甚方便，用于不能煮坏之物品，如被褥、衣服、器械、玻璃、磁器、橡皮用器等类。但煮时之久暂多自一分钟至一小时，须依规定而行，大约十分钟能杀菌，三十分钟能杀芽胞。若煮外科器械时加碳酸氢钠百分之一可免生锈；

五、热湿法：此法甚可靠，且便于为敷料、衣服灭菌之用，且易透入。蒸三十分钟至一小时能灭菌，并其芽胞时之久暂依物质而定；

六、压力蒸气法：此法常为敷料、衣服、外科所用之药类溶液灭菌之用，十分可靠；

七、化学灭菌法：此法因所用药品之强弱、浓淡、时间，并敷用之部分及所欲灭菌之物质，如物又分为：(一) 灭菌药；(二) 防菌药。列表于下(略)。

灭菌药系杀灭细菌之用，防菌药系防细菌繁殖之用，但灭菌药之淡者亦仅具防菌之功。

第三章　外科病症及其护理法

休克与虚脱 Shock and Collapse

休克为中枢神经系统与生命官能被阻之状，心动作弱，血管之紧张力在常度以下，血易积紧于肠腑之小动脉内，由此项血管壁渗出之液体增多，因之多数组织不能受充足之燃料、氧气与滋养。因此不足脑与心所受之害最巨，而肺血循环不佳妨碍血之通气，故足以损伤全体。

虚脱之光景与休克相同，乃因疾病而起，或为中毒之结果，则名虚脱。若因手术或意外之创伤，即名休克。

症状：休克与虚脱症状因精力衰竭之轻重不同，可显分为三等：(一) 轻微的或过渡的，其主要之症状晕眩、恶心、发晕或昏倒；(二) 缓和的，其症状为恶心或有呕吐，有时腹泻、肌瘦、大汗、皮寒而湿发晕及全身衰竭之感觉；(三) 利害的，或骤然发作，或逐渐发作，病人或人事不省或仍有知觉。在因意外而起之休克病人一时或有兴奋之象，但于转眼之间立即面露忧急之色，若人事不省则面上一无表情，如罩面具皮寒而湿汗多、色青紫、温度低落，按此种症状与出血时大略相同。在休克与虚脱因血液循环欠佳所致，组织内减少之血或与自身失去者相同。然在出血，其许多症状即因失血而起，有时亦有显著之分别：(一) 不安在出血为普通之事，在休克则罕见；(二) 皮色在休克普通以青紫为多，在出血则为苍白色。

护理法：令病人静卧，解开胸前纽扣通空气，将病人盖暖包以绒毯，给以热水袋偎之，头部放低以便血流至脑。若病人能饮，给以热饮料饮之。有时依医生吩咐以洑铚香酒二至四西西为激药，重者医生由皮下或静脉注射生理盐水或葡萄糖，亦有时注射激药及增加血压药如肾上腺素、咖啡素。如呼吸困难,用人工呼吸法;如呕吐,须将头部侧转,以免呕吐之物吸入肺部,发生危险。

第四章　出血 Hemorrhage

出血：分动脉出血、静脉出血及毛细管出血三种。动脉出血,其色鲜红,且随心房之收缩喷射而出;静脉出血,其色黯紫,不受心房收缩之直接影响,流出较缓;毛细管出血,血由伤口之面缓缓渗出或渗入组织内,出血或为外出血,即血得一出口而至体外,或为内出血即血由受伤之血管流入体腔内或组织内,或为皮下出血,即直接在皮之下面,挫伤之皮变紫色即属此类。在遭意外之受伤或施行手术后,或因一种病症或血管异常等,均有出血之危险。

症状：外出血所见之出血为局部症状,其全身症状则由身体去血之结果发生以下重大情况：(一) 妨碍心之动作;(二) 减少组织内氧气、燃料与水份之供给,平常微出血之全身症状为苍白,脉速发昏、眩晕、恶心,有时出冷汗,若失血渐显,则以上之症状加重,并觉甚喝空气、饥与不安静,脉速异常且不规则而细弱,呼吸浅而速,或如叹息、温度低落。

护理法：(一) 令病人安静以助身体天然止血,使血管破裂处收缩及凝固;(二) 纠正病人卧床姿势,令血逆流至出血之部份,以减少其血量,并将血出部份抬高;(三) 于可能时,施用压力即直接施于出血之血管上面,或间接施于血所经过之血管上面;(四) 有时用收敛剂或止血药,如肾上腺素、鞣酸□化铁酒等以止血;(五) 用冷敷或热敷法,以助出血之血管收缩以止血;(六) 医生或将血管缚住,扭搏缝合,或用烙器。

出血后：有因失血过多,医生用生理盐液或血输移法注入静脉,若用缚紧法,切记勿缚得太久,以免缚处组织枯死,病人务使温暖安静,直至休克之各种症状消失。若胃或肠出血,非经医生吩咐,不宜进饮食,但其他部份出血,则宜多给热饮料及滋养之食物。

第五章　骨折 Fractures

骨折：为骨之破裂。平常因跌打或枪弹损伤所致,间或为惊厥时肌肉猛烈收缩之结果而致骨折。

骨折之分类：(一) 屈曲骨折普通多见于婴孩及幼童,因其骨内之无机物质较少,此种骨折其弯曲分裂并未折断;(二) 单纯骨折系骨折而并不破裂,除局部挫伤之外并不伤其他组织者;(三) 复杂骨折系骨折而兼有他伤如出血、捩伤、脱位与神经受伤等;(四) 穿破骨折,在骨折处上之组织被扯破受伤,致折断之骨穿至外面。

症状:平常骨折之症状为肿痛、变色、畸形,运动异常失力与有骨擦即断骨之两端彼此摩擦所发之声也,通常用爱克司光诊察,则骨折之情形了如指掌。

护理法:须当心(一) 断骨之锐边损伤组织;(二) 休克;(三) 在穿破骨折则防染菌;(四) 若伤口出血须用止血法;(五) 用夹板或坚硬木条或用法将骨折处包扎以使不动;(六) 若有伤口,须敷灭菌药以待医师来诊;(七) 若医师已为之纠正位置包裹石膏带,亦须注意其包扎处肿痛、变色及继续出血之危险。

第六章　脱位 Dislocations

脱位:即关节骨之一根脱出骨臼,而平常使骨不脱位之韧带亦于同时伸张,且每被扯脱,脱位之原因或为跌打或因猛裂运动所致。最易脱位之关节为肩髋下额[颌]与手指及拇指。

症状:(一) 痛甚,若动更痛;(二) 畸形,本肢伸长有如缩短;(三) 本肢失其功用或减少;(四) 肿;(五) 患处有时变色;(六) 有时休克。

护理法:将受伤之处置于舒服之地位,患处须用包扎勿使之动,若系上肢用三角布扶托,若系下肢病人须平卧,患处若痛甚用冷或热敷之,若医生已行手术使之复原,须注意所包之绷带勿松落,若有休克,须依法料理之。

第七章　烧伤与烫伤 Burns Scalds

烧伤:为组织因热而受损害。依烧伤之程度可分为三级:第一级烧伤即皮因血管内充血而变红,内层尚未受伤;第二级烧伤即皮发炎与起泡,因有液体自血管渗出,使皮下之外层高起,与下面之组织分离;第三级烧伤即皮与较深之组织已焦灼毁坏,第三级烧伤令组织与受伤部分重大之损害,但就休克之危险与全身之后效而论,最重要者不在烧伤之程度,而在皮面毁坏之面积范围。

护理法:第一级或第二级之小烧伤,其所须疗法只须用洁净而不刺激之物遮盖,以隔绝空气而又不致粘连于皮者,如纱布或软棉布于一面涂润滑剂,如硼酸软膏或俄利伐由则甚合用。若烧伤之面积颇广,务须使之安卧,头部放低并用热水瓶及绒毯以使之温暖,并将烧伤部分用敷料盖住。若必须解去衣服,须小心刃触破所起之泡。俟医生将伤敷治后,每日依医生吩咐为之换药,并须多给饮料并富有滋养、易消化之软质食物,并留意小便多少,以防自身中毒。

第八章　冻伤 Freezing

冻伤:冷能制阻生活组织因冷使组成原浆之原子减少,其运动致物质收缩而制阻各种生命作用。

症状：在冻伤之初，四肢麻木强直，或作深色或青紫斑痕，因血球聚集与静脉收缩而致血阻于毛细管内之故。稍后动脉循环被阻更甚，即变为白色全身殭硬。

护理法：逐渐恢复全身循环，须使病人卧于稍暖和之室内，用轻和摩擦法抚摩全身至潮红而止，再渐使身体温暖。俟元气渐复，稍省人事，始给热饮料饮之，若呼吸不佳，须用人工呼吸法，并付激药。

第九章　救急疗术 First Aid

救急疗术之原则：

（一）勿惊惶；

（二）立刻请医生；

（三）非绝对必需之时，不可作平常由内科或外科医师实行之疗法；

（四）非绝对必需之时，若无医生吩咐，除用平常料理法，切勿给药与病人；

（五）勿多搅扰病人；

（六）若在室外遭遇意外之险，宜速将病人抬入室内，但移动病人之前，宜察其有无出血或骨折，若有须依法料理之；

（七）若病人惊恐须安慰之，并勿令其自见其所受之伤；

（八）因遇意外之险而致病人惊恐，须注意休克之发现。

第十章　昏倒 Fainting

昏倒：为一种暂时失知觉之状态，因妨碍血流至脑所致。

症状：人在昏倒之前易有恶心、发晕之感觉，耳内鸣响，面色苍白，时或有汗，脉速而弱，迅即昏倒，不省人事。

护理法：昏倒疗法之要点在便利血流至脑，人于初觉晕眩之时即将身体向前弯曲，直至头与膝齐，则不可致失去知觉。若此法无效，即令其仰卧，解开衣襟，开窗令吸铔氧以促清醒、刺激之功，但勿太近免太刺激呼吸系统之黏膜，若稍知人事，给服铔香酒二至四西西，并给热的浓咖啡、茶饮之病人宜卧床上安静温暖至无软弱之感觉为止。

第十一章　窒息 Suffocation

窒息：因制阻内外呼吸所致，或由于

（一）气道内外止阻空气通入肺部；

（二）肺部之异常状态，如在淹毙与肺水肿时气泡内有水；

（三）惊厥时，呼吸肌历久之强直收缩；

（四）呼吸肌瘫；

（五）呼吸中枢受药力之阻压；

（六）肺血循环妨碍；

（七）吸入气毒；

症状：呼吸速、呼吸困难，发绀空气饥，精神先兴奋继萎顿，血压高增，心脏动作弛缓，大汗、瞳孔收缩并有惊厥。

护理法：先去窒息之原因，通空气，解除衣襟之束缚，行人工呼吸法，注射生理盐液入静脉或并注射激药使病人温暖。

第十二章　人工呼吸 Artificial Respiration

人工呼吸：最普通用者即锡氏法与余否氏法，在中毒及急病时呼吸往往先停，而心之动作未停，若施人工呼吸法得宜其呼吸中枢渐至恢复，病人之生命即可保全。

锡氏人工呼吸法 The sylvesters Mhod

使病人仰卧，于腰下置一枕或代替之物以抬高其胸之下部，头下不可放枕。施行者或立或跪于病人之头旁，握病人之臂，约在近肘之处拉之向外、向上至不能再伸为止，在此位置三秒钟(此动作使肋骨抬起，胸部扩张略与吸气时同)。然后徐徐将臂放下直至胸部，乃压其肘向下，肋骨宜缓而有力以逼出肺内之空气，即呼气。以上动作当继续进行，每分钟十六次(以一呼一吸为一次)，若病人身体沉重，当有两人各自跪或立于病人之一边，在近头之处即依上法进行，但必须一致行动。用此法时，当注意病人之舌，勿令堕于喉上。

余否氏法 The Scharfer Method

使病人伏卧于地上，以一枕垫在胸之下部，或用他物代之。其头侧向一边，两臂伸于头上，骑跨病人之股而跪面向病人之头，以两手平于病人背之下部，在下肋骨之上指尖向其两背，身体向前靠使重量全在两手，尽力压病人之胸，惟须缓缓而行(此动作即代替呼气，可逼出肺内之空气，如有水在肺内并可逼出水)。然后缓缓将汝身体领直，以逐渐松去其压力，但两手则仍按在病人背上，如此一松一压每分钟约十六次(以两动作为一次)。

人工呼吸法当继续进行，直至回复自然之呼吸，或病人复苏之希望确已断绝为止。

余否氏法较为易行通,亦常较锡氏法为佳,在救醒溺水之人尤为适用,但于救急之时不能适用此法。

(第三卷待续)

原载《中国红十字会月刊》1937年第20期

特载:中国红十字会救护委员会训练组

急救护病学讲义

第三卷 普通传染病

第一章 传染病引言

疾病之最可畏者莫过于传染病,传染病之意义即微生菌侵入人或物之体内,间接或直接而起之疾病,其中病势急烈者谓之急性传染病,病势稍缓者谓之慢性传染病,其危险蔓延并伤害多数人或动物,是以必须事先预防或隔离,方可免去其传染性。

传染病之预防法有二,即消极之方法与积极之方法。

消极预防法:隔离患者,禁止与健康者往来,以减少其传染之门径。

积极预防方法:当传染病未发时,设法预防之,其主旨在清洁居处环境,扫除污垢,注意饮用水、食物之清洁,并施行各种杀菌消毒法、预防注射法以防患于未然。

普通传染病之原因:微生物实为传染病之根源,其未入人体时则隐伏于空气、水土、饮食物、衣服、用具等处,遇有机会则侵入人体,以皮肤及粘膜为侵入之门径,设人体之皮肤与粘膜无可乘之机会,则微生物亦无侵入之门径矣。

潜伏期:传染病毒之发见于人体时,病状不一致,有仅一部分受毒而即成疾病者,有渐次侵入血液而发现者。由病毒入体之日至病状发现之时,其间相隔之时日即名之潜伏期,至于潜伏期之长短,因疾病之种类而有不同。今将各种传染病之潜伏期略述如下:

霍乱,一至三日;流行性脑脊髓膜炎,二至十日,常见者七日;伤寒,七至二十四日;白喉,二至八日;痘疮又名天花,七至二十一日;痢疾,三至八日;发疹伤寒,四至七日;猩红热,二至十四日;鼠疫,三至七日;破伤风又名痉症,五日至二星期;疟疾,三日至二十一日。

第一节 霍乱

病原——霍乱症细菌乃一种螺旋形之细菌,能游泳于水中。

传染途径——此菌多含于病人之排泄物中及饮食、衣服、用具之内，亦有人与人而传染之。

病状——霍乱细菌侵入人之胃肠以后，经过数小时至三日之潜伏期，即有剧烈之腹痛、腹泻，腹内雷鸣，肚不甚痛，再过数小时即止，[上]吐下泻，大便变为米泔水状，形容憔悴、口喝眼陷、鼻聋脉绝、四肢冷、皮皱、腿脚抽痛，在一、二日内即可死亡，但立刻注射体功盐水，尚可望治愈，死亡率则甚高。

预防及护理法——预防此病之主要目标，即注意于饮食物之清洁及保护肠胃，勿贪食过饮并忌食生瓜果，忌饮生冷及一切不洁之食物，须先煮沸而后饮食之，并与患者隔绝往来，施行霍乱预防注射，至于患者之排泄物及衣服、器具等宜施以消毒法、护理法。病者卧床注射体功盐水，因病者体内缺水量，当注意水量之补充，使病者舒适为要。

第二节　脑脊髓膜炎(流行性)

病原——脑脊髓膜炎之细菌乃双连珠球状，细菌多见于人多、空气不良之处所，由口鼻侵入人体，经淋巴管而达脑膜，患此者以小儿及青年为最多。

传染途径——病原菌随病人或带菌者之鼻涕、痰唾等排泄体外混入灰尘、空气中，由口鼻传入体内。

病状——脑脊髓膜炎细菌侵入体内后，经过二至十日之潜伏期使发病，其病状初则寒战、精神不清省[醒]，体温高至三十九度以上，脉搏增加，头痛呕吐，对光线及声音有过敏性且易发痉挛，头部强直，牙关紧闭，背躯干、四肢反张等症状，通常先有尿闭后则失禁，恶性者一星期内昏睡而起麻痹症，终至于死。

预防方法——个人方面，勿与患此病者接近，少至人多之游戏场所；公共方面，则当注意清洁、隔离患者及病邮患者口鼻之排泄物，及凡与患者接触之物悉加消毒法并普及预防注射。

护理方法——保病者身心之安宁，病室中不可使光线射入头部及脊髓上，宜用冰囊饮食，宜取流质物品而无刺激性者大小便当通，如有闭塞时须灌肠或行导尿术，病人之一切用品以及其排泄物均宜消毒。

第三节　伤寒又各[名]肠热症

病原——伤寒症原菌乃一种杆形细菌，潜伏于病者之血液、肠胃、脾、肾、肝等处。

传染途径——此症于夏、秋二季最多，人民群聚之处流行最易，此症于夏、秋最多实因患者所排泄之物混入江河之内，不知者误饮此水，即感受此病，其饮食、器具、手指等间接或直接传染至别人，苍蝇亦传染此病之主要媒介。

病状——伤寒症杆菌侵入人体后，经一星期或三星期之潜伏期后，发觉全体倦怠、食饮不振、头痛、四肢寒痛。第一星期(初期)体温晨降而夕升，头痛、口渴、便秘、舌上有苔。第二星期(极期)热高而不退，胸腹部起红疹，腹部膨满，耳鸣。第三星期热甚高，心脏机能衰弱，往往肠出血穿孔腹膜炎，危险殊甚，症之轻者从此时可渐次复原。

预防方法——注意个人身体与手之清洁，勿吃生水或生冷、腐败不洁之食物，注意苍蝇之于食物上，谨防其传布，当有纱门及纱窗，注意环境卫生，依法消毒饮用水井及便所垃圾桶等，凡病人一切用品物件须先消毒而后方可使用，按期举行预防注射伤寒症预防针。

护理方法——将病者隔离，须使室中空气流通，并注意使病者安静。当时常用药水漱口，头部可敷冰袋，卧床当时常更换方位，臀部可垫空气圈，皮肤发红之部份当涂酒精以防溃烂而成褥疮。病者饮食最为重要，热高时宜用流质饮食，如米汤、蛋白水、藕粉、冰淇淋、果子水等饮料，以开水或冷果汁为佳，体热退后可渐食固体软食物如粥、汤、牛奶等，凡起床过早或饮食物不加小心，往往有此病复发之危险，是以调理饮食为伤寒症主要之护理法。

第四节　斑疹伤寒

病原——斑疹伤寒细菌有由空气传染，或蚊虫、蚤虱等间接传染，其流行性最甚者莫知哉，战争饥馑之时。

传染途径——蚊虫、蚤虱为主要之传染媒介，此外病人用过之一切物品和空气、灰尘等均可为此病之媒介物。

病状——此病之潜伏期由四至七日，初起时突然寒战，继则发高热约四十度，咽痛、全身痛、头痛、昏迷或发狂；至第四日，周身发红疹渐至四肢，轻者约三星期可逾，重者若心力不强则死。

预防方法——注意居处清洁，施行灭蚤法及隔离消毒等。

护理方法——此病因蚤虱及空气传染且毒力甚强，故绝对须入院治疗。病室宜阔大，空气须流通，病人所用之衣服、被褥、器具等当严行消毒，饮食在体热高时，当服流质食物，多饮水以补体内之消废。

第五节　痢　疾

病原——此病由痢疾菌而起，分细菌性与原虫性二种。

传染途径——痢疾之传染甚速,近热带诸国最易见之,夏、秋之间流行更甚,其病原菌隐伏于空气及饮食物内,其中以饮食物传染最甚,病菌先入人体之消化器中,以侵入大肠。

病状——患者一日下痢数十次,腹痛、发烧、呕吐,粪便初为液体,渐为黏液状或血液,故一日中大便多自廿次至五十次以上,食欲不振并极觉疲倦。

预防方法——注意饮食物及饮用水之清洁与消毒,防止苍蝇飞落于食物之上,施行预防注射。

护理方法——患此病者须严加隔离,病者粪便当以石灰水消毒,腹部宜裹以绒布,体功盐水灌肠。食物须用流质,如粥、汤、藕粉、牛乳、蛋白水等,生冷之物不宜食,以流质而富有滋养料者为合宜。病者之床宜平而清洁,预防生卧疮,注意病者身心之舒适,大小便盆当消毒为要。

第六节　天花又各[名]痘疮

病原——天花病原体散布于空气之中,其病毒至今尚未发见,恐存于痘疱内。

传染途径——此病乃一种接触性传染病,其病毒自人与人或由饮料、食物、衣服、器具等为传染之媒介,其病原菌散布于空气中,由呼吸器粘膜而入人体。

病状——天花病原体侵入人体后,经过七日至二十一日之潜伏期始发病,起初恶寒战慄、腰痛、发热至三十九度以上;病发至第四日,面部生圆形红痘疹,渐至于周身;至第六日,红痘疹化为水泡;至第九日,逐渐成为脓包,此时大如豌豆;第十二日结痂,热度逐渐下降;三星期后,痘痂脱落留有痘瘢。轻者三星期以上方可痊愈,重者不至结痂时即可死亡。

预防方法——须按期施种牛痘,勿与患天花之人往来,实行隔离防法。

护理方法——将病者迁移至隔离室严行消毒,室中之窗当以黑色布覆之,为防阳光有患于其眼力。病者热度高时,当用流质食物以易消化,而有滋养品者为合宜。当时用消毒水洗口或漱口,如硼酸水或盐素酸钾水等。病者之眼如有天花时,当用硼酸水洗眼并行热敷法者,病者身体当用温热水搽身,床被、衣服等当每日更换,并注意消毒。

第七节　白　　喉

病原——白喉乃急性传染病之一,其病原为一种杆形细菌,其病毒常在黏膜之分泌物假膜中。

传染途径——白喉杆菌隐伏于空气、灰尘、饮料、食物及病者之鼻涕、痰唾等排泄而出，由空气而传染与人。

病状——此白喉菌侵入人体后，经二至八日之潜伏期方能发病，初病时发热而觉吞物难、咽喉痛，有假膜扁桃腺红肿而有白色斑点或作线状为成灰白色，其后喉管渐起狭窄，不能呼吸而致死。

预防方法——注射白喉症血清，隔离患者，施行各种消毒法。

护理方法——将病者隔离卧床，其一切用品均当严行消毒，病者体温高时当以流质食物而富于滋养料者为合宜，多给病者饮水，呼吸困难时须速请医师施行气管切开术或喉头抽管术，注意时刻擦洗此喉管，以免为粘膜液蒙蔽此气管而不易呼吸之危险。

第八节　猩红热

病原——猩红热之病原菌散布于空气之中，由呼吸器之粘膜面侵入人体，其病原菌至今尚未确定。

传染途径——此病原菌侵入人体之门径中，由呼吸器恐为扁桃腺或患此者之痰唾、飞沫、痂皮以及被污之衣服、被单、饮食器具等为传染之媒介。

病状——此病之潜伏期为二至十四日，初起时有恶寒，后发热、头痛、咽痛、精神恍惚、痉挛、呕吐等病状，此病多见于秋冬之际，传染性最猛烈。次日即发红疹，自颈部始渐布于四肢、手足以及于全身浑红，舌上有苔，体温甚高至三十九度或四十度，全身呈猩红色，发疹期自四日至六日之间，后则变浅红的而脱皮，此时传染性最强，因其脱皮由空气中而传他人，时有夹杂病如肾炎、中耳炎、肺炎等。

预防方法——以隔离消毒为最切要，并当实施此病之预防注射。

护理方法——此病如有可疑问题，当立刻施以隔离防[方]法，令其卧床，对于喉痛当施以冷敷法，以减轻其痛苦，注意使病者周身舒适，每日沐浴搽[擦]澡更换衣服、被单等其一切用品当严行消毒，当其脱皮期时周身擦油，免皮飞杨[扬]于空气中，最易传染他人。饮食方面，宜选流质食物而富有滋养料者为佳，多饮水及流质。喉痛当用漱口药水，注意每日之小便留为诊查，以防其有肾炎。

第九节　鼠疫又名“黑死症”

病原——此病由鼠类传染鼠疫杆菌而起，其传染性最烈，此病分类即腺疫、肺疫及皮肤疫等。

传染途径——鼠疫杆菌隐伏于患者之排泄物及衣服、食物用具等处，以灰尘及蚤虱为传染之媒介，其传染性最强者莫如鼠类，故每由家鼠而染人，其途径多由人体之损伤处、呼吸器或消化器官之粘膜并淋巴腺等处。

病状——此症之潜伏期为二至七日，初起时有寒战、发热、头痛、呕吐、四肢疼痛、眼球充血、口渴等病状，并有淋巴腺肿胀、化脓出血、剧痛，人事不省，皮肤、肺、肾、胃肠之出血，发病后三、四日虚脱而死。

预防方法——此病传染非常猛烈，病者百不一生，是以当注意预防流行鼠疫之条例，注意平日捕鼠族，以免一旦发生此病之危险，预防注射亦其一列也。

护理方法——将病者严行隔离，使其卧于日光充足、空气流通之室中，其一切用品如衣服、被单、饭器等均当严行消毒法。护士个人当小心，带护口鼻之器为要。体温高时，头部须置冰袋，口渴时须以无菌之冰块或清水、药水漱口等。呕吐时，胃部当贴苿膏或冰袋等，饮食以流质为宜。

第十节 破伤风又名痉症

病原——此病由破伤风杆菌而传染，常生存于土壤、尘埃及牛马之粪便中，由人体之伤口而入血中。

传染之途径——破伤风杆菌由人之伤口侵入体内发育、繁殖、产生毒素，随血液循环而入神经系统，而起中毒之病状。

病状——此病之潜伏期为五日至十四日，间有染此菌在数小时内而发病者，其病状则头痛、四肢疼痛、神经不安，渐绝[觉]肌肉紧张、难于开口、牙关紧闭、不易言语、躯干向后反张同时出汗、渴燥流涎等病状，热度甚高，每至四十度以上。

预防方法——伤口须严行消毒法、清洁等，预防注射为要。

护理方法——将病者隔离，此症多见于军队中，受伤之兵士注意伤口消毒，施行血清注射，热高时设法将病者料理舒适，病室宜暗而无光，当十二分安静，因病者有抽筋之状态，如牙关紧闭时当肛射流质滋养之食物，或皮下注射体功盐水。

第十一节 疟　疾

病原——此病由疟疾原虫侵入红血球而起，可分为日发虐、隔日虐或三日疟及恶性疟症四种。

传染之途径——此病有一种安欧非蚊吸食病者之血，而传侵于健康者之体内分布之疟疾原虫。

病状——此病之潜伏期为三至二十一日，病初起时寒战，继则发烧，间有呕吐。热高时面红、脉快、头痛、口渴，三四小时后出大汗，热渐退。日久面色苍白、贫血、肝肿大、四肢无力、精神疲弱。如为恶性疟疾时，呕吐、头痛、昏谵，间有虚脱生疸黄症、身体衰弱而死。

预防方法——此病为蚊虫传染,首当注意消灭蚊虫,住屋当有纱窗、纱门,夜间屋内用蚊帐或蚊烟香,以防蚊虫来吸取人血及侵入人体之疟原菌。每当夏、秋之际,蚊虫盛多之时,服少量之贵林霜丸,亦可为预防疟疾之一妙法。

护理方法——病者宜卧床休息、隔离,病者体温高时宜多给水吃,预防病人出大汗,并当给病者施行热水搽[擦]身法,使病者舒适,头痛用冷袋,饮食以易消化之食品,而富有滋养料者为善,禁防蚊虫吸人之血及蚊虫之媒介。

(完)(第四卷待续)

原载《中国红十字会月刊》1937 年第 21 期

特载:中国红十字会救护委员会训练组

急救护病学讲义

第四卷　绷 带 学

绷扎法与绷带

绷扎之艺术在以绷带施诸病人尚得到最大之效率与最大之安适,或使病人少受不安。真正良好之绷扎法只能在人体练习,若不常时练习即至忘却。故遇有机会之时常宜于友人或小儿(非有病之小儿)强健之肢体上练习绷扎,以期精熟,此乃一善法也。

然欲学习实际之绷扎法与如何应用特种之绷带法,则用现今出售之人体模型甚佳,且于学练绷带法有一极大之利益,即可使其体之一部份或一肢常在一个位置而无疲乏之患,不若人之有感觉也。若缠一特种绷带必须反复数次,方能得到正确之观念而深印于脑经之中,然于同时亦有一种缺点以之代替,生人不能满意,盖人之肌肉有弹力性感觉而模型则肢体强直,木然无知,此其大不同也。

在应用绷带之先,有数点必须谨记,俾可选用合宜之绷带而以最满意之方法施诸病人,以下数事常宜注意:

一、应用绷带之目的,此事并无例外;

二、病人之安适,若用绷带以止出血,此点不能讲究,因其绷带暂时紧缠也;

三、缠绷带部份之位置,其位置以愈自然为愈佳,并须放在缠好绷带后应放之位置,如在臂部向上直缠,而后屈其肘关节。则须谨记者,若一肢强直,应放在最便利于病人之位置,即其腿只可少些湾[弯]曲,足与腿成直角,臂宜湾[弯]屈,手掌向上。

四、绷带之整洁，此事亦当加以注意，不整齐之绷带虽或有效，然自医生与病人方面观之，最为不合，外科医师无不反对疎[疏]忽、不注意之绷带法；

五、绷带之经济，此事应加以研究，若尽多将绷带缠上，决非善法且不免妨碍肢体，惟绷带常需缠至应缠部份之外，以免肿胀。

以上皆为重要之点，但有一事必须谨记，即决不可因不遵守规则而牺牲原理也。

绷带之功用

各种绷带之用途甚多，其主要者如下：

甲、固定敷料夹板与应用敷料夹板之部份密接，换言之即遮盖伤口上面之敷料，如系骨折则使夹板不致脱卸或移动；

乙、与软弱之部份，受伤之腱与韧带等以稳健的托扶，如在肩捩伤等；

丙、用压力以止出血，以绷带作此用较压脉器为佳，缠时宜速并宜坚固，惟去除时应当缓缓解除，若有黏连不可拉下；

丁、抵制过度之肌运动，但必须有医师之切实吩咐方可，以绷带作此用；

戊、减轻或预防肿胀，绷带往往有用，以绷带减轻或预防肿胀者宜缠得坚固，但必须多垫棉绒等物围裹肢体，务令四面匀称，然后将绷带缠上；

已、绷带有时用以促进吸收；

庚、矫正各种畸形，如在斜颈及脊柱弯曲等；

为便利起见，绷带可分作以下之三类：

一、各种捲[卷]轴带；

二、三角绷带；

三、不规则或特别形状者如：

（甲）各种腹带；

（乙）多头绷带与阔带；

（丙）丁形带；

（丁）领或四头绷带；

以上各种绷带当以[依]次讲明其应用之规则与方法等等。

卷　轴　带

此为一种著名之绷带，在战时应用已久。当时罗爱城被围之时，业已用之，在他时亦有应用者,故事相传可资引证也。卷轴带乃以一长条之绷带料紧卷而成者,其长阔不等,照需用之部份而异,卷轴带之长阔并无一定限制。惟各带平常颇便于应用,其尺度如下:

(绷带)

指与趾之绷带:(长)一码至六码,(阔)四分之三英寸至一英寸;

头部之绷带:(长)六码,(阔)二英寸;

臂之绷带:(长)六码,(阔)二英寸又四分之一;

腿之绷带:(长)六码至九码,(阔)二英寸半至三英寸;

躯干之绷带:(长)六码至九码,(阔)四英寸至六英寸。

双头卷轴带:绷带自一头卷成者名为单头捲,轴带自两头捲成者名为双头捲[卷]带。

双头卷轴带常以两头、单头卷轴带缝合而成(切勿用针扣合),其一头平放在另一头之上。

制卷轴带之料与其利弊

一、法兰绒——坚固、温暖而有半弹性能得良好之支持,然其弊则为料颇厚,有时使绷扎之部份太热,此料用以制肋骨或躯干之绷带用以胸部及乳部,平常购买小绒系用码计照所需之阔度撕裂成条,而紧紧卷之。

二、软法兰绒——为一质地轻松之毛织物,柔软而有弹性,多孔。若所缠绷带不可有散线时宜购现成有织边者用之,否则其最经济之方法则照码购料,自制撕裂成条而紧紧捲之。

三、未漂白之棉织疏布绷带——用以固定外科敷料颇佳,因其质轻而多孔,且价格颇廉。虽不能多得支持,但为最普通用之一种,常宜购置,以备应用。

四、原棉洋纱——头部必须用一质轻而凉快之绷带时,此料颇佳,但不耐久,转瞬即坏,故不常用。

五、纱布绷带——其制法有数种,或系四折纱布,或为一较坚固之纱布,仅有层厚、有织好之软边,平常用抗毒剂制过,在英国非普通所用,而在欧洲大陆则有几家医院,其外科病室中所用者无非此种绷带,因有弹力性,故能适合于身体任何部份,不需回反。

六、弹性织边绷带——为一坚强而有弹性之绷带,用以支持者在施行某种手术,如赫尼亚之后间或以一层加以棉布绷带之上,以略增其压力。惟此物价颇昂贵，且久置则无用，是其弊也。

七、马丁氏绷带——此系有一种弹性绷带，以坚韧而光滑之橡皮制成，因其无孔，使患处表面之热与潮湿被阻，故用之颇为不适，有孔之马丁氏绷带可免此弊，殊觉相宜。

用橡皮绷带必须注意不可将带伸张，因缠后一得肢体之暖气必将加紧也，有时于静脉曲张时用之藉以支持，腿生慢性溃疡时亦有之。

八、绉布绷带——为质轻而有弹性之棉布带，称为六码绷带。但若不伸张则量之仅有二码绉布，绷带之种类不一，常用于静脉曲张藉以支持，此绷带甚为安适，故病人皆喜用之。

九、弹性棉织网眼绷带——有时亦用于静脉曲张之病人，但其质地较厚，用时更为不便。此外，几种无弹性之绷带，如灰洋布绷带、漂白或不漂白之洋布与麻布绷带，现仍有少数医生用之，但硬而不适，故大多已改用织棉绷带矣。

硬绷带或不动绷带

石膏绷带——此绷带现今犹多，用之虽有各种新发明之绷带，仍不可失其地位，因硬时不缩且能速干，然其缺点在用此绷带时手与床铺等物皆不免淋漓，或绷扎尚未完竣，而石膏已经干燥且颇不易除去。石膏绷带平常系购用现成者，但亦可用粗洋纱或软粗布自制，以石膏细细擦入。

腿部用石膏绷带时，平常先以棉绒团裹，再用法兰绒或软法兰绒绷带，不可回反或折绉[皱]，宜令其适合熨贴。先取第一条石膏绷带浸于冷水中松松缠上，再取二、三绷带浸于冷水中而后用之，务须匀称，其腿以两三条绷带悬于护架上，以热水听使之干。

淀粉绷带——制平常之淀粉糊若干，其坚度与用在麻布上者相同，以棉布绷布浸入糊中，先用软法兰绒绷扎肢体，再将淀粉绷带缠上，须要匀称，欲使其坚固或需用绷带三四条。

矽制绷带——系用疏布绷带或他种棉布绷带浸于矽酸钠或矽酸钾与天然垩之混合液内而成，制混合液时须用木棒或匙迅速搅和。此绷带系加在软法兰绒绷带之上，与石膏绷带同，矽绷带为一坚固而质轻之绷带，且不难使用。惟就病人方面而论，并不能完全满意，因其不易干燥，须经过长久之时间，故于骨折不常用，恐有重变位之危险也。

石腊绷带(劳生戴德氏绷带)，此带系将纱布经过熔化之石腊而成，因其在较高之温度(约法伦表一百另五度)亦能凝结为固体,故盛名石腊之瓶,须常放在一小盆或一碗之热水内。石腊绷带为一坚硬之鞘,有时用于慢性溃疡等,因其并不自绷扎之肢体吸收溢液也。

乌纳氏绷带——有时用于腿之静脉曲胀[张]性溃疡,先将疮口洁净,以埃朵芳与硼酸粉撒之,再将溃疡周围之皮仔细洁净,即以双头纱布绷带缠之,用甘油与动物胶之混合物擦入,此混合物为甘油四十份、动物膏十份、水四十份和氧化锌少许,将此混合物加热,于热时擦入绷带,少顷即坚固而成为腿之良好支持物,且无石膏绷带之重量。此绷带亦可购用现成制者。

应当用以上不动绷带时,最好先用软膏剂少许擦抹两手,并以肥皂填满指甲。

应用捲轴带之规则

一、绷带必须经捲,俾可满意应用;

二、横握绷带于手中,在拇指及余指之间,勿宜长握之;

三、若绷扎病人之左腿或左臂,宜以右手握绷带;若绷扎病人之右腿或右臂,宜以左手握绷带;

四、每逢可能之时,当立在病人之对面,勿立在病人之旁侧;

五、作一坚固之地点,大半在应用绷带部份之下面;

六、以绷带之外面贴近皮肤;

七、自臂腿之里面携绷带由前至外,此事虽非绝对必要,但较为便利;

八、每逢可能之时,当自下向上绷扎;

九、绷带回反直在肢体之外面,惟为避免创口不宜回反时不在此例;

十、绷带回反常宜在一直线互相重叠;

十一、8字形绷法之交叉点,当与其下面之回反相同适合;

十二、绷带之三分之一宜任其露出;

十三、绷带之压力必须平均一致;

十四、最后作一螺旋绷法,用扣针扣住,须有整齐之形式,绷带若能完全消毒不致损坏者,在使用之前宜先行消毒。

护士宜学习两手绷扎得一样完善。

用卷轴带时应当避免之事

一、开始绷扎时刃绕肢体作一直接转以固定之,常宜用螺旋绷法,因环形绷法阻碍静脉循环而足以引起危险之压迫与充血;

二、切勿用湿绷带,因干时收缩将致绷扎太紧;

三、绷扎时勿令绷带有绉[皱]纹;

四、若非医生特别吩咐,切勿以绷带贴近皮肤中间,并无棉绒或敷料等物;

五、切勿绷扎太松,若以手将之其边捲[卷]起,即以太松易致脱卸而令病人不安适,且一无所用;

六、切勿绷扎太紧致令趾尖或指尖发青或发冷;

七、切勿令绷带之压力不平均,皮面将有红线,且宜致水肿与变色,若有此等事发现,宜将绷带立刻解除,在小儿尤须注意;

八、切勿在骨隆突之处或创伤上面回反绷带,勿留一硬织边在绷带上,因其不能伸缩或致伤害病人;

九、切勿将绷带卷一次放开太多,当以二三英寸为度;

十、绷带在完全卷好之前,切勿重复应用;

十一、卷绷带时切勿任其捲[卷]于地下;

十二、切勿用平常之小别针固定绷带,此乃危险之事,绷带若缚结宜用扣针扣住。

各种绷扎法

绷法有五种,举之如下:

一、环形绷法——此绷法就其名称观之,即知为绕身体之一部份作一环状之直匝,此绷法不宜用于四肢;

二、螺旋绷法——在绷带之两边能平点于皮面时用之,即在厚薄一致之部份如手指;

三、螺旋回反绷法——于四肢胀大及需用一定之压力时用之;

四、8字形绷法——用于关节或需有弹性之处;

五、人字形绷法——用于两肩及腹股沟等处。

各种绷扎之方法

螺旋绷法——将绷带绕过一肢,于其外面微斜向上作螺旋形后一匝,盖没其前一匝三分之二;

螺旋回反绷法——在回反之时,松握绷带以别一手之拇指,在此匝高处按住绷带之上边,然将绷带反折向下,罩没其前一匝三分之二;

8字形绷法——系绷扎肢体时将绷带一匝向上,一匝向下,相间环绕,注意绷带之下边均须平行,各交叉点宜成一直线;

人字形绷法——乃8字形绷法之变形，其作法相同，惟一圈较大于他圈耳。

除捲[卷]轴带法

取去扣针，照绷扎时之方法相反而行，以一手绕其肢体授于他手，勿拖成长条，宜松松握成一束。

(待续)

原载《中国红十字会月刊》1937年第22期

特载：中国红十字会救护委员会训练组

急救护病学讲义

第四卷　绷带学(续)

卷绷带法

如绷带甚绉[皱]或扭曲，宜先折叠在光滑、坚硬之面，如椅靠上拽挺之，然后卷紧。现今平常用机卷之，可较手捲[卷]更为坚固、匀净。

绷带机将绷带穿入前面横条之下，绕于有柄之横条上面，不可太紧，迨既牢着即将柄迅速摇转，直至捲[卷]轴带捲[卷]完为止。捲[卷]时必须小心，当使两边平匀且宜拽紧。

若取下时发生困难，可就反对之方向略转数转，即可使其里面松动，容易取下，若无卷绷带机则必须用手捲[卷]之。

手捲[卷]绷带法，最好能得一助手紧执绷带，令其自指间逐渐松出。若无助手，可将绷带之一头缚于便利之家具上面(紧抽屉关住颇佳，或缚于环上亦可)。

将绷带之另一头折叠数转，或一坚固之中心，然后以两手之拇指放在卷之上面，余指则在卷之下面，以食指紧按此卷，拇指前推使其在指间旋转进行，掌与拇指之根令绷带不致凸出。

头部绷带

施于头部之绷带切不可太紧，所选用之绷带亦以愈轻愈善。

帽式绷法乃因古代兵士所载之一种小铜帽而得名，以其形式相似也。此种绷法不十分常用，惟于头部裹有大敷料时可以维持其敷料之位置，故颇为有用。虽平常以为太热，但可用洋纱或疏织棉布绷带即不致太热矣。

帽式绷带应用

取一双头卷轴带，惟因需用之带颇长，故最好以二个卷轴带将其一端在中间平铺缝合,将绷带之中央置于前额,正当眉上放开,绷带自头之两侧向后在枕骨后面,彼此经过低至耳上(此时将两卷一横一直在头下,向前、向后开始将一卷于头之下面,放在另一卷之上,将下面之一卷反折向上经过头颈而至额中央)。

将第二卷绷带横绕头部,在反折前经过垂直之绷带,再将垂直之绷带携至头后,在中线之左而于右面回至前额。

照此作法直至将头部完全罩没为止,但宜小心,不可令绷带太紧,一带系在中线之左右,经过后一匝罩没其前一匝三分之二,仅留出三分之一,横带则于在前后经过每一匝适当其一匝之上。宜留意每次只能移动一带,在经过头部时不可拉扯,只宜滚过,否则有折绉[皱]之硬块组成,既毕即于前面用针扣住或平缚之。

半帽式绷带法同,惟只绷法同,只绷没头之一半耳,施行乳突切开术后裹敷料之法,此绷法极为安适且不脱卸。

取一软法兰绒或棉织绷带,将其松开之一头放于额上携带,横过头部而至无病之一边绕头一匝,然后在无病之一边自耳上枕骨下,而后面回至头顶,包没有病一边之耳,再以绷带绕头照前进行,每次于受伤部份较高少许,于头顶较近前额,最后横绕一匝用针扣住。

幼儿施行乳突切开术后裹敷料之法:取一棉织绷带,将松开之一头于额上携带,横过头向无病之一边绕头一匝,然后在头之后面向下,于头下绕过颈与无病一边之耳后直经过头,而携带向下包没有病一边之耳,再自颏下各上经过至额,照此绷法直至将敷料包没为止。在有病一边之敷料上,每匝露出三分之一在外,并不遮没,最后横绕头部一匝,于前面用扣针扣住。

此绷法最为安适,虽最不安静之小儿亦不能使其移动。

使头顶或其前面之敷料固定法:先横绕头部一匝,自右耳起至左耳将一卷绷带反折向上,直绕头顶而至右耳经过另一绷带,然后复回去左耳略近前额,照此作法绕头约四五匝,然后携此直带经过第一匝,从右耳之前至于颏下,再向上至左耳之前,用扣针扣在横之一匝上面,此横绕之一绕当在额前扣住。

扭转绷带:若创口出血须用压力之时,有时用此绷带以保留头部前面之敷料,其法在将绷带自后而前相间绕头,继在耳后扭转,以一头经过头顶彼边之耳后与颏下面回至起点。如此续绕三四转,其横绕各转使直绕各转在一边固定,并与直绕各转在又一边扭转,直至包没所需之面为止。绷扎既毕,平常即于耳后缚住,此绷法每两个卷轴带。

缚结绷带：平常用麻布一条，其绷法与上相同，乃用以止颈动脉之出血者，以绷带裹住头，与颈后之绷料有时称为□痘绷带，将绷带之一头放在额上绕头一匝，乃携绷带自耳上而至头后，经过横绕之绷带，再由颈前绕至颈后，向上回到额续绕数匝，直至裹没敷料为止，最后在额上用针扣住。

眼 之 绷 带

眼有几种绷法，但宜留意，非有特别命令，不可使眼受压力。平常之法系用一二英寸阔之绷带绕头一匝向无病之眼，在两耳上于头后则颇低下，迨至起点时即携带过头后，在耳下再向上经过有病之眼，而至额中央再经过旁侧下至头后，复回别眼而终于无病一眼之上面。

眼之又一绷法：携带向无病之一眼绕头一匝，乃由耳下斜上至有病之一眼经头后而终于额上。无论如何，绷法必须注意使绷带之边离无病之一眼，否则病人将因而烦恼。若两眼皆病，切不可以绷带经过两眼，恐其彼此传染。此时须用一双眼绷带绷扎眼时，其绷带常宜自绷扎之一眼向鼻可免垫或敷料之脱卸，若向耳绷则其敷料不久必至卸落矣。

颈 之 绷 扎 法

颈部无一定之绷法，惟平常于绕颈绷扎之后常再绕额一转，以防其卸落，将绷带携至头后，有时并须将绷带自腋下绕一圈。

胸 之 绷 扎 法

取二英寸半阔、二码长之绷带二条双折之，两肩各放一条以作为桔具，其折在后，松散之头向前；再取一阔约四、五英寸之绷带于腰上，横绕身体一匝，在背后穿过带圈，第二匝较第一匝略高，并不穿过带圈。照此作法进行，直至到所需之高度为止，乃用扣针扣住，将肩上两带之散头翻起，用扣针扣在胸前。

腋 之 绷 扎 法

此绷带颇不易绷扎且不甚满意，先绕臂之上部作一螺旋绷法，自内向外，然后于前面携带向上，经过肩背而至另一面之腋下，此腋下已垫撒有硼酸粉之棉绒者，将带回反向上使其平伏，再经过胸与肩，较前一匝较高，复绕肩之上部，如此四五转，已足绕胸背与臂者相间，最后在臂上用扣针扣住。

右 乳 绷 扎 法

取一三四寸阔之法兰绒、软法兰绒或棉织绷带，将其一头放在右乳下三英寸之处，向无病之一面横绕身体两匝，然后携带向上经过病乳之下部，斜至左肩过背而回至前面,较横绕之带二匝略高之处,再横绕身体一匝而后经过乳与先前之一匝,每次略高于前,如此一横一斜相间,直至裹没乳为止,乃以扣针扣住。

左乳之绷法与右乳同,不过其方向恰正相反耳。施行乳切除术后,普通须在有病之一边绕圈数匝反其腋下,因乳腺或自此处切除也,或将臂缠缚身旁亦可。惟多数医师现今皆不愿将臂缠住或以绷扎,既毕之后,络以三角悬带一头,经过背一头绕臂而于无病一面之颈际合作一缚结。

产科乳头绷带

产科乳头绷带系用于产母之因,故不能乳哺其儿者,取三四寸阔之棉织绷带两条,置一棉绒垫于两乳之间,将第一条绷带之头放在乳下横绕身体一匝,然后向上绷扎,务须压力均平,并宜注意此压力,使乳向前常需用第二条绷带,以得良好之扶托,俟最后一匝已至腋下,即用扣针在前面扣住,此法能得扶托,因以止痛颇有功效。

肩部人形式绷法

此绷法有二,即自下向上与自上向下。向上人字形绷法乃用以固定肩部之敷料者,最好在绷扎之前先以绷酸粉拨其两腋,若虞绷带切伤皮肤,即置一棉绒垫于腋下,普通用二英寸半至三英寸阔之绷带一条,先在有病之一边绕臂之上部作螺旋形绷法两转,再作螺旋回反绷法两转,乃携绷带经过背而至他一臂在腋下四英寸处,再经胸前而至肩上与回反绷法成一线,然后在臂下自后向前而上经肩背与前相同,照此作法直至肩部包裹至颈际,乃用扣针在前面扣住。

向下人字形绷法系需支持时用之,如在捩伤而腋各应置一垫,并撒硼酸粉。此法需用绷带两三条,有时用灰洋布者可以多得支持,先在有病之一边绕臂作螺旋绷法两匝,携绷带于肩之前臂向上高至颈际,经过背而于他一臂之下回反向上过胸,在颈际肩中心之上与前一匝交叉,再携绷带至臂下于前面向上,复经过病肩,较上一匝略低。照此作法进行,直至将肩包没为止,最后在胸前用扣针扣住。

自手至肩全臂之绷扎法

手掌向下,肘关节弯曲,先绕腕作螺旋绷法一转,携绷带自桡骨至尺骨,经过手背而至小指之根,并经过掌而于母、食指两指之间抵手背,再经过手背而至腕作一8字形绷法一圈,绕指节一圈,绕腕再绕腔作螺旋绷法一两匝,即行回反用回反绷法直至肘关节,使其反折在近臂中央之处以避开骨,于肘关节作一8字形绷法,使其交叉之处与回反绷法相合,或继续用8字形绷法直至臂顶,或于经过肘关节后仍用回反绷法，最后作一螺旋绷法，用扣针扣住。

肘关节人字形绷法

在肘关节下开始作一螺旋绷法，然后携取绷带，使肘尖适在带之中央，继续用8字形式绷法在第一匝中央之上与下，直至包没肘关节为止，最后在肘关节上作一螺旋绷法。

拇指人字形绷法

此绷法平常用于拇指或为出血或为捩伤，取一英寸阔之绷带一条，使手掌向下先绕腕一周，乃携绷带绕过拇指之背，在拇、食两指之间绕拇指一周靠近其尖端，再经过手背与腕下复绕拇指一周，罩没其前一匝三分之二，如此继续绷扎直至包没拇指之根，最后绕腕一周，将带头撕开缚结。

手 指 绷 法

手指皆可用螺绷法，但有时亦需用他种绷法，如残株断干，所以包没指尖创伤之敷料。其一为螺旋回反绷法，每指之绷扎须从腕开始且终于腕，手掌不可包没，其绷带系自手背经过，否则将致手指脱卸。

髋与腹股沟及会阴之绷法

此绷法常宜绕过骨盆，不可绕腰以免切伤病人髋或腹股沟，人字形绷法有几种，但其最通常者即向上人字形绷法与向下人字形绷法。

向上人字形绷法：先用骨盆靠垫，将病人背部之底自床上抬起，有病一面之膝略弯曲。先绕股作螺旋绷法两匝，自内向外再作螺旋回反绷法两匝，携带向外经过外，经过腹股沟之前面与髋后，并经过背再绕至身体前面，经过上一匝罩没其三分之二。照此绷法继续进行，逐渐向上直至包没敷料，将其紧紧裹住为止。

腹股沟或髋之向下人字形绷法：先将身体抬起，屈膝与前相同，将绷带松开之一头放在腹股沟前面，绕过髋后经腰而至无病一面之髋，乃斜过腹部在绷带头之上绕股，而经过有病一面之腹股沟。照此绷法直至包没所需要之地位为止，用扣针扣住。

此人字形绷法用以固定敷料，或维持赫尼亚垫之位置极佳。

会阴绷法：有时用圣安特鲁十字绷法，系相间绕过骨与会阴，在骨盆之右面开始绕身体一周，乃经右股之前及会阴，过中线而绕至左股之后，再经过背部之底而至骨盆围绕一周。第二次绕过会阴之一匝与第一次同，惟来自对面，此两匝在会阴之中央交叉，最后绕骨盆一匝扣住。

下 肢 绷 法

腿部自足至股顶之绷法：先绕踝作一螺旋绷法，乃携带经过足顶而至趾跟，绕足作两螺旋绷法，再作两 8 字形绷法，每次以一圈绕踝、一圈绕足，有时足若太长，须先作一二回反绷法，再作 8 字形绷法，绕踝作一螺旋绷法，再后回反至膝，使各转皆在小腿之外面，在膝盖上作 8 字形绷法，直至包没为止，乃回反至股顶，或用 8 字形绷法直至股顶。若需用第二条绷带，其联接处须用第二条绷带完全罩没其上一转，切勿可用别针。

又一方法：系将第二绷带卷放开数英寸，将第一条绷带之一段卷在里面，乃用双层绷扎其下一转。此两法实际相同，但有人以第二法为较易，最后作一螺旋法，用扣针扣住。

膝之人字绷法

先在膝下作一螺旋绷法，其第二转当令膝盖正在绷带之中央，乃于其上下作 8 字形绷法，最后在膝上作一螺旋绷法，此绷法常用以支持发炎之膝。

跟之人字形绷法

先绕踝作一螺旋绷法，其第二转使跟尖适在绷带之中央，或不用螺旋绷法，开始即绕跟一周。无论用第一法或第二法，其次即将带携至跗前，复绕至跟，如此相间绕跟与足尖，自跟之中央起直至包没为止，最后绕踝或小腿之下部作一螺旋绷法，用扣针扣住。

跗趾人字形绷法：用四分之三英寸阔之狭绷带先绕踝一周，乃携带经过足背，在两趾之间、拇趾之下，靠近足尖绕足背而至踝。如此继续绕趾与踝相同，直至包没拇趾为止，最后绕踝作一螺旋绷法，将带头撕开缚结。

残 肢 绷 扎 法

用一捲轴带先绕肢一周约离开残肢之底五英寸，然后携至前面将绷带折转，自中央直下而上行至后面，以别一手之中指按住，将带复回至前面略在底处中线之一边，而于顶上经过中央之绷带以拇指按住。照此作法进行，使各圈相间在中央之两边，直至角上乃作一螺旋绷法，经过第一转以固定各圈，将绷带自顶斜行直至斜对角之底，横行经过后面而上至前面，与其上一转在中央交叉，复升至同样之高度，用 8 字形绷法直至包没断干为止，最后作一螺旋绷法。

三 角 绷 带

三角绷带在医院中除各种悬带并间或用于头部、肩部外不甚多用，惟在乡区护病则极为有用,因其易于洗涤、煮过及熨平,且较常用之旧麻布及白洋纱布条更为经济也。在病车工作亦常用之,因折叠时,其中央有数层之厚,足以支持,故较直条为优,且可用其小头缚住不致作成一巨大之结,并有若干弹性。三角绷带在今日每向各病车公会购买,其价颇为低廉,亦可按照下法作成之。取未漂白或已漂白之洋布或麻布一块,约三十六英寸见方,对角折之,即依折缝剪成两块,可作两个绷带,若有工夫宜将织边撕去,再将散边缝好,可以更为耐久。为便于说明起见,以三角之顶端为 A、B、C 为三角之底边,AB 与 AC 为三角之两侧边。三角绷带或放开用或折叠用,其折叠之法有二:(一) 宽折法。即将三角之顶端折至其底边之中央,然后再依同一之方向折之;(二) 狭折法。即将宽折之绷带再直长折之,三角绷带往往以为可用手帕作成,实则不然,因无如许大之手帕也,平常手帕不过十二英寸至二十八英寸见方,较此更大者除丝手帕外,颇为罕见。三角绷带之用途不一,几可适用于身体之各部绷带之结。最好缚在病人之前面且在不致受压损伤之处,若将绷带缚于后面则需在结上,最为不适也。

头部用三角绷带以包扎颅顶盖之创伤及固定布垫与罨剂法

取一放开之三角绷带,在三角之底直长折一二英寸阔之边,将此边之中央部放在额中央,低至与眉相近,使三角之尖端于头后直至头际,将三角底边之两头在耳上面绕至头后于枕骨下面交叉而过,宜低,否则易卸落,复至前面放额上缚一方结,将后面之尖端拉下,整理翻起头上用针扣住。

颞颥创伤之绷扎法

取一狭折绷带,自无病之一面至额经过用以止出血之垫,然后以带之一头经过头顶别一头,经过颏下缚于无病之一边之颞颥。第二法在折带之中央作一结,将其放在用以止出血之垫上,绕头部经过无病之一边,复回至原处而于结上缚住之。

化脓或发炎之肩绷扎法

需用三角带二条,一放开、一宽折。取放开之绷带,将其尖端放在颈际与臂成一线,将两边放在肩上,一在前面,一在后面,将其底边绕臂数匝,彼此重叠于前面缚一方结。

第二绷带之用法有二,或以宽折带置于伤肩之顶,其中央在第一绷带之上,以一头经过背,一头经过胸,缚于对面一臂之下,稍向前面或用一宽折悬带以支持手与腕,以上放开绷带之尖端,皆折回至绷带之下部,用针扣住,但宜留心不可拖曳颈。

腋下罨剂之固定法

只需三角绷带一条，有时将绷带折作三层而非四层，俾较平常之宽折绷带略阔，将绷带最阔之部份放在臂下，两头绕过肩膀在肩顶交叠而过，然后以一头经过背，一头经过胸，在对面一臂之下向前缚住无病一边之腋下，宜略撒粉并置一垫。

胸部泥罨剂或罨剂之固定法

只用三角绷带一条已定，将三角之尖端折入，以折叠之部份直放至额前，其两头各自经过腋下，而于背后交叉，用针扣在肩上。背部之泥罨剂或罨剂亦可以同样之方法包扎，惟带之两头在前面交叉耳。

乳部化脓时固定罨剂之法

需用绷带两条，一放开、一狭折。取狭折绷带拦腰缚之，如一腰带于前面作结，将三角带底边之中央用针扣于狭带上稍向一边，然后将底边从病之两旁携上直至颈际，缚于无病一边之颈，将两边松松的握于手内，以三角尖经过绷带边之下面靠近臂，用扣针扣于带上，注意绷带之边缘须在胸之中线并贴近皮，使他一乳不致受染。

产科三角绷带

若产母因故不能哺乳其儿，当用三角绷带支持双乳，两条为放开之三角绷带，一条为狭折绷带。缚狭折绷带于乳下结在前面，两条放开之绷带将其底之中央扣于带下，在胸中线之左右各一两条，各以一头经过腋下在背后交叉，余两头携至身体之中央在胸顶附近交叉而缚于颈边，将绷带松散之部份紧握，使其经过绷带之边，而于每边各扣住其一。

锁骨折之绷带

平常需绷带三条，一条放开、二狭折。先在腋下放一大垫使断骨不致重叠，使肘向后，并愈高愈善，前臂经过胸前手指紧靠在其对面之肩指间放棉绒，取一狭折带放在肘上绕臂，在其下面经过，一头在胸前，一头在背后，缚于他臂之下，使受伤之一边臂向后，每取放开之一带放在前臂下面，一头在无病之肩上尖端，经过曲肘之折带而向前面在肘尖之下，别一头经过背而至无病之肩，将两头缚在锁骨空处。此悬带将肘吊起，使受伤之一面完全不受臂之重量，有时将第三条绷带交叉缚之，可以多得支持。

肘 之 绷 法

肘之绷法有二，或用宽折、或用放开之三角绷带。如用宽折带，将折之中央放在肘尖,以绷带绕臂,在其下面交叉,于带折之底部绕肘,复回至下面而缚于其顶上。放开之绷带,其绷法大致与宽折相同,惟将三角之尖端放在肘上,稍后折回扣放在绷带上面。

手之绷法

手之绷法有二种以上:(一)用宽折带绷扎手掌之伤口法,将折带中央放在手掌内,两头绕之手背倾斜交叉,再回至腕前交叉,复至手背于腕际作一方结;(二)用放开之三角带绷扎手背或全手之法,手掌向上置于绷带上面,腕在底边之中央,将尖端翻过手背直至腕上,折底边之两头在背交叉而至腕下,再绕腕后缚一方结,将尖端翻上扣于带上。

髋之绷法

需用三角绷带两条,一放开、一狭折。取狭带绕腰缚之如一腰带,将放开带之尖端放在腰上,与受伤之髋成一线,以三角之底边放下面绕股两头,在股后交叉,复回之前面作一方结,将尖端塞入狭带内扣于下面之绷带上。

膝之绷法

用一宽折绷带,将折带之中央放在膝尖,两头绕至下面交叉,复回到前面在膝盖之上或下缚结。

足之绷法

取一放开之三角带放在足下跟,离开底边之中央数英寸,三角之顶端向上,经过足而至腿际,两头在足背交叉,绕至腿后,在跟之上回至足前缚一方结。

残肢绷扎法

此处所讲者为一化脓之残腿,平常需用绷带两条,一放开、一狭折。取放开三角带,将其底边之中央放在断骨之下,离开断干之端约八九英寸,将三角之顶端折转经过断干之底,直至前面两头在前面斜向交叉,携至后面绷带之底边近腿顶处,复回之前面缚住,将顶端翻下扣于绷带上面,以狭绷带之中央放在无病一边之髋上,一头经过前面,一头经过后面,在腰际缚住,然后将松散之两头放下扣于包扎断干之放开绷带,以防卸落。

臂之绷带

悬带有数种,其最常用者如下:

支持前臂之三角悬带:将前臂横过胸前,手微举,以绷带底边之一头伸入前臂之下,而放于无病一边之肩上,如此即可支持臂之重量,将三角之顶端伸展至肘外,而翻起底边之另一头以遮盖臂,并由受伤一边之颈后直至无病之一边,在锁骨空处作一方结,用扣针将顶端扣于肘上。

支持肘之三角绷带法:以绷带之一头置于受伤一边之肩上顶端,向无病之一边约与齐前臂,横过胸前手指向对面之肩,以底边包裹肘,直至无病一边之颈后缚住,再将顶端折回至前臂上面,扣于受伤一边之肩上、支持手与腕之阔折悬带,取一绷带直长四折之,即以悬带之一头放在无病一边之肩上,肘弯曲,手微举,放在悬带上,将悬带之又一头翻起,经受伤一边之肩绕过头后,而缚锁骨空处。

不规则绷带或特别绷带

此带用以固定胸腹部之各种敷料极有功用,腹带为一直长之物,平常约长四十五英寸至五十英寸,系直长折作两层者,其阔约十四英寸,带料之织边须撕去,并其将三边缝合。有时作两小三角带,以适合于腰际固定外科敷料之腹带,普通系用白软斜纹布制成,必须消毒。

法兰绒腹带

若用以固定泥罨剂或罨剂,此带往往系法兰绒制,中间缝白亚麻布一小块,以防擦损背部之皮肤。此项腹带容易脱卸,故若用于腹部,须以绷带制成之,腿带绕股用针扣于腹带之前面;若用于胸部,则以绷带一条双折之,将折叠之部缝于腹带后面,两头分开,经过左右肩而扣于前面。

多头腹带

平常系小格制成,亦可用六英寸阔之捲带制成之。腹部施行手术后,以此固定敷料,颇为有用。因其舒适,且能合于身体之形状也。

此带系六条所成,长一码又四分之一至一码半,将五条展开,彼此重叠约三分之二阔,再取第六条放在各横条之中心垂直而下,其一边与顶上之一条相齐,而缝于五条之上,将直条之长头撕分为二,直至离横带八英寸处。用时将带放在病人身下,其直带在病人背之中央,五条横带自下面向上折叠略为带斜,其顶上一条用针扣住,或尚须扣针一二枚以固定各条,两长头在股间向上各以一条绕股,用针扣于带上。

多头带

此带乃用以固定四肢之罨剂者,若于换敷料时不欲多扰病人者即用此带。此带可以数条绷带缝合而成,但平常则用法兰绒、白洋布或他料制成,在两旁各剪成若干条,中央一块合于需用此带之肢体大小。此带之利益即为容易预备及迅速应用,可以不扰病人而换敷料。此带用任何质料皆可制成,故甚为经济,但亦有其不利之点,即不能支持,且易卸落,在谵妄病人或小儿较捲轴带更易扯去。

残肢多头绷带

取三十九英寸长、二英寸半阔之绷带七八条,将其逐一展开,彼此重叠约三分之二阔,再取五英寸阔、二十一英寸长者,一条放在各横条之中央而缝于其上,将残肢在中央之一条中放下,而以带头折回至残肢上面,将各横条折于前面自下而上,左右相间略带倾斜之形,最后用针扣住。

丁 形 带

此带多用以固定会阴之敷料,丁形带系两条绷带制成,一阔三英寸、长三十六英寸至四十英寸围于腰际;一阔五英寸、长四十八英寸,乃用以固定敷料。将三英寸阔之带对折,穿过阔带之孔作成一腰带,将绷带放在背下,以狭折带绕在腰,在前面扣住,再将直带自股间携至前面经过横带,而用扣针两枚扣住之。阔带有时撕裂为二,可以更便应用。

此带尚有几种做法。其一取有弹力性之织布一块,制成一带两头,有细带可以缚结,将此穿过直带。又一法系用双层斜纹布制成直带,其形状在与横带相连之处前后均阔七英寸,在股间仅阔四英寸。

颏 绷 带

平常为一四头绷带,取长四十一英寸、阔三英寸又四分之三之料一块,直长折一英寸又四分之一边,在颏部直长开一口,正当带之中央将带之两头撕裂为二,直至离颏四英寸之处携带之上两头至颈后,在枕骨下面缚住,再将带之下两头携至头顶在耳前缚住,末将颈际之两头携上与后两头在近头顶之处缚住。

四头绷带亦可用以固定膝上之罨剂,取六英寸阔、三十六英寸长之料一条,撕其两头为二至距离中央约十二英寸之处作成长条,以绷带置于膝尖,将两头在膝下交叉而过,转至上面缚于膝之上下,此绷带亦可适用于肘。

双 眼 带

此带可以作为临时悬带,因其能以任何质料制成,且极便于应用并不卸脱,惟此带不能得充分之支持,故若历时稍久,则不能用作悬带。此带在腿骨折病人持拐杖行走时可以络住其足,并可使刀伤之臂抬起,至能得永久的悬带之时方结。

方结之作法:先将右端穿过左端之上,再将左端穿过右端之上缚结,此结之利益即并不脱卸,能使悬带或绷带大为稳固,其两端相平,容易解开,故较他结为佳,又一结亦与方结相似。惟在第一圈多加一转以防其脱卸,此名外科结,惟外科医师极罕用之。

十字结之作法

系两端先后在同一之方向经过,因此结容易脱卸,故切不用于悬带结打成后,其两端与绷带成直角,此结因两端触出,颇不雅观且不易解开。

尚有他种结

如渔夫结、猫足结、羊胫结等,大抵为结绳所用,故不赘论。

(完)

原载《中国红十字会月刊》1937年第23期

特载:中国红十字会救护委员会训练组

毒气学讲义(有著作权特约转载) 郑兰华

绪　言

在一九一五年四月二十二日的下午,当欧战正在剧烈的时候,伊泊城外的天空忽然起了一阵绿灰色的云雾,向法军阵地直扫而来。一片旷野,不久就变成了黄色,起初法军觉得十分惊奇,继而渐渐感到可怕,后来云雾包围了他们,他们就不住的咳嗽,眼睛是看不见了,面色是发紫了,胸部是起落得不定,嘴唇是痛到说不出话来。于是他们惊惶失措,狼狈到万分,当时法军阵容就此大乱,兵士四处狂蹿,留下了几百尸体与及奄奄一息的伙伴在后面。这是因为德军第一次施行了毒气攻击,那时协约国的军士和将校,因为从来没有遇到过这种战术,一些准备亦没有,就发生了一种恐[空]前的混乱状态。虽然有许多未曾受害的化学家,当场狂热地设法供给许多可以利用的材料,来援助抗击,但是协协[约]国的军心,已起了剧烈的摇动,普遍的不安心理,深入了整个的前线。

到了一九一七年七月十二[日]那天,德国又在伊泊附近的弗兰特斯,用了一种新武器,攻击协约国的军队,这就是所谓芥气。这种毒气非常厉害,所以被称为毒气之王。当时德国的军队长官,据说因为要鼓励士气,曾经对他们的军队宣称说,这是大战中最凶的毒气,是协约国所无法制造的一件宝贝,所以他们可以用此战胜他们的敌人,不料在十一个月以后,协约国军队居然开始把芥气回敬给德军,当然德军亦十分恐怖起来,他们的长官,虽然用了种种方法来安他们的心,可是德国的士气始终是受了打击。(略)

第一章 军用气体

一、气体两字的解释——自从欧战中用完了化学物质，做一种新式武器以来，“气体战争”这四个字已经成了一般人常用的名词，这种化学物质寻常都被称作军用气体或毒气。用这类物质去做攻击的行动就称做气体攻击，对于这种攻击的防护，亦就称做气体防护。

其实在欧战中，装在榴弹、炮弹、投射炮弹或臼炮弹内的化学物质，既不是压缩的气体，又不是在爆炸时变成气体的物质。因为所用的大多数是液体，在炮弹爆发的时候，只是散成了雾状的小滴，还有一小部份是固体，在炮弹炸裂的时候成为极细的烟粒，所以用“气体”这两字来称呼这种化学物质，实在很是失当。

不过这种液体和固体化学物质，在使用的时候，都已分成了细滴和微粒，散布在空气里面，含有这种细滴和微粒的空气，就是伤害敌人的有效化学兵器，所以就军事上实用说起来，这种气态分散体系也可说是一种气体。换一句话，“气体”这个名词，现在是已经包括可以利用空气输送到敌人面前的一切化学物质。

二、军用气体的分类——军用气体的分类法，在起初各国都不相同，有的根据军事上用途的不同，分做持久、不持久或致死、不致死这几种；亦有就化学上成分的不同，分呈芥气类、胂类等等；再有就生理上作用的不同，分为有毒性、剧毒性、刺激性、催泪性这几类。这种种分类方法都是各有缺点，美国人的分类方法，比较是切合实用的，这是采用法国人的分类方法，经过一度改良而成，后来英德两国亦采用类似的分类法，所以现在很有趋于一致的倾向。

照美国人方法，军用化学物质可以分成下列几类：

(1) 窒息物质或伤肺物质，属于这类的物质为氯气、光生气、气苦质等。这种物质可以使呼吸器官发炎受伤，尤其是肺泡受害最烈，同时并起急性水肿、中毒的人因此感觉氧气的缺乏，最后亦有因窒息而死去的。

(2) 起疱物质，芥气和“路易毒剂”都属这类。这种物质可使皮肤发炎而起水疱，有时并可引起结合膜炎和呼吸器管炎，但是从来没有发生肺水肿的。

(3) 催喷物质，氯化二苯胂属于这类。这种物质虽是浓度很低，亦可以引起喷嚏，同时眼、鼻、喉亦受刺激，并能引起恶心、呕吐和某种神经过敏现象。

(4) 催泪物质，一溴二甲苯属于这类。此种物质在很低浓度就可刺激两眼，使他们流泪不止，发生剧痛，致两眼无法看见一切。

窒息和起疱两类物质，有时亦称杀伤剂，因军事上使用的目的在杀伤敌人；后两种则称困扰剂,因用意在窘迫敌人,使他们暂时失去战斗的能力,但不伤害他们。

在欧战中,供军用的单纯气体共有二十八种,中就仅有氯气、光生气、氯苦剂和芥气四种,是英、美、德、法四国所一致采用,这都是杀伤剂,至于交战各国所采用的困扰剂,彼此都是不同。此外,还有十六种气体混合物亦曾采用,在大战时已经制成,而没有实地应用的气体,就吾们所知道的只“路易毒剂”一种。所以军用气体之值得吾们注意者,并不如初料之多,他们的特性当在后节中分别详论。

三、军用气体应具的特性——可供军用的气体,一定要性毒而持久,一种气体有没有军用的价值,须要看他是不是适合下列的几个条件:

(1) 毒性一定要很强,虽然在很低的浓度,亦应当可以发生效力,这样就可以用很少量的物质,得到很大的效果。

(2) 液化要容易而无危险,方始可以将毒气装入弹内或筒外,运到前方去备用。

(3) 蒸气压要高,方才可以在弹炸的时候,把毒气散布得又广又远,但是太高的蒸气压,亦不适当。因为气体挥发过于容易,就很不容易持久。

(4) 气体的密度要比空气高出很多,气体方始可以向下沉降,流到战壕里面,同时亦可以缓缓扩散,延长他的有效时间。

(5) 对于空气中的水蒸气,要没有多大作用,否则气体容易消灭,缺少持久的能力。

(6) 要容易制造而且可以大量生产,因为战时需要的数量很大,而且要在短时间内造成,不然决定不能适应军事上的需要,从下面所举的三件事实,我们就可得到一个好的教训。

从一九一五年七月一日到十一月一日,法国气体炮弹的消耗总量,是在一七.〇〇〇.〇〇〇以上,内中有四百万是重炮弹,炮的口径是在一〇.五到一五.五厘米之间。

在一九一五年七月十二日,德国第一次施用芥气以后的十日中,德军射出百万发以上的芥气炮弹,所含的气体量有二五〇〇吨之多。

在一九一八年七月三十一日的夜间,德军在尼维里和马斯河左岸间,长约十九千米的正面阵地,发出三十四万个芥气炮弹。

据说德国在欧战中的失败,至少有一部分理由,是因为气体弹药的供给不能像先前的充分。

一个合乎理想的气体,必定要有这六种特性,不然就难于适用,一氧化碳是无色、无臭、无味的气体,可同红血球里面的血色质化合,得到一个很安定的化合物,使得红血球失去他本来的输送氧氯功用。所以空气里面的一氧化碳,要是达到相当浓度,人就可以在不知不觉中间中毒而死,并且这是一种成本低廉,而很容易制达的物质,所以似乎很合军用。但是实际上,从来没有人用过他,这并不是单为他的毒性不强,实在一则因为他是不易液化装在弹里,要用过大的压力,弹壳一定要加厚,方始适用;二则因为他的密度,比空气还小,因此上升太快,不能流到敌人的战壕和掩蔽部里。

又如痉氰酸,毒性是非常之强,对于神经系,尤其对于神经中枢,有一种麻痹作用,可立刻将人毒死。不过他是太容易挥发,在旷野地方很难达到相当的浓度,所以不能有什么实用,况且他的分解很快。所以痉氰酸虽是列入军用气体,他的实际用途很是有限,在欧战时候只有法军曾经用过这气,但亦和别种军用化学物质混合使用。

附表中所列化学物质,在比较上是最合军用。

至于各种军用气体的实际损害程度,我们可以从美国军队在欧战中的死伤统计,推想他们的大概。

军用气态	类别不明	氯气	芥气	光生气	胂类	总数
医院内收容人数	33 587	1 843	27 711	6 834	577	70 552
死亡人数	546	7	599	66	3	1 221
死亡数收容数×100	1.63	0.38	2.16	0.97	0.52	1.73
残废人数	2 390	49	338	79	1	2 857
残废数收容数×100	7.12	2.65	1.22	1.15	0.17	4.05

四、军用气体攻击的技术——用气体攻击敌人的技术,可以分作五种方法,前四种曾经在欧战中用过,各有各的犹点,同时各有各的缺点,后一种在欧战中没有采用过,不过将来在这方面的发展,或许是很多的。

(1) 气云吹攻法,这是军事上的第一次施放毒气获到成功的方式。在攻击计划一经决定之后,第一步手续是将装有液化气体的气筒,预先在黑夜里埋设在第一道战线内壕沟的底下,上面用土覆住,免得给敌人的飞机所窥见。所有可以引起敌人的注意,或猜疑的动作,如气筒的互击、气筒的漏气、炮火的停止、斥(气)候的增减等等,都应得避免。德国所用的气筒每个为 38 千克,里面所装化学物质约有 20

千克,占气筒总重量的 52.7%,平均每千米宽的正面阵线,约需一千个这样的气筒。埋设工作完成之后,必须等候适宜天气,方可实行攻击,不特风向必须准对敌人,毫无改变趋势,就是风力亦须不徐不疾。最为适当的风力,大约是每秒二米半至三米,因太弱则气云前进太缓,并有向后扩散,达于自军阵地的危险,太强则气云容易被风吹散,气云达到敌军阵地,浓度已是过低,不能发生什么效力。因此,气云吹攻法,有三种困难。

第一,气筒的运输和埋设是很为费时,一联队(三大队)全部出动埋设一万二千个气筒,需要三晚至五晚的工作,这是要看当时的情形而定。

第二,施行攻击的时候,天时地利都须顾到,有时埋设之后,竟因天时的不利,不得不放弃吹攻的计划,有时因为延展过久,埋好气筒,竟有给敌人无意中或有计划的炮火所破坏。

第三,施行气云吹攻的步队,须受特别训练,因设置务须小心,稍一不慎,往往发生意外。有一次匈、奥两国(一九一六年一月二十九日)在杜百杜对意军施行吹放攻击,一部分联接在气筒上的铅管,因为安放太竖,气体竟向上直冲。等到达到敌军的前线,已是高入空中,不能伤害敌军。另有一部分铅管,虽用沙袋压好,但是因为冲出气体的压力过高,管口忽然改换方向,结果气体反而流到自己军队的战壕里来。

但是气云吹攻法有他的长处,就是气筒中气体的含量常在气筒重量的百分之五十以上,不比气体炮弹,其中所含的气体,仅约炮弹总重量的百分之十,所以气筒是比较的经济。况且大战中的经验证明气云吹攻法确是可以使敌人蒙受很大的损失,实在是一种富有威力的武器。据美国费立师和魏司脱的意见,气云吹功法在未来战争中,一定是为用很广,将来改进的地方就在搬运和放气的益趋便利,所以一切防御计划,亦应得从这方面着手准备。从大战到现在,搬运方法已有两种改良的地方,一种是用轻便火车或小船运载很大气筒去施行吹攻,一种用一个人单独搬运的轻小气筒送到前线去施放,每个气筒里面所装的化学物质是从五升至六升。美国的气筒里面,装有十二千克的化学物质,所放气云的有效距离可达十千米之远,不过德国韩斯林以为这种战术的应用,是很有限的。

(待续)

原载《中国红十字会月刊》1937 年第 24 期

特载：中国红十字会救护委员会训练组[节录]

毒气学讲义(有专著权特约转载) 郑兰华

第二章　对于军用气体的防护

有一种杀人的利器，必定有一种防护的方法，这是过去的一种经验，不过对于毒气的防护和对于寻常兵器的防护，有一种根本不同的地方，就是防御毒气要继续相当时间。因为毒气都有持久性，在攻击已经停止而毒气还没有完全消散的时候，这种防护是一刻都不能中断的。

最初的防御气体的方法，是各人自己想出来保护自己的一种尝试，当然是非常简陋的。当一九一五年四月二十二日，德军第一次吹放氯气的时候，协约国军队中就有若干士兵，设法利用随身的物件来保护个人，有的把寸[衬]衫或斗篷蒙住自己的头面，有的把手巾或袜子用水、茶或咖啡浸湿著住自己的口鼻和两眼。英国赫尔邓教授亦随即对兵士宣称，在这种情形之下，各人可以用自己的小便来作一种有效的饱和剂，同时还有一种主张是用一种去底的皮酒瓶，填满湿土，把瓶颈含在口内，用嘴呼吸，使吸入空气，必定经过湿土。据说这个防护方法，是从猪那里学来，因为猪受毒气包围的时候，立刻用鼻子掘起地上的湿土，然后把自己的鼻子埋在里面。这种应急的防护方法，居然使成千的人得以保全了生命。但当场中毒而死的，仍有5%，后来各国都努力于改善防护方法，厉行防护的军纪。所以到了一九一七年的七月十二日，德军用芥气弹施行射击的时候，中毒而死的人仅占2.5%，毒气防御的重要，于此可见一斑矣。

毒气的防御，可以分做两项，一项是个人的防护，一项是集体的防护。在这两项中间，个人的防护方法，已有相当的发展和成效，集体的防护问题至今还没有十分解决。在所有的方法中，还是以采用个别的防护设备，比较最为完全。

除了防护设备之外，防护训练亦是非常重要，单靠物质上的保护，还是不够安全，一定要受了极严格的训练之后，军队方始可以遵守纪律，不致惊惶失措，对于防毒面具的使用，不但动作上可以纯熟无误，就是心理上亦可觉得有恃无恐，不致惶惑不安。

个人防护

对于毒气如何防护，须看敌人所用的气体是属于那一种，如若敌人所用的是窒息或催喷气体，那末仅须保护口鼻；若是催泪气体，那末两眼亦须防护；要是敌人所用的是起疱剂,那末非将整个身体表面完全保护不可。因此个人防护的方法可以分为两种,一种是呼吸器官防护法包括两眼的防护,这可以用防毒面具将口鼻眼三部完全蒙盖,使空气通过一种过滤式的吸收器,以除去空气中混合的毒气,或用面具隔绝含有毒气的空气,利用纯氧以供呼吸的需要,同时并用化学物质[吸]收二氧化碳,以清呼出的空气。另一种是整个身体表面防护法,这可用涂料或制衣装来隔绝身体四周的气体,使它不同皮肤直接起接触。

1. 呼吸器官的防护法

一、防毒面具的必要条件——一切防毒面具,都应得适合下面的几个条件:

(一) 轻适。因为这种面具是战时必须随身携带的一种设备,要是过于笨重,势必减低兵士的战斗效能,所以宜于轻而易举。在敌人施用芥气的时候,长时间的防护,是必不可少。不舒适的防毒面具往往使兵士无法忍受,被迫卸下,因而受害。据说戴英国式面具的士兵中,有成千的人因为面具的不适,带了太久,竟至筋疲力尽,不得不把它撕下,说是宁愿死去,不愿再忍受戴上这种面具的痛苦。

(二) 密合。方可使两眼和呼吸器官都有周全的保护。

(三) 视力不减。障碍感愈少愈好,不特[过]透明程度不宜减低过甚,即视线范围亦不宜缩小太过。

(四) 不妨碍动作。一切动作仍应自由,因为一个兵士的效能是以他的活动能力来断定。

(五) 不阻遏呼吸,否则决不能长时间戴在头上。

(六) 耐用。军队的动作,是何等的粗猛,假使面具不坚实耐用,就有随时可以破裂的机会,这种面具当然不能保险。

(七) 笨人能用。防毒面具的构造要非常简单,虽是笨人亦可使用。因为战时的催泪气体,常是突如其来,作用又快又强,非得立刻戴上面具不可。在英国军队中正式规定时间为警报发出后六秒钟以内,面具应完全戴好。有时,在睡梦中听到警报,更是要能不加思索,自动戴好,所以如若构造复杂,愚笨的人一定不能在慌忙中或黑暗中使用的。

(八) 适于大批制造。在欧战中,英国方面曾发出五千万具,美国方面三百六十万具,法国方面约六百万具,大约各国的产量为每日两万具左右。

(九) 得士兵信任,此为最重要的条件。因为兵士对于所戴面具要是没有信任,一定时刻不安。正所谓"士无斗志",攻守都是趋于失败的。故所有面具,在制造的时候,必须非常小心,有严密的监督。在制成之后,必须经过详甚的检验,此种检验工作,在美国都挑选最为刻苦、最谨慎的妇女担任,同时由军部派人监管。

二、防毒面具的构成——防毒面具的模型,各国彼此都不相同,而且无论那一国的面具,都是经过一再的修正和改造,所以各国最后采用的一种,亦往往和该国先前采用的模型不同。

(一) 面罩。这是为蒙盖防护部分用的,虽然有的仅是罩住口部,有的仅是罩住口鼻,有的罩住整个头颅,大多数的面罩都是罩住口鼻眼三部。面罩的宽窄、长短、大小当然是要和面部密合,因为面部的宽窄、骨头的凹凸、五官的位置,各国的人都有不同的地方,各国的面罩就各有各的范型。就是同一国的人,有时亦有因为所处地域的不同,往往南北异形,亦有因为个人自有特别之处,不能戴常人的面具,所以各国都备有大小不同的面罩。

(二) 眼镜。防毒面具上的眼镜,在军事上为一最主要部分,他的形式、大小、地位和材料都与戴面具的人的视力和安全发生关系。

(三) 头络。头络的功用是在将面罩紧扣在面上,使之全部服贴密合,毫不漏气。这是一件很不容易的事,因为个人的头,式样大小都不同。一个最简单又最合式的头络,可极易用松紧带三条做成。一条带可从两太阳穴绕道脑后,一条带可从腮向上斜绕到脑后,第三条带可从前额正中,经通头顶绕到脑后,同其余两条缝接一处。

(四) 口块和鼻夹。经过吸收器的滤过空气,有时从一含在口内的橡皮口块,直接通入口内,以供呼吸所需,用口块的面具内,必另有一鼻夹,将鼻孔夹住,专利用口来呼吸。此种鼻夹和口块,可视为一种变种保护。因为面具若不幸穿破时,只要鼻夹和口块都在应在的地位,就不致吸入含毒气的空气,不过鼻夹为各式面具中最不适的一部分。同时口块可以刺激口涎的分泌,吞咽很为不便,这种不自然的呼吸,使戴的人非常难受。所以后来有很多的面具,都不用,他们只将滤通空气导入面罩之内,俾便照常呼吸。

(五) 呼出气门。呼出气门可使呼出空气直接通到面具对面,这样使面罩内的空气可以流通,呼吸器内的化学药品,可以避免为呼出的二氧化碳所损坏。

(六) 易于弯动接管。这一接管是用皱缩橡皮制成,长约十英寸,一端连接于吸收器上,一端连接在面罩上面的口块上或入气管上。

(七) 吸收器。过滤式的防毒面具,都附有一种金属制成的吸收器。这种吸收器的形式，可以分为两种：一种是罐形，大都直接用旋螺连接在面具上面；另一种是箱型，系用带条或布袋悬挂颈下或背上，或系在腰间，用易于弯动的接管连接在面具上面。

防毒面具的各部分，在没有装配之前，须一一详细检验，在整个面具和吸收器装就之后，并须用人来试验，看他效率的大小如何，最后还须经过野外检验。

三、化学吸收剂的必具条件——化学吸收剂的性质和防毒面具的效力，关系很是密切，所以有几种性质，乃为吸收器内的填充物所必不可少的。

(一) 吸收率须极高。一个用力动作的人，每分钟约呼吸六十升空气，因吸入占呼吸循环的一半而略多，一分钟的呼吸，仅约半分钟的吸入。所以每分钟的吸入，约有一百升空气，经过吸收器，在一标准军用吸收器内，这个空气速度变成平均线速度，就合每秒钟八十厘米，所以平均计算起来，空气和吸收剂的接触时间仅约 0.1 秒。

(二) 吸收量须极大。吸收剂的吸收量与他的吸收率，有同等的重要，每一单位重量的吸收剂，必须可以吸收大量的毒气。

(三) 吸收力宜万能。所用的吸收剂对于无论何一毒气，都应有适当防护。因为用不同的呼吸器来分别吸收种种毒气，事实上很是困难，况且毒气不易立刻准确鉴定。同时尚有使用新气体的可能性，要知道所遇到的是何种毒气，然后改换呼吸器，亦是缓不济急。幸而现在所有毒气，都是很易和吸收剂起化学作用，或是沸点比较尚高，可被活性炭大量吸收。

(四) 机械力宜坚强。

(五) 化学性质宜安定。从吸收器装填完毕，到送往前线，中间须经多少时日，等到吸收器分发到各兵士手里之后，又须经过几个月的使用，方始抛弃。

(六) 对于呼吸的阻力宜低。吸收剂的颗粒，宜于粗大，空气方能容易通过，呼吸不受阻碍，但是吸收剂的颗粒愈大，他的表面愈小，吸收愈慢，所以过小既非所宜，过大亦是不合。

四、化学吸收剂的组成——填充吸收器的主要化学物质，计有两种：

(一) 活性炭；

(二) 碱性氧化剂。

五、用氧气防护的设备——欧战后，各国对于氧气防护设备，都有异常迅速的进步，因为在敌军使用一种新毒气的时候，或用一种新方法使毒气的浓度增高到异乎寻常的时候。过滤式寻常防毒面具常有失去效用的危险，只有隔绝含毒空气，方

能得到绝对安全的防护,其主要部分为:

(一) 一个或两个氧气筒,装有高压氧气,氧气的含量自零点七升至二升不等,压力约 150 大气压,故若降至寻常气压,共有九十五升至 300 升,足够一两小时剧烈工作之用。

(二) 一个呼吸气囊,供调换气体之用。

(三) 一个碱罐,内装碱性物质,如氢氧化钠之类,以便吸收呼出的二氧化碳和水蒸气。

(四) 一个气量计,可以指示氧气的储量。

(五) 几个出入气门,用以管理气体环循的方向。

(六) 另外有两种装置,调节氧气流入的速度。一种为自动给氧的气门,直接随呼吸囊的一合一张,间接视呼吸的需要,自动节制;一种为规定给氧的气门,氧气的压力固定不变,流入速度自每分钟零点九升至二点一升不等,在剧烈动作的时候,并可用手拨动另一气门,以补充额外的需要。

(待续)

原载《中国红十字会月刊》1937 年第 26 期

题名录(节录)

编者案:自民国二十六年一月一日起入会,各级会员按月将姓氏并分别总分会登载本月刊题名录栏内,以凭查核,而资简捷,此后该项会员题名专刊不再发行,特以坿闻。

民国二十六年一月份

总会

正会员:陈昌龄、罗义孚、施廷禄、施朝宰、唐鸿青、陈继祥、黄作陶、徐焕文、王金贵、周登明、顾慎言、高德凤、庞敦敏

青年会员:戴天、胡展飞、柏连政、董承荣、向继庚、张连妮、经皎然、陈德光、白静一、周健行、唐连祥、顾伊士、张树德、范学礼、盛在华、贝倩心、孙慧、张淑苹、关楚慧、吴石铭、沈云龙、卢耀华、胡干芝、方毓秀、吴菱镜、王芳齐、郑孝杰、戴志良、郑乐水、徐鼎仁、贾悟真、徐利民、孙伟毅、戴耀祥、姚奕卿、盛达明、黄声霆、宋桂蕊、潘慕侠、徐震生、钱锡勋、阮仲伊、姚莲宝、王长风

松江分会

正会员：俞艾荆、孙彦章、俞诗舲、惠怀清

民国二十六年二月份

总会

正会员：王敬修、李贯之、牛仁庵、陈序卿

普通会员：黄薛范

青年会员：王寿安

原载《中国红十字会月刊》1937 年第 23 期

题名录：二十六年三月份[节录]

总会

名誉会员：庄西言

正会员：李树友、朱香泉、杨彩新、杨彩辉、史兰琨、封维稷、封楼臣、封嘉宽、毛永珪

普通会员：李树宏、陈永寇、史兰泰、史鹤生、卞殿元、杨彩安、杨如荣、杨如华、谢有余

青年会员：蒋慧明、郭道伦、何永清、邱有刚、张维馨、吴智俊、程明一、吴智余、张兆庆、郭和盛、温化民、曹洁民

上海市分会

特别会员：孙良骥、王政邵、金芝轩、朱赓陶、许蓉芳

正会员：李霖齐、唐吉父、殷震贤、徐耀章、周菊初

原载《中国红十字会月刊》1937 年第 24 期

题名录：二十六年四月份[节录]

特别会员

上海市分会：开泺集品处、乐汝成、钱福林、吴道善

正会员

总会：王霖生、葛成慧、何永贵、杨桂生、杨宝璋、秦润生、秦镛声、罗松云

上海市分会：顾伯棠、谢宝珍、谢宝珠、谢宝瑛、谢宝琳、谢荣增、谢荣华、谢荣庆、严二陵、许廷钰、李文翰、于鳌峰、顾筱严

普通会员

总会：鲁德馨、李涛、蒋曾勋

青年会员

总会：欧鸣岐、范竹贤、李永广、陈福源、储传高

原载《中国红十字会月刊》1937 年第 25 期

题名录：二十六年五月份[节录]

正会员

总会：张玉泉

上海市分会：倪润生、盛璞声、谭小麟、袁尧卿、陈佐赓、徐之萱、勤庐主人、赵樵林、姜子衍、宋春涛、袁鹤松

普通会员

总会：任伯安

青年会员

总会：张士林、胡国良、魏克济

原载《中国红十字会月刊》1937 年第 26 期

中华民国红十字会总会首都办事处组织规程草案

第一章　总　　则

第一条　中华民国红十字会总会首都办事处(以下简称本办事处)依据管理条例施行细则第四条之规定设立之；

第二条　本办事处设立于中华民国首都；

第三条　本办事处直接隶属于总会理监事会。

第二章　组　　织

第四条　本办事处置主任一人，主持一切事务，由理监事会议推选之；

第五条　本办事处设总务股、医务股，各置股长一人，承主任之命，综理各股一切事宜；

第六条　总务股置股员若干人，分任会计、庶务、文书、编译、宣传各项事宜；

第七条　医务股置股员若干人，分任运输、院务、药械各项事宜；

第八条　本办事处经费由总会供给之；

第九条　本办事处如遇重要事项，主任不能处决时，须提请理监事会核议之；

第十条　本办事处应于每届月终将工作报告理监事会查核。

第三章　附　　则

第十一条　本办事处及各股办事细则另订之；

第十二条　本规程由理监事会联席会议议决并呈报，卫生署核准施行，修正时亦同。

中华民国红十字会总会首都办事处组织系统表

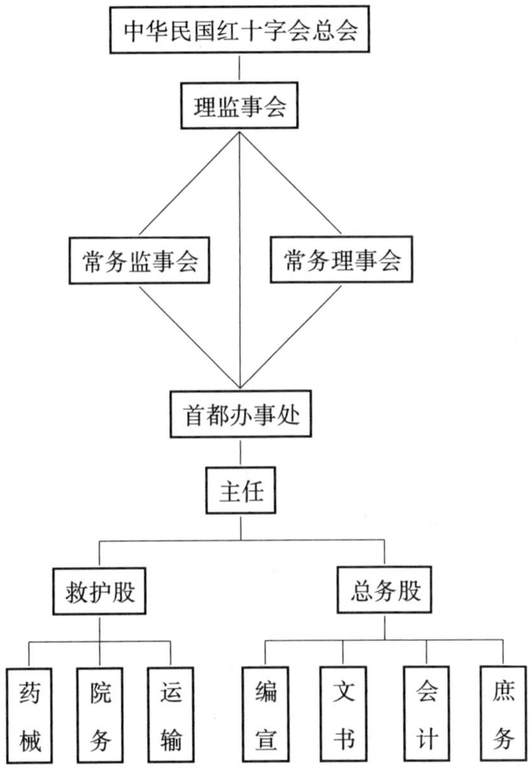

原载《中国红十字会月刊》1937年第28期

中国红十字会救护证章暂行条例

（民国二十六年九月一日）

一、本会为防止奸人混迹妨碍军机，并保持本会信誉起见，特重订救护证章暂行条例。

二、凡本会救护人员须一律填具志愿书，声明不参预本会宗旨以外一切工作。

三、凡已填具志愿书之救护人员，经本会派定职务后，分别发给臂章及职员证书一张，内贴本人照片，注明何项职务，以昭郑重。

四、凡在租界以内之救护工作人员不须佩用臂章，其职员证书上均盖有英法工部局印章，如遇盘诘，应即交验以证明其身分。

五、凡在华界之救护工作人员则均须佩用军政部盖印之臂章，并交验职员证书，如无职员证书或该证书已失效时，仅用臂章者不生效力。

六、总会发给之臂章，由总会加盖关防，分会发给之臂章，由各该分会加盖图记，救护委员会发给之臂章，由各该委员会加盖印章，以资区别而重责任。

七、凡在本会服务人员如无外勤时，应将所领臂章及证书交会保管，俟因公外出时再行领用，其他重大任务当另行填给护照。

八、凡本会各救护机关如办事处或救护医院之全体服务人员为通过门禁，易于识别起见，发给符号一件，标明职别姓名，由各关系机关自行加盖印章，分发佩用。

九、本会所用卡车坐车在租界以内行驶者一律不再使用旗帜，仅在车前粘贴编号之车证，该项车证须由各救护机关负责人填签登记单，向总会领用，惟在战地行驶时得酌量于车上使用小旗。

十、大旗只可用于内地办公处所或医院收容所等。

十一、凡不属本条例之一切证章因易与本会一般证章相混，并易发生伪造情事，故自本条例施行之日起应作无效，如有个人行动，本会概不负责，并得受中外官厅之处置。

附则：本条例应译成英法文字，分咨租界当局缮呈本国军部备案，并知照本会所属机关及有关系人员一体切实奉行。

原载《中国红十字会月刊》1937年第28期

中国红十字会上海市救护委员会工作报告

（二十六年九月十六日编制）

自本会于本年七月二十日由救护事业协进会改组为救护委员会成立以来，颜福庆等受本会各团体机关代表诸君付托之重，益以政府民众上下期待之殷，对于本市救护事业之策划实施，勉力从事，不敢稍懈。自本会改组成立迄沪战爆发时止，可谓为准备时期，自沪战爆发以后，乃入于实际从事救护工作之阶段。关于本会工作，迄八月底止之概况，曾一度编制报告，分送各有关团体机关。兹乘本会全体大会之便，特再将迄本月十五日止之工作概况，编纂报告，敬请各位赐予批评指教，尤望明示今后方针，俾资遵循，实所感祷。

一、组织

遵照本会章程第五、第六两条之规定，除由大会分别推定主任委员、副主任委员及聘任总干事一人秉承正、副主任委员办理会务外，并规定在总干事下设总务、医务两组，因事实上之需要，总务、医务两组，除各设组长一人，副组长若干人外，并于总务组下设文书、纪录等十课，医务组下附设事务、医院等四课，分掌日常会务，职员共五十余人，均义务职。兹为明了起见，列表如下：

上海市救护委员会组织系统表

会员大会
（各团体代表会）
｜
主委会
｜
主任委员
副主任委员
｜
药品供应委员　　总干事　　训练推行委员会
｜
医务组组长　　总务组组长
副组长　　副组长
｜　　｜
救护队课　材料课　医务课　事务课　　掩埋课　慰劳课　交际课　稽查课
情报课　运输课　庶务课　会计课
纪录课　文书课

附注：本会根据中央所颁布《非常区域救护事业办法大纲》之规定，由红十字会、市商会、地方协会、医药团体、医事教育机关等与救护事业有关之团体机关，各推代表为会员共同组织之，由党政主管机关派员参加指导，并受中央救护事业总管理处之指挥及监督。

二、医院

本会所辖救护区域，京沪线至昆山为止，沪杭线至松江为止。在战事发生以前，对于伤兵医院之设立，即预有布置；待战事发生后，更陆续添设。顾名思义，伤兵医院原只收容伤兵，但因事实上之需要及历次发生之惨祸如大世界先施公司等事件,对于伤民,亦不得不兼收。兹将本会所辖各院之组织及收容受伤兵民之概况,分述于后。

(甲)编制及服务人员资格标准

凡受本会所辖之医院,其编制及服务人员资格,均有统一之规定,各院虽难免囿于实际情形,有所参差,但大致均尚能按此规定。兹分别列表如下:

1. 医院编制表

标　　准	床位 100—150	床位 151—250	床位 251—350
职别	人数	人数	人数
院长	一人	一人	一人
副院长	一人	一人	一人
外科主任	一人	二人	二人
内科主任	一人	一人	一人
医师	二人	四人	六人
驻院医师	四人	六人	八人
护士长	一人	二人	三人
护士	十人	十四人	十八人
助理员	十人	十五人	二十人
检验员	一人	一人	一人
药剂师	一人	一人	一人
药剂生	二人	三人	四人
文牍	一人	一人	一人
书记	二人	三人	三人
会计	一人	一人	一人
出纳	一人	一人	一人
庶务主任	一人	一人	一人
庶务员	一人	二人	三人
工役	十五人	二十人	二十五人
童子军	八人	八人	八人
共计	六十五人	八十八人	一〇八人

2. 医药人员资格标准

职　　别	资　　格
院长	不限
副院长	国内外医学院毕业者
外科主任	国内外医学院毕业者
内科主任	国内外医学院毕业者
医师	国内外医学院毕业者
驻院医师	国内外医学院毕业者
护士长	国内外护士学校毕业者
护士	国内外护士学校毕业者
助理员	曾受相当救护训练者
检验员	有化验经验二年以上者
药剂师	国内外药科学校毕业者(或担任药师有证明者)
药剂生	曾担任药剂生者

(乙)救护医院

救护医院乃由本会自行设立者,共有十九所,约计床位三千八百张,其药品、材料有由本会完全供给者,有由本会供给一部份者,亦有由创办人担负者。兹将该项医院名称及院长姓名列表如下:

院　　别	院　　长	地　　点
第一救护医院	宋梧生	胶州路康脱路南首贫儿教养院
第二救护医院	朱润深	天主堂街天主堂
第三救护医院	孙逵方	吕班路震旦大学
第四救护医院	梅卓生	大通路山海关路北首天主堂
第五救护医院	陆　震	蒲石路中西疗养院
第六救护医院	颜福庆	枫林桥中山医院
第七救护医院	吕守白	爱多亚路物品交易所
第八救护医院	顾耕梅	南阳路小沙渡路滨海中学
第九救护医院	张肖梅	霞飞路汶林路口

续 表

院　　别	院　　长	地　　点
第十救护医院	钱龙章	淡水路正行女中
第十一救护医院	汤蠡舟	大华路维也纳舞厅
第十二救护医院	高济民	慕尔鸣路光复中学
第十三救护医院	翁之龙	海格路大沪花园
第十四救护医院	杨田淑	福煦路四五七号中德医院后门
第十七救护医院	竺梅先	蒲石路古拔路旧明星公司
第十八救护医院	傅壮民	赫德路一七五号
第十九救护医院	奚玉书	愚园路一三四一号
第二十救护医院	杨钟甫	威海卫路平民疗养院
第二十三救护医院	朱恒璧	汉口路一三一号

附注：另有第二十一救护医院，借用白利南路中央研究院房屋，乃由本会会同军事当局设立，专司收容各医院治愈伤兵及轻伤兵，而分别办理归队及运往后方医院之手续。

（丙）特约医院

特约医院乃指受本会委托收容受伤兵民之私家医院，现共有十六处，约计床位九百张，本会仅津贴每名受伤兵民每日国币五角，其他药品、材料、伙食等概由各院自理之。兹将该项医院名称及院长姓名列表如下：

院　　别	院　　长	地　　点
中德医院	俞松筠	福煦路四五七号
同德医院	顾毓琦	同孚路六七弄一号
人和医院	张湘纹	莫利爱路三十号
妇孺医院	张湘纹	蓬坡赛路一号
生生医院	瞿绍衡	蓬坡赛路五十九号
体仁医院	朱增宗	辣斐德路一三二五号
劳工医院	范守渊	小沙渡路一千号
惠旅医院	施汝雄	爱文义路一三〇号

续 表

院　　别	院　　长	地　　点
铁路医院	曹晨涛	梵王渡西车站对面
大德医院	杨元吉	戈登路新闸路口二九三号
太和医院	李权经	虞洽卿路远东饭店对面
永川医院	王振川	八仙路
宝隆医院	柏　德	白克路
东南医院	郭琦元	蓬坡赛路二九九号
同德产科医院	李元善	山海关路卡德路东首
红十字会医院	乐文照	海格路三七三号

(丁) 后方伤兵医院

本会救护区域,既划定京沪线至昆山为止,沪杭线至松江为止,因于昆山设立第一后方伤兵医院,由姚瑟若担任院长,于松江设立第二后方伤兵医院,由罗忠担任院长。

(戊) 其他医院

凡由其他团体机关或热心人士所设立之医院,不受本会管辖,但因受伤兵民之收容,及遣送上,与本会事实上发生关系,该项医院,现有六所,兹将其名称及院长姓名列表如下:

院　　别	院　　长	地　　点
慈联救护医院	赵志芳	小沙渡路静安寺路口
慈联难民医院	黄鼎湖	愚园路六八号
第一后方医院	孔宋霭龄	麦特赫司脱路丽都舞厅
第二后方医院	宋子文	打浦桥金神父路法政学院
红卍字会第一医院		西门路吕班路
红卍字会第二医院		戈登路槟榔路

(己) 临时分发站

现因战事激烈,伤兵、伤民人数众多,各院完全住满,不能再行收容,而受伤兵民仍源源而来,乃设立临时分发站四处,该四处共可暂时安置三百人。凡夜间救护队所救受伤官兵不能送各医院者,先屯于分发站,经先行诊治,然后分别轻伤、重伤,隔日再转送各院,继续医治。

(庚) 归队及遣送

分发站不过临时收容性质,隔日尚须转送他院,而各院皆患人满,无法安置,以致分发站隔夜所收之伤兵未能送出。在此实际困难情形之下,势非谋有以疏通各医院之办法不可,嗣乃由本会会同军事当局,设立医院一所,借用中央研究院房屋,设床位二百五十张,专司收容各医院治愈伤兵及轻伤兵,而分别办理归队及运往后方医院之手续,军事当局所派驻院官员办理拨发给养伤费及管理等事项,至于归队及转往后方运输之工具及办法,统由本会负责。凡将愈官兵,则用火车、轮船运往京沪杭各处之后方医院。

(辛) 收容人数及出院、转送、死亡、现住数

兹将自战事发生迄九月十五日止,所有本会所属之各救护医院及特约医院,所收容受伤兵民之人数及出院、转院、死亡、现住数,列表如下。至于死亡之兵民,则由红十字会特约普善山庄加以掩埋。

(子) 自八月十四日至九月十五日止　本市各医院

共收伤兵	七一八九	共八二五九
民	一〇七〇	
出院伤兵	二八五八	共三五六三
民	七〇五	
死亡伤兵	一九一	共二二五
民	三四	
现住伤兵	四一四〇	共四四七一
民	三三一	

(丑) 自九月三日至九月十五日止　自上海输运后方各院伤兵

苏州	四〇五名	嘉兴	六五九名
无锡	六七名	杭州	七四六名
吴兴	一二〇名	其他地点	三六五名
共计转院伤兵		二三六二名	

(寅) 自八月十四日至九月九日止,运送昆山伤兵共二千五百余人,自十日至今尚未得到报告。

附注：出院伤兵二千八百五十八人，内伤愈送第二十一救护医院归队者计四百九十六人。以上三项共计收治伤兵、伤民一万三千一百二十一人。

三、救护队及急救队

救护队及急救队之组织，乃就由本会所自行设立及附属之各救护训练班毕业学员，以及自行投效有训练经验之人员编制而成，现先后成立者计有救护队十一队、急救队九队，惟其中"九一八"急救队业因内部混乱而取消，救护队每队五十三人，急救队每队十五至二十人。自战事发生以来，各救护员均能不计生死，不分昼夜，赴前线努力救护伤兵，分送前后方各医院，惟是该项工作处于火线，且以遭人之忌，危险万分，故现为避免危险起见，只得改在夜间工作。兹将各队工作及遇险情形，分别列表说明如下：

（甲）救护工作成绩总报告(自八月十三日至九月十五日止)

日　期	队别 队长	出发 地点	部队 驻地	救回伤兵 伤民数额	队员遇险及 受伤情形	护送伤兵到后 方次数及人数	备　注
八、一三至 九、一五止	一 陈荣章	江湾大场罗店一带	本会 出发	兵 663 民 17	死者四人被日人刺杀		苏克己医师刘中武谢惠贤陈秀芳以上四人已死
八、一三至 九、一五止	二 田仓本	大场顾家镇杨行南翔	同上	兵 1 150 民 3	死一伤四炸弹伤		担架长张松林已死龚组长葛林宗谷远民三人轻伤
八、一四至 九、一五止	三 王金奎	同上	同上	兵 971 民 69	伤一人炸伤		队员赵汝信轻伤
八、一六至 九、一五止	四 俞卓初	同上	本市爱国小学	兵 264 民 19	轻伤一人弹片伤	护送伤兵至嘉兴苏州等地计八次共送1 136名	现奉命组织运输队流动队
八、一七至 九、一五止	五 李伟业	同上及太仓	本市和安小学	兵 1 171 民 41	轻伤十人弹片伤	护送伤兵至嘉兴苏州湖等地计五次共送807名	队员陆鹤峰金锦如薛佩文等十人轻伤
八、一七至 九、一五止	六 韩一雷	浦东一带	浦东	兵 75 民 22			驻扎浦东各区绷带所

续 表

日　期	队别 队长	出发地点	部队驻地	救回伤兵伤民数额	队员遇险及受伤情形	护送伤兵到后方次数及人数	备　注
八、二六至九、一五止	七 叶　露	南市一带	南市	兵　42 民　39			南市一带流动队
八、二二至九、一五止	八 徐　伟	大场杨行刘行	本会出发	兵　555 民　12	轻伤一人枪伤		队员渚艾文受轻伤
八、二八至九、一五止	九 瞿绍伟	浦东川沙一带	浦东川沙	兵　23 民　5			浦东川沙一带流动队
八、二一至九、一五止	十 蒋方九	浦东一带	浦东	兵　36 民　78			浦东一带流动队
九、二起至九、一五止	煤业 田葶芳			兵　1 241 民			八月起即已开始工作其初系运输性质自九月一日始正式编队

共计救回伤兵六一九人　伤民三〇五人

（乙）急救队工作总成绩报告(八月十二日至九月十四日止)

日期	队别	队长	出发地点	部队驻地	救回伤兵伤民数额	队员遇险及受伤情形	护送伤兵到后方次数及人数	备　注
八、一二至九、一四止	一	张丹卿	大场顾家宅镇	由本会出发	兵　509 民			
八、一六至九、一四止	二	谢葆生	各战区	同上	兵　589 民　39			
八、一三至九、一四止	三	雷树德	同上	同上	兵　842 民　1			
八、二三至九、一四止	四	谈益民	同上	同上	兵　1 059 民　5			
九、十至九、一四止	五	褚一峰	大场顾家宅镇	同上	兵　40 民　4			
九、一一至九、一四止	六	何惠钧	同上	同上	兵　63 民	轻伤四人炸弹伤		本月九日出发救护至八字桥遇日机投弹

续 表

日期	队别	队长	出发地点	部队驻地	救回伤兵伤民数额	队员遇险及受伤情形	护送伤兵到后方次数及人数	备 注
九、一一至九、一四止	七	汪政卿	大场顾家宅镇	由本会出发				
九、一〇至九、一四止	八	刘星耀	同上	同上				输送队由担架改组
八、二一至八、三十止	九一八队	曹光华	各战区	同上	兵 129 民			详部因内部混取消改组

共计救回伤兵三二三一人 伤民四九人

（丙）救护员被害及受伤数表

子 救护员被害表

日 期	被害人姓名	队 别	被 害 情 形
八、十八日	担架长张松林一人	第二救护队	在真如被日机轰炸
八、廿三日	医师苏克己队员刘中武谢蕙贤陈秀芳共四人	第一救护队	在罗店被日军擒获后竟行刺毙
合 计	五人		

丑 救护员受伤表

受 伤 人 数	队 别	受 伤 情 形
龚组长葛林宗谷远民等三人	第二救护队	在真如被炸弹伤
队员赵汝信一人	第三救护队	炸弹伤
队员一人	第四救护队	弹片伤
队员陆鹤峰金锦如薛佩文等共十人	第五救护队	弹片伤
队员渚艾文一人	第八救护队	弹片伤
队员汾忠明张子友汽车夫杜莲生徐鼎义共四人	第六急救队	炸弹伤 杜莲生重伤余均轻伤

共计二十人

四、运输

受伤兵民之输送，本会备有卡车，自八月十九起迄九月十五日止，共计登记有卡车八十七辆，各救护队或有自备者，不计在内。兹列表如下：

租来现已不用者	二十五辆
租来现在修理者	四辆
租来仍用者	十二辆
借来已退还不用者	一辆
借来现在修理者	三辆
借来仍用者	七辆
借来全部损坏者	一辆
煤业公会在外工作者	十四辆
煤业公会预备补充车	六辆
本会自备旧车 修理中 不宜远道者	三辆 一辆 二辆
孔太太捐赠新车 颜医生发交无锡者 在用者	 一辆 三辆
红十字会购备新车 旧车 直接派与第二十一医院用者不在内	二辆 四辆
张嘉甫先生送来	一辆

以上共计八十七辆

修理费截至九月十五日止，共计国币一千三百五十九元八角五分

(全部损坏之车辆尚未赔偿)

八月二十四日起至九月十五日止

汽油机油截至九月十五日止，共计国币一万一千一百六十七元九角

八月二十四日起至九月十五日止

共计救护伤兵　　　　四千九百七十四人

伤民　　　　八十一人

出勤次数　　　　　　　　　　　　六百十四次

八月二十九日起至九月十五日止，转运伤兵出境赴昆山、松江、嘉兴，或送上火车，或至船码头，共计二千三百六十九人。

煤业公会之车辆，担任昆山苏州间之救护及转运所有工作报告，尚在整理中。

以上为运输工作之概况，惟本会运输车辆之往来，遭对方之忌甚深，虽车辆上扯有本会红十字旗帜，但被日机发现之后，即加轰炸，故现为避危险起见，改在夜间工作，但夜间工作，困难殊多，以不准点灯火，且军用车来往频繁，以致时有互撞及翻车情事。兹以战事日益激烈，救护工作因此随之日益紧张，故本会仅有之车辆，实颇感难以应付也。

五、救护工作人员登记

本会以在战争时间，亟需各种经验丰富之救护工作人员，因于八月四日起公开征集，惟旋以应征来会登记者人数过多，故一星期后即行截止。当经登记之人员计共二百四十四人，内医生男五十八人、女三人；护士男二十九人、女九十人；急救员男三十三人、无女性；事务员男十六人、女一人；其他男十四人、女性无。现经择尤陆续指派工作。

六、救护训练班

本会自设救护训练班，系于上年十一月间开始办理，假北成都路和安小学为讲习所，招收热心人士义务授与战时救护必要学术，每届训习三十小时卒业。本年八月八日，曾在南市公共体育场举行历届受训救护员检阅式，表演各种术科，整齐迅速，盛受到场各界观众之称许。至八月底止计已训练五届，卒业学员共二百八十七人，现在多数编入本会各救护队，派赴前后方服务。最近由穆藕初先生募得国币六千元捐助本会，专作办理救护训练班之用。今因前方战事紧张，本会工作着重于实施救护工作，训练班暂时停办，一候战局稍靖，即当继续办理，以符为国储材之旨，现对于今后进行方针，已在缜密计划中。

以上所述，为本会开办以来迄九月十五日止之大概情形。

按本会为全市办理救护事宜之最高机关，而福庆等辱承不弃，受命负实际执行之重任，职责所在，自属义无反顾，惟是项工作，关系民族命运前途者甚大，我政府当局正领导全国上下作全面持久之抗战，战争既一时不能结束，则本会救死扶伤之工作自亦不能停止。惟是战事愈持久扩大，则欲维持本会之工作，其费用亦愈浩繁，此实福庆等所最感困难，而不得不向到会诸君陈述者也，附收支报告及预算草案,敬祈指正,并请对于筹集方法亦有所规定,俾救护工作得以顺利进行,无任公感。

附录一　本会医务组开办费预算表

救伤包	十万只	每只九分	共计九千元
担架	五百只	每只四元	共计二千元
急救囊	一百只	每只二元	共计二百元
医疗囊	五十只	每只五十元	共计二千五百元
器械(详见附录三)			共计一万八千〇卅六元
杂件			共计三千元
破伤风抗毒素	五千单位		共计一万二千元

以上共计四万六千七百〇三十六元

附录二　本会医务组每月经常费预算表

类　　别	伙食费	津贴费	共　　计
救护医院(按二千床位计)	二万元		二万元
特约医院(按一千床位计)	一万二千元		一万二千元
后方医院(按三百床位计)	一千四百七十元	一千二百元	一千七百七十元
救护队(六队)	三千六百元	六千元	九千六百元
急救队(三队)	九百元	一千五百元	二千四百元
卫生材料费(详见附录三)			一万三千一百五十一元
运输费			三万六千元
杂支			四千元

以上共计每月需九万□千八百二十一元。

按本预算乃依战事初起时所定,现因战事激烈,医院床位及救护队数等均有增加,故经常费用自亦随之增加也。

附录三　卫生材料经常预算及八月份实际支出

前　　言

自会务开始以来,总计迄八月十三日起,至九月十八日止,总支购办卫生材料费用,仅三万余元。依上海各种救护机构庞大之需要,仅有此数,即勉为撙节,已不胜其艰。现所存卫生材料，仅敷一月之用，竭泽而渔，终非久计，况卫生材料，救伤必需，未雨绸缪，正赖群策群力。兹将最近实际情形，详述于后，藉见一斑。

甲、单 位 预 算

(一) 材料课发给卫生材料标准，无论医院、救护队、急救队，均有单位规定，此规定之依据，较军医署材料处所规定者相埒，故在事实上，此种规定尚合实际应用。

(二) 救护医院或伤兵医院，其一百病床单位一月用之药品材料费，估为二百六十一元四角。

(三) 救护队一月用之药品材料费，每队估为一百十三元五角。

(四) 急救队一月用之药品材料费，每队估为七十五元八角。

(五) 救护医院或伤兵医院，开办时每一医院应用之器械材料费，估为六百九十五元六角。

(六) 救护队开办时——每一队应用之器械材料费，估为四十五元六角。

(七) 急救队开办时——每一队应用之器械材料费，估为二十五元。

附注：此项估计，如急救包、皮革裹伤急救囊、担架以及十滴水、仁丹等，向承红十字会供给，尚未列入估计中。

乙、总 预 算

(一) 本会直属救护医院病床单位，约为三千八百只，伤兵医院病床单位约六百只，按月应支药品材料费，总估为一万一千五百〇十六元。

(二) 本会所属救护队共十队，按月应支药品材料费，总估为一千一百三十五元。

(三) 本会直属急救队共六队，按月应支药品材料费，总计估为四百五十四元八角。

(四) 本会救护医院已成立者，计二十一所，后方伤兵医院计二所，共二十二单位，开办时应支器械材料费，总估为一万五千三百〇三元二角。

(五) 救护队已成立者计十队，开办时应支器械材料费，总估为四百五十六元。

(六) 急救队已成立者计六队，开办时应支器械材料费，总估为一百五十元。

(七) 按月补助各特约医院，军队卫生队及其他团体之药品材料费六百元。

(总计)按月总支药品材料费，总估为一万三千七百〇五元八角。

按开办时应支器械材料费，总估为一万五千九百〇九元二角。

两共计为二万九千六百十五元正。

丙、八月份实际支出

（一）因材料课不司银钱出纳，则精细之决算，有待异日。八月份实际支出，亦为材料课就出纳材料之数量上一种估计，但大多数上确可据此窥见一斑。

（二）八月份，本会向药房所购进之药品器械材料，总值为三万〇五百五十三元强。

（三）八月份，总支之药品材料费，总估约为一万〇八百余元，而器械材料费，总估为二千四百五十元，合计总值为一万三千二百五十元。

（四）总预算依八月份为开办时期，应支二万九千六百十五元，而八月份实际支出仅一万三千二百五十元，则实际较之总预算，减少支出为一万六千三百六十五元。

丁、实际支出不及预算之理由

（一）因日机轰炸，前方不能设置绷扎所，各救护工作等于运输，故消耗材料较少。

（二）若干救护医院仰赖自给，所供给者间有不满所规定之数量。

（三）上海方面所成立之救护医院，多为公私立医院热心分子所组成，需费较巨之器械，多能自家供给。

（四）需费较巨之破伤风血清、麻醉药品以及应用较广之急救包、皮革急救囊、奎宁丸，一部分或全部承红十字会补助，并非专由材料课自备。

（五）综以上诸种原因，故材料支出，尚不及预算之半。

戊、今后之希望

今后之希望，依完成救护最终任务而言，万不容使材料之供给时虞匮乏。最低之限度，亦应使按月一万三千余元之药品支出，不能使之中断。行有余力，能补助各种机构以完备器械，则尤臻佳妙，且不胜馨香祷祝。兹为充分明了起见，列表于次：

上海市救护委员会医务组材料课材料费总预算图

必需者 ← 性质 → 可□者

按月支出

救护队（十队）	一千一百三十五元
救护医院（三千八百床位） 伤兵医院（六百床位）	一万一千五百十六元
急救队队（六队）	四百五十四元八角
其他	六百元

总计一万三千七百〇五元八角

开办支出

救护队（十队）	四百五十六元
救护医院（二十所） 伤兵医院（二所）	一万五千三百〇三元
急救队（六队）	一百五十元

总计一万五千九百〇九元二角

附录四　上海市救护委员会收支报表(廿六年八月十一日至九月十七日)

收入之部

经费收入		
抗敌后援会	$ 85,000.00	
中国红十字会总会	27,000.00	
上海市地方协会转来	15,779.63	$ 127,779.63
捐款收入		
心记(红十字总会转来)	$ 1,000.00	
Arthr Youvg	1,000.00	
沙市纱厂	5,000.00	
北货业同业公会	500.00	
萧心和宝号	500.00	
杂户	969.88	$ 8,969.88
暂收款项(指定第廿三救护医院)		
江海关华员爱国捐管理委员会		$ 17,000.00
收入总计		$ 153,749.51

按：中国红十字会总会曾拨现款三万六千元，物品三万四千元，购置运输汽车应用三万余元，合计国币十万余元。

支出之部

伤兵医院经费	$ 5,330.00
救护医院经费	24,643.83
特约医院给养费	6,201.25
急救队经费	919.10
救护队经费	8,223.79
医具及药品	31,665.94
包扎品	3,238.00
保险费	54.00
汽油及机油	12,376.10

续 表

租车费	8,892.93
捐照费	940.24
修理费	1,639.35
遣送费	183.08
担架	600.00
油灯手电	147.98
油布□	79.32
其他救护用具	810.11
臂章旗帜	125.60
津贴	264.50
伙食	1,878.13
文具印刷	1,018.05
车资	134.00
杂费	397.00
庶务备用金	70.00
押金及定银	4,596.00
购置	8,801.66
暂付款项	1,263.00
支出总计	$ 124,492.96
结余	
银行存款 27.681.07	
现 金 1.575.48	$ 29,256.55
杂 记	153,749.51

附注：本会所有全部收支帐目，统由奚玉书会计师事务所推派人员负审核之责。

（完）

原载《中国红十字会月刊》1937年第28期

中国红十字会总会上海市救护委员会职员名单

正　主　任　颜福庆
副　主　任　许冠群　俞松筠　翁之龙　郭琦元
总　干　事　王揆生
总务组组长　杨怀僧
副　组　长　陈奇恩　任作君
文　　　书　陆砥平　庄智源　端木馨
记　　　录　沈金涛　蔡书祥
会　　　计　(会计师)　龚懋德
　　　　　　(会计员)　王庭桂　郑燕宾　林国华
庶　　　务　(主　任)　陈奇恩(兼)
　　　　　　蔡致源　周绥和　吴玉麟　刘缘生
运　　　输　胡会林　马启锠　胡国城　徐绍宇　郭汉兴　韦　梓
情　　　报　俞慎初　潘超群　林树椿　姚谒斌
交　　　际　任作君(兼)
稽　　　查　胡会林(兼)
慰　　　劳　(总务担任)
掩　　　埋　陈良玉　黄庭瑞(普善山庄代表)
医务组组组长　郭琦元
副　组　长　汤蠡舟　朱恒璧　叶植生　吴利国
事　务　课　关凝一
医　务　课　艾世光　王增泉　朱席儒　汤　垒　黄钦文　孙本生
　　　　　　王益智　项斯征　周泰惠　吴德瑛　蒋公谷
材　料　课　江晦鸣　程　斌　方人麟　盛启英　张训隐　张其美
救护队课　汪民视　雷树德　李伟业

原载《中国红十字会月刊》1937 年第 29 期

中国红十字会总会上海市救护委员会第四次工作报告

(廿六年十月一日编)

本会自本年七月二十日由救护事业协进会改组成立,迄九月十五日止,关于工作概况，曾三度编制报告，而第三次报告，因备九月十九日本会第二次全体会员大会之用，内容最为详尽，兹亚将九月十六日起迄三十日止之工作状况，概述如下：

一、第二次全体会员大会

本会以自沪战以来，工作范围广大，每月经费至少需十万元，筹措颇感困难，且各部工作亟须向本会各代表团体机关报告，因于九月十九日下午四时假八仙桥青年会九楼召开第二次全体会员大会，出席者四十余人，当经议决，关于经费筹募办法，由红十字会请求中央在救国公债项内拨助二十万元，请市政府筹拨十万元，并登报公开征募及请本会各代表团体机关分别筹募等项，关于如何调整本会工作，经决定本会应与红十字会总会取得密切联系，并以红会为主体聘请本会各团体机关代表组织专家委员会，以推进救护事工等项，现市府方面已拨给本会三万元，并根据大会组织专家会议之议案，已分别设立设计及筹募两委员会。

二、医院

关于各医院及收容受伤兵民情形，大致如下：

(甲) 伤兵进租界办法

租界当局因上海霍乱流行，故于九月十六日至十八日曾禁止伤兵运租界，本会当即商请俞市长、李廷安局长会同本会颜主任及红十字会庞秘书长向租界当局几度交涉，乃经决定如下办法：(子) 中山医院(第六救护医院)改为国际防疫医院，专收霍乱病人；(丑) 指定公共租界、法租界床位较多设备较好之救护医院各六处作为隔离医院，前线救回之伤兵即送入此十二所医院；(寅) 此十二医院内隔离之伤兵经过六日之观察，如无霍乱发现，则可转入其他救护医院；(卯) 租界伤兵床位，照目下情况规定，公共租界三千只，法租界二千只，伤兵进租界数即以各指定医院空床数为准。

(乙) 设立包扎站

本会自将中山医院改为霍乱医院后，即在外交大楼成立包扎站一处，派有医师护士常川驻守，同时并规定各救护车救得之伤兵先须送往该处，由该处医师按照伤势轻重施行急救处置后，再分别送入指定医院或转往后方。

(丙) 结束特约医院

本会鉴于租界内原设之特约医院，因收容量极小，故决定陆续设法将伤兵转入各救护医院，以利进行，同时再可调出床位，以备收容一般患疫病之市民。

(丁) 医院移往内地计划

本会因鉴于当此长期抗战之际，租界内决非办理伤兵之妥善地点，故经商劝各医院迁往内地，现已有数院接受此项建议矣。

(戊) 收容人数及出院转送死亡现住数：

(一) 自八月十四日至九月三十日止，本市各医院

共收伤　兵九一六一　共一〇三二四名

　　　　民一一六三

共出院伤　兵五七三七　共六五五三名

　　　　民　八一六

共死亡伤　兵　三四〇　共三八五名

　　　　民　　四五

现住伤　兵三〇八四　共三三八六名

　　　　民　三〇一

(二) 自九月三日至九月三十日止，自上海输送后方各院伤兵

苏州　四〇五名　嘉兴　六五九名

无锡　六七名　杭州　二六七〇名

吴兴　三二一名　松江　一六七名

伤愈送廿一救护医院归队者　六六一名

船舶运送及其他地点　七八七名

共计转院伤兵　五七三七名

(三) 自八月十四日至九月三十日由前线直接运送后方各地(昆山、南翔等)伤兵计八七三四名。

附注：船舶运送伤兵由本会运上军医署第六卫生船舶。以上三项共计收治及转运伤兵一万七千五百五十五人。

三、救护队急救队

关于救护队及急救队之工作情形，有如下列二表：

救护队工作成绩总报告　　九月十六日至九月三十日止					
队　别	队　长	救回伤兵数	救回伤民数	出发地点	备　　注
第一队	陈荣章	六五四		江湾大场罗店	
第二队	田仓本	六六一		大场顾家宅等	

续 表

队　别	队　长	救回伤兵数	救回伤民数	出发地点	备　　注
第三队	王金奎	九七五		同　　上	
第四队	俞卓初	二一		同　　上	专任输送工作故未出发救护
第五队	刘士林	五三九		同上太仓	
第六队	韩一雷	一五三	五五	浦东一带	
第七队	叶　露	五	一七六	南市一带	
第八队	徐　伟	三〇九		大场杨行刘行	
第九队	瞿绍伟	一八七	六	浦东川沙	
第十队	蒋方九	二七二	一二五	浦东一带	
合计		三七七六	三六二		

急救队工作成绩总报告　　九月十六日至九月三十日止					
队　别	队　长	救回伤兵数	救回伤民数	出发地点	备　　注
第一队	张丹卿	八四		大场顾家宅	
第二队	谢葆生	二七六		各战区	
第三队	雷树德	五八三	一	同　　上	童军郑志祥在永安桥附近受重伤现送体仁医院
第四队	全仁忠	七九八		同　　上	
第五队	褚一峰	六九	三	大场顾家宅	
第六队	何惠钧	三八五		同　　上	九月十三日受伤之汽车夫杜连生于廿九日上午在中西疗养院身故
第七队	汪政卿	二七九		同　　上	
第八队	刘星耀	五八一		同　　上	
煤业	忻元锡	九五三		各战区	
合计		四〇〇八	四		

四、运输

关于运输方面工作，自九月十六日迄三十日止，大致情形如下：

(甲) 车辆

租界来时换用之车	共二十二辆
自备车	
红十字会新购新旧各三辆	共六辆
捐借来旧车	共六辆
前报告所载连捐借者在内	共十六辆
	共计二十八辆
派在无锡者	一辆
派在昆山第一伤兵医院	一辆
派供红十字会市分会用	一辆
派赴南京	三辆
改装吊车	一辆
在修理中	四辆
不宜于远道者	五辆
工作救护者	八辆
留本市供转运用者	三辆
	共计二十八辆
煤业公会借用，在外工作，连预备车	共二十辆

每日救护工作平均十六辆，自备租来各半。

(乙) 工作统计(自九月十五日至三十日止)

共救护伤兵(在外办运输不计)	共五千六百十七人
本市办运医院送至外埠者	共三千三百九十七人
车辆出勤次数	共四百六十五次
共用汽油	共四千九百六十四介[加]仑
共用机油	共九十一介[加]仑半

近因本埠医院有所改革，故每日转院并送伤兵至松江老华龙车站，每日需车至少五辆，因此更感车辆不敷之苦也。

五、播音募款

本会近因工作范围广大,需款浩繁,亟待各界热心人士之捐助,乃为扩大劝募工作起见,经于九月二十六日承伶界联合会及播音业同业公会等热心赞助,假富星电台邀请名伶名票梅兰芳、麒麟童、华慧麟等十人义务播唱拿手好戏,劝募捐款,各界认捐者非常踊跃。本会经认捐者电话通知后,当即请市商会童子军前往收取,结果非常圆满。经连日结算,约计收到现款、支票、证券、存折、公债股票等,价值一万三千六百余元,此外捐赠银器、古画等亦甚伙,现正设法加以变价,待全部结清后,当再登报公告鸣谢。

以上为本会自九月十六日至三十日之工作概况,乃所以补充以前之三次报告者也。

附:本会廿六年八月九日至九月三十日收支报告及廿三救护医院及救护训练班收支报告于后。

上海市救护委员会收支报告表

(二十六年八月九日至九月三十日)

收入之部	十万千百十元角分	十万千百十元角分
后援会	8 5 0 0 0 0 0	
红十字会	3 6 2 5 0 0 0	
捐款收入(注一)	2 7 3 9 8 5 6	
杂项收入	3 8 1 8 6	
暂收款项(注二)	1 1 8 7 1 6 1	
暂备(红十字会)	5 0 0 0 0	
共计		1 6 1 4 0 2 0 3

支出之部	十万千百十元角分	十万千百十元角分
伤兵医院经费	6 8 9 9 2 4	
救护医院经费	2 7 4 7 3 9 3	
特约医院给养费	7 9 3 1 2 5	
急救队经费	1 1 0 9 1 0	
救护队经费	1 0 9 2 3 7 9	

续 表

支出之部	十万千百十元角分	十万千百十元角分
医具及药品	3212724	
包扎费	453800	
保险费	5400	
汽油及机油	1598790	
租车费	1229293	
捐照费	108293	
修理费	377782	
遣送费	49379	
担架	60000	
油布被	7932	
油灯手电	16150	
臂章旗帜	12560	
其他救护用具	89331	
津贴	74400	
伙食	283683	
车资	30444	
文具印刷	170656	
广告费	14220	
邮电	1785	
收敛费	22350	
杂费	72512	
购置	922900	
暂付款项(注三)	180000	
备用金	10000	
押金及定银	456900	
共支		14897915
结存		

续 表

支出之部	十万千百十元角分	十万千百十元角分
中国银行	1 1 9 9 9	
上海银行	1 0 0 0 0	
现金	1 6 6 0 1	
应收款项(注四)	1 5 7 3 1	
共存		1 2 4 2 2 8 8
总计		1 6 1 3 0 9 0 3

注一：上海市地方协会捐入一五、七七九・六三，并入捐款收入科目内；

注二：暂收款项科目一一、八七一・六一，系指伶界播音捐收入，已存入银行之数而言，待未售出之特种货币、古画、银器等售出后，再行转账；

注三：暂付款项一、八〇〇・〇〇，内包括预支遣送费一、五四〇・〇〇，司机员预支津贴二六〇・〇〇；

注四：应收款项科目一五七、三一，系指代捐款机关已捐得而尚未变入之数。

上海市救护委员会第廿三救护医院收支报告

(九月十三日至九月三十日止)

红十字会拨来	$1,7000.00
经费支出	3000.00
结存	$1,4000.00

上海市救护委员会救护训练班收支报告

(八月三十日至九月三十日止)

上海交易所联合会捐助经费		$6 000.00
支出职员津贴	$200.00	
支出和安学校津贴	20.00	
文具印刷	24.00	244.00
结存		$5 756.00

原载《中国红十字会月刊》1937年第29期

中国红十字会总会上海市救护委员会报告

序

王正廷

救济伤残，抚辑流亡，乃红会之天职。故救护委员会之组织，红会订有专条：

凡遇战事发生，殆无不从，而以国际立场，努力救护工作，尤以八一三淞沪之役为尤著。迨绥远衅开，海上风云日紧，上海市地方协会鉴于救护之不容或缓，爰有上海市地方救护事业协进会之发起。嗣奉明令颁布非常区域救护事业办法大纲，复集合社会团体、医学领袖与红会合组为上海市救护委员会，以符法令。既事权统一，斯责有攸关。正廷忝长红会，时虞陨越。值此时事方殷，医务应如何措施，救护应如何推进，责无旁贷；惟身羁海外，不克追随诸君之后，藉供奔走，良用歉然。今救委会会务结束，集平素工作情形，汇为一编：言事功，则艰苦卓绝；言纂述，则纲举目张，可以告国人，可以示来者，无间然也。是编告成，嘱为之序，用缀数言如上。

如何办理伤兵医院

朱恒璧

在办理一所伤兵医院之前，主办人和服务员，应该先有一种确切的信念："这种工作不是义务，而是无上的权利"。试看在沦陷的区域内，谁还有看到伤兵的机会？谁还有为祖国服务的机会？这一天能为伤兵服务，这一天我们就还能自由呼吸，还能抗战，所以凡是办理伤兵医院的人，都应该珍重他们自己这份权利。其次是对于伤兵的认识：我们应该记住伤兵是人，而且大多数是朴质的人，他们不仅不是神和圣人，也没有受许多文化的修饰，他们有血性，有欲望，所以我们不能希望他们无错，也不能希望他们顺服如绵羊，只能就我们力量能及的范围内，使他与我们合作。

开办伤兵医院，似是单纯的医务工作；而实际上却掺杂着许多人事的纠纷，所以在伤兵医院中经常所遭遇的困难，并不是医务的，却是人事的。士兵大半是粗朴的，而猛烈的炮战和轰炸，常使这些战士神经受伤，因此伤兵中常有精神反常的；如果处理不慎，不免要发生殴人毁物或其他一切纠纷。为了避免纠纷和提高工作效能，在举办伤兵医院时，应该注意几种原则：

1. 一律　抗战既是广汛而持久的战争，救护事业也应该作通盘计划，要使每一个负伤兵士得到治疗的机会，不必使少数战士获得超过必要的待遇，花费多量金钱及人材，办一所床位少而特别考究的医院，甚至开办了短短一个时期就无故停闭的，其影响最坏。一方是靡费人力和财力，使一部分伤兵躺在弹簧床上吃花旗橘子，嚼巧格力糖；一部分伤兵无医院可送，倒在伤兵分发站的泥地上流血而死。其坏影响还不仅如此，因为伤兵从前方下来后，不见得老留在一所医院里治疗和休养，他们是常常要从这一所医院调到别一所医院，或从前方医院调到后方医院的，如果他们在一所特别收容的医院中得到过好的待遇，转院后他们会诉苦发怒，引起种种不愉快的事件,"一律"是军队生活的特色,他们永远穿一样的制服,背一样的军包,吃一样的粮饷,在广东他们是每月六元的伙食,到江苏后还是每月六元的伙食,所以如果在一所伤兵医院中睡了弹簧床,转院后他就仍要求弹簧床;有一个人如此要求,其他的人也会大家来要求弹簧床。就像这样一件事,可以闹得全院骚动,所以办理伤兵医院必须要"一律",不仅应使本院的水准与他院一律,院内伤兵的待遇更要"一律",三百只病床的医院,如果由人家送了二百九十包香烟,你宁可搁着不发,等再有人送来,或添买十包再分发,尽管他们中间有不抽烟的人,但是你如果分发不均匀,是不免会发出事情来的。

2. 简单　办理伤兵医院,无论在经济与减少纠纷上说,均应以简单为原则;只要使每一个伤兵吃得饱,穿得暖,得到合宜的治疗,就已达到办理的目的;花样翻新,无非平添纠纷而已。兵士是单纯朴质的人,军队生活是单纯朴质的生活,所以伤兵医院之无需乎新奇和翻花样,是极明显的事;不单是无需乎复杂,还决不可使它复杂,把一大群痛楚的,夹着精神反常的兵士放在一起,已经不容易应付,若再加些花样,事故就更加多。譬有一次人家为了慰劳伤兵,到伤兵医院的饭厅上去放映电影,表面上这是很好的一件事,结果许多轻伤的因为挤着看电影打了一架,重伤的坚持要求抬到饭厅上去看戏,而伤口破裂,寒热升高,弄得满院骚热。又一次有一班女学生要慰劳伤兵,到伤兵医院去唱歌给伤兵听,一所医院内几十个病房,她们只能逐间的唱过去,可是某一间病房里的伤兵听得起动[劲]起来,不绝要求她们继续唱下去,她们唱到声嘶力竭,不能再到别间病房去唱,别间病房的伤兵认为这是不公平,集起来就要殴打这班慰劳者,结果只好由医院里服务的人出来调解,保护着她们赶快走开,凡此均由不合简单原则所惹起的纠纷。

3. 爱护　凡是举办伤兵医院的人,决不是把这件事当做自己的职业,或是利用它以达到自己的某种利益,其唯一的目标,就是救护伤兵。上面已经说过,兵士为捍卫祖国而流血,他们站在我们的前边,受轰炸,受残杀,都是为了我们;当我们继续能救护伤兵的时候,就是还能继续抗战的时候,所以为他们而服务,不是义务,而是无上的权利。对于他们,我们自应尽力爱护。当外科医师准备刖下一只伤腿时,他应过细想想,是不是还有方法可以保全这一条腿。为了抗战前途,为了受伤者未来的生活,他应得益他最大的能力以保全这条腿,除非是万不得已,才能刖掉。又如伤兵闹事时,服务员不应用以上对下的态度去训斥他们,只应该婉言劝导。工作人员要使伤兵觉得他是和他们一样的一种人,不是一个特殊阶级,并且还与他们有兄弟姊妹的情谊，能这样，伤兵自然会信托他，体谅他，即偶有失错，也不会加以苛责了。服务员与伤兵这种亲切的关系是很重要的，一方可以减少许多无谓的争端，一方还可使伤兵与院方合作。曾有一次，某医院一位女服务员，因为嫌恶病房中的气味，用手帕掩着鼻子走过，遂使病房里的伤兵大为动怒，认为是了不起的侮辱，要从病床上挣扎起来打她，后来由旁人调解，使罚跪该病房内两小时了事。这位女士受到的教训是对的，我们为伤兵所做的工作是必要的，是为了敬爱他们，为了我们的国家，为了我们自己，这是愉快地做我们的本分，并不是慈善事业或救济工作，如果把自己看得高贵，嫌恶伤兵们的脏或气味，根本不配做这种工作。

这上面是笼统地论到的几种原则，其次便要叙述一个伤兵从进院到出院所经过的手续。伤兵由救护队或其他机关送达医院门前时。

1. 先由登记处派员查点伤兵人数，出具收据，交护送来院之负责人员；

2. 按名填写姓名、年岁、所属部队(师旅团营连排数)、阶级、受伤日期、受伤地点、受伤种类(如炮片伤、炸弹伤、机枪伤、步枪伤等)及受伤部位等；

3. 按名编列医院号数，并将该号牌发给各兵佩带身上；

4. 由护士除下军装，换给医院所备衣裤；同时由衣物保管课派员逐名点收所携银钱、衣服什物，并分别发给收据；

5. 由值班医师及护士检视各伤兵，就受伤部位及伤势轻重分送各病房，其需要即时包扎或开刀者，即行包扎或抬至手术室施行手术；

6. 将姓名、医院号数及病房数填到水[手]牌，悬挂登记处；

7. 伤兵经值班护士照料入病室睡下后，由值班医师检查身体伤口，填录病历；

8. 按日施行治疗，并使受例行工作(如换药、测量体温、脉搏、呼吸、记录大小便、饮水量、睡眠时间等)；

9. 由主任医师决定应施手术；

10. 伤口痊愈者，或医院人满，伤势较轻可送后方疗养者，由主任医师签字，准其出院或转院；

11. 由各该病室护士将出院名单抄送登记处；

12. 由登记处总集全部出院名单送总务处之出院管理员；

13. 出院管理另将出院名单抄送衣物保管课，俾整理代为保管之各物，并分别通知应行出院之伤兵，其不愿出院者，婉言劝导，务使出院；

14. 出院管理员按照该日出院日数，通知车辆课备车；

15. 出院伤兵集合登记处;

16. 由衣物保管课逐名发还所存银钱、物件,取回收据;

17. 由出院管理员发给院方所备衣服、鞋袜(伤兵原有衣服,大都因伤口关系剪破,或不够温暖);

18. 由登记处分发出院证;

19. 出院管理员唱名,使其逐一登车;

20. 全部登车后再点名一次;

21. 登记处将出院人名单交随车护送人,并由负责护送人出具收据,交登记处保存;

22. 住院伤兵如有死亡者,由各该病室护士报告值班医师,医师检查其确已伤亡后签字,并报告总务处移尸至太平间,总务处通知衣物保管课及登记处,衣物保管课将死者银钱、衣物点交总务处,登记处记录死亡日期,总务处通知棺殓机关备棺前来,总务处及棺殓机关会同收殓课、总务处将死者遗物点交该管部队或护送机关。

上述是各伤兵从入院到出院经过的呆板手续,写下不过以备参考。还有许多更为重要,值得分别提出来的事情,有如下各点:

1. 膳食　膳食看去虽然是件琐事,而伤兵医院中都很容易引起事端。最重要的是应使厨房距离病室远些,并严格的禁止伤兵进入厨房,常有轻伤的士兵欢喜到厨房里去自己拣取食物,因而和厨役吵起来。其次是应于米饭之外另备面食,因为北方的士兵对于米饭常常不能下咽,经济情形如许可,应备软质食物,和液体食物,供给重伤及热的人,这种特备饮食要另交有经验的饮食管理员去管理。普通伤兵都是各就床头进食,但轻伤和将愈的伤兵,可以让他们合桌进食,这样能多吃几种菜馔,增进些胃口;不过每桌要指定一个伤兵做桌长,使他负责管理,等待人齐后一同进食。还有厨房清洁和注意苍蝇等事,那和普通医院一样,这里不再多说。

2. 银钱　伤兵的身边不可以有钱,这事颇难办到,却极为重要。因为身边有钱,他们就会想要上街游逛,买东西。这流弊详下面出院一节内。此外他们买鱼卖肉来叫厨子另烧,有时烧得不好,要打厨夫,迫厨夫认赔,有时这个伤兵一时高兴吃掉了那个伤兵的自备菜,两个人打起来,最大的流弊是有了钱他们就赌钱,差不多每一个兵都有些赌博的天才和嗜好,大群在一起时,他们赌牌九、掷猴,有四个人他们又麻雀,即使只有两人,也可掷骰子赌输赢,他们随身都带些简便的赌具,你就是搜掉后,他们仍会千方百计去弄些赌具来的,不幸赌钱常是打架的诱因,所以伤兵医院对于赌钱必须严禁,一方是代管银钱,使他们无钱可赌,一方面可用其他正当娱乐如下棋、听留声机、阅读书报等,以为代替。至于伤兵的钱可由院方代管,必要买东西时,由院方代买,在存款中扣掉所用的数目。这事似乎麻烦,但借此却可避免许多更大的麻烦和事端。

3. 出外　伤兵是绝对不宜让他们出外的,一方恐怕对于伤口不宜,一方出外很容易滋事,譬如因为出外宿娼而得花柳病,因出外而和外人打架等,都是常见的事,如果要出外买东西,尽可以工人代买,决不可让他们自己出去。

4. 药物　药物当然是医务的问题,但是却也与事务有关,因为伤兵医院的规模常较一般医院为大,每天所费材料极多,尤其是在中国经济不宽裕的情况中,更加应该尽力撙节,譬如用纱布,应尽量把用过的洗净再用,并避免浪费,如所用药品,同一功效的,应该选用价值较廉的,如安眠药及开胃药等,都可以将廉价的来代替高价的,其效用一样,价值却可节省许多。

5. 出院　出院在各伤兵医院中都被认为极困难的事情,常有不应该出院而坚持要求出院,应该出院却不肯出院的情形,不应出院而要求出院的较少,可以譬解利害关系而止住他,不愿出院是常遇的事,他们有许多理由可以用做推诿,例如人家欠了他的钱没有归还,或是他欠了人家的钱没有归还,或是叫裁缝做的衣服尚未送来,或是洗的衣服不曾干,或是等着发饷,有的则干脆回你不高兴出院,所以出院管理员一职,颇不易做。出院管理员应该时常到病室去,与各伤兵做成很好的朋友,以取得他们的合作,否则在通知他们出院时,不仅得不到他们的同意,有时还会受到殴打。劝解和开导是很重要的,例如因院中人满而使轻伤者转院时,可把前方运回伤兵无处可送,无处可施手术,辗转待毙的种种惨状说给他们听,兵士很重义气,常能收敛,最妥当是提早一日通知,可以免掉许多推诿。

上述数点,是伤兵医院中发生困难的症结,这几点若能处理得当,就很少事故可以发生了,凡此都是事务上的细微末节,不过许多大的事情常从小的事情开端,所以虽属琐细,也不容忽视,似乎值得举出来以供参考。

上面所述各点,即使极审慎的处理,有时仍不免发生许多困难。最妥善的办法,伤兵医院只有由政府来统一办理,人民各自为政的举办伤兵医院,不能统盘筹划,不合经济,不能使标准"一律",最困难的还是管理,尤其是在内地的私人主办伤兵医院,管理的困难更甚。伤兵医院全部由政府主持,人力财力都支配合理,可以合经济的原则,管理更为方便,于是才能获得较高的效率。

组　织

组织经过

溯自“一·二八”后，中央颁布《非常区域救护大纲》，俾各省市组织救护委员会有所遵循。本会乃遵照该大纲，由中国红十字会总会、上海市商会、地方协会、医师公会、中华医学会、药业公会、医事教育机关及其他与救护有关之团体，合组成立。由各团体推举颜福庆、许冠群、徐乃礼、庞京周、俞松筠等为委员，内设总务、医务、救护、运输、医院、材料各组课，当聘王揆生、杨怀僧、郭琦元、朱仰高、朱恒璧、徐世纶、吴利国、叶植生、张子道、汪民视等为各组主任干事。自八月五日即开始会议工作，关于经费之募集，救护队之征集，救护医院之设立，进行尚称顺利。八一三战事爆发，工作顿形紧张，各团体亦踊跃参加，但救护工具实感缺乏，惟有审察战区之广狭，战士之多寡，权衡需要，以定救护之方针。八一五至二十五前，尽可能成立救护队四队，救护医院四处。八二五后，战区日广，救护范围亦逐渐扩大，救护队增至十队；各方自动组织参加之急救队，亦增至十二队；救护医院亦扩展至二十四处。综计自二十六年八月十四日至二十七年四月三十日止，计由本市各医院收治之伤兵伤民，凡一万九千五百三十九名；由伤兵分发站运送后方各地者，计七千一百二十八名；由前线直接运送后方各地者，计一万七千七百二十二名。总计救治伤兵伤民，凡四万四千三百八十九名。另有各项报告及表册，胪列于后。其组织经过则略如上述。

上海市救护委员会组织系统表

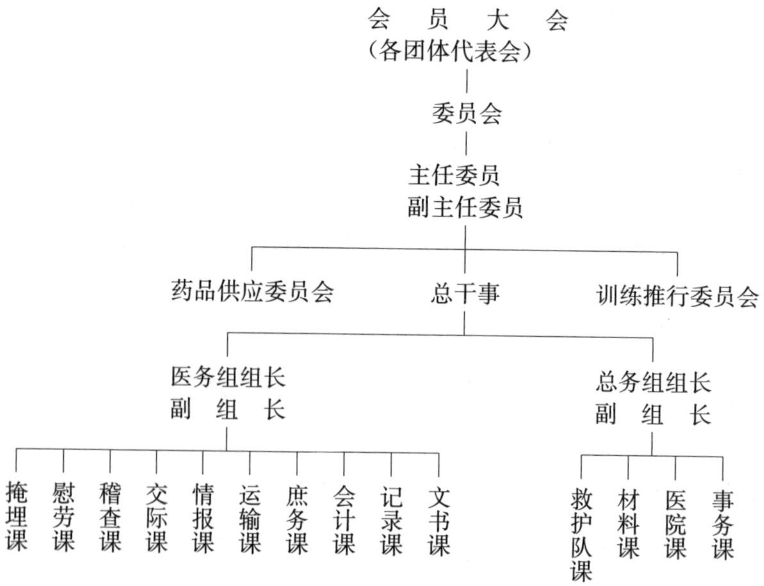

附注：本会根据中央所颁布《非常区域救护事业办法大纲》之规定，由红十字

会、市商会、地方协会、医药团体、医药教育机关及与救护事业有关之团体机关，各推代表为会员，共同组织之，由党政主管机关，派员参加指导，并受中央救护事业总管理处之指挥及监督。

上海市救护委员会委员名单

正主席　颜福庆

副主席　许冠群　徐乃礼

总干事　王揆生

委　员　颜福庆　许冠群　徐乃礼　庞京周　陶百川　黄任之
　　　　金润庠　钱新之　李廷安　翁之龙　郭琦元　朱恒璧
　　　　陆伯鸿　除(陈)良玉　黄伯樵

训练推行委员会委员

汪问渔　蔡洪田　徐乃礼　顾毓琦　范守渊　徐宝彝　庞京周
汤蠡舟　王揆生　汪曼云　童行白　吴利国　张秉辉　林克聪
罗叔章　张志学　蔡金瑛　王淑贞　陆礼华

药物供应委员会委员

许晓初　周邦俊　马炳勋　徐翔孙　袁鹤松　胡桂庚　高培良
许冠群　项绳武　朱瑞臣　朱玉泉　何子康　陈小蝶　屠开征
虞兆兴　方液仙　李锦奎　周梦白　曹志功　刘步青　郭　顺
戴悫庵　钟耀章

上海市救护委员会职员名单

名誉主任委员　虞洽卿

正主任委员　颜福庆

副主任委员　黄炎培　林康侯　许冠群　俞松筠　翁之龙　郭琦元

秘书长　王揆生

秘书　陈　瑀　刘大作

总务组长　杨怀僧(自二十六年八月五日至十月八日)
　　　　　朱恒璧(自二十六年十月九日至二十七年五月三十一日)

副组长　任作君　王春涛　金芝轩

收发课干事　吴培仁　丁志权

文书课主任　陆砥平

干事	吴振之　沈轶刘　甘任之　徐杏村　端木馨　马济光　沈金涛(记录)　蔡书祥(记录)
交际课干事	吴玉麟　陈文愚
会计课主任	王春涛
干事	王庭桂
查账员	龚懋德　乌瑞堂
出纳员	郑燕宾　朱光炜　林国华
庶务课主任	陈天愚　陈奇恩(前任)
干事	苏逸尘　刘缘生　周绥和　蔡致源　胡炎甲　何　让　苏永年
交际课主任	金芝轩　胡会林(前任)
干事	梁官松　郭汉兴　王建中　乐时鸣　胡文鼎　骆亦文　张汉光　胡国城　韦　梓　顾志辰　陈珊芝　江杏林　王富兰　欧启英　马启锠　徐绍宗
编宣课干事	庄智源
医务组长	郭琦元(后由吴利国兼代)
副组长	汤蠡舟　叶植生　吴利国
医院课主任	吴利国(后由艾世光兼代)
干事	艾世光　许天随　王增泉　蒋旭东　黄钦文　蒋公谷　关凝一　计肯伯　阮尚丞　陈锡康　朱席儒　孙本生　朱紫阳　汤品山　朱仰高　王益智　傅三才　项斯征　吴德瑛　周泰惠　张冰莉　徐文陶　许芝嫱　周淋英　张秀棣　杨素梅
材料课主任	富文寿　徐世纶(前任)
干事	方人麟　盛启英　江晦鸣　程　斌　张训隐　张其美
救护队课主任	叶植生
干事	汪民视　张子道　刘士林　刘春波　雷树德　张仁浩　李伟业
情报	俞慎初　潘超群　林树椿　姚蔼斌
掩埋	陈良玉　黄度桂(以上二人系普善山庄指派驻会办公)

本会所属各救护医院及特约医院遇有伤兵死亡时(连长以上之军官除外),概由普善山庄备棺掩埋,嗣于九月初旬,同仁辅元堂亦加入担任掩埋工作。

上海市救护委员会个人会员名单

杜月笙　钱新之　林康侯　黄伯樵　王晓籁　潘公展　李廷安　陶百川
陆伯鸿　陈小蝶　方液仙　潘仰尧　汪曼云　陆礼华　季组绅　颜福庆
蔡洪田　许也夫　张秉辉　朱恒璧　项绳武　汪柏轩　朱仰高　顾南群
何元明　顾毓琦　王育方　曾广方　马炳勋　卢学志　刘步青　张志学
金润庠　许书绅　刘士林　范守渊　何子康　朱瑞臣　胡桂庚　陈公保

上海市救护委员会各机关团体代表一览

机关名称	代表姓名
上海市商会	许晓初　周邦俊
中国红十字会上海分会	臧廉逊　蒋茂鑅
中华医学会	富文寿　黄子方
上海市钱业公会	陆书臣　严大有
中华民国药学会	刘步青　周梦白
私立东南医学校	郭琦元　汤蠡舟
上海市药师公会	周梦白　裘少白　曹志功
上海市新药业公会	徐翔孙　朱玉泉
中国红十字会总会	庞京周
上海市卫生局	徐世纶　吴利国　朱润深
上海女子医学院	王淑贞　张祖华　沈诗英
上海市妇女会	林克聪
私立同德医学院	顾毓琦
上海市女青年会	张志学
中法大学药学专修科	吴树□　宋悟生
青年会	应天和
震旦大学医学院	徐宝彝
全国新药业同业公会联合会	袁鹤松　屠开征
上海市医师公会	俞松筠　叶植生
全国医师联合会	徐乃礼　蔡禹门

上海市防空协会	杨国柱　郑泽光
国立上海医学院	朱恒璧　任廷桂　刘崇恩
普善山庄	陈良玉
中国妇女抗敌后援会	罗叔章　蔡金英
上海市制药业公会	许　超　何子康
中华职业教育社	江问渔　杨卫玉
上海市地方协会	黄任之　王揆生
国立同济大学	翁之龙　蒋益生　李宣果

规　程

上海市救护委员会章程

第一条　本章程依据非常区域救护事业办法大纲之规定订定之。

第二条　本会以计划办理救护事业，并协助其他团体之救护工作，使在平时得以充分训练准备，临时得以统一调度，不致紊乱为宗旨。

第三条　本会之工作如左：

甲　关于救护物品之调查研究与征集。

乙　关于救护工作人员之征集与训练。

丙　关于救护交通地域之研究。

丁　关于救护之实际工作。

第四条　本会之组织，以下列各团体机关参加，并请党政主管机关派员指导参加。

甲　医药业团体。

乙　医事教育机关。

丙　商会。

丁　中国红十字会。

戊　其他与救护工作有关系者。

以上各团体得推派代表若干人，加入本会为会员。

第五条　本会设主任委员一人，副主任委员二人，委员若干人，均由大会推选之；并聘任总干事一人，秉承正副主任委员办理会务。

第六条　总干事下设总务、医务两组。

总务组掌理联络、统计、运输、材料、文书、会计、庶务等事项，医务组掌理调查、训练、医务、防疫、检验及环境卫生等事项。

第七条　会员大会每三个月举行一次，讨论本会工作大纲及其他进行事宜；必要时得临时召集之。

第八条　委员会议每月举行一次，建议并决议本会一切事务；必要时得临时召集之。

第九条　会员会费每月五元。

第十条　本会经费，得于必要时临时募集之。

第十一条　本会受中央救护事业总管理处之指挥及监督。

第十二条　本会得设各项委员会，经本会之决议，聘请各界热心人士担任之。

第十三条　本章程经会员大会通过，完成法定手续施行之；其修正手续同。

非常区域救护事业办法大纲

甲、组织

国防日紧，在非常区域内之各省市，亟应设置救护委员会，负责协助并办理战区军民救护工作，以期事前得充分训练准备；临时得以统一调度，不致紊乱重复，漫无计划。在中央设置救护事业总管理处，对于各省市救护委员会，负指挥监督之职责，庶可收指臂相使之效。

(一) 各省市救护委员会组织办法如下：

(1) 非常区域内各省市应于省市政府所在地，设置救护委员会，由左列各团体机关组织之。

(子) 医药业团体及医事教育机关。

(丑) 商会。

(寅) 中国红十字会。

(卯) 其他与救护工作有关之团体。

当地党部及政府卫生主管机关派员指导参加。

(2) 各省市救护委员会设主任委员一人，副主任委员二人，委员若干人，下设总务、医务两组。

总务组掌理联络、统计、运输、材料、文书、会计、庶务等事项。

医务组掌理调查、训练、医务、防疫、检验及环境卫生等事项。

(3) 各省市救护委员会应附设之救护机关如次：

急救队　医院　运输队　陆地运输队　掩埋队

船舶运输队

(二) 救护事业管理处设置于首都,由卫生署及中国红十字会总会联络其他救护工作有关之机关团体组织之,设主任一人,副主任二人。下设总务、医务两股,对于各省市救护委员会指挥监督之责。其组织另定之。

乙、编制

(一) 急救队　　每队以十二担架计

队长(医师)一人,医师一人,特务员一人,护士长一人,

看护六人,担架夫二四——三六人,伙夫二人。

(二) 医院　　二五〇——三〇〇床位

院长一人,事务员一人,特务员一人,会计一人,文书二人,医师五人,药师一人,护士长一人,护士十人,司药生二人,看护三六人,夫役二四人,传达三人,火夫八人,担架夫□。

(三) 运输队

1. 陆地运输队　　由甲县至乙县每日行程六十里

大队长(兼一中队长)一人,中队长(三十六担架)一人,小队长(十二担架)六人,事务员一人,特务员一人,医师二人,看护一八人,担架夫二八八人(其中包括头目),伙夫六人,工友二人,司书二人,担架七二至九六人。

每担架为四人伍。

每小队为十二付担架组成。

三小队成一中队,设中队长一人,事务员或特务员一人,伙夫二人,工友一人,司书一人。

两中队为一大队,设大队长一人,兼一中队长。

2. 船舶运输队　　民船四八只,每只平均六人至八人。大队长一人,中队长一人,事务员一人,特务员一人,看护长二人,看护一二人,担架夫二四人,伙夫六人,司书二人,传令二人。

(四) 掩埋队

队长一人,特务员一人,指导员一人,工友五〇人,司书一人,伙夫二人。

丙、准备工作

(一) 调查

全县(市)医院诊所之数量,与所在地平时病床数量等;全县(市)正式医师、药师、护士、药剂生、助产士之人数,及其他有救护技能之人数;西药业及慈善团体之情形。

1. 医院诊所调查表(例)

医院诊所调查表(二十五年一月调查)													
名称	姓名	所在地	病床数	必要时增加床数	医师人数	护士人数	换药生人数	助产士人数	药师人数	调剂生人数	平均每日		备考
大德医院	陈〇	城内大□街二号	三〇	一〇	二	六	〇	一	〇	一	门诊八八	住院一八	附设护士学校

2. 卫生人员调查表(例)

卫生人员调查表(二十五年一月调查)									
姓名	字	性别	年龄	出身	毕业或离校年月	经验较多之学术	现任职务	详细住址	备考
陈〇		男	三二	大学院	民国十六年七月	外科	大德医院院长	城内大□巷二号	兼县立中学校医

3. 西药业调查表(例)

西药业调查表(二十五年一月调查)						
药房名称	经理姓名	药师调剂姓名	经售药材种类			备　考
大德药房	王〇	药师　陈〇 调剂生万〇	成药制售经售	原料经售	器械经售	经理上海大纱布厂出品

4. 慈善团体调查表(例)

慈善团体调查表(二十五年一月调查)				
名　称	所在地	主管者姓名	事　业	备　考
宛北红十字会分会	城内天一巷三号	王　〇　〇	医　疗　救　济	有基金三千元
宛北红十字会分会医院	同	李　〇　〇	施诊并训练护士	有会员一百七十一人

(二) 编练

1. 卫生人员之编练及分配

全县(市)之医师、药师、护士、药剂生、助产士等各项卫生人员,容调查完竣后,召集编制,按照其能力,分配于急救队、医院、运输队及民众之训练等工作;其必须训练者,并先予训练。

2. 民众之编练

小学教员之救护训练。

高中以上女生之普通救护训练。

民众之急救输送与担架训练。

(三) 卫生材料

1. 救护用品之储备:

每万人之城市,须有另单所开约价值千元之药品器械存贮,以备非常时期应用。贮在处所,即以当地之医院、药房、诊所等为限;其人口数目较多或较少者,均以此比例准备(器药单另附)。

卫生器材装置之征发:

医疗用品……………………药房。

寝具…………………………家装店、木器店、棕棚店、木行。

被服…………………………衣店。

食具…………………………磁器店洋货店。

炊具…………………………镬店、柴炭店。

输送具………………………车船行。

遇非常时期,对于上开各品,应酌加统制,并于奉命动员时,为必要征发,用毕竭力设法归还,或偿付原价。

(四) 实施动员

1. 召集已组织之急救队、医院、运输队,各就职责分任工作。

2. 应用房屋,除当地公立医院外,并利用规模较大之各私立医院及学校、旅社、祠堂、寺庙、公所等较大屋宇。

3. 救护输送器材,以购用为原则,不得已时使用储备品,再不足时,按上述征发规定办理。

(五) 经费

必需之经费，由就地自筹或募集充之。

上海市救护委员会办事细则草案

第一条　本细则依照《上海市救护委员会章程》及《救护伤兵办法大纲》之规定订定之。

第二条　本委员会除分别聘任与委派委员若干，组织委员会外；并选聘主任委员一人，副主任委员若干人，掌理全会事务。

第三条　本会设秘书长一人，秉承主任委员之意旨，主持本会一切对内对外事宜。又设秘书二人，襄助秘书长处理委员会一切事宜。

第四条　本委员会依照章程之规定，设总务、医务二组；每组设组长一人，副组长若干人，组以下分别设立若干课，每课设干事若干人。

第五条　各组之职掌如下：

一、总务组组长及副组长，主持本会收发、文书、编宣、会计、庶务、车辆、交际等七课，各课办事细则另订之。

二、医务组组长及副组长，主持伤兵一切救护工作，与直属各医院之一切设施及药品采办储藏分配等事宜。本组设医院、材料、救护队三课；各课办事及细则另订之。

第六条　上项细则，经本会主任委员核准后施行。

本会总务组办事细则

一、本组依照本会章程之规定订定之。

二、本组设组长一人，副组长若干人，主持本组一切事宜。

三、本组分设收发、文书、编宣、会计、庶务、车辆、交际等课，各课职务如下：

1. 收发课　处理本会一切收发及承转文件事宜。
2. 文书课　撰拟文稿及缮写事宜。
3. 编宣课　办理本会宣传工作，剪贴有关系之新闻报纸及编辑报告等事宜。
4. 会计课　办理本会账目出纳及预算决算事宜。
5. 庶务课　办理本会采购及分配物品事宜。
6. 车辆课　管理本会一切车辆之支配事宜。
7. 交际课　办理本会与外界联络及调查接洽事宜。

本会医务组办事细则

一、本组依照本会章程之规定订定之。

二、本组设组长一人，副组长若干人，主持本组一切事宜。

三、本组分设医院、材料、救护队三课，各课分掌职务如下：

（一）医院课　　办理伤兵之诊疗，及医院内一切设施事宜。

（二）材料课　　采购药品及储藏分配事宜。

（三）救护队课　办理救护伤兵事宜。

药物供应委员会办事细则

第一条　本会由上海市救护委员会推选委员组织之。本细则系单独订定，凡本委员会各职员，应一体遵守之。

第二条　本会设常务委员九人，并互推主席委员一人，共同处理日常事务。

第三条　本会分设总务、文书、调查、劝募、保管等五股；其职掌如后：

一、总务股　管理会计、庶务及其他不属于各股范围内之事项。

二、文书股　管理函件及拟写文件等事项。

三、调查股　管理调查各团体、各地区、各时期需要何种救护药品等事项。

四、劝募股　根据调查，管理向各厂商洋行等劝募药物事项。

五、保管股　管理劝募所得之药物，以后随时供应事项。

第四条　本会常务委员会，每星期举行。以主席委员为主席，各常务均应准时出席。于必要时，得由主席委员召开临时会议。

第五条　本会对外文件，以及各股办理各项事宜，均须经主席委员及常务委员三人以上签核，方为有效。

第六条　凡外来文件，由文书股拟具办法，送经主席及常委三人以上之核准后办理之。

第七条　各股工作，应按期于常务委员会议时报告之。

第八条　本会办公时间，除星期日及例假外，规定每日上午九时至十二时，下午一时至四时。

第九条　职员如遇事故请假时，须经主席委员核准，方得离会。

第十条　本细则经常委员会通过后施行之。如须修改，亦须经常会通过。

中国红十字会救护证章暂行条例

一、本会为防止奸人混迹，妨碍军机，并保持本会信誉起见，特重订救护证章暂行条例。

二、凡本会救护人员，须一律填具志愿书，声明不参预本会宗旨以外一切工作。

三、凡已填具志愿书之救护人员,经本会派定职务后,分别发给臂章及职员证书一张,内贴本人照片,注明所任职务,以昭郑重。

四、凡在特区以内之救护工作人员,不须佩用臂章,其职员证书上均盖有英法工部局印章,如遇盘诘,应即交验,以证明其身分。

五、凡在华界之救护工作人员,则均须佩用军政部盖印之臂章,并交验职员证书;如无职员证书,或该证书已失效时,仅用臂章者,不生效力。

六、总会发给之臂章,由总会加盖关防;分会发给之臂章,由各该分会加盖图记;救护委员会发给之臂职,由各该委员会加盖印章,以资区别,而重责任。

七、凡在本会服务人员,如无外勤时,应将所领臂章及证书,交会保管,俟因公外出时,再行领用;其他重大任务,当另行填给护照。

八、凡本会各救护机关,如办事处或救护医院之全体服务人员,为通过门禁易于识别起见,发给符号一件,标明职别姓名,由各关系机关自行加盖印章,分发佩用。

九、本会所用卡车、坐车,在租借以内行驶者,一律不再使用旗帜,仅在车前粘贴编号之车证;该项车证,须由各救护机关负责人填签登记单,向总会领用;惟在战地行驶时,得酌量于车上使用小旗。

十、大旗只可用于内地办公处所,或医院收容所等。

十一、凡不属本条例之一切证章,因易与本会一般证章相混,并易发生伪造情事,故自本条例施行之日起,应作无效。如有个人行动,本会概不负责,并得受中外官厅之处置。

附则:本条例应译成英法文字,分咨租界当局,缮呈本国军部备案;并知照本会所属机关,及有关系人员,一体切实奉行。

上海市救护委员会征集救护人员办法

一、本会为准备战争发动时救护受伤将士及民众起见,特征集各种救护人员。

二、本会兹亟需下列各种救护人员,年龄须在十八岁至五十岁之间。

(甲) 内外科医师。

(乙) 公共卫生人员。

(丙) 吃苦耐劳的护士。

(丁) 训练纯熟的急救队员。

(戊)常识经验充份的事务员。

三、凡符合第二项规定,而肯牺牲服务者,可于每日(星期日除外)上午九时至下午五时到本会办公处(上海新闸路八五六号中国红十字会总会内,电话三四三六六)登记,填具登记表。

四、登记时,须随带相当证明文件。

五、战时服务,概属义务,不给报酬。

六、凡已登记者,如当本会召集及派定工作时,须立即报到参加,不得借故退却。

七、凡已登记者,有事与本会接洽,须注明本人登记号码。

八、凡已登记而因故不能参加工作时,须立即来会声明,取销登记。

九、已凡登记者,如住址更改,须立即通知本会。

十、战时服务规程,容后另订之。

十一、凡有志愿服务而无救护之经验及训练者,可参加本会所办救护训练班。

慰劳伤兵办法

一、慰劳伤兵为防止流弊起见,应采监督办法,由上海市慰劳委员会(以下简称慰劳会)主办之。

二、慰劳会得派职员若干人,为慰劳专员,每人负责一个至两个医院。

三、各团体或私人如欲慰劳伤兵,或赠送物品,须预先商得慰劳会同意,排定医院及日期,准时由慰劳专员率领,同往同返。

四、各团体或私人至伤兵医院慰问时,须绝对听从慰劳专员及医师之指导监督。

五、各团体或私人赠送慰劳物品,如系自办者,慰劳专员有检验之权;必要时,得令赠送人试服之。

六、慰劳人员不得对伤兵高声谈话或演说,并不得探询作战情形及隶属部队。

七、慰劳时间,规定为下午二时至四时。

八、重伤病院,或对重伤官员,暂停慰劳。

上海邮务工会代伤兵写信办法

一、本会为便利伤兵代写书信及汇寄钱物起见,并应上海邮务工会之请,在本会各救护医院内派员义务办理邮信工作。

二、每日自下午二时起至五时止为办公时间。

三、凡属于下列事项，伤兵均可请求办理。

(甲) 代写信札　(乙) 汇寄银钱　(丙) 寄递衣物　(丁) 其他属于邮务范围以内之工作

四、每医院由邮务工会派定职员一人至六人，办理一切上述工作。

五、所有银钱衣物等责任，均由邮务工会负责之。

六、办公用具及地点，由院供给。

七、派往各院之工作人员，须由邮务工会备证明卡，以便各医院有所根据。

八、凡愿照本办法接受代写书信工作之院医，即可函会转请邮务工会，派员前往工作。

中国红十字会
上海救护委员会　同订

本会服务人员因公殉难恤金表

类　别	数　目(单位：元)	备　注
医　生	六〇〇—— 一二〇〇	
看　护	三〇〇—— 六〇〇	
职　员	二〇〇—— 三〇〇	
担　架	二〇〇—— 三〇〇	
工　友	二〇〇—— 三〇〇	
司　机	二〇〇—— 五〇〇	

救护队人员之收殓费及养伤费，规定如下：

1. 医生、队长二百元，看护、童子军、汽车夫一百五十元，担架工人一百元，

2. 队员受伤，由本会供给医药，并随时加以慰劳。

上海市救护委员会救护人员应征登记表

姓名	年龄
籍贯	性别
履　历 (注明有否救护训练或经验)	

续　表

现任职业 （注明地点及电话）
能担任何种工作
愿在何处服务 （本埠或外埠前线或后方） 住　址 （电话）
备　注

登记号码　　　　　　　　　　　　　　　　年　　月　　日
（请用毛笔或钢笔在每项内详细填明）

上海市救护委员会工作人员服务志愿书

立志愿书人　　　　　　兹因国难益亟，余义属国民，救死扶伤，责无旁贷。志愿加入本会参加救护工作，并于非常时期服从本会调遣，忠实服务，艰苦不辞，倘有意外事件发生，皆出自愿，与会无涉。谨此签立志愿书存照。

中华民国　　　　　　年　　　月　　　日

立志愿书人

上海市救护委员会救护工作人员保证书

今保到　　　　　　确实热心为国，人品忠实，愿参加贵会担任救护工作，于非常时期绝对服从调遣，忠实服务，艰苦不辞，倘有不检行为，或发生其他意外等情，皆由本人负责，谨此签立保证书存照。

被保证者粘照片处

店铺　　　　盖章
立保证书
店主(或经理)　盖章
签名

中华民国　　　　　年　　　　月　　　　日

保　证　者 履　历　单	
店号	
开设地点	
电话	
店主(或经理)姓名	
性别	
年龄	
住址	
电话	
备注	

原载《中国红十字会月刊》1938年第40期

中国红十字会总会上海市救护委员会报告(续)[节录]

总　务　组

会　计　课

上海市救护委员会收支报告表

(民国二十六年八月九日至二十七年六月三十日)

收　　入		
拨款收入	$344 103.57	
捐款收入	94 141.84	
杂项收入	198.57	
借款	10 000.00	
收入总数		$448 443.98

续 表

支 出		
伤兵医院经费	$ 11 986. 34	
救护医院经费	166 441. 03	
特约医院给养费	42 083. 30	
急救队经费	1 186. 56	
救护队经费	20 589. 68	
伤兵分发站经费	3 686. 67	
医具及药品	39 267. 77	
包扎品	18 178. 70	
汽油及机油	28 769. 27	
租车费	19 857. 61	
捐照费	1 965. 30	
修理及配件	11 202. 67	
遣送费	25 695. 93	
慰劳金	7 333. 00	
衣着费	5 149. 32	
养伤费	310. 80	
棺殓费	1 395. 28	
抚恤金	3 090. 00	
津贴	4 324. 50	
杂物工资	2 823. 23	
伙食	7 319. 19	
文具印刷	2 137. 49	
车资	3 223. 72	
邮电	177. 03	
广告费	800. 10	
杂费	1 532. 77	
担架	1 628. 26	
油布被	1 609. 16	

续　表

支　　出		
油灯手电	808.46	
臂章旗帜	185.60	
其他救护用具	1 293.51	
购置	10 459.02	
支出总数		$ 446 601.27
结　　存		
现金	243.95	
中国银行往来	1 598.76	
结存总数		$　1 842.71

上海市救护委员会救护训练班收支报告表

(民国二十六年八月三十日至二十七年三月二十一日)

收　　入		
捐款收入(上海市交易所联合会)	$　6 000.00	
杂项收入(出售救护防毒书及利息)	532.85	
支　　出		
职员津贴		$　770.00
青年会训练班津贴		60.00
进修学校训练班津贴		200.00
大夏中学训练班津贴		30.00
和安小学校水电津贴		40.00
救护防毒书印刷费		253.00
文具印刷		24.00
徽章		22.00
杂费		24.03
代救护事业协进会还款		2 063.41
余款缴还上海市地方协会		3 046.41
合　　计	$　6 532.85	$　6 532.85

证 明 书

上海市救护委员会自民国二十六年八月九日至二十七年六月三十日止，期内现金收支帐目暨上海市救护委员会救护训练班自民国二十六年八月三十日至二十七年三月二十一日止，期内现金收支帐目，均经本会计师与该会帐册单据分别审核相符，除附上述期内各该机关之现金收支表并另具报告书外，合为证明如上。

公信会计师事务所主任会计师

奚玉书

中华民国二十七年七月二十日

庶 务 课

本课工作范围，限于普通之物品备办及其他普通事务；医药用品，另有材料课专司其事。又各救护医院所需物品，因各院情形不同，大都归各院自行备办；仅统一之物品，或该院不及备置之物，由本会供给，救护队各队之用品，及运输课之杂用物，皆由本课备置供给。至银钱出入，均由会计课负责，仅零星之款，由本课支付，每日向会计课报销结清。现将本课之组织及物品收发统计，列表于后。

组 织

主任
- 采办
- 出纳
- 保管
- 收发

物品收发统计表

上海市救护委员会物品收发统计表(杂项用品)

(民国二十六年八月十日至二十七年一月三十一日止)

收入				付出					物品名称	现存数量	备注
募赠	购买	转来	总数	医院	救护队	各组课	转拨	总数			
2 400		5 524	7 924	430	562	570	3 796	5 358	1 毛巾	2 566 条	
	133	794	837	22	697	93		812	2 电筒	25 只	
	8	3 780	3 788	54	3 516	196		3 766	3 干电	22 打	
	868		868		570	78		648	4 干电筒灯泡	220 粒	

续　表

收　　入				付　　出					物品名称	现存数量	备注
募赠	购买	转来	总数	医院	救护队	各组课	转拨	总数			
	42		42			24		24	5 电灯泡	18 只	
	355	12	367		239			239	6 桅灯	128 只	
	20	1	21		15		1	16	7 汽油灯	5 只	
1 614		53	1 667	322	189	1 048		1 559	8 热水瓶	108 只	
	22	109	131	101		27		128	9 茶壶	3 只	
		80	80	28	14	30	4	76	10 铅筒	4 只	
	203	642	845	200	82	85	350	717	11 茶杯	128 只	
	520	857	1 377	850	432	64	270	1 316	12 食具	61 只	
	632		632	276	12	233		521	13 肥皂	111 块	
	55		55			55		55	14 臭药水		
	1 255		1 255		915	160	180	1 255	15 蜡烛		
	557		537		30	527		537	16 火柴		
	3	21	24 听	4	20			24 听	17 火油		
136		1 323	1 439 件	955	400	104		1 459 件	18 棉大衣		
5 953	430	364	6 747 件	4 623	346	502	420	5 891 件	19 棉袄裤	856 件	
1 337		15 683	17 020 件	9 224	546	1 856	5 029	16 655 件	20 棉背心	365 件	
		126	126 包	13		70		83 包	21 内衣裤	43 包	
267	474	986	1 727 条	1 265	222	11	226	1 724 条	22 被头	3 条	
183	20	1 134	1 337 个	1 162	197			1 269 个	23 枕头	68 个	
		462	162 条	317		12	123	452 条	24 被单	10 条	
50		338	388 条	162	23	35	168	388 条	25 垫褥		
1 577	1 160	1 063	3 800 双	2 714	60	65	237	3 076 双	26 鞋	724 双	
2 926	336	404	3 666 双	1 858		78	20	1 956 只	27 袜	1 710 双	
1 196			1 196 瓶			6	500	506 瓶	28 药油	690 瓶	

续 表

收入				付出					物品名称	现存数量	备注
募赠	购买	转来	总数	医院	救护队	各组课	转拨	总数			
4			4 只	2			2	4 只	29 开刀床		
6			6 只	2				2 只	30 灭火机	4 只	
53	500	1 721	2 274 条	1 527	633		100	2 260 条	31 席子	14 条	
8		129	137 只	110	6		21	137 只	32 帆布床		
1 062		5 059	6 121 件	2 517	143		1 690	4 350 件	33 杂衣裤	1 771 件	

上海市救护委员会物品收发统计表[略]

民国二十六年八月十日至二十七年一月三十一日止(救护及运输用品)

上海市救护委员会物品收发统计表[略]

民国二十六年八月十日至二十七年一月三十一日止(文具用品)

上海市救护委员会庶务课物品移交清册[略]

上开各项物品均于民国二十七年四月三十日移交于中国红十字会并立清册三份以备查照。

交 通 课

本课原称运输股,成立于八一三之后,主其事者,首为骆亦文君,八月十九日以后,由胡会林君接管,十月十四日后,复归金芝轩君主持。

本课工作,在国军未西移前,主要在救护及转运伤兵;国军西移后,即从事运输医院用品,遣送伤兵及难民。在十一月间,更有一项特殊工作,即将沪地伤兵,分送内地。是项工作,颇形困难,因上海陷于四面包围之后,交通梗阻,后路交通既未疏通,送去之伤兵,遂难安置。本课为解除此种困难,在先前宁波船只停驶时,派员于十一月廿七日由台入浙,分两路进行,一路由台至宁波,一路由台经百官、萧山而至杭州,并分拨人员驻金华、衢州,从事于后路之疏通。此项工作,颇属有效,在十二月间,沪地伤兵得以逐渐遣送内地,至一月份,则大抵为结束工作。

本课此后工作,已移交中国红十字会总会交通股办理。

兹将六月之工作大要,分别纪录于下。

八月十九日至九月十五日

一、车辆方面

1. 车辆　　共计八十七辆

　　计开

租来现已不用者	计二十五辆
租来现在修理者	计四辆
租来仍用者	计十二辆
借来已退还不用者	计一辆
借来现在修理者	计三辆
借来仍用者	计七辆
借来全部损坏者	计一辆
煤业公会在外工作者	计十四辆
煤业公会预备补充者	计六辆
本会自购旧车	计三辆
孔太太捐新车	计四辆
红十字会购办新车	计二辆
红十字会购办旧车	计四辆
张嘉甫先生送来	计一辆

2. 修理费

共计国币一千三百五十九元八角五分(全部损坏之车尚未赔偿)

3. 消耗汽油(八月廿四日以前归医务组)

八月廿四日至卅一日	计六百〇七介[加]仑
九月一日至十五日	计四千六百十六介[加]仑
	共计五千二百二十三介[加]仑

4. 消耗机油

共计四十三又四分之三介仑(九月九日以前未详)

二、工作方面

1. 出勤次数	共计六百十五次
2. 救护伤兵	共计五千三百六十五人
3. 救护伤民	共计廿六人

九月十六日至三十日

一、车辆方面

1. 车辆　　共计九十八辆

计开

租来时换用之车	计二十二辆
自备车	
红十字会新购新旧各车	计六辆
捐借来旧车	计六辆
前报告所载(连捐借者在内)	计十六辆
派在无锡者	计一辆
派在昆山第一医院用	计一辆
派红十字会市分会用	计一辆
派赴南京	计三辆
改装吊车	计一辆
在修理中	计五辆
不宜于远道者	计五辆
工作救护者	计八辆
留为本埠转运用者	计三辆
煤业在外工作连预备车	计二十辆
2. 修理费(修理及配件)	共计二千四百十七元九角七分
3. 租车费	共计四千〇四十元
4. 工资	共计五百〇一元
5. 伙食	共计九十四元六角
6. 消耗汽油	共计四千九百六十四介[加]仑
7. 消耗机油	共计九十一介[加]仑半

二、工作方面

1. 出勤次数	共计四百六十五次
2. 救护伤兵(在外转运者不计)	共计五千六百十七人
3. 转运伤兵(至外埠)	共计三千三百九十七人

十月一日至十五日

一、车辆方面

1. 车辆　　共计八十二辆

计开

a. 自备车共三十一辆

红十字会新购福特　计二辆

大都会花园捐助奥配尔　计一辆

前期报告加新来　计廿八辆

b. 固定在外各医院分会者共九辆

派赴松江　计一辆

派赴苏州　计二辆

前期报告中派出　计六辆

暂不能用者　计七辆

撞坏在修理中　计二辆

应修理未修者　计二辆

已归还者　计三辆

c. 特务车共二辆

装吊车拖车服务者　计一辆

改装带担架派外交大楼用者　计一辆

d. 暂固定在外第一第二两队　计四辆

e. 每日派赴救护用　计四辆

f. 每日送松江老龙华用　计五辆

g. 煤业队在外工作连预备车　计二十辆

(租用车共八辆,而每日至多用六辆,最少用四辆,每日救护出发之,连十五日内,平均每日十辆,内中自备约十分之六)

2. 修理费(修理及配料)　共计贰千四百六十七元四角七分

3. 租车费　共计三千六百九十元

4. 工资　共计四百五拾六元五角

5. 伙食　共计一百三十六元七角五分

6. 消耗汽油　共计五千七百三十二介[加]仑

7. 消耗机油　　　　　　　　　　　共计六十五又四分之三介[加]仑

以上连煤业用油在内，每日平均一百廿五介[加]仑，本期中时有车胎损破或漏汽[气]而被伤兵等强迫行驶，致全胎及钢圈损坏，因之须加配新胎及钢圈损坏，需费在一百元之上。

二、工作方面

1. 出勤次数　　　　　　　　　　　共计三百四十五次

2. 救护伤兵　　　　　　　　　　　共计六千八百八十九人

3. 转运伤兵(至松江老龙华等)　　　共计四千三百十人

十月十六日至卅一日

一、车辆方面

1. 车辆　　共计卅二辆

计开

a. 在上海共十五辆

吊车　　　　　　　　　　　　　　计一辆

有担架车　　　　　　　　　　　　计三辆

运货用　　　　　　　　　　　　　计一辆

救护转运用　　　　　　　　　　　计六辆

在修理中　　　　　　　　　　　　计四辆

在外埠共十七辆

南京　　　　　　　　　　　　　　计八辆

苏州　　　　　　　　　　　　　　计三辆

松江　　　　　　　　　　　　　　计一辆

太仓　　　　　　　　　　　　　　计一辆

市分会　　　　　　　　　　　　　计一辆

b. 损失者

在真茹　　　　　　　　　　　　　计一辆

在昆山被焚　　　　　　　　　　　计一辆

在昆山被军部借去未还　　　　　　计一辆

2. 修理费(修理及配件)　　　　　　共计二千三百十一元七角一分

3. 租车费　　　　　　　　　　　　共计二千二百四十元

4. 工资　　　　　　　　共计六百〇五元〇二分
5. 伙食　　　　　　　　共计一百三十五元九角
6. 消耗汽油　　　　　　共计五千三百十二介[加]仑
7. 消耗机油　　　　　　共计一百廿四介[加]仑半

二、工作方面

1. 出勤次数　　　　　　共计三百十八次
2. 救护伤兵　　　　　　共计三千九百廿九人
3. 转运伤兵出境　　　　共计七千二百八十六次

十一月一日至三十日

一、车辆方面

1. 车辆　　共计三十二辆(煤业队车十二辆不在内)

　　计开

在本埠者　　　　　　　计十二辆
由胡会林先生带去者　　计十一辆
太仓退京归野战队者　　计一辆
损毁者　　　　　　　　计五辆(一辆送油去)
军部拖去未回者　　　　计一辆
租来者　　　　　　　　计二辆

2. 修理费　　　　　　　共计三百二十三元〇五分
3. 消耗汽油　　　　　　共计三千五百五十介[加]仑
4. 消耗机油　　　　　　共计七十九介[加]仑

二、工作方面

1. 出勤次数　　　　　　共计二百九十八次
2. 救护伤兵　　　　　　共计二千一百二十五人
3. 转运伤兵　　　　　　共计五千八百九十九人

十二月一日至卅一日

一、车辆方面

1. 车辆　　共计三十辆

　　计开

在本埠者　　　　　　　计五辆　　号码为49、73、75、81、100

由胡会林先生派去者　计十一辆　号码为76、77、78、79、84、85、86、87、92、96、42

在野战救护队者　计一辆　号码为90

售出者　计四辆　号码为80、89、91、93

抵还赔偿者　计三辆　号码为74、82、83

因公损坏者　计六辆　号码为88、94、95、97、98、99

2. 修理费　共计一百七十六元五角

3. 消耗汽油　共计六百六十二介[加]仑

4. 消耗机油　共计十八又四分之三介[加]仑

二、工作方面

1. 出勤次数　共计九十三次

2. 转运伤兵　共计三百七十八人

一月一日至十日

一、车辆方面

1. 车辆　共计十七辆

计开

在本埠者　计五辆　号码为49、73、75、81、100

在外埠者　计十二辆　号码为42、76、77、78、79、84、85、86、87、90、92、96

2. 修理费　共计一百四十二元七角一分

3. 消耗汽油　共计一百七十五介[加]仑

4. 消耗机油　共计八介[加]仑半

二、工作方面

1. 出勤次数　共计二十三次

2. 转运货物

租车损坏赔偿者　共计三辆

17085租车,因第六、八急救队于十一月八日往虹桥及北桥去救护时,忽被军用车撞坏,该车未能拖回,后以第八二号车赔偿。

16356租车于十月廿六日在真南路载伤兵回沪,因黑夜不能开灯,误堕入小河内,未能拖出,后以第八三号赔偿。

54 租车，于九月廿九日，在马陆镇南翔之间，与廿六军军用车相撞，致被撞损，以 74 号赔偿。

胡会林先生带去车辆表(共计 12 辆)

车号	车主或经手人	汽车种类	机器号码	载重吨位	车上各件						
					车身	车胎	备胎	篷	灯	担架	垫子
76	红十字会	OLDSMOBILE	TOTD476/□047		中国制布篷车	6	1	帆布	全	无	无
77	同上	同上	TOTD490/4298		同上	6	1	同上	全	无	无
78	同上	同上	TOTD488/4□00		同上	6	1	同上	全	无	无
79	同上	FORD	BB54F□77□40								
84	孔太太送	BEDFORD	401892		中国制	6		木身	全	无	无
85	红十字会	FORD	BB.18/F3904747	40 001bs	同上	6		帆布			
86	同上	FORD	BB.18/F3904743	40 001bs	同上						
87	孔太太送	OPEL BLITZ	37-3448		同上						
92	红十字会	CHEVROLET	1R6534□98	3 580KG	同上	6		木身客车			
96	同上	OLDSMOBILE	144□		同上	6	1	帆布	全		
42	南洋烟公司	G.M.C	2513□□8			6				装有吊车	拖车
90	孔太太捐	FEDERAL	24□□54		同上	6	1	帆布	全	在野□	救护队

售出车辆表(共计四辆)

车号	车主或经手人	汽车种类	机器号码	载重吨位	车上备件						
					车身	车胎	备胎	篷	灯	担架	垫子
80	红十字会	FORD	BB54F177538								
89	孔太太送	CHEVROLET	XR89594	4□□5KG	中国制	4	1	帆布	全	无	无
91	红十字会	CHEVROLET	1R???611	5 380KG	同上	6		木身			
33	同上	CHEVROLET	TR137???	5??? KG	同上	6		木身	全	装	备

抵还赔偿车辆(共计三辆)

车号	车主或经手人	汽车种类	机器号码	载重吨位	车上备件						
					车身	车胎	备胎	篷	灯	担架	垫子
74	红十字会	STEWART	AFF822	20 001bs	中国制	4			全	无	无
82	救护委员会	FORD	AA□6068	7 675	中国制布篷	6		布篷	全	无	无
83	同上	DODGE	32828		同上	6	1	帆布	全	无	无

本埠现存车辆表(共计五辆)

车号	车主或经手人	汽车种类	机器号码	载重吨位	车上备件						
					车身	车胎	备胎	篷	灯	担架	垫子
49	红十字会	STEWART	WRG16420	20 001bs	中国制	4	1		全	装	无
73	同上	同上	WRG16420	7 675	同上	4		铁篷	全	装	无
75	同上	OLDSMOBLE	XTOTD480□4□47		中国制	6	1	帆布	全	无	无

续　表

车号	车主或经手人	汽车种类	机器号码	载重吨位	车上备件						
					车身	车胎	备胎	篷	灯	担架	垫子
81	救护委员会	COMMER	78B－6□2		布篷车	6	1				
100	红十字会	OPEL BLITZ	BR－37－2526	40 001bs	外国制	6	1	帆布	全	无	有

因公损毁车辆表(一)(共计六辆)

车号	车主或经手人	汽车种类	机器号码	载重吨位	车上备件						
					车身	车胎	备胎	篷	灯	担架	垫子
88	红十字会	CHEVROLET	XR89594	4 215KG	中国制	6		木身			
94	同上	GMC	12244569	7 675KG	同上	6	1	帆布		无	无
95	张嘉甫君	STUDFBAKER	1T11139	4 000lbs	同上	6		同上			
97	红十字会	OPEL BLITZ	37－4979		同上	6	1	同上	全	无	无
98	同上	OLDSMOBILE	TR3423	21/2tons	同上						
99	谈益民君	PIEACE ARROW			同上						

损毁车辆情形表(二)

车号	损毁日期	损毁地点	损毁情形
88		安　亭	被军部拖去
94	十月　三十日	昆　山	烧毁
95	十月二十六日	真　南　路	被炸不及拖回
97	兵　退　时	苏　州	被炸不及拖回
98	兵　退　时	南　京	被炸不及拖回
99	兵　退　时	苏　州	被炸不及拖回

原载《中国红十字会月刊》1938年第41期

中国红十字会总会上海市救护委员会报告

医 务 组

医 院 课

救护医院设立之经过

当淞沪情势日趋紧张，战事爆发危在旦夕之际，本会即着手进行组织救护医院，以期迅速应付事变，迨八一三战事发生，第一、二、三、四、五、六、七与第二十等救护医院，即首告成立，开始收容伤兵，继行开办者，有第八、九、十、十一、十二、十三及十八等救护医院。

统计自八一三至八月底止，共成立救护医院十五处，对前线伤兵之收容，尚能应付，九月以后续行设立者，为第十四、十七、十九、二十三与二十四等救护医院。

救护医院之设立手续，一为由本会直接创办，所有经费，由本会完全担负；二为与其他机关或团体合作开办，由本会津贴一部份经费，其中亦有经费完全独立者。

所有各救护医院，悉直隶于本会。关于伤兵之收容与遣送，由本会规定办法，统一办理。因指挥之统一，于救护事业之进行，殊为便利(各救护医院一览表见附表一)。

特 约 医 院

当战事初起，所有救护医院未能完全成立，为求尽量收容伤兵计，乃与沪上原有医院洽商，兼收伤兵。由本会津贴各医院每名每日药品伙食费五角。合计与本会合作之医院，凡十六所。

各特约医院床位共约九百张，对于伤兵之收容，给与本会助力不少。后以各救护医院次第成立，床位日增，为求管理便利计，自九月十日起，除少数特约医院外，一律结束，将所存伤兵转送各救护医院疗治(特约医院一览表见附表二)。

其他伤兵医院

除上述本会所属救护医院与特约医院外，更有其他私人团体，或个人设立之伤兵医院，其组织与经费完全独立；但仍与本会合作，关于伤兵之收容与遣送，悉由本会负责办理(其他伤兵医院一览表见附表三)。

伤 兵 分 发 站

战事延长，伤兵运沪，日有三百名至九百名之多。而沪市伤兵医院床位，最多时仅五千余张，势不能全体收容；乃自八月二十二日起，就第六救护医院内设立伤兵分发站一所(可容伤兵两百名)，自前线救下伤兵，视其伤势轻重分别处理，重者送入医院,轻伤者暂住所内,等候火车或船只转送后方。迨至第六救护医院结束,乃改设于枫林桥前外交部驻沪办事处大楼(可收容伤兵一千名)。内设站长一人,医师二人,护士十余名,司理伤兵换药包扎事宜。另由市商会童子军团部,派童子军一队常驻站内,帮同维持秩序,并管理伤兵登记。伤兵输送后方,每晚由铁路当局调集车辆应用,其合作服务之精神,殊堪钦佩。

第六救护医院附设之伤兵分发站,自八月二十二日起,至九月二十日止,计共收容伤兵二二六七人。

外交大楼伤兵分发站,自九月二十一日起至十一月八日止,计共收容伤兵一万七千九百四十人(外交大楼分发站伤兵进出人数见附表四)。

伤兵之收容

所有伤兵入院,悉经由本会分发,每日由各医院将床位空额报告本会,由本会转行通知分发站,遇前线有伤兵救下,即按各医院空额送往。

当战事初起时,所有救至沪地伤兵,悉数送入医院。迨至各医院之床位渐告额满,乃改变方法,择伤势较重直送医院,其轻伤者则转送后方。一并将院中伤口就痊之伤兵,尽量向后方输送,以便空出床位,收容重伤士兵(各医院收容人数表见附表五、六、七)。

药品材料与服装之供给

本会设有材料课,专司管理药品材料。各医院如有需要,即开具清单,由该课主任批准发给。至住院伤兵之服装,如棉被、棉衣、大衣、卫生衫裤、鞋袜、衬衫等物,皆由本会事先购置或捐募,以供各院伤兵应用。其他各物,亦务求供应无缺。

伤兵住院之管理与待遇

各医院之伤兵,一律禁止出外。其有需要购置物品者,由院中工役代为办理;如欲书写信件,则由驻院童子军代办;并备有收音机书报棋子等物,以供消遣。各界如有慰劳之举,必先通知本会,经本会许可,并转知各医院后,始准入内。

伤兵之治疗

全沪医院,共收治伤兵一万七千六百九十二人。因地处前线,需继续收容新来伤兵,故多数不能待至伤口完全痊愈,即转送后方医院疗养。平均每名住沪治疗三四.六日。计经完全治愈或伤口就痊者,共一万六千余人,伤重治疗无效死亡者,共一千五百八十一人。死亡率为百分之八.九。死亡率所以甚高者,盖由本会收治之伤兵,多数为重伤之故,甚至有甫达医院,即已死亡者(各医院伤兵住院日数及平均住院日表见附表八、九、十、十一)。

伤兵出院之办理

凡伤口完全治愈伤兵，由本会送伤兵管理委员会，转送前方归队，伤口就痊之伤兵，则由火车或船舶转送后方医院疗养。至十一月九日以后，因战事西移，所有痊愈伤兵，亦一并搭轮转送后方。所有送往后方伤兵，先以杭州为主要地点，待战事西移，乃改由海道送宁波与温州等地再转往后方。输送地点，由本会事先派员与当地军政机关或陆军医院洽妥后，始行送往，沿途派员随行照料，并设分办事处于送往地点，以便会同办理照料一切。

附伤兵输送地点表

送往地点	人　数
伤痊归队	895
杭　州	5 750
松　江	264
苏　州	405
嘉　兴	659
吴　兴	321
无　锡	67
香　港	91
宁　波	5 607
温　州	291
其　他	1 603
残废院	158
共　计	16 111

死亡伤兵之善后

遇有士兵死亡，由各医院直接通知普善山庄或同仁辅元堂，备棺埋葬。连长以上官长死亡者，由红十字会总会备棺成殓。死亡官兵遗银，除一部份由伤兵管理委员会保存外，其余皆缴存本会，由本会造就清册，连同款项，暂交红十字会总会保管，另行呈报军政部，听候处理。

残废伤兵之处理

各种残废伤兵，除一部份上肢残废，伤口痊愈，转送后方外，其余下肢残废及其他部份残废者，尚有一百五十八人，皆转送国际残废医院代为装配人造臂腿，并授予生活技能，期其独立营生。

伤兵医院之结束

战事西移，伤兵人数日少。于是依次将伤兵人数最少之医院先行结束，将所余伤兵并入他院。至本年五月三十一日，所有临时伤兵医院，皆告结束，至其他私人团体办理之医院，举行结束，亦由本会协同办理，将伤兵转送他院(各医院结束日期，详见救护医院一览表)。

伤 亡 统 计

伤兵受伤种类与受伤部位之分析及死亡伤兵、受伤种类详见附表十二、十三与十四。

医 院 课

医院编制表

标准	床位 100—150	床位 151—250	床位 251—350
职别	人数	人数	人数
院长	一人	一人	一人
副院长	一人	一人	一人
外科主任	一人	二人	二人
内科主任	一人	一人	一人
医师	二人	四人	六人
驻院医师	四人	六人	八人
护士长	二人	二人	二人
护士	十人	十四人	十八人
助理员	十人	十五人	二十人
检验员	一人	一人	一人
药剂师	一人	一人	一人
药剂生	二人	三人	三人
文牍	一人	一人	一人
书记	二人	三人	三人
会计	一人	一人	一人
出纳	一人	一人	一人
庶务主任	一人	一人	一人

续　表

标　准	床位 100—150	床位 151—250	床位 251—350
职　别	人　数	人　数	人　数
庶务员	一人	二人	三人
工　役	十五人	二十人	二十五人
童子军	八人	八人	八人
共　计	六十五人	八十八人	一〇八人

医药人员资格标准

职　别	资　格
院长	不限
副院长	国内外医学院毕业者
外科主任	国内外医学院毕业者
内科主任	国内外医学院毕业者
医师	国内外医学院毕业者
驻院医师	国内外医学院毕业者
护士长	国内外护士学校毕业者
护士	国内外护士学校毕业者
助理员	曾受相当救护训练者
检验员	有化验经验二年以上者
药剂师	国内外药科学校毕业者或担任药剂师有证明者
药剂生	曾担任药剂生者

表一　中国红十字会上海市救护委员会救护医院一览表

医院名称	院长	协办机关	床位数	开办日期	结束日期	开办日数
第一救护医院	宋梧生	完全本会主持	448	26年8月14日	26年12月20日	129
第二救护医院	前朱润深 后赖斗岩	上海市卫生局	325	8月15日	26年11月11日	96
第三救护医院	前孙逵方 后吴云端	法医研究所及震旦大学	508	8月15日	27年4月15日	244
第四救护医院	梅卓生	上海市卫生局	339	8月18日	27年9月29日	43

续　表

医院名称	院长	协办机关	床位数	开办日期	结束日期	开办日数
第五救护医院	陆　震	中西疗养院	249	8月14日	27年5月31日	291
第六救护医院	颜福庆	中山医院	222	8月16日	26年9月22日	38
第七救护医院	吕守白	红十字会第三医院	215	8月15日	26年10月17日	64
第八救护医院	顾耕梅	友声旅行团	285	8月21日	27年1月24日	157
第九救护医院	张肯梅		205	8月14日	26年11月23日	92
第十救护医院	钱龙章		109	8月23日	26年9月20日	29
第十一救护医院	汤蠡舟	南京路商界联合会上海机制国货工厂联合会	210	8月22日	26年9月15日	35
第十二救护医院	高济民		130	8月27日	26年11月28日	94
第十三救护医院	翁之龙	同济大学	224	8月26日	27年1月25日	153
第十四救护医院	杨田淑君	中华妇女互助会	103	9月7日	26年11月18日	73
第十七救护医院	竺梅先	宁波同乡会	436	9月20日	27年1月31日	134
第十八救护医院	傅壮民		129	8月31日	26年12月21日	113
第十九救护医院	奚玉书	工部局华员总会及上海精武体育会	195	9月11日	27年2月3日	140
第二十救护医院	杨钟甫	平民疗养院	117	8月16日	26年12月10日	117
第廿一救护医院	骆亦文	伤兵管理委员会	100	9月1日	26年11月5日	66
第廿三救护医院	朱恒璧	完全本会主办	540	9月16日	27年2月21日	159
第廿四救护医院	杜焜泉	国民战时互助会	140	9月29日	27年1月14日	107

表二　中国红十字会上海市救护委员会特约医院一览表

医院名称	院长	床位数	开办日期	结束日期	开办日数
人和医院	张淑敏	36	26年8月16日	26年9月18日	34
大德医院	杨元吉	35	8月17日	9月13日	28
大华医院	全燮华	20	8月17日	9月18日	33
太和医院	李权经	71	8月16日	9月18日	34
中德医院	俞松筠	60	8月28日	9月13日	17

续 表

医院名称	院长	床位数	开办日期	结束日期	开办日数
生生医院	瞿绍卫［伟］	38	8月16日	9月18日	34
永川医院	王振川	61	8月14日	9月22日	40
同德医院	顾毓琦	48	8月14日	9月18日	36
同德产科医院	李元善	23	8月16日	9月18日	34
东南医院	郭琦元	100	9月1日	9月16日	16
红十字会第一医院	乐文照	259	8月15日	27年3月18日	216
红十字会第三医院	吕守白	140	11月13日	27年4月30日	169
惠旅医院	施汝雄	54	8月16日	26年9月18日	34
劳工医院	范守渊	52	8月16日	26年9月18日	34
宝隆医院	柏　德	216	8月15日	27年4月12日	241
铁路医院	曹晨涛	40	8月16日	26年11月14日	91

表三　其他团体或私人主办医院一览表

医院名称	院长	主办团体或私人	床位数	开办日期	结束日期	开办日数
红卍字会第二医院	周孝高	世界红卍字会中华东南联合总监理部	165	26年8月14日	26年12月27日	136
红卍字会第三医院	韩永清	世界红卍字会中华东南联合总监理部	100	8月23日	9月7日	16
红卍字会第四医院	王云浦	世界红卍字会中华东南联合总监理部	225	9月25日	27年2月8日	137
后方第一医院	孔宋霭龄	孔宋霭龄	269	8月27日	26年9月30日	35
后方第二医院	宋子文	宋子文	39□	8月31日	11月13日	75
体仁医院	宋子文	宋子文	382	8月16日	11月30日	107
佛教救护医院	宏明法师	中华佛教会同人	242	11月8日	27年1月31日	85
慈联难民医院	赵志芳	上海慈善团体联合救灾会救济战区难民委员会	101	8月27日	26年11月5日	71

续　表

医院名称	院长	主办团体或私人	床位数	开办日期	结束日期	开办日数
慈联救护医院	黄鼎瑚	上海慈善团体联合救灾会救济战区难民委员会	236	9月8日	27年1月31日	146
国际第一医院	J. P. Tood 李廷安	中国红十字会上海国际委员会 宋子文	224	10月21日	26年10月31日	11
国际第二医院	W. P. Parson 应元岳	中国红十字会上海国际委员会 宋子文	155	10月26日	10月30日	5
国际第三医院	W. S Parson 潘志铨	中国红十字会上海国际委员会 国民协济会	124	11月6日	27年1月25日	81
国际第四医院	J. P. Tood 高文寿 周诚浒	中国红十字会上海国际委员会	189	10月30日	1月22日	85
国际第五医院	徐翔荪	中国红十字会上海国际委员会 上海新药业同业公会	193	11月6日	26年12月21日	46

表四　枫林桥外交大楼伤兵分发站逐日伤兵进出院人数表

日　期	进院伤兵人数	出院伤兵人数	留院伤兵人数
26年9月23日	83	83	0
24	52	52	0
25	98	44	54
26	105	48	111
27	68	0	179
28	180	80	279
29	181	125	335
30	175	97	413

续 表

日　　期	进院伤兵人数	出院伤兵人数	留院伤兵人数
10月1日	259	152	520
2	239	227	532
3	114	236	410
4	317	367	360
5	214	216	358
6	372	272	458
7	327	384	401
8	370	483	288
9	395	323	360
10	221	312	269
11	327	266	330
12	291	333	288
13	223	237	274
14	322	297	299
15	210	359	150
16	345	341	154
17	571	255	470
18	436	430	476
19	637	722	391
20	516	635	272
21	726	568	430
22	1 113	867	676
23	467	1 143	0
24	379	379	0
25	880	880	0
26	1 032	792	240
27	271	511	0

续 表

日 期	进院伤兵人数	出院伤兵人数	留院伤兵人数
28	98	98	0
29	127	103	24
30	80	104	0
31	178	178	0
11月1日	519	316	203
2	575	598	180
3	695	534	341
4	865	594	612
5	503	872	243
6	621	201	663
7	544	232	975
8	619	135	1 459
9	0	1 459	0
总 计	17 940	17 940	

表五 中国红十字会上海市救护委员会救护医院收治人数统计表

医院名称	新收人数	他院转入人数	共收人数	备 注
第一救护医院	1 015	98	1 113	外收伤民100名
第二救护医院	653	33	686	外收伤民500名
第三救护医院	1 067	357	1 424	外收伤民500名
第四救护医院	520	0	520	外收伤民45名
第五救护医院	750	591	1 341	
第六救护医院	404	0	404	
第七救护医院	322	49	371	
第八救护医院	957	35	992	外收伤民80名
第九救护医院	266	39	305	
第十救护医院	126	0	126	
第十一救护医院	435	1	436	外收伤民40名
第十二救护医院	327	57	384	
第十三救护医院	475	112	587	

续 表

医院名称	新收人数	他院转入人数	共收人数	备注
第十四救护医院	316	4	320	外收伤民54名
第十七救护医院	741	128	869	
第十八救护医院	307	74	381	
第十九救护医院	465	87	552	
第二十救护医院	123	109	232	
第廿一救护医院				专办伤兵归队及遣送后方事宜
第廿三救护医院	862	563	1 425	
第廿四救护医院	196	67	263	
总计	10 327	2 404	12 734	

表六　中国红十字会上海市救护委员会特约医院收治人数统计表

医院名称	新手人数	他院转入人数	共收人数	备注
人和医院	57	0	57	
大德医院	41	0	41	
大华医院	14	0	14	
太和医院	51	0	51	
中德医院	258	0	258	
生生医院	44	0	44	
永川医院	82	0	82	
同德医院	75	0	75	
同德产科医院	28	0	28	
东南医院	304	0	304	
红十字会第一医院	365	154	519	
红十字会第三医院	156	12	168	
惠旅医院	72	0	72	
劳工医院	78	0	78	
宝隆医院	154	15	169	
铁路医院	33	36	69	
总计	1 812	217	2 029	

表七 其他团体或私人主办医院收治人数统计表

医院名称	新收人数	他院转入人数	共收人数	备注
红卍字会第二医院	535	18	553	
红卍字会第三医院	104	0	104	
红卍字会第四医院	416	152	568	
后方第一医院	318	0	318	
后方第二医院	1 180	0	1 180	
体仁伤兵医院	1 108	29	1 137	
佛教救护医院	435	0	435	
慈联难民医院	63	0	63	
慈联救护医院	525	51	576	
国际第一医院	256	0	256	
国际第二医院	79	0	79	
国际第三医院	130	10	140	
国际第四医院	218	47	265	
国际第五医院	186	0	186	
总计	5 553	307	5 860	

表八 中国红十字会上海市救护委员会特约医院伤兵住院统计表

医院名称	伤兵住院日数	平均每日住院人数	备注
第一救护医院	32 066	249	
第二救护医院	19 796	206	
第三救护医院	72 168	296	
第四救护医院	10 208	237	
第五救护医院	40 479	139	
第六救护医院	6 991	184	
第七救护医院	8 385	131	
第八救护医院	31 170	199	
第九救护医院	6 573	71	
第十救护医院	2 294	79	

续 表

医 院 名 称	伤兵住院日数	平均每日住院人数	备 注
第十一救护医院	6 289	180	
第十二救护医院	8 853	94	
第十三救护医院	18 825	123	
第十四救护医院	5 422	74	
第十七救护医院	32 524	241	
第十八救护医院	10 501	93	
第十九救护医院	15 288	108	
第二十救护医院	5 949	51	
第廿三救护医院	52 304	329	
第廿四救护医院	8 660	81	

表九 中国红十字会上海市救护委员会特约医院伤兵住院统计表

医 院 名 称	伤兵住院日数	平均每日住院人数	备 注
人和医院	202	27	
大德医院	874	31	
大华医院	119	4	
太和医院	1 645	48	
中德医院	874	51	
生生医院	717	21	
永川医院	1 467	37	
同德医院	1 274	35	
同德产科医院	627	18	
东南医院	1 021	64	
红十字会第一医院	30 562	141	
红十字会第三医院	7 366	44	
惠旅医院	1 196	35	
劳工医院	1 259	37	
宝隆医院	16 256	67	
铁路医院	2 043	22	

表十 其他团体或私人主办医院伤兵住院统计表

医院名称	伤兵住院日数	平均每日住院人数	备注
红卍字会第二医院	19 155	141	
红卍字会第三医院	1 161	73	
红卍字会第四医院	15 204	111	
后方第一医院	7 246	207	
后方第二医院	23 970	320	
体仁伤兵医院	30 957	289	
佛教救护医院	11 171	131	
慈联难民医院	1 832	26	
慈联救护医院	19 253	132	
国际第一医院	1 500	136	
国际第二医院	215	43	
国际第三医院	7 711	95	
国际第四医院	12 477	147	
国际第五医院	6 093	132	

表十一 全沪伤兵医院平均每日住院人数表

年	月	住院日数	平均每日住院人数	备注
26	8	46 398	2 522	
26	9	134 030	4 468	
26	10	120 330	3 882	
26	11	139 285	4 643	
26	12	94 790	3 058	
27	1	44 083	1 422	
27	2	20 954	748	
27	3	14 499	468	
27	4	5 023	167	
27	5	1 500	48	
总计		620 892	2 134	

表十二　受伤部位与受伤种类分类表

受伤部位	受伤种类 / 百分率	枪　伤	炸　伤	其他伤	总　计
头面部	人数 百分率	481 25.4	1 243 65.6	172 9.0	1 896 100
颈部	人数 百分率	84 52.5	71 44.4	5 3.1	160 100
胸背部	人数 百分率	419 51.1	341 41.5	61 7.4	821 100
上肢	人数 百分率	3 050 56.5	2 006 37.2	340 6.3	5 396 100
腹腰	人数 百分率	367 52.7	282 40.5	47 6.8	696 100
下肢	人数 百分率	2 348 50.6	1 994 42.9	303 6.5	4 645 100
复杂	人数 百分率	504 29.9	974 57.7	209 12.4	1 687 100
总　计	人数 百分率	7 253 47.4	6 911 45.2	1 137 7.4	15 301 100

表十三　受伤部位分类表

受伤部位	人数	百分率	每一单位面积受伤比例
头面部	2 130	13.9	2.3
颈部	180	1.2	0.5
胸背部	922	6.0	0.3
上肢	6 067	39.7	1.9
腹腰	782	5.1	0.4
下肢	5 220	34.1	0.8
总　计	15 301	100.0	1.0

附注：伤兵部位与种类之分析包括分发站一部伤兵在内，并限于记录完全者。

表十四　各部受伤死亡人数比较表

受伤部位	受伤人数	因伤致死人数	死亡百分率
头面	1 858	211	11.4
颈项	177	14	7.9
胸背	1 115	183	16.4
上肢	4 511	148	3.3
腹腰	1 008	354	35.1
下肢	6 033	469	7.8
复杂	2 990	202	6.8
总　计	17 692	1 581	8.9

原载《中国红十字会月刊》1938年第42期

中国红十字总会上海市救护委员会报告(续)

救　护　课

植生奉命担任救护课，适在沪局极端紧张之下，仓猝应命，不遑他顾，屈指迄今，已三阅月矣。虽上承两会当局若心擘划之指导，下赖忠勇救护人员之努力，勉竟事功；然其情势所使，因陋就简，组织既疏，实施复杂，致使吾前方将士之抱向隅者，所在难免。此植生在此回忆过去工作之际，鉴其既往，勉其将来，所不能已于感想也。

本课开始组织，为八一三之前夕，积极奔走，如救护人员之征求，车辆之募集，均为当务之急，当时民众团体、爱国青年，或自行组织，或个人参加，纷纷请求参加工作。有相当训练者，固不乏人，以救护为名，而别有作用者，间亦有之。经过相当选择，煞费周章。于八一三至二十日间，以最短时日，应环境之急需，先后组织成立救护队六队。按照中央救护大纲，加以缩编，每队队员为五十六人，更择其干练者，由本会委任为各该队队长。各业救护团体，请求参加者，除煤业公会单独组织救护队一队，队员有百余人外，余均经本课审查，编为急救队六队，每队十六人，以期统一事权，藉取分工合作之效。当时战事虽起，战线尚短，故所发出之救护队员，分布于江湾、大场、闸北、真如、浦东一带，互相策应，颇能应付。至八月念五日后，战线逐渐扩大至吴淞、罗店等处，于是原有人员，咸感不敷。乃继续组成救护队四队，急救队亦由六队增至十二队,先后出发前方,协助工作。直至最后一月,战线屡异,而我救护人员之增减,屯驻地点之转移,亦因之屡更。除南市、浦东、沪西尚驻有多数救护员外,其他如黄渡、浏河、太仓等地,九十余公里外,均有我队员分布其间。所引为难能可贵者,不论距离远近,昼伏夜行,餐风露宿,不畏艰难,奔走于枪林弹雨之中,不惜任何牺牲,均能密切合作。综其过去所救伤兵,达三万九千余人,死伤救护人员凡三十余名。根据数日工作之实际情形,所认为困难而不能使救护工作顺利进行者,约有下述数端:

一、救护工具缺乏,不能尽量救护。

二、租界门禁无定,阻碍工作进行。

三、日机乱施轰炸,每至昼伏夜行,不能多方救护。

四、医院床位有限,使输送者无从输送。

五、车辆缺乏,征集维艰,使救护者不能随时调遣。

六、各部队之卫生队,时感不足,不能与救护队联系输送。

以上数端,均足使我受伤将士多尝痛苦,增加死亡,此乃本课认为遗憾者也。幸自八一三战事爆发,煤业公会组织煤业队加入工作,并代征得车辆十余辆之多,厥功甚伟。本会嗣奉命自十一月一日起,归并红十字会总会,接收办理,改称救护股,照常管理一切救护事宜。各部队详细工作报告另列表陈之。

条　例

各团体所组织之救护队愿归本会指挥者颇多,惟查其组织,多数无医师,即队员亦鲜有受过训练者,此项队伍,不能称为救护队,仅可称为急救队,按本会规定,急救队每队仅十六人,计正、副队长各一人,书记一人,庶务一人,队员十二人,惟应遵守本会条例。

一、各急救队应绝对听命本会。

二、出发救护之车辆汽油及一切供给均归自理。

三、队员所佩之符号由本会按照规定之人数发给。

四、各急救队于未出发之前先到本会车辆课报到,由车辆课派童子军押车。

五、救护车上应有红十字旗一面由童子军执掌。

六、各队队员应明了本身之职责,不得与童子军发生争吵。

七、本会备有工作报告表,各队应将每日出外救护情形、伤兵人数及转送处所等,详细填写,于翌日送到本会,藉资统计。

八、各队车辆除救护外，不许作其他运输用。

九、各队员出外救护，不许携带武器及一切危险物。

十、每辆卡车上之救护员人数，最多不得过六人。

救护队及急救队一览表

中国红十字会总会
上海市救护委员会

救护课

登记股 汪民视
主任 叶植生
副主任 李伟业
张子道
文书股 刘春波

救护队

第一队队长 陈荣章
第二队队长 田苍本
第三队队长 王金魁
第四队队长 俞卓初
第五队队长 刘士林
第六队队长 韩一雷
第七队队长 叶露
第八队队长 徐伟
第九队队长 瞿绍伟
第十队队长 蒋方九

急救队

第一急救队队长 张丹卿
第二急救队队长 谢葆生
第三急救队队长 雷树德
第四急救队队长 蔡香荪
第五急救队队长 褚一峰
第六急救队队长 何惠钧
第七急救队队长 汪政卿
第八急救队队长 刘星耀
第九急救队队长 陈培德
第十急救队队长 郑连坤
第十一急救队队长 蒋传源
第十二急救队队长 李从善

救护、急救队驻屯地点、各队人数及经济概况

队　别	驻　屯　地	队员人数	经　费　概　况
第一救护队	昆山	三十人	经常费全部由本会供给
第二救护队	青安公路十九号桥大有米厂	三十四人	同上

续 表

队 别	驻 屯 地	队员人数	经 费 概 况
第四救护队	爱文义路爱国小学	二十八人	同上
第五救护队	太仓	四十八人	同上
第六救护队	浦东	三十九人	同上
第七救护队	南市	五十四人	给养不归本会
第八救护队	南市	五十三人	给养不归本会　车辆汽油由本会供给
第九救护队	浦东	七十四人	经常费全部由本会供给
第十救护队	浦东	七十六人	经常费全部由本会供给
第五急救队	南阳桥方浜路寿祥里四十号	十八人	给养不归本会　汽油由本会供给
第六急救队	牯岭路高民路八一三救亡协会	三十一人	给养不归本会　车辆汽油由本会供给
第七急救队	大世界对面新首安里二九号	十九人	给养不归本会
第八急救队	本会	十六人	伙食由本会供给　车辆汽油由本会供给
第九急救队	华格臬路二三号	四十人	给养不归本会
第十急救队	曹家渡五角场保卫团团部	十六人	给养不归本会　汽油本会酌量供给
第十一急救队	大华路运输课市商会童子军办事处	四十人	车辆汽油由本会供给该队即由押车之童子军兼任救护事宜
第十二急救队	福煦路陆家观音堂	十六人	给养不归本会

急救、救护队之改组

本会为改善各救护队急救队组织，并便利分配工作起见，经提奉本会干部会议议决，确定编制，并订定队号如次：

第一救护队（由原第一救护队、第三急救队合并改编）

第二救护队（由原第二救护队、第二急救队合并改编）

第三救护队（由原第三救护队、第四急救队合并改编）

第四救护队（由原第五、六、八急救队合并改编）

第五救护队(由原第五救护队、第七急救队合并改编)

此外第七(南市)、第六、第九、第十四(均浦东)救护队,概依原有组织,不适用本规定。

救护队组织表

队长一人

副队长一人至二人

医师二人至四人

护士八人至十二人

特务二人(书记庶务各一人)

担架长一人

担架夫二十四人

夫役四人

车夫六人

上计每队四十九人至五十六人。

救护队根据改组后编制经常费用

职　别	人　数	每月津贴	每月伙食	总　共
队长	一人	二十元	十二元	三十二元
副队长	一人	二十元	十二元	三十二元
医师	二人	二十元	十二元	六十四元
护士	十二人	十五元	十二元	三百二十四元
特务	庶务一人 书记一人	十五元	十二元	五十四元
担架长	一人	十元	十元	二十元
担架	二十四人	十元	十元	四百八十元
伙夫	四人	六元	十元	六十四元
车夫	六人	三十元	十元	二百四十元

办公费　共计一千三百三十元

急救、救护队工作概况之个别纪述

第一救护队工作及归并经过情形

第一救护队组织成立于八月十三日,由本会委陈荣章为队长。共有队员六十余人,分为三支队,设绷带所于大场、罗店、嘉定三处,开始工作后,各队员颇能分工合作。至八月廿三日,日军由石洞口潜渡,占据罗店时,该队因执行任务,遭日军惨杀而死者四人。队长被拘,幸即脱险,余多深受重创,除苏克己医师由救护委员会发给收殓抚恤费五百元,陈秀芳护士由红会备衣棺收殓外,尚有护士谢惠贤、刘中武等,迄今遗尸未获,侦悉无由,此实为该队工作史上所不可磨灭惨痛之一页,同时亦为该队表现救护精神之一班[斑]也。经此一役后,该队长重加整饬,为补充生力起见,自十月份起,与第三急救队合并办理,由雷树德、陈荣章二队长领导,出发苏昆,旋陈队长由本会派为驻苏办事处副主任,于是归并之第一队,职务,全由雷树德单独办理。至最后一月底止,该队驻扎昆山苏州间,从事救护工作,须臾未尝疏懈。三月来该队综计救护伤兵一千零十一名。其经过屯驻工作地点,另立总表,兹姑不赘。

第二救护队工作经过

第二救护队成立于八月十三日,当时该队长为龚继长。共有队员五十人。设临时医院于真如东南医学院。开始工作后,均能各负使命,勉尽任务。八月十八日起,日军不断向该地轰炸,该院礼堂被其炸毁,我救护队部,因防觉较早,未遭巨殃,惟龚继长、葛林宗、谷逸民甘冒危险,力驰救护,致受轻伤。担架长勇敢前驱,不稍回避,卒以身殉,当由本会备棺收敛。厥后龚队长因另有任务,由郭主任委任田仓本继任队长。为适应前线需要起见,率同全体队员,改赴罗店、大场、顾家镇、杨行、南翔等处工作。旋复以战线转移,于十月一日一度移驻南翔、黄渡之间,工作未几,日机轰炸不断,阻止救护进行,不得已集中全部队员,暂住外交大楼,相机出发。不幸该田队长于斯时为救护车撞伤腿部,乃由本会改委全仁忠为该队队长,出发前方迄仍在野战救护队分工合作。总计该队三月来救护伤兵凡五千五百五十一名。其经过工作地点,详另列总表。

第三救护队工作经过

第三救护队成立于八一三,计有队员十八人,由王金奎任队长。于十四日开始出发大场、顾家镇、南翔等处工作。未及两旬,即因内部发生纠纷,不能合作,旋于九月十日明令解散。其中一部份工作成绩较良者,编入他部。该队存在时期既甚短,复受纠纷之影响,以致甚少成绩可言。驻扎南翔时,曾遭日机轰炸甚烈,结果伤队员赵汝信一人,惟不甚重,略事医治即愈。该队救护伤兵综计一千七百四十六人。

第四救护队工作经过

第四救护队成立于八月十六日,经本会委任俞卓初为队长,担任本市救护伤兵难民工作。自大世界永安公司及南车站轰炸惨案发生后，该队之工作，更觉重要。本课督促该队长努力工作，颇有相当成绩。嗣以本市轰炸之惨举，渐次减少；而前方战事紧急，该队长乃整饬队部，出发大场、真如、杨行一带工作，各队员均能含辛茹苦，以尽天职。至九月一日，本会为适应实际需要起见，爰将该队调回，分组输送各路伤兵。其初分十余人为一组，后以分发较繁应接不暇，乃改四人为一组。于是杭州、苏州、嘉兴、松江、湖州、木渎、无锡等处，莫不有该队员之分布。其间跋涉奔驰，虽在敌机极端威胁之下，从未稍间，实堪嘉尚。总计三月以来，该队前后运送伤兵，达二万余名。殉难队员凡十余员，除经本会收敛抚恤者外，迄尚有数员尸身未获，住址不明，此本课在检讨该队员过去工作之际，洵为耿耿于心，不能或释者也。该队救回伤兵凡二百八十五人。

第五救护队工作概况

第五救护队成立于八月十二日。队员初为七十余人，嗣因按照本会重新编制，减缩为五十三人，其中大都为救护委员会训练班学员。经本会委任李伟业为队长。八一三战事发生后，即出发大场、闸北、顾家宅一带，分别从事救护工作。各队员纪律森严，颇足规范。至九月二十日，该李队长奉调本课干事，于是队长一职，改由该队顾问刘士林接充。于九月三十日，刘新队长经正式接收后，即整饬所部，继续执行任务。并分拨队部，输送伤兵至杭州、嘉兴、苏州、湖州等处。当时该段路线，日机侦察轰炸甚烈，该队员几历险境，伤及救护员十余人，卒能从容趋避敏捷运护。以大无畏之精神，克当前之危境，卒使呻吟创痛之战士，多能安全到达此目的地，洵为该队过去工作上之一大成绩也。当时该队驻扎地点，在新闸路和安小学。十月二十一日，应前方之需要，全队出发太仓，迄以战局变化莫测，该队驻扎地点，因亦无由决定。综计该队前后救回伤兵，计四千零三十名；运送伤兵，凡八百零七名。

第六救护队工作概况

第六救护队于八月十七日成立。由韩一雷任队长，设总队部于浦东周浦。开始工作时，队员仅四十余人，后增至七十余人，成立三支队。其第一支队，在沿浦春江码头、塘桥、三林一带；第二支队在南汇、望海楼小洼港、老港一带；第三支队在大团、新开河、万祥外、三灶、泥城一带驻扎。当时日机轰炸极烈，伤兵伤民多数在绷带所包扎后，住院留养，不愿住院而每日来院换药者，亦复不少。该队人数虽多，其始颇能分工合作，不意经过两月后，意见丛生，纠纷迭起，韩队长以整饬不力之咎，呈准辞职。由副队长韩尚德代理队务。未久即遭局变，而该队即在无形中解散。揆其事实，确有情况复杂，不能推诚合作之嫌。斯时本课适奉命归并红会之际，各地均将重新改编,于是饬令该队结束,于十月底由韩副队长将移交各件,汇造清册,分别缴送本课,除印鉴臂章外,余皆转送庶务课保存。该队前后救护伤兵,计五百三十三人,伤民四百十六名。

第七救护队工作概况

第七救护队成立于八月八日。由上海市铁业公会所组织,经呈报本会核准后,由会委叶露为队长。叶氏本为医生,该队组织时,对医务人才正感缺如,同时该队长住居南市多年,本课当委任时,深庆得人,盖既身居南市,则对此苦难同胞,必更抱己饥己溺之心肠,竭尽服务之天职。该队共有队员四十八人,分两支队,在南市流动救护。当时实际情势,以救济难民为重要,盖日机频施轰炸,无辜难民,被击死伤者颇多;同时原有医院,大都迁避一空,故该队除分别视察巡救外,又在该地大佛厂设门诊部,专事疗治贫苦难民。当时南市民众,虽相率迁避,然老弱无处可奔者,仍有数万人,以故就诊者颇不乏人。该队自开始工作以来,尚能勉尽天职,惟以内部时起纷争,阻碍工作机能,本课检讨过去,此实为该队之一大缺点。该队于十月十五日,因不能推诚合作,经本会明令解散。前后综计救回伤兵九十九名,伤民二百七十六名。

第八救护队工作概况

本队成立于八月二十三日。由国医战地救护队与上海市中医药界救护队联合组织。共有队员五十三人,经呈请本会核准成立,列为本会第八队,委徐伟为队长。初驻闸北共和路西铭里,后迁至白克路上公小学,后复迁方斜路。在闸北、虹口、江湾、大场、杨行、刘行一带救护伤兵。其初出发时间,大都早出晚归,嗣以日机空袭甚烈,乃昼伏夜行,本队各队员,均在医药界受有相当教育者,同时该徐队长领导得利,颇能分工合作,不分殄域,在同一目标下,共尽天职。当时本市流弹惨案迭起,该队长躬率驰救,不遗余力,其尤为难能可贵者,虽在极度纷乱环境之下,而能力持纪律,有条不紊,受伤者既得以减少苦痛,安然得治;施救者因亦能按步就班,以推进工作效率,实为当时一般伤兵伤民所称道,而本课所认为足资表率之队部也。综计前后救护伤兵二千二百四十八名,伤兵十六名。

第九救护队工作概况

第九救护队系由瞿绍伟集合浦东川沙地方青年及本会训练班学员,合组而成。于八月二十八日,经本会委任瞿绍伟为队长,设队部于浦东川沙,进行救护工作。当时浦东尚非战区,而炮弹流射,飞机空袭,一时民众受伤者甚多,故主要工作为拯救伤民。至九月底,该处逐渐发生剧烈战争,于是伤兵、伤民同为紧张救护之工作对象。该处乡村甚多,且无汽车可通,伤兵运输,极感困难乃分组数小队,队员增至七十余人,密布全沙,互相策应。然仍感交通不便,有事倍功半之苦。所幸各队员忍苦耐劳,且大都为地方青年,颇收驾轻就熟之效。直至十月底止,该队奉命改编,综计前后救护伤兵六百七十九名,伤民九十七名。

第十救护队工作概况

第十救护队成立于八月二十一日。队员五十余人,由浦东保卫团及救火会人员集合组成。经本会核准后,编入本会救护队。当由本会委任蒋方九医师为队长。因蒋医师在浦东各慈善医院服务有年,深洽舆情,以故开始工作以来,深得各方之辅助。设总队部于浦东太古华通堆栈内,下设十支队,分驻四乡,互谋策应,并设三十床位之疗养所于华通栈内,为重伤临时急救之用。其间救回之伤兵,大都经该部包扎后,送往南汇县立医院及三林塘后方伤兵总站疗养。第二支队队员郁然章、袭继纲因救护伤兵,在其昌栈附近,被日舰机枪射伤,经送上海仁济医院疗治,现已痊愈出院。综该队过去工作,尚属努力。其工作区域,大多乡僻之区,辛勤奔走,艰苦不辞,尤能通力合作,各尽所能。直至十月底,本课奉命归并,红总会暂令解散,听候改编。综计救回伤兵六百零六名,伤民六百五十名。

第一急救队工作概况

第一急救队成立于八月十二日。由队长张丹卿率领,队员十六人。于八一三战事发生后,驻扎本市顾家宅宝兴纱厂,进行救护事宜。其初尚能遵循本会救护意旨,实施工作。乃未经一月,该队长以行为不检,经人举发。本课为整饬救护纲纪起见,经详细侦查,结果发现该队长确有超越救护范围之嫌,乃于九月二十五日宣令解散。其过去工作,前后计四十余日,救护伤兵凡五百九十三人。

第二急救队工作概况

第二急救队由上海市公仁社救亡委员会救护组所组织,经本会核准编列急救队后,聘谢葆生为队长。于八月十六日开始,分六组出发前方各战区实施救护工作。共有队员六十四人,均多奋发青年,怀志救国者。当时第三急救队改组,该队员蒋相君、王琦璋本为干练队员,经编入本队后,相得益彰,勇敢前驱,不畏艰苦,成绩佳良。嗣以该队内外纷争突起,虽经本会设法疏解,终未解决,结果停止工作,于十月内自行解散。总计工作凡两月余,救护伤兵一千零九名。

第三急救队工作概况

第三急救队由雷树德集合同志十余人组织成立,经本会委任雷树德君为队长。

其队员全为本市民立女中、东亚体专、审美女中女生。于八月十五日开始出发至八字桥大场驻扎，每日分赴各战地救护。所救之伤兵，大多经过包扎后，分送后方医院疗治。该雷队长身先部署，率同全体队员，在最前线实行任务，当时受伤战士挣扎前线，不克得他队救治者，经该队奋勇疾趋，均能一一驰救。厥后战线转移，该队部迁设真如真北路照常出发工作。旋以本课遵照本会缩编决议案，并经队长会议议决，该队与第一救护队合并办理，并指定由陈荣章、雷树德为正副队长，各遣所属，相辅而行，继续工作以来，颇收指臂之效。未几陈队长因另有任务，由雷队长递补正缺。迄至十月底止，该队仍在前方工作。其过去所救伤兵计一千四百二十五名(尚有在前线实施急救者六百余人不在其内)。

第四急救队工作概况

第四急救队成立于八月二十三日，由原组织人蔡香荪君担任名誉队长，谈益民君为副队长，其实际领导工作，纯由该副队长任之。该君为一热心救护工作者，且受有高深教育，其队员十七人，又属江湾智识青年，出发战地工作后，该队长苦心筹划，对外力谋联络呼应，对内统求一德一心。相共奋勉，始终如一，以故工作颇获优良成绩，从无意外纠纷。此固由各队员训练有素，然该队长应付有方，智勇兼备，实足以资表率也。本课嘉其干练，适当时本会有派员赴前方督察救护之议案，乃聘请该队长督察前方，旋复赴苏协助郭琦元先生组织苏州办事处。于是第四队队长职务，势难兼顾，经本会决定于十月五日与第二救护队合并办理。该队自成立迄归并止，凡四十余日，所救之伤兵，达一千八百五十七名，成绩良可观也。

第五急救队工作概况

上海酱业青年服务团，在八一三战事发生后，联合同志二十余人，出发战地从事救护工作。因力量薄弱，在工作方面，发生种种障碍，后请求参加本会，经本课审核呈准加入后，编为第五急救队，聘褚一峰为队长。于九月十日正式成立。当时设队部于南阳桥方浜路寿祥里四十号。每晚出发工作地点无定。当时前方战事逐渐紧张，各队员均能奋勇工作。后因车辆不断损坏，不能顺利救护伤兵，同时前方战线，亦发生变化，在此种环境下，乃于十月十五日自动宣告解散。综核该队工作时期，计一月余，救护伤兵二百九十九人。

第六急救队工作概况

第六急救队初由一二八救亡协会名义组织，于九月十一日成立，由费光华为队长。工作未几，内部发生纠纷，自行解散。后由八一三救亡协会改编，加入本会继续工作。由何惠钧任队长，率有队员十六人，一切给养，均自行筹给，惟汽油车辆药品，本会略予补助。该队部设本市牯岭路高民里，每晚出发各战区工作。在第一日开始工作时，司机杜连生即被炸殒命，并伤及队员涂忠明，经本会分别收敛医治后，各队员照常工作。迄十月底，所救之伤兵达一千四百九十九名。

第七急救队工作概况

第七急救队由本市海员公会所组织。于九月十一日，来函声请登记，编列本会急救队。队员计十六人，由汪政卿为队长，每晚集合本会，出发前方工作。该队一切给养，皆自行负担，后以战线转移，于十月十五日，自行解散。综核该队工作时期仅一月，救护之伤兵，为一千一百另六名，成绩颇佳。该队之所以有如此成绩者，盖由该队长英勇耐劳，每日奔驰于炮火之中，对于重伤将士，尤其爱护有加，乃他队所不及者也。

第八急救队工作概况

八一三战事发生后，该队由骆亦文先生组织担架队未成，遂选其优良担架员计十六人，编入本会，列为第八急救队，由刘星耀为队长，于九月八日开始工作，各队员勇敢努力，颇负盛誉。惟纪律及智识方面，比较稍差，幸能服从命令，忍苦耐劳，卒获相当成绩。综计救护伤兵，达一千七百八十八名。

第九急救队工作概况

第九急救队由镇丹金溧扬五县旅沪同乡会，集合救护同志二十余人，于十月十三日来会请求登记，经核准后，于十月十八日成立，由陈培德为队长。出发真如、嘉定、真北路一带，实施救护工作。为时旬余，该段战线即发生重大变化，同时本课归并红会，各队均将重新改编，于是该队工作遂告停顿。其一切给养，均由该队自理。在极短之工作期间，所救护之伤兵一千四百三十二名。

第十急救队工作概况

第十急救队由沪西救火会救火人员，与童子军联合组成。经本会审核登记手续，准许参加后，由该救火会郑连坤先生任队长，于本月十七日正式成立。计有队员十六人，多为年少强壮之青年。斯时沪西战事极烈，该队即出发该段附近地点，实施救护工作。一切给养费用，纯由该郑队长负担。各队员多数具有救火之训练与经验，奔驰救护，极为勇敢。惟工作未及一月，战线变动，即自行解散。计前后救护伤兵二百三十九名，伤民一百四十二名。

第十一急救队工作概况

上海市商会童子军第五十团，自八一三战事发生后，即率童军四十人，热烈参加本课工作。协助运送伤兵,日夜宣劳,至为兴奋。经过几度为敌机轰炸,并枪伤队员郑志强、徐健来、陈香荪等,幸未致命,经医疗治,旋即告痊。至十月中,该团部改组一队加入本会,列为第十一急救队,并委蒋传源为队长。驰赴太仓、真茹、周家桥一带,专任救护工作。至十月底止,前后仅十余日,计救回伤兵达四百十一人。

第十二急救队工作概况

第十二急救队为上海职业青年战时服务团所组织。由该队队长冯少山先生名义来会登记,经本会核准,列入急救队,由李从善任队长。成立未久战时西移,缺少实际工作,颇少成绩可言。自十一月底,有队员十余人自动出发前方,一切给养及其他费用,均由该队自理,惟该团组织,除救护队外,内有救护组,曾发生滥用会名,擅行募捐情事,经本课察觉后,呈报本会澈究在案。最后该队李从善辞职,由冯少山自行担任。旋因本课奉命归并红会,遂由本课通知解散。

救护、急救队支出给养津贴等总数一览表

(自九月份至十一月底止)

队　　名	支出给养津贴总数 单位　元	备　　注
第一救护队	一七〇〇.〇〇	自八一三至十月底止陈队长经手支出数为九百元
第二救护队	二七七八.七八	
第三救护队	一二六九.九八	
第四救护队	二二九二.五二	
又伤兵输送费	一四〇〇.七三	
第五救护队	三五五五.〇〇	
第六救护队	二六二九.五六	
第九救护队	三二三一.二九	
第十救护队	二〇〇〇.〇〇	
第一急救队	三八九.一〇	
第二急救队	二九〇.〇〇	
第三急救队	八〇.〇〇	
第四急救队	三二七.四六	

总计　救护队支出计二万零八百五十七元八角六分

急救队支出计一千另八十六元五角六分

各队救回伤兵总数一览表

队　　名	救护伤兵总数	备　　注
第一救护队	二〇一一	
第二救护队	五五五一	
第三救护队	一七四六	
第四救护队	二八五	
第五救护队	四〇三〇	
第六救护队	五三三	
第七救护队	九九	
第八救护队	二二四八	
第九救护队	六七九	
第十救护队	六〇六	
煤业特组队	一四〇〇〇	另有成绩报告
第一急救队	五九三	
第二急救队	一〇〇九	
第三急救队	一四二五	
第四急救队	一八五七	
第五急救队	二九九	
第六急救队	一四九九	
第七急救队	一一〇六	
第八急救队	一七八八	
第九急救队	一四三二	
第十急救队	二三九	
第十一急救队	四一一	
第十二急救队		

总计　救护队救护伤兵三一七八八名
　　　急救队救护伤兵一一六五八名

原载《中国红十字会月刊》1939年第43期

中国红十字会总会上海市救护委员会报告(续)[节录]

材 料 课

自会务开始以还,总计自八月十三日至十二月底止,本会直接向各药房及各药厂购办卫生材料费用,仅五万五千六百六十五元强。原定预算,所属各医院及各救护队之药品器械开办费为一万四千元左右,每月应支经常费为一万三千七百〇五元,合计与五月之过程中,应总支八万余元;然实际情形仅为原预算百分之七十弱,其中原委,可概述如下:

一、若干救护医院创办时,较昂贵之医疗器械,多为各医院创办人自行购置,或蒙各界捐助;

二、若干救护医院所有药械,多属自给,本课所供给者,仅为补助其不足;

三、需要较巨量之破伤风血清,以及其他药品,一部分或全部承红十字会总会直接供给;

四、此外应用多量之急救包及其他药械,蒙各界热心捐助。

综合上述之诸种情形,本课得因撙节多量之经费。

本课工作之初,即根据军医署材料处各种救护[医]院及救护队发给药械之标准,而缩订本课发给药械之单位,是以数月来之工作,即以此为准绳;其所拟定各种标准如下:

上列报告,各医院结束后所移交之药品,在帐单上并无该项目名目,因其数量过小,品名过繁,未曾列入,另详簿记。

凡各药厂及各药房捐助之样品,亦以品名繁细,未予列入。

十二月份收入之药械,大部分为各医结束后所移交。

十二月份支付之药械,大部分为供给安徽及浙东等处之后方医院。

本课五月来之工作,蒙各界热忱协助,常能顺利进行,标准单位内之药品,亦勉能维持。目前存货,尚值一万元左右之巨。同人等不愿将此项公物弃置无用。是以设法将此项药械,继续往内地各救护机关输送,俾利救护事业之进行,以副各界热心人士之期望。

原载于《中国红十字会月刊》1939年第44期

中国红十字会总会上海市救护委员会报告(续)

各救护医院个别报告

中国红十字会总会上海市救济委员会第一救护医院报告

筹备经过

八一三战事爆发，本院即奉中国红十字会上海市救护委员会之命，成立第一救护医院于胶州路三九七号。本爱国之热忱，尽救护之绵薄，数月以来，幸免陨越。今兹奉命结束，爰将创办经过、院务进行，略述一二，俾各界有所取舍焉。

本院房屋，借诸贫儿教养院，设第一、二病室于大礼堂与图书馆，容床一百只，其右为手术室，后为护士室，未及筹备完毕，伤兵已纷至沓来，院务遂难井然有条，幸赖诸同人尽心竭力，夜以继昼，始克应付。

嗣因大世界惨剧发生，被难同胞日众，遂另添床位一百五十张于延平路申园体育馆，为第三病室。

至九月中旬，战事激烈，伤兵甚多，又增设第四、五、六、七、八、九诸病室于贫儿教养院，病床乃增至五百。

迨十月中旬，本院因经济关系，将申园病室转于国际第四医院。及十二月中旬，复因时局转变，除继续遣送轻伤士兵外，其余重伤六十余名，概转入国际第四医院与第二十三救护医院，本院遂告结束。

统计本院开办，历时四月有余，共收伤兵一千一百十三名，伤民百余名，伤愈出院之伤兵，计一千〇十三名，死亡率占全数百分之八，每日住院人数，曾达四百七十名。夫沧海一粟，固难言有功；然集腋成裘，亦不无小补，此则同人所聊足自慰者也。

手术纪录

类别	次数	类别	次数
外物取出术	一四五	动静脉瘘管结扎术	一
开口引流术	一五四	剜眼术	三
创口清理及缝合	六五	股部盲管截除术	一
创口清理	八四	颅骨抬起术	七
齿部手术	四〇	石膏架	三六

续 表

类　　别	次　　数	类　　别	次　　数
手指截除	一九	石膏型	五三
前臂截除	六	口部整容术	一
臂部截除	六	眼球剜出术	二
股截除	二〇	从外截开尿道	二
腿截除	五	乳突凿开术	一
肠缝合	二二	探察剖腹术	四
睾丸截除术	二	创口清理及脚趾截除	二
尿道缝合	二	动脉扎结	四
碎骨取出	一五	鼻缝合	二
包皮截除	三	睾丸截除	一
补皮术	九	创口清理及引流	九
水囊取出术	一	第二次缝合术	九
胸吸引	一三	刮术	二
骨折还原	四	探术	一
脚趾截除	一	骨部分截除	一
橡皮膏扎胸	三	从疤分离神经	一
针牵引	一	肾截除	一
总　　计		七六四次	

经济概况

本院创始之时，得上海市救护委员会津贴开办费八百元，因成立仓卒，各物均需临时购备，因是常有不敷之感，幸赖各界热心人士，慷慨输捐，始得勉强维持。至九月初旬，又得上海市救护委员会拨来伤兵伙食津贴费（每名每日以二角五分计算，医师、护士以一元一桌计算），国币一千〇九元七角一分正，并规定每隔十日造册领取，同时各界同胞及友邦人士之捐助现金者，亦复不少，本院事务，遂得顺利进行。至十一月初，伤兵伙食津贴又酌量增加（每名每日以五角计算，而医师、护士等伙食则停止发给）。

本院经费来源，共分二种，一为上海市救护委员会津贴，一为捐款收入。计自开办起至结束止，计一百三十日，共收上海市救护委员会津贴国币一万四千二百七十七元九角九分正，各界捐款国币一万二千七百八十六元零一分正，收付相抵，尚余国币一千一百八十六元四角一分。

本院于结束时，将所有账簿、单据、捐款收据存根及银行结单，送交立信会计师事务所，请其查核，并蒙给以证明书，正副二本，证明无误。正册由本院连同账簿、单据、银行结单等，并存余款项送交上海市救护委员会核销，以清手续，副册则留底备查。

经费收支表　自二六.八.一三 —— 一二.一三

收　　入	金　　额	支出	金　　额
上海市救护委员会拨发	一四，二七七.九九	伙食	一一，八九七，四〇
捐款收入	一二，七八六.〇一	医药	三，三〇四.一〇
特别收入	一，〇四〇.三五	运输	七五七.一八
电话费收入	八.八〇	津贴	五，三四七.五七
		杂费	五，六二〇.四九
		结存	一，一八六.四一
合　　计	二八，一一三.一五	合计	二八，一一三.一五

职 员 名 单

院长	宋梧生			
副院长兼总务主任	陈湘泉			
医务主任	倪葆春			
内科主任	宋杏邨			
外科主任	柳瑟虎			
医师	夏其昌	陶　清	陈邦辉	童道铸
	郭备德	郭　迪	李嘉庚	李光璇
护士长	邱孝容			
副护士长	何祖桢			
牙科医师	颜遂良			
化验员	芮益辛			
药剂师	颜叔琼	李　震		

交际主任	颜福庆夫人	徐宗俊
总务	方　作	赵少文
膳务管理	吴传绚	夏云山
储藏室	刘岳增	戴衍万
慰劳部	李干龙	陆　健
登记	赵志鸿	李廷桢
军服管理	马烈雄	
洗涤管理	张素英	陆瑜廷
消毒管理	焦培德	
工役管理	陈林森	
门警检查主任	王辅规	
童军队长	刘长海	

中国红十字会总会上海市救护委员会第三救护医院报告

院　史

溯自八一三沪战爆发,震旦大学医学院于八月十四日即集合毕业同学、在校师生暨法医研究所同人等,为救护伤兵之举,经中国红十字会上海市救护委员会定名为第三救护医院,假震旦大学为临时院址。当由筹备会推选孙逵方医师任院长,分总务、收发、医务三科,设床位二百只,并商由广慈医院为本院第一特约医院,设床位五十只。医师除原有驻院医师外,并由五六年级学生分别担任。护士方面,均由方济各会撒肋爵会天主教修女三十余人,暨圣心医院公济医院男女护士十余人,分别担任。所有办事人员均勉尽义务,为国宣劳,一概不支薪给。迨至十月一日,孙院长因公离沪,经本院院务会议议决,公推吴云瑞医师继任院长,于十月三日接收视事。一切组织,悉仍其旧,惟对于原有床位,深感不敷,除本院增设一百只外,后商得安当医院为本院第二特约医院,另设床位二十只,共计为三百七十只,以期尽量收容。嗣于十一月上旬,战事紧张,本市各救护医院,均告无法收容,救护委员会嘱为设法扩充,当即于震旦大学中学部辟让校舍数间,俾得尽量收容。查十一月九日之统计,在院伤兵共达五百零八人之多,旋至十二月初,各医院以时局转变,多数办理结束,计有第一救护医院等先后转来伤兵约三百余人。综计本院办理阅时八月,先后收容伤民五百余人,伤兵一千四百余人,除陆续治愈出院外,尚有一百余人正在医治中。而本院奉命办理结束,乃于二十七年四月八日起,将伤兵悉数转出,至四月十五日止，始告完全结束，此系本院经过之大要，谨将医药材料、各项设备、统计、经济等，分别择要报告如次：

医药材料

查本院材料一项，以药品为最要，绷带、纱布及药棉次之。此项材料，于开办后奉半向救护委员会领取，间有私人及团体捐助，余由本院自购。迨结束后，检点药品，所余无几，其少数剩余部份，径送圣心医院临时医院暨南市难民区临时医院备用(清单一份另附)。

设备概况

本院医务设备大都由震旦大学医学院借用，计手术台五只，消毒箱三只，另有一部份由公济医院借用，外科整形器械经本院向土山湾孤儿院制造，换药室共计设置手术台六只，由震旦生理系动物试验台合并而成，X光室由陈湘泉医师拨借X光设备全付，配药室由四孚公司拨借电器冰箱一只，其余用品由公济医院及圣心医院借给应用，手术及换药器具等，除一部份向救委会领用外，余均由本院购置，或由私人捐助，结束后所有残余部份，送圣心医院临时医院备用(清单一份另附)。又事务设备先后向徐汇中学借得棕垫二百余只，及震旦宿舍铁床二百余只，外交大楼送来铺板一百只，所有桌椅悉由震旦大学拨借应用，被褥大都向救委会领用，私人捐助者亦有之，伤兵日用品均由各界捐助。迨结束后，除将所借用具分别归还外，尚余一部份零星用具，送圣心医院临时医院暨浦东陆家嘴天主堂医院备用(清单一份另附)。

手术及人数统计

本院自去岁八一四起，至本年四月十五日止，除收容伤民约五百余人外，实计收治伤兵一千四百二十四人。受伤种类，为炮弹、炸弹及手榴弹受伤者，占百分之六二；枪弹受伤者，占百分之三六；刺刀及挫伤者占百分之二，其中加杂病患破伤风者三人，死二人，占死亡总数百分之〇.一四；其余均为内脏、中枢神经系损伤及急性贫血衰弱等症，因之死亡者占死亡总数百分之八九.六二，共计死亡一百五十二人，占总数百分之一〇.一〇；残废者占总数百分之一一.〇五。按受伤部位种类以表面及肌肉损伤为最多，计七百二十八人，占总数百分之五一.一〇；骨骼及关节损伤次之，计五百八十三人，占总数百分之四〇.九〇；内脏损伤计腹部三十二人，占总数百分之二.二〇，胸部四十一人，占总数百分之二.九〇，表部神经系损伤，计二十二人，占总数百分之一.五〇，中枢神经二十人，占总数百分之一.四，五官器八人,占总数百分之〇.五八,动静脉瘤三人,内科七人,实计施行手术次数达一千六百二十九次。关于骨骼损伤及钳取弹片之多X光诊察最要,故本院特布置临时X光诊察室一间,由专门医师主持,另一部份送广慈医院X光部诊察,广慈伤兵以腹部、头部为最多,计X光摄影为三百七十二次,直接检察,为二百五十二次。

兹将手术次数及种类编制统计表一纸附后:

手术次数统计表

手术种类	次数
血管结扎手术	十二次
开腹手术	九次
关节切开手术	三十次
关节脱血手术	十五次
四肢截除手术	一二六次
关节截出手术	十八次
五官器手术	六次
矫形手术	三十三次
取碎骨手术	四八三次
胸腔切开手术	十二次
伤口切开及缝合手术	五五五次
钳取子弹及异物手术	三二一次
共计	一六二〇次

伤兵进院出院及死亡人数表

日期	进院人数	出院人数	死亡人数	备注
二十六年八月	376名	14名	14名	
九月	150名	218名	14名	
十月	372名	250名	42名	
十一月	254名	154名	48名	
十二月	54名	198名	16名	

续 表

日 期	进院人数	出院人数	死亡人数	备 注
二十七年一月	134 名	88 名	8 名	
二月	66 名	78 名	6 名	
三月	18 名	90 名	4 名	
四月		182 名		
共 计	1 424 名	1 272 名	152 名	

慰劳品报告

本院自八一四成立后,各界人士以及团体均纷纷携带物品或现金前来慰劳者,颇为踊跃,中国红十字会总会特派驻院专员一人,凡捐助物品或现金者,均由该员点验,填具正式收据,再发交本院检收,以昭郑重,此项慰劳品,除填发正式收据外,另刊报端,谨鸣谢悃,计自二十六年八月十四日起,至九月三十日止,登二十六年十月二十二日《申报》;自二十六年十月一日起,至十二月三十一日止,登二十七年二月十六日《新闻报》;自二十七年一月一日起至四月十五日止,登本年四月三十日《新闻报》,共凡三次,兹姑不赘。

经济概况

本院自八一四成立后,中国红十字会上海市救护委员会拨流动金八百元,为开办费用,所有在事人员除勤务酌给津贴外,余均勉尽义务概不支薪给,并规定伤民及特约医院伙食款,每人每日以五角计算,本院伤兵日以二角五分计算,月分三次报领。迨至十一月起至廿七年三月止,由救委会月拨津贴一千元,按救委会规定之薪给表,分别发给医师及事务人员,略作车马费用,并将本院伤兵伙食款,亦一律每人日以五角计算,月分二次报领。总计开办以至结束,时届八月,共收入四万七千五百零二角七分,其中以应领伙食款为最巨,达三万六千七百七十五元五角,慰劳金四千六百七十八元九角三分,杂项收入二百四十五元八角四分。支出部分,共计四万四千六百二十六元四角八分,尚余二千八百七十三元七角九分,为补助震旦修理借用房屋,广慈医院X光费用及津贴方济各会撒肋爵会姆姆之车马费,平均每兵每日在院消耗为五角八分弱。

兹将廿六年八月十四日至廿七年四月十五日止,编制收支统计表一纸,以资备查。

经济收支报告表

项　　目	收　　入	支　　出	备　　注
上海市救护委员会拨给	八〇〇.〇〇		
开办费			
伙食费	三六,七七五.五〇		
津贴费	五,〇〇〇.〇〇		
捐款	四,六七八.九三		
什项	二四五.八四		
给养		二一,〇二五.九八	
津贴		七,二三八.二〇	
广慈		四,三一四.九〇	特约分诊所
安当		四四三.二五	特约分诊所
医药		二,三八〇.〇七	
杂项		三,三五五.八四	
油脂		五〇〇.八二	
薪炭		二,一七七.一二	
邮电		一,八三一.一六	
器具		七九六.九四	
押金		二三五.〇〇	
修缮		一二六.〇六	
印刷		五二.五〇	
文具		一三九.六四	
拨给震旦大学修理费		二,八七三.七九	
共　　计	四七,五〇〇.二七	四七,五〇〇.二七	

职 员 名 单

院　　　长：吴云瑞　孙逵方(前任)

副　院　长：陆润之　邝安堃

内外科医师：徐宝彝　邝翠娥　吴义崇　潘咸新　唐士恒　蔡寿康　王者龄
沈永康　许日东　沈锦元　蔡　鸿　黄　坚　萧　济　吴一鹗

万珏先　马与丹　朱仲刚　赵　瑾　毛守白　张颐昌　朱维煜
艾仁麟　林毓奇　沈国祚　李经元　陈湘泉　徐新百　吴寿宝
葛　经　罗　忠　徐福燕　任俭行　庄桂生　陈绍周　徐西满
张志惠　Malral　Gennin　Burgeas Santelli

护　士　长：方济各撒肋爵会大姆姆各一位

护　　　士：方济各会卅四位，撒肋爵会四位
安当医院二位，广慈医院廿八位

药　剂　师：裘雨三　　　药剂生：羊鸾桐

化　验　师：刘永纯　　　化验生：张均翰

见习医师：三年级　郭景贤　李树勋　罗振礼　吴大顺　吴源泰
孙元明　张苏生　陈　铿　朱大林　朱大成
蔡福祥　王瑞文　王爵荣　Zakoren
四年级　贺德新　郭成舟　刘益初　刘贻德　刘敦锷
吴大福　萧光甫　薛双源　徐秉钵　张德昌
赵神惠　陈士撤　陈郁文　周　仁　邓龙泉
蔡振岩　余文奇　余毓芳　Andref　Smonikoff
五年级　许锦全　许邦宪　饶有绩　李少唐　林剑朋
张圣才　陈国光　陈永忠　周礼元　朱人伟
邓泽中　杨传荣　余复民　Groochenko
六年级　舒兆勋　夏振元　金爱德　聂传言　张亮惠
陈冠圣　朱祖尧　王聘臣　杨赉铨　袁锡康
周渭良　孙　任　Waley

助　理　员：涂太太　杨淑敏　田昌菊　朱道辉　董世禴　王碧如　孙益卿
陈若贤　孙益中　叶紫云　梁丽云　林义斯　毕月明　戴世瑛
杨镜珊　钱鸣煦　李鸣志　郭维坤　贺碧辉　沈德清　毛芝英
毛□英　阚树华　李仲惠　胡岳贤　夏玉玲　杨淑慧　夏文珍
王若翰　薛义纯　吴克昌　沈林肯　刘守义　徐锡生　孙步云
顾天祥　张冲明

事　务　员：艾振麟　陈人俊　田淑明　王萃兴　陈幼庄　都明英　恽德辉
郑子华　郑宗涵　王晓郸　郑以钦　林世英　王遐龄　张泰山

陈廷骧　徐祥芳　徐　鱼　张　丹　孙富顺　陈　毅　李永庚
王文治　陈人骥　曾　熹　陈克敏　励嘉根　马静琳　励　燕
高佩珍　钱君洪　郑慧娟　王祖□　沈慕悌　厉峙岚　许伟民
胡慧敏　林北惠　刘毓英　刘雪英　聂传言　汪景侃　吴业兴
奚贤安　李慧芳　黄瑞芬　朱炯培　郭美斯　罗志德　王隽穆
吕毓枝　潘可群　陈鑫伯　吴　江　陈雁宾　刘素瑛　黄美卿
张馥青　林群莺　曹君博　张廷康　邓　杰　黄桂清　黄桂屏
欧阳依薇　郭　瑛　陈剑伦　叶如华　叶清华　李秀环　钱君环
钱君佩　林其光　陈南山　周敏良　颜庆祎　叶桂华　叶桂清
蔡文义　张希光　王本源　蒋光越　李维扬　李　毅
欧阳丽珍　何　鑫　陈奇书　高　夔　李绍唐　姚载宁
姚载扬　张亦悌　沈锦明　陈若贞

本院赞助者：(震旦大学负责)

才院长　乔教务长　王仁生修士　彭神父

中国红十字会总会上海市救护委员会第五救护医院报告

自全面抗战发动以来，中西疗养院同人本共赴国难之精神，决定筹设救护医院，从事救护伤兵工作，即于蒲石路五三六号中西疗养院院址，成立中国红十字会上海市救护委员会第五救护医院，于廿六年八月十四日起开始收容伤兵。开办迄今，共计收容伤兵一三四九人(内有伤民八人)，其中直接自前线救护来院者，达七五〇人，由本市其他救护医院因伤势严重及院务结束关系，转送来院就医者，达五九九人，内因伤势过重不幸死亡者，凡九一人，占全数百分之六有强，伤愈归队及伤势将愈，转送后方医院疗养者，共计一二二七人，现尚须诊视者计三人，由中西疗养院继续负责治疗。本院乃于五月三十一日奉命结束，兹将各项报告及职员名单，开列于后。

手术报告

伤部	人数	伤部	人数	伤部	人数
头	六七	腹	九八	左腿	三一〇
脸	三一	背	三七	右腿	二三五
口	一六	臀	二七	左脚	四八

续　表

伤　部	人　数	伤　部	人　数	伤　部	人　数
眼	九	生殖器	六	右脚	三七
耳	一	左臂	一〇九	全身	七
鼻	二	右臂	九九	内病	四八
头	七	左手	七五	右手	四八
肺	五一				

备注：左臂接骨占八二人　　左腿接骨占二三七人
　　　右臂接骨占七八人　　右腿接骨占一五九人

经费收支对照表

二十六年八月十四日至二十七年五月三十一日

收入之部	金　额	支出之部	金　额
上海市救护委员会拨助	$ 20 851.50	薪　工	$ 10 187.45
各界捐助	13 750.00	伙　食	35 247.13
中西疗养院拨助	45 984.64	西　药	10 110.31
		水　电	4 917.63
		房　捐	1 400.00
		电　话	1 058.48
		服　装	4 738.87
		消　耗	5 242.77
		杂　项	7 683.50
合　计	$ 80 586.14	合　计	$ 80 586.14

捐助人姓名及全额

李石曾太太　　　国币二百元
无　名　氏　　　国币一百元
盛泽承太太　　　国币五十元
俞鸿钧太太　　　国币一千元
何香凝女士　　　国币三百元
胡笔江太太　　　国币二百元

张　群太太	国币二百元
丁　福　记	国币一百元
谢仪宾先生	国币一百元
裕　　　记	国币一万一千五百元

慰劳情形

各界慰劳物品，切合伤兵之实用者，为数颇多，当时即由本院派员会同该慰劳人或慰劳团体代表，分别向各伤兵分发应用，至于详细情形，另造表呈报，兹姑不赘。

药品材料

药品、材料及医疗器械等，大都向救护委员会领用，一部份器械，则由中西疗养院移用，或由本院另行购置，详细表册，另行呈报，兹不赘述。

工作人员名单

院　　长　陆　震

医　　师　陆仲安　林炯东　雷　庆　钟品竹　张福星　谢　璧　倪保尔　谭善岐　寿世伯　沙罗门诺夫

护 士 长　李洁如

护　　士　郑端璧　金福临　吴顺昌　刘淑容　陆品珍　耿天凌　冯碧华　尤贞瑾　陈静之　刘美容　葛侠英　魏幼玉　柳文俊　杨　韵　何华玉　计德贤　严鲁绥　官仪贞　林碧贞

助理护士　林翰芬　李群宋

药 剂 师　李国宁　陈维亮

验 化 师　薛建中

会　　计　李荫松　南子诚

附注：已经离职人员姓名概未列入

中国红十字会总会上海市救护委员会第六救护医院报告

组织经过

八一三沪战爆发后，上海中山医院当局即将病人迁移至租界医院内，同时在原址迅速筹设救护医院，惟因地点关系，得救护委员会负责人之谅解，暂设床位二百只，视战事变化与需要之程度，再行增减。本院当于八月十六日起，开始收容伤兵，至九月二十二日，凡三十八日，共计收容负伤者四百十九人，内官兵四百零四人，平民十五人。八月二十二日起,上海市救护委员会为便利输送负伤者起见,令本院附设伤兵包扎所于门诊处,负责收容,并予以适当治疗与看护,每夜限收一百五十名。次日须将轻伤重伤分别输送,伤重者经诊治与包扎后,送入租界内救护委员会指定之救护医院,伤势较轻而能行动者,包扎后咸用救护车火车或由船舶转往后方医院。由包扎所转入租界者有一千余人,转后方者有二千二百六十七人。九月中旬,战区内霍乱猖獗,伤兵之送入租界,渐感困难,租界卫生当局为防止此症之蔓延起见,毅然于十九日起,禁止负伤者输入租界。救护委员会鉴于问题严重,几经磋商,租界卫生当局爰即提出补救办法,在租界区外,设立一霍乱医院,专事收容界外霍乱病人。医院经费,则由本市卫生局及两租界卫生处共同负责,并指定中山医院为院址,本院于是奉命结束。即于九月二十二日起,将全院住院及包扎所收容之负伤者,一概转送至救护委员会指定之医院或后方医院中。本院经费,除中山医院负责供给医疗上设备及工作人员外,有中国实业银行全体职员捐助药品手术材料费,计国币三千四百九十九元九角八分,救护委员会之伙食津贴及汽油津贴,共计三千八百三十六元二角八分,此外各界热心仕女所捐助之慰劳用品,为数亦不少。

每日住院进院、出院及收容所人数计算表

月	日	住院	进院	出院	收容所	住院日	平均住院	治疗日
8	16	95	96	1		96	平均每日住负伤者一百八十四人	平均每人住院治疗十六日零六八之一日
	17	134	44	5		139		
	18	167	34	1		168		
	19	175	8	0		175		
	20	188	15	2		190		
	21	197	10	1		198		
	22	198	2	1	16	199		
	23	201	3	0	0	201		
	24	174	0	27	0	201		
	25	176	5	3	0	179		
	26	177	5	4	63	181		
	27	179	6	4	0	183		

续 表

月	日	住院	进院	出院	收容所	住院日	平均住院	治疗日
	28	178	1	2	0	180	平均每日住负伤者一百八十四人	平均每人住院治疗十六日零六八之一日
	29	172	1	7	22	179		
	30	162	21	31	0	193		
	31	165	3	0	201	165		
	1	171	13	7	185	178		
	2	184	14	1	73	185		
	3	183	1	2	105	185		
	4	189	13	7	150	196		
	5	196	13	6	135	202		
	6	196	1	1	102	197		
9	7	195	1	2	31	197		
	8	198	3	0	7	198		
	9	197	2	3	164	200		
	10	197	1	1	103	198		
	11	194	3	6	93	200		
	12	177	4	21	19	198		
	13	162	2	17	21	179		
	14	164	4	2	63	166		
	15	178	14	0	104	178		
	16	182	5	1	36	183		
	17	196	19	5	232	201		
	18	196	6	6	101	202		
	19	179	10	27	104	206		
	20	194	21	6	134	200		
	21	106	15	103		209		
	22			106		106		
	38	6 572	419	419	2 267	6 991	184	16.68

手 术 记 录

手术分类 月份	头面	眼鼻耳	胸背	开腹	四肢截除	血管结扎	缝合	矫形骨折	开口引流	扩创	钳取弹片	包皮环截	共计
八月份	2	1	1	2	7	7	1	13	3	25	14	2	78
九月份	6	3	3	25	18	14	2	36	3	30	19	4	163
共　计	8	4	4	27	25	21	3	49	6	55	33	6	241

经 济 状 况

收入项

收中国实业银行捐助药品费国币三千四百九十九元九角八分

收救护委员会津贴伙食费国币三千八百三十六元二角八分

共收国币七千三百三十六元二角六分正

支出项

(一) 薪资

医生护士职员国币四千一百五十五元四角正

院役　　　　国币九百零六元八角正

(二) 办公费

印刷文具　　国币二百五十一元六角正

电话　　　　国币二百三十四元六角正

(三) 医药材料

手术材料　　国币二千八百四十七元八角九分正

药品　　　　国币一千〇〇四元八角三分正

(四) 伙食

伤兵(住院及包扎所)国币一千六百七十六元二角五分正

职员　　　　国币六百十二元五角正

院役　　　　国币七百八十七五角正

(五) 消耗费

水电　　　　国币七百元正

运输汽油　　国币二百六十二元七角八分

煤炭煤油　　国币二百六十元正

(六) 杂项

车力及工人酒资　国币五十三元六角正

洗衣费　　　国币三百四十七元五角一分正

邮电费　　　国币五元正

修理及添置　国币二百四十一元七角正

共支国币一万四千三百四十七元九角六分正

收付相抵结欠国币七千零十一元七角,由上海中山医院付讫。

工作人员名单

院　　长　周诚浒

副 院 长　王霖生

医务主任　任廷桂　应元岳

医　　师　单惠泉　穆瑞芬　杨国亮

驻院医师　孙慰庭　朱　焱　吴　曜　殷绥和　潘继盛　俞松文　丁钟秀
　　　　　朱益栋　陈振民　何章岑　盖宝璜　谭仲涛　张沅昌　陈又新

护 士 长　言潘景芝

护　　士　陈从贞　傅秀阶　朱孚安　王　蕴　詹月桂　唐　熹　黄景惠
　　　　　牛□山　张光华　余鸿章　杜蕙兰　张　淳　贺芳根　蒋　芸
　　　　　过文瑚　廖玉洁　黄振群　朱竹声　陈玉如　文良珍　宋　琦
　　　　　朱定金　过文玉　李锦瑜　刘德蕁　唐贵英　毛经纬　杨牧英
　　　　　郑清芝　魏幼玉　陈淑筠　许昌华　朱淑贤　段书兰　朱慧卿
　　　　　王淑英　李德仪　张秀云　王灵君　留皖芹　罗长淳　袁智臣
　　　　　邓佩恩　俞甘霓

助 理 员　陈焕均　戚慈林　俞志德　杨炳林　卢自仁　徐国光　顾长瑾
　　　　　邹福音　郭锡荣

办 事 员　李星耀(司账)　胡秀兰(采办)　王慰曾(栈务)
　　　　　王巨源(文牍)　沈复生(登记)　曾汉杰(登记)
　　　　　李桂生(庶务)　应耘耕(助理)　黄明秀(助理)
　　　　　龚仲清(助理)　李元德(助理)　钱金林(助理)
　　　　　王惠卿(助理)　徐才贵(助理)

技　　佐　章事三(药剂)　范彦士(药剂)　韩君伟(化验)

中国红十字会总会上海市救护委员会第七救护医院报告

组织经过

本院原系中国红十字会第三医院，八一三事变卒起，本院秉承中国红十字会上海市救护委员会之意旨，筹备改组为第七救护医院，觅得四川路一号物品交易所为本院院址。一切人员，均系前第三医院调用，故工作方面，颇为联络。又得总会加派医师来院助理，并有本市热心同志自动投效，分任各职。于十月间，因鉴于受伤平民之众多，遂停止收容伤兵，本院乃告结束，恢复第三医院，专门治疗平民，以应环境之需要。

统计报告

本院自八月十五日开办日起，至十月十七日结束日止，共收伤兵三百七十一名，总计治愈出院及转至他院者三百四十九名，伤重死亡者二十二名，死亡遗体均由普善山庄殓埋之。

施行手术统计表

部位与种类	次数
头面部	二一次
眼耳鼻部	九次
胸背部	一七次
开腹部	五次
四肢截除术	七次
血管结扎术	四二次
缝合术	二七次
矫形骨折术	一六次
开口引流术	五六次
扩创术	六五次
钳取弹片	一〇六次
共计	三七一次

经济报告

收入摘要	数　　额	支出摘要	数　　额
上海市救护委员会	五、八九九. 一五	购　　置	二、四〇五. 四五
捐　　款	三、五八一. 七五	修　　缮	五四五. 九〇
捐助物品变价	一、一二〇. 〇〇	药　　品	六一四. 七〇
		伙　　食	三、九五七. 一六
		文　　具	六七. 九四
		消　　耗	八一〇. 七七
		印　　刷	四〇. 四八
		邮　　电	一〇九. 一二
		运　　输	二六六. 四一
		津　　贴	八〇七. 三〇
		鸣谢广告	四七. 七〇
		杂　　项	五九八. 二四
		房　　租	五五. 〇〇
		转缴红会第三医院	二七四. 七三
共　　计	一〇、六〇〇. 九〇		一〇、六〇〇. 九〇

工作人员名单

名誉院长　王一亭　闻兰亭　庞京周　王培元

院　　长　吕守白

副 院 长　张箴言

医务主任　王启祥　王显华

主任医师　龚锡之　高擎宇　陈贤志　张颂卿　周生赉

医　　师　靳纬曾　耿国祥　史志奋　陆洪元

助理医师　杨郇保　于宝鉴　吴子焕　董志杰　袁绍荣

护 士 长　姚莲宝　王正卿

护　　士　杨淑明等四十三名(从略)

药 剂 师　章然白

药 剂 生　朱元庆

事务主任　李修章
会　　计　周根镛　王念慈
文　　书　潘时敏　邵　钰
登　　记　傅志聪　许文俊
庶　　务　程桢祥　严志高　潘国荣　魏有孚　孙富贵　龚　良
　　　　　魏金耀
材　　料　朱亦鸣　何赓生

中国红十字会总会上海市救护委员会第八救护医院报告

组织经过

本院由友声旅行团秉承中国红十字会上海市救护委员会之意旨，组织成立，定名为中国红十字会上海市救护委员会第八救护医院，于二十六年八月十六日开办，总计前后收治伤兵伤民共一〇七二人，后以战事西移，伤兵日少，本院奉命办理结束，除治愈者逐渐送往后方外，尚有未愈伤兵，悉数转至他院继续治疗，本院乃于二十七年一月三十一日结束，兹将统计表格、职员名单刊列于后：

伤兵进院人数表

月　　份	伤　　官	伤　　兵	伤　　民	合　　计
八	二五	一九七	二一	二四三
九	一七	一七四	八	一九九
一〇	三八	四三四	二五	四九七
一一	二四	八二	二六	一三二
一二		一		一
总计	一〇四	八八八	八〇	一〇七二

伤兵出院人数表

月　　份	转至他院	转至后方	死亡人数	合　　计
八	一〇三	三九	四	一四六
九	七五	五五	八	一三八
一〇	三一	九五	一二	一三八
一一	一一	七五	三二	一一八

续 表

月　　份	转至他院	转至后方	死亡人数	合　　计
一二	五	一九八	四九	二五二
二七年.一	一二五	一五一	四	二八〇
总　计	三五〇	六一三	一〇九	一〇七二

手术统计表

部位	头部	眼部	脚部	背部	腹部	左上肢	右上肢	左下肢	右下肢	其他	合计
次数	20	5	25	16	54	97	75	103	98	5	498

经费收支概况表

收　　入　　类	
团　员　捐　款	二七、〇二四.四四
伙　食　津　贴	一四、六一五.五〇
友　声　捐　款	一、八五〇.四七
杂　项　收　入	一〇六.二七
利　息　收　入	六.五八
支　　出　　类	
医　药　用　具	五、一九一.六一
普　通　用　具	三、二四六.一五
药　　　　品	二、三〇三.五一
伤　兵　膳　食	一一、七〇九.一五
伤　兵　衣　服	五五七.〇六
伤　兵　理　发	八七.七五
伤　兵　邮　票	三六.一〇
职　工　膳　食	四、六五二.三三
煤　　　　柴	一、八八七.六四
津　　　　贴	三、二三六.九八
水电、电话	二、〇八〇.三八
纪念章、出入章	五九八.〇〇

续表

支出类	
医师护士纪念品	六八三.三五
房金	八六〇.〇〇
布匹	六六五.三五
木料	八一四.〇八
房屋装修	九一二.六一
洗衣	一、〇一五.七五
汽油	四八七.二四
活动影片、照片	五五一.三八
运输	一四四.三一
汽车修理	一四五.六〇
印刷文具	七三六.四四
广告	一七〇.五七
杂用	八三〇.〇二
合计	四三、六〇三.二六

职员名单

院　　长　顾耕梅　方嘉成　吴士俭

医务主任　高恩养　俞达夫

主任医师　陈泰谦　刘东兴　吴慧珍　刘永年

特约医师　张福星　钟品竹　严大之

内科医师　陈景煦　孙星若

主治医师　林正良　王冀恢　何智仁　孙则仁

驻院医师　倪昌祁　史志奋　昝祖辉　陆颂亚

药剂师　韩光晟　王才赓　倪涤凡

X光线　杨士英

护士长　伍哲英等十四人

护　　士　胡采娟等四十七人

总管理 刘玉麟

管　理 王君恒　俞家栋　范春水　章桂馨　李开云　刘士勤

稽　核 顾庆棠

统　计 管一鸣　顾庆祥　陈渭荪

储　藏 吴浩源

保　管 王银福　谈振国　荣葭生　孙金志

运　输 陈恩德

附注：一、头部手术包括口脸在内。二、眼部手术均系单眼眼球摘出。三、腹部手术内有肾脏摘出三名，脾脏切除一名，大网膜切除二名，膀胱缝合三名，其余均为胃肠手术。四、左上肢残废九名，右上肢残废十三名，左下肢残废十九名，右下肢残废十五名。

中国红十字会总会上海市救护委员会第十一救护医院报告

筹备经过

本院由南京路商界联合会及上海机制国货工厂联合举办，院址原设于大华路维也纳舞厅，后以特区当局限制伤兵入境，乃告结束。自全面抗战发动之后，物色富有经验之医师，确非易事，经许冠群先生向中国红十字会上海市救护委员会数度接洽，非惟医师由该会指派，而器械药品亦由该会供给，至于院址，亦经蒉延芳先生设法，始借得陈占熊先生所经营之维也纳舞厅，各项进行，尚称顺利。

组织系统

本院组织，系遵照红十字会救护委员会之章则，并参酌本院实际情形而定。本院另设院务委员会，由委员六十五人组织之，并互推常务委员七人，组织常务委员会。在委员会之下，设院长、副院长各一人，下分医务、事务两大部，各设主任一人。医务方面，除药师护士及服务员外，医师计分五组，每组有主任医师，事务方面，因工作繁杂，故分科较多，每科有一科主任，至于本院工作人员，连工役在内，完全系义务职，此种热忱，颇堪告慰。

收治统计

本院于二十六年八月二十二日，开始收容伤兵及伤民，至九月二十八日办理结束，计阅三十八天，但以环境关系，本院奉命结束，故事实上已于九月二十二日停止收容，兹列表如下：

进院兵民统计表

日　期	伤　兵	伤　民	合　计
8月22日	54	16	70
23	63	14	77
24	45	2	47
25	1		1
26	10		10
27	9		9
29	13		13
30	11	2	13
31		2	2
9月1日	31		31
3	2		2
4	36		36
5	30	3	33
6	8		8
7	1		1
8	5		5
9	17		17
10	15	1	16
11	24		24
13	12		12
14	18		18
15	6		6
16	1		1
17	18		18
21	6		6
总计	436	40	476

伤兵出院,可分两种,一种伤势减轻,转送内地医院疗养,一种完全痊愈,分别归队。至于伤民,则由家属或亲友领回,以上出院手续,均经通知救护委员会办理,兹列表如下:

出院及死亡统计表

日　　期	出　　院		死　　亡		合　　计
	兵	民	兵	民	
8月23日			1		3[1]
24		1	3	1	3[5]
25	2	6			8
26	1	5			6
27	3	2			5
28	2	1			3
29	1	2			3
30	1	14		1	16
31	6		1		7
9月1日	11		1		12
2			1		1
4	39		1		40
5	34	1			35
6			2		2
7	1		1		2
9	48				48
11	16				16
12	6	1	2		9
13	26		1		27
14			2		2
15			1		1
16	17				17
18			1		1

续　表

日　期	出院		死亡		合　计
	兵	民	兵	民	
19	25				25
21	1		1		2
22	35		2		37
24	40				50[40]
25	100	4			104
26		1			1
共　计	415	38	21	2	476

职员名单

院　　长　汤蠡舟
副 院 长　顾南群　程守中
医务主任　陈价人
事务主任　程守忠
特约医师　徐逸民　江上峰　高恩养　王以敬　钟品竹　张福星
　　　　　余建东　胡立德　陈　琦　陈邦典　阮尚丞　邵尔瞻
　　　　　叶信诚　殷本强　卞鹤千　吴慧珍　陈醒箴
驻院医师　王冀恢　龚继长　瞿传玳　罗少一　陈锡康　洪抡元
　　　　　杨巨源　李情超　朱永奎　田绍尧　顾承尼　邵公鼎
　　　　　尤锡晋　顾守昌　李琼恩　傅文祥　卢志广　俞达夫
　　　　　刘东兴　陈泰谦　严大之　冯承和　何懋昌　朱　烨
助理医师　蔡凤祥　瞿世彬　罗友启　陈肇钊　萧清霖
药 剂 师　董振舜　叶家萼　陈兆玉
药 剂 生　陈吉成　吴梁鸣
护 士 长　焦在真　于淑仙　薛志芳　薛娜多
毕业护士　十四人
护　　士　二十四人
服 务 员　三十七人

总务科主任　王志圣

职员　倪大恩　沈长赓　李如璋　朱曙生　王印章　薛仁汉　吴春泉　周锡福　蒉子裕　冯洵臣　胡　超　韦镇兴

人事科主任　顾锡元

职员　顾嵩乔　丁志尧

登记科主任　章亦敏

职员　谈慕道　刘履石　袁慎安　柳文辉　张文达　陈更生　陶忠澄　钱汉荣　姚熊山　陶忠瀛　汪德荪

文书科主任　祖望孚

职员　张梦周

会计科主任　乐辅成

职员　杨赓深　张秉钧　邹其祥　殷恭益　陶松汉　成庆云

审核科主任　都秉寿

卫生科主任　水渭臣

职员　陈学向　傅禄庭

交通科主任　庄智鹤

职员　毛泽民

纠察科主任　蒋观华

职员　沈培孙　金楚雄　姚性存

附注：经费报告从缺

中国红十字会总会上海市救护委员会第十二救护医院报告

筹备经过

八一三沪战发生，民立疗养院院长高济民先生鉴于救护工作之急切需要，爰经邀集陆大公、夏仲民先生等磋商，佥认此项救护工作实属刻不容缓，旋乃商请蔡福棠先生、赵启华医师等共同参加，开始筹备，着手寻觅院止[址]，聘请医师护士，旋借得慕尔鸣路光夏中学为院址。医务方面由高、赵二医师负责物色人才。经三日之奔波，诸事均已妥就，推定高济民先生为院长，赵启华先生为医务主任，于八月廿五日正式成立。

医务报告

本院自八月二十五日开办日起，至十一月二十七日结束止，历三阅月，共收治住院伤兵、民三百九十八人(内官兵三百八十四人、伤民十四人),门诊伤民一百三十八号。

住院官兵三百八十四人中计治愈转送前方归队者三十九人,将愈转送后方休养者二百三十八人,结束时转送他院者八十五人,伤重死亡者二十二人,关于受伤部位及伤类列表如下：

伤兵受伤部位及伤类统计表

伤类	枪伤	炸伤	复杂	刺刀	其他	总数
头面	10	18	1			29
颈	8	3				11
胸背	9	8	3			20
上肢	67	20	3			90
腹腰	14	14	4			32
下肢	86	59	5			150
复杂	12	30		2	22	66
不明						
共计	206	152	16	2	22	398

施行手术统计表

种　　类	八月份	九月份	十月份	十一月份	总数
头面部手术	1	1	3		5
眼耳鼻喉手术			2	1	3
胸背部手术		3	8	5	16
开腹手术		1			1
四肢截除手术		5	16	4	25
血管结扎手术			1		1
钳取子弹手术	7	4	3	4	18
缝合手术	3	10	2	1	16
矫形				1	1
其他	4	11	5	12	32
共计	15	35	40	28	118

经济概况

本院自开办日起至结束时止,共收入捐款计国币一万八千三百九十八元二角五分,除一切支出外(详经济收支报告表),尚余国币一千五百三十四元六角二分,由院长及会计主任点缴总会,今将经济收支列表如下:

经济收支表报告

摘要	数额		摘要	数额	
收入捐	18 398	.25	医药	3 514	.14
			购置	1 405	.05
			伙食	3 858	.51
			印刷	558	.25
			津贴	3 016	.06
			杂支	3 051	.62
			房金	600	.00
			赔偿	860	.00
			结余	1 534	.62
共计	18 398	.25	共计	18 398	.25

捐助及经募人姓名金额列下:

俞静波先生捐助	国币一千八百元
俞静波先生经募	二百元
邵文楣先生经募	二千八百四十五元
唐赞之先生经募	一千八百元
高济民先生经募	一千〇四十三元四角五分
赵启华先生捐助	五百元
赵启华先生经募	四百五十八元
江葆初先生经募	一千一百五十五元
赵文钦先生经募	一千〇六十七元六角
李晋卿先生经募	三百元
陆大公先生经募	二百五十元
郭文钲先生经募	六十四元

蔡钧徒先生经募	一百〇五元二角
司道平先生经募	五十元
蔡福棠先生经募	四千三百八十元
杨管北先生经募	三百元
王介寿先生捐助	八十元
王介寿先生经募	七百五十八元
陆赞君先生经募	二十四元
葛宝华先生经募	一千元
徐文泂先生等捐助	二百十八元

赔偿部分：本院开办时曾向清心女子中学所借之铁床，至结束时全部捐送总会，另赔偿清心中学该项铁床作价八百元正。

又向忻明记借洋松一千六百八十尺，消耗八百尺，计折价赔偿六十元正。

医药材料：本院于结束时，所有医疗器械及剩余药品全数由医务组造单点缴总会。

工作人员名单

院长	高济民
医务主任	赵启华
特约医师	孔锡彭　李梅龄　汪宝箴　陈一龙　沈云扉　沈伯参　严大之　唐瑞荣
驻院医师	陈少华　曾立胜　褚文辉
助理医师	施良辕　赵　霖　钱万象　周为德　周福民
药剂师	蒋富德　毕承祥
护士长	王梅侣　张英顺
护士	翁文英等二十五人
义务护士	孙曼珍等三十八人
总务主任	司道平
庶务主任	葛宝华
管理主任	王介寿
登记主任	周莘耕　陈永勤
纠察兼警卫主任	吴　刚

文　　书　张己任　王存豪　李文庸
会　　计　杨芷馨　席时兴　江永侯
庶　　务　孙　滨　甘豫铭　邵全荣　陈周堂
管　　理　奚轶吾　姜节安　梅正德　蔡山麟　陈志贤　薛永霞
　　　　　蔡　俊　庄谦浩　应祖根　席舆镐　席舆锠　康诗吉
　　　　　袁伦礼
纠　　察　沈恒丰
警　　卫　徐炳海等十四人

中国红十字会总会上海市救护委员会第十三救护医院报告

同济毕业同学周世选等,目击我卫国健儿浴血抗战,慨然以救护为己任,即于八月中旬,动议创设救护医院,期尽国民天职,议成,乃分头筹募经费。于八月廿四日,向吴瑞元、慈藏居士、杨叔鼎先生等,募得国币三万元,由蒋益生、金问淇、阮尚丞、曾耀仲、沈树宝诸医师,协力筹备设计布置并借定新闸路赫德路培明女子中学为院址。于八月廿六日开始收容伤兵,除组织董事会外,并推定同济校长翁之龙为院长,秘书蒋益生为副院长,翁院长为校务及其他公务关系,未能常驻办公,一切院务,概由副院长蒋益生全权办理,金问淇医师为医务长,曾耀仲、阮尚丞二医师分任内外科主任。九月上旬因院址发生问题,乃迁至海格路大沪花园,此处前曾充作难民收容所,水电俱无,而房屋园亭,污秽不堪,整理清除,煞费工夫。房屋又不敷应用,乃搭盖芦席棚,以济急需。是时前方战事方酣,致沪上各医院,均感无法容纳,故芦席棚盖造甫竣,伤兵伤民接踵而来,一日间达七十余人之多,常感不敷容纳,乃再行搭盖芦席棚一座,四日内即告完工。而是时适当本市沦陷之前夕,留居沪西南市之伤兵,全数移入租界。本院亦收容八十余人,是时亦为本院收容伤兵之最高额,计达二百五十余名,以后伤兵次第痊愈,陆续送往后方,本院救护工作,乃暂告段落。

设备及统计

医务设备:计有X光室一、手术室一、消毒室一、配药室一、摄影室一、化验室一、重病室一、普通病室八、床位曾扩充至二百五十张。前后共计收治伤兵五百八十七人,伤民二十四人。计受枪伤者子弹贯通者二四七人、盲管五一人、擦伤者九四人、刺刀伤一人、击伤一人、炸伤者二一七人。受伤部份,上肢最多,共一〇四人,下肢次之,胸部受伤者,计十三人,腹部受伤者五人。其余伤兵因前线战事紧张,运输困难，辗转运送为时颇久，致伤口化脓者居半数以上，死亡伤兵民计五三人，占总数百份[分]之八强。兹附表如下：

收治伤兵伤民总数及死亡统计表

类　　别	总　　收	死　　亡	百　分　率
伤兵	587	51	08
伤民	24	2	08
合计	611	53	08

施行手术统计表

种类	八月份	九月份	十月份	十一月份	十二月份	一月份	合计
头颈面	4	12	3	2	3	1	25
眼耳鼻喉	4	8	9	5	2		28
胸背	3	5	8	9			25
开腹		1	2	2			5
四肢		1	19	12	31	3	66
血管	8	6	10	9			33
钳取子弹	14	25	36	18			93
缝合	4	8	12	9			33
接骨					1		1
臀部					2		2
总计	37	66	99	66	39	4	311

经济状况

本院经费，于创办时，除收国币三万元外，更由各方热心人士，陆续捐款共计国币一千四百九十元，惟开支浩繁，入不敷出，乃由吴瑞元先生拨资国币二千元，作为收买本院所有一切器械，另将器械悉捐慈善性质之平民医院，藉资嘉惠平民。在五个月中，共收存款利息国币一百五十七元五角五分，并将所有搭芦席棚两座折价出售，又得国币四百二十五元，故综计收入国币三万四千〇七十二元五角五分。支出除每月各项开支，合计国币三万零九十九元七角五分(另附细表)，购置器具，共计国币三千〇五十四元三角，合计支项共国币三万四千〇五十四元〇五分，收支相抵，尚余国币十八元五角正，详数列下：

项目＼月份	八月二六 九月三十	十月份	十一月份	十二月份	二七年一月	累计
薪工	400.18	1 073.61	1 112.05	821.22	1 191.77	4 598.83
膳费	2 152.19	1 855.54	2 601.09	1 935.64	688.15	9 232.61
医药费	3 878.59	3 930.18	1 690.77	150.18	694.80	10 344.52
灯炭水费	204.25	256.49	310.61	107.42	337.06	1 215.83
运送力	317.77	388.49	214.24	222.08	132.83	1 275.41
邮电费	28.99	58.77	36.31	0.58	25.00	149.65
印刷费	53.48	50.60	1.00	5.00	—	110.08
文具费	170.05	41.95	17.85	2.13	2.24	234.22
修缮费	94.08	200.95	66.79	1 859.21	324.50	2 545.54
□费	476.31	319.30	392.06	76.72	28.67	1 293.06
合计	7 775.89	8 175.89	6 442.77	5 180.18	3 425.02	30 999.75

职员名单

院　　长　翁之龙
副 院 长　蒋益生
总 务 长　周世选
副总务长　金孚戡
文书股主任　曹叔英
文书股股员　严信诚　沈协和　蒋叔荣
会计股主任　任元宇
会计股股员　陈安镇　徐铮如　周鼎彝
人事股主任　施志千
人事股股员　许延祚　周希程　庞　定　曹启斌
事务股主任　钱章材
事务股股员　周　禹　耿震凯　陈延平

卫生股主任　陈延华
医　务　长　金问淇
外科主任　阮尚丞　张致果
内科主任　曾耀仲
特约医师　沈树宾　傅壮民　孙克锦　孙长孺　谢家树　骆思谨　戴天放
驻院医师　邱振林　薛文泳　张在青　贾观菁　郭奋英　陈延华　梁雄万
　　　　　钱章材　金孚戡　周世选　周赛月　敖毓秀　陈寅谷　朱虎蔚
　　　　　朱尔梅　吴振家　唐坤元　裴炳元
护　士　长　陈延华
护　　　士　唐庆鐍　黄景昭　胡素君　江静穆　沈慧英　邱守忠　邝群贤
　　　　　邝群爱　沈修韵　严　芳　王金宝　包士元　朱瑾贞　陈冰如
　　　　　宋捷林　经玉茵　谢丽华　蔡稚雪　黄景星　黄景明　张智杰
　　　　　剧文治　汪曼杰　唐庆泓　吴凤英　徐蕴倩　陆福成　阮署光
　　　　　宋文楷　公孙冰如　潘泳薇　孙　铭　孙　杰　王若希
　　　　　曹玉卿　费文锦　罗景清　钱娟娟　花荣珍　吴梅琼　耿守真
　　　　　潘世坚　杨肇川　蒋怡美　顾雪莉　黄峻峰　蒋久森　吴隆棣
　　　　　朱培华　高景芝　徐一鹏　周惠芬　戴文志

中国红十字会总会上海市救护委员会第十四救护医院报告

组织与经济

本院由中华妇女互助会主办,院址系假福煦路中德医院之一部份。经济情形,其中少数部份系由各界捐助而来,其余田院长杨由[田]淑君私人负责筹措。计自开办至结束,虽为期仅两月有半,费用支出总数,亦达一万余元,除由互助会经募一千七百八十七元五角三分,及医院经募三千八百〇五元四角外,其余七千三百十四元三角二分,悉由院长私人筹付,共计支出一万二千九百〇七元二角五分,此本院成立及经济收支大概情形也。

收容人数

本院共设床位一百张,自九月六日筹备就绪后,七日即开始收容伤兵,至十一月二十日止,计共收容伤兵三百二十人,其中完全治愈者十四人,将愈转送后方者一百九十三人,转送本市各医院者八十四人,伤重不治而死者二十九人。

院务概况

伤兵入院,每于深夜,院中工作人员,均轮班值夜。伤兵自救护车上移下后,即由医师诊疗伤势,作初步治疗,一面由登记股将姓名等登记入册,所有银钱,交会计课保管,其他重要物件,交总务主任保管。

伤兵转送后方疗养者,以能行走为原则,未能达到步履程度者,均不予转送。出院时除发给出院证外,院中并给棉衣裤、鞋袜、日用品及食物等以作慰劳。其原有银钱衣服等件,亦同时发还。

伤兵如有死亡,即电知普善山庄派人前来殓埋,所有遗存银钱衣服等,悉数交由总会办理,连长以上长官,则通知总会来院收敛。

本院以环境关系,不得不奉命结束,最后留院不能步行之伤兵五十八人,已于十一月二十日悉数转送他院,继续医治,留存物件,如绒毯棉被等物,亦均移交总会。

中国红十字会总会上海市救护委员会第十七救护医院报告

二十六年九月上旬,淞沪之间抗战正烈,前敌军民,创伤甚多。各救护医院均有人满之患,伤兵之运抵后方者,呻吟待治,为状至惨,同人等受良心之驱使,相与集议,创设救护医院一所,以尽扶伤救危之责,于是一方认募款项,一方筹备院址,既而觅得古拔路蒲石路口七四四号之房屋一所,虽室宇不多,而场地甚广,且略有竹木,空气清新,宜于疗养,因商诸屋主业广公司,承其慨然相假,不收租金,院址既得,经费亦略有把握,乃召集同人会议,推举院董十八人,院长一人,副院长一人,负责办理,议定设病榻四百张,就原有楼房,先行布置;另在空地筑棚,建立病室五所,办公室三所,起居室三所,自九月二十日起,开始收容。其时战事方烈,伤兵拥至,病榻不敷,又添设临时病房,以图尽量收容,最多时期,收容达四百五十余人。至十一月间,沪郊沦胥,交通阻塞,伤兵不能来院,其他医院,次第结束,而本院则以所收病人,重伤居多,处理匪易,他院之创重未愈者,又归并本院,故本院一时未能结束。至二十六年终,尚存病人一百余名,大多断腿折臂,已成残废。会中国红十字会上海国际委员会有筹设残废医院之议,苦无适宜之院址,以本院设备尚称完善,故就本院原址,由该会接办残废医院。经院董会议决,同属救护事宜,自当接受,并商得屋主同意,于二十七年二月一日起,本院移交国际红十字会残废医院。所有本院自建篷屋及装修家具、医药、器械,以至一切剩余物品,统由该院点收,而本院所有未愈病人九十六名,则由该院继续负责治疗,本院乃告结束。

经济收支报告

收入		支出	
捐款	68 168.26	药械	16 448.16
利息	341.87	膳食	17 627.26
		器具装修	14 217.94
		薪津	5 863.51
		水电	2 204.91
		服装	4 365.91
		清洁	2 055.69
		运输	1 909.84
		什费	2 454.30
		文具印刷	592.53
		现存院董会	770.08
共计	68 510.13	68 510.13	

捐款经募人姓名及经募数额

竺梅先先生	三〇、一七八.九九
陈寿芝先生	四、四〇〇.〇〇
金润庠先生	八、三五〇.〇〇
何绍庭先生	六、〇二〇.〇〇
蒉廷芳先生	二〇〇.〇〇
张继先先生	一、五〇〇.〇〇
周曹裔先生	六五〇.〇〇
陈元福先生	四、三七〇.〇〇
王芹荪先生	一、七五五.〇〇
陈庆兆先生	三、五〇〇.〇〇
郑筱舟先生	八一五.〇〇
陈贵生先生	三、二〇五.〇〇
陈冠嶂先生	一、八三九.〇〇
宋文杰先生	八六九.四七

续　表

顾华元先生	一九〇.〇〇
来院捐助	三二五.八〇
共　　计	六八、一六八.二六

收容伤兵人数

共计住院医治者	九百二十三人
治愈出院者	六百三十四人
转往他院者	一百四十四人
死亡者	一百四十五人

手术报告表

手术名称	次数	手术名称	次数
颅骨截除术	1	肝脏修补术	2
眼球摘取术	1	肝脏摘取术	1
眼睑修补术	4	小肠缝接术	13
高位气管切开术	2	大肠缝接术	2
下颌正形术	18	膀胱修补术	1
下颌装置	11	输尿管修补术	2
假齿装置	11	睾丸摘取术	3
头静脉瘤截除术	2	肾脏修补术	7
肋骨截除术	8	植皮术	3
肺部分修补术	4	植骨术	2
人工气胸术	1	自血输血术	2
胸脓抽取术	5	髋关节截断术	2
胃游瘘术	1	肩关节截断术	3
髋骨缝合术	1	足指截断术	15
指关节截断术	19	子弹片摘出术	493
上膊截断术	5	趾关节截断术	15
小臂截断术	13	接骨术	271

续 表

手术名称	次数	手术名称	次数
大腿截断术	14	死骨摘出术	957
小腿截断术	2	各种止血术	19
手指截断术	36	脓瘍切开术	69

职员名单

院　　长　竺梅光

副 院 长　陈寿芝

秘书主任　周曹裔

秘 书 处　竺徐锦华 周逸贤　徐旡生　魏元生　竺培元　洪中道　郑昌梧　郑华元　陈祥林　翁熊翔　汤铭磬　聂光瑶　陈爱雪　陈维尧

医务主任　虞心炎

医　　师　陈家驭　汤书年　谢其纲　陈中肯　周吉甫　林洞省　陈冠嶂　蔡　威　戴丰怀　朱保良　叶树棠　陈志方　严大之　郑展如　夏芝珊　杨文蔚　顾守昌　何懋昌　方子勤　沈　懿　朱决向　钟志和　孙夏民　黄炳基　戴述古　盛清诚　陈继尧　顾溥泉　颜遂良　陈达明　李文冰　邹岭冰　马粥德　冯北和　张锡麟　陈　任　赵子谦　王蔼颂　张庆鹤　丁道中　陆崇善

外籍医师　马　脱　文达寿　勋福德　伊马地　皮亚彩　蓝　寿

助理医师　顾连元　冯承和　蔡仲寰　马永汉　宋哲明

药 剂 师　萧沛等八人

护 士 长：赵伍芳、钱淑贞、刘已立、陆振亚

护　　士　陆莲君等七十八人

总务主任　金则恒

总　　务　柳永昌　廉有德　葛嗣骏　张干铭　张干恒　蔡怀卿　张春芳　张玉培　周康铫　康　阮　袁德丰　严也华　王子箎　苏三如　杨连水　严剑雄　浦茂清　孙世雄

何信翔　陈居品

会　　计　张干齐　张洪祁　王洵芬　严祖赓

中国红十字会总会上海市救护委员会第二十救护医院报告

开办日期：本院原为私立平民疗养院，自八一三沪战发生，即于二十六年八月十五日改组成立第二十救护医院。

结束日期：嗣以战事西移，伤兵日少，本院即于同年十二月十日，奉命办理结束。

医疗设备：疗病室二十余间，化验室、重病室以及内外各科医疗器具，尚称完备，如最新式爱克司光机及各种电疗机，亦均置备。

经济状况：自开始收容伤兵两阅月内，经济由上海华商证券交易所及本院院长担任，于十月十二日，曾一度结束，之后本院独立维持收容伤兵(报销清单从缺)。

慰劳品：机关及个人均有，惟已不可考。

进院人数：计二百三十二人。

出院人数：送后方者一百六十三人，转院者六十二人，死亡七人。

职 员 名 单

院　　　长　杨钟甫

医务兼内科主任　杨锡栋

外 科 主 任　施　诚

医　　　师　方一鹏　陈煜炎　孙旭生

助　　　医　杨安甫　徐金甫　王培荣　吴芝甫　顾镜清

护 士 长　王慧珍　王　琦　杨秀珍

护　　　士　黄爱珍　崔婉仙　严宝梅　白　薇　周玉琳　周素英

黄　琪　欧阳薇　杨雅娴　李惠宝　施爱珍　闵布德

闵蕙兰　吴　易　祈韵春　陈咏采

秘　　　书　林孟鸣

总　　　务　王金铭　刘中孚

庶　　　务　谢桐侯　俞引达　朱元鑫

交　　　际　魏恩琦　张保鼎

中国红十字会总会上海市救护委员会第二十三救护医院报告

筹 备 经 过

二十六年九月十二日，中国红十字会上海市救护委员会干部会议议决，设立第二十三救护医院，推朱恒璧医师为院长，并指定汉口路一三一号四行大厦为院址。当即邀请张伯钧、吴兴业二医师为副院长，任廷桂医师为医务主任，负责筹备。并即日扫屋，添建厨房，布置病室、手术室及消毒室，募集用品，罗致医务及事务人员。至除房十五日，全院各项布置，差告就绪，十六日开始收容伤兵，此筹备本院之大概情形也。

设备概况

本院规模较宏，设备亦求周全。院屋有楼房六层。除底层设置警卫、收发、材料、厨房四处，六层为职工宿舍外，余二、三、四、五四层，全作医疗病室及办公室之用。计设病房二十一间、病床五百四十架、手术台二架、消毒器全付、爱克司光机一具、化验室、药剂室、材料库各一间、水灶二具、厨房一所、重病房二间、停尸室一间、木匠间一间、理发室一间，其余各种办公室及医师、护士宿舍十余间。应用医疗仪器一应具备。并由中华基督教青年会战时服务团，在五楼另辟伤兵俱乐部，配备各种书报、杂志、象棋、战斗棋、乒乓球、留声机及一切娱乐物品，以供伤兵消遣。

收治人数

本院自去年九月十六日起，至本年二月二十一日止，总共收治负伤官兵一千四百二十五员名。内有一百二十八名因伤势沉重，不及救治，以致死亡，先后由同仁辅元堂及普善山庄分别棺殓收埋，一名自行出院外，其余一千一百五十四名，或经治愈，由各该师直属长官管领归队；或已将愈，经遣送后方休养；最后一百四十二名，则因本院奉命结束，分送第三及第五等救护医院，继续调治。

手术纪录

本院收治负伤官兵，以重伤为多，故手术次数，亦较繁杂。自开办日起，至结束日止，共施大小手术九百五十六次。兹将所施手术列表如下：

日期 / 类别	二六年九　月	十　月	十一月	十二月	二七年一　月	二　月	共　计
头面部	3	9	2	2	2	1	19
眼耳鼻喉部		3	2	1			6
胸背部	7	20	16	10	4	3	60
开腹术	7	19	7	2	2	2	39

续 表

类别＼日期	二六年九月	十月	十一月	十二月	二七年一月	二月	共计
四肢截除术	上 7 下 8	5 6	2 17	2			41 33
血管结扎术	6	19	16	7	5		53
钳取子弹术	17	43	26	5	5		96
缝合术	3	2	3	1	2		11
矫形术	折 4 矫	37 1	28	7	2		78 1
引流术		11	2				13
其他手术	上肢 20 下肢 39	32 102	29 148	5 35	26 65	3 29	115 418
共计	121	309	298	77	113	38	956

经济报告

本院经济，概由上海市救护委员会单独拨给；惟地方团体及个人，间有直接捐助本院者，本院亦予收受。兹将本院开办费及五越月来之经常费用，分类列表于次：

收入项

(一) 上海市救护委员会　国币四万一千元正

(二) 捐　款　国币八百二十九元三角七分

(三) 其　他　国币三百二十六元三角六分

支出项

(一) 开办费　国币一千六百三十七元二角五分

(二) 薪工

医师护士职员薪金　国币五千四百三十元零六角一分

院役工资　国币二千一百九十七元五角二分

(三) 办公费

印刷文具　国币一百三十二元一角

电　话　国币二百十八元五角二分

邮　　电　　国币三十七元三角八分

（四）医疗药械

手术　仪器　　国币八十八元二角八分

X光　材料　　国币一百零二元三角八分

病房　用具　　国币一千五百九十七元四角

药　　品　　国币三百八十元〇〇八分

（五）伙食费　　国币二万二千六百十元〇九角九分

（六）消耗

水　　电　　国币二千七百六十元七角正

煤炭　火油　　国币一千一百二十五元五角七分

川资　车力　　国币六百六十六元三角二分

（七）杂项

被　　服　　国币八百五十四元一角八分

洗　　衣　　国币一千零五十一元四角九分

添置及装修　　国币五百九十七元九角

其　　他　　国币三百十二元八角

共收国币四万二千一百五十五元七角三分

共付国币四万一千八百零一元四角七分

共付结余国币三百五十四元二角六分正，缴送上海市救护委员会核销。

慰劳情形

本院收受各界慰劳物品，计分用品、食品及现金数项。慰劳品送至本院时，概由本院派员会同上海市慰劳委员会慰问伤兵组驻院专员陪同慰劳人（或慰劳团体代表），赴各病室亲自发给。其慰劳日期、慰劳人姓名（或团体名称）、物品名称及物品数量，另表列陈，兹姑不赘。

职员名单

院　　长　朱恒璧

副 院 长　张　鋆　吴兴业　王霖生

医务主任　任廷桂

副医务主任　单惠泉　穆瑞芬

驻院主任医师　李鸿儒　邵幼善

医　　　师　吴　曜　陈又新　朱益栋　林卫光　卢鸿典
朱　焱　方　侃　顾恺时　叶馥荪　陈振民
刘惠霖　傅藻芹　余志华　李　菘　谭仲涛
周文琴　李杭仙　L. V. Villaflor　徐德音
Bilfinger　杨景庭　何章岑　俞松文　崔祥瑸

爱克司光医师　苏言真

化　验　师　杨叔雅

化　验　员　王人杰　朱持平

药　剂　师　金　鳌

药　剂　生　何介青　张家振

总护士长　周家仪　喻一寿(前任)

护　士　长　杨牧英　廖玉洁　袁智臣　朱季安　蒋　芸
刘德蕙

护　　　士　杨诚旭　方昭容　李锦瑜　括守闲　朱慧卿
金荣生　李德仪　过文瑚　李金兰　丁允兰
黄韵秋　朱淑贞　蒋凤华　郭湘娥　邹宇清
俞甘霓　朱竹馨　陈淑筠　俞彼息　李鹏影
黄品金　高仪珍　顾慧珠　戴彩息　黄丽若
陈钟英　陈玉如　宋　琦　詹月桂　傅秀阶
黄振群　朱定金　留皖芹

护　　　生　朱曼珍　陈定珍　王俊英　黄韵芳　陈明英
徐玉芝

助　理　员　王守珍　许智龙　刘海山　卢自仁　罗帼英
唐雪琴　郑桂英　王丽明　王菊珍　毛望爱
唐　茜　唐　□　王林弟　顾文祺　张永祥
高树仁　傅民生　戚龙生　张惠英　马树芸
文凤章　王希理　王　静　陶坤权　江慧娟
邹雪琴　张秀英　用　礼　江　暨　王雪琴
高士珍　陈松樵　张霞明　罗静娟　汤霞仙
徐佩文　吴　霞　喻桂珍　马蕴珠　谭营生

	李阿凤　任秀英　谈秀英　王浩良　孙惠芳
	周洁芳　孔湘桂　洪素珍　王广敏
总务主任	黄钦文
事务员	陈泮江
文牍员	张　壬
书记	黄钦元
会计员	李星耀　盛泽斌
庶务员	顾亭亚　庄彤霞
训导员	郑兰华　史伊凡
收发员	黄江声　盛楚材　李　亮　古　栻
材料库管理员	王巨源　侯国昌　朱崇恩
登记员	王书圣　徐仁静　杨克勤　俞庆庆　计苏华
	高志达　郑成光
伤兵衣物保管员	严希光　严希桢　苏汉钧　胡可铃　朱文清
	胡凤宝
卫生员	刘继宗
总稽查	谷镜汧
卫生稽查	朱佐治
稽查	黄克勤

中国红十字会总会上海市救护委员会第二十四救护医院报告

组织经过

本院为国民战时互助会所主办，公推陈丕士夫人、刘经芳夫人、唐士煊夫人、李霞卿女士、唐士煊医师、杜焜泉先生等为委员会委员，以唐士煊夫人为主席委员，杜焜泉为院长，并得中比镭锭医院赞助，担任全部医务工作，俞鸿钧夫人等借用房屋家具，并捐助物品用具。前项所收物品器具，估计价值约达五千元以上。本院于民国念六年九月廿九日成立，至念七年一月十四日奉命结束。

经费概况

本院经费，大半由国民战时互助会筹款拨给，亦有以现款直接捐助本院者。自成立以迄结束，共计支出国币一万〇五百八十三元六角七分，收入方面除收到国民战时互助会拨助国币九千六百二十六元一角七分外，又得上海市救护委员会伙食津贴九百五十七元五角。尚有一部份开支，为中比镭锭医院补助，约达二千余元，不在支出之数(详表从缺)。

收治人数

本院自成立至结束，计共收容伤兵二六三人，伤民三人，死亡二九人，因治疗神经系，转送中国红十字会第一医院者二人；治疗眼疾，转送广慈医院者五人；余因奉命办理结束，转第三救护医院者六人。至于治疗结果，成为残废者六人，转国际委员会残废医院办理。其余均陆续归队，或转往后方。

职员名单

院　　长　杜焜泉

秘　　书　吴　桴

总务主任　陈宗岳

办 事 员　郭达夫　郭志成　黄瑞堂　陈均仁　陈兆昌

　　　　　程国扬　夏继成　吴国芬　徐继达　吴伟清

　　　　　罗耀昌　许昌鸿　陈锡熊　郭成昌　周耀祖

　　　　　卓观澄　陈观辉　胡文广　关丽华　马秀文

医务主任　唐士煊

医　　师　范理士　黄　坚　蔡寿康　吴一鹗　吴仁伯

　　　　　王颂蔼　陆润芝　徐惊伯　谭庆兰　林青萍

护　　士　汪履冰等十八人(从略)

(附)昆山伤兵分发站报告

八一三全面抗战肇始，上海市救护委员会在昆山设立第一伤兵医院，对于受伤士兵救护事宜殊属便利，嗣以猛烈轰炸该院一部份致被炸毁，为顾全伤兵及工作人员安全起见，于十月二十一日，奉令迁苏继续工作，并办理重伤医院。乃某战区司令部，以昆山为伤兵总集合处所，如该院一旦调苏，则来昆之伤兵实受影响，故将该院工作人员全体扣留，并令继续工作。救护委员会当令第一救护队，由嘉定调昆接办该院。该队队长雷树德君率同队员缜密观察之后，认为该地不宜设立伤兵医院，乃依照枫林桥外交大楼伤兵分发站办法办理，于伤兵到站后立即换药给食，其重伤者设法用军政部卫生船舶运往后方医院，轻伤者则由军委会野战救护处分送苏州等地，惟因舟车缺乏，以致运输困难，故收容之伤兵未及运走，而前方伤兵复源源而来，以致本站不能容纳，不得已另觅兴学路某住宅两座为临时收容处所，不幸被日机炸毁，伤兵死亡多名，物质损失亦甚重大，而形势日益恶劣，一切工作均受严重威胁。处此困难环境中，只得将民立女中童军营帐十二顶架于青阳港畔加以伪装，以避袭击。而运输方面，因在河畔亦觉便利，该队全部人员在此种状况之下继续努力工作，其勇敢毅力实属难能可贵。迨后前方战士奉令西移，而日军踪迹亦逐渐迫近，该队人员仍镇静处理，将轻伤者分别用舟车运苏，能步行者则步行至苏，而重伤者搬运至帐内或河畔遮蔽处候船运送，适有某军副官处运输船一队道经此处，乃派员接洽请其运走，几经交涉始得允许，乃将重伤兵士转运至苏，是时已兵临城下，所有陆军医院人员亦已事前撤退，本站以形势促迫，乃向救护委员会请示，于十一月十三日晚始得撤退命令，遂将轻便药品用具整理就绪，因无车辆，故将私人物件悉数牺牲，但将公物肩挑背负，匆遽就道艰苦备尝，惟有一部份人员路遇敌机轰炸，以致失散九名，迄今存亡莫卜！查该队服务人员仅五十三人，自十月廿六日夜三时半抵昆，至十一月十三日晚离昆，分发之伤兵计达三千二百余名，其工作之紧张情形于此可见一斑。

原载《中国红十字会月刊》1939 年第 45 期

中国红十字会上海国际委员会组织大纲

（二十六年十一月二十三日修正）

（一）定名　本会定名为中国红十字会上海国际委员会。

（二）宗旨　本会以办理善举为宗旨，尤注重于筹募款项，用以救济伤兵、难民，并协助与本会主旨相同之各种慈善事业，但各项事工以与市政当局及其他慈善团体已经实施者不相妨碍为限，并力谋与之合作。

（三）会址　本会设会所于上海，其工作区域以上海市区、英法两租界及其附近各地为范围。

（四）职员　本会设委员长一人，副委员长若干人，书记、司库各一人，由执行委员会每年选任之。

（五）执行委员会　本会执行委员定额十九人，由中国红十字会特聘之，主持各项会务，为谋会务进行顺利及办理各项善举起见，得规定章程细则，所有会员均应遵守之，执行委员会开会时以满十人为法定人数，如委员遇有缺额，得自行补充之。

（六）财务委员会　由执行委员会推选委员三人组织财务委员会，对于执行委员会负责，按月报告财务情形，必要时得随时报告之。

（七）分委员会　执行委员会得依其需要设立各种分委员会，授权办理各项事业，在各分委员会中，本会委员长及书记为当然委员。

（八）责任　本会会员对于本会因工作而负之债务不负任何责任。

（九）财务　本会所收各项捐款应由司库存入执行委员会指定之银行，每月收支账目并应列表，依照财务委员会规定之办法审计后，提出月会中报告之。

（十）会员　本会会员分下列四种

甲、特任会员　中国红十字会特许委任者

乙、基本会员　曾出席本会第一次会议者

丙、普通会员　由执行委员会认可加入者

丁、名誉会员　由执行委员会认可聘请者

（十一）会期　本会全体会员大会经会员五人以上之请求，得由委员长随时召集之。

（十二）职权　本会章程细则之解释及一切会务，经执行委员会决定后不得再加变更。

（十三）修改　本组织大纲如有未尽事宜，经执行委员十三人以上之同意，得修改之。

原载《中国红十字会月刊》1937年第30期

南市难民区之筹设及战区人民罹劫惨况

航　僧

淞沪战事展开后，上海市区之虹口、闸北、沪西、浦东、南市以及吴淞、宝山、大场、罗店、广福一带先后沦为战区，当地人民纷纷避难租界，各善团本救灾恤难主旨，群起救济，收容遣送，分别举办。本会以国际立场，复与中外救济团体及慈善界同人合组中国红十字会上海国际委员会，从事难民、伤兵之收容救护。为扩大收容，集中难民计，爰筹设难民区于南市。筹备甫竣，战事忽又蔓及，区内难民，顿陷入极度恐慌之中。同时因沪西、浦东驻军之撤退，战区益形扩大，避难人民亦随而俱增，纷向租界奔逃。今将难民区筹设之经过及难民罹劫惨况，分述于下：

（一）难民区创设之经过　战祸发生，战区居民，无计安身，至上海租界避难者已达百余万人，虽经各善团分别收容遣送，其流浪街头里巷者，为数尚巨；及大场、闸北驻军退至沪西作战，周家桥、北新泾一带居民，在流弹横飞之下，群向上海逃生，租界难民益形拥挤；收容所数寡地隘，更无法安插，遂致成群结队，徘徊穷途；兼以无衣缺食，号寒啼饥，若不设法救济，行将尽填沟壑！红十字会上海国际委员会同人不忍坐视，特发起就南市划出一部，为安全地带，间作伟大难民区，以便尽量收容；公推该会难民救济委员会主席饶家驹神父主持其事，经饶君分途接洽，咸表同情，而天主基督诸外籍教友，亦以南市颇多空闲教堂，堪作难民寄托之所；爰挽请英、法、美驻沪外交当局，向上海市政府申请，并声明绝不损害领土主权；同时通知日军当局，请顾全人道，勿向难民区施行任何方式之攻击；俞市长接此建议后，曾作数度商讨，认为在不损主权原则下，为人道及非战斗员之平民计，尚属可行，经派要员赴南市视察，并调查难民情况，殊感此举之需要，当即请示中央，奉令核准照办；而日方对于不攻击难民区一节，亦经应允；总计饶君奔走此举，先后约经半月，至是始克成熟。嗣复商定以方浜路北、民国路南、小东门西、方浜桥东，包括城隍庙、豫园等处，面积约占旧城址三分之一，为难民区域；治安方面，全由原有武装警察维持。乃由市府正式函知上海戒严司令部，转饬所属警团一体遵照办理，一面核发特别许可证，以便工作人员入区视察及服务，并于十一月八日出示布告。同时南市难民区管理委员会亦发表申明书，略谓："难民区设立之提议，现已获得中日双方之同意。此举纯出于人道动机，绝不损害中国主权。经规定南市城厢南至方浜路，西东北至法租界之区域，划为难民安全居住之所。不受任何形式之攻击，不设武装军队及军事机关，亦不作武装的敌对行为，在中国民事行政权之下，由中国警察维持治安，所携武器以警用盒子炮或手枪为限。本委员会在此区域内享有行使视察权。倘发生使本委员会不能继续其担保之形势，则将通如[知]中日当局，解除诺言；所有安全担保，随之撤销"等云。各项手续办妥后，该会乃即前往划定区域，并实地视察，就收容事宜通盘筹划，随于该区四周遍悬中国红十字会上海国际委员会旗帜，以资识别。此创设南市难民区之经过也。

（二）战区人民罹劫惨况　南市难民区成立后，择定区内公共场所，如豫园、城隍庙、面粉交易所、天主堂、小世界、万竹小学等处，尽先设立收容所，不敷则再推及私人房屋，预计可容难民二十万人；所有给养等项，规定由各原办善团负责料理。本市各救济团体及同乡会，乃纷向该区域内觅取房屋，开始移送及收容大批难民；区内居民之逃往租界者，闻讯后亦相率迁回。讵料金山卫突然失陷，沪西、浦东驻军，恐受威胁，不得不向后方撤移，战区因而扩大，当地居民纷纷扶老携幼，负包挈具,奔向租界逃命,争相拥挤,势如潮涌,白叟黄童,气衰力弱者,往往路仆践毙,而争渡覆溺与被冲失散者,更迭演惨剧,一路呼号哭泣之声,伤人心肺!法租界当局,深恐妨碍治安,急将界边铁门紧闭,阻止冲入,数十万难民,遂被摈于民国路上;既无饮食入口,又无房屋蔽身,益以凄风苦雨,怒吼狂倾,遍体淋漓,终宵战栗,处此进退维谷之际,惟有忍饥耐寒,鹄立蜎缩,静候死神之降临,其悲惨困顿情形,直是人间地狱!同时日军进攻南市,激战展开,难民区内亦被流弹波及,所有送入之难民、迂回之居民,顿呈恐慌现象;兼之粮食无法输送,水源又告断绝,益复彷徨无措!饥渴惊悸之余,相率向民国路奔逃,麕集华法交界路口,以待租界慈善人士之援救;见有以大饼、馒头掷入接济者,则舍命争抢,互相践踏,种种悲情苦景,令人惨目伤心!主持其事之饶君,痛惜万状,乃向法当局极力疏通,始允开放老北门铁栅一扇,俾便运输给养,并由法租界接入大号自来水龙头三具,放置新开河、老北门及方浜路,饮料问题,于[予]以解决。而民国路上群聚之难民,多数亦经劝入收容所安顿,其在街头踯躅者已无几。难民区内且已成立办事处于安仁街北区救火会楼上,由饶君及柏韵士等六外籍委员负责主持,其设施业经商定:(一)清洁卫生,由中国济生会、中国红十字会等担任;(二)食品给养,由柏韵士君主管,并有贾、步、傅、管四神父会同各善团施放;(三)治安秩序,日间由各神父会同救火会员在区内巡逻维持,并由法当局每晚派中西警探,会同区内住户商号所组之临时商团,共负警卫之责;(四)医药治疗,由中国红十字会及中华医学会主持办理;(五)难童收养,由中华慈幼协会办理;(六)收敛埋葬,由普善山庄担任。此外并经推定陈鹤琴君、叶梁露女士、朱谢文秋女士及美国教育家葫芦爱德博士等为教育委员,筹办难童教育事宜。目下区内收容难民二十余万人,经中外各善团及慈善界同人之努力合作,秩序已臻井然,莠民盗窃之徒亦经肃清。此战区人民罹劫被救情形也。

述斯篇竟,窃不禁重有感焉:夫救灾恤患,固吾人应具之美德,乃同种相残,转劳欧美友邦人士,竭其热忱毅力,呼吁奔走,出劫后余生于水火之中。盖文明程度高者,其博爱互助精神富也。谨代百万灾民九顿首以谢!二六、一一、二一。

原载《中国红十字会月刊》1937年第30期

国际红会规定难民给养及收容所设备标准

给　养

中国红十字会国际委员会,以食品与难民康健,关系甚巨,其种类之选择,与数量之分配，苟不得其宜，每足妨害卫生，酿成疾病，爰特制成难民给养品标准表，规定食品之种类与数量，分发各收容所遵办。其由该委员会担任供给者，则令参酌难民多寡，依表具领粮食，更颁发膳食制作法，令各依照办理。兹将给养标准膳食制法，分志于后。

难民给养标准(以每百人一日所需计)：米豆麦八十七磅、菜蔬十四磅、油盐一又三分之二磅、煤五十三磅、木柴十三磅。

难民膳食制作法(下列数量均以百人一日计)：(一) 星期一、三、四、六等日早膳，米 一五・〇磅与麦粉一七・五磅调合煮成厚粥，晚膳米三三・五磅与豆二一・〇磅，(1) 两种可合煮豆饭；(2) 以米制饭，豆加盐煮熟作菜。(3) 以豆制成发芽豆，加盐煮熟，亦可佐饭。菜蔬一四・〇磅，菜蔬加油盐炒熟，或制成菜汤，早晚均可佐餐。(二) 星期二、五及星期日，早膳米四二・〇磅煮熟成饭，晚膳米四五・〇磅，煮熟成饭，菜蔬一四・〇磅，菜加油盐煮成汤，早晚均可佐餐。如遇市上菜蔬缺乏，则代以适量之豆，加入油盐，煮熟助餐。

上开膳食数量，下列人等，尚有不足，应依下法办理：(甲) 哺乳妇人，应给双份食物；(乙) 劳力者如有工资收入，其不足之食品，应出资添购；(丙) 将分娩之孕妇，以给两份食物为原则；但所中如有六岁以下儿童，食粮较成人为小时，可将儿童余食，分给孕妇。

设　备

中国红十字会上海国际委员会，近以本市各收容所之管理欠周，特拟定收容所设备之标准，通知各所酌量改善。兹录原文于后：

一、收容所之房屋：(一) 除作卧室外，须有特别房间，可作课室，及游戏活动场所。(二) 须有空场，可供运动直接日光之用。(三) 须有储藏室及工场。(四) 须有合式办公之场所。(五) 楼梯须坚固。(六) 特建之竹蓬收容所，须将所内之路筑高，以便积水流于两傍之水沟内。

二、粮食：(一) 每日须食生米及豆。(二) 每星期须粗米或两次。(三) 厨房须清洁干燥，并须具备处置污水之处所。(四) 每星期须食以菜油，或其他脂肪□之物三次。(五) 病人须服牛乳及鱼肝油。

三、衣被：(一) 每人俱须有鞋袜。(二) 每人须有内衣。(三) 四分之二之难民须有绒绳织就之冷衫或套衣。(四) 每人须有棉被一条，惟小孩则可二人共用一条。

四、健康：(一) 须令种痘。(二) 应具沐浴室及洗衣处之设备。(三) 应具备急救药品及经训练之人员。(四)产妇须送医院。

五、清洁卫生:(一)每五十人须有粪桶一个,高十八英寸,直径二十英寸。(二)每日须将粪桶清除二次。(三)厨房须与厕所远隔。(四)铺盖须每星期晒日光一次。(五)门窗墙壁须保守清洁。(六)鞋上之污泥须于房外刷清。

六、各项活动:(一)学龄儿童至少须有四分之三上课。(二)所有学生须给以书籍文具。(三)须为成人组织特别班。(四)收容所之难民,须有十分之九每日参加运动。(五)成人中之半数须有工作。(六)每星期须有一次教育演讲、游戏,及宗教之秩序。(七)每星期须有一次火警之训练。

七、组织与表格之登记:(一)采用三组制之组织法。(二)本所负责职员之姓名通讯处,应存于办事处,以免临事周章。(三)须将每个难民有关之重要项目,详细制成表格登记之,如年龄、籍贯、从何处逃来、体格、职业或特别技能等。(四)每晚应稽查本所难民之人数。(五)每日将本所之难民中男子、妇女、小孩之人数,分别列表公告之。(六)每日将病人数目列表公布之。(七)每日将病人之姓名、号数、住居地段列表公布之。(八)按公定之格式,将入所及出所之难民登记之。(九)将所收到之食用物品分量及如何分用,详细登记之。(十)按公定账单之格式,将每月收支制备报告书。

原载《中国红十字会月刊》1938年第33期

上海国际红十字会医事委员会报告

(1937年十一月三十日)

1. 上海国际红十字会医事委员会对于上海医事现状之调查,及短缺物品之报告:

(A) 医药用品

(1) 酒精、以脱(Ether)二物,因战事发生及运输困难,存货短少,颇形缺乏;

(2) 麻醉药品,向由南京政府专卖,故此物目前亦甚为缺乏;

(3) 由于流行病之发生,若干生物学的制品亦将见需要。

(B) 平民医院

(1) 现有之平民医院,因收入锐减、物价高涨及免费病人之增加,办理颇为困难,几有作停办之想者。

(2) 自若干难民医院设立之后,各平民医院内之难民床位,已见减少。

(3) 难民收容所内患病难民之送入平民医院,保送及入院等手续,尚待调整。

(4) 各医院对于已愈难民之出院问题,甚感棘手。

(C) 难民诊病所

(1) 大多数之难民收容所,均有其各自之特约医师,为难民诊病。但此等服务,大抵工作不甚规律,欲谋增进效率,尚待调整。

(2) 多数现有之难民诊病所,均感到材料及人材之缺乏,有待辅助。

(3) 防疫工作(包括除虱)尚须扩大。

(D) 医务人员

(1) 若干医院之停办(非常时期之伤兵医院),若干新医院及诊所之设立,引起许多人事的问题,随而产生集中医务人员求供之需要。

(E) 南市

(1) 南市难民区中,有二十五万难民,现需卫生及诊疗等类之服务。

(2) 南市难民区之监事会,将该区全部卫生及诊疗务事,委托上海国际红十字会医事委员会办理。

2. 上海国际红十字会医事委员会,为应付上述各项需要,遂拟定下列各种办法(上海国际红十字会本系一种规划及合作的组织,并无其自身之技术人员及设备。关于医事委员会之事务,幸荷中华医学会供给一切技术工作。中华医学会之职员,实际上已担任医事委员会之一切秘书工作,而中华医学会上海支会之会员,则供给该委员会以医务人员)。

(A) 医药材料

医药材料包括酒精、苛点英(Codein)等物,业经采办,并分售各医院(由中华医学会担任采办、运输、请求免税、贮藏、分送各医院等事务)。

(B) 平民医院

(1) 接到各医院之每月报告后,对于各该医院所收免费诊治病人、住院免费病人,每名每日由医事委员会发给该医院津贴五角;门诊免费病人每名每次五分(由中华医学会职员管理分发及收集各医院免费病人之按月调查表)。

(2) 上海国际红十字会办理医院二所,作为该会之第一、第二难民医院(中华医学会上海支会办理该二院之行政)。

(3) 上海国际红十字会之第一难民医院,被指定为集中收容之机关,遇各收容所有需要住院治疗之病人时,各该所之医师得由电话通知该院,即派病车前往接领。

(2) 现经规定，该难民医院所收病人，在治愈出院后，须仍由原来送往医院接回。

(C) 难民诊病所

(1) 根据调查委员会之报告，于必要时设立诊病所。凡收容所收容难民超过一千人者，得于所内设立诊病所；收容所收容难民不满一千人者，得排入巡回诊疗所巡回程序内，按时前往诊视(中华医学会已由其上海支会新设诊病所一所，并新设巡回诊疗所二所；又由中华医学会公共卫生委员会组织公共卫生护士部，从事公共卫生工作)。

(2) 议决收容所内之诊病所及巡回诊病所，得按其规模之大小，领取医药材料供应处之津贴(医药材料供应处之总部，现设中华医学会会所内)。

(3) 除虱工作、制造豆乳、洗澡设备之供给等服务，已获得补助，俾扩充工作范围。

(D) 医务人员

中华医学会在分派医师及护士一项工作上，已形成一人材流通机关。

(E) 南市

(1) 在总院长之监察领导下，南市已成立七处医院及诊所。

(2) 在卫生事务处之下，公共卫生医师及公共卫生护士之服务队，已成立四队，正在着手防疫工作。

原载《中华医学杂志》1938 年第 24 卷第 1 期

上海国际红十字会医事委员会发给各医院免费病人之津贴

(十一月份)

医院名称	门诊病人	以每人津贴五分计	住院病人	以每人津贴五角计	总计
中国传染病医院	5 228	$261.40	1 915	$957.50	$1 218.90
红十字会第一医院	509	25.45	1 628	814.00	839.45
公济医院	451	27.05	871	435.50	462.55
仁济医院	1 625	81.25	5 161	580.50	2 661.75
上海中华麻风疗养院	5	25	496	248.00	248.25

续　表

医院名称	门诊病人	以每人津贴五分计	住院病人	以每人津贴五角计	总　计
宝隆医院	722	36.10	4 373	2 186.50	2 222.60
俄国医院	1 090	54.50	386	193.00	247.50
广仁医院	1 115	55.75	2 649	1 324.50	1 380.25
同仁医院	84	4.20	1 313	656.50	660.70
广慈医院	2 350	117.50	3 931	1 965.50	2 083.00
上海疗养院及诊所	575	28.75	196	98.00	126.75
广东医院	720	36.00	459	229.50	265.50
肺痨医院	—	—	670	335.00	335.00
总　　计	14 564	$728.20	24 048	$12 024.00	$12 752.20

原载《中华医学杂志》1938年第24卷第1期

中国红十字会国际委员会报告

（廿七年六月至七月）

本会工作委员会，成立迄今，已有多月，所有经办事项，前经分别披露，兹将该委员会之组织与工作，汇述如次：

一、组织——该委员会设主席一人、秘书一人，委员及办事员各若干人。

二、职务分配——该委员会设有生产、教育及缝纫三组。委员会及生产组办事处，均设于圆明园路一六九号五楼五二〇号，由费佩德夫人及李百强君主持之。教育组（亦称教育委员会），设于圆明园路一六九号四楼四二一号，由陈鹤琴君主持之。

三、工作概况——1. 生产工作。本年二月起，在北河南路文监师路七百三十号，慈联会救济分会第四十七收容所内，创立实验工场，分设花边、刺绣、草织、缝工等部，据四月底之报告，共有男女工人二百十八人。内熟手（即经技能训练而有工资收入者）七十八人，生手（即尚在学习期内）一百四十人。该工场现由该委员会秘书李百强君主持，并由四十七收容所管理员王菊洲、张耀昇两君协助之。三月间又在梵王渡圣约翰大学增设难民工场一所，内有女工二百余人，由交通大学国际第五收容所难民中选择而来，均系熟手，其工作为绣花、手套等，由费佩德夫人主持，并由爱利勃君协助之。除以上两处自办之难民工场外,并资助愚园路女青年会主办之工场经费一千元;派员协助圣母院路二号黄万字会收容所,及北江西路荣升里救济分会第四十五收容所等,举办生产工作。现复商并救济分会第四十七、四十九两收容所,扩充工场。前途发展,殊可乐观。该委员会刻复筹划自建工场,本会允拨一万二千元为筑造费,业已勘定惇信路愚园路地址,着手开工矣。

2. 教育工作——是项工作,据第十九次会议陈委员鹤琴报告,各收容所难民受教育者,已有儿童二万七千九百四十八人,成人七千三百三十人。职业教育组与其他善团合办之难民推销团,亦颇著成绩。其详细形情[情形],另文报告之,兹不备。

3. 缝纫工作——缝纫组经办工作,为采购材料,发交各收容所难民,缝制鞋、袜、帽、内衫、手套等物,以便分发使用。据该委员会第二十三次会议 Miss Stops 报告,截至当时为止,共计发出鞋六千六百三十双,内衫二百二十件,袜二百九十双,手套及帽各六十件。

除以上各项外,最近复由叶桂馥、李广诚、李百强三委员,筹设难民职业介绍所,代谋出路,是亦重要工作之一也。

难童考试举办经过——本会教育委员会,为欲明了难童教育成绩,及便令升级起见,曾拟订考试办法,分饬照办。是项工作,业于六月五、六两日办理完毕,与考难童共计八七五七人。所有经过情形,分述于下:

(甲)拟订办法——本届考试办法,事前预行拟订,并规定日程、时间及地点,通知各所准备照办。

(乙)考试登记——在考试前,印就应考登记表,分发各所填报,表内注明年级及平时成绩,以备参考。

(丙)订定试题——本会拟订之试题,有国语、算术、常识三科,每科分为二十点,采用测验法考试之。国语方面,有选择、填字、问答等法,及默读、测验、作文等;算术题分为四则及应用两种;常识则兼用选择、填字、问答三法;测验材料,采用阶段方式,分低、中、高三级。每种试题之难易,依据年级程度排列之,各阶段之前十题为一、三、五年级,后十题为二、四、六年级,每阶段共计六十题,限九十分钟完卷。

(丁)聘定主试——经聘定本会干事、视导、演讲各员及慈联会、慈联分会、国际救济会教育人员担任主试,于指定日期,分赴各所考试,每人任考四所至七所不等。

(戊)阅卷方法——阅卷仍由各主试员担任,将各儿童成绩,在统计表记录之。

(己)评定分数——根据各儿童考绩统计,求得常态分配状况,决定及格标准,再依及格标准,决定升级、留级。然后通知各所,并发给及格修业证书。凡及格儿童,下学期各升一级。

文监师路难民工场记——本会鉴于难民生产之重要,特组织工作委员会,筹办工场,俾罹难而居收容所者,可藉劳动而自立。首先成立者,厥为文监师路之难民工场,该工场系就上海慈善团体联合救灾会难民救济分会第四十七收容所原址设立,在文监师路七百三十号,嗣因房屋狭小,复扩充至后进之第四十九所,而将两所合并,更名第一收容所。主其事者,为本会工作委员会委员兼秘书李百强君,并由一所管理员王菊洲、张耀昇两君协助之。工作成绩,殊有进步。兹将该场概况说明于下:

(一)难民之来源——该场工人,系由本市各收容所征集而来。现有二百十八名,其收容处所及人数如下表:

收　　容　　所	人　　数
第一(原称第四七)	九一
第二	四〇
第十七	二八
第四十	三〇
第五二	八
第一〇七	一六
大连	五
共计	二一八

(二)工作之分配——上项工人,计分两类:一为熟练工人,即技术纯熟,已给相当工资者;二为学徒,即尚在教授训练中者。前者仅有七十八人,后者则有一百四十人。其工作之分配如左:

部　　份	工人总数	熟练工人
草织部	六一	二三
刺绣部	四七	一九
花边部	一四七	三三
缝工部	三	三
共计	二一八	七八

（三）工人之统计——上述二一八工人中，女工有一百八十四人，占总额百分之八四强，而男工则仅三十四人。盖因花边、刺绣均不适于男子，仅能担任草织及间为缝工耳。该场刻正筹设毛巾、木工、洗衣；铅笔、罐头；铜锡等部，以资容纳男工。并添办造花部，使妇女多一出路。今将男女工人数列表于下：

工　　人	数　　目	百　分　比
男工	三四	一五·六
女工	一八四	八四·四

本会工作委员会，为提倡劳动，促进生产计，特规定难民自十四岁至五十岁者，除有特殊情形，如哺乳残疾外，均须到场工作，余任意愿。至该场工人年龄，最幼者为十一岁，最老者五十六岁，以十六至二十岁者为最多，十一至十五岁者次之，四十六至五十岁者则缺焉。其分析如左表：

年　　龄	工人(不分性别)
十一至十五	六〇
十六至二十	八七
二一至二五	三六
二六至三十	一五
三一至三五	一四
三六至四十	三
四一至四五	二
四六至五〇	〇
五六	一
合计	二一八

（四）工场之组织——该工场组织，甚为简单，由工作委员会推选委员一人主持场务，并规划工作。下设主任一人，管理场中各事，各部并分设管理员及监工若干人，分掌各项事务，全场职员共计不及十人。

（五）工资之分配——该场熟练工人月入工资三元至六元，除以百分之二五抵偿膳食及训练等费外，复以百分之二五代储银行，至离所时本利发还，余则概给现币。

以上各节，仅略述梗概，以见该工场之一斑。刻复在前进空地另建场屋，与一所难民宿舍划分，以谋管理之便利。

原载《中国红十字会月刊》1938 年第 40 期

中国红十字会国际委员会一年来工作概况

本会自去年十月成立迄今，忽忽已年余矣。其创办宗旨，原为筹募捐款、协助善举；嗣应环境需要，办理伤兵、难民医药、衣服事业；及本年一月，复担任十四善团各收容所之难民给养，而教育、生产诸端亦次第举办。近以伤兵治疗完毕，难民疏散过半，情形不复如往时之严重，经执行委员会议决，停办直接救济，仍本原来主旨，只任劝捐助赈之责，本会工作可称告一段落。兹将一年来经办事项报告于次：

（一）难民之给养——当沪战发生时，难民之麕集租界者，不下百余万人，除由本会难民救济委员会主席饶家驹神父，商准中日当局，就南市特开难民区，安顿流亡，并设管理委员会主持其事外，本年一月间，复担任上海国际救济会、上海慈善团体联合救灾会救济战区难民委员会及其分会(原名非常时期难民救济上海分会)所办一百四十八处收容所难民十三万四千余人之给养。旋应世界红万字会、中华黄万字会、白万字会(尊圣善会)、祇园莲社法会、至圣善会、广东旅沪同乡难民救济委员会、镇丹金溧扬五县同乡救济委员会及江宁六县公所之请，各该善团所属收容所之难民，概由本会给养，于是受本会给养之收容所，增至一百七十余处，难民达十五万人。嗣经逐渐疏散，难民虽有递减，但以上海市地方协会、上海市第一特区市民联合会、上海基督教普益社、中华慈幼协会所办收容所及难童中学之给养，先后由本会担负。至本年七月，尚给养难民八万一千余人，而九月底则减至七万二千余人。

本会给养标准，初依救世军经验而规定，每百人一日之总量为：米六五磅、豆一二磅、麦十磅、菜蔬一四磅、油三分之一磅、盐一又三分之一磅、煤五三磅、柴一三磅。嗣以米价步昂，改为五十磅，豆则增至二二磅。期于营养方面，仍无不足。后又改煤为四八磅、柴三磅，以符实际需要。并为故令食苦，促进自立计，将白米改为糙米，限止增减更换。

难民每人之给养费，最初月需一元八角五分，变更标准后，减至一元六角五分，刻因米煤骤昂，质量虽经减低，转增至一元九角五分矣。

（二）难民之衣被——本会对于难民服用品，设有衣被一股，专司其事。除拨给亨特女士四千五百元，以供教授难妇结绒制鞋为全家之用外，自去年十月十八日起，至本年一月底止,连同自制及所募新旧衣被及其他服用品,共发十九万三千二百五十三件。本年四月底,又制春衣三万套,委托上海国际救济会送往南市难民区散放。

(三)难民之教育——本会鉴于难民教育之重要,特组织难民教育委员会,规划进行。经陈鹤琴博士等之努力,成绩殊优,全沪收容所实施殆遍,计有儿童、成人七百二十五班,儿童受教育者三万人,成人约一万人,教师五百八十人。兹将经办工作分述于次:

(1)关于智育事项——为期铲除文盲计,除教授难民普通学科外,尤注意新文字之推行,经集中上海特区二百余收容所中十四万难民加以实验,结果受教之三万余儿童、四千余成人,均有优良成绩。进步最速者,每日仅习一小时,三星期后已能阅读新文字书籍,并作通顺简单文字。至启牖难民智识,亦极注意,每周编印《民众常识》一种,分发各所,以供阅读。

(2)关于德育事项——为灌输难民道德思想计,派员轮赴各所演讲,题为自助、品格、责任、节俭、互助、勇敢、公益、诚实等,每月约讲二百数十次,每次一小时、两小时不等。

(3)关于体育事项——为增进难民健康起见,负责推进收容所各项运动,如健身操、球类游戏、跳绳、国术等,均经次第举办。并在国际第二所交通银行广场上,筑造一简易体育场,与国际救济会合办足球、篮球各项设备,以供应用。复为鼓励运动兴趣计,举办难民体育比赛。总计各所最盛行之体育,厥为早操,参加之难民,约占全体半数。

(4)关于通俗教育事项——本会以说书为通俗教育之一,一般难民都能了解,经聘用二人,分赴各所轮说,以期增进常识,唤起精神。复设置流通图书馆,以儿童读物由视导员携交各所轮阅。更在有电力设备及广大场所之各收容所,轮映电影,期于娱乐之中灌输各项知识。

(5)关于成绩考试及展览事项——本会为欲明了难童教育成绩及便令升学起见,特拟订考试办法,饬令各所照办。考试科目为国语、常识及算术三种。与考者计共八七五七人,于六月五、六两日办理完毕。复征集各收容所、习艺所、工场、学校各项难民成绩,如书法、缀法、试卷、笔记、图画、手工、草织、编造、纫缝[缝纫]、刺绣、印刷等品,于七月一日至四日假上海爱多亚路浦东大厦中华职业学校举行学艺成绩展览会,以供观摩品评。

(6)关于考送中学难童事项——本会为救济中学程度失学难童计,特拟订简则，向本市各中等学校商请设立免费学额，考送具有相当学力之难童，俾得继续求学。于九月十一日，在北京路华东基督教联合中学举行考试，计及格者初中一二二名、高中二一名，均经分送各校，请予培植。

（四）难民之生产——本会以难民闲居坐食，足以养成惰性，促令生产，刻不容缓，经特设工作委员会，专事各项设计。所有经办事项，分述于下：

（1）难民工场——经本会协助筹设之工场，计有国际第六收容所之裁缝工场、康悌收容所之草织工场及国际第二收容所之水[木]制玩具工厂。而由本会主办者，则有文监师路之实验工场，内分草织、刺绣、花边、缝工等部；及梵王渡圣约翰大学内之难民工场，其工作为绣花、手套等。此外复资助女青年会工场经费一千元，协助黄万字会圣母院路收容所、救济分会第四十五收容所举办生产工作。

（2）职业介绍所——本会为力谋难民出路，促进自立计，特设职业介绍所，派员分向工厂、商店推荐有专门技术之难民。各方赞助颇殷，纷纷委托介绍，而荐出之难胞亦能博得雇主满意。

（3）难民推销团——该团团员俱系青年难友，具有小学程度者入团后施以职业训练，计分人格修养、体格锻炼、语言机智之练习、整洁礼貌之养成及生活训练等项。其销货种类，除国产化装品、日用品、文具、糖果外，并推销各所难民制品，该团于本年二月间开始营业，平均每人可得利四元有余。

（4）出品销售处——各收容所难民出品，颇多精美实用，惟以推销机关组织未备，故发展较缓。本会因于十月初，设立难民出品联合销售处，选择各所最良制品，廉价发售。

（五）难民之卫生——本会以收容所多人杂处，卫生事宜务宜注意，因与中华医学会及工部局卫生处合组上海联合防疫会，除分向各所视察卫生状况，指导改进外，并用科学方法为难民灭除虮虱。嗣以天时转暖，疫疠将乘机发生，复在各所举办消毒清洁工作；一面组织防疫组，购备大量霍乱、伤寒混合苗，请中华医学会派员轮赴各所，为难民注射防疫针。更编印《夏令卫生须知》分送各所，广为张贴，以促难民注意。同时派员向难民讲演卫生常识，如预防霍乱、扑灭蚊蝇以及洗涤清洁之重要，均为详细说明。

（六）难民之医药——本会医务委员会在上海组织难民医院四处，除门诊外，均有百余床位，遇有难民患病必须住院者，即送往医治。更与广仁、同仁、公济、仁济、宝隆、时疫等医院；中华麻疯[风]、难民肺病等疗养院，特约治疗难民，分别开诊住院,按月给与津贴。并补助其他善团所办难民医院,全埠共二十余处。此外复组织巡回诊治团多组,分向各收容所医治难民。而难民之患疫者,则于各难民医院中特设隔离医院治疗之。又鉴于上海原有产科医院,不敷容纳收容所产妇,因与各善团及公共租界工部局卫生处,合组大规模难民产妇医院一所于劳勃生路一百十一号,内设床位二百余,并就该处旷场搭盖蓆棚四所,专收产妇家属,以便就近照料。

(七)外埠赈款之拨助——本会为扩大救济计,除设近郊救济委员会外,并组织支配赈款顾问委员会,专司拨助外埠善团救济费事宜。计经本会协济赈款时,有南京国际救济会、华中国际救济会、苏州国际救济会、广东国际红十字会、开封国际救济委员会、华北调剂委员会及湖州难民医药费、松江难民救济费等。

(八)伤兵之治疗——当沪战初起时,本会伤兵治疗委员会,曾设伤兵医院多处,从事救治。经治愈者数千人,均已分别遣送;其残废者,则将原有伤兵医院改组残废伤兵医院,为之装配假肢,俟其行动如常后,再令出院。伤兵在院时,并授以适当教育与技能,俾资自立。所授工艺为针织、藤工、制皂、园艺、缝纫、染色及修理钟表、无线电机等,而国文、算术及各学科亦均有相当进步。至其治疗成绩,业载本会月刊,兹不赘。

上述各节,系本会一年来之工作概况。至捐款之收入,与赈款之支出,另有财务委员会详细报告。此外协助各善团,指导收容所设备管理之改进,亦为本会重要工作之一,惟以种种关系,未能全达期望之域,各界人士其谅诸!

原载《中国红十字会月刊》1938年第41期

上海国际红十字会第二医院半年来治疗难民报告

朱功宏

一、创办经过

本院于上年十一月底,就天主堂街类思小学及晓明女校校舍,原办之第二救护医院房屋,筹备办理,十二月初开始收容病人,一切经费概由上海国际红十字会拨给,因定名为上海国际红十字会第二难民医院。旋因该校等筹划复课,收回校舍,本院乃迁至海格路国际第五难民收容所,即前交通大学工程馆。甫经立足,又以战事西移,环境变更,不得不再谋搬迁,经多方寻觅,始择定祈齐路霖生医院旧址为院所,稍事修葺,即行收治病人,并设置病床一百五十只,俾便住院。时来诊者众,不特床位尽满,抑且户限为穿,此足证医药救济之需要迫切也。

本年四月,上海国际红十字会以振[赈]款支绌,核减本院经费,每人每日补助住院费三角、药品一角。因商准上海慈善团体联合救灾会救济战区难民委员会,送治难民,每人每日津贴国币五角;一面设置收费病床,以资挹注。并更名为上海国际红十字会第二医院。

二、组 织 情 形

本院设院长及副院长兼医务主任各一人,内分医务、护理、事务三部。医务方面,除内、外科及耳鼻喉眼等科各设驻院医师,专司诊治外,并特约沪市蜚声医界之专家多人,纯尽义务,莅院诊治及指导;护理方面,分护士长、护士、助理三级,护士皆系国内正式护士学校毕业,并领有中华护士会公考证者,护士助理亦选训练有素者充任之;事务方面,分文书、会计、庶务、登记等职。此外更设化验师,专司临床化验,药剂师办理处方调剂。

三、设 备 概 况

本院位于祈齐路,地点幽静,院内小园浅草平铺,景致美丽,甚宜病人疗养。院屋系三层西式楼房,底层及三楼为普遍病室,二楼为头、二等病室,各室均设有水汀及浴室,并有抽水马桶、浴缸等卫生设备。至医疗设备,如各种手术器械、新式手术台、无影手术灯、爱克司光、紫光灯、化验仪器等,无不尽有。而施行手术及消毒工作,亦甚慎重。至病床之分配,则暂设特等、头等、二等病室各二间,三等病室六间。

四、经 济 收 支

本院经费,原由上海国际红十字会全部拨给,由院据实报销之。自本年五月起,经费核减,因得慈联会资助及病床费收入,数月以来,羞堪挹注。每月收支,仍呈报上海国际红十字会审核。兹将半年来收支状况,列表如下:

经费开支简表

摘　　要	银　　数
二十七年一月份开支	三、三九二·九六元
二十七年二月份开支	三、五三二·三八元
二十七年三月份开支	三、七三四·一二元
二十七年四月份开支	三、三二四·九九元
二十七年五月份开支	二、九七〇·三九元
二十七年六月份开支	三、四四八·八三元
合　　计	二〇、四〇三·六七元

上列各月开支,包括病人膳食、药品、房租、房捐、水电、薪炭、文具、印刷、修缮、旅运、薪膳以及杂费等项,平均每人每日约在九角以下。员工中特约医师概系义务,驻院医师、护士、事务人员等,亦属半义务性质,故支出较为节省。

五、进出院手续

本院原以救治患病难胞为主旨,故进出院手续较为简便。各患病难民,先由上海国际红十字会医务委员会巡回诊疗队或慈联会医务股诊疗送院,到后经登记、诊察、沐浴、剃头、更衣等手续,送入病房,予以适当治疗。病愈后,由院备车送回原收容所。再本院虽为房屋所限,未能设置门诊,但遇急症,仍派医师诊治之。

六、灭虱工作

收容所中难民麕集,呈缺乏衣服更换,因而虮虱遍体。本院因其极易传染疾病,故于开办时,特请中华医学会所办之灭虱队,为住院难民协助扑灭,后因该队缩小工作范围,乃自置灭虱一具,继续工作。凡入院病人,必为剃头,并令沐浴更衣,换下衣物先用热汽灭虱,再予洗涤。

七、病人膳食

住院病人膳食,计分全膳、软食、流质三种,由医师酌量病情而定,膳费每人每日国币二角。全膳一菜一汤,菜肴以采取富有维他命者为主,营养不足者,请医师酌定后,另予牛奶、豆浆、鱼肝油等品,以补充之。

八、诊疗统计

每月病人进出统计表

月份	进院	治愈	未治	死亡	总数
一月份	二四〇	八〇	一四	四九	一四三
二月份	一四七	九六	四	五六	一五六
三月份	九七	五三	四	三一	八八
四月份	六四	八七	五	一九	一一一
五月份	一二七	九八	六	二四	一二八
六月份	七五	六二	二	一二	七六
合计	七五〇	四七六	三五	一九一	七〇二

每月收治男女病人统计表

月　　份	男	女	合计
二十六年十二月份留治病人	二八	二〇	四八
二十七年一月份	一四五	九五	二四〇
二十七年二月份	九二	五五	一四七
二十七年三月份	六三	三四	九七
二十七年四月份	三六	二八	六四
二十七年五月份	七二	五五	一二七
二十七年六月份	四七	二八	七五
合计	四八三	三一五	七九八

各科病人统计表

科　　别	数　　目	百　分　比
内科	五九七	七四・八%
外科	一五七	一九・七%
眼科	三〇	三・八%
其他	一四	一・七%
合计	七九八	一〇〇%

病人住院日数统计表

月　份	内科		外科		妇科		眼科		其他		总计	
	人数	日数	人数	日数	人数	日数	人数	日数	人数	日数	人数	日数
一月份	一二〇	一二三八	一七	一七五	二	二〇	四	六一			一四三	一四九四
二月份	一一八	二三〇三	三〇	六七三	二	七	六	九六			一五六	三〇七九
三月份	六三	一八七一	二一	四三九			四	八九			八八	二三九九
四月份	七七	二九四一	二四	一三四三			六	三六六	四	一七七	一一一	四八二九
五月份	九七	二九三九	二五	九一七	三	八八	三	一八四			一二八	四一二八
六月份	五九	一五〇九	一六	九〇二			一	三一			七六	二四四二
合计	五三四	一二八〇三	一三三	四四四九	七	一一五	二四	八二七	四	一七七	七〇二	一八三七一

附记：平均每人住院日数为二十六日。

病人年龄比较表

年　　龄	病　人　数	百　分　比
一 —— 九	一三	一·六%
一〇 —— 一九	九〇	一一·三%
二〇 —— 二九	一七六	二二·一%
三〇 —— 三九	一六二	二〇·三%
四〇 —— 四九	一五二	一九·〇%
五〇 —— 五九	九八	一二·三%
六〇以上	一七〇	一三·四%
合计	七九八	一〇〇%

死亡年龄比较表

年　　龄	死　亡　数	百　分　比
一 —— 九	五	二%
一〇 —— 一九	一三	七%
二〇 —— 二九	一九	一〇%
三〇 —— 三九	二二	一二%
四〇 —— 四九	四三	二二%
五〇 —— 五九	三四	一八%
六〇以上	五五	二九%
合计	一九一	一〇〇%

死亡原因统计表

疾　　病	死　亡　数	百　分　比
老年衰弱	四四	二三·〇%
痢　　疾	二九	一五·二%
肺　结　核	一四	七·三%
伤　寒　症	一三	六·八%
肠　　炎	一三	六·八%
心　脏　病	一一	五·八%

续　表

疾　　病	死　亡　数	百　分　比
肺　　炎	九	四·七%
肾　脏　病	四	二·一%
结核性脑膜炎	二	一·一%
其　　他	五二	二七·二%
合　　计	一九一	一〇〇%

逐月最高病率比较表

	月份	一月份	二月份	三月份	四月份	五月份	六月份
	出院病人总数	一四三	一五六	八八	一一	一二八	七六
疾病之比较	病名	痢疾	痢疾	痢疾	伤寒症	伤寒症	流行性感冒
	数目	五一	三三	一五	一四	一二	一二
	百分比	三五·七%	二一·二%	一七·〇%	一二·六%	九·四%	一五·八%
	病名	气支管炎	脚气病	气支管炎	脚气病	脚气病	伤寒症
	数目	一六	二五	一五	一〇	一一	一一
	百分比	一一·二%	一六·〇%	一七·〇%	九·〇%	八·六%	一四·五%
	病名	肺　炎	老　年	肠　炎	气支管炎	疥　疮	气支管炎
	数目	一四	二五	一〇	九	一一	一一
	百分比	九·八%	一六·〇%	一一·四%	八·一%	八·六%	一四·五%
	病名	其　他	其　他	其　他	其　他	其　他	其　他
	数目	六二	七三	四八	七八	九四	四二
	百分比	四三·三%	四六·八%	五四·六%	七〇·三%	七三·四%	五五·二%

外科手术统计表

手　术　名　称	次　　数	手　术　名　称	次　　数
切开及排脓	五〇	痔疮及肛门漏管手术	一七
疝气手术	六	腹部切开术	五
截除术	五	眼科各种手术	一三

续 表

手术名称	次数	手术名称	次数
骨科各种手术	一二	耳鼻咽喉科各种手术	六
其他各种手术	一二	合计	一二六

其他工作统计表

月份	爱克司光检查次数	临床化验次数	预防注射次数
一月份	五一	一九一	
二月份	四〇	三一七	
三月份	四五	三四五	
四月份	三五	一八八	三〇八
五月份	三四	二八五	一九四
六月份	三二	二三四	一九〇
总计	二七二	一五六〇	六九二

疾病分类统计表

疾病	人数	百分比
痢疾	一一七	一二·二六%
支气管炎	七五	七·八四%
脚气病	六九	七·二一%
伤寒症及副伤寒症	五四	五·六八%
年老衰弱症	五三	五·五五%
肠炎	五一	五·三五%
肺炎	四三	四·五〇%
疥疮	四〇	四·一九%
肺结核	三九	四·〇八%
心脏血管系病	三九	四·〇八%
眼病	三四	三·五六%
意外受伤	三三	三·四八%
流行性感冒	三〇	三·一六%

续　表

疾　　病	人　　数	百　分　比
疮疖病	二九	三・〇〇%
单细胞原虫及其他血液寄生虫	二三	二・四〇%
运动气管病	一八	一・八七%
其他器管结核	一六	一・六七%
其他泌尿生殖器管病	一四	一・四六%
肝脏及其他消化器病	一二	一・二五%
肾脏及输尿管病	一二	一・二五%
肋膜炎	一二	一・二五%
慢性鸦片中毒	一二	一・二五%
花柳病	一一	一・二〇%
其他呼吸器官病	一〇	一・〇〇%
胃及十二指肠溃疡	九	〇・九四%
疝气	九	〇・九四%
其他神经系病	九	〇・九四%
风温[湿]性关节炎	九	〇・九四%
疟疾	九	〇・九四%
其他传染病	八	〇・八四%
耳病	六	〇・六三%
产褥热病	五	〇・五二%
斑疹伤寒	五	〇・五二%
全身麻痹	四	〇・四一%
贫血病	三	〇・三〇%
精神病	三	〇・三〇%
恶性瘤子	二	〇・二〇%
流行性脑膜炎	二	〇・二〇%
结核性脑膜炎	二	〇・二〇%
脑出血	二	〇・二〇%

续 表

疾　　病	人　　数	百　分　比
口腔黏膜炎	一	○·一○%
败血症	一	○·一○%
癫痫病	三	○·四一%
原因不明	一七	一·七○%

附注：(一) 本表以疾病患者多寡顺序编列；
(二) 表内各种疾病系照上海国际红十字会疾病分类月报表内之名称。

九、结　论

本院病人死亡率较高，其主要原因：则以本院旨在救治患病难民，任何重症均予收治，往往有多数病人已频[濒]于危，始行送疗，致有未入病房身已亡故者，或甫经送入不久即死者，此其一；难民本身营养不佳，抵抗力薄弱，以致一罹疾病，医药罔效，而尤以老年衰弱者为甚，故本院病人死亡率以老年者占最高峰，此其二；又病人死亡，在一二月中最多，时因天气寒冷，各收容所创办伊始，卫生方面无暇顾及，难民患重症者颇多，而本院成立适逢其会，死亡率因之而高，此其三。

本院病人住院日数，平均为二十六日，不可谓不长。其原因有三：(一) 本院收治患慢性病者较多，如脚气病、各种结核性病、老年衰弱、骨折等疾病，皆非数月不能痊愈；(二) 本院非但收治重症病人，即病入膏肓亦为治疗，例如患恶性癌已蔓延至其他器官，无从施行手术，或用其他适当方法为之治疗，而其死亡又需相当时日，明知其必死，而仍不能不收，故平均住院日期特长；(三) 本院疗治难民疾病，非俟全愈，常不使之出院，难民本身亦非俟完全治愈，不愿出院。

本院处治难民疾病，慎重办理，半年如一日。医疗及设备方面，在在以病者为前提，绝不因经费之故，而稍改变。良以国难方殷，前方、后方均属重要，故各竭绵薄，以尽职责。所宜注意者，本院设备完善，治疗急性疾病殊为适宜，若肺结核、脚气病等症，必须长期休养者，虽非不可收治，然久占床位，反使急性病者无病床容纳，殊非所宜。甚望各慈善机关，专送急性病症之人，俾病象剧烈及必须住院者得以尽量收治，不致有所贻误，殊为盼盛。

原载《中国红十字会月刊》1938 年第 41 期

上海国际红十字会报告

（民国二十六年十月至二十八年三月卅一日）

中国红十字会上海国际委员会肇端于民国二十六年九月十八日在国际饭店举行之会议。由前中国红十字会会长颜惠庆博士担任主席，当于会议中报告有多数之中外友人曾向渠表示意见，亟望有一国际红十字委员会之组成。几经商讨，爰成立一执行委员会以事研究国际委员会之功能。当时推定之执行委员会诸公如次：

颜惠庆博士

白赛德君(Major A. Bassett)

邓纳君(Mr. J. Donne)

马许尔爵士(Sir Robert Calder Marshall)

蔡增基君

冯炳南君

安献金君(Mr. G. Findlay Andrew)

博兰德君(Mr. W. H. Plant)

礼德医师(Dr. B. E. Read)

饶神父(Father R. P. Jacquinot)

李劳生牧师(Rev. R. Rees)

颜福庆院长

施思明博士

劳白生医师(Dr. R. C. Robertson)

钟思君(Mr. J. R. Jones)

田伯烈君(Mr. H. J. Timperley)

在同月二十四日举行之执行委员会议中，对于中国红十字会所提供于该会之章程作原则上之通过，同时议决，由适在上海之日内瓦国际红会代表 Col. De Watteville，向日内瓦该会立即提出独立组织章程之请求。在该次会议中并推定五分组委员会，即日组织会章起草由颜惠庆博士主持，难民救济问题由饶神父主持，防疫工作由劳白生医师主持，救济伤兵事务由颜福庆院长主持，医务用品由施思明博士主持。

十月二日之会议正式通过会章草案。在该会章草案之规定下，实施各项工作。

并保留于必要时会章之修正。

又三日后,选举负责人员有如下列诸人:

主　　席　颜惠庆

副 主 席　饶神父

　　　　　钟思(Mr. J. R. Jones)

　　　　　博兰德(Mr. W. H. Plant)

秘　　书　施思明

司　　库　贝诺德(Mr. C. R. Bennett)

执行干事　贝铁德(Mr. C. R. Petitt)

　　　　　朱友渔

史蒂夫人(Mrs. C. V. Starr)原任临时总务主任职,此职后由一聘任之秘书接任,史夫人此时亦推为一执行干事。同时成立一执行事务所于国际饭店。

由于亟待举行各项工作之繁重,该委员会向中国华洋义赈救灾总会要求该会同仁之义务合作。当由华洋义赈总会予以接受。该委员会并推举华洋义赈总会总干事贝克博士为中国红十字会上海国际委员会总干事。

在十月十二日之会议中,施肇基博士被推任为宣传征募委员会主席。其后又成立财务委员会推由贝诺德君为主席。二十七年三月,成立支配赈款顾问委员会。

十月十六日接受中国红十字会提交之会章,同时放弃向日内瓦国际红会请求独立会章之计议。该委员会正式定名为中国红十字会上海国际委员会,或简称上海国际红十字会。

经过若干变迁与组合后,终以成立六个主要委员会。其中之一为募集经费而设,一为运用经费而设,其他三个为施用款项,另一为分派款项于中国各部而设。兹列举六委员会名称如下:

一、宣传征募委员会

二、财务委员会

三、伤兵救护委员会

四、医务委员会

五、难民救济委员会

六、支配赈款顾问委员会

上列各委员会各有其自身之计划,分别施用领得之款额,并分别登记义务参加之人士,以便分派各项事务。总干事则与各该委员会均有联系,同时兼为诸委员会之委员。

宣传征募委员会

宣传征募委员会之组成系根据于下列之二重目的:(一)对各界宣传沪市及中国其他各地真实之赈灾情况,以及为适应此种情况与夫上海国际红会诸种工作所需之款额。(二)向各界吁求款额,以供救济难民之用。

该会首次之呼吁运动于二十六年十二月间在本市举行。当时组一委员会以从事该项运动,为交通便利起见,另设办公室于南京路。该委员会即规定一募捐日,当时由女学生及女童军穿着护士服装,在各街衢中以红十字纪念章尚人劝募。此次劝募运动不特募集相当成数,且为救难需款情况作有力之公告,并使各界明悉上海国际红会之为慈救机关焉。

不宁惟是,该委员会更与国外多数之团体及个人发生联系。宣传努力之结果,在金额方面所表示者,为自二十六年十月讫二十八年三月底,共募得捐款计国币三、〇八九、三四二·八六元。

上项捐款主要之来源,得分列为如次之各组:

国民政府财政部	国币八五〇、〇〇〇·〇〇元
国民政府财政部(救国公债券)	五〇〇、〇〇〇·〇〇元
英国华灾救济金	三二四、二一九·八四元
美国红十字会上海顾问委员会	二〇九、九三五·三三元
美国华灾协济会上海顾问委员会	一八〇、〇〇〇·〇〇元
檀香山华灾医药协济会	一八〇、〇〇〇·〇〇元
法商慈善奖券	七八、六四一·三四元
王正廷大使经募	七〇、〇〇〇·〇〇元
上海公共租界工部局	五五、〇〇〇·〇〇元
旅美华侨统一义捐救国总会	五〇、〇〇〇·〇〇元
上海银行公会	五〇、〇〇〇·〇〇元
上海慈善团体联合救灾会转来	四〇、〇〇〇·〇〇元
上海国际救济会	四〇、〇〇〇·〇〇元
上海法总领事转来	三〇、〇〇〇·〇〇元
上海市征募运动(二十六年十二月)	二四、五〇二·四九元

上海法租界公董局公益团	二〇、〇〇〇·〇〇元
美国红十字会	一五、〇〇〇·〇〇元
救济团	一五、〇〇〇·〇〇元
盐务稽核所外籍人员	一三、九〇〇·〇〇元
澳洲红十字会	一一、三八六·一二元
丽都花园慈善游艺会收入	一〇、五二四·六〇元
伦敦中华妇女救济会	一〇、一〇五·二六元
菲列滨[宾]中华妇女救济会	一〇、〇〇〇·〇〇元
中国红十字会	一〇、〇〇〇·〇〇元
无名氏(朱博泉先生转来)	一〇、〇〇〇·〇〇元
檀香山中华教会华灾救济会	八、四七四·三二元
上海中华妇女会	七、〇三六·〇一元
纽约中华公所华灾救济金委员会	六、六一六·三五元
其他	二五九、〇〇一·二〇元
共计	三、〇八九、三四二·八六元

上列数额系五、一五二捐款之合计。换言之,即为五、一五二个人或团体所捐赠与上海国际红会之救难箱者,而其中大部份[分]为华人。

为对于上海国际红会救难工作同情之表示,若干家属及其友人多有送致纪念赠金,以纪念彼等已故之亲友。

截至二十八年三月三十一日止,上述之纪念赠金中之较大者如下之数款:

李铭夫人纪念赠金	四、四〇六·〇〇元
刘湛恩先生纪念赠金	五六八·〇〇元
刘景芳先生纪念赠金	四一二·九二元
Nancy S. Brown 女士纪念赠金	五三七·〇四元
袁近初先生纪念赠金	二七三·〇〇元

征募委员会为鼓励更广泛之救难工作起见,于二十七年一月间发动"一角救难运动",该项运动至今仍继续推行不辍。凡加入认捐人士每月至少捐赠三元(此项数额估计足够维持难民一人一月之生活费)。自二十七年一月以后,参加者人数在一千五百人以上。

上海国际红会对捐赠诸人士为随时报告,及同时使各界明悉沪市及中国其他各地救难之情形起见,征募委员会于二十七年六月起编印中英文救济会刊。该项会刊之流布数量约计三千五百份。并不时送给新闻登载于本市中外各报纸焉。

财务委员会

财务委员会之工作,系助理款项之保管与支付。所有认捐款项悉数送交河南路五〇五号办事处。该处由总干事亲自监督之下,作成纪录及掣给收据。收到之款项当即解存财务委员会指定之银行,盖执行委员会授权与司库以上海国际红十字会之名义在银行开立存款帐户。中国华洋义赈会稽核股并代为作详细之会计纪录。

在花旗银行、汇丰银行及中国银行均开有存款帐户。大陆银行并义务代为管理国民政府拨赠之救国公债券。审计工作由著名之黄秉章陈乙明会计师事务所担任,亦系不取值之义务服务。

收到之捐赠款项每星期在本市报纸有收支之公报。在救济月刊内并随时有详细之财务报告。此项工作为华洋义赈会宣传股所担任,抑亦该会对于上海国际红十字会宣传之协助。

当财务委员会最初成立之时,规定下列之三原则,以为该委员会计划之标准:(一)如无现存的款,则不为支用之指拨;(二)未经指拨,款项不得使用;(三)在可能范围内,款额不为总括之支付,凡有帐单及请求付款单等之有确定之费用者,送经总干事办事处分别签发支票。帐单及请求付款单,必须由支用之各该委员会主管人员之签准,然后支付。总干事于批阅上项单据无误后,签字其上,开出支票。支票皆由会计主任及司库会同签章。

根据各委员会之计算,财务委员会每周作成拨款书表送呈执行委员会,指拨款项经执行委员会之通过,始得支付。非先期经由执行委员会之批准,则不能作逾额之支付。

伤兵救护委员会

当上海公共租界及法租界收容由上海前线退入之受伤兵士后,对于救伤事务之改进日见重要。因此成立一伤兵救护委员会以专司其事。

自八一三战事开始,以至十二月十五日,华军由沪郊撤退,本会伤兵救护委员会收容之伤兵共计四四、二七一人。其中一七、七二二人于施行急救手术后,由火车移送至后方,七、一二二人由运送伤兵站运往后方,而留在沪市医院者计一七、九八〇人。

在上海国际红十字会名义下，设立医院五处，其费用之大部份多由私人支持。但本会对各院以每一伤兵每日五角之率，拨赠之款项，亦有如下之数：

二十六年	十月	六、六二七·二〇元
	十一月	一二、七五二·二〇元
	十二月	一二、一六六·三一元
二十七年	一月	一七、九二二·三七元
	二月	二一、一七二·八八元
	三月	一三、〇三三·五〇元
	四月	一五、〇二五·五六元
	五月	一一、五五五·四〇元
	六月	一二、一九九·〇五元
	七月	一一、七八一·四五元
	八月	一二、六三一·二〇元
	九月	一二、七五四·二〇元
	十月	一一、九九五·六五元
统	计	一七一、六一六·九七元

伤兵救护委员会曾组立一残废医院。该院于二十七年一月十日开幕，由单惠泉医士(Dr. Thornton Stearns)主持。于十月三十一日宣告结束。

十个月间，该院共收容残废兵士四〇三人，以手术割解肢体并装置假肢计一四〇起。残废兵士既已失去作战能力，为授与谋生技术，使能于出院后各自为生，该院曾对残废兵士施以职业训练。

兵士一经入医院后，即去资格，医愈出院后即为平民。故受伤兵士经医治愈后，须遣送返籍。遣送所需之川资及制办平民服装之费用，多由私人捐赠。惟在遣送之后期，上海国际红会亦拨赠若干，每人自四元至十元不等。

医务委员会

二租界内因难民拥集，疾病滋生，大有引起疠疫之可能。当时租界内各药房皆因时势关系，药物少所囤积，某几种重要药品，一时甚形缺乏。同时因环境之不良，一般平民之疾病又见增加。上海国际红会为谋救济此种问题，特设立三种委员会，一为防疫委员会，二为医药用品委员会，三为平民医院委员会。嗣后合并为一，用医务委员会名称，初由施思明博士为主席，后由黄子方医师继任。

医务委员会之工作可分为二大类：(一) 医药服务，包括义务诊疗所施诊医治难民之有疾病者，及其他药物之应供；(二) 卫生服务，包括公众健康看护服务、营养服务、防疫、卫生及其他。

医务委员会最初之决议中，因鉴于现存平民医院中床位之缺少，有设立一中央难民医院之一项。相继而兴者，有上海国际红会之难民第一及第二医院。难民第一医院开始于二十六年十二月一日收受难民中之病人。截止二十七年十月三十一日，前后共收病人一、五二三人，其中一、四一三人已出院，一一〇人仍留院中。住院日数共计三五、一二三天。难民第二医院共收一、三三八人，其中一、二七三人已出院，六五人仍留院内。在此十一个月中共计住院日数为三四、五二八天。

当本市战事初期之十一月间，中华医学会上海分会组织第一处难民诊疗所，此即后来以“难民第一诊疗所”闻名者是。继其后复有各善团所组织之难民诊疗所多处。二十七年一月时，医务委员会所主持之难民流动诊疗所计有八起[处]，及难民收容所诊疗所计有六处。上项诊疗所提供医药服务于七十余所难民收容所，所收容之难民人数在四万二千左右。综计自二十六年十二月一日至二十七年十月三十一日间，施诊号数有四八六、三一六起之众。每一收容所诊疗所工作人员为医师一人，护士一人或数人，并侍者一人。每一流动诊疗所各有专用之汽车一辆，工作人员为医师一人，护士一人，并侍者一人。

医务委员会每月拨赠于收诊难民病人之医院二十五所，上海国际红会之难民医院二所亦在内。医院之请求拨赠者，先期由医院之视察员于视察后报告医务委员会，请求批准。其中十二所医院之设立，以一部之床位供应难民之患病者是为“平民医院”，其他之医院十三所则专为难民而设是为“难民医院”。医务委员会根据于以前月份各医院受诊难民及贫穷人就诊之情形，每月拨赠现金及药用品。在二十六年十月一日至二十七年十月三十一日期间二十五所医院所收住院病人计住院日数为六〇〇、五九八天，及门诊七三〇、九七六起。拨赠于各该医院之现金额为一七四、三三〇・〇一元，医药用品计值六一、七五五・三七元。

医务委员会于收容所、诊疗所及流动诊疗所受其直接管理者外，对于各善团所主持之难民诊疗所计二十处，亦每月有药用品之赠给。其标准以每难民一千人为单位，每月给计值七〇元之药用品。

为便利收容病人之工作起见，在上海国际红会之难民第一医院内组设患病难民入院管理及救护车服务组。每晨由负责之职员以电话向各院询问病床余额，同时约定各收容所当局及各公众护士，遇有病人须入院时，即电话通知该服务组。病车一辆，由该组指挥运送病人至指定之医院。经由该服务组送院之病人，自二十七年一月一日至十月三十一日，共计四一八八人。

为求适应各医院及诊疗所之需要，而因于事变之结果，沪市药用品又殊形短少，医务委员会于二十六年十月间推荐各医院以成本价购得火酒、金鸡纳霜、破伤风抗毒素，以及其他药用品。

为集中及分配药用品之供给计，成立一中央药用品贮存所，于二十六年十二月开始工作。难民医院及诊疗所领用之药品，悉以所刊之标准表格为限。

公共卫生护士部于二十六年成立，为难民服务。服务之范围包括难民中妇孺之福利工作，对于病人之看护、隔离、诊疗及住院之工作，传染病之管理、健康教育、鱼肝油及豆浆分配之监督，以及训练收容所中之青年妇女以为"健康的帮助者"。

难民健康组对于难民之营养，如最低限度量及难民口粮中之成分比率等，颇有所建议。

医务委员会对于上海难民儿童营养委员会亦作财务及技术上的帮助，尤以最初数月中预备豆乳以分发于年在十四岁以下之难童之工作时为最。自二十六年十一月至二十七年十月该委员会所分发之豆乳共二、七三一、四一六磅，豆饼计四、五四七、一五九枚。一个月间领受此项豆乳、豆饼之难童之最高数为三七、○五七人。

天花及伤寒虎列拉预防注射运动于二十七年四月十八日开始。组成之注射团体计三组，每组有医师一人，护士二人，并侍者一人。并供给苗浆于多数医院及其他医药团体，作为对于难民及贫穷病人免费注射之用。截至七月间此项运动结束时，在医务委员会主持下之预防伤寒虎列拉注射，计有一八二、二一四次。经注射之人数为九六、八五三人。在同时期间牛痘之施种，计六、一八八次。

环境卫生部于二十七年一月组成。指导此项服务者为一颇有学力之工程师。各收容所中之卫生情形俱经查勘。由难民中选出水泥匠、木匠及电气匠约一五○人，组成一工作队。此项熟练工作人员即在各收容所中服务。

难民委员会

难民委员会于二十六年十月四日举行首次会议。当时难民人数约一○○、○○○人。在公共租界中者六二、四二五人，在法租界者二九、五六八人，其余为散处街头者。盖除数千难民无法觅得收容所者外，所有难民均住入收容所内。各收容所皆由本市各善团所设立或为所主持者。诸慈善团体有一部份为旧有之善团，一部份则为战事发生后所设立。在此种情况下,上海国际红会之功能,实需精确之规定。

几经严密之讨论,于是作如下之决定:

一、上海国际红会不拟直接自办或管理任何收容所。

二、上海国际红会拟设法使收容所之状况、管理及费用均标准化。

三、上海国际红会拟于诸已成立之善团不胜负担时予以援助。

四、给予诸善团之援助将采取物质或劳务之方式,直接提供于各收容所,而不以现金补助金之方式给予收容所或各善团。

难民委员会之工作经由下列各组施行之:

(一)视察组;(二)房舍组;(三)衣服组;(四)运输组;(五)食粮管理组;(六)难民工作组;(七)职业介绍组。

视　察　组

各难民收容所间之生活情形大相悬殊。情形最劣之数处系因于地点及房舍之不适用故。但担任管理人员对于处理该项事务之无经验,以致造成无秩序及不划一之状态,实为显然之事。因此,欲形成难民救济标准化之初阶,遂有视察队之组设。

视察员对于收容所仅提供意见,如某些事情可以改进,某些优点可资其他收容所仿效等等。为求意见趋于一致,各视察员之报告先分组讨论,然后通过视察组办公处,而将该项意见,提供于各该主持之善团。此后必要之处理,归主持之善团处理之。由于此法,多数收容所内有长足之改进,更有少数收容所之管理人因渎职而竟被撤换者。

视察组更调查各请求上海国际红会作经济上援助之善团。视察组后以查察组闻名,盖除施行上项工作而外,更从事于视察食粮之分配,查证难民人数与申报领粮之人数是否相符,并研究可疑之各救灾团体之内容,如发现有假借名义之团体,即报告捕房。此亦所以保持正当诸团体之公众信任也。

房　舍　组

在视察组工作之数星期后,深知少数收容所对于房舍之改进有显明之困难。为征服此种困难以利改善,乃成立房舍组。此组之任务最注意于收容所之标准化。由于难民委员会供给少数之资金,该组得达到若干改进焉。

因战事关系上海国际红会所约定之各煤公司不能按照规定之程序送货。各收容所只得采用其他燃料。而各种燃料不同,困难因之发生。各收容所内有几处厨炉不得不改造。房舍组人员在各收容所内热心教授此种厨炉之使用,以及食粮之适应等等。

衣 服 组

金陵女子大学校友若干人,于沪地战事发生后,即收集衣服及布料散发各难民收容所,于二十六年十二月间归并入上海国际红会难民委员会,即名为衣服组。为避免事务之重复及其他问题起见,特规定工作程序数事,以资遵行。所规定有如次之步骤:

一、请求单(由收容所管理填呈);

二、查视(由衣服组派员办理);

三、核证(由衣服组派员办理);

四、筹备;

五、分发。

上海各收容所,除慈联团体联合救灾会自行供给衣著[着]者外,均得登记求助。自二十六年十二月讫二十七年十二月三十一日间所分发之衣服,包括棉衣及毛毯,总数为五五四、〇〇〇件。分发所及之地计收容所一五七所、医院四二处、教会机关一二所、工商业公会五处、育婴堂二处及学校三处。

上海国际红会所收之衣服,大部系由国外所慨赠。首批旧衣来自南洋侨胞,系由香港妇女救济会经运来沪。其后,新加坡方面运来衣约一〇〇、〇〇〇件,檀香山运来五〇〇袋,香港运来二五七袋,英国运来毛毯一、〇〇〇条,以及本市各界捐赠之各种衣物多件。总计前后所收不下数千袋,每袋所装衣物一二百件不一,为数殊可观也。

衣服之需要,随季候而异。冬季需用最殷者为棉衣及棉被。此时问题在于如何利用现存单薄之衣服,变为温暖者。自三月以后则夏衣日渐需要,尤其是裤。据报收容所中有甚多之妇女,往往因无适当之裤,可资服用,而不得不留居收容所内。其次,大量之蚊帐及鞋,亦甚需要。而此项物品事实上几一无供给。又其次则旧衣殊不耐用,略经洗涤,即告破碎。以故同类之衣服,每需要常川之发给。夏季衣服之要求所以不绝者,此即其原因之一。复次,堆存之栈屋亦成经常之问题。上述各点为衣服组所遭遇之诸种困难。

衣服组工作之一部,获得收容所工作组之合作,有所谓缝纫处者。原料经此发给六六处收容所之妇女，自二十六年十二月至二十七年六月底作成之工作有如次之所列：鞋一三、〇六五双，绒线衫四、一五五件，短袜二九〇双，手套六〇双，帽子六〇顶，背心二〇件。

食粮管理组

二十六年十二月间上海国际救济会、上海难民救济分会及上海慈善团体联合救灾会均向本会要求经济援助。本会依据办事原则以物质而不以现款相援助，于二十七年一月一日开始以食粮给养上述各慈善机关主持下之各收容所。总干事授权以收容所所有之难民人数为根据，规定一标准给养率。为监督购买事务，另成一委员会，但该委员会仍受总干事之节制。

规定之给养率如下：

每难民一百人每日之食料

	一月一日	四月二十六日以后
米	65磅	50磅
豆	12磅	22磅
碎麦	10磅	10磅
蔬菜	14磅	14磅
盐	$1\frac{1}{3}$磅	$1\frac{1}{3}$磅
油	$\frac{1}{3}$磅	$\frac{1}{3}$磅
总计食物	$102\frac{2}{3}$磅	$97\frac{2}{3}$磅
燃料，烹饪用	53磅	48磅
木材，燃灯用	3磅	3磅(注)

注：各大收容所之继续生有火炉者，停止发给。

以上给养率，未将豆乳(供给七岁以下之儿童饮服者)及以豆屑、面粉及糖制成之圆饼(供给七岁至十二岁之儿童者)列入。因上项食物系由上海难民儿童营养委员会发给。

上列给养率系根据于食粮平衡之需要而制成者。盖脚气病及坏血病已在难民中有所发见，此皆由偏重于米食之量所致。上项标准率，即欲纠正此弊。照此标准率,所予之食物量为每人每日约一、六〇〇卡路里。据饮食物专家之计算此项比率仅及于欧洲不从事于手艺工作之人维持康健之食料之四分之三。然难民中一部份[分]为儿童并多得饮食豆乳及豆粉饼,而此间中国人之体重,平均约及欧人之四分之三,故此项食粮之规定,视为十分适宜。在以往诸救灾工作中业已证明殊为满意者也。上项食粮之标准显然不能适合一部份[分]难民平日所习用之生活状况,然较之以往数年之救灾情况则见优愈矣。

此后数月间各善团亦有向上海国际红会请求援助者。同时各收容所中之难民亦渐见减少。诸受援助之善团及各期间难民受养之人数,有如下表所列。

一月一日	二月一日	三月一日	四月一日	四月廿六日	五月卅一日	六月廿九日	七月廿七日	八月卅一日	九月廿八日	十月廿六日
上海慈善团体联合救灾会										
43 823	40 000	40 226	39 100	34 156	35 246	34 896	34 340	36 273	30 142	27 214
上海难民救济分会										
55 512	50 000	45 066	42 800	39 281	34 221	34 896	27 847	25 952	22 657	19 334
上海国际救济会										
24 485	23 000	19 293	17 000	13 596	9 872	7 788	7 880	9 095	9 622	9 974
广东旅沪同乡救济委员会										
…	7 000	7 607	7 400	6 967	5 868	5 868	6 005	6 005	6 005	6 005
世界红卍字会										
…	4 000	3 696	400	2 826	2 365	2 001	1 839	822	146	128
镇丹金溧扬五县同乡救济会										
…	400	356	500	361	362	310	306	302	302	302
中华黄卍字会										
…	1 000	784	700	…	…	…	…	…	…	…
江宁六县公会										
…	1 500	1 535	1 500	1 525	1 514	1 513	1 501	1 470	1 462	1 448
祇园莲社										
…	850	666	600	426	387	341	280	247	215	…

续　表

一月一日	二月一日	三月一日	四月一日	四月廿六日	五月卅一日	六月廿九日	七月廿七日	八月卅一日	九月廿八日	十月廿六日
尊圣善会										
…	650	591	600	495	506	506	472	423	371	374
至圣善院										
…	…	577	500	486	413	371	358	329	276	251
上海第一特区联合会										
…	…	…	…	239	218	203	179	185	166	162
上海市地方协会										
…	…	…	600	…	…	…	…	…	…	…
中华慈幼协会										
…	…	…	…	…	…	642	642	642	642	642
难童中学										
…	…	…	…	…	…	…	…	103	103	109
共　计										
123 820	128 400	120 407	111 700	100 378	90 972	85 316	81 649	81 848	72 109	65 946

各善团在可能时对于食粮及经济上有时亦有分担者。如上海慈联会提赠于食粮管理组白米二、〇〇〇袋。又如国际救济会捐赠于上海国际红会现金四〇、〇〇〇元是。

在若干收容所中,难民均惟白米是求。对于标准给养大有食不下咽之叹。于是各主持之善团,多有另行加给白米者。因此给养问题为之纷扰,并使本会对于食粮管理之企图,归于无效。

不宁惟是,有若干收容所且竟不煮食豆或碎麦而任令累积。当视察员将此种情形报告时,即派出一存货证验员往收容所确查各收容所食粮情形,俾食粮管理处得以调整此项情形。红会对于拒收大豆及碎麦之各收容所,不再继给该项物品,但米之发给,并未因此增加。此种情形,自易引起收容所管理员虚报现有难民人数之弊。为防止是类虚报,特组织查察员一队,于餐时或入睡时,作突然之访问,以查点实在人数。遇有虚报人数时,食粮管理处即根据实在人数给粮。

蔬菜市价常随季节而变动,更因战事影响而致船运阻滞,蔬菜之供给常不能完全满意。有时不得已用大蒜头或甘薯代之,然各收容所常拒不食用而任其腐烂。

收容所中炉灶原定悉燃烟煤。与一煤号订有合同照标准量按期送往。在废历年初该煤号存煤不足,故不得不另向其他煤号添购白煤应用。五月中该订约之煤号通知食粮管理处,不再能运煤至各收容所。然大部份[分]收容所均能另自设法勉强应付。

最初,标准食粮之成本为每人卅日一元八角五分。后头号米代以头号及二号对掺之米,大豆代以绿豆,经此更易后,每人之成本减为一元六角五分。稍后,法币因投机市场之影响,对外币汇兑跌去百分之四十。此其影响立即及于米价及煤价,故二十七年七月时每人食粮成本成为每月一元九角五分。

运 输 组

上海国际红会提供衣物食粮于各收容所时,深悉米最需要。而米自西贡购买后,从船上卸下,存入栈房,以及最后送发各收容所,无不有赖于运输。其他与各善团间送发物件以及运送衣服等等,亦均由运输组综理其事。

收容所工作组

上海国际红会深觉难民不宜长令坐食。在往年举行救济时,恒使难民之年壮力富者从事于公益事业之工作以为工赈。则上海何独不可?爰此特组织一工作计划委员会以开拓工作之可能性。但调查结果,则上海租界无大众工作计划之可能,而在军事行动之影响下,沪市近郊毗连地带之道路,亦无法加以修筑。空地种植蔬果之提议,经考虑后亦被弃置。结果,转换方向,从事于收容所内之工作,于是委员会改名为收容所工作组,所任工作包括二大类:(甲)手工艺;(乙)教育。

(甲)手工艺

手工艺中以刺绣、编织及钩织为主。但在收容所之内工作亦有若干困难。事实上不能使之齐一。一旦难民被训练而成为熟练并能得工资之工作者后,即离收容所而另谋生。故较久从事工作者为数殊鲜,竟使经营是项之商人所付之训练费用,无从取值。例如,大世界收容所于工作开始时,情形甚好,但不久全体难民即被迁出。交通大学之收容所亦有同样之情形发生。

虽然,受有应用技术之工作训练者亦且三四千人。彼等由训练之商家抄给商号及地址,俾异日或可前往请求工作。商家亦将成绩良好之工作者姓名记录,以为将来雇荐之用。此三四千人仅系直接在收容所工作组指挥下者,其由各主持之善团另行为之支配工作之工作人等,不计在内。

上海国际红会对于难民工作之计划,本欲使各收容所授与难民以工作,并使之自食其力。依此项计划难民以工作所得之百分之二十五收为日常费用,百分之五十储蓄以备出收容所后之用,其余则付与上海国际红会作为饭食之费。当时印就各工人之银行储蓄卡片。初学之工人工资之收入甚微,然彼等在制篮、刺绣工作及其他手艺受有良好之训练。当初学期间终了后,有大部工人脱离收容所,另谋工作,立即获取全工。因此难民人数为之渐减。惟供给材料及加以指导之商家对此则殊不悦,盖彼等支出费用以训练工作,而由他人坐享其利益,因此不久即自行引去。

(乙) 教育

二十六年十一月间组立委员会以从事收容所中难民之教育事宜。工作计划分三项:(一) 儿童教育;(二) 成人教育;(三) 职业教育。每项又各立委员会以管理之。而尤注重于儿童之教育。

一、儿童教育

难童教育,初级学程规定基本课程四种,即读与写、常识、算学、歌咏及游戏。每课程上课半小时,一堂二小时。儿童不分性别,凡年自六岁以至十五岁者皆许入学,按程度分班。

学费既不计算,教课书及文具亦皆免费供给。

但难童教育之施行困难亦多。第一,收容所内无可容之隙地,缘诸收容所皆有人满之患。其次,桌椅之供给亦成问题,有数处儿童皆不得不席地或站立以听讲焉。

二、成人教育

收容所中发动民众教育实为一奇妙之时机。中国在过去曾于此项教育特别注意。然遭遇甚多之阻难。良以文盲大众散处于城乡各处,无法使在同一时间受正规之教育。现在则聚集于收容所中,且除食眠之外,无所事事,因此开班甚为容易,而职业训练亦毫无困难。故教育委员会拟定成人教育简短之学程,规定全程三个月,其教育方式则采用课室训导、讲演、体操、幻灯画片、电影及讲故事,而尤注重品性及卫生之训练。

三、职业训练

如有可能,则成年难民自不应听任坐食于收容所中,而不使从事于生产事业。故曾数度设试,使彼等工作以自给。刺绣工作在中外丝织商指导之下予以训练,而受过训练之妇女则予以登记。年青妇女,智敏而努力于谋生者,亦予以招募及训练。

收容所中男性难民可做之工作不多,然少数收容所中亦有编篮、木工等之训练,其情形与刺绣相同。间有小规模工厂之设立,用难民制作玩具、毛巾及袜子。总共有八千余成年难民,从事于此种工作。后在浦东大楼举行出品展览会,陈列之品超过七千余件。

公共租界及法租界中之一四八所收容所中,有一三〇所设有学校。曾在其中受教育之难童计一六、三一八人,成年计七、四二六人。估计每人每月之教育费用为二角。

职业指导所

虹口、闸北、杨树浦及其他区域之毁坏,不特破毁沪市工厂厂屋,且亦使工人离散。二十七年年初毁去厂屋之厂主开始在西区重建小规模之工厂。但因种种困难,殊不易招集原有之工人。为助成雇主及雇员之重复结合,藉以减轻慈善家之负担计。上海国际红会制成一难民职业表,以登记所有男性难民中之具有熟练工技者。

二十七年六月初,成立一职业介绍所,盖欲使雇主注意及该职业表而雇用难民也。职业指导所之成立深得社会人士之赞助。然在难民方面,所得之反响却未尽善。但由于该所之成立,证实收容所中不乏游手好闲之辈,且以知全数难民中有若干为此辈所组成。

二十七年六月一日讫十月三十一日难民中有一千以上之人数获得职业。但此辈工作之成绩未能全数令人满意,而彼等之纪律亦不完全良善。

支配赈款顾问委员会

遵照修正后之章程,上海国际红会受权以款项拨赠中国各地诸国际委员会。二十七年三月中特成立一支配赈款顾问委员会,用资咨询,俾款项之分配益为适宜。该委员会之委员系由全国诸国际赈灾委员会各推代表二人组成之。各该委员等随时以彼等所属之委员会所需及工作情形相报告。以故赈灾情报益见周悉,而于赈济各问题,亦得更妥适之讨论焉。支配赈款顾问委员会并兼行近郊救济委员会之工作。后者于二十六年十一月间为研究松江、吴淞、宝山、江湾及浦东三区难民之需要而组设者。该会曾派出人员分发各该地区视察访问,以作成报告,为赈济之参考。惟因战事关系,交通梗阻,致实际访视工作无法施行。故当支配赈款顾问委员会成立之时,该会遂自动宣告终止。

二十七年十月三十一日以后

二十七年十一月一日起,上海国际红会直接赈灾工作业已终止。此盖由于二十七年九月二十日之执行委员会议所通过之议决案之实施。该议决案有如次之决定:

由于去秋上海国际红十字会之组成,原以对付沪市及其近郊因中日战事而发生之紧急情况,为其主要之目的,当时对于成千难民之即刻救济,实为必要;

由于因上海国际红十字会在过去数月间之援助,沪市伤兵问题在事实上已有满意而终局之解决,又由于沪市难民问题亦已大见减少而入解决之途;

由于目下残余之难民,其善后已非紧急问题,而成为重新调整之问题,但此问题实非上海国际红十字会工作及权限以内之事;

兹议决自二十七年十月三十一日起,中国红十字会上海国际委员会之工作范围限于接收捐款及分配款项,而于审查及斟酌情形后拨款于其他赈灾之团体,以为救济因战事而成之难民及其他受灾人民之工作。

赈灾之捐款仍不时继续而来。因此为求款项分配之更为完善起见,推选七人为常务委员会。并授权该委员会于款项分拨前得先行审查。

结　尾

综计上海国际红会在其一年半之活动中,所经募之捐款及各种收入计三、一二九、九二六・七四元正。所供之给养自二十七年一月一日至十月三十一日计二七、七四六、二一〇餐。每餐成本为七分,在该时期内医治伤兵共四四、二七一人。给予难民一五〇、〇〇〇人之食粮衣服以及医药用物。移转其他慈善机关应用之赈灾款项计二六七、一五六・〇五元。又尝试,并部分成功,统一各赈灾团体间重复之工作。总之,上海国际红会在非常及困难之情况下,实能贯彻发起诸公原定之目标,且达甚大之范围。该会之国际性,实助使该会工作克抵成功,且于不同国籍之参加之人士间,造或一同情之联系焉。

上海国际红十字会组织系统表

廿六年十月至廿七年十月卅一日

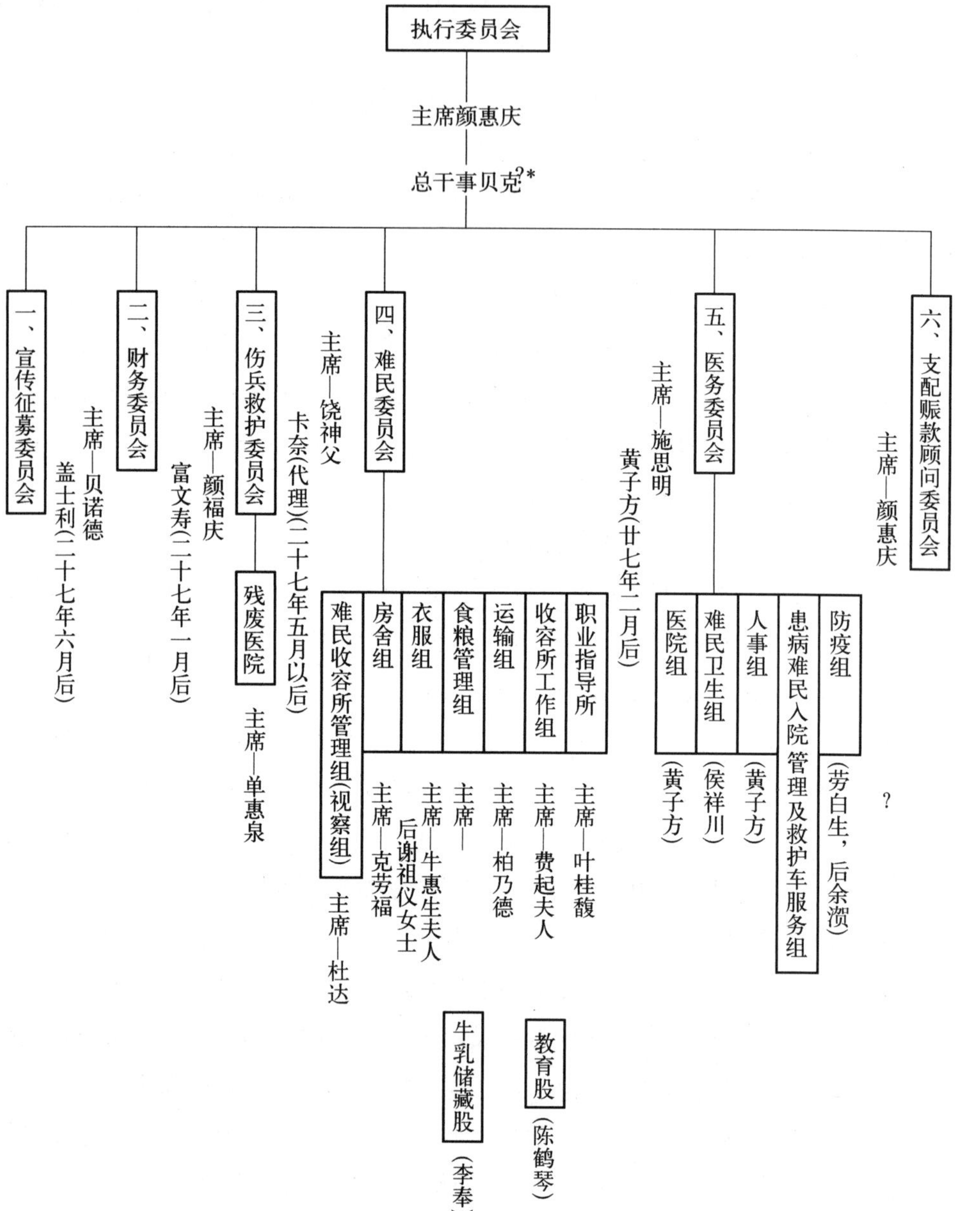

* 当二十七年十月至十二月间贝克博士往西南期间，由史慕尔牧师兼摄总干事及司库之事。又二十七年四月至六月由顶[项]烈牧师代行总干事事，二十七年八月十四日至九月二十六日则由邓克兰君代行财务委员会主席事。

鸣　谢

下表所列各委员会委员诸君均系名誉协助，义务工作，仅小部份[分]系受薪给之协助者。其对于一般的战事救济工作，及对于上海国际红十字会所提供之服务，至深且巨，际此报告册付刊之时，上海国际红十字会谨致其感谢之意。设无是项协助，该会于施行其工作时必将遭受甚大之困难，或至于不克实施也。

中国红十字会上海国际委员会

执行委员会：

颜惠庆　饶家驹　钟　思　博兰德　卡　奈　施思明　贝纳德

盖士利　安献今　马许尔　蔡增基　冯炳南　冯振铎　李劳士

白约翰　雅树答　刘鸿生　郝尔斯　陈逵夫人　史蒂斯夫人　爱兰女士　南施夫人

执行委员会事务所：

贝铁德　朱友渔　史蒂夫人　Mrs. M. E. Kukel-Kraevsky

总干事事务所：

贝　克　史慕尔　王长利　张云珍　陆航僧　孙琴西

宣传征募委员会：

施肇基　田伯烈　骆传华　彭望荃　陈逵夫人　马许尔

郑　莱　郭承恩　郝尔斯　何德奎　刘鸿生　李规庸

罗公侠　杨亚德夫人　唐纳德夫人　勒斐夫人　田伯烈夫人

汤纳夫人　唐士煊夫人　杨少南夫人　林英芬女士

Mrs. C. F. Liu　亚斯夫人　黄稺澜　李瑞冬

财务委员会：

贝纳德　盖士利　邓克兰　李实甫　周锦才　周锦椿　田宗旺　黄秉章会计师

伤兵委员会：

颜福庆　富文寿　栢　德　白良知　方尔孟　单惠泉　穆　德　柏尔森

丁伯兰

国际红十字会第一难民医院：

李廷安	Dr. P. J. Todd	Dr. Z. T. Wu
Dr. H. H. Hung	Dr. T. C. Chang	Dr. Matthew Wong
Dr. T. Siu	Dr. T. K. Wong	Dr. S. P. Kwong

Dr. S. T. Woo	Dr. T. W. Wong	Dr. C. M. Bau
Dr. S. K. Chung	Miss C. Y. Chan	Miss L. H. Au
Miss S. Y. Fu	Miss Y. K. Chau	Miss F. H. Au

国际红十字会第二难民医院:

应元岳	柏尔森	Dr. F. T. Ranson	唐淑之
朱益栋	俞松文	崔祥宾	丁钟秀
栢　德	南　施	Dr. A. D. Wall	Dr. E. G. Gauntlett
Dr. Bleckmann	颜连庆	潘志衡	王霖生
刘念祖	胡秀三	王慰曾	应耕耘
王惠卿	徐在贵	王巨源	曹汉杰
龚仲清	沈复生	李元德	李星耀
黄克勤	李桂生	达应堃	言潘景芝
Sister Maria Montana		Sister Lucy	Sister Daniel
Sister Eulalic	Mrs. Ida Stock	Mrs. A. Y. Wilson	Mrs. Woosley
蒋芸	陈从真	黄振群	唐　熹

国际红十字会第四难民医院:

周诚浒　任廷桂　吴一新　李星耀　王慰曾　应耕耘　周永年
曹汉杰　陈秋菊　张剑秋　黄家驷　崔祥宾　朱益栋　唐惠民
顾绥岳　言潘景之[芝]　唐　熹　王灸君　段书兰　张秀云　郑清芝
宋　琦　朱定奎　留婉芹　朱竹馨　罗长淳　谈剑人

国际难民医院残废伤兵医院:

单惠泉医师　虞心炎医师　潘济时　李鸿儒　沈初兴　顾守昌
陆崇善　顾连元　赵性芳　苏桂枝　施有政　钱文莲　殷来寿
周　群　陈翠珍　陈　耀　陈一志　郑尹耕　陆鸣玉　江澄秋
薛卓莹　李明霞　方祖成　吴永锦　徐如玉　洪婉霞　柳蓉芳
戚子萍　巴宝珍　陈锦波　洪彩霞　李慕兰　唐慧珍　余卓然
周祥瑛　邵鸿宾　陈兆玉　柳永昌　郑学典　周康铫　王和庭
严祖根　葛嗣骏　严剑雄　张干齐　王洵芬

难民救济委员会:

饶家驹　卡　奈　安献今　惠尔森　赵朴初　蔡增基　雅树答

钟　思　　蒉延芳　　李规庸　　李廷安　　龙筱云　　麦克诺登　麦克唐纳
牛惠生夫人　　Mr. Y. Y. Pan　柏尔森　　博兰德　　沈凡尔　　宋汉章
施思明　　朱友渔　　谢祖仪

难民收容所管理组：

杜　达　　李广诚　　俞国尧　　孙孟刚　　何文安　　巴秀珍　　徐润勋
史丹莹　　俞翼青　　陈国庠　　李良朋　　赵　懿　　俞国梁　　周文斌
苏盛茂　　黄志坚　　方雪来　　吴仁忠　　陈康夫　　姚肇商　　栢平立
王福泉　　朱云峰　　姚心正　　栢端立　　平洪兴　　崔美宝

视察员：

Miss Edith M. Adlam　　Mr. Bao Shui-ching　　Mr. Chang Er-hang
陈子初　　Miss L. F. Chow　　戴逊
戴逊夫人　　Mr. W. A. Estes　　Mr. Frank Ferguson
Miss L. Fleming　　冯家声　　Miss Freda Girsberger
Miss Alice Green　　项烈　　项烈夫人
Miss Matilde Killingsworth　　梁畅明
Mrs. Claude Lee　　马劼刚　　Mr. Thomas O'Neill
包文骏　　Mrs. J. W. Paxton　　Miss Nettie Peacock
Miss Margret Rue　　Miss Helen Scally　　Mrs. Hollis Smith
Dr. P. B. Sullivan　　Mr. S. W. Tong　　朱徐亚英
Mr. H. T. Vanhengel　　韦廉士　　韦廉士夫人
王梅娥女士　　王守芳　　吴　力
吴颂敏　　叶德和　　Miss Lucy Fletcher
Mrs. Walker　　王元龄　　王敏莫女士
Mrs. R. N. Fox　　Miss M. Koetz　　华渊若

伙食及房舍组：

Rev. S. C. Farrior　　Rev. L. L. Hale　　史慕尔
Dr. O. C. Crawford　　Dr. P. F. Price　　Dr. Robert Fitch
Mr. B. Ward Perkins　　Mr. T. W. Sih　　Mr. Yang Yien-tao
Mr. Mark Huang　　唐瑞全　　Mr. William Fong
Mr. Alfred Tam　　Mr. D. K. Wong　　Mr. S. M. Chiou

Miss Etha M. Nagler　　Miss Rose Waldron　　赵蓥章

难民儿童营养委员会:

安秀夫人　　南施夫人　　Mrs. Edna R. Larchar

李奉女士　　Mrs. R. T. Bryan Jr.　　陈鸿达

卢祺英　　富文寿　　侯祥川

祝慎之　　Dr. H. Pederson　　项烈夫人

衣服组:

牛惠生夫人　谢祖仪女士　朱觉方女士　谢云英女士　栢端立

栢平立　李良鼎　黄志坚

运输组:

栢乃德　栢乃德女士　汉　门

工艺委员会:

费起夫人　　Miss Margaret H. Brow　　Miss K. B. Evans

Miss Elisabeth Hale　　Miss T. C. Kuan　　Mr. P. C. Li

Mr. Li Pingyung　　Miss Ellen Peteren　　Miss Nina Stallings

教育股:

陈鹤琴　刘湛恩　赵传家　叶梁露　萌惠廉　林康侯　朱少屏　陈济成

萌卢爱德　傅若愚　姚惠泉　何清儒　郑通和　杜　达　陈科美　蔡哲传

马天英　庞国梁　郑文汉　项同奎　吴季荪　徐皺华　倪海邻　黄祺升

庞国棨　李锦芳　徐巽华　戴树生　钱颂平　杨馥根　雷汉伯　朱泽甫

李瑞华小姐　龚启瑞　文献征　王复旦　王惠民　叶镜英小姐

张文鸾　王元骏　张　经　李永涛　杨奋程　姚荣堤　高步阶　华丁夷

李万育　奚均礽　陆嵋良　陈荣真　胡叔异　褚应瑞　施彭年　吴毓馨小姐

张仰高　钱学源　唐荣恺　王一方　柯　豪　陈汝惠　王怀琪　李文浩

潘寿恒　柳大经

难民职业介绍所:

叶桂馥　赉延芳　艾　黎　杜　达　Mr. Chang Che Ming　Mr. Thomas Sze

Mr. Lo Yin Kung　Mr. Fong Yi Sen　Mr. Feng Cheng-to　Mr. P. Y. Koo

王邦才　郭荣宗　林琲玉

医务委员会:

黄子方医师
施思明医师
Dr. D. W. Nance
侯祥川医师
Dr. James C. Thoroughman
Dr. W. H. Pott
齐大治医师
徐纪法医师
林仰芝医师
陈毓秀医师
李长治医师
朱吉甫医师
刘　培医师
宋英士医师
沈诗义医师
巫振芳医师
钱建初医师
任廷桂医师
曾耀仲医师
翁之昌医师
俞恩梅医师
黄惠光医师
梁北和医师
冯连珍医师
沈鹤臣医师
戴安乐医师
陆润之医师
Dr. Edmund Lee
李雪峰
叶希英

Dr. B. J. Marsh
Dr. T. S. Dunn
Dr. J. C. McCracken
富文寿医师
Dr. Lestel. Huizenga
Dr. L. M. Disosway
丁守仁医师
陈鸿达医师
孙祖尧医师
余鼎声医师
区斯深医师
蒋锡棠医师
孙景蕴医师
曹晨涛医师
Dr. A. M. Dunlap
Dr. Frederick Reiss
许同庆医师
张学成医师
冯五昌医师
殷玉府医师
施玉美医师
赵蓥章医师
卢　佳医师
周家肇医师
周诚浒医师
丁希庆医师
张锡祺医师
卢祺英
黄景惠
童绮娟

Dr. A. C. Bryson
朱恒璧医师
余濱医师
Dr. B. E. Read
高　维医师
Dr. Ellen Fullerton
范承俊医师
张信培医师
俞祖光医师
施锡钦医师
陆建华医师
庞能一医师
郑德祷医师
张承学医师
吴旭丹医师
沈成武医师
Dr. T. Stearns
朱功宏医师
李永彬医师
Dr. Claude M. Lee
王淑贞医师
颜遂良医师
叶经甫医师
蓝　寿医师
刘以洋医师
孙成璧医师
Dr. J. Gray
傅秀阶
陈善芬
朱子明

潘国铭
郭志坚
朱文珍
林士钰
蒋伯真
陈洁稚
张秀敫
曹　健先生
吴国良先生
邹宇清
俞恩梅
汪璋华
顾美珍
钱淑贞
朱纨章
黄静宜
徐宪青
俞蕴芝
徐漱青
翁秀珍

罗长淳
梁小榴
汪仲钰
陆庆云
任彩英
董银珠
王新英
Mr. C. H. Li
章保华
朱铭恩
朱德洪
朱宝珠
林琇洁
李桂贞
俞福真
张乐仁先生
刘瑞贞
钱惠珍
朱漱贤

顾慧珠
柯德华
王秉卿
黄美珍
Miss G. Selzer
钟月娟
赵惠然
沈世杰
姚石年
朱　仁
薛素行
许敏柔
胡蕙英
孙翠娟
李淑华
翁静芬
周彩宾
邵润生
孙爱德

防痨委员会：

施肇基　马瑞山　海深德　叶桂馥　潘　祺　冯炳南　黄庆澜　白克礼　杜　达　Magistrate Kwah Chun　Dr. M. P. Young　海深德夫人　赵朴初　屈文六　贝克

支配赈款顾问委员会：

颜惠庆　贝　克　施思明　李劳士　蔡竞平　Rev. R. J. McMullen　Mr. A. D. Calhoun　杨永清　项　烈　陈文渊

中国红十字会上海国际委员会收支报告表
（二十六年十月二十二日至二十八年三月卅一日止）

收　　项	国　　币	付　　项	国　　币
捐款	$ 3 089 342.86	拨助其他善团款项	$　483 915.61
银行存款利息	2 658.59	办公费	26 943.68
卖得金	22 882.23	本市募捐运动费用	6 837.99
汇兑利益	1 551.96	伤兵治疗费用	201 021.01
救国公债利息	8 141.88	难民救济费用	1 853 393.23
退还款项	5 349.22	医药费用	336 067.18
		28 年 3 月 31 日止收入超过支出	2 908 088.70
			221 838.04
	$ 3 129 926.74		$ 3 129 926.74

中国红十字会上海国际委员会资产负债表
（二十八年三月卅一日）

资　　产	国　　币	负　　债	国　　币
银行存款		收支相抵结余	$　221 838.04
华商银行	$　7 870.11	应付帐项：	
外商银行	83 169.33	应付水费	3 489.00
华商银行(汇划)	955.84	印刷费准备	2 482.15
救国公债	214 260.00	办公费(准备)	7 847.82
水表押赎金	100.00	指拨其他善团	70 698.27
	$　306 355.28		$　306 355.28

查帐员报告书译文

迳启者：

本会计师业已将贵会民国二十八年三月三十一日之资产负债表及自民国二十六年十月二十二日至民国二十八年三月三十一日之收支计算书与所有各项帐册单据等详细查核，俱属正确无误，所有询问各点亦已得到会中负责人员之解答，其他如救国公债以及银行存款等亦俱经点验无讹。本会计师以为上开资产负债表及收支计算书，其内容翔实，足以表示。

贵会上开日期及债资之财务真实状况，特此报告。此[致]上海国际红十字会。

会计师　黄秉章(签名盖章)

陈乙明(签名盖章)

中华民国二十八年五月十五日

上海国际红十字会收支图表

(二十六年十月至二十八年三月卅一日)

收入：＄ 3 129 926. 74

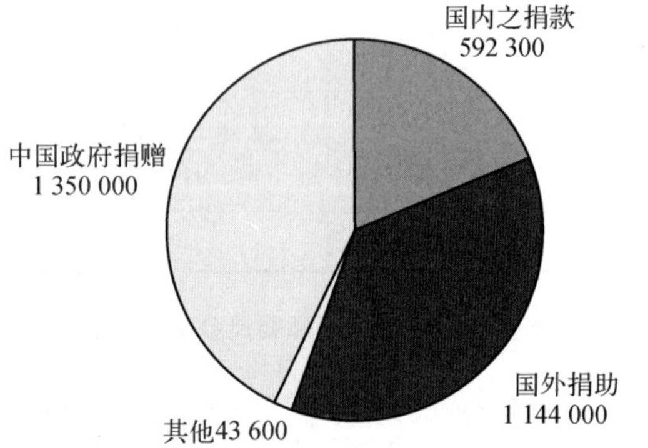

支出：＄ 2 908 088. 70

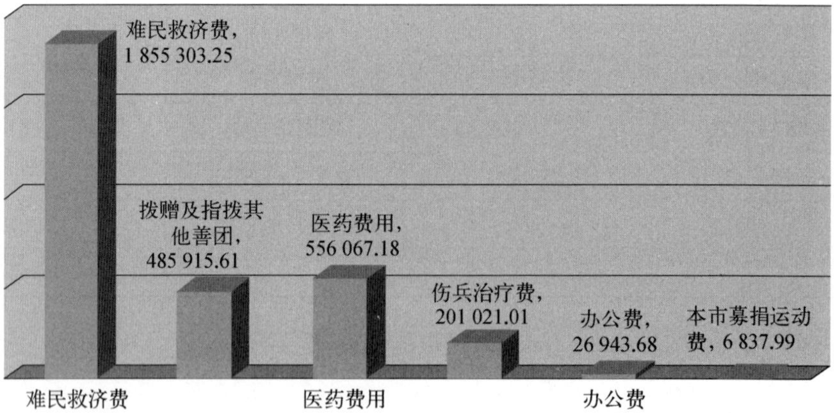

上海国际红十字会，自二十六年十月至二十八年三月卅一日止共收入款项计为国币三、一二九、九二六·七四元。上述款项之来源可概别入四类：(一) 中国政府之捐赠，(二) 国外之捐助，(三) 国内之捐款，及(四) 其他。

在上列之同期间内，上海国际红十字会所支付之总类为国币二、九〇八、〇八八·七〇元。该项数额之支付计为：(一) 难民救济费(其中食粮费用占主要部份)，(二) 拨赠各医院及其他善团之款项(包括指拨国内各地国际慈善团体之赠款在内)，(三) 医药费用，(四) 伤兵治疗费，(五) 各项办公费用，与(六) 二十六年十二月举行之本市募捐运动费用。办公费用中包括上海国际红十字会之救济月刊印刷费及其他因宣传经募工作而支出之费用，如饶神父赴美国与加拿大之旅费等在内。

上列之图表显示收入款项之来源及支出费用之用途。

上海国际红十字会给养之难民人数递减图表

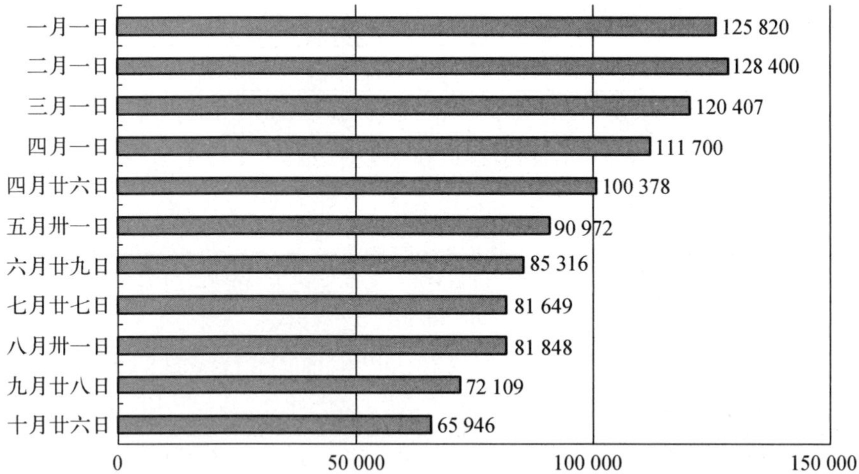

自中日战事发生之数月后，涌入本市公共租界及法租界而由各善团供给其食粮之难民人数达一五〇、〇〇〇人。二十六年十二月间，供给食粮中最主要之三善团告知上海国际红十字会，谓彼等之存粮已日就罄竭。故上海国际红十字会开始以食粮供给于原由各善团维持之诸收容所。二十七年十月底时，其收容所由上海国际红十字会供给食粮之各善团前后有十四之多。

上海国际红十字会于最初即计划于其供给食粮之各收容所中渐次减少难民之人数。是项计划拟以教育方法教养难民，使之尽可能臻于自立之境，使之在体力与道德上均有所就。盖败坏德性之事实无有过于怠嬉终日而无工作意志也。

难民人口之调查始于廿七年一月一日，当时原由国际救济委员会、上海慈联及临时救济委员会维持，而改由上海国际红十字会供给之人数为一二三、八二〇人。最后一次之人口调查于十月二十六日举行，其时之人数减低至六五、九四六人。盖经数个月继续不断之努力，在上海国际红十字会所供给之收容所中难民人数已显见减落至原来人数之半数矣。人数减落之主要原因为遣返原籍及雇用工作，此二者并同为解决难民问题之方法也云。

上海国际红十字会给养难民食粮表

（二十六年十二月至二十七年十月三十一日）

	米(袋)	麦(袋)	蔬菜(担)	油(磅)	盐(磅)	豆(袋)	煤(吨)	火柴(担)	玉米(袋)
一月	12 666	10 468	4 974.97	15 020.1	58 064.8	2 716	1 063.25	2 081.87	…
二月	10 640	7 435	4 074.35	10 885	40 342	1 994	808.50	2 778.31	…
三月	8 949	7 393	3 694.93	9 563	37 090	1 757	718.25	2 874.97	…
四月	9 189	5 462	4 152.31	8 294	33 414	1 939	546.75	1 114.63	…
五月	5 983	5 375	3 511.24	8 691	3 4097	3 069	589.25	1 204.29	…
六月	3 762	4 980	2 622.18	7 999	30 226	2 612	485.00	1 290.93	…
七月	3 329	6 173	3 161.84	10 858.25	41 286	1 992	685.88	1 154.13	…
八月	3 835	3 846	2 693.75	6 710	25 076	1 996	395.50	1 716.29	…

续 表

	米(袋)	麦(袋)	蔬菜(担)	油(磅)	盐(磅)	豆(袋)	煤(吨)	火柴(担)	玉米(袋)
九月	4 356	2 713	1 899.23	4 452	16 005	1 804	320.12	260.75	…
十月	3 902	2 565	891.67	3 771	14 780	226	208.50	2.43	3 896
总计	66 611	54 410	31 676.47	86 243.35	330 380.8	20 105	5 821.00	14 478.60	3 896

注：一月包括二十六年十二月在内。

米(袋)	麦(袋)	蔬菜(担)	油(磅)	盐(磅)	豆(袋)	煤(吨)	火柴(担)	玉米(袋)
上海难民救济分会								
28 643	22 280	13 181.98	36 162.5	138 420.3	8 528	2 433.38	8 474.12	956
上海慈善团体联合救灾会								
17 540	2 1031	9 808.44	26 010.6	99 007	6 125	1 697.37	4 213.07	1 724
上海国际救济会								
10 915	5 584	5 062.77	13 106	53 294.5	2 694	927.62	331.55	661
世界红卍字会								
1 675	1 293	745.42	2 069	7 741	500	147.88	596.42	…
祇园莲社								
248	182	119.65	326	1 272	55	19.50	103.10	…
中华黄卍字会								
161	115	68.20	197	729	38	12.00	62.17	…
尊圣善会								
338	274	172.60	466	1 683	116	30.12	139.00	11
广东旅沪同乡救济委员会								
4 361	2 189	1 587.60	5 616	19 955	1 270	370.50	218.61	464
镇丹金溧扬五县同乡救济委员会								
245	156	111.56	321	1 221	64	21.75	92.02	16
江宁六县公所								
728	671	451.76	1 093	3 719	214	76.63	25.04	…
至圣善院								
281	232	118.83	366	1 393	88	25.63	76.91	38
上海市第一特区联合会								
97	96	45.68	141	525	40	8.50	35.65	19

续　表

米(袋)	麦(袋)	蔬菜(担)	油(磅)	盐(磅)	豆(袋)	煤(吨)	火柴(担)	玉米(袋)
中华慈幼协会								
223	198	108.49	320	1240	49	21.25	82.67	…
难民产妇医院								
39	6	7.95	19	72	8	2.37	6.33	…
救世军收容所								
…	…	47.00	…	…	…	…	…	…
同仁医院								
…	…	…	…	…	8	…	…	…
第五收容所难民医院								
…	5	…	…	…	…	…	…	…
上海难童营养委员会								
…	1	…	…	…	…	10.00	…	…
难民工艺所								
…	14	…	…	…	…	…	…	…
广仁医院								
1	…	…	…	…	…	…	…	…
上海国际救济会医院								
10	…	…	…	…	…	…	…	…
上海难童中学校								
22	16	8.94	26	94	11	2.00	4.92	7
上海南市难民区								
940	…	…	…	…	246	…	…	…
育婴堂								
5	…	…	…	…	…	…	…	…
同仁第二难民医院								
100	…	…	…	…	…	…	…	…
上海女青年会								
37	80	27.79	…	…	21	4.00	15.71	…

续 表

米(袋)	麦(袋)	蔬菜(担)	油(磅)	盐(磅)	豆(袋)	煤(吨)	火柴(担)	玉米(袋)
庇寒所								
4	5	1.81	4.25	15	1	.50	1.31	…
难婴收容所								
…	…	…	…	…	…	10.00	…	…
总 计								
66 611	54 410	31 676.47	86 243.35	330 380.8	20 105	5 821.00	14 478.60	3 896

原载《上海国际红十字会报告》,上海图书馆藏书,旧档信字号第一〇九号

报 告 书

中国红十字会 上海国际委员会 视察组(民国二十七年七月至十月)

报告书目录

收容所应需改善各点

经费

志谢

附录

(一) 收容所及收容人数(附统计表及地图)

(二) 收容所标准

(三) 难民医院

(四) 被给奖凭各收容所

(五) 供特种用途之收容所

(六) 收容所应需改善各点

(七) 监察员须知纲要

上海国际红十字会难民收容所管理组特别指导团职员姓名录

收容所管理组

组长	达　杜先生
总干事	李广诚先生
干事	孙孟刚先生
义务干事	何文安先生

特别指导团

义务指导长	派金斯先生
指导长	徐润勋先生
义务指导员	巴秀珍女士
指导员	俞国尧先生
指导长业已辞职	李良鹏先生
区指导	俞翼青先生
区指导	陈国庠先生
区指导	史丹莹先生
区指导	赵　懿先生
助理指导	朱云峰先生
助理指导	姚福民先生
助理指导	吴仁忠先生

助理指导　　　苏盛茂先生
助理指导　　　陈康夫先生
助理指导　　　姚肇高先生
助理指导　　　平洪兴先生
助理指导　　　冯懋华先生

导　言

上海国际红十字会二十六年十月至二十八年三月报告书中关于视察委员会有后列之记载：

视察委员会

难民收容所中生活情形各所迥不相同，并不一致，此在各界人士对于各处难民情形略有认识者，即能见到。查收容所中有数处情形极欠满意，大都系因坐落地点及房屋不适宜之故。惟各所缺少秩序或竟致发生营私舞弊情事，实系管理收容所之人员不善措理所致。因此本会组织视察队随时赴各所视察，以图改善一切。惟视察员在各收容所中并无权力，只能随时细心查察，有无应需改善之点，或办法妥善值得他所效法之点，均分别为之记录，然后由各员集合讨论，迨意见一致后，由会分别致函有关善团请为注意。核办以后，该收容所之如何改进，则纯由有关善团自行办理。此种协力办法颇有成效，历来有多所业已照为改善，尚有数所则因管理人员不甚称职，经会通知，善团予以更换。视察人员尚有应办之职务一种，盖善团中颇有请红十字会作经济上之援助者，该善团之资望以及办事情形究竟何若，次由视察员前往调查，嗣后视察委员会改为监视委员会。除办理以上所述各项职务外，复担任调查各所措理食粮情形，点查给养难民人数。救济团体中如有可疑者，则查阅其凭照，曾将假冒慈善机关人员报告捕房，予以取缔，俾公众对真正慈善团体之信任心由此益为增加。

孙孟刚先生对于二十七年七月至十月及二十七年十一月至二十八年四月两个时期曾具报告如后。

救济难民工作头绪纷繁，历来经过各项事实与夫计算所得数字似均值得予以记录，同人兹依据以前与各方实地接触情形以及闻及所及编印报告书，俾捐输善款，诸君可藉此得悉救济工作之经过详情，向乐善各界亦可随时披览，以供参考之用。

孙先生担任义务工作甚著动劳，其报告书中尚有后开一节，余极表同意。

在以前数月中，本团除例赴各收容所视察外，对于各所赤贫难民更勉力随时设法作初步救济，已办各端，计如后开：

（一）难民分拆；

（二）工艺调查；

（三）向职业介绍所登记失业厂工；

（四）提创设立自给所供自给难民居住；

（五）提创职业训练及其他善后方法以期最后解决难民问题。

以上各端仍望各善团继续推行，直至救济难民问题完全解决为止。

截止本年十月底据报，上海现共有难民收容所七十九处，共收容难民六万五千九百四十六人。以后端赖各方热诚，继续救济。兹值本团事务结束之际，谨具报告书如后。再者杜达先生及毛立瑡旅长所编制之难民收容所监察员须知纲要，内容完备，兹谨刊入本报告之附录中，以供各界浏览。

二十七年十月三十一日 孙孟刚
一千九百三十九年四月 杜　达　序于中国上海

上海国际红十字会难民收容所管理组特别指导团

民国二十七年七月至十月份报告书

组　　织

本团系于民国二十七年七月间，由上海国际红十字会难民收容所管理组发起成立。全团职员名称及人数如后：

总干事—— 一

干事—— 一

义务干事—— 一

义务指导长—— 一

义务指导—— 一

区指导—— 四

助理指导—— 八

合作员—— 四

组织系统以图式表明如后：

上海红十字会难民收容所管理组

|

组长

|

特别指导团

| | |

义务指导　指导长　干事

|

指导区

|

助理指导

合作员系由慈联总会及分会派来本团担任监察等职务。

职　　务

特别指导团承办职务如后：

（一）视察各难民收容所；

（二）随时与主管善团之区监察员尽量合作；

（三）实地商讨妥善办法，商由各收容所主任及善团监察员推行，使收容所内容随时改善。

视 察 区 域

视察区域以公共租界、法租界以及越界筑路等处为范围，全区再划分为中、北、西、南四区，每区各由区指导一员及助理指导四员担任视察工作。

收容所及收容人数

据调查报告，上海于二十七年八月间，共设有收容所一百四十八所，收容难民共八万一千八百四十八人，南市难民区内人数尚不在内。至九月间，则收容所已减至九十六所，难民人数亦减为七万二千一百零九人。迨十月杪，因延平路、昌平路等处设立新收容所，复因尚有其他原因致原有收容所减至七十九所，仍归十二发起团体管辖，共收容难民六万五千九百四十六人，关于收容所及收容难民人数请参阅附录(一)。

收 容 所 标 准

收容所标准系本会视察部威廉士博士所拟定，为甲种标准及基本标准共两种。每种各包含总纲七项、细目三十项，根本标准之七项总纲如后：

（一）居住；（二）饭食；（三）衣被；（四）健康；（五）卫生及清洁；（六）组织及登记办法；（七）训练。

凡收容所须对于基本标准之各项条件完全合格，方得升至甲种标准，关于甲种标准则系于第七项训练栏内添加活动一门,收容所标准请参阅附录(二)。

给养标准及效用

红十字会规定每难民一百人每天给养如后:

米六十五磅　　麦十磅　　豆类十二磅

蔬菜十四磅　　油三分之一磅　　盐一、三分之一磅

柴十三磅　　煤五十三磅

至七月间又经修改如后:

米五十磅　　麦十磅　　豆类二十二磅

蔬菜十四磅　　油三分之一磅　　盐一、三分之一磅

柴三磅　　煤四十三磅

至九月间以玉蜀黍代替麦类,迨十月间则豆类亦以玉蜀黍代之,饭菜所生效用列表如后:

饭菜 效用	玉蜀黍	米	大豆	麦
脂肪	四·四	○·三五	一·八一	一·四
热量	三七四	三三九	三三三	三四五

难民之食衣住

食

慈联总会收容所多数系由民生食堂承办饭食,每日干饭两餐。此外,其他如慈联分会等所属收容所,均系在所自炊,大都每日一粥一饭。

难民中患病者及营养不足儿童尚须给以其他食品,例如儿童则给以亨利夫人及李女士所办乳厂出品之豆浆及豆饼,至营养不足之婴孩及残废者则以慕尔堂供给之牛乳饮之,至收容所内儿童之营养之不足者则食以工部局洛克博士经手交来之挪威领事馆所捐赠之鱼肝油。

衣

截至二十七年十月底止,业由施衣委员会发给难民衣服五十八万三千一百三十六件,慈联总会发给所属各收容所难民之衣服尚不在内。

住

关于难民居住问题,办理颇感困难。有收容所多处,其中房屋被房主指为擅

占,尤以中区一带为多。嗣经难民收容所移转委员会与各主管善团会同措理之结果,将前述各收容所于十月间移至延平路及昌平路,此外尚有收容所十三所,已经列入工部局之移转表中,不久便可迁移他处。

收容所占用之房屋大都敝旧,急待修理,尤以屋漏及沟渠阻塞之处为多。除实属不堪再行修缮之处外,其余均经红十字会克洛夫特博士及斯迈尔先生先后主持之难民居住委员会修葺完整。

难民之健康问题

医务委员会历来最注意难民健康问题,难民遇有疾病,除随时施诊给药外,复成立难民医院十四所,分别病情予以治疗,计普通症八所,传染病二所,小儿科二所,妇科及产科二所,关于难民医院请参阅附录(三)。

工部局卫生处历来督察收容所内诊疗所以及卫生设备如沟渠及自来水等,复承将所内消毒及与难民施种牛痘,法捕房卫生处相助于法租界施种牛痘及注射防疫针,中华医药会设置巡回诊疗队,并承将除虱器相借,又承中国药厂慨捐除虫药粉二千磅,以供收容所除虱及消毒之用,均属嘉惠灾黎,仁风堪钦。

职业及教育

职业

经职业介绍所之努力,难民中已有一千一百人获到职业,多数系被雇于棉花厂及丝厂。其中有五百三十七人系于十月间被雇一个月中救济失业最高之数。

教育

关于教育难民事宜,经教育委员会编印讲义,一种名《上海难民教育》,共分三部,一曰儿童教育,一曰成人教育,一曰职业教育。在二十七年九月间,列班上课者,计有儿童一万一千一百九十八人及成人二千七百五十三人,未曾列班上课者,计儿童一千五百零七人及成人四千零五十四人。

视察工作

视察收容所　特别指导团之实地视察工作系于八月一日开始,经将各收容所分别登记于视察表内,计分“甲”“乙”“丙”三等。凡属于甲等,每周视察一次,乙等每周二次,至丙等则每日一次。在初计有丙等收容所三十一所,经管理组指派指导员负责改善,迨十月杪,此三十一所已有二十一所获有相当进步,升为乙等。再丙等收容所除规定视察外,复经委派助理指导数员,每日轮流驻所约三小时,藉资帮助管理。

点查难民人数

各指导员为核对收容所实在收容难民人数起见,先后于夜间或于用膳时,在各所查点人数十一次。

难民纠察队及委员会

多数收容所中准由难民组织纠察队及委员会办理所中警卫清洁以及分配食物等事,颇有成效。

难 民 分 析

各收容所中难民经本团分为赤贫、勉可支持、力能自活及自愿离所四类,在被调查之七万七千八百五十六人中属于赤贫者,多过全数之半。

工 艺 调 查

在一百另二所收容所中举行工艺调查难民中,失业工人共一万四千二百六十八人,占有各种不同职业八十五种,以农业占最多数。

团内办事规程

报告文件　视察日报系由各助理指导员以日记体裁编报,再由区指导将各日报中应行注意各件汇编周报,每周呈报收容所管理组组长一次。随时如有特别事故,则由区指导编造特别报告。各区指导所造送之周报,由干事核阅摘要,整理后送请收容[所]管理组组长鉴核裁决。在以往三个月内除日报外,计有特别报告六十九件,周报五十八件,周汇报十三件,均存团备查。

会 议 及 演 讲

各区指导每星期一早晨集会一次,讨论一切并互相报告视察情形。每次会议纪录均经分送各主管善团阅看,藉悉内容。各助理指导于每周上午九时在会集会,九时半散,后分别外出工作,每逢助理指导集会时,均经邀请专家及富有经验之慈善事业家演讲收容所管理方法、视察方法等藉资法效。在以往三个月中举行区指导会议十五次及演讲二十次。

办有成效事项

一、节省饭食费

各收容所内之粮食账册及实存数量,均经指导员随时详密查核,结果节省食粮柴火费共五千七百六十三元七角四分。

二、减少难民人数

指导团在以往数月中迭次赴收容所点查难民人数,结果计将难民人数减少四千三百七十九人。

三、改善饭食

查慈联分会各收容所中饭食以前各有不同,大别为四类如下:

(一)每日一粥一饭;(二)每日两粥;(三)每两日中一饭三粥;(四)不定时日干饭一次。嗣经各指导员之努力,将各所内冗员及其附带人口力事减少,结果各所饭食得以改善,例如每日向供稀粥二餐者,视已多数改进为一饭一粥。

四、纠革弊端

收容所中有数所曾被查觉有舞弊情事,其中有案三起,牵涉四个收容所,业经先后将有关人等分别送交法院审理,各该收容所主任及办事人等均经按情罪轻重判决监禁,为期六个月至三年不等。

五、监同迁移收容所

各收容所之迁移者在十月间计共有三十所,每次迁移均有指导员前往监视,相助为理,效果甚佳。盖迁移之前指导员即前赴该所查看是否实在,随即将所内剩存食粮查明登记,报告食粮管理局,由局通知转运公司放车,将余剩食粮运回。指导员须在候待汽车到来,一面注意看守食粮以防偷窃,直至车到起货,由食粮管理局发给收据与收容所后,方始事竣。而收容所之迁移,有时极为急遽,竟有随时通知,随时须立即迁移者,若遇此种情形则指导员赴所措置各项应办事宜,时间短促,刻不容缓,非异常敏捷,不足以资应付,所幸历次迁移剩存食粮,从未据报有遗失短少情事,设非办理得宜,未易臻此。

六、改良管理

各收容所中有数所之主任人员遇事武断,对于改良所务不肯合作。后有数所大都系在北区者,所容难民中颇有犷悍不驯之徒,在初遇事生风,极难御制,幸经派金司先生、巴秀珍女士及其他指导员等与各主管善团及工部局合力纠正,始有显著之改善。至九月杪,视察表册中所登到之收容所,九十六所中已有七十九所到达规定标准,各该所主任均经奖以奖凭,以旌其劳,关于颁给奖凭事,请参阅附录(四)。

供特种用途之收容所

截止七月杪,所有七十九收容所中,计有十六所系供特别用途者,分别开列如后:

七所收容儿童

二所收容妇孺

三所收容自给难民

一所收容老年

一所收容残废

一所收容乞丐

一所收容备遣难民

关于供特种用途之收容所，请参阅附录(五)。

收容所应需改善各点

各收容所经实地分别视察后，经发现种种缺点，是项缺点除业已纠正改善者外，有数点尚待改正。关于收容所应需改善各点，请参阅附录(六)。

视察团经费

本团经费因义务人员及华洋义赈会诸君均愿尽义务，其余职员薪津亦极微薄。总计七月至十月三个月中，仅开支约国币二千元，与红十字会杂项开支数相较为百分之九弱，与总开支数相较则约系百分之〇・〇八。

志　谢

本团义务[指]导长派金司先生不惮艰阻，解决收容所困难问题多端。义务指导巴秀珍女士襄助改良所务，各主管善团遇事热诚合作，华洋义赈会李广诚先生竭诚翊助本团不遗余力，均造福灾民极可感荷。再者，中国公共汽车公司、上海电车公司、泰来汽车公司等对于本团指导员出外公干时乘坐汽车概免收费，并此志谢。

附录一

收容所及收容人数表

收容所号数或名称	地　址	等级	收容人数
中　区			
慈联总会第一收容所	宁波路五百四十号	甲	二百六十人
慈联总会第三收容所	汉口路一百三十一号后门	甲	四百八十一人
慈联总会第十二收容所		乙	九十三人
慈联总会第二十三收容所	河南路二十六号至卅号	乙	三百五十人
慈联总会第二十五收容所	福建路八十四号	乙	四百六十人
慈联总会第二十六所(备回籍)	南京路三百五十号至三百六十号	丙	六百二十三人
慈联总会第三十收容所	宁波路一百九十号	甲	六百零四人

续 表

收容所号数或名称	地　址	等级	收容人数
慈联总会第三十一收容所	南京路二百十二号	甲	四百七十二人
慈联总会第三十二收容所	河南路三六三号至三六七号	乙	三百零七人
慈联总会第三十三收容所	天津路二十五号至卅七号	乙	三百十七人
慈联总会第三十六收容所	江西路三百零五号	甲	二百八十人
第一庇寒所	四川路四百四十三号	乙	一百九十八人
北　区			
慈联总会第七十一收容所	北河南路四百六十七号	乙	三百零九人
慈联总会第七十四收容所	北河南路五十四号中国商会	乙	一千零八十三人
慈联总会第七十五收容所	崇明路八十五号至一百十九号及天潼路四七八弄十号及五十二号	甲	一千四百二十二人
慈联总会第七十九收容所	汕头路四号	乙	七百六十五人
慈联总会第七十七收容所	北福建路三百卅号	乙	二百人
慈联总会第八十一收容所	开封路二一零弄九号	甲	七百十六人
慈联总会第八十五收容所	北浙江路二一五弄八号及十五号	甲	三百四十三人
慈联总会第八十六收容所	北山、西路五六八弄三号、十号、十九号、廿三号，五五六弄五号，五七六弄十三号	乙	七百七十一人
慈联总会第八十七收容所	北浙江路一七二号对面公墓	甲	四千五百四十一人
慈联总会第八十八收容所	老董家弄一零六弄一号、一三六弄十一号，七浦路四二七弄卅三号	乙	二百四十七人
慈联总会第八十九收容所		甲	一百五十三人
慈联分会第一收容所	文监师路七百三十号	甲	一千四百五十八人
慈联分会第十九收容所	靶子路五百廿七号	甲	九百六十七人
慈联分会第四十收容所	北河南路三号	乙	一千二百四十三人
慈联分会第四十三收容所	北西藏路二百四十号	乙	一千零九十人
广慈第二	文监司路八百五十四号	乙	二千四百三十三人
国际第六	海宁路六百五十二号对面	甲	一百六十二人

续　表

收容所号数或名称	地　址	等级	收容人数
西　区			
慈联总会第五十一收容所	北成都路九百七十九号	丙	七百卅五人
慈联总会第五十二收容所	爱文义路一四零零弄五十号	乙	三百零一人
慈联总会第五十三收容所	爱文义路一千一百十七号对门	乙	五百零八人
慈联总会第五十六收容所	劳勃生路四二零七号	乙	三百八十六人
慈联总会第五十七收容所	北成都路九百七十九号	乙	三百零一人
慈联总会第五十八收容所	新闸路麦特赫司脱路清凉寺	丙	三千一百廿一人
慈联总会第六十二收容所	平南路二百八十号	甲	六百三十五人
慈联总会第六十四收容所	爱文义路一千一百廿五号	乙	三百廿八人
慈联总会第六十五收容所	延平路	甲	一千一百四八人
慈联总会第六十六收容所	延平路		一千三百五十人
慈联分会第三收容所	白理南路四百七十八号		三百九十九人
慈联分会第十一收容所	赫德路二千七百四十六号	丙	七百九十五人
慈联分会第十二收容所	愚园路	甲	一百七十六人
慈联分会第二十八收容所	胶州路新嘉[加]坡路	乙	一千六百零七人
慈联分会第三十收容所	康脑脱路一一零七号对门	乙	三百五十二人
慈联分会第三十一收容所	极司斐而路十一号	丙	四百十二人
慈联分会第三十二收容所	康脑脱路一百六十八号	乙	五百卅三人
慈联分会第三十三收容所	极司斐而路九十九号	丙	三百五十六人
慈联分会第三十四收容所	劳勃生路一百十号	丙	三百五十六人
慈联分会第三十六收容所	劳勃生路三百八十号	乙	四百廿四人
慈联分会第三十九收容所	戈登路五百六十七号对门	乙	九百五十五人
慈联分会　　收容所	延平路昌平路第九号地基		二千五百三十五人
慈联分会　　收容所	延平路昌平路十六号地基		一千四百零九人
	康脑脱路一千一百零七号	甲	一百十人
	卡德路二百六十六号	甲	五十七人
难童收容所	极司斐而路一百八十一号	甲	六百廿四人
难童中学	康脑脱路一百六十八号徐园		一百零六人
江宁收容所	新闸路五百零八号	丙	一千四百四十八人

续 表

收容所号数或名称	地　　址	等级	收容人数
广慈第一	新闻路一零一八弄五十号	丙	四千二百六十三人
	武定路九百八十四号	甲	二百六十八人
市民联合会	小沙渡路一千二百六十号	甲	一百九十七人
宝山收容所	静安寺路一千六百九十一号	乙	一百零四人
红卍字收容所	静安寺路一千六百八十六号	丙	一百六十人
至圣善院	极司斐而路一百卅五号	乙	二百五十一人
南　　区			
法藏寺	茄勒路二百七十一号	乙	三百九十八人
慈联总会第四十二所收容所(难童)	南浙江路九十二号	甲	二百七十人
慈联总会第四十五收容所	巨泼来司路七十八号	甲	一百十七人
慈联总会第五十五所徐汇中学	徐家汇	甲	三千五百四十七人
慈联总会第五十九收容所	大西路五十号	甲	三十人
慈联分会第五收容所	徐家汇	乙	四百九十九人
慈联分会第十五收容所	海格路六百八十号	甲	一百七十六人
慈联分会第十六收容所	虹桥路	乙	二百八十九人
慈联分会第廿五收容所	安和寺路七百八十七号	乙	二百卅六人
慈联分会第四十二收容所	东镇路六十五号	乙	六百四十六人
慈联分会第四十五收容所	徐家汇路六百廿二号	乙	三百六十一人
慈联分会第五十三收容所	通汇路	乙	七百卅八人
慈联分会第五十六收容所	虹桥路	乙	四百零三人
慈联分会第五十八收容所	大西路	乙	五百六十七人
五县	蒲石路	甲	三百零二人
国际第一	马斯南路	甲	一千九百五十一人
国际第二	西爱咸斯路五百五十五号	甲	七千九百九十五人

附录二

难民收容所最低设备标准

一、收容所之房屋与设备

(1) 该房屋须无破漏而门窗须能遮蔽风雨若为特建之竹棚须在棚之里面涂泥

或褙纸用以抵御风雨

(2) 卧床须与泥地或湿地板有相当之距离

(3) 须有充分之日光与空气

(4) 楼上地板须极坚固可当难民重量(最佳能供席)地土宜高而易排水

二、粮食

(5) 粮食须炊或煮至于适当之处并须按量分予

(6) 每餐须有定时食物须热

(7) 豆浆应按时尽量供给乳母与儿童

(8) 开水须足用

三、衣服

(9) 每人须有一套棉衣棉裤及换洗之内衣

(10) 床之下面须有稻草或棉

(11) 每二人至少须有棉被一条

(12) 收容所所长须随时留心稽查所内难民之衣服是否足用并将是项情形报告

四、健康

(13) 所有疾病须即时报告办事室并在办事室公布之

(14) 难民有病须经医生即时并有定时诊视之

(15) 传染病者须另房居住或送往医院

(16) 重病者亦须送往医院

五、清洁卫生

(17) 所内各房及各处地板道路俱应使之清洁

(18) 应有充分清水以为洗涤之用

(19) 水沟要流通勿使积水储留

(20) 厕所及粪桶应每日清除保守清洁

六、组织法与登记法

(21) 所内之重要职务应分组管理每组由组长负责

(22) 各段各房应有段长或房长负责

(23) 所长应每日在所负总指挥与联络工作

(24) 所内难民人数每日应有极准确之登记

(25) 将所收到之食物品分量及如何分用详细登记之

(26) 收容所中之职员莱贴者每一百个难民中不可过一人余类推

七、训练

(27) 收容所应为难民规划每日运动之秩序(至少每日须有步行运动)

(28) 所中应有警卫之组织以维秩序并保公私财物

(29) 难民须得准许方得离所出入所门须执行凭证

(30) 所内不准私自烹煮食物

难民收容所甲种较好设备标准

收容所须先具备最低设备之条件,始得讲求甲种(较好)之设备:

一、收容所之房屋

(1) 除作卧室外须有设备处所可作课室及游戏活动场所

(2) 卧房须留有一列之地可供人出入之用

(3) 卧房及走廊夜间须各有小灯一个

(4) 每人须有十二方尺之地位卧床

(5) 须有合式办公之场所

二、粮食

(6) 失养之小孩须给以补品如牛乳等

(7) 炉灶须有烟囱厨房须清洁干燥并须具备处置污水之处所

(8) 对于预备及分给粮食应督使其清洁

三、衣服

(9) 每人俱须有鞋及洗换之内衣

(10) 每人须有棉被一条惟小孩则可二人共用一条

四、健康

(11) 实行全体种痘至少须使十分之八种痘

(12) 应具备急救药品及经训练之人员

(13) 须知孤儿老人残废之收养所肺病之疗养所及产妇之医院各设在何处

五、清洁卫生

(14) 沐浴之设备或机会及洗衣之设备

(15) 每五十人须有粪桶一个高十八英寸口径二十英寸

(16) 厨房须与厕所远隔

(17) 厕所须有门可关男女之厕所须分开

(18) 收容所须保守清洁并将所内之垃圾煤灰及残屑按时清洁

(19) 粪桶厕所水沟及污湿之处须常洒臭药水或石灰

(20) 铺盖须每星期晒日光一次并每日须将卧房窗户开启通气

六、组织与表格之登记

(21) 办理收容所须使其有有效之进步并须随时研究改善办法

(22) 上海国际红十字会负责职员及医师之姓名通讯处应存记于办事处以免临时周章

(23) 须将每个难民有关之重要项目详细制成表格登记之

(24) 每晚应稽查本所难民之人数

(25) 按公定账单之格式将每月收支及各项工作制备报告书

七、各项运动

(26) 学龄儿童至少须有四分之三上课

(27) 须为成人组织特别班

(28) 收容所之难民须组织自助会及规划手工业

(29) 每收容所至少须举行以下各项活动之一项如唱歌游戏及宗教之秩序

(30) 每星期须有一次火警之训练如预防救火及遇火警时如何逃避

附录三

难民医院表

医院名称	地　　址	电话号数	附注
红十字会第一难民医院	海格路四百六十七号	二〇八〇六	收拾普通病人
红十字会第二难民医院	祈齐路一百七十二号	七四五六六	同　前
难民医院	北西藏路二百四十号	四六六四〇	同　前
同仁第二医院	白理南路卅七号	二一八四五	同　前
广慈第二医院	吕班路一百四十九号	八一五七〇	同　前
国际难民医院	虹桥路三百四十九号	七〇〇四五	同　前
劳工医院	小沙渡路一千号	三五四七五	同　前
新闸难民医院	新闸路九百八十六号至一零四二号	三四一二一	同　前
肺病医院	白理南路卅七号		收治传染病症
肺病疗养院	白理南路卅五号	二二六一八	同　前

续 表

医院名称	地　　址	电话号数	附注
难民婴儿临时医院	威海卫路七百三十七号	三六八一一	收治儿童
难民儿童医院	慕尔鸣路六十五号	三七八四四	同　前
广仁医院分院	愚园路八百三十八号	二〇六九〇	收治妇科产科
产科医院	劳勃生路一百十号	二〇八一一	同　前

附录四

获颁奖状各收容所

善　团	奖状数目			收容所数目	备　注
	甲等	乙等	丙等		
慈联总会	十五	二十	三	三十八	
慈联分会	八	十三	七	二十八	
国　际	三			三	国际救济会
难童收容所	一			一	
市　联	一			一	
上海基督教联合会	一			一	
太嘉宝孤儿院		一		一	
至　圣		一		一	至圣善院
宝　山		一		一	宝山难民救济会
世界红卍字会			一	一	
六　县		一		一	江宁六县同乡会
五　县	一			一	五县同乡会
广　慈			一	一	广东难民救济会
总　计	三十	三十七	十二	七十九	

附录五

特种收容所一览表

主持善团	收容所号数或名称	用途	备　注
慈联	二十六	备遣	
同前	七十二	乞丐	第一庇寒所

续　表

主 持 善 团	收容所号数或名称	用途	备　注
同前	八十九	老年	
同前	八十八	残废	
同前	五十八	自给	第一自给所
同前	七十七	同前	第二自给所
同前	十二	同前	第三自给所
同前	卅三	难童	
同前	四十四	同前	
中国妇女联合会	难童收容所	难童	
太仓嘉定宝山同乡会	孤儿收容所	孤儿	
慈幼会	难童中学	难童	
慈联总会	四十五	孤儿	
慈幼会	难童收容所	难童	
女青年会	十二	妇孺	
慈联总会	五十七(新安)	同前	
钟夫人主办之孤儿院不在本表内			

附录六

收容所应需改善各点

管理

(一) 主任遇事武断

(二) 主任不称职

(三) 主任不肯合作

(四) 办事人员常不到所

(五) 主任眷属戚友占居房屋侵用难民食粮

(六) 冗员

(七) 职员不诚实或欠灵敏

(八) 未组织难民纠察队或委员会

(九) 难民并未分类

(十) 未将难民登记

(十一) 未实行请假制度

食品

(十二) 收进物品并未登账

(十三) 实存物品数目与报告单数目不符

(十四) 积存物品过多

(十五) 耗废[费]物品

(十六) 遗失物品或非法搬移

(十七) 发与厨司之物品并未过秤

(十八) 混合食品并未依照规定比例制备

(十九) 贮物房潮湿不通空气

煤及木柴

(二十) 未曾燃尽

(廿一) 出售烧过一半之煤

油及盐

(廿二) 分配不适当

(廿三) 仅职员及所役有用难民无份

饭食

(廿四) 食物不清洁烹煮不适当

(廿五) 食物分量分配不适当

(廿六) 耗废[费]食物或私自出售

(廿七) 职员食品较难民所食为佳

厨房

(廿八) 地点不适宜

(廿九) 不洁净

(三十) 用具不合适

住屋

(卅一) 屋顶门窗及墙壁漏水

(卅二) 光线及空气不充足

(卅三) 睡室人太拥挤

(卅四) 睡处并未垫高

(卅五) 便桶不适用

(卅六) 便桶倾洗不清洁

(卅七) 垃圾不按时清除

(卅八) 房间内外每日不打扫清洁

(卅九) 无洗浴及洗衣之设备

(四十) 阴沟阻塞或所中不设阴沟

原载《中国红十字会上海国际委员会视察组报告书》,
上海图书馆藏,馆藏档案号 343722

中华医学会会务报告

本会在非常时期工作剧增中,蒙黄子方医师出其全日时间,担任本会医务干事,理事会认为深堪庆幸。黄氏自十二月一日起,于此后六个月期间,办理本会之非常时期工作。在中华医学会及上海国际红十字会之下,黄氏现主持支配医务人员之工作;同时兼为国际红十字会主持难民医院事务;关于此类事务,中华医学会正与国际红十字会合作。黄氏除继续掌理本会公共卫生委员会及隶属该委[员]会之各小组事务外,现兼理隶属本会之各种学术研究委员会(学会)事务。

本会医务干事兼教会医事委员会秘书王吉民医师,原定于新年之前将留莫干山,现出吾人意料之外,提前于十二月一日返沪,即时执行职务。际此非常时期,王氏担任联络各教会医院之工作,同时担任本会出版委员会之驻沪代表,并主持各地支会事务。

本会关于征集及分发医药材料之工作,不因时局变化及交通困难而中止。截至撰述本报告时,仍有大批药物,经宁波送达汉口,经青岛送往济南。杭州方面,在国际红十字会之下,本会苏达立医师(Dr. S. D. Sturton)已从事组织医院。宁波方面,Dr. Thomas 任本会经理人,由其用卡车将药物运往杭州。济南方面,江清医师及 Dr. L. M. Ingle 继续留该地工作,兼本会分发医药材料之特约经理人。青岛方面之分发药物事宜,则由 Dr. R. T. Shields 负责。本会香港支会,现由旧金山、檀香山、伦敦等地运到大批医药材料。在本会上海总会之支配下,各种医药材料分运杭州、青岛等地之特约经理人。此后运送上海之物,仅限供给难民之旧衣而已。

由于军事变化关系,本会之苏州、武进、南京等支会,不得不暂时迁移。苏州、武进二支会及苏州博习医院福音医院之职员,现已迁往南昌,南京会员,现已集中汉口。虽有上述种种变更,但本会工作,仍利用种种机会继续推进。各种杂志及出版物,继续刊行。各地支会在可能范围内继续举行集会。

原载《中华医学杂志》1938年第24卷第1期

上海国际救济会两个月工作报告

上海国际救济会发表两月来工作报告,本会成立两月,为时虽暂,但以过去工作而论,殊有向各界报告之必要,爰述其梗概如下:

成立经过

自卢沟桥事变,平津失守,淞沪一带风声鹤唳,一日数惊,上海华洋义赈会因于八月四日举行董事会,提出讨论,以为战事一旦爆发,则战区人民,势必流离失所,为人道主义着想,极应予以拯救,故当时公决,联合有关系之各慈善团体通力合作,由该会顾吉生、陆伯鸿、朱吟江、饶家驹、柏韵士等五君负责向各善团先事接洽。翌日各团体应邀而至,乃举行联席会议。出席者中国红十字会、上海华洋义赈会、上海慈善团体联合救灾会、中国济生会、世界红卍字会、中华公教进行会等六团体代表十一人。查沪上慈善机关甚多,殊少联系,今则同聚一室,共谋救济,此种合作精神,弥足欣慰。是日经各团体议决,为应时势之需要,合组"上海国际救济会",邀请各国领事,各国商会及上海其他正式团体,共同参加,筹备组织一切事宜。八月十日本会开第一次谈话会,缘上次会议曾决定电询天津万国救济会救济天津难民情形,今已获得复电,摘绎如次:"本会施赈范围,暂定特一区,联络救世军办理难民收容、医药卫生及遣散、给粮等事,至特三区及其他各区容后设法,目下灾民难以统计,城内另有中国慈善机关办理,粮食缺少,实为将来绝大问题",当时出席代表以据该会来电,所云粮食缺少问题,颇多讨论。卒以交通阻断,无法运输,经议决先凑集款项汇往天津,交该会援救难民。各团体分担之数目,计上海慈善团体联合救灾会一万元、中国红十字会一万元、上海华洋义赈会一万元、中国济生会五千元、世界红卍字会、中华公教进行会合五千元,以上共计四万元。八月十三日假银行公会开成立大会,出席者除原有六团体外,又加入中国佛教会、上海青年会、法国商会傅立德君、前英租界工部局总办钟思君。是日适逢沪战重行爆发,人心慌乱,达于极点,但各团体代表均知其任务之重要,大半准时报到。当经公推关絅之君为临时主席,讨论修正本会章程,并推举奥尔、柏韵士、钟思、饶家驹、傅立德、王一亭、宋汉章、陆干臣、李规庸、屈文六等十人为常务委员。嗣于八月十八日之常务委员会,互推屈文六、奥尔为本会会长。又按会章规定,设下列各组:(一)总务组。关于文书、会计、庶务及不属他组之事皆属之。主任李规庸,副主任陆干臣、欧永康。(二)救济组。关于调查设计赈济等事皆属之。主任马瑞山,副主任饶家驹、柏韵士。(三)经济组。关于筹集款项,物品、稽核、出纳等事皆属之。主任宋汉章,副主任钟思、陆伯鸿。此外并在上海华洋义赈会调用干事数人,办理文书、会计、庶务等事,以节经费。其办公地点,以战事关系,改设八仙桥青年会三百十八号。

工作概况

(一)救战区难民——日军当局以虹口租界为作战根据地,居民猝不及防,不获出险者,为数甚多。本会救济组饶家驹司铎特率员前往营救两次。查有亲属可依者,用汽车送至外白渡桥;无依靠者,送至本会收容所。惜因军事牵制,未能尽量援救。又有方自火线逃出之太嘉宝难民,因租界当局不准难民入境,在北新泾进退维谷,露宿风餐,惨凄万状,更以飞机投弹,在在发生危险,乃商同饶司铎,向法租界当局疏通引入,安插于本会之各收容所。查本会对于营救战区难民,颇具一番苦心。如请领事团要求日当局作彻底之营救,但结果竟未如愿。因此在本会已经登记之待救民众二千余人,只得委托英租界工部局得便援救。然老弱难民,藉此出险者,经事后调查,其数亦在千人以上。

(二)难民收容所——本会设有收容所三处,约可容纳难民八千人。每月经费约二万三千元。第一收容所主任饶家驹、顾吉生;总干事黄定慧、姚潜修及卢家湾圣彼得堂诸君。第二收容所主任马瑞山、白克礼;总干事杜保田及救世军诸君。第三收容所主任杨益惠;总干事彭三美、宋福华及上海青年会诸君。第一收容所盖有芦席棚七所;每所面积,阔一百六十五英尺,深二十二英尺,平均可住难民三百三十人。第二收容所芦席棚二十一所;每所面积,阔一百尺,深二十尺,均可容一百八十人。第三收容所芦席棚六所,每所面积,阔一百零八尺,深二十五尺,可容纳一百八十余人。人事组织情形如下:

主任之下为总干事。下设教育、编配、事务、卫生、给养、警卫各组。管理难民一日两餐之外,尤注意卫生、训导。故一般难民,死亡率比较极低。轻病之难民,均在所内医治,病重者送医院。训练方面,分妇女、儿童、壮丁,特别训练四班,课程系识字、常识、时事、唱歌。而难童对于各种课程,较成年人尤多进步,身心俱活泼可喜云。收容所职员等,概尽义务。各收容所难民伙食,平均计算,每人约日需国币八分半。米占百分之六九,蔬菜占百分之一四,盐占百分之〇四,油占百分之〇四,煤柴占百分之〇九云。(民国二十六年十一月八日《时报》号外)

原载《中国红十字会月刊》1937年第30期

中国红十字会总会医务委员会难民诊疗工作报告

(二十七年十二月份)

本会自二十七年十一月份起,接收中国红十字会上海国际委员会医务委员会医务工作,后由本医务委员会继续办理,关于难民诊疗工作各项进行尚称顺利,至经费之一部仍由上海国际委员会及英国救济委员会分别补助款项及药品,兹将十二月份工作情形分项报告如下:

一、固定诊疗队

本月份因难民收容所逐渐归并,故将固定诊疗队六队裁并为三队,其不能兼顾之收容所则由巡回诊疗队分任之,该三队计管辖收容所十一处,共有难民一万四千七百二十四人。诊治疾病计一万四千六百三十七次,内患皮肤病者计七千〇七十五次、眼疾一千八百六十一次、气管枝炎一千三百十七次、消化系病一千〇八十二次、耳病五百二十六次、脚气及其他维他命缺乏病四百九十二次、疟疾二百〇八次、其他二千〇七十六次。

二、巡回诊疗队

本月份仍由原组织四队,按照前定办法分别巡回诊疗,该四队计管辖收容所二十六处,共有难民一万五千〇九十六人。诊治疾病计二万〇五百〇一次,内患皮肤病计九千五百九十三次、气管枝炎二千一百四十次、眼疾二千次、疟疾一千九百次、消化系病九百〇七次、肺病及其他脚病七百四十次、流行性感冒五百六十五次、慢性疯[风]湿病及痛风四百八十八次、其他二千一百六十八次。

三、眼疾诊疗队

本月份仍由本会及上海眼科学会联合办理且略事扩充,有专任医师一人,挈同专任护士二人,每日至各收容所诊疗及检查难民眼疾共诊治眼疾计一千四百九十六次,施用手术七十五次,受检查者计三千三百九十八人,内无沙眼者一千四百十一人,占受检全数百分之四一.六。第一期沙眼五百二十七人,占百分之十五・五;第二期沙眼一百十二人,占百分之二四・五;第三期沙眼五百十四人,占百分之一五・一;第四期沙眼一百十二人,占百分之三・三。

四、中国红十字会第一难民医院

本月份新收病人计一百三十四人,治愈出院者九十一人,继续留院治疗者一百二十人,共计住院日数为三千一百五十七天。治疗经过计患脚气病者二十五人、肺病二十人、消化系病二十一人、痢疾七人。

五、病人运输处

本月份运送病人至各医院及诊所治疗计五百七十人，分别送往医院十所，诊疗所二处，内用救护车输送者计二百〇五人，用人力车输送者计三百六十五人。

六、牙科诊疗所

本月份诊治牙疾共计二百〇八次，初诊者一百三十次，复诊者七十八次，内一百二十五次系拔牙，三十七次系填牙，四十六次系治疗。

七、各难民医院诊所经费津贴及药品补助

本月份仍由上海国际委员会转来难民医务津贴费共计五千二百五十九元五角六分，又由英国救济委员会转来药品价值共计一千一百七十六元，经分配如下：

1. 津贴费：中国红十字会第一难民医院一千二百六十三元，国际红十字会第二难民医院二十六元，难民儿童医院八百〇九元，国际难民婴儿临时医院八百六十四元，广慈第二医院四百二十三元，国际救济会医院三百五十九元，西门妇孺医院十二元，同仁第二医院八百〇七元，上海时疫医院一百〇九元，中华麻风医院一百〇一元，中国难童寄养所七十五元，广仁第一二医院五十八元，本会难民诊疗队三百五十三元五角六分。

2. 药品价值：难民肺病疗养院一百五十七元，国际肺病老年疗养所二百七十五元，红十字会第一医院十五元，广慈第一医院二百九十五元，上海难民产科医院二百六十二元，俄国医院八十五元，同仁第一医院八十七元。

原载于《中国红十字会月刊》1939年第44期

本总会医务委员会难民诊疗工作报告

(二十八年一月份)

一、固定诊疗队

本月份仍由去年十二月份改并之三队，各按固定地点分别工作，该三队计管辖收容所十处，共有难民一万四千九百十三人，诊治疾病共计一万三千八百五十次，内皮肤病七千一百七十次，眼疾一千二百八十六次，气管枝炎一千二百十九次，消化系病九百八十七次，耳病四百七十六次，脚气及其他维他命缺乏病三百六十七次，肺结核及其他结核病三百十次，其他二千〇三十五次。

二、巡回诊疗队

本月份仍由原组织四队按照前定办法分别巡回诊疗，该四队计管辖收容所二十七处，共有难民一万三千四百四十人，诊治疾病共计一万七千八百三十二次，内皮肤病八千三百二十九次，气管枝炎二千三百六十四次，疟疾一千五百〇五次，眼疾一千四百次，消化系病九百二十四次，肺结核及其他脚病六百〇一次，流行性感冒五百七十四次，其他二千一百三十五次。

三、眼疾诊疗队

本月份仍由本会与上海眼科学会联合组织，工作方面亦按上年十二月份扩充办法办理，兹将本月份及上年十二月两月合并统计如下：

时　期	二十八年一月一日至三十一日		二十七年十一月至二十八年一月三十一日	
收容所数目	7		22	
检查难民数	3 170		10 370	
沙眼统计	人数	百分比	人数	百分比
无沙眼病者	1 750	55.2	4 614	44.5
第一期沙眼	391	12.3	1 513	14.5
第二期沙眼	773	24.4	2 448	23.6
第三期沙眼	204	6.4	1 521	14.7
第四期沙眼	52	1.7	274	2.7

四、中国红十字会第一难民医院

本月份新收病人计一百十八人，出院者一百二十一人，继续留院治疗者一百十七人，共计住院日数为三千七百六十四天，施用手术计二十九次，出院病人中计患脚气病者二十八人，肺病二十九人，消化系病二十七人，皮肤病十五人，其他二十二人。

五、病人运输处

本月份运送病人至各医院诊所治疗，计四百三十二人，分别送往医院十六处，诊疗所二处，内用救护车输送者计一百八十二人，用人力车输送者计二百五十人。

六、牙科诊疗所

本月份仍由本会与中国牙医学会联合办理，所址及工作人员悉仍其旧，计诊治牙疾一百三十四次，初诊一百十次，复诊二十四次，内一百十四次系拔牙，二十二次系填牙，三十二次系治疗。

七、各难民医院诊所经费津贴及药品补助

本月由中国红十字会上海国际委员会拨来难民医务经费两个月共计一万元，又由英国救济委员会补助两个月药品，价值共计二千四百二十七元，分一月二月两月份拨发，计现款每月各五千元，药品本月份为一千一百四十九元，经分别支配如下：

1. 津贴款项：中国红十字会第一难民医院九百六十二元，难民儿童医院六百四十六元，国际难民婴儿临时医院六百七十一元，难民肺病疗养院三百九十二元，广慈第二医院二百十三元，国际救济会医院三百八十三元，同仁第二医院八百五十九元，上海时疫医院一百〇一元，上海麻风疗养院一百五十一元，中国难童寄养所五十二元，广仁第一二医院五十五元，国际肺病疗养所三百〇一元，本会难民诊疗队二百十四元。

2. 津贴药品价值：中国红十字会第一医院十一元，广慈第一医院三百五十元，中国红十字会第一难民医院三百二十一元，上海难民产科医院二百九十元，俄国医院九十一元，同仁第一医院八十六元。

(二十八年二月份)

本会难民诊疗工作仍由本医务委员会依据原定办法赓续办理，经费之一部亦仍由中国红十字会上海国际委员会及英国救济委员会分别补助款项及药品，兹将二十八年二月份工作情形分项报告如下：

一、固定诊疗队

本月份仍由原组织三队各按固定地点分别工作，该三队计管辖收容所十处，共有难民一万四千五百二十二人，诊治疾病共计八千五百六十次，内皮肤病五千〇四十六次，眼疾八百十二次，气管枝炎五百九十次，消化系病五百八十次，耳病三百八十五次，脚气及其他维他命缺乏病一百二十三次，疟疾一百〇四次，其他九百二十次。

二、巡回诊疗队

本月份仍由原组织四队按照前定办法分别巡回诊疗，该四队计管辖收容所二十六处，共有难民一万七千五百四十六人，诊治疾病共计一万八千八百四十九次，内皮肤病八千五百四十八次，气管枝炎二千三百五十七次，眼疾一千五百三十二次，疟疾一千二百三十二次，消化系病一千一百十五次，肺结核及其他脚病七百〇九次，疯(风)湿病及痛风五百〇四次，耳病四百三十次，其他二千四百二十二次。

三、眼疾诊疗队

本月份仍由本会与上海眼科学会联合办理，指派专任医师赴各难民收容所巡回诊疗，其工作方面约分两部(一) 专为难民治疗眼疾，计受治疗者六百〇六次，施用手术二十八次，治愈者二百十五人，送往医院治疗者一人；(二) 专为难民检查沙眼，计收容所经过检查者二十五处，检查难民数一千六百三十一人，兹将本月份及前数月累计列表如下：

时　　期	二十八年二月一日至二十八日		二十七年十一月至二十八年二月廿八日	
收容所数目	25		47	
检查难民数	1 631		12 001	
沙眼统计	人数	百分比	人数	百分比
无沙眼病者	706	43.3	5 320	44.3
第一期沙眼	306	18.8	1 819	15.2
第二期沙眼	377	23.1	2 825	23.5
第三期沙眼	208	12.7	1 729	14.4
第四期沙眼	34	2.1	308	2.6

四、牙科诊疗所

本月份仍由本会与中国牙医学会联合组织，仍按前定办法办理，计诊治牙疾一百〇七次，初诊八十九次，复诊十八次，内九十七次系拔牙，三十七次系填牙，十八次系治疗。

五、中国红十字会第一难民医院

本月份新收病人计一百十九人，出院者一百二十一人，继续留院治疗者一百十五人，共计[住]院日数为三千三百天，出院病人中计脚气病三十三人，消化系病二十一人，皮肤病十七人，肺病十人，眼疾九人，其他三十一人，施用手术计二十七次。

六、病人运输处

本月份运送病人至各医院诊所治疗，计二百七十四人，分别送往医院十四处，诊疗所二处，内用救护车输送者九十八人，用人力车输送者一百七十六人。

七、各难民医院、普通医院诊所经费津贴及药品补助

中国红十字会上海国际委员会上月拨来难民医务经费两个月共计一万元，又由英国救济委员会补助药品价值两个月共计二千四百二十七元，除一月份经拨发款项五千元，药品价值一千一百四十九元外，本月份现款亦为五千元，药品为一千二百七十八元，经分别支配如下：

1. 津贴款项：中国红十字会第一难民医院一千一百二十九元，难民儿童医院六百三十七元，国际难民婴儿临时医院六百十五元，国际难民肺病疗养院一百六十三元，广慈第二医院二百十四元，国际救济会医院三百八十五元，同仁第二医院八百六十元，上海时疫医院一百四十五元，上海麻风疗养院一百五十元，中国难童寄养所七十二元，广仁第一第二医院八十元，国际肺病疗养所三百〇六元，本会难民诊疗队二百四十四元。

2. 津贴药品价值：广慈第一医院三百六十一元，公济医院九十二元，中国红十字会第一难民医院三百七十六元，上海难民产科医院二百六十三元，俄国医院八十八元，同仁第一医院九十八元。

原载《中国红十字会月刊》1939年第45期

中国红十字会医务委员会难民诊疗工作报告

（二十八年三月份）

本会难民诊疗工作仍由本医务委员会依据原定办法赓续办理，本月份经费乃由本会拨发，本会第一难民医院经常费则由英国救济委员会补助一千五百元，兹将二十八年三月份工作情形分项报告如下：

一、固定诊疗队

本月份仍由原组织三队，各按固定地点分别工作，该三队计管辖收容所八处，只有难民一万四千五百六十八人，诊治疾病共计一万零六百三十三次，内皮肤病五千六百九十六次，眼疾一千一百六十三次，消化系病七百七十六次，气管枝炎七百六十一次，耳病四百二十八次，脚气及其他维他命缺乏病二百三十三次，麻疹一百五十二次，其他一千四百二十四次。

附告：上海难民救济协会在惇信路成立第一难民收容所，范围颇大，现有难民六千人，尚可收容四千人，本会在该所内新辟病室一大间，内设病床十四张，专为收

治各种传染病如麻疹、百日咳等,在普通医院不能收治者及一时发生急症不及急送他院者,又其他医院病室额满不能收容者。该病室共有医师二人,护士三人,助理护士三人,日夜驻院诊治。

固定诊疗队工作统计表

(二十七年十一月至二十八年三月)

时　期	诊疗队数	收容所数	难民人数	诊疗次数
二十七年十一月	六	一八	二二、一七一	二〇、二九九
二十七年十二月	三	一一	一四、七二四	一四、六三七
二十八年一月	三	一〇	一四、九一三	一三、八五〇
二十八年二月	三	一〇	一四、五二二	八、五六〇
二十八年三月	三	八	一四、五六八	一〇、六三三

二、巡回诊疗队

本月份仍由原组织四队按照前定办法,分别巡回诊疗,该四队计管辖收容所二十六处,共有难民一万五千四百四十七人,诊治疾病共计二万二千七百十三次,内皮肤病九千九百〇二次,气管枝炎二千七百四十七次,沙眼及其他眼病二千〇八十七次,疟疾一千二百三十次,消化系病一千一百六十九次,肺结核及其他脚病六百九十五次,疯[风]湿病及痛风六百六十四次,耳病四百八十四次,其他二千七百三十五次。

巡回诊疗队工作统计表

(二十七年十一月至二十八年三月)

时　期	诊疗队数	收容所数	难民总数	诊疗次数
廿七年十一月	四	二一	一一、一一六	一九、四六二
廿七年十二月	四	二六	一五、〇九六	二〇、五〇一
二十八年一月	四	二七	一三、四四〇	一七、八三二
二十八年二月	四	二六	一七、五四六	一八、八四九
二十八年三月	四	二六	一五、四四七	二一、七一三

三、眼疾诊疗队

本月份仍由本会与上海眼科学会联合办理指派专任医师赴各难民收容所巡回

诊疗，惟自本月份起各收容所检查手续业已完毕，故该二队人员均办治疗工作，计初诊者一千〇二十二次，复诊者六千五百三十一次，初诊病人中计沙眼三百八十一人，结合膜炎九十六人，角膜充血八十七人，结合膜粒炎八十五人，其他三百七十三人。

眼疾诊疗队工作统计表

（二十七年十二月至二十八年三月）

期　　间	治疗次数	施用手术次数
二十七年十二月	一、四九六	三六
二十八年一月	二、三六〇	四一
二十八年二月	二、六〇八	二八
二十八年三月	七、五五三	三九

四、牙科诊疗所

本月份仍由本会与中国牙医学会联合办理，计诊治牙疾一百七十三次，初诊一百三十六次，复诊三十七次，内一百七十六次系拔牙，二十九次系填牙，三十二次系治疗。

牙科诊疗所工作统计表

（二十七年十一月至二十八年三月）

时　　期	填　　牙		拔　　牙		诊　　疗		合　　计	
	初诊	复诊	初诊	复诊	初诊	复诊	初诊	复诊
二十七年十一月	二六	一五	九一	一九	一五	一一	一三二	四五
二十七年十二月	二一	一六	九〇	三五	一九	二七	一三〇	七八
二十八年一月	一一	一一	一〇四	一〇	一〇	七	一二五	二八
二十八年二月	二六	一一	九四	三	一二	六	一三二	二〇
二十八年三月	一八	一一	一五三	二三	二六	六	一九七	四〇

五、第一难民医院

本月份新收病人计八十一人，出院者七十四人，继续留院治疗者一百二十二人，共计住院日数为三千六百九十七天，出院病人中计患肺结核及其他结核病十八人，皮肤病十三人，脚气病六人，眼疾六人，肺炎五人，其他二十六人。

第一难民医院工作统计表

(二十七年十一月至二十八年三月)

类　别	廿七年十一月	廿七年十二月	二十八年一月	二十八年二月	二十八年三月
上月留院人数	一一〇	七七	一二〇	一一七	一一五
新收人数	八九	一三四	一一八	一一九	八一
出院人数	一二二	九一	一二一	一二一	七四
合计住院日数	三、一五七	三、二〇五	三、七六四	三、三〇〇	三、六九七
施用手术次数	二〇	一六	二九	二七	三二
试验及检查数	三四九	三四七	三三二	三四八	三三三
死亡人数	三五	二六	二八	二二	一八

六、病人运输处

本月份运送病人至各医院诊所治疗者计三百三十五人,分别送往医院十二处,诊疗所二处,内用救护车输送者一百六十八人,用人力车输送者一百六十七人。

病人运输处工作统计表

(二十七年十一月至二十八年三月)

时　期	医院数	诊所数	救护车输送数	人力车输送数
廿七年十一月	七	二	二〇六	二一一
廿七年十二月	一〇	二	二〇五	三六五
二十八年一月	一六	二	一八二	二五〇
二十八年二月	一四	二	九八	一七六
二十八年三月	一二	二	一六八	一六七

附告:关于中国红十字会上海国际委员会每月补助各难民医院、普通医院及诊所难民医务津贴,本月份尚未见送到,故无从转给。

原载《中国红十字会月刊》1939 年第 48 期

总会医务委员会难民诊疗工作报告

(廿八年四月份)

本会难民诊疗工作仍由本医务委员会依据原定办法赓续办理,本月经费仍由本会拨发，另由英国救济委员会补助一千五百元，指定拨充本会第一难民医院经常费用，兹将廿八年四月份工作情形分项报告如下：

一、固定诊疗队

本月份由三队改并为二队，各按固定地点分别工作，该二队计管辖收容所三处，共有难民一万六千三百五十二人，诊治疾病共计九千〇六十三次，内皮肤病四千七百六十八次，沙眼及其他眼病九百三十次，消化系病六百二十五次，气管枝炎五百二十五次，耳病三百四十次，脚气及其他维他命缺乏病二百〇五次，肺结核及其他结核病一百七十三次，其他一千五百二十七次。

附表一：二十七年十一月至二十八年四月

时　期	诊疗队数	收容所数	难民人数	诊疗次数
廿七年十一月	六	一八	二二、一七一	二〇、二九九
廿七年十二月	三	一一	一四、七二四	一四、六三七
二十八年一月	三	一〇	一四、九一三	一三、八五〇
二十八年二月	三	一〇	一四、五二二	八、五六〇
二十八年三月	三	八	一四、五六八	一〇、六三三
二十八年四月	二	三	一六、三五二	九、〇六三

二、巡回诊疗队

本月份仍由原组织四队按照前定办法，分别巡回诊疗。该四队计管辖收容所廿六处，共有难民一万三千六百三十一人，诊治疾病共计一万九千〇二十二次，内皮肤病八千六百廿八次，气管枝炎二千三百四十六次，沙眼及其他眼病一千九百五十五次，消化系病一千一百十九次，疟疾一千〇三十五次，肺结核及其他结核病五百四十五次，疯[风]湿病及痛风五百四十五次，流行性感冒三百四十六次，其他二千五百〇三次。

附表二：二十七年十一月至二十八年四月

时　期	诊疗队数	收容所数	难民总数	诊疗次数
廿七年十一月	四	二一	一一、一一六	一九、四六二
廿七年十二月	四	二六	一五、〇九六	二〇、五〇一
二十八年一月	四	二七	一三、四四〇	一七、八三二

续 表

时　　期	诊疗队数	收容所数	难民总数	诊疗次数
二十八年二月	四	二六	一七、五四六	一八、八四九
二十八年三月	四	二六	一五、四四七	二一、七一三
二十八年四月	四	二六	一三、六三一	一九、〇二二

三、眼疾诊疗队

本月份仍由本会与上海眼科学会联合办理，指派专任医师至各难民收容所巡回诊疗，计初诊者一千〇四十六次，复诊者四千一百十六次，初诊病人中，计沙眼四百二十二人，结合膜炎一百〇六人，角膜充血八十七人，结合膜粒炎七十七人，其他三百五十四人。

附表三：二十七年十二月至二十八年四月

时　　期	治疗次数	施用手术次数
廿七年十二月	一、四九六	三六
廿八年一月	二、三六〇	四一
廿八年二月	一、六〇八	二八
廿八年三月	七、五五三	三九
廿八年四月	五、一六二	三七

四、牙科诊疗所

本月份仍由本会与中国牙医学会联合办理，计诊治牙疾一百三十八次，初诊一百〇八次，复诊三十次，计一百三十一次系拔牙，十三次系填牙，二十八次系治疗。

附表四：二十七年十一月至二十八年四月

时　　期	填　　牙		拔　　牙		诊　　疗		合　　计	
	初诊	复诊	初诊	复诊	初诊	复诊	初诊	复诊
二十七年十一月	二六	一五	九一	一九	一五	一一	一三二	四五
二十七年十二月	二一	一六	九〇	三五	一九	二七	一三〇	七八
二十八年一月	一一	一一	一〇四	一〇	一〇	七	一二五	二八

续　表

时　　期	填　　牙		拔　　牙		诊　　疗		合　　计	
	初诊	复诊	初诊	复诊	初诊	复诊	初诊	复诊
二十八年二月	二六	一一	九四	三	一二	六	一三二	二〇
二十八年三月	一八	一一	一五三	二三	二六	六	一九七	四〇
二十八年四月	八	五	一一〇	二一	二二	六	一四〇	三二

五、第一难民医院

本月份新收病人计八十二人，出院者九十五人，继续留院治疗者一百〇九人，共计住院日数为三千五百六十九天，出院病人中计患肺结核及其他结核病二十四人，眼疾十六人，消化系病十六人，皮肤病十六人，脚气病九人，其他十四人。

附表五：二十七年十一月至二十八年四月

类　别	廿七年 十一月	廿七年 十二月	廿八年 一月	廿八年 二月	廿八年 三月	廿八年 四月
上月留院人数	一一〇	七七	一二〇	一一七	一一五	一二二
新收人数	八九	一三四	一一八	一一九	八一	八二
出院人数	一二二	九一	一二一	一二一	七四	九五
合计住院日数	三、一五七	三、二〇五	三、七六四	三、三〇〇	三、六九七	三、五六九
施用手术次数	二〇	一六	二九	二七	三二	四〇
试验及检查数	三四九	三四七	三三二	三四八	三三三	三六七
死亡人数	三五	二六	二八	二二	一八	二五

六、病人运输处

本月份运送病人至各医院诊所治疗者计三百二十四人，分别送往医院十四处，诊疗所二处，内用人力车输送者一百四十三人，用救护车输送者一百八十一人。

附表六：二十七年十一月至二十八年四月

时　　期	医院数	诊所数	救护车输送数	人力车输送数
廿七年十一月	七	二	二〇六	二一一
廿七年十二月	一〇	二	二〇五	三六五
二十八年一月	一六	二	一八二	二五〇

续 表

时　　期	医院数	诊所数	救护车输送数	人力车输送数
二十八年二月	一四	二	九八	一七六
二十八年三月	一二	二	一六八	一六七
二十八年四月	一四	二	一八一	一四三

七、难民医院普通医院及诊所经费津贴

本月份关于中国红十字会上海国际委员会补助各难民医院、普通医院及诊所难民医务津贴，仍未见到，故无从转给，惟由英国救济委员会补助药品，价值共计国币三千一百四十一元，经分配如下：

本会第一难民医院三百三十元，难民儿童医院二百三十二元，广慈第二医院一百九十六元，国际救济会医院二百八十元，同仁第二医院七百六十五元，上海时疫医院七百十八元，上海麻风疗养院一百三十六元，中国难童寄养所四十三元，肺病医院三百五十九元，本会第一医院三十二元，广慈第一医院三百三十八元，公济医院七十五元，上海难民产科医院九十六元，俄国医院八十六元，同仁第一医院九十五元。

原载《中国红十字会月刊》1939 年第 49 期

总会医务委员会难民诊疗工作报告

（二十八年五月份）

本会难民诊疗工作仍由本医务委员会依据原定办法赓续办理，本月份经费仍由本会拨给，另由中国红十字会上海国际委员会一次拨送国币一万五千元，充作各难民医院、普通医院及诊所三、四、五月份难民医务津贴。至本会第一难民医院经常费，则由英国救济委员会补助国币一千五百元，兹将二十八年五月份工作情形，分项报告如下：

一、固定诊疗队

本月份仍由改组之二队，各按固定地点分别工作，该二队计管辖收容所三处，共有难民一万六千八百六十一人，诊治疾病共计九千六百九十三次，内皮肤病四千七百〇一次，沙眼及其他眼病一千一百六十八次，消化系病七百九十九次，气管枝炎三百七十八次，耳病三百〇六次，肺结核及其他结核病一百五十五次,疟疾一百五十二次,脚气及其他维他命缺乏病一百四十次,其他一千八百九十四次。

附表一:二十七年十一月至二十八年五月

时 期	诊疗队数	收容所数	难民总数	诊疗次数
廿七年十一月	四	二一	一一、一一六	一九、四六二
廿七年十二月	四	二六	一五、〇九六	二〇、五〇一
二十八年一月	四	二七	一三、四四〇	一七、八三二
二十八年二月	四	二六	一七、五四六	一八、八四九
二十八年三月	四	二六	一五、四四七	二一、七一三
二十八年四月	四	二六	一三、六三一	一九、〇二二
二十八年五月	四	二五	一二、六六一	二〇、三二六

编者注:(此处应为巡回诊疗队的工作统计)

二、眼疾诊疗队

本月份仍由本会与上海眼科学会联合办理,指派专任医师至各难民收容所巡回诊疗,计初诊者一千〇八十次,复诊者五千一百六十六次,初诊病人中,计沙眼二百八十五人,结合膜炎一百十四人,角膜充血一百三十六人,结合膜粒炎八十七人,其他四百五十八人。

附表二:二十七年十二月至二十八年五月

时 期	治疗次数	施用手术次数
二十七年十二月	一、四九六	三六
二十八年一月	二、三六〇	四一
二十八年二月	一、六〇八	二八
二十八年三月	七、五五三	三九
二十八年四月	五、一六二	三七
二十八年五月	六、二四六	六二

三、牙科诊疗所

本月份仍由本会与中国牙科学会联合办理,计诊治牙疾二百十七次,初诊一百五十一次,复诊六十六次,计二百〇四次系拔牙,四十八次系填牙,四十一次系治疗。

附表三：二十七年十一月至二十八年五月

时　期	填　牙		拔　牙		诊　疗		合　计	
	初诊	复诊	初诊	复诊	初诊	复诊	初诊	复诊
二十七年十一月	二六	一五	九一	一九	一五	一一	一三二	四五
二十七年十二月	二一	一六	九〇	三五	一九	二七	一三〇	七八
二十八年一月	一一	一一	一〇四	一〇	一〇	七	一二五	二八
二十八年二月	二六	一一	九四	三	一二	六	一三二	二〇
二十八年三月	一八	一一	一五三	二三	二六	六	一九七	四〇
二十八年四月	八	五	一一〇	二一	二二	六	一四〇	三二
二十八年五月	三〇	一八	一四三	六一	二五	一六	一九八	九五

四、第一难民医院

本月份新收病人计一百九十二人，出院者一百八十七人，继续留院治疗者一百十四人，共计住院日数为三千七百〇二天，出院病人中，计患消化系病三十四人，眼疾三十一人，皮肤病二十六人，肺结核及其他结核病二十五人，脚气病十六人，其他五十五人。

附表四：二十七年十一月至二十八年五月

类　别	廿七年十一月	廿七年十二月	廿八年一月	廿八年二月	廿八年三月	廿八年四月	廿八年五月
上月留院人数	一一〇	七七	一二〇	一一七	一一五	一二二	一〇九
新收人数	八九	一三四	一一八	一一九	八一	八二	一九二
出院人数	一二二	九一	一二一	一二一	七四	九五	一八七
合计住院日数	三、一五七	三、二〇五	三、七六四	三、三〇〇	三、六九七	三、五六九	三、七〇二
施用手术次数	二〇	一六	二九	二七	三二	四〇	五四
试验及检查数	三四九	三四七	三三二	三四八	三三三	三六七	四三八
死亡人数	三五	二六	二八	二二	一八	二五	一九

五、病人运输处

本月份运送病人至各医院诊所治疗者计三百三十三人，分别送往医院十处，诊疗所二处，内用人力车输送者一百六十一人，用救护车输送者一百七十二人。

附表五：二十七年十一月至二十八年五月

时　　期	医　院　数	诊　所　数	救护车输送数	人力车输送数
廿七年十一月	七	二	二〇六	二一一
廿七年十二月	一〇	二	二〇五	三六五
二十八年一月	一六	二	一八二	二五〇
二十八年二月	一四	二	九八	一七六
二十八年三月	一二	二	一六八	一六七
二十八年四月	一四	二	一八一	一四三
二十八年五月	一〇	二	一七二	一六一

六、霍乱、伤寒预防注射队

气候炎热，疫疠堪虞，本年度仍按去年国际红十字会办法，组织霍乱、伤寒预防注射队至本会所辖医务之各收容所，分别巡回注射。该队计分为二，每队由医师一人、护士一人、助理一人组成之。自本月五日起，计经过注射之收容所，凡十六处，第一次受注射者一万一千三百三十人，第二次受注射者九千九百十二人。

七、难民医院、普通医院及诊所经费津贴

本月份由中国红十字会上海国际委员会补助各难民医院、普通医院及诊所难民医务经费，共国币一万五千元，计分本年三、四、五月份支配如下：

拨给院所名称	三月份	四月份	五月份
红十字会第一难民医院	一、八四九.〇〇	一、七八五.〇〇	一、八五一.〇〇
难民儿童医院	五二八.〇〇	四三五.〇〇	四七〇.〇〇
广慈第二医院	二一三.〇〇	二〇〇.〇〇	二一九.〇〇
国际救济会医院	六九七.〇〇	六六二.〇〇	四八九.〇〇
同仁第二医院	八四九.〇〇	八二五.〇〇	八二五.〇〇
上海时疫医院	八四.〇〇	八〇.〇〇	六四.〇〇
上海麻风疗养院	一五七.〇〇	一五九.〇〇	一六七.〇〇
中国难童寄养所	六八.〇〇	九九.〇〇	一四一.〇〇
上海难民产科医院	一八三.〇〇	一一四.〇〇	一二九.〇〇
俄国医院	八三.〇〇	八四.〇〇	八三.〇〇
本会难民诊疗队	二八九.〇〇	五五七.〇〇	五六二.〇〇

原载《中国红十字会月刊》1939年第50期

中国红十字会总会医务委员会难民诊疗工作报告

(二十八年六月份)

本会难民诊疗工作仍由本医务委员会依据原定办法赓续办理，本月份经费仍由本会拨给，另由英国救济委员会补助本会第一难民医院经常费国币一千五百元，兹将二十八年六月份工作情形，分别报告如下：

一、固定诊疗队

本月份仍由二队各按固定地点分别工作，该二队计管辖收容所二处，共有难民一万八千一百人，诊治疾病共有一万一千五百三十八次，内皮肤病五千一百二十九次，沙眼及其他眼病一千六百十七次，消化系病一千三百五十五次，气管枝炎三百五十六次，耳病三百二十六次，疟疾一百七十五次，痢疾一百四十八次，脚气及其他维他命缺乏病一百三十一次，其他二千三百〇一次。

附表一：二十七年十一月至二十八年六月

时　期	诊疗队数	收容所数	难民总数	诊疗次数
廿七年十一月	六	一八	二二、一七一	二〇、二九九
廿七年十二月	三	一一	一四、七二四	一四、六三七
二十八年一月	三	一〇	一四、九一三	一三、八五〇
二十八年二月	三	一〇	一四、五二二	八、五六〇
二十八年三月	三	八	一四、五六八	一〇、六三三
二十八年四月	二	三	一六、三五二	九、〇六三
二十八年五月	二	三	一六、八六一	九、六九三
二十八年六月	二	三	一八、一〇〇	一一、五八八

二、巡回诊疗队

本月份仍在原组织四队内，抽调医师一人，护士一人，助理一人，另行组成一队，办理霍乱、伤寒注射工作。至难民诊疗事宜，仍由四队按照前定办法，分别巡回诊疗。该四队计管辖收容所六十五处，共有难民一万二千九百三十五人，诊治疾病共计一万九千四百〇一次，内皮肤病八千八百八十次，消化系病一千九百二十次，沙眼及其他眼病一千八百六十次，疟疾一千三百七十二次，气管枝炎一千〇三次，疯[风]湿病及痛风七百〇九次，痢疾三百五十次，其他三千三百〇七次。

附表二：二十七年十一月至二十八年六月

时　　期	诊疗队数	收容所数	难民总数	诊疗次数
廿七年十一月	四	二一	一一、一一六	一九、四六二
廿七年十二月	四	二六	一五、〇九六	二〇、五〇一
二十八年一月	四	二七	一三、四四〇	一七、八三二
二十八年二月	四	二六	一七、五四六	一八、八四九
二十八年三月	四	二六	一五、四四七	二一、七一三
二十八年四月	四	二六	一三、六三一	一九、〇二二
二十八年五月	四	二五	一二、六六一	二〇、三二六
二十八年六月	四	二六	一二、九三五	一九、四〇一

三、眼疾诊疗队

本月份仍由本会与上海眼科学会联合办理，指派专任医师至各难民收容所巡回诊疗，计初诊者六二六人，复诊者三三八〇人，共计诊治六千一百四十八次，内沙眼二千四百六十次，结合膜炎一千九百〇八次，角膜充血五百三十一次，结合膜粒炎三百二十次，其他九百二十九次。

附表三：二十七年十二月至二十八年六月

时　　期	治疗次数	施用手术次数
二十七年十二月	一、四六九	三六
二十八年一月	二、三六〇	四一
二十八年二月	一、六〇八	二八
二十八年三月	七、五五三	三九
二十八年四月	五、一六二	三七
二十八年五月	六、二四六	六二
二十八年六月	六、一四八	五二

四、第一难民医院

本月份新收病人计一百四十五人，出院者一百四十一人，继续留院治疗者一百十八人，共计住院日数为三千六百三十八天，出院病人中，计患肺结核及其他结核病二十九人，皮肤病二十二人，雅[鸦]片毒十五人，伤寒十四人，眼病十一人，消化系病十一人,脚气病十四人,其他七十一人。

附表四:二十七年十一月至二十八年六月

类 别	念七年十一月	念七年十二月	念八年一月	念八年二月	念八年三月	念八年四月	念八年五月	念八年六月
上月留院人数	一一〇	七七	一二〇	一一七	一一五	一二二	一〇九	一一四
新收人数	八九	一三四	一一八	一一九	八一	八二	一九二	一四五
出院人数	一二二	九一	一二一	一二一	七四	九五	一八七	一四一
合计住院日数	三一五七	三二〇五	三七六四	三三〇〇	三六九七	三五六九	三七〇二	三六三八
施用手术次数	二〇	一六	二九	二七	三二	四〇	五四	六一
试验及检查数	三四九	三四七	三三二	三四八	三三三	三六七	四三八	四二四
死亡人数	三五	二六	二八	二二	一八	二五	一九	一二

五、病人运输处

本月份运输病人至各医院诊所治疗者计三百〇四人,分别送往医院十二处,诊疗所二处,内用人力车输送者一百七十五人,用救护车输送者一百二十九人。

附表五:二十七年十一月至二十八年六月

时 期	医院数	诊所数	救护车输送数	人力车输送数
廿七年十一月	七	二	二〇六	二一一
廿七年十二月	一〇	二	二〇五	三六五
二十八年一月	一六	二	一八二	二五〇
二十八年二月	一四	二	九八	一七六
二十八年三月	一二	二	一六八	一六七
二十八年四月	一四	二	一八一	一四三
二十八年五月	一〇	二	一七二	一六一
二十八年六月	一二	二	一二九	一七五

六、霍乱、伤寒预防注射队

本月份仍由原组织之二队至本会所辖医务之各收容所分别巡回注射，计第一次受注射者五千四百二十一人，第二次四千一百三十七人，第三次四百三十六人，共计九千九百九十四人。

附表六：二十八年五月至六月

时　期	注射伤寒、霍乱预防疫苗			
	第一次	第二次	第三次	总　计
二十八年五月	一一、三三〇	九、九一二		二一、二四二
二十八年六月	五、四二一	四、一三七	四三六	九、九九四
总　计	一六、七五一	一四、〇四九	四三六	三一、二三六

附告：关于中国红十字会上海国际委员会每月补助各难民医院、普通医院及诊所难民医务津贴，本月份尚未见送到，故无法转给。

(二十八年七月份)

本会难民诊疗工作仍由本医务委员会依据原定办法赓续办理，本月份经费仍由本会拨给，另由英国救济委员补助本会第一难民医院经常费国币一千五百元，兹将二十八年七月份工作情形，分别报告如下：

一、固定诊疗队

本月份仍由二队各按固定地点分别工作，该二队计管辖收容所三处，共有难民一万八千六百四十八人，诊治疾病共计一万一千七百五十三次，内皮肤病四千九百八十三次，消化系病一千七百十五次，沙眼及其他眼病一千三百〇七次，气管枝炎四百六十一次，疟疾二百八十一次，耳病二百七十五次，痢疾二百四十九次，脚气及维他命缺乏病二百五十八次，其他二千二百二十四次。

附表一：二十七年十一月至二十八年七月

时　期	诊疗队数	收容所数	难民总数	诊疗次数
廿七年十一月	六	一八	二二、一七一	二〇、二九九
廿七年十二月	三	一一	一四、七二四	一四、六三七
二十八年一月	三	一〇	一四、九一三	一三、八五〇
二十八年二月	三	一〇	一四、五二二	八、五六〇

续表

时期	诊疗队数	收容所数	难民人数	诊疗次数
二十八年三月	三	八	一四、五六八	一〇、六三三
二十八年四月	二	三	一六、三五二	九、〇六三
二十八年五月	二	三	一六、八六一	九、六九三
二十八年六月	二	三	一八、一〇〇	一一、五三八
二十八年七月	二	三	一八、六四八	一一、七五三

二、巡回诊疗队

本月份霍乱、伤寒预防注射工作,业告结束,故缩编为三队,按照前定办法分别巡回诊疗,该三队计管辖收容所二十四处,共有难民一万一千九百二十人,诊治疾病共计一万六千四百八十一次,内皮肤病六千九百四十次,消化系病一千八百二十一次,沙眼及其他眼病一千九百十一次,疟疾一千一百二十六次,气管枝炎六百十次,耳病三百七十四次,肺结核及其他结核病二三八次,者[其]他三千四百六十一次。

附表二:二十七年十一月至二十八年七月

时期	诊疗队数	收容所数	难民总数	诊疗次数
廿七年十一月	四	二一	一一、一一六	一九、四六二
廿七年十二月	四	二六	一五、〇九六	二〇、五〇一
二十八年一月	四	二七	一三、四四〇	一七、八三二
二十八年二月	四	二六	一七、五四六	一八、八四九
二十八年三月	四	二六	一五、四四七	二一、七一三
二十八年四月	四	二六	一三、六三一	一九、〇二二
二十八年五月	四	二五	一二、六六一	二〇、三二六
二十八年六月	四	二六	一二、九三五	一九、四〇一
二十八年七月	三	二四	一一、九二〇	一六、四八一

三、眼疾诊疗队

本月份仍由本会与上海眼科学会联合办理,指派专任医师至各难民收容所巡回诊疗,计初诊者八百二十四人,复诊者二千二百七十四人,共计诊治九千九百四十二次，内沙眼四千六百〇八次，结合膜炎三千八百〇九次，角膜充血四百十四次，结合膜粒炎五百三十一次，其他五百八十次。

附表三：二十七年十二月至二十八年七月

时　　期	治疗次数	施用手术次数
二十七年十二月	一、四九六	三六
二十八年一月	二、三六〇	四一
二十八年二月	一、六〇八	二八
二十八年三月	七、五五三	三九
二十八年四月	五、一六二	三七
二十八年五月	六、二四六	六二
二十八年六月	六、一四八	五二
二十八年七月	九、九四二	二一

四、第一难民医院

本月份新收病人计一百五十二人，出院者一百五十七人，继续留院治疗者一百十三人，共计住院日数为三千四百九十七天，出院病人中计患肺结核及其他结核病三十人，皮肤病十四人，脚气病二十三人，伤寒十六人，雅[鸦]片七人，眼疾十二人，消化系病九人，其他四十六人。

附表四：二十七年十一月至廿八年七月

类别	廿七年十一月	廿七年十二月	廿八年一月	廿八年二月	廿八年三月	廿八年四月	廿八年五月	廿八年六月	廿八年七月
上月留院人数	一一〇	七七	一二〇	一一七	一一五	一二二	一〇九	一一四	一一八
新收人数	八九	一三四	一一八	一一九	八一	八二	一九二	一四五	一五二
出院人数	一二二	九一	一二一	一二一	七四	九五	一八七	一四一	一五七
合计住院日数	三、一五七	三、二〇五	三、七六四	三、三〇〇	三、六九七	三、五六九	三、七〇二	三、六三八	三、四九七
施用手术次数	二〇	一六	二九	二七	三二	四〇	五四	六一	四九

续 表

类别	廿七年十一月	廿七年十二月	廿八年一月	廿八年二月	廿八年三月	廿八年四月	廿八年五月	廿八年六月	廿八年七月
试验及检查数	三四九	三〇七	三三二	三四八	三三三	三六七	四三八	四二四	四六一
死亡人数	三五	二六	二八	二二	一八	二五	一九	一二	二九

五、病人运输处

本月份运送病人至各医院诊所治疗者，计三百三十人，分别送往医院十二处，诊疗所两处，内用人力车输送者一百九十八人，用救护车输送者一百三十二人。

附表五：二十七年十一月至二十八年七月

时　　期	医院数	诊所数	救护车输送数	人力车输送数
廿七年十一月	七	二	二〇六	二一一
廿七年十二月	一〇	二	二〇五	三六五
二十八年一月	一六	二	一八二	二五〇
二十八年二月	一四	二	九八	一七六
二十八年三月	一二	二	一六八	一六七
二十八年四月	一四	二	一八一	一四三
二十八年五月	一〇	二	一七二	一六一
二十八年六月	一二	二	一二九	一七五
二十八年七月	一二	二	一三二	一九八

附告：关于中国红十字会上海国际委员会每月补助各难民医院、普通医院及诊所难民医务津贴，本月份尚未见送到，故无从转给。

原载《中国红十字会月刊》1939 年第 54 期

三、函　件

国民政府训令：第七一〇

（十九年十二月十九日）

令立法院：

为令遵事据行政院呈称，为呈称事案，查前准钧部文官处第六三四八号公函，除原文在案邀（避）免冗叙外，后开相应抄检原件并抄同上海市政府迭次来函，函达查照办理见复，等由，准此。当经转令内政、外交两部审核并函复文官处转陈，嗣又据青岛市政府呈请核示中国红十字会是否属地方慈善团体等情到院，又经令内政、外交两部并案审核各在案。兹据内政、外交部会呈称，案奉钧部第三七八三号训令以准国民政府文官处函，转奉主席发下中国红十字会常议会议长王震等呈报修改会章连同章程暨选举法分会通则、执行委员会细则，请予核准备案一案，饬即会同审核呈复，以凭核转。又奉钧院第三八一三号训令以青岛市政府呈请核示中国红十字会是否属地方慈善团体一案交由职外交部审查，拟复核与前案有联带关系，抄发原呈，饬即并案议复各等因，奉此遵于本年十一月十七日由职内政部召集职外交部会议。因该会一切事项与陆海军及卫生均有关系，复于十一月二十一日咨经军政、海军及卫生三部派员出席会同审核，佥以该会原章程第七十一条规定本章程非经常议会五分之四以上议员之提议、会员大会五分之三以上出席会员之可决不得变更之，等语。此次该会修改章程系由临时会员大会公决并未经过常议会五分之四以上议员之提议及会员大会五分之三以上之出席会员之可，自不能认为手续完备。至于该会是否属于地方慈善团体，依照《监督慈善团体法》之规定及司法院之解释自应与普通地方善团一并受地方官署之监督。该会会章定为国民政府特许之国际慈善法团，亦与监督慈善法团之规定不符，若径于备案，殊无法律根据。惟职内政等以为职外交部前次所陈意见谓，该会之设立在条约上有根据，在国际间有地位，所办主要事业又为救护各交战国受伤疾病士兵等特殊之事，未便与普通慈善团体一例待遇，似可仿照日本等国特订条例以资管理，实系妥善办法。现在各地方政府对于该会之监督问题既常有疑义发生,拟请钧部转呈国民政府交由立法院制定管理红十字会法规以便适用。此项法规如蒙核准制定,并请于条文内订明红十字会设立时应呈由内政、外交、军政、卫生等部会核备案,以昭慎重。如此规定,管理上既属便利,而于该会之发展上亦有裨益。一俟新定法规明令公布即饬该会依法改组,永息纠纷。在此项法规未公布以前,该会会务仍照旧章办理,是否有当,理合缴呈原发各件并抄同《日本赤十字社条例》等项呈请钧院鉴核转呈等情。据此查所议尚属允当,拟准照办,请由钧府一面转令立法院制定管理红十字会法规,一面将中国红十字会各修正章则发还。该会饬在前项法规未公布以前,该会会务仍照旧章办理,是否有当,除指令外,理合缴呈原检发各件,并抄同日本赤十字社各条例。司法院解释咨文呈请钧府鉴核指令只遵等情,据此应准照办。除指令知照并将原缴中国红十字会各修正章则饬即径行发还外,合行抄检附件,令仰该院遵照办理具报。此令!

原载《立法院公报》1931 年第 25 期

公函:函上海中国济生会、杜月笙先生、上海中国红十字会为准宁夏国议代表宋兴儒等请函予介绍等情倘蒙登高一呼功德无量文

(二十年六月廿五日)

敬启者,案准宁夏国际代表宋兴儒、董英斌、赵咸丞、乔森荣,宁夏高等法院检察官陈宝□,宁夏振务会代表马三级、贾芳呈称代表等,前承宁民寄托赴京津沪汉向各慈善团体代为呼吁,在沪面晤。慈善大家杜月笙先生深蒙允认,但须钧会专函介绍始能代向各善团奔走劝募,呈请鉴核、转达等情。到会查宁夏灾情奇重,待振孔殷,虽经本会及中央先后筹拨振款二万余元。惟以灾重款微难期澈救案,仰台端胞与为怀,敬祈!登高一呼。俾亿万哀鸿同沾甘露,功德无涯,除函复外,相应函达,敬希察查为荷。此致上海中国济生会、杜月笙先生、上海中国红十字会。

许世英

原载《振务月刊(南京)》1931 年第 6 期

电及代电:代电世界红十字会驻京办事处为准铁道部函以上海红十字会有振衣运至镇江等处已饬各路局记帐备运文

(二十年十一月二十五日)

世界红十字会驻京办事处大鉴,前准贵处呈以上海红十字分会,有振衣一千二

百件,由上海运镇江;又南京红十字分会有振衣二千件,由浦口运徐州;又济南红十字分会有振衣三千件,由济南运至蚌埠,请转函铁部饬路局免费备运一案。顷准铁部函复,已电饬京沪津浦路局分别记帐备运,等因,特电查照并希转知为荷。振务委员会,有。

原载《振务月刊(南京)》1931年第11期

呈国民政府缮具《中华民国红十字会管理条例》呈请鉴核由

(二十一年十二月三日)

为呈请事案查十九年十二月十九日奉钧府第七一〇号训令开据行政院呈称,为呈请事案查前准钧府文官处第六三四八号公函,除原文在案邀(避)免冗叙外,后开相应抄检原件并抄同上海市政府迭次来函,函达查照办理见复等由,准此。当经转令内政、外交两部审核并函复文官处转陈,嗣又据青岛市政府呈请核示中国红十字会是否属地方慈善团体等情到院。又经令饬内政、外交两部并案审核各在案,兹据内政、外交部会呈称,案奉钧部第三七八三号训令以准国民政府文官处函,转奉主席发下中国红十字会常议会议长王震等呈报修改会章连同章程暨选举法分会通则、执行委员会细则,请予核准备案一案,饬即会同审核呈复以凭核转。又奉钧院第三八一三号训令以青岛市政府呈请核示中国红十字会是否属地方慈善团体一案交由职外交部审查,拟复核与前案有联带关系,抄发原呈,饬即并案议复各等因,奉此遵于本年十一月十七日由职内政部召集职外交部会议。因该会一切事项与陆海军及卫生均有关系,复于十一月二十一日咨经军政、海军及卫生三部派员出席会同审核,佥以该会原章程第七十一条规定本章程非经常议会五分之四以上议员之提议,会员大会五分之三以上出席会员之可决不得变更之,等语。此次该会修改章程系由临时会员大会公决并未经过常议会五分之四以上议员之提议及会员大会五分之三以上之出席会员之可,自不能认为手续完备。至于该会是否属于地方慈善团体,依照《监督慈善团体法》之规定及司法院之解释,自应与普通地方善团一并受地方官署之监督。该会会章定为国民政府特许之国际慈善法团亦与监督慈善法团之规定不符,若径于备案,殊无法律根据。惟职内政部等以为职外交部前次所陈意见谓,该会之设立在条约上有根据,在国际间有地位,所办主要事业又为救护各交战国受伤疾病士兵等特殊之事,未便与普通慈善团体一例待遇,似可仿照日本等国特订条例以资管理实际妥善办法。现在各地方政府对于该会之监督问题既常有疑义发生,拟请钧部转呈国民政府交由立法院制定《管理红十字会法规》以便适用。此项法规如蒙核准制定,并请于条文内订明红十字会设立时应呈由内政、外交、军政、卫生等部会核备案,以昭慎重。如此规定,管理上既属便利,而于该会之发展上亦有裨益。一俟新定法规明令公布,即饬该会依法改组,永息纠纷。在此项法规未公布以前,该会会务仍照旧章办理,是否有当,理合缴呈原发各件并抄同《日本赤十字社条例》等项呈请钧院鉴核转呈等情。据此查所议尚属允当,拟准照办,请由钧府一面准令立法院制定《管理红十字会法规》,一面将中国红十字会各修正章则发还。该会饬在前项法规未公布以前,该会会务仍照旧章办理,是否有当,除指令外,理合缴呈原检发各件并抄同日本赤十字社各条例,司法院解释咨文呈请钧府鉴核指令只遵等情,据此应准照办。除指令知照并将原缴中国红十字会各修正章则饬即径行发还外,合行抄检附件,令仰该院遵照办理,具报,此令!等因,奉此!遵提经本院第一百二十三次会议议决付外交委员会会同军事委员会审查去后,复准钧府文官处洛字第三七二九号公函,以据行政院转呈内政部请饬本院迅予制定《管理红十字会法规》一案。奉谕函催等因函达查照办理等由,准此!经令该会等遵照在案,旋据呈称遵于第一次、第二次联席会议先后讨论,决定以内政部为主管机关,推由赵迺传、楼桐孙两委员草拟《中华民国红十字会管理条例草案》。复经第四、第五两次联席会议修正通过,都凡九十四条缮呈核交大会公决等情前来,于本年十一月二十五日本院第二百一十三此会议议决《中华民国红十字会管理条例》修正通过,理合录案,并缮具条文呈请鉴核公布施行。谨呈。

原载《立法院公报》1932 年第 44 期

制定《管理红十字会法规》案审查报告

为呈报事查制定《管理红十字会法规》一案前经本院第一百二十三次会议议决,付外交委员会会同军事委员会审查,遵经召集本会第一次联席会议提出讨论,决议俟征集参考资料后再议。嗣奉钧令第一五四二号节开为准国民政府文官处函催迅予制定《管理红十字会法规》,合亟令仰迅即查照办理等因,奉此遵于本会等第二次联席会议又提出讨论。议决推赵迺传、楼桐孙两委员起草《中国红十字会管理条例》并决定以内政部为主管机关,旋准赵、楼两委员拟具《中华民国红十字会管理条例草案》到会。当于本会等第四、第五两次联席会议将该条例草章修正通过,都凡十四条,是否有当,理合缮具《中华民国红十字会管理条例草案》备文,呈请代理院长邵。

外交委员会委员长楼桐孙

军事委员会委员长钮永建

附《中华民国红十字会管理条例草案审查修正案》[略]

原载《立法院公报》1932年第44期

国民政府指令京字第一〇五号

（二十一年十二月十六日）

令立法院：

呈为议决《中华民国红十字会管理条例》修正通过录案并缮具条文，请鉴核公布施行，由呈件均悉《中华民国红十字会管理条例》，业经明令公布并通饬施行矣，仰即知照。此令。

原载《立法院公报》1933年第45期

公函：函本会驻沪办事处为据立煌宏伞、张世恩等电请转催红十字会运米、红卍字会陈渡生先生拨款等函请分别转催迅速拨运文

（二十二年六月六日）

敬启者，顷据本会立煌施振专员释宏伞、张世恩等代电称，接王渡生兄函，谓卍字会振款已商请倪炳文先生，允拨千元，祈转渡生兄速汇。此间万山最杂，向非产豆麦之区，即有少数豆麦亦难拯多数之灾民。现收容所已增至一千六百余人，需米万急，十字会捐米三百包，祈转请速运蚌，以接运赶救等由前来相应函达，即希查照，分别转请迅速拨运为荷。此致本会驻沪办事处。许世英。

原载《振务月刊(南京)》1933年第4、5、6期

行政院咨请审议修正《中华民国红十字会管理条例》第四条条文由

（二十三年九月十四日）

案据内政部呈称，查《中华民国红十字会管理条例暨其施行细则》业奉国民政府暨钧院先后明令公布施行，该中华民国红十字会总会规定以本部为主管官署，并受外交、军政、海军三部之监督，迭经依法督促进行并饬于本年九月二十四日召集第一次全国会员代表大会各在案。兹查《中华民国红十字会管理条例》第四条前半

段规定本会置理事监事各若干人由全国会员大会就会员代表中选举之。又施行细则第二十四条第二项规定前项理事由全国会员代表大会就会员中选举之等语,同细则第二十六条第二项亦有同样之规定。细译前列各条条文内容,对于理监事之当选资格范围广狭规定两歧,适用上不无疑义。现该会全国会员代表大会召集在即,似应迅予明白解释,以免窒碍。窃以该会理监事职责繁重,人选一项允宜广征通才,似未便仅以会员代表为限而剥夺多数会员之被选权,拟请钧院核准该会本届理监事之被选资格,仍依施行细则之规定办理一切。为力求法规内容一致起见,并请转咨立法院酌加修改以便适用,是否有当,理合呈请钧院鉴核,迅赐令遵。等情,据此。

查该施行细则原系条例而来,自不得有与条例相抵触之规定。惟该部主张该会人选允宜广征通才,未便仅以会员代表为限,亦属不无理由,所请各节经提出本院第一七七次会议决议通过,除指令外,相应咨请贵院查照,经该条例审议修正为荷。此咨立法院。

原载《立法院公报》1934年第62期

呈国民政府为本院第三届第七十一次会议议决《中华民国红十字会管理条例》第四条条文修正通过并请转饬行政院遵照,嗣后不得有命令抵触法律情事呈请鉴核由

(二十三年十月二十三日)

为呈请事案准行政院第一九九号咨开:

案据内政部呈称:"查《中华民国红十字会管理条例暨其施行细则》,业奉国民政府暨钧院先后明令公布施行。该中华民国红十字会总会规定以本部为主管官署,并受外交、军政、海军三部之监督,迭经依法督促进行,并饬于本年九月二十四日召集第一次全国会员代表大会各在案。兹查《中华民国红十字会管理条例》第四条前半段,规定本会置理事监事各若干人由全国会员大会就会员代表中选举之,又施行细则第二十四条第二项规定,前项理事由全国会员代表大会就会员中选举之等语,同细则第二十六条第二项亦有同样之规定,细译前列各条条文内容,对于理监事之当选资格范围广狭,规定两歧,于适用上不无疑义。现该会全国会员代表大会召集在即,似应迅予明白解释以免窒碍。窃以该会理监事职责繁重,人选一项允宜广征通才,藉裨会务,似未便仅以会员代表为限而剥夺多数会员之被选权,拟请钧院核准该会本届理监事之被选资格,仍依施行细则之规定办理,一面为力求法规

内容一致起见，并请转咨立法院酌加修改，以便适用，是否有当，理合呈请钧院鉴核，迅赐令遵等情，据此。查该施行细则原系根据条例而来，自不得与条例相抵触之规定。惟该部主张该会人选允宜广征通才，未便仅以会员代表为限，亦属不无理由，所请各节，经提出本院第一七七次会议决议通过，除指令外，相应咨请贵院查照将该条例审议修正。"等由，准此。

当经本院第三届第五十一次会议议决付法制委员会审查，旋据呈称："遵于第三届第五十一次会议提出讨论，佥以查本案施行细则第二十四、第二十六两条与原条例第四条条文相抵触，行政院于公布该细则之前，自应咨请本院将原条例修正。今竟于该细则公布一年之后始请本院修正，手续错误，显然以命令变更法律，故本案究竟如何办理请大会公决，审查结果如此，是否有当敬候提会公决。"等情，前来。

于本院第三届第七十一次会议提出讨论，佥以命令不得违反法律、法规，制定标准法订有明文，既准咨称中华民国红十字会理事监事人选，允宜广征通才，姑将该会管理条例第四条条文予以修改。惟应由本院呈请国民政府转饬行政院及各院遵照，嗣后不得再有施行细则与法律相抵触情事，当经一致可决，理合录案，并缮具修正条文，呈请钧府鉴核施行，并转饬遵照。谨呈。

原载《立法院公报》1934 年第 63 期

训令所属各机关国字第九八八二号

奉令发修正《中华民国红十字会管理条例》第四条条文合行抄发，令仰知照由(不另行文)。

案奉行政院二十三年十一月三日第零六零 2 八七号训令开：

"案奉国民政府二十三年第七八四号训令开：'查《中华民国红十字会管理条例》，前经制定明令公布在案，兹将该条例第四条酌加修正，应再通饬施行，合行抄发修正条文，令仰知照并转饬所属一体知照。'等因，除分令合行抄发原修正条文令仰知照并转饬所属一体知照。"等因，合行令仰知照。此令。

中华民国二十三年十一月八日

兼署部长汪兆铭

计附修正《中华民国红十字会管理条例》第四条条文(二十三年十月三十日公布)

第四条　本会置理事监事各若干人由全国会员大会就会员中选举之，理事互选常务理事五人,监事互选常务监事三人,由本会呈请内政部转报行政院转呈国民政府聘任之。

原载《外交部公报》1934 年第 11 期

内政部派遣专员长期驻沪指导全国红十字会

内政部对于中华民国红十字会有指导、监督之权,经与外交、军政、海军三部会商决定:"由内政部遴派相当人员前往驻会指导。"遂由部制定《部派中华民国红十字会指导员暂行服务规则》明令公布,定自本年九月一日起施行,同时并派该部科长曹钟麟为指导员前往该会指导。兹将服务规则录后:

第一条　指导员依部令之指示,办理左列各事项:

一、关于红十字会第一次全国会员大会之督促进行事项;

二、关于红十字会各项款产收支之稽核及预算决算之督促办理事项;

三、关于红十字会内部规章之督促拟定事项;

四、关于红十字会内部文卷之督促整理事项;

五、关于其他之兴革拟议事项。

第二条　依中国红十字会会计规程第十四条、第十六条支出之款项及依同规程第二十四条售出之物品须送请指导员审核签章,指导员不同意时须斟酌情形,叙明理由,呈部核示。

第三条　指导员应逐日填写工作日记,每星期呈部一次,工作日记应填项目如左:一、事由;二、处理情形;三、备注。

第四条　本规则施行日期,以部令定之。

原载《内政消息》1934—1935 年第 1—10 期

海军部咨第二九三七号

案准本月二日贵部民字第七二六号,抄送中华民国红十字会资产表暨原呈各一份,拟候派员调查后再行核办,请查核见复,等因。本部经核,极表赞同,相应复请查照为荷。此咨内政部。

海军部长陈绍宽

中华民国二十三年五月三日

原载《海军公报》1934 年第 60 期

海军部指令第六四八八号

令中国红十字会：

呈一件 呈报举行第一次全国会员代表大会日期附规则及名单请鉴核派员出席监督由。呈及规则名单均悉，兹派海军上海医院院长陈泰鳌，届时前往监督，仰即知照，规则、名单存。此令！

中华民国二十三年九月二十日

部长陈绍宽

原载《海军公报》1934 年第 64 期

内政、军政、海军、外交部训令第三三六一号

令中华民国红十字会：

案据该会呈拟出售沪宁铁路公债票面英金三千磅充作经费，请予核准一案，当经本部等开会议定办法两项：(一) 该基金究有若干及其财产收支状况如何，既经内政部令行克日呈复，本案应俟该会复到后，再行核办；(二) 为充分明瞭该会财产实际状况起见另由四部会同派员前往调查以便决定等语，纪录在卷。兹并据该会先后将资产表暨二十一年收支总报告呈请备案到部，除派谢叔鲁、魏尔庄两员会同前往该会详查具报外，合行令仰该会遵照，妥为接洽为要。此令！

计抄发原呈一件暨检发资产表暨收支总报告各一份。

中华民国二十三年五月九日

部长陈绍宽

原载《海军公报》1934 年第 60 期

行政院训令第六三八三号

令海军部：

案据内政部部长黄绍雄呈称：

案据中华民国红十字会呈称："查本会总会第一届理事监事名册，业经分报内政、外交、军政、海军四部鉴核在案，所有本会总会第一届理事会及监事会亦已成立，并已举行理监事会联席会议，依法分别选定会长、副会长、常务理事、常务监事，理合依照条例细则之规定，开具会长、副会长、常务理事、常务监事名单履历一并备文

呈送,仰祈钧部鉴核,转报行政院转呈国民政府分别聘任,实为公便”,等情,据此。查前该会呈送第一届全体理事、监事名册请予备案一案并转呈钧院鉴核转呈国民政府备案在卷。兹查《中华民国红十字会管理条例》第四条规定,仅该会常务理监事可以呈请聘任,至会长、副会长聘任条例并无明文规定。而其产生系依上项条例施行细则第二十四条规定为该会所推选之重要职员,又同细则第十三条、第十五条各条所定权责,亦较常务理监事为重要,其地位列在常务理监事之上,处理该会重要事项。如果不予聘任,似觉轻重倒置,有碍会务进行。考美国红十字会其华盛顿总会会长系由总统担任,又如日本赤十字社,其社长及副长须由陆海军大臣奏请勅任。以上两国对于红十字会均甚重视,故其事业特形发达。中华民国红十字会总会会长、副会长在条例中虽无政府聘任之规定,惟为整饬该会会务起见,似可比照该会常务理监事之规定并予转呈聘任用示政府重视该会之意。据呈前情,除将原送名单、履历抽存一份备查外,所有该会会长、副会长可否随同该会常务理监事,一并呈请聘任之处理,合赉同名单、履历各二份备文呈请钧部鉴核并转呈国民政府核示,实为公便。等情,据此。查此案前由本院召集内政、外交、军政、海军四部在院开会审查,佥主任在该会施行细则第二十四条后增加一项“会长、副会长由本会呈请内政部转报行政院转呈国民政府聘任”。复经提出本院第一八六次会议决议:“会长、副会长由院准予备案”,除开具常务理事、监事名单,呈请国民政府分别聘任并分令外,合行令仰该部,即便知照。此令!

中华民国二十三年十一月十七日

原载《海军公报》1934 年第 66 期

外交、军政、海军、内政训令第五〇二三号

令中华民国红十字会:

案查前据该会先后呈送资产表,暨二十一年度收支总报告书等,请予备案,并呈拟出售沪宁铁路公债票,充作经费,请予核准一案。当经并案会派谢叔鲁、魏尔荘两员前往该会详查财产及收支状况,呈候核办,并训令该会知照各在案。兹据该员等呈复调查情形前来,业经四部开会议定办法如左:

甲、关于该会资产及收支事项

(一)所请出售沪宁铁路公债一案,碍难照准,嗣后该会所需经费应量入为出,仅该会现有收入撙减开支,俾收支适合。

(二)据查该会文件多不齐全,究竟该会以前各项文书账簿现是否完全保存,

有无湮没情事,应由该会详细查明,具报内政部听候核办。

(三) 据查该会前次所呈资产表核与该会移交清册漏报甚多,应由该会重行补报内政部并分别详细加注说明。

(四) 据查该会存有吕碧城女士捐助财产英文遗嘱一纸,应由该会将当时捐助情形暨现时处理办法详报内政部,并将原有遗嘱译送查考。

(五) 据查该会二十一年总报告各项收据多有不能直接明瞭者,会计师对于不明瞭之单据,亦未加具证明,应由该会将会计师查账报告书,补送到部,俾凭核办。又据查该会所有补助酬劳各款开支,多有不当,应予申诫,嗣后应加注意,倘再有上项情事,定予剔除。

(六) 据查该会暂记付款项下,两年来会内会外人员向会内借款以及契票抵押借款者,总计达一万余元,殊有未合,应限于本年九月底以前一律追回。

(七) 据查该会账面所列补助酬劳振款等项开支,大都均无原案可稽,应由该会此后特别注意,凡无正当理由及相当证件者一律不得开支,以免冗滥,并注意整理文卷,以便查考。

乙、关于整理该会事项

(一) 暂由内政部遴派相当人员前往驻会指导,于必要时会同外交、军政、海军三部加派人员前往指导。

(二) 该会本年新收会员会费应依照管理条例施行细则第十条第二项之规定,将名誉会员、特别会员所纳会费,一律提作总会基金或就会费内提出十分之二作为总会基金,专款存储,不得动用。

(三) 在该会理监事会未成立以前,应依《中华民国红十字会管理条例施行细则》第十二条之规定,由该会常议会先行拟具资产之收支及管理暂行规则,报请内政部核定施行。

(四) 该会二十二年收支计算书应限于文到一个月内造齐,分送四部备核,并由总会依《中华民国红十字会管理条例施行细则》第十四条之规定转饬各分会一体遵办,汇报查放。

(五) 该会二十三年预算应克日编送四部查核并转饬各分会遵办,所有此后开支各款凡未列预算者一律不得动支,其有临时必须动支各款,应编造追加预算呈准再行动支。

(六) 该会在理监事规则未制定前,应即暂定办事规则报请内政部备案,以资遵守。

（七）该会所聘会计师应即解约，由内政部即日委任会计师稽核该会账目及计算书，并设计整理该会之会计组织。

（八）查整顿红十字会事业应同时注意于分会之健全，由内政部酌定各地方分会登记办法，分饬各地主管官署遵办，以凭整顿。

以上各款除整顿事项第一、第七、第八三款由本内政部另案办理外，合行令仰该会分别遵照办理并将遵办情形具报查核。此令。

外交部部长汪兆铭、军政部部长何应钦

海军部部长陈绍宽、北镇病故部长黄绍竑

中华民国二十三年七月二十四日

原载《海军公报》1934年第62期

行政院训令第九一一号

令海军部：

案查前据禁烟委员会委员长刘瑞恒，呈复审查修正《中华民国红十字会管理条例意见》，请鉴核，等情。经提出本院一九八次会议决议："交内政、外交、军政、海军四部再加审查，"并经照案饬知在案。兹据报告审查意见前来，经提出本院第一九九次会议，决议"修正通过"。除咨请立法院审议并分令外，合行抄发审查会议纪录及修正草案，令仰该部知照。此令。

中国民国二十四年二月十八日

原载《海军公报》1935年第69期

外交、军政、海军、内政部会呈

案据中华民国红十字会总会二十三年十月十五日呈称：

案查《中华民国红十字会管理条例及其施行细则》自经先后公布施行以来，本会各分会认为似有修改之必要。第一次全国会员大会前经提出讨论，经公推审查委员拟具意见书，逐条佥注提交大会通过在案，理合检送此项意见书一份，备文呈请鉴核，准予转呈，行政院咨请立法院采纳修改，明令公布，实为公便。等情，据此，当以事关修改法律，原呈意见书是否可采自应详细审核，以昭郑重。经由本内政部分别咨商本外交、军政、海军三部，汇拟修正意见，并于本年一月五日在本内政部开会逐条详细讨论，分别拟具审查意见并加注说明。所有修改各条均系根据事实必要力求便于行政之执行及会务之改进。除关于施行细则部分，应俟条例修正后再行核办外，理合抄同该会原呈修改意见书，暨检同本部等审查修正意见，一并会同备文呈请。钧院鉴核，俯予转咨，立法院审核采纳，酌予修正，呈请公布施行，实为公便，谨呈行政院院长汪。计抄送中国红十字第一次全国会员代表大会请修改《中华民国红十字会管理条例意见书》一份，内政部等审查修正意见一份。

外交部部长汪兆铭、军政部部长何应钦

海军部部长陈绍宽(假)、政务次长陈季良(代拆代行)

内政部政务次长代理部务甘乃光

中华民国二十四年一月二十一日

原载《海军公报》1935 年第 68 期

海军部咨第四七七号

案准一月二十一日，贵部民十七 7·000859 号咨，以中华民国红十字会因经费支绌情形出售沪宁公债票，似可照准，请核示意见以凭办理。等由，准此。本部对于该会出售铁路公债票一案尚无何项意见，相应复请查照为荷。此咨内政部。

海军部长陈绍宽(假)

政务次长陈季良(代拆代行)

中华民国二十四年一月二十三日

原载《海军公报》1935 年第 68 期

海军部咨第一四二四号

案准二月二十七日，贵部民十七 70034□7 号咨，以中华民国红十字会总会出售沪宁铁路公债一案，经令据会计师查复情形，请酌示意见，等因。附抄报告一份，本部经核该报告书内所列数目尚属符合，并无何项意见，相应复请查照为荷。此咨内政部。

海军部长陈绍宽

中华民国二十四年三月八日

原载《海军公报》1935 年第 70 期

奉令检发中华民国红十字会总会会长王正廷、副会长刘鸿生、杜镛聘书仰即分别转送——训令中华民国红十字会总会

案奉行政院二十四年九月二十五日第五零七一号训令开：

"案准国民政府文官除本年九月十九日第四七八三号公函开：'案查贵院呈，据内政部呈，请聘任王正廷为中华民国红十字会总会会长，刘鸿生、杜镛为副会长，转请鉴核施行一案，业经国民政府核准照批。除随函检送聘书外，相应函达查照饬知'，等由，准此，合行检发聘书，令仰该部分别转送，此令。"等因，奉此。查此案前据该会呈请到部，即经转呈在案。兹奉前因，合行检发聘书，令仰该会分别转送。此令。计检发王正廷、刘鸿生、杜镛三员聘书各一份。

中华民国二十四年十月四日

原载《内政公报》1935 年第 20 期

据呈送第一次理监事会第十二次联席会议纪录一案批仰遵照——批中华民国红十字会总会

呈一件，为呈送第一届理监事会第十二次联席会议纪录请鉴核由：

二十四年八月二十三日来呈暨纪录均悉，查原送纪录讨论事项第一项决议载称：本会应与上海医学事业董事会订立抵押合同云云。此项合同，究系如何情形，应即照抄一份，并将详细经过专案呈部以备查核。除将原件存查外，仰即遵照。此批。

中华民国红十字会二十四年九月四日

原载《内政公报》1935 年第 20 期

据呈请展延第二次征求会员举行日期一案准予通融办理——批中华民国红十字会总会

呈一件，为呈请展延第二次征求会员举行日期请鉴核，并咨行各省市政府饬属知照由。

二十四年九月十八日来呈已悉，查前据该会呈报第二次征求会员正式举行日期，因筹备不及改自本年八月一日起至九月三十日止，请予鉴核等情到部。当经批示照准，饬即积极筹备，务再展延，并再咨行各省市政府查照饬属协助在案。兹据前情，姑念所陈系属事实，准予通融办理。所有水灾区域各分会其因办理赈务，致

征求会员不及依限举行者,姑准展缓一月结束。至边远省区分会,其有征求会员成立较晚者,准自成立之日起算,扣足两个月结束,其余仍应准照前批办理。至所请再行通咨一节,应毋庸议,仰即知照。此批。

中华民国二十四年九月二十六日

原载《内政公报》1935 年第 20 期

准财政部咨送香港东华医院捐助赈灾麦粉免税护照及赈灾麦粉免税办法,仰即遵办具报备查——训令中华民国红十字会总会

案准财政部二十四年八月二十八日税字第一八五一五号咨开:

"案准贵部民十七 9 二十四年八月十五日发第一二一七一号咨,以据中华民国红十字会总会元代电称,香港东华医院捐助赈粉贰千陆百包,请转咨核发免税护照,咨请核办速复等因到部。查《赈灾麦粉免税办法》第三条规定,各赈灾团体请领免税护照,须遵章填具说明书,呈由赈务委员会核明转送本部办理。惟该项麦粉既系运往华北振灾,核与所定办法原则上尚属相符,此次姑予通融,免税护照,仍行照发。嗣后该会采运麦粉振灾,务须依照规定手续办理。至此项免税护照,俟该粉由江海关进口后,即行缴存上海苏浙皖区统税局,另由该局换发免税运照,以凭执运,准咨前因,除分令江海关监督暨苏浙皖区统税局知照外,相应填发免税护照并检送赈灾麦粉免税办法,复请查照,即希转发饬知为荷。"等由,准此。查此案前据该会代电到部,经即转咨财政部核发在案,兹准前由,合行检发免税护照一纸,办法一份,仰即查收遵办,并照章粘贴印花,仍将赈灾麦粉起运日期暨发放情形具报备查为要。此令。

中华民国二十四年八月三十一日

原载《内政公报》1935 年第 18 期

上海市政府训令第一四一五九号

为准内政部咨据《中华民国红十字会总会呈送第二次征求会员章程暨酬赠给奖办法》请备案并呈明征求会员筹备及举行日期请予咨行各省市政府饬属遵办等由,令仰遵照协助由(不另行文)。

令本府所属各机关:

案准内政部咨开:

"案据中华民国红十字会总会二十四年五月十四日呈称:'案查本会前送《第二次征求会员章程及酬赠给奖办法》,请鉴核一案。旋奉钧部民十七7二十四年四月二十六日发第六七七零号批示,分别修改补充,仰即遵照修改另缮清本呈部,以凭备案,并将拟定征求会员筹备及举行日期呈核等因,奉此,自应遵办。兹将《第二次征求会员章程及酬赠给奖办法》遵批分别改正,另缮清本呈部备案,并拟定于本年五月一日起至六月三十日止为筹备期间,七月一日起至八月三十日止为举行期间,理合一并报请钧部鉴核,俯赐分别咨行各省市政府转饬所属一体知照,照章办理,实为公便。'等情,据此,查前据该会呈送《第二次征求会员章程及酬赠给奖办法》,请予鉴核到部,当经分别修改补充,批饬照缮清本,呈部备案在案。兹据前情,自应准予备案,至所定征求会员筹备及举行期间,核与《中华民国红十字会管理条例施行细则》第十八条之规定,尚无不合。除批示外,相应抄同远送章程办法咨请贵市政府查照转饬所属遵照上项施行细则之规定,协助办理为荷。"等由,并附件准此。除分令外,合行抄发原附件,令仰该遵照协助。此令!计抄发《中华民国红十字会第二次征求会员章程暨酬赠给奖办法》各一份[略]。

中华民国二十四年五月二十九日

原载《上海市政府公报》1935年第157期

海军部咨第六〇五九号

案准贵部民字第一四一一号咨,以据中华民国红十字会呈复关于收支各项遵办情形并送资产清册各件一案,请将意见核示以资办理。等因,准此。本部详核该红十字会呈复遵办情形并贵部批饬该会各项办法均表赞同,相应复请查照为荷。此咨内政部。

海军部长陈绍宽

中华民国二十三年九月四日

原载《上海市政府公报》1935年第64期

上海市政府训令第一四四六七号:令本府所属各机关:为准内政部咨据中华民国红十字会总会呈报改订第二次征求会员正式举行日期已照准请转饬所属遵照一案令仰遵照由

案准内政部咨开:

“案据中华民国红十字会总会二十四年六月六日呈称:‘案查本会第二次征求会员,前经定于本年五月一日起至六月三十日止为筹备期间,七月一日起至八月三十一日止为正式举行期间,业已呈奉钧部批准备案,并咨行各省市政府转饬所属遵照协助各在案。兹因筹备不及,经提请第一届理事会第一次会议决议,改自本年八月一日起至九月三十日止为正式举行期间,记录在卷。理合备文呈报,仰祈钧部鉴核备案。讯赐再行分咨各省市政府转饬所属一体遵照协助,实为公便。’等情,据此。查此案前据该会呈请到部,经于本年五月间以民十七 7 第八一九四号咨文咨请贵市政府查照饬属协助办理在案。兹据前情,除批示照准暨分咨外,相应再行咨询请贵市政府查照,转饬所属遵照《中华民国红十字会管理条例施行细则》之规定,协助办理为荷。”等由;准此,除分令外,合行令仰该遵照协助。此令。

中华民国二十四年六月二十一日

原载《上海市政府公报》1935 年第 158 期

上海市政府训令第一四九六一号:为准中国红十字会总会为函知停办第二医院改设诊所另行定期开诊并移会所希饬属知照令仰知照由

令本府所属各机关,案准中国红十字会总会函开:

“案查本会第二医院(地址在上海新闸路八百五十六号),前经理事会第一次会议决议停办,改设诊所,专看门诊,不收住院,并将本会会所合并迁入在案。现在本会会所,业已迁移至上海新闸路八百五十六号照常办公。除关于诊所部份一俟布置就绪定期开诊再行函知外,相应函达,即希查照,并请通令所属一体知照为荷。”等由,准此。除分令外,合行令仰该知照。此令。

中华民国二十四年七月三十日

原载《上海市政府公报》1935 年第 159 期

上海市政府训令第一五一一〇号:令本府所属各机关:为奉行政院令,奉国府明令修正《中华民国红十字会管理条例》应即通饬施行令仰

案奉行政院第四一六四号训令内开:

“案奉国民政府二十四年七月二十七日第五九六号训令开:‘查《中华民国红十字会管理条例》,前经制定公布,并经明令修正各在案。兹再将该条例酌加修正,应即通饬施行。除公布并分令外,合行抄发修正条文,令仰知照,并转饬所属一体知

照。此令。’等因,计抄发条例一份,奉此。除分令外,合行令仰该知照,并转饬所属一体知照。此令。

计抄发《中华民国红十字会管理条例》略。

中华民国二十四年八月十日

《中华民国红十字会管理条例》

(二十四年七月二十日修正公布)

第一条　中华民国红十字会依内政部、外交部、军政部、海军部之指定,办理左列事务:

一、辅佐陆海空军战时卫生勤务及平时军事人员医务及救护;

二、国内外灾变之救护、赈济及伤病之治疗。

第二条　本会应提倡服务精神,普遍征求会员,并完成妇女青年组织,实施有效之服务与训练。

第三条　本会应设立医院充实医护设备,造就救护人才,并预备各项救护材料。

第四条　本会经费除会务收入政府辅助金外,每年得募款一次。其日期及办法应先呈请内政部核准备案。

前项会务收入于本条例施行细则中定之。

第五条　本会设总会及分会。

总会以内政部为主管官署,并依其事务之性质,受外交部、军政部、海军部之监督。分会隶属于总会,以所在地地方行政官署为主管官署。

第六条　总会置会长一人及副会长二人,由总会全体理事、监事推选,呈由内政部转报行政院转呈国民政府聘任之。

总会置理事、监事各若干人,由全国会员代表大会就会员中选举之,理事互选常务理事五人,监事互选常务监事三人,由本会呈请内政部转报行政院转呈国民政府聘任之。

第七条　前条理事、监事于必要时,得经由国民政府遴选相当人员聘任之。但不得超过全体理事、监事人数三分之一。

第八条　分会置理事、监事各若干人,由分会员大会选举之,分会于理事、监事选出后,应陈报总会核准聘任之,并报请地方主管官署备案。

第九条　会长、副会长之任期及总会、分会理事、监事之额数及任期,于本条例施行细则中定之。

第十条　本会之资产及账簿属于总会者，内政部得随时派员检查，并于必要时，会同外交部、军政部、海军部行之。属于分会者，地方主管官署及总会，得随时分别派员检查。

第十一条　总会应于每年年度开始前，将下年度进行计划及收支预算呈请内政部查核，于必要时，会同外交部、军政部、海军部行之。

分会应于每年年度开始前，将下年度进行计划及收支预算陈报总会查核，并报请地方主管官署备案。

第十二条　总会应于每年年度终了后，将上年度收支细数及事业成绩，编具报告，分报内政部、外交部、军政部、海军部查核。分会应于每年年度终了后，将上年度收支细数及事业成绩，编具报告，陈报总会查核，并报请地方主管官署备案。

第十三条　本会战地随军救护人员之待遇，与军属同。

救护队之编制及其服装之定式，由总会呈请军政部、海军部协商核定。

第十四条　本会战时随军救护人员及救护材料之载运，准用军属及军用品办法。

第十五条　本会战时随军救护人员，在战地应用卫生材料，房屋、粮食、舟车、马匹、航空机，得分别呈请内政部、军政部、海军部转饬拨给。

第十六条　办理红十字会，除本条例有规定者外，依其它法律之规定，订有国际公约者并准适用，但以经政府批准者为限。

第十七条　本条例施行细则，由内政部、外交部、军政部、海军部会同拟订，呈请行政院核准公布，并转呈国民政府备案。

第十八条　本条例自公布日施行。

原载《上海市政府公报》1935 年第 160 期

公牍选载:《第二次征求会员之工作状况》[节录]

第二次征求会员事宜，已奉内政部批准于八月一日开始实行，其章程及酬赠给奖办法已载入本刊第一期中。现在总会除通知各分会暨函请各县政府担任征求会员外，上海方面，聘请各闻人为总队长，并本会全体理监事暨正、副会长均为当然总队长。刻已分别就职于今日，实行征求矣。兹将委员会委员暨各总队队长衔名，并致各总队长各项函件照录如左：

第二次征求会员委员会

正委员长：王儒堂

副委员长：杜月笙、刘鸿生

常务委员：林康侯、闻兰亭、王晓籁、王一亭、关絅之

委员：黄涵之、钱新之、陆伯鸿、王培元、朱子桥、许世英、王振川、姚虞琴、顾竹轩、李应南、劳敬修、汪伯奇、沈联芳、叶誉虎、穆藕初、姚慕莲、狄楚青、袁履登、宋汉章、赵晋卿、徐新六、胡孟嘉

上海总队长

（以姓氏笔划多寡为序）

王儒堂、王一亭、王晓籁、王培元、王延松、王汉良、王孝英、王云五、王振川、王绶珊、牛慧霖、方椒伯、朱子桥、朱吟江、朱寿丞、朱学范、朱素启、朱世恩、杜月笙、宋汉章、沈聊芳、沈君怡、李廷安、李组绅、李大超、李登辉、李应南、吴铁城、吴醒亚、吴凯声、吴经熊、狄楚青、汪伯奇、林康侯、林克聪、金廷荪、金里仁、屈文六、周祥生、周宗良、周渭石、俞鸿钧、俞佐庭、洪雁宾、胡凤翔、胡孟嘉、唐寿民、徐乾麟、徐佩璜、徐补荪、徐新六、郭秉文、陆京士、陆伯鸿、姚虞琴、姚慕莲、陈光甫、袁履登、泰润卿、孙梅堂、许静仁、冯炳南、张啸林、张公权、张效良、张一尘、张子廉、张嘉甫、张慰如、曹云祥、杨啸天、杨梅南、叶誉虎、劳敬修、叶扶霄、黄金荣、黄涵之、褚民谊、闻兰亭、赵晋卿、黎照寰、乐振葆、潘公展、潘序伦、蔡劲军、蔡增基、刘鸿生、刘湛恩、卢学溥、邝富灼、钱新之、穆藕初、谢蘅牕、聂云台、颜福庆、关絅之、谭蓉圃、□耀廷、顾馨一

原载《中国红十字会月刊》1935 年第 2 期

致各省市县主管官署长公函

（第一三五八号）

径启者，案查《中华民国红十字会管理条例施行细则》第十八条规定，“本会得每年征求会员一次，其期间以两个月为限，应先行呈请主管官署核准组织各地方征求会员委员会行之，并得聘请一方主管官署长官为委员长”等语。现本会定于本年五月一日起至七月三十一日止为第二次征求会员筹备期间，并将《第二次征求会员章程及酬赠给奖办法》分别拟就提请本会理监事会第九次联席会议通过。呈奉内政部批准备案，咨行各省市政府转饬所属遵照《中华民国红十字会管理条例施行细

则暨章程办法》各项规定协助办理各在案，除将关于征求会员应用各件分发各分会。克日组织征求会员委员会照章转办理外，相应将章程转法宣传文件，连同赞助证五十张一并检送，函聘贵长为中华民国红十字会征求会员委员会委员长，即祈就职，督同该管分会照章办理，协助一切。如果贵辖境内尚未设有本会分会，亦请贵长依照《第二次征求会员章程》第五条乙项第三款、第四款、第七款之规定办理，将办理情形函知本会，以便函送征求会员应用各件，统希查照核办，迅赐见复为荷。此致各省市县征求会员委员会。

附送：《第二次征求会员章程及酬赠给奖办法》五份、《征求号月刊》一册、《国人对于红会应有之认识》五册、赞助证五十张。

中国红十字会会长王正廷

副会长杜月笙、刘鸿生

二十四年七月十日

原载《中国红十字会月刊》1935 年第 2 期

公牍选载：水灾告急电文

湖北宜昌县临时水灾救济委员会来电

万急！上海红十字会鉴：宜昌县境自本年七月三日晨刻大雨倾盆，山洪暴发，亘五昼夜不断，江水猛涨，泛滥横流，以至第一区滨江一带村镇顿成泽国；第四区小溪塔、许家河、后坪等镇被灾尤重，田禾庐舍悉付洪涛，人口牲畜死亡无数，总计全县灾区约百余里，灾民约十余万，流离满目，遍野哀鸿，浩劫奇灾空前未有。本会目击惨状，共切恫伤，当即组织成立急施救护，赶办赈济，一面电请本省暨中央政府拨款施放急赈，惟以灾区广大，灾民众多，杯水车薪难资普济用，是广为呼吁，分乞救护。夙仰贵会慈善为怀，痌瘝在抱，特乞设法赈济，俾兹劫余，灾众昏垫，哀黎沾受仁浆，出登衽席，造福实无涯涘。湖北宜昌县临时水灾救济委员会叩，真印。

樊城水灾救济会来电

上海中国红十字会钧鉴：樊城于七月六日夜大雨倾盆，七日晨刻襄水暴涨数丈有余，城市内房屋灭顶，稍高之处亦被洪水封门，人民被淹毙者数千，房屋倒塌二分之一，城外一遍汪洋，死者更不计其数，伤心惨目决非字典上惨痛名词所能形容。至十日上午，水势稍退，满城哀鸿，涕哭之惨声较前更甚。现已死者无法掩埋，生者勿论贫富无不嗷嗷待哺，地方机关以及绅者各法团，短衣赤足集合，暂组水灾救济委员会临时救济灾民。惟此次水灾猛烈,一小时内水增至六尺有奇,生命逃避不遑,货物、食料均皆被水飞没,诚空前未有之浩劫。灾民奄奄待毙,急望放赈,加之樊城近数年来商业崩溃,已不成市丁。此巨艰何以为生,谨此迫切具情,电呈哀恳迅予发赈,救活生灵,则感激鸿恩大德,永垂不朽。樊城市水灾救济委员会叩,真印。

宜都分会来电

上海中国红十字总会鉴:宜都全境三面环水,长江限其南北,清江绕其东西,三峡之险,恃以宣泄。长、汉两河交互汇归。每交夏令,沿江河两岸辄被淹没,居民素习逃避方法,尚少性命危险,田庐虽有损失,亦可徐图补救,从未见如本年七月初之水泛滥,横决排山倒海,演成此空前绝后之巨浸,全境几无一幸免者也。溯自六月十八日起,霉雨淋漓数日不休,江河水位逐渐伸腾,然以[已]司空见惯,尚沿旧法升高暂避,以俟水退。陡于七月四日晨,疾风烈雨助以迅雷,绵延至六日夜半,迄未稍杀其势,以致大江之水澎涨而上,长、汉两河上源山洪暴发,水势更汹涌浩瀚,突如其来,一刹那间水头达二丈以上,流域所经之地,两岸人畜、田庐、器物、食粮概付波涛,一时生命财产之损失诚不可以数计。盖事出仓卒,而又雨大水凶,交通全断,无设法营救之可能。计全县受灾者,第一区有龙窝河、黄家河、过路滩;第二区有熊渡、聂家河、汉洋坪、柳津滩;第三区有茶店市、红花套、古老背善溪、大冲上下沙湾、渣坪、邬家沱;第四区有白洋、安福市、沙碛坪、林家渡、罗家河等处。此就被水区域淹没漂流而言也。至于山阜高地所有农作物尽被大雨冲洗连带泥,株粒无存,秋收实已绝望,尤为亘古所罕见。而城市乡集居屋栉比之地,又受淫雨过久之害,其不栋折崩,墙坍壁塌者寥寥无几。此次灾区之普遍、灾情之严重可想而知,现值天霁水退,而灾后孑遗,亟待赈济,浮尸沉骸尚需捞埋以及疾病之诊治、时疫之防止[治],抚辑善后,经纬前端,非有大宗财力不克担此巨肩,蕞尔小邑何以堪此。除已由地方机关、法团组织水灾急赈会施以目前必要救济,并分电层峰请求急振外,本会亦竭尽绵薄作职责上应有之设施。惟灾区广大,愿宏力薄,端赖各方慈善加以倾助,夙仰大会规模博大,善济为怀,特电呼吁为民请命。伏乞迅发赈款以惠灾黎,并求指示措施机[事]宜以作南针,不胜企盼之至。宜都红十字分会会长邓辉谟,副会长鲜于利川、卢义钊,理事长鲜于光楹。

河南省振务会来电

上海中国红十字会惠鉴:豫省历年灾祲,民生疾苦已达极点。今年入夏以来,荒旱之后又遭淫雨,黄河决口,洛沁、沙白等水相继浸溢,被灾难民迫于饥寒,发生疫疠,死亡之声时有所闻。本会存药业经施放无余,贵会慈善为怀,前承捐助药品,全活民命,感荷同深用,再专电奉恳,务祈惓念豫灾,续捐各种暑药拯兹孑遗,翘首江云,无任拜涛[祷]。河南省赈务会敬印。

湖北第八区行政督察专员公署来电

上海红十字会鉴:汉水暴涨,襄光、谷宜各县平地深几二丈,漂没村落、田禾及牲畜无算,人民死亡过半,积尸遍野,灾情之重亘古未闻。除设法赈救外,务请贵会迅速派员携带药品前来救济,以防瘟疫,八区民众同深感荷。湖北第八区行政督察专员程泽润,删印。

湖北第八区行政督察专员公署来电

上海红十字会电鉴:此次襄河水灾为数百年所未有,其惨亦非文字所能形容,计区属谷城、光化、南漳、宜城各县多被淹没。襄阳除县城崩陷十余处,救济得力,侥幸万一,外乡间十之八九均被水洗去。樊城六日晚,水由城垛溢进,全市被淹,沿河牛首、竹篠铺、张家湾、东津湾等大市镇均被水扫荡。八日起水始渐退,现正赶办救济、善后、调查各事,约计人口死亡不下十万,田禾、房屋、牲畜及春收小麦悉被冲洗,秋收绝望,财产损失当在千万以上。死者已矣,生者何堪。数十万灾民现将绝食,待哺之急匪言可喻,除由各县先行开仓临时施放急赈,并电请上峰救济外,但政府力量有限,惟冀各慈善团体及全国同胞共同救济,慨发慈悲,共襄义举,以救灾黎。在此国势艰危之际,与国家稍留一线生机,则功德无量矣。除分电各报馆,请转各慈善团体外,惟大灾之后必有瘟疫,敝区虽已设法预防,但苦力量薄弱。素仰贵会胞与为怀,热心救济,拟请派员携带多量药品莅临敝区被灾各地施医、防疫。庶以减免死亡,稍存元气,无任感盼,并希先行示覆为荷。湖北第八区行政督察专员程泽润,铣印。

山东巨野县政府来电

上海红十字会惠鉴:天祸巨野,灾患连年,此次鄄城董庄黄河决口,波涛汹涌,蔽野东下,真日自县西北入境,北淮康集、太平,南冲龙堌、田桥,东越洙水围绕县城,所有太康与龙堌、大兴、麟安城区、六全区大义、玉山、忠义各半区均陷入泽国,平地水深六七尺、八九尺不等,势如倒海,波浪所至,高粱、谷豆悉遭淹没,房舍、积粟瞬俱漂毁,人畜溺毙不可胜计,被灾区域东西长一百二十里,南北宽三十四里至五六十里,占全县面积三分之二,被害村庄八百有奇,房舍、什物荡然无存者四百余村,灾民二十万左右,露宿破屋颓垣之间或蹲居残堤树杈之上,妇孺悲号,辗转待毙,风雨莫蔽,食住俱无,苦情惨状目不忍睹。饥肠轮转,目前已属难延生活,无资来日,更将来束手,加以地方财政拮据达于极点,难蒙省府拨款赈济。然以灾民太多,仍属杯水车薪,除由县购置熟食分途乘船赶放急赈,并设法尽量引渡收容外,用特吁恳贵会轸念灾黎,迅赐账款以拯饥溺而保孑遗,不胜感激待命之至。再刻因电报、电话不通,是以改用快邮代电合并陈明。巨野县县长徐中晟暨全县灾民同叩,巧。

山东巨野县水灾救济委员会来电

上海红十字总会台鉴:七月十日鲁西鄄城县境临濮集董庄决口五处,共二百余丈,一股奔流东南由菏泽之问什口灌入巨野县境,泛滥洋溢,势极汹猛。节经各村民夫分头抢堵,只以水势猛烈,均归失败。县境庄村沦于横流者六七百处,灾民二十五万有奇,平地水深七、八尺丈余不等,田禾悉被淹没,四境均成泽国,房屋倾圮,什物(荡)然,人畜漂流者随处可见。老弱待毙,妇孺呼号,悲惨之状难以言喻。而河水现仍猛涨不已,不知演至何项地步?伏查本县近三年来两受黄灾,一经坡水,人间困苦流离已不堪言状。今春天气亢旱,深惧二麦失收,乃甘霖甫经普被,黄水即倒海而来,且连日大雨,继以狂风,民埝尽溃,灾区益广,统计被水之处实占全县面积十之八九。现距霜清为期尚远,来日方长,后患何极。报载黄河水利会李委员长仪祉电告,上游溃决之溜北流者十之三,南下者十之七,似此水势浩大更觉隐尤[忧]方深。谨恳钧会垂念灾黎,速赐筹汇赈款,广事(施)救济,拯此孑遗则有生之日莫非载德之年矣。临电涕零,敬乞垂察。山东巨野县黄河水灾救济委员会叩,迥。

定兴分会来电

上海中国红十字会总会钧鉴:顷阅冀主席洽日通电冀南、长垣等县,"今夏水灾奇重,立拨赈款派员查放。惟灾情过巨,省库欠空,独力难支众掌。是仰务恳哀此孑遗,速赐设法救济"等语,阅悉之下令人心寒。查冀南各县灾情特重,灾民嗷嗷待哺,敝会谨请钧会仰赐拯救,不胜祷祝之至。中国红十字会定兴分会,胥叩。

襄阳分会来电

上海红十字总会钧鉴:襄阳一带,淫雨为灾,邻县城镇多被淹没,襄阳垣塌堤崩,城廓肆境业经陆沉,人畜、房屋或被泊没,损失之巨,难以数计。灾情奇重,近古罕有,刻下水虽猛退,而收容难民将近万人,号寒啼饥待哺孔亟。属会目击心伤,只以救济力薄,现已会同地方法团组织临时救灾委员会。惟灾民过巨,疫疠流行,不仅需款救济民食,尤需大批药品以治疗疾病用。特吁恳钧会俯念灾黎,速拨药品、赈款以资救济，而苏民命，容再详报，仅先电呈。襄阳红十字会分会叩，寒。

樊城分会来电

上海中国红十字会总会钧鉴：樊城于本月江日起淫雨连线，微日襄水□涨，鱼日水即平岸，虞日陡增一丈有余，全市房屋多已灭顶，墙倒屋塌不计其数，淹埋人畜何止万千丈，墙则滔为土埂。城外则汪洋无际，延至齐日，水稍减退。惟因水势太猛不及防护，财货、粮食损失殆尽。食住问题无法解决，无贵无贱同陷泥斜，疫疠侵袭更属堪虞，兼之本市近年营业凋残，元气大丧[伤]，遭此空前浩劫，死者既无法掩埋，生者更难以续命。现经官商合组救灾委员会办理急赈，但杯水车薪于事无济。属会又向无基金，全市同罹浩劫，亦属无术点金。惟有恳请大会迅即广筹赈款派员散放以续民命，并恳携带大宗药品从事救护以防疫疠，灾民幸甚，地方幸甚。再者，以后呈报事多，公文往返太久，恳请补发免费电报执照一份，以便应用，是为至祷。樊城红十字会会长冯海泉叩，真。

再呈者，因樊城正当水势，办公地点水深九尺，人员均已逃散，水退后尚未齐全，邮电局均不收文电。前日奉达之电系专送六十里双镇支电线发出，故电文之迟乃耳，襄阳一河之隔，该城未进水，水猛流不能渡，谨将困难奉呈，尚祈谅鉴为祷。

开封偃师县留汴同乡会来电

上海红十字会总会赐鉴：偃民不幸，灾祸迭兴，数月以来滴雨未降，二麦歉收不及三成，秋禾未种，赤地一片。忽于本月六日大雨倾盆，伊洛陡涨，泛溢二十余里，洪水到处顿成泽园沼河，居民尽属波臣。县城之内遭遇尤惨，以城垣低洼，水高数丈，澎湃奔腾如贯蚁穴，一时堤防失恃，逃避莫及。万余生命随波浮沉，老弱者顷刻淹毙，少壮者少数桴[浮]出，浮尸累累，目不忍观，水深之处，危楼仅存。截至现在，城内积水尚有丈余，以致伤亡损失无从详细调查，最伤心者数百具男女尸体无以葬埋，望水悲亲临流，泣子哭声遍野，惨不忍闻。本会情同骨肉，谊关桑梓，用特急电呼吁，深望贵会痌瘝在抱，饥溺为怀，施放急赈以惠灾黎而活民命，不胜盼切，祷切之至。偃师县旅汴同乡会叩，删。

老河口分会来电

上海中国红十字会总会鉴：兹因电线冲断，故用十万火急航空快邮代电飞报者，本月三日起直至七日，昼夜不息，连落倾盆大雨，加之襄河上游暴涨，洪水竟将沼河两岸及本市街巷与附近乡村淹没尽净，可谓无一幸免，实为亘古未有之空前巨灾。罹此浩劫之人畜惨死何可胜算，房屋倒塌十之八九，禾苗摧残殊难约计，灾情奇重为古今中外所罕见。刻下水势稍退,属会即组织救护队,内分救生、医疗、掩埋、赈饥四组,分途前往灾区实地救济工作。此一切善举本为我红会应尽职责,弗敢稍解。近经水灾之后,所有人热心捐资,会员实在捐无可捐。最近,救济费用均为中坚份子勉强挪借,杯水车新(薪)万难济事。为此,电恳钧会无论如何必须想法外之法,迅即酌量筹款,克日汇下以资救济而拯灾黎,事关二十余万难民之成亡及无数被难遗尸之掩埋,幸勿迟延,是为至要,并祈电覆,祷切盼切。中国红十字会老河口分会全体职员谨叩,佳印。

原载《中国红十字会月刊》1935 年第 3 期

公牍选载:本会呈军政海军部文

呈为呈请迅赐订定救护队之编制及其服装之定式,令饬遵行事案。查《中华民国红十字会管理条例》业经国民政府修正公布施行,并奉内政部民字第一二一〇六号训令抄发原条例一份,令仰知照在案。兹查本会救护队之编制及其服装之定式,亦经该条例第十三条第二项明文规定,由本会呈请军政部、海军部协商核定理合备文呈请,仰祈钧部鉴核。迅将本会救护队之编制及其服装之定式会同海军军政部从速订定,令饬遵行,实为公便,除分呈海军、军政部外,谨呈军政海军部。

中国红十字会总会会长王正廷

副会长杜月笙、刘鸿生

廿四年八月十七日

原载《中国红十字会月刊》1935 年第 5 期

海军部指令 5148 号

令中国红十字会总会会长王正廷,副会长杜月笙、刘鸿生:

呈一件为呈请将救护队之编制及服装之定式会同军政部订定,令饬遵行由呈悉,应候会同军政部核定,再行令仰知照。此令。

部长陈绍宽

廿四年八月廿二日

原载《中国红十字会月刊》1935 年第 5 期

军事委员会军医署公函医二政□字第 0366 号

案奉

军政部发交贵会为请订定救护队之编制及其服装定式，令饬遵行，由呈一件。查关于服装定式，已大致决定，即可颁布，至救护队编制，尚待编订，相应函请贵会将原来救护队编制，各检寄一份，以便参考为荷。此致中国红十字会总会。

廿四年九月廿五日

原载《中国红十字会月刊》1935 年第 5 期

内政部指令：警壹 4 廿四年九月廿七日发 013964 号

令中国红十字会总会：

呈一件为请准将红十字会会员、职员免除征兵义务，暨各地方政府编练后备队团防及类乎此种性质之事件，均请一概免于抽编，祈鉴核由。二十四年九月五日来呈已悉，查红十字会会员、职员应否免除兵役？应由《兵役法施行条例》规定。现该项条例正在军事委员会起草中，据呈前情，除转函军事委员会核定外，合行令仰知照。此令！

政务处长代理部务陶履谦

按：汕头、揭阳、光山等分会函请转请政府免除本会会员、职员征兵义务暨各地方政府编练后备队团防及类乎此种性质之事件，均请一概免于抽编一案，当由总会转请内政部核示，去后旋奉内政部指令，照录如上。

原载《中国红十字会月刊》1935 年第 5 期

内政府训令：警壹 4 廿四年十月十一日发 014712 号

令中国红十字会总会：

案查前据该会呈请准将红十字会会员、职员免除征兵义务，暨各地方政府编练后备队团防，及类乎此种性质之事件，均请一概免于抽编，祈鉴核等情，到部。当经据情转函军委会核定，并指令知照各在案。

兹准军事委员会二十四年十月四日铨一字第四六八号公函内开："案准贵部公函警壹 4 二十四年九月二十七日发零一三九六三号节开，据中国红十字会总会呈，请准将红十字会会员、职员免除征兵义务一案，函请酌核等由。查慈善团体内团员在《兵役法施行条例草案》内并无免役之规定，惟该红十字会会员、职员等，若经地方政府合法之登记，得援用《兵役法施行条例》第二十八条第一项第三款担任官公事务人员之规定，届时呈请缓役。但依同条第三项又称，在缓役中仍受国民兵役之训练及召集等语，可见仅缓常备兵役，以上均指兵役法范围内而言，用特函复，即希查照转知。”等由，准此，合行令仰知照。此令。

廿四十月十一日

原载《中国红十字会月刊》1935 年第 5 期

公牍选载

中国华洋义赈救灾总会征募股来文

径启者，前准贵会函开“本会理事会议决拨交中国华洋义赈救灾总会赈款洋四万元、面粉八千袋、衣服一万件，俟购制完备即行通知具领”等语。兹承贵会曹秘书长面云，该洋四万元业已筹备，用特由敝会征募股主任骆传华君前来具领，希即如数照付，其面粉及衣服、药品系分拨山东、湖北、湖南、江苏四省各四分之一。该三省应领之面粉、衣服、药品等件，山东省请径寄济南中国华洋义赈救灾总会山东分会张远忱君；湖北省请径寄汉口三教街十九号，敝会湖北分会胡必祥君；湖南请径寄长沙如意街四号，敝会湖南分会谢国藻君分别查收。所有提单等件均请附去，江苏省应领之面粉、衣服、药品即祈指定时间及地点，敝会再行派员前往接收，相应奉达，请须查照为荷！此致中国红十字会总会。

中国华洋义赈救灾会征募股谨启

廿四年十月九日

中国华洋义赈救灾总会征募股来文

径复者，顷奉大函并附赈款上海银行第六六〇九号支票一纸，计洋四万元正，均经收悉。兹特随函附奉加盖内政部部印第二三六〇九号收据一纸，仍交尊纪带上，至希查收为荷。再此项赈款既承贵会托为放赈湘、鄂、苏、鲁四省之用，除苏省因无敝分会，尚待筹划外，其余湘、鄂、鲁三处当即拨交各敝分会具领、发放，合并附闻。此致中国红十字会总会。

中国华洋义赈救灾总会征募股谨启

附收据第二三六〇九号一纸。

智京中华商会来文

上海中国红十字会诸先生大鉴：敬启者，本会馆前阅西报得悉祖国黄河流域水灾祸延八省，生命财产捐[损]失不计其数等语。然死者已矣，而生者尚嗷嗷待哺，惨不忍闻。故本会馆特发起救灾振济会，援于八月十一日开全体大会，选定办事人员沿门劝助，今已完妥将智币买得汇单七十一镑十一先令五便士寄返贵会，以赈灾黎。仰贵会速将此款拨往灾情重大之区，以济难民，是所至盼，并望复音，耑此并候公祺。

智京中华商会常务委员袁润光

廿四年九月一日

财政部公函沪字第一一四三号

顷准驻智利公使馆函称，据智京中华商会会长袁润光等面称，国内长江、黄河、潦水为灾，兹由侨商募到振款共计英金七十一镑十一先令五便士，业经径寄财政部转拨上海红十字会在重要灾区振济等语。该款收到后，即请转发，并转知该会将分配情形见示，俾便转知，而慰侨望，请查照见复等情，并附该商会致贵会函一件，汇票十一笔，共计十三纸，计英金七十一镑十一先令五便士。到部用特检同原函一件，汇票十三纸(均已签字证明)，并抄录驻智利公使馆函一并送请察收，分别出给收据以便转送，并将分配情形径由贵会函复该公使馆转知，以慰侨望，相应函达查照，见复为荷。此致上海中国红十字会。

财政部长孔祥熙

原载《中国红十字会月刊》1935 年第 6 期

会牍：致上海中国红十字总会代电

上海中国红十字会总会赐鉴：虞电奉悉，蒙由中国银行汇寄振款二千元，业已如数收讫。本会遵即统筹散放，以广鸿施，并谨代灾黎泥首致谢。惟犹有请者，吾川惨罹浩劫，创巨痛深，天府半是灾黎区，孑遗多沦饿莩，求生路绝，待振情殷。即使普天仁者，无不辇金输粟而来，无如满地哀鸿，仍有粥少僧多之欠。本会为民请命，□计厚颜，拟请大会俯念事出非常，仁施格外，既汲西江之水，更顷东海之波，除已寄二千元外，再增加若干汇寄来川发放，则灾区民命，永荷成全，佩德衔恩，岂有涯涘，谨电□陈，即祈昭察。四川省振务会主席尹昌龄、副主席王又庸叩，迴印。(四月二十四日)

原载《赈务旬刊》1936 年第 31 期

上海市政府训令第一七五七二号：为准卫生署咨，奉行政院令中华民国红十字会归卫生署监督等因咨请查照一案令仰知照并转行知照由

令卫生局：

案准行政院卫生署保字第九二九号咨开：

案奉行政院二十四年十二月二十七日第六六二八号训略开："据内政、外交、军政、海军四部会呈，拟具《红十字会管理条例施行细则》修正意见草案，请鉴核等情。经提出本院第二四二次会议决议，红十字会归卫生署监督，《红十字会管理条例及其施行细则草案》交该署整理修正。除分令内政、外交、军政、海军四部知照外，合行抄发原件，令仰该署遵照。"此令，等因，附修正意见草案及意见书各一份，奉此。除《中华民国红十字会管理条例及其施行细则修正意见草案》俟整理完竣呈准公布后再行咨达外，相应先行咨请查照，并转饬知照。等由，准此，合行令仰知照，并转行知照。此令。

中华民国二十五年三月十一日

原载《上海市政府公报》1936 年第 167 期

上海市政府训令第一九六八四号：为奉行政院训令转奉明令公布修正中华民国红十字会管理条例饬即知照并转饬所属一体知照一案令仰知照并饬属知照由(不另行文)

令本府所属各机关：

案奉行政院二十五年七月二十九日第四五七三号训令内开：

案奉国民政府二十五年七月廿三日第一五七八号训令开："查《中华民国红十字会管理条例》前经制定公布施行，并经明令修正各在案。兹将该条例再加修正，应即通饬施行。除明令公布并分令外，合行抄发修正条文，令仰知照，并转饬所属一体知照。此令。"等因。奉此，除分令外，合行抄发原件，令仰知照，并转饬所属一体知照。此令。

计抄发《中华民国红十字会管理条例》一份。

中华民国二十五年八月六日

原载《上海市政府公报》1936 年第 172 期

军政海军部指令医二政二四字第0536号

令中国红十字会总会会长王正廷、副会长杜月笙、刘鸿生：

据二十四年八月十七日及十月三十一日呈二件，为呈请迅赐订定救护队之编制及其服装之定式，令饬遵守行由。

两呈均悉，查该会救护队之编制及服装定式，业经本部会同核定，合特检发表图三纸，令仰遵照，此令。

内政部训令民十七7廿四年十二月二日发017011号

案：查前据该会呈请转咨财政部，速予拨发七、八、九、十四个月补助费一案，当经咨请财政部查照核拨并批示在案。兹准财政部二十四年十一月十六日库字第二一一一五号咨复："业经填发直字第二五八九号支付书，函送审计部核发，请予查照转饬给领"等由，准此。业经本部派员如数领到，计共国币一万二千元整，合行填给发款通知书一纸，仰即备具领款书呈部，以凭汇发。嗣后此项补助费，按月均由本部带领转发，附发款通知书暨领款书式各一纸。仰即遵照。此令！

原载《中国红十字会月刊》1936年第7期

本会致各总队长函

谨启者，查本会第二次征求会员业已举行，辱承允任总队长之职，热忱赞助，无任钦佩。素仰执事德隆望重，登高一呼，众山响应，想征求以来成绩优良，当为红会前途造福非浅。惟现奉部令限期结束，务祈台端鼎力筹募提前赶办，于本月十五日以前惠赐福音，俾国历年内得资结束，尤为感盼，想执事协助红会不遗余力，必蒙见谅也。此致□□总队长！

中国红十字会总会谨启

原载《中国红十字会月刊》1936年第7期

振务委员会公函字第二九三五号

案准贵会函，以据万国红十字会联盟会函询我国行政拨用振款情形，请查照编送，以便转送等由。

查频年以来，灾患迭见，灾区之广，几及全国，政府特设机关，从事救济。当于民国十七年五月，设立河北、山东振灾委员会，八月设立振务处、振款委员会及豫陕甘、晋冀察绥、两粤各振灾委员会，至十八年二月合并组织国府振灾委员会，旋于十九年一月改组为振务委员会。此数年间，政府或拨公债或颁国币，为数繁巨，但以灾情过重，后向社会方面多方劝募，俾资补助。计自民国十七年至本年九月止，除十八年间奉政府颁发振灾公债一千万元配拨灾区外，总计由本会及以前各振灾机关，拨付各省振款及国内外捐款为数达五百四十万余元。惟以灾区过广，灾情过重，屡年遇灾救灾，终属苟且补苴。本会许委员长有鉴于此，为谋永弭灾荒起见，当于十八年三月特呈政府年拨备荒基金五百万元，以作防救灾荒之用，经由立法院制定救荒准备金法，于十九年十月间明令公布。本年六月，复由国民政府明令公布实施暂行办法暨《保管委员会组织条例》，经于本年七月间组织成立中央救灾准备金保管委员会，并咨请各省市政府依法成立省市保管委员会，从此救灾准备制度得以普遍推行。依照该法每年应由经常预算收入总额内支出百分之一为中央救灾准备金，但本年度因中央财力困难，故酌列准备金二百万元。入夏以来，江河泛滥，被灾区域达十数省之广，灾情极为惨重，爰依照该法规定将本年度得动支之一百万元，按照各省灾情轻重，分配拨发振款数目，汇交各省政府办理振济。

又查二十年长江泛滥成灾，灾情异常惨重，政府为谋振救起见，特设立国府救济水灾委员会，专司其事。该会办理振务，以急振一项，计拨发现金美麦合为一千七百五十万余元，连同工振、农振计达四千二百七十五万余元。

准函前由，相应编造拨付款数目表三件，检同国府救济水灾委员会收支总表一分，救灾准备金法一本，送请查照，转致为荷！此致中国红十字会总会。

委员长许世英

附振款数目表三份、国府救济水灾委员会收支总表一份、救灾准备金法一份。

支配各省市振款数目总表

(自十七年至二十四年九月止)

省市别	十七年	十八年	十九年	二十年	二十一年	二十二年	二十三年	二十四年
河北	254 169.00	30 782.69	13.66	10 000.00	1 000.00			3 080.00
山东	694 675.22	8 703.90	11 020.00	14 632.00				42 500.00
陕西	287 027.92	73 849.79	31 003.70	86 565.64				
甘肃	294 980.82	96 082.03	18 684.49	282 579.95	500.00		900.00	1 100.00
河南	226 669.39	39 781.70	148 737.18	313 060.96	2 000.00			10 000.00

续 表

省市别	十七年	十八年	十九年	二十年	二十一年	二十二年	二十三年	二十四年
山西		16 186.88	463.61	2 915.23				
绥远	55 000.00	16 186.89	1 886.90	3 000.00				1 500.00
察哈尔	35 000.00	4 986.88	1 636.90	8 386.28				
安徽	7 000.00	43 016.94	10 088.00	258 215.00	19 696.85	665.00	1 000.00	5 800.00
湖南	6 000.00		12 397.00	235 000.00				10 000.00
浙江	4 000.00	2 000.00	15 000.00	80 000.00	1 000.00			
广东		24 548.71						10 000.00
广西					16 438.51			
江苏		2 000.00	15 000.00	188 510.00	16 150.00	201 000.00		48 000.00
湖北				180 000.00				20 500.00
江西			5 000.00	135 655.71				8 000.00
黑龙江				3 000.00				
北平		7 377.17	3 338.97	14 500.00				
福建				4 000.00		500.00		8 278.69
贵州			3 000.00	30 000.00				
云南		60 000.00						
南京		3 960.00	2 800.00	8 623.32	10 967.00	729.00	2 200.00	100.00
上海		1 000.00		2 000.00	6 800.00	3 400.00	3 200.00	
热河			2 250.00					
四川			5 000.00	6 000.00				
远宁			10 701.74	15 186.00				
青海		10 000.00		20 000.00			500.00	704.86
宁夏				25 240.00			900.00	1 100.00
汉口				20 000.00				
海外			2 000.00	25 000.00	2 000.00			
外蒙					2 000.00			
东北			7 177.00		111 502.00	10 000.00		
两粤		3 850.00						

说明：上表分拨各省数目，以历年政府所拨现款及由本会募集之捐款为限，至十八年政府颁发振灾公债一千万元及本年度救灾准备金一百万元，其分配均详另表。

振灾委员会分配各灾区振灾公债数目一览表

（民国十八年）

省名	公债分配数目	省名	公债分配数目
陕西	2 000 000 000	河北	450 000 000
河南	800 000 000	广东	350 000 000
甘肃	1 200 000 000	广西	350 000 000
山西	1 300 000 000	安徽	300 000 000
绥远	770 000 000	浙江	300 000 000
山东	700 000 000	察哈尔	500 000 000
湖北	250 000 000	江西	150 000 000
黑龙江	30 000 000	江苏	250 000 000
湖南	350 000 000	北平市	30 000 000
福建	10 000 000	贵州	10 000 000

二十四年度救灾准备金依法得动支之壹佰万元振款分配表

（二十四年八月至九月）

省名	款数	省名	款数
湖北	三十万元	山东	三十五万元
湖南	十万元	河南	六万元
江西	六万元	河北	二万元
安徽	三万元	福建	二万元
陕西	一万五千元	贵州	一万五千元
甘肃	一万五千元	察哈尔	一万元
山西	一万五千元	宁夏	一万元
绥远	一万元	新疆防疫	一万元
其它各省防疫	六万元		

原载《中国红十字会月刊》1936年第7期

内政部训令民十七7廿四年七月发018287号

令中华民国红十字会总会：

案准外交部二十四年十二月十一日国24字第一一九四四号公函开：

"准英国大使照会略称：'关于一九二九年所订《救护战地伤病人国际公约》一事，前于一九三三年三月一日经本馆蓝前公使照达在案。按该公约第十一条规定，某中立国承认之义务救济团体，非经本国先行许可及该作战国许可，不得使医士及团员协助作战国。兹奉本国外部大臣训令，嘱为通知贵部长以依照上项规定，在阿比西尼亚专为对于阿军予以医士协助所成立义务救济团体之英国在阿野战救护会(The British ambulance service in Ethiopia)，现已获得本国政府许可。按照公约第十一条之规定，办理协助事宜，兹再声明本国政府为保障该会享受该公约所赋予之待遇起见，特按照该公约第十条第二项之规定，通知各赞成国，以英国在阿野战救护会业经本国政府承认及许可，为办理该约所载事宜之机关'等因。查一九三三年三月一日英国公使照会，业经本部于民国二十二年三月十三日国字第一〇三六〇函达在案，除照复英国大使外，相应抄录洋文来照原文，函请查照。"等由，准此。除分咨军政、海军部暨卫生署查照外，合特抄发洋文来照原文，令仰该会知照。此令！

附抄照会一件。

原载《中国红十字会月刊》1936年第8期

内政部训令民十七7廿四年十二月廿七日发018257号

令中华民国红十字会总会：

案淮(准)外交部二十四年十二月二十一日国24字第一一九三二号公函，以据驻巴西国公使熊崇志先后呈报代表出席在巴西举行之第三次泛美红十字大会经过情形，并附送关系文书多件到部，检同附件，函请查照。等由，准此。查此案前据该会呈，请转咨外交部转令驻巴公使就近代表出席在案。兹准前由，合行检发附件，令仰该会遵照择要译存，备考为要！此令。

附件一包。

原载《中国红十字会月刊》1936年第8期

公牍选载[节录]

崇明分会呈文

窃查本会理监事经第一次全体会员大会依法选出后，并呈奉钧会应准备案暨崇明县党部、县政府准予备查各在案。业于一月一日上午十时假座县党部中山堂举行理监事宣誓就职典礼，并呈蒙崇明县党部瞿委员、县政府萧科长出席监督，准时依法宣誓就职，礼成后即分别召开第一次理事会议、监事会议、理监事联席会议，理事会推定陆养浩为会长，沈英、黄炎冰为副(会)长，王君颜、蔡闰民、陆思明为常务理事，监事会推定蔡子拙、苏钟冕、陈稚秋为常务监事，即日接收筹备处继续开始工作，除分呈崇明县党部、县政府备案外，理合检同会议录一份备文呈报钧[钧]会鉴核备案。谨呈中国红十字会总会。

附呈会议录一份。

中国红十字会崇明分会会长陆养浩
副会长沈英、黄炎冰

本 会 复 函

径复者，呈及会议纪录、职员名单均收悉，据报理监事宣誓就职，并推定职务等情应准备案。此致中国红十字会崇明分会。

大水泊镇分会来函

敬启者，敝会于一月二日招[召]开会员谈话会，议决将大水泊镇分会名义取销，函请改称文登分会，会址设于城内(暂假国术馆)，各员并以县长慈善为怀公推兼任文登分会会长，国术馆长于祺昌兼任副会长等由。据此除分函外，相应函请即希查照，准予备案并发征[呈]请书以示郑重为荷。此致上海总办事处理事长。

山东文登县大水泊镇分会理事于筱泉

本 会 复 函

径复者，来函已悉所请将分会名称改为文登分会，应准照办。至公推县长为会钱(长)、于祺昌为副会长并准备案，望由分会自行通知就职可也。再前发大水泊镇分会图记，望即缴会核销，以便换发新图记。此致中国红十字会大水泊镇分会。

本会呈内政部文

呈为本会职员、会员得援用兵役法请予缓役应备何种手续，仰祈核示事案。查前奉钧部警字第一四七一二号训令，以据本会呈请准将会员、职员免除征兵义务暨各地政府编练后备队团防及类乎此种性质之事件，均请一概免于抽编一案。当经函准军事委员会函复转令知照下会，即经本会分函各分会一体知照各在案。兹迭据各地分会先后呈称依法呈请缓役如何手续方为合法，各该会会员、职员届时呈请该管地方政府准予缓役，是否仅备一普通呈文即可，抑系另有规定之呈请书式样？且本案各地方政府未经内政部分别咨请查照，亦应难生效力。特请详细示知并抄

发《兵役法及其试行条例》等请前来据此。除分别函复外，理合备文转呈，仰祈钧部鉴核，转请军事委员会详细核示，并抄发《兵役法及其施行条例》转饬知照，并请咨行各省市政府一体知照，实为公便。谨呈内政部。

本会函复

径复者，函及各民疗队施疗总表、收支总表各一份，匾额、影片七份，均收悉存备查核。至请转请福建省民政厅拨还所短之款及分别奖励各员一节，业已转请核办，一俟复到，再行转知。此致中国红十字会福州分会。

内故(政)部训令民壹12二十五年二月十二日发000608号

中华民国红十字会总会：

案奉行政院指令：据本部呈为会同外交、军政、海军三部，拟具《中华民国红十字会管理条例施行细则》修正意见草案，请鉴核由。内开："呈件均悉，案经提出本院第二四二次会议。决议：'红十字会归卫生署监督，《红十字会管理条例及其施行细则草案》交该署整理修正。除令行卫生署遵照，并分令外交、军政、海军三部知照外，合行令仰知照，此令。'"等因。奉此，除将全部卷宗，暨于奉令后，该会呈请本部核示各案，开列清册，移送卫生署分别存办外，合行令仰该会知照。此令！

原载《中国红十字会月刊》1936年第9期

公牍选载

总会致正、副会长常务理监事函

径启者，案查本会设计委员会第一次会议讨论救护组织问题，经决议本会组织救护应设立执行委员会，由本会邀集中华医学会、全国医师联合会、中华护士会、国立上海医学院、同济医学院、同德医学院、东南医学院、上海地方协会、上海妇女协会、上海男女青年会、全国新药业联合会、上海市新药业公会、上海药剂师公会、上海市商会、银行公会、钱业公会、工程师协会等各团体各推代表一人至三人参加组织之，本会常务理监事均请列席在案，除分函外，相应函请查照，请于四月十七日星期五中午十二时半惠临银行公会俱乐部开会集议。此致正、副会长常务理照[监]事。

总会致各团体函

径启者，案查本会设计委员会第一次会议讨论救护组织问题，经决议，本会组织救护应设立执行委员会，由本会邀集中华医学会、全国医师联合会、中华护士会、国立上海医学院、同济医学院、同德医学院、东南医学院、上海地方协会、上海妇女协会、上海男女青年会、全国新药业联合会、上海市新药业公会、上海药剂师公会、上海市商会、银行公会、钱业公会、工程师协会等各团体各推代表一人至三人参加组织之,本会常务理监事均请列席在案,除分函外,相应函请查照,请即推定代表一人至三人于四月十七日星期五中午十二时半惠临银行公会俱乐部开会集议。此致各团体。

总会致各救护队章程起草委员函

径启者,案查本会因救护组织开会讨论章程问题,经决议,除中国红十字会秘书长曹云祥为当然起草委员外,推定林康侯、颜福庆、朱恒璧、徐乃礼、言潘景芝五人为起草委员,并以曹云祥为召集人在案。除分函外,相应录案函达,即希查照为荷。此致各救护章程起草委员。

总会致各起草委员会函

径启者,兹定四月二十三日(星期四)下午四时在新闸路八百五十六号本会议事室举行起草委员会议,除分函外,用特附上《救护委员会章程草案》一份,函请查阅并希届时出席为荷。此致各起草委员会。

总会致各团体函

谨启者,案查本会因讨论救护组织问题,于四月十七日开会讨论执行委员会人数。经决议,除红十字会正、副会长、秘书长为当然委员外,请各团体推定代表二人,于一星期内开具名单送会,以便召集开会在案,相应录案函达,即希查照,请即推定代表二人,将代表名单与函到一星期内送会为荷。此致各团体。

总会致各救护队代表函

径启者,兹定于五月六日(星期三)下午六时假座银行公会俱乐部开会讨论救护组织问题,除分函外,用特函请查照,务希届时出席为荷。此致各代表、正副、会长、常务理监事。

总会致闻兰亭、陆伯鸿函

径启者,查本会与各团体会同组织救护委员会一案,经决定,除由本会正、副会长及秘书为当然委员外,由各团体推定代表二人会同组织之在案。兹特推定闻兰亭、陆伯鸿二君为本会代表,除分函外,用特函请查照,并请于五月六日星期三下午六时驾临银行公会俱乐部出席会议为荷。此致闻兰亭、陆伯鸿两先生。

总会致工程师学会、震旦大学医学院函

径启者,兹送本会救护委员会执行委员会第一次会议纪录及通过之组织规程各一份,即希查阅,并请推定代表二人参加为执行委员会委员,开具名单,于函到三日内送会为荷。此致工程师学会、震旦大学医学院。

总会致救护常务委员正、副主席等函

径启者，兹定于五月十一日（星期一）下午四时三十分在新闸路八百五十六号本会议事室举行救护委员会常务委员会第一次会议，讨论重要事宜，除分函外相应函达，务祈届时列席为荷。此致救护常务委员正、副主席等。

总会致王会长等函

谨启者，案查本会救护委员会执行委员会正、副主席及常务委员人选问题，业经第一次会议提出讨论。经决议，除以中国红十字会总会会长王儒堂、副会长刘鸿生、杜月笙为当然正、副主席外，并推定陆伯鸿、朱恒璧、徐乃礼、许超、金润庠、林康侯、言潘景芝等七人为常务委员在案。除分函外，相应录案函达，即请查照就职为荷。此致王会长等。

总会致颜福庆函

径启者，案查本会救护委员会执行委员会第一次会议，议决聘请台端为总干事在案，用特录案函请，务祈查照就职为荷。此致颜福庆先生。

总会致救护委员会正、副主席、各委员函

谨启者，兹送上本年救护委员会执行委员会第一次会议纪录及通过之组织规程各一份，即请查阅为荷。此致正、副主席及各委员。

总会呈卫生署文

呈为呈请转呈行政院准自二十五年度起在国库项下每月加拨本会经常费三千元，仰祈鉴核事案。查本会前于二十四年四月十日呈请内政部转呈行政院于国库项下拨助经费一万元，即经内政部转呈行政院提出第二〇八次会议决议，自二十四年度起，每月补助三千元，业经转发承领各在案，具见政府维护红会之德意，无任铭感。惟查本会向无确定基本金，而各项收入亦无固定，前次本会呈请每月拨助经常费一万元，仅蒙政府核准拨助每月三千元，故不敷甚巨，不但一切事业无法进行，并日常开支亦属应付为难，致有将本会第一医院基地向上海医事事业董事会抵押借款五万元之举。迩来国际风云日益紧张，本会现正竭力筹备救护事宜，更属在在需费，再三撙节统盘预算，非请政府补助经常费每月六千元，殊难以完成紧要事业，而副[符]政府提倡本会之热忱，除将本会二十五年度收支预算书另案呈送外，理合备文呈请，仰祈钧署鉴核，迅赐转呈行政院准自二十五年度起在国库项下增拨本会经常费三千元，连前共计六千元，以维会务，实为公便。谨呈卫生署。

总会呈卫生署文

呈为呈报成立救护委员会,附送组织规程并正、副主席、常务委员名单,仰祈鉴核备案事。案查本会救护委员会业经于五月六日正式成立,所有该委员会组织规程及执行委员会正、副主席、常务委员亦经该委员会分别拟就推定,并经提请本会理监事会第十五次联席会议讨论。经决议通过,并转呈卫生署备案各在案,理合开具。该委员会正、副主席及常务委员名单连同组织规程一并备文呈送,仰祈钧署鉴核备案,实为公便,谨呈卫生署。

计呈送《救护委员会组织规程》;正、副主席、常务委员名单各一份。

中国红十字会救护委员会来呈

查本委员会自进行筹备以来,所有筹备工作业经告竣,兹定于六月一日起,启用钤记开始办公,理合具文呈报钧会鉴核备案,实为公便! 谨呈中国红十字会总会。

中国红十字会总会救护委员会谨呈

本 会 复 函

径复者,来呈已悉,据报启用钤记开始办公日期,应准备案,用特函复知照,此致中国红十字总会救护委员会。

中国红十字会救护委员会来呈

案查本委员会第一次常务委员会议讨论事项:“本委员会经费应如何筹措案,决议请总会先拨五千元应用,预算另行拟具呈报”等情,纪录在卷。现在本委员会业已开始办公,急需经费应用,除预算另案呈报外,理合具文呈请钧会,即将五千元拨给领收应用,实为公便。谨呈中国红十字会总会。

中国红十字总会救护委员会谨呈

本 会 复 函

径复者,来呈已悉所请拨给经费五千元,准由本会将该款以救护委员会名义另存银行,望即推定常务委员二人将印鉴送会,以便转送银行将来支用,即凭此二人之印鉴向银行提取可也,并应将预算书克日拟具送会审核为要。此致中国红十字会总会救护委员会。

总会呈教育部文

呈为呈请将红十字会历史编入教科书,仰祈鉴核事。案查本会第一次全国会员代表大会第二次会议讨论,请将红会历史编入教科书一案,经大会交提案审查委员会审查,结果拟请大会交总会呈请中央主管部核办,复经提请大会第四次会议决议照原审查意见通过在案,理合录案备文呈请钧部鉴核示遵,实为公便。谨呈教育部。

教育部批廿五年发编陆16第八四三一号

批中国红十字会总会:

民国二十五年六月六日呈一件——为呈请将红十字会历史编入教科书,仰祈鉴核由。

呈悉查红十字会历史可编为补充读物,仰即由该会编辑呈核。此批。

中华民国二十五年六月十五日

部长　王世杰

总会致顾馨一先生函

谨启者,查本会监事胡孟嘉先生业于六月三日病故出缺,依法以候补监事顾馨一先生递补。除呈报卫生署备案并请呈转府院备案外,相应函请查照,务祈俯念本会为国际慈善团体,对于本会监事一职,惠允就任为荷。此致顾馨一先生。

总会呈卫生署文

呈为呈报本会第一届监事会监事胡祖同病故出缺,业经依法以候补监事顾履桂递补,仰祈鉴核备案,并请呈转府院备案事案。查本会第一届理事监事会全体理事、监事前经造册呈请内政部鉴核备案,并呈转府院备案各在案。兹查监事胡祖同业于六月三日病故出缺,除依法以候补监事顾履桂递补外,理合备文呈报,仰祈钧署鉴核备案,并请呈转府院备案,实为公便。谨呈卫生署。

总会救护委员会致各委员函

径启者,案查本委员会训练、人事、供应三组委员会第一次联席会议讨论事项第四案,担任训练之教员人选应如何决定,当经决议,函请各医学院、护士会及医药团体推荐等语纪录在卷。除分函外,相应抄同训练课程,函请贵查照,就规定课程以内之教员人选推荐来会,以便延聘为荷。此致。

附训练课程

一、战时外科学;

二、实用护病学;

三、简易实验诊断学;

四、简易药剂学;

五、毒气学；

六、担架学。

中国红十字会总会救护委员会启

总会致各分会函

径启者，查本会第二次征求会员早已期满，自应照章结束。惟因各分会中尚有未能将前发赞助证缴销者，致未能如期结束。兹特限期结束以请手续，除分函外合亟函饬，望将前发赞助证拾册，限于六月三十日以前一并缴会核销，以资结束，务望恪遵勿延为要。此致中国红十字会分会。

总会致各征求总队长函

谨启者，查本会第二次征求会员早已期满结束，迭经函请查照在案，用再函达，务希将前送赞助证拾册于六月三十日以前一并缴会。如果遗失亦请来函证明，以便核销。倘蒙征得会员或赞助捐款，亦请将会费或捐款一并送会以清手续，无任企盼。此致总队长。

总会函致各地方政府函

径启者，案查本会举行第二次征求会员一案，前于二十四年七月十日以第一三五八号公函，函送章程办法、赞助证、宣传文件，请查照办理在案。现在已逾征求期间，自应照章结束，除分函外相应函请查照，务希将前送赞助证五册于函到五日内缴会核销，以资结束。如果征得会员或赞助捐款，亦请将会费或捐款一并汇会，以清手续，实纫公谊。此致各地方政府。

救护委员会致医师、药学、医学、护士等四团体函

谨启者，查本会人事委员会第一次会议决议，制印调查表分送中华医学会三千份、全国医师联合会三千份、中华护士会五千份、中华民国药学会一千五百份，由各该团体分寄会员照填寄回后，将一联撕下存案，一联送会集中备查在案，该项调查表兹已印就。除分函外，相应录案奉达，即希查照办理为荷。此致中华医学会、全国医师联合会、中华护士会、中华民国药学会。

中国红十字会总会救护委员会启

附调查表

径启者，中国红十字会总会曾发起召集文化及职业各团体组织救护委员会，筹备救护事宜，以备国家遇有非常事变或灾害时之需用，其中医药、护士人才极关重要。本会为统计医药、护士人才准确计，兹特寄上《志愿服务调查表》一纸，希即填复以便汇集转呈救护委员会，是所盼祷。此致先生。

中华医学会启

全国医师联合会启

中华护士会启

中华民国药学会启

原载《中国红十字会月刊》1936 年第 13 期

公 牍 选 载

河南省振务会来电

上海中国红十字会善鉴：巧代电谨悉面粉四百袋已收讫，兹将印收寄上，并由河南农工银行兑付代垫运费二百九十二元一角，祈察收并请将运费单据寄下，以便持向该路局声请退还半价车费，以节振款是盼。河南省振务会，肴印。

本 会 复 电

河南省振务会慈鉴：迭奉有、文两代电，并附面粉印收一纸均收悉，所有代付运费二百九十二元一角亦已汇到，照收无误。兹特附上协祥公报关行发票、收据各一纸，即请查收为荷。中国红十字会总会，铣印。

上海市分会来函

案查本月十五日第二十六次会议讨论正会长夏公应堂病故出缺，职务重要，应否推副会长暂代一案。经决议，应推李副会长鸿声暂行兼代，并呈报总会备案等由在录，除分函外，理合录案具报，敬祈准予备案，至为公感。此致中国红十字会。

本会复函(缺失)

原载《中国红十字会月刊》1936 年第 14 期

公牍选载[节录]

总会致常务理监事函

径启者，查本会《第三次征求会员章程办法》业已拟就，并经提请理监事会第十六次联席会议讨论，经决议，将章程办法送请常务理监事审核后，呈送卫生署备案在案，相应将章程办法送请查阅，迅赐审核交下为荷。此致常务理监事。

总会致林康侯、闻兰亭、黄涵之函

谨启者，案查本会理监事会第十六次联席会议，林常务理监事康侯提议，非常时期工作如救护会等,本会同人应全体动员,应由常务理监事中推定一二人主持其事,请公决案。经决议,请林常务理事康侯、闻常务理事兰亭、黄常务监事涵之主持其事,并备函知照,纪录在案。除分函外,相应函达,即请查照为荷。此致林常务理事康侯、闻常务理事兰亭、黄常务监事涵之。

总会呈卫生署文

呈为本会职员、会员得援用《兵役法》请予缓役应备何种手续,仰祈核转示知事。案查本会职员、会员得援用《兵役法》请予缓役一案,前经内政部函准,军事委员会函复转令知照。至合法登记之手续如何,亦经本会呈请内政部核示各在案。嗣奉内政部警一5廿五年一月二十四日发三〇五号指令内开,呈悉已据情函请军事委员会查核见复矣,仰即知照此令等因。奉此自应静候核办饬遵,但迄今已时愈数月,而各地分会纷纷函催前来,为此迫不得已备文呈请钧署鉴核,迅赐转请军事委员会详细核示,并抄发《兵役法及其施行细则》转饬知照,并请咨行各省市政府转饬所属一体知照,实为公便。谨启卫生署。

总会呈军政部文

呈为呈请转饬兵工署拨给防毒面具、衣靴、手套,仰祈鉴核事。案查本会救护委员会现正开办救护训练班,为教授上之实习起见,需用防毒面具、防毒衣、防毒靴、防毒手套为特呈请钧部鉴核,俯赐转饬兵工署,准将此项防毒用具检发若干份,以资应用。倘须备款购买,亦祈示知价目,以便办理,实为公便。谨呈军政部。

总会呈卫生署文

呈为呈送本会《第三次征求会员章程》及其《酬赠给奖办法》,仰祈鉴核事案。查本会征求会员历经依法举行在案,兹拟举行第三次征求会员案。经拟就章程办法,提请本会理监事会第十六次联席会议讨论,经决议送请常务理监事审核后呈送卫生署备案,并经送请常务理监事核定,理合将此项章程办法备文呈送钧署鉴核准予备案施行,并咨行各省市政府一体知照饬属协助办理,实为公便。谨呈卫生署。

计呈送《第三次征求会员章程办法》及其《酬赠给奖办法》各一份。

总会贺蒋院长电

南京行政院院长蒋钧鉴:钧座功高党国,匡济时艰,统一告成,欣逢大衍,寿人寿国无极无疆,敬电驰贺藉伸祝悃。中国红十字会总会会长王正廷、副会长杜镛、刘鸿生暨全体理监事谨率全体职员同叩,卅印。

原载《中国红十字会月刊》1936年第18期

公犊选载[节录]

总会呈卫生署文

呈为呈报成立经济委员会,附送组织规程及名单,仰祈鉴核事案。查本会《理事会、监事会组织规程》第四十四条乙项之规定,得设经济委员会。现在非常时期更有急切设立之必要,爰经拟就该委员会组织规程提会通过,并分别推定该委员会正、副主席、常务委员及委员各在案,理合检送,规程、名单备文呈请,仰祈钧署鉴核备案,实为公便。谨呈卫生署。

计呈送《中国红十字会总会经济委员会组织规程》及名单各一份。

总会呈军政部文

呈为呈送臂章二千枚,仰祈鉴核,俯赐盖印发还事案。查本会救护队应用之白地红十字臂章应呈由高级军事长官盖印一案,前于二十四年十一月三十日,经钧部会同海军部医二政 24 字第五三六号指令颁发救护队服装定式,第三项内明文规定,并经本会呈送臂章一千枚,请予盖印。于二十五年十月二十四日奉钧部医二政 25 字第二四三一号指令,准予加盖部印发还各在案。此项臂章原系本会救护队所应用,惟因时局关系,各地分会纷纷函报成立救护队请发臂章前来。为郑重起见,拟概由本会制就,呈请钧部盖印发还后,再行分发各分会应用,以昭划一而使稽考为特,再行呈送臂章二千枚,仰祈钧部鉴核,俯赐盖印发还,以便分发应用,除派本会秘书卫锐锋诣部面陈一切外。谨呈军政部。

计呈送臂章二千枚。

总会呈卫生署文

呈为呈送《筹募救护经费捐册》二百本,仰祈鉴核,俯赐盖印发还事案。查本会经济委员会第一次会议讨论,值此非常时期筹募救护经费刻不容缓。据救护委员会颜总干事福庆、庞副总干事京周报告需款甚巨应如何筹募一案,经决议,本会全体委员每人担任募款五千元,刊印捐册,定于本年十二月一日起至二十六年一月三十一日止,于此二个月期内筹募竣事。一俟捐册呈送卫生署盖印发还,即行分送全体委员开始筹募,纪录在卷,理合将捐册二百本备文呈送,仰祈钧署鉴核,俯赐盖印发还,以便着手办理,除派本会秘书卫锐锋诣署面陈一切外。谨呈卫生署。

计呈送捐册二百本。

总会呈卫生署文

呈为呈送本会筹募救护经费办法,仰祈鉴核事。查现值非常时期,需用救护经费至急且巨,非筹募捐款不足以着手进行,爰特设立经济委员会,聘定委员担任筹募救护经费,除已将筹募经费捐册另文呈送,请予盖印发还外,理合拟就《筹募救护经费办法》备文呈送,仰祈钧署核准施行,实为公便。谨呈卫生署。

计呈送《筹募救护经费办法》一份。

总会呈卫生署文

呈为本会《总会理事会及监事会组织规程暨办事细则》试行期满,拟请照常通行,仰祈核准备案事案。查本会《总会理事会及监事会组织规程暨办事细则》,前经呈请内政部备案,嗣于二十四年二月一日奉内政部民字第一六四三号批示暂准备案在案,现已试行期满。此项组织规程及办事细则试行,迄今尚无窒碍,拟请照常通行,为特备文呈请,仰祈钧署鉴核准备案,实为公便。谨呈卫生署。

绥远分会来电

上海红十字总会钧鉴:敬启者,近查绥势紧急,亟待筹设医院,仰祈钧会准予募款成立,以全信誉而广慈善事。窃属会自创设以来,虽迄数载,奈因经费无着,捐款无方,致应办事业心长力拙,进行棘手,午夜思之辄深汗惭。最近绥东吃紧,风雨如晦,双方军事一触即发,属会久设绥垣职司救济,际此大战之前夜如不预为筹设医院、储存药物,俾作届时扶伤裹创、救死护亡之准备,则不仅愧对地方素日之期许,抑且有失钧会之信誉。惟兹事大,当经属会同人集议,佥以属会既无力轫创而又恐钧会亦难有余款可拨,再四思维共拟呈请钧会具衔印发捐启若干份,分请各分会以团结互助之精神、爱人惜命之婆心,量力捐助,俾成集腋成裘、聚沙成塔。将来医院组成,非但能造千人未来之福利,且可树钧会在西北无穷之德音。伏念我钧会博爱深仁、悯人悲天,当必能神游九塞,俯赐哀恤,万祈垂念绥民未来之厄运,准予办理。如蒙俞允,即乞电示,俾遵印捐启呈会转发或由钧会印发庶各分会从事捐募。一俟集有成数款汇来绥,当联合地方主管机关成立联合委员会共筹设立,届时并呈由钧会派员来绥主持、指导,以利进行。至同人等当秉承钧会意旨,信矢忠诚,竭尽绵薄,虽投汤赴火亦所不辞。所有以上各请可否之处,理合呈请鉴核,示遵施行。又总会如有印就之救护训练章则以及课程等件并祈各示一份,俾作依遵。谨呈。中国红十字会绥远分会会长李正乐、理事长张良弼暨同人等同叩,真。

总会复电

中国红十字会绥远分会鉴：真代电悉，查本会业已编印《筹募救护经费捐册》呈送卫生署盖印，一俟批准盖印发还，即行开始筹募统筹办理。此次绥省战事关系整个国防，分会自应就近筹办救护事宜，特由本会拨款一千元作为救护之用。务望妥慎办理该款，已于本日交由中国银行汇上，即希查收，将领证寄会存案为要。至派员来绥指导一节，现正由本会救护委员会筹商中，一俟决定，再行电知。中国红十字会总会，哿印。

行政院卫生署批

批中华民国红十字会总会：

准外交部二十五年十一月十一日国25字号第一〇四一二号公函开："据驻瑞士使馆呈转瑞士政务部函送关于匈加利政府批准《改善战地伤者、病者命运公约》文书抄件到部。除分函内政部、海军部、军政部外，相应抄录来函暨批准文书各一份，函请查照"等由。附抄函及文书各一份，准此合行批，仰祈该会知照。此批。

署长刘瑞恒

总会呈卫生署文

呈为遵批，将来本会《第三次征求会员章程》分别修正，另缮呈送，仰祈鉴核事案。奉钧署保字第六八五六号批，以据本会呈送《第三次征求会员章程及酬赠给奖办法》一案，仰将章程遵照修改，另缮呈署核办等因，奉此，自应遵办，业已遵批分别修改，另行缮就，理合备文呈送，仰祈钧署鉴核，连同前送《酬赠给奖办法》一并核准备案，并分行各省市政府饬属一体遵照协助办理，实为公便。谨呈卫生署。

计呈送《第三次征求会员章程》一份。

行政院卫生署批保字第六八五六号

批中华民国红十字会总会：

二十五年十月二十九日，呈一件呈送《第三次征求会员章程及酬赠给奖办法》，仰祈鉴核由。呈件均悉，查核所送《征求会员章程及酬赠给奖办法》大致尚无不合。惟原章程第一条内施行细则下"草案"二字应行删去；又第二条应加入"前项委员会应于筹备期内组织成立，征求期满后，一月内结束之"一款；又第三条所定征求会员筹备及举行期间起迄日期，现已将届满，应另行改定；又第五条甲款第二、三、四项合并改为“各队正、副队长，除本会正、副会长暨全体理监事充任外，余由正、副总队长聘请中央各院部署会长官暨各省市长官担任，其队名即以各队队长名字或所属机关名之”；又第七条应加入“征求会员完毕，应造具报告书呈报卫生署备查”一款。除将原件暂存外，仰即遵照分别修改，另缮呈署核办为要。此批。

署长刘瑞恒

行政院卫生署批总字六八八一号

原具呈人中国红十字会总会：

二十五年十一月十日呈为呈送《筹募救护经费捐册》仰祈鉴核，俯赐盖印发还由。呈及捐册均悉，应予盖印随文发还，仰即知照。此批。

计发还原送捐册二百本。

署长刘瑞恒

行政院卫生署批总字第六九二九号

原具呈人中国红十字会总会：

二十五年十一月十一日呈为呈报成立经济委员会，附送组织规程及名单，仰祈鉴核由。呈件均悉，准予备案，规程及名单存查。此批。

署长刘瑞恒

军政部指令总爱字第三四一五号

令中国红十字会总会：

二十五年十一月十日呈一件为呈送臂章二千枚，仰祈鉴核，俯赐盖印发还由。呈件均悉，如请照准，臂章随令发还，仰即知照。此令。

附臂章二千枚。

部长何应钦

行政院卫生署批总字第六九七七号

原具呈人中国红十字会总会：

二十五年十一月二十日呈为呈送本会《筹募救护经费办法》，仰祈鉴核由。呈件均悉，查所拟筹募救护经费尚无不合，应准照办。附件存查。此令。

署长刘瑞恒

总会致各经济委员会函

径启者，案查本会筹募救护经费一案，前经本会经济委员会第一次会议决议，本会全体委员每人担任募款五千元，刊印捐册，定于本年十二月一日起至二十六年一月三十一日止，于此两个月内筹募竣事。一俟捐册呈送卫生署盖印发还，即行分送全体委员开始筹募，纪录在卷，并经本会将捐册呈送卫生署总字第六八八一号批开："呈及捐册均悉，应予盖印随文发还，仰祈知照，此批"等因，奉此。除分函外相应检送捐册四本，函请查收，务祈热诚筹募，将募得款项尽于二十六年一月三十一日以前连同捐册一并送会为荷。此致经济委员会全体委员。

附送捐册四本。

中国红十字会总会谨呈(二十五年十一月三十日)

总会呈军事委员会文

呈为呈送本会总会、分会及医院、办事处等名称、地址清单，仰祈核发保护布告事案。奉钧会公三字第一五五五号批开："呈悉，仰将该红十字会所有总分会会址及医院并其所在地详细列表呈会，以凭核发，此批"等因。奉此，遵经转函各分会开单报会，以凭核转去后。兹据各分会先后函报前来，除现在尚未报到之各分会，应俟其报到后再行汇案，呈请核发布告外，理合将业已报到之各分会及其所属各医院、各办事处之名称、地址造具清册连同本会总会及直属各医院之名称、地址清单一并备文呈送，仰祈鉴核，俯赐分别颁发保护布告一并寄会，以便分发张贴，并请通令各军队重申禁令，切实保护，实为公便。谨呈军事委员会。

计呈送清册、清单各一份。

总会致上海市社会局函

径启者，刻阅报载广告有《民众救护训练所征求学员启事》一则，查救护训练业经本会救护委员会开办救护训练班，并与各团体分别接洽在案。该民众救护训练所之内容如何无从知悉，深恐跡近投机，易滋流弊，相应检送原广告一纸，函请贵局查照，派员查明核办，并希见复为荷。此致上海市社会局。

附送《民众救护训练所征求学员启事》广告一纸。

行政院卫生署批总字第七〇五二号

批中国红十字会：

案查前据该会本年十月虞日代电为据大同医院在美募得X光机，恳请转咨财政部核发免税护照，以便提取等情到署，当经据情转咨财政部核办并批示在案。兹准财政部本年十一月二十六日关字第三二五八〇号咨开："查该项机器请予免税，据该医院检同募捐证明文件及清单径呈到部，经核与由慈善家捐助医院之医药用品特准免税成案，尚属相符，已特予照准，饬关遵办并填发免税护照一纸，随批发交该医院转给持用矣，相应咨复查照”等由，准此。合行批示该会知照。此批。

署长刘瑞恒

内政部训令警廿四、廿五年十二月二日发 007209 号

令中国红十字会总会：

案准河南省政府二十五年十月七日民三字第五五九号咨据考城县政府呈为中国红十字会会员及职员可否缓服兵役，请核见复等由。正核办间，又据中国红十字会建阳分会会长乔炳二十五年十月二十二日呈请，将红十字会职员免除征兵义务一案，迅予查案电县饬遵等情。正拟办中，复准军政部二十五年十一月九日务(投)字第一八二〇号咨据淮阳师管区司令呈为建阳红十字会非法利诱壮丁影响征务颇大等情，咨请查明，严惩见复等由。计抄送《民声月报》广告原文一份到部，当以“查本部前据中国红十字会总会呈请将准中国红十字会会员及职员免除征兵义务一案，经函准贵会函复略以红十字会职员等，经地方政府合法之登记者得援用，担任官公事务”之规定届时呈请缓役，但仍受国民兵役之训练及召集，请查照转知等由。当经训令中国红十字会总会知照在案，准咨前由查《中华民国红十字会管理条例施行细则》第二十四条至第三十一条对于会长、副会长、理事、监事之产生及任务甚详。倘该项职员确经主管官署合法之登记者，自可援用《兵役法施行暂行条例》第二十八条第三款“担任官公事务”之规定办理。至于理监事以外之红十字会职员果系以该项职务为专业者，自亦应一律办理。惟红十字会会员依《中华民国红十字会总会第二次征求会员章程》第五条第一项(甲)第六款之规定，各种会员资格之取得只依缴入会费之多寡而定，多者五百元，少者仅缴国币五角，即取得之资格。又《中华民国红十字会第二次征求会员酬赠给奖办法》第四条及第五条，对于各种会员资格之取得又有“推赠”与“转赠”之规定，是则红十字会会员资格之取得，并无若何积极与消极之限制，只以缴费之多寡及征求之成绩为标准，而该会会员除缴纳少许会费外，更无其他法定之义务。如对红十字会会员一律准其缓常备兵役，则一般希图规避兵役义务者势将群起，利用以少数之金钱即可免国民重大之义务，则流弊所及影响征兵事务，前途何堪设想？为免除上项弊端，平均国民义务，顺利推行征兵事务起见，拟请贵会将以前解释稍加变更，即除职员部份仍照原解释办理外，其所有红十字会会员一律不准援引《兵役法施行暂行条例》第二十八条第三款“担任官公事务”之规定缓常备兵役，以资限制等语。函准军事委员会二十五年十一月二十五日高二字第三三四八号公函略开“查变更解释”一节核尚可行，应予照办，除饬军政

部知照外,相应函复查照为荷等由,准此。除分行外合行令仰知照,并转饬各地红十字会知照为要。此令。

部长蒋作宾

总会致财政部所得税驻沪办事处函

径启者,案查办理所得税一案,业已将本会各职员十月份、十一月份应缴所得税分别扣缴,一并送请上海中央银行核收,制得税字第一百二十二号收据为证。兹将十月份、十一月份所得税报告表及所得税扣缴清单各一份,连同机关名称、地址、调查表二纸一并函送,即希查收为荷。此致财政部所得税驻沪办事处。

附十月份、十一月份所得额报告表、扣缴清单各一份;机关名称、地址、调查表二纸。

行政院卫生署批医字号第七三三四号

批中华民国红十字会总会:

二十五年十一月二十五日呈一件为遵批,将本会《第三次征求会员章程》分别修正,另缮呈送鉴核,连同前送《酬赠给奖办法》一并核准备案,并分别各省市政府饬属协助办理由。呈暨章程均悉,已予备案,并咨行各省市政府饬属遵照《中华民国红十字会管理条例施行细则暨章程办法》各规定协助办理矣,仰即知照。此批。

署长刘瑞恒

原载《中国红十字会月刊》1937年第19期

公牍选载[节录]

总会救护委员会致绥远傅主席函

径启者,本会现以前方战事吃紧,办理救护医药材料至关重要。兹经征募成数,特将急救药包及药品共计一百八十六件,连同清单两纸一并寄上,即祈查收。应用内有一部分,敬请转发三十五军军医处高景阳处长暨预备后方医院牛惠善院长查收应用,并烦见复为荷。此致绥远省政府主席傅。

附清单二纸。

中国红十字会总会救护委员会启

总会救护委员会致华北分会及绥远红十字分会函

径启者,本会现以前方战事吃紧,办理救护医药材料至关重要。兹经征募成数,特将药品及急救药包共计□件,连同清单一并寄上,即希查收,转发应用,见复为荷。此致中国红十字会总会救护委员会华北临时分会、绥远红十字分会。

附清单一纸

中国红十字会总会救护委员会启

总会救护委员会致绥远剿匪救护慰劳会金润庠总干事函

径启者,前由各方送来药品、急救包等第一批,已于本月廿四日由太原绥靖公署驻京代表李鸿文公子毓琪君来会取去,装由两路特备专车运往绥远前方。计运急救包八万四千七百五十包,分装一百六十五件交傅主席应用,注射药品五大箱请傅主席转发三十五军军医处高景阳处长及预备后方医院牛惠善院长应用。另有药品二大箱交救护委员会华北分会,尚有三箱急救包九件,计四千五百包条交本会绥远分会出发救护之用,相应函达,即希查照为荷。此致金润庠总干事。

中国红十字会总会救护委员会启

总会致培成女子中小学校函

径启者,查本会前由美国红十字会送来,该会青年会员致赠吾国青年会员耶诞礼物二大箱,请分配一案。业经提请本会理监事会第十四次联席会议决议,俟耶诞节时再行分配在案,兹将此项礼物共计二百七十包一并送请贵校查收。请烦分赠各学生,并希制给收据交来人带下为荷。此致培成女子中小学校校长曹。

附送礼物二百七十包。

中国红十字会总会启

军政部军务司公函务(军)字第八七五八号

案奉部长交下军事委员会训令一件为"中国红十字会呈请援案重行颁发布告保护分会会所、医院等情,检发原呈及清册,仰查案核发"等因。转发下司,业经本司拟办部稿签奉核刊在案。兹将布告全文照抄一份,函请贵会查照,即希按照前呈清册数目照印送司,以便签请盖印送还分发张贴为荷。此致中国红十字会总会。

附抄布告一纸。

军政部布告务军字第8758号

案奉军事委员会二十五年十二月四日公三训字第三一八七号训令开:

"案查前据中国红十字会总会会长王正廷、副会长杜月笙、刘鸿生等呈请援依前陆海空军总司令部及军政部颁发《保护红十字会会所医院布告》前案查重行颁发以利会务等情。当经批饬应将该会总分会会址及医院所在地呈会,再行核办去后,兹复据该总会会长王正廷等造具清册一册,再恳颁发前来合行抄发前呈并检同原清册,令仰该部查案核发为要”等因,计抄发王正廷等原呈一件并原清册一本,奉此。查中国红十字会及分会会所、医院系属办理慈善事业机关,前因时有军队占住情事发生。曾经前陆海空军总司令部及本部分别出示保护各在案。兹奉前因合行重申禁令,再行布告,仰各该部队一体遵照,对于该会及分会会所、医院勿得任意占住,妨害会务致于未便切切。此布。

中华民国二十五年十二月□日

军政部长何应钦

中国红十字会总会公函第一七二七○

径启者,案查《中华民国红十字会管理条例施行细则》第十八条规定,本会得每年征求会员一次,其期间以两个月为限,应先行呈请主管官署核准组织各地方征求会员委员会行之,并得聘请地方主管官署长官为委员长,等语。现本会定于本年十二月一日起至十二月三十一日止为第三次征求会员筹备期间,二十六年一月一日起至二月二十八日止为正式举行期间,并将《第三次征求会员章程》及《酬赠给奖办法》分别拟就呈奉卫生署批准备案,咨行各省市政府转饬所属遵属《中华民国红十字会管理条例施行细则暨章程办法》各项规定,协助办理各在案。除将征求会员应用各件分发各分会,函饬克日组织征求会员委员会照章办理外,相应将章程办法、《征求特刊》一并检送,函聘贵(会)长为中华民国红十字会征求会员委员会委员长,即祈就职,督同该管分会照章办理,协助一切,并请见复为荷。此致各地方官署。

附送《第三次征求会员章程》及《酬赠给奖办法》五份、《征求特刊》一册。

总会致各分会函

径启者,案查《中华民国红十字会管理条例施行细则》第十八条规定,本会得每年征求会员一次,其期间以两个月为限,应先呈请主管官署核准组织各地方征求会员委员会行之,并得聘请地方主管官署长官为委员长,等语。现本会定于本年十二月一日起至十二月三十一日止为第三次征求会员筹备期间,二十六年一月一日起至二月二十八日止为正式举行期间,并将《第三次征求会员章程及酬赠给奖办法》分别拟就呈奉卫生署批准备案,并咨行各省市政府饬属遵照《中华民国红十字会管理条例施行细则暨章程办法》各规定协助办理各在案,除分别函请各分会主管官署长官为中华民国红十字会各该地方征求会员委员会委员长,督同各该分会组织征求会员委员会外,用特检发征求会员应用各件,函饬遵照条例细则章程办法克日组织征求会员委员会,将委员会成立日期连同全体委员及队长姓名开单报会备查,并望努力征求，将办理情形随时报会核夺为要。此致中国红十字会分会。

附发《第三次征求会员章程及酬赠给奖办法》十份、入会志愿书五十张、基金领证二十张、《征求特刊》二册。

中国红十字会总会

原载《中国红十字会月刊》1937 年第 20 期

公牍选载

总会呈卫生署文

呈为本会各分会图记应否由会另行刊发，仰祈鉴核事案。据本会福建浦城分会呈称，案奉浦城县政府县四建字四七〇号指令，据送改选情形，附送章册，请核备由。奉令节开“查该会图记核与《社会团体刊制章程》，所定尺寸不合检发式样，另行刊制应用”等因，当以原有图记系由总会颁发，可否沿用之处，请核示遵。后奉指令以图记既由总会颁发，仍仰检具该项文件呈核等因，经呈复“查本会成立有年，以前卷宗于民国二十一年赤匪陷城时散失不全，无从检具，至格式不合，自应遵令刊制。惟原有图记是否仍应呈缴总会核销之处未便悬揣，除呈请核示等情，据此查本会各分会图记向由本会刊发。现该分会既奉浦城县政府令饬依式另行刊制，如果改刊自应将各分会一体另刊换发，以资划一。再查本总会关防沿用多年，应否另刊，抑系由钧署颁发或仍旧沿用，理合备文呈请，仰祈钧署鉴核，迅将本总会及各分会之关防、图记是否应行改刊。倘须改刊，其式样如何，统请核示，一并批饬遵照，实为公便。谨呈卫生署。

总会致北平冀察政务委员会函

径启者，查自绥战发生以来，时有奸徒假借红十字会名义在华北一带募捐，近有陆金龙者冒充本会北平分会会长，私刊本会北平分会图记，伪造公函，到处募捐，殊属不法已极，自应严查澈究。相应函请贵会查照，迅予分令冀察、平津各省市政府转饬所属一体查禁法办，以维持会誉而儆刁邪统，希核办见后为荷。此致冀察政务委员会。

附送陆金龙伪造本会北平分会募捐函一件、连信封一只。

安徽省会灾童教养所来函

径启者，窃照敝所收容灾童已将两载，教养兼施，规模粗具，惟经费毫无，全赖诸大善士维持资助，所有成绩及收入捐款支用数目均载于《一周年纪念刊》内，报告谅邀垂察。但自周年后，因灾童无家可归，若经遣散，势必仍填沟壑，殊违救济之初衷，同人等公议改为教养所，呈奉政府核准立案，勉竭棉力继续筹维。迄底于今，筋疲力尽，伏思敝所既蒙钧会维持于前，当荷救济于后。俾免二百灾童流离失所，兹特公举傅君尔康、芮君啸岑前来面陈一切，仰祈俯念慈幼，善举始终成全，量予捐助以救眉急，则感仁慈永失弗谖。此上中国红十字会总会。

安徽省灾童教养所常务委员傅尔康、张荫森
李少崖、张佩廷、马彝之

总会复函

径复者，大函已悉，所请捐助一节，准拨振款三百元，业由银行汇上，希查收，将领证寄会存案为要。此致安徽省会灾童教养所。

曹秘书长云祥来函

瑞堂会长钧鉴：谨肃者前奉钧命委任为中国红十字会秘书长之职，任事以来倏已二年有余，自惭樗栎，建树毫无。当此本会办理军事救护之际，应有贤材为之擘画襄助。云祥无能，恐多贻误，与其尸位素餐，孰若见机引退，故拟避位让贤，庶会务进行顺利，恳请钧座俯鉴下情，准予辞职，即祈遴选贤员充任，俾获早卸仔肩，曷胜铭感之至，肃改此敬请均绥，诸维垂照不宣。

曹云祥谨肃

总会复曹秘书长云祥函

谨复者，接展大函，藉悉种切所请辞去本会秘书长一案，业已提请本会理监事会第十七次联席会议，经决议照准在案，相应函复即希查照为荷。此致曹云祥先生。

中国红十字会总会谨启

总会致杜、刘二副会长、林常务理事函

谨启者，案查本会秘书长曹云祥辞职一案，业已提请本会理监事会第十七次联席会议讨论，经决议，秘书长曹云祥辞职照准，请杜、刘两副会长及林常务理事康侯于最短期内物色人选提交下次会议核定。在继任人选未定以前，并请林常务理事康侯暂行兼代秘书长职务，记录在卷，除分函外相应函请查照，务祈于最短期内物色秘书长继任人选函会，以便提请下次会议核定，无任企盼。此致杜副会长月笙、刘副会长鸿生、林常务理事康侯。

中国红十字会总会谨启

杜、刘二副会长、林常务理事复函

径复者，接准大函以秘书长曹云祥辞职一案，经理监事会第十七次联席会议决议照准，并推月笙、鸿生、康侯物色继任人选提会核定等由，准此。当经会同商议，佥以本会救护委员副总干事庞京周，学识宏通，富有经验，且任副总干事以来熟谙会务，诸多擘划以之继任秘书长，驾轻就熟悉属相宜，用特函请查照，迅即核定聘任为荷。此致中国红十字会总会理监事会。

杜月笙、林康侯、刘鸿生

廿六年一月廿六日

总会致各分会函

径启者，案查本会呈请军事委员会核发保护会所布告一案，奉批仰将总分会会址及医院并其所在地详细列表呈会以便核发，即经本会于二十五年四月二十八日分函各分会，限于函到五日内开单送会以便列表汇转。嗣后各分会遵照报会者虽多，但迄今尚未报会者亦属不少，事关要举，未便再延。乃于二十五年十一月二十六日由本会将报到各分会汇造清册，呈送军事委员会核发布告各在案。嗣后复准军政部军务司函知奉部长交下本会呈军事委员会原呈及清册等件，仰查案核发转发下司，业经拟办部稿签奉核判抄送布告，希查收照印送司以便签请盖印送还等由，即经本会照印布告函送去后，旋于二十六年一月二十七日又准军政部军务司函后准，分别加盖部印送请查收前来，除分函外合特检发布告，望即查收张贴。再查此项布告系军政部加盖部印，不得自行照样翻印致于未便，特嘱特嘱。此致中国红十字会分会。

附发《军政部布告》□张。

中国红十字会总会启

廿六年二月二日

原载《中国红十字会月刊》1937 年第 21 期

公牍选载[节录]

总会致洛阳分会电

中国红十字会洛阳分会鉴：案查前据呈请转请半费车运什粮一案，即经本会电请铁道部核办并函复在案。兹准铁道部第二五三号支业代电略开，准一月陷代电为贵会洛阳分会因洛阳旱灾严重办理平粜，特在郑州定购杂粮八十吨，计高粱、小米、玉谷等,转请核准免费或半费起运,转饬陇海路局遵办等由,准此。查平粜粮食照章原不能减价运输,惟念洛阳旱灾严重,该项杂粮本部当特准照普通运价五折核收现款备运,但应请贵会先将该项杂粮种类、数量、起讫站名等报由河南省政府核转本部,再由本部饬运,相应电复查照办理为荷。等由,准此。除电请河南省政府转部外合特电知,一面仍由分会径呈河南省政府接洽办理,以资简捷。

中国红十字会总会,鱼印

青岛市政府公函内字第八一四号

案准贵会二十六年二月三日第一七四二号公函,以设立救护委员会华北临时分会,特检同职员名单,嘱查照饬属协助。等由,准此。业经转饬所属遵照协助,准函前由,相应复请查照为荷。此致中国红十字会总会。

沈鸿烈　廿六年二月十日

冀察政务委员会公函秘字第七六四二号

径复者,案准贵会第一七四二号公函,以前因绥战发生,特在北平设立中国红十字会总会救护委员会华北临时分会负责办理华北救护事宜,抄送该分会职员名单,嘱转饬所属各省市政府协助以利进行。等因,自应照办。除分饬冀察、平津各省市政府协助外,相应函复,即希查照为荷。此致中国红十字会总会。

宋哲元　二十六年二月十日

译英国红十字会理事长来函

中国红十字会大鉴:本会现拟于七月间在伦敦开办万国红十字会市场,售款所得捐助鼐丁盖基金,同时发给护士大学文凭。此市场系属国际性质,故恳请世界各国红十字会协助,得各国俱有物品出售,成此善举。倘蒙贵会惠允,能将贵国国产物品合于英国人民购买者寄赠,则感荷实深。会期二天,拟假皇族家庭举行,一切设备、房金等均可免费,红会职员届时义务前往工作也。如荷台允,先请赐覆告知何种物品,本会可预为布置一切,并希于六月一日前寄到,详细寄物地址再行奉告可也。此举不独本会深为感激,而需款甚殷之鼐氏基金尤为受惠无穷矣。

译日本红十字会会长来函

中国红十字会大鉴:万国红十字会联盟会根据上年十一月理事会决议案举行远东青年红十字会大会于东京,会期定七月二十九至三十一日。本会长以地主之谊邀请贵会推派代表二人至五人出席,同时世界教育联合会将在八月二日至七日举行第七次世界大会于东京,届时亦将邀请青年红会代表参加出席。此乃极好机会,因红会青年事业与教育界有密切之关系,故深愿我远东青年红会代表咸得参加此盛会,与各国大教育家一堂相切磋也。附上此次会议议程草案,即请贵代表预先加以研究,会议时得从长讨论,使红会青年事业得能发扬光大,是为至幸。倘贵会有所建议极表欢迎,先请寄下,以便列入正式议程中,并盼先将推定出席代表姓名及乘坐何船何日到埠等一一开示,俾便竭诚招待也。

河南省政府来电

上海中国红十字会总会勋鉴:鱼代电敬悉,关于洛阳红十字会分会在郑购买杂粮事,已电请铁道部转饬陇海路局拨车起运矣,特复。河南省政府民二,巧印。

总会致洛阳分会电

中国红十字会洛阳分会鉴案:查前据呈在郑购买什粮半费车运一案,即经分别电达在案。兹准河南省政府民二巧代电开:"鱼代电敬悉,关于洛阳红十字分会在郑购买杂粮事,已电请铁道部转饬陇海路局拨车起运矣,特复。"等由,准此,合特转电知照。中国红十字会总会,迥印。

太原绥靖公署公函医字第八号

径启者,准贵总会公函第一七四二号尾开相应抄送该分会职员名单,函请查照协助,并请转饬晋、绥二省政府一体遵照协助,以利进行等因,并附名单三份。准此,除分令晋、绥二省政府遵照协助外,相应函复查照是荷。此致中国红十字会总会。

总会致救护委员会华北临时分会函

径启者,案准太原绥靖公署医字第八号公函内开:"径启者,准贵总会公函第一七四二号尾开相应抄送该分会职员名单,函请查照协助,并请转饬晋、绥二省政府一体遵照协助,以利进行等因,并附名单三份,准此。除分令晋、绥二省政府遵照协助外,相应函复查照是荷。"等由,准此。查此案兹据函请,即经本会分别函达在案,兹准前由合特转函知照。此致中国红十字会总会救护委员会华北临时分会。

总会致财政部所得税驻沪办事处函

径逢者,案查本会各职员二月份应缴所得税,业经扣齐缴送上海中央银行,掣得第八六六号收据为证。兹将二月份所得税清单、所得额报告表一并函送,即希查收为荷。此致财政部所得税驻沪办事处。

附清单、报告表各一份。

中国红十字会总会

卫生署总字第一八五八号

批中国红十字会总会：

二十六年一月十六日呈一件为本会各分会图记应否由会另行刊发，祈鉴核由。呈悉，查该会关防及各地分会图记式样既不一致，又多沿用甚久，应准一律另行刊发。兹经本署制定《中国红十字会总会及各地分会关防、图记刊发办法》，合行抄送办法二份，令仰该会遵照办理。至该会关防，现已由本署刊制，另令颁发，仰即知照。此批。

计发办法二份(见专件栏内)。

署长刘瑞恒

原载《中国红十字会月刊》1937 年第 22 期

公牍选载

山东省政府公函民副字第七三号

案准贵会第一七四二号公函内开："径启者，案查本会前因绥战发生，特在北平设立中国红十字会总会救护委员会华北临时分会负责办理救护事宜，并经本会颁发图记、章程及委员聘书，函饬定期开会成立报会在案。兹据该分会函称各委员谨于一月二十日就任，开会成立，照章互选职员，并启用图记，相应抄录职员名单，函请查照备案，并希分函华北各省市政府请予协助，实为公便等情。据此除函复应准备案并分函外，相应抄送该分会职员名单，函请查照协助并请转饬所属一体遵照协助，以利进行，并希见复为荷"等由，附送名单一份，准此。除抄同原单通饬所属一体遵照外，相应函复即希查照为荷。此致中国红十字会总会。

总会致华北分会救护委员会临时分会函

径启者，案准山东省政府民副字第七三号公函内开："案准贵会第一七四二号公函内开：'径启者，案查本会前因绥战发生，特在北平设立中国红十字会总会救护委员会华北临时分会负责办理华北救护事宜，并经本会颁发图记、章程及委员聘书，函饬定期开会成立报会再案。兹据该分会函称各委员谨于一月二十日就任，开会成立，照章互选职员，并启用图记，相应抄录职员名单，函请查照备案，并希分函华北各省市政府请予协助，实为公便等情。据此除函复应准备案并分函外，相应抄送该分会职员名单函请查照协助，并请转饬所属一体遵照协助以利进行，并希见复为荷'等由，附送名单一份。准此，除抄同原名单通饬所属一体遵照外，相应函复，即希查照为荷。”等由,准此。查此案前据函报即经分别转达在案,兹准前由合再转函知照。此致中国红十字会总会救护委员会华北临时分会。

中国红十字会总会

棉兰福建会馆会长温发金来函

敬启者,本会为绥远同胞屡遭兵燹,无家可归,奔走流离,饥寒惨状不忍闻。特向本会会友筹集国币一千元附入贵会以资救济,聊表寸衷。兹于二月廿三日将该国币一千元讬由华侨银行信汇前往到,请查收,敬恳代为转致分给灾民,实纫公谊,谨此奉托并希见复是感。此上中国红十字会会长钧鉴。

棉兰福建会馆会长温发金　廿六年二月廿四日

总会复函

谨复者接,奉大函只悉一是承捐绥战救护捐款一千元,已由华侨银行汇到,具见关怀祖国,热诚善举,拜领之下无任铭感。除将该款汇案办理绥战救护事宜外,用特填奉收据一纸专函道谢,即请察照为荷。此致棉兰福建会馆温会长发金。

卫生署批医字第二三六五号

原具呈人中华民国红十字会总会:

二十五年十一月二十日呈为本会《总会理事会及监事会规程暨办事细则》试行期满,拟请照常通行,祈核准备案由。呈悉,在修正《中华民国红十字会管理条例施行细则》公布施行以前,准予照常通行,所请备案之处,应毋庸议。此批。

财政部孔部长来函

径启者,美国历来对我邦交敦睦,民国二十年扬子江水灾时曾热忱援助,且平时对于我国慈善事业如医院、学校、救灾诸项协助尤多。此次美国水灾被灾区域甚广,值此寒冬,灾民困苦可知。我国亟应有患难相恤之表示,素稔贵会乐善为怀,用特专函奉达,即希广为倡导、设法劝募以示救灾恤邻之意,曷胜企幸。此致中国红十字会。

孔祥熙拜启

各团体联合致中央银行函

敬启者,此次美国水灾区域颇广,我国为敦睦邦交应有贷粟之举,况昔美拯我灾,尤应以德报德。爰于昨日经各团体会议决先筹赈款二十万元,以十万元汇美,以十万元购物赈济。惟此十万元一时难于凑集,拟请贵行先行借用,即日汇美,再由各团体赶速筹募随收随缴。惟此事体大而救灾如火,实有缓不济急之虞。用是函商,务祈推仁惠允,克日汇交,毋任德盼,如何之处,敬希见复为荷。此致中央银行。

中华慈幼协会、中国红十字会总会
华洋义振会、上海各界联合救灾会同启

各团体联合致中央银行函

径启者,前以美国水灾筹振一案,经各团体会议决先筹二十万元,以十万元汇美,以十万元购办物品。汇美之款已函请贵行垫汇,而购物之费又觉缓不济急,拟仍恳贵行再行借垫十万元,俾速购办交运。一俟捐募集有成数,当陆续奉缴,务祈俯允以全善举。此致中央银行。

中华慈幼协会、中国红十字会总会
华洋义振会、上海慈善团体救灾会同启

总会呈卫生署文

呈为英国红十字会在伦敦开办万国红十字会市场,将售款所得捐助鼐鼎盖儿基金,函请本会寄赠国产货物一案,呈请鉴核,分别呈咨行政院、外交部准予协助事案。准英国红十字会函译开:“本会拟于七月间在伦敦开办万国红十字会市场,售款所得捐助鼐鼎基金,同时发给护士大学文凭。此市场系属国际性质,故恳请世界各国红十字会协助。俾各国俱有物品出售,成此善举。倘蒙贵会惠允,能将贵会国产物品合于英国人民购买者寄赠,则感荷实深。会期二天,拟假皇族家庭举行,一切设备、房金等均可免费,红会职员届时义务前往工作也。如荷台允,先请赐覆告知何种物品,本会可预为布置一切,并希于六月一日前寄到,详细寄物地址再行奉告可也。此举不独本会深为感激,而需款甚殷之鼐氏基金尤为受惠无穷矣”等由,准此。当经提请本会理监事会第十九次联席会议讨论决议筹募捐款以便购办,并向古玩业、瓷业征集物品一并捐赠,但事关国际荣誉,请行政院及外交部协助进行,纪录在卷,除由本会筹募捐款购办并征集物品一并寄赠,届时再行呈报外,理合备文呈请,仰祈钧署鉴核,分别转呈行政院、咨行外交部准予协助,并酌拨款以资进行,实为公便。谨呈卫生署。

汉口分会来函

敬呈者,窃查属会此次办理选举,所有一切暂行规则曾经拟呈鉴核备案在卷,惟关于《选举暂行规则》第三条会员被选资格之规定,须入会年满二年以上于实际不无窒碍,情因属会在前入会会员多不存在,最近入会会员不无热心会务之人。兹欲会之组织健全似无需有此限制，拟恳将前拟定《选举暂行规则》第三条“凡为中华民国国民，年满二十五岁，由汉口分会入会满二年以上之名誉会员、特别会员、正会员，均得有被选举为理事、监事之权”之条文删除“满二年以上”五字，以示普遍，籍资鼓励，是否可行？仍恳指令只遵为叩。谨呈中国红十字会总会。

汉口分会理事长王民仆

总 会 复 函

径复者，来函已悉，所请将《选举暂行规则》第三条条文内“满二年以上”五字删去一节，应准照办。仍望分报汉口市政府、市党部备案为要。此致汉口分会。

原载《中国红十字会月刊》1937 年第 23 期

公牍选载[节录]

总会上卫生署呈

呈为据本会南昌分会呈请转请免收地价税一案转请鉴核，分咨内政、财政二部核办事案。据本会南昌分会呈称，分会会址(坐落南昌第一区风神庙九号)，经南昌市政委员会估地价二千八百另八元，每年应纳税额五十六元一角六分；又分会医院院址(坐落南昌第一区风神庙五十号)，经南昌市政委员会估地价七千一百十七元二角，每年应纳税额一百四十二元三角四分，请转请免税等情。据经函准江西省政府函复略开，案据南昌市政委员会呈复，查《土地法》第二百二十七条第六款规定，慈善机关用地得由中央地政机关呈准国民政府免税或减税。兹查南昌分会之会址及医院院址之地价税似应由红十字会总会按照前项规定径请财政、内政两部会呈核准，免减后再行检同，明文过会以凭办理而符法令。该会所请将该项地价税全部免收之处似未便遽予照办，奉令前因理合具文呈复，仰祈察夺令遵等情函复过会各在案，理合备文呈请，仰祈钧署鉴核迅赐，分咨内政、财政二部核办会呈国民政府核准免收，实为公便。谨呈卫生署。

福建省政府公函民卫字二三六一五号

案准贵会二十六年二月十六日第一七四五号公函，以据浦城分会电请将该县屠捐，仍由该分会照常收领一案，请饬于组织卫生院时斟酌合作，储为他日救伤恤灾之助等由。查浦城分会所设该医院办理救护治疗，既有相当成绩，其原拨经费自可予以维持，除令县仍照原数拨交该分会领用外，相应复请查照饬知为荷。此致中国红十字会总会。

卫生署批总字第一八五八号

批中华民国红十字会总会：

二十六年一月十六日呈一件为本会各分会图记应否由会另行刊发，仰祈鉴核由。呈悉，查该会关防及各地分会图记式样，既不一致，又多沿用甚久，应准一律另行刊发。兹经本署制定《中华民国红十字会总会及各地分会关防、图记刊发办法》，合行抄发办法二份，令仰该会遵照办理。该会关防，现已由本署刊制，另令颁发，仰即知照。此批。

计发办法二份。

署长刘瑞恒

卫生署训令总字第二〇七四号

令中华民国红十字会总会：

查《中华民国红十字会总会及各地分会关防及图记刊发办法》前经本署以总字第一八五八号批示，该会知照在案。兹依该办法第二条规定刊就该会木质关防一颗，文曰“中华民国红十字会总会关防”，随令颁发，仰即查收、启用，并拓具印模呈报来署，旧关防缴销。此令。

计颁发木质关防一颗。

署长刘瑞恒

总会上卫生署呈

呈为呈报启用新关防日期，附送印模并缴销旧关防，仰祈鉴核备案，并请分咨内政、外交、军政、海军四部事案。查本总会关防及各分会图记另行刊发一案，前经呈奉钧署总字第一八五八号批示照准，并颁发《中华民国红十字会总会及各地分会关防、图记刊发办法》在案。兹奉钧署总字第二〇七四号训令内开：“查《中华民国红十字会总会及各地分会关防及图记刊发办法》前经本署以总字第一八五八号批示，该会知照在案。兹依该办法第二条规定刊就该会木质关防一颗，文曰‘中华民国红十字会总会关防’，随令颁发，仰即查收、启用，并拓具印模呈报来署，旧关防缴销，此令”等因，并颁发木质关防一颗。下会奉此遵即定于四月十日启用新关防，并将旧关防一颗同日缴销以符规定，除换发分会图记一案依照奉颁办法规定由本总会另行分别刊发专案呈报外，理合将启用新关防日期备文呈报，并附送印模五份，缴销旧关防一颗，仰祈钧署鉴核备案，并请分咨内政、外交、军政、海军四部查照，实为公便。谨呈卫生署。

计呈送新关防印模五份、旧关防一颗。

总会致各分会函

径启者,案查本总会关防及各分会图记另行刊发一案,前经呈奉卫生署批示照准,并颁发《中华民国红十字会总会及各地分会关防、图记刊发办法》在案。兹奉卫生署总字第二〇七四号训令,颁发本总会关防一颗,仰即查收、启用具报等因。奉此遵即定于四月十日启用本总会新关防,除呈报并分函外合特函饬知照。再关于分会图记换发一案,本总会正在拟订《分会考核办法》以便换发,一俟决定刊就后再行函发。兹将署颁办法一份先行函发,并望知照为要。此致中华民国红十字会分会。

附发《中华民国红十字会总会及各地分会关防、图记刊发办法》一份。

中华民国红十字会总会　廿六年四月十日

中华民国红十字会总会及各地分会关防、图记刊发办法

第一条　中华民国红十字会总会及各地分会关防及图记之刊发,依本办法之规定;

第二条　中华民国红十字会总会关防由卫生署刊发之;

第三条　中华民国红十字会各地分会发木质图记,由总会刊发之,并拓具印模,编号呈报卫生署备案;

第四条　总会及各地分会关防、图记尺寸大小依左列规定(略);

第五条　总会关防文刻“中华民国红十字会总会关防”,分会图记刻“中华民国红十字会某某县(市)分[会]”图记字样;

第六条　本办法施行后,各地分会图记限六个月内一律换发完竣,总会关防呈送卫生署销毁,分会图记呈送总会销毁;

第七条　本办法自卫生署令发日施行。

(完)

总会致戴、孙、居、于四院长函

谨启者,查本会为国际慈善团体,所办事业如救护伤兵等项,均有特殊之国际关系,非赖党国柱石指导、匡襄不足以底于成。爰议除蒋委员长业经担任本会名誉会长外,应再恭聘立法院孙院长、司法院居院长、检察院于院长、考试院戴院长为本会名誉副会长。经本会常务理监事第二次联席会议决议照办,纪录在卷,除分函外,用特肃函恭聘执事为本会名誉副会长,时加指导,力予匡襄,以资发扬会务,提高国际地位，务祈俯允担任，无任感祷。此上立法院院长孙、司法院院长居、检察院院长于、考试院院长戴。

外交部来电

上海中国红十字会总会：密据驻美大使馆电称，"美国红十字会秘书 Miss Mabel Board man 为创办人之一，服务三十七年，本月十一日美京将有慰劳公宴，各国红十字会送到祝词已有六十二处。我国红十字会似亦应有祝词，请转告该会酌定或由使馆代转，或径电美京红十字会转达均可"等语，希核办电复。

外交部微印

总会复电

南京外交部钧鉴：征电谨悉，承示慰劳美国红十字会秘书 Miss Mabel Board 一节，业已径电美京红十字会转达祝忱矣，特电复请察照。中华民国红十字会总会叩，齐印。

中国红十字会总会训令各分会　第一号

令所属各分会：

案查本总会所属各分会对本总会行文所有公文程式大都参差不一，甚有以任何纸张信笔乱书者，实属不甚事体。本总会有鉴于此，特订定《中华民国红十字会总分会公文及戳记刊用程式》，提请本总会常务理监事第二次联席会议讨论，经决议照办，即日实行，纪录在卷，除令外合行颁发原程式，令仰该分会切实遵办，并转饬所属一体遵照切切，此令。

附发《中华民国红十字会总分会公文及戳记刊用程式》二份（见专件栏）。

中国红十字会总会训令各分会　第二号

令所属各分会：

案查本总会及各地分会关防图记刊发办法，前奉卫生署训令颁发，即经本总会于四月十日抄发原办法，函饬各分会一体知照各在案，现在急待颁发以符规定。除分令外，合行令仰该分会遵照，限于文到三日内将前发旧图记缴会，并附缴新图记手续费二元，并将该分会现在名称为县为市，抑系属于何市何县之乡镇，详细呈明，如本名尚系沿用旧州府名称，亦应将现在改名为何县何市，一并呈明以便依照该办法第五条之规定更正刊发新图记，倘逾限后旧图记尚未缴销，即作分会取销论，再在旧图记缴会后，新图记未颁到以前，所有对本总会行文暂准以分会方戳代用，并仰知照。此令。

原载《中国红十字会月刊》1937 年第 24 期

中国红十字会上海国际委员会为难民伤兵请命

地址：上海河南路五〇五号；电话：九五二九七；电报挂号：二〇一二

敬启者：淞沪战祸爆发以来，战区数百万居民，均已流离失所，纷纷扶老携幼，向租界避难；率多流浪街头，无衣缺食，露宿风餐，困顿情形，殊堪怜惜！同时前线将士，在弹雨枪林中浴血战争，遭大炮飞机伤残者，厥状更惨！虽经中外各善团收容救护，无如日久人多，给养医药，均感困难；更值天时转冷，又须筹备御寒衣被；若不广事征募，来日方长，何足以善其后？中外慈善界同人，爰本正义人道主旨，特组织本会，除伤兵、难民不分国籍概予救济外，并筹募大宗捐款，为调剂各善团之需，刻查上海一埠，救济、救护费用日达五万元左右，日后战区扩大，更将随而加增！同人等熟思详计，须募集国币一千万元，方足以应六个月内之需要，除由国民政府财政部拨助一百万元外，其余九百万元，不得不向中外热心人士作将伯之呼。伏祈，推好施乐善之忱，念恤难救灾之急，俯加赞助，慨赐输将，俾劫后余生，得资苏活！仁风义举，薄海同钦，固不独本会感谢已也。

宣传筹募主任施肇基

中国红十字会上海国际委员会　委员长颜惠庆　谨启

总干事贝克

原载《中国红十字会月刊》1937年第29期

南市设难民区

关于南市划设难民区事，今日英文《字林西报》载称，在国际红十字会救济委员会主持之下，与中日当局讨论在南市成立难民区事，进行已有数日，而于昨晚谈判成功，中日双方皆已签字。关于约定之详细内容，目前虽尚不能探得，但悉此项区域将包括南市方浜路北旧城之一部，而由特殊警察负责维持治安。关于此事，国际红十字会救济委员会饶神父，昨日发表下列声明云：

关于南市划设难民区事，现有加以说明之必要，藉以预防及更正任何误解，并改正近日报纸所载余曾计划分别与中国当局及日本当局，在南市划出一部做为中国非战斗员、平民居住之安全区域起见，余特声明如下：此项在南市备平民安全居住之区域，并非一"中立区"，因该区既非中立，亦非一特殊区域，该区称之为非武装区域，亦不治[恰]当，同时该区更为保护法国利益或法国教堂而设立，该区乃纯如其名称而为一非战斗员所居住之平安区域,中日双方因人道上的原因,皆愿为保护非战斗员而同意于此项措置,余并悉此次设施为一创举,并望其他各处勿援以为例云。(民国二十六年十一月六日《大公报(晚报)》)

原载《中国红十字会月刊》1937年第30期

红会函请各界宏施输助

中国红十字会上海国际委员会,为劝募救济捐款,昨分函中外各界呼吁云:敬启者,淞沪战事爆发以来,租界内外数百万居民,均已流离失业。其中若干,由界外纷纷扶老携幼,向租界逃避,率多流浪街头,无衣缺食,露宿风餐,殊堪怜惜。更值天时转冷,又须筹备御寒衣被。若不广事征募,来日方长,何足以善其后?中外慈善界……除伤兵难民不分国籍,概予救济外,并筹募大宗捐款,为调剂各善团之需。刻查上海一埠,救济、救护费用,每日达五万元左右。日后战区扩大,更将随而增加。兹拟募集国币一千万元,以应六个月内之需要。除由国民政府财政部拨助一百万元外,其余九百万元,不得[不]向中外热心人士作将伯之呼。素仰痌瘝在抱,胞与为怀,敬照大发慈悲,宏施输助。俾罹劫兵民,得资苏活。仁风义举,薄海同钦,固不独身受者感激已也。(民国廿六年十二月十六日《时报》号外)

原载《中国红十字会月刊》1938年第31期

中国红十字会上海国际委员会征求三元救命会会员

敬启者:上海慈善团体收容之难民,数在二十万人以上,给养浩繁,开支巨大,非妥筹办法,势必难以持久!本会以筹募款项,办理救济,并协助各善团为使命,鉴此前途,殷爱殊甚!除向中外各界劝募捐款外,复成立三元救命会,广征会员,共襄善举。凡愿每月捐助国币三元,为难民救济费者,均可加入。缘难民口粮,日需一角,每月三元,即可维持一人之生命。世多悲天悯人,乐善好施之士,如果各就衣食日用,月节三元,惠捐本会,则聚沙为塔,集腋成裘,难民生计,不难解决。用作将伯之呼,敬请鼎力赞助,并广劝亲友,相偕入会,俾嗷嗷哀鸿,资生有望,此本会所馨香祷祝者也!

中国红十字会上海国际委员会谨启

地址:上海河南路五〇五号

原载《中国红十字会月刊》1938年第31期

市商会函请各公会提薪救济难民

上海市商会,昨通告各业同业公会云:径启者,接中国红十字会上海国际委员会宣传筹募组主任施肇基先生函称,本会由中外慈善界同人所组织,以筹募捐款、调剂各救济善团为使命。数月以还,本埠难民麕集各收容所,经费支绌,纷纷请求补助,已感应付为难。近以国际救济会、善联会及其分会所办各收容所一百四十余处无力维持,难民十五万人,概由本会给养,负担益形重大,而其余善团之商请救济者,且纷至沓来,此后责任之艰巨,更将数倍于今日,若不向各界热心人士普遍求助,势必难以持久。迩者,银行业同业公会为协助本会起见,特发起抽收薪给捐百分之二,以充救济,业经拨款五万元,嘉惠流亡,良非鲜浅,素仰贵会领袖商业,用特函恳转商各业,仿照银行业办法按月征收,径送本会,等语到会。查本市近来每周死亡人数,据各报所载,几七八倍于从前,同人在今日幸有职业而衣食粗能自给者,当怀昔人解衣推食之志,勉自节省其一部份,以为贫苦同胞续命之资,语云"人之欲善,谁不如我",本会将此觇各公会之成绩焉,愿共勉之。(民国廿七年一月廿八日《力报》)

原载《中国红十字会月刊》1938 年第 32 期

红 会 声 明

中国红十字会上海国际委员会宣传征募组昨发出声明云:"敬启者,本会成立以来,除于去年十二月在本埠举行募捐运动时,曾有各校男女青年,向众代募捐款外,嗣后从无派员沿途劝募情事,乃近接多处电话,谓有以本会名义在新闸路一带募捐者,显系不肖之徒,假名渔利,殊堪痛恨,除密查办法外,用特函请贵报将此函披露,以免各界受欺,如有慈善家惠助捐款,请迳送河南路五〇五号四楼本会总干事办事处,或拨电话九一七六八号,以便派人收取"云云。(民国廿七年五月廿五日《华美报》)

原载《中国红十字会月刊》1938 年第 36 期

红会国际委会通知变更难民给养办法

中国红十字会上海国际委员会因经费困难,对其所给养全市之十七万难民,势难持久,故日前经该会救济组商议结果。决自下月起,将原有办法予以变更,该会总干事贝克氏特录案函知各救济团体文云：查沪上办理难民救济工作，瞬逾九月，因时期之旷久，致供应之浩繁，处此筹募艰难之秋，不独经费困难，渐形竭蹶，即受本会难民给养之各善团，亦不免同感困难。应付之法或主遣散一部份难民，俾留养得照旧待遇；或主依赈款多寡，支配给养，并平等待遇，使无厚薄之分。本会救济委[员]会业于本月十八日开会讨论此问题，佥以凡能自给者，不应再受救济。经议决，自本年六月一日起，凡受本会给养之收容所，如查有其他方面，不论个人、团体，同时供给食品者，本会即停止其全所给养，本议决案所以规定六月一日实行者，为留有余时间，各善团又剔厘难民，使能自给，或由他方面给养者另行居住，并将本届议案及其原委，遍谕留养之难民，俾共晓然办理救济者之苦心，凛遵恪守，互相劝勉，免得将来少数犯规，累及全群，为此录案函达，务恳鼎力合作，并转饬各所一体知照，如遇捐户以振款、振品指定特种用途，请与说明原委，劝其改作通常捐款，以期实惠普及，否则与本会给养组接洽办理为荷。(民国廿七年五月廿七日《新闻报》)

原载《中国红十字会月刊》1938 年第 36 期

红会变更难民给养展期

中国红十字会上海国际委员会，昨致各慈善团体两函云：(一) 迳启者，本会为剔厘难民，平等待遇起见，业经难民委员会议决，"自本年六月一日起，凡受本会给养之收容所，如查有其他方面，不论个人、团体，同时供给食品者，本会即停止其全所给养。"并于本月(五月)二十三日录案函达在卷，兹以多数蓆棚正在搭造，复经议决，改为自六月十六日起实行，而若干收容所占用之房屋，又经工部局核准，展至六月十日迁移，相应函达，即烦查照为荷。(二) 迳启者，查已有工作之难民，往往在外自备膳食，不用本会给养品。以后计算给养时，不宜将此辈列入，以符事实，并令另居一处，不予给养，至希查照办理为荷。(民国廿七年六月一日《新闻报》)

原载《中国红十字会月刊》1938 年第 37 期

剔厘难民平等给养红会通知暂缓执行

中国红十字会国际委员会，昨分函各善团云：关于剔厘难民平等给养一案，业于五月二十三、二十八两日，备函奉达，谅经察照。兹以收容所大蓆棚，都未能按期完工，恐于本案执行上不无妨碍，刻经议决，暂缓施行，至剔厘能自给之难民，仅供

住所一节,仍希切实进行,俾资撙节云。(民国廿七年六月廿日《新闻报》)

原载《中国红十字会月刊》1938 年第 37 期

国际红会通告难民返籍手续

国际红十字会昨分函各慈善团体云:准上海国际联合遣送难民委员会函开,凡难民愿由香港转赴内地者,经上海慈善团体联合救灾会证明,并携带防疫证明书,方允进口,到后有东华医院为之照料等由。相应转达,即烦查照。如有难民赴港,请迳与慈联会接洽办理为荷。(廿七年七月十五日《译报》)

原载《中国红十字会月刊》1938 年第 38 期

难民收容所迁让工部局准再展缓

本市若干救济难民团体,曾联名呈请工部局暂勿循各难民收容所业主之请,派捕驱逐难民,原呈略谓:各该团体,未能早日觅得相当之收容所地点,所需之建筑材料,又不易获得,且有关系之各方面,尚未同意,因此至今不克另建收容所。以收容各业主所欲驱逐之数千难民云云,上开各节,业经工部局查明属实。中国红十字会国际委员会亦向工部局声称,数千难民既无容身之地,如被强迫驱逐,势必流为乞丐、盗贼,本市治安将大受影响,而难民流浪各处,或有增加病菌传播之可能,对于公众健康,亦不无危险,工部局从前曾准许暂缓腾空各难民收容所,以便慈善团体得有充分之时间,觅地收容难民,但此举尚未实现,该局引以为憾。惟为顾全治安秩序及公共卫生起见,不得不再准展期,收容所业主所请捕房驱逐难民一节,暂不照办,然任何业主如依法获得法院命令而有驱逐难民之权力,则在法律上工部局应负实行驱逐之责,至于各慈善团体所拟建造新收容所之计划,工部局亦已允协助实行云。(廿七年七月十二日《华美晨报》)

原载《中国红十字会月刊》1938 年第 38 期

难民给养红会议决新要案

中国红十字会上海国际委员会,顷分函各慈善团体云:本会难民委员会,经商讨给养问题,兹将议决案录请查照,希依照办理。议决案如下:(一) 凡接受本会难民给养之各善团,对于所发给养,弗另加任何物品,但孤儿收容所(慈幼会)、产科医院(劳勃生路)、街童收容所等除外;(二) 本会送至各收容所之给养品,各主管善团弗为运出,但得本会给养组书面许可者,不在此例;(三)盛米之空袋皮本会派人收回时,须将原物归还,不得更换充数;(四)以上所开各条,请由各善团通知所属各所;(五)本议决案由总干事函送各善团知照,如在十日以内(即八月七日前)无接受表示到会,即认为无需本会给养。(民国廿七年八月三日《文汇报》)

原载《中国红十字会月刊》1938年第39期

糙米滋养丰富有益难民健康

国际红十字会,昨分函各善团云:查糙米含有多量滋养料,且可防止软脚气病等,本会采用之为难民给养,原属维持健康起见,乃有收容所管理员不明此意,将糙米运出,更换白米,或雇工打白,致表皮所含维他命大部丧失,而未经同意,运米出外,亦与本会难民委员会决议案不合,相应函请贵会,迅予阻止,至希查照办理为荷。(民国廿七年八月廿三日《文汇报》)

原载《中国红十字会月刊》1938年第39期

难民煮食蚕豆法

中国红十字会国际委员会杜达,昨函上海慈善团体联合救灾会救济战区难民委员会云:顷奉总干事通知,以蚕豆性硬,煮制需时。其法(一)宜在水中侵[浸]四小时;(二)炊过晚膳后,尚有余火时,将豆与水入锅共煮至火熄为止,豆任留锅中过夜;(三)翌晨造饭时,加米合煮。相应转达,至希转饬知照云。(民国廿七年八月廿四日《生活日报》)

原载《中国红十字会月刊》1938年第39期

慈联会等函请红会国际会继续维持

慈联会及救济分会致中国红十字会上海国际委员会函云:迳启者,顷展国际委员会关于难民问题意见书,以工作行将期年,筹赈维艰,未能长期救济,拟在九月底办理结束云云。查救济工作原为慈善事业之一部,端赖社会人士之热心赞助,方克有功,贵会国际委员会自本年度担任各会给养以来,虽因购货假手于商号,品质较劣,与给养供给之标准未尽允洽,但能明了真相之人,均可释然,且以贵会本身并无难民收容所,而专供他会给养,为敝会等所极端信仰者也。此时本市租界内虽尚有难民八万人,敝会等正在设法遣送与筹备生产工作,当可逐步减少,惟所需给养,不可或缺，仍请贵会继续工作，以全终始，如以办事棘手，敝会等均负有救济专责，可推选公正人员，共同参加办理，以资合作，如以经费筹募不易，敝会等正极积组织统筹经济机关，公请虞洽卿先生负责进行，贵会同属救济团体，自当权义均等，毋烦独立筹募也。总之，我国家抗战一日不停，我等之救济责任不可一日中辍，贵会热心慈善，当不后人，尚祈努力为国，造福灾黎，是深企幸云云。（廿七年九月十七日《新闻报》）

原载《中国红十字会月刊》1938 年第 40 期

国际红十字会嘉奖市联收容所

本市第一特区市民联合会，昨准中国红十字会上海国际委员会函云：迳启者，查贵会所属收容所，成绩优良，督率有方，良深钦佩！兹为鼓励起见，填发奖状一纸，相应随函送达，至希查照转发为荷。其奖状略云：兹查该会所属收容所，管理设备事项与本会所订难民收容所甲种标准符合，合行嘉奖，以资鼓励云。（民国廿七年十一月七日《新闻夜报》）

原载《中国红十字会月刊》1938 年第 42 期

调查沪市救济情况

中国红十字会上海国际委员会，昨分函本市各救济团体云：迳启者，敝会近接美国某慈善团体函托，代为调查上海一埠，自中日战事发生以来，因救济难民而支出之费用总额等语。查本埠自战事开始后，各善团收容难民总数，曾达二十万人之多，救济费用之支出，为数必甚浩大，徒以过去各善团间缺乏密切之联系，以致未能得一正确之总数，致无从知本市救济事业之伟大。兹据该美国善团函询前来，用特专函奉询，请将自八一三战事发生至本年六月底止，贵会支出救济费总数及难民平均人数，详细填入附表，寄送敝会，以便汇集函复，无任企祷，贵会如已印有工作报告，希掷下一份为荷。（民国廿八年八月十六日《华报》）

原载《中国红十字会月刊》1939 年第 51 期

上海总会改设驻沪办事处经过概况

中华民国二十九年二月二日下午四时，总会接准总办事处来电，“中国红十字会总会鉴：陷日常会决议，聘任潘小萼君为本会秘书长。总会迁渝，渝办事处即归并,上海改设办事处,除电渝分处觅屋筹备外,特电奉达,余函详。总处。”

旋于二月十六日接准总办事处二月十日函:“查本会第一届理监事会第二十三次联席会议,关于本总会应否迁移重庆一案决议,‘交正、副会长、常务理监事会斟酌情形办理’。经两度讨论,业于本年一月三十日第三十五次常务理监事会议时议决,‘总会迁移重庆,将渝分办事处归并,上海改为驻沪办事处,总办事处仍设九龙,即行令饬重庆分办事处筹备,并函知总会,即由秘书长赴渝处理一切’,纪录在卷,除已于东日电达,并令重庆分办事处觅屋筹备外,相应抄录决议,函请察照为荷。此致总会。总办事处启。”

即经总会于二月二十四日下午七时半,假座上海银行公会俱乐部召开第八次常务理事会,出席者常务理事闻兰亭、林康侯、关絅之;列席者常务监事袁履登、黄涵之;理事姚虞琴、王振川、王培元、顾竹轩;监事沈联芳、赵晋卿、杨志雄、姚慕莲;候补理事朱吟江、主席林康侯、纪录卫铁铮。(甲)报告事项:一、报告上次会议纪录;二、主席报告与王理事振川出席第一届理监事会第二十三次联席会议情形;三、主席报告第一届理监事会第二十三次联席会议通过增加救护总队部预算一案经过详情;四、主席报告总办事处迭来函电知照,一月三十日第三十五次常务理监事会议决议总会迁移重庆,将渝分办事处归并,总会上海改为驻沪办事处,总办事处仍设九龙一案;五、主席报告总办事处来函知照,一月三十日第三十五次常务理监事会议决议,聘请潘小萼君为本会秘书长,并已于二月五日到处就职。(乙)讨论事项:一、总会原设上海,上年因时局关系,以会长所在地为重心,故另在九龙设立总办事处,现总会迁移重庆,总办事处仍设九龙,上海改为驻沪办事处,应如何着手改设,请讨论案。决议:查事前并未征得在沪各理监事同意,但原则上亦表赞同,惟上海为本会发源地,有历史关系,为中外观瞻所系,总会虽迁重庆,而原有业务仍应维持原状,故改为驻沪办事处后之经常费仍应照原预算按月拨给,以利进行;至重庆总会何日成立,成立以后何人负责,应即函请总办事处转请正、副会长及在港各理监事核示见复,以便办理;再在重庆总会未成立及驻沪办事处未改设以前,总会仍在上海照常办公。二、第一医院函请自本年度起,除原拨补助费每月一千二百元外,每月增拨二千五百元,请讨论案。决议:该院补助费仍为每月一千二百元,现既因物价高涨,准自本年三月份起,每月另拨临时津贴费一千二百元,并将原函转报总办事处核议见复,至该院门诊挂号费仍照原价,不得再加。散会时间下午九时。

总会于二月二十七日将会议情形函报总办事处:“迳启者,案查前准尊处二月二日来电,暨二月十日总字第二三〇号函,抄录一月三十日第三十五次常务理监事会议讨论本总会应否迁移重庆一案,决议案请察照等由,准经提出二月二十四日第八次常务理事会报告,并请讨论,有所决议,纪录在案,兹特抄送此项纪录一份,函请尊处将本案决议情形转请正、副会长及在港各理监事核示见复为荷。此致本会总办事处。总会启。”

嗣于三月六日,上海总会接准总办事处二月二十八日函:“查本总会决议迁渝一案,业经先后电函总会,察照在案,兹由潘秘书长小萼拟具《总会迁渝办法》,呈奉二月二十日第三十七次常务理监事会议通过,相应抄同办法一份备案,奉请查照转呈林、闻、关常务理事,黄、袁常务监事,鉴核为荷。此致总会秘书处。总办事处启。”

附拟具《总会迁渝办法》(二月二十日第三十七次常会通过):“(一)总会地址已在重庆城外小龙坎租得洋房一所,刘副会长约于三月初赴渝主持,秘书长应先期到渝筹备,拟定四月一日正式办公,另在城内假青年会重庆市分会地址设收发处。(二)重庆分办事处自总会正式办公之日起归并,改派唐承宗为总会主任秘书,分办事处全部职员调派总会各股办事,添派人员除由沪、港酌调外,得在重庆遴选,呈核分别聘委。(三)请核拨迁会临时经费五千元,所有经常预算,筹备完竣,编造呈核。(四)拟请扩充本会重庆医院,由秘书长赴渝后拟具计划呈核(以会同渝市各医务卫生机关会办为原则)。(五)总会在渝照救护川队部编制,设置救护队一中队,计医疗四队、卫生三队、医防一队,以应付空袭时救护暨平时川省各地巡回治疗及重庆医院事业,需用人员可与救护总队部商调,由秘书长遴选,组织经费另拟呈核,该中队由秘书长指挥执行工作。(六)总会迁渝后,拟请核派救护车若干辆,常川驻渝。(七)推进川康分会事宜,仍由唐主任专责办理。(八)总会秘书处暂设文书、会计、庶务、宣传四股办事。(九)总会与总办事处行文办事,须取得密切联络,随时互相交换一切纪录,办法由秘书长与主任秘书拟定办理。(十)总会关防由秘书长带渝,正式办公时启用,上海存留预印关防之空白文纸应即缴送总会。(十一)在总会所在地有设材料库之必要,材料分配请核示办法核定,由秘书长酌量办理之。”当由上海总会秘书处将来函并抄件呈报林、闻、关常务理事暨黄、袁常务监事鉴核。

三月二十八日,总办事处电在沪各常务理监事:“林常务理事康侯、闻常务理事兰亭、关常务理事絅之、黄常务监事涵之、袁常务监事履登诸公公鉴:总会迁渝议定四月一日正式办公,由潘秘书长秉承,旅渝正副会长、常务理监事负责主持,驻沪办事处于同日改设成立,所有业务仍维持原状,经常费照原预算,由总处照拨,关于驻沪办事处改组事宜,请诸公偏劳主持,饬属办理,电达察照,并盼见复。弟王正廷、杜月笙、刘鸿生、王晓籁、钱新之。”

在沪各常务理监事接电后,即于三月三十日下午一时假座上海银行公会俱乐部开第九次常务理事会,出席者常务理事闻兰亭、林康侯、关絅之,列席者常务监事黄涵之、袁履登(黄涵之代);理事姚虞琴、顾竹轩、王培元、王振川;监事姚慕莲、李规庸、杨志雄、赵晋卿;候补理事朱吟江,主席林康侯,纪律卫铁铮。(甲)报告事项:一、报告上次会议纪录;二、主席报告交通股收缩情形;三、主席报告正、副会长暨王常务理事晓籁、钱常务监事新之联名电请在沪各常务理监事主持上海总会改设为驻沪办事处事宜。(乙)讨论事项:一、驻沪办事处成立后,一切设施应如何规定,请讨论案。决议:准四月一日改设成立,原有事业照常,仍由留沪各常务理监事负责主持一切,所拟组织简则通过。二、查总会关防早已送港,但尚有总会小方章、长戳、正副会长衔章等件,应如何处置,请讨论案。决议:暂为封存,开单函告总办事处转报总会。三、预印总会关防之空白公文用纸及会员证书、护照等件尚有用剩者,应如何处置,请讨论案。决议:交在沪常务理事暂为封存,并函告总办事处转报总会。四、总会各股人员应留应减,应如何收缩案。决议:由在沪常务理事主持调整外,将调整情形函告总处转报总会。散会下午三时。

“附录《中华民国红十字会总会驻沪办事处组织简则》:一、中华民国红十字会驻沪办事处(以下简称本处)由在沪常务理事直接主持一切事务。二、本处设秘书二人,并设文书、编宣、会计、庶务四股,各股设股长一人、办事员若干人,秉承在沪常务理事办理各该主管事务,前项各职员由在沪常务理事派充之。三、本会设在上海之各医院均属于本处,就近由在沪常务理事指挥管理之。四、本处其他应办事务及职权,依据总会章程所规定者办理之。五、本处办事细则另订之。六、本简则经常务理事会通过施行。”

总会自第九次常务理事会开会议决后,即于是日电复九龙正、副会长暨常务理监事等:“王会长儒堂、杜副会长月笙、刘副会长鸿生、王常务理事晓籁、钱常务监事新之诸公公鉴:奉电谨悉,当于三十日召开第九次常务理事会,并请常务监事及在沪各理监事列席讨论结果,驻沪办事处准四月一日改设成立,原有事业照常,仍由留沪各常务理监事主持一切,余函详。弟林康侯、闻兰亭、关絅之、黄涵之、袁履登。”

四月六日接总办事处致总会函:“接准二月二十七日大函,以准函电总会迁移重庆一案,经提出第八次常务理事会报告讨论,抄送此项纪录一份,请将本案决议情形转请正、副会长及在港各理监事核示见复等由,附送纪录一份到处,准经转陈。奉三月十九日第三十九次常务理监事会议议决‘总会迁移重庆定四月一日正式办公,由潘秘书长秉承在渝正、副会长、常务理监事负责主持,驻沪办事处亦于同日改设成立,所有业务仍维持原状,经常费仍照原预算,按月由总办事处照拨’等因,相应函复,即希察照转陈为荷。此致总会。总办事处启。”

驻沪办事处于四月一日改设成立,即将新制会牌悬挂门首,文曰:“中华民国红十字会总会驻沪办事处”,并于四月八日函复总办事处:“迳启者,顷奉在沪常务理事交下尊处第五七二号函一件,并此间《第九次常务理事会纪录》及《驻沪办事处组织简则》各一份,嘱录案函达等因。奉此,查本处业于四月一日成立,所有组织简则亦经第九次常务理事会通过在案,并奉在沪常务理事核准刊就图记一颗,文曰‘中华民国红十字会总会驻沪办事处’,图记及小方章、长戳等件于四月八日启用,相应抄送原纪录及简则各一份连同图记印模三份,一并函请查照转报为荷。此致本会总办事处。驻沪办事处启。”

四月十日驻沪办事处函致总办事处:“迳启者,案查总会业已迁渝,此间已改设为驻沪办事处,所有预印关防之空白公文用纸及会员证书、护照等件尚有用剩者,应如何处置,亦经第九次常务理事会讨论决议,交在沪常务理事暂为封存,并函告总办事处转报总会,纪录在卷,除将预印总会关防各件送请在沪常务理事暂为封存外,用特开送清册录案函达,即希查照转报为荷。此致本会总办事处。驻沪办事处启。”

附预印各种空白文件结存清册,计开预印:名誉会员证书(自四三七号至五〇〇号止)六四张,又(不编号)十张,特别会员证书(自二六九三号至三〇〇〇号止)三〇八张,又(不编号)三〇张,正会员证书(自九三三九五号至九五二〇〇号止)一八〇六张,又(不编号)一〇〇张,又(由港总办事处添印不编号)二〇〇〇张,普通会员证书(自三五三九八号至三七〇〇〇号止)一六〇三张,又(不编号)一〇〇张,(又由港总办事处添印不编号)一〇〇〇张,团体会员证书(不编号)一〇〇张,奖状(不编号)一〇〇张,承认书等七八张,匾额用黄纸印四八张,呈文二九〇张,公函五五〇张,训令一五二〇张,指令二二三〇张,代电四九六张,稿纸二〇〇〇张,护照

(自三五六三号至三八八五号止)三二三张。计开用去：名誉会员证书(自四三七号至四四一号止)五张，特别会员证书(自二六九三号至二七一六号止)二四张，正会员证书(自九三三九五号至九五二〇〇号止)一八〇六张，又(不编号"作废")一四张，又(港总办事处添印自九五二〇一号至九五九六七号止)七六七张，又(港总办事处添印"作废")六张，普通会员证书(自三五三九八号至三六三二三号止)九二六张，又(不编号"作废")三张，奖状(不编号)九张，承认书等九张，匾额用黄纸印四张，呈文二张，公函五张，训令一七张，指令三七四张，代电六张，稿纸六三八张，护照(自三五六三号至三六二七号止)六五张。计开结存：名誉会员证书(自四四二号至五〇〇号止)五九张，又(不编号)一〇张，特别会员证书(自二七一七号至三〇〇〇号止)二八四张，又(不编号)三〇张，正会员证书(不编号)八六张，又(港总办事处添印不编号)一二二七张，普通会员证书(自三六三二四号至三七〇〇〇号止)六七七张，又(不编号)九七张，又(港总办事处添印不编号)一〇〇〇张，团体会员证书(不编号)一〇〇张，奖状(不编号)九一张，承认书等六九张，匾额用黄纸印四四张，呈文二八八张，公函五四五张，训令一五〇三张，指令一八五六张，代电四九〇张，稿纸一三六二张，护照(自三六二八号至三八八五号止)二五八张。

同日驻沪办事处函致总办事处："迳启者，案查总会关防早已送交尊处在案，至尚有总会小方章、长戳、正副会长衔章等件，应如何处置，亦经第九次常务理事会讨论，决议暂为封存，开单函告总办事处转报总会，纪录在卷，除将此项图章暂为封存外，用特开送清单录案函达，即希查照转报，并见复为荷。此致本会总办事处(附送清单二份)。驻沪办事处启。"

又函为沪总会时主任秘书姜廷荣，因总会业已迁渝，沪方已改设驻沪办事处，此项月薪及津贴、办公费准即送至四月底为止，即希查照转知，并见复为荷等因。

四月十二日驻沪办事处函致总办事处："迳启者，查总会原有编号之正式收据，此间用至本年三月三十日为止，尚有用剩者，业经造具正式收据发存明细表呈奉闻常务理事兰亭批开，待查账后，即行封存等因，奉此自应遵办，合特检送原表一份，备函奉达，即希查照转报，并希见复为荷。此致本会总办事处(附正式收据发存细表一份)。驻沪办事处启。"

附本会正式收据发存明细表(民国二十九年三月三十日)，会费收据截至第三九五七〇号止，用剩自第三九五七一至四〇〇〇〇号止，共四三〇张，捐款收据截至第五四二九号止，用剩自第五四三〇号至五九〇〇号止，共五七一张，振捐收据截至第五九〇号止，用剩自第五九一号至六〇〇号及九〇一号至九九九号止，共一〇九张(内第六〇一号至九〇〇号改作救护捐，内应作第一〇〇〇号之一张用作印刷样本)，补章照收据截至第四八一号止，用剩自第四八二号至六〇〇号至[止]，共一一九张，时疫捐收据截至第一八号止，用剩者自第一九号至一〇〇号止，共八二张，物品收据截至第一一六三号止，用剩自第一一六四号至一四〇〇号止，共二三七张，救护捐收据截至第九〇〇号止无存，以上共计编号未用者一五四八张。

同日又函致总办事处："迳启者，查总会原有之各级会员徽章及各级奖章，此间用至本年三月三十日为止，尚有用剩者，业经开具清单，送请闻常务理事兰亭，于四月八日封存，暂由本处保管，合特检送清单一份，备函奉达，即希查照转报，并希见复为荷。此致本会总办事处。"附封存各种徽章清单：名誉会员章九四八枚，特别会员章一六二〇枚，正会员章一二六一枚，普通会员章二〇五〇枚，青年会员章二二一〇枚，团体永久会员章九枚，团体维持会员章九枚，一等奖章一九二枚，二等奖章一二〇枚，三等奖章七六枚。

驻沪办事处于四月一日成立后，其各地分会尚有上总会呈文，纷纷寄递来沪，即经驻沪办事处函复各分会："迳启者，刻接上总会呈一件为某某一案，查总会业于四月一日迁移重庆，此间亦于同日改设为中华民国红十字会总会驻沪办事处，除将原呈连同附件一并函转香港九龙本会总办事处核办外，用特函达，即希查照为荷。此致灌县、梁山、莆田、青岛、如皋、永嘉、连城、临清、南昌、邓县、平凉、夏津、泰县、鄜城、临汝、渠县、固始、贵阳、广安、光化、修武等分会。驻沪办事处启。"

驻沪办事处函转总会办事处："迳启者，刻接〇〇分会上总会呈一件为〇〇一案，除由本处函复该分会，已将原呈连同附件一并函转总办事处外，合将该分会原呈一件连同附件一并函送尊处查收核办，迳令饬遵为荷。此致本会总办事处，驻沪办事处启。"

四月十三日奉常务理事林、闻条谕："总会迁渝所有医务委员会应于本月底结束，该委员会所存物品等造册点交驻沪办事处庶务股接收为要。"又："医务委员会吴利国委员夫马费送至本月底为止，其余职员陶大琏、傅三才二君照救护股结束时先例办理，此致会计股。"当由驻沪办事处于四月十六日函致吴利国先生："谨启者，查本会医务委员会成立以来，荷承先生热心赞助，不遗余力，对于本会医务擘划周详，曷胜铭感，惟总会业于四月一日迁移重庆，此间亦于同日改设为驻沪办事处，故该委员会定于本月底结束所有，先生之夫马费亦送至本月份为止，用特专函奉达，即希查照为荷,此致吴利国先生。驻沪办事处启。”

同日又函:“迳启者,查总会业已迁渝,所有医务委员会应于本月底结束,该委员会职员照救护股结束时先例,各发解职金三个月,除分函外,用特函请查照,希将该委员会所存物品等造册点交本处庶务股接收为要。此致陶大琏先生、傅三才先生。驻沪办事处启。”

四月二十三日驻沪办事处接总办事处四月十八日复函:“迳复者,接准四月八日大函内开,查姜主任秘书廷荣任事以来,曾来会三四次外,本年尚未到会,至其月薪二百元及津贴办公费五十元,经按月送交签收无误,现总会业已迁渝,此间已改设驻沪办事处,姜主任秘书之薪水及津贴办公费准即送至四月份为止,用特函达,即希查照转知,并见复为荷等由准此,除转知外,相应函复,即希查照为荷。此致驻沪办事处。总办事处启。

四月十三日总办事致驻沪办事处电:“请速先将廿六年七月至廿七年底总会所收捐款物品编造清册,于本月底前送港汇刊征信,廿八年起请续办。总处元。”

四月廿六日驻沪办事处函复总办事处:“迳复者,前接四月十三日元电诵悉,一是所有总会在沪时经收之捐款物品等项,兹将廿五年七月份起至廿六年六月底止,又廿六年七月份起至廿七年十二月底止,全部造册,先行寄上,即希查收汇刊征信录,并见复为荷。此致本会总办事处。驻沪办事处启。”

附清册二包,又页数清单一份:“廿五年七月一日至廿六年六月底,会费五八〇页,捐款九页,振款一九页,救护捐二一页,补章照费六页,物品一页,共计六三六页”;“廿六年七月一日至廿七年十二月三十一日,会费三二二页,捐款二页,救护捐一二二页,振捐三页,补章照费五页,时疫捐一页,物品七一页,共计五二六页,两共一一六二页。”

四月二十五日驻沪办事处电会计股长杨赞唐电:“香港总办事处杨赞唐君鉴:兹因会计改组,望速回沪办理为要。沪处,有印。”

常务理事会于四月二十五日下午五时在驻沪办事处议事室召开第十次会议,出席者常务理事闻兰亭、关絅之、林康侯,列席者常务监事袁履登,主席林康侯,纪录卫铁铮。(甲)报告事项:(一)报告上次会议记录;(二)报告三月份经济概况;(三)报告四月份驻沪办事处经费二万三千元,已由总办事处汇到;(四)驻沪办事处已于四月一日成立,并已抄送上次会议纪录及组织简则附同图记印模,函请总办事处查照转报总会;(五)总会小方章等五类,业已遵照上次会议议决案,由闻常务理事封存，并已开单函请总办事处查照转报总会；(六) 预印总会关防之空白公文用纸、会员证书、护照等件之用剩者，业已遵照上次会议议决案，由闻常务理事封存，并已开单函请总办事处查照转报总会；(七) 原有编号之总会正式收据尚有用剩者，业经列表函请总办事处查照转报总会；(八) 原有总会各种徽章之用剩者，业由闻常务理事封存，并已开单函请总办事处查照转报总会；(九) 姜主任秘书廷荣之月薪及津贴办公费准送至四月份为止，业已函请总办事处查照并准函复，业已转知矣；(十) 医务委员会于四月底结束，吴委员利国之夫马费亦送至四月份为止，其余职员陶大琏、傅三才二君照救护股结束时先例，各发解职金三个月，所有该委员会物品等造册点交驻沪办事处庶务股接收，业经分别函知矣；(十一) 查本会交通股前经本年一月四日第七次常务理事会议决，应先收缩范围，逐渐结束，当于一月六日录案函知该股金主任遵照办理，后因总办事处函知总会迁渝，上海改为驻沪办事处，于三月十五日函知该股金主任速拟该股结束办法呈核，并将该股资产造册呈报，并于三月二十三日由闻、林常务理事条谕该股，将驻瓯办事员联合办事处撤销，张祖藩应即返温，将温站妥谋结束办法，蒋传源保管之车辆点交温站，张祖藩就近与永嘉分会接洽，如温站结束时，即托该分会继续保管。三月廿九日复条谕该股将所有本会汽车及卡车，自四月一日起均停止驶用，妥为整理，所有车照一律停捐各在案，嗣于三月三十一日据金主任拟具结束办法十条呈奉闻、林常务理事批示，即照所陈办法办理结束，再第七项应退还之件，应先开单报明至标卖云云，应先造具清册呈候核示，再定办法。旋据金主任核转司机、铜匠等七人联名请求按照一二八先例，发给奖金，前来亦经呈奉闻、林常务理事批示，遣散费只准发给三个月，各该车夫何时到会服务，卡车、坐车，劳逸不同，仰查明该车司机有何特别劳绩，开明呈核，又于四月二十二日条谕，该股仰将本会所有卡车坐车，将机件一切整完理好，于月底以前送交第三医院保管。以上皆办理交通股结束之经过情形也；(十二) 交通股前借华商上海水泥有限公司机器脚踏车一辆，业由该公司来函索还，已于四月二十三日备函送还矣。(乙) 讨论事项：本会今年夏季时疫医院应否设立，请讨论案。决议：院址即在本会办事处二楼北部及下层，应先函请工部局卫生处核准，一面请吴利国医师会同本会第三医院副院长吕守白拟具计划再行核办。散会下午六时半。

原载《中国红十字会月刊》1940 年第 60 期

马 强 池子华 主编

红十字在上海资料长编

（1904—1949）

上海市红十字会　红十字运动研究中心 / 编

下卷

中国出版集团 东方出版中心

目　录

下　卷

第四编　复员时期(1946—1949)

四、纪　　事

1932年

杂录：本局补助各机关事宜：中国红十字会总医院补助费案

中国红十字会总医院续致本局一函，声明前因疏忽未曾陈请给发本年补助费请予补发等，因此函经由财务委员会于十二月二日开会时提出考虑。该委员会以本年预算内暨列有补助该院银二千两一款，应准照给。关于重请增加一九三三年之补助费一层，各委员及主席均以为上次会议时决定向董事会建议，请将每年拨给该院之补助费银二千两照旧列入一九三三年预算。现据该医院续陈各节并无可使委员重新考虑此项建议之正当理由。财务委员会之前项决议，经董事会于十二月七日核准。

原载《上海公共租界工部局公报》1932年第53期

中国红十字会第二十二伤兵医院组织内情

一月二十八日启募后，本埠医界热心同胞纷纷发起组织伤兵医院，第二十二医院于二月十九日成立，院址为洋泾浜汨思小学及晓明女学，院长为本埠著名医师庄德，发起及服务诸医师甚多为吾教教友，如吴云瑞、龚寒梅、艾仁麟、庄振家、徐长和、张登仁、冯穀良、周凤歧、徐慕梵、朱荣圣、李棻等，均为吾教热心于慈善事业者。该院前后共收伤兵、伤民二百十一人，死亡者仅占百分之三，其成绩为此次伤兵医院中所罕有。洋泾浜本堂司铎能及院长山均热心赞助，而汨思小学校长余达尼修士尤实力襄助不少，姆姆则均服务于看护及慰劳工作。吾教中女士来服务者亦不少，该院之成功俱足以窥吾教教友服务社会精神之一斑。该院详细经过情形，闻正在赶制一纪念册，其封面为马相老所题云。

原载《圣教杂志》1932年第6期

1933年

中国红十字会华北救护会：伤兵治疗处津站已成立

喜峰口一带，近日战事激烈，我军前线受伤士兵，由昌黎等处搭北宁车赴平医治者，每日不绝。当局业在天津铁道外实业厅旧址，成立伤病治疗处，三月十四日又有伤兵二十余名，由东搭车过津，即入津治疗处医治，不再赴平以免长途辛苦云。

原载《中华医学杂志(上海)》1933年第2期

红十字会救护委员会华北分会近讯

中国红十字会总会救护委员会华北临时分会经平市医界名流发起组织成立筹备会，议定章程草案，向总会提出会员人选名单，请予查核聘定后，刻章程与委员人选。业经分别审核聘定，计所聘委员为协和医院林可胜、王锡炽、姜文熙，平大医学院吴祥凤、朱其辉，保定医学院齐清心、贾魁，齐晋医学院江清、侯宝璋，山东医专尹华农、刘韵涛，中国银行杨头川，红十字医院全绍清，首善医院方石珊及总会驻平代表庞京周等十五人。各委员奉到聘函后业于上星期三在干面胡同分会会所开会，推举姜文熙为主席，齐清心为副主席，杨头川为会计，方石珊为秘书，全绍清为常务主任兼管总务，林可胜为常务委员管理医务，吴祥凤为常务委员等均已分别就职。此外，总会中以救护经费需用甚钜，应请各界名流共同负责筹募。因特函聘蒋梦麟、周作民等八十余人为分会经济委员，专负分会募款责任。该会预定工作范围准备组织重伤手术四组，备必要时赴前方参加政府所设“野战”、“预备”、“兵站”、“后方”各医院担任重伤手术治疗。四组中为节省经费计，仅两组附设X光线设备，工作期间，以最少六个月计算，所需开办暨经常费用预计无X光线设备两组，开办费各四千元，X光线机(附发电机)费用各四千元，经常费各一万二千四百元，共四万二千四百元。综计以上四组在六个月工作期内，共需国币七万四千四百元，业经该各分会编订详细预算案，函致各经济委员，请早设法捐款，以便准备应用。

原载《中华医学杂志(上海)》第23卷第3期

1934年

中国红十字会开第一届全国会员代表大会

中国红十字会创始于清光绪三十年，曾召集全国会员大会两次，临时大会一次，皆依会章次第举行。二十一年十二月六日，民国政府公布《中华民国红十字会管理条例》。翌年六月三日，行政院公布条例施行细则，明定中华民国红十字会依军政、海军两部之指定，辅助陆海空军战时后方卫生勤务，并依内政、外交两部之指定，分任国内外赈灾、施疗及其他救护事宜；又规定设总会及分会，总会以内政部为主管官署，并受外交、军政、海军三部之监督，分会隶属总会，以所在地方行政官署为主管官署；又规定总会之理事及监事，由部转呈国民政府聘任，举凡红十字会于平时及战时所应负之任务，总会与中央各部，暨总会与分会与地方行政官署之关系，以及监理事之聘用，皆一一以法律明白规定。本年九月间，由内政部训令总会，依法召集第一次全国会员代表大会，以便集合全国同志，慎选负责人员，树立永久计划，发扬全会事业，其集中经过之概况，详见本期专载该会宣言。其第一届当选理监事计林康侯、王培元、王晓籁、虞洽卿、关絅之、闻兰亭、杜月笙、王一亭、王正廷、朱子桥、颜惠庆、许世英、史景才、王振川、刘鸿生十五人当选为理事；黄涵之、姚虞琴、顾竹轩、李应南、张仙台、钱新之、朱吟江七人当选为候补理事；劳敬修、汪伯奇、黄涵之、沈联芳、叶恭绰、钱新之、穆藕初、姚慕莲、狄楚青、陆伯鸿、袁履登、宋汉章、赵晋卿、徐新六、胡孟嘉十五人当选为监事；顾馨一、陈光甫、王清泉、王奎璧、屈文六、黄炎培、张蕴山七人当选为候补监事。又闻该会改选职员后，旋经理事会互推刘鸿生为理事长，并由总会第一届常务理监事联席会议推定林康侯、史景才、黄涵之、王儒堂、杜月笙、闻兰亭、陆伯鸿、钱新之等，会同刘鸿生向前任理事长王培元接收云。

原载《中华医学杂志(上海)》1934 年第 10 期

中国红十字会第一届代表大会宣言

(二十三年九月二十八日大会闭幕时发表)

世界局势之不安，未有更甚于今日者也。回溯十六年前欧洲大战，以全世界企望和平而结束，国际联盟以全世界企望和平而产生，所有直接参战各国，已有悔祸之心，其未经参战而间接受战事之影响者，亦各憬然于战事之太伤人道。于是弭战缩军之论亦随之而起，一时和平之空气弥漫于全世界。此诚可谓人类之幸运，国际之福音矣！讵为时不久，国际间又以利害之新冲突，继发生□隍不安之象，各国互相间虽仍阳为和平之运动，而实阴为军备之扩张。于是有时局观测甲，突发表一种一九三六年将发生第二次世界大战之推论。前之企望和平和缘兹已为之短气。乃忽又发生九一八之东北事变，全世界更为之震动，以为此即第二次世界大战之征兆。各国间遂从事于大战之准备，揭了其和平假面具，愈进行其扩张军备之竞争。如此则第二次世界大战虽未必果于一九三六年发生，恐终不过为时间问题耳。我以积弱之国，介处其间，倘果不幸而遭逢此变，试问将何以应付，岂忍坐视地方糜烂，军民死伤而不思所以拯救之？际此时机，藉以保全我国在国际间之地位者，其惟我红十字会乎！我国之红十字会创始于前清光绪三十年，旋与光绪三十三年与万国红十字会缔结同盟，得列于国际之林，取得与盟各国之公认。厥后历经国内革命之战乱及各省之内战并救济日美俄等国天灾，更经应付九一八及一二八事变。三十年来，总分各会几无一日不在救济兵民伤亡之准备中。其在和平无事时期，亦无时不从事于振灾、防疫及协济邻国灾荒等事业，所不能无遗憾者。红十字会在我国事属创举，人民之认识尚有未具，以故会员无多，资历薄弱，所办种种事业终不免有力不从心之慨。此在平日间，尚可勉为应付。际兹第二次世界大战空气弥漫之顷，若仍因陋就简，不思所以改进，倘一旦遭逢较欧战尤烈之巨变，我华北及东北沿海一带将陷于不堪闻问之境，即全国通商巨埠恐亦难保其安全。以此等规模狭小，设备不完全之红十字会将何以尽其博爱恤兵、救苦救难之天职。此就应付时变而言，再就本会本身而言，本会成立于前清末季，一切组织经过三十年之沿袭，时异势迁亦急应改弦更张，以便合乎时代之需要。凡此为召集此次全国会员代表大会之原因也。此次大会于中华民国二十三年九月二十四日开会，于九月二十八日闭会，与会者除总会代表外，计各省分会一百余处代表二百余名。所提各案亦均能切合需要，均能表示力图改进之精神。本会从此另换一番新气象，重开一个新纪元，此足为本会前途贺者也。综核[合]此次大会议决重要各案，设计其大纲如下：（一）遵照国民政府公布《中华民国红十字会管理条例》及行政院公布《中华民国红十字会管理条例施行细则》，修改本会总分各会章程以期组织完密，俾得增进办事之效率。（二）减低会员会费，多收青年会员，增设妇女部并训练救护及看护人材，预备救护材料以便平时得以充实内部，遇变亦可应付欲[自]如。（三）于首都及各区埠设立规模完善之医院并附设振济及救济等机关，以便平日得以治疗平民之疾病及拯救贫民之疾苦，遇变亦可救治中外伤兵，以重人道，庶不至临时新设，效力不充，以上不过举其荦荦大者。此外，议决各案尚多，不及一一备载，于兹有郑重宣告于总分各会会员者。此次议决各案，期在必行，务使总分各会之本身组织健全，则平时战时之应付，乃生效力。须知国际间和平破裂之期不远矣，届时我国态度无论如何，其地位终极危险。凡我红会会员既无力挽此厄运，惟有大发国力为本会努力服务。本爱人救人之一念，藉以博得国人及国际间之同情，其在平时亦应努力于济贫救灾等事业，直接为社会造福，间接亦即为己身造福也。今为唤起本会同志及全国国民共同注意，谨此宣言。

原载《中华医学杂志(上海)》1934 年第 10 期

1935 年

医药卫生新闻：医院：上海红十字会医院牙科开诊

上海海格路红会医院，聘徐少明博士为本院牙科主任医师，于七月十日星期三开幕，每逢星期三、五上午九点至十二点应诊。

原载《医药评论》1935 年第 128 期

警政：［十三］兵役及自卫事项

一、据呈请将红十字会会员、职员免除征兵义务一案，经函准军事委员会函复红十字会会员、职员，经地方政府合法之登记者服官公事务人员得予缓役，但仍受国民兵役之训练及召集——训令上海中国红十字会总会。

案查前先该会呈请准将红十字会会员、职员免除征兵义务，督各地方政府训练后备队团防，及类乎此种性质之事件，均请一概免予抽编，经审核，等情，到部。当经据情转函军事委员会核定，并指令知照各在案。

兹准军事委员会二十四年十月四日诠一字第四六八号公函内闻：

"案准贵部警□于二十四年九月二十七日发零一三九六三号节闻：据中国红十字会总会呈请准将红十字会员、职员免除征兵义务一案，函请酌核，等由。查慈善团体内团员在《兵役法施行条例草案》内，并无免役之规定。惟该红十字会会员、职员等若经地方政府合法之登记，得援用《兵役法施行条例》第二十八条第一项第三款担任官公事务人员之规定，届时呈请缓役，但依同条第三项又称在缓役中，仍受国民兵役之训练及召集，等语。可见后备常备兵役，以上均指《兵役法》范围内而言，用特函复，即希查照转知"等由，准此。合行令仰知照，此令。

中华民国二十四年十月十一日

原载《内政公报》1935 年第 20 期

纪录：中国红十字会总会第一届理事会理事监事会监事第一次联席会议纪录

会场：巨籁达路刘公馆

时间：十月一日下午一时

出席者：理事史量才、闻兰亭、王振川、刘鸿生、王培元、林康侯、王儒堂；监事狄楚青、陆伯鸿、穆藕初、徐新六、宋汉章、袁履登、汪伯奇、叶恭绰、赵晋卿、钱新之、黄涵之

列席者：候补理事朱吟江、姚虞琴、李应南、张仙台、王清泉；候补监事顾馨一、屈文六、张蕴山

主席：王儒堂

纪录：卫锐锋

（甲）会议如仪；

（乙）决议事项：一、推定王儒堂为临时主席；二、推定王儒堂为会长，史量才、刘鸿生为副会长；三、公议先推定名誉会长一人，名誉副会长二人。名誉会长推定蒋介石先生担任，名誉副会长推定黄季宽先生、吴铁城先生担任；四、选定王一亭、闻兰亭、林康侯、杜月笙、王晓籁为常务理事；五、选定钱新之、黄涵之、陆伯鸿三人为常务监事；六、主席决定十月二日上午召集第一次常务理事及常务监事会议，会长及副会长均出席。

主席王正廷

原载《中国红十字会月刊》1935 年第 2 期

中国红十字会总会第一届理事会理事监事会第二次联席会议纪录

会场：本会议事厅

日期：十月十三日下午四时

出席者：副会长刘鸿生；常务理事闻兰亭、王晓籁、林康侯、杜月笙（林康侯代）；理事王培元、关絅之、王振川；常务监事黄涵之、陆伯鸿；监事汪伯奇、胡孟嘉、姚慕莲、徐新六、狄楚青

列席者：候补理事姚虞琴；候补监事张蕴山

主席：刘鸿生

纪录：卫锐锋

开会如仪

（甲）报告事项：

一、报告出席人数共计十五人，已足法定人数。

二、报告第一届理事会及第一届监事会第一次联席会议纪录。

三、报告第一届常务理事及第一届常务监事第一次联席会议纪录。

四、报告理事出席就职者王儒堂、史量才、刘鸿生、林康侯、闻兰亭、杜月笙、王培元、王振川、王晓籁、关絅之共计十人，理事来函就职者许世英、王一亭计二人，以上共计十二人，除理事虞洽卿、颜骏之来函辞职外，尚有理事朱子桥一人无表示。

五、报告常务理事林康侯、闻兰亭、杜月笙、王一亭、王晓籁均已就职。

六、报告监事就职者钱新之、黄涵之、陆伯鸿、狄楚青、穆藕初、徐新六、宋汉章、袁履登、汪伯奇、叶恭绰、赵晋卿、胡孟嘉、姚慕莲计十三人，除监事劳敬修来函辞职外，尚有监事沈联芳无表示。

七、报告常务监事钱新之、黄涵之、陆伯鸿三人均已就职。

八、报告会长王儒堂，副会长史量才、刘鸿生均已就职。

九、报告名誉会长蒋介石先生，名誉副会长黄季宽先生、吴铁城先生均已分别来函电允为就职。

十、报告会长、副会长及常务理事、常务监事已开具履历呈内政部转请国府聘任。

十一、报告文书股自十月一日起至十日止计收文书一百七十六件，发文四十二件，收电一件，发电二件，共计二百二十一件。

十二、报告会计股收支数目及现存数目（另详附件）。

十三、报告接收情形（另详附件）。

十四、报告内政部曹中干科长于十月九日起调查本会所属各医院会计状况。

（乙）决议事项：

一、报告理事长王培元、理事虞洽卿、颜骏人，监事劳敬修、候补监事黄炎培，本会查振员王振川、职员王耀庭、陆诒均来函辞职。

决议：颜骏人、虞洽卿均准辞职，惟颜、虞两公赞助本会有年，应聘为名誉副会长。劳敬修、黄炎培两公应去函挽留，余均照准，至理事缺额应以[依]次多数候补理事姚虞琴、顾竹轩选补。

二、报告审查总会内部组织系统表、总会职员职务分配表、本年度支出预算书、总会职员薪给表、动产以及不动产目录、会计规程案。

决议：仍交常务理事审定。

三、本会第一医院、第二医院院长及第三医院主任列席，报告医院设备状况案。

决议：各医院所送各种报告交常务理事，定期召集各该院及主任详细讨论。

四、理事会、监事会办事规则已起草，请审定案。

决议：交常务理事、常务监事审查，并请理监事在一星期内贡献意见，以便参考。

五、万国红十字会第十五届大会定于本月十七日起在日本东京开会，原定王培元先生代表本会出席，请决定出发日期，并旅费数目案。

决议：本会正式在改组原定王培元先生无暇出席，请电外交、内政两部转电驻日公使蒋作宾为本会出席代表，并由本会电请第十五届国际红十字大会秘书处查照。

六、请决定支票上签字人案。

决议：推定副会长史量才、刘鸿生，常务理事林康侯、闻兰亭，常务监事黄涵之、陆伯鸿六人为支票上签字人，每一支票须由上列推定之，副会长、常务理事、常务监事各一人签字，方为有效。

七、请决定收捐等收据上具名盖印人案。

决议：推定刘鸿生、闻兰亭、黄涵之三人为收据上具名盖印人，惟是项收据施行日期再行定期实行。

八、请确定签字人后调换印鉴案。

决议：手续速办。

九、请决定会长、副会长对于一切公文署名、盖章式样案。

决议：凡普通函件请会长、副会长亲自签名，铸印应用，关于呈文仍用旧章。

十、旧式凭照须改换新任会长、副会长姓名案。

决议：更换日期，俟手续办妥再行实行。

十一、大会报告书已拟定目录请审查案。

决议：交常务理事。

十二、请审定大会报告书、估价单，并确定印书册数，至印刷品达若干元以上，即须估价案。

决议：无论巨细均由常务理事审核。

十三、关于中国红十字会总会与国立中央大学医学院订立合同案。

决议：交常务理事审查旧合同后，再详细讨论。

十四、拟添刊各处各项戳记案。

十五、各地官署团体及分会函电乞振，请核议案。

十六、各分会函请补助经费，请核议案。

十七、固始县救济院等各机关函请拨助本会固始分会女医院经费，请核议。

十八、建阳分会函请题颁郝静和褒词匾额，请核议案。

十九、澄海分会，请呈请内政部咨行广东省政府饬县准将救护队免于编入后备队，请核议案。

决议：以上各案均交常务理事。

二十、清平分会请将应缴四分之一会费洋一百十元化作借款，俟国历年前归还，将会员章照先行填发，请核议案。

决议：照办。

二十一、前常议会交来各分会请奖案七件，请核议案。

决议：交常务理事。

(丙) 临时动议：

一、略。

二、请审定本会总会理事会组织规划案。

决议：连同理事会、监事会办事规则一并交常务理事审查。

散会：下午六时三十分。

原载《中国红十字会月刊》1935年第2期

中国红十字会总会第一届理事会理事监事会监事第三次联席会议纪录

会场：本会议事室

日期：十一月九日下午五时

出席者：会长王正廷；副会长刘鸿生；常务理事闻兰亭、林康侯、王晓籁、杜月笙；常务监事黄涵之、陆伯鸿；理事姚虞琴、王培元、王振川、关絅之；监事宋汉章、汪

伯奇、胡孟嘉、狄楚青、徐新六(黄涵之代)、叶誉虎(关絅之代)、赵晋卿

列席者：候补监事唐寿民(胡孟嘉代)

主席：王儒堂

纪录：卫锐锋

开会如仪：

(甲) 报告事项：

一、报告出席人数共计十九人,已足法定人数。

二、报告第一届理事会及监事会第二次联席会议纪录。

三、报告理事朱子桥已函允就职。

四、报告内政部来令,派潘序伦会计师办理关于本会一切会计检查事宜,并附发内政部检查本会会计办法一份下会。

五、文书股报告自十月十一日起至十月三十一日止计收文二百十四件、发文五百七十二件、收电五件、发电四件。

六、会计股报告事项如下：

1. 各银行印鉴均已签就分送。

2. 略。

3. 第一次征求会员大会成绩报告已呈报内政部。

4. 第一次全国会员代表大会支出计算书已呈报内政部,并由部派会计师潘序伦派员来会检查。

5. 十月份收支总报告(由会计股另行分送)。

6. 略。

7. 略。

(乙) 决议事项：

一、王会长来函仍主聘任专任秘书长案。

决议：秘书长应由会聘请专任人员,薪水每月为四百元。至人选问题除由王会长提出曹云祥先生外,为郑重起见,再请全体理监事于一星期内推举相当人材,以便下次开会时核定。如无人推荐,即聘请王会长提出之曹云祥先生为秘书长。

二、《理事会、监事会办事规则》及《理事会组织规则》,前次会议议决交常务理事、常务监事审查,并请全体理监事贡献意见,以便参考在案。兹经林常务理事康侯、闻常务理事兰亭、王常务理事晓籁、钱常务监事新之、陆常务监事伯鸿、黄常务

监事涵之审查完竣，并经关理事絅之提出意见，并送会，请核定案。

决议：根据钱常务监事新之、陆常务监事伯鸿、黄常务监事涵之、关理事絅之提出各项意见交秘书处重行拟定，送请常务理事闻兰亭、林康侯、王晓籁，常务监事钱新之、陆伯鸿、黄涵之，理事关絅之审定后交下次会议核定。

三、戴院长季陶、朱部长骝先介绍国立同济医学院院长翁之龙办理本会第一医院案。

决议：保留。

四、刘副会长交下潘公展局长来函介绍陈醒箴主持本会第二、第三两医院案。

决议：请刘副会长函复婉辞。

五、日来弗万国儿童救济会来函索本年度会费合国币五百元案。

决议：照付。

六、请规定本会对各官署、各团体、各个人暨所属各医院、各分院、各职员公文程序案。

七、请规定所属各医院对本会公文程序案。

八、请规定各分会对本会及主管官署其它各官署各团体公文程序案。

决议：以上三案由秘书处拟具体办法交常务理监事审定。

(丙) 临时动议：

一、王会长儒堂提议，以后本会举行理监事各项会议，仅须三分之一以上出席为法定人数案。

决议：通过。

二、略。

散会：下午七时二十分。

原载《中国红十字会月刊》1935 年第 2 期

会讯：总会迁移会所

总会会所原赁九江路三四二号大陆商场底层办公，其屋宇本不宽畅，且年须房屋万元之谱。前因鉴于地点适中，暂时迁就刻以发展业务不敷应用，并为节省开支起见，经第一次常务理监事会联席会议议决，准将本会会所限于七月内迁入新闸路第二医院原址办公。该地为本会自产之一，共有三层，历年添建房屋甚多，一切设备均极完美，将来进行会务必能措置裕如。刻正从修葺积极准备布置，全体职员颇形忙碌。在本月十七日定可搬入,一俟迁移就绪,当再登报广告各界,并分函通知各分会,俾众周知。

原载《中国红十字会月刊》1935 年第 2 期

总会第二医院改组

理监事会自决议将总会会所迁入第二医院后,不得不将第二医院从事缩小范围,改设诊所,专看门诊,不收住院。商请第一医院派员调往服务已指定该处下层为该院诊所,分别内外各科,务使组织完密。俟布置就绪,即行开诊,所有住院病人因有第一医院、第三医院收治,故第二医院暂不收纳,而于病家并无影响。

原载《中国红十字会月刊》1935 年第 2 期

摘录上海各大报所载之新闻

红会秘书白郎昨抵沪

万国红十字会秘书白郎氏,籍隶瑞士,曾于去年出席日本东京第十五届国际红十字会议后,即报转赴北平游玩。兹悉白氏于本月三日,由平乘车晋京谒晤中央各要人,于前晚搭京沪路夜快车,昨晨抵沪。白氏寓南京路外滩懋华饭店,下午三时,用电话通知本埠九江路中国红十字总会,定今日(八日)上午十一时前往拜访。该会以白郎前年一二八沪战时,赴战地协助救护工作,甚为出力。故决定假静安寺路国际饭店欢宴,以尽地主之谊。闻宴会日期,俟今晨晤见白氏后,再行确定云。(民国二十四年一月八日《新闻报》)

红会明晚欢宴白郎请瑞士领事等作陪

万国红十字会秘书白郎氏,自出席日本东京第十五届国际红十字会议后,即赴平游览。于日前转京来沪,寓南京路外滩懋华饭店四十五号房间。白氏于昨晨十一时许,偕瑞士驻沪总领事拉台氏,赴九江路中国红十字会拜访。后即返寓,并柬请瑞士驻沪总领事拉台,暨该会副会长刘鸿生及常务理事等十余人作陪。本市卫生局长李廷安得悉后,亦于昨日下午前往白氏旅次拜访。白郎今日赴市中心区拜访吴市长,闻白氏在沪勾留一星期,即乘轮回瑞士去云。(民国二十四年一月九日《申报》)

红会王正廷等昨晚欢宴白郎

中国红十字会总会正会长、副会长刘鸿生、杜月笙等,以万国红十字会秘书白郎氏，前年一·二八沪战协助该会赴战区奋勇救护，甚为出力。故白氏此次由日本东京出席十五届国际红十字会议后，转赴平京，于前日来沪拜访旧友。红会为尽地主之谊，特于昨晚七时假静安寺路国际饭店欢宴，到瑞士驻沪总领事拉台氏及该会常务理事林康侯等十一人作陪。席中经王正廷主席等起立致欢迎词毕，旋由白狼氏答词，宾主济济一堂畅饮，九时许始散，闻白氏定下星期乘轮返国云。(民国二十四年一月十一日《晨报》)

中国红十字会征求各界捐助衣米

本埠九江路中国红十字会，循例于每年冬令对无衣无食之贫民施送棉衣、米票。本年自入冬以来，亦援例办理。惟因各地荒灾迭见，难民纷集沪上，加之本市赤贫人口过多。故日来由各会员及各铺户具函证明代为请发者，户限为□。该会已发米六百余石、衣服一千余件。闻该会存储之米石及棉衣行将告罄，请求者犹纷至沓来，以致应对为难，乃向各界善士征求，尽量捐助，无论物资、金钱，慷解仁囊而宏善举云。(民国二十四年一月二十三日《新闻报》)

中国红十字会章程立法院已付审查

本埠九江路中国红十字会总会，自去年开全国会员代表大会修正章程，改选人员后，已请军事委员长蒋中正为名誉会长，浙江省主席黄绍雄、上海市长吴铁城、驻俄大使颜惠卿(庆)及虞和德先生为名誉副会长，并由全体理事中公推王儒堂为会长，杜月笙、刘鸿生为副会长，林康侯、闻兰亭、王一亭、王晓籁、关絅之为常务理事，黄涵之、钱新之、陆伯鸿为常务监事，早经相继就职，由常务理事轮日到会视事，并聘请曹云祥为秘书长常川驻会，改善内部组织。数月以来，气象一新，惟该会章程已由内政、外交、军政、海军四部会同修订后，已转呈立法院核准。兹悉该会昨接立法院秘书处来函云，奉院长发下台函，请从速修正《中国红十字会管理条例》等情。查此案业于本年二月二十二日本院第四届第六次会议议决，付法制、军事两委员会审查，相应函复查照云云。该项章程条例细则不日当可颁发矣。(民国二十四年三月五日《新闻报》)

中国红十字会遣送大批难民回籍

九江路中国红十字会总会，昨据松江分会理事长周学文来沪报告收容难民经过，并请求交涉车辆，遣送回籍复业等事。因客岁浙省旱灾，海宁、硖石等处粒米无收，民众成群结队，相率到松，即由该会松江分会在超果寺设立收容所。前后收容难民，约计五千余人，开办一月有奇，有[由]总会发给食米三次，计三百二十包，并由该地热心善士赞助物资金钱。兹议决先将海宁县男女灾民一千五百余名，遣送回籍，请江苏、浙江两省主席，转告铁道部拨用免费车辆，以资遣送。刻已由部令行沪杭甬管理局照办，准于明日挂车二十辆，派员护送至海宁云。（民国二十四年三月二十一日《民国日报》）

红十字会松江分会报告遣送灾民回浙

本埠中国红十字会总会，昨由松江分会理事长周学文到会报告，收容浙省灾民结束事宜，并呈请转咨江浙两省政府咨行铁道部，饬沪杭甬路局拨车二十辆，免费运输。除于三月二十一日第一批用车二十辆遣送灾民一千七百四十七名，民船六十五支，载运七百余名，三月二十五日第二批，用车二十辆，遣送一千九百二十四名，民船四十六只，载运四百余名外。现在最后第三批，定于今日用火车二十辆，遣送二千余人，民船三十六只，载运六百六十名，前后遣送难民约共七千四百余人，给养二月有奇，临行每名发给铜元五十枚，及救济院面包五个。其中难民以硖石、王店为多，海宁、嘉兴、桐乡、海盐、崇德次之。（民国二十四年四月二日《新闻报》）

中国红十字会二医师失踪三载得生还
各剿匪军营救之结果

本埠中国红十字会总会，前据福建浦城分会呈称，该分会附设之中西医院，有西医主任汤秉钧、医生徐之嵩二人，原为该地名医，忽于二十一年九月二十日，被方逆志敏部由崇安窜浦攻陷城池掳去。在太安地方锢禁匪穴，深恐各部大军进剿时玉石不分，呈请总会营救。当经总会电请蒋委员长暨进剿各军司令长官设法营救，饬属查明遣回，当由蒋委员长电复照办。总会昨接上饶赣闽第八绥靖属赵司令官观涛电开，营救汤、徐二医师一节。经饬据浙江保安总队副指挥官蒋志英电呈，该二医师于三月二十七日夜由匪区脱险，回抵江山，除饬遣回原籍外，特达云云。查该二医师失踪迄今，几达三载，尤能生回，虽属异数，然非蒋委员长暨各军长之营救得力，曷克臻此，闻该会已分别函谢云。（民国二十四年三日《时事新报》）

红十字会松江灾民收容所结束
周学文来沪接洽不敷账款

去年浙省旱灾奇重，颗粒无收，海宁、嘉兴、海盐、崇德、桐乡等五县尤重，灾黎均走邻境乞食。松江与浙省毗连，首当其冲，老幼夹道，不特为治安之忧，且为仁者所不忍。红十字会松江分会理事长周学文氏，提请大会设所收容，前后三阅月，人数达一万六千余名，食米一千二百余石，遣送时按口各给现资。至上月该所本已结束，讵复有嘉兴、嘉善一带难民望风投至，该会不忍其垂诸沟壑，又勉与收容。但以经费支绌，由全浙旱灾救济会褚慧僧派员发给米票三千余张，上海各省旱灾义赈会发赈票一千二百张，计前后共发食米一千二百石，赈款万元，其它医药材木等费，为数不赀，现已完全结束。计不敷之数达五千余金，经该会于前日在超果寺召开第十次审查经济会议，决议请求总会补助，并奖励在事出力人员。昨日周理事长特由松来沪，向总会报告并与沪上各大善士接洽捐款。(民国二十四年五月十日《时报》)

内部批准红十字会扩大征求会员

八月一日起九月底止，共分五项会费已减低。

本埠九江路中国红十字总会，自整顿会务以来，迄今数月，内部组织业已完备。该会为扩大征求会员、发展事务起见，业经呈请内政部批示核准。本定于本年七月一日起，开始征求会员，但以筹备手续时间短促，故决定八月一日起征求会员。两个月为满，至九月底截止，惟此次会员会费，一律减低，并添赞助捐一项。兹悉该会征求会员所定会费共分五种：(一) 名誉会员伍百元；(二) 特别会员一百元；(三) 正会员十元；(四) 普通会员五元；(五) 青年会员，如学生等五角。其他如会员外，并添赞助捐一项，一次捐洋一元，当给以会证一张，闻该会已于昨日起开始筹备。(民国二十四年六月《申报》)

中国红十字会第二医院停办

住院病人转送其他医院，职员薪资发至六月底止。

新闸路八五六号中国红十字会第二医院，已于本月二十日(即前日)起停办。该院现正赶办结束，以资移交，住院病人亦已改送其它医院，职员薪金昨已发放，兹特探录详情于后。该院略历本埠中国红十字会总会创设之医院，计分第一医院、第二医院、第三医院三所，第一医院在海格路三六三号，由颜福庆氏任院长；第三医院在南市马路大达码头，由王一亭任院长。此次停办者，为第二医院，在新闸路八百五十六号由王培元氏任院长，副院长兼医务主任为徐光荣氏。

(医务设备)第二医院分院之创设，已历二十余年，最先院址在天津路，旋迁北京路，最后始迁至新闸路。该院规模尚属宏大，医务设备亦极完善，计有头二、三等病房八间，病床总数共计有六十一张。自医务主任以次，医师八人，护士及职员三十二人，仆役十八人，总计五十八人。

(停办原因)总会兹为节省经费，历行紧缩起见，经理事会决议，将该院停办。该院院址上层，即作为总会办公之所，下层将来，乃行开办门诊部，经理事会决议后,即通知该院。饬自本月二十日起,开始停办,职员薪俸亦于昨日上午,由总会派员如数发放,计发至六月底为止。

(病人处置)截止本月二十日止,留院病人尚有三十五名,于当日下午,由总会派员,妥为将送海格路第一医院者一人、南市外马路第三医院者七人、西藏路上海时疫医院者九人,其余十八人,则由虹口人力车夫互助会领回,自行转送其它医院。

(办理结束)该院医师、护士、职员、茶役等大部留院,现在正办理结束,预备移交,伙食亦暂照常由总会维持。惟据该院职员表示,渠等服务本院,已历多年,兹一旦停办,希望总会能另给遣散费若干,以资补被返乡。

(停诊通知)兹再录该院停诊通知于下:径启者,本院奉中国红十字会总会函称,第一次理事会决议,将第二医院应即停办,并将总会会所迁入,等因。奉此,应遵照办理。自本月二十日起,停止门诊,求治住院者,一概不收,以资结束,特此通告,俾便周知。此布,中国红十字会第二医院印。(民国二十四年六月二十二日《时事新报》)

中国红十字会第二次征求大会(定于八月一日开始)

中国红十字会,为我国历史最悠久之赈灾救荒慈善机关。迩来我国频年天灾人祸,该会更事努力,因一般有识之士及慈善家,踊跃赞助,故该会会员,已达十二万余人。该会为使会务扩展起见,曾于去岁三月间,开始普遍征求会员,迄今已一载有余,爰经该会总会呈准内政部,开始第二次征求会员。兹志该会二次征求会员各情如下:

(组织委员)该会为征求上之便利起见,特组织征求会员委员会,由王正廷氏担任委员长,杜月笙、刘鸿生担任副委员长,林康侯、王一亭、闻兰亭、王晓籁、关絅之为常务委员,尚有该会总会全体理监事为委员,已于五月一日,开始筹备。

(定期征求)该会将于八月一日起,正式开始征求并将聘请林主席、蒋委员长暨五院院长以及京、沪两地政商名流担任队长及分会队长,每一总队下分成若干分队长,并将各分会之所在地组织各省市县征求会员委员会,聘请当地主管官署长官担任委员长,各该分会之正、副会长暨常务理监事为委员。

(发行专刊)该会为使各地各界对于征求会员之手续及其他各种情形之易于明了起见,特发行《征求号月刊》。该项月刊内容,详载该会历史、办理事业近况及总分会职员姓名、征求会员章则,各界函索即可寄奉。(民国二十四年七月十日《时报》)

原载《中国红十字会月刊》1935年第2期

中国红十字会大事记

第一年：甲辰，清光绪三十年，民国纪元前八年，西历一千九百零四年。

中国之有红十字会，肇端于清光绪三十年，开中国红十字会会史之新纪元。查是年日俄宣战，波及东三省，当地居民咸履危境。各国侨民具由各该国红十字会，设法脱离战地。惟我国以未设红会，无从救护，沪人士悯之，咸愿醵金引之出险。乃由沈敦河、任锡汾、施则敬、任凤苞等联合各国官绅，商准英、德、美、法各中立国领事，设立红十字会于上海，率队赴战地救被难民兵。因系中外合组，故定名为上海万国红十字会。并于五月廿九日，订定暂行简明章程，以资遵守，规模草创，煞费苦心。同时设分会于牛庄、辽阳、新民屯、开原、奉天、海城、铁岭等处，各设医院、留养所，从事救护。清政府闻之褒奖，发内帑十万为助，计各分会前后留养妇孺一万余人、难民三万余人，治疗伤者数千人，以及引之出险资遣回籍者，多至十三万余人。

第二年：乙巳，清光绪三十一年，民国纪元前七年，西历一千九百零五年。

是年，东三省甫经日俄之战，所在残破，被难人民虽幸保生命，但粒米无收，嗷嗷待哺。本会乃募集巨款，会同营口分会，并以新民屯分会为转运所，专司拨款购运，散放急赈于沈阳、承德、辽阳、营口、新民屯、沟帮子 、彰武、海城、盖平、开原、铁岭、昌图、怀德、奉化、康平、兴京、通化、怀仁、东平、西安、西丰、柳河、海龙、伊通州、磐石、海参威等处，全活二十二万五千一百三十人。

第三年：丙午，清光绪三十二年，民国纪元前六年，西历一千九百零六年。

中国红十字会，参预国际，蜚声海外。始于清光绪三十二年，盖是年七月六日，清政府派驻英公使张德彝，赴瑞士出席保和会，签押《日来佛陆战时救护伤病条约》。同年，美国旧金山地震，受灾创巨，本会捐助银二万两，从事抚恤，救灾恤邻，古有明训，我红会其庶几乎。

第四年：丁未，清光绪三十三年，民国纪元前五年，西历一千九百零七年。

中国红十字会之直隶于中央政府，始于清光绪三十三年。查是年正月，吕海寰、盛宣怀、吴崇熹将本会设立缘由、开办情形及善后持久事宜，缕陈奏请立案。奉朱批着徐世昌查明具奏，旋改名为大清红十字会，由政府颁发关防，派吕海寰充会长。

第五年：戊申，清光绪三十四年，民国纪元前四年，西历一千九百零八年。

查夏秋之间，时疫流行。本会有见于此，谋救济之道，乃创设临时救疫医院于上海天津路，活人无数，自后岁以为常，即今之时疫医院是也。

第六年：乙酉，清宣统元年，民国纪元前三年，西历一千九百零九年。

查中国红十字会，于草创时间，以特殊原因，不得不借重外人，但以国权所在，终觉非计。至是年，吕海寰、吴崇熹等有见于此，佥以本会虽已定名为大清红十字会，而前上海万国红十字会尚未结束，故复拟试办章程六条，以期可大可久，奏请立案。奉饬由原办总董沈敦和，就前上海万国红十字会余款，购置地亩，建设医院、学校以立基础，此为中国红十字会维护国权，确定地位之时也。

第七年：庚戌，清宣统二年，民国纪元前二年，西历一千九百一零年。

是年正月，清政府派盛宣怀为会长。三月，本会总医院暨附设医校落成。查本会于宣统一年，奉饬就前上海美[万]国红十字会余款，购地建设医院、学校后，经竭力经营，在上海海格路置地十四亩有奇，从事建筑。举凡冷热水管、解剖室、割症室、诊病室、爱克司光室、养疴室、浴室、殡殓室、配药室、储药所、化学室及教室、膳所、宿舍等无一不备，精美适用，为沪上冠。并聘西医主持医务兼教授，俾可加惠病人，实施救济，并期作育人才，服务社会，籍副红会博爱恤兵之本旨。同年七月，皖北旱灾，继以大疫，死亡枕籍，本会乃组织救护队四队，冒暑前往，竭力拯救。计在皖省临准(淮)、寿州、凤阳、正阳、凤台、怀远、宿州、蚌埠及苏省清江、海州、桃源等处，活愈伤残六万七千五百余人。其所以有如此成绩者，以筹集振款，有本会组织之华洋义赈会，负其专责，故本会得全力从事救济也。

第八年：辛亥，清宣统三年，民国纪元前一年，西历一千九百十一年。

中国红十字会，本名为大清红十字会，改为今名，基于辛亥，故是年为我红会有关于革命之一时期也。查辛亥之秋，武汉起义，血战经旬，死伤甚众。清廷复派吕海寰为会长，以继盛宣怀，并派沈敦和、福开森为总董，会同协理救济事宜，于是时改名为中国红十字会。公举沈敦和为理事长，江绍墀为理事，开会筹捐。组织救护队三队，聘请英人柯师、丹麦人峨利生及王培元、杨智生诸医博士，率领男女看护队三十余人，于九月四日驰赴战地，设临时医院于汉口、武昌、汉阳，竭力救护，并派掩埋队从事掩埋，计共治疗伤病数千人，掩埋尸骸八千余具。同时，推设分会于宜昌、沙市、荆州、南京、宿州、正阳等处，各分会亦各组织医院，从事救护，而以南京分会之掩埋尸骸七百余具，天津分会之救护队驰赴战地，竭力救护，尤著劳绩。是时也，工作繁殷，需款綦巨，本会乃制定会员制度，经董事会议决，以捐二十五元者为正会员,二百元以上者为特列会员,一千元以上者为名誉会员,制造佩章、刊印凭照,由理事长签名发给,征集会员,以裕捐款。旬日之间,多至千余人,中国红十字会之明定会员制度,征求会员,以是年始也。

第九年:壬子,中华民国元年,西历一千九百十二年。

中国红十字会正式加入联盟,参预[与]万国红十字大会,得有国际地位。于是年始,举行会员大会,制定正式会章,开统一大会,成立议事会,清政府任命正、副会长,设总会、总办事处,亦于是年始。故是年为我中国红十字会,对内对外,最有光荣、最可纪念之一年也。查辛亥之役,本会救护掩埋,成绩大著。日本赤十字社,特派员有贺长雄,经驻沪日本领事有吉明介绍来沪参观,深为嘉美。本会理事长沈敦和,参照各国成法,制定会章六章二十条,规模粗具,基础渐巩,乃由日本赤十字社社长松方侯爵,特为介绍于瑞士万国红十字联合会,联合会会长阿铎尔电允加入。于是中国红十字会正式加入万国红十字联盟会,同时孙大总统亦以黎副总统代请,准予立案。复蒙孙大总统、黎副总统及各军司令,迭电褒嘉,允为维持。南北统一,首邀袁大总统电允保护,并敦促进行。于是我红会得有国际立场,地位益固,遂为正式之中国红十字会矣。时值万国红十字会联合会,举行第九次大会于美国华盛顿,电请本会派员参预[与],爰即商准政府,推举驻美公使张德彝、参赞荣揆、留美学生监督黄鼎及本会顾问福开森参与大会,报告本会工作,深为全会注意。由是本会成绩,万国皆知。同年九月二十九日,举行第一次会员大会于上海,到会会员一千三百余人,由沈敦和主席报告开会宗旨,宣布历年帐略之后,即公举朱佩珍、施则敬等三十四人为本会常议员,复将本会前拟章程六章二十条逐项通过,乃散会。至十月六日,常议会成立,开第一次会议,参照各国定章,公举大总统、副总统为名誉正、副总裁,吕海寰为正会长,沈敦和为副会长兼常议会议长,江绍墀为理事长,当即电请政府明令任命正、副会长。十三日,举行第二次常议会会议,议决设总办事处于上海九江路,即今之本会会所也。十九日,举袁大总统、黎副总统,电准派允本会正、副会长,并以明令公布之。三十日,特开统一大会,盖自武汉事起,凡战争区域,咸设分会医院,从事疗伤瘗亡,但以出之仓猝,手续互歧,甚致[至]有成立分会,而迄未与本会接洽者,本会特开此会,以期统一。是日莅会者,除各分会代表外,如外交、内务、海陆军各部及黎副总统、各省都督,咸以代表出席,多至百余人。内阁总理、黎副总统电致祝词,洵极一时之盛。议决要案为设总会于北京,设总办事处于上海,常议会设于总办事处所在地。正会长驻总会,专任对外及对政府交涉事宜,副会长驻总办事处,会同理事长督率各职员,办理筹备款项、联络分会、征集会员及其他一切会务。如重要者,先交常议会通过施行,各分会则随时与总办事处函电接洽,以免纷歧。由是本会全国统一,声誉益隆矣。同时,浙省温处大水,青田、瑞安、永嘉诸县受灾至重,而青田一县全城漂没为尤酷。本会急组放振、掩埋、防疫三队携带巨款并振粮、振衣、药物等件,驰往灾区,从事拯救。计灾民受振者二万余人,疗治伤病者数千人,掩埋尸棺数百具。十一月十三日常议会决议,本会每月出版画报一册,籍作宣传,而利劝捐,并议赞助团,满千元以上者赠送红十字会金表,以昭激劝,籍收宏效。

第十年:癸丑,中华民国二年,西历一千九百十三年。

当辛亥武汉事起,本会组织救护队赴汉救护,是时救护队员丹麦人峨利生医士,尤为热心医治,伤兵应手即愈,早夕临视,未尝少息,卒以积劳致病,犹复力疾从事,竟以不起。时辛亥十月二十三日,本会为之安葬汉口,且立碑石以志纪念。是年,经常议会议决,抚恤银三千五百两,以示景慕,并议决将总会医院归哈佛包办五年,举常议会员钟紫桓、施子英、王阁臣、沈仲礼与之嗟[磋]商,订立合同,聘请柯师医博士主任时疫医院医务,受常议会暨总办事处之节制。六月,确定南、北两市医院名称,定为永设机关,以沪南十六铺医院为中国红十字会南市医院,以沪北天津路医院为中国红十字会北市医院,与时疫医院同一院址。至今新闸路北市医院,即于民国十一年冬,由本会购地兴筑迁徙者也,从此南、北二市医院,名称确定,基础巩固矣。七月,北京女界,经北京总会之承认,组织女界中国红十字会,公举章仲和夫人为理事长。是年秋,二次革命,赣浔独立,皖苏响应,本会即开第六次常议会,议决组织救护队、掩埋队,举王培元为队长。既而沪南开战,继以江湾、吴淞,战事剧烈,伤亡甚众,救护队闻之出发,克尽厥职。同时,沪城分会亦组织救护队协同救护,颇著劳绩。以后以南京围攻日急,难民困处危城,绝食堪虞,其在四乡者则皆纷集江边,呼吁无应。本会乃派救护队驰赴南京,冒险入战线抢救伤兵,并派大通红十字救护医船星夜上驶,竭力拯救,计往返二次,引渡难民出险者达四千人。同时,南京分会协同救护,随阵掩埋,计共掩埋尸棺七千三百余具,为三千三百余塚,立总碑十八座,独当要术,始终不渝。天津分会医队之南来者,组织完备,仪表严密,其救护成绩尤为优美,且设临时医院多至七处,其他若镇江、南昌、吴城、广东、芜湖、九江 、济南、滁州、临淮关、正阳关各分会亦各组织救护医院从事救护,罔不竭诚殚虑,成绩昭然。宁垣城破,孑遗绝粟,本会特派江绍墀、王培元等,满载□粮、衣被、药物、银钱各项专车赴宁，散放急振，并代会长慰劳分会，协同救护。于是，上海则开办留养院二所，复日至浦左六里桥等处，散放急振，又办平粜局三处于沪上，以济难民之食。战事既平，上海流民益众，爰由本会每日查验资遣回籍，前后至一万零四百余人，此本会癸丑救护之大略情形也。是时，徐州利国驿及山东韩庄等处兵燹之后，继以旱荒，十室九空，哀鸿无告。本会常议员施则敬恕马悯之，爰垫巨款，征募棉衣，亲派员驰赴灾区，散放急振，全活其众，并由常议会议决，演剧助振，由常议员担任销票，以裕收入，而惠灾黎。十一月二十九日常议会议决，明年为本会十周年纪念，拟定各种纪念办法，于明年举行十周年纪念祝典，虽经议决，惜至次年不果行也。(待续)

原载《中国红十字会月刊》1935年第2期

纪录：中国红十字会总会第一届理事会及监事会第四次联席会议纪录

会场：本会议事室

日期：十一月二十二日下午五时

出席者：会长王儒堂；副会长刘鸿生；常务理事闻兰亭、林康侯、杜月笙、王晓籁、王一亭；常务监事黄涵之；理事王培元、姚虞琴(闻兰亭代)、许世英、王振川；监事徐新六、赵晋卿、胡孟嘉(黄涵之代)、汪伯奇、狄楚青、袁履登

列席者：候补理事王清泉；候补监事张蕴山

主席：王儒堂

纪录：卫锐锋

(甲)报告事项：

一、报告出席人数共计十八人，已足法定人数。

二、报告第一届理事会及监事会第三次联席会议纪录。

三、文书股报告自十一月一日起至十五日止，共收文二百十件，发文四百九十八件，收电一件，发电无。

四、会计股报告事项如下：

1. 本会本年度七、八、九三个月账目及本年度时疫医院账目，已由内政部委派潘序伦会计师派员到会查讫；

2. 本会附属第一、二、三各医院之七、八、九三个月账目，现亦由内政部委派潘

序伦会计师派员到各该医院审查;

3. 略。

五、略。

(乙)讨论事项:

一、请核定秘书长人选以便由会聘请案。

决议:聘请曹云祥先生为本会秘书长。

二、理事兼副会长史量才不幸于十一月十三日被难,所遗理事一职请依法以候补理事递补,至所遗副会长一职请就理事中推定案。

决议:依法以候补理事李应南递补为理事,并推定杜常务理事月笙继任为副会长。至递遗常务理事一职,推定关理事絅之继任。

(丙)临时动议:

一、略。

二、美国红十字会函索本年度会费合国币一千元案。

决议:照行。

三、略。

散会:下午七时二十分。

主席:王正廷

原载《中国红十字会月刊》1935 年第 3 期

中国红十字会总会第一届理事会及监事会第五次联席会议纪录

会场:本会议事室

日期:二十四年一月五日下午五时

出席者:副会长杜月笙、刘鸿生;常务理事闻兰亭、王一亭、王晓籁、林康侯、关絅之;常务监事黄涵之;理事顾竹轩、王培元;监事徐新六、宋汉章、汪伯奇、赵晋卿、袁履登、叶誉虎(关絅之代)

列席者:候补理事张仙台(林康侯代);秘书长曹云祥

主席:杜月笙

纪录:卫锐锋

开会如仪:

(甲)报告事项:

一、报告出席人数只计十六人，已足法定人数。

二、报告第一届理事及监事会第四次联席会议纪录。

三、略。

四、报告第十五届国际红十字会会议，结果已由代表金通艺、马天则编具报告书，并附印刷品函送本会，并奉内政部训令抄发到会。此项报告颇为详尽，并附有建议三项，大要择录如下：一、一九二九年之日内瓦签订之《改善战地伤病人员公约》及《战时俘虏待遇公约》，我国虽为签字国，然迄未批准，政府似应于短时期间予以商确。二、中国红十字会之工作与日本国比较，其间相去不可以道里计，是以中国红十字会诚有提倡与发展之必要，究竟如何设施，政府似应予以指导、合作与经济上之援助。三、下届国际红十字会如再参加，则事前应有下列各项之准备：(一) 派遣专门代表出席会议，(二) 预备成绩报告，以资鼓吹，(三)自由捐款以为国家体面。

五、文书股报告自二十三年二月十六日起至三十一日止，共收文一百二十一件，发文一百五十六件。

六、会计股报告二十三年十二月份收支概况，已另送收支月报表。

(乙) 讨论事项：

一、略。

二、略。

三、本会理监事组织规程、办事规则二种草案，已由秘书处根据第三次联席会议决议案，重行拟具，分送各常务理监事审查，并奉内政部训令迅即分别拟定呈部查核，请核定案。

决议：所拟草案二种，既经各常务理监事审核、修改，大致尚无不合，可即呈部备案。

四、内政部训令本会将前送二十三年度预算核减改编，请公决案。

决议：会计股所拟业已核减之二十三年度预算，交常务理监事核定后呈部。

五、第一次全国会员代表大会计算书前已呈送内政部，现奉部令，据潘序伦会计师查得有超过预算之支出各部份计洋一千二百九十八元六角九分，应由会追认再行呈部核准，请予追认案。

决议：准予追认，迅即呈请内政部核销。

六、略。

七、查本会历来聘请张籲云律师二十四年份常年法律顾问,年送公费一百四十元,二十四年份应否继续聘请,请核定案。

决议:继续聘请张籲云律师为廿四年份常年法律顾问,仍送公费一百四十元。

八、瑞士万国红十字会秘书白郎等二人(前于一·二八时曾来沪协助本会救护工作,甚为出力),由日本大会出席后来华,已来函知照,约于一月六、七日来沪,除已由会去电欢迎外,应如何招待,请公决案。

决案:照例招待。

散会:下午六时。

主席:杜镛

原载《中国红十字会月刊》1935 年第 3 期

中国红十字会总会第一届理事会及监事会第六次联席会议纪录

会场:本会议事室

日期:一月十五日下午五时

出席者:会长王儒堂;副会长杜月笙(王晓籁代);常务理事王一亭、王晓籁、林康侯、关絅之、闻兰亭(林康侯代);常务监事黄涵之、陆伯鸿;理事王培元、李应南(王培元代);监事赵晋卿、徐新六、姚慕莲、汪伯奇(黄涵之代)

列席者:秘书长曹云祥

主席:王儒堂

纪录:卫锐锋

开会如仪:

(甲) 报告事项:

一、报告出席人数共计十五人,已足法定人数。

二、报告第一届理事会及监事会第五次联席会议纪录。

三、报告理监事会组织规程、办事规则,业已呈部。

四、报告第一次全国会员代表大会超出预算部份,经上次联席会议决议追认后,业已呈请内政部核销。

(乙) 讨论事项:

一、略。

二、上海市卫生局函请本会暂借时疫医院院所，为开办戒烟医院之用，月给房租、水电等费，业经本会函复照借在案。拟俟卫生局退租时，即将此项房屋退租，一面即行另房屋二幢，以便堆放物品，将来时疫医院开办时，再临时租借房屋以节经费，请公决案。

决议：原有新民路堆栈房屋应即退租，所有物品应查明分别出售或施送，至必须保存者悉数寄存闸北慈善团，不再租屋，以节经费。

三、天津分会呈请转呈将天津海军医院遗址拨归红会作为建筑医院之用一案，即经本会呈奉海军部指令、案，经行政院核准，拨归海军部保管，并由行政院分行内政、外交、财政、教育各部知照在案，所请碍难照准，经即转如(知)该分会在案。兹又据该分会呈请再呈内政部或海军部撤销，行政院核准，拨归海军部保管之，原案前来事关变更，行政院核准定案，应否照转，请公决案。

决议：保留。

散会：下午六时二十分。

主席：王正廷

原载《中国红十字会月刊》1935 年第 3 期

总会发给各地时疫药水[节录]

总会监制之博济时疫药水，灵效卓著，有口皆碑，故各地灾区及各机关、各团体来函请求发给者，纷至沓来。无奈限于经济，只得斟酌情形轻重，准予拨给。已于八月上旬悉数寄出，兹将拨给各机关名称及数量分志于下：上海县政府、上海县党部、吴淞分会、松江分会、上海颛桥农民教育馆、上海第一区区公所、上海第二区区公所、上海第二区保卫团、上海县培林初小学校(后略)。

原载《中国红十字会月刊》1935 年第 3 期

中央党部派员来会视察

关于总分会在党部立案之文牍纪载，业已刊入第二期月刊，刻由党部令上海市党部派员代表来会视察。于七月二十九日由上海市党部派由民众运动指导委员会周濂泽君到会视察，当由周君巡视一周，并详询各项组织规程及现在之工作、将来之计划，并嘱即将特种团体调查表、筹备员略历表、发起人略历表、重要职员登记表、联合会员名册及会章等克日填就送去。当由秘书处交文书、编宣、会计三股分别办理,即于八月上旬送上海市党部,仍由周代表濂泽来会。根据表册逐一加以考核并至各医院调查状况,毕即由周代表报告上海市党部转呈中央党部矣。

原载《中国红十字会月刊》1935 年第 3 期

本会招待新闻界

本会于八月八日下午四时,在新会所柬请各报馆、各通讯社、各无线电台,由秘书长曹云祥主席招待,目的为各省水灾严重,急应拯救,并征求各级会员完成救护计划,宜有扩大宣传以收宏效。故要求各通讯社为灾民呼吁,各报馆予以尽量登载,各电台于每次节目前后报告,俾唤起国人一致援助。到各界四十余人,由各秘书、各股主任招待,并款以茶点,至五时许始散。

原载《中国红十字会月刊》1935 年第 3 期

摘录各报所载关于本会之新闻

红十字会拾药防灾救济民众

本县西关红十字会,历年至夏间,本博爱恤兵宗旨,扩充医院,设备药品分送各机关、各团体及乡区民众,预防时疫,具有成绩可观。今闻该会特聘西医周世瑞君专任医防,并由上海等处购到药品多种,大行施舍,日间到会医治者极踊跃云。(民国二十四年七月十日《山东即墨党政周刊》)

中国红十字会总会会所定期迁移

中国红十字会总会为发展会务起见,以原有九江路三百四十二号会所不敷应用,议决迁入新闸路八百五十六号之第二医院办公。经两星期之修理、髹漆,已焕然一新,定于本月十七日正式迁移,该处房屋前后两进,后三层洋房空气、光线均甚适宜。第一进底层为第二医院之诊察室、药剂室、手述[术]室、X 光室、挂号处等。该院尚有一部房屋,须大加修葺,一俟工竣,当公布开诊,其总会之议事厅、会客室、善堂、收捐处、收发处、传速室等,设于第二进底层,秘书长室、秘书处会长室、理监事室、会计股、庶务股、材料处、寄宿舍等均设于二层楼。其三层楼为文书股、编译宣传股及档案室、藏书室、沐室等,迁入时并不举行仪式,亦不停止办公。现正积极筹备征求会员事宜,颇形忙碌,各界如有接洽,于十七日起可径赴新闸路新址,电话为三四三六六……三四三六七号,分转各部云。(民国二十四年七月十四日《民报》)

红会医院神经科改订诊时

海格路红十字会医院现因暑热，特将神经科改订。自七月二十二日星期一起，每逢星期一、三、五上午九点至十点，在本院(内科)普通门诊处应诊，以利病家而祛炎暑云。(民国二十四年七月十九日《新闻报》)

红会呼吁救济

中国红十字会松江分会为办理浙省灾民收容所收容与遣送原籍，需费浩繁。虽经理事长周学文等募捐挹注，但亏负过巨，且事过境迁，筹募困难，不得已电呈国府振务委员会呼吁救济。原电云：国民政府赈务委员会委员长许慈鉴，案查本会此次办理浙省难民收容所，在曾举办以前，迭经电请[核]示施行。荷蒙王委员一亭、屈委员映光等数度洽商，允予担任遣送。旋又承钧会本年一月二十九日俭代电开，寝电敬悉，硖石等处难民逃松者数千人，贵会筹款设所收容，热诚善举，无任佩慰，除函转上海筹集各省旱灾义赈会酌办外，特电布复，等因各在卷。本会既得钧会允予协助，片言岑鼎，始敢勇往直前，无如善门难开，灾民愈聚愈众，总共来所乞养者先后达一万六千余人，其间以海宁灾荒最重，故人数亦较多。而海宁汪前县长恢阅，爱护灾民，不遗余力，本会同人尤深钦佩，嗣后筹商奉送灾民。适值三月十一日起，改订新章，概不运送，致本会一时无法遣送，迁延月日，所费亦多，办理不善，咎无可辞。幸红十字总会闻、林二常务理事，一再电陈江浙两省咨铁道部，蒙俯念灾胞，允如所请，始获拨奉运送，先后达六次之多，浙省灾民得以遣归故里，畊凿相安，本会同人当九顿首以谢。兹本会经会计师查阅于各项账目，除食去米粮一千余石，用去医药施材以及零星购买灾民回籍车票，并职员往返车资等，共洋二万元左右，收支相抵，尚欠各帐四千余元，仅仅米账亦尚欠二千余元。本会系法定之慈善机关，非似借名义者比，信用前途，关系大局。素仰钧会承认总理拯救灾黎意旨，规划全国救济事业，大气盘旋，真力弥满，用敢沥程艰巨情况，请予设法补救，以全本会之信誉。庶几全国红十字会，亦与有光荣。抑本会更有请者，淞江以蕞尔弹丸之地，愿奢力薄。(一) 幸未水灾，各方踊跃输将，为数颇巨，而结束之后，亦未见政府有一字之褒；(二) 一二八沪战之时，当地捐款亦非少数，厥后余款乃被强留作地方他项之用途，绝不允酌拨分文，稍资接济。因此好善之士，不能无动于中，而慈善机关亦不免受其影响。近悉某县召开县政会议，对辛未水灾余款，截留至一万五千元以上，钧会务其大者远者，未遑计及区区，似此情形，来日方长，何以劝乐善好施之士，为此一并电达，尚乞俯予纠正，以维善举。总之，本会蒙钧会允助于前，不得不呼号于后，疾痛则呼父母，人情大抵皆然。况中间遣送灾民回籍时，因铁道部准予免费，钧会所担任之遣送费用未动分[毫]，正可挹彼注兹，藉解倒悬之厄，临电悚惶，不胜迫切待命之至。中国红十字会松江分会会长朱久望、议长盛元音、经济委员长耿嘉基、理事长周学文叩，鱼印。(民国二十四年七月十九日《申报》)

中央民运会规定红会应由党部指导拟定备案办法四项函市党部饬属遵照

中央民众运动指导委员会，昨函本市特别市党部规定《红十字会备案办法》，并应由当地党部予以指导，兹为分录如下：

民运会函

上海市党部接奉中央民众运动会指导委员会函云：查中华民国红十字会向来规定指导机关，前经本会函请司法院解释，该会实属人民团体，应向党部予以指导。关于该会及其分会备案办法，兹经本会派员与内政部会商决议四项。除分函外，相应抄附该项办法，函达查照，并转饬所属遵照办理为荷。主任委员陈公博、副主任委员王陆一。

备案办法

《中华民国红十字会各地分会申请各地高级党部备案办法》如下：(一)中国民国红十字会各地分会设立时，应先向总会申请核准，由总会呈请中央执行委员会民众运动指导委员会转知该分会所在地方高级党部发给许可证，派员指导组织，并由分会将筹备情形呈报主管官署备案(以下简称各地分会)；(二)各地分会依照修正《人民团体组织方案》第三节第五、第六两项组织完成时，应将其章程呈请当地高级党部复核后，依照内政部颁《中华民国红十字会各地分会立案办法》第三条规定，一并呈请主管官署备案；(三)中华民国红十字会总会及各地已经成立之分会，应补行备案手续。总会应备具呈文，检同各项章程，呈请中央执行委员会民众运动指导委员会派员视察后补给许可证，并准予备案；(四)各地分会由总会案呈中央执行委员会民众运动指导委员会核准，转知所在地方高级党部，发给许可证，并准予备案云。(民国二十四年七月二十日《民报》)

中国红十字会定期扩大征求会员

本埠新闸路中国红十字会为我国规模最大之救济机关，分会遍及全国，会员达十二余万人。顷该会为巩固基础起见，定八月一日嘱开始扩大征求会员，二月至十月底截止，由正、副会长等组织筹备委员会，并请国府林主席、军事委员会蒋委员长及五院院长等为总队长。现筹备会定明日下午七时假新亚酒楼开会，讨论开幕征

求时各项手续问题。(七月廿九日《民报》)

中国红十字会后日起开始征求会员

中国红十字会定后日(八月一日)起,全国总、分会同时开始举行第二届征求会员二月,兹全国总队长已聘各院部会长官担任,上海总会征求队长明后日亦可发表。该会并拟于本届征求大会后,训练救护人员十万人,兹志各情如次:

(征求委员开始办公)该会第二次征求会员事宜已章内政部批准,决于八月一日开始实行。其章程及《筹赠给奖办法》亦已议定,征求委员会正委员长王正廷,副委员长杜月笙、刘鸿生,常务委员林康侯、闻兰亭、王晓籁、王一亭、关絅之,委员黄涵之、钱新之、陆伯鸿、王培元、朱子桥、许世英、王振川、姚虞琴、顾竹轩、李应南、劳敬修、汪伯奇、沈联芳、叶誉虎、穆藕初、姚慕莲、狄楚青、袁履登、宋汉章、赵晋卿、徐新六、胡孟嘉等组织完成,已开始办公。

(总队长亦分别聘定)该会全国征求总队长,已聘定国府林主席、军事委员会蒋委员长、行政院汪院长、立法院孙院长、检察院于院长、考试院戴院长、司法院居院长、建设委员会张委员长、全国经济会宋常务委员、内政部黄部长、外交部汪兼部长、军政部何部长、海军部陈部长、财政部孔部长、实业部陈部长、教育部王部长、交通部朱部长、铁道部顾部长、司法行政部王部长、铨叙部石部长、审计部陈部长、蒙藏委员会黄委员长、侨务委员会陈委员长、振务委员会许委员长、考选委员会陈委员长等担任。

(造就救护人才十万人)据该会编宣股主任沈金涛语记者,依据《美国红十字会章程》战时之设施,本会应办之事项,第一主要者乃在训练救护人才以应不时之需,故拟于征求期满后,训练救护人才十万人,由总会、分会同时举行云。(七月三十日《时事新报》)

红会昨晚宴请征求队长

中国红十字会第二次征求会员大会定明日起开始,筹委会昨开末次筹备会议,并于晚间七时假新亚酒店宴请沪市各征求队长。兹志详情如次:

(筹备会议)该会征求会员正委员长王正廷,副委员长杜月笙、刘鸿生,常务委员林康侯、闻兰亭、王晓籁、王一亭、关絅之,委员黄涵之等昨日下午五时在新闸路八五六号,总会内开末次征求会议,讨论总、分会征求期间各项事宜,所有会议详情定今日发表云。

(会员类别)该会本届征求大会期定二月,自八月一日起至九月底止,会员人数未限定。会员类别：(一) 名誉会员五百元;(二) 特别会员一百元;(三) 正会员十元;(四) 普通会员五元;(五) 青年会员五角;(六) 赞助捐款每人一元云。(七月卅一日《时事新报》)

中国红十字会今日起征求会员二月四百余处分会同时举行

本市新闸路八五六号中国红十字会今日起举行第二次征求会员二月，至九月底截止，本市总会及全国四百四十五处分会同时举行。兹分志详情如次：

(开幕之日并无仪式)该会自理事会决定扩大征求新会员二月，后决于今日开始，惟并无仪式，仅于三十日晚间假新亚酒楼宴请第二次征求会员总队长，到该会常务理事林康侯、王晓籁、理事王培元、监事汪伯奇、袁履登及吴市长、李大超、王孝英、王延松、邝富灼、潘序伦、王云五、王汉良、张效良、周祥生、方椒伯、俞佐庭、孙梅堂、杨梅南、屈文六、林克聪、李延安、郭秉文、吴凯声、张公权、胡凤翔、徐佩璜、谢蘅牕、陈光甫等百余人，由刘鸿生致词，略谓："红会事业之发展，全赖会员之推进。此次征求定八月一日开始，望在座诸君热心提倡，市面虽不景气，但会费数额业已减低，请各位协助赞助云。"次由秘书长曹云祥报告组织概况并谓："美国红会会员有千万人以上，日本亦有五百余万人，我国号称四万万同胞，入会者仅及十余万人，以此比例本会至少应有百余万以上会员，则每人每年捐洋一元即有百万之会费。本届征求之赞助证即寓此意，还望各界共同赞襄厥成。"并由吴市长代表李大超演讲，略谓："天灾严重，大家应负责任，努力慈善事业，愈困难愈要做，一致推动进行以达最大目的。"王晓籁、俞佐廷等相继演说，至九时许始散。

(四百余处分会同时举行)同时该会全国各分会亦于今日开始征求，现有分会计江苏省七十二处、浙江省二十八处、安徽省三十一次[处]、福建省五处、河南省七十八处、湖北省二十处、江西省九处、广东省十次[处]、广西省七处、陕西省二处、云南省二处、四川省三十三处、山西省二处、贵州省二处、山东省四十一处、河北省四十一处、热河省八处、辽宁省十五处、吉林省十八处、黑龙江省十一次[处]，二十省共四百四十五处，分会同时实行云。(八月一日《申报》)

红十字会之十万救护人员

中国红十字会于八月一日起，将开始举行第二届征求会员大会。征求期为二个月，截至九月底为止。其此次征求之惟一目标，决拟召集救护人员十万人，故其工作之紧张、郑重实有过于第一届大会也。至于该会所以欲召集大批救护人员之原因，其间乃有重大意义，盖该会鉴于国内慈善虽举办者甚多，而救护人员则绝感缺乏，以中国之大，所有之救护人员总数不及五万人，遇天灾兵祸之来，自觉救护之未能普遍，此犹为目前观察所未能及者。而除此之外，近年来世界大战之声浪高唱入云，战神既动其杀机，战祸即迫在眉睫，故一旦战事爆发，即中国不卷入漩涡之内。然狂潮所及所需之救护人员必多，与其临渴而求困于仓卒，则毋宁绸缪未雨，俾得于大战之时期中能为本国或各国尽量担负其救护工作。该会爰有此项征求之举是，虽为一种令人恐怖之讯，然亦为红十字会应尽之义务也。（七月卅一日《时代日报》）

中国红十字会总会昨开紧急会议

中国红十字总会为救护各省水灾难民起见，特于昨日下午四时在新闸路该会会议室厅内召集全体理监事开紧急会议。出席者除正、副会长王正廷、杜月笙、刘鸿生外，到王晓籁、林康侯、汪伯奇、黄涵之、沈联芳等理监事二十余人。由王正廷主席、卫锐锋纪录。开会如仪：首由主席报告开会宗旨及最近工作状况，毕即开始讨论对于救济各省水灾难民问题，公决须是，呈内政部核准，并在捐册上予以盖印，方可进行，议至六时许散会。闻该会此次于本月一日起举行第二届征求会员，各处前往参加入会非常踊跃云。（八月六日《申报》）

原载《中国红十字会月刊》1935 年第 3 期

报告：中国红十字会大事记(续)

第十一年：甲寅，中华民国三年，西历一九一四年。

是年，日本鹿儿岛地震，被灾剧烈，遍地鸿哀。本会谊切同胞，乃以国币二千元，聊助急振，事后承日本赤十字社惠赠银杯，以作纪念；并以欧战时，曾得瑞士万国红十字会联合会来电嘱募款助灾，至是年，乃电汇八千元以遵前约。同年巴拿马大会，经美国红十字会请愿，万国红十字会来函请本会派员赴会，征寄陈列物品，当经本会函寄各种图式、照像、邮片及各种印刷品等，以资宣传，而扬会誉，此为本会对内外设施之大事。至国内方面，如是年张家口蒙匪南犯，战事发生，本会急组织救护队出发，前往疗治受伤兵民，为数尤众。皖、豫二省，白狼匪灾，所至掠焚，惨无天日。除急电固始、颍州、正阳、庐州各分会，组织救护队、掩埋队外，复由沈副会长敦和向盛前会长宣怀，募得指振六安灾区银一万两，公举沈培之前往放振，全活数万人。青岛时亦发生战事，本会出发救护队，设临时医院于胶州各区，且于青岛、平度、即墨等处设分会及临时医院,又于高密、大刁村一带多设救护机关,济南分会亦会同救护,济渡灾民以数千计。迨战事告终,继以水灾,高密各县,哀鸿遍野。本会乃派员携款一万五千元、棉衣一万八千余套分赴灾区,会同当地县知事分别散放,经旬始岁,振款约三万二千余元,灾民均沾实惠,全活无数。时适沪宁皖赣间喉痧、天花盛行,本会乃特设防疫保赤机关六所,施种牛痘以消时疫。是年理事长江绍墀辞职,常议会公推张趾麟代,旋推赵鸿藻为理事长,并议于秋季举行十周年纪念会大祝典于上海味莼园加开博览会。经施则敬谓,鲁省水灾、青岛兵劫,救恤不遑,当俟弭平,众韪其议,遂不果行,具见本会关怀灾黎之至意也。

第十二年:乙卯,中华民国四年,西历一九一五年。

是年六月,浙江衢州大水,开化、常山、龙游、衢县等区漂没殆遍,灾民六万余人,居无屋,食无粮,田地未尽淹没者复为砂积,荡析流离,惨苦万状。本会乃分别轻重,核实散放急振,全活无数。七月,沪地风灾,狂风骤雨,屋瓦为震,浦水汹涌,覆舟甚众。闸北茅棚,向为苦力棲止,倾圮殆尽,沪南茅棚亦多卷没。沈副会长悯之,特捐巨金为倡,并拨会款,派员冒雨驰赴灾区,先行散放急振,又集医队四出,疗治伤者。经各处调查,筹备善后,雇船打捞浦江溺骸,设立平粜局二所,并酌给各茅棚之倾覆者,每棚四元,都百余棚。同年,江西赣水泛滥,平地数丈,淹没田庐无数,水灾剧烈,而万安县区受祸尤烈,灾民多至三万余人。他如泰和、吉安、清江、樟树镇以及丰城、进贤、南昌诸县成遭波及,灾民亦各逾万。本会乃赶制棉衣,运往施放,且筹巨款汇寄灾区,议决以工代振,修筑堤圩,俾图永安之策。

原载《中国红十字会月刊》1935 年第 3 期

征求会员宴会记

总会会长王正廷、副会长杜月笙、刘鸿生于七月三十日下午七时假座新亚酒楼宴请本届征求会员全体总队长,由常务理事林康侯、王晓籁、理事王培元、监事汪伯奇、袁履登作陪,到吴铁城市长、俞佐廷、李大超、王孝英、林克聪、张公权、陈光甫、王延松、邝富灼、潘序伦、李廷安、张效良、郭秉文、吴凯声、王云五、徐佩璜、王汉良、杨梅南、屈文六、方椒伯、孙梅堂、周祥生、胡凤翔、谢蘅牕等百余人,由秘书处各秘书、各主任殷切招待。入席后,首由刘副会长致词,略谓"红十字会宴客,无非要求协助,今日多蒙光临,均为热心慈善家,对于此次征求会员,定于赞襄。现虽市面不景气，但会费数额已减低，较易着手，然亦不敢奢望，只求大家尽力”云云。次由秘书长报告筹备经过及组织概况，并谓“美国有千万以上之会员，日本亦有五百万会员，我国号称四万万同胞，入会者仅及十万余人，以彼例此，至少应有百万以上，则每年每人只须各捐一元，即有百万元之收入，办理救济事业当能充分进展，为人道谋保障不亦乐乎”。吴市长代表李大超起立，谓“天灾日益严重，大家都应努力负责努力慈善事业，市面愈不景气愈宜推进，愈困难愈要干，以达最大目的，无有不能成功者”。王晓籁谓：“(一) 红会对于国际地位之增进；(二) 对于国家社会之服务；(三) 对于人群之救济。有此三者，吾人亟应各尽义务为之提倡，化一文钱即为自己造一份福”。俞佐廷谓：“市面不景气，更宜努力，不在一人征求之多寡，是在人人都尽征求之责任，今有诸位领导，定有良好结果，特为领祝”云云。高论宏议颇极一时之盛，至九时始尽欢而散。

原载《中国红十字会月刊》1935 年第 3 期

纪录：中国红十字会总会第一届理事会及监事会第七次联席会议纪录

会场：本会议事室

日期：二月十一日下午五时

出席者：会长王儒堂；常务理事闻兰亭、王晓籁、关絅之、王一亭、林康侯；常务监事黄涵之；理事姚虞琴；监事徐新六、汪伯奇、狄楚青(黄涵之代)

列席者：秘书长曹云祥

主席：王儒堂

纪录：卫锐锋

开会如仪：

(甲) 报告事项：

一、报告出席人数共计十一人，已足法定人数。

二、报告第一届理事会及监事会第六次联席会议纪录。

三、报告本会理事会及监事会组织规程、办事规则二种，前经呈送内政部，现奉部批，分别修正，暂准备案，着先试行六个月，再行呈请备案。

四、报告内政部训令关于特约会计师潘序伦检查本会及各附属机关自二十三年七月一日起至同年九月三十日止账目一案，前经第五次联席会议决议秘书处所拟复呈大意交常务理监事审核后,呈部在案。兹已审定,业于二月九日呈部。

五、秘书长曹云祥前经奉召晋京至内政部听训,现已回会。

六、会计股报告廿四年一月份经济报告,已经分送。

七、文书股报告一月份共收文二百二十件,发文二百九十七件,来电六件,发电三件。

(乙) 讨论事项:

一、内政部部长、次长面谕本会曹秘书长关于整理会务各点,分别如下,请公决案。

1. 决定红会方针及工作范围:(甲) 救护及储备;(乙) 国际间之联络;(丙) 辅导分会;(丁) 改善内部组织。

2. 核减支出问题:(甲) 医院之补助;(乙) 振款及补助费;(丙) 职员之增减;(丁) 伙食之供给;(戊) 房租之减轻。

3. 支出预算问题:(甲) 廿三年度下半年减至三万元;(乙) 廿四年度减至六万元。

4. 增加收支问题:(甲) 理监事之筹募每人一千至三千元;(乙) 各方募捐;(丙) 征求会员;(丁) 募集总会基金。

5. 补助问题:(甲) 国库补助五万至十万元;(乙) 呈请庚款补助十万元。

决议:关于整理会务各点,推定林常务理事康侯、王常务理事晓籁、黄常务监事涵之会同拟具详细具体办法,提请下次联席会议核定,并请林常务理事康侯为召集人。

二、略。

三、本会补助欧阳旭、戴秉恒、张子骏、胡艮三等四学生之学费每学期共计洋六百三十五元,前经定于本学期起一律停止补助在案,兹据胡艮三、戴秉恒、张子骏三人函请免于停止继续补助,本会经费支绌异常,应否照办,请核定案。

决议:如其学分成绩及格而优等者,应补助至现在肄业之学校毕业为度,但本会经费支绌异常,应设法向学校方面减轻学费,一面应请各该生自己酌量担任费用。

四、略。

(丙) 临时动议:

一、筹备发行月刊案。

决议：俟经费有着后交常理务事核办。

二、内政部训令本会关于吕碧城女士遗嘱暨廿一、二两年度收支总报告及同年度会计师查账报告书一案，分别核示，令仰遵照具报，现由秘书处拟就复呈，请核定案。

决议：交常务理事核定呈部。

散会：下午六时十五分。

主席：王正廷

原载《中国红十字会月刊》1935年第4期

中国红十字会总会第一届理事会及监事会第八次联席会议纪录

会场：本会议事室

日期：二月二月十五日下午五时

出席者：副会长杜月笙；常务理事闻兰亭、关絅之、林康侯、王一亭（林康侯代）；常务监事黄涵之；理事许静仁；监事徐新六、狄楚青、汪伯奇、胡孟嘉

列席者：秘书长曹云祥

主席：杜月笙

纪录：卫锐锋

开会如仪：

（甲）报告事项：

一、报告出席人数共计十一人，已足法定人数。

二、报告第一届理事会及监事会第七次联席会议记录。

三、内政部训令本会关于吕碧城女士遗嘱暨廿一、二两年度收支总报告及同年度会计师查账报告书一案，分别核示，令仰遵照具报。前经上次联席会议决议秘书处拟就复呈交常务理事核定呈部在案，业经核定并已呈部。

四、请拨庚款一案，业已由会依据内政部训令派秘书长曹云祥分向各庚款机关接洽，并已由会分函各庚款机关查照赐洽。

五、略。

六、本会会所房租业经林常务理事康侯、黄常务理事涵之向房主大陆银行商请减租，已允自二十四年一月份起，每月捐洋一百元，由会填具捐款收据，在应付房租项下抵算，业已由会函谢。

(乙) 讨论事项:

一、查上次联席会议关系于内政部部长、次长面谕本会曹秘书长整理会务一案,决议推定林常务理事康侯、王常务理事晓籁、黄常务监事涵之会同拟具详细具体办法,提请下次联席会议核定,并请林常务理事康侯于二月十五日召集提出讨论、会同拟定,请核定案。

附《整理会务详细具体办法》。

1. 对于红会方针及范围:(甲) 救护及储备;(乙) 国际间之联络;(丙) 辅导分会(均可接受);(丁) 改善内部组织一点,拟令秘书长次第酌量改善之。

2. 核减支出问题:(甲) 对于医院之补助自三月一日起,第一医院不再给与津贴,第二医院每月减至一千五百元,第三医院改为诊所津贴减至六百元;(乙) 振款及补助费自应量入为出;(丙) 职员之薪金自三月一日起一律改为八折支付,自本年七月起续聘与否,当根据考成致送聘书;(丁) 伙食之供给,因为薪水已减为八折及工作时间上有密切关系,尚宜继续供给;(戊) 房租之减轻,已商请房主每月或能减去一百元,如其不改当设法迁出。

3. 支出预算问题:(甲) 二十三年度下半年按照以上计划可减至六万元;(乙) 二十四年度按照以上计划可减至十二万元。

4. 增加收入问题:各种募捐及征求会员方法,理监事均须负责担任,惟总会基金一项尚难进行。

5. 国库及庚款之补助,理当竭力促成之。

决议:原办法第二项甲款应改为"第一医院每月减给津贴洋五百元、颜院长津贴一百元,第二医院经费减至洋一千五百元,第三医院经费减至洋七百五十元,均自本年三月份起实行。"又第五项国库补助应由会呈请内政部核转行政院,政府每月拨给固定之经常费洋一万元,此项呈文由会长、副会长及常务理监事会同全体署名,其余各项各款均照所拟办法通过。

二、本会经费支绌异常,拟举行第二次征求会员所有章程办法案,经秘书处拟就,请核定案。

决议:秘书处所拟章程办法,推定闻常务理事兰亭、关常务理事絅之、黄常务监事涵之审查后,提详下次联席会议核定。

三、本会理监事会组织规程及办事规则,业奉部批改正施行,依照组织规程第九章、第十章各条之规定,应设妇女、青年两部及法律、经济、设计、救护赈灾、卫生医药五委员会，应否分别组织成立，请公决案。

决议：交秘书处将各部各委员会组织细则先行拟就，再行核办。

四、依照本会理监事会组织规程第八章各条之规定，本会秘书处设秘书长一人、秘书一人至四人，下设文书编译、宣传、会计、庶务四股，设主任一人，除秘书长曹云祥经第四次联席会议决议已由会聘任外，所有各重要职员拟就原有各职员中分别暂定，开具各名单提请核准聘任案。

附名单：

甲、秘书：卫锐锋、嵇鹤琴；西文秘书：冯子明。

乙、文书股主任：卫铁铮；编译宣传股主任：沈金涛；会计股主任：杨赞唐；庶务股主任：鲍康宁。

决议：拟定之各秘书、各主任暂缓聘任，准由秘书长先行分别开单送请常务理监事签准派允。

五、依照本会《理监事会办事规则》第四十二条之规定，本会职员薪额另定之，业经秘书拟就本会职员薪额表，请核定案。

决议：应由秘书处将职员工作报告表、考核表分别拟就后，一并送请常务理监事审查后，提请下次联席会议核定。

(丙) 临时动议：

比国红十字会来函略开，该国拟于本年四月二十七日起至十一月一日止，在比京开万国博览会，并定五月五日为青年红会日，拟请各国红十字会青年部派遣代表携带出品赴会参加，预计代表约有一万五千人，函请本会早派代表出席，来往川资等问题可询本国驻比公使等语，请讨论案。

决议：查事关国际与会务前途，均极重要，自应派遣代表出席，本会青年部尚未成立，且经费支绌异常，关于人选及经费问题应呈请内政部核示办理。

散会：下午七时。

主席：杜镛

原载《中国红十字会月刊》1935 年第 4 期

会　讯

锡沪公路开幕本会参加医队

锡沪公路于八月十五日落成，上午八时在南翔古猗园开会，十时驶赴常熟午餐并游览全市等情。由省主席陈果夫、市长吴铁城、公司经理王晓籁等柬请本会派员参加。并以天气炎热，路程遥远，预防感受暑气，俾便迅速治疗起见，组织救护医疗队随带药品多种，由秘书干□冯子明、编译宣传股主任沈金涛、医员李耐霜、陆洪元等乘坐本会救护车于晨六时出发，沿途急救中暑者五人、手足撞破者四人、普通治疗者十余人，并在各站乡镇发去时疫药水五百瓶、人丹二百包，至晚九时许返会。

第二医院开诊

本会第二医院于九月二日起暂行收治门诊，计分内、外二科。院长由第一医院院长颜福庆兼任，聘任西籍医师为司端斯博士，曾任山东齐鲁大学医科教师及外科主任，华籍医师为温干臣。此外，药剂师一人、配药员二人、女护士二人、庶务一人、挂号一人，每日上午十时至十二时为限，过时不候，星期日停诊。倘遇应行住院之病人，即为转送第一、第三两医院收治。自开诊起，病人之求治者，第一日三十九名、第二日五十二名、第三日七十四名。此后逐日增加，现每日平均约百人左右矣。

本会救护队参加水灾游艺大会

上海布各界筹赈水灾，假座新世界于八月十六日至九月八日举行游艺大会，因恐天热人多发生疾病，由该会函请本会救护队前往常川驻会，以防万一。经本会核准，即派医员李耐霜等携带药品并救护车一辆，每日驻会服务，前后凡二十四天，医治病人计二百余人，以内科为多，外科次之，急救尤次之。

香港华东医院捐助大批面粉振灾

香港华东医院鉴于水灾严重，特于八月十日由海利轮装面粉二千六百包，并于九月四日由芝沙丹尼船装来面粉五千三百五十包，共助七千九百五十包，嘱为代放华北水灾。当由总会呈请内政部转咨财政部发给免税护照，即日提取。除电复华东医院主席沈秉熹并另函致谢及登报外，拟于召开水灾委员会时讨论散放办法，立即实施云。

本会成立募捐委员会

本会自迭接各省水灾告急电文，当即召集全体理监事开联席会议，当经议决应即组织水灾募捐委员会负责筹募振款以利进行，并推定正、副会长为正、副委员长，全体理监事为委员，即日成立就职。拟定筹赈办法及募捐册一百本，呈请内政部核准，并在捐册加盖部印。本会刻奉内政部批示照准，现正积极筹募，一俟募有成数，即当派员前往灾区散放。

美红会捐助振款五万元

美国红十字会鉴于我国此次各省水灾严重，特汇振捐洋五万元，托由驻华公使詹森君寄交本会散放灾区，即由本会振灾委员会讨论放振手续，一俟议有妥善办法，即可实行。

拉脱维亚红会捐振款

拉脱维亚红十字会捐助水灾振款五千法郎，合国币八百八十六元五角二分，交由万国红十字会转汇本会，当将此款并入振款项下，克日驰赴水灾区域散放，以资救济。

救护医队在游艺会之急救

本会救护医队在新世界之水灾筹振游艺会于五日晚十时许，忽见一游客猝然昏厥倒地，人事不省，脉搏停止，遗尿满裤。当由本队周根镛君帮同扛入驻所，由医员李耐霜施以急救手术，得庆更生。当由病人口述，名赵思贤，南京人，年五十九岁，往大吉路永兴里二十号即由该队派救护车护送返寓。

无线电台播音宣传

此次征求会员为扩大起见，本会曾函请全沪无线电台四十余处，于八、九两月内逐日义务播音，并为各省水灾严重筹备振款事。同时附单报告且由秘书冯子明、编译宣传股主任沈金涛主办特别节目，以资宣传，并乘[趁]各电台义务担任拨助时间，具见公益为怀，热忱堪佩。兹将经过情形汇录于左，以志纪念而扬仁风。

（一）本会第一次致送各电台播音稿

诸位，现在我有一桩很紧者的事件要报告，凡是听到我报告的诸位都是极顶的有福气人。可知道黄河、长江一带遭了很大的水灾，有二百余县都淹在水中，淹死了数十万生命，损失了七万万财产。现在还有灾民一千四百余万人，无衣无食无家可归，再不快快去救，恐怕不久就要饿死了。所以中国红十字会开会讨论办法，决定着手进行振灾。现在先拨时疫药水十万瓶救济时疫外，立即设法想到灾区去施救。可是经济很不充裕，极难实施。希望各位听众大家大发慈悲，无论捐款、食米、衣被、药品等尽量捐助，不拘多少，愈速愈妙。红十字会就可运送灾区散放，挽救垂死的同胞，为诸君祝福，而且红十字会从今年起对于救护事业大加扩充，准备造就十万救护人材，储备多量救护材料，为人道谋保障，为国际增光荣。所以在这征求会员期间八月一日到九月三十日止，有国府林主席、蒋委员长、各院部会长官及上海各名流担任了总队长，想积极完成这大计划。凡我全国同胞都应入会做一个会员,计分五种:名誉会员五百元,特别会员一百元,正会员十元,普通会员五元,青年会员五角。各人量力入会,都有凭证给你,还有一种赞助证,无论是非会员,每证一元,轻而易举。要知各国的红十字会都有几百万、几千万的会员,我们号称文化之邦,有四万万同胞,那知成立了三十多年,只有十余万会员,岂不可耻?在国际立场而言,亦觉惭愧。现在天灾人祸相逼这般严重,应当大家急起直追,共同挽救。诸位入会之后,非但无量功德,而且还能得到将来的利益,红十字会地址在新闸路八五六号麦根路口,电话三四三六六、三四三六七。

(二)本会第二次致送各电台播音稿

诸位听众注意,这几天下了极大的雨,甚至马路上积着很多的水,一时路上都不能行走。幸而,一雨就晴,一晴就雨,总算侥幸得很。假使照这样大的雨连落了三五天,或者加上一些风,恐怕就要变成水灾了。所以,诸位在大雨的时候细细想想看,万一这大雨不肯停,这水却慢慢的淹进来了,到这时候逃亦逃不出去,避亦避不开来,岂非要不堪设想么?那末所有的生命、财产惟有付诸东流。这一点想来就要想到灾地同胞的苦楚了,何等悲哀,何等凄惨?我们生在这福地可见多是有福气的人,有福气的人应当去救救苦命人。请你们快快发些慈悲慷慨援助,譬如我的家已经淹去了,我的钱已经没有了,何不在我安乐度日、不愁饥寒的时候,大家拿出一些钱来办些米、做些衣、制些药品,托上海红十字会总会去放振呢?因为红十字会现在积极的设法救济,无如被灾的县份既多人口亦众,实在力不从心,所以只能请求全国同胞尽量捐助,并且中国红十字会自从新迁会所到新闸路之后,举行第二次征求会员大会,希望大家一致加入。会员的种类有五种,请各位随意认定。此番还有一种赞助证,每证一元,每人只须认购一证就已尽了国民的天职。因为红十字会得到了会费是要举办救护事业,扩大医药卫生,为人道谋保障,为人民谋安全。将来的成绩如何,不久诸位就可以晓得的,红十字会的会所在新闸路卡德路口,电话三四三六六、三四三六七。

(三)华与(兴)电台两次播送特别节目

上海华兴公司广播电台(周率一二六〇)为协助本会起见,特于八月十日十二时至一时,及八月十八日上午十时至十二时邀请清芬庐平剧研究社诸位教师暨社员唱平剧特别节目,足征华兴电台爱护本会不遗余力。尤荷诸位名票热忱赞襄,实为钦佩。兹将播音者姓氏谨志于左,以留纪念。刘占虚君、贾福堂君、张毓麟君、陆少安君、沈润芝女士、郑芳珠女士、吕俊儒女士、陶圆华女士、黄艳琴女士、杨玉英女士、陆君良女士、郑桂蛾女士、暮侠女士(场面)、汪兆麟君、李衡山君、查炳鑫君、查乐生君、查根生君、查鑫生君。

佛音电台播送特别节目

八月二十五日下午八时至十时半,假座赫德路佛音路电台(周率九八〇)敦请集益票房诸位名票会唱平剧,并由沈金涛君演讲本会征求会员之真谛(演词附后)。是日蒙佛音电台佘蓝田君、李锡棠君殷切招待并代报告,殊深感谢。尤以气候闷热,各播音者莫不汗流浃背,辛劳异常,本会感佩无已至。本会冯子明君奔走接洽,预形忙碌,兹将沈君演词录后。

本会播送特备节目,承佛音电台义务假座,还蒙南阳烟艸公司拨助时间,并恳集益社诸位名票,会唱平剧,足见公益为怀,非常感佩。鄙人代表本会,在空气中致谢。今天播音的宗旨,是因本会奉内政部批令,于八月一日开始九月底止为第二次征求会员大会,扩大宣传起见,除在全沪电台义务报告两月外,今在此处播送第一次特别节目。于未播平剧之前,兄弟对于本会的情形,略为说几句,请费去几分钟的时间听一听。红十字会为国际慈善法团,联盟者有六十二国,差不多全世界的国度,多数在内,足见红十字会的宗旨极其纯正,全球信仰。万国红十字会总会设在日内瓦,联盟会设在巴黎,各国红会会员的总数,都很可观,尤其是美国红十字会有一千万以上的会员,就是日本也有五百余万会员。独我中国号称四万万同胞,而红会的会员只有十二万人,互相比较,觉得非常惭愧,因为各国文化进步,要看人民对于慈善事业有否兴趣为标准,并不以枪炮阶级分高下的。所以中国要在国际地位上争些光荣,应请全国同胞,对于慈善事业,要竭力的提倡,也就是对于红十字会,有相当的协助。现在中国红十字会正在举行第二次征求会员大会,会员的种类共有五种,请诸位随意入会,尽国民的天职,为同胞谋福利,这是要请诸位特别注意的。

讲到红十字会的起源,是动机于一位英国小姐,名叫鼐鼎盖儿,自幼即具慈善心肠,在十七岁时起,就关心病人的痛苦,看护受伤的医药,每日服务至二十小时之久,对于传染病亦不避忌。后来克里米亚战争发生,他[她]竟率领同志亲往战地,救护伤兵、难民。至一八五九年意奥战事起,有一位瑞士国慈善家,叫做显[亨]利·涂南,继续他的遗志,通告全国,成立了一个红十字会。从此瑞士就为各国认为永久中立国,一致尊敬。所以无论各国遇有战争,瑞士国总能高枕无忧,因为各国不肯丝毫侵犯他们。诸位,从这一点看来,有了善因,必有善果,瑞士国当初发起红十字会时候,决不想到,能够有利国家的。所以吾们国家在此不景气状态中,尤其应当要注重红十字会了。请大家努力发展,一致推进。

说到中国红十字会的本身,已经有三十二年历史,全国分会有五百余处,总会在上海新闸路卡德路口,分设医院三处。本会在此三十二年过程中,不论天灾人祸,无役不从,尤其对于战争救获[护],无一次不努力从事。至成绩如何,想必早在全国同胞洞鉴中,亦不必多赞,但现在本会要想在国际上增高地位,在救济上更进一步。务使全国人民未受灾害时有充分之预防,已受灾害时有迅速的救护,对于人道谋一极大保障,对于人民谋以永久安全。还进一层讲,要联络同盟各国消弭永久的战祸,方始可以尽我们的责任,但是这责任是何人去担负呢?还得要请全国同胞来担负,那末同胞怎样的担负呢?只须要求大家一致加入本会为会员,来监督我们,促成我们,指导我们,纠正我们。于是中国红十字会可以大放光明,无形中人群得到无穷的福利。

所以这次征求会员的目的,希望非常之大。凡属中华民国的国民都应加入为会员,那末吾们所得到会费,兴办什么事业呢?我也应告诉诸位,就是在征求结束之后,立即就来举办二大事件:第一是造就救护人材;第二是储备救护材料。要知道现在各国备战声浪愈形迫切,将来究竟如何,吾人虽不敢言,然而现在意大利和阿比西尼亚不知能否幸免?但是我们并不希望成为事实,然而万一不幸的话,我们的未雨绸缪,是最关紧要的,倘若临渴掘井,决计不能十分美满的。就像一二八,吾们是受到了不少的教训,时我们除原有救护人员成立了四五队奋勇救护外,在三天之中,上海各界来参加服务人员达五千人以上,成立伤兵医院四十五处,救护队二十四队,收容所十余所。其结果救护医治伤兵、难民均计两万余人,成绩亦不可谓不佳,办事亦不可谓不勇。可是我们队员中,却牺牲了十位烈士,他们致死原因,固为枪炮摧残,然而平时实在缺乏训练,所以本会从今起,已经下了决心,决计从这造就人材、储备材料两大工作着手进行。

造就人材无非开设专科学校,养成医药人材,研究急救、军事、卫生、外国语等学识,储备材料为车辆、蓬帐、衣被、防毒器、绷带、纱布、棉花、药品等,我们倘使在最短期间能准备充裕,就能有恃无恐;倘遇灾变,必能措置裕如。鄙人现在就把所想得到一些情形,已经讲过,大概诸位听了以后,认为各人都应有加入红十字会的必要。为宝贵时间期间,暂为中止,俟有机会,再当贡献节目。

俞鲤庭君《赶三关》;胡易敏君《雪杯圆》;费仲毅君《捉放曹》;徐润泉君《阳平

关》;江鹤君、励善祥君《投军别窑》;吴祥曼君、江鹤年君《梅龙镇》;陶琼芝君、杨玉瑛女士、陶国华君《珠帘寨》;汪兆麟君《连环套》;费仲毅君《琼林宴》;励善祥君《四郎探母》(客串);洪钟美《宇宙疯》;徐少棠《法门寺》;王相洲《追韩信》。

佛音电台二次播音

本会为宣传征求会员及筹募水灾振款,特于九月一日下午九时至十二时半,假座佛音电台播送第二次特别节目,由于秘书叔涵(演词失纪)暨沈主任金涛相继演讲,并由冯秘书子明邀请雅歌集全体名票会唱平剧。是日,来宾参观既多,电话要求歌唱者亦复不少,足征收听者之众多矣。

沈主任金涛之演词:

诸位,鄙人第一句就要请问诸位:最近几天内,可曾看过报纸?倘使看的话,那末有两件触目惊心的消息,诸位可知道么?一件是国内的水灾,一件是国际的备战,不知看了以后作何感想?现在先讲水灾问题,凡是一个人,都有父母、妻子、兄弟、姊妹,因为是有血肉系统的关系,休戚相关生死系之。诸位!现在八九省被灾的难民,是不是吾们同胞?是不是吾们的民族?吾们应当怎样的痛心,应当怎样的立刻设法去援救?

鄙人现在有一个主张,来和诸位同胞商酌,就是想请求全国未被灾害的同胞,拿吸卷烟的钱省下来去助振,与自己并无重大损失,但聚沙成塔,吾想几百万难胞,一定可以得到实惠不少。有人反对说,香烟虽没有比抽大烟来得厉害,不吃了,未免有些难受。这句话,太没有计较了,要知道现在的难民,非但连饭、连粥都没有吃,并且连困都没得困,倘使你想困一觉可以使生命都困掉。咳,因为他们是住在屋顶、树顶呀!难道说吾们不吃香烟一些小事就不肯做么?但鄙人的劝告,不敢强人所难,来退一步说,还有一个折衷[中]的办法,香烟仍旧请照常吃,不过每日将香烟的代价,另外照提出来作为振款,例如购一匣香烟的人,譬如多购一匣,轻而易举,岂不两全其美么?请将这提出来的钱,可以送到各处水灾赈济机关去,并不要一定送到我们红十字会来的。

不过我们红十字会现在对于放振的事件,正在积极的想法去实行,大概就在这最近期间,就能出发。但是捐款方面,除了美国红十字会捐来国币五万元外,本国的捐款却有限得很,倘蒙各界多多的捐助,吾们就多多的放振,所有旅费开支等项,并不动用振款分支,涓滴归公,这一点亦应郑重声明的。

至于国际问题,就是意大利和阿比西尼亚,现在已到无可避免战争的局面,万一牵动各国,那末就有第二次世界大战的恐慌。那时,中国是怎样?恐怕未必能像第一次欧战时,派遣几千位华工代表就算了事罢?诸位请细细的考虑考虑,怎样去对付呢?此时要想得到安全的保障,非得由红十字来维护不可罢?要知道红十字会的旗帜,全球各国所尊敬的、所信仰的,所以阿比西尼亚从前国内是没有红十字会的,现在为恐战端开始,最近也加入了万国红十字联盟会啦,可见有人类的国家,都应有红会的组织,而且要人民一致参加。现在我们红十字会,在八、九两月举行征求会员,就将所收会费设备救护基金,不过将来救护事业范围之广狭,须视会费收入多寡为比例。所以将来救护设备的能否周密,视各界爱国人士的能否踊跃加入为标准。总之,种瓜得瓜,种豆得豆,决不有丝毫虚糜的,请诸位努力罢。征求会员之外还有一种赞助证,每证一元,每人所化一元,无足重轻,而本会对于救护事业,即可增加不少力量,将来所救的人数,更是未可限量。依照上海全市人口,每人一元,亦有三百五十万元,假定对折计算,亦有一百七十五万元。倘使全国计算起来,更属可观,所以只求各位同胞,合力同心,共襄善举,于是本会救护事业,于最短期间即可完成了。今天的特别节目宣传用意无非就是这二点,请诸位多多的赞助,为同胞谋福利。

会唱平剧节目(雅歌集名票):

熊山泉君《宝莲灯》;吴晓秋君《关山府》;杨定熙君《白门楼》;王连福君《双师图》;王雪尘君《骂阎罗》;李丽明君、王润珠小姐《投军别窑》;恽子谦君《黄鹤楼》;胡省□君《四盘山》;王润珠小姐《宇宙锋》;王天培君《奇冤报》;王寿岑君《锁五彪》;徐美云小姐《荒山泪》;朱联馥君《四进士》;王润珠小姐《汾河湾》;张载春君《八义图》;黄修伯君《借东风》;庄继孟君《白蟒台》;徐美云小姐《骂殿》;胡省□君《追韩信》。

佛音电台第三次播音

本会为征求会员并筹募水灾振款扩大宣传起见,每星期日迭假佛音电台播送特别节目。此次为第三次,自九时开始至一时半始毕,其中节目非常精采(彩),附表于后。

一、演讲

沈金涛先生(本会编译宣传股主任):

今天是本会为征求会员,播送第三次特别节目,本会播送节目的意义,有几句说明。好像上海各团体,每次征求会员是常有的事,不过请几位征求队长,竞争竞争而已，何以红十字会要一而再再而三的来播送节目呢？诸位，本会征求目的，是与各团体有些不用，不妨把不同的几点来谈谈。(一) 本会最大的使命，是救护工作。救护工作虽然有时间性，可是平时却一时一刻也不能停顿的。因为天灾人祸，岂有定时，焉能预料，所以像救火会一般的，日夜要准备的；(二) 现在世界的风云，一天紧似一天，我们中国既有红十字会，当然要快快准备一下，于是对于造就救护人材、储备救护材料的两大计划，从速去努力进行；(三) 因为要实行此项计划起见，对于会员，应该积极的征求。有多数会员协助，有多量会费充实基金。遇到大难临头，就可得一安全保障。有这三个问题，所以本会征求会员是刻不容迟，也是诸位对于红十字会的赞助，义不容辞。至播音的需要，也有三种缘故：(一) 本会征求会员，除登报公布、分送章程之外，应有扩大宣传，所以借电台来播音；(二) 深恐各界对于本会未有深切之认识，所以将本会的宗旨、事业、工作、逐一的解释；(三) 单纯的谈话是枯燥，不能引起听众的兴趣，依据社会心理，所以请了许多名票、音乐家、歌唱家都来播音，而且为各省水灾，应当把最近消息及实地苦况，连带报告诸位，为灾民请命。现在征求会员大会，离开闭幕期间，只有一个月了，诸位认为世局如此，有入会的必要者，请从速加入。还有一种赞助证，就是请凡属中华民国的国民，无论是会员、非会员，都应尽一元的义务。因把这笔款子，是要急急的设备救护。倘蒙捐助请送本会，就有正式印证掣给。本会除各县由各县长担任征求委员长外，上海方面，聘请各界领袖、海上闻人一百位为总队长，同时进行征求，其余须与本会直接，并无派人在外募捐等情。各界发现怀疑之处，请即通知本会严厉取缔，希各注意。此次播音已三次，承佛音电台热心公益，非常优待，并蒙该电台委员李苇侯先生不时指导，及佘、李二先生热心帮忙，极为感谢。还蒙诸位名票、音乐家学界小姐歌唱，都是爱护本会，非常钦佩！鄙人代表本会致谢。要求诸位在听了节目之后，对于红十字会总要有个表示，就是要使得红十字会怎样的发展，怎样的进步，怎样的完成伟大的使命。现在各省的水灾，实在太惨酷了，非但已经被灾的区域水不能退，而且还是涨，将来的扩大尚无底止。被灾的省分，湖北最重，大概有三分之二浸在水里，山东省的西部简直已找不到干地，南部也天天处在陆沉的危境中。其他如湖南、安徽、广东、广西、河北、陕西、河南、江西、江苏这许多省份，都是布满着水灾的严重。大水冲来就淹死了倒亦完啦，所苦的就是这班在大水里抢得了生命的人，却挨饿、挨冻、挨病、挨痛，叫他们怎样的维持下去。据视察回来的人说，现在已到深秋，夜凉露重，衣服单薄，寒气入骨，并且家室漂零，粒米无存，饥饿难受,只得望着白茫茫的一片水面求救。这种境界,简直是饿鬼地狱何等的凄凉惨酷。现在筹振机关虽在赶办急振,然而灾区这样广,灾民这样多,非有大宗捐款,不能普遍受惠,当然要请未被灾害的同胞去踊跃输将,救我们的苦同胞。但是细细的查考起来捐款的成绩,未必能怎样的高超,好像有眼不见为情的现状。所以除掉几位爱国人士能够捐助外,倒是外国,像美红十字会捐助五万元、拉脱维亚红十字会五千法郎。吾们自己对之,不知作何感想。可是现在百业凋零,市面不景气,天天闹着经济恐慌,那里来的开钞来助别人。咳,所说的别人,是不是我们的同胞,天下岂有骨肉手足、兄弟姊妹在将死的时候,装聋诈哑,有听其自然的道理么?兄弟上次在此地播音时,对于听众,曾经提议过,将节省捲烟的费用来助振,是要测验人们的心理,有没有同情。可是消息沉沉,一些都没有动静,可见这一些小事尚且不肯割爱,其他更谈不到。不过兄弟所说的话呢,似乎措辞方面不大客气,但是要请诸位原谅的。(一)我们大家都是同胞,应当直截痛快来说,不必虚伪做作;(二)我们所说的都是激于良心的主张;(三)现在中国处在内忧外患逼迫得这样严重的时候,再要你为你,我为我,恐怕将来要"你不成其为你,我不成其为我",到那时你便如何,我便如何。要知道,中华民国整个的民族,就是我们四万万同胞,现在几十万被灾的难民,是不是我们的同胞,是不是我们的民族?将来我们要想在生路上奋斗,要不要民族去努力?若使民族的份子减少,就是消磨国家的力量。我们要想去救国家、救民族、救自己,快快合力同心的节衣缩食,把生活紧缩到最低限度,先去救那被灾的苦同胞。吾们红十字会现正在筹募水灾,讨论放振的计划,不久就可实行,但是放振员的一切费用,无论饭食旅费,决不动用丝毫振款,使得苦同胞多得一文钱,多得一分实惠。不过兄弟虽然代表中国红十字会来报告诸位,倘蒙慷慨捐助,请送到无论那一个筹振机关去,只要诸位便利,随时随地,都很欢迎的。好得总是为难胞请命,无分彼此的,完啦!

熊赛英小姐(为著名画家熊松泉先生之女公子):

诸位,今天是中国红十字会为征永[求]会员扩大宣传,特在此地播送节目。本人现在有几句话,要和诸位女同胞来讨论。现在的时代是男女平等,女权伸张,确是一桩可喜的事情。可是权利已经平等了,那末义务应当亦要去平等一下子,就像现在红十字会正在征求会员,希望我们女界要踊跃的加入,才显得我们女界的光荣。本人细细的查考红十字会的会员名册,十二万人之中,我们女界不及一万人,未免太落后啦!我想,应和他们竞争的,要知道,美国红十字会的会员,有一千万以上的人数，其中女会员亦很多，并且女青年对于红十字会的服务，非但在战时，就在平时也没有一天不去帮忙的。这种精神、毅力值得钦佩，值得效法。我们呢，非但女会员少，而且男会员亦不多，我们要想增高国际地位，必须男女各界一致的踊跃参加。我们号称文化之邦，对于慈善事业，岂能漠然不问？不关痛痒呢？现在中国红十字会，为了欧洲的风云非常严重，所以要积极的筹备救护工作，特地发行一种赞助证，这[赞]助证的意思，就是请全国同胞大家担任一块钱，四万万同胞以百分之一来计算赞就有四百万块钱，也就是红十字会有了四百万元的救护基金，那末无论遇到什么战，我们就有保障了，这是最紧要的一点。请诸位大家来考虑一下，我们是应当每人要去捐助这一块钱的赞助证，再会。

沈宝恒小弟弟(年十二岁，为本会沈主任之公子)：

诸位小同胞，现在各省水灾这样严重，被水淹死的和嗷嗷待哺的灾民都是我们的兄弟姊妹。已死的，我们要静默几分钟去追悼他们；未死的，我们要快快的去救济他们。我们应当把看影戏和吃糖果零用钱，这许多费用省下来，助到红十字会去放振，以尽我们国民的天职。诸位小同胞，赞成我的提议么？倘蒙赞同，请快快实行罢，完啦。

二、国乐

商余国乐社著名音乐大家张子祥、薛孝慈等五位合奏国乐：(1)《薰风曲》；(2)《梅花三弄》；(3)《欢乐歌》；(4)《四合》。

三、唱歌

学界诸位小姐歌唱最新曲：

熊赛英小姐《战士悲歌》、《凤求凰》、《凯旋歌》；杨朵先小姐《卖报歌》；冯韵芬小姐《永别了弟弟》、《渔光曲》；杨美宝小姐《船夫曲》、《毕业歌》；杨韵芳小姐《和平歌》、《特别快车》；杨尔先小姐《卖花词》、《凤阳歌》、《舞光曲》。

并由音乐师姚平君暨徐文碧君伴奏钢琴，及凡哑令又由姚平君唱《开路先锋》。

四、口琴

熊赛英小姐吹奏《勇往直前》。

五、平剧

海上名票会唱平剧：

(1) 乐界名宿著名画家熊松泉君《雍凉关》；(2) 经礼庭君《上天台》；(3) 朱剑光君《独木关》；(4) 李修竹君、刘从侠君《空城计》；(5) 佘培芝君《盗御马》；(6) 吴忠宪君《天霸拜山》;(7) 潘善昌君《吊金龟》;(8) 陈不群君《骂殿》;(9) 顾守顺君《定军山》;(10) 陈达君《打金枝》;(11) 许文杰君《追韩信》;(12) 李耀星《宝莲灯》;(13) 陆洪元君《捉放曹》;(14) 熊山泉君《宿店》;(15) 王育秉君《李陵碑》;(16) 周根镛君《打龙袍》;(17) 王耐樊君《乌龙院》。

播送第四次特别节目

本会在征求会员期间同时筹募水灾振款,为扩大宣传起见,迭次假座电台播送节目。于九月十五日晚八时一刻至十一时半,仍假佛音电台由秘书冯子明恳请学界诸位小姐播唱最新歌曲,及秘书干叔涵暨熊赛英女士之演讲,兹将干秘书之演稿摘录如下:[节录]

至于入会的规则,上海总会及各地分会都有准备,可以随时索取,照规则入会,如有不明白的地方,总会及分会都可以就地解释。

原载《中国红十字会月刊》1935 年第 4 期

摘录上海各报所载有关本会之新闻

红会将招待新闻界

中国红十字会总会自八月一日开始征求会员以来,由各队队长分别进行,以求普遍。该会对各界对于此次征求委员之实情了解起见,将于八日下午四时在该会所备具茶点招待本市新闻界,由该会会长王正廷及全体理监事亲临报告征求会员进行情形。(民国二十四年八月七日《民报》)

红十字会总会救济水灾

救济方式暂定施药、施衣、赈款,将向美国红十字会请求捐助。

中国红十字总会以各省水灾严重,昨日下午四时在新闸路会所招待中外记者,到五十余人。由曹云祥主席、干叔涵、沈金涛等招待,首由曹氏致词云:“本年鲁鄂皖赣冀晋豫等省因受扬子江及黄河水患致受影响,受灾同胞无衣无食,流离失所,惨苦万状,须知水之为患,较旱更甚,旱灾需长时之酝酿,纵已成灾,仅农产逊色,而水灾则不然,其来也突然,致家具、衣物均告漂流,无论贫富,均遭其害。虽然本年之灾区,不若去年旱灾之广,惟灾黎施救之殷,实不亚久旱之望云儿。盖以社会经济崩溃,年年灾患,布施者亦见减少。本会负慈善之使命,见此惨象,衷心凄然。惟以自身力弱,会中经费殊有不堪维持之态,心与愿违,为特招待诸先生来此,请广为宣传,俾全灾民生命,笔下超生,不啻身受。至于本会对于救济方式,暂定:(一) 施药(因受水后易于染疾);(二) 施衣;(三) 赈款。除盼各界捐助外,决与华洋义赈会联合定下望期在北平开联席会议,再向美国红十字会请求捐助"云云。另息,该会以灾地疫疠发生,救济工作急不待缓,特先拨时疫药水十万瓶,以济眉急云。(民国二十四年八月九日《民报》)

红会救护

中国红十字会总会昨函锡沪长途汽车公司云:径启者,顷奉贵公司柬约本月十五日参加通车典礼,除已派员届时前来观光外,并以时值酷暑,诚恳参加来宾感受时疫。特派遣救护车及医务员携带时疫药品前来,以供驱策,而维旅安。(民国二十四年八月十五日《申报》)

内政部批准红十字会募捐救水灾

中国红十字会前呈内部准予募捐救灾,现已经部批准,现定期讨论详细办法,即行开始。兹奉内政部批示云:"二十四年八月六日来呈已悉,查所称经费支绌,振款无存,请准予募捐筹办水灾急赈,事属可行,应先依照法定程序,拟具详细办法呈候核夺,仰即准照,此批。"该会即定本周内召集会议,讨论详细办法,再呈内部核夺后,即开始募捐云。又该会新闸路八五六号第二医院,前因总会迁入该处,地位缩小,曾于六月二十日停办。兹该院鉴于求治者颇感不便,已定于九月一日起继续开办。惟病人均系门诊,暂不住院,兼院长颜福庆特于昨日前往计划,至分科与否,现尚未能决定云。(民国二十四年八月十七日《新闻报》)

红会在锡沪公路治疗病人

[中央社]前日锡沪公路开幕,由该公司柬请红十字会参加典礼。该会以天气炎热,预防沿路来宾中暑起见,特派医师数人随带药品多种,乘坐救护车前往股[服]务。自沪至锡,沿途各站停靠,分送时疫药水,并为治疗中暑者五人、轻症者二十余人,自上午六时出发,直至晚间九时始回云。(民国二十四年八月十七日《时代日报》)

美红会捐十万元赈水灾

中央社念一日北平电,美红十字会因轸念我国水灾灾民,特捐华币十万元救济。念一日经美使馆拨交中国红十字会及世界红卐字会收讫云。(民国廿四年八月廿二日《晨报》)

美国红十字会汇款振我水灾

计十万元,半数已汇到。

我国长江、黄河相继发水,泛滥成灾。本埠中国红十字会曾电美国红十字会乞振,已蒙汇助振款国币十万元,大通社记者刻向该会探悉,上项振款已先汇到半数,汇款昨始收到。该会所发公函,当于星期内亦可寄沪。本会对于友会此种热忱,深表感谢云。(民国二十四年八月二十七日《新闻报》)

史量才奖学金拨捐红会

松江红十字会分会,近得上海量才奖学金董事会函,并拨捐款五百元,并史公遗照一帧。该会理事长周学文,以史公量才生长松邑,热心公益,素著令闻,且为报界先进,红会中坚,堪资敬仰。爰于该会会所修葺一新之一览楼中,另辟一室,将有功社会之名贤杨了公、项松茂、雷继兴、忐史公并入一龛供奉,以资敬仰,一面并函史公奖学金董事会申谢。(民国二十四年八月三十一日《申报》)

红十字会征求会员

佛音电台播送特别节目。

本埠中国红十字会总会本届第二次征求会员,自于八月一日开始以来,入会者颇形踊跃。兹为扩大宣传起见,于九月一日星期晚八时五十分起,假座佛音电台恳请雅歌集诸位名票合唱平剧,由该社同人预先排定节目,均属各人拿手杰作,非常精采,以饱沪人士之耳福。(民国二十四年八月三十一日《民报》)

红会第二医院开诊

本埠新闸路八五六号中国红十字会第二医院,于九月二日起暂行收治门诊,计分内、外二科,由专科医师及护士、药剂师等分别担任,每日上午十时至十二时作为限,过时不候,星期日停。倘遇应行住院之病人,可转送该会第一、第三医院收治云。(廿四年九月二日《民报》)

红会第二医院昨日继续开办

大通社记者昨向中国红十字会第二医院探悉,该院院长由第一医院院长颜福庆兼任,并聘医师二人,中西各一,西籍医师为山东齐鲁大学医科教授司丹斯博士,华籍医师第一医院外科医师温干臣。此外,有药剂师一人、配药员二人、女护士二人、庶务一人。昨日为第一日,挂号病人已逾一百四十人。(民国二十四年九月三日《时事新报》)

拉脱维亚红会捐款振济水灾

中国红十字会第二届征求会员业已正式开始,并为救济各省水灾,乃向国内外扩大筹募捐款,藉以救济。兹悉拉脱维亚红十字会捐助水灾振款五千法郎,合国币八百八十六元五角二分，已于昨日交由万国红十字会，转汇本埠公共租界新闸路中国红十字会总会掣收。闻该会为各省灾民嗷嗷待哺，不容稍缓，故已派员分别预备，不日将出发各灾区实地查放振款，以资救济。所有一切开支，均不动用捐款矣。(民国二十四年九月四日《新闻报》)

中国红十字会水灾放振

多量振款、振粮、振衣、药品，先放湘、鄂、鲁、苏四省。

本市中国红十字会总会救济各省水灾放振委员会，于昨日下午五时开会，到王儒堂、许世英、王一亭、关絅之等，公推王一亭主席讨论放振办法。决议先放湖南、湖北、山东、江苏四省，每省各拨振款洋一万元、面粉二千包、衣服二千五百件、治疫药水五百匣，共计振款洋四万元。面粉八千包、衣服一万件、治疫药水二千匣，统交由中国华洋义振救灾总会代为散放云。(民国二十四年九月二十八日《各报》)

原载《中国红十字会月刊》1935 年第 4 期

报告：中国红十字会大事记(续)[节录]

第二十三年：丙寅，中华民国十五年，西历一九二六年。

是年十一月，万国红十字会在日本开远东第二次大会，本会经常议公推金伯平代表出席，庄理事长及牛惠霖、王培元两医博士、伍哲英女士，偕往出席报告本会会务，如救护战事、振灾、医务卫生看护诸端。并以是年时疫盛行，特于原设时疫医院外，复添设时疫分院一所，以惠贫病；并将总院增建房屋，计用工料银一万一千九百五十九两；北市医院增建房屋，装修添置，计用工料银一万一千七百九十两。

第二十四年：丁卯，中华民国十六年，西历一九二七年。

是年五月，本会副议长盛竹书逝世，经常议会议决，推举钱永铭继任，并以总医院主任牛惠霖辞职，讨论改组总医院。经议决公推刁信德为正院长，张逢怡为副院长，并订立合同三年，将合同交刁、张二院长各一份，及本会留存一份，以资信守。并以上年美国红十字会长丕恩君及美国女看护裴芝球君来院参观本会总医院及看护学校，讨论扩充校务。承丕恩君至美国募捐，以便新增建筑，加以扩充，并由庄理事长报告。上年万国红十字会开第二次远东大会于日本东京，本会出席代表，讨论结果，经大会通过。本会当添设卫生科，经由会公决特聘美国女[学]医学博士思泼来君主任办理，并由本会卫生科赴沪地各工厂演讲卫生要旨，以促社会卫生之普及。十二月,上海协和大学校董会来函,谓将设立医科大学实习医院、联合国立第四中山大学医学院、圣约翰大学医科、同仁医院,苏州东吴大学附属博习医院、中华医学会上海分会诸团体,特邀本会加入,以本会总医院为第一实习医院,经常议会议决,将原函及说明书抄发各议员,详细考虑后,再行酌夺。直至次年七月解决,因本会总医院为本会根本所在,故不得不详细审慎,从长计议也。

第二十五年:戊辰,中华民国十七年,西历一九二八年。

查是年北伐以来,本会迭接军事委员会来电,出发救护队驰赴前方工作,并于沪地各医院收容伤兵,复以总医院为本会最完备之治疗机关,急应改组,以便应付。至是年七月,国立中央大学医学院院长颜福庆来会商请与本会总医院合作,其办法为不敷经费,由医学院备款贴补,总医院名称亦不改换,即以总医院为国立中央大学医学院第一实习医院。当经常议会讨论,医院为医学本系互相依赖,造就专才,即所以发展医院,只须划清界限,严厉日后侵越之弊,不妨照允。遂议决,即本此旨订定合同十条,以两年为期,各执一份,以资信守。并聘请颜院长为本会总医院院长。九月,本会以迭奉内政部来函,嘱即改选,当经常议会讨论,以现任正、副会长早经任满,只因战争来了延长任期,今因南北统一,辞职另选,自应一体改选,遂议决改选,当即票选颜惠庆为正会长,王正廷、虞和德为副会长,由常议会函请内政部转请国民政府任命,连同本会章程随函送请备案,并以本会现任常议员已有病故及离沪者不下十人,以致每遇开会出席寥寥。本年夏间,已有添聘袁履登、赵晋卿、冯少山、林康侯、叶海田、王晓赖、虞洽卿、关絅之、黄涵之、陈炳谦等十人为议董,以资补救。现为会务大局起见,应即将此十位议董作为本会正式常议员,一体行使职权,当经全体赞同通过。十二月,庄理事长以现在政府注重公共卫生事宜,曾由卫生部刘次长、严司长面嘱,应各负责,分头进行。本会先应从各医院入手,故提请常议会议决,聘请由会派赴美国学习公共卫生毕业回国之殷粹和女士,担任公共卫生事务,由总医院颜院长督同办理。所需经费,试办期内由本会年拨一千元为限,嗣后再行酌定,以副政府提倡公共卫生之至意。(待续)

原载《中国红十字会月刊》1935 年第 4 期

注　　意

本总会自七月十七日迁移以来已将两月有余,现在各分会暨各界来函对于本会地址多书旧处,致邮局徒费转折而耗时间。除早于七月间登报公布及函致各分会,并于本刊第二期披露外,兹再重行登载,即希各界查照为荷。

(本会新址)上海新闸路八五六号。

中国红十字总会电话三四三六六、三四三六七;电报挂号〇五七七。

原载《中国红十字会月刊》1935 年第 4 期

纪录:中国红十字会总会第一届理事会及监事会第九次联席会议纪录

会场:本会议事室

日期:三月二十日下午五时

出席者:副会长杜月笙;常务理事闻兰亭、王晓籁、王一亭、林康侯、关絅之(林康侯代);常务监事黄涵之、陆伯鸿;监事徐新六、汪伯奇、袁履登、赵晋卿

列席者:秘书长曹云祥

主席:杜月笙

纪录:卫锐锋

开会如仪:

(甲)报告事项:

一、报告出席人数共计十二人,已足法定人数。

二、报告第一届理事会及监事会第八次联席会议记录。

三、本会秘书处各秘书及各股主任人选问题,业经依据上次会议决议案由秘书长开单送请常务理监事签准派充。

四、会计股报告二月份经济报告表,业已分送。

五、文书股报告二月份共收文一百三十三件,共发文五百十件,收电二件。

(乙)讨论事项:

一、略。

二、略。

三、本会第一医院新道契已由德和洋行办妥即可送会,其费用计 BC · Rot 第二二四四号升科挂号丈量等洋四百五十六元,BC · Rot 第一四零一四号升科挂号丈量等洋一千八百九十二元,石界洋七十五元六角,工部局证明费洋十四元及领事公馆手续费约洋一百元,共计洋二千五百四十六元六角。此项支出并未列入预算,应依照本会会计规程第三十条之规定提请核准追加预算案。

决议：应准追加预算并呈请内政部备案。

四、上次联席会议关于整理会务、核减支出问题一案，业经依据决议案定于三月份实行在案。兹迭据第一医院函称，减给津贴有合同关系请予慎重考虑，第二、第三医院均函请展缓实行。并据第二医院函请，因经费紧缩限定免费床位十张；第三医院函请每月加给经费一百五十元合成九百元。先后前来应否一律延期实行或如何办理之处，请公决案。

决议：仍依照上次决议案核减数目，一律自三月一日起实行，至第一医院合同应即改订，并于合同内规定月贴五百元，第二医院请限定免费床位十张及第三医院请每月加给经费一百五十元，应由各该医院分别拟具详细事业计划及预算送会再行核办。

五、本会二十三年度预算草案依据第五次联席会议决议案，送请常务监事核定在案。现尚未核定交会，而二十四年度预算照章又急须编订，应如何办理，请公决案。

决议：关于二十三年度预算草案，应由会再行函催常务监事从速核定；至二十四年度预算草案，交由秘书处会计股，依据二十三年度下半期预算数目，克日拟就送请常务监事核定。

六、比国红十字会函请本会派遣青年部代表出席万国博览会一案，当经依据上次会议决议案呈部核示在案。兹奉内政部民字第四三一九号批开，二十四年三月七日来呈已悉，事关国际集会，该会现时虽无青年部之设，自可遣派代表赴会以资观摩。惟为节省经费起见，可仿照第十五届国际红十字大会前例呈请本部转咨外交部，令行驻比公使馆就近选派本国青年代表出席参加，如有出品并仰随文呈送以便核转，又此后对于外国文件应译成本国文字随文呈部，并仰知照，此批等因。特录批提请讨论案。

决议：遵照部批，由会呈请内政部转咨外交部，令行驻比公使馆就近选派本国青年代表出席参加，至出品现因未备请免随送。

七、本会《第二次征求会员章程办法》，业经依据上次联席会议决议案送请闻常务理事兰亭、关常务理事絅之、黄常务监事涵之审查在案，现已审查完竣，请核定案。

决议：照审查意见通过。

八、略。

九、略。

(丙) 临时动议:

一、本会与国立上海医学院所订合同早已期满,自行另订新合同以便双方遵守,兹准国立上海医学院提出修订合同草稿,请讨论案。

决议:交常务理事审查后再行核办。

二、万国儿童救济会来函催请速付一九三四年会费,请讨论案。

决议:此项应付会费,一俟筹措有着,即行汇付,并交秘书处先行婉辞函复。

三、万国红十字会联盟会秘书长致函本会王会长儒堂云:"彼闻王会长出任本会会长,深庆得人,为本会贺,并称联盟会深愿本会派遣人员赴该会学习红十字会事务,只须担任来往川资,彼可津贴日常费用,足资在巴黎一切用度"等语。请讨论案。

决议:交常务理事核办。

散会:下午六时半。

主席:杜月笙

原载《中国红十字会月刊》1935 年第 5 期

中国红十字会总会第一届理事会及监事会第十次联席会议纪录

会场:本会议事室

日期:四月十五日下午五时

出席者:会长王儒堂;副会长刘鸿生、杜月笙(王晓籁代);常务理事王晓籁、王一亭、林康侯、关絅之(袁履登代);常务监事黄涵之;理事许静仁(王一亭代);监事汪伯奇、袁履登、胡孟嘉(林康侯代)

列席者:秘书长曹云祥

主席:王儒堂

纪录:卫锐锋

开会如仪:

(甲) 报告事项:

一、报告出席人数共计十二人,已足法定人数;

二、报告第一届理事会及监事会第九次联席会议记录;

三、报告闻常务理事兰亭于三月二十九日起因事请假一个月;

四、报告关于呈请内政部核转行政院国民政府拨助本会经费一案,呈文已由正、副会长及常务理监事会同署名盖章发出；

五、比国红十字会函请本会派遣青年部代表出席万国博览会一案，业已依照上次决议案呈请内政部，并奉批示已转咨外交部令行驻比公使馆就近选派青年代表参加矣；

六、会计股报告三月份经济报告表，业已分送；

七、文书股报告三月份共收文二百六十七件，共发文三百十二件，收电二件，发电二件。

（乙）讨论事项：

一、略。

二、拟请发行福引券一案，曾由秘书长拟具计划书送请常务理监事核示，兹经关常务理事絅之、常务监事涵之批示提会讨论，请讨论案。

决议：准照计划书办理。

三、本会第二、第三医院核减经费预算表业已送会，请经送请常务监事审核，请讨论案。

决议：第二医院每月经费仍为一千五百元，免费床位不能限止，所送预算书列总会拨款为一千八百九十六元，应再减去三百九十六元，并应于支出门[房租]、员役项下再减去三百九十六元，使收支适合；第三医院每月经费仍为七百五十元，所送预算书列总会拨款为九百元，应再减去一百五十元，并应于支出门房租、员役两项再减去一百五十元，使收支适合，均仍自三月一日起实行。

四、第二次征求会员应积极进行案。

决议：将上次联席会议决议通过之《第二次征求会员章程》及《筹赠给奖办法》从速呈请内政部核准备案，以便进行。

散会：下午五时半。

主席：王儒堂[待续]

原载《中国红十字会月刊》1935 年第 5 期

会讯：总会近讯：第五次特别播音

本会为征求会员并救济水灾事，于九月二十二日[星期日]晚八时一刻至十二时半，假座佛音电台播音，以资宣传。事前由佛音电台龚振衢居士介绍闸北水电厂同声曲社之昆剧余蓝田先生介绍兰社之粤曲，当经本会函请去后，均蒙允许，义务会唱，并由本会沈金涛先生演讲，及临时参加之票友会唱平剧等，兹将节目附录于左：

（一）演讲

本会编译宣传股主任沈金涛：

今天是中国红十字会播送第五次特别节目，播音的目的无非征求会员以及筹募水灾振款的两大问题。这两大问题，人家以为是水灾比较征求委员来得重要，可是这次征求会员的严重性，与水灾是一样的，所以本会对于这二大问题是一样的重视。

现在先把征求会员的严重性来解释一下，要知道阿比西尼亚今天报载，在此数天之内，要和意大利开战啦。开战以后就有第二次世界大战的可能，那末无论苏国、法国、美国、德国、日本以及积弱的中国，是不是要加入漩涡，是不是能够避免？我们虽不敢逆[预]料，但世界的情势观察起来，吾们中国未必能抱乐观，恐怕非但华北及东南沿海一带不堪问闻，就是通商巨埠未必能保安全。假使不幸而遭逢这变故，试问将何以对付？本会责在救护，岂能够对于地方糜烂、军民死伤，可以袖手旁观吗？所以本会想到这一层，筹议了许多的计划，讨论了许多的方略，以备不及的将来，来尽我们红十字会的责任。一来为人道作保障，为人类谋安全；二来希望在国际上得到光荣的地位。可是本会的经济力量是很薄弱的，平时对于救济、防疫、卫生、医药已经勉为其难，竭力撑持。现在倘使要遇到这大变故，请问怎样的去实施吾们的方略，简括的讲一句，就是怎样的叫我们去救人，所以红十字会的经济力量，就是全系乎全国同胞的经济力量。倘使同胞都能来协助、扶持、增加经济、增加力量，那末非但是中国红十字会的幸，实在是中华民族之福，全国民族之福，也就是四万万同胞之福。假使诸位要为国家求幸福，为民族求幸福，那末请诸位在此世界紧张时，也就是红十字会征求会员期间，快快来加入做一个会员，大家合力来完成本会伟大的使命，就是立刻要训练救护人材，储备救护材料。虽然说是未雨绸缪，然而已经是临渴掘井啦！

本人这样的急切敦促，热烈的劝告，并非是宣传工作，要知道在三四年前就有一九三六年为第二次世界大战之推论，到现在一九三五年还未终了，就有意阿事件的开始，这是一种显著的表示。那末吾们岂能勿触目惊心，有所准备呢？本会的征求会员期间，本来要在本月底截止，因为有远地的县政府及各分会要求延长日期，本会现在已经呈请内政部核准，虽然还没有奉到批示，不过照去年的成例，至少总有一个月的延长。请诸位在此数十天之内,就是不入会员,那末至少限度,每一家每一人担任一个赞助证。每一个赞助证只须国币一元,不要说全中国、全上海,就是现在的听众,假使个个能急公好义,合家赞助,那末本会所得到的,至少也可办一所训练班,所以希望共同进行,使得集腋成裘,聚沙成塔,将来一定得到美满的结果。至于水灾问题,本会固属非常重视,可是上海各省水灾会以及各报馆、各电台、各机关团体,都很热心的劝募,成绩虽然极好,但是捐款愈多,灾民受惠愈多。希望诸位勉力的捐输,将来一定得到善果。诸位不信,就像本会理事许世英先生,就是国民政府振灾委员会委员长,他在出发河南查赈时候,坐了汽车经过丈余高的提[堤]岸时,地土不平,汽车夫竟指挥不灵,车身望堤岸边开去,三个轮盘已落了空,这在一发千钧的时候,那里知道第四个轮[盘],被一块石头轧住了,居然搁住在空中,就此出险。诸位,人家说,因果是迷信,我想天理循环是很有证据的,诸位不妨把许静老的一桩事,细细的来研究研究,大家一定会激动好善之心罢!再会。

(二)粤曲

商请兰社主人晦□居士暨全体社友拍和合奏。

陈惜影君　郑振华君　关华石君　晦□居士　唐弄钻小姐　关关小姐

周杰明君　朱森堂君

一、《细雨飞花》(清音);二、《别离恨》(关关小姐唱);三、《满园春色》(清音);四、《灾区乞振赋歌声》(唐弄钻小姐唱);五、《月影寒梅》(清音);六、《四郎探母》(晦□居士唱);七、《书楼人静泣孤嫠》(唐弄钻小姐唱)

(三)昆曲

商请闸北水电厂同声曲社会播昆剧。

一、《绣房》:周起苞君、蒋人龙君;二、《见娘》:冯继耕君、管际安君、胡幼亭君;三、《三醉》:徐鈇甫君、蒋人龙君、管际安君、汪克柔君;四、《佳期》:周起苞君、吴绍裘君;五、《扫秦(迎仙客)》:顾根仙君;六、《琴挑(朝元歌)》:陈宝善君;七、《回猎(镜缠道)》:金沚其君;八、《认子(逍遥乐)》:汪克柔君

(四)平剧

佘培芝君《追韩信》;熊赛英小姐《毛延寿》;王福葆君《打严嵩》

原载《中国红十字会月刊》1935年第5期

征求会员末次播音

本会于九月二十九日晚八时一刻至十二时半，仍假座佛音电台为征求会员及筹募水灾振款扩大宣传播送特别节目。是日，承该台委员长李茀侯、委员龚振衢亲临指导及职员佘蓝田、李锡棠二君殷勤招待、详明报告，并将电力放足，俾国内外均能聆此妙音。由冯秘书商请张石川、周剑云、董天涯诸君，邀请电影皇后胡蝶小姐暨明星公司全体男女明星播唱最新歌曲，由百代公司国乐部诸君义务伴奏及会唱平剧、吹奏口琴；大同乐会之大套琵琶、海上名票之客串等阳春白雪美不胜收。来宾慕名参观者达数百余人之多，挤挤跄跄盛极一时，并由本会曹秘书长、干秘书、沈主任、来宾熊女士之演说，将本会情况发挥殆尽。又承南洋、华美两烟草公司赠送香烟；新发兴、华大两鲜果行赠来菓品多种，以款佳宾。此次，各界协助不遗余力，本会实深感纫，用志数语，以资纪念。兹将是日节目纪录如下：

（甲）演讲

（一）曹秘书长云祥：

同胞们，今天承明星胡蝶女士及诸大明星来为中国红十字会第二次征求会员播送特别节目，更承佛音电台每次假予播音的机会，这种爱护中国红十字会的热忱，在我没有开始讲演本题之先，在诸位听众之前，是先要代表中国红十字会向他们致谢的。

讲到红十字会本身问题，为什么要举行这个征求会员呢？这个问题恐怕不是今天这么短的时间所能向诸位解答的。但是我在《国人对于红十字会应有之认识》这本刊物上面，已经讲叙得很详细，今天不过择其大概来向诸位讲讲。

红十字会的性质，完全是一个纯粹的民众组织和受政府指导之下，唯一国际性的慈善机关，绝不是一班普通慈善团体所能比拟的，他的任务可以分为三点：第一是战时救护，在战争的时候不问是自己人或是敌人，只要是受了伤害的，红十字会就得要尽义务去救护他们；第二是防御灾变，在各种天灾发生的时候，如水灾、旱灾、饥荒、瘟疫以及地震、风灾等等，红十字会也要尽拯救民众的义务；第三是服务社会，如提倡卫生、增进慈幼幸福、救护麻疯[风]、残疾贫苦的民众，防止痨病，铲除毒品，禁绝娼妓，施给难民衣食、川资、药品等，都是红十字会为社会为人民应尽的义务。

红十字会的工作范围既是这样的广大，那末他必定要有比这更大的能力，才能完成这种任务,至于他能力的培养,完全是由物资质方面构成的。物质的来源,当然又非仰仗财力和人力不可。现在红十字会的财力是空前的微弱,他经费的来源:(一)基金;(二)政府补助金;(三)会员之会费;(四)募捐;(五)本会事业上生产的收入;(六)本会财产的基金。这几种里面基金是分毫不能动用的,政府的补助金到现在才每月有几千块钱,为维持本会经常费尚且不够。事业上生产的收入完全无有,财产的息金也有限的很,募捐更无把握,唯一的收入就完全靠会员的会费。如果全国的同胞们每个人都来入会,那末以我国人口来计算,这种会费的收入的实很有可观,要办什么事业,我想都是能够成功的。但是,中国红十字会创立三十余年,到现在不过十余万会员,每年入会的仅及几千人。诸位,由此就可以知道红十字会财力和人力是如何的薄弱了。我们再来看世界各国红十字会的情形是怎样,比较起来真是让人羞愤。美国红十字会一九三三年全国会员共有一千余万人,他的基金达千六百余万,还有政府资助他的赈款约七千三百万金,以为振救灾难之用;日本红十字会经政府的倡导,全国人民多踊跃入会,所以他的会员也有五百余万人,他的基金也有二千余万,分会有二千五百余处,所以他们红十字会的力量是非常强大的。在全国一旦发生灾难的时候,他们的人民就可以得着救济的效果,我们中国红十字会现在的情形还能够与他们相比吗?

我们红十字会其所以能力不及美国、日本的原因,就是因为同胞们平日对于红十字会没有认识清楚,忽略了对红十字会的义务。所以在这第二次征求会员期中,我们很想将红十字会的性质介绍给同胞们认识,来各尽个人的力量帮助红十字会,培养强大的能力为国家和人民解除目前和未来的灾难。如果四万万同胞们,真能都来作红十字会的会员,我相信一切的灾难都不成问题了。今天时间很短,不能多讲,完了。

(二)干秘书叔涵

诸位同胞们,关于中国红十字会这次征求会员的意义,已经由本会秘书长曹先生讲演得很详细。我现在还有一点感想和意见要请大家注意听听。我的感想是就中国红十字会的目前情形可以推测到整个民族存亡的问题,这个并不是我故意张大其词来小题大做的。试看现代世界上,凡是一个兴旺的民族,靡不是有严密的组织和团结的精神,他这种组织和精神是不是民众的力量形成得来的。所谓民众力量就是一种互助的结合体,换句话讲,就是患难相济,存亡与共。自世界大战以后,这个意义,都成为每个民族的灵魂。请看最近德国的国社党、意大利的法西斯蒂,他们的组织完全是建筑在民族意义上面，即如日本的青年军人的结合，都是以民族为前提的，所以他们的民族力量能够团结巩固来和其他弱者民族争消长。最近报纸每天所登载意大利与阿比西尼亚快要发生战争，他们都是倾全国民众的力量去决谁胜谁败。这种战争在阿比西尼亚方面确是一个黑种民族存亡的关头，自然非拼死力去挣扎不可，回想我们的土地、我们的同胞任人宰割而去，我们整个民族，也在生死存亡的关头，不知大家要作何感想。

世界大战的风云已经是笼罩了远东而弥漫了欧洲，也许会因意大利和阿比西尼亚的问题而引起第二次世界大战。这次战争完全是民族主义为出发点的，将来只有优胜民族可以与世长存，劣败的民族一定是要被淘汰和灭亡的。

我们中华民族有几千年的历史，到现在还是抱着世袭的家族思想，完全没有民族的意志，在这个民族斗争的世界，还能有立足的余地吗？无怪今天遭国耻、明天遭国难，这都是我们民族力量薄弱自己招讨的。

就以这次各省发生水灾来论，也可证明我同胞们对于民族的观念太薄弱了。这次水灾情形的惨酷，的确超过二十年的情况，灾民所受的痛苦实在令人伤感。我们在各处报灾的电报当中所看见的，有某县电报上说，全县淹没五十多万灾民，老的投水，妇女小孩用绳子系着殉难，还有饿死的、淹死的，种种惨状，使人不忍卒读。像这种残酷的灾情，就是国外人看到，他们也许看人类同情的大义，出力救济，何况受灾的都是我们休戚相关的同胞。可是现在虽然有许多慈善团体设法募捐去救济他们，但是一般人都不愿解囊相助，所募的捐款也同杯水车薪，于事实也没有多大的补助，绝没有看见有钱的人各人自动的捐款去做救济的工作。有钱的人还是在过优裕的生活，灾民还是在受苦，虽然彼此都是中国人，好像没有什么意识在里面。由此知道同胞们在一个民族立场上尚且彼此不能相助，万一到了与外来的民族斗争的时候，还能集合力量同阿比西尼亚一致对外作民族的战争吗？

我们要知道这个世界上，拿个人主义去求生存是不可能的。个人的享受，更是不长远的，尤其我们在内忧外患相迫来到的当儿，国际情形又是这万分的险恶，国家和民族的生存，已经逢着空前的难关。试问皮之不存，毛将焉附呢？私人的财产，都是靠不住的，与其日后不明不白的丧失，不如今时慷慨的捐出一部份以救同胞们的生命。有钱的捐钱，有东西的捐东西，或是交给当地的红十字分会代为放赈，或是自动的组织去救济他们被难的同胞，尤其是都市的有钱的人们和专门享乐的人们，对自享受方面多节省一点，用去救济他们。如此全国一心用多数人的力量去救济少数人的灾难,我相信灾民的痛苦一定可以得着相当的解除,那末我们民族的之气也可以不致多受损伤。再大家站在民族的立场一致来赞助红十字会去完成他本身的事业,就是以后发生任何的战争或者是灾难,决定可以替我们整个民族解除一切痛苦的。所以我很希望同胞们赶快的团结起来,组织起来,万众一心去谋我们民族整个的幸福,不但红十字会的事业可以得完成,就是整个空前的国难,我想也可以解除的。完。

(三)沈主任金涛

诸位,今天是本会播送第六次特别节目,也可以说是最后一次的特别节目,所以特地请了明星影片公司全体男女明星,在此地佛音电台播唱最新歌曲以及客串平剧、口琴合奏,还承百代公司国乐部诸名家伴奏,更觉锦上添花。胡蝶小姐刚从周游各国回来,平时既不肯轻易演唱,现在回国以后在电台义务播唱,还是第一声,尤其名贵。他们全体明星来为我们红十字会帮忙,固然极端感谢,可是他们也是为灾民请命来的。今天还蒙南洋烟草公司、华美烟草公司、新华兴及华大鲜果行送来许多香烟、水果都是热心公益,非常钦佩。佛音电台已假座六次,耗费电力,耗费时间,尤其是电台的委员以及各位职员,精神毅力,见义勇为,诸如此类,前前后后,许许多多,都是热烈的赞助本会。本人代表中国红十字会以十二分的诚意,来做一个总结致谢,同时代表千百万灾民九顿首以谢。

讲到中国的天灾,近年来几乎年年都有,可是没有今年来得这样严重,这样广大,尤其是水灾,比任何灾难来得惨酷。就像去年的旱灾,大家知道是非常苦楚的,然而无论怎样的苦楚,总还能够逃生,只要能够逃生,慢慢的总能设法恢复的。俗语所说,留得青山在,不怕无柴烧。那末水灾则不然,因为大水几时要来,既不能预料,等到突然间来的时候,无论你有天大本领、万贯家财,也是要同归于尽的。

诸位同胞,可见金钱万能这句话,在遇到水灾的时候,已经失了效用。那末金钱既不能万能,吾们从此可以觉悟,可以把钱看得轻些,所用金钱的地方,要用得切实、得当、有价值、有意义。照目前而论,应当快快去救我们国家,救我们民族,救我们四万万同胞,才可以尽我们国民的责任。倘使不这样的去做,民族的份子一天减少一天,国家的力量也就一天薄弱一天,我们同为中华民国民族的份子,痛定思痛,岂不触目惊心呢?所以救人即所以救己,希望大家同舟共济,踊跃捐输,挽救我们垂危的国运。今天在此播音,虽然是有很美丽的歌曲,可是也是代表灾民的哀音,不知道诸位听了以后作何感想，作何表示？希望娱乐不忘救国，救国不忘救灾。现在再要讲到红十字会的本身啦，红十字会的宗旨是博爱恤兵，这四个字是包括慈善事业的一切平时的工作，谅必诸位都已经明了，不必我来多讲。可是一到战事发生的时候，我们的责任太大了，无论战地、后方、兵士、人民、友方、敌方的生命，我们一视同仁的都得要去救护他们，我们的救护队员要在枪林弹雨中去抢救凡属人类的出险，非但是人类，就是动物，包括的说凡是生物，亦得要救护的。所以红十字会的救护工作，是全世界一致拥护、尊敬、信仰的。但是各国红十字会都有几万万、几千万的基金，独我中国红十字会，非但没有基金，而且一定要遇到什么乱变时，大家就会临时有物质的捐助。可是临渴掘井，我们既没有充分的准备，人材方面也没有长期间的训练，工作起来，决没有十分良好的结果。所以这一次的征求会员，就是根据这一点来弥补缺憾的，因为会员一多，就能集思广益，促成这救护伟大使命，把会费来储备救护材料以及养成救护人材。夫然后遇到什么变故，我们就可以措置裕如，也就是人类可以得到了安全的保障。现在第二次世界大战的前奏曲将要开始啦，在意大利和阿比西尼亚合奏之后，只怕就要开幕，开幕以后的好戏，非但是唱最新歌曲，还要做三本铁公鸡、界牌关等连台戏。至于舞台的角儿，诸位大概都知道是很有名的，而我们的配角，恐怕有不容你不加入的恐慌。那末我们要想想，东西南北中，究竟那一处是安乐土，我是不敢说，况且也不晓得怎样说，所以红十字会的准备，是刻不容缓的，就是诸位同胞对于红十字会的赞助，也是刻不待缓的。希望诸位，为人群谋福利，为人道谋保障，请快快的赞助红十字会，请快快的加入红十字会，再会。

（四）熊女士赛英

诸位，中国红十字会假座此地佛音电台播音已非一次了，他们的宗旨，如果注意的听众，我想一定也已经完全明白啦，用不着我再来多说。现在我是向以前几次没有注意报告的听众们说几句，世界的风云一天紧似一天，就拿现在的意大利和阿比西尼亚说吧，也许就是世界第二次世界大战的导火线，如果大战一开始，红十字会就是救国工作中最重要的一部分了。诸位请想一下，在枪林弹雨下的兵士，是不是每个人都能不遭枪弹的侵犯而不受伤的，究竟人是血肉之躯，怎经得那些钢弹铁丸呢。那末，如果一受伤，红十字会就是后方的救护者了，受了重伤的也可以慢慢的把他们治好，就是不幸因而殉难，那末红十字会来收殓葬埋，免得尸骨暴露。诸位，由这一点看来已经可以知道，红十字会在整个国家、整个民族所站的地位、所负的责任是怎样的重大了。因为在开战的时候,兵士是越多越好的,如果没有红十字会救护,那末全打伤了或者因伤而死了,于是伤了一个就是国家少了一位帮手,死了一个就是四万万民族之中去了一位同胞,到后来越弄越少,胜利不消说难以得到,也许还有灭亡的危险。诸位,请想可怕不可怕,我们要想得到胜利,去除危险,就只有伟大的红十字会做战线上的维持者。我们中国的红十字会内容也不能说是不完美,计算也已经有三十年历史,不过内中所缺少的就是经费。大家都知道金钱的魔力是很大的,有了钱无论怎样大的事全可以干,没了他就什么事也干不了。我们要使红十字会的内容更优美,设备更完全就只有捐钱。这捐钱的办法很多,除了原有的五级会员外,最近又发行一种赞助证,这种赞助证每个人只消拿出一块钱就好了。中国全国的同胞如果全肯拿出一块钱,那末红十字会就已经有了四万万块钱的基本金,有了这么一笔大的款子,就可以把红十字会建设得非常完善,到了那时候,无论怎样大的可怕的战争也不用担忧。因为一切全有红十字会去负责替我们做保障了。诸位,我们知道利人利己的事谁都愿做的,这[你]们捐一块钱倒是区区之数,可是这利益真大了万倍有余,这样有价值的事,诸位,你们可请[情]愿去干呢,请大家细想一下好吗?

诸位,人生在世最可怕的就是天灾人祸,人祸大家还可以靠和平来维持,说到天灾就是无论有怎样伟大的人物,科学怎样的发达,也是难以避免的。天灾大概可分火灾、水灾、干荒、地震、风灾、火山爆发等几种,其中以火灾的范围比较小一些,尤其在现在科学发展中就是避免火灾的方法和挽救的器具也不知发明了多少,而最容易看见的就是大城市大都会中和一些人器繁杂的地方。其余要末不发动,万一发动则必蔓延几千百里。可是在地够坚固、位置适中的中国,风灾、地震、火山爆发等几种比较是少见。可是这水灾呀在中国历年以来,夏禹治水之后又不知发生了几万次。多种大灾中要算这水灾顶会蔓延范围顶大了,一来就是几百里,不消几十分钟就可以把一块很好的陆土变成一片汪洋,远远的望去就是白茫茫的一片,那些灾民就弄得无家可归,骨肉漂散了。这种凄惨的情形,我也真不忍说他。现在我先向处于安乐乡中的先生、小姐们谈谈,我们在上海的人都是安居乐业的,和宗教中所说的天堂也难分彼此,那末天堂中的人们就是像神仙一样。大家都知道神仙都是慈悲的,都爱拯救人出水火的,我们既有做神仙的幸福与资格,那神仙的工作当然也该分担一下,无妨这救护工作又是顶简单的。只要大家把平日的废用的钱分一些出来就好了,在我们是区区一些,在灾民方面就受惠多多了,聚沙成塔,集腋成裘，全上海的人只要每人拿出一块钱也就可观了。你们大概也常看见报纸上登的多捐一文多救一命吧。假使我们不这么去干，那末他们无吃无住的就难免不要起些坏念头，常说些路极无君子，万一他们因此而变成土匪、强盗，集党成群，那为害就不浅了，天堂中的人反而要受到不安了。诸位太太小姐们，请你们把买化装品的钱省一分下来去捐助；诸位先生们请把香烟钱省一分下来；还有许多小弟弟和小妹妹们，请你们把买糖果的钱省一些下来，都请捐助给灾民，天堂中的神仙请你们发些慈悲救救地狱中的灾民吧，完了。

(乙) 口琴

(一) 吴亚青君《旱天雷》；(二) 夏志刚君《女神舞》；(三) 周凯君《汉宫秋月》；(四) 夏志刚君《连环扣》

(丙) 琵琶

大同乐社《大套琵琶》

(丁) 歌唱

顾兰君小姐《翡翠马》；严月娴小姐《凤求凰》；高占非君《船家女》；舒文绣小姐《可人曲》；黄耐霜小姐、汤杰君《插秧歌》；胡蝶小姐《夜来香》；朱秋痕小姐《及时行乐》；百代公司国乐队伴奏

(戊) 平剧

王慧娟小姐《汾河湾》；王吉亭君《珠帘寨》；顾梅君小姐《战蒲关》；汤杰君《牧虎关》；经礼庭君《哭祖庙》；王梦石君《空城计》；汤杰君、经礼庭君《捉放曹》

(己) 客串

李琴英小姐《骂殿》；熊赛英小姐《追韩信》；佘培芝小姐《打严嵩》

原载《中国红十字会月刊》1935 年第 5 期

中国红十字会推定查放水灾委员

本会对于各省水灾积极筹募振款，以资救济。前已成立筹募委员会，由王儒堂为委员长，杜月笙、刘鸿生为副委员长，林康侯、王晓籁、闻兰亭、王一亭、关絅之、黄涵之、钱新之、陆伯鸿、王培元、朱子桥、许静仁、姚虞琴、李应南、劳敬修、汪伯奇、沈联芳、叶誉虎、穆藕初、姚慕莲、狄楚青、袁履登、宋汉章、赵晋卿、徐新六、胡孟嘉等为委员。印有捐册百本，并拟就募捐办法七条呈请内政部核准，并加盖部印。现内政部均已批示照准。于九月二十四日本会召集理监事会及筹集委员会，由王儒堂

主席,出席者有王一亭、黄涵之、袁履登、汪伯奇、关絅之、徐新六等十余人讨论救济水灾办法,并推定王儒堂、许世英、王一亭、陈光甫、关絅之为放查委员,成立放振委员会负责进行统筹办理,定于九月二十六日召开放振会议,以期赶办急振云。

原载《中国红十字会月刊》1935 年第 5 期

子廉、雁宾征求总队演剧筹款

本会第二次征求会员曾聘请海上名流组织征求总队计一百队,由各总队长转聘分队长若干人,同时进行征求。兹有张子廉、洪雁宾二总队长联合办理演剧筹款,定于九月二十七日起至二十九日止假座三星舞台,商请全沪各票会串平剧。票界分一元及五角二种,由总会加盖印章以昭郑重,所收券资均作会员会费,除必须开支外,余款由子廉暨雁宾二总队长开具名单送会,由会填发会员证书、徽章。推赠会员之种类,视票界之多寡定之,例如票洋十元推赠为正会员。如会员费不足数时,亦可将零星票价合并计算,例如一元票五张可推赠为普通会员,均以此类推,既可得试听之娱,又可为红会会员,并请海上闻人登台演讲,以资宣传,诚一举而为数善备也。

原载《中国红十字会月刊》1935 年第 5 期

本会卫生队参加水灾游艺会

本市各界筹赈水灾游艺大会主办电影界助赈游艺大会,于十月四、五、六日每晚八时起,在海格路大沪花园举行表演、平剧、歌唱、舞蹈、话剧、滑稽电影等节目。该会函请本会卫生队担任卫生事宜,本会以事关救济水灾,特派医员多人前往服务,三日中来队诊治者以女界为多云。

原载《中国红十字会月刊》1935 年第 5 期

救护队参加全国运动会场地救护队

第六届全国运动大会于双十节起,在本市市中心区新建之体育场举行,本会救护队与卫生局暨童子军担任卫生组事宜。除卫生局组有诊疗所及童子军为担架队外,本会担任场地救护,由曹秘书长、卫秘书为正、副监察,并由冯秘书、杨、鲍、卫三主任为稽查;其余队员十人均为经验宏富、曾受训练者,由干秘书及沈主任为正、副队长督率,派有救护车两辆随时服务,并由该二队长公布临时纪律十四条,一致遵

守。故在此十天期内服务勤奋,纪律严明,各界莫不赞誉,兹将该队名单录后:

队长:干叔涵

副队长:沈金涛

队员:

甲组:于宝钧、李耀星

乙组:陆洪元、宋匡宇

丙组:靳纬曾、吴玉麟

丁组:吕惠英、李谷

戊组:周根镛、杨志道

中国红十字会总队救护队参加第六届全运动会场地救护队之纪律:

(一)本队救护人员均系志愿参加,纯尽义务;

(二)队员应尊重本会名誉,顾全人格,各宜自爱,待人接物以仁慈为心;

(三)本队服务时期以十月十日全运会开幕起至十月二十日闭幕止;

(四)凡在指定场地之各组救护队非经队长许可,不得擅离职守或互易地位,集合及服务地点临时由队长指挥之;

(五)凡场地中遇有疾病者立即为之治疗,倘病情较重应通知童子军担架队送诊疗所;

(六)服务时应在本场地内巡视(以不妨碍比赛地点为原则),但不得在看台逗留;

(七)在场地内经人报告有受伤或疾病者,应立即驰往施救,不得耽延或推诿;

(八)凡在服务时间须穿制服,并佩袖章及徽章,以资识别,并宜保持清洁;

(九)服务时间不得吃纸烟、雪茄或沿途食物;

(十)队员无论在场内外购物须照价给付,不得有争执情事;

(十一)无论事之巨细须得队长之许可,始得施行;

(十二)队员非有重要事故或疾病不得请假,否则应自行妥觅替人代表报请本队核准后,始可离职;

(十三)全体队员应遵守纪律,一切行为不得越出范围以外;

(十四)本纪律于十月十日公布施行之。

成绩报告:

十月十日 共治十七人

十月十一日　共治十二人

十月十二日　共治十五人

十月十三日　共治十七人

十月十四日　共治五人

十月十五日　共治九人

十月十六日　共治十六人

十月十七日　共治十四人

十月十八日　共治三十六人

十月十九日　共治二十人

十月二十日　共治十一人

十一天总共治疗人数一百七十二名。

原载《中国红十字会月刊》1935年第5期

子廉、雁宾联合总队演剧征求会员

本届总会征求会员委员会聘请海上名流一百人担任征求,总队一百队各总队长之姓氏曾于本刊第二期披露。现由张子廉、洪雁宾二总队长联合发起演剧征求会员,恳请申商、恒社两票房诸位名票假座牛庄路三星舞台会串平剧。于九月二十七日至二十九日止,日夜举行三天,券价分一元及五角二种。观众因各票友向不轻易登台且以各演拿手杰作,在未开演前已纷至沓来,大有应接不暇之势。洪总队长除登台串演外,并主持内外,热忱毅力实堪钦佩! 兹将三天剧目登录于左:

九月二十七日戏:

(一) 全班合演《天官赐福》;(二) 郑少衡、王庆三、梁大水、王宝贵、金小毛、张福林、王小廷、李宝华《文王访贤》;(三) 张鑫安君《拾黄金》;(四) 小盖玉廷君、陆君鹤楼、陈胜豹、刘进奎、李秀云、冯富贵、黄声芳、王奎官、恩来绿、马明奎、王宝贵、小富亭、王敬臣、朱喜仙、五阵风、董胜明《(三本)铁公鸡》;(五) 杨素兰女士、伏天宝、金小毛《凤阳花鼓》;(六) 鲍士英君、赵瑞春、王宝贵、恩来绿、黄声芳、李秀云、小富亭、王奎官、王敬臣、马明奎、陈胜豹、冯富贵、朱喜仙、五阵风《高冲挑华车》;(七) 葛少岩君、张鑫安、张福林、刘德林、王胜瑞、王庆山、马春廷、董胜明、郑少衡、李山春《徐策跑城》;(八) 花丽容女士、张秀艳、范魁元、董胜明、张福林、李宝华、胡宝翠、金小毛、刘德林、王胜瑞《贩马计》

九月二十七日夜戏：

(一) 班串《大赐福》；(二) 张鑫安君《五雷大阵》；(三) 小盖玉庭君、王敬臣、陈胜豹、刘进奎、马春廷《界牌关》；(四) 周志斌君《林冲夜奔》；(五) 戎伯铭君《醉酒》；(六) 洪雁宾君《滑油山》；(七) 黄修伯君《捉放曹》；(八) 庄继孟君、花玉兰女士客串《宝莲灯》；(九) 顾舜才君、郭翛翛君、关鸿宾君、周志斌君、李白水君、方岑一君、张哲生君、王振铭君《(全本)赤壁鏖兵》

九月二十八日日戏：

(一) 全班合演《天官赐福》；(二) 李宝贵、王庆山、王胜瑞、张福林、金小毛、王小廷、郑少衡、袁少青《群臣大宴》；(三) 刘德林、胡宝翠、王秀亭《黑风帕》；(四) 小盖玉廷君、周菊芳、李秀云、冯富贵、恩来绿、王宝贵、王臣敬、五阵风、刘进奎、陈胜豹、赵瑞春、黄声芳、王奎官、马明奎、小富亭、朱喜仙、董胜明《大闹嘉兴府》；(五) 杨素兰女士、张鑫安君、金小毛、袁小青《乌龙院》；(六) 鲍士英君、伏天宝、王奎官、王敬臣、王宝贵、马明奎、李秀云、小富亭、周菊芳君、赵瑞春、恩来绿、陈胜豹、黄声芳、冯富贵、朱喜仙、五阵风《大破四杰村》；(七) 花丽容女士、王小廷、胡宝翠、鸿雪芳、李宝华、葛少岩、金小毛、赵志秋、郑少衡、李山春《(全本)金榜乐》(大团圆止)；(八) 李白水君《(全本)清官册》

九月二十八日夜戏：

(一) 班串《大赐福》；(二) 张鑫安君、鸿雪芳君《武昭关》；(三) 小盖玉廷君、陈胜豹君、刘进奎君、王敬臣君、马春廷君《杀四门》；(四) 吴颖荪君《探阴山》；(五) 新雪琴小姐、孙信培君《坐宫》；(六) 邵佐龙君《民族英雄》；(七) 汪其俊君、顾舜才君、范叔年君《追韩信》；(八) 沈元豫小姐、方岑一、关鸿宾君、沈敏敏君、范叔年君《穆天王》；(九) 章耀泉君《柴桑关》；(十) 郭翛翛君《(全本)明末遗恨》

九月二十九日日戏：

(一) 班串《大赐福》；(二) 郑少衡、李宝华、王庆山、王胜瑞、金小毛、张福林、王小廷、袁少青《马到成功》；(三) 鸿雪芳、范魁元、袁小青《秋胡戏妻》；(四) 小盖玉廷君、陈胜豹、周进奎、李秀云、冯富贵、王奎官、黄声芳、恩来绿、马明奎、王敬臣、朱喜仙、五阵风《花蝴蝶》；(五) 吴兆斌君、杨素兰女士《梅龙镇》；(六) 鲍士英君、伏宝宝、赵瑞春、周菊芳、王奎官、王敬臣、王宝贵、马明奎、恩来绿、马春廷、黄声芳、冯富贵、李秀云、朱喜仙、小富亭、五阵风《挑灯夜战》；(七) 花丽容女士、葛少岩君《丁山打雁》；(八) 郭介夫君《独木关》；(九) 郭翛翛君、汪其俊君、曹亮节君、张哲生君、关

鸿宾君、范叔年君、王九龄君《潇湘夜雨》

九月二十九日夜戏：

(一) 班串《大赐福》;(二) 张鑫安《樊城长亭》;(三) 小盖玉廷君、刘进笙、陈胜豹、王敬臣、马春廷《雁翅关》;(四) 张渭鸣君《御果园》;(五) 王端璞君《空城计》;(六) 陈善章君《白门楼》;(七) 王得天君、洪雁宾君《龙图升官》;(八) 尤菊荪君《水淹七军》;(九) 李白水君、曹亮节君、范叔年君、关鸿宾君、刘松樵君《(全本)雪艳娘》

原载《中国红十字会月刊》1935 年第 5 期

分会近讯：崇明县新成立分会

崇明县由沈英等联合请愿组织分会，当先设立筹备处，推举沈英为筹备主任，在崇明城内万安仓街第一号指定为会所。由崇明县农会出具保证书，经总会于九月二十四日核准成立，寄去图记、印旗、承认书、保护布告、会员证章等件，并令依法分呈县政府立案、县党部备案及召集全体会员大会选举各职员报会查核。

原载《中国红十字会月刊》1935 年第 5 期

报告：中国红十字会大事记(续)

第二十六年：己巳，中华民国十八年，西历一九二九年。

是年一月，本会理事长庄箓函请辞职，经常议会决议，辞意坚决，势难挽留，公推王培元代理理事长，并推江常议员趋丹、姚常议员虞琴为常议会驻办员，遇事互相商办，共同负责。又以上年添聘虞洽卿等常议员十名，未能实行职务，决议除再由常议会去函敦请外，再添聘朱吟江、张贤清、翁寅初、黄楚九、闻兰亭、汪伯奇、张铁民、吴蕴齐、夏辅宜、沈厚生、陈雪佳、谭蓉园、杨梅南、刘鸿生、李伟侯、周湘舲、王绥珊、朱寿丞等十八人为常议员，一并由常议会去函敦请，一体实行常议员职权，以资发展。三月，王理事长报告接收前理事长庄箓移交情形，并请添设护士夜校及消毒器等，以资发展医务，经常议会议决照办，并请将捐助本会之珠银首饰变价助振，以惠灾黎。复以豫陕甘等七省灾深区广，本会职责所在，应设法救济，当经常议会议决，将所有振款支配各灾区，电河南、陕、甘等县各分会就近凑数散放急振，立即筹备巨款购运振粮，派员监放。又以豫陕甘等七省灾重款绌，筹募散放至为不易，应专设筹募振务处，郑重振务，亦经议决设立筹振处，公推江趋丹为筹振处主任，克日成立，努力进行。并议决所募振款，无论多少，悉数为散放振灾之需，不得移作别用。五月，颜会长暨王、虞二副会长就职，由本会常议会王议长暨全体议员致歉迎辞，并由筹振处江主任报告三个月以来收募振捐及支拨振款数目并运粮散放情形，并将筹振处试行章程十二条经常议会修正通过。时适总理奉安大典之期，本会特派救护队队员携带救护车床及药品等，参加救护。六月，本会经常议会议决，设立临时执行委员会辅助副会长执行会务，当公推赵晋卿、庄得之、刘鸿生、关絅之、黄涵之、王晓籁、陈雪佳、袁履登、闻兰亭、朱寿丞、狄楚青为临时执行委员，又推定俞凤宾、刁信德、唐乃安、颜福庆、黄楚九、牛惠生、王培元为医务委员，并以前经推定李伟侯为筹赈委员长，林康侯、穆藕初、曹让之、王培元、姚虞琴、汪伯奇、杨梅南、江趋丹、夏应堂、劳敬修、杜月笙、陈辅臣、陈雪佳、于少彰、哈少甫、蒋星阶、叶誉虎、陈嘉庚、郭标、钟可讬为筹振委员。复经议决通过，并议决将筹振处振捐存款暂另立户存放，指定银行以清界限，并以前准外交部函。据瑞士政府修改《日来佛改善战场受伤疾病士兵人员境况公约》及篇纂《战时俘虏法》事，定本年七月一日在日来佛开会，请派全权代表出席，当经电请瑞士箫代办代表出席。六月，由常议会修正通过《临时执行委员会办事细则》十三条。八月，经常议会议决十六个月内召集会员大会，并公推王培元、江趋丹、闻兰亭、姚虞琴、谭蓉圃、袁仲慰为会员大会筹备员。十一月，以外交、内政、卫生三部会派嵇镜、杜耀箕、严智钟三君来会调查，并谓本会章程似不适用，召集会员大会为期太久，拟代为修改章程。经议决定十九年一月五日开全国会员大会，修改章程，举行修举，并以战事发生，经本会电呈蒋总司令，公推王理事长率同职员，携带药品、粮食、棉衣会同振灾委员会随军工作，尽力施救，并规定关于救护事宜所有薪水、药品、棉衣、振粮由本会负担。十二月，由常议会通过关于第三届会员大会各项事件，并公推林康侯、李伟侯、王晓籁、狄楚青、闻兰亭为修改章程委员，俾将前定会章修改，以便交会员大会核议也。

第二十七年：庚午，中华民国十九年，西历一九三零年。

是年二月，本会常议会以第三届会员大会前定会期已逾，而会员登记者只四十余人，分会只四五所，经议决开会日期，展限至四月二十日，以三月三十日为登记截止期。二月，经常议会议决，请筹振处江主任将筹振处账目于三月三日移交常议会，由常议会交常务委员办理，并会同重振委员黄楚九、谭蓉圃、林康侯从三月四日起逐一核对，并以会员大会为日无多，急应筹备，当经规定本会职员五人为筹备员。又以此届大会既以登记之数为标准，分会会员登记既委托各分会代为办理，则分会存废应先调查。故议决制定调查表，分函各分会就近调查，并以前公推之修改章程委员业将会章修改脱稿，经议决分发各常议会员复核后，提交会员大会通过实行。三月，筹振处结束，江主任将筹振处各项账目及文卷物品移交前来，经议决转送常务委员逐一审查后，由常务委员委托张佩璇、孙澜明会同查赈员潘序伦会计师办理。又查前筹振处，曾每月补助河南开封妇孺收容所洋二千八百元，北平收容灾童洋二千元，洛阳分会收容灾童亦酌拨补助。经议决河南开封妇孺收容所补助至五月份止，除付外应付四个月经费洋一万一千二百元，作为结束；北平收容灾童至五月份止，除付外应付四个月洋八千元，由本会担任，以后请周敬甫先生另行设法；洛阳分会收容灾童除已补助外，再补助洋一千元以作结束，并议决常务委员会交议关于常务委员会分科事宜。四月，常议会以审查筹振处各项账目，大旨已审查明白，惟为郑重起见，不厌求详，经议决由常议会复查，并请潘序伦会计师为正式查赈员，并以总办事处收支账目应请会计师审查，以便提出报告于会员大会，经议决亦请潘序伦会计师逐项审查。又以会员大会议事日程、大会规则业已编就，经议决推定王晓籁、黄涵之、闻兰亭三议员为审查员，并请潘序伦会计师出席会员大会报告筹振处账略。二十日，第三届全国会员大会假座上海市商会举行，并由国民政府派上海市张市长为代表出席监视，以昭郑重。开会时由王议长主席，行礼如仪，并由潘序伦会计师报告审查筹振处账略后，逐日讨论章程并各项提案，举行常议会员改选，历时旬余，惜以发生事故，致投票两次，并无结果，旋即闭会。五月，经常议会以第三届会员大会虽经投票而无结果，应设法补救。经议决召集会员代表临时大会，以三个月为限，于八月十日以前为闭会期，又以各处慈善机关临时组织救护队，各分会亦出发救护队，本会亦应组织救护队出发工作。经议决本会组织救护队以王培元、鲍康宁为队长，率同医生等各职员出发徐州，经费准由振款项下开支，即经本会电请蒋总司令暨阎、冯总司令一体保护，旋奉复电转饬前敌各军一体保护，经本会转知各分会一体查照。又以前筹振处开办之灾童留养院，现所存灾童无多，原有天津路房屋，急需开办时疫医院，故经议决将留剩灾童迁至江湾留养。又以上海特区地方法院拟送犯妇至北市医院医治，经议决由本会与之订立合同八条，以资信守。七月，外交部来函，以准驻比华使照称，第十四届万国红十字大会，定一九三零年十月六日至十一日在比京开会，请派代表参加，当经本会电请万国红十字会联盟会理事长克脱里治就近代表出席。又以振务委员会，准外交部函以我国振灾现由吾国代表吴处长凯声，联合世界教会，组织中外混合委员会，函请连同出面等情。经议决加入组织，并由吴处长凯声代表一切，并以本会留养灾童，前经分送新普育堂、普益习艺所，拨款留养在案。兹为结束起见，议决将所存灾童一并送入新普育堂留养，并拨款四千元，连前共七千元，将灾童留养院取销，俾资结束。八月，常议员江趋丹请辞职，经议决照准，并以本会经费支绌，将秘书长一职裁撤。又以会员代表临时大会，为期已近，经议决定八月十日下午二时在上海宁波同乡会开会，请王理事长负责进行，至十日开会，议决组织修改会章委员会等各要案。九月，因报载本会系地方慈善团体之一种，应按《监督慈善团体法》受各该地方官厅监督，经议决由王议长晋谒行政院谭院长及内政部张次长、外交部王部长，声明种切，并由本会将经过历史，附具经本会通过之修改会章委员会，订定之本会章程及分会通则、选举法等一并备文呈送国民政府核准备案后，再函知各分会查照以便开第四届会员大会时举行选举。又以各国红十字会对于青年会员非常郑重，但办理青年会员方法，须有专门学问，经议决特派英文秘书王耀庭至外国学习，以便学成返国，为会服务，以责专成。十月，以战事结束，本会出发徐州之救护队，亦应撤回，经议决拨款三千元，作为结束。又以前准军医司函送伤兵，经本会在沪设立伤兵医院收留医治，现已分别治愈提回，亦经议决拨款一千元，以作结束。又以本会总医院与颜院长订立包办合同，业已期满，经议决仍请颜院长继续办理，将合同修改，并推定闻兰亭、王晓籁、王培元三议员为审查员，审查完竣后，即请王议员培元与颜院长妥为订定。十二月，本会奉行政院令开，据内政外交部呈后，拟请钧院转呈国民政府交由立法院制定《管理红十字会法规》，以便通用。此项法规如蒙核准制定，并请于案文内订明红十字会设立时，应呈由内政、外交、军政、海军、卫生等部会核备案，以昭慎重。如此办理，管理上既属便利，而于该会之发展上亦有裨益，一俟新订法规明令公布，即饬该会依法改组，永息纠纷。在此项法规未公布以前，该会会务仍照旧章办理，是否有当，理合缴呈原发各件等语，除照准在业外，此令等因，此案实为本会之重要关键也。查本会筹振处虽经撤销，但筹振事务，仍由本会继续照常办理，且格外努力进行，计自筹振处撤销后，经本会议决拨放振款者，如江苏义振会洋五千元、开封妇孺收容所洋五千六百元、北平灾童收容所洋四千元、伤兵慰劳会洋五百元，赈务委员会转交陕县救灾委员会洋二千元、灵宝洋一千元、宿松分会洋七百元、乌衣、滁县、江浦、盐城、建阳各分会各洋五百元，并以辽西水灾奇重，特拨振款二千元专办急振,并派员至辽西散放棉衣。俾灾黎得度此严冬,他如各分会请求辅助会费药品等件,经本会分别辅助经费或会员佩章凭照药品者,尤属不计其数。此外,尚有辅助全球婴孩振救会洋五百元,万国红十字会、红十字联盟会共洋二千元等,亦本会对于国际上应尽之义务也。

第二十八年:辛未,中华民国二十年,西历一九三一年。

是年长江水灾,赣省兼遭赤祸,灾情惨烈异常,当时上海警备司令为熊天翼氏,谊切桑梓,乃有发起组织上海筹募江西急振会之举,与本会商洽进行。本会以职员所在,自当竭诚赞助,遂于五月二十八日组织成立,附设本会,其办事职员,均由本会职员,义务兼任,并由本会特派卫秘书锐锋、吴顾问甲三,于七月间赴赣查灾,随时报告,以便在沪设法筹募捐款。经本会与各善团及各界热心善士之一致努力,得募集振款共约二十四五万元,并承政府拨给统税库卷票面一百万元,计实收本例共五十三万三千余元,成绩尚称不恶,至八月结束,所有振款,悉数拨交熊司令统筹办理。又以汉口水灾惨烈,本会组织防疫医队,特派医师、护士、员役人等,随带应用药品,于九月一日,出发汉口,实施工作,并拨助汉口分会振款二千元,就近放振,以资救济。同时江北一带,水灾亦重,复经本会特派嵇秘书鹤琴、鲍庶务康宁等赴镇江、扬中一带放振。是年,本会将募集振款分拨江浙皖赣鄂湘豫粤各省,共计四万四千元。又拨绥中分会振款二千元,并准朱子桥先生函请,拨助灾童留养费五百元;黄涵之先生函请,拨助普益习艺所收容前本会陕籍灾童经费五百元;至冬至各分会、各团体棉衣不下一万余套。此关于办理振务方面之大要而言也。至会务方面,除循例于夏季间开办时疫医院外,因南昌分会发生纠纷,久未解决。该分会各会员,迭次函电恳请本会派员前往澈查,经本会特派卫秘书锐锋,先后于五月间七月间,两次驰赴南昌,会同南昌市龚市长详查澈究,重行改组。由本会函请龚市长为监察,胡敏堂等十一人为整理委员,于十月一日成立南昌分会整理委员会,纠纷遂得澈底解决。现在南昌分会,办理会务,得著成绩,亦未始非此次整理之功也。其它如本会北市医院院长黄子静,于九月三日病故,准内政部卫生署函请移交上海海港检疫所接收,亦经本会常议会议决照办。于是此有多年历史之本会吴淞防疫医院,送于六月一日,脱离本会,而移交上海海港检疫所接收矣,是则关于本会组织上,亦一重大变更也。(待续)

原载《中国红十字会月刊》1935年第5期

纪录：中国红十字总会第一届理事会及监事会第十一次联席会议纪录

会场：本会议事室

日期：六月二十一日下午五时

出席者：会长王儒堂；副会长杜月笙；常务理事林康侯、王晓籁，常务监事黄涵之；理事姚虞琴、王培元；监事汪伯奇、袁履登、赵晋卿、徐新六

列席者：秘书长曹云祥

主席：王儒堂

纪录：卫锐锋

开会如仪：

(甲）报告事项：

一、报告出席人数共计十一人，已足法定人数。

二、报告第一届理事会及监事会第十次联席会议纪录。

三、报告第一届理事会第一次会议纪录。

四、报告第二次征求会员正式举行期间，改定自八月一日至九月三十日止，业已呈奉内政部批准备案，并咨行各省市政府饬属遵照协助办理矣。

五、报告前奉内政部民字第六九一九号训令，令饬本会及各地分会应依照《修正人民团体组织方案》向中央党部及各地高级党部呈请备案，即经本会呈部核示在案。兹奉内政部民字第九五六六号训令，抄发内政部会同中央执行委员会民众运动指导委员会拟定之《中华民国红十字会各地分会申请各地高级党部备案办法》三项下会，令仰遵办并转饬各地分会一体遵办等因，业经分别办理矣。

六、文书股报告五月份共收文一百七十八件，共发文一千四百四十二件，收电一件。

七、会计股报告五月份收支月报表，业已分送。

(乙）讨论事项：

一、理事及常务理事关絅之、闻兰亭函请辞职，请公决案。

决议：一并慰留并公推黄常务监事涵之代表全体监事面往慰留。

二、略。

三、万国红十字会联盟会万国红十字会联衔电请本会救济印度属地俾路大地震,请讨论案。

决议:本会经济支绌万分,实难应命,由秘书处婉复。

四、本会二十四年度预算经理事会第一次会议决,准将职员人数酌减,另编预算,并经将本会职员嵇鹤琴、朱子京、沈翰耕三名及工役沈祝年、陈健馀二名自本年六月底起裁撤在案,现已编就草案,请公决案。

决议:通过,应即分报四部报案。

五、本会会计规程业经定于本年七月一日起施行,所有该规程各项附属规则及表式业经拟就,请公决案。

决议:通过,与会计规程同时施行。

六、本会第二次征求会员费用,业已编就临时预算草案,请公决案。

决议:通过。

七、略。

散会时间:下午六时。

主席:王正廷

原载《中国红十字会月刊》1935 年第 6 期

会讯:总会近讯:智利中华商会捐助振款

本会刻由财政部函送智利公使馆函,并智利中华商会经募振款共英金七十一镑十一先令五便士,合国币一千零四十八元九角八分到会,本会除函复并掣给收据十一纸请由财政部转送外,即将该款汇解灾区散放云。

原载《中国红十字会月刊》1935 年第 6 期

报告:中国红十字会大事记(续)

第二十九年:壬申,中华民国二十一年,西历一九三二年。

是年有一非常大事,不但本会须大书特书,即吾国国史上,当亦有特殊之记载,以昭后世,永矢不忘也。此事云何,即一二八沪战是也。查本会于一月二十七日下午,突接淞沪警备司令部电话,嘱即预备救护事宜,当时电话匆促异常,不暇详询。本会接到此项电话后,佥谓必有重大事故发生,当即预办各项救护工作,不料至二十八日子刻,闸北已炮声隆隆,火光熊熊,此空前之十九路军、第五军抗日大战,业已开幕矣。仓卒之间，由本会嵇秘书鹤琴冒险由中华捷运公司冲至北车站，医师王振川、耿国祥、靳纬曾等继之，救出伤兵五人，时正日机轰炸车站时也。即日组织救护总队，以王理事长为总队长，吕守白医师为副总队长，下设各支队，前往战区实施工作，组织临时伤兵医院、难民收容所，疗治受伤兵民、收容难民，急派救护汽车无间昼夜往来战区。先后共计出发救护支队二十余队，设立临时伤兵医院四十余所，难民收容所五处，共救伤兵八千六百余名，伤民百余名，收容难民五万三千一百余人，均经本会将各伤兵、伤民分送各院医治，各难民分送各所收养。并组织医务委员会，公推卫生署刘署长、上海市卫生局胡局长、上海公共租界法租界工部局正医官、本会王理事长及刁信德、牛惠生、颜福庆、李福生、梅卓生、钟淑贞、张美龄、焦锡生、黄雯诸先生为医务委员会委员，讨论一切并视察各伤兵医院，以资改进，而重人道。事后将医愈受伤兵民及难民，分别遣送归队、回籍，死亡者亦代为掩埋。至三月初，吾军变更战略，沪地已无工可作，乃由本会组织特组救护队，特派张箴言先生为队长，沈金涛先生为副队长出发苏州，相机行事。并于苏州设立难民收容所收养难民，宜兴设立特组救护队后方医院，以张箴言先生兼任院长，疗治伤兵。迄至五月间，《上海停战协定》签字成立，沪战告终，遂将特组救护队及后方伤兵医院撤回结束，此时所有各救护队，均一律先后结束，至六月初旬，将各难民收容所一律先后结束。七月间，除第一、第二、第三伤兵医院外，其余各伤兵医院均于七月间一律先后结束，因第一、第二、第三伤兵医院原系本会固有医院兼办故也，至八月间最后始行结束。当战事最剧时，因救护失踪、生死不明者为罗云祥、应文达、鲍正武、[毛]征祥四烈士；因救护受伤、伤重不治者为刘祁端、郁鸿章、王敦甫三烈士；因救护被害者为陆春华、陈祖德、潘家吉三烈士，杀身成仁，舍身就义，此十烈士可当之无愧矣。是役也，本会共用国币达二十八万三千元之巨，药品、食物、衣服、用具不计其数，全仗爱国同胞、热心善士慷慨捐助，而尤以海外侨胞之迭捐巨款，沪地各团体、各医院之竭诚赞助，通力合作，俾本会得尽量办理，以底于成，此皆本会所铭感不忘者也。至关于振务方面者，自九八一(九一八)以来，东北难民，流离载道，惨不忍言。本会乃联合上海各慈善团体组织上海各慈善团体振济东北难民联合会，公推本会王理事长培元会同屈文六、冯仰山二先生，于十月十八日至北平调查东北灾情，以便统筹救济，至二十八日王理事长公毕返会，并准朱子桥先生函请拨给热河药用品，当经本会汇拨振款三千元，请就近购买药品应用。此外，关于国际方面，则如菲列滨美国红十字会新会所落成，并开常议会，函请本会派员参加，当经公推王理事长培元前往参加，并赠银塔一座，以志纪念。于十一月一日乘轮赴菲，出席演说，颇受各国红十字会代表之欢迎，于十二月二十四日公毕返会。至会务方面，循例于夏季开设时疫医院，因是年大战之后，疫势盛行，故增设时疫医院三处，共医治时疫病人一万五千九百零三人，复派员乘救护汽车分赴江湾、吴淞、龙华、真如、杨行、大场、嘉定等处，施打预防时疫针，民众打针者共约一万余人，并补助各地时疫医院经费药品共洋一万四千四百余元，较之往年，莫与伦比也。又于八月一日起，将本会总医院改名为第一医院，北市医院改名为第二医院，南市医院改名为第三医院，以示有逐渐推广之意，更将第一医院护士女学校房屋改造，及修理第二医院院所，以资扩充，亦本会会务方面之重要事务也。(待续)

原载《中国红十字会月刊》1935 年第 6 期

中华民国红十字会务之推进

内政部前据中华民国红十字会总会先后呈送资产清册、会计规程、办事暂行规则、二十三年度预算、二十一二两年度收支总报告及同年度会计师查账报告书等件请鉴核各案。现经该部分别详细审核，除分列应行训示各项，分饬该会于文到两星期内据实呈复，以凭查核，并分咨军政、海军、外交三部查照。又据该会呈送第一次全国会员大会请修改管理条例及细则意见书，请鉴核一案，亦经该部分咨外交、军政、海军三部派员开会讨论，详拟审查意见书呈行政院鉴核转呈立法院审核采纳，酌予修正。

本月份该会复派员前赴内政部请示，该部除对会务进行改善者，如(1)核减二十三年度支出预算问题；(2)二十四年度支出预算问题；(3)收入增加问题；(4)充实内部组织问题；(5)辅导分会问题；(6)国库及庚款补助问题。各点面予指示外，特饬民政司将所指示各点，再由司函知该会克日妥议遵行，具报备查。

原载《政治成绩统计》1935 年第 1 期

一、本月份内政部据特约会计师潘序伦呈为遵令复查中华民国红十字会第一次会员代表大会支出计算书中代表招待费所补收据证件，复核无误，超过预算部份，追认程序尚不合，请鉴核等情，由该部训令该会知照。

二、本月份内政部据中华民国红十字会总会呈报出售沪宁铁路公债票，请备案等情,经咨商外交、军政、海军三部核复意见,查核该会所陈经费支绌情形,尚属实在,自可准予出售,以充经费。惟该项公债售价与当时市价是否相符,尚应详加查明,以凭核办,特令会计师潘序伦查明具复,以凭会办。

三、本月份内政部据中华红十字会总会呈送《理监事会组织规程》暨《办事规则》两草案,请鉴核等情,经将应行修改各点代为改正暂准备案外,令饬先试行六个月,再行呈请备案。

四、本月份内政部据该总会呈复关于该会及附属各机关二十三年七月一日起至九月三十日止查账报告书一案,遵办情形,请鉴核等情,经令饬会计师潘序伦分别详细签注意见具复,以凭办理。

原载《政治成绩统计》1935 年第 2 期

一、本月份内政部据中华民国红十字会总会呈送《第二次征求会员章程》及《酬赠给奖办法》,查核大致尚无不合,惟文字及办法略有改正补充,已分别列示,令饬修改呈核备案,并饬将拟定征求会员筹备及举行日期专案呈核。

二、本月份内政部以前据中华民国红十字会总会呈送总会章程、分会章程及会计规程三草案,业经先将会计规程草案酌予修改批饬该会遵照,另缮清本暨订定施行日期,一并呈核备案在案。现查此案久未据报,已令催该会遵照即日缮报备案。

三、本月份内政部据中华民国红十字会总会呈为经费困难,拟请转呈准予国库项下每月拨给固定经常费,经查核所陈经费困难情形确属实在,已据情转呈行政院鉴核,准每月拨给三千元,令由财政部补编入二十四年度概算。

四、本月份内财政部据特约会计师潘序伦函呈,已将中华民国红十字会附设第一医院,自民国二十三年七月一日至同年十二月三十一日止期间内之账目,查核完竣,编制报告书正、副本送请鉴核,经详加审核,将应行办理事项分别列示,训令该会遵照,兹将该院收支总数列表如左:

机关别	中国红十字会第一医院
收入总数	二四八、一五五.〇三元
支出总数	二四六、六〇三.五九元
结存总数	一五五.四四元

原载《政治成绩统计》1935 年第 4 期

一、本月份内政部据中华民国红十字会总会呈送二十四年四月份收支总数,计收入二四九、二五三元,支出二四九、二四三元。

二、内政部据该总会缮呈,《中华民国红十字会总会第二次征求会员章程》暨《酬赠给奖办法》清本,请鉴核通咨各省市政府饬属遵办,已准予备案,并咨请各省市政府转饬所属遵照规定,协助办理。

原载《政治成绩统计》1935 年第 5 期

一、本月份内政部据该部特约会计师潘序伦呈送中华民国红十字会总会暨附属各医院二十四年一月至三月止账目报告书正、副本,并附查二十一、二十二两年度第一期各查账报告书各点,请鉴核一案。经该部详细审核,开示应行办理事项,训令该总会遵照办理。

二、内政部据中华民国红十字会总会呈送二十四年预算草案,并请示按月请领国库补助费,应备何种手续并祈鉴核等情,经分别指正,批示该会遵照办理,关于请领国库补助手续,旋准财政部咨复,"所有领款手续应俟概算呈院核定后,再由该会填具请款书,向部呈候核发",已由内政部转饬该会知照。

三、内政部前据该总会呈为准巴西红十字会函请派员出席第三次巴美红十字大会一案,请转知外交部转令驻巴公使就近代表出席,请鉴核等情,已据情咨请外交部转令驻巴西使馆派员代表出席,并批示知照。

四、内政部前据该总会呈请转咨外交部令行驻比公使馆就近选派本国青年代表参加比京万国博览会,请鉴核一案。经即咨请外交部令饬驻比公使馆办理在案;本月准外交部咨复,转据驻比公使馆呈报关于比国红十字会,邀请我国派遣代表参加国际青年红会日典礼。所有经过情形,并此次出席费用比币七百九十八佛朗九十生丁,请转饬中国红十字会总会照数拨还等由,已训令该总会照数拨送到部,以凭咨转。

五、本月份内政部据该总会呈送二十四年六月份收支总数,计收入三五、九八二. 八九元,支出三五、九八二. 八九元。

原载《政治成绩统计》1935 年第 7 期

内政部据中华民国红十字会总会呈请修正公布该会管理条例细则,经该部拟具修正草章意见,分咨外交、军政、海军三部,暨关系部署签注意见并令该总会派员来京,经召集开会详细讨论,复会呈行政院核示矣。

原载《政治成绩统计》1935 年第 11 期

1936年

中国红十字会救护训练班开办

中国红十字会救护委员会举办之救护训练班，已于十月十二日正式开办，入班受训者颇形踊跃。该会救护训练班，预定分为：(甲) 战时外科学；(乙) 实地护病学；(丙) 简易实验诊断学；(丁) 简易药剂学；(戊) 毒气学；(己) 担架学等六组。惟前五组班者，尚仅实地护病学及毒气学两组，实地护病学由童庆民女士任教授，毒气组由郑兰□任教授，毒气组开班受训人数达四十余人，受训日期为星期一与星期二，时间八时至九时；实地护病组受训日期为每星期一至五日，时间上午十时至十二时。前日开班受训人数，计六十余人，据该会冯君谈担架组亦即将开班，至其余各组，因须略懂医学知识，故报名人数尚少，开办尚有待云。

原载《中华医学杂志(上海)》1936年第11期

本会为水灾乞赈文

盖闻人事失于下，则天变形于上，祸福无门，惟人自召，于今为烈，自古已然。慨自辛未以还，水旱交侵，几遍全国，疮痍未复，灾祲见臻。今夏如湖北之襄樊、宜沙、潜宜、天汉；湖南之湘资、沅澧、临岳、华常；河南之偃巩、兰陈、新商；河北之长垣；邻境之鄄荷、郓巨等地淫雨为灾，山洪暴发，川溃汛涨，溪谷飞流，湖海奔波，江河沦替，洪涛澜汗，千里无际，天网潏浡，为凋为瘵，田禾淹没，庐舍为墟，城阜摧颓，冈峦隐迹，人民转徙流离，牲畜丧亡漂溺，或屑没于鼋鼍之穴，或挂骨于岑岳之峰，或萍流而浮转，或栖息而哀鸣。他如皖、赣、鲁、苏江淮交汇，湖泽共滨浅淫淫，余波未息，湖天道之凶残，极生灵之惨劫也。本会旨专博爱，贵在救人，睹比泄艰危，难定缄默，只以独木难支，愧失绸缪之际，窃愿众擎易举，敢效将伯之呼，不避临渴掘井之讥，爰作集腋成裘之请，为此贡献愚忱，掬诚呼吁。尚祈海内外诸大善士慨解仁囊，广为劝募，多多益善，源源而来，共济时艰，缨冠往救，本互助之精神，挽狂澜于既倒，则人事胜天，拯兹浩劫，匪特灾黎之幸，亦民族前途之福也，本会不胜馨香企祷之。

恭祝新年进步！

中国红十字会总会

原载《中国红十字会月刊》1936年第7期

纪录：中国红十字会总会第一届理事会及监事会第十二次联席会议纪录

会场：本会议事室

日期：七月三十日下午五时

出席者：会长王儒堂；副会长杜月笙、刘鸿生；常务理事林康侯、王晓籁、王一亭；理事姚虞琴；监事汪伯奇、沈联芳、徐新六

列席者：秘书长曹云祥

主席：王儒堂

纪录：卫锐锋

开会如仪：

（甲）报告事项：

一、报告出席人数共计十一人，已足法定人数。

二、报告第一届理事会及监事会第十一次联席会议纪录。

三、报告会计规程附属规则业已呈奉内政部批准备案，并分函各分会一体知照，与会计规程用时施行矣。

四、报告二十四年度预算，前奉内政部批示应将伸工一项仍照原数改列为职员奖励金，其余尚无不合，即经遵批改编呈奉内政部批准备案。

五、第二医院业于六月底停办，全体员役并经依照理监事会第十一次联席会议决议案发给遣散费，三个月一律遣散完全结束清楚，本会会所亦已迁入照常办公，并经分呈四部备案。

六、报告本会各职员业于七月一日分别聘定，致送聘书。

七、文书股报告六月份收文共二百八十三件，发文共三百十五件，收电一件。

八、编译宣传股报告第一期月刊征求号已于七月一日出版，为因征求会员宣传之用，共印五千本，计发全国各省市县会员会各二本，约须四千余本；各分会各一本，计四百余本；各界及本会约二百余本。下届第二期照例八月一日出版，定印一千本，嗣后每月印一千本，如定[订]阅者增多，再行酌加本数。

九、会计股报告六月份经济报告表，业已分送。

十、据编译宣传股主任沈金涛报称七月四日奉秘书长条谕所有监印、校对事宜，应即照章移交文书股接管，其旧有印章移交会计股保管等因。自应遵办，业于

即日将关防、印章等八件移交文书股，由卫铁铮主任点验接收无误，并来函证明存查其旧有印章五十三颗，亦于当日移交会计股，由杨赞唐主任接收保管，点验无误，并来单证明等情，特此报告。

（乙）讨论事项：

一、略。

二、本会与国立上海医学院前订之第一医院合同急须改订，请讨论案。

决议：应即改订并规定津贴部份仍为每月一千元，颜院长公费仍为每月二百元，至第二医院门诊部全部人员、药品统归第一医院主办，本会不另开支，其他各项由颜院长同曹秘书长拟具合同草约，送请常务理事核定报部备案。

三、本会呈送二十四年度预算一案，奉内政部批饬，厘定职员奖惩规则呈核，请讨论案。

决议：交秘书处拟定，送请常务理事核定报部。

四、第二次征求会员各总队长之额数人选业经拟定，请核定案。

决议：通过。

五、略。

六、查本会前常议会图章三颗及前总办事处关防、旧图章等五十三颗，两共五十六颗，均属废物，可否一律销毁以免流弊，请公决案。

七、查本会第一次征求会员早已结束，并经部派会计师查讫所有发出后缴回及未用之临时收据，可否一律销毁，以免流弊，请公决案。

决议：以上两案并案办理，公推黄常务监事涵之、沈监事联芳、汪监事伯奇定期会同监督一律销毁。

八、本年夏季各省大水灾，本会迭据各方函电乞振前来应如何办理，请讨论案。

决议：组织募捐委员会，以正、副会长为正、副委员长，全体理监事为委员统筹办理。

（丙）临时动议：

一、略。

二、本会第一医院函称，现奉市教育局训令，该院附设之护士学校须依照《私立组织法》组织董事会确定经常费并向教育局立案。该校原为附属机关，如欲改组独立学校则经费、师资、基金等项皆成问题，惟有将该校改组为高等职业学校附设于国立上海医学院,则不必另向地方教育行政机关立案,惟该校名称必须改易,是否可行,请核示等情,特提请讨论案。

决议:请颜院长向市教育局接洽,报会再行讨论。

三、本会第三医院二十三年预算为每月七百五十元,兹据该院函送二十四度新预算,计每月为九百元,请讨论案。

决议:准将该院二十四年度预算改为每月经费八百五十元。

四、略。

散会:下午六时三十分。

主席:王正廷

原载《中国红十字会月刊》1936年第7期

会讯:总会近讯

规定救护队服装

本会救护队之服装向未正式规定,三十年来无论总会、分会,对于该项服装颇不一律,如有战事发生,救护队出发前线时两队相遇,因服装各异,往往发生怀疑,倘遇国际战争时不易辨认,有引起误会之虞。总会有鉴于此,特呈请内政、军政、海军、外交四部,请求规定式样,以资全国统一。现经军政、海军两部会同拟定就绪,业已批复到会,于本年一月一日起实施。从此全国红会救护队服装一式,非特各地分会一望而知为本会人员,即战区双方官兵亦能立辨真伪,加以保护矣。

救护队编制法已核定

本会救护队之编制往往因地而异,全国数百余分会所属救护队之组织,俱各自为政,各立规章,虽属大同小异,终觉未能统一为憾。现由军政、海军两部将救护队编制会同核定,已于上旬年终批令到会,自本年起总会及各分会应即参照《编制法》重订新章,俾得全国统一矣。

第二次征求会员结束

本会第二次征求会员举行期间原定于上年八月一日至九月三十日止,其边远市县以收到总会函件日起扣足两个月为止。现在总会各队长仅有少数尚未缴到,分会亦然,但如欲全部揭晓,则须俟悉数缴清后始能结束预算,下期本刊或能披露云。

财政部拨给经常费

本会自内政部批准每月由政府拨给补助费三千元后,迭经呈请转咨财政部迅予拨下以维会务，业于十二月间奉内政部训令二十四年七月至十月计四个月，共国币一万二千元，由部派员如数领到，着即具备领款书呈部，以凭汇发。刻总会将领款书填就送请会长签字盖章后，即行呈部请领云。

原载《中国红十字会月刊》1936年第7期

摘录上海各报所载红会之新闻[节录]

中国红会救护队服装

军政、海军两部规定：

中国红十字会为规定救护队服装，特呈请军政、海军两部请求规定，业经批复如次：两呈均悉，查该会救护队之编制及服装定式，业经本部会同核定，合亟检发表图三纸，令仰遵照。(一) 服式，中山装；(二) 服色，夏季用草黄色，国货哔叽或斜纹布，冬季用土黄色，国货呢；差役，冬夏季用黑色及蓝色国货布；(三) 臂章，左上膊缠佩白地红十字臂章，按照《日内瓦公约》应呈由高级军事长官盖印；(四) 帽章，帽用空军式，帽章用青天白日之国徽，直径三公分五；(五) 帽袖金线，总会正、副会长均阔线三道，理监事均两阔一狭，队长、副队长均一阔一狭，其余各员均一阔，分会正、副会长均用线一阔一狭，理监事均用线二狭，队长、副队长均用线一阔，其余各员均用线一狭，以上阔线宽度一公分，狭线五公厘；(六) 领章用白地红十字图形章，直径二公分五；(七) 符号，用白色绸布，宽九公分，长五公分，边缘队员、职员绿色，差役不着色，中央盖会长小章，缝于左上方衣袋之直上。(民国二十四年十二月七日《申报》)

中国红十字总会：征求会员期定本月中旬满期

中国红十字总会，前发起之征求会员大员(会)，分本埠、外埠两方进行。但本市方面早经期满，因各董事仍未将入会名册交下，故决定展期至本月中旬为止；外埠方面，业经呈请内政部批准，从接到该会去函后，以足两个月为满期，所有一切新会员均须限期报到。又该会经常费用业经内政部批准，咨请财政部按月发给三千元，已于本年七月份起按期发给云。(民国二十四年十二月八日《申报》)

原载《中国红十字会月刊》1936年第7期

报告：中国红十字会大事记(续)

第十三年：癸酉，中华民国二十二年，西历一九三三年。

查自民国二十年九一八事变后，本会即拟组织救护队出发前方工作，当时山海关等处，交通阻隔，迟迟吾行。至二十一年一月二十八日，沪变猝起，本会就近在沪努力工作，尚著成绩，嗣后华北一带相继作战，至是年榆关失守，国难日亟。本会遂组织救护总队，公推王理事长培元为总队长，率领员役数十人，出发北上，将队部暂驻天津，相机行事，并由王理事长赴北平与军政当局接洽一切。时卫生署刘署长瑞恒、本会第一医院颜院长福庆、在平联合协和医院林可胜博士及平地各医师组织前方救护队，与王理事长晤谈之下，由刘署长商请，将本会救护总队加入，共同办理，改名为中国红十字会华北救护委员会，负责办理华北救护事宜。当由王理事长电请核示，经电复照准，即经本会聘请刘瑞恒、严智钟、吴祥凤、梅贻琳、林可胜、姜文熙、方石珊、全绍清、关箐麟、王培元、颜福庆等十一人为委员，并公推刘瑞恒为主任，组织中国红十字会华北救护委员会，于二月十四日在北平正式成立，开始工作。所有平津一带后方事务，复经本会责成北平、天津二分会负责办理，并拨助北平慈善团体伤兵医院经费洋一千元，天津经费洋五千元，以利工作。事后编印《中国红十字会华北救护委员会前线救护工作写真》一册，以示不忘，此关于办理华北救护之情形也。至会务方面最关重要者，厥为政府颁布《管理条例及施行细则》，奉令筹备第一次全国会员代表大会，拟定章程计划书及筹备第一次征求会员是也。回忆民国十九年时，各地方官署以红十字会为地方慈善团体，应依照《监督慈善团体法》，受地方官署之监督，即经本会力争，认为红十字会系国际慈善团体，与地方慈善团体性质不同。《监督地方慈善团体法》未便适用于红会，经呈请国民政府交由行政院令仰内政、外交等部会同审核，以本会之设立，在条约上有根据，在国际间有地位，所办之主要事业又为救护各交战国受伤疾病士兵等。特殊之事，未便与普通慈善团体一例待遇，似应另订管理法规，以便适用，呈复行政院，特呈国民政府核准，令知行政院转令本会遵照，并由国民政府令行立法院制定《红十字会管理法规》在案。此项法规始于民国二十二年，由立法院制定《中华民国红十字会管理条例》，经国民政府明令公布，并由内政、外交、军政、海军四部会同拟定《中华民国红十字会管理条例施行细则》，呈请行政院核准，以院令公布，节经内政部将此项条例细则先后令知本会，并奉内政部令饬筹备举行第一次全国会员代表大会，拟订各项章则、计划书等件呈部备案。当经本会拟具《中华民国红十字会全国会员代表大会组织暂行规则》、《中华民国红十字会全国会员代表大会议事暂行规则》、《中华民国红十字会选举暂行规则》及《中华民国红十字会设立医院储备救护材料及造就救护人才详细计划草案》,并定于二十三年六月一日至七日为第一次全国会员代表大会开会日期,均经先后呈奉内政部批准备案。复以本会因种种关系,征求会员实觉刻不容缓,亦经本会依照《中华民国红十字会管理条例施行细则》第十八条之规定,定于二十三年三月一日起至四月三十一日止为第一次征求会员举行期间,拟具《中华民国红十字会第一次征求会员章程》及《酬赠给奖办法》先后呈奉内政部批准备案,积极赶办应行预备各事,以便届时得分别举行。俾本会改组及修订会章讨论计划等各重要问题,均得一一实行,使本会得有稳固之基础,而事业亦得发扬猛晋也。其他如本会因总会前设北京,自国民政府定都南京后,北京改为北平,前总会亦即改组为北平分会,原设上海之总办事处,即行使总会职权,与政府交接事繁,故特派嵇秘书鹤琴为本会驻京代表,备供政府咨询,随时接洽一切,并特派卫秘书锐锋赴北平向北平分会吊[调]取前存该分会之总会关防、文卷运回应用,于十二月七日启用中国红十字会关防。同日将总办事处名义取销呈报内政部备案,并分函国际联盟各国红十字会暨所属各分会各医院一体查照,以昭郑重,此与本会沿革上亦关紧要者也。余如循例于夏季开办时疫医院,医治时疫病人共四千一百六十人,并在沪南陆家浜购置基地一亩八分,计地价洋一万八千元,作为本会第三医院建筑新院所之用,正在设计进行,将该院加以扩充,将来新屋落成,造福沪南一带平民,当非浅鲜也。至振务方面,则分拨东北、蒙边、西康、皖、鄂、豫各省振款,共洋一万一千九百元,陕、豫、北平等各处灾重,孤儿、婴孩救济费共洋六千八百元,各善团补助费共洋四千五百余元,南昌分会办理赣省救护补助费洋一千元。本会散放米票及分拨各分会、各善团等振米,共约二千五百石,分拨各地振衣不下数万套,此皆本会办理振务之大要也。(待续)

原载《中国红十字会月刊》1936 年第 7 期

纪录:中国红十字会总会第一届理事会及监事会第十三次联席会议纪录

会场:本会议事室

日期:九月二十四日下午五时

出席者:会长王儒堂;常务理事王一亭、关絅之、林康侯;常务监事黄涵之;理事姚虞琴、王培元;监事汪伯奇、徐新六、袁履登、叶誉虎

主席:王儒堂

纪录：卫锐锋

开会如仪：

(甲) 报告事项：

一、报告出席人数共计十一人,已足法定人数;

二、报告第一届理事会及监事会第十二次联席会议纪录;

三、报告常务理事闻兰亭、关絅之均已复职;

四、报告本会作废图章共计五十六颗,及第一次征求会员作废临时收据共计二千八百九十一本,业经依照上次联席会议决议案于八月二十二日一并销毁,并由黄常议监事涵之、沈监事联芳、汪监事伯奇到场会同监督签字证明;

五、报告本会第二医院改设诊所,已于九月二日成立,同时开诊,并已分报内政、外交、军政、海政四部备案;

六、本会迭奉内政部令饬将收支会计改为财产会计,自应遵办,现在关于地产部份根据工部局估价入册,至房务部份亦已请华新建筑师事务所详为估价入册矣;

七、略;

八、文书股报告七月份共收文二百七十六件,共发文一千九百三十六件,共收电十件,共发电四件;八月份共收文五百二十五件,共发文二千四百件,共收电六件,共发电二件;

九、会计股报告七、八月份经济报告表,业已分送。

(乙) 讨论事项：

一、略。

二、略。

三、查理监事会上次联席会议决组织募捐委员会救济各省水灾,业经拟具募捐办法,编造捐册一百本,先后呈奉内政部批准,并将捐册一百本盖印发还,分送劝募各在案。兹查募捐办法第四条之规定,应组织放振委员会,请推定人选案。

决议：推定许静仁、陈光甫、王一亭、王儒堂、关絅之为放振委员,克日成立放振委员会。

四、查本会因工役不敷分配,于八月份添雇工役一名,月薪二十一元;又于九月份起,本会诊所雇用工役一名,月薪二十一元,应请追加预算案。

决议：准予追认。

五、查本会堆栈前系临时租借性质,现因存放对象尚多,事实上须继续租借,所有该栈每月房租洋五十一元六角,应请追加预算案。

决议:准予追认。

六、查本会与国立上海医学院改订第一医院合同一案,前经理监事会上次联席会议决议规定,津贴部份由颜院长会同曹秘书拟具合同草约在案。兹经拟就,请讨论案。

决议:交常务理事核定后呈部备案。

(丙)临时动议:

庶务股呈报堆栈各物品应请分别留存及销毁,请核定案。

决议:堆栈清册所列振衣应悉数放振,至印刷品应由庶务股酌留若干备查外,其余一概定期销毁,推定黄常务监事涵之、汪监事伯奇、沈监事联芳会同监督销毁,一俟存储之件较少,均移送总会后即将堆栈取销,以节经费。

散会:下午六时。

主席:王儒堂

原载《中国红十字会月刊》1936年第8期

会讯:总会近讯

总会发放衣米

总会向例每届冬令发放棉衣裤及米票,以救济贫民,历年多由各善士源源捐输。本届受市面不景气影响,助者寥寥。本会鉴于沪上失业漂泊无依者綦众,其窘苦之状,触目伤心,特于振款项下拨出若干,备就新棉衣裤五百余套、白米百石,择其情况最苦者酌给若干。奈粥少僧多,供不应求,在半月中已发给殆尽。本会虽有继放之宏愿,苦无余款以为继。如有好善之士,慷慨输将,则造福社会公德无量矣。

总会编制会员题名录

本会《会员题名录》,每年出版一次,上年一月一日至十二月三十一日止为第十七届,各级会员约计八千余名。现由编课宣传股担任编制,刻正漏夜赶办,以期于最短时间内出版,分送各分会、各会员。惟上年第二次征求会员虽已结束,尚有偏远各省市县,尚未悉数报达。故自本年一月一日起之各级会员,则须编入第十八届题名录矣。

总会拨给松江分会等振款

总会对于振款支配均由筹募委员会及放振委员会议决施行,除已拨给江苏、山东、湖南、湖北四省国币四万元、面粉八千袋、衣服一万件、药品二十箱,交由中国华洋义振会救灾总会散放及本会购备衣米发给难民外,兹再拨给松江分会振款六百元;固始分会、楚旺分会、邓县分会各五百元;上海慈善团体联合会五百元;闸北慈善团三百元;安徽灾童收容所三百元,均于一月上旬领讫散放灾区,虽各分会尚有陆续请求者,奈振款已成弩末,殊难为继云。

原载《中国红十字会月刊》1936 年第 8 期

摘录上海各报所载关于红会之新闻[节录]

红十字会医院

新年停诊三天,已通告病家周知。

本埠中国红十字会暨海格路第一医院、新闸路第二医院、外马路第三医院,为庆祝元旦,自二十五年一月一日起至三日止,休假三天。各院除留院病人派医师轮流值班外,所有各科门诊均暂行停诊,昨已由该院通告病家周知云。(民国二十四年十二月三十一日《时事新报》)

保障公路行旅安全

红十字会医院允加入。

江浙皖京沪五省市交通会,为谋五省市内公路行车之安全起见,曾于日前在京举行会议时切实讨论,对各公路行车安全设备加以研究。嗣为谋公路旅客安全起见,复由该会致函沿路当局,请与当地各完善医院商约,为五省市交通会特约医院,以便行车旅客发生危险时,随时送入疗治。兹悉市府已复函该会,本市红十字会医院等已允加入为特约医院云。(民国廿四年十二月三十一日《申报》)

原载《中国红十字会月刊》1936 年第 8 期

本会代表出席全美红十字会会议日记[节录]

编者按:此次全美红十字会会议在巴黎举行,本会呈请内政部转咨外交部指派驻巴西国大使熊崇志代表本会出席,其期间为自一九三五年九月十五日起至二十五日止,逐日开会情形由熊代表寄来日记,兹特转载如下[略]

有投票权之全美各国红十字会代表团如下:

中国　代表一名

原载《中国红十字会月刊》1936 年第 8 期

纪录：中国红十字会总会放振委员会第一次会议纪录

会场：本会议事室

日期：二十四年七月二十六日下午五时

出席者：王儒堂、王一亭、关絅之、许静仁

主席：王一亭

纪录：卫锐锋

开会如仪：

(甲) 报告事项：

一、报告本委员会系由本会理监事会第十三次联席会议决议成立，依照募捐办法第四项之规定，本委员会之职权为决定各灾区振款(包括振米、振衣等件)数额之支配；

二、报告截止七月二十四日止，共收振款洋五万一千四百二十四元二角二分，除付振款洋三千〇七十五元一角四分，净存洋四万九千三百四十九元〇八分，共收面粉七千九百五十包，单夹棉衣裤约一万件；

三、报告本会前购治疫药水早经拨尽。

(乙) 讨论事项：

一、公推王一亭先生为主席。

二、本会迭据各灾区各分会向本会请求援助赈款、振粮、振衣及药品等件前来，应如何支配，请讨论案。

决议：先放湖南、湖北、山东、江苏四省，每省各拨振款一万元、面粉二千包、衣服二千五百件、治疫药水五百匣，共计振款四万元。面粉八千包、面粉一万件、治疫药水二千匣，统交中国华洋义赈救灾总会散放，至尚少之面粉五十包由会购买补足。

散会时间：下午六时。

主席：王一亭

原载《中国红十字会月刊》1936年第9期

中国红十字会总会第一届理事会第一届会议纪录

会场：古拔路王公馆

日期：六月二日下午五时

出席者：会长王儒堂；副会长刘鸿生；常务理事关絅之、王晓籁、闻兰亭

列席者：常务监事黄涵之；秘书长曹云祥

主席：王儒堂

纪录：卫锐锋

开会如仪：

(甲) 报告事项：

一、报告第一届理事、监事会第十次联席会议纪录；

二、略；

三、报告呈请内政部核转行政院拨助本会经费一案，业奉内政部令知，已由行政院会议决议，准自二十四年度起，每月补助经费三千元；

四、报告本会会计规程业奉内政部批示修正备案，并定自本年七月一日起施行，亦经呈奉内政部批准备案，并分函各分会、各医院一体知照矣；

五、本会月刊定于本年七月份起发行；

六、会计股报告四月份经济报告表已经分送；

七、文书股报告四月份共收文二百〇九件，共发文二百〇二件，收电三件，发电三件。

(乙) 讨论事项：

一、略。

二、王会长儒堂提议本会当逐渐退出医院范围之外，纾除减少寻常慈善机关性质，俾得专注于红十字会之唯一目标，即救护工作(原提案全文另纸附后)，请公决案。

决议：原则通过第二医院应即停办，所有该院全体员役准发薪水至本年六月份止，一律遣散。该院同时改设诊所专看门诊，不收住院，商请第一医院派员调往服务，仍支第一医院原薪，本会不另给薪。以后凡属免费住院病人概送第一医院收治，并将本总会会所限于六月内迁入第二医院院址，以节经费。

三、本会二十四年度全部预算迭奉内政部令催编送，业经拟就草案送请常务理监事审查，并经王常务理事一亭、黄常务监事涵之签注意见，钱常务监事新之、陆常务监事伯鸿连署赞同，请核定案。

决议：准将本会职员人数酌减，由理事会另编二十四年度全部预算，送交监事

会审核送部，至事业费应俟筹有的款再行编送临时预算。

四、本会《第二次征求会员章程》及《酬赠给奖办法》业经依据上次联席会议决议案，呈奉内政部批示修正备案，并定于五月一日起至六月三十日止为筹备期间，七月一日起至八月三十一日止为举行期间，呈报内政部在案。照章应于筹备期内设立征求会员委员会，以会长为委员长，副会长为副委员长，常务理监事为常务委员，全体理监事为委员，并均兼任当然总队长。所有征求会员委员会成立日期及各总队长除当然总队长外，其他各总队长之额数、人选应如何决定，请讨论案。

决议：除当然总队长外，其他各总队长之额数、人选由秘书处开单送请理事会核定，惟筹备不及应将正式举行期间改自八月一日起至九月三十日止，并呈报内政部备案。

五、本会每届夏令开办时疫医院，至秋季闭幕，本年应否开办，请讨论案。

决议：由理事会拟就临时预算送请监事会核办。

六、本会每届夏令施赠时疫药水，本年应否照例施赠，请讨论案。

决议：准予照送，惟以三千元为限。

七、万国红十字联盟会函请本会派员赴该会学习红十字会事务一案，前经理监事会第九次联席会议决议交常务理事核办在案。兹查有陈湘泉君，江苏人，现年二十七岁，震旦大学医科毕业，现在巴黎医学大学肄业，堪以派往学习，请公决案。

决议：照办，所有川资等费用概由陈君自行负担，学成返国并须在本会服务三年。

散会时间：下午六时。

主席：王正廷

原载《中国红十字会月刊》1936年第9期

中国红十字会总会第一届常务理事及第一届常务监事第一次联席会议纪录

会场：银行公会俱乐部

日期：十月二日下午二时(二十三年)

出席者：常务理事林康侯、杜月笙、闻兰亭；常务监事黄涵之、陆伯鸿、钱新之；会长王儒堂；副会长史量才、刘鸿生

主席：王儒堂

纪录：卫锐锋

开会如仪：

(甲) 报告事项：

一、报告第一届理事会理事及第一届监事会监事第一次联席会议纪录；

二、总会内部组织系统表；

三、总会职员职务分配表；

四、本年度支出预算书；

五、总会职员薪给表；

六、动产目录及不动产目录。

(乙) 讨论事项：

一、上列六项报告除第一项外,其余五项应推定理监事分别审查并接收案。

决议：推常务理事林康侯、闻兰亭、常务监事黄涵之,会同副会长刘鸿生担任审查及接收事宜。

二、理事会办事规则暨监事会办事规则,请决定原则,以便起草案。

决议：由秘书处起草,请会长、副会长审定,提交下次理事会暨监事会议定。

三、总、分会章程业经大会通过,拟即呈部备案。

决议：速办。

四、会计等规程业经大会通过,拟即呈部备案。

决议：速办。

五、公文书行手续案。

决议：一切稿件先由秘书长初核,再送请常务理事二人核签后缮发。

六、本会经费应力求紧缩案。

决议：(一) 本会原有理事长一职裁撤,原支每月公费洋二百元,自本年十一月一日起停支;(二) 本会驻京代表一职裁撤,原支每月公费洋三百元,自本年十一月一日起停支;(三) 本会医务顾问一职裁撤,原支每月公费洋一百元,自本年十一月一日起停支;(四) 本会查振员一职裁撤,原支每月公费洋二十元,自本年十一月一日起停支。

七、四川万县分会代表戴绍轩函请补助经费案。

决议：交常务理事。

八、会计规程附属规则请核定案。

决议：连同讨论事项第一案并付审查。

(丙) 散会：三时半。

主席：王正廷

原载《中国红十字会月刊》1936 年第 9 期

崇明分会第一次理事会议纪录

日期：二十五年一月一日上午十一时

地点：本会议事室

出席理事：蔡闰民、黄炎冰、陆养浩、王君颜、沈英

缺席理事：陆思明、施会嘉

列席者：苏钟冕、蔡子拙、倪则何、朱协中、黄振权

临时主席：沈英

纪录：黄振权

行礼如仪：

主席报告(略)

讨论事项：

一、本会依照会章应推定会长一人、副会长二人、常务理事三人，请予推选案。

决议：推定陆养浩为会长，沈英、黄炎冰为副会长，王君颜、蔡闰民、陆思明为常务理事。

二、本会应否征求会员，以谋会务扩充案。

决议：由全体理监事负责征求。

散会。

第一次监事会议

日期：二十五年一月一日上午十一时五十分

地点：本会议事室

出席监事：蔡子拙、苏钟冕、倪则何(临时递补)

缺席监事：陈稚秋、戴华、陈妶婧

列席者：倪则可[何](候补监事)

临时主席：蔡子拙

纪录：倪则何

行礼如仪:

主席报告(略)

讨论事项:

本会推定依据会章应推定常务监事三人,请予推选案。

决议:推定蔡子拙、苏钟冕、陈稚秋三人为常务监事。

散会。

第一次理监事联席会议

日期:二十五年一月一日下午一时

地点:本会议事室

出席理监事:陆养浩、蔡子拙、王君颜、蔡闰民、苏钟冕、黄炎冰、沈英

列席者:倪则何、朱协中、黄振权

主席:陆养浩

纪录:黄振权

行礼如仪:

主席报告(略)

讨论事项:

一、本会应定期接收筹备处各种文件、基金案。

决议:推会长前往接收,并请常务监事监盘。

二、本会应如何筹划设立医院,请予讨论案。

决议:(一)呈请总会核准募集基金;(二)呈请总会予以协助;(三)仅于本年六月前筹备成立,并推蔡监事子拙、赵会员立群负责设计。

散会。

原载《中国红十字会月刊》1936年第9期

会讯:总会近讯

募集联盟会故主席纪念金

前万国红十字会联盟会主席潘恩于去年因病出缺,该会以潘恩君就职以来七年于兹,对于发展会务不遗余力,为酬答其劳苦功高起见,特发起募集纪念金,或建会所,或制铜像,视收入多寡再定计划方针。兹函致本会,请为自由捐款。本会以潘恩君于数年前曾来华调查灾况,莅沪时由本会会同各机关假座谢氏花园宴会,极

尽宾主之欢。故此次应捐若干，特提由第十四次理监事会联席会议讨论云。

总会发给职员证章

总会职员自经七月一日由正、副会长致送聘书，分股办事以来已愈半载，分工合作，成绩优良。兹为郑重职位起见，特于三月一日发给职员证章，编列号码，以资识别，该证章系银质镀蓝镌，有青天白日红十字花纹，形式颇为庄严云。

联盟会主席赠送本会玉照

巴黎万国红十字联盟会于二月十二日来函，并该会新任理事会主席葛兰笙亦即美国红十字会会长之玉照一帧，并由葛君亲笔签字以志纪念，现由本会配以镜框悬挂云。

美国红会青年部赠送本会大批耶诞礼物

美国红十字会青年部成立以来，数十余年，其业务之发达为全世界冠，共有青年会员七百六十三万九千四百三十七名。该会每年耶稣圣诞，例有举行重大庆祝典礼。去年该会为增进中美邦交起见，特由该部惠赠本会玩具二大箱，计二百九十三件。一俟收到后，再行议决分配云。

原载《中国红十字会月刊》1936 年第 9 期

古巴红十字总会：助赈江河水灾

去夏长江、黄河相继泛滥，灾情之惨，灾区之广，堪称空前未有。中国华洋义赈救灾总会，因呈准内政部，举行江河水灾募捐运动，救济灾黎，分向国内外呼吁劝募，不遗余力。受其感动慨捐巨款者殊为踊跃，而友邦慈善团体亦多抱救灾恤邻，热忱救助赞襄，不分界域，计先后汇捐振款者不下数十处。昨日驻沪古巴公使馆又接到古巴红十字总会指捐江河水灾振款美金一百元，合国币三百三十元五角八分，业已转交本埠河南路五〇五号锦兴大厦中国华洋义赈救灾总会驻沪事务所代为散放。友邦博爱为怀，仁施远贶，殊足感谢也。(民国二十五年一月十七日《申报》)

原载《中国红十字会月刊》1936 年第 9 期

纪录：中国红十字会总会开谈话会纪录

地点：假座王会长公馆

日期：二十五年四月七日

出席者：正会长王儒堂；副会长杜月笙、刘鸿生；常务理事林康侯、闻兰亭、王一亭；常务监事黄涵之、钱新之、陆伯鸿；理事王培元；监事汪伯奇、袁履登、宋汉章、

赵晋卿、徐新六、穆藕初

列席者：曹云祥

主席：王儒堂

纪录：卫锐锋

讨论事项：

决议：设立设计委员会，并推定穆藕初、林康侯、颜福庆为基本委员，以正副、会长为当然委员，由林委员康侯召集之。

原载《中国红十字会月刊》1936 年第 13 期

中国红十字会总会设计委员会第一次会议纪录

地点：上海银行公会俱乐部

日期：二十五年四月十一日中午十二时三十分

出席者：王正廷、杜月笙(林康侯代)、刘鸿生、林康侯、穆藕初、颜福庆

列席者：曹云祥

主席：王正廷

纪录：卫锐锋

开会如仪：

一、报告事项：

报告本会成立经过情形。

二、讨论事项：

(一) 关于救护组织问题。

决议：本会组织救护应设立执行委员会，由本会邀集中华医学会、全国医师联合会、中华护士会、国立上海医学院、同济医学院、同德医学院、东南医学院、上海地方协会、上海市妇女协会、上海男女青年会、全国新药业联合会、上海新药业公会、上海药剂师公会、上海市商会、银行公会、钱业公会、工程师协会等各团体各推代表一人至三人参加组织之，本会常务理监事均请列席。

(二) 讨论执行委员会名单及开会日期。

决议：定于四月十七日星期五中午十二时三十分，在银行公会俱乐部举行之。

主席：王正廷

原载《中国红十字会月刊》1936 年第 13 期

中国红十字会总会救护组织之执行委员会会议纪录

地点：上海银行公会俱乐部

日期：二十五年四月十七日中午十二时半

出席者：中华医学会代表施思明、王霖生、朱恒璧；全国医师联合会代表徐乃礼、姜振勋；中华护士会代表言潘景芝、卢祺英、顾琹玉、陈佩桃；国立上海医学院代表颜福庆；同济医学院代表翁之龙(李宣果代)；同德医学院代表顾毓琦；东南医学院代表郭琦元、汤蠡舟；上海地方协会代表徐采丞、任矜苹；上海市妇女协进会代表吴戴仪、蔡金瑛、金光楣；上海市青年会代表杨益惠；上海女青年会代表谢祖仪；全国新药业联合会代表徐翔孙、周邦俊、许晓初；上海市新药业公会代表袁鹤松、范和甫(孙筹成代)；上海市商会代表骆清华；银行公会代表林康侯；钱业公会代表陆书臣、刘午桥；中国红十字会代表王儒堂、刘鸿生、杜月笙(林康侯代)

列席者：关絅之、王一亭、黄涵之、林康侯、王晓籁(刘鸿生代)、陆伯鸿、曹云祥

主席：王儒堂

纪录：卫锐锋

开会如仪：

一、报告事项：

(一) 主席报告开会宗旨；

(二) 颜福庆、朱恒碧、施思明、言潘景芝、许晓初等相继陈述意见。

二、讨论事项：

(一) 讨论委员人数。

决议：除红十字会正、副会长、秘书长为当然委员外，请各团体推定代表二人于一星期内开具名单送会，以便召集开会。

(二) 讨论章程问题。

决议：除中国红十字会秘书长曹云祥为当然起草委员外，推定林康侯、颜福庆、朱恒璧、徐乃礼、言潘景芝五人为起草委员，并以曹云祥为召集人。

散会时间：下午三时。

主席：王正廷

原载《中国红十字会月刊》1936年第13期

中国红十字会总会救护委员会执行委员会第一次会议纪录

会场：上海银行公会俱乐部

日期：二十五年五月六日下午六时

出席者：严大有、杜月笙、蔡金瑛、徐翔孙、张祖华、张忠学、张辅忠、言潘景芝、陈思义、颜福庆、李宣果、顾毓琦、林康侯、朱玉泉、俞佐廷、朱恒璧、王霖生、闻兰亭、杨益惠、王伯元、彭三美、周邦俊、许超、宋梧生、金润庠、裘少白、王儒堂、徐乃礼、郭琦元、汤蠡舟、许晓初、袁鹤松、陆伯鸿、任廷桂、曹云祥

列席者：王晓籁、王一亭、黄涵之

主席：王儒堂

纪录：卫锐锋

开会如仪：

（甲）报告事项：

主席报告本委员组织经过情形，并宣布今日正式成立。

（乙）讨论事项：

一、《中国红十字会总会救护委员会组织规程》业经起草委员拟就草案，请公决案。

决议：修正通过。

二、依照《中国红十字会救护委员会组织规程》第七条之规定，除当然正、副主席外，请推定常务委员七人案。

决议：除以中国红十字会总会会长王儒堂、副会长刘鸿生、杜月笙为当然正、副主席外，并推定陆伯鸿、朱恒璧、徐乃礼、许超、金润庠、林康侯、言潘景芝等七人为常务委员。

三、依照《中国红十字会救护委员会组织规程》第十条之规定，应聘请总干事一人、干事若干人，请先决定总干事人选案。

决议：聘请颜福庆为总干事。

散会时间：下午七时。

主席：王儒堂

抄附件

附救护组织各代表名单：

当然委员本会王会长儒堂、杜副会长月笙、刘副会长鸿生、曹秘书长云祥；

本会代表闻兰亭、陆伯鸿；

国立同济大学(吴淞镇北)代表翁之龙、李宣果；

国立上海医学院(海格路三七三号)代表颜福庆、任廷桂；

中法大学药学专修科(亚尔培路四一〇号)代表褚民谊、宋梧生；

同德医学院(市中心区翔殷路二一三一号)代表顾毓琦、曾立群；

东南医学院(真如桃浦西路)代表郭琦元、汤蠡舟；

中华医学会(池浜路四十一号)代表朱恒璧、王霖生；

全国医师联合会(池浜路三十三号)徐乃礼、蔡禹门；

中华民国全国新药业同业公会联合会(龙门路十六号)代表许晓初、徐翔孙；

上海市新药业同业公会(龙门路十六号)代表朱玉泉、袁鹤松；

上海市制药厂业同业公会(同孚路一〇二弄六号)代表许超(新闸路一〇九五号新亚药厂)、代表周邦俊(四马路中西药房)；

中华民国药学会(威海卫路六七四号)代表张辅忠(安和寺路五洲药房第二厂)、代表陈思义(亚尔培路四百十号中法大学药学专修科)；

上海市药师公会(同孚路一〇二弄六号)代表裘少白(九江路华洋药房)、代表周梦白(大西路一七九三号中法药厂)；

上海市商会(天后宫桥□)代表俞佐廷、金润庠；

上海市银行业同业公会(香港路五十九号)代表王伯元、林康侯；

上海市线业公会(宁波路二七六号)代表陆书臣(天津路祥康里顺康庄)、代表严大有(宁波路兴仁里益大庄)；

上海市地方协会(爱多亚路中汇银行大楼四百十二号)代表徐采丞、任矜苹；

上海市妇女协进会(蒲柏路三八一号)代表蔡金瑛、吴戴仪；

上海中华基督教青年协会(敏体尼荫路一三二号)代表杨益惠、彭三美；

上海基督教女青年会(静安寺路九九九号)代表谢祖仪女士、张志学女士；

中华护士会(南京鼓楼双龙巷)代表言潘景芝女士(本会第一医院)、代表张祖华女士(西门妇孺医院)；

震旦大学医学院(吕班路二二三号)代表徐宝彝、邝安堃。

原载《中国红十字会月刊》1936 年第 13 期

中国红十字会总会救护委员会常务委员会第一次会议纪录

会场：本会议事室

日期：二十五年五月十一日下午四时三十分

出席者：常务委员言潘景芝、许超、朱恒璧、金润庠、陆伯鸿、林康侯、徐乃礼

列席者：总干事颜福庆、总会秘书长曹云祥

主席：颜福庆

纪录：卫锐锋

开会如仪：

甲、报告事项：

报告执行委员会第一次会议纪录。

乙、讨论事项：

一、讨论经费问题案。

决议：由总会组织经济委员会负责办理，并请总会先拨五十元，预算另订之。

二、讨论专门委员会委员人选问题案。

决议：（甲）拟定郭琦元、顾毓琦、翁之龙、张祖华、颜福庆、宋梧生、朱恒璧等七人为训练委员会委员，并以颜福庆为主席，照章请总会会长指定聘之。

（乙）拟定徐乃礼、言潘景芝、周梦白、王霖生、陆伯鸿等五人为人事委员会委员，并以陆伯鸿为主席，照章请总会会长指定聘之。

（丙）拟定金润庠、林康侯、许超、许晓初、徐翔孙、项绳武、何子康、袁鹤松、任廷桂等九人为供应委员会委员，并以林康侯为主席，金润庠为副主席，照章请总会会长指定聘请之。

（丁）专门委员会以常务委员为正、副主席。

三、训练、供应、人事三委员会之办事细则照章须另订之，请推定起草委员案。

决议：推定曹云祥、朱恒璧、金润庠三人为起草委员，拟成草案送会讨论。

四、照章应设干事若干人，请讨论人选案。

决议：添设副总干事一人，由总干事物色之。至干事人选，请总会指派兼任之。

散会时间：下午六时。

主席：颜福庆

原载《中国红十字会月刊》1936年第13期

中国红十字会总会第一届理事会及监事会第十五次联席会议纪录

会场：本会议事室

日期：二十五年五月十六日下午五时

出席者：副会长刘鸿生、杜月笙；常务理事闻兰亭、王晓籁、王一亭、关絅之(黄涵之代)；常务监事黄涵之；理事王培元、姚虞琴；监事袁履登、汪伯奇、赵晋卿

列席者：秘书长曹云祥

主席：刘鸿生

纪录：卫锐锋

开会如仪：

(甲) 报告事项：

一、报告出席人数共计十二人，已足法定人数。

二、报告第一届理事会及监事会第十四次联席会议纪录。

三、报告救护委员会执行委员第一次会议纪录。

四、报告设计委员会第一次会议纪录。

五、文书股报告三月份共收文二百三十八件，发文六百七十五件，收电三件；四月份共收文二百十二件，发文六百十七件，收电四件，发电三件。

六、会计股报告三、四月份经济报告表，业已分送。

七、庶务股报告三月份计发名誉会员徽章四枚、特别会员徽章三十四枚、正会员徽章九百二十二枚、普通会员徽章一千〇七十六枚、青年会员徽章五百二十六枚、二等奖章九枚、三等奖章二十九枚、征求纪念章一百十九枚，共计二千七百十九枚。四月份发出特别会员徽章三枚、正会员徽章四百四十五枚、普通会员徽章二百五十二枚、青年会员徽章八百〇二枚、二等奖章二枚、三等奖章十二枚征求会员纪念章七十二枚，共计一千五百八十八枚。

(乙) 讨论事项：

一、查本会于四月七日假座王会长公馆开谈话会，计到王儒堂、杜月笙、刘鸿生、林康侯、闻兰亭、王一亭、黄涵之、钱新之、陆伯鸿、汪伯奇、袁履登、宋汉章、赵晋卿、徐新六、王培元、穆藕初、曹云祥等十七人，议决设立设计委员会，并推定穆藕初、林康侯、颜福庆为基本委员，以正、副会长为当然委员，由林康侯为召集人在案，

请追认案。

决议：应准追认。

二、本会救护委员会正、副主席及常务委员，业经救护委员会执行委员会第一次会议推定王儒堂为主席，杜月笙、刘鸿生为副主席，陆伯鸿、朱恒璧、徐乃礼、许超、金润庠、林康侯、言潘景芝等七人为常务委员，照章提请通过后转呈卫生署备案。

决议：通过并转呈卫生署备案。

三、本会救护委员会组织规程，业由救护委员会执行委员会第一次会议通过，照章提请通过转呈卫生署备案。

决议：通过并转呈卫生署备案。

四、查本会青年部组织规程业经常务理监事审核交会，应如何组织，请讨论案。

决议：请常务理监事责成秘书长照章组织，切实进行。

五、本会照章应设经济委员会，现救护委员会既经成立，则经济委员会之设立更属急不容缓。兹已拟就经济委员会组织规程草案，应如何组织，请讨论案。

决议：应即组织定期开会成立，至组织规程交由经济委员会讨论。

六、本会二十五年度预算业已拟就草案，请讨论案。

决议：送请常务理监事核定后呈报卫生署备案。

七、建阳分会呈请征收会员常年捐费，会员由分会介绍者责成分会征收，此项捐费专作救护经费，各分会不得截留分文，惟酌给征收员薪金一成，于每届年终前一个月造册汇解总会，由总会给予收据为证，是否可行，请核议案。

决议：不合会章，未便照办。

八、章邱分会呈请于现设青年会员之外，再设特别青年会员两种，计甲等青年会员收会费三元，以八年为有效期间；乙等青年会员收会费一元五角，以六年为有效期间。惟此甲、乙两等之特别青年会员，其徽章须改用铜质，是否可行，请核议案。

决议：不合会章，未便照办。

散会时间：下午六时。

主席：刘鸿生

原载《中国红十字会月刊》1936年第13期

中国红十字会总会救护委员会训练委员会第一次会议纪录

会场：本会议事室

日期：二十五年五月二十六日下午二时三十分

出席者：翁之龙、郭琦元、颜福庆、朱恒璧

列席者：总会秘书长曹云祥

主席：颜福庆

纪录：冯子明

开会如仪：

（甲）报告事项：

本委员会简章已拟就，应请讨论、修正、呈报中国红十字会救护委员会执行委员会核准施行。

（乙）讨论事项：

一、讨论修改简章案。

决议：（A）在第四条担任下加“分期”二字，训练程序暂定第一期训练高级医学生及医师，第二期训练大学及高中女学生以及其他女界具有相当程度者，第三期训练大学及高中男生。

（B）第四条下应加二条：

1．以团体为单位请求训练者方得接收训练；

2．凡团体请求训练者，应视人数之多寡及课程内容得酌收训练费，其细则另订之。

（C）第五条均为名誉职下应添“得酌给夫马费”六字。

（D）余均通过。

二、讨论进行事宜。

决议：（1）先拟定志愿书式样；（2）订定训练收费细则；（3）规定课程；（4）拟定各科教员人选。

散会时间：下午四时。（完）

原载《中国红十字会月刊》1936 年第 13 期

中国红十字会总会救护委员会人事委员会第一次会议纪录

会场：本会议事室

日期：二十五年五月二十六日下午四时

出席者：言潘景芝、王霖生、陆伯鸿(颜福庆代)

列席者：总会秘书长曹云祥

主席：陆伯鸿(颜福庆代)

纪录：冯子明

开会如仪：

(甲) 报告事项：

本委员会简章已拟就，应请讨论、修正、呈报中国红十字会救护委员会执行委员会核准施行。

(乙) 讨论事项：

讨论修改简章案。

决议：第四条调查表规定事项内第九条应删去，另加三条如下：

一、能否往外埠服务；

二、如只能在本埠担任工作注明(专任或兼任)；

三、能否尽义务，若要酬报每月若干，讨论进行手续。

决议：(一) 先制印调查表分送中华医学会三千份、全国医师联合会三千份、中华护士会五千份、中华民国药学会一千五百份，由各该团体分寄会员照填；(二) 表用变联式填就，寄回后由各该团体将一联存案，一联送会集中备查。

散会时间：下午五时。(完)

原载《中国红十字会月刊》1936 年第 13 期

中国红十字会总会救护委员会供应委员会第一次会议纪录

会场：本会议事室

日期：二十五年五月二十六日下午五时

出席者：徐翔孙、许冠群、许晓初、金润庠

列席者：总会秘书长曹云祥

主席：金润庠

纪录：冯子明

开会如仪：

(甲) 报告事项：

本委员会简章拟就，应请讨论、修正、呈报中国红十字会救护委员会执行委员会核准施行。

决议：通过。

（乙）讨论事项：

总干事颜福庆交来救护用药囊式样及内容用品表，应如何进行案。

决议：亟行油印分送各委员审查，俟下次会议再行讨论。

（丙）临时动议：

(1) 徐委员翔孙提议救护事宜关系重大，以后各小组委员会不必单独开会应开联席会议，并请各委员务须准时出席案。

决议：通过。

(2) 许委员冠群提议加推周邦俊为本委员会委员案。

决议：提请常务委员会去函聘请。

散会：下午六时。（完）

原载《中国红十字会月刊》1936年第13期

中国红十字会总会救护委员会训练、人事、供应三组委员会第一次联席会议纪录

会场：本会议事室

日期：二十五年六月五日下午四时

出席者：郭琦元、朱恒璧、王霖生、顾毓琦（朱恒璧代）、翁之龙（唐哲代）、任廷桂、何子康、颜福庆、袁鹤松（王漱泉代）、徐乃礼、陆伯鸿、徐翔孙、周邦俊、许超、许晓初（孙筹成代）、金润庠

列席者：总会秘书长曹云祥

主席：颜福庆

纪录：冯子明

报告事项：

各组委员会简章已于上届各组会议时修正通过，现应呈报执行委员会核准施行。

讨论事项：

（一）训练组学习员志愿书式样已拟就，请公决。

决议：删改付印。

(二) 训练班细则已拟就，请公决。

决议：修正通过。

(三) 教员人选应如何决定。

决议：函请四医学院护士会及医药各团体推荐。

(四) 各科课程应如何规定。

决议：请朱委员恒璧审定。

(五) 规定日期开始报名、训练。

决议：俟志愿书印就后，先行报名登记，再定期开始训练。

(六) 人事组志愿服务调查表已拟就，请公决。

决议：通过付印。

(七) 救护用药囊式样及用品表已油印分送供应组各委员审查，应如何进行，请公决。

决议：一、先请任委员廷桂审定，增减表列药品；二、应请新药业公会及制药厂公会尽量预备供给，暂以每种五千计算，先交一千由本会存储安全区域以备不时之需；三、箱[药]囊由本会设法估价制备。

(八) 各组委员会预算案应如何编制呈报，请公决。

决议：现在一时无从着手，俟稍后再进行编造。

临时动议：

金委员润庠提议加聘皮革业公会代表为供应委员会委员，以增厚本组力量。

决议：提交常务委员会去函敦聘。

散会时间：下午六时半。

原载《中国红十字会月刊》1936年第13期

中国红十字会总会救护委员会常务委员第二次会议纪录

会场：本会议事室

日期：二十五年六月九日下午四时

出席者：言潘景芝、朱恒璧、许冠群(颜福庆代)

列席者：总干事颜福庆、总会秘书长曹云祥

主席：许冠群(颜福庆代)

纪录：冯子明

开会如仪：

（甲）报告事项：

（一）本委员会已于六月一日呈报总会启用钤记，开始办公；

（二）供应委员会许委员冠群提请加聘周邦俊为委员，已去函敦聘矣；

（三）供应委员会金委员润庠提请加聘皮革业公会代表为委员，应去函敦聘。

（乙）讨论事项：

（一）本委员会根据上届议案呈请总会先拨经费五千元，兹得复称已经照拨另存银行，请推常务委员二人负责，并将印鉴送去等语，请公决。

决议：公推林康侯委员、颜福庆总干事负责签具印鉴送去。

（二）各组委员会简章已送来，请审核。

决议：计通过者（甲）训练、（乙）人事、（丙）供应委员会简章三种。

（三）训练委员训练班细则已送来，请审核。

决议：修改通过。

（四）本委员会经常费预算书应如何拟制呈报总会，请公决。

决议：请总干事颜福庆起草编造。

（五）本委员会来往公文手续办法应如何规定，请公决。

决议：由总干事、副总干事负责核阅后缮发。

（六）上届会议决议聘请副总干事一位，应如何进行决定人选，请公决。

决议：由总干事颜福庆物色相当人选，月薪一百五十元，并将履历送会，以便决定延聘。

散会时间：下午六时。

原载《中国红十字会月刊》1936年第13期

会讯：总会近讯

总会发给夏令急救药水

前据河南省振务会、各地公安局、地方法院、监狱署暨分会等纷纷来函为时届夏令，请求补助治疫药水以资急救，并以该药功效特灵，历年活人无算，要求多量供给。总会以振款已成，弩末未能充分发给，现已酌量拨助河南省振务会三百盒；陕西省公安局五十匣；上海县政府一百匣；吴兴地方法院、浙江定海县监狱署、湖北随县监狱署、江苏南通第四监狱、来安监狱等各三十匣;本会松江分会一百盒;遂宁分会、明港分会、邓县分会、大竹分会等各三十匣,业由邮局寄去云。

本会监事胡孟嘉先生逝世志哀

本会第一届监事会监事胡孟嘉先生,系中央银行国库局长兼实业银行总经理,本年春间突患病血症,经延医诊治,历时数月未见痊可[愈]。爰于五月二十三日迁入福民医院诊治,该院断为贫血甚剧,乃即实行输血治疗,先后三次,收效极微,而热度日见增高,体力愈形不支,延至六月三日下午一时十分溘然长逝,遗体当由家属通知中国殡仪馆用汽车载送,于五日上午十时大殓。本会闻耗后,均极表轸惜。按:胡监事,名祖同,浙江鄞县人,英国伯明罕[翰]大学商科硕士,历任各大银行要职,生平廉洁自持,尤热心于公益慈善事业,在本会任职监事将及二年,嘉状殊多,特表数语,以志哀思。

新任监事顾馨一先生将就职

本会监事胡孟嘉先生于六月三日出缺,照章应由候补监事顾馨一先生依法递补,经由本会理监事会议决后呈报行政院卫生署备案,并请转呈国民政府备案。顾馨一先生,名履桂,江苏上海人,为本市米业界领袖,平素对于慈善事业不遗余力,原系本会前常议会议员,此次驾轻就熟,相得益彰,必能为本会放一异彩,本会深为庆幸。

杜副会长播音演讲促各界自觉烟毒

昨为六三禁烟节,各界除开会纪念外,并由本会副会长杜月笙先生在国华电台作播音演讲,以唤起同胞之自觉,讲题为《从纪念林则徐先生国人应有之猛醒》。兹录其原词如下:“诸位先生,今天是六三禁烟节,为纪念先哲林则徐先生,国人对于林先生之人格和事业,大概都深有认识,林先生可算在中国历史上对于烟祸反对最激烈的一人。当其督粤时,抱有伟大之决心,用断然手段来铲除烟祸,焚毁烟土,拒绝土商登陆。此等对外强烈之抗争,实开近代史上之纪录,虽其结果失败,而其人格之伟大,毅力之坚强,爱国之心切,可垂万世而不没也。自从林则徐先生激烈的反抗英国土商以后,就引起中英战争,且在战争史上具有特殊之呼唤,一般所谓鸦片之战,我国受此战争之影响极大,当时清廷只知苟安冀北,不惜委曲求全订立《南京条约》,开上海、宁波、福州、厦门、广州五口为通商口岸,并撤林先生以媾和。迂儒之论,尚以林先生之禁烟为罪,其不知禁毒不除,虽无外强之侵略,而亦必自亡,不特国亡,而种且自灭。林先生深远之旨,实非当时清廷机臣所能谅解。林先生之个人受屈尚小,国家之损失实大。一百年来,一蹶不振,岂林先生所能及哉。论者或曰林先生之抱负诚大,而所施方法,尚有考虑之余地,操之过激之变,或者可免。然当时环境,宰于滨海省者,无不与当地之奸商勾串,每箱烟土索贿四十元,庇护贩运,几为公开之秘密。故林先生之断然处置,所以降服外商,警惕污吏,拾此亦甚鲜上策。苟清廷为之后盾,则林先生之禁烟成功可预期也。林先生之禁烟距今已近百年,而中国烟毒之深,实可惊人。故蒋委员长下决心、立宏愿,诚欲澈底救中国者,必先将危害民族之烟毒扫除,用新时代的六年禁绝计划,通令全国上下一致遵行。诚知罚不如劝,于是不惜三令五申,努力于宣传工作,甚且宽限刑罚,给于自新之机会。凡属烟民,亟应共体政府恩施,憬然敦悟,自动戒绝。况今医学进步,禁烟之方法既多,其成效已有事实之证明,亟盼染有烟毒之同胞,勿再观望而自暴自弃,须知能自爱其身者,亦即所以爱国,欲解除国家条约之束缚,必先解除个人为嗜好之束缚,自强强国,是所望于同胞之自觉。"

本会王会长参加世运

第十一届世界运动会于八月一日在德国柏林举行,我国派有田径、足球、篮球等各项选手前往比赛,由本会会长王正廷博士为总领队。王会长因须出席六月二十二日在美举行之国际扶轮社大会,故五月十九日由沪先行启程出国,现悉已于六月三日安抵美国旧金山,政躬康健云。

本会林常务理事赴暹考察

我国为欲推进实业、经济、教育等事业起见,特组织赴逻考察团,本会常务理事林康侯先生被举为副团长,于五月二十六日会同凌团长率领团员乘维多利亚轮前往暹罗分别考察。是日,各机关、各团体均派代表至招商码头,欢送者甚众,于十二时许始行启碇,约须一、二月之久方能回国云。

原载《中国红十字会月刊》1936年第13期

会讯:总会近讯

救护委员会之近况

总会救护委员会成立以来,迭次开会讨论,积极进行,除训练、人事、供应三专门委员会次第成立外,现在对于全国医师、护士之能否服务者已着手调查。今得填就履历寄会者,已属不少,一俟整理完竣,其人才之统计,当能明了。至训练班之教员人选,刻正由医药团体及专校之推荐,俟下次会议决定后,当能开始训练矣。

第二次征求会员之尾声

本会第二次征求会员，于上年八月间举行以来，原定九月底结束，嗣以边远省区不及赶办，呈请内政部展延二月，旋蒙批准在案。截止本年春间，尚有未能缴到者，故迭经本会函催限期交清。现在如僻处各县等，亦经邮寄到会，故此项成绩报告，业由本会会计股从事编制，不久本刊内当能揭晓。

庆祝虞公洽卿七秩寿辰

本年七月欣逢本会名誉副会长虞和德老先生七秩寿辰，并旅沪五十五周年纪念，由上海商会、宁波旅沪同乡会、四明公所三团体，发起举行庆祝纪念大会，于七月四日在市商会，五日、六日在宁波同乡会，除全沪名票会串平剧外，并在航运电台播送特别节目，来宾每日有数千人之多，均款以寿筵等。在闭幕日，各国外宾之莅止者亦极多，首由主席团吴市长致开会词，由市府秘书长俞鸿钧译述英语，继由市商会主席王晓籁演说，由郭德华君翻译，末由寿翁详述旅沪五十五年之经过，均为提倡民族精神、补助社会事业，闻者无不钦敬云。

总会赠送《战时民众必读》

《战时民众必读》一书，系张敬之先生编撰，体裁纯为表解，内容简明、切要，分防空、防毒、救急、防火、维持金融五章。总会以该书防患未然，造福人群，特向武昌察院坡中国书局定购五百本，专赠全国分会，以资参考，刻与第十四期月刊交邮并寄矣。

总会医院门诊夏令变更时间

总会新闸路第二医院每日门诊时间原定上午九时至十二时止，现因天气酷热，已于七月一日起改为每日自上午八时至十一时止，海格路第一医院之门诊亦以提早一小时，惟南市第三医院门诊时间并未变更云。

本会高级护士职业学校招生

本会第一医院高级护士职业学校于七月间登报招考新生，其投考资格为十八岁以上、三十岁以下之未婚女子，有初级中学毕业或初中以上程度者。凡投考者报名时须填写本校报名单，并缴报名费一元、四寸半身照片、毕业证书或证明文件、校长与保证人介绍信各一封，报名日期于七月十日截止，考试日期于八月十七、十八日，检查身体十九、二十、廿一日，考试地点在海格路本校。

原载《中国红十字会月刊》1936年第14期

会讯：总会近讯：总会续发急救药水

总会每届夏令赠送治疫急救药水，本年自六月间补助各机关、各团体大宗药品后，又有各地纷纷来函索取。本会因事属救济，不忍坐视，勉再酌予赠送如善运留婴堂、普济聚善总会、吴兴分会、宁波分会、佘来庙分会各一百盒；上海县党部、法商水电公司、滁县监狱暑[署]、皖省从红局、颍上县监狱署、上海第一区公所、兴隆集青年协会、烦桥乡村改进会、河南高等法院、石港分会、洛阳分会、荻港分会、松江分会、宝丰振务分会各五十盒；江苏第一监狱署、九江分会各六十盒；吴淞分会、蚌埠分会、上海县公安局各四十匣；清平分会、普安善堂、新野分会、俞塘合作社、镇江同善医院、吴兴民众教育馆、睢县委员会、六合县政府、合江分会、宁德县监狱署、宜都县监狱署、绩溪县监狱署、浙江第二监狱、商丘分会、叶县分会、沛县夏令委员会、繁昌城区防疫会、江浦县党部、中国灯油公司各三十匣；启东县看守所、靖江施医药局、格诚善堂各二十匣；其余乡村团体各赠一二十匣不等。现在所备药水均经赠完，因经费支拙，今年不再赠送云。

原载《中国红十字会月刊》1936 年第 15 期

摘录各报所载关于红会之新闻[节录]

中国红十字会组织救护委员会

正式成立，职务均已分配，即将着手训练工作人员。

本埠新闸路中国红十字会总会为训练救护人才，储备战时及灾害实施救护工作，爰经正式成立救护委员会。

该会筹备组织救护委员会，尚于本年四月间开始，讫兹始告成立，延揽本市各医药团体及各公团为代表，其名单如下：国立同济大学、四立上海医学院、中法大学药学专修科、同德医学院、东南医学院、中华医学会、全国医师联合会、中华民国全国医药业同业公会联合会、上海市新药业同业公会、上海市制药厂业同业公会、中国民国药学会、上海市医师公会、上海市商会、上海市银行业同业公会、上海市钱业公会、上海市地方协会、上海市妇女协进会、上海市中华基督教青年会、上海基督教女青年会、中华护士会、震旦大学医学院。

职务分配：救护委员会分设训练、供应、人事三委员会。职务分配如下：训练委员会，郭琦元、顾毓琦、翁之龙、张祖华、颜福庆(主席)、宋梧生、朱恒璧；供应委员会,金润庠、林康侯(主席)、许超、许晓初、徐翔孙、项绳武、何子康、袁松鹤、任廷桂、周邦俊;人事委员会,徐乃礼、言潘景芝、周梦白、王霖生、陆伯鸿(主席)。

训练人才:该会为训练救护人才,拟即着手训练医学院一、二、三、四、五年级学生、大学男女学生、高中三年级男女学生为救护、看护工作人员,教员亦已由医院、各医学院推荐中云。(民国二十五年七月十九日《时事新报》)

原载《中国红十字会月刊》1936 年第 15 期

会讯:总会近讯:总会将开始训练救护

中国红十字会总会自成立救护委员会后,迭次讨论进行办法。今于八月十日开第二次各组联席会议,议决对于救护训练班应即开始实行,俟登报招募学员足额后,即行开课云。

原载《中国红十字会月刊》1936 年第 16 期

分会近讯:松江分会请奖名誉会长

江苏松江分会名誉会长张放良于本年六月一日病故,生前对于该分会竭力赞襄,先后资助达三万七千元之巨,遵照《褒扬条例》开具事实四份,呈请总会转请上海市政府转呈国民政府颁给匾额予以褒扬,业由总会据情转请市府矣。

原载《中国红十字会月刊》1936 年第 16 期

纪录:中国红十字会总会救护委员会训练、人事、供应三组委员会第二次联席会议纪录

会场:本会议事室

日期:二十五年九月十日下午四时

出席者:郭琦元、翁之龙(唐哲代)、朱恒璧、言潘景芝、周梦白(金鳌代)、何子康、任廷桂、颜福庆、许冠群、徐乃礼、金润庠、周邦俊、许晓初、徐翔孙

列席者:总会秘书长曹云祥

主席:颜福庆

纪录:冯子明

开会如仪:

甲、报告事项:

本会自成立救护委员会以来,各地分会闻讯纷起照章组织,已有数处报告总会正式成立,开始训练矣。

乙、讨论事项:

(1) 现各学校俱已开学,本会救护训练应否即行定期开始训练,请公决。

决议:一、先行开办训练(战时外科学)(毒气学)(实地护病学)三科,登报招生以足三十人开班;二、开办军医训练班;三、聘请杜和生医师加入训练委员会。

(2) 教员人选前已去函各医校、各团体征求,已有数处开来名单推荐,应如何决定延聘,请公决。

决议:一、聘请护士学基本教员二位,由言潘景芝委员物色相当人材,常川驻会担任往各校训练女生;二、各医校推荐义务教员,视训练地点就近现聘,其车马费可与各该医校校长商订,以路途来往远近而定。

(3) 外埠分会及本埠各学校来函请求训练者已有多起,如何应付,请公决。

决议:(甲) 一、外埠分会需要教员时,如该地就近有医事团体会者,可向医事团体延聘;如无医事团体,可由本会寄付讲义等,以资参阅;二、训练班所用各科讲义,应用本会规定课本,以归一律,课本可由本会代办。

(乙) 本埠各学校、各团体请求训练,如合定章者派员接洽填写志愿书,规定时间开始训练。

(4) 药囊、面具、担架等应用各物如何购备,请公决。

决议:一、药囊请徐翔孙委员、许冠群委员向上海市新药业公会、制药厂公会劝募一百只,作为训练之用;二、防毒面具请徐翔孙委员、周邦俊委员向面具制造厂募集样品数具,以作训练之用;三、担架式样由任廷桂委员、郭琦元委员审定送来后,再请周委员邦俊募集数架应用。

丙、临时动议:

徐委员翔孙提议:

一、本会训练方法应请各报尽量宣传,俾全国民众知所取法。

决议:通过。

二、本会训练所用讲义应呈请教育部核准,并通令全国各学校,凡有救护训练者,应一律采用此项讲义作为标准课本。

决议:通过。

散会时间：下午六时。

主席：颜福庆

原载《中国红十字会月刊》1936年第17期

中国红十字会总会救护委员会执行委员会第二次会议纪录

会场：中国红十字会总会议事厅

日期：二十五年九月三十日下午四时

出席者：杨怀僧(青年会代表)、闻兰亭、颜福庆、王霖生、谢祖仪、张志学、任廷桂、徐翔孙、李宣果、许起[超]、裘少白、彭三美、严大有、金润庠、周邦俊、袁鹤松、翁之龙、朱玉泉、朱恒璧、俞佐廷、徐采丞、何子康、顾毓琦、杜月笙、杜和生、陆伯鸿、张辅忠、刘鸿生、郭琦元、汤蠡舟、林康侯、徐乃礼、许晓初、项绳武(方庆咸代)、周梦白(许晓初代)、徐宝彝

列席者：朱润深、李廷安、吴利国、庞京周、曹云祥

主席：颜福庆

纪录：王霖生

开会如仪：

报告事项：

主席报告开会宗旨。

讨论事项：

(甲)如何完成非常时期之准备案。

决议：照下列各项分别进行。

(一)人才：请上海四医学院、中华医学会医师联合会、上海市医师公会、上海市卫生局(私人名义)、中华护士会、中华药学会等团体于四十八小时内将服务人员名单送会，遇非常事变时能在二十四小时内召集之；

(二)药品：责成新药业公会预先准备以五百病床为单位之药品，存储于各药商号，于事变时得随时取用；

(三)经济：五百床位医院之开办费约计二万至三万元，请由总会与市商会合作筹垫之。

(乙)为增进办事效率起见，拟聘请庞京周医师为副总干事，请公决案。

决议：通过。

散会时间：下午六时。

主席：颜福庆

原载《中国红十字会月刊》1936 年第 17 期

中国红十字会总会救护委员会常务委员会第三次会议纪录

会场：中国红十字会总会会议室

日期：二十五年十月六日下午四时

出席者：陆伯鸿、徐乃礼、金润庠、朱恒璧、许冠群、刘鸿生、林康侯

列席者：总干事颜福庆、副总干事庞京周、总会秘书长曹云祥

主席：刘鸿生

纪录：冯子明

开会如仪：

报告事项：

本委员会所办救护训练班，定于十月十二日开课。

讨论事项：

（甲）非常时期工作之准备案。

决议：（一）预备后方医院以五百床位为单位，本埠设两处（一千病床），外埠两处（一千病床）；（二）本埠后方医院人员支配，暂以国立上海医学院及国立同济医学院二处为主体各办一医院，如必要时全部人员须遣往外埠，本埠可按服务调查表另行召集；（三）医院需用器具各物先行开单，请总会将旧存者拨用外，不敷再行添置；（四）先行购备防毒面具一百只、石膏布三十卷；（五）请总会拨给经费三万元；（六）请外国绅商、各界领袖及教会团体加入合作，以符万国联盟之原则。

（乙）增加内部工作案。

（一）副总干事定月送夫马费二百元；（二）雇用职员一人专司书写等职，月薪四十元；（三）会计一职请总会杨会计主任暂兼；（四）一切付账凭庞副总干事或王霖生委员签字照付；（五）现在工作紧张，请总会加派全部人员加入通力合作。

散会时间：下午六时。

主席：刘鸿生

原载《中国红十字会月刊》1936 年第 17 期

中国红十字会总会第一届理事会及监事会第十六次联席会议纪录

会场：本会议事室

日期：二十五年十月七日下午五时

出席者：副会长刘鸿生、杜月笙；常务理事闻兰亭、王晓籁、关絅之、林康侯；常务监事黄涵之、陆伯鸿；理事姚虞琴；监事汪伯奇、赵晋卿、徐新六

列席者：秘书长曹云祥；救护委员会总干事颜福庆；副总干事庞京周

主席：刘鸿生

纪录：卫锐锋

开会如仪：

(甲) 报告事项：

一、报告出席人数共计十二人，已足法定人数。

二、报告第一届理事会及监事会第十五次联席会议纪录。

三、报告各团体、各分会请拨款，业经本会放振委员会第二次会议议决分别拨付，共计一万三千三百九十八元，又面粉八百包。

四、报告第二次征求会员于六月底完全结束，收会费七万五千七百四十一元，内付分会基金三万三千零七十七元四角，计本会实收四万二千六百六十三元六角，除征求费用六千二百八十三元零八分，净收三万六千三百八十元零五角二分。

五、编宣股报告本会月刊自上年七月一日发行以来，逐月准期出版至十月一日为第十六期，均经发讫，每本规定一百页左右为则，每遇发行专刊时得随增加页数，每月定印一千本，除赠送全国分会暨各机关外，有来会订购者约计二百余户，交换出版物者一百余户。

六、会计股报告五、六、七、八、九月份经济报告表，业已分送。

七、文书股报告五月份收文三百七十七件，发文八百六十二件，收电二件，发电一件；六月份收文三百三十四件，发文一千零零九件，收电二件；七月份收文九百六十九件，发文二百八十二件，收电二件；八月份收文四百零八件，发文二百八十二件，收电三件；九月份收文二百八十九件，发文一百六十六件，收电三件。

八、庶务股报告五月份起至九月份止发给各队会员徽章，计名誉会员章一枚、特别会员十五枚、正会员章一千九百三十八枚、普通会员一千六百十六枚、青年会员章一千零三十四枚、奖章三枚、征求会员纪念章八十二枚，共发四千六百八十九枚。

九、救护委员会总干事颜福庆、副总干事庞京周报告该会办理经过情形(另有报告书备案)。

(乙) 讨论事项:

一、经济委员会委员虽经推定,应确定开成立会日期,请讨论案。

决议:请杜副会长定期召集开会。

二、《第三次征求会员章程办法》业已拟就,请讨论案。

决议:将章程办法送请常务理监事审核后呈卫生署备案。

三、松江分会函称因办理浙灾难民收容所,亏欠共约一千二百余元,请酌赐补助,不足之款由分会设法筹集弥补,请公决案。

决议:在振款项下拨给五百元,俾资结束,以后不得援以为例。

四、山西省政府因晋省匪灾惨烈,电请振济并函送捐册四份,请予劝募拨款,请公决案。

决议:无款可拨,婉词函复。

(丙) 临时动议:

一、救护委员会应需担架夫役如何招募,请讨论案。

决议:由会备函请陆伯鸿、庞京周两先生向上海市商会接洽职业团体征求担架夫役,俾资应用。

二、救护委员会呈请拨经费国币五千元,业已照拨,应请追认案。

决议:应准追认。

三、林常务理事康侯提议非常时期工作如救护会等,本会同人应全体动员,应由常务理监事中推定一二人主持其事,请公决案。

决议:请林常务理事康侯、闻常务理事兰亭、黄常务监事涵之主持其事业,并备函知照。

散会时间:下午六时三十分。

主席:刘鸿生

原载《中国红十字会月刊》1936年第17期

会讯:总会近讯[节录]

王会长由欧返国

总会会长即新任驻美大使王正廷,率领我世运代表团于十月三日乘意邮康脱罗梭轮抵沪,各机关、各团体代表前往欢迎者颇为拥挤。当在轮次发表谈话,略谓:“本人此次出国历时四月,首至美国,继赴德国,关于参加世运经过,当另有报告。近来中日关系颇呈紧张,本人在欧时已有所闻,惟不甚详。看欧洲局势,因西班亚内战,全欧正感极隍不安,自无暇东顾。我国目前唯一之出路只有团结一致,拥护政府,集中力量统一步骤,以谋我民族之生存。此次两广问题和平解决,全国统一得告完成,欧美各国对此极赞誉。中美两国邦交素睦,本人奉命使美,自当努力增进中美睦谊之工作。本人于一二日内即将晋京谒晤张部长请示出国事宜,并拟晋谒蒋院长请示一切云。”

本埠虞洽卿路命名典礼

总会名誉副会长虞洽卿,自十六岁到沪,努力社会事业,均以正义及公益为前提。英租界工部局为表示敬仰虞公起见,将西藏路改名虞洽卿路,由市商会等十六团体发起庆祝命名典礼,于十月一日晨先在跑马厅举行万国商团华队检阅。俟检阅典礼完毕后,由工部局西巡、印巡旗队及乐队等领导万国商团华队,随后虞氏及各界参加代表均登汽车巡跑马厅路至虞洽卿路游行一周,至宁波同乡会举行庆祝典礼。来宾数千人,由市商会会长即本会常务理事王晓籁致开会词,并由中西来宾演说。末由虞洽卿先生致答,旋即摄影、茶点。下午二时起,余兴举行平剧会串,晚间在跑马厅内大放焰火,故虞洽卿路终日热闹异常,实属空前盛况云。

原载《中国红十字会月刊》1936 年第 17 期

分会近讯:上海市分会改选职员

上海市分会于八月二十三[日]举行会员大会选举第一届监事,开票结果张杏荪等七人当选为理事,蒋茂铼等五人当选为监事,并于八月二十九日开理监事会,选举臧廉逊为会长,张杏荪、夏理彬为副会长,推举李鸿声、范恒良、朱星江为常务理事,蒋茂铼、倪颂兼、蔡槐荪为常务监事,业已就职视事云。

原载《中国红十字会月刊》1936 年第 17 期

摘录各报所载关于红会之新闻[节录]

红十字会办理救护练(训)练

先开办外科学等三科,各地分会亦继起开办。

本埠新闸路八五六号中国红十字会总会,自成立救护委员会后,迭次开会,讨论进行程序。于前日召开训练、人事、供应三组委员会第二次联席会议，决议先行开办训练战时外科学、毒气学、实地护病学三科，每班招满三十人，即开始训练，并有本市各学校、各团体函请训练者极多。该会已聘有护士学基本教员，常川驻会担任赴外训练。若外埠欲开办训练班者，可函请总会发给规定课本及讲义等，以资参阅。俾将来实施时，可收全国统一之效，至训练班应用之药囊、药品、防毒面具、担架等，已由各委员会分别担任募集，以备练习之需。闻该会各地分会闻风兴起，开办训练者已有数十余处，预料在下年间，必能通行全国云。(民国二十五年九月二十二日《时事新报》)

中国红十字总会举办救护训练班

新闸路中国红十字会总会为训练救护人才，特由该会救护委员会举办救护训练班，现已开始征求学员。记者昨向该会探悉，此次举办救护训练班，拟先试办下列各科：(一) 战时外科学(约计六十小时)，名额未定；(二) 实地护病学(约计六十小时)，每班暂定三十名；(三) 简易实验诊断学(约计三十小时)，每班暂定二十名；(四) 简易药剂学(约计三十小时)，每班暂定二十名；(五) 毒气学(约计十二小时)，每班暂定五十名；(六) 担架学(约计十小时)，每班暂定四十名。现下报名者十分踊跃，对于班次多寡将视名额多寡而定，该会救护委员会训练委员将于七日下午在会所举行会议，研讨开办日期进行方针。(民国二十五年十月五日《民报》)

红会代表口述
——毕港屠杀惨状

路透圣若德居士六日电，国际红十字会代表裘诺德博士已于今日由毕尔巴沃乘英军舰抵此，并向人口述该处屠杀之惨状。据称该城之政府军，已将持以作质者一百五十余人，悉数枪决，以报复叛军之空袭云。(民国二十五年十月七日《大晚夜报》)

原载《中国红十字会月刊》1936 年第 17 期

纪录：中国红十字会松江分会枫泾办事处第四次会员会议纪录

日期：二十五年十月七日下午三时

地点：本会会议室

出席：程履和等二十八人

主席：宋继殷

纪录：邹献廷

甲、行礼如仪:

乙、报告事项:

主席报告上次会议纪录,无异议通过。

丙、讨论事项:

(一)会员训练应如何着手进行案。

决议:即日进行开始报名。

(二)组织救护训练班之一切费用及制服费应如何缴纳案。

决议:一、训练费由各受训会员平均负担之;二、制服费每人以十五元为度(报名时须缴定洋五元)。

(三)救护训练应规定日期以便受训案。

决议:限本年十月底筹备完毕,开始训练。

散会:下午五时。

主席:宋继殷

原载《中国红十字会月刊》1936年第18期

松江分会十月十八日开第十六次议员会员联席会议纪录

出席人数:钱选青等十七人

主席:盛竞生

纪录:王希船

行礼如仪:

一、报告事项(略)

二、讨论事项:

(一)组织训练班经济委员会案。

决议:推定杜若洲、钱选青、朱广涵、李亚新、郑伯藏、瞿存初、杨秉文、钱戛民、杜文荃、杨锡麒、陈洪范、朱久望、郑翰青、张我周、盛竞生、席念曾、孙慧民、张蓝田、张松仙、蔡钟瑜、程伟如、徐春波、庄仁荣、李文来、宋继殷二十五人为经济委员会委员,并推定杜若洲为委员会主任,席念曾为副主任。

(二)训练班所需各项经费应如何办理案。

决议:此次受训学员计一百二十人,除会员六十人各项费用自备,其余六十人概由会供给,并教官、医官、夫马费等约须六千元,该项经费由本会负担一千元,尚有五千元请经济委员会筹集之。

（三）聘请教官、医官案。

决议：教官函县政府代聘医官，请张绍修、柯德琼、吴邦、张志惠、王培元、黄孙凡由会呈报总会聘请之。

原载《中国红十字会月刊》1936年第18期

中国红十字会松江分会修订救护班细则会议纪录

日期：二十五年十月十一日下午

地点：超果寺一览楼

出席：杜若洲、盛元音、黄小鹤、孙慧民、郑翰青、杨锡麒、陈洪范、张松仙、杨载华、张师民、瞿思明等二十九人

主席：周学文

纪录：王希船

行礼如仪：

一、报告事项：

报告办理救护训练班之意义。

二、追认事项：

（一）本会业经聘请陈秋实、彭钟骏、沈瘦狂三君为本会秘书，刘之谋、孙德基两君为本会法文秘书，李亚新君为本会资产委员会委员，请予追认案。

决议：准予追认。

（二）枫泾办事处设立救护训练班，业经核准，请予追认案。

决议：准予追认。

（三）枫泾办事处所设救护训练班，因地处江浙接界，学员中不无籍隶浙省者，业由本会电请浙省府核复，请予追认案。

决议：准予追认。

三、讨论事项：

（一）招收救护学员，请规定名额案。

决议：额定一百二十名，其中以本会会员六十名，向外招收男四十名、女二十名，招收简则另订之。

（二）依照十四次议事会决议案规定基本会委员百名，每人每月出月费一元，

业经总会核准,惟月费应改月捐,应于何时起征案。

决议:于十月一日起征收。

(三)介绍入会应请遵照总会所颁入会须知办理,以示慎重案。

决议:通过。

(四)《救护训练班细则》应否修改案。

决议:修订如下,本会训练班先行试办下列各科:甲、战时外科学;乙、实地护病学;丙、毒气学,以上三科为必修课;丁、简易实验诊断学;戊、简易药剂学;己:担架学,以上三科选修课。

由学员任择一科,每人每次纳训练费四元(讲义费在内),凡请求训练者须先行报名、登记,填具志愿书送会审核。凡年龄在二十岁以上、四十岁以下、具有小学毕业程度者,皆得报名。额定一百二十名,除本会会员六十名外,另招六十名,内分男四十名、女二十名,训练费须于报名时一次缴清,非缴清训练费后不得上课,中途退学亦不发还。凡训练班应用之制服须由本会代办以示整齐,其费由学员负担,纸、笔、文具、书籍等均归学员自备,凡收入之训练费皆由本会会计处管理之。救护训练班定十月二十日开办,本细则由本分会呈报总会核准施行。

(五)救护训练班经费应如何筹集案。

决议:定十月十八日另组织经济委员会筹集之。

原载《中国红十字会月刊》1936年第18期

会讯:总会近讯

救护委员会添聘职员

救护委员会为增加工作效率起见,添聘庞京周医师为副总干事,并请郑兰华博士、童庆民及管祖圭二女士担任训练毒气学及护病学两科,并添顾希欧君为办事员,加聘吕守白、杜和生二君为委员,均于十月间相继就职矣。

第一届训练班学员踊跃

此次救护委员会议对于训练班先行开办实用护病学及毒气学二种,学员早经招募足额,已于十月十二日正式上课。此次第一届学员业已毕业,由救护委员会发给证书,闻将定期表演以资实地练习,兹将两科学员姓名探录如下。

第一届实用护病学训练班学员姓名:

张莲妮、经皎然、陈德光、周健行、白静一、唐莲祥、顾伊士、张树德、李学君、范学礼、盛在华、贝清心、孙蕙、张淑苹、关楚芝、吴在铭、赵子云、沈云龙、卢耀华、凌贞雪、胡干芝、方育秀、胡展飞、吴菱镜、黄锡康、王芳齐、郑孝杰、戴志良、郑乐水、纱性、戴天、徐鼎仁、黄永绥、武淑芳、贾悟真、毛云卿、李学君、赵培真、徐利民(以上考试毕业名次容绩布)

第一届毒气学训练班学员姓名：

张连妮、戚冠六、经皎然、哈尔康、张吉人、陈宝书、高伯华、沈稼中、王芳齐、戴笃昆、毛云卿、潘慕侠、徐震生、董永生、陈养余、钱嘉诚、赵培欣、刘少蔷、胡士高、徐伟郊、宋桂蕊、黎康生、周祖榍、王长风、沈惟一、陈培元、顾伊士、林立、何道英、冯道新、黄声霆、戴文志、白静一、汪志远、沈绳祖、郑孝杰、于志功、陈德光、薛行素、唐连祥、胡展飞、叶浩、戴耀祥、纱性、明旸、钱锡动、单松如、张君调、叶堇、张民杰、张胤、盛蕴华、沈云龙、赵子云、孙伟毅、阮育秀、张国威、何耀、曹志明、曹长龄、戴蒙梅、李文荣、赵润民、贾悟真、徐利民、王茀刚、濮秀珍(以上考试毕业名次容绩布)

军医署发给《军医必携》

本会救护委员会因训练救护人才起见，函请军事委员会军医署发给《军医必携》以资参考，业由军医署函复照准，因存书无多，先行发给二十五本，一俟再版后再决定购买办法云。

总会成立经济委员会

总会经第十六次理监事联席会议之决议确定经济委员会成立日期，业于十一月五日下午五时在本会召开第一次会议(议案详见下期本刊纪录栏)，决议筹募办法及讨论组织规程(见本期本刊专件栏)。兹将推定人选照录如左：

主席：王儒堂

副主席：杜月笙、刘鸿生

常务委员：林康侯、虞洽卿、王晓籁、钱新之、俞佐廷、穆藕初、宋汉章、袁履登、张慰如

委员：吴铁城、朱子桥、叶誉虎、姚慕莲、赵晋卿、徐新六、朱吟江、汪伯奇、金廷荪、唐寿民、陈光甫、秦润卿、叶扶霄、卢学浦、顾馨一、叶琢堂、闻兰亭、王一亭、关絅之、陆伯鸿、黄涵之、姚虞琴、沈联芳、劳敬修、狄楚青、竺梅先、孙卫甫、吴蕴齐、王伯元、金润庠、王培元

总会刊发征求会员专刊

本会第三次征求会员定于一月一日举行，为欲使国人明了红十字会之组织及

概况起见，特由编译宣传股编成《征求专刊》一种，分发各征求队应用，以资宣传。该书内容丰富，取材简括，若分会置备一编，不啻聘一顾问，现已出版，将邮寄各地。此次纯系赠送，并非卖品云。

原载《中国红十字会月刊》1936 年第 18 期

分会近讯：上海市分会定期训练救护

上海市分会为养成救护人才以合时代之需要起见，经理监事第三次联席会议之决议组织救护训练班，额定学员四十人，聘请朱善恒医师教授，已于十一月一日开始训练云。

原载《中国红十字会月刊》1936 年第 18 期

摘录各报关于红会之新闻[节录]

中国红十字会救护训练班开办

已于前日开班，计分两组，受训人数共达一百余名。

中国红十字会救护委员会举办之救护训练班，已于十二日正式开办，入班受训者颇形踊跃。该会救护训练班，预定分为(甲) 战时外科学；(乙) 实地护病学；(丙) 简易实验诊断学；(丁) 简易药剂学；(戊) 毒气学；(己) 担架学等六组。惟前日开班者，尚仅实地护病学与毒气学两组，实地护病学由童庆民女士任教授，毒气组由郑兰华任教授。毒气组开班受训人数达四十余人，受训日期为星期一与星期二，时间八时至九时；实地护病组受训日期为每星期一至五日，时间上午十时至十二时，前日开班受训人数计六千余人。据该会冯君谈，担架组亦即将开办，至其余各组，因须略谙医学知识，故报名人数尚少，开办尚有待云。(民国二十五年十月十四日《时事新报》)

红十字会训练护病防毒人才
——毕业时将表演救护术

本埠新闸路中国红十字会救护委员会设立之护病班及毒气班，已经开班。护病班由童庆民女士教授，学员计五十余人；毒气班由郑兰华博士教授，学员计七十余人。大通社记者昨访该会编译宣传科主任金涛氏，据谓两班科下月均可修毕，拟公开表演救护及防毒一次，毕业学员均需发给毕业证书云。(民国二十五年十月二十八日《申报》)

原载《中国红十字会月刊》1936 年第 18 期

1937年

中国红十字会总会征募救护材料启事

此次救护绥战伤兵，本会职责所在，业已由救护委员会颜总干事暨庞副总干事前往实地工作并调查伤兵状况，现已返沪。预料大战不日爆发，深感医药材料缺乏，已由本会组设中国红十字会总会救护委员会华北分会出发救护队，充实治疗事宜。迭据前方函电，因日来天气严寒，伤兵医院急需被褥及应用医药材料等均为最关紧要之用品。现在储备无多，用特登报征募此项材料或款项以便置办，如荷慨助，请送新闸路八五六号，本会当掣正式收据为凭。事已紧迫，敬请各界踊跃输将，无任企祷。

原载《中国红十字会月刊》1937年第19期

纪录：中国红十字会总会经济委员会第一次会议纪录

会场：本会议事室

日期：二十五年十一月五日下午五时

出席者：主席王儒堂；副主席刘鸿生；委员王一亭、吴铁城(李廷安代)、闻兰亭、关絅之、姚虞琴(闻兰亭代)、王培元、金润庠、赵晋卿、黄涵之、汪伯奇、陆伯鸿

列席者：秘书长曹云祥；救护委员会总干事颜福庆；副总干事庞京周

主席：王儒堂

纪录：卫锐锋

开会如仪：

(甲)报告事项：

一、报告本委员会成立经过情形；

二、救护委员会总干事颜福庆、副总干事庞京周相继报告筹备救护及训练工作等办理情形，并称救护委员会经费以全年计算约需五十七万余元，就目前而论约需十五万元(另附预算表送阅)，急须筹募云云。

(乙)讨论事项：

一、本委员会组织规程业已拟就草案，请讨论案。

决议：修正通过。

二、值此非常时期，筹募救护经费刻不容缓，据救护委员会颜总干事、庞副总

干事报告,需款甚巨,应如何筹募,请讨论案。

决议：本会全体委员每人担任募款五千元,刊印捐册,定于本年十二月一日起至二十六年一月三十一日止,于此二个月内筹募竣事,一俟捐册呈送卫生署盖印发还,即行分送全体委员开始筹募。

散会时间：下午六时。

主席：王儒堂

原载《中国红十字会月刊》1937年第19期

会讯：总会近讯[节录]

救护委员会扩大训练

本会救护委员会训练班,自上年九月二十二日开始后,截至年终止,训练护病学、毒气(请求)学及救护常识、急救法、担架术等已有十二处,受训学员五百余人。此第一届均将毕业,参加第二届受训者更形踊跃,预计在本年内训练学员当在五千人以上,至全国各分会开班,报名训练者有数十余处,正在组织者亦有十余处,在本年内或能完成十万救护员之计划,以应时势之需要,兹将总会最近训练组织列表如下。[略]

总会发行征求特刊

本会第三次征求会员期间,自本年一月一日起至二月二十八日止,为欲使各界明了本会组织及情况起见,特由编译宣传股编成《征求特刊》一书,除分赠各队长、各分会应用外,有欲入会或能介绍会员者均可向本会函索,当即照寄。

第三次征求会员本月开始

第三次征求会员本应于上年期内举行,为(惟)因时局紧张,组织救护及训练诸端工作异常繁冗。始于上年十二月一日至三十一日为筹备期间,定于本月一日起正式征求会员,总会除由全体理监事组织征求会员委员会并分担各队长外,并聘请国民政府院部会长官暨各省主席、各市长为队长,业已允准担任,分会亦同时举行。凡介绍费一元者为一分,俟结束时统计得分多寡分别奖赠,其办法可参阅本期月刊专件栏内。

募捐救护经费

总会救护委员会总干事颜福庆、副总干事庞京周为最近工作之需要,拟就预算草案,约计需款五十七万余,呈请总会筹募此款。乃依据《理监事会组织规程》于去年冬成立经济委员会,在开第一次会议时决议印发捐册二百本,分交全体委员,每人担任募款五千元,即由总会派秘书卫锐锋携带捐册,赴京呈请卫生署盖印后,即分送各委员实行矣。

救护队员臂章须全国一律

本会救护队编制服装定式,早经军政部暨海军部指令规定,业由总、分会一体遵行。至救护队员所用之臂章,依据服装定式第三条之规定,应呈由高级军事长官盖印。总会为准备起见,特先赶制臂章三千枚,派由卫秘书携往军政部盖印,业已编印号码注册。嗣后无论总、分会如有出发战地之救护队,全体人员均须缠佩此项臂章,若发现无军政部盖印者,将予以严重取缔云。

总会补助绥远分会救护经费

本会绥远分会平日办理会务本极认真,现在适逢绥东劫匪战事紧张,恰当其冲,对于救护更行努力。但此次范围既广,措置非易,且以经费不充,进行颇感棘手。特电请总会援助经费,经常务理监事之核准,先行汇去千元以资急需,即俟派员考察绥地伤兵医院之设备如何,再定办法。

慰劳救护绥远伤兵代表飞赴前方

本会常务理事王晓籁、林康侯、救护委员会正副总干事颜福庆、庞京周暨黄任之、陆京士等诸先生代表中国红十字会总会、市商会、地方协会等所组织之绥远剿匪慰劳救护委员会,乘坐飞机特往绥地救护及慰劳。于十一月二十三日上午十时由上海飞起,五时到西安晤(长)张副司令、杨虎城主任、邵力子主席。二十四日晨八时飞晋,十时抵太原晤阎百川副委员长、赵次陇主席。二十五日午前飞达绥远,得晤傅主席并往各地伤兵医院实地调查情况。现虽由军医及川至医院,本会绥远分会暨各教会医院等办理救护及运输事宜,但战事扩大,不特卫生材料有缺乏之虞,即施行大手术之人才与器械,亦颇感不敷分配,以是有组织特种救护队遄赴前方工作之议。二十六日晨飞赴洛阳见蒋委员长陈述慰劳救护近况,蒋委员长表示谢意,是日下午四时半飞回上海。在四日之间凡行七千四百余里,对于前线伤兵之状况、医药卫生材料之多寡均得明了真相,俾在救护工作上获得充分之准备云。

上海救护协进会办训练班

本埠各界应非常时期之需要,组织上海市救护事业协进会以辅助本会救护委员会推行救护训练工作,特于十一月二十八日在中汇大楼会所举行首次会议。决议(一)设置《救护讲习会计划草案》;(二)分期筹办《救护训练班计划草案》;(三)协助本市各机关、各团体推行《救护训练工作办法草案》,其办法详载本刊新闻栏内。

救护委员会发行训练救护讲义

总会救护委员会训练班所用护病学及毒气学二种讲义,现已印订成书,俾各地训练救护者均得采用,以资全国统一,以收相互为用之效,定价护病学每本六角、毒气学四角。倘购书在五十本以上可以八折计算云。

庞副总干事赴绥办理救护

总会救护委员会副总干事庞京周于上年十二月一日乘京沪夜车至首都换乘津浦车,北上至天津、北平等处分会及医院商协救护绥战事宜后,即往绥远办理疗治伤兵并组救护队实施工作,并在华北成立中国红十字会救护委员会华北临时分会,扩大救护事宜云。

总会寄赠分会征信录题名录

总会出版之第十六届,自民国二十三年一月一日至十二月三十一日止;第十七届自民国二十四年一月一日至十二月三十一日止;会员题名录两种及第二十届即二十三年度,自民国二十三年七月一日至二十四年六月三十日止之征信录,业于上年十二月间分寄全国分会,每种四本,共计十二本云。

原载《中国红十字会月刊》1937 年第 19 期

摘录各报关于红会之新闻[节录]

绥远剿匪慰劳救护会

上海市商会主席王晓籁、上海市地方协进会会长杜月笙,为慰劳救护绥远剿匪将士事。昨日下午五时,召集各团体联席谈话会,到虞洽卿、钱新之、穆藕初、王晓籁、江问渔、杜月笙、黄任之、斐云卿、秦润卿、陈光甫、邵燕山、金润庠、林康侯、严谔声、庞京周等,由王晓籁主席。主席报告开会主旨后,即议决(一) 上海市商会、地方协会、中国红十字会三团体合组绥远剿匪慰劳救护委员会;(二) 推定徐寄庼、刘鸿生、王儒堂、颜福庆、李馥荪、吴蕴齐、严谔声、柯干臣、胡筠秋、萧延芳等二十五人为委员会委员;(三) 推定金润庠为委员会总干事,杨管北为副干事;(四) 筹垫巨款,慰劳前线将士;(五) 指定中国、交通、上海、浙江兴业、浙江实业、大陆、盐业、金城、中南、中汇等十银行、四行储蓄会及福源、同裕、同润三钱庄代收各方慰劳捐款;(六) 推陈光甫、杜月笙、钱新之、李馥荪、秦润卿、邵燕山、裴云卿等七人为经济委员。(民国二十五年十一月十八日《时事新报》)

绥远剿匪慰劳救护会
——昨开首次委员会

加推黄金荣等十人为委员，聘请徐永祚、潘序伦任审核。

上海市商会、地方协会、红十字会三团体合组之绥远慰劳救护委员会，于昨日下午五时举行第一次委员会议，到委员三十二人。王晓籁主席，议决各案如下：(一) 推王晓籁、杜月笙、刘鸿生为主席委员，陈光甫、邵燕山、钱新之、穆藕初、林康侯、庞京周为常务理事；(二) 推黄任之、严谔声两委员兼任本会秘书；(三) 加推黄金荣、张啸林、金廷荪、张蔚如、顾馨一、杨管北、陆子冬、骆清华、陈水鲤、王天申等十人为委员；(四) 加请中兴、华侨、国华、浦东、大来、江苏、企业、垦业等八银行，及中一信托公司代收捐款；(五) 捐款收据，推李馥荪、秦润卿、裴云卿三委员签名；(六) 聘请徐永祚、潘序伦两会计师办理审核及会计事宜；(七) 委员会会址设于上海市商会；(八) 组织干事会，由总干事、副总干事提名后，交常务委员会通过聘请；(九) 委员会经费应撙节开支，由三团体各捐一千元，所收慰劳救济捐款，绝对不得支用。(民国二十五年十一月二十日《时事新报》)

红十字会总会成立经济委员会

中国红十字会总会以绥远告急，亟须加紧工作，爰特成立经济委员会。该会委员均为本埠名流，其名单如下：王儒堂(主席)、杜月笙、刘鸿生(以上副主席)、林康侯、虞洽卿、王晓籁、钱新之、俞佐庭、穆藕初、宋汉章、袁履登、张蔚如(以上常务委员)、吴铁城、朱子桥、叶誉虎、姚慕莲、赵晋卿、徐新六、朱吟江、汪伯奇、金廷荪、唐寿民、陈光甫、秦润卿、叶扶霄、卢学溥、顾馨一、叶琢堂、闻兰亭、王一亭、关絅之、陆伯鸿、黄涵之、姚虞琴、沈联芳、劳敬修、狄楚青、竺梅先、孙衡甫、吴蕴齐、王伯元、金润庠、王培元(以上委员)。该会于日昨成立，即召开第一次会议，由王儒堂主席，行礼如仪后，即开始讨论二案：(一) 本委员会组织规程业已拟就草案，请讨论案；决议：修正通过。(二) 值此非常时间，筹募救护经费刻不容缓，据救护委员会颜总干事、庞副总干事报告，需款甚巨(全年计划约需五十七万元，就目前而论，约需十五万元)，应如何筹募，请讨论案；决议，本会全体委员，每人担任募款五千元，刊印捐册，定于本年十二月一日起至二十六年一月三十一日止，于此两个月内筹募竣事，议毕散会。(民国二十五年十一月二十日《时事新报》)

救护协进会

本市各界虞洽卿、钱新之、黄炎培、江问渔等发起组织之上海市救护事业协进会。经数度筹备,于昨日下午五时,假座市商会常会室开成立大会,到许也夫、蔡洪田、顾希欧、江问渔、陶百川、王晓籁、严谔声、黄炎培、杜月笙(黄代)、范守渊、杨卫玉、李廷安、王揆生、许冠群、庞京周、周邦俊、颜福庆、蒋怀素、童行白、徐乃礼、季灏、何元明、柯干臣、顾毓琦、许晓初、周梦白等三十余人,公推陶百川主席。行礼如仪,首由主席报告筹备经过及开会宗旨,旋即分别通过章程,选定职员,并议决筹备出发绥远,办理救护工作等要案,兹分志各情如次。该会当选理事十五人,经大会推选如下:周邦俊、陶百川、黄任之、蔡洪田、杜月笙、钱新之、虞洽卿、许晓初、徐乃礼、庞京周、王晓籁、童行白、江问渔、颜福庆、范守渊,议决各案如下:(一)关于绥远方面之救护工作,议决请颜福庆等拟具办法,提理事会讨论进行;(二)关于救护训练班之组织与联络,议决推江问渔先生向红十字会接洽办理;(三)召集首次理事会案,议决定二十日下午五时,在地方协会举行。(民国廿五年十一月十九日《申报》)

虞洽卿等发起组织
——救护事业成立大会

上海市救护事业协进会,于昨日下午五时假座市商会常会室开成立大会,兹分志各情如次。

(组织缘起)上海市救护事业协进会自经筹备后,于昨日下午五时假座市商会常会室举行成立大会。兹录其缘起云:人道不彰,困难曷已。上海市为全国经济中心,人口殷繁,甲于各都市。中国红十字会总会设于本市,平日之设施具有基础,临时之措置亦见周详,顾考万国红会,原则偏重于军队卫生、救死扶伤等职责。方今社会需求情势,若是其殷切,范围若是其广博,非有较大助力,安望收相当之效能。最近绥远剿匪问题发生,各方对于救护事业益加重视,同人有鉴于此,发起上海市救护事业协进会,群力相扶相恤,规模不去恢张,工作必求切实,提倡团结之精神,发挥慈善之旨义,凡吾同志,盍兴乎来。

(通过章程)该会昨通过章程如下:第一条,本会以计划办理救护事业,并协助其他团体之救护工作为宗旨,会址设在上海市,故定名为上海市救护事业协进会;第二条,工作,本会工作如左:(甲)关于救护物品之调查研究与征集;(乙)关于救护工作人员之征集与训练;(丙)关于救护交通地域与粮食等之研究;(丁)关于救伤之工作;(戊)关于防毒之工作;(己)关于救济妇孺之工作。以上各项必要时得分组办理之;第三条,凡赞成本会宗旨,热心救护事业,或具有本章程第二条各项之知能者，经本会理事会通过，皆得为本会会员；第四条，会员入会暂收会费二元；第五条，本会经费得于必要时临时募集之；第六条，本会设理事会，由会员大会推选理事十五人组织之。（乙）理事会设常务理事五人，主持日常会务，均为义务职；第七条，本会设财务委员五人，由理事会推选之，组织财务委员会，负筹划并保管本会经费之责；第八条，本会会员大会，每三个月举行一次，讨论本会工作大纲及其他进行事宜，必要时得临时召集之；第九条，本会理事会每月举行一次，建议并决议本会一切事务，遇必要时临时召集之；第十条，本会得设各项委员会，由理事会推选组织之；第十一条附则，本章程经会员大会通过，完成法定手续后施行其修正时间。

（当选理事）该会当选理事十五人，经大会推选如下：周邦俊、陶百川、黄任之、蔡洪田、杜月笙、钱新之、虞洽卿、许晓初、徐乃礼、庞京周、王晓籁、童行白、江问渔、颜福庆、范守渊。

（决议事项）决议各案如下：（一）关于绥远方面之救护工作，议决请颜福庆等拟具办法，提理事会讨论进行；（二）关于救护训练班之组织及联络，议决推江问渔先生向红十字会接洽办理；（三）召集首次理事会案，议决定二十日下午五时在地方协会举行。（民国二十五年十一月十九日《民报》）

援绥远运动各方筹救护

本市各界名流虞洽卿、钱新之、黄任之、江问渔等发起组织之上海市救护事业协进会，业于前日在市商会开会成立。当经推出颜福庆、杜月笙、陶百川、范守渊等十五人为理事。兹因即予筹备救护班出发事宜起见，定今日下午五时在地方协会举行首次理事会，讨论救护工作计划及出发之筹备事项。据本埠新闸路中国红十字总会消息，当绥东空气紧张之际，绥远红十字会分会即已准备，最近复有快邮代电到沪报告，并请求总会予以协助，俾对救护工作能得处置裕如。现总会鉴于时势紧迫，已决定派遣该会副总干事庞京周，搭机飞往绥远，视察分会工作情形，并予以协助及指导，日内即可启程，同时并拟将总会所有之医药用品，先行装运绥远应用。（廿五年十一月廿日《民报》）

中国红会汇款绥远救护

中国红十字会总会，近应绥远分会之情，决即联合当地主管机关，组织大规模救护医院，以济急需。业于昨日兑汇千元充作筹备经费，一面着手劝募距[巨]款，汇送前方，尽力救济。（民国二十五年十一月二十一日《民报》）

救护事业协进会
——昨举行首次理事会

上海市救护事业协进会于本月十八日宣告成立后，昨日下午五时，在地方协会举行会议，到杜月笙等十余人，公推陶百川主席，议决推虞洽卿、陶百川为正、副主席，组织药物供应、训练推行两委员会，并派员前往绥远实地视察，筹划进行救护，分志各情如次：

(推定职员)上海市救护事业协进会，昨日下午五时在地方协会，举行首次理事会议。经推定职务如下：(一) 推虞洽卿、陶百川、庞京周、黄任之、许晓初为常务理事，并推虞洽卿为理事会主席，陶百川为副主席；(二) 推杜月笙、王晓籁、钱新之、张蔚如、周邦俊为财务委员，并推钱新之为财务委员会主席；(三) 聘任王揆生为总干事。

(组两委员)该会昨组织两委员会：(一) 药物供应委员会，推周邦俊、马炳勋、徐翔孙(荪)、许冠群、袁鹤松、项隆勋、朱玉泉、何康、屠开征、范和甫、俞葆生、唐拾义、胡桂庚、高培良、朱瑞臣、贾澄源、陈小蝶、虞兆兴、方液仙、李锦奎、曹志功、周梦白、刘步青等二十三人为委员，并推定周邦俊为召集人；(二) 训练推行委员会，推江问渔、蔡洪田、徐乃礼、顾毓琦、范守渊、徐宗鑫、庞京周、许也夫、汤鑫舟、王揆生、朱学范、汪曼云、童行白、曾广方、沈济川等十五人为委员，并推定庞京周为召集人。

(议决各案)该会昨诚决各案如下：(一) 颜福庆、庞京周报告会同筹划绥远救护结果。甲、笨重材料在北方采办；乙、精细材料由沪带去；丙、就地取才，先在北方各省招请医师及护士。议决上项原则通过，推颜福庆、庞京周前往绥远慰劳将士，并实地视察筹划进行救护。(二) 江问渔报告与红十字会接洽，关于救护训练班之组织及联络经过。议决关于救护训练事业之进行，分订办法四项。甲、推动各机关、团体、学校，依照本会与红十字会协定之办法，自办救护训练班；乙、由本会与红十字会合办救护师资训练班；丙、由本会自办训练班十班，每班五十人；丁、为求以上三项之实施，设立训练推行委员会。(三) 成立会交议筹集本会经常费案。议决由总干事先拟具概算草案交常务理事会讨论。(四) 成立会交议确定本会办公地点，决议假地方协会为本会办公地点。

救护训练工作办法：

一、凡本市各机关团体欲开办救护训练班时，可派代表特函到本会接洽登记，并声请协助。

二、凡各机关团体到会声请时，照左列表格逐一填记，同时并须将招生广告及其他文件交会备查，表格要目如下：

（一）机关或团体名称

（二）所在地址

（三）负责人

（四）预备招收之人数

（五）预备同时办几班

（六）预备陆续办几班

（七）预备何时上课

（八）上课时间

（九）收费额、学费、讲义费其他等

（十）需要补助条件

三、本会接受请求协助机关或团体声请后，即代向红十字会协商聘定教师前往教授。

四、本会为推行救护工作，经与红十字会商定左列办法九项，凡开办救护训练班之机关团体，均须遵照办理，其办法如下：

（一）凡设立救护训练班需要教师，均由红十字会供给；

（二）目前所设立之救护训练班均为初级程度，所授功课为担架术及急救术，共需十六小时，如加防毒术则共需三十小时；

（三）凡教十六小时者，共需经费五十元；教三十小时者，共需七十五元；

（四）凡开办训练之各机关团体经协进会登记，并向红十字会协商后，即由各机关团体代表自行向红十字会缴款；

（五）缴款后所有一切教师薪水、实习用品，均由红十字会代送代办，惟学生所用教本须自备；

（六）红十字会备有某某用书二册，价一元，可作八折发售；

（七）如请求开办训练班太多，教师不敷分配时，除由协进会商请红十字特别设法后一一登记接洽，先后次序分派教师；

（八）各机关团体到协进会登记后，亦可自行与专家自由接洽，教师如此则无须交款于红十字会，惟仍须将拟聘之教师姓名、履历交红十字会审查、认可后方得延聘；

(九) 各机关团体自行接洽延之教师教授时,需用教具用品可由教师自行向红十字会商借,但须缴纳少量费用。

五、凡开办救护训练班之机关团体能自筹经费最好,否则可商由本会酌量津贴一部分,其数目多寡及先后次序均按照实地情形定之。

六、关于精神训练由本会派员担任,除在开学及毕业时两次举行精神讲话外,平日本会派员考察,亦可随时与学生讲话。

七、本办法由本会印就,分发各机关团体。(民国廿五年十一月二十一日《民报》)(完)

红十字会组织战时救护训练班
——团体个人均可参加

绥东战事爆发,形势日恶,除由市当局及各界另组救护事业训练委员会外,现本埠中国红十字会亦早经开始组织救护训练班,灌输救护技术,以备国家非常时期之需。训练科目有战时外科学、简易诊断学、药剂术、护病术、防毒及急救常识、担架术等,极为认真。此项救护班由各地分区办理,如有志愿参加者,不论团体个人,均可前往报告,询明一切手续云。量才补习学校晨班、国工补习生,顷因国事紧急,绥省抗战之英勇运动,业已发动。爰组织救护担架训练班,由红十字会派员训练,加练期以二月,业已将届,即可开赴绥省,援助担任前后方工作。如风云紧急,则于短期内出发,兹加入者二百余人,受训者一百余人。(民国二十五年十一月二十三日《民报》)

慰劳救护会代表发表飞绥报告
——红会筹组救护队出发前线

本市市商会、地方协会、中国红十字会合组之绥远剿匪慰劳救护委员会,曾于廿三日派代表王晓籁等赴绥远,并赴洛并谒晤蒋委员长、阎副委员长,并将捐款十万元面致傅主席。代表等原定飞往百灵庙,但为傅主席劝阻,即于前晚由洛飞返抵沪。昨午四时,该会在市商会举行全体会议,由代表等报告赴绥经过,并发表报告书,中国红十字会刻正计划组织救护队,派往前线服务,兹将各情分志如后。

慰劳代表报告经过

赴绥慰劳代表发表报告书云:王晓籁代表上海市商会、上海市地方协会、中国红十字会合组之绥远剿匪慰劳救护委员会,于廿三日晨坐张汉卿副司令借给之播音飞机,十时自上海起,午刻过汉口,略加机油即行,五时顷到西安晤见张副司令杨虎城、主任邵力子主席，畅谈之下皆对绥远剿匪前途抱同样激奋，西安军民热烈之情绪不下于各地。杨夫人、邵夫人等皆亲出募捐，披露各报。廿四日晨八时飞晋，十时到太原。阎百川副委员长、赵次陇主席及军政各领袖地方人士，皆表欢迎，与阎、赵两公畅谈，具述来意，阎公表示极周详恳切。晋绥虽系两省，而军政、财政实系一家，所有剿匪军事上之需要，已有相当准备，但对民众致送药物、御寒品及慰劳物品当然表示乐受。是日得捷报，晨九时攻下百灵庙，皆极欢忭，晋省在多年困苦艰难之中，于各项建设仍能不断进步，尤可钦佩。廿五日由太原赴绥，一过雁门，万山皆雪，午前抵绥远。傅宜生主席原在前方督战，闻吾等至，回绥亲来机场欢迎，导入旧城招待所。具述来意，时上海筹集之十万元，亦已由中国银行汇到，经面致傅主席后，主席代表全部军民表示十分感谢，并郑重声言此间所收到各方捐款，悉数专款存储，听候蒋委员长、阎副委员长支配发给使用，不愿擅动分文。

傅述克百灵庙经过

并详述百灵庙之役，系廿三日夜一时半开始进攻，至廿四日晨九时攻下。十时许，敌方飞机赶到，见已失陷，立即折回。下午四时又来掷弹轰炸，计是役伤亡士兵三百余人。自剿匪事起，前后伤亡五百余人。是役以百灵庙之捷，关系尤为重大，因敌方从多伦、张北、商都一线向西直至额济纳，设站甚多，皆有军事上布置及设备，而以百灵庙为中心，一经傕[摧]毁，东西便不能联接。此后难保不大举反攻，但我方已有充分准备。现绥境已无匪踪，是役获得机关枪、步枪等军用品无算，仅面粉一项计二万余包，因百灵庙为交通中心要站，储藏机油甚多，悉数没收，随即分观伤兵医院，对伤兵致意抚慰。傅主席亦以御寒品及药品，如能不断接济，尤为感谢。在新城省府公宴毕，下午三时许，飞回太原。

归途过洛谒蒋院长

廿六日晨，于大风中飞赴洛阳，风力每小时行五十四启罗米突，天空全是黄沙，飞机冲出沙层之上而行，计飞高一万四千尺，十小时四十五分抵洛阳，见蒋委员长陈述公意。蒋委员长嘱对各公团及民众表示谢意，对于绥远剿匪工作前途，已有充分之决心与准备，自可安慰，即日下午飞回上海。计是行全系航空，计算行程四日之间，凡行七千四百余里。所至各方民众，莫不以整个国家为念，认为任何地方有事，全国人民皆应出而援助，对于国家观念、民族意识，已有一致显明之表示。如晋绥更因阎主任之毁家纾难，民众大受感动。兹经综合各方接洽之结果，确认为前方需要，除现金外，以御寒品、医药卫生品尤为急切。御寒品中如皮衣，旧有者亦为相宜，如背心、手套，南方易办，家庭多能自制；卫生品中，最好每一士兵赠一药包，供受伤时应急救敷之用，每银一元可购三四包；至防毒面具，尤属要需，希望各界特别注意，敬此报告。惟愿我各公团、各界同人、全体同胞继续努力，王晓籁、林康侯、黄炎培、陈京士、颜福庆、庞京周等同启。(民国廿五年十一月二十八日《中华日报》)

慰劳救护会征集医药、御寒物品

——前线最需要有款亦无办处

绥远剿匪慰劳救护会，据慰劳代表返沪报告，前线需要为医药卫生用品及御寒品。上项物品当地即有现款，亦感无货可购，必须于上海制办运往。因决定分别征募，其征募办法正在拟议中，世界红卍字会中华总会以华北战事爆发，决定组织救护队十大队，现已先派两大队，由队长于园观率领全队队员、医夫等二十人，会同察绥晋各红十字会救济队，出发灾区实施救护，并设立难民收容所，其余各队亦将待命出发。兹将发表启事，请各界捐款项、药品、纱布及各种御寒品。原文云：绥北战事爆发，本会现经组电救护队十大队，每队分五中队，已先派两大队会同察绥晋各红十字会救护队，出发灾区开始工作，并已设立难民收容所暨临时医院救济伤兵伤民，其余各队待命出发。刻值塞外严寒，伤兵、伤民及难民情况，较之内地更为惨苦。(民国二十五年十一月二十九日《新闻报》)

三团体电侨胞

上海市商会、地方协会、红十字会昨电新加坡及菲律滨[宾]中华商会云：绥战扩大，举国奋兴，惟伤兵、难民急待救护，医药、御冷用品须在沪地购置。现此间已合[组]织慰劳救护会筹集款项，统一办理。俾钱不虚糜，事求实效。务希贵会努力募款，随时赐汇，曷胜企祷。上海市商会、地方协会、红十字会同叩佥。(民国廿五年十二月一日《新闻报》)

慰劳救护会议决开始征收慰劳物品

——分御寒及医药品两种，由王晓籁等负责签收

市商会、地方协会、红十字会所组织之慰劳救护会，昨日下午四时举行第二次常务会议，到常委王晓籁、杜月笙、林康侯、庞京周、邵燕山、穆藕初；秘书黄任之、严谔声；总干事金润庠；会计师徐永祚等。王晓籁主席报告会务后，讨论各案如下：(一) 本会征收前线应用之御寒及医药用品，如何办法案。议决，即日起开始征收(地点上海市商会)，推王晓籁、杜月笙、林康侯三常委，会同总干事金润庠负责签收；(二) 医药用品由本会经收后，即送新闸路红十字会救护委员会；(三) 捐款支付办法案，议决传票由两常委签字，支票由经济委员李馥荪、秦润卿、裴云卿三人中两人签发；(四) 本会经费支付办法案，议决传票由两常委签字，支票由金总干事润庠会同徐永祚会计师签发。决讨论其他要案云。(民国廿五年十二月一日《新闻夜报》)

红十字会派庞京周
——昨赴平组织救护队

本市中国红十字会、市商会、地方协会所组织绥远剿匪救护慰劳，前派王晓籁、庞京周、黄任之等赴绥慰劳。红十字会医师庞京周返沪后，向该会报告战区地面广阔，只有一个比国医院，对于手术材料尚未完备，救护人才亦感缺乏。北平青年学生对于救护颇为热烈，纷纷来函请求红十字会组织救护队。该会接函后，特派庞京周医师于昨晚搭夜车赴京，与中央防疗处及卫生署接洽药品、材料等物，转赴北平与各大中学及协和平大医学院接洽组织训练救护队。组成后，即率领队员赴大同、绥远从事救护，归途再至北平等分会，整理后南返。药品、血清等，中央防疗处已允许可供应一部份，其余由本市红会运输战区，又悉卫生署刘署长亦拟在太原办伤兵医院，闻本市医界亦颇为热烈，拟赴前方担任医治工作，惟对于战区地理不熟，故医师公会特于昨晚八时半庞氏临行前演讲视察战区经过情形云。(廿五年十二月二日《时事新报》)

道路协会募车运动

全国道路协会发起募集车辆援绥，已向本埠各大汽车行接洽，日内择期会同各慈善团体邀同各界及车行经理，协商详细办法。兹将办法大略摘录于下：(一) 此项汽车，特商各行购买，照定价予以特别折扣；(二) 某行允售若干辆，本会即将牌号、定价、现售实价及特别折扣，分别列表注明捐启，俾资衿式；(三) 前项车辆，一律送交中国红十字会，以备救护前线伤兵之需，不得移作别项用途；(四) 此次购买车辆款项，由本会联合本市各慈善团体募集，所收捐款随时交由指定银行收存，于购车时提用之。(民国二十五年十二月五日《新闻报》)

中国红十字会救护绥战
——组设华北救护分会，征募救护材料

本埠中国红十字会总会，在绥战开始时，即由该会救护委员会派员飞赴前方视察伤兵状况，并实施救护工作。惟以该地药品、器械殊感缺乏，电请该会迅予备置，并组队前往充实力量。当经派员与各地团体机关筹商扩大救护工作，佥谓前方救

护事宜关系非常重大，宜统一团体名称，尤宜严密组织，应一致领用红十字会旗帜及臂章以资识别，免误戎机。该会现定方针：(一) 多制裹伤包以备临阵伤兵裹伤之用；(二) 赶制医药囊为救护人员施行急救之用；(三) 多设伤兵医院；(四) 组设手术队，由外科专门医师携带各项大手术器械(X)光各伤兵医院施行手术，并为增进工[作]效力，以期就近办理起见，特由中国红十字会救护委员会华北分会聘由平津一带医药商学各界为委员，不日即可成立。昨由该会庞京周君由绥来电云：现在该地朔风怒号，冰雪载道，寒衣、被褥应从速添置，至运输方面之车辆、担架亦宜赶运，尤以药品如棉花、纱布、绷带、黄典、石炭酸、来苏儿、双养水、刀、剪、镊子、注射液、注射器等因华北制备不易，非由沪地总会筹募大宗材料供应不可。预料大战爆发，迫于眉睫，故总会除将存储各件栉数寄去外，刻正积极征求上项材料，希望各界迅予捐输，或助款项购置，俾可克运往前方以应急需。无论物质、金钱，请送新闻路八五六号中国红十字会，当掣收据为凭，除登报鸣谢及刊发征信专录外，当将救护概况逐一登报披露云。(民国廿五年十二月十日《申报》)

红十字会征募急救医药囊

中国红十字会此次救护绥战，自全国组织统一以来，各地医师参加者颇形踊跃，故在前线之人才极为众多。惟材料因华北缺少，均须仰给沪方接济，现在绥远救护人员每人必备急救医药囊一具，内贮用品计有三种：(一) 手术器具；(二) 包扎用品；(三) 药品，俱为救护工作所不可或缺者。业经规定数量，核计原来成本，每具国币十元，今因该会原有储备者已陆续运往前方，犹感不敷分配，若大战发生更为需要，邦人君子如荷慨助药囊或捐银钱代办，仅化低廉代价，可以活人无算。(民国二十五年十二月十五日《各报》)

原载《中国红十字会月刊》1937 年第 19 期

纪录：中国红十字会总会救护委员会执行委员会第三次会议纪录

会场：本会议事室

日期：二十五年十二月十一日下午四时

出席者：陆书臣、邝安堃、徐宝彝(宋才宝代)、徐翔孙[荪]、周邦俊(孙锦浩代)、严大有、裘少白、朱恒璧、吕守白、闻兰亭、言潘景芝、颜福庆、蔡金瑛、徐乃礼、李宣果(季伟业代)、杜月笙(刘鸿生代)、刘鸿生、翁之龙(唐哲代)、王正廷(刘云舫代)、任廷桂、林康侯、顾毓琦、曹云祥(卫锐锋代)、王霖生

列席者：陈梁佩琳、黄涵之、颜雅清、王振川、王一亭、楼兆念、姚虞琴、胡美、屈文六、赵晋卿、劳敬修、副总干事庞京周

主席：闻兰亭

纪录：冯子明

开会如仪：

报告事项：

(一) 本委员会华北临时分会组织经过；

(二) 第一期训练班案已训毕，报告经过情形；

(三) 报告各省学府所办训练班与本委会联络情形；

(四) 本会经济状况。

讨论事项：

(甲) 华北分会请拨开办费案。

决议：准拨二百元。

(乙) 妇女会介绍万国剧团演剧筹款案。

决议：因时局关系，暂行婉辞。

(丙) 本会组织规程应否加以修改，请公决。

决议：交总会秘书处修改，送林、闻两常务理事核办。

(丁) 属于训练委员会案。

(一) 第二期训练班续行开办与否，请公决。

决议：修改入学手续，继续开班。

(二) 应否设立师资训练班造就教员人材案。

决议：请各医学院代办。

(戊) 属于供应委员会案。

(一) 本会前送新药业公会药单原拟于必要时，由会备价往提取用，现经本会函请该公会先行记帐，将货送会应用，未能照办，应如何办理，请公决。

决议：事关营业，改由本会指定任何药房承办，较为便利。

(二) 添置救护药囊案。

决议：暂不添置。

颜委员福庆提议事项：

(一) 添聘妇女会代表陈梁佩琳、颜雅清为委员案。

决议：通过。

(二) 添聘教会医事委员会代表胡美医师、麦惠而医师为委员案。

决议：通过。

(三) 本委员会救护经费虽已由总会经济委员会负责筹募，惟现在需要甚殷，应如何先行济急，请公决。

决议：请总会商由绥远剿匪慰劳救护会及上海各慈善团体联合救灾会，将救护项下已收捐款先拨若干，以应急需。

散会时间：下午六时。

主席：闻兰亭

原载《中国红十字会月刊》1937年第20期

会讯：总会近讯

北平设经济委员会华北分会

中国红十字会总会自办理绥战救护事宜以来，为充实救护力量，在北平干面胡同成立救护委员会华北临时分会，努力进行。惟以救护经费需款其巨，自非群策群力共同筹募不足以资实施。现为应事实上之需要，除总会在上海已设经济委员会外，特在北平设立中国红十字会总会经济委员会华北临时分会专事筹募救护经费，由总会聘请蒋梦麟、胡适、樊夔子、徐诵明、梅贻琦、陆志韦、李蒸、李麟玉、何其巩、陈垣、鲁荡平、江庸、张伯芩、赵恩光、管翼贤、周作民、吴延清、杨济成、全邵文、卞白眉、杨朗川、徐柏园、严均甫、曹舆平、许汉卿、俞仲涵、岳乾齐、韩诵裳、王绍贤、陈亦侯、崔露华、孙锡之、杨天受、邹泉荪、魏子丹、纪仲石、张晋卿、王筱岩、孙俊卿、杨西园、庄乐峰、张叔诚、顾湛然、娄鲁青、陈伯耿、王者香、雍剑秋、张浙洲、孔希伯、吴颂平、林行规、胡恩光、袁涤生、杨珸山、吴泰勋、王子文夫人、蒋梦麟夫人、徐霭诸女士、胡正详夫人、吴宪夫人、管翼贤夫人、全邵武夫人、刘廷芳夫人、杨光弼夫人、陈清文夫人、乐咏西、孟玉双、金大钊、董叔坪、汪逢春、向仲坚、刘一峰、朱博渊、朱洽蔡、赵剑秋等为委员，以上人选俱为平津各界热心公益之慈善家，此次担任委员筹募救护经费，定能放一异彩云。

救委会华北分会已聘定

中国红十字会总会救护委员会为便利救护绥战起见，特在北平假北平分会会所组织救护委员会华北临时分会，已由总会聘请姜文熙、全绍清、方石珊、杨朗川、吴祥凤、朱其辉、林可胜、王锡炽、齐清心、贾魁、江清、侯宝璋、尹萃农、刘韵涛等为委员,业经相继就职矣。

救护队参加庆祝蒋委员长返京大会

本市党政机关为庆祝蒋委员长回京,于十二月二十九日下午二时在公共体育场召开大会,并整队游行。本会特派救护队一大队、救护汽车二辆参加,在开会时驻扎会场内,游行时各持红十字旗帜并药囊等,以备万一之需。是日到市民达二十余万人,因秩序良好,故就医者寥寥,仅手指微伤者约三四人云。

总会第二期救护训练班开课

总会救护委员会主办之训练班第一期早于上年毕业,其第二班仍设护病学及防毒两科,已于一月五日、六日二天考验程度,凡合格者即定期开课云。

总会救护训练班第二期开始

本会救护委员会近日方积极训练救护人才,第一期实地护病学、毒气学两班。早经训练完毕,现在第二期亦已开始训练课堂,仍设本会二楼。实地护病学由管祖桂教授,每日下午三时至四时;毒气学则仍由郑兰华博士担任,其授课时间为便利业余学员起见,定于每日晚间。兹因两班尚有余额,有志愿习者速往报名,即可插班云。

公饯王会长赴美荣任驻美大使

总会理监事暨救护委员会经济委员会及总会全体职员等,为王会长儒堂不日赴美荣任驻美大使,于一月十二日下午六时假座大东酒楼公饯,到王会长、常务理事闻兰亭、林康侯、关絅之、王一亭;常务监事黄涵之、陆伯鸿;理事王培元、王振川;监事汪伯奇、穆藕初、赵晋卿;两委员会委员俞佐廷、彭三美、任矜苹、张志学、朱玉泉、汤鑫舟、言潘景芝、屈文六、许冠群、颜福庆、金润庠、周梦白、许晓初、王伯元、裘少白、胡美、庞京周、张祖华、周邦俊、朱吟江、吕守白、顾毓琦、吴载仪、郭琦元;名誉副会长虞洽卿、总会秘书长曹云祥;职员卫锐锋、干叔涵、冯子明、卫铁铮、沈金涛、杨赞唐、鲍康宁、谢波澄、吴耀三、季忠泽、朱振新、吴桂林、诸静齐、张遗坤、张翰清、李耐霜、施子谦;救护委员职员顾希欧、管祖桂;中央社袁琮等约计七十余人。入席后,由常务理事林康侯主席致词,毕举杯欢祝,旋由王会长致答词,均极恳切,不胜依依,全堂鼓掌。于九时始尽欢而散。

原载《中国红十字会月刊》1937年第20期

分会近讯：松江分会训练班将毕业

松江分会开办救护训练班以来，已经三阅月，学员七十八名，枫泾办事处学员四十七名，均将毕业。其所习学课为实地护病学、绷带学、防毒法、简易药剂学、战地外科学、担架学、急救术、党义等科。聘请王培元为训练总监，王伦鼎、张绍修、柯德琼、吴邦、张志惠为医务教官，黄涤凡、丁慎言、蒋安静为医务助理，沈浮云为党义教官，吴宗俊为军训教官云。

原载《中国红十字会月刊》1937 年第 20 期

摘录各报关于红会之新闻[节录]

捐赠药包送交红十字会
——药物供应会昨议决

本市救护事业协进会之药物供应委员会，于昨日下午三时举行第三次常委会，到周邦俊、徐翔孙、朱玉泉、许超、屠开征、袁鹤松、许晓初、高培良、顾克民、周梦白、胡桂庚、陈小蝶(唐家珍代)、贾澄源，由许超主席，丁丁纪录。首由主席报告市党部批知，各药房踊跃输将，热忱爱国，已另行给奖。旋讨论各案：(一) 各药房捐赠药包应送至何处案；议决，通告认捐药房直接送交中国红十字会总会。(二) 各股主任实施工作案；议决，即日起施行。(三) 唐拾义请辞劝募股副主任案；议决，改推项绳武担任该职。除前募得兵士急救药包十一万余只，兹悉本市各药房尚多继续输捐，计唐拾义一万、中欧药房一百、科达药房五百、好友药房一百，均即日送交中国红十字会总会汇送前方云。(民国廿五年十二月十六日《时事新报》)

三团体援绥筹募救护车运动
——昨邀各大汽车公司举行茶会商讨购车办法并组织购车会

本市慈善团体联合会、中国红十字会及道路协会，为援绥发起筹募救护车运动，于昨日下午五时，特请本市各大汽车公司，在青年会举行茶会，商讨购车办法，并组织购车委员会负责进行，兹分志各情如次：

(到会代表)昨日到会者，计王儒堂、吴铁城(李大超代)、李大超、潘公展、关絅之、屈文六、邵爽秋、赵晋卿、王一亭、陈铁生、王振常、吴凯声、朱少屏、楼兆念、乐振保、黄瑞生、范守渊、陆伯鸿、陈其芬、黄任之、王思方、陈光甫、陆隐耕、陆祥麟、杨汉三及大夏汽车公司、信通汽车公司、德大汽车公司等代表四十余人，由王儒堂主席。

行礼如仪：由主席王儒堂报告，略谓“此次匪伪窃发，犯我绥边。傅作义将军为民族生存计，督率部署起捍边围，幸赖将士用命，万众一心，百灵庙一役，敌人望风披靡，瞻念前途，曷胜庆幸！惟是白刃相见，锋镝交摧，我军伤亡在所不免。兹以雪地冰天，交通险阻，辗转输送，迁延需时，救护前方武装同志，自属刻不容缓之举。本会素以服务社会为职志，对于救国工作不敢后人，爰拟发起筹募救护车运动，征集汽车若干辆送交红十字会，以便在前方专作救护伤兵之用。兹事体大，端赖群策群力，除向各方募集捐款备购外，并请本市各大汽车公司，鉴于为人道而救护伤兵，将售价特别通融，减价收费云。”

（购车法法）拟定购车办法如下：（一）此项汽车，特商各行购买，然定价予以特别折扣；（二）某行允售若干辆，本会即将牌号定价，现售实价及特别折扣分别列表注明捐启，俾资衿式；（三）前项车辆一律送交中国红十字会，以备救护前线伤兵之需，不得移作他项用途；（四）此次购置车辆，由本会联合本市各慈善团体募集征收捐款，随时交由指定银行收存，于购车时提用之。

（组购车会）当时并决定组织购车委员会，由慈善团体联合会、中国红十字会及道路协会推派代表四人，为赵晋卿、颜福庆、钱新之、楼兆念；各汽车公司推派五人，为史密司、马会尔司、佛兰特门克劳，一代表友福或大昌未定，共计九人组织之。至六时许，始宣告散云。（民国廿五年十二月十六日《新闻报》）

庞京周谈援绥这是责任问题不是捧场喝彩
——捐助物品重量不重质，最好能取集团的策动

中国红十字会救护委员会庞京周氏，日前自前线视察归来后，曾一度向中央社记者发表谈话，然内容颇为简略。日昨记者为求更详尽起见，特再继访于新闸路红十字会总会。

据庞氏云：此次赴前方暨华北视察目的。第一，系因前方战事节节胜利，绥军前线到达察边，如再向前推进，预料将必有较前更剧烈的大战发生，为防万一起见，特到那边去布置救护事宜；第二，系赴华北组织中国红十字会总会救护委员会华北临时分会，现在华北分会业已筹备成立，至于救护事宜，也已由绥远红十字会分会在着手进行了。

本月十一日，庞氏曾在绥远参加前方阵亡将士追悼会，当时由前方运回的尸首仅八十三具。因此，可知这次“剿匪”战虽异常剧烈，但赖我前方将士奋勇善战，我军的损失是很小的。

目前,前方军队与匪军所争的地方,除了百灵庙、大庙等固定的军事中心地点外,还有所谓“交战点”,称之曰“交战点”,地方是不固定的。蒙古人的生活一直到现在还都得保持着游牧生活,因之只要那地方有人、有井,便都是双方军队要争的。

报载匪部的纷纷反正,实际情形是并不像所传的那么简单,傅作义将军为此都曾煞费苦心,策动大批人员,深入敌军阵地,动以大义或者许以财务和地位,才获得此项效果。傅作义将军曾亲语庞氏:“一军的反正,胜于派十军进攻。”因此,自作战开始以来,傅将军即本此军事政治并进攻政策。

现在,后方绥远城中的秩序是很平静的,这原因是因绥远变通不便,前方激战,后方很难得到消息,等到消息传来,则大都激战期已过去了。所以在绥远,战时的紊乱情形是没有的。

将来大规模的伤兵病院预定拟设在云岗,那里的风景很幽静,宜于养病。目前受伤由前线抬归的兵士还不多,截至现在止,还仅四百余人,而且这些人大都是快伤逾[愈]出院了。

对于各界的援绥运动,庞氏的意见认为国人应该注意如下二点:第一,援绥是每个国民的责任,并不是居于第三者地位的对作战士兵的奖励,如果认为是奖励,在性质上就无异于戏院里的喝彩,对国家、对民族,这是没有切实放力的。因此,为保护这一神圣的战争的胜利,后方民众应该和前线士兵同站在一条战线上,不断的尽自己的能力地给予广大的援助。第二,前线士兵的英勇的作战,并不是为着任何个人的私利,而是为整个民族。因此,后方民众对于前方士兵的援助应一视同仁,不要指定给予某师或某旅,同时捐集物品亦应顾及普遍原则,不求物质精良,但求物量众多,无计划的捐集往往容易流于种类太多,零零星星,不易分配。譬如某人愿捐牛肉百罐,或毛袜百双,在捐助者,自可谓已尽其责任了,但此项东西运往前方后,是简直无从分配起的。个人的力量犹之一粒沙,我们必须集沙成塔,才能发生实效。因此,如果可能,最好像某种运动一样,规定一件物品后,发动全社会来捐集,或者更进一步,派人到前线去作实际调查,归来复作统制性的捐集。

目前,因陕变的发生,国人的力量似乎都集中到援救蒋委员长身上去了,对于援绥运动起冷淡之心,或竟中途停止,这是很不该的。绥战是关系全民族生命的,如果我们有十分力量,五分用去援救蒋委员长,其余五分就该全部用以援绥了。我们不能一日忘记援绥,援绥是我们的责任,是我们的义务。

最后,记者为探知前方究竟需什么类物品,使各界捐集时有所依据起见,又向

他提出了"最适宜应捐些什么东西的问题"。庞氏的意见,可分下列六类:

一、卫生材料——包括医疗器械、药品及棉花、纱布等,器械和药品最好都能以简单为标准,器械且应以在北方不易购得者为宜。这情形可询之于本埠各药房,大概他们都知道。至于棉花和纱布,前方是十分需要的。

二、救护工具——包括篷布(担架材料)、汽车、病房的老布被褥等。

三、御寒用具——质料以坚固为上,手套宜皮制,丝绵背心在那边是不够保暖的,因之最好能够送棉袄、棉裤全套,如果能送皮制的,自然更适宜。

四、防毒工作——面具之外,须附活性炭,以备更换之用。

五、粮米食品——食品万勿注重质的精细,为便利分配起见,只求量多,如盐、菜、大面等是最适宜了。

六、犒劳杂品——此类物品包括热水瓶、干粮、罐食、精细药品等,不论多少,前方是都欢迎的。不过,像这类物品,只能用之犒劳受伤的士兵,对于其他的士兵却是不适用的。

七、如果捐输现款,指定购办(一至五)五项物品,自然更适宜,这样他们就可统盘筹划了。(民国廿五年十二月二十一日《大晚报》)

红十字会救护训练二期开始

本埠新闸路中国红十字会总会救护委员会,近日方积极训练救护人才。第一期实地护病学及毒气学两班,早经训练完毕。现在第二期已于本月十一日仍在该会二楼课堂开始训练,其护病学于每日下午三时至四时,由管祖桂女士教授,其毒气学亦不日上课,时间仍在每晚七八时之间。闻该两班学员尚有余额,有志愿习者,可速往报名云云。(民国二十六一月十二日《时报》)

红十字会理监事昨晚欢送王正廷

中国红十字会全体理监事及救护委员会经济委员会全体职员,于昨晚六时假座大东酒楼,设宴欢送该会会长、新任驻美大使王正廷。计到王大使、林康侯、虞洽卿、王一亭、闻兰亭、屈文六、关絅之、陆伯鸿、曹云祥、穆藕初、赵晋卿、颜福庆、庞京周、金润庠、许晓初、周邦俊、汪伯奇等七十余人,由林康侯主席致词欢送,略谓:"中国红十字会经王会长整理以来,稍有头绪。今王先生奉令出使,同人等不胜依依,故特聚此欢送。忆本人去岁赴暹罗考察,深觉该国之红十字会其规模之宏大,设备齐全,较我国胜过数十倍。现王大使行将出国,虽身在外国努力外交,但仍盼对本会随时加以协助指示,俾有遵循,以期我国红十字会事业,得日臻发达云。"继由王大使答谢，略谓："今日红十字会同人欢聚一堂，有如饮二十六年团拜酒，深为欣快。一年来，本会工作虽称努力，但距希望尚远，现已往不究，来者可追，绥远剿匪，急待救济，希望诸位理监事特别努力，以期达到预计数额，顷本人已电小吕宋侨胞捐助。但身在国内者更应努力，并希望全国国民一致进行，过去本人工作欠佳，尚盼诸位继续努力，以匡不□，而谋我红会最后胜利云。(民国廿六年一月十三日《时事新报》)

原载《中国红十字会月刊》1937 年第 20 期

征求救护稿件

本会现因积极训练救护人才、储备救护材料，将各项实施工作在本刊尽量登载，如各分会对于上项设施有所进行者，务希将一切详情寄会，俾逐期依次刊载，籍资宣传，并为统计全国救护人员起见(曾受训练者)，尤望将各队名册缮寄本会为荷。

编辑宣传股谨启

原载《中国红十字会月刊》1937 年第 21 期

纪录：中国红十字会总会第一届理事会及监事会第十七次联席会议纪录

会场：本会议事室

日期：二十六年一月二十一日下午五时

出席者：会长王儒堂；副会长刘鸿生、杜月笙；常务理事闻兰亭、王一亭、关絅之、林康侯；常务理监事黄涵之、陆伯鸿；理事王振川；监事赵晋卿

主席：王儒堂

纪录：卫锐锋

开会如仪：

(甲) 报告事项：

一、报告出席人数共计十一人，已足法定人数。

二、报告第一届理事会及监事会第十六次联席会议纪录。

三、报告本会经济委员会业已成立所有委员名单及组织规程，亦已呈奉卫生署总字第六九二九号批准备案。

四、报告本会经济委员会第一次会议纪录。

五、报告本会第一次理事会决议,派往巴黎万国红十字会联盟会学习红十字会事务之陈湘泉医师业已回国,并将考察各国红十字会青年部情况编制报告书送请核阅。

六、文书股报告二十五年十月收文二百五十七件,收电六件,发文二百六十七件,发电乙(一)件;十一月份收文三百零四件,收电五件,发文三百五十四件,发电一件;十二月份收文三百十二件,收电八件,发文四百零一件,发电四件。

七、编宣股报告月刊已出至第十九期。

八、会计股报告二十五年十、十一、十二月份经济报告表,业已分送。

九、庶务股报告二十五年十月份起至十二月份止发给各级会员徽章,计名誉会员徽章一枚、特别会员徽章十二枚、正会员徽章一千六百七十一枚、普通会员徽章七百六十枚、奖章二枚、征求会员纪念章五十五枚,共发四千零二十六枚。

(乙)讨论事项:

一、本会秘书长曹云祥函请辞职,应如何办理,请讨论案。

决议:秘书长曹云祥辞职照准,请杜、刘两副会长及林常务理事康侯于最短期内物色人选提交下次会议核定,在继任人选未核定以前,并请林常务理事康侯暂行兼代秘书长职务。

二、本会前由美国红十字会送来耶诞礼物二百九十三盒,前经理监事会第十四次联席会议决议,俟耶稣圣诞时再行分配在案。现已将此项礼物二百七十盒函送培成女子中小学,其余二十三盒已分送各职员,请追认案。

决议:应准追认。

三、中华慈幼协会函请本会加入为团体会员,应否加入该会,为何种会员,请讨论案。

决议:加入该会,为维持会员,年纳会费一百元。

四、会长提议本会添设团体会员,分永久会员、维持会员二种,计永久会员一次缴纳会费五百元以上,维持会员每年缴纳会费一百元,请讨论案。

决议:通过,并提请下次全国会员代表大会追认。

散会时间:下午六时三十分。

主席:王儒堂

原载《中国红十字会月刊》1937年第21期

中国红十字会第一届理事会及监事会第十八次联席会议纪录

会场：本会议事室

日期：二十六年一月三十日下午四时

出席者：会长王儒堂；副会长刘鸿生、杜月笙；常务理事闻兰亭、王一亭、关絅之、林康侯、王晓籁(林康侯代)；常务监事黄涵之(关絅之代)；理事王振川；监事汪伯奇

主席：王儒堂

纪录：卫锐锋

开会如仪：

甲、报告事项：

一、报告出席人数共计十一人，已足法定人数；

二、报告第一届理事会及监事会第十七次联席会议纪录；

三、报告秘书长曹云祥已于一月二十五日卸职，林常务理事康侯依照上次联席会议议决案，已于一月二十五日到会兼代秘书长职务。

乙、讨论事项：

一、本会秘书长曹云祥辞职一案经上次联席会议照准，并请杜、刘两副会长及林常务理事康侯物色继任人选提会核定，纪录在卷。当经分别函达去后，兹据杜、刘两副会长及林常务理事康侯函请，以本会救护委员会副总干事庞京周继任秘书长前来，请讨论案。

决议：聘请庞京周先生为本会秘书长，月薪四百元，仍兼本会救护委员会副总干事，不另支犬马费。

二、王会长提议筹募救护经费展期至二月底止，请讨论案。

决议：通过。

散会时间：下午五时二十分。

主席：王儒堂

原载《中国红十字会月刊》1937 年第 21 期

会讯：总会近讯

分会领用臂章之规定

总、分会救护队出发战地应用之臂章，须盖有军政部印始得有效，早经规定在

案。此后分会如果出发战地实施工作时,应将出发地点、起程日期及工作人员姓名等开具清单先期送会呈请核发,否则不得领取,以杜滥用云。

十八届题名录行将出版

中国红十字会题名录业已出至第十七届,其第十八届自民国二十五年一月一日至十二月三十一日止,现由总会编译宣传股从事赶编,预计三月下旬当可出版矣。

总会救委会添聘委员

总会救护委员会曾于上年十二月二十一日召开第三次执行委员会,决议添聘妇女会代表陈梁佩琳、颜雅清,教会医事委员会代表胡美、麦惠而四人为委员,业已函聘就职矣。

追悼四烈士五周年纪念大会

本会于民国二十一年淞沪战役有上海市商会童子军团参加救护工作,在战地抢救难民时,有团员罗云祥、应文远、毛征祥、鲍正武四烈士奋不顾身,遽尔失踪,曾建衣冠墓于江湾高境庙淞沪路上海公墓。兹届五周之期,由童子军团定于一月三十一日上午八时殉难日召开纪念大会,以表哀悼。本会由庞京周先生出席致祭云。

本会参加慈幼协会

本埠中华慈幼协会为发展会务,特征求团体会员,由该会会长孔祥熙函请本市加入,现经总会议决加入为维持会员矣。

总会资遗[遣]贵州女子回籍

总会前据上海市警察局函请遣送流落沪地之贵州女子彭志星回籍,先由沪乘轮至重庆,再换乘长途汽车回贵州原籍,计需川旅费约六十元。经总会核准照给,并由警察局沿途托人照料护送前往云。

总会拨助庇寒所经费

上海慈善团体联合会主办之沪南临时庇寒所,历届在冬季举行,专为救济贫民饥寒而设,成绩卓著。今年本会总会仍照上届拨助经费五百元,已于上月缴去矣。

总会秘书长新旧交替

总会秘书长曹云祥近因事赴美,函请辞职,特于一月二十一日召开第十七次理监事会联席会议,决议辞职照准。公推杜、刘两副会长暨林常务理事物色继任人选,在未定人选以前,请由常务理事林康侯兼代,曹秘书长即于一月二十五日卸职,兼代林秘书长亦于同日到会就职。嗣由两副会长暨林常务理事函请,以本会救护委员会副总干事庞京周继任秘书长，旋经一月三十日第十八次理监事会联席会议通过，由会聘请，已于二月一日接任视事矣。

总会华北救护分会之预算案

本总会设立之救护委员会华北临时分会，业经迭次召开会议讨论进行方案，并推定主席等各职及经济委员人选(均详见本刊纪录栏内)，并议决章程十二条(详见第二十期本刊专件栏内)亦经总会核准施行。兹因办理救护之需要，厘订重伤手术组预算案，议决如下：

重伤手术组预算案

本组系随附于政府所办"野战"、"预备"、"兵站"、"后方"各种医院内担任重伤手术，并非独立开设医院。

战时出发若干组，应视战线之长短而定，本会现在预备若干组则以捐款之多少为准，但最小限度必须四组。

兹由林可胜、关颂韬二君按照民国廿二年救护之经验厘订预算，并经议决如下：

重伤手术组每组预算

开办费：

一、服装	国币 1 870.60
医员、护士及司务十二人，每人国币 107.55	
裹伤手八人，每人国币 72.55	
二、卫生行李二十七件	国币 204.12
三、卫生材料	国币 1 925.28
每组开办费	共国币 4 000.00
外加轻便 X 光线机连同发电机	加国币 4 000.00

经常费(每月)：

一、薪工	国币 890.00
外科医员二人	国币 275.00
内科医院三人	国币 245.00
护士六人	国币 220.00
裹伤手八人	国币 110.00
司务一人	国币 40.00

二、伙食	国币 240.00
十二人，每人国币 10	国币 120.00
八人，每人国币 8	国币 64.00
预备	国币 36.00
厨司	国币 20.00
三、材料	国币 870.00
药品	国币 360.00
绷带材料	国币 320.00
副木(木制及铁制)	国币 190.00
每组每月总计	共国币 2 000.00
有 X 光线者应多加	国币 200.00

重伤手术组四组工作六个月预算

无 X 光线设备，每组在六个月内需：

开办费	国币 4 000.00；
经常费(每月国币 2 000.00)	国币 12 000.00
总需	国币 16 000.00
两组总需	国币 32 000.00

有 X 光线设备，每组在六个月内需：

开办费	国币 4 000.00
X 无线机(附发电机)	国币 4 000.00
经常费(每月国币 2 200.00)	国币 13 200.00
总需	国币 21 200.00
两组总需	国币 42 400.00

以上四组，总计需国币七万四千四百元。(完)

原载《中国红十字会月刊》1937 年第 21 期

摘录各报所载关于红会之新闻[节录]

红十字会二次寄运药品交绥远傅主席

中国红十字会总会自绥战发生以来，除办理救护工作外，并征集药品运往前线应用。第一批曾于上年十二月二十五日寄去大宗药品。兹将第二批各方捐助药品，计急救包二万包，分装五十篓，交傅主席应用。又各种救护药品及急救包一万包，分装二十四箱四麻袋，交军民联合会应用。另有急救包一万包交该会华北救护分会应用，业于昨日由两路特备专车起运矣。（民国二十六年一月廿日《申报》）

庞京周任红十字会秘书长

本埠中国红十字会总会前任秘书长曹云祥因事赴美，恳请辞职。当经召开第十七次理监会联席会议，佥以继任人选关系重大，公推副会长杜月笙、刘鸿生、常务理事林康侯物色人选，提会核定。即经会同商议，以本会救护委员会副总干事庞京周，学识宏通，富有经验，且任副总干事以来，熟谙会务，诸多擘划，以之继任，驾轻就熟，极属相宜。即提出第十八次理监事会联席会议，决议一致通过，由会聘请庞继任总会秘书长一职，仍兼任救护委员会副总干事，闻庞氏已于前日正式就职。（民国二十六年二月三日《民报》）

沪各界救灾会主席孔祥熙电美慰水灾

——现款十万元先汇美振济，振品十万元即陆续起运

上海各慈善团体前为美国水灾发起募捐赈济，并于前日开会决定先筹借十万元汇美赈济各节，业经屡志各报。各界联合救灾会会长孔祥熙氏，昨特电美国红十字会会长克雷荪氏表示慰问，并先电汇十万元至美，以济灾黎，兹探志原电如次：

美国红十字会会长克雷荪先生台鉴，密西西比河泛滥成灾消息传至此间后，敝国人民甚为关切，而对于贵国流离失所之灾民，尤表同情。过去中国迭遭天灾，贵国人士常本友善精神，予以援助。今贵国不幸罹难，敝国为表示互助，特由上海中国红十字会、中华慈幼协会、华洋义振会及各界联合救灾委员会等团体联合发起募捐运动。本人先代表上列各团体，电汇中国国币十万元，以应急需，尚有价值十万元之敝国国产应用物品，以俟手续办理完竣，即可陆续运赴美，以为振灾之用，届时即祈台端将此戋戋微数之振款、振品分发灾黎，并祈转达敝国人民之深切同情，是为至盼。上海各界联合救灾委员会主席孔祥熙，二月二日。（民国廿六年二月三日《民报》）

中国红十字会总会捐赠大批药物昨日到绥

绥远社讯，中国红十字会总会救护委员会，以绥远前方，除伤兵已有临时医院收容外，民众受伤者亦属不少。该会特将各方送来之物品，从中检出药品等应用物件，计装二十八件，函交军联会，酌给分发，以资医治战区伤者，计有纱布卷七十七卷、橡皮膏三十二筒、至尊油一千盒、妙特灵一百盒、神效保安水五百瓶、芳泽脂二百打、碘酒十瓶、万用油五百十九打、汞铭液五瓶、布卷一包、卫生包一万包、救护袋十只、丝绵背心一百件、丝绵裤子二百条、火酒二小听，消毒棉花九十包、消毒纱布十七大包、新布棉背心六件云。(民国二十六年二月三日《绥远西北日报》)

美红会会长谢我捐款振济美灾

称此为多年友谊表示，对我同情心甚为感激。

华盛顿六日电，美国红十字会会长葛莱生少将，今日向中国驻美大使施肇基答谢中国捐款振济美国水灾，称此项义举，足为中美两国人民多年友谊的具体表示。中国友人此种同情心与谅解，实使吾人深为感激，美国灾民或此馈赠亦必大为安慰云。(民国二十六年二月八日《立报》)

原载《中国红十字会月刊》1937 年第 21 期

纪录：总会救护委员会训练委员会第三次会议纪录

会场：本会议事室

日期：二十六年二月八日下午四时

出席者：朱恒璧、翁之龙(唐哲代)、颜福庆、顾毓琦

列席者：总会秘书长兼救护委员会副总干事庞京周

主席：颜福庆

纪录：冯子明

报告事项：

一、第二期训练班招考情形；

二、护病班已于一月十一日开班，由管祖桂女士教授；

三、防毒班将于最近开班，正与郑兰华先生及吴学周先生接洽中。

讨论事项：

一、各团体所办训练班，由本会派员前往教授者，如青年会、女青年会、妇女会、海关俱乐部等处，俱将授毕，现纷纷据理向本会索取证书，应如何办理，请公决。

决议：训练期满，经考试及格者准予发给证书。

二、防毒术课本系上海医学院出版，由本会购来应用。现在各地分会纷起开办训练班，皆向本会购用，所余无多，是否请上海医学院添印，或借来纸版由本会自印，请公决。

决议：向该学院借版自印。

三、以上本会数日来经验察知,担架班“附急救术”最为社会需要,应否即行招生开办,请公决。

决议：照办。

四、查训练班报名者大率因有职务关系,要求晚间授课,应否添设护病班夜课,以便业余有志之士受训,请公决。

决议：照办。

五、根据本会救护训练班简章,尚有“战时外科学”、“简易实验诊断学”、“简易药剂学”三项应否开班,请公决。

决议：先行开办战时外科学,余续办。

六、自各分会得本会通则后纷纷组救护队,此中良莠不齐,如何加以限止,请公决。

决议：提执行委员会讨论。

七、实验诊断学课本已出版,存书甚多,可否向各学校销售,请公决。

决议：函讬中华医学会代售。

散会。

主席：颜福庆

原载《中国红十字会月刊》1937 年第 22 期

会讯：总会近讯

总会添设救护训练班

救护委员会自上年冬间继续办理救护训练班以来,业已完成,现以便利业余受训起见,将添设晨班、夜班两种护病学。晨班七时至八时,夜班七时至九时,每周各三次;担架术及急救常识,晨班七时至八时,每周两次,夜班六时至七时,每周三次,来报名者颇形踊跃云。

前秘书长曹云祥逝世

总会前秘书长曹云祥因事赴美,恳请辞职,旋经理监事会联席会议照准,即于一月二十五日辞卸职务。不料于二月七日下午突患牙疾,引起心肌衰弱症,不及一小时遽尔长逝,在年五十六岁。生前担任外交、教育、文化各重要职务数十余处,于十日下午三时在上海殡仪馆大殓,二十二日下午五时安葬于宋公园路教会公墓,前往执拂者甚众,莫不悲形于色深致悼惜云。

总会会同各团体振美水灾

美国密西西比河泛滥成灾，由上海救灾会主席孔祥熙、副主席吴铁城迭在中央银行召集会议。本会会长王正廷、副会长杜月笙、刘鸿生暨理监事王晓籁、王一亭、朱子桥、钱新之、赵晋卿等分别代表本会暨中华慈幼协会、华洋义振会、各界联合救灾会，出席会商救济具体办法，即席决议由四团体筹集二十万元，以十万元汇美振济，其余购买国产物品寄往灾民之用。嗣以四团体为欲急振起见，特商由中央银行先行填拨汇美，乃于二月二日由孔主任电美慰问，并将捐款汇去矣。

总会第三次运绥药品

总会自绥战开始后，即征募多种药品运寄前方应用，早经两度运讫，现又募得卫生药包三万零七百包、药品二十一件、棉花三百八十五磅、纱布二百七十八磅、消毒食盐十四盒、白凡士林一百罐、止痛油十二罐、丝绵背心五十件，共装一百零二件，一俟货单接洽即行起运云。

庞秘书长宴请各界志盛

本会庞秘书长于二月二十八日下午七时，假座爱多亚路杭州饭庄，宴请本会全体理监事暨经济、救护两委员会委员并各界闻人，到有吴市长(李大超代)；杜、刘两副会长及常务理事王晓籁、林康侯、闻兰亭、王一亭、关絅之；常务监事黄涵之、钱新之、陆伯鸿；理事姚虞琴、王振川；监事劳敬修、汪伯奇、穆藕初、赵晋卿、徐新六、顾馨一、屈文六；救护委员会委员徐乃礼、袁鹤松、许冠群、朱玉泉、任矜苹、宋梧生、郭琦元、李宣果、曾立群、吕守白、蔡禹门、周邦俊、张祖华、徐翔荪、颜福庆、邝安堃、裘少白、许晓初、周梦白、翁之龙、金润庠、顾毓琦、何子康；经济委员会委员虞洽卿、朱吟江、俞佐廷、张慰如、叶琢堂、卢润泉、王伯元、孙衡甫暨陶百川、黄任之、俞叶封等百余人，由庞秘书长殷殷招待，并撰有《红十字会备忘录》及陈湘泉君之《赴欧考察报告书》均在席间分赠来宾，至十时许始尽欢而散。

总会理事许大使返国

本会理事驻日大使许世英，自上年三月六日赴日就任已还，适值一年。于本年三月六日乘昌兴公司加拿大皇后轮离馆返国，于九日中午十二时抵沪，泊百老汇路公和祥码头。前往欢迎者有中政会秘书长张群、行政院副院长孔祥熙暨各机关、各团体代表及本会副会长杜月笙、常务理事王晓籁、王一亭、理事朱庆澜、常务监事陆伯鸿、钱新之、秘书长庞京周等共百余人。当该轮靠岸时，许大使与欢迎人员扬手，三呼中华民国万岁，情形甚为热烈。登岸后即乘车返劳神父路五八八号私邸休息，定十一日晋京向政府当局述职后即可返沪云。

原载《中国红十字会月刊》1937年第22期

摘录各报所载关于红会之新闻[节录]

红会加紧训练救护

本埠中国红十字会总会救护委员会,对于训练救护积极进行,不遗余力。前设护病、防毒两训练班,早经完成,已于上年冬间继续开始教授护病学,由管祖桂女士担任教授,每日下午三时至四时;防毒班则由黄榕增先生担任,每星期二、四下午七时至九时。现以便利业余受训起见,将于最近期间添设晨班、夜班两种,计分护病学晨班上午七时至八时,夜班下午七时至九时,每星期均三次;担架术及急救常识,晨班每星期二次,上午七时至八时,夜班每星期三次,下午六时至七时。有志学习者可速往新闸路八五六号该会报名,每班额满三十人,即行开始训练云。(民国二十六年二月二十五日《民报》)

各机关团体磋商世教会议出席

本埠讯,世界教育会议定本年八月在日本东京继世界红十字会之后举行。负责筹备该项会议之日本红十字会当局,曾以地主之谊,正式函请中国红十字会总会暨其他教育机关团体派员参加。惟据外间盛传,伪满洲国亦在被邀参加之列,且将由伪满文教部正式派员前往参加,因是我国各方面对出席问题甚为迟疑。现经各关系机关团体往还磋商结果,对该项会议,如伪满国将派员参加,则我国决一致毅然拒绝派员出席,以尊国体云。(民国二十六年二月二十五日《大晚报》)

组救护班须登记卫生、社会两局布告

因有人竟藉此索诈药品,若不遵令登记,将予取缔。

本市卫生、社会两局为设立救护训练班,应履行备案及登记手续,特发市字第五三八六号布告云:"案据报告,尔来有假借救护训练班名义,向各方索诈物品,或藉此牟利等情,殊堪痛恨。查救护训练事关专门技术,非任何人得擅自设立,若假救护事业之名,行诈欺蒙骗之实,尤非法所许可。合亟会衔布告,嗣后凡设立救护训练班者,必须经本社会局备案,所聘各教师必须经本卫生局审查合格。至业经开班训练者,亦应补行备案及登记手续。如敢故违,慨予取缔,仰各凛遵为安,此令。"(民国二十六年三月三日《时报》)

九团体发起追悼曹云祥

曹云祥博士生平致力文化、慈善事业，慷慨热忱，功在社会，历任丹京代理大使、华府会议代表、清华大学校长。民[国]十八[年]来沪，专心著译。本年二月八日突以心疾逝世。本市清华同学会、中国红十字会、国际问题研究会、工商管理协会、体育协进会、培成女校、青年协会、机联会、青年会等九团体特联合发起于三月二十日下午三时，假八仙桥青年会举行追悼会。届时由黎照寰博士主席，陈锦涛、赵晋卿演说，业已由筹备处柬邀曹氏生前友好参加，以志哀思。(民国二十六年三月十八日《时报》)

原载《中国红十字会月刊》1937 年第 22 期

纪录：中国红十字会第一届理事会及监事会第十九次联席会议纪录

会场：本会议事室

日期：二十六年三月十六日下午四时

出席者：会长王儒堂；副会长杜月笙、刘鸿生；常务理事王晓籁、林康侯(王晓籁代)、关絅之、闻兰亭、王一亭；常务监事黄涵之；理事王培元、姚虞琴；监事汪伯奇、叶誉虎

列席者：秘书长庞京周

主席：王儒堂

纪录：卫锐锋

开会如仪：

甲、报告事项：

一、报告出席人数共计十三人，已足法定人数。

二、报告第一届理事会及监事会第十八次联席会议纪录。

三、报告秘书长庞京周已于二月一日就职，林常务理事康侯同日交卸兼代秘书长职务。

四、本会一月来之工作报告。

1. 秘书长报告向卫生署申请加拨本会补助费情形。

2. 秘书长报告晋谒行政院翁秘书长，请增加本会补助费情形，并拟再谒孔部长陈述一切。

3. 秘书长报告与卫生署会商非常区域救护工作一案。

4. 秘书长报告调查南京分会情形。

5. 本会前以杂物繁多,特在闸北租屋存储,兹为节省经费起见,已将该屋退租,所有物品暂存急救时疫医院,拟照上次议决案分别处理。

6. 报告编译宣传股招登广告情形。

7. 文书股报告一月份收文三百五十六件,发文一千零三十件,收电二件,发电一件;二月份收文二百四十一件,发文四百零二件,收电一件,发电一件。

8. 编译宣传股报告月刊已出到第二十一期,《第十八届会员题名录》下月可以发行。

9. 会计股报告二十六年一、二月份经济报告表,业已分送。

10. 庶务股报告二十六年一、二月份共发出会员徽章一千九百零五枚;运往绥远救护药品第一批计一百八十一件、第二批九十六件、第三批一百零二件,现装箱待运。

救护车二辆破旧不堪,经呈林、闻二常务理事核准,以最高估价售出国币二百六十元。自去冬至现时止,发出米票二千四百七十六张,现存二十四张;棉衣裤二百三十套,现存二十套。

五、调查国府批准《改善战地伤兵境遇公约》。

六、本会救护委员会章程前经呈送卫生署核示,兹经秘书长催请,业已照准。

七、本会所属各分会组织多不健全,兹拟就整理方案严格调整。

八、报告经济委员会募集救护经费状况。

九、报告救护委员会工作概况。

乙、讨论事项:

一、英国红十字会函告七月间在伦敦开办万国红十字会市场,请各国红十字会捐赠物品,售款所得捐作鼐鼎盖儿基金,本会应否参加,请公决案。

决议:筹募捐款以便购办,并向古玩业、瓷业征集物品一并捐赠,但事关国际荣誉,应请行政院及外交部协助进行。

二、日本红十字会函告七月二十九日在京举行远东青年红十字大会,八月二日举行世界教育联席会议,邀请本会推派代表同时出席,请讨论案。

决议:以伪满洲国参加与否为准,倘伪满洲国如不参加,本会应派员代表出席。

三、巴黎红十字联盟会于六月二十八日举行红十字会青年领袖研究会，请本会委托代表参加，请讨论案。

决议：委托驻法大使馆谢秘书代表参加。

四、巴黎红十字联盟会拟派副秘书长考察远东红十字会事业，将于七月间来沪，本会应如何准备，请讨论案。

决议：援例招待。

五、本会拟在首都设立办事处，并与本市同时创办救护车及救伤站，为公众服务，以引起社会人士良好之印象与注意，是否可行，请公决案(附计划草案)。

决议：照办，至开办费以一万元为度，原预算应再修改。

六、本会理监事会组织规程原有设立青年部、妇女部之规定，除青年部已经十五次理监事联席会议通过设立外，妇女部应否与青年部同时成立，及如何规划进行，请讨论案。

决议：同时成立，积极进行。

七、兹拟就二十六年度本会预算草案，请讨论案。

决议：送常务理监事审核。

八、从略。

九、本市各机关团体对工作人员多有退职金之规定，本会如遇服务人员退职时，应否给予退职金，请公决案。

决议：请常务理事拟具方案，再行核议。

十、本会第一医院合同早经期满，应如何办理，请讨论案。

决议：请庞秘书长与颜院长先行接洽，并将接洽情形报请常务理事核办。

十一、本会前在华北设立救护委员会分会，组织甚属妥善，拟再在广州设立华南分会可否，请公决案。

决议：照办。

十二、中华医学会将在本市召开全国会员大会，本会拟于该会开幕时举行招待，以资联络可否，请公决案。

决议：照办，需费若干，请常务理事核定。

十三、查本会添设会员一案，业经理监事会第十七次联席会议决议通过在案，兹已拟就《团体会员暂行规则》，请讨论案。

决议：通过。

散会时间：下午六时。

主席：王儒堂

原载《中国红十字会月刊》1937年第23期

会讯：总会近讯[节录]

追悼本会前秘书长曹云祥

三月二十日，由本会暨清华同学会、体育协进会、工商管理协会、国际问题研究会、上海机联会、青年协会、上海青年会、培成女校等九团体，为追悼曹公云祥召开纪念大会，于八仙桥青年会大礼堂，到百余人，黎昭寰博士主席，陈锦涛、赵晋卿演说，并唱诗祈祷等，颇极哀感。

欢宴本会理事许大使

本会理事许大使世英于上月由日返国后，本会及上海市商会、银行公会、地方协会及各慈善团体等十六团体于三月二十一日欢宴许大使暨慈善家熊希龄于浦东同乡会六楼。到有百余人，公推本会常务理事王晓籁致欢迎词，旋许大使答词，钟鸣七时始尽欢而散。

美红会感谢振灾捐款

美国红十字会会长本年已连任巴黎万国红十字联盟会会长，本总会曾去函道贺，兹接复函致谢，并以本会及各团体汇款振济美国水灾，殊深感谢云。

联盟会函谢总会

总会自得悉巴黎红十字联盟会新任会长暨秘书长就职后，即去函祝贺，现由该会长(会)暨秘书长来函道谢。

万国儿童救济会将开常会

本总会顷接瑞士万国儿童救济会来函报告，该会将于四月十三日举行讨论重要议案云。

本年将举行青年会议

巴黎红十字联盟会函致本总会，谓于六月二十八日至三十日在巴黎举行红十字会青年领袖研究会议，请本会选派代表参加讨论，并知照将于七月二十九日至三十一日在日本东京召开远东青年红十字大会，请本会派员出席，现总会正式考量云。

第七次世界教育会议将举行

万国世界教育会卫生部部长来函，谓于八月二日至七日在日本东京召开第七次世界教育会议，请本总会青年部主任前往参加。

巴拿玛红会报告新选职员

巴拿玛红十字会最近新选重要职员，如正、副会长、理事暨秘书长，计十二人，特来函报告姓名云。

联盟会将派专员来华考察

万国红十字会联盟会于上月函致本总会，谓在七月间将派该会副秘书长来华考察远东红会事业，征询本会同意，本会业已函复欢迎，并拟充分筹备云。

总会新辟总办公处

总会秘书长处暨各股办事室向分设于一、二、三楼，遇有接洽公务，殊感不便。现庞秘书长为欲增加办事效率起见，特于二楼新辟一总办公处，面积极大，可容数十余人，乃将全体职员于三月二十四日一律迁入。其议事厅、训练室、陈列所设于最下层，而新立之图书室则设于二楼云。

会员题名录变更办法

本会成立迄今，已经三十四年，会员总额亦达十四万余，历年编印题名录，截至二十五年十二月三十一日止，已十八届。现由秘书处议决自二十六年一月一日起入会之各级会员不再另刊专录，每月改登本月刊另辟题名录栏以资简捷，决定于第二十三期月刊中起登本年一、二、三月份会员姓氏，嗣后按月继续分别登载云。

菲侨同胞慨助救护经费

菲律宾岷里拉中华商会由李清泉、薛芬士、薛敏老、陈三多诸君为捐助救济绥远经费，负责向侨界筹募奔走多日，计捐集国币一万零三百元，交由中兴银行汇寄总会，已于上月由总会如数收到，当掣正式收据五十纸，并专函道谢云。

宴请中华医学会全国会员

此次中华医学会第四届大会在甫经开幕之中山医院开会，前后凡八日，出席会员之多，历届所鲜见。本会与医学界原有密切关系，特于四月七日中午十二时宴请全体会员。席间由本会秘书长庞京周致欢迎辞，略谓："诸位，今天鄙人奉王儒堂会长命，代表中国红会招待诸君，颇感欣幸，然不仅以菲肴薄酒奉敬为情感上之联系，并思藉此将红会之精神与医界同志之精神融贯为一体。此次中华医学会大会盛况空前，固足征我国医事日有进步，然细思之去，吾人希望犹远，即以小事为例。鄙人在本会聚餐席上前日为宾代中华医学会致答辞，今日又为主人向诸君致敬辞，岂非一身即须兼二役，而显见我医界人手之缺乏。诸君子或开业或教学，有一身兼二科者，有须兼司临床及实验工作者，尤以内地之内、外、妇儿一手包办者为多，亦正同此理也。因此，前日刘署长演辞中所谓‘吾人之责任’，余觉非常之繁复。刘署长亦曾道及医师有协助红会之义务，余今日将重申此言，至于红会之重要，谅诸君必早了然，然兹不赘述。而我国红会处今日世界风云中，其责任将更为严重，彰彰甚明。惜中国红会自创始至今三十四年间，虽为我国新医史上树立了许多基础，如创设医校等，而近年以来却绝少受医界之呵护，不免遗憾。但红会始终是与医界脱不了关系的，例如本届中华医学会中所讨论之公医制度、乡村卫生等问题，皆为红会应与医界合作之事，而早经规定在万国红会某次议决案中者也。然而现在中国红会会员中仅有医师数百人，与最近(本年三月底止)卫生署统计之全国医师数八八三一人相较，尚不到百分之五。此种畸形现象恐为世界各国所无，故余亟盼诸君自动入红会以纠正此畸形。其次，余有望于外籍同志将以医学学术之知能，在无国界慈善事业原则之下协助红会，并在本国非常时期能为吾人服务，尤所欣幸。再次，有报告于我军医界同人者，即今后红会之救护编制与训练以及使用药材及其他工具，均将利用军医署各种规程及出版物，而使其标准与军医一贯，以避免以往军医与红会不能完全合作之遗憾，余前次与刘署长在绥远演说时，曾向北方各军医再三致意也。最近，中央鉴于时势之需要，爰有《非常区域救护工作大纲》之颁布，其中以红会为主体，又前政府颁布之《红会管理条例》亦确定战时救护皆须以红会为主动。然不幸已往或现时尚闻有人对红会能力动加指摘(此或因各红十字分会未鉴众望者尚多)，而不愿居于被动地位致力于救护工作。故咸以自身为主动而分途工作，以致救护事业与力量趋于散漫，其结果与国家实属不利，要知被动约有三种，上马者虽居被动而反能调节原动机构，使动作更为有效，而和谐次马者则虽被动而不肯轻易变换其轨辙，惟下马者则被动而或致错误。尝思我医界济济多士材皆上驷，凡百组织正待吾人加入以调节其机括，则虽被动庸何伤马。因此，余愿诸君勿蹈国人‘在门外高声大嚷’之积习，速进红会，然后勿论对分会或总会事业方面尽量批评谬误之处，直言纠正，尤盼对余个人尽量督责之，则红会前途庶几有望。前日，有人言中山医院之于上海医学院、市立医院之于同济大学，仿佛两性结婚将为医事事业产生宁馨儿。今余殊盼红会以中华医学会为媒介，而与全国医学界结婚以产生新中国唯一救护团体也。”辞意恳挚，闻者动容，当时就席填具志愿书入会者颇不乏人。继由李涛、胡美、马雅各布奥托、颜福庆暨卫生局长李廷安等演说，均祝颂红会进步无疆,造福世界人群,至二时始鼓掌尽欢而散。

总会宴请海上书画家

英国红十字会在伦敦开办万国红十字会市场,将售款所得捐作看护妇创始者南鼎盖儿纪念基金一案,前准该会函请本会参加捐助国产物品,并经本会商定征募办法在案。现决定于四月八日下午七时假座觉林宴请海上书画名家,藉商进行以博国际荣誉。

各团体欢送王会长

本会会长王儒堂博士膺命使美,行将出国,对于促进中美邦交关系至巨。本会暨上海市商会、地方协会、青年会、寰球中国学生会、医事事业董事会、国际问题研究会等七团体,为表示慰勉贤劳起见,于四月十九日下午五时举行盛大茶会欢送行旌云。

原载《中国红十字会月刊》1937 年第 23 期

摘录各报所载关于红会之新闻[节录]

傅作义函谢红会经募药品

中国红十字会总会,自征集药品救护绥战以来,本市各药房暨各界捐输卫生急救包及各项药品者甚众,该会已迭次经运绥远。兹由傅主席函谢该会,略谓:“溯自匪伪犯绥,举国关怀,各地同胞,或为物质之输将,或作精神之援助,备切勖勉,感愧奚如。顾念捍边御侮,军人天职,辱承惠捐卫生急救包二万包,用以鼓励士气,爱国热忱,殊堪铭佩。除惠赐药品分转各军,并在国内各大报纸公布外,兹将掣具支据一纸,随函送请惠察为荷,专此鸣谢,顺颂公祺,附收据一纸,傅作义拜启。”(民国二十六年三月二十三日《时事新报》)

松江红会特训救护班
——昨举行毕业典礼,王专员、李县长莅场检阅

松江红会会员特别壮训班,于二月六日九时举行毕业典礼,到学员六十六人。首由王专员、李县长检阅,颇为满意,继由主席陆校长报告,李县长授文凭毕,王专员、李县长、陈教育局长、李中队长、贾科长、耿参谋、总会卫秘书等演说,理事长周学文致词,至十一时礼成云。(民国二十六年《松江报》)

原载《中国红十字会月刊》1937 年第 23 期

纪录：中国红十字会总会第一届常务理事及常务监事第二次联席会议纪录

会场：本会议事室

日期：二十六年四月二十七日下午四时

出席者：副会长刘鸿生、杜月笙；常务理事林康侯、闻兰亭(林康侯代)、王一亭、王晓籁、关絅之；常务监事黄涵之、陆伯鸿

列席者：秘书长庞京周

主席：刘鸿生

纪录：卫锐锋

开会如仪：

甲、报告事项：

一、报告出席人数共计九人，已足法定人数；

二、捐助英国红十字开办万国红十字会市场之鼐鼎盖儿基金物品，业已筹备就绪，定于五月四日运英，请审查；

三、本会第二医院门诊部业于四月二十一日，另聘高擎宇为医师，陶大琏为药剂员，并派庶务股办事员李耐霜兼在外科室服务，救护委员会干事龚懋恩兼任医师，教员童庆民、管祖桂等兼任护士，负责办理第一医院，不再派员兼办；

四、报告筹备青年部情形。

乙、讨论事项：

一、本会第一医院颜院长函请将该院统盘筹划，迅定具体办法，请讨论案。

决议：(甲)函复国立上海医学院宣告合同既已失效，所有本会第一医院自可不再由该学院续办；(乙)函请本会第一医院院长颜君福庆负责维持第一医院诊务，并设计该院此后改进计划，送请本会理监事会讨论。

二、本会及分会公文程式，前经理监事会第三次联席会议决议由秘书处拟具办法交常务理监事审定在案，兹已拟就总、分会公文及戳记刊用程式，请审定案。

决议：如拟办理，即日起分别实行。

三、拟聘立法院孙院长、司法院居院长、监察院于院长、考试院戴院长为本会名誉副会长，请核议案。

决议：照办。

四、略。

散会时间：下午五时三十分。

主席：刘鸿生

原载《中国红十字会月刊》1937年第24期

会讯：总会近讯

函请代表出席远东及世界两大会议

本总会前准日本赤十字社函请本会推派代表于本年七月二十九日至三十一日出席在东京举行之远东红十字会青年部大会，并准日本教育总会函请本会代表于出席该会同时参加八月二日至七日在东京举行之第七次世界教育会议一案。即经本会理监事会第十九次联席会议决议，依据我教育部暨七学术团体商讨结果，以伪满洲国参加与否为准，如伪满洲参加则我国不参加，否则即行派员出席代表。

总会职员加紧工作

本会凡事更新，百端待理，部份行将添设事务，容或稍繁，会中职员若非兼任二种以上，贵职即感不敷分配。嗣后倘委派职司在本总会一贯系统之下者，均须兼职，一律不支兼薪。此次本会筹备运英捐助鼐氏基金物品为期甚促，事关国际不容漠视，自即日起应由全体职员一致参加筹备云。

救委会汪专员持辞职

总会救护委员会专员汪德镕医师，原为上海市卫生局技士兼任。兹准卫生局李局长面知汪医师为该局另有要公，不能兼顾。自五月一日起不再到会等情，汪医师在本会之工作应至四月杪停止。

总会新关防定期启用

卫生署制定本会新式关防，业经颁发到会，已于四月十日启用，所有旧有关防即行呈署销毁，并改派救护委员会文书主任顾希欧兼任总会监印员，原有总会监印兼管卷员褚静齐改派为本会校对兼管卷员。

总会新辟图书室

总会原有书报室因陋就简，种类甚少，兹欲增进全体职员暨会员之医学及公共卫生知识，并研究各种学术技能，明了国内外情况起见，应有扩大组织之需要。爰经第十八次理监事联席会议之决议，征求各项刊物，设立图书室以备参考而广见闻。现除国内外各界赠送杂志并将本会月刊交换外，刻正函请各国捐助图书，征求全国出版界慨予赞助云。

捐助英国鼐氏基金之踊跃

英国伦敦于七月间开办万国红十字会市场，请各国红会捐赠物品，售款所得捐作护士创始者鼐氏之纪念基金。本会以事关国际荣誉，业经拟具办法曾志上期本刊。现在沪上书画名家纷纷将佳作赠送来会，他如国产工厂亦允将名贵出品减价出售，业将著名之美术品如顾绣缂丝、漆器、陶器、磁器、书画等件，搜罗甚多，以扬我国固有之文化，并于运英以前已开一预展会，公开参观云。

闻穆二公捐助巨额赠品券

上海实业家章荣初先生鉴于绥远战事之危迫，特将全部家具充作援绥经费，由上海市地方协会主办发行援绥捐金纪念赠品券一万张，每张售国币五元，即将此项家具分别等级作为赠品。本会常务理事闻兰亭、理事穆藕初认购该券五百张，计国币二千五百元，悉数捐助本会，迨开奖结果，本会竟中头奖一个，得红木让荫木房间家具全部，计二十件；小奖廿九个，得家具、字画等件，除头奖赠品陈列本会待沽已有人购去外，其余均委托地方协会合并拍卖云。

六十余团体举行茶会欢送王大使

本会会长王正廷新任驻美大使，定于五月四日启节。本会暨国际问题研究会、太平洋联会、市商会、地方协会、银行公会、钱业公会、市党部、青年会、寰球学生会、各大学联合会、纳税华人会、律师公会、会计师公会、国际学会、市教育会、总工会、留美同学会、中国妇女会、警备司令部、华洋义振会、红万字会、中华学艺社、新闻记者公会、中华慈幼协会等六十余团体，特于四月十九日下午五时，假座国际饭店二楼联合举行盛大茶会欢送王氏。计到各团体代表暨中外来宾共约五百余人，即席首由黎照寰代表致欢送词，并由市商会主席王晓籁演说，以废除不平等条约相勗，旋由王大使答词，大意谓诚意接受，惟望人民合作云云。于茶会时，由各团体备有银匾一方镌“为国宣劳”四字，由王晓籁代表献与王氏。现王大使定五月四日乘胡佛总统轮成行云。

理事朱庆澜飞渝

本会理事朱庆澜系国民政府振务委员会委员长，此次因川灾严重，特于四月十九日下午三时，偕秘书等乘中航机抵渝下榻。商业银行当发表川省灾情，中央极为关切，已竭力筹拨公债一百万元，并向沪银行界抵借现款七十一万四千汇渝。但灾区辽阔,恐杯水车薪难期普遍,切盼地方政府与社会人士通力共筹,极济灾黎云。

本会等款宴爪哇华侨观光团

爪哇华侨青年回国观光团于四月十八日抵沪后,本会会同上海慈善团体联合会、上海青年会、香山慈幼院、红万字会、中华慈幼协会等六团体于四月十九日中午十二时半在江湾叶园欢宴。首由罗炎运代表致欢迎词,本会代表庞京周暨熊希龄、屈文六等演说,即由团长潘开兴致答词,至二时始尽欢而散。

总会改组第二医院

本总会第二医院自前年九月间,由第一医院派员兼任后,迄已二十阅月。现自本年四月二十一日起实行改组,聘有龚锡之、高擎宇二医师担任诊务,李耐霜兼任外科室,童庆民、管祖桂兼任护士,陶大琏为药剂员。院址仍附设于总会内,专收门诊,其住院暂不设立云。

助英物品已起运

本总会准英国红十字会函为开办万国红十字会市场捐助鼐氏基金,请求本会寄赠物品。即经总会核准筹备经月,将各种物品辟室陈列以备各界参观。现因为期甚迫,即行着手装箱,计开现代名人书画八十八件、瓷器一百十一件、陶器一百三十九件、漆器四十三件、景泰蓝六十六件、湘绣廿三件、顾绣三十一件,丝织品三十八件,装二十大箱,于五月四日由日本邮船诹方丸运去,其出口税等由会呈请卫生署转咨财政部颁发免税护照矣。

王会长赴美履新

本会会长王正廷博士新任驻美大使,于五月四日乘胡佛总统号轮启程赴美,除各机关、各团体代表登轮欢送外,本会杜副会长暨理监事等不下五百余人。由王会长在轮中客厅招待并款以香槟,互道话别,并发表谈话,略谓:"中美邦交素称敦睦,此次代表国家出使彼邦,深觉荣幸而愉快。临行所怀感想,唯希望国内上下一心一德努力建设等事业,使国家基础巩固,俾中国在国际地位提高。至本年国民大会时是否须归国一行,现难确定云。"

原载《中国红十字会月刊》1937 年第 24 期

分会近讯:上海市分会操演担架

上海市分会自开办训练担架学以来,业经授课完竣,定于五月一日继续开始担架操演,在蓬莱市场西部隙地,规定每日下午五时半起,除呈报总会备案外,并转呈上海市社会局查照备案云。

原载《中国红十字会月刊》1937 年第 24 期

摘录各报所载关于红会之新闻[节录]

红会会务近讯

本埠中国红十字会总会所属第二医院内[门]诊部，为惠及平民起见，特将诊费减低，无论初诊、复诊仅收国币一角。又以闽南沿海各县，今春发生鼠疫，死亡枕籍，惨不忍睹。闻由该会拨给该地治疫药品，以资救济。英国红十字会为筹募护士创始人鼐氏基金，开办万国市场，该总会特采集国产物品多种，分装二十大箱，已于前日运去矣云。(民国二十六年五月七日《时事新报》)

原载《中国红十字会月刊》1937 年第 24 期

会讯：总会近讯

本会添设团体会员

总会第十七次理监事会联席会议决议添设团体会员二种，一次缴纳会费五百元以上者为永久会员，每年缴纳会费一百元者为维持会员，其入会之资格以法定团体为限，证书、徽章式样与各级会员有别，现已着手征求矣。

第二医院门诊部延长时刻

本会第二医院门诊时间原定每日上午十时至十二时止，现以天气炎热，求诊者日益拥挤，特于六月一日起每日下午二时至四时，延长二小时以谋普及而利病家，并将挂号金无论初诊、复诊减低至国币一角，因是日来就诊者络绎不绝，颇有应接不暇之势云。

杜副会长赞修海塘谢辞祝寿

浦东同乡会常务理事联名函请本会杜副会长移祝嘏之资修建沿海石塘一节，兹将杜氏复函照录如下：

顷奉惠翰敬悉种切，浦东滨海地方农田全恃塘为保障，自古如斯，诸公热心公益殷殷，以修塘为当今之急务，根本救患，诚为善策，卓识远见，且钦且佩，鄙人随君子之后亦当尽力相助也。至于鄙人五十，虚度岁月，蹉跎寡过未能，何敢言寿？盛意关垂，谨名心版，想诸公爱人以德，必能俯鉴，愚忱加以曲谅。同会诸友并祈代达鄙意，善为我辞，是所感祷，专肃奉复兼鸣谢悃敬颂——台绥——弟杜镛。

总会职员服装一件改用中山装

总会庞秘书长接任以来，对于会务无不积极推进，最近因时届夏令，职员服装首宜清洁，以重卫生，尤以中外观瞻所系，更应整齐一致。故自六月一日起，全体职员均已一律改用中山装，其衣料概用国货，以资提倡。并蒙副会长刘鸿生将章华呢绒纺织公司出品之呢料，捐以备制服数十套云。

总会夏令赠送痧药水

中西大药房出品之保命时疫水，神效卓著，有口皆碑，销行以来活人无算，与中法大药房之急救时疫药水，均为夏令卫生要药，有异曲同工之妙。本总会每届暑天例有赠送之举，本年特向二药房定制十万瓶分赠各地。近日函索者纷至沓来，深觉供不应求，惟限于预算规定，一俟发完不再添赠。各界如需此种药品，可径向该药房购用，定价极廉也。

本会参加防疫运动

市商会主办之国货卫生用品展览会，于七月一日开幕，由该会商请本会派驻医队注射防疫针，本会即派高擎宇医师等每日前往工作，自一日至十四日止，注射防疫者约有二百余人云。

原载《中国红十字会月刊》1937 年第 25 期

摘录各报所载关于红会之新闻[节录]

红会医院门诊延长时间

本埠新闻路中国红十字会总会所属第二医院门诊部时间，原于每日上午十时至十二时止。现以天气渐热，求治者日益拥挤。该会为谋普及以利病家起见，特于六月一日起，每日下午二时至四时延长二小时，并以惠及平民，将挂号金初、复诊一律改低至国币一角云。(廿六五月廿六日《时报》)

两空中勇士在高知红十字病院

同盟社廿七日高知电，在日高知县遇难之法两飞行家杜来与米希莱蒂，在高知红十字病院对记者谓："余等下午一时四十分，由上海出发，将至朝鲜两岸之时，天降大雨，不辨方向，乃发无线电报告现状。然无答复，未能发见应向方面，且因汽油告缺，企图在此地方(诸木村海边)降落。待机赴东京，不料竟遭此难，不胜遗憾，前有迦比君失败，今次余等又挫折，皆无幸福之人也。"(民国廿六年五月廿七日《新闻报》)

美国红十字会汇款振灾

仁记路九十七号上海华洋义振会,历年工作成绩,彰彰在人耳目。今春美国大水,该会本救灾恤邻之旨,联合中国红十字会上海各慈善团体联合救灾会、中华慈幼协会等组织上海四大善团救济美国水灾联席会,筹集振款十万元,由中央银行汇交美国红十字会,择重灾区域散放,早经披露中外各报。兹以豫川甘黔等省大旱,人民颠沛流离,伤心怵目。该会除派员前往各灾区进行救济外,一面登报呼吁筹集振款。兹闻美国红十字会业已迭次筹款汇交该会散放,并云尚有续汇,足见美国以己饥己溺之情,关坏[怀]中国灾胞云。(民国廿六年六月九日《新闻报》)

庞京周昨晚赴庐

本埠中国红十字会总会,自庞京周博士接任秘书长以来,处理会务,悉心规划,对于事案之进行,刻正统筹办法,以期早日实现,尤以改进医药卫生,供应时代需要为重要之图。闻庞氏为该会救护工作,须赴庐一行,已于昨晚首途矣云。(民国廿六年六月十六日《时事新报》)

原载《中国红十字会月刊》1937 年第 25 期

发售训练课本

急救护病学、毒气学、简易实验诊断学,每册定价国币四角,购满五十本以上八折计算。

订购处:中国红十字会总会救护委员会。

地址:上海新闸路八五六号。

原载《中国红十字会月刊》1937 年第 25 期

会讯:总会近讯

本会派医队赴市商会防护工作

上海商会暨上海联欢社,于六月二十日举行盛大同乐会于市商会,该会以天气炎热人数众多,卫生设备及防护工作函请本会担任,本会即派高医师及章、管二女士前往工作,至深夜始公毕返会云。

英红会函谢赠品

总会顷接英国红十字会来函为该会组织之万国市场已于七月间开幕,本会寄赠之湘绣、织锦、磁器、陶器等二十大箱早经运到陈列,以我国出品精美适用,极为钦敬并致谢忱云。

庞秘书长赴庐公干

本总会秘书长庞京周为推进会务起见，特于上月赴庐山晋谒本会名誉会长蒋委员长，请示机宜。当蒙委座允予提倡，并对本会此后设施颇为重视云。

组设牯岭临时治疗所

本年夏令，庐山因有受军训者达万余人之多，以致人口突增，原有医疗机关势必不敷供应，尤以暑天卫生更须注重，本会特在庐山河东路十五号组设牯岭临时治疗所，聘定主任医师、蒋旭东医师、邱震林护士三人，于七月九日由总会秘书长率同随带医疗用具、药品、行李等乘三北公司长兴轮首途，俟达到后即行开幕云。

本会参加市府十周纪念展览

此次上海市政府十周纪念大会于七月七日至十八日止，举行七大展览，本会被邀参加卫生展览会，即由本会将救护时代用品及各种照片、图表、标本、模型第(等)陈列于卫生试验所内，并刊有《国人对于红十字会应有的认识》(新著作)一书分赠来宾，每日上午八时至下午八时由全体职员轮流招待，兹将全部目录附录于下：

A. 救护类

1. 钢管雪鞋式担架；2. 藤制雪鞋式担架；3. 帆布担架；4. 网线担架；5. 藤制网眼连枕担架；6. 席地连枕担架；7. 席地担架；8. 棕制担架；9. 蓬式担架；10. 防毒面具；11. 防毒面具；12. 防毒面具；13. 防毒面具；14. 防毒面具；15. 篷帐；16. 制服；17. 救护车模型；18. 药囊(附药品刀包)；19. 药囊(附药品刀包)；20. 药箱(附药品)；21. 药箱(附药品)

B. 病院类

22. 篷帐；23. X光机；24. 消毒锅；25. 手术箱；26. 洗手架；27. 病床(附被单等全副)；28. 茶几；29. 夹版；30. 医疗器械携带箱；31. 医疗器械携带箱；32. 甲种手术器械箱；33. 乙种手术器械箱

C. 旗帜类

34. 红十字会大旗；35. 红十字会小旗

D. 证书类

36. 各级会员证书及奖状

E. 证章类

37. 各级会员徽章及各种证章

F. 刊物类

38. 本会历年出版刊物;39.《中国红十字会月刊》;40. 救护训练课本

G. 照片类

41. 历届救护振灾;42. 一二八之役;43. 华北救护X光摄影;44. 分会工作之一斑;45. 各国红会青年部工作概况

H. 图表类

46. 分会地图;47. 总会组织表;48. 各国会员比较表;49. 救护与编制;50. 致伤武器分类表;51. 创伤部位区别之百分数;52. 骨折部位之区别;53. 战伤以外之疾病;54. 死因分类表;55. 救护组织;56. 救护委员会华北办事处之组织

I. 影灯类

57. 影灯机;58. 影灯片

聘陈湘泉为本总会顾问

陈湘泉君在上海震旦大学毕业,留法数载,得医学博士位,擅骨科。前由本会派赴各国考察红十字会青年部事业,悉心研究经年,于上年返国,著有《考察青年部报告书》曾载本刊,现经本总会聘任为顾问云。

华北救护分会救护卢沟桥战事

总会当中日接触之初,即急电北平救护委员会华北分会详询情况及进行工作,旋得复电知已出动重伤手术组,俾受伤将士得有充分护养。关于北平救护方面之药品、人材等,现时尚足应付,除救委会外,尚有北平、天津等分会颇有实力云。

原载《中国红十字会月刊》1937年第26期

摘录各报所载关于红会之新闻[节录]

庞京周谈改革红会之计划
——定今日谒蒋报告并请示

中央九江牯岭二十日电,牯岭电话,中国红十字会总会秘书长庞京周,日前由沪来庐晋谒蒋委员长,有所请示,蒋委员长定廿一日召见。据庞谈,此来系代表总会报告会务,并请示改善办法。因红十字会工作平时关系民间之卫生及救灾,战时关系伤兵、灾民之救护,责职实甚重大。惟过去之中国红十字会,因组织上之散漫与观点上之错误,未能臻于完善,实为遗憾。总会有鉴及此,现已拟具《改革中国红十字会之计划》,大要为(一) 纠正会员错误观念;(二) 尽量吸收知识分子参加;(三)征求民间医师入会,健全总会与分会之组织。此项计划已呈蒋委员长核示,如蒙批准,将来会务预卜有莫大之发展云。(民国廿六年六月廿一日《时事新报》)

庞京周由庐返沪正在筹设庐山诊疗所

本埠中国红十字会总会秘书长庞京周氏为推进会务起见,特于上周赴庐山晋谒该会名誉会长蒋委员长,请示机宜。当蒙委座允予提倡,并对该会此后设施颇为重视,临时鉴于该地居民麕集,医疗机关势必不敷,尤以夏令卫生更须注重。故自前日返沪后,即着手筹备。现已聘定医师、护士,置备药品、器具,不日首途,其会址暂设庐山河东路十五号云。(民国廿六月(年)七月二日《时事新报》)

救 护 展 览

此次上海市政府十周纪念大会将于七日开幕,除举行典礼及各项盛大节目外,并于是日起至十八日止,设有七种展览会,以增进市民常识。本埠中国红十字会总会亦在被邀参加之列,将以救护事业方面之出品陈列于卫生展览部分,地点为该区卫生试验所,辟有专室,并搭盖大蓬帐。凡该会一切设备之标本与模型、历来救护成绩及时代的救护用具、防毒器械,并各种图表、照片及救护队临时治疗所之陈设等,均该会悉心规划而成,欲使国人对于前线救护,有深切之认识云。(编者注:所载报纸无)

英红会万国市场将开幕
——致谢中国红会捐赠物品

英国红十字会组织之万国市场,将于本月开幕,该市场物品均系各国红会捐助之国产,售款所得悉充护士创始人鼐鼎盖儿纪念基金。本埠中国红十字会总会为应该会请求起见,曾采集湘绣、磁[瓷]器、陶器、织锦等国产二十六箱运英。昨接英红会来函,对于捐赠物品,深表感谢,尤以我国出品美丽适用,为不可多得之隽品,极为钦敬云。(民国廿六年七月三日《时报》)

市府十周纪念七大展览

本月七日,为上海市政府成立十周年纪念日,市政府为检讨过去,策励来兹,特筹备举行盛大庆祝典礼。除于是日上午举行庆祝仪式,晚上提灯游行外,并于市中心区举办空前之文戏、市政、手工艺品、机制工业、工业安全、防空、卫生等七大展览会及运动会,并邀请全市电影明星表演游艺,以助余兴。卫生展览陈列会场在卫生试验所,中国红十字会陈列主要部份为战地救护方法、救护队等用品、野战病院及

X 光免费检验等。(民国廿六年七月六日《各报》)

原载《中国红十字会月刊》1937 年第 26 期

协和平大两医学院各组救护队

绥战起后,平市医界当局,曾派代表赴绥远前方视察,俾行筹组救护队赴前线救护,并电上海红十字总会派员赴平,共同策划进行。业经该会指派庞京周医师为驻平代表,庞已于日前由绥远前方返平。

原载《中华医学杂志(上海)》1937 年第 23 卷第 1 期

会讯:分会近讯:南翔分会设防疫医院

南翔分会例于暑期开办防疫医院,本年经理监事会之决议,定于七月十八日开幕,公推李席伯为院长,聘请张近枢为医务主任,庞民栋为驻院主任医师云。

原载《中国红十字会月刊》1937 年第 27 期

会讯:摘录各报所载关于红会救护之新闻[节录]

刘瑞恒筹商非常时期紧急救护办法

国民政府卫生署署长刘瑞恒,以华北战局紧张,特于廿一日由京来沪,当晚曾在国际饭店邀集本市医药界及金融界领袖王晓籁、闻兰亭、陆伯鸿、颜福庆、李廷安等廿余人,讨论筹组非常时期紧急救护办法。据刘氏表示,在目前华北前线紧张状态之下,对于紧急救护之准备,实有迫切之需要,故各地应即从速设法成立紧急救护团体,并与各地已成立之红十字会及当地卫生机关等保持密切之联络,以准备非常时期之来临。当前对于华北前线士兵之紧急救护,尤有赶速进行之必要,盖为国家而牺牲之英勇士兵,在医药效能所可挽救之情形下,吾人决不能坐视彼等生命之消灭云,次为其他出席人员对从事紧急救护准备办法,均有意见发表,对原则均表示赞同,定最近再正式会商进行。又悉,刘氏此来,以鉴于我国对于救护用品,尚感缺乏,故已商请全国经济委员会常委宋子文氏设法拨款二十万元,购备药物、纱布、绷带、橡皮膏等各项物品,以应需要云。(民国廿六年七月廿五日《时事新报》)

红会募款办理战区救护事宜

中国红十字总会以战区救护工作,已刻不容缓,惟前途需款浩繁,爰积极分向各方募集经费,俾于短期内编成救护队北上,一方面购备大宗救护应用物品,同时拟就平津等处开办临时救护医院，调派医务救护人员参加服务，前方一切救护事宜，决由北平分会暨华北救护委员会负责主持，并与上海慈善团体联合救灾会设计委员会、红十字会、中国佛教救护团联络，以收合作之效，现佛教会救护团，已开班积极训练，俟训练竣事，即将分批出发北上工作云。（廿六年七月廿六日《东南晚报》）

本市急筹救护工作

华北事件发生后，前线官兵时有伤亡，亟待后方救护，本埠中国红十字会等团体均起而急谋救护办法，兹分志如下：定于本月二十八日下午四时，在该会会所召开第一次会员大会，该会颜福庆等，已于昨日通知本市各医师团体，请派员参加，届时将讨论（一）关于救护工作人员之征集与训练；（二）关于救护交通地域之研究；（三）关于救护之实际工作等问题。

中国红十字会总会，自芦事发生后，急电北平、天津分会及华北救护委员会，选派干员赴宛平芦沟桥救护，兹因屡接前方来电，报告需款孔亟，故特发起向各方募集经费，俾购备大宗医药及救护物品，运往前方应用，同时拟在北平、天津设立临时救护医院云，并闻本市其他各救护团体，均积极进行准备工作，不日出发北上。（民国廿六年七月廿七日《各报》）

慈善机关积极推进救护工作

华北局势日趋严重，平津相继沦陷，暴日利用飞机、大炮轰炸屠杀我同胞，极尽凶残惨酷之能事。本市红十字会等，均纷起救济无辜受难同胞，以免流离失所。兹志各情如次：中国红十字会总会以时局日趋严重，战事已告爆发，该会职责所在，将依照《日内瓦条约》实施救护事宜，除华北救护分会已出发工作及令全国分会加紧准备外，但以设立医院、购置药物、组设收容所，收容被难妇孺，需费浩大，希望各界人士慷慨捐助，以资应用，同时因各伤兵疗养医院伤兵到达时，须换新制衣服，刻已规定式样，估定价格，每人替换二套，合计国币二元左右，爱国同胞如愿自行购制或代办，该会均极表欢迎。（民国廿六年八月一日《新闻夜报》）

红会总会迁京不确

卫生署会同中国红十字会总会，在首都设立全国救护事业总管理处，所有负责人员业志前报，外传红十字会总会将迁南京说不确，因总会在沪地，设有救护委员会，现正编练救护人员，筹设伤兵医院，置备药品、医具，漏夜赶办，繁忙异常云。又悉中央大学人员组成之救护队，已派赴战地工作，先至沧州，相机行事，而保定方面

救护之药品，亦已于昨日运往。(民国廿六年八月三日《民报》)

本市救护委[员]会

上海市救护委员会，新会址设于新闸路八五六号中国红十字会内，日来国事严重，该会工作异常紧张，除积极准备救护事宜外，并实施其他重要工作，深盼各界多予联络接洽，以广事功云。(民国廿六年八月四日《时事新报》)

加紧战时救护准备

中国红十字会等团体合组之上海市救护委员会成立后，现已就新闸路中国红十字总会内设立会址，开始办公。该委员会为统一战时救护组织及工作起见，已分函全市各慈善救护团体，采取密切联络，共策进行，将来一遇大战爆发，各性质相同之救护单位组织，□须向该委员会登记，从事编制。关于出发战地服务时，需用之医药救护物品及医务人员，一律归该会统筹供应及支配，各出发服务之救护队，由该会颁发经军政部核定之旗帜、臂章，以便统一指挥管理，以免发生意外□□。

又中国红十字会，以救护伤兵难民应备之医药用品需要甚切，特由专家鉴定医药必需品种类及价格，商向新药业方面大量采购，备供给各方应用，现第一批已订购，为数甚巨，暂时集中存储，俾便随时分发。(民国廿六年八月七日《神州日报》)

伤兵衣服集有成数

自前方红十字会函后方各团体需要伤兵衣服后，各界即分头募集，五金零件业同业公会之一千套，业已雇工做成，将送红十字会解送前方应用；各妇女团体之制成者，已有二千余套之数，已交解红十字会，而现尚在陆续赶制中。(廿六年八月七日)

万国红十字联盟会秘书长琪尔古抵沪
——中午中国红十字会设宴欢迎

万国红十字会联盟会秘书长琪尔古氏来华考察，已于昨晨乘胡佛总统号轮抵沪。中午当由中国红十字会总会，假座该会顾问陈湘泉寓邸，设筵欢迎，由该会副会长杜月笙、刘鸿生暨常务理监事王一亭、林康侯、闻兰亭、王晓籁、关絅之、黄涵之、钱新之、陆伯鸿、卫生署署长刘瑞恒、法总领事斐列滨、红会理事长福斯脱、总会秘书长庞京周、顾问陈湘泉、第一医院院长颜福庆等作陪，席间由杜副会长致欢迎词，并请求联盟会于此次战事救护，加以种种协助。继琪氏起立致答词，由庞秘书长译华语，略谓红十字会为国际性的法定机关，不特联盟会理宜协助一切，即无论何国，俱应随时有合作的义务云云。至四时许，始尽欢而散。(民国廿六年八月十二日《民报》)

救护事业会开联会

上海市救护委员会,昨日下午四时假爱多亚路中德产科医院,召开受训救护人员会议,到量才补习学校救护训练班毕业学员顾熙康、范明山、何侠、庄启民、余惠英、张国桢、黄英及该校教务主任王揆生等十六七人;及中华职业教育社所设之补习学校、和安小学、生活书店等所组织之救护团体,共计五六百人。首由江问渔报告此次召开会议之原因,后提出参加本市战地服务程序,分甲、乙、丙三队,甲队立须出发,需人员六十名;乙队一百人,至需要时,用电话或信札通知,收接后立须参加服务;余者均排入丙队,惟身体及格参加与否,并不强迫等。旋由该会分发志愿书,继则散会,散会后医师汤蠡舟、江鸣晦等检验学员体格,不及格者纷纷要来参加,性状热烈,足证人民拥护抗战一般。(民国廿六年八月十四日《时事新报》)

红十字会决筹办俘虏医院

(本报特讯)日军违背国际公约,竟对我国红十字会救护人员轰炸枪杀,且在罗店将驻该地之全队人员四十三人跪地枪毙等情,实属灭绝人道!但我方除已电驻美大使王正廷提交万国红十字联盟会,予以严厉处置外,一面为发扬我伟大之文明国家精神起见,非特对于敌方之赤十字社人员(即日本红十字会)加以保护,中国红十字会且已计划创办一救护俘虏医院,闻其办法,拟将此次淞沪战事中我方所获之俘虏中之受伤者,送入该院治疗,现此事正与军事当局商洽中,不久即可成立,将来此举一旦实行后,定能在国际上一正视听也。(民国廿六年八月廿七日《大晚报》)

违背国际公约灭绝人道
——敌枪杀救护人员

中国红十字会第二救护队,驻于真如东南医学院,门首悬有红十字旗,队员皆佩臂章,钜于八月十八日晨六时,日机掷弹轰炸,该院除院门房屋炸毁外,并炸死担架队长张松龄,伤队长龚继长、医师、队员许振德等四人。又于八月十九日上午十一时,南翔中国红十字会第三救护队遭日机轰炸,伤副队长赵汝信一人,队员三人,死伤兵士二人。又中国红十字会第一救护队驻宝山、罗店,于八月二十三日下午四时,全队人员共四十三人,皆佩有臂章,正在工作紧张之际,忽遇日兵多人,强将臂章攫去,令跪地上开枪击毙,副队长某著名医师一人,队员三人,及救护之伤兵亦遭枪杀,逃免者仅边敏健、翁汝尧、王方赓等三人,而伤重之女护士陈秀芳,虽经救出送中德医院,不治而死,其他全队人员皆不知下落。红十字会救护车辆在前方工作者共三十辆,车务人员迭次报告,谓日机见悬有红十字会旗之车辆,即掷弹或用机关枪扫射,致已毁汽车七辆,日军对万国联盟之国际红十字会竟敢施以轰炸枪杀,实属违反国际公约,将引起全世界红会之不安,刻由该会王晓籁、杜月笙、刘鸿生、林康侯等,急电驻美大使王正廷,专将此案提交红十字联盟会暨万国红十字会予以严厉之处置。(民国廿六年八月廿七日《各报》)

敌人残忍毒辣屠杀我救护队员

敌人偷袭罗店,我军奋起围剿时,上海救护队陈秀芳小姐和队员五人前去进行救护伤兵工作,被敌人所掳,身受三枪。廿四日夜间,敌人被剿后稍退时,我方另一救护队始发现受伤的陈小姐,这时她已经一日夜未吃任何东西,流血也没停止过,奄奄一息。于念四日夜十二时,送至中德医院,二时即含恨而逝。

据记者调查,陈秀芳小姐是八里桥人,家中父母俱健在,中学毕业后,曾学看护。这次抗敌之战起,就奋身加入救护队服务,每天出入前方火线与后方病院,既勇敢又努力,为一极可敬的女斗士。这次同去的五个队员,除一人当时身死外,还有三个人至今下落不明,死亡不知云。

又闻陈小姐死后,由红十字会总会备百元之棺盛殓,现寄平江会馆内,并闻罗店逃出之难民称,此次罗店战役,前往救护人员,受伤及失踪颇多。惟据救护员称,决不因同伴受挫而自馁,将更努力工作云。(民国廿六年八月廿七日《救亡日报》)

原载《中国红十字会月刊》1937 年第 27 期

会讯:摘录各报在战时关于本会之新闻[节录]

红十字会扩大救护

中国红十字会上海市救护委员会,现在出发前方之救护大队六队,约计五百余人,日夜施救,最近在川沙、南汇添设两大队以增浦东方面之救护实力,至伤兵医院除设立后方各地不计外,某地野战病院已收容、转运伤兵一千三百余人;其在租界以内者,共有救护医院二十处,截至昨日止,住院伤兵三千二百四十一人;特约医院十五处,住院伤兵八百八十一人。并以兼顾患病兵士起见,特予分别收容,另由内科医师主持诊疗,又为防止军队传染疟疾,转由该会陆续赠送多量金鸡纳霜,运赴战区云。(民国二十六年九月四日《民报》)

北新泾救护伤人

昨日零点许,日机一架施行夜袭,在沪西北新泾上空掷下三弹着地爆炸,被炸周围有三四丈隙阔,晨七时又发生被炸事,当由中国红十字会第七救护队驰往该地,因炸伤居民甚多,乃分电总会救护队协同办理。经第七队救回者,计警长常增光、警士李嘉宾、李景先、靳衍放、徐锡金、马庆隆等六名,又××部队士兵三名(孙传昶、任万松、焦仲山)及居民许少宝、张王氏、陈妙生、李金元、刘茂生五名,又男孩一名甫五龄(李梅英)亦遭炸伤,痛苦万状。上项伤者,均留第七队临时病房医治。另有水巡队警士李春生、温肇京二名微伤,亦经救回后归队。(六日《时报》)

日机轰炸救护队

自八一三战事爆发后,本市红会煤业救护队,每日在前方担任救护伤兵、难民工作。昨日下午三时半,该队之某一组在某处从事救护工作,当时有日机一架跟随轰炸,有救护车一辆被炸,救护队员史济贵被炸伤腰部,于下午四时许,车送来沪救治,幸伤势尚轻,并无生命之虞云。(民国二十六年九月五日《时报》)

妇女战时服务团慰劳伤兵

上海妇女战时服务团慰劳队,于五日上午十时,至爱多亚路红十字伤兵医院慰劳受伤战士。该院系吕守白、张茂言二医生主持,院中士兵精神极佳,井然有序,现有伤兵二百四十余人。遂由慰劳队按人分送饼干、糖果等各一袋,香烟各一包,然后分组为各伤兵代写家信,末由歌咏组唱歌助兴,音节悲壮,各战士莫不振奋万分,直至午后一时许,始告辞而出。(民国二十六年九月六日《时报(号外)》)

红十字会救护队扩充编制

中国红十字会上海市救护委员会,决将所有各救护队扩充改编。据悉,将来每一队以二十八人为标准,如有余额,尽再扩充,又对于未曾训练之各救护队设法裁汰,予以适当训练后再行加入,又现已训练成熟之各队,则将设法编队云。(民国二十六年九月八日《神州日报》)

红会救护队发现惨剧

停泊虹口以东一带浦面之日舰,时时发炮向浦东一带轰击,漫无标的,其效力所及,仅能伤害若干无辜民众。今晨浦东红十字会第十救护队出发各处工作,竟在××××南首东赵家宅廿九号发见全家十四名,被炮弹炸死八人、炸伤六人惨案,主人名姜春臬,年四十二岁,本地人,向业木匠,因□瘫七年,卧于家中。死者为其母赵氏(六十六岁)、妻严氏(三十五岁)、妹姜氏(廿六岁)、伯母某氏(八十一岁)、姑母赵氏(六十岁);妹之五岁、三岁二甥及腹中待产一孩。伤者系姜本人及其伯母某氏、兄和尚、弟之二侄及邻居陈木匠之妻等六人。(民国廿六年九月九日《时报》)

红十字会大批救护队赴松江

八日,日机在松江车站轰炸满载难民之火车,罹难人数达七八百人之众,而该处救护设备之简略,使当局对于罹难者之处置,感受非常困难,伤者呼号途中,死者暴尸街头。松江王行政督察专员及曹县长特电本市各界,杜月笙、陶百川等请求急救,杜、陶二氏即于昨晨请红十字会派出大批救护队,携带大量药料、纱布等救护物品专程赴松,协助松江当局救护受伤难民云。(民国廿六年九月九日《民报》)

救护龙华惨剧

南市红十字会之第七救护队,由俞队长亲率队员履险急救,庙后民房又发生大警,在急切间救回僧人姚垣、陈正亮、顾正海、沈芝林等四人,及绍籍妇女余刘氏一名,该余刘氏伤下部,救回后至十一时四十分即告毙命,顾正海亦命在殆危中,其余均由张医师施行手术后,留队医治。(民国廿六年九月十二日《时报》)

红会优恤殉难烈士并致哀敬

中国红十字会总会上海市救护委员会,对于此次沪战办理救护工作,备极艰险困苦,自八月十八日至二十三日,前方救护人员迭遭日军轰炸枪杀,当时殉难者五人,受伤者二十余人,失踪者二人。一方电美该会会长王大使,拟告红十字会联盟会等;一方继续努力,并不因此稍馁,并积极扩大救护,以期完成使命。该会对殉难烈士,表示万分腕[惋]悼,生前慈爱为怀,不避艰险,于枪林弹雨之中奋勇救护,其坚毅精神,实深钦佩。除择期开会追悼,从优抚恤,并呈报政府褒奖外,更以至诚敬致哀悼,愿同人为国家民族共求生存,益加淬砺,庶可对诸先烈于地下云云。(民国二十六年九月十二日《时事新报》)

日机轰炸难民死伤四百余

上海市救济会昨日租协茂、公兴等两小轮,拖带民船廿艘,输送难民赴内地,计协茂轮拖船十一艘往苏州,公信[兴]轮拖九艘往嘉兴,于下午一时许由老闸桥苏州河起碇,正驶经沪西野鸡墩地方,日机三架突出现于该处天空,追逐上项难民船只施行轰炸,两小轮之水手,亟以利刃砍断难民船之缆绳,疾驶逃避,同时使难民船四散避开,冀图避免日机之轰炸。讵已不及,日机连投两弹,顿时有码头船两艘、快船一艘,被炸沉没,炸死与溺毙及炸伤等共达三百余人。出事后,即经曹家渡救火会、沪西童军战地服务队暨红十字会救护队到场,将死伤人众由水中捞起,计受伤者约百余人,送红十字会医院医治,其死者之尸身,闻尚未完全捞起,将于今日继续打捞云。(民国二十六年九月十四日《时报》)

日机炸伤红会救护员

中国红十字会第六急救队，连日出发前方，极为努力。第一组主任涂忠明、张子友，日前在大场真大桥惨被日机炸伤，当即车送中西疗养院医治。今午，队长何惠钧前往慰问，据称病状大减，即可痊愈，出院之后仍将出发前方继续服务，为国热忱，至为可敬！又悉，昨晚至昆山救护，队员徐有强头部又受伤，亦经送往中西疗养院云。(民国二十六年九月十六日《新闻夜报》)

杨司令夫人创办救护医院

上海戒严司令部杨司令之夫人田淑君等，鉴于八一三沪战爆发后，前线将士前仆后继，保卫国土，以致伤者累累，为保存国力及维护人道计，爰集同志多人组织红十字会第十四救护医院，办理伤兵诊治事宜，定今日(十九日)下午二时成立。(民国二十六年九月十九日《时事新报》)

救护会昨开会员大会

本市救护委员会，于昨日下午四时，举行全体会员大会，到潘公展等四十余人，由颜福庆主席，报告该会成立后办理救护事业情形，并由庞京周报告该会与中国红十字会合作情形，旋即讨论关于筹款及改进会务等办法，至六时许始散会。(民国二十六年九月二十日《新闻报》)

女佣亦知爱国慨捐血汗金钱

本市爱文义路蒋公馆，雇有高姓、曹姓两女佣，每月工金五元。两女佣自沪战发生以来，在无线电中闻战争胜利消息，殊为兴奋。每听各医院伤兵惨状，转为流泪，特于旧历中秋日，各将领得之工金五元，送红十字会捐助，作救护伤兵医药之资。观此未受教育之女佣，能自动将其血汗换得之金钱，作爱国捐款，诚为我国家民族良好现象也。又闻有王应氏者，在沪为佣，将逐月所积存之柴米小费计国币二元及另星银器，汇交宁波同乡会，换取救国公债，其热忱爱国，令人景仰。(民国二十六年九月二十日《新闻报》)

市救护会月需经费十万元
——议决筹募办法五项

上海市救护委员会十九日下午四时，假八仙桥青年会九楼举行第二次会员大会，主席颜福庆，纪录陆砥平、蔡书祥。报告事项：(1) 主席报告开会宗旨及本会工作概况；(2) 庞京周报告红十字会总会供给本会经济、物品、汽车等统计十万余元，抗敌后援会拨助本会经费八万五千元，上海市地方协会代捐救护费约一万余元，共计收到总数约十九万元;(3) 杨怀僧报告本会收支款项;(4) 刘队长报告救护队队员之艰难困苦情形。议决事项:(一) 副主任委员徐乃礼医师辞职,改推郭琦元医师担任,加聘俞松筠、庞京周两医师为副主任委员,庞医师因红十字会总会事紧,改推翁之龙博士担任,请追认;议决通过。(二) 本会每月经费至少需十万元应如何筹募案;议决筹募办法决定如下:(甲) 由本会各代表、团体、机关代为筹募捐助;(乙) 用救护委员会名义呈请市政府先筹拨十万元,由潘公展局长负责办理;(丙) 呈请中央政府在救国公债内拨助本会救护费用二十万元,请庞京周医师用红会名义向宋部长接洽;(丁) 登报向各界劝募,由本会总干事王撰生负责拟稿;(戊) 登报向救国公债捐款人自愿放弃权利者,将收据拨给本会,请李组绅拟稿。(三) 应如何调整本会工作案;议决:(甲) 由执行委员会推聘本会各代表组织专家委员会,商讨本会一切重要事务;(乙) 本会应与红十字会总会取得密切联系,并以红会为主体推进救护事工。(四) 救护队有下列四点困难应如何办理案,(甲) 车辆不敷问题;(乙) 请工务局将炸坏道路派难民填平,以利交通而免危险;(丙) 伤兵输送医院问题;(丁) 请医务组派医师协助救护工作;议决交执行委员会办理。(民国廿六年九月二十六日《大公报》)

万国红十字会代表华脱维而抵沪

瑞士万国红十字会特派代表华脱维而大佐来华,业于昨日下午三时,乘法邮船到沪。即晚,中国红十字会总会宴请该代表于国际饭店,由名誉副会长颜惠卿[庆]博士主席,到瑞士代办副领事并该会副会长杜月笙、刘鸿生、全体常务理监事、外交部办事处长余铭、卫生局长李廷安等三十余人。席间首由颜博士致欢迎词,略谓:"本会历史与世界各先进国相较,自觉幼稚,平日虽有各种事业,而限于经济、人材,未能充分发展,今得大佐来华指导,此后工作定能顺利推进。"继由瑞士代办致介绍词,略谓:"红十字会发源于瑞士,瑞士即世界所称素主和平之国家,此番大佐来华之任务,即在可能范围内协助贵会之需要"云。后由华脱维而大佐致答辞,略谓:"世界红十字会之最高机关,即巴黎之红十字联盟会与瑞士之万国红十字会两机关,联盟会办理平时一切工作,而本会则协助各国战争时之一切工作,本人此次来华,甚为匆促,未能充分准备,希望在座诸君,不吝赐教,俾完成此项使命,实为幸甚。"至九时,宾主尽欢而散。(民国廿六年九月二十三日《大晚报》)

上海市救护委员会救护工作概况

上海市救护委员会自本年七月成立以来,分设训练推行委员会及药品供应委员会，另设总干事一人，下分总务、医务两组，现该会医务组直接设立之救护医院计共十九所，床位三千八百张，所有药品材料或由该会完全供给，或只供给一部份，亦有由创办人担负。此外尚有特约医院，系受该会委托收容受伤兵民之私家医院，现有十六处，约计床位九百只，每名受伤兵民，每日由该会津贴国币半元，其他药品材料、伙食等概由各该院自理。又昆山、松江均各设后方伤兵医院一所，其他团体机关或热心人士所设立之医院，虽不受该会管辖，但因受伤兵民之收容、遣送，事实上与该会发生关系者共有六所，故统计该会直接、间接设立之救护医院共有四十三所，此外尚有临时分发站四处，可安置三百人，此为临时屯送性质，隔日即转送各院疗治。救护员被害及受伤人数，亦为各界所深切注意。据该会统计，在真如、罗店等战区因公受害者，计八月十八日第二救护队担架长张松林一人；八月二十三日第一救护队医师苏克己，队员刘中武、谢蕙贤、陈秀芳四人被擒获刺毙，受伤者计有龚组长、葛林宗、谷逸民等共二十人，均在真茹附近为炸弹片所伤。(民国廿六年九月廿五日《大晚报》)

救护委会盼各界输将

中国红十字会总会市救护委员会，自沪战发生以还，即遵奉中央所颁布《非常区域救护事业办法大纲》之规定组织而成。月余以来，急施救护被伤兵民，勉力医治工作紧张，其救护医院之由该会直接设立，及特约医院之受该会委托，或其他由该会补助者多处，而运输工具及材料所费尤巨。惟该会经济，自沪战爆发迄今，由红十字总会及各团体机关□会人士所拨助者，共计国币十五万三千七百余元，而各界所给与物质上之援助，如药品、器械等尚不在内；至于支出款项，共计国币十二万四千四百余元，衡以上述收支之标准，则在本市救护工作方面，每月至少非得十万元不为功(包括药品等项在内)。惟是救死护伤，关于民族生命，所需费用，自因持续我民族之艰巨，而愈浩繁，不得不仰求社会各界人士及团体机关，群策群力，踊跃输将，俾该会工作不致功亏一篑，则不特社会之幸，亦国家之福也。又该会定二十六日假座富星电台，特请有名伶播送精彩节目，劝募捐款。(民国二十六年九月二十六日《神州日报》)

万国红十字会代表到沪办理救护工作

瑞士万国红十字会特派代表华脱维而大佐到沪已有数日，据氏昨日对记者表示，彼对于上海各救济团体及行政当局救护难民之工作，甚为钦佩。氏称彼来华之目的即为视察此间对救护工作已做何事，及尚应做何事，以便受伤士兵及难民得以安适,免除痛苦,故于近数周内将研究最妥善之方法,从事此项工作。氏又谓对于应用红十字标徽,必须小心,《日内瓦红十字会条例》第一条及第七条之规定,应为红十字会团体之根本原则云。华氏将再在沪逗留相当时日,即行赴京,与我政府当局有所谈商,对于国内各地卫生情况,亦将予以调查,然后将报告书呈报万国红十字总会,俾使决定各项救护之办法云。(民国二十六年九月二十六日《大公晚刊》)

伤兵向内地移动

昨据红十字会秘书长庞京周谈,本市伤兵医院,现应竭力向内地移动续办,并希望上海各界出钱出力相辅助。(民国廿六年九月廿七日《中华日报》)

伤兵流行破伤风症募资向菲购针

迩来战事形势日见扩大,前线伤兵自亦增多,惟据各伤兵医院消息,各伤兵近发现破伤风之流行性感冒颇多,盖士兵如被炸伤后,地面微菌乘机侵入血液,蔓延日来则上攻脑髓,发为痉挛、角弓反张等险象,以致不救。医治之法,厥惟打破伤风血清针,轻者打三千单位已足,重者须打至十万单位,惟该项血清针本准已告售完,致伤兵之患此者遂有束手待毙之概[慨]。兹悉,红十字会第八救护医院,刻悉菲列滨小吕宋有仅存之该药一千针,每针须合国币三元,该院本拟全数购买,惟因需款过巨,一时无力筹措,故除该院自购二百针之外,其余拟征求各界集资合购,送交各伤兵医院,以惠我忠勇之伤兵云。(民国廿六年九月廿六日《大晚报》)

救委员[会]需要卡车希各界捐款以便购置

中国红十字会上海救护委员会运输股,从事救护及运输伤兵工作,成绩斐然。但因物质上设备不足,工作颇感困难,尤以卡车缺乏。该股因经费不足,自备可用之卡车仅十一辆,余皆向各行租用,平均每辆租用卡车,每日需洋五十元(汽油、修理、赔偿及租用费等),然虽以如许之代价,而能租到之卡车亦仅十余辆,望各界踊跃捐款,以便该股购置卡车,普救我忠勇为国效劳之伤兵,则国家幸甚。(民国廿六年九月廿六日《新闻夜报》)

租界伤兵拟迁内地办理

目前租界内伤兵医院,私人创设者颇多,各行其事[是]颇不一致,现各私立伤兵医院又接奉当局命令,嘱将所设医院移交红十字会总会办理,以省经费而便管理,现各私立伤兵医院均将遵照办理。又红十字会总会当局,计划将两租界内之伤兵医院,一律迁至内地,以便运送,如无困难,最近期间即将实现。(民国二十六年九月二十七日《大公报》晚刊)

我救护队救到日兵二人

煤业同业公会煤业救护队，自淞沪战争发生后，积极出发赴前方救护工作，颇为努力。对于经费、车辆，均归该公会负担，并在昆山、苏州等设立分办事处。前晚该煤业救护队队长罗希三率领队员，奋勇赴前方救护，至罗店忽发现日军五六十人，均已重伤死亡，其中二日兵因轻伤未死，该队遂即将二日兵救护至昆山医院，该院对于二日兵非常优待，正在留院医治云。(民国二十六年九月廿八日《民报》)

中国红十字会设首都办事处

本市中国红十字会昨举行常务理监事联席会议，经报告会务后，以值此全面抗战时期，各地救护工作愈益扩展，为适应事实需要，各委员讨论结果，决设立首都分办事处以利事功，该会并定日内即派员晋京布置，至办事处工作人员则一部由总会拨调云。(民国二十六年九月二十九日《新闻报》)

红会各救护队更改现行组织

中国红十字会所辖之各救护队及急救队，因将于十月一日起变更工作，除一部份之外，一律移驻前方，而现行组织亦稍有变更，将原编之救护队十队、急救队八队，改编为救护队十队，每队包含医师、担架长等工作人员自四十九人至五十六人。(民国二十六年九月二十九日《辛报》)

红会征求大衣雨衣毛毯

中国红十字会总会上海市救护委员会各救护医院需要大批棉布大衣，以供伤兵之服用，并需要救护人员之雨衣及毛毯，希望各界踊跃捐助，如荷赐捐，请送至新闸路八五六号该会可也。(民国廿六年九月二十九日《新闻报》)

原载《中国红十字会月刊》1937年第28期

会讯：摘录各报所载有关红会救护之新闻[节录]

法租界当局对于伤兵之处置

近阅中国报纸及据非正式或私人谈话或通信，似多数人对于法租界当局伤兵之处置，不甚明了或误会。自沪战开始至九月十七日止，即战地中国军队未有发现霍乱及痢疾以前，所有中国伤兵，法租界无不尽量收纳，由中国救护团体随意分配于租界内公共卫生机关内，计共有二三六八病床。平心而论，各团体对于伤兵完全缺乏类别、布置、分配之工作，伤兵运送全凭卡车夫随意乱送，不顾医院内是否有无余留床位，故当时常有伤兵卡车逡巡马路，有数小时之久，而始送到目的地者。自中国当局善意通知,前线已有霍乱症发现,法租界当局对于居民既负卫生之责,自当取紧急处置,以免界内受外来霍乱之威胁,增加严重,因此于九月十八日由英法租界及华界卫生行政当局联席开会,议决设立隔离医院收容三方面中国居民及士兵传染疫症者,且中国当局并决定将轻伤兵士送往内地医治,重伤者则送租界医院,计两租界床位有五五〇〇个,而法租界占有二三六八床位,依此决议,中国当局将中山医院原有病人遣出改为时疫医院,此项手续于三日内迅速完成。为检疫起见,在此期内所有伤兵绝对不准进入两租界(但十八日有一百伤兵例外特许收容,惟系隔离),为补足迅速而不完备之重伤者与受疫者之区别,及避免救护车往返寻觅空床位与急救伤兵起见,复议决伤兵入法租界或公共租界时直接运送设备完全之两大医院(尚有六医院刻在组织中),以便立时施行外科之手术。在此医院内,伤兵如经六日观察可以移动,及确定无传染疫症于同室伤兵及居民危险时,则送其他医院继续医治。

每日收容伤兵数额,并无绝对定额,惟根据空余床位及重伤平均数而定,大约每天两租界可以收容七十至一百伤兵,必要或可能时可以逾额收容,但事实上根据文件,中国当局要求收容伤兵之额,每日约在七八十之间,吾人可告各团体及个人拟添设医院者,现法租界内截至九月二十六日止,尚有七〇四空床位,此数可以证明租界医院足敷伤兵之用。中国卫生当局对于伤兵救护需要情形,较私人明了,所以首先集中,努力将小规模救护事业各并成为较完备之大救护机关。法国在大战之初,曾将私人努力,但无组织的之救护事业统一归于军令管辖,亦遇到同样之困难及错误,所以对于中国当局之集中政策,我们是非常赞成。

以上所述,可以明了法租界对于伤兵处置办法精神之所在,完全为(一) 加倍紧急保护界内居民,以防外来严重之疫症;(二) 为与中国卫生当局合作,使原有及尚在筹备之医院有更大之效果。

法租界行政及卫生当局,与中国当局同意,用最有效办法来扑灭一切妨害租界居民之穷困及疾病,故无论逻辑上或利益上,均应帮助中国当局,最少亦不妨害两方之合作云。(民国二十六年十月一日《各报》)

青年会举办救护训练班

青年会自举办种植、畜牧两研究班后,前往报名者颇形踊跃,兹又鉴于抗战持久,对于救护人员亟应多加训练,特加设非常时期救护训练班,教授由红十字会总会派员指导,科目为应用护病学,时间定每日上午三时半至五时半,限四十小时修

业完毕，经考验成绩优良者，当先在红总会登记，然后分派工作云。(民国二十六年十月九日《时事新报(午刊)》)

救护队救护兵民

二日晚六时许，日机三架两度轰炸沪西，于北新泾附近掷弹八枚，当由蒲松警所电知红十字总会第七队急救。时已傍晚，该队陆组长率领队员到达该地，在黑暗中护回十余人归队疗治，惟重伤占多，政[正]将一部份重伤者转送洪兴协会后方医院医治云。(民国二十六年十月四日《申报》)

浦东救护队扩充

浦东红十字会第十救护队，为增进工作上效率起见，业由队长蒋方九医师呈准总队，添设第四支队，但[担]任××一带救护事宜，所有经济一项，闻由洋泾绅董潘志文君独力负担。(民国二十六年十月九日《时报(号外)》)

救护会工作报告

中国红十字会总会上海市救护委员会昨发表九月十六日起迄三十日止之第四次工作报告，其概略：(一)第二次全体会员大会，九月十九日召集，议决关于经费筹募办法，由红十字会请求中央在××公债项内拨助二十万元，请市政府筹拨十万元，并登报公开征募，及请本会各代表团体机关筹募，已由市府拨给三万元；(二)关于各医院及收容受伤兵民情形，(甲)由会商请俞市长等向租界当局交涉决定指定公共租界法租界床位较多，设备较好之救护医院各六处，作为隔离医院，经过六日之观察，如无霍乱发现，则转入其他救护医院；(乙)成立包扎站一处，救得之伤兵先送往该处，再分别送往指定医院，或转往后方；(丙)结束特约医院，陆续将伤兵转入各救护医院；(丁)医院移往内地计划；(三)救护队共分十队，急救队七队，另煤业一队；(四)车辆运输，自备租来各车每日救护工作平均十六辆，但仍不敷；(五)播音募款，九月二十六日承伶界联合会及播音业同业公会等热心赞助，假富星电台邀请各名伶名票义务播唱，劝募捐款，约计收到现款、支票、证券、存折、公债、股票等价值一万三千六百余元，此外捐赠银器、古画等亦甚夥，现正设法加以变价云。(民国二十六年十月八日《新闻报》)

市救护会设计筹募联席会议

中国红十字会总会市救护委员会为推进救护工作，增厚经济力量起见，因根据该会第二次全体会员大会议决，组织设计及筹募两委员会。昨(九日)该两委员会假中汇大楼举行联席会议，出席者杜月笙、林康侯、刘鸿生、李组绅、李廷安(吴利国代)、许冠群、胡桂庚、许晓初、郭顺、俞松筠、陆伯鸿、颜福庆、王揆生、吴利国、杨怀僧、叶植生等十余人,由李组绅主席。首由颜福庆、许冠群、杨怀僧等报告会务经济情形,并由许晓初报告新药业团体方面,决定在最近募足急救包二十万只,价值一万八千元,及现款至少五千元。继议决各要案如下:(一)本会预算推刘鸿生、许冠群、杨怀僧三位审查,由刘鸿生召集;(二)募款方法,(甲)函请本会各代表团体竭力筹募,(乙)加请本市其他有力团体加入本会,(丙)电请胡文虎先生捐助,(丁)推林康侯、许晓初、胡桂庚三位另拟其他募款方法,由林康侯召集;(三)促进本会与红十字总会之联络方法,(甲)红会举行理监事会时,由本会主任颜福庆列席参加,(乙)本会救护工作以上海为限,上海以外统由红会负责,议毕散会。(民国二十六年十月十日《新闻报》)

伤兵医院后撤问题

昨据红十字会秘书长庞京周回沪谈,上海华洋杂处,浦东西炮火交轰,在租界上办理永久性之医院,及作无限制之收容,本非所宜。渠于沪战初起时,即大声疾呼,促同人注意,嗣悉军部意旨,正复相同,故最近遂有劝各医院尽量将人力、物力移向后方之建议,此项建议及趋向,就现在战局及最近租界环境言,实至正当,但渠并未向报纸明言中央勒令各医院一律后撤,所谓结束各院系指一般的疗养院及其他原有私家医院之暂时为伤兵服务者而言,该项医院另有其任务与立场,固不能于长期抗战中,烦劳彼辈永为红会服务。至于已成立之伤兵医院,则自有存在之可能,盖印所以利用一般不能离沪之人力、物力,但亦不宜再过于增设,以致将医界技术人员多数胶着于上海,须知纵使租界尽量容纳,亦不过解决我伤兵之一部份,而于全面抗战供[贡]献殊少也。(民国二十六年十月十二日《时事新报(午刊)》)

宁绍公司捐助伤兵医院经费

宁绍公司前租新北京轮,行驶沪甬线,并将票价略为增加,总计行驶五班,除开支外,共净盈洋一万三千七百余元,初拟自行创办伤兵医院。顷据大通社记者探悉,该款兹已悉数捐充中国红十字会上海市救护委员会第十七伤兵医院经费矣。(民国二十六年十月十二日《时报(号外)》)

红会上海分会努力救护伤兵

日机今、昨在闸北、南市一带,滥施轰炸。上海市分会救护队,三日来协同蒙古路救护队不避危险,在泥泞载道的闸北救出受伤士兵××名,俱已分批运送各救护

医院，该分会救护人员，热忱诚属可嘉。（民国二十六年十月十三日《大晚报》）

麦根路附近遭轰炸

昨日下午二时四十一分，日机在闸北舢板厂新桥一带，盘旋侦炸，曾有炸弹一枚落在麦根路永安纱厂门外，门墙稍有损伤，内部并未受损，路上亦绝少行人，惟其时适有英商第十六路无轨电车一辆，驶经该处，车身当被炸坏，车中乘客三十余人，当场炸毙十二人，售票员及司机与探捕各一名亦均被炸毙命，炸伤者二十人，内男子十六人、女子四人，又沙袋傍之一英兵亦被炸伤，当由中央救火会将受伤人分送红十字会医院者男子五名、妇女二名，送宝隆医院二十一名，内因伤重身死者十一人。又中国红十字会第六急救队，亦即派员赶往急救，当该队从事救护时，日机四架又在该地附近连投四弹，西捕遂鸣警笛，令各人趋避，其后四弹均落于河浜及浜北一带。（民国二十六年十月十五日《大公报》）

救护员宋叔钧积劳逝世

中国红十字会上海市救护委员会第八救护队队员宋叙[叔]钧，在前线救护伤兵于枪林弹雨中，不避艰险，日夕工作，绝鲜休息，终至积劳成疾，医治无效，不幸于本月十八日晨逝世，闻身后颇为萧条云。（民国二十六年十月二十日《申报》）

救护工作纪

中国红十字会及上海市救护委员会所属救护医院，原仅限于本市特区，惟兹以战区既已扩大，战局又必持久，故该会等决将一部份救护医院移设内地。兹悉原设大统路天主堂之第四救护医院，业已移往苏州；原设维也纳舞厅，由本市机制国货工厂联合会及南京路商界联合会所主办之第十一救护医院，业已移往松江，继续工作云。（民国二十六年十月十九日《新闻报》）

救护医院最近动态

中国红十字会总会上海市救护委员会所属之救护医院最近已有变更计划：(一) 原设爱多亚路之第七救护医院、福煦路淡水路口之第十救护医院及威海卫路之第二十救护医院，均已办理结束；(二) 原有之第四救护医院已移苏州，改称红十字会总会苏州第一重伤医院；原有之第十一救护医院已移松江，改称红十字会总会松江第一重伤医院；(三) 原设枫林桥中山医院之第六救护医院，业已结束，改为国际时疫医院；(四) 原定由魏立功医师筹办之第十五及第十六救护医院，始终并未成立，所有各界捐助该两院之款项、物品，均行退还原捐助人云。（廿六年十月廿一日《神州日报》）

红会新设廿四救护医院

中国红十字会上海市救护委员会新成立之第二十四救护医院，设立于极司非而路十一号，经积极筹备后，均已完备，日内即可开始救护伤兵。兹该院为向各界报告该院成立经过起见，特定于廿四日(星期日)下午三时招待本市新闻记者于该院院址内，参观医院设备，并报告一切云。(民国二十六年十月廿一日《社会夜报》)

救护队遇险

中国红十字会总会上海市救护委员会第一救护队，由副队长田树德率领，于十八日晨七时一刻，由嘉定某处出发救护伤兵，当救护车救得伤兵过某镇时，因该地适处火线，日机正在施放信号，日军炮火集中向该地攻击，该队当即停止前进，将军上轻重伤兵完全扶出，散开四周。计二十五分钟内，附近一带，落下炮弹二百余发，伤兵两名当场炸毙，其余伤兵、队员、司机等多被震跌于道傍河内，救护车上被穿大小弹空[孔]一百余，所幸机件尚无大损。经于炮火稍息，加以修理后，始由该副队长亲自驾车将伤兵载至该会所设某包扎站施救云。(民国二十六年十月二十二日《大公报》)

全市伤兵医院急征御寒物品

中国红十字会总会及上海市救护委员会，现存设立本市之伤兵医院，计救护医院十四所、特约医院二所。兹因天气转寒，特联合急征下列御寒物品，每种三千件。(一) 棉被；(二) 棉褥；(三) 棉背心；(四) 夹裤；(五) 毛袜，以上物品，务请各界踊跃捐助，新旧均可，如有其他御寒品物品亦所欢迎，收件处为卡德路新闸路八五六号该会会所云。(民国二十六年十月二十三日《时报(号外)》)

中外人士组国际委员会

中国红十字会集合旅沪各国知名之士，组织中国红十字会上海国际委员会，以救护伤兵、收容难民，预计以六个月为期，募集一千万元应用，昨呈请孔财长，由政府拨款倡导，孔财长以此次战事，忠勇将士守土卫国壮烈牺牲，官兵受伤颇多，战区平民受铁蹄之蹂躏与日机之轰炸，到处肆虐，惨无人道，以致流亡载道，即淞沪一带，已不下数十万人，深滋悯恻，认此举为急不容缓之图，且中外人士本于正义人道，慨解仁囊，以事救济者已数见不鲜，今该会既能集合中外名彦，扩大组织，群策群力，共谋救济，洵足为人群造福，深致嘉许，虽在军用浩繁，库款奇绌之时，当即饬发一百万元，交该会具领应用，以示提倡，由该会委员长颜博士惠庆及主任施博士肇基负责办理，并闻该会将其于本月廿六日开会，共商进行云。(民国二十六年十

月二十五日《新闻报》)

日又以机枪射击救护人员

红十字会上海市分会第十队队员龚维纲、郁善章等,昨中午十二时半至浦东其昌栈码头救护时,突被日舰以机枪扫射,至两氏均受重伤,郁氏伤及肺部,龚君则伤肩部,事后经市分会亟派员渡浦救护,当将两氏送仁济医院求治。(民国二十六年十月二十五日《新闻报》)

各界热心慰劳

自抗战以来,各界团体纷纷征集各种物品,慰劳前线将士,其中以食品为多。惟日久路远,每致霉烂,后方既耗金钱,而我前方战士亦难得实惠,值此长期抗战之时,物力维艰,如此靡费,殊为可惜。兹据前方将领向记者表示,非常感谢,惟盼各界能尽量择选前方需要而不易损坏者如棉衣、毛巾、鞋袜、罐头等,以资应用而免浪费云。

上海市慰劳委员会昨接中国红十字会来函,略谓"本会迭据各方报告,津浦路战事方殷,医药物品及救护人才极感缺乏,自应设法救济,当经提请本会常务理监事第十二次联席会议讨论,经决议商请各团体,凡汇集物品,慰劳津浦线时,应以医药用品为主,用特录案函请贵会查照,嗣后征募津浦线各军慰劳品时务祈设法多多注重医药用品"等语,此后各界对于慰劳华北将士,请尽量购赠医药用品。(民国二十六年十月二十五日《新闻报》)

救护人员准备移内地办公

昨晨我军因战略关系,自闸北西移,扼守第二道防线,对于救护伤兵一节或将发生困难。记者昨午往访红会救护队课负责人,据谈,救护方面暂时尚无问题,现悉本市各救护队正准备移往内地办公,但内地缺乏车辆及零件、汽油、医药用品等,亟盼本市热心人士迅即踊跃捐助云。(民国二十六年十月廿八日《时事新报》)

万国红十字会筹组难民收容所

万国红十字会由中外慈善界同人及各国领事所组织,以救护伤兵、收容中外难民为职务。成立以来,进行殊力,为便利计,借用枫林桥中山医院,组成第一、第二伤兵、难民医院各一处,由 Todd 任第一院长,巴德森任第二院长,其间医生、看护多数为外籍人士及天主教女士,业经收容伤兵及中西贫病难民多人,并由日内瓦万国红十字会代表华德维尔通知中日双方军事当局,特予注意。至经费及救济问题,昨在国际饭店开会讨论,拟向财部请拨巨款,以资倡导,并着手组织难民收容所,收

容当地及各国旅沪难民，尤注意于俄籍无告穷民云。(民国廿六年十月二十八日《时事新报》)

救护委[员]会抚恤被难司机小工

童军陈杏荪等前日往前方救护伤兵，被炸受伤等情，业志昨报。兹悉陈杏荪治疗经过颇为良好，同行之陈应乾、徐健来二童军依然杳无消息，恐已凶多吉少，当时被炸殉难者，尚有司机曹惠峰及小工翁福根等，闻救护委员会方面已给予各该家属受难者收敛费一百五十元，并将各给抚恤费五百元云。(廿六年十月廿八日《时事新报》)

上海难民十万余人
——红会国际会组织工作设计会

淞沪战事爆发以来，瞬逾两月，战区避难人民，除由慈善团体及各同乡会遣送内地外，留居上海收容所者，据调查所知，尚有十万余人，其中有男丁三四万人，颇多身体健全，坐食闲居，长此不令工作，不特给养方面发生困难，将来习惯性成，徒令壮健有用之身，变为依赖游情之民，日后即有职务，恐亦懒于操作，其影响于国家、社会及本人前途者甚巨。目下战氛甚恶，日机正竭力破坏交通，倘令若辈至租界外工作，如修筑道路等事，势必遭受轰炸扫射，生命危险，自非所宜，故须在租界以内使为适当劳动。中国红十字会上海国际委员会有鉴于此，业经组织难民工作设计委员会，专事研究上项问题，惟以委员无多，为集思广益计，拟请社会贤达建议意见，如有嘉谋良法，该会能力所及，自当斟酌采用云。(民国廿六年十月廿七日《时报(号外)》)

红会续征护士及器物[节录]

又中国红十字会上海市救护委员会，决将本市各伤兵民医院，改为普遍的流动站，各医院中现有伤兵，俟伤势稍痊可，即陆续出院，移送至后方休养，藉将伤势较重者，移送至本市。(民国廿六年十月廿八日《新闻夜报》)

红会国际会财部拨助款

中国红十字会国际委员会为各国领事及中外慈善界人士所组织，以筹募捐款、救护伤兵难民为务，经呈请孔财长由政府拨款倡导，当允拨给救国公债八十万元，现币二十万元，共计一百万元。其由团体、个人捐助者，计有美国华灾协济会四万元、美国红十字会一万五千元、中国红十字会一万元、招商局一千元、颜惠庆大使一千元、元亨洋行一千元、信记一百元、H. Boyack 君八十三元一角二分、谢静权女士六十元、田伯烈君二元。据该会负责人云，拟筹募国币一千万元，备此后六个月内补助各慈善团救济伤兵、难民之用，除在国内设法筹募外，业经分电各友邦及侨民善团请予协济，并由该会主席颜惠庆博士、筹募宣传主任施肇基大使、总干事贝克博士等电请驻美大使王正廷博士，通知美国各慈善机关、华侨团体，将捐款汇寄该会，以便集中分配，调剂各地救济费用，并将邀集名伶演剧筹募，已得梅兰芬[芳]博士同意，择日开演云。又该会鉴于天时转冷，各收容所难民率多御寒乏具，因向各界征募旧衣，以资散放。主持其事者为金浚[陵]女子大学同学会会长牛惠生夫人，应募者可径送池浜路四一号中华医学会转交，或拨三三八五八号电话通知。(民国廿六年十月廿九日《新闻报》)

原载《中国红十字会月刊》1937 年第 29 期

会讯：摘录各报在战时关于本会之新闻[节录]

安插难民工作

上海国际救济会、慈善救灾会、红十字会等各救济团体以战事发生以来，收容难民，虽经竭力设法遣送，但尚有收养者达十万余人，其中共有壮丁男子达四五万人，如长此坐食，养成惰性，不但给养困难，且对国家、社会及其个人均受莫大损害。爰特成立难民工作设计委员会从事计划，俾难民各得适当工作。除积极进行，以求实施外，并希各界人士多多建议良策，俾集思广益，更盼尽量介绍难民工作。并悉有美人现与国际救济会接洽，拟在本市安全地带设立纺织公司，安插我难民工作云。(民国念六年十一月四日《新闻报》)

民食调节会助救济费

新闸路八五六号中国红十字会上海市救护委员会，统筹全市伤兵救护事宜。自设救护医院十余所，床位五千只，一切救护伤兵费用，如医药、给养、伙食、运输等，月需十万元。虽承各界踊跃捐助，并委托各银行代收捐款，终感不敷甚巨，因此屡函各机关团体设法劝募，以充实救护工作。兹悉本市民食调节委员会因各项开支，竭力撙节，所收市场经费积有相当余款，特由该会第七次委员会议决，提出五千元捐助市救护会，该款已于昨日由该会审核股主任沙厚信亲自送去。市救护会方面除当即备函道谢外，并亟盼其他各团体、各界人士，一致踊跃捐助云。(民国二十六年十一月四日《时报》)

两红会救护伤兵

中国红十字会上海市救护委员会第六急救队第一支队，于前、昨两晚整队出发,救护车辆驶至某地时,炮弹横飞,各队员仍冒险努力救护受伤勇士,结果共计救护之伤兵有一百八十八人。(民国二十六年十一月六日《新闻报》)

各团体访问医院

本市中国红十字会总会救护委员会、慰劳委员会等团体,为明了本市各伤兵医院内部情形,并谋代为解决困难,促进其工作效率起见,因于前日下午二时在救护委员会会议室举行联席会议,由许晓初主席,当经议决设立上海市救护医院访问团,由出席各团体各派代表一人,另由救护委员会推医师一人组织之,由救护会方面规定访问程序,于八日起开始访问时,对于各医院之应用品、医药品之实际需要,以及慰劳品之收发、统计及支配情形,特别加以注意。如有困难问题,当即为之设法解决云。

救护会今日开会

中国红十字会市救护委员会,为二十六团体所组织,负责办理全市伤兵救护事宜,兹因亟需报告过去工作概况及讨论今后方针起见,定于今日(六日)下午四时在八仙桥青年会九楼召开第三次全体会员大会,业经分函各团体代表出席。(民国二十六年十一月六日《新闻报》)

南市难民区明日起实行

中国红十字会上海国际委员会发起在南市设立之难民区,经连日之详细商讨,并经过今晨之最后决定,一切办法均已商妥,决自明(九日)起实行。据经办此事者谈,关于难民区范围,最初本划定以安仁街以西为终点,惟经各界之磋商,认为范围太小,故现已决定扩大至小北门以西。详细区域为民国路以南,方浜路以北,方浜桥以东,小东门以西,系靠法租界北部、东部及西部及方浜路以南部份,即横贯旧城东西,占旧城区约三分之一。决定自星期二日(即明日)起实行,难民区所悬旗帜,为中国红十字会及上海国际救济委员会会旗。(民国二十六年十一月八日《申报夕刊》)

慈善团体善集议敬[救]济办法

中国红十字会上海国际救济会,因南市沦为战区,法当局并宣告暂停华法两界交通后,一时麕集在民国路南洋桥之难民,不下数万。已三日不食,嗷嗷待哺者甚众,该会特于昨日下午四时在青年会召集本市各慈善团体,举行紧急会议,到上海市救济分会、慈善团体救灾会、红十字会、红卍字会及各同乡会代表二十余人。首由该会主席屈文六报告南市难民情形,旋即讨论,通过各案如下:(一)请饶神父向法当局要求开放铁门,以便运送给养品,发给各难民;(二) 各慈善团暂行停止迁送难民赴南市难民区;(三) 各慈善团之给养品,一律送至国际救济会发放。(民国二十六年十一月十二日《新闻报》)

我红会吁请援助

巴黎十二日中央路透电,据红十字会联盟会宣称,中国红十字会吁请急予援助,各方均加响应。美国红十字会已捐助美金十三万元,十万元将用于医药救济,三万元充英侨与其他侨民迁离中国经费云。(民国二十六年十一月十三日《时报(号外)》)

特区难民经费每月须八十万元

关于本市难民救济问题,上海国际红十字会理事贝克昨晚在西侨青年会曾发表演说。据伊统计,在冬令期间,两租界内各难民收容所所需经费,每月至少须八十万元,盖每收容一难民,则供给其衣食住,每月至少须四元也。据伊意见,难民每人每日生活费,虽仅一角有奇,但在经济来源不裕情形下,亦不得不另设他法,以谋补救,凡难民中之有一技之长者,皆将设法利用,妇女亦可使其学习手工,以求出路,而资补助云。(民国二十六年十一月十七日《大公报》)

万国红十字会代表报告

万国红十字会代表朱汝明博士,昨于扶轮社举行星期例会报告称,该会前募款千万元之目标,经各董事分头劝募以后,进行颇顺利。继称红十字会与国际救济会,在共同合作之下,关于南市难民区内水电及卫生事宜,经设法后已不成问题,即日后如何维持难民,本会亦筹有办法云。(民国二十六年十一月十九日《新闻夜报》)

市救护委员会拍卖捐助物品

中国红十字会上海市救护委员会,积存各界慨捐之金银器饰、书画、杂物、用具等,亟须拍卖变现,以济实需。兹已分别按最低估价,编号陈列,定今日下午一时至四时,在新闸路八五六号该会公开拍卖。事关救护伤兵,务希各界人士,踊跃竞购,既便得心应手,任意选存,复藉以溥张爱国热忱,广救护伤兵之利,求仁得仁,有攸赖焉。(民国二十六年十一月二十二日《时事新报》)

难民区设置临时医院

南市难民区,自经国际救济会会同各慈善团,举办大规模清洁运动后,秩序尽臻良好。现该区内设有临时医院三所,地址为(一) 万竹小学内;(二) 侯家浜路某宅;(三) 流通图书馆内。产妇医院亦设三所,(一) 得意楼内;(二) 安仁街;

(三) 中比游艺会。所有孕妇经各产妇医院接生,已达一百余人。患病者经中国红十字会、中华医学会、天主堂姆姆等竭力诊治,为数已渐减少。(廿六年十一月廿六日《新闻报》)

难民区内设施一斑
——光裕社员播音募捐

南市难民区目前各项设施情形,经探悉如下:(一) 由中国红十字会、中华医学会会同主持之临时难民医院,计有万竹小学、流通图书馆及侯家浜某宅等三处。(二) 产科医院亦有得意楼、安仁街、中比游艺会三所,由国际救济会聘定产科医师及天主堂姆姆协同办理。(三) 清洁事宜,除督饬各收容所随时注意清洁外,其区内各街道,亦间日扫除一次。(四) 国际救济会前为管理上便利起见,曾经划分四区,办理各项事务。兹悉该会驻区办事处昨又集议,决定将全区划做九个收容区,以期管理上更臻完密。

光裕社全体留沪社员为沪地难民数十万,给养困难,爰由主任委员黄兆麟等,邀集全体社员,每日于下午五时起至八时止,假东方电台播送特别节目,向各界劝募衣服、食品、银钱等,捐款者直接送往救济难民会,或八仙桥青年会,或吕宋路第二难民救济所及中国红十字会等处。(民国二十六年十一月二十七日《新闻报》)

国际红会一周募款运动

上海国际红十字会为救济难民灾童起见,特于十二月一日起,举行一周募捐运动,并于是日假美国妇女俱乐部举行茶会,八日举行慈善音乐会。在此一周内,该会将派红十字女子至各商店、各事务所募捐,不论多寡,均所欢迎。募捐总部设在南京路一二九号,自晨九时至下午五时半收受捐款。三元可救难民一人一月之生活,故此项运动,轻而易举。又红十字日历,现已在各处开始发售,红十字徽章将于募捐时出售云。(民国二十六年十一月二十八日《新闻报》)

原载《中国红十字会月刊》1937 年第 30 期

报告:中国红十字会上海国际委员会记事

会　务

红十字会国际委员会成立

中日战事,逐渐开展,难民伤兵,大见增加,各项救济事务,因而益形繁剧,费用开支，自必数倍于昔，若不早为之备，临时筹措，难期应付裕如。中外慈善界同人，有鉴于斯，爰本国际之立场、人道之正义，发起组织中国红十字会上海国际委员会，办理伤兵、难民救济事宜，并向国内外劝募捐款，为各善团之后盾。当推定颜惠庆君为执行委员会委员长，R. P. Jacquinot、J. R. Jones、L. W. H. Plant 三君为副委员长，施思明君为书记，C. R. Bennnett 君为司库，J. E. Baker 君为总干事，朱友渔、C. W. Petitt 二君为执行干事，G. F. Andrew、J. E. Baker、R. Calder Marshall、J. Donne、J. Hers、R. D. Rees、蔡增基、冯炳南、颜福庆、施肇基诸君为委员。分设宣传兼筹募委员会，由施肇基君任主席，骆传华君任干事；财务委员会 C. R. Bennnett 君任主席；伤兵救护委员会，颜福庆君任主席；医务委员会，施思明君为主席；难民救济委员会，饶家驹(R. P. Jacquinot)君为主席。下设视察、教育、卫生、工作、饮食、衣服、房舍七组，分工合作。业经中国红十字会总会颁给特许证，于十月二日正式成立。分设办事处于静安寺路国际饭店及河南路中国华洋义振救灾总会，开始办公矣。

近郊救济分委办会成立

淞沪战事爆发伊始，救济范围仅在上海市区，迩以战祸蔓延、战区展伸，难民、伤兵既已逐渐增加，救护收容自须随而扩大。红十字会上海国际委员会有鉴于此，特成近郊救济分委办会。推定 Rev. R. D. Rees 君为主任，施思明、蔡增基及贝克诸君为委员，负责筹办，力谋普救。

捐　务

财部拨助战时救济费

旅沪中外慈善界同人合组之中国红十字会上海国际委员会，以筹募捐款，救济难民、伤兵为职责，鉴于战局展开，救济益形繁剧，不可不预谋善后，藉资应付，而费用一层，尤关重要，自应先事筹措，庶免临时竭蹶，因议募集国币一千万元，为六个月内之需用。经由委员长颜惠庆及宣传兼筹募主任施肇基二君，呈请财政部，由政府拨款倡导，以利劝募，孔财长以该委员会本于正义人道，集合中外名彦，扩大救济组织，询足为人群造福，深致嘉许，虽在军用浩繁，库款奇绌之时，为提倡起见，亦经批准拨给救国公债八十万元，现币二十万元，共计一百万元，饬即具领应用，业于十一月初照数领到矣。

上海募捐定期举行

中国红十字会国际委员会，为谋救济工作之持久起见，议筹国币一千万元，以应六个月内之需要，业蒙财政部拨助一百万元，以资提倡，余拟向国内外热心人士分途募集。第以成立伊始，工作紧张，虽经向海外各埠呼吁求助，而上海方面，除乐善好施之士自动输助外，尚未公开征集。因定于本月一日开始向中外各界劝募，以十万元为目标，七日为期：是日下午五时在静安寺路美国妇女俱乐部举行开幕典礼，由前驻苏俄大使该会委员长颜惠卿[庆]博士、副委员长饶家驹神父担任演讲，总干事贝克博士报告会务状况及经过。并择于本月八日假座大上海戏院举行音乐大会，期前由唐士煊夫人负责筹备一切，邀请沪上音乐名家一致到场奏艺。复印有一种日历出售，中西文均备，每份国币一元，售得之款悉充救济。现为推动各项募捐运动起见，特设征求赞助会办事处于南京路一二九号(电话一八九五四)，以便各界咨询接洽。

征募难民御寒品

八月十三日淞沪战事爆发时，气候炎热，逃难人民，均身着单衣；又以仓皇出走，类多赤手空拳，不及携带衣着。刻值天时转冷，居留收容所者，大都衣被单薄。北风残酷，已觉瑟缩难支，瞬届冰雪隆冬，自更冷侵肌骨，倘不为之筹备保温物品，行见获免于饥者，必死于寒！红十字会国际委员会以救济为务，义难坐视，因向各界征募新旧衣被，以资覆庇灾黎，委由金陵女子大学同学会会长牛惠生夫人主其事。如蒙慷慨捐赠，不论何种御寒品，均所欢迎，请径送上海池浜路四十一号中华医学会转交，或拨三三八五八号电话，通知派人领取。沪多善士，劫后余生，定蒙解衣挟扩之恩也！

谢静权女士慈善可风

沪战突发，难民麕集特区，贫苦者饥煎寒袭，露宿风餐，厥状至惨！谢静权女士恻然悯之，因将薪资六十元慨然送交红十字会国际委员会，以充救济费用。闻女士家非素封，现任某小学教员，月薪不过三十元，今以两月辛苦所得悉数捐助，不稍吝惜，其仁风义举，侠骨慈肠，洵巾帼中之师表也！

经收捐款报告

中国红十字会上海国际委员会，拟募集国币一千万元，以充救济费用，并蒙财政部拨助国币一百万元为提倡等情，自在报章披露后，中外团体、个人自动输助者颇为踊跃。截至十一月底止，经收捐款已达国币十七万零八百八十五元三角，英金一百磅，连同财政部拨助之款，共收国币一百十七万零八百八十五元三角，英金一百磅，可见各界赞助之热烈！其捐户及数额，因限于篇幅，不及详载，日后当另行公布。

振　务

征求难民工作意见

淞沪战区人民，先后避难租界，不下百余万人，除由各慈善团体及同乡会遣送内地外，其籍隶本市，无家可归，现留收容所者，尚有二十余万人，其中多数男丁，类多身体健全，闲居坐食，长此不令工作，不特给养方面发生困难，将来习惯性成，徒令壮健有用之身，变为依赖游惰之民，日后即有职务，恐亦懒于操作，其影响于国家、社会及本人前途者甚巨！第目下战氛甚恶，日机正竭力破坏交通，残害平民，倘令若辈至租界外工作，如修筑道路等事，势必惨遭轰炸扫射，生命危险，自非所宜，故须在租界以内使为适当劳动。红十字会国际委员会有鉴于此，业经组织难民工作设计委办会，专事研究是项问题，惟以委员无多，识见有限，为集思广益计，爰请社会贤达建议计划。总干事贝克君特函本埠各报馆为登报普遍征求，期获嘉谋良法，可供采择。

新药业公会热心救护

沪战发生以来，前线忠勇将士，守土卫国，受伤颇多，自应善为治疗，俾免痛苦。上海市新药业公会同人，抱救灾恤难热忱，特筹组织伤兵医院一所于宁波大陆舞场旧址，以利救护，已于十月间成立，特函请红十字会国际委员会给予番号，藉资识别，并恳派员指导，俾臻完善。业经予以承认，列入第五伤兵医院。查该院现收容伤兵一百七十余人，医药、饮食各品尚称丰足，第以天时渐寒，缺乏棉被、棉袄、棉裤、卫生衫、毯子等御寒品，深盼各界慨予捐助，如有以水果、牛奶等滋养品惠赠，俾利调摄伤兵，亦甚欢迎！

原载《中国红十字会月刊》1937 年第 30 期

会讯：摘录各报在战时关于本会之新闻[节录]

红十字会国际委员会募捐运动周

中国红十字会上海国际委员会自经驻沪各国领事及中外慈善人士发起组织以来，对于各种救济工作进行不遗余力，有筹募捐款一千万元备今后六个月应用计划。除已分电海内外各慈善团体请求捐助外，并定于今日起至八日止，在上海举行募捐运动周，吁请本埠各界人士踊跃捐输，共襄善举。今日下午五时在静安寺路美国妇女俱乐部举行开幕典礼，届时由前驻苏俄大使该会会[委]员长颜惠庆博士、副

委员长饶家驹神父担任演讲,总干事贝克博士报告会务状况经过。(民国廿六年十二月一日《大公报》)

教育难童征求物品

中国红十字会国际救济会积极筹办难民教育,闻该会因难童众多,桌椅及课业用品购置不易,爰拟征集五磅装以上饼干空罐,用作难童上课时坐椅及贮藏物品之用。如有用剩残余笔记簿纸张及拍纸簿,可充难童课业之用者,亦属需要。上项物品,家庭中往往积存,视同废物,今该会思废物利用,想亦仁人君子所乐助。如有是项物品,可径送北四川路及八仙桥青年会,及静安寺路女青年会,或愚园路新华园三十一号胡公馆及大西路美丽园二号陈公馆代收。(民国廿六年十二月一日《新闻报》)

红会国际会筹办义务戏

中国红十字会上海国际委员会红十字募捐周,昨为第三日,劝募队仍继续出发,赴各街头募捐。惟昨日以日军由极司斐而路向虹口换防,交通上发生障碍,故出发队员相当减少。但出发各队所募得之捐款,仍极可观。又悉该会已定本月八日假座大上海戏院,聘请中外歌剧家演唱义务戏,节目已开始编排,异常精彩。闻票价分三元、二元、一元三种,售票所得悉以充救济难民之用。(民国廿六年十一月四日《大公报》)

红会筹办难民教育

中国红十字会上海国际救济会为改善难民起见,曾组织教育委员会办理两特区及南市难民区内三十万灾民教育事宜,请定陈鹤琴为委员长,刘湛恩、郑西谷、卢爱德、傅若愚、俞之介、赵传家等十余人为委员。并悉该会业经迭次开会,筹备进行。刻已有相当头绪。不日即可开学授课。兹闻一面派员分赴各收容所视察校舍及设备情形,一面拟招请大批义务教师,分赴各处服务。(民国廿六年十二月五日《新闻报》)

国际救济会设法收容百余麻疯[风]病人

枫林桥中山医院,院屋宽敞,设备完善,为本市唯一大规模之医院。自我军撤退后,该院附近扎有大批马队。现悉日方已将该院辟作后方医院,惟院内尚有患麻疯[风]症者百余人,未曾迁出。兹以日方改作后方医院,势难继续容身。闻国际救济会方面,对该项麻疯[风]病者,决予收容救济。顷已在第四收容所内,建筑临时隔离医院一所,以资收容。同时诊疗麻疯[风]之医师,亦在延聘中。(民国廿六年

十二月五日《时报》)

红十字会上海市分会工作概况

中国红十字会上海市分会，对于救护事业，具有攸[悠]久之历史。本年七月初卢沟桥事变发生，该会即开始关于救护事项一切组织之筹备。八一三沪战爆发，至十一月十一日我军退出上海之三个月中，该会先后救出受伤官兵四百余名，受伤民众千名以上，均经分别运送各救护医院疗治。自上海国际会规划之难民区成立后，该会即派杨彦九君前往与主持人饶神父接洽合作办法，结果十分圆满，并由饶神父指定旦华小学原址，由该会负责创设一收容所，以便安插露处民国路一带被难同胞。该会接受之后，即全体动员，在蒋监事茂鍱领导之下，经三昼夜之埋头苦干，始先将旦华收容所整理就绪，得免于紊乱。现共收容难民七百余名。难民区在未曾筹发米粮以前，所领给养遇有不足时，该会尽力募集补充。本月二日开始按名给米之后，又因燃料、锅炉、筷碗发生困难，旦华方面即由该会设法购备。哺乳幼童，亦发给乳糕，以补母乳之不足。迩来难民受饥寒所迫，兼之南方人不惯面食，致疾病丛生，死亡相继。该会职员中颇多国医专家，爰倡立施诊给药之议，提经该会理监事联席会议决照办。即择定宴海路二百七十号郁宅为施诊处所，已于十二月一日开诊，每日以二百号为限，药资、号金一概免费。闻日来抱病难民前往就诊者，常在百名左右。该所现由沈志明、潘宇生、朱履云、陶一青、周济衡、张怀霖、童勤德、顾伯荣诸医师轮流应诊，范书玉、石纯农二君助诊云。(民国廿六年十二月六日《时报(号外)》)

红十字会委员赴收容所参观

本月六日，中国红十字会国际委员会委员刘湛恩、朱少屏、陈鹤琴、卢爱德女士等，参观救世军及青年会所办之难民收容所几处，情形如次：(一)交通大学难民收容所，系救世军所办，收容难民一万七千，内中儿童一千二百，已设难童学校；女子更有刺绣班，给予相当教育，六日行开学典礼。(二)青年会办难民收容所，该所设法租界吕宋路，设备亦佳，有诊病室至调养室等。学龄儿童已有学校；对于女子，亦设有女红班。惜地方太小，难民缺少活动机会耳。又各该收容所难童学校课业用品，均由红十字会国际委员会教育组供给，对于难民成人教育，现正在积极筹备中。(民国廿六年十二月九日《新闻报》)

救济难民之音乐大会

中国红十字会上海国际委员会推行之红十字募捐周，连日由中外各校女生，组织街头劝募队，分区劝募，成绩极为可观。又该会筹备举行之中西音乐大会，定今晚假座大上海戏院举行。所有节目均请由中西名歌剧家担任,内容异常精彩。票价一元起,至三元,悉充救济难民之需云。(民国廿六年十二月八日《时报》)

红会国际会购米举办平粜

上海因受战时影响,水陆交通日渐阻滞,米粮来源顿形减少,造成米荒现象者数月于兹。虽经租界当局设法接济,无如到货无多,仍感供不应求,且收容所难民众多,给养浩繁,设非预储大宗粮食,日后难免无断餐之虞。中国红十字会上海国际委员会有鉴于此,特由执行委员会议决,拨款五万元,分赴泰县、温州等处采办食米六千石,办理平粜,以供各收容所及市民之购求。刻正预备各项手续,不日派员出发。该会执行委员原有十五人,昨经红十字会加聘牛惠生夫人、陈逵夫人、Mrs. J. S. Whitner(英籍)及 Mrs. Dana Nance(美籍)四人为委员,刻已增至十九人。至该会上海募捐运动,自本月一日开始以来,应募者甚为踊跃。截至六日止,已筹得国币三万余元。捐款较巨者,计有德士古洋行二千元、巴西侨民公会一千五百六十八元、冯炳南君一千五百元、苏医生一千元、韦廉士医生药局四百五十元、巴西公墓管理委员会二百三十二元等。是项募捐运动,拟于本星期六结束。沪上多乐善好施之士,行见慷慨输将,造福难民也。

中国红十字会上海国际委员会因近来收容所患病难民,为数甚多,虽经派遣医生前往诊治,第以车辆无多,难免稽延时日,此于难民健康影响甚巨。查上海各大公司、商行高级人员及住家,常有自备汽车者,除到公退值,聊供代步外,往往闲置道旁,不作别用,倘在不用时间,假与本会医生乘坐,每星期内午前一次或二次,则于难民之治疗,裨益非浅。特向各界征求,如有车辆愿借者,可拨电话九五二九七号,通知杜达君或开恩浚君可也。(民国廿六年十二月九日《新闻报》)

中美慈善篮球赛

本报英文版、申报及西侨青年会,联合发起中美慈善篮球大比赛,经月余筹备,定十三日晚八时起,开始在静安寺路西青篮球房举行,由中美两队健儿作夺标赛。申报特镌"申报杯"大银杯一座,赠作锦标,以增兴趣。门票收入悉数充捐救济难民之用。比赛采三赛两胜制,胜二次者,即得保持"申报杯"一年。以后,每年由中美两队举行慈善赛一次,互夺此杯。门票价格分两种,楼下二元,楼上一元。今日起,开始在申报馆、大美晚报馆、西侨青年会、中青年会、时许洋行、华东运动器具公司及麦令斯俱乐部等处预售。此项比赛,一切开支由发起人负担,全部门票收入悉数捐助难民。预定以大部捐助上海国际红十字会,其余捐助国际难民救济会,另在其

中提出一小部份捐助西青耶诞节中华苦儿同乐会。以后每年比赛收入,临时再行决定。(民国廿六年十二月九日《大美晚报》)

募款救济中华难民

自中日战事发生后,美国慈善团体鉴于我国被难人民,惨凄万状,本人类同情恻隐之念,由美前总统胡佛、前全美总商会长雪勃兰及慈善家庇亚士等发起,组救济中华战区难民筹募委员会,预定劝募救济费华币一千万元。昨有电来沪,谓短期内可募足汇华应用。(民国廿六年十二月九日《大美晚报(晨刊)》)

红会国际委员会成立战区救济委办会

中国红十字会上海国际委员会成立以来,救济工作殊为紧张。迩以战祸蔓延,战区辽阔,难民伤兵,既日有增加,救济收容应随而扩大,特于前日成立战区救济委办会,推定朱友渔博士为主席,负责筹办,力谋进行。现正筹备吴兴救济事宜,拟先拨款一千元,交由湖州教会医院作医药治疗之用。苏州光复镇收容所,刻有难民八千余人,待救孔亟,业经拨给吴县国际委员会国币一万元,俾资救济。又以租界及南市难民区所收容者,近郊居民为多,长期给养既感困难,亦非难民所恣愿。刻经该会外籍人员组织视察团,前往江湾、浦东、吴淞、浏河、南翔、昆山、大场、太仓、松江、嘉定、苏州、无锡等处调查当地情况,以便相机遣送。该会鉴于本市各收容所纷纷请求补助,益感筹募捐款不容稍懈,复特电纽约驻美大使王正廷博士,请转知各侨民团体拨款协助。(民国廿六年十二月十日《新闻报》)

难民区难民教育班昨日上课

南市难民区内旦华小学校收容所收容难民七百余人,所有给养及内部各项管理工作,悉由中国红十字会沪分会推定蒋茂铢、杨彦九负责维持,现又举办难童教育班,在旦华内另辟教室。首批难童百余名,业已开始上课,系采用商务等教科书本云。(民国廿六年十二月十日《时报》)

红十字捐运动周今日结束

中国红十字会国际委员会举行之红十字捐运动周,本定八日结束,旋因故延期,定今日正式结束。据昨晚消息,自一日至八日,已募得五万二千三百余元。八日至昨晚,确数未结,惟当在二万元左右,故总数当在七万元以上云云。

红十字周结束后,南京路一二九号赞助会办事处,定本星期内结束。今后各界捐款,请径送河南路五〇五号四楼该会总干事办事处。

该会为感谢捐款者起见,曾于红十字运动周开始时,制就红十字赛银小圆形中英文徽章，作为纪念。顷以该项运动业告结束，故圆形徽章不再发售，希各界乐善之士注意。

该会宣传主任兼筹募主任前驻美大使施肇基博士，为国内外各界明了本市难民情况，扩大筹募宣传计，定明日下午三时，在国际饭店召集宣传会议，除原有委员郭承恩、郑莱、杨少南夫人、骆传华诸中外委员外，并请前驻丹麦公使罗忠言(钟瑞)、沪江大学校长刘湛恩、陈逵夫人等参加。

该会于十日举行九次常务委员会，推刘王立明、谢祖仪、贝铁德、李规庸、罗钟瑞等为手工委员，推进难民生活。(民国廿六年十二月十二日《新闻报》)

教育组委员视察难民生活

中国红十字会国际救护委会教育组委员刘湛恩、陈鹤琴、赵晋卿、傅若愚、廖茂如、陈济成、姚惠泉等诸委员，为推进难民教育起见，昨日下午二时同赴胶州路昌平路中华基督教联合会设立之第十八难民收容所及徐家汇基督教救世军设立之难民收容所，详细视察，对于难民每日生活及教养情况，询问尤详。诸委员均认难民应有相当工作，以资生产，正计划实施劳工教育云。(民国廿六年十二月十二日《新闻报》)

红会国际委员会办理医务指导及征募衣被

中国红十字会上海国际委员会，鉴于各收容所患病难民极为痛苦，在收容千人以上之收容所，虽有诊断室之设置，但人数较少之收容所，尚未普遍。为便利起见，特设难民医务指导处于海格路四百七十六号。同时并在同一地点设立难民病院，约有三百床位，已开始收容。医务指导所之任务，除分别介绍患病难民进各特约医院治疗外，并由中华医学会捐助医务车三辆，由主任医师率同护士，每日轮流赴各收容所为难民诊治，并送给药品。据该会估计，每辆全日可至八个收容所诊治，每周两租界各收容所平均有两次诊治之机会。该会经已特约之医院，计有同仁、仁济等各医院。同时与其他慈善团体所设之难民病院，亦取得密切联络。

红会国际委员会为募集难民、伤兵救济款项，前经电请驻美大使王正廷博士，向侨胞及美国人士劝募捐款。兹悉王大使托纽约中国银行汇沪之捐款五万元，已由华洋义赈会总会收转该会。该会连日又续收英国救济中国难民驻沪委员会四千元(指定拨助难民医院之用)、汇丰银行五千元、美国花旗银行五百元、英商恒业地产公司五百元、南非洲中华教堂八百四十八元八角八分、会德丰五百元、礼和洋行三百二十六元、大陆银行一百九十五元、大英火轮公司一百五十元、大北电报公司、华比银行、利□汽车公司等各一百元,其他捐款尚多。

又该会成立之征募衣被委员会,刻正积极推动。据该会表示,目前最低限度,尚需难民衣服七万五千套,男女难童各二万五千套,务盼各界尽量捐输。该会负责人牛惠生夫人,并已分函棉布业、纱厂业公会,为难民呼吁,请予捐助衣被、布疋,以便制发难民度冬云。(民国廿六年十二月十八日《时报》)

红十字国际会拨款救济南京难民

中国红十字会上海国际委员会救济工作,近甚努力。除协助本埠各善团积极进行外,近复拨助南京国际救济会公债十万元,为救济难民之需。更拨国币一万元,交由医务委员会作难民治疗经费。据该会负责人云,沪上民食恐慌,虽经工部局设法接济,第尚供不应求。本会为维持市民及难民食粮计,除派员分赴南通、泰县等处采办食米、黄豆外,又向暹罗定购白米一千八百吨,以资举办平粜,不日可到沪。至海外捐款,亦甚踊跃。昨日美大使王正廷博士汇到侨民捐款五万元,交由中国华洋义赈救灾总会转致,业向中国银行领取矣。(民国廿六年十二月十九日《大晚报》)

各校女教员学生参加为难民缝制衣被

中国红十字会上海国际委员会征募衣被委员会,连日工作殊为紧张,据记者今晨赴池浜路三十三号该会办事处视察,除办公处外,并设有临时衣被工场。参加工作者,均系本市各校教员、学生,身穿白色制服,机身轧轧,为难民缝制衣被,甚为忙迫。内分四部,一部整理各界捐送之旧衣,将男女大小,逐一分开;一部将破旧衣服,加以缝补,或拼凑两衣合为一衣;一部则专司装套棉絮;一部则以机车缝成大小各式新衣。该会主持人牛惠生夫人,亦每日到会处理公务。当此天时转寒,难民需要衣被急切,该会深盼各界不论旧衣、捐款或布疋材料,多多予以捐助云。(民国廿六年十二月二十日《时报(号外)》)

第五救护院结束

本市宁波路大陆舞厅国际红十字会第五救护医院,为上海市新药业公会同人所负责办理,收容伤兵一百七十余名,一月来多数已治愈出院,仅余三十六名。为撙节开支起见,将留居伤兵并入第三救护医院,已于昨日正式宣告结束。该院此次办理成绩,极为优良,深得社会各界之称许云。(民国廿六年十二月廿二日《社会朝报》)

两善团售日历、贺片

中国红十字会上海国际委员会,以民国廿七年元旦即届,特制备精美日历两种，一为案头日历，每只一元五角；一为可悬挂之日历，每帧一元，装订咸称美备。盼望各界踊跃购用，以资救济难民。又国际救济会接受本市银钱业业余联谊之建议，每届国历元旦，亲友间例有贺年片往还，互相祝贺，特建议发售贺片，将售价所得，悉数充作难民救济费用，该会已准议办理云。（民国廿六年十二月廿三日《新闻报》）

本市发起南京国际救济会

本市中外大善士，为救济南京城区难民，正分头奔走接洽。闻日内将召集会议，讨论组织南京国际救济会，以从事一切救济。至热心发起该项组织者，有屈文六、赵晋卿、熊希龄、刘鸿生、黄涵之、朱吟江、陆伯鸿、闻兰亭、颜惠庆、林康侯、张兰坪、邓骏声、伍仲文、顾石臣、冯仰山、李迪光及美教士毕牧师等数十人。昨接外人方面消息，京中麕集难民达三百万人，流离失所，饥寒交迫，处境异常惨苦，故须速加拯救。红十字会上海国际委员会，前曾拨公债十万元，作救济南京难民之用。上项组织成立后，即将该款向银行界呼吁抵现，作为基金，更将发动大规模之筹募捐款运动云。（民国廿六年十二月廿三日《新闻报》）

红十字会昨开会议

中国红十字会上海国际委员会，昨举行执行委员会，由财务、劝募、医务等各分委员会报告会务，该会自本年十月起，开始劝募救护捐款，至本月十八日止，共收中外各界捐款六十一万八千零五十二元二角六分，购办救护伤兵、难民药品等三十三万八千元，已指拨各分委员会办理救济事业十三万九千元。财务委员会昨建议拨交通大学收容所三千元，办理难民医院；拨一千元购黄豆、牛奶，以供各医院患病难民灾童服用。该会恐明年新春后食粮缺乏，昨并决议将所余捐款预购难民食粮，以资准备。该会最近续收电话公司、电力公司捐款各一千元，梅乐和、吴铁城夫人各一百元。（民国廿六年十二月廿四日《新闻报》）

红会国际会近讯

中国红十字会上海国际委员会自成立灾童教育委员会，公推陈鹤琴君为主任以来，筹备进行，殊为努力。现由委员会十九人及视察员十一人，担任各项工作。闻本市收容所一百四十三处，均由灾童留养。刻正由八十四处收容所中，召集灾童一七〇七三人，施以适当教育，每人所用抄写本、练习簿、铅笔等教育用品，三个月内预计约需二角五分；其余五十九处收容所，尚有灾童一三〇〇〇人，其教育亦拟徐图推广，总计各项费用约需一万二千元。除半数已有着落外，所缺之款尚希各界慷慨捐助;并望热心教育人士,担任义务教员,共襄进行。至各收容所中之教育设备,如黑板、椅桌其及[及其]他教授用品,俨如学校,无不毕具。关于难民治疗问题,该会已于海格路四七六号及交通大学组织第一及第二两难民医院,其床位第一院有一百二十,第二院有一百五十。遇有难民患病,必须住院者,可请求医务指导委员会派车送往医治。并经组织巡回诊治团三组,分向各收容所医疗难民。每组医生,日乘汽车出发八次,每次可医治一百五十至二百人。更与中华医学会合作,分向各收容所视察卫生状况,指导改进,以维健康。(民国廿六年十二月廿八日《力报》)

庇寒所即将成立预计暂时收容二万人

上海慈善团体联合救灾会救济战区难民委员会,鉴于迩来气候突然严寒,一般贫苦平民平时尚能勉强维持生活,今骤遇战祸,类多家破人亡,即获苟生,际此隆冬天气,其生活亦日益窘迫,哀号街头,惨不忍睹。该会抱救灾息难本旨,爰有筹设庇寒所之拟议。本月廿四日,特召开全体委员会议,旋即通过,组织委员会,并推定王一亭、屈文六、黄涵之、赵晋卿、闻兰亭、陆伯鸿、冯仰山、陶茀卿、谢驾千、方纯浩、陈良玉、王彬彦、徐乾麟、顾君扬、余祥琴等十五人为常务委员,屈文六、黄涵之为正副主席委员。该所经费,除由慈联救灾会捐米六百袋(计一万〇二百元)、中国红十字会捐一万元、济生会捐二千元、崔馥庄捐五百元、吴凯声、陈存仁各捐三百元、普善山庄捐三百元、道德总会二百元、栈业公义会捐五十元、至圣善院捐衣三百套外,以后经费,则请各界善士随缘乐助,预计暂时收容二万人。关于庇寒所之房屋,该会现方派员四出接洽。闻甘肃路阿拉白司脱路之皮毛堆栈,已正在磋商中,正式成立之期当不在远云。(民国二十六年十二月二十九日《社会晨报》)

原载《中国红十字会月刊》1938 年第 31 期

1938 年

会讯:红十字新闻[节录]

陆伯鸿氏昨大殓

中国红十字会常务监事陆伯鸿逝世后,昨日在上海殡仪馆大殓,连日除罗马教皇以及欧美暨国内主教友好纷纷来电慰问外,本埠中外各界前往吊唁者,素车白马，络绎于道，由法捕房特派探捕分别照料，以维秩序。迨下午二时，天主教上海教区惠大司牧率同各司铎莅临，举行追思及祝圣柩礼毕，始行大殓。其饰终典礼，依据教规，系御袍剑爵士大礼服入殓，并佩以教皇赐予之“袍剑爵士”“圣西而物斯德肋都骑尉”“圣大额我略骑尉”，并法比赠予之荣誉勋章等。其灵柩暂厝该馆殡舍，再行择期出殡。当入殓时，各来宾莫不静默注视，面现戚容，悼惜不置，并以陆氏毕生尽瘁于慈善公益事业，其博施济众，至死不渝之精神，同声称颂，今一旦长逝，其所创办之各慈善事业，如新普育堂，骤失所依，除以各界所送赙仪之现金，悉数拨充慈善经费外，现由陆氏平日知友及其公子等勉力维持，以继陆氏未竟之志愿，藉救千万无告之穷黎云。(民国廿七年一月三日《新闻报》)

红会国际会又领到财部难民救济费

中国红十字会上海国际委员会，为旅沪中外人士合组之救济机关，前经财政部拨助公债八十万元及现币二十万元，以资提倡。兹以难民麕集，开支浩繁，各界所助捐款，不敷应用。复由该会宣传征募组委员田伯烈君，至汉口恳请财部续予补助，业经拨到现币三十万元，俾应需要。至该会最近收到较巨捐款，计有旧金山旅美华侨统一义捐救国总会国币三万元、中法友谊会一千元、上海电话公司第二次捐款三百六十九元、A. W. Robson君夫妇礼券二百元、沪江大学女生理事部、上海美国妇女会及上海美国俱乐部各一百元。(民国廿七年一月五日《新闻夜报》)

筹设难民庇寒所

本市慈善团体联合救灾会，鉴于流落街头之难民，触目皆是，值此严寒，莫不冻饿交迫，为状极惨，特发起筹设庇寒所，以资救济。现正寻觅适当所址，预备收容难民二万人，并悉该会以及各收容所难民，因受寒患病者日见增加，为轸念灾民起见，商请国际红十字会难民卫生委员会，协助诊疗，已得该会允许。凡收容所内难民患病达千人者，拟在所内设立诊疗所；其不满千人者，则派巡回诊疗车按时前往诊视云。(民国廿七年一月六日《华美夜报》)

九十九所给养改国际会供给

市救济会自并入慈善团体联合救灾会后，内部人员无大变动，照常工作，主席委员改由屈文六担任，黄箕芳为事务组主任，张秉辉为教导组主任，聂海帆为收容组主任，并于日前将浦东大厦杜厅办公处迁上七、八二楼。迄现在止，前后救济遣送人数约念二万人，现存收容所九十九处，计收容难民五万三千四百二十一人，并以给养浩繁，从今日起改由中国红十字会国际救济委员会供给，闻该会运到大批洋

米云。(民国廿七年一月七日《力报》)

遣送难民移殖垦荒

中国红十字会国际救济委员会难民救济委员会,一日下午五时,在吕班路震旦大学开全体会议,出席饶神甫、贝克、法租界公益慈善会督办雅士枸、国际救济会遣送委员会主任委员泼来脱、前闽黔桂川甘浙邮务管理局财务长杜达、朱友渔博士、牛惠生夫人、黄定慧女士、英皇家将军沬克那顶等十余人,讨论遣送难民移殖协会赴殖垦荒问题,并请总干事王千里列席报告,经费一致通过,俟预算遣送移殖经费,择定路径后,经下星期会议执行,兹志详情如次:

遣送移殖——国际救济委员会昨晚会议时,各委员对于移送难民垦荒,从事生产一事,都表同情。旋据王千里报告,该会现在第一批难民,男女逾一千五百名,已登记就绪,省府已拨定赣南赣州数县为垦荒地点,二、三两批,正从事登记。

从事生产——该会中外委员旋即讨论,当经一致赞同,拨款送至目的地,关于经费,令移殖会造具预算,并调查路径,提交下次会议执行,后又讨论本市难民给养问题等多案,至下午七时始散会。

募款捐赠——又小广寒剧场,允剧评人邵秉璋君发起全沪竞选廿七年度歌国皇后,募款捐赠难民移殖,定本月十四、十五、十六三日举行,事先并于该三日间下午四时至六时假中西电台播音,选票由永安、先施、新新、中国照像馆、雪园食品公司代售,并欢迎各大商店惠赠奖品云。(民国廿七年一月七日《晨报》)

国际红会救命会会员踊跃

自施肇基、颜惠庆、贝克等发起"每月三元救命会"后,本市热心人士,纷往参加,盖只须缴纳三元后,即可为该会之会员。该会于必要时,得招待会员参观难民惨状。愿入会者,请缴款于河南路五零五号四楼国际红十字会骆传华云。(民国廿七年一月八日《晨报》)

国际红会本月份起担任本市难民给养

本埠救济难民之慈善团体,规模较巨者,计有中国红十字会上海国际委员会、上海国际救济会、上海慈善团体联合救灾会战区难民救济委员会及其分会,除后列三善团办有收容所外,红十字国际委员会(河南路五零五号)则以筹募经费、调剂各善团难民救济工作为主要任务,本埠各收容所及难民医院受其资助者甚众。刻闻自本年一月份起,国际救济会、慈联会难民救济会及其分会所属各收容所十二万难民之食用品,概由中国红十字会国际委员会担任供给,并经规定给养标准,而所内之管理照料等事，则仍由原善团负责。兹将该会所定难民给养品标准，及担任给养之各收容所难民人数，探录如左。(一) 难民给养品标准表(以每百人一日所需计)：米豆面八七磅、菜蔬十四磅、盐油一又三分之二磅、煤五十三磅、木炭十三磅；(二) 各收容所难民人数：慈联会难民救济会主办收容所五十家，计有难民四八〇八九人；慈联会难民救济分会主办收容所九八家，计有难民五六三九六人；上海国际救济会主办收容所六家，计有难民三〇〇〇〇人。(民国廿七年一月九日《华美晚报(晨刊)》)

国际红会设难民婴儿医院

国际红十字会以现时难民方面之婴儿死亡率，逐有增加，为使增强医治力量，并减轻难民痛苦起见，特创设难民婴儿临时医院于威海卫路七三七号，前日下午三时举行开幕典礼，到来宾施肇基、屈文六、詹掬堂、龙筱云、颜惠庆及西籍人士等约一百余人，极一时之盛云。(民国廿七年一月十日《新闻报》)

中国红十字会上海市分会即将结束

中国红十字会上海市分会，为战时救护队之一，现因上海战事停止，经该分会理监事开联席会议议决，将会务结束，特通告各队工员，将制服、帽章、证章等件，限于一月十五日前一并缴存会中，以资结束云。(民国廿七年一月十三日《力报》)

红会国际委会讨论难民给养问题

由中国红十字会上海国际委员会给养之难民，在第一、第二两特区、徐家汇、交通大学等处一百四十收容所中共有十七万人，其给养管理及善后诸端，均关重要。该会难民救济委员会，因于前日开会讨论，由饶家驹神父主席，除熟商收容所难民之秩序、卫生、工作等内部问题外，并涉及遣送办法，佥以四郊安全尚无保障，一时未便任令回里，且战区难民寄食亲友处者，情形日渐困难，倘请求收容，更无可拒绝，故给养问题，不可不预为妥筹。闻该会所办粮食、燃料，尚可支持两月，而蔬菜则仅敷两周之用，刻正向各界求助，尚希热心人士，踊跃输将，共襄救济。至捐款，除国内人士、海外侨胞慷慨解囊外，友邦团体、个人本于正义人道惠捐巨款者，为数亦众，近澳洲红十字会更汇到英币一百六十八磅十六先令七辨[便]士，合国币二千八百余元，博爱深情，良堪钦佩。此外该会所收较巨捐款，计有 First Chunoh of Ohirst Scientist 之一千二百十二元六角三分、查应元君三百元、查济元君二百元，宁波路一〇八号华茶公司唐季珊君，则将茶叶十五包，共重二千七百三十磅，捐作

难民解渴之需，而加入三元救命会者亦甚踊跃云。(民国廿七年一月十五日《新闻报》)

国际救济会筹划整顿各收容所

国际救济会于前日下午四时举行第四次设计委员会议，到贝克、刘湛恩、贝铁德、李规庸、李广诚、王惠民、欧永康、苏育德等，由刘湛恩主席。报告开会宗旨后，即议决各案如下：(一)本市各收容所对于管理上殊欠统一，应予以整顿，与上海国际红十字会调查委员会共同商酌；(二)各收容所教育工作进行颇为顺利，大致分入学年龄儿童教育、成人教育、职业教育，兹为鼓励难民就学起见，定期举行教育运动周；(三)为集思广益，欢迎各界贡献良好办法，并得介绍对于本组工作感有兴趣之人士，加入讨论各种建议及可能计划，俾得实行。(民国廿七年一月十六日《大美报》)

青浦红十字分会募款掩埋难尸

中国红十字会青浦分会会长徐君熙春，在邑境沦陷之后，乃留驻故乡办理救济事业。近有书来云：此次自金家庄，经朱家角返青，途中见尸骸累累，爰急商借款项，雇人掩埋，已达七百八十余具，牛马等约有百余具，其未及掩埋者，尚难以数计，惟费用已无，工作困难，故特来恳旅沪同乡，请求挹注，成全功德，务望青浦同乡踊跃输将，款寄本埠爱多亚路一一七号二楼青浦同乡会代收。(廿七年一月廿日《华美晨刊》)

银行公会热心劝募救济费

中国红十字会上海国际委员会，自本月份担任国际救济会、善联会及其分会各收容所难民给养以来，开支浩繁，日在二万元左右，因向本埠各团体、个人普遍求助。香港路上海市银行业同业公会接得申请后，即向中国、中央、交通、农民四银行分别劝募，计中央、中国两行各捐一万七千五百元、交通一万元、农民五千元，共计国币五万元，其中二万元指定救济南京难民，业已送交该会。(民国廿七年一月十九日《新闻报》)

沪难民婴孩临时医院成立

自空前战事爆发以来，人民仓皇奔避，离散四方，虽幸入收容所得免冻馁而死，然其颠连困苦，已不堪言状，而难民中之婴儿，尤为抚育难周，致遭夭折者，更不知凡几。万国红十字会特设难民婴儿临时医院于威海卫路七三七号，凡难民之婴儿，自初生以至六岁止，均可免费送入，但须难民所医生证明方可，惟有传染性之病儿，

概不收受。(民国廿七年一月廿二日《新闻报》)

国际红会举行救济会议

中国红十字会上海国际委员会成立以来,救济工作进行甚力,为专责成起见,经组织难民救济委员会,推定饶家驹神父为主席,主持一切,所有救济费用,业经先后指拨四十九万五千八百十元。兹为筹商进行计,复于日前召集各委员举行会议,到有饶家驹、贝克、南献今、朱友渔诸君、谢祖仪女士及中西委员多人,其讨论事项择要列左:一、衣被征募委员会主任委员牛惠生夫人,积劳成疾,声请辞职,不便强行慰留,议决暂由谢祖仪女士代理;二、衣被征募委员会办事处,拟于本月廿四日迁至汉口路一一五号二楼,其房屋由四行储蓄会捐用,应向表示谢忱;三、陈秋山先生向本会购买公债二万元,其款经指作购办难民衣被之用,应予同意;四、拨发本埠俄国难民第三次救济费三千元,交由 Jaspai 君散放;五、杜达君请刊印《收容所管理指南》,发交各所参照,应予通过,其印刷费酌拨一百五十元。此外并讨论难民给养诸问题,兹略。(民国廿七年一月廿一日《华美晨刊》)

南市难民区卫生状况

国际救济会近来对于难民卫生,尤进行不遗余力,除设有医院四所、施诊所十二所,为难民治疗外,现复设有洗浴池二处,以便居民、难民得有沐浴机会,难民隔一日发给浴券一次,每次三百六十张。近来天气严寒,死亡率随之增加,中国红十字会国际委员会衣服股,连日运往大批衣裤,为数已达四万余件,惟粥少僧多,不敷分配,尚望各界踊跃捐助,以救灾黎。

洛阳廿二日电,中国红十字会总会视察专员张军光,二十二日由陕抵洛,视察该县分会救护情形云。(民国廿七年一月廿四日《新闻报》)

红会国际会举行执委会

中国红十字会上海国际委员会,于本月念五日下午五时,在国际饭店举行执行委员会会议,宣传、筹募、财务、医务、难民救济、伤兵救护、近郊救济诸委员,均出席与议,对于工作经过,均有详细之报告,并讨论难民给养、教育、卫生、工作诸问题。据财务委员会报告,至本月二十二日止,共收入捐款七二三、七三五·四九元,公债售得四五六、〇六〇·〇〇,日历售得五、二五三·九〇元,银行利息五九〇·二四元,共计一、一八五、六三九·六三元,当追认拨给难民救济委员会六万元、医务委员会二万二千六百十九元三角七分,并议决拨款三万五千元,交由衣被征募委员会购办难民衣

服,一千元交由培开君,携赴松江散放。(廿七年一月廿九日《文汇报》)

原载《中国红十字会月刊》1938 年第 32 期

报告:中国红十字会上海国际委员会纪事

会　务

加聘执行委员

中国红十字会上海国际委员会,以执行委员会为最高机关,各项会务均由其主持。委员由中国红十字会于中外名流中择其热心慈善者罗致聘任,前经聘定颜惠庆君为委员长,R. P. Jacquinot、J. R. Jones、L. W. H. Plant 三君为副委员长,施思明君为书记,C. R. Bennett 君为司库,J. E. Baker 君为总干事,朱友渔、C. W. Petitt 二君为执行干事,G. Findlay Andrew、J. E. Baker、R. Calder Marshall、J. Donne、J. Hers、R. D. Rees、蔡增基、冯炳南、颜福庆、施肇基诸君为委员。兹为集思广益计,又加聘陈逵夫人、Mrs. C. V. Starr、Miss L. Stops、Mrs. Dans Nanoe 四人为委员。从此人才既众,能力自宏,会务前途,当日臻发达也!

近郊救济委员会最近工作

中国红十字会上海国际委员会执行委员会之下,原有宣传、筹募、财务、医务、难民救济、伤兵疗治等委员会,嗣以战祸蔓延,战区辽阔,难民既日有增加,收容应随而推广,特成立近郊救济委员会,扩充救济等情,业纪前刊。其近来工作,除拨款一千元,交由湖州教会医院作当地难民医药治疗之用外,又拨发闵行难民救济费九千元、松江一千元;又以难民长期给养,殊感困难,亦非若辈所意愿,爰由外籍人员组织视察团,前往江湾、浦东、吴淞、浏河、南翔、昆山、大场、太仓、松江、嘉定、苏州、无锡等处,调查当地情况,以便相机遣送。

刊发《收容所管理指南》

本市难民收容所,数在二百以上,其设备妥善,管理严密者,固非全无,而布置草率,秩序紊乱者,亦所在多有。中国红十字会国际委员会难民救济委员会视察组,特编《收容所管理指南》一书,发交各所主持人参阅遵照。该书立说简明,内容详备,业经执行委员会核准付印。

捐　务

海外捐款源源汇到

中国红十字会国际委员鉴于难民麕集,给养浩繁,各收容所纷纷请求补助,非向国内外广募捐款，殊感难于应付，因特电纽约驻美大使王正廷博士及各埠领事，请转知各侨民团体，拨款协助。业于上年十二月中旬汇到侨民捐款五万元；本年一月四日及二月三日，又先后接得旧金山旅美统一义捐救国总会国币三万五千元；最近英国华灾救济会(British Fund for Relief in China)又续助捐款四万元，澳洲红十字会寄来英币一百六十八磅十六先令七辨[便]士，合国币二千八百余元。此外友邦人士之慷慨解囊，径行汇沪者，更源源不绝。宏襄救济，博爱深情，至足感也！

公益职工热心救济

本埠劳勃生路公益纱厂同人，赞襄善举，向具热忱。近以收容所难民均倾家荡产，处水深火热之中，罹饥袭寒侵之苦，全赖协力救济，始有生全之望，特由全体职工合集一百七十四元九角二分，连同职员捐款二十二元，共计一百九十六元九角二分，送交中国红十字会国际委员会，以充救济费用。以汗血换得之金钱，慷慨好义若此，诚足令人钦佩也！

移酬节食惠济灾黎

西人重视耶稣圣诞，国人重视旧历新年，此时亲友之间，必互赠礼物，藉表情谊，而家庭商号，率皆肆筵设席，团坐畅饮，盖图及时行乐，聊慰终岁辛勤，非仅辛盘椒酒，历古相传之遗意也。本年情形则异是，国难当前，哀鸿遍地，目睹收容所难民困顿悲凄情况，洵仁人君子所痛惜，更何忍讲酬应而福朵颐？于是纷纷停止馈赠，节减膳食，移充救济，造福灾黎，斯诚黜华崇实，俭己惠人，亟宜提倡者也！今将红十字会国际委员会所收是项捐款列举于下：(一) 中和灯泡公司移助经售商店赠品费二千元；(二) 旅沪荷兰侨民庆祝公主诞生费二千元；(三) 西人歌咏团员十二人庆祝圣诞费一百零五元；(四) 宏甡商行陆生田君太夫人六旬冥寿筵资一百元；(五) 无名氏某君圣诞赠品费五十五元；(六) 宝兴工业原料号年终筵席资五十元；(七) 金开鑫君十六周诞辰礼仪二十元；(八) 吴君爱女钟琦晬盘筵资十元；(九) 斐[菲]律宾 T. R. Pabalalnn 及 Ariadna 两女士节减膳食费各十元；(十) 十一龄童费铿生辰玩物费一元。

救济费收支报告

中国红十字会国际委员会以筹募捐款、调剂各救济团体为使命。自上年十月二日成立以来，承国内外热心慈善人士之赞助，应募殊为踊跃。截止本年一月底止，连同财部拨助之公债及现币共收一百五十三万一千八百八十七元零九分。支付救济费八十七万八千一百九十八元七角六分，内以难民救济费为最巨，计共六十万一千六百三十四元零一分;次为伤兵救护费,计共十一万九千九百五十七元三角八分;再次为医药费,计共八万九千七百九十五元九角二分。

财部续发救济费现币三十万

中国红十字会国际委员会成立时,业蒙财政部拨助救国公债八十万元、现币二十万元,以资提倡。嗣以难民麕集,开支浩繁,公债既尚未售完,所募捐款又不敷应用。爰由宣传征募组委员田伯烈君,躬赴汉口,向财部陈明情形,恳请改拨现币三十万元,俾利救济。当蒙准如所请,业由中央银行如数汇到矣。

三元救命会成立

本埠收容难民,尚有二十五万人,给养浩繁,维持匪易。中国红十字会国际委员会诸委员,因在国际饭店总办事处开会讨论善后办法,经议决创立三元救命会,广征会员,共襄善举。凡愿月捐国币三元,为难民救济费者,均可加入。盖以难民口粮日需一角,每月三元,即可维持一人之生命,故取此义而定会名。上海为中外通商巨埠,人口众多,如各就衣食日用月节三元,移充救济,则聚沙为塔,集腋成裘,难民生计,当不难解决!该会发起人颜惠庆、施肇基、刘湛恩,郑莱、郭承恩、罗公侠、陈逵夫人、富文寿、杨少南夫人、骆传华、J. E. Baker、G. Findlay Andrew、C. R. Bennett、R. Calder Marshall、J. Hers、Mrs. Dana Nance、G. W. Pettit、W. H. Plant、Mrs. Arthur、N. Young 等,均属沪上中外名流,业经函请各界广劝入会。沪多善士,行见踊跃参加,惠济灾黎也!

银行同业抽薪助赈

战事发生之初,战区避难人民之被本市善团收容者,多至百余万人,嗣经逐渐遣送,目下尚有二十余万,类多倾家荡产,穷无所归,不得不留所给养。每人口粮日以一角计,月需一百万元,方敷开支。中国红十字会国际委员会虽尽力张罗,非有长期捐款,终感难期持久。本市银行界同人有鉴于此,遂发起薪给捐,按月抽收百分之二,为该会救济难民之用。银行业同业公会,业于上月十七日,将中央、中国两行捐款各一万七千五百元、交通一万元、农民五千元,共计五万元,先行送到。此诚维持救济之善法也!

市商会积极提倡薪给捐

银行界发起之薪给捐,足使救济事业维持久远。中国红十字会国际委员会为期普遍征募,共同协助计,特函恳上海市商会转商各业,一体仿办。业经复函赞同,允予积极提倡,并已通告各业公会,迅速举行。首先应募者,已有书业、木业及潮糖杂货业三公会。上海商界素以急公好义著,行见群起响应,踊跃输将也!

郑、陈二君慨购巨额公债

郑君伯昭、陈君秋山,富而好仁者也。闻红十字会国际委员会向财政部所领之救国公债,积存尚多,正拟售充救济,郑君遂向该会购买十万元,陈君则购两万元,指购衣被,分给难民。业经依照办理,并赠红十字旗一面,以留纪念。当此冰雪隆冬,严寒砭骨,哀哀灾黎,正苦无衣卒岁,忽然温来挟纩,当感覆被之恩也!

赈　务

采办粮食接济善团

上海因受战事影响,水陆交通几全阻滞,国米来源顿形减少,以致造成民食恐慌现象,虽经租界当局设法接济,无如到货无多,供不应求,且收容所难民众多,给养浩繁,设非购储大宗粮食,日后难免无断餐之虞。中国红十字会国际委员会有鉴于此,特由执行委员会议决,除设法分赴泰县、温州等处采办国米、黄豆外,一面向暹罗定购巨量白米,并呈准财政部免收关税,照进价售于各善团,以供收容所难民之食。业经先后运到二千余吨,无不同声称便。

拨款救济南京难民

南京陷落后,贫苦难民无法走避,处水深火热之中,罹饥袭寒侵之苦,哀号痛哭,惨绝人寰!中外热心人士,爰发起南京国际救济会,从事拯恤。中国红十字会国际委员会特拨助公债十万元、现币两万元,俾应急需而利救济。

难童教育志要

难童为未来主任[人],其教育之重要,为有识者所公认。中国红十字会国际委员会,爰组织灾童教育委员会,公推陈鹤琴君为主任,筹备进行,其委员十九人及视察员十一人,均属教育界有名人士。成立以来,工作殊为紧张。经向本市收容所一百四十三处调查,均有难童留养。审度情形,先由八十四处收容所中,招集学龄难童一七〇七三人,施以适当教育;其余五十九处,尚有难童一三零零零人,则拟徐图推广。每名所用抄写本、练习簿、铅笔等教育用品,三个月预计约需二角五分,总计各项费用约需一万二千元。至各收容所中之教授设备,如黑板、桌椅及其他用品,俨如学校,无不毕具。尚希社会热心教育人士,慨助经费,或担任义务教员,共襄进行!

难民医院之组织与补助

难民自战区逃出,虎口余生,备受炮火惊恐,每多酿成疾病,设不善为疗治,行见不死于饥寒，将死于疫疠！中国红十字会国际委员会，因于本埠组织难民医院三处：第一院在海格路四七六号；第二院在祁齐路一七二号；第三院在姚主教路二百号。各院除门诊外，均有百余床位，可资住宿。遇有难民患病，必须住院者，可请求该会所属医务指导委员会派车送往医治。并组织巡环诊治团三组，分向各收容所医治难民，每组医生均属学验俱优之士，日乘汽车出发八次，每次可诊治一百五十至二百人。更与中华医学会合作，分向各收容所视察卫生状况，指导改进，以维健康。此外更与广仁、同仁、宝隆、仁济、公济、时疫等医院；中华麻疯[风]、难民肺病等疗养院特约治疗难民，分别门诊、住院，按月给与相当津贴；而其他善团所办难民医院，如救世军交通大学医院、广东难民医院、上海工人医院、难童医院等，亦均受该会之补助。总计全埠二十四处，至本年一月底止，共拨助国币五万七千三百余元。

担任各收容所难民给养

上海国际救济会、上海慈善团体联合救灾会战区难民救济委员会及其分会(原名非常时期难民救济上海分会)，均为大规模救济难民之慈善团体。国际救济会设有收容所六处，留养难民二万三千人；慈联会难民救济委员会有收容所三十五处，难民四万余人；其分会则有收容所九十五处，难民五万余人。自沪战开始以迄上年年底，所有难民给养，均由各该善团自行筹措。嗣以经费来源日形涸竭，而开支浩繁，无力再行维持，因商请中国红十字会上海国际委员会继续担任。该委员会原以筹募款项、调剂救济工作为使命，既据声请接济，自乐为之后盾，因于本年一月份起，该三善团所属一百三十六处收容所，难民十一万二千余人之给养，概行按时供给，而所内之管理照料等事，则仍由原善团负责。嗣世界红万字会、中华黄万字会、白万字会(尊圣善会)、只园法会、广东旅沪同乡难民救济委员会、镇金丹溧扬五县同乡会、至圣善院及江宁六县公所等，均纷纷继起申请，亦经许可，业于本月份起，各该善团收容之难民，统由该会担任给养。目下该委员会共供给一百五十五处收容所，难民十二万九千余人之口粮，每名每日以一角计，每日共需一万二千九百余元，加以难民衣被、医药、教育等费之支出及各救济治疗机关之资助，月须筹募六十余万元，方敷应付。至希好施乐善之士源源协济也！

筹设难民工场

中国红十字会国际委员会，以难民生产攸关国计民生，特设工作一组，负责筹备，前在大世界收容所从事试办，成绩甚佳。兹有上海某商家，在八一三以前曾承办外商大宗编草、刺绣出口品，甫经发制，战事突起，工人逃生星散，只得中途停止，倘不照约交货，未来贸易将永远失却！因向该会磋商，拟由各收容所中挑选熟习工人，继续承造。经双方议定办法，商家将各项原料发交难民制造，依出品之多寡，给与相当工资。第以在收容所制作，人多手杂，殊不相宜，拟特组工场，令难民前往工作。至规定时间，仍回所休息，由管理员将房屋加锁，期可保护原料、制品，使无缺损。凡难民应得工资，用记数对折，三面会同填写，以示诚信。除得支取少数零用外，悉为储存银行，至回籍时本利发还，俾充正用。难工在工作期间，概添给晨餐一次，由其所得工资酌提四分之一，以为补偿。刻正积极筹备，拟俟觅得适当房屋后，即行兴工。预计编草一项原料，可供二千人六个月之工作。

拨款救济俄籍难民

上海俄籍难民，其数甚众，类多无衣缺食，生活维艰！中国红十字会国际委员会抱普救主义，凡属难民，不分国籍，概予拯恤，鉴于俄侨之困苦，前经两次拨款六千元，俾资救济，兹又核发国币三千元，交由 Jaspar 君散放。

规定难民给养标准及膳食制法

食品与难民康健，关系甚巨。其种类之选择与数量之分配，苟不得其宜，每足酿成营养不良及其他种种疾病，而调制不适于口胃，更足令人减少食欲。中国红十字会国际委员会有鉴于此，特制成难民给养品标准表，规定食品之种类与数量，分发各收容所，俾便参考。其由该委员会担任供给者，则令参酌难民多寡，依表具领粮食。更须发膳食制作法，令各依照办理。兹分录于下：

一、难民给养品标准表(以每百人一日所需计)

米豆麦	八七磅
菜蔬	一四磅
油盐	一又三分之二磅
煤	五三磅
木柴	一三磅

二、难民膳食制作法(下列数量均以百人一日计)

(一) 星期一 三 四 六

早膳	米	一五·〇磅	
	麦粉	一七·五磅	调合煮成厚粥
晚膳	米	三三·五磅	(1) 二种可合煮豆饭

			(2) 以米制饭，豆加盐煮熟作菜用。
	豆	二一·〇磅	(3) 以豆制成发芽豆，加盐煮熟，亦可佐饭。
	菜蔬	一四·〇磅	菜蔬加油盐炒熟，或制成菜汤，早晚均可佐餐。

(二) 星期二 五 日

早膳	米	四二·〇磅	煮熟成饭。
晚膳	米	四五·〇磅	煮熟成饭。
	菜蔬	一四·〇磅	菜加油盐制成汤，早晚均可佐餐。

如遇市上菜蔬缺乏，则代以适量之豆，加入油盐，煮熟佐餐。

(说明)上开膳食数量，下列人等，尚有不足，应依下法办理：

甲、哺乳妇人——应给双份食物。

乙、劳力者——如有工资收入，其不足之食品，应出资添购。

丙、将分娩之孕妇——以给两份食物为原则，但所中如有六岁以下儿童食量较成人为小时，可将儿童余食分给孕妇。

原载《中国红十字会月刊》1938年第32期

会讯：红十字新闻[节录]

美国中华战事救济会捐集巨款

外息，旧金山美国战事救济会，成立于去年八月十九日，由九十一华侨团体所组织，顷已捐集美金一百万元，以为救济中国战区难民之用，该会除募集捐款外，并供给医药用具以及衣服等，以救济各战区内伤兵及难民之用。至该项捐款之分派，已有发与南京中央非常时期救济委员会、上海及汉口中国红十字会国际委员会及广州非常时期救济委员会等者。据悉捐助款项者，不下三万人，其中百分之三为美国人士。每日中美人士之由邮寄或亲来捐助者势如潮涌，男奉其月俸，女当其珍饰，男童则代客刷鞋，女童则出售鲜花，一般青年则举行各项球赛，以增加其捐款之数。又该市之华籍运动家，亦订于本月六日与洛杉矶华籍运动家举行一名为“饭碗”球赛，以救济一般“无饭食”之华人，首次一百万元，经于三月内募足，第二次所订为二百万，目下已募得一百七十万元，该会会员现已全体出动，并申明涓滴所入，俱归救济华人之用云。(民国廿七年二月五日《华美晨刊》)

国际红会补助济众难民医院

工部局华员总会与上海精武体育会，设立济众难民医院一处，地点在汉口路一一五号，专收贫病待治难民，免费住院。暂备床位百张，并聘请工部局华董奚玉书氏任院长。该院经费除由两会互认六千元外，国际红十字会并捐助一千元云。(民国廿七年二月六日《大美报》)

国际红会救[教]委会推进新文字运动

中国红十字会上海国际委员会教育委员会，对于本市难民之教育问题，进行颇为努力，业经先后设立难民义务学校多处，成绩颇有可观。兹据记者探悉，该会为普及是项教育计，拟推行新文字教育，使简易之教育，得普及于民间。现已次(决)定设立新文字研究会，先事训练一般新文字之教育人材。业经决定于明日(八日)上午十时，在圆明园路一六九号该会举行。并于昨日分别函知教育界人士，届时前往参加云。(民国廿七年二月七日《中国日报》)

国际红会续收到海外捐款

中国红十字会上海国际委员会自征募捐款救济难民以来，中外团体、个人及各埠侨胞之慷慨协助者，为数甚巨。最近所收国外较巨捐款，计有英国华灾救济会四万元，旧金山旅美华侨统一义捐救国总会三万五千元。本埠外侨方面，则有波斯侨民先后捐助三千八百五十元，荷兰侨民移捐公主诞生庆祝费二千元。而中国妇女会近亦捐助一千元，当仁不让，诚堪钦佩。(廿七年二月十日《华美晨刊》)

国际红会成立残废伤兵医院

红十字会上海国际委员会，最近创办残废医院一所，已于本月一日开幕，收养残废伤兵七十五名，均配装临时假肢，使之能供操作。并已设木工场一所，与中国科学仪器公司接洽，平价承办金属制作品。现已计划创办工场，制造永久假腿，已聘定北平协和医学院骨科工场技师二位，担任制造。(廿七年二月十七日《晶报》)

国际红会办理难民卫生事宜

中国红十字会上海国际委员会、中华医学会及工部局卫生处等，合办租界内难民卫生事宜，成立各种委员会主持其事。其工作近况志后：(一)上海联合防疫会，由红十字会委由中华医学会，负责办理。并派定张信培医师为难民收容所附设诊所及巡回诊疗车主任，苏德隆医师为巡回清洁队主任，按日为各收容所难民诊疗，及除虱洗浴。现又添设巡回诊疗车一辆，停于池浜路三十三号办事处前，以应急召。(二)最近成立难民卫生合作委员会，由杜德赫君与黄子方医师为主席委员，而由各卫生机关及收容所代表充任委员，亦已开始工作。(三)医务委员会主办之药物总贮藏处，系存储各方捐赠及自办之药物器料，以供给难民诊所及难民医院之用。原规定凡受该会补助之难民医院,其四分之一之补助费,指定以药物代充,近以各医院受有英国助华基金委员会,及其他团体捐赠药品,故经会议决定,仍改以现金发付;惟如欲购办其他医院必需用品,如器械及试验用具等,则须请总贮藏处出面购买。(四)本市各伤兵医院,大都结束,其所有用品,由红十字会接收,以供难民医院之用,现成之医院用品贮存处于汉口路一一五号,并派定亨利君主持其事。凡欲借用该项用品者,均可前往接洽云。(民国廿七年二月十七日《文汇报》)

国际红会赞助慈善工艺

基督教普益社鉴于沪战之后,数千居民,不久拟回至劫后战区之中,兹为服务受难起见,特仿效欧美办法,发起"善益工艺",冀能推行于战区之中,从事救济难胞。今在国际红十字会赞助之下,特制"普益篮"及"普益袋"两种,拟置于乐善好施之家中,或其他公共机关,在严密审慎之组织下,广集篮中废弃旧衣、器具及家用杂物,即在普益工艺工场中加以修补、制造,然后发给各收容所之难民,在离所时可带至劫后荒凉之家中,或以平价变卖所得,以济助实在缺少之难民。该社现所最需要者乃各大慈善家之尽量合作,捐助一切旧鞋、橡皮套鞋、大帽小帽、雨伞、被服、枕头、床、行军床、新旧布块、碗、盆、器皿等物品,以充实工房,使多多为难胞服务。闻该社暂设于汉口路一一五号二楼二零二号国际红十字会内。(廿七年二月廿二日《新闻报》)

万余具尸体决定用火葬

苏州河北新泾及虹桥一带河浜,前因该处发生激战,各河浜内浮尸共达万数千具,均已腐烂,近日气候转暖,经阳光蒸发,臭味熏天,而路上及田野间尸体,亦均暴露地面,无人收拾。兹悉红十字会及地方协会合组卫生队,与公共租界工部局卫生处合作,前往清除,实行火葬,成绩甚佳,僧侣掩埋队亦继续兴起,红十字会及慈善团体联合会等均助以经费云。(民国廿七年二月廿三日《上海日报》)

红会征求难民工作场所

中国红十字会上海国际委员会,特设工作委员会,推定费夫人为主任,设办事处于圆明园路一六九号内五二零号写字间(电话一八〇一〇),专司难民各项工作之设计。兹以本埠商界在八一三前,曾承办大宗编草、刺绣出口品,及战事突起,工人逃生星散,无法照约交货,未来贸易,势将失却,同时收容所难民,不乏曾习此项技术,或稍加训练,即能工作者,任令眠食无事,适足养成懒惰习惯,该会为图双方便利计,特居间联络,拟由各收容所中挑选难民,承造是项制品。经议定办法,商家将各项原料,交由难民制造,依出品之多寡,给与相当工资,用记数折两份,三面会同填写,以昭诚允。除酌提晨餐费外,余均代存银行,于离所时本利发还。闻各项原料均甚充足,可供四千人六个月之用,惟以在收容所制作,人多手杂,不便良多,拟特组工场,令难民前往工作,至规定时间,仍回所休息,由管理员将房屋加锁,期可保护原料制品,使无缺损。刻正征求适当房屋,以利操作。暂时虽属免费借用,日后仍付较廉房租;倘有人重价租贷,则可约期迁让。急公好义之业主,当愿慷慨应征,共襄善举,如有房屋应征,请约李百强君(电话一八〇一〇)或李广诚君(河南路五〇五号电话九一七六八号)接洽。(民国廿七年二月廿四日《新闻报》)

沪战摄影展览

上海战事摄影陈列会,自今日上午起,每日借南京路大新公司四楼,公开展览,陈列照片共有三百余张,每张大约一二尺,所有去秋上海战事以后之情形,无不摄入照片,如南京路爱多亚路之跌落炸弹,各国陆海军如何防守租界。该项照片,均本埠瑞典人某氏随时摄取,不久即运往欧美陈列;此次在上海展览,所收每张五角之券资,捐入国际红十字会作救济难民之用云。(民国廿七年二月廿五日《新闻夜报》)

原载《中国红十字会月刊》1938 年第 33 期

会讯:红十字新闻[节录]

国际红会续收到海外捐款

红十字会国际委员会鉴于难民麕集,给养浩繁,各收容所纷纷请求补助,非向国外广募捐款,殊感难于应付,因特电中国驻美大使王正廷博士及各埠领事,请转知各侨民团体,拨款协助。业于上年十二月中旬汇到侨民捐款五万元,本年一月四日及二月三日,又先后接到旧金山旅美华侨统一义赈救济会又续助捐款四万元、澳洲红十字会国币二千八百余元,此外友邦人士之慷慨解囊,径行汇沪者,更源源不绝,宏襄救济,博爱深情,至足感也云。(民国廿七年三月一日《华美晨刊》)

中国红十字会举办之难民教育近况

中国红十字会上海国际委员会,因鉴于上海各难民收容所亟须实施义务教育,特于三个月前,组织难民教育委员会,当推陈鹤琴为正主席,刘湛恩为副主席,并举萌卢爱德为儿童教育组组长,傅若愚为成人育教[教育]组组长,何清儒为职业教育组组长,赵传家为秘书处主任,陈济成、朱少屏为视导长。该会成立以来,经主席陈鹤琴全力擘划，颇见成效，计全沪二百二十一难民收容所中，已成立儿童班者有一百三十所，已成立成人班者九十七所，儿童学生计二万七千九百四十八人，成人学生计七千三百三十七人，教师四百九十五人。该会为积极进行起见，并聘华丁夷为儿童教育组主干兼总务，庞任公为秘书处秘书，李义育为成人教育组主干，郑文汉为职业教育组主干，此外并聘任王复旦、李瑞华、奚均礽、徐巽华等二十余人为视导员，逐日往各所视察教育事宜，该会目前决定于一二星期内务须于各收容所内，均有儿童班及成人班成立云。(民国廿七年三月二日《华美晨刊》)

生产工作委员[会]举办各种工业

上海国际红十字会生产工作设计委员会，为维护难民劳动精神起见，特通函各善团，凡受红会补助给养之收容所，均希一致推行难民生产工作，凡目前厂商与收容所订立之契约亦须作废，嗣后并须与该委员会直接商洽。又闻该委员会，现拟具办各项大规模之难民工场，诸如花边、刺绣、手套、草织、木工、玩具以及铜锡、洋铁、罐头等工作，此项厂商倘愿与该委员会合作者，均请每日上午(尤以星期二、五为最佳)至圆明园路一六九号五楼五二〇号该委员会，费主席或李秘书接洽云。(三月三日《大美晚报》)

国际红会推动防疫

中国红十字会国际委员会，鉴于大战后后必有大疫，而四郊尸体遍处皆是，污气四溢，同时市民受战事影响，生活降低，大多穷处一隅，恶浊不堪，尤足为疫病之媒介。爰联合中华医药会、工部局卫生处等团体，组织防疫委员会，推中华医药会负责主持其事，并普遍施射防疫针，以防患于未然。该会以各收容所中难民集居一处，疾病传染甚速，特设立诊所及巡回治疗车，已派张信培医师为主任负责办理，并另派苏德隆医师为清洁主任，主持难民卫生、洗浴、除虱等工作。(廿七年三月四日《文汇报》)

国际委会派员视察近郊各地

中国红十字会国际委员会，前为遣散难民起见，成立近郊救济委员会，并由外籍人员组织视察团。兹悉该视察团日来分赴上海近郊，如江湾、浦东、吴淞、浏河、南翔、昆山、大场、太仓、松江、苏州、无锡、嘉兴等地视察，以便酌量遣送难民前往上述各地。闻其他各收容难民机关，因本市难民太多，长此收容，经济不易维持，故均赞同此项办法，计划在可能范围内将难民逐渐遣送回籍。(民国二十七年三月五日《文汇报》)

沪市收容所难民现有十二万人

上海国际救济会、上海慈善团体联合救灾会战区难民救济委员会及其分会，均有大规模救济难民之慈善团体。国际救济会设有收容所六处，留养难民二万三千人；慈联会难民救济会有收容所三十五处，难民四万余人；其分会则有收容所九十五处，难民五万余人。自沪战开始以迄上年底，所有难民给养，均由各该善团自行筹措。嗣以经费来源，日形涸竭，而开支浩繁，无力再行维持，因商请中国红十字会上海国际委员会继续担任。该委员会原以筹募款项、调剂救济工作为使命，慨然允诺，自本年一月份起，该三团所属一百三十六处收容所，难民十一万三千余人之给养，概行按时供给，而所内之管理照料等事，则仍由原善团负责。嗣世界红万字会、中华黄万字会、白万字会(尊圣善会)、祇园法会、广东旅沪同乡难民经[救]济委员会、镇丹金溧扬五县同乡会、至圣善院及江宁六县公所等，均纷纷继起申请，所有各该善团收容之难民，统由该会担任给养。目下该委员会共供给一百五十五处收容所，难民十二万九千余人之口粮，每名日以一角计，每日共需一万二千九百余元，加以难民衣被、医药、教育等费之支出，及各救济治疗机关之资助，月须筹募六十余万元，方敷应付，务望好施乐善之士，源源接济，兹将各收容所及难民数目，分志于后：慈联会难民救济分会，收容所九十五处，难民五万人；慈联会难民救济委员会，收容所三十五处，难民四万人；国济(际)救济会收容所六处，难民二万三千人；世界红万字会，收容所九处，难民四千人；中华黄万字会，收容所一处，难民一千人；白万字会，收容所一处，难民六百五十人；祇园法会，收容所二处，难民八百五十人；广东同乡救济难民委员会，收容所二处，难民七千人；镇丹金溧扬五县同乡会，收容所二处，难民四百人；江宁六县公所，收容所一处，难民一千五百人；至圣善院，收容所二处，难民六百五十人，以上共计收容所一百五十五处，难民十二万九千另五十人。(民国二十七年三月八日《生活日报》)

银行业捐薪救济难民　三元救命会会员达千名

本市银行公会及中中交等各会会员、银行服务同人，鉴于沪上难民众多，不谋长期救济，殊难持久，故特发起扣薪救济难民捐款。其办法规定各行同人，以每月所入捐助百分之二，由各行会计处代为收集。据悉，第一次中中交等各行共扣得捐款达五万余元，业于日前先行拨解五万元与国际红十字会，拨充救济难民费用，同时仍行继续捐助，闻每月所得总数，不下二万余元。又悉市商会方面对于此种扣薪救济难民办法，亦颇赞同，故希望各同业服务同人能继起效法。

上海国际委员会，以本埠收容难民，数在二十万人以上，给养浩繁，开支巨大，维持匪易，当经开会议决，创立三元救命会，广征会员，共襄善举。凡愿月捐国币三元，为救济难民费者均可加入，则聚沙为塔，集腋成裘，难民生计当不难解决。兹悉经该会发起人颜惠庆、施肇基、刘湛恩、罗公侠等中外名流分别函请各界加入，征求以来，加入会员颇形踊跃，闻已有千人以上云。(廿七年三月十日《生活日报》)

红十字会国际委会募得捐款

中国红十字会国际委员会，以筹募捐款、补助各救济团体为使命，自上年十月二日成立以来，承国内外热心慈善人士之赞助，捐募者极为踊跃，截至本年一月底止，连同财部拨助之公债及现币，共收一百五十三万一千八百八十七元零九分，支付救济费八十七万八千一百九十八元七角六分。内以难民救济费为最巨，计共六十万一千六百三十四元零一分；次为伤兵救护费，计共十一万九千九百五十七元三角八分；再次为医药费，计共八万九千七百九十五元九角二分。闻自二月份起，募得捐款已有二十余万元。(民国二十七年三月十一日《文汇报》)

难民给养可无虞　红会到米二千吨

中国红十字会国际委员会，以收容所难民众多，给养浩繁，特经开会议决，除设法派员分赴泰县、温州等处采办国米、黄豆外，一面向暹罗定购巨量白米，并呈准财政部免收关税，照价平售于各善团，以供收容所难民粮食。兹悉该项定购白米，业已先后运到二千余吨，其余定米亦在陆续装运中，不日即可到沪去。(民国二十七年三月十二日《中国日报》)

各慈善团体一致注意夏季防疫

本市今岁值变乱之后，四郊喋血，尸骸遍地，故夏季防疫问题，颇为各界所重视。兹悉上海国际救济会、中国红十字会、慈善团体联合救灾会、世界红万字会等各慈善团体，均一致加以注意，并已作种种有效准备，各该团体负责人私人间，已进行磋商。闻防疫方针，除赞助两租界卫生当局尽力办理界内防疫工作外，对界外浮厝遗骸，仍辅助各掩埋机关继续加以清除，同时对各收容所之清洁卫生及医药治疗等设备，亦加以最大之注意。(民国二十七年三月十三日《新闻报》)

大新沪战影展入场券资减价

上海战事摄影展览会，假南京路大新公司四楼开会，观者无不赞美。兹因该会定于本月二十四日开幕，为日无多，应从各方面要求，将入场费减去百分之六十，每

人仅收二角，俾上海人士均有往观机会。所有收入，均捐助国际红十字会，为救济难民之用。（民国二十七年三月十五日《新闻报》）

红会国际会拨款救济俄籍难民

上海俄籍难民，为数甚众，类多无衣无食，生活维艰。中国红十字会国际委员会抱普救主义，凡属难民，不分国籍，概予拯济，叠经两次拨款六千元，救济俄籍难民。兹该会又拨国币三千元，继续散放；并悉该会前经议决拨款五千元，救济陕西难民，亦于日前交由该陕西分会书记英国浸礼牧师路思睿君照数给放矣。（民国二十七年三月十六日《中国日报》）

英大使昨参观难民收容所

英国驻华大使蔻尔氏，于前日到沪，中国红十字会上海国际委员会总干事贝克博士及宣传筹募主任施肇基博士、英国驻沪总领事斐律泼斯氏等，日昨陪同前往小沙渡路、卡德路、河南路、祈齐路等收容所参观，蔻氏对于上海难民救济事业，颇为关怀，而于各收容所办理成绩亦颇嘉许云。（民国廿七年三月十七日《新闻报》）

南京遣沪难民各方调查迄无下落

本月十三日报载：日军当局及救济机关，由南京遣送难民一万七千名到沪，半数由救济会收容，半数尚逗留闸北消息。顷据红十字会国际委员会发言人云：迄今尚无此等难民入境，经多方调查，究属有否南京难民到沪，不得而知云。（民国廿七年三月二十日《上海日报》）

国际红会续请财部拨款

中国红十字会国际委员会，成立以来，救济沪市难民达二十余万人。财政当局，亦曾两次共拨助救国公债八十万元、现币五十万元，奈以难民麕集，开支浩繁，救济费几将用罄。现悉该会除续向各界筹募外，并拟再请中国财政当局续拨赈款，以利救济云。

上海、南汇、川沙、松江、青浦、奉贤、宝山、嘉定、太仓等十县旅沪公民秦砚畦、钱选青、张继斋、金其源等，以桑梓农事困苦，曾于日前向国际救济会呼吁，救济春耕，俾资秋收有望。该会经与本市各善团磋商后，认为兹事体大，拟筹贷种款，以济农民。昨(二十二日)特通知各该县旅沪公民请愿代表到会，熟商详细办法云。

国际红十字会，近据委员会杜达氏建议，特通知本市慈善会、国际救济会、市民救济会、中国济生会、红万字会、黄万字会等各慈善团体，转饬所属各收容所，将各该所之患精神病之难民，统查登记，拟筹备设立疗养病院，昨(二十二日)慈善会已

遵该会通知各所照办矣。(民国廿七年三月廿三日《中国日报》)

红十字会国际委员会扩大救济全国难民

中国红十字会上海国际委员会,自上年十月成立以来,工作进行殊为努力。目下担任本市十一善团所办一百五十余处收容所之十五万难民给养,及医药、教育等费,每月开支,为数甚巨。为共商会务进行起见,特于廿二日下午五时,在国际饭店举行执行委员会议,到颜惠庆、施肇基、朱友渔[渔]、贝克、饶家驹等中西委员约二十人,除由救济、筹募、医务、财务各分委员会陈述工作状况外,饶家驹神父报告本届亲赴汉口、香港募捐及所见难民情形,据称,与当局及各界接洽,结果尚称圆满;主席颜惠庆博士报告,加拿大红十字会、救世军及各教会,近在多郎度合组救济中国战区难民协会,推定屈文六君为会长,从事劝募,协助救济;又扩大救济范围一节,业经呈准中国红十字会领到许可证,此后全国各地之难民救济,均得办理云云。旋议决各议案,并决定将李馥孙夫人赙仪约四千元拨充救济,登报鸣谢,至七时散会。(民国二十七年三月二十四日《文汇报》)

国际红会为儿童节征求赠品

本年四四第七届儿童节行将来临,本市因环境关系,未能作大规模之庆祝。《各收容所难童之纪念儿童节办法》业由中国红十字会国际委员会教育委员会订定,并已函发各收容所知照办理。该会为鼓励儿童向学并纪念儿童节,特函各中小学校给予入学儿童捐赠难童物品之机会,征求儿童节纪念赠品,如文具、毛巾、牙粉、玩具、糖果等均为欢迎,至希各校学生踊跃输将,于四月二日前送交圆明园路一四九号四楼四二一室该会办公处。又中华慈幼协会,业经函请本市公共租界工部局,于四月四日儿童节免费开放花园,俾便团体儿童游览,凡本市各小学校之小学生,以及各难民收容所之难童,届时如欲结队前往公园游览者,可于四月一日以前,备函该会接洽云。(民国廿七年三月廿九日《华美晨刊》)

红会教委会规定儿童节难童纪念办法

本年四四第七届儿童节,行将来临,本市因环境关系,未能作大规模之庆祝,《各收容所难童之纪念儿童节办法》业由中国红十字会国际委员会教育委员会订定,兹探录于后:(一) 各收容所儿童班于四月四日一律停课一天(成人班仍须照常上课),集合所内已入学或未入学之男女儿童于教室,举行儿童节纪念会;(二) 儿童节纪念会于四月四日上午十时至十一时举行;(三) 儿童节纪念会之重要节目规定如下:(1) 唱歌,儿童节歌;(2) 报告,儿童节纪念简史及纪念意义;(3) 故事,由教师讲解古今伟人之儿童时代轶事;(4) 表演,由难童自行表演各种歌舞或游戏;(四) 四月四日儿童节在所内或教室内可张挂家庭教育图书,(该项图书可向博物院路一三一号五楼中华慈幼协会领取),并缮贴标语;(五) 举行儿童节纪念会时,欢迎所外附近儿童参加,并请难童家长参观;(六) 举行纪念会时,本会派指导员参加指导,对于办理成绩优良之收容所予以书面奖励(发奖状);(七) 参加纪念会之难童,本会酌发赠品,以资纪念(该项赠品须由本市各中小学学生所捐赠);(八) 各收容所举行儿童节纪念会后,须将开会情形及筹备经过,用书面报告本会,以便存查。(民国二十七年三月三十日《文汇报》)

原载《中国红十字会月刊》1938 年第 34 期

会讯:红十字新闻[节录]

国际红会实施难民教育

中国红十字会上海国际委员会,鉴于难民教育之重要,特于四个月前组织难民教育委员会,推选陈鹤琴博士为正主席,刘湛恩博士为副主席,萌庐爱德君为儿童教育组组长,傅若愚君为成人教育组组长,何清儒君为职业教育组组长,赵传家君为秘书处主任,陈济成、朱少屏二君为视导长。成立以来,规划进行,不遗余力,计全沪二百二十一收容所中经实施教育者,已有一百八十四处,儿童学生达三万人,成人学生达一万人,共设七百廿五班教授,教员约五百八十人,均属义务职,仅月支车马费六元至十元。所有教育用品如铅笔、练习簿等,均由该会发给,并与工作委员会合作,使难民受相当职业训练,以为将来自立地步。(民国二十七年四月七日《新闻报》)

国际红会注重体育

中国红十字会上海国际委员会教育委员会鉴于难民收容所难民健康之重要,特推行体育运动,举办各项体育运动,如健身操、球类、游戏等,并举行所际比赛,以增兴趣。该会为考查各所体育与卫生起见,增聘体育视察员,严行督促,施行未久,成效已见,在此凄惨清苦的环境中,尚有是项体育活动的施行,一般被难同胞,鉴于身体康健的重要,从事是项活动,亦颇感兴趣,这是孤岛上难能可贵的一种民众体育。(民国二十七年四月七日《生活日报》)

振委会救济难民

全国战区难民,流离失所,困苦万状,记者顷从关系方面探悉,最近当局决定设立全国振济委员会,前驻日大使许世英氏任委员长,现已积极筹备进行,本月底前可告成立。该会专办统筹各地难民救济事宜,注重教养兼施,厉行本位生产。兹悉中西慈善家屈文六、王一亭、饶家驹等,均经聘为该会委员,即上海一埠,闻已内定每月补助各慈善团体经费二十五万元,每年达三百万之巨。各省市县得设分支会,惟上海方面因环境关系,暂不设立,由各慈善团如红十字会等,分别负责办理云。(民国二十七年四月七日《力报》)

慈联会拨米接济国际红会

慈联会近以红十字会国际委员会经费渐告枯竭,而全市难民给养,均赖该会负担。兹悉慈联会主席屈文六氏,因会中尚有存米两千包,已决定拨交国际委员会,以资接济。又慈联会由香港募来之一批振衣三万余件,昨(七日)日已分发竣事。(民国二十七年四月八日《新闻报》)

假冒红十字会骗难民捐

上海国际救济会,昨有人投函告发,沪市近发现假冒红十字会募难民金行骗,其原函云:"执事先生台鉴,日前在法界外滩六三号小饭店内见一人,年约念二三岁,细小身材,着灰色长衫,手提小皮箱,声言为贵所职员,劝募难民捐。事后见该员留下收条上字句不通,其所盖图章上SHANGHAI字样正好弄成反面,由此可想见完全假冒。鄙人察询就近店铺,多出是项捐款,款额最多五角,少则一角,此捐若属假冒,当有碍贵所职务,而害及难胞,仅将该收条奉上,乞详察为盼,法界外滩七四号王景灏启,九号发。"据国际救济会负责人语记者,该会自成立以来,从未派人携收条在外募捐,今发现此假名募捐行骗,除望各界勿受其愚外,并已请法租界警务处当局设法查缉云。(民国二十七年四月十二日《公平日报》)

教育界募集灾童救济金

本市教育界鉴于战区儿童之急待救济,组织募集儿童救济金委员会。兹闻各学校所募救济金为数不少,大半已向指定收款处缴付,其有尚未缴付之各学校,已催令尽速募集,缴付河南路五〇五号国际红十字会或霞飞路新华银行,俾战区难童早沾实惠。(民国二十七年四月十日《新闻报》)

红会国际委会规定收容所设备标准

中国红十字会国际委员会为提高各收容所标准及工作效率起见,兹特分发"收容所较好设备""收容所最低设备"各一种,着各收容所依照施行,该会视察人员,亦随时依照标准加以指示,日后考核各收容所工作,亦根据此项标准云。

五个月中英汇沪捐款二十三万

据红十字会国际委员会负责人称,近五个月中,该会接到英国华灾救济协会捐款共计四次,总数达华币二十三万元。此项捐款,均用于救济难民云。(民国二十七年四月十六日《生活日报》)

国际救济会筹设四大难民工场

中国红十字会国际救济会所属六收容所,对于难民生产工作,已有相当成绩,如裁缝、刺绣等工场,均已开办。该会顷为促进生产起见,筹设四大难民工场,兹探录如后:(一)筹设大规模草织工场,该会与前华成草织厂代表谈商,尽量供给草纸、原料、技能及保证成品出路,现下已分函调查六处收容所工作,将来拟集中第三收容所办理。(二)筹设木器工场,业经该会通过经费预算,现下已约定技师制造玩具,并已计划筹备设工场,将来如有成效,再行制造木器玩具,推广木匠出路。(三)筹设手摇织袜工作,据同兴实业社经理来称,该社可供给织袜原料、织袜机及技师,并保证承销出路,嘱该会代为开办手摇织袜工场。现已接受此项申请,着手调查熟手及生手工人,一俟有相当人数,即行筹办。(四)筹设洗衣工场,洗衣工作简便易行,所需经费亦极有限,如该会各收容所附设之各医院,据调查每月支出洗衣费,不下数百元,如能开办洗衣工场将所有病人衣服,承办洗烫,对于难民既可多得一生产工作,对该会亦可节省开支,现拟先与第五收容所医务主任江上峰接洽,如有眉目,即行着手筹办云。(民国二十七年四月十七日《大美报》)

国际红十字会发表难民医院一览表

据中国红十字会国际委员会视察组发表,本市各善团所设难民医院及约定医疗难民医院如次:

注意:各收容所如有重症急须送医院者,打电话到二〇八〇六号(海格路四七六号)接洽。本表备参考用。

名　　称	地　　址	电　　话
(一)普通医院		
上海国际红十字会第一难民医院	海格路四七六号	二〇八〇六
上海国际红十字会第二难民医院	祁齐路一七二号	七四五六六
中国红十字会第一医院	海格路三六三号	七〇一六三

续　表

名　　称	地　　址	电　　话
仁济医院	山东路一四五号	九〇一六六
宝隆医院	白克路四一五号	三四三一四
慈联会难民救济分会第一救济医院	爱多亚路七三〇号	九六五六四
慈联会难民救济分会第二救济医院	小沙渡路一〇〇〇号	三五四五七
上海疗养卫生医院	莫利爱路五一号	七二五二八
同仁医院(第一医院)	九江路二一九号	一七二一三
同仁医院(第二医院)	白利南路三七一三号	二一八四三
广慈医院(第一医院)	金神父路一九七号	七〇〇四四
广慈医院(第二医院)	吕班路一四九号	八一五七〇
上海国际救济会难民医院	北河南路上海市商会内	四三一七七
(二) 传染病院		
老年病弱肺病疗养院	小沙渡路	三六五一九
上海时疫医院	虞洽卿路二五号	九二四一二
工部局隔离医院	北海路一六二号	九一〇五五
难民肺病疗养院	白利南路三五号	二二六一八
国立麻疯[风]医院	池浜路四一号	三六五六三
(三) 儿童医院		
难民儿童医院	慕尔鸣路六五号	三七八四四
万国红十字会难民婴儿临时医院	威海卫路七三七号	三六八一一
(四) 妇女及产科医院		
西门外妇孺医院	徐家汇八五〇号	七〇二一六
广仁医院	爱文义路三六一弄二号	三〇九二一
惠旅医院	爱文义路一三〇 A 号	九〇二七四
广仁医院(第二医院)	愚园路八三八号	二〇六九〇
(五) 神经病医院		
Shanghai Merey Hospital	闵行北桥(来往需通行证)闵行十二号	

续　表

名　　称	地　　址	电　　话
(六) 孤儿育婴堂		
中华慈幼协会(男四岁至十四岁,女六岁至十六岁)	博物院路一三一号	一八三五六
国际红十字会小儿室(六岁以下)	极司非而路一八五号	
皖寿森难童收容所(男六岁至八岁,女八岁至十二岁)	福煦路八四一号	七五八五二
中华慈幼协会难民收容所	大西路一一六号	二二八三八

美国汇款救济中国难民

美国人士,同情中国。故经罗斯福总统发表演说后,各方即开始捐款运动,现尚在进行中,捐款运动开始时,即汇来美金九万九千元。第二批汇来十六万五千九百元,日前续汇来十万元,故其总数已达三十六万四千元。其中除以三万元汇往马尼剌,充救济由我国内地避难前往该处之美国侨民外,其余均由中国国际红十字会支配,购买药物等,以为救治伤兵、难民之用。又国际联盟会亦收到救济中国难民、伤兵之捐款五万盾(荷兰通用币),该款半数系由荷兰政府所捐赠,半数系在荷属东印度捐募所得,当由国联会购就大批药品,尤以金鸡纳霜为最多,均已运来,交由国际红十字会分配。(民国二十七年四月十九日《导报》)

红会国际委员会给养难民达十七万人

本市难民迩来继续增加,给养居住均日见困难,除居住问题,现由各善团竭力设法增建芦棚,以资容纳外,目前全市难民给养,则渐次由中国红十字会上海国际委员会统盘主持,现各慈善团体请由该会发给给养者,计有上海国际救济会、上海慈联救济难民委员会、上海慈联救济分会、广东旅沪同乡救济委员会、世界红卍字会、镇丹金溧扬五县同乡救济委员会、中华黄卍字会、江宁六县公所、祇园莲社、尊神[圣]善会、至圣善院、上海市地方协会、上海市第一特区市民联合会、上海基督教普益社等共十四团体,共给养难民十七万人以上。全国救济总会协助本市救济难民款项,首次十五万元,已于日前拨到,除五万元已归南市难民区外,其余十万将归红会国际委[员]会统筹购办给养。又该会对于本市难民以后给养,认为万分重大,刻正谋多方面之准备云。(民国二十七年四月二十一日《新闻报》)

难民移殖二批赴赣

战区难民移殖协会第二批难民移殖队，由该会总干事王千里氏，率领于十六日乘棠赛轮出发，经甬转赣各情，已见报载。兹据该队电告，于十七日晨安抵甬埠，即由鄞县政府招待全体难民、职员等至龙化寺休息，当地各界、各团体纷纷派代表慰问，并捐赠物品甚多，中国红十字会宁波分会会长袁端甫及华美医院、天生医院等慨捐大批药品，鄞县自卫会捐助旅费四百元、桂文亮捐十元，难民等极为感奋，即在该地逗留二日，十九日晨继续离甬，向内地出发。临行由宁波防守司令部，拨借汽车五辆，分载全体人员，送至义乌，并代电赣省府，嘱浙赣路派车至义乌迎接，直达吉水云。(民国二十七年四月二十三日《通报》)

中国篮球队为上海难民请命

中国篮球队莅港后，十四日晚七时假青年会健身房初次演出，与本港篮球三鼎甲之一南华比赛，即以六四比卅七之巨大差数战胜。今晚(十五[日])再与此间青年队作赛，十六日去澳门，沿途为上海难民募捐。据领队邓次乾谈，此次远征，纯为中国红十字会及上海慈善团体联合会所主持发起，目的乃为筹款慰劳及救济云。(民国二十七年四月二十二日《新闻报》)

义[意]国捐赠药品

义[意]大利政府对我国战事表示同情及钦佩之意，特捐赠大批药品及外科器件，即将运抵香港。本市国际红十字会医师组接得此项消息，颇为奋感。义[意]大使为此事特于日前往访上海国际委员会主席颜惠庆氏，并称如本市需要此项物品，义[意]红十字会等可尽量捐赠，至政府已捐之一批，预定分为三份，一分[份]送至汉口，一份由内地教会支配，一份则送至上海交国际红十字会分配。(民国二十七年四月二十二日《国民日报》)

旅檀香山华侨昨汇到医药费

檀香山华侨对于国内公益慈善事业，向甚热心赞助，其募捐团体去夏业经特组檀岛中国救灾协会，为中国华洋义赈救灾总会之后盾。军兴以来，已汇到一万三千余元，迩以受伤患病兵民，为数甚巨，又经成立檀岛华灾区医药协济会，专就当地筹募，接济中国红十字会上海国际委员会，俾充治疗之用。昨经汇到国币一万元，指定半数用于上海，余充各埠之需，闻此后尚有陆续寄来，侨胞之爱国乐善，诚足令人感佩也。(民国二十七年四月二十三日《华美报》)

刘湛恩遗惠童丐

沪江校长刘湛恩博士，自被刺殒命后，红十字会国际委员会及上海国际救济会,经收到刘氏丧仪,现已达二千元之谱。兹悉有热心慈善事宜之人士,鉴于刘氏生前致力社会教育,主张将该丧仪,全数拨充教养童丐之用,以垂永久纪念。现国际会方面,已在征求刘夫人王立明女士同意中云。(民国二十七年四月二十四日《国民日报》)

第三救护医院昨日宣告结束

自“八一三”战争发生,中国红十字会上海市救护委员会曾主办伤兵救护医院三十六所,办理救护事宜。嗣吾军退出上海后,各院均先后办理结束,所有未了工作,因第三医院成绩最佳,故均由该院负责办理。兹悉该院所有伤兵均已痊愈,且已分别遣送回籍,故特于昨日(廿四日)宣告结束,并于午后二时,在院内(震旦大学)召集全体工作人员举行话别会,计到中外医师、职员及圣心、广慈两医院中外护士等计四百余人,由吴云瑞院长报告经过,中国红十字会总会及上海市救护委员会亦均派员致辞。该院因系与天主教合作,故神父及修道女到会者颇多,闻该院为留永久之纪念起见,特制纪念戒一种,分赠各工作人员,以资纪念云。(二十七年四月二十五日《生活日报》)

国际红会举办难民生产团

中国红十字会上海国际委员会教育委员会,为实施难民职业训练,发挥劳动精神起见,爰组织难民生产教育推销团。该团开办至今已将三月,自二月十日起开始营业,二月份二十天工资,计最多者有七元余,最低者二元四角余,平均每人得三元四角余,三月份工资平均为四元四角。该团团员皆系青年难友,具有小学程度,入团后施以特殊训练,训练目标分人格修养、体格锻炼、整洁与外貌的注意、谦恭的养成、智机语言的练习等,并有生活谈话,销货种类计分化装品、日用品、文具、糖果四种,俱系国产,并推销各收容所难民出品,使难民生产物品不致积滞,特制定货单,代顾客定购各种货物云。(民国二十七年四月二十六日《华美晨刊》)

难童考试办法业经订定

国际红十字会教育委员会,自设施难童教育以来,颇具成效。兹为考核各收容所儿童班成绩,订定考试办法如下:(一)本会为考核各收容所办理儿童班教育成绩,并便于各所难童出所时升学起见,特制定本办法施行考试,各所须遵照办理;(二)各收容所儿童班之考试,由本会主持,并派本会各组干事及视察员负责主持各所考试及协同评阅试卷事宜,并调派各所教师担任阅卷员,阅卷方法采取集中方式;(三)各所全体受教儿童均须参加考试,并由各指导员先行造送学籍表,以资根据，凡学籍表无姓名之学生，临时一律不得参加考试，即或自行与试，成绩亦不核计；(四) 考试方法采用测验法，内容包括国语、常识及算术三种，试题由本会编就，各年级混合拟订，详阅时各级有及格标准；(五) 考试场所在各收容所原教室，或借用寝室；(六) 考试日期定六月六日至十日，各级轮流举行，时间另行编订程序表，印发各所遵照；(七) 成绩及格之儿童，均由本会印发修业证明书，成绩优良之各收容所各年级前五名儿童，均由本会颁发奖状或奖品，以资鼓励；(八) 试场规定另订；(九) 考试时因病缺席，一律不准补考云。(民国二十七年四月二十七日《文汇报》)

红会协助掩埋及火葬工作

据工部局卫生处长三月份报告，该处本以铁路线以西、苏州河以南、虹桥路以北与罗别根路以东之地段内，所有经觅得之尸体，当可全数掩埋，但经调查以后，始知不然：缘有尸骸若干具，从前之掩埋方法不合，以致大雨之后，又复暴露。该处现正迅速处理此事，但将来或可仍有此等尸骸发现，因此无论何时，如欲谓上海上开地段内之尸体已经清除净尽，恐属不易。自卫生处在租界内及毗连租界各处，开始搜集暴露之尸骸以来，经盛入棺中或用其他方法处置之遗骸已有二万三千三百十三具，此外尚有兽类之尸体一千一百〇五具，亦经收集。东西两区内，现各有办理火葬之人员一组，正在工作，上月间经焚化之兵士及平民之尸骸共由一〇七一具，此外尚有暴露之尸棺一七四二三具，亦经焚化，以免妨害公共卫生。东区之房屋曾经挨户勘查，进行顺利，其中有遗尸二五八具已经发现；西区之工作地点已自罗别根路而扩展至碑坊路与庇亚士路，该处曾有激战，遗尸颇多，现在所用之火葬坑，已经完全围隔，地面已填平，并用灰铺盖，卫生处曾向中国红十字会借用夫役三十名，因此工作之进行，已见迅速。(民国二十七年四月二十八日《华美晨刊》)

各善团商讨使收容所臻工业化

中国红十字会国际委员会暨上海国际救济会、慈联救济会等各救济团体，日前曾举行一联席会议。闻该会讨论目标，除协商筹募救济款项外，并作以下之重要决议：(一) 使全市各难民收容所臻于工业化；(二) 将全市分散之收容所，尽可能使之合并，以便统筹管理，增进效率；(三) 关于难民食粮，将酌减白米，增加黄豆以补充之，此外对于难民卫生及防疫问题，亦讨论及之。(二十七年四月三十日《新闻报》)

饶神父赴美将访美总统及红会当局

本报英文版讯，饶神父将于五月二日搭加拿大皇后号轮赴美，募款救济中国难民。据悉，饶神父抵美后，将访谒罗斯福总统及美国红十字会各高级职员。本年初，罗斯福总统曾发表演说，请求美国人民慷慨捐输洋一百万元，作救济中国难民之用，并委任一委员会监督捐款之分配，美驻华大使詹森、驻上海总领高斯等皆为该会委员，但结果并未十分成功，且外传美国红十字会不赞助罗斯福总统之请求，是以饶神父此次亲自赴美，请求美国人民慷慨捐助。饶氏在慈善事业界素负众望，上海难民区即为其所创办，名闻中外，此次赴美，想当可成功也。(二十七年四月二十八日《大美晨刊》)

红会筹办大批难民春衣

中国红十字会国际委员会，以天时转暖，对于二十万难民春衣问题，认为重大。爰由该会衣服股多方筹划，兹悉南市难民区难民春衣三万套，已先后制备就绪，于昨日起，委托上海国际救济会送入难民区施发，至两特区难民春衣亦正积极筹备中，惟需款浩大，颇望各界予以赞助。又该会医药委员会，除照常遣派巡回诊疗车赴各收容所工作外，顷复通告各收容所负责人，密切注意难民夏季卫生，以免发生疫疠，并危及公众健康云。(民国二十七年四日[月]二十九日《时报》)

原载《中国红十字会月刊》1938 年第 35 期

会讯：红十字新闻[节录]

饶神父赴美联络美国慈善界　推进在华救济事宜

中国红十字会国际委员会副委员长、上海国际救济会常务委员饶神父氏，自八一三战事发生后，奔走救济工作，厥功甚伟，为中外所同钦。兹中日战事，尚在继续，难民救济工作，不容一日停止。红会国际委员会，爰推饶氏赴美一行，藉与彼邦慈善界取得密切联络，而宏救济。业于昨日离沪赴美，闻抵美后，除与彼邦人士磋商推进在华救济事宜外，如时间所许，并将遨游欧陆各国，唤起各国人士，对远东因战事而发生之空前劫难，共起援助云。(民国廿七年五月四日《新闻报》)

港妇女界救济孤儿

香港妇女界以中日战事发生，战区民众流离失所，尤以无父母之孤儿，为最堪怜悯。爰在香港设立孤儿院，并拟在各地设立分院，以宏救济。兹悉本市中国红十字会上海国际委员会，已分函各收容所，调查此项孤儿，以便着手救济云。(民国廿七年五月五日《华美报》)

重症难民送医办法

中国红十字会上海国际委员会，兹规定两特区各收容所，如有重症难民，急须送院者，请于日间打电话三一五〇〇防疫会，夜间打电话二〇八〇六，请求给派救护车，即可专程前来。惟所备车辆不多，故事先务须去电话接洽，法租界收容所，请打电话八二〇五五。该会并订定送院注意事项：(一) 兹为便利各收容所遣送病人入院起见，上海慈联救灾会救济分会卫生组、上海慈联救济战区难民委员会及中华医学会上海分会，可代办送院接洽手续，调查各医院有无空余床位，以及男女老幼等数额，以免徒劳往返；(二) 何种疾病，应送何种医院，须由医师诊断病症后，再行决定，以免性质不同，致难收容；(三) 各收容所拟送病人入院时，应向何处接洽，本会另有医院一览表印发。(民国廿七年五月六日《新闻报》)

红会第三医院工作报告

红十字会第三医院自迁至新闸路胶州路口，于三月朔已恢复门诊。三月份共诊二千三百八十五人，四月份共诊三千八百八十三人；免费种痘，平均每日六七十人；又免费打防疫针者，每日有七十余人，具征社会之信任。缘该院处境幽静，设有头、二、三等病房，布置尚属美备，切合疗养，且有专任医师主持各科，故住院者亦络绎而至。(民国廿七年五月七日《导报》)

美助华医药品又有一批将抵沪

美国红十字会朝野各界同情我国，纷起募捐援华，先后由该国购买医药、食品等及现金运华，已有多次。除现金、食品等由中央统筹分配外，关于医药部份，由港分配后直接运沪，交国际救济会等及王哲民医师点收，分发各慈善机关应用，人民受惠匪浅。兹悉现又有一批于日内运抵上海，目下医药为沪上急需品，今得此大批医药品，故团体莫不感激万分。(民国廿七年五月七日《中国日报》)

孔财长汇款救济难民

行政院院长孔祥熙，鉴于本埠法租界当局救济难民，不遗余力，特以法币五万元汇交法国大使那齐亚，作为救济经费。法大使除电复申谢外，并决定支配办法如下：(一) 以三万元拨交国际红十字会(该会会长仍系颜惠庆博士)；(二) 以一万元拨交徐家汇一带难民救济会(徐家汇一带地方现由法国军队驻防)；(三) 以五千元拨交震旦大学与江南教区教会，作为救济难民补助经费；(四) 以五千元拨交广慈医院，作为患有虎列拉症之难民医药经费。(民国廿七年五月十日《华美报》)

残废兵士百余接骨

蒲石路古拔路口红十字会之残废兵士营，有一百五十名四肢残废华兵，业已用人造四肢装接舒齐，并悉红会对于营中之二百五十名兵士，连残废者在内，不特给

以相当之工作，抑且予以适宜之娱乐云。(民国廿七年五月十二日《华美报》)

国际红会存粮短少盼各界捐输

中国红十字会上海国际委员会，供养全沪各收容所难民共十七万人，现以所存食粮，仅敷用至本月底，而库存现款亦仅五万元，除须在本地购买蚕豆、面粉及其他杂粮，并曾订购洋米一批，需款二十万元，故该会急须现款百万元，以赓续其救济之计划，深盼各团体及各国人士之踊跃输将。据该会总干事贝克氏发表，该会每月所需救济费约三十六万五千元，其中食粮之费占大部份，余者如衣住等费，为数虽少，但因时值盛暑，为求难民之康健及社会之安全计，固不能稍减。该会所收到各方之捐款至五月七日止，共计一百七十五万二千七百八十二元，已用去计一百七十万零四千七百元零二角三分，其中仅千分之十二用作办事经费，盖以国际妇女救济会等热心协助，故办事开支，已节省至最低限度云。该会已向各救济团体协助捐款或拨借粮食，闻慈善团体联合救灾会已拨款四万元协助该会云。

募捐游艺大会开始售票：本市各界发起之筹募难民捐款游艺大会，现悉已准于下星期一(十六日)起正式开募，地点假座迈而西爱路兰心大戏院，定十六、十七两夜表演昆剧，十八夜为平剧，参加者均为沪上名票；又于廿四、廿五两晚，由上海艺术剧院、白茶剧社、新生剧社分别演出《梅萝香》《白茶》《春风秋雨》等名剧，人才齐全，剧目精弗。入场券今日已开始售票，分一元、二元、三元三种，均可对号入座，中国国货公司、冠龙照相馆等处均有代售云。

红会教育会办学艺展览：中国红十字会上海国际委员会教育委员会，顷为使社会人士明了各收容所教育及工作成绩起见，特发起举行学艺成绩展览会，现正向本埠各收容所及各难民工场征求材料，为儿童教育成绩、成人教育成绩、生产教育成绩三种，文字、图画、制品等俱在征求之列，定六月中截止。至展览日期及地点，目下尚未确定。又该会定后日(十四)下午二时，假座八仙桥青年会举行成人教育系统演讲，已柬请各所成人教育班教师出席听讲云。(民国廿七年五月十二日《新闻夜报》)

红会国际会订定收容所最低设备标准以谋改进难民生活

中国红十字会上海国际委员会，为谋增进难民生活，特订难民收容所最低设备标准如下：

房屋设备：(一) 该房屋须无破漏，而门窗须能遮蔽风雨，若为特建之竹棚，须在棚之里面涂泥或褙纸，用以抵御风雨；(二) 卧床须与泥地或湿地，有相当之距离;(三) 须有充分之日光与空气;(四) 楼上地板,须极坚固,可当难民重量,地土宜高而易排水。

粮食衣服:(一) 粮食须炊于适当之处,并须按量给予;(二) 每餐须有定时,食物须熟;(三) 豆浆应按时尽量供给乳母与儿童;(四) 开水须足用;(五) 每人须有换洗之内衣;(六) 床之下须有稻草或棉;(七) 每二人至少有棉被一条;(八) 收容所所长须随时留心稽查所内难民之衣服,是否足用,并将是项情形报告。

健康清洁:(一) 所有疾病须即时报告办事室,并在办事室公布之;(二) 难民有病,须经医生即时并有定时诊视之;(三) 传染病者,须另房居住或送往医院;(四) 重病者,亦须送往医院;(五) 所内各房及各处地板、道路,俱应使之清洁;(六) 应有充分清水,以为洗涤之用;(七) 水沟要流通,勿使积水储留;(八) 厕所及粪桶,应每日清除保守清洁。

训练管理:(一) 收容所应为难民规划每月运动之程序(至少每日须有步行运动);(二) 所中应有警卫之组织,以维秩序,并保护公私财物;(三) 难民须得准许,方得离所,出入所门,须执行凭证;(四) 所内不准私自烹煮食物。(民国廿七年五月十四日《生活日报》)

红会国际会组织产妇医院

中国红十字会上海国际委员会,鉴于上海难民二十万,妇女占百分之三十三,产妇甚多,即以公共租界一区而言,每日平均有产妇一千,有赖旁人协助,为一极可重视之问题。该会爰联合各善团,组织上海难民产妇医院,业已成立筹备会。各善团如上海国际救济会、中华医学会、救世军、上海女青年会、上海中国妇女会及公共租界卫生处等,均有代表参加,由朱友渔夫人任主席,并已勘定劳勃生路一百十一号为院址,该处除可设置床位二百余外,并有二十亩宽广之空地一方,该会已定在空地搭盖收容所房屋,专收产妇子女,以便就近照料。上海中国妇女会对该会此举,力表赞助,除已捐助开办费一千元外,重复续捐三千元,以供该院第一月经常费。闻该院不日即行开幕,届时本市安息日会疗养院及其他中西医药界,均将派遣医师,或供应器械药品等,供[共]同赞助云。(民国廿七年五月十五日《时报》)

各地难民问题美国表示深切关心

(本市消息)据昨日《大陆报》云:上海国际红十字会总干事贝克尔,接得美国红十字会无线电讯,要求报告中国各地难民详情。因五月十五日,罗总统又作第二次救济中国难民之请愿演说,中国红十字会及救济事业人士,对于美红会之热心注意,无不表示感激,深望罗总统百万美元之目标早日得达,贝克尔已根据美红会所讯各点,详作答覆[复]矣。(民国廿七年五月二十日《文汇报》)

红会国际会办理特种难民

中国红十字会上海国际委员会,对于各收容所残废及年老等特种难民,业经规定处理办法如下:(一)对于残废及年老难民,业已设置一特别收容所,各收容所如有是项难民,请通知该会;(二)对于患肺痨重病难民,已设有特别疗养院,若发现此项难民,请与黄子芳医生或公共租界工部局卫生处接洽,但于未报告前,该难民须经收容所医生诊断其确为患肺痨病者。(民国廿七年五月二十日《时报》)

美国红会调查中国难民现状

美总统罗斯福氏,为同情中国抗战,日前又向其国民吁请踊跃捐款救济。据悉,美国红十字会所收到之捐款截至目前止,已达二十万元美金。本市红十字会国际委员会总干事贝克氏,顷接该会来电称,此间亟须中国难民及救济情形等材料,以资宣传,请详细电复,如无家可归之难民人数,及其急切之需要;全国孤儿之数目,是否有发生饥荒之情形。贝克氏已转知各团体及各地救济机关,征集该项材料,以便电复。(民国廿七年五月二十日《导报》)

红会电复美红会我国遭战灾难民达万五千万

中国红十字会上海国际委员会,前接美国红十字会来电询问吾国难民处境,及救济工作进行情形。当由该会总干事贝克氏搜集各项报告后,迅即电复,据其电文中述称,中国现在遭受战争之区域,遍及绥远、察哈尔、河北、山西、山东、江苏六省之全部,及安徽、浙江两省之一部,人口约达一万四千九百万。在苏省境内,沿运河、铁路及公路之村庄,大部被毁,而较大之城市及在运输孔道间之区域,所有财物、食粮、牲畜等均为搜劫一空,故有数万人民不久将遭遇饥馑,因耕牛、种子等之缺乏,春耕已无望,今春虽有百分之四十之麦作,但尚未长成,即为侵占之军队完全割去,盖防游击部队之潜伏,稻作列仅极小之数,盖农民深知除本身所需要之食粮外,将不免为武装军队所征发。现在徐州四周之战事,较淞沪方面之战事尤为惨烈,该处难民之处境,虽无目睹之报告,但信与此间大致相同;山西方面,侵略之军队正与所谓红军,后事苦战,将使该省之生产力完全破坏。该电末称,在此一万五千万人民中,有三千万人因田园破毁,流亡至附近省份,而处于困难之情境中;上海有难民十七万人,经红十字会之给养。兹因振款枯竭,望美国红十字会能于短期内募得百万元美金,以助该会救济工作之赓续进行云。(民国廿七年五月廿一日《新闻报》)

红会注意难民医药事项

中国红十字会上海国际委员会，对于难民医药事项，极为注意，设有医务委员会，由施思明医师为主席，在上海组织难民医院四处，除门诊外，均有百余床位，遇有难民患病，必须住院者，即送往医治。更与广仁、同仁、公济、仁济、宝隆、时疫等医院、中华麻疯[风]、难民肺病疗养院，特约治疗难民，分别门诊、住院，按月给予津贴，并补助其他善团所办之难民医院全埠共二十余处。此外复组织巡环诊治团多组，分向各收容所医治难民，医生日乘汽车出发八次，每次可诊治一百五十人至二百人。

上海难民习艺所，近来以经费困难，颇感无从维持，遂发起一角捐款，现经决定自即日起开始向各界劝募，并发表宣言。据该所负责人谈，此次一角捐劝募，并批筹集基金五千元，扩充工场及增添机器云。(民国廿七年五月廿三日《新闻报》)

难民经济实况

红十字会国际委员会，为调查难民经济情况起见，近特拟具调查表格如下：甲类、经济极度困难的。(一) 绝无依靠者，专指无亲属、无金钱、无援助、无工作技能的难胞；(二) 患重病者，专指患重病不能医治的难胞；(三) 患轻病者，专指病好之后，依旧无能力工作的难胞；(四) 孤儿，专指无父母及亲属的难童；(五) 贫孩，专指父母及亲属等无力抚养的难童；(六) 年老无能者，专指年龄在六十岁以上而无能力工作的难胞；(七) 患疯病者，专指患各种疯病而不能治疗的难胞。乙类、经济比较困难的。(一) 轻病者，专指因病停工而能自理医药费及病好后有能力工作者；(二) 失业难自给者，指失业而不能自己维持生活的难胞；(三) 无力供养家庭者，指收入不足自食，而不足供养家庭的难胞。丙类、经济比较良好的。(一) 自能给养但缺住所者，专指能自理给养，(且有余力帮助其他难胞)，但需要住所的难胞；(二) 食宿能自理者，专指能完全自理食宿者。丁类、愿往他处者。(一) 愿往他处者，指愿往内地的难胞；(二) 愿遣送回乡者，指愿意回乡的难胞。该调查表已分发给各难民收容所执行调查，调查完毕后送往汉口路第一一五号汇核。(民国廿七年五月廿四日《文汇报》)

冒名募款被捕

上海慈联救济会，已停职之万云收容所管理员汪孝若，近竟异想天开，纠合失业青年王中华等三人，冒名慈联会及国际红十字会名义，持捐簿沿途向各大商店及住户募款骗钱。日昨汪等复在新闻路一带劝募，自称为难民请命，捐款不论多寡，乃为该管捕房所悉,当即派探警将汪等逮捕,并于午后四时,押同汪等至慈联会调查,经该会具名,汪等确系假名行骗,请予重办。闻捕房方面,对此案极为注意,已决定提起公诉。又据慈联会负责人表示,该会经费,向由各慈善家自动捐送该会,从未派人在外劝募云。(民国廿七年五月廿四日《力报》)

饶神父抵美谒罗总统

华盛顿廿五日美联社电,上海国际红十字会救护委员会副主席及南市难民区创设人饶神父,已于今日到达此间,准备谒见罗斯福总统。饶神父此行,目的在往各处演说,俾美国民众了解中国方面救济问题之严重,希望筹捐款项,国务院方面已请白宫准备饶神父与总统会晤事宜,预料于数日之内,即可竣事云。(民国廿七年五月廿七日《时报》)

红会产科医院定周内成立

中国红十字会上海国际委员会,以目前沪市难民众多,原有产科医院,不敷容纳难民产妇。爰联合上海国际救济会等各慈善团体,在劳勃生路创设大规模产科医院一所,获得医药两界及热心人士之赞助,筹备进行,殊为顺利。现已定于一星期内正式成立,开始收容难民产妇。(民国廿七年五月廿七日《导报》)

国际红十字会救济难童

中日战事发生以来,友邦团体、个人同情中国者,纷纷汇寄捐款,协助救济,救灾恤邻,殊佩正义。中国红十字会上海国际委员会,顷又收到英国童子军协会上海分会转来捐款五磅十二先令,及瑞士驻沪领事转送国币一千四百八十五元一角五分。前者系英国彼明汉及奚登汉两地童军组织所合助;后者系日内瓦国际红十字会所经募,指充救济难童之用。友邦盛情,至足感也。(民国廿七年五月廿七日《导报》)

振委李规庸昨日就职

国际救济会委员李规庸氏,最近中央曾任命为中国红十字会总会委员,昨复被任命为中央振务委员会委员,李氏奉命后,昨已正式就职。(民国廿七年五月廿七日《新闻报》)

三元救命会已有会员八百余人

中国红十字会上海国际委员会,前鉴于本埠各慈善团体收容难民数在二十万以上,给养浩繁,开支巨大,维持匪易。经成立三元救命会,请各界人士,月节三元,共襄善举。兹悉加入会员极为踊跃,迄现在止,已有八百余人,共纳捐三千八百余

元云。(民国廿七年五月廿八日《中国日报》)

饶神父为我国难民请命

哈瓦斯社廿六日华盛顿电,上海法国天主教耶稣会神父,即著名慈善家饶家驹神父,代表上海红十字会国际委员会前来美国,为中国难民请命。顷由法国大使圣冈旦陪同前往白宫,晋谒罗斯福总统。饶神父并于事后向报界发表谈话,描述中国难民痛苦情形,并谓罗斯福总统告以美国亟愿以全力赞助救济工作云。饶氏兹拟在旅美期内,努力向各方募集捐款,以襄善举。

美联社华盛顿廿六日电,饶神父今日已与罗斯福总统会晤,对于中国难民之痛苦,描述甚详,彼云:"余曾将上海方面之情形,告知罗总统,总统对于吾人之工作,颇为嘉许,并谓对于中国难民之情形,亦甚了解。"法国驻华盛顿大使拉波勒伊曾伴饶神父往谒总统,饶神父此行之目的,系欲向美国民众演讲,俾明了上海救济问题之严重,盼望可以募集捐款云。(民国廿七年五月廿八日《新闻报》)

夏令儿童健康营规定经费预算

本埠中国红十字会国际救济会等各团体,为注意儿童健康起见,特组织夏令健康营,已规定组织,除名誉营长及副营长外,下设秘书长,并设总务、教导、卫生三组,总务组办理会计、庶务事宜,教导组办理教务、体育事宜,卫生组办理保育、诊疗事宜。另设顾问委员会及营务会议为最高机关,全部经费预算约六千元。(民国廿七年五月廿八日《新闻报》)

难民给养发生问题

红十字会国际委员会,近因经费竭蹶,对于担负全市各收容所难民给养,乃改订办法,通知各收容所,尽量紧缩,并为难民设法自给,定于下月一日开始实行。此事遂引起上海慈联救济会、救济分会、国际救济会等之恐慌,鉴于红会新订办法,实有重大困难,缘该会等难民目下虽在力事生产,惟其收入,实不敷难民十分之一之需要,尚有赖红十字会之予以补助。该三会于日昨假八仙桥青年会特召集联会详细讨论,据悉其所议之要旨,系商应付准备,咸认为此事殊为严重,决定由各会分派代表一人,赴港劝募,并晤慈联会主席委员兼国际救济会会长屈文六氏,报告及请示。又慈联救济会副主席黄涵之氏,以该会之难民,人数较任何救济会为多,截至目前止,尚有四万人以上,而红会之改订给养办法,该会实首当其冲,是以昨日函请红会继续合作,至于合作办法,乃将该会所属之收容所难民,互相平均负担,即假定难民食米日需一百包,两方各送五十包。闻慈联会现极力筹款堆积食粮,其储米约

有二千包左右,以该会难民给养标准计算,尚有足维持一月云。(民国廿七年五月廿九日《中国日报》)

原载《中国红十字会月刊》1938 年第 36 期

会讯:红十字新闻[节录]

国际红会组织振款顾问委会

中国红十字会上海国际委员会(简称国际红十字会)为便于派拨各救济团体振款起见,特组织振款顾问委员会,以利进行,业于五月二十六日下午在国际饭店开会成立。首由颜惠庆博士致开会词,申述该委员会组织之原委,略谓上海国际红十字会业经特许并授权派拨中国各地国际救济委员会振款,为便利进行计,因由上海国际红十字会、广东国际红十字会、南京国际救济委员会、杭州国际红十字会、汉口国际红十字会、苏州国际救济委员会、重庆国际救济委员会、天津国际救济委员会(宁波、福州及芜湖等地国际救济会,成立后再请参加),各选在沪中西代表各一人,会同美国红十字会驻沪顾问委员会、英国华灾救济会、全国基督教协进会、战事救济委员会代表各一人,组成振款顾问委员会,振款不论指充全国何处灾区之用,本会均得处理之。本会主旨在与各地善团联络,互通声气,以便彼此建议,用利救济。各位务与所代表之团体常川通讯,俾本会得悉各会在当地之工作进行状况等云。嗣推选职员,当公推颜博士为主席,贝克博士为副主席,施思明医师为秘书,以施医师现不在沪,其职务当请贝克博士临时暂代。所有当日议决各案如下:(一)拟制调查表分发各善团,请填送收入、支出及请拨之振款数目;(二)请各位代表与其本善团通讯,将本会议议定事项,作简明之报告;(三)请贝克博士及施医师拟制本会工作纲要。(民国廿七年六月四日《导报》)

国际红会建新收容所

收容于公共租界内各处空屋之难民,约二万五千人,工部局限令于本月一日以前迁出,现将届期。上海国际红十字会赶建新收容所,其一在海格路,约可容纳万人;另一在大西路,占地颇广,可以随时扩充;愫信路之国际红十字会收容所,亦正在加搭草棚,又可收容万人。惟各难民迁出时,未必尽入新收容所,将有一部份另觅安身之处,故其人数,当可减少。(民国廿七年六月四日《晶报》)

红会国际会担任难童收容所给养

中国红十字会上海国际委员会顷接受中华慈幼协会之请求,担任极司斐尔路一八一号难童收容所之给养，闻该会救济工作，近正力谋扩充，以期普遍，惟因供应浩繁，经济时虞支绌，尚望各界人士热心输助，俾利进行。各收容所用水设备，向极简陋，或竟缺乏，值兹溽暑气候，难民用水较多，苟不普遍设置，其影响于卫生者甚巨。中国红十字会上海国际委员会有鉴于此，特向各界筹募捐款，以资应用。截至五月二十八日止，业经募得国币一千四百六十三元六角七分，惟以不敷支配，目下尚有二十六处收容所无用水设备，急盼各界继续输助，以慰渴望而资普及。（民国廿七年六月七日《新闻报》）

难民给养问题慈善团体商讨办法

上海慈善团体联合救灾会救济战区难民委员会，前因收容难民众多，经费来源涸竭，特商准红十字会上海国际委员会担任接济给养，自本年一月份起，迄今已五阅月。现红会方面，以救济经费，开支浩大，而多处捐款，难以筹募，所有该会难民给养，闻将于本月十六日起，自行担任。其他救济难民之慈善团体难民给养，已决定同时各自负担筹措，各团体刻正商讨妥善救济办法。（民国廿七年六月七日《上海日报》）

国际红会等组织难民产妇医院

本市各收容所，产妇众多，以公共租界一区而论，平均月有千人，原有产科医院，殊感不敷容纳。中国红十字会上海国际委员会有鉴于此，因联合上海国际救济会、慈联会救济难民委员会、难民救济分会、中华医学会、中华联青社、中华慈幼协会、全国基督教女青年协会、上海女青年会、中华妇女会、妇女联谊社、安息日会、救世军及公共租界卫生处，特组大规模难民产妇医院一所，以应需要，除该会总干事贝克博士为当然委员外，当推定朱友渔夫人为主席，郭克悌夫人为秘书，韦伯祥君为司库，陆梅僧为设计组主任，韦伯祥为财务部主任，黄逸慧医师为医务组主任，富文寿夫人为衣服组主任，陈鹤琴君为教育组主任，赵夫人为慈幼组主席，佘英杰夫人为宣传组主任，共同筹备。经勘定劳勃生路一百十一号为院址，设置二百床位，俾便生产，并就该处二十余亩空地上，搭盖大席棚四所，收容产妇家属，俾可就近照料。所有经费，除以上各善团各有拨助外，中华妇女会赞助尤力，认捐开办费一千元，第一月经常费三千元，而安息日会则拨借百余床铺及其他用品，并派义务医师、职员各一人前往服务，各善团及医药两界之参加者，亦均异常努力，刻已设置完竣，于本月六日正式开幕，并通知各收容所，遇有分娩，即行送入云。（民国廿七年六月八日《导报》）

红会队员努力救护

今日有华籍医师一名,在实施救护工作时,炸去两腿,终因流血过多而死亡。又中国红十字会队员,多系十余龄之男女学生,在日机威胁下奋勇救护,毫无恐惧之色,实足使人敬佩云。(民国廿七年六月九日《华美晚报》)

红十字会建屋收容难民棚户

据密勒氏评论报载称,上海难民以及公共租界内占据私人产业之棚户,约二万五千人,已于十日迁移至上海红十字会所建筑之新屋内。自战事发生以后,此类避难棚户,占住私人住宅及弃置之商店,于公共卫生、火警及警务管理方面,皆成为严重之问题,同时各房东屡欲收回房屋,肃清棚户。工部局乃决定于二月间,将棚户迁出,但惟难民如此之多,迁移他去,殊属困难,以致该项计划,迟未实行,乃决定于六月十日迁移。于过去数月中,上海红十字会当局,努力建筑新屋,以作迁移难民之准备。海格路复旦大学地址,建有新屋一所,可容难民一万人,大西路亦建屋一所,红十字会于该处购有广大之地皮,将来难民增加,房屋亦可逐渐扩充,通新路(即红十字会二厂所在地)更备有若干柴棚,可容一万难民。据当局预测,难民迁移后,定有若干人寻觅其原有之住宅,未必全数迁往新屋,故将来难民总数,必不若目前之多。闻红十字会建筑新屋,计用去六万元云。(民国廿七年六月十三日《文汇报》)

夏令营卫生展览会红会派员注射防疫针

上海市特区市民联合会,会同本市国医公会、新药业公会及西医公会等团体发起之夏令卫生展览会,于昨(二十四日)下午二时,在南京路三〇〇路中国兴业银行原址开幕,由袁履登氏揭幕,并未举行仪式,参加者有家庭工业社、中西、中法、五洲等药房,并有红十字会派员在场义务注射防疫针,凡前往参观者,均可注射,闻昨日半日自动请求注射者,计达三百余人。又公共租界工部局,对于展览会极为赞助,除在会场发贴卫生标语外,并陈列蚊虫鱼,该鱼专事吃食孑孓,凡有欲得该鱼者可具函径向工部局卫生处索取云。(民国廿七年六月廿五日《中国日报》)

国际红会拟募款装水管

公共租界中区所有之难民收容所,因经费关系,所址狭隘,设备简陋,而情形最为严重者,厥为数十万人之饮水问题。据国际红十字会负责人语记者,各难民收容所均因并无水管接进房屋,故所内饮水十分缺乏,若不及早补救,势必立刻致病,生命堪虞。约略估计,每所装置水管,计需费二百元,一百个收容所总计需洋二万元。

目前此款尚未筹到，现正拟吁请本市各慈善团体、学校、机关等全体动员，共同募捐。使数十万难民可于盛暑时节，得水止浊而不致发生可怕之疫疠云。(民国廿七年六月廿五日《新闻报》)

红会第三医院近讯

新闸路底，红十字会第三医院门诊，近日甚形忙碌。该院门诊，时间为上午九至十二时，下午二至四时，号金初诊五分，复诊三分，贫病送诊给药。又设有头、二、三等病房，布置尚佳，四周空气新鲜，颇合疗养云。(民国廿七年六月廿六日《生活日报》)

夏令卫生会函收容所举行大扫除

上海市夏令卫生运动宣传大会，鉴于难民收容所聚居人口最多，易生疫疠。爰于昨晨分函各收容所，请于夏令期内，多举行夏令大扫除及消毒运动。该会并正向中西药号及各药厂，征求大量防疫药品，分发各收容所应用。该会卫生展览会内，除由中国红十字会总会派员常川注射防疫针外，现公共租界工部局卫生处，亦定每星期一至五，在会场免费注射防疫针，时间为下午二时至四时云。(民国廿七年六月廿六日《新闻报》)

国际红十字会发表财务给养报告

中国红十字会上海国际委员会(简称上海国际红十字会)，成立于去年十月，始仅办理各收容所医药事宜，继复供给难民衣被，至本年一月，乃先后负担世界红卍字会等十四善团所属收容所之难民给养，近更积极举办教育、生产等项工作，兹据该会发表财务及给养报告如下：(一) 关于收入方面，自成立之日起至五月二十八日止，共收现币一、九六八、一三八·八五元。其主要来源，为国内外善团之协款、热心人士之捐输及公债售款、政府拨款等。(二) 关于支出方面，至五月二十八日止，总共支出一、八一四、九五三·七四元，其主要项目为该会所属各委员会之拨款，如难民救济委员会(负责购办口粮等)、医务委员会、伤兵治疗委员会(包括残废军人家属)，此外对南京国际救济会、南市难民区管理委员会、中华医学会之协款，亦包括在内。其中办事宣传劝募等费，仅占百分之一·五，盖以中国华洋义振救灾总会全体人员之服务，及多数参加工作者，均属义务职也。(三) 关于难民给养方面，除发给衣被五十万件，内衣服冬夏各半外，购入之给养品如下，计西贡米四、八八二吨、本市米一八四吨、小麦六〇〇吨、豆类一、一五五吨、煤二、九〇〇吨、柴三七〇吨、豆油四二吨、蔬菜七八〇吨、盐一〇〇吨。该会负责人并称，目前两租界及南市难民区收容之难民，尚有十七万人，目下捐款行将用罄，粮食仅能支持至六月底，除豆类及小麦，可就本市采办外，亟须向海外购米二十万元，以应七、八、九等月之需要，否则转瞬即将绝粮，深望中外各界人士继续慷慨输将，共襄善举，此不特造福灾黎，与地方秩序亦至有关系也。(民国廿七年六月廿七日《新闻报》)

原载《中国红十字会月刊》1938 年第 37 期

会讯：红十字新闻[节录]

难民学艺展览会参观者异常众多

中国红十字会上海国际救济会教育委员会主办之难民学艺成绩展览会，于昨日上年[午]八时，在爱多亚路浦东同乡会三楼中华第四职业学校开幕。第一至第六展览室为难民学艺成绩，第七至第十展览室则为难民生产品售品部，参观者之踊跃为其他展览会所未有，购买难民生产品者亦甚众多，出品计有草织物、编织物、刺绣、缝纫及毛巾、线袜、布鞋、藤椅、铅桶、煤炉、肥皂、花纸等等，琳琅满目，美不胜收。各项出品，不但物美，而且价廉，故人人乐于购买。国际第三收容所之妇女难胞，并在展览室中表演刺绣、制草篮、花纸工作；午后二时有九龄难童沈彩琳等表演新文字手语，成绩甚佳，博得看众掌声不少；又徐汇收容所之刺绣至为美观，颇为一般太太小姐所赞美，并有多人定购。会期计四天，至本月四日截止，参观者不收门券，并望各界尽力购买各项实用品云。(民国二十七年七月二日《中国日报》)

沪市难民尚有十五万

译英文《大美晚报》：据国际红十字会理事贝克氏称，近来本市新添小规模之工厂甚多，亦可吸收大批失业工人前往工作。最近本市各难民所每周约有二千人出所，大部份均可获得工作。现在本市各收容所及南市难民区，尚有难民达十五万人，故给养问题仍应为各界人士所关心。另据《字林西报》讯：为救济中国难民，在美国各洲二千余城市举行之“一碗饭”跳舞募款运动，收入成绩，至下周方可计算，但现知旧金山一地为美金六万元。(七月三日《导报》)

饶神父在美电告一碗饭捐得美金百万

六日英文《大美晚报》载，据饶神父电告，现在美国进行之募款援助中国难民运动，颇得当地人民之热烈响应，上月在美国各州一千六百余城市举行之“一碗饭”劝募运动，所得捐款共达美金百万元，且美国红十字会已募集美金七十万元，但其目的为美金一百万元云，饶神父现仍留美主持献映关于中国难民之各种影片云。(民

国二十七年七月七日《生活日报》)

红十字会为难民介绍职业

中国红十字会上海国际委员会,前曾设立难民职业介绍所于九江路一百十三号三〇八号(电话一六六七四号),为难民力谋出路,俾资自立,深得社会赞助。本市工厂、商铺、住宅等,纷纷委托介绍,以书信、电话或亲往接洽者,日有多起。所有荐出之难胞,多能博得雇主之满意,而该所又纯以服务为主旨,不取任何费用,故双方均称便利。(廿七年七月八日《生活日报》)

难民产妇育婴院举行募捐运动

沪战开始以来,各慈善团体竭力收容难民,但对难民中之产妇及婴孩,尚无设备完善之收容机关。本市各重要团体,爰于五月一日在劳勃生路创设难民产妇育婴院,租界当局亦热心协助,故成绩斐然。该院当局,因开支浩繁,颇盼社会人士之热心捐助,乃决定自今日起举行募捐十天,目的为四万元。兹将各情分志如次:该院发起者,均系沪上著名之公团,开办经费亦由各团体竭力协助,如中国妇女会首先捐助开办费千元,世担任第一个月经费三千元,此外如女青年会、全国协会、妇女联谊社、中国红十字会、上海国际委员会、慈联会难民救济分会、难民救济委员会、国际委员会、上海联青社、中华医学会、公共租界卫生处、救世军等,均竭力加以赞助。其组织系由上述各团体合组委员会,公推朱友渔夫人为主席,郭克悌夫人为书记,韦伯祥为司库廉[兼]财务主任,陆梅僧为设计主任,黄逸慧医师为医务主任,陈鹤琴为教育主任,赵夫人为慈幼主任,余英杰夫人为宣传主任。该院难民产妇收容所部分,就院前空地,搭盖大席棚四所,专容孕妇及其家属,各项设备甚称完善,惟以院内一切食物、用品、医药等项,除由赞助团体供给外,尚有房租、水电以及补充食物等项,每月须经费三千元之谱,尚无着落。爰经各发起团体会议决定,自本月十日起至二十日止,举行募捐,组织募捐队九队,分推罗忠贻夫人、黄佑廷夫人、朱博泉、马伯乐、蔡汝栋、韦伯祥、Mrs. John Oss、Dr. Dana Nance 等九人为队长,分别劝募,各界人士如拟助捐款者,请送上海劳勃生路一百十一号交该院,闻其目的决定为四万元云。(民国廿七年七月十日《大美晚报》)

中国红十字会筹备时疫医院

中国红十字会,每届夏季,为防止疫疠起见,即添设时疫医院,凡贫病者均得免费诊治一切时疫病症。据闻该会现已聘请前卫生局第三科长吴利国医师为院长,刻在新闸路红十字会分医院积极筹备,日内即可开始诊疗云。(七月十日《国民日报》)

国际红会拟筹款百万为难民救济费用

中国红十字会上海国际委员会，以本市难民食粮即将告罄，除豆类及小麦尚可就本市采办外，函须向海外购米二十万元，以资应付。据该会估计，目前难民尚有十七万人，此后救济费用，合南市计之，至少每日需一二五〇〇元，即每月三七五〇〇〇元，内食品二五〇〇〇〇元、医药卫生三〇〇〇〇元、衣服一五〇〇〇元、席棚四〇〇〇〇元、水电及管理四〇〇〇〇元，故该会认为非积极筹募救济费用一百万元，实难度今后八、九、十三个月之严重难关，切盼中外各界尽力赞助。该会并鉴于今岁战区农耕失时，秋收势必荒歉，沪市民食来日艰难，爰定筹得款项后，将尽先订购洋米，预为准备，以免难民绝粮云。

本市难民收容所共有百余处之多，除南市难民区不计外，租界方面则大部系借住私人房屋，曾由业主再三催促迁移，幸承工部局多方协助，始得一再展期，但以难民为数过多，迁徙非易。各慈善团体所搭盖芦棚，后因交通阻滞，材料维艰。中国红十字会国际委员会有鉴及此，深为隐忧，特于日前召集慈联会等慈善团体举行会议，决定再请工部局予以协助，展期迁让。据闻工部局当局亦因实际问题难以解决，同时为维持全租界之治安秩序计，可望予以通融。（廿七年七月十日《新闻报》）

红会第三医院业务大见进展

中国红十字会第三医院自迁入新闸路胶州路口新院址后，经吕守白院长努力改进，业务蒸蒸日上，最近复经红十字会总会核准，添聘名医高恩养为外科主任，汤书年为内科主任，分主内、外两科诊务，并扩充院舍，增辟床位，以应病家需要。闻开业医师，今后如愿与该院合作，介绍住院病人前往疗治，该会亦极欢迎。

中国红十字会国际委员会，顷派该会干事杜达，协助管理各难民收容所，俾各收容所对于房屋、设备、卫生等项，随时予以注意改善。（廿七年七月十五日《文汇报》）

慈联筹备遣送难民

本市慈善团体联合会救济难民分会，现因难民众多，经济维艰，供养困难。特与中国红十字会国际委员会商量遣送难民，该分会特发出表格交所属各收容所，准予登记，报名填写，据悉各收容所之难民报名登记者极为踊跃。（七月十九日《新闻报》）

国际委员会进行难民所卫生运动

中国红十字会上海国际委员会，对于各难民收容所之卫生管理，迭经详细调查，认为其中多数，实不合理想。该会爰特积极进行难民卫生运动，并派由干事杜达氏，主持该运动一切事宜。谨将各情分志如后：

清除工作——该会办理此卫生运动，第一步实行清除工作，所有各难民所内部，按日请由两租界工部局卫生处之卫生清洁队，洒臭药水，另备有医药巡逻车，出发至各所，随时为难民诊疗，此外并有扑灭臭虫、白虱专员，分赴各所服务。

卫生演讲——该会为使难民明了卫生之原理，特聘医药家义务担任演讲，并不举行集会形式，系由各员亲赴各所分组向难民讲述，或于各所授课时间，对难民谈及卫生要义。

征募药品——该会现正向各大药房征募防疫药品，分发各所储备，以应需要。凡各所遇有难民患染暴发病症，可随即通知该会派车赶送时疫医院。(民国廿七年七月十九日《生活日报》)

政府拨款救济难民前后已达百万余元

战事发生以来，战区难民之避沪者，为数至伙，而由各慈善团体收容者亦达十万人左右。我国政府对于难民之救济，极为尽力，本市中国红十字会上海国际委员会，前经财政部拨给公债现币一百万元，嗣又接济三十五万元，早由中央银行于上月划到。本月即准再拨若干，我政府于此抗战时期，国库需用浩繁，对于难民之救济，甚为尽力，深恩厚泽，嘉惠流亡，令人感奋云。(廿七年七月廿四日《力报》)

第卅九收容所搭盖芦棚二间

本市慈联分会所属戈登路巡捕房对过第卅九难民收容所，有难民九百余人，现由中国红十字会国际委员会及中华医学会，共同在该收容所内空地搭盖芦棚二大间，开办工厂，由一美国女子主持，现暂设花边及制肥皂两部，男女工人约二百余人，均属该所难民挑选，并授以相当训练，工资按件计算，每月底发给工钱云。(七月廿五日《文汇报》)

难民怠工已规定处置办法

中国红十字会上海国际委员会，鉴于难民工作之重要，特成立职业介绍所于九江路一百十三号三〇八号房间，代谋出路，俾资自立。所有荐至各处者，尚能勤劳服务，惟有一部份难民借口路远酬薄，中途怠工，该会为谋全体难民幸福计，经规定凡经介绍职业者，如无正当理由，规避不去者，一律斥令出所，以示惩戒，而儆游惰。又据工部局卫生处报告，本月二十四日经该处勘验之难民收容所计有一二〇处，经收容难民六九二七六名。(廿七年七月廿六日《国民日报》)

收容所潮湿过重难民多患皮肤病

本市中国红十字会国际委员会，曾派员赴各收容所视察，发现难民中患皮肤病如疥疮、癞癣，及眼病如痧[沙]眼等症甚多。考其原因，大都由房屋破坏，潮湿过重，及用不洁面巾揩面所致。刻由该会贝克提议，并征得各慈善团体之同意，增发防毒药水，清除收容所潮湿不洁，及每难民发给面布及毛巾各一，以防痧[沙]眼症之传染。据闻各慈善团体，刻正积极办理，不久即可解决云。(廿七年七月廿六日《生活日报》)

国际红会摄取难民生活影片

中国红十字会国际委员会，为取得世界各国人士之同情踊跃捐助中国难民，连日派员携带摄影机，到各难民收容所拍取难民生活情形，以便送往海外扩大宣传，现已拍者，约有数百种之多。(廿七年七月廿七日《大美报》)

国际委员会设立巡环视察团

本市中国红十字会国际委员会，对各慈善团体所办之难民收容所，曾积极援助，不遗余力。该会为明了各收容所之实况，易于考核起见，特组织巡环视察团，由曹临川等主持其事，经常派员赴各难民收容所巡环视察，并随时监督各收容所负责人员进行工作。办理以来，成绩尚佳云。(廿七年七月廿八日《译报》)

原载《中国红十字会月刊》1938 年第 38 期

报告：附录中国红十字会上海国际委员会记事

饶副委员长赴美

本会副委员长饶家驹氏，自八一三沪战发生后，奔走呼吁，募捐施赈，厥功甚伟。刻以战事正烈，难民日增，救济工作不容停止。爰推饶氏赴美一行，期与彼邦慈界取得密切联络，堪为物质上之协助。业于五月二日起程，二十七日谒见美总统善罗斯福氏，面陈一切，颇蒙同情赞助。闻此行除与美国各界热心人士磋商推进我国赈务外，如时间许可，将遍历欧洲各国，传播远东空前战祸，请求共起援助。

赈委会拨到救济费

上海附近局势紧张，租界难民继续增加，因而给养居住问题，骤形严重。本会供给十四善团收容所难民十七万人之膳食，负担殊重，虽经国民政府财政部拨给公债现币一百万元，俾充救济，第以开支浩繁，不数月间，捐项拨款行将告罄！行政院振济委员会鉴厥困难，特规定：四月份接济二十五万元，此后按月拨助十万元。其首批十五万元，业由四月十四日由汉口中央银行汇到，其中五万元指充南市难民区经费，余作救济租界难民之用。五月十三日，又拨交上海慈联会十万元，今转本会四万元。

英美两大善团又汇到赈款

美国华灾协济会，为该邦著名慈善团体，专以筹募捐款，救济我国灾荒为务，历年拨助中国华洋义赈救灾总会之赈款，为数甚巨。沪战发生后，该会驻沪顾问委员会，即拟会同义赈会，办理上海救济工作，嗣经几度协商，乃由中外慈善界同人合组本委员会，该会即将所筹救济款项，陆续拨给应用，光后拨到之款，已达十四万余元。本年五月份，又送来国币六万元，合计国币二十万三千九百三十七元二角一分。至英国华灾救济会，为同情我国善士所组织，募捐协助，显具热忱，源源汇款接济本会，已有十五次之多，近亦汇到国币三万元，连同前助之款，共计二十四万零三百七十四元五角九分。友邦惠我，至足感也！

法大使拨到救济费

行政院院长孔祥熙氏，以上海法租界当局救济难民，不遗余力，特拨法币五万元，汇交法国驻华大使那齐亚氏，作为救济经费。法大使收到后，当复电申谢，并经分拨各善团应用。计本会三万元、徐家汇难民救济会一万元、震旦大学及江南教区教会合五千元(救济难民补助费)、广济医院五千元(患霍乱难民药费)，本会业于五月十一日收到矣。

意红会捐助大宗治疗用品

中日战事发生以来，我国兵民惨遭浩劫，死伤甚众！友邦团体、个人，抱人道主意[义]，纷纷以金钱、物品接济各地善团，俾充救济，为数已大可观。迩者，意大利红十字会，亦募集大宗治疗器具及药品，拟捐赠我国，其大部份将交本会支配。刻已运至香港，不日即可到沪。驻华意大使卢茄卡拿氏，特晤本会委员长颜惠庆氏，预行知照，颜氏对之深表谢意云。

友邦捐款续有汇到

中日战事发生以来，友邦团体、个人同情我国者，纷纷汇寄捐款，协助救济，救灾恤邻，殊佩正义！本会顷又收到英国童子军协会上海分会转来捐款五磅十二先令，及瑞士驻沪领事转送国币一千四百八十五元一角五分。前者系英国彼明汉及奚登汉两地童军组织所合助；后者系日内瓦国际红十字会所经募，指充救济难童之用。友邦盛情，远遗嘉贶，至足感也！

菲律滨[宾]女侨胞热忱助赈

我国海外侨胞，爱国乐善，素著声名，而妇女界之热心救济，尤为难得！军兴以还，除伦敦中国妇女救济会捐助一万元外，爪地马拉女侨，虽仅二三十人，亦凑集一千二百余金汇寄本会，俾充救济难民经费。五月十七日，菲律滨[宾]华侨妇女慰劳会，又以捐款一万元，由中国银行电汇本会。慈肠义举，洵堪矜式！

檀香山华侨巨商嘉惠难胞

檀香山华侨，对于国内公益善举，赞助素力。战事发生以来，源源汇寄捐款，为数颇巨。兹又有巨商钟宇君，捐赠本会上等白米一百袋，以充救济难民之用。仁浆义粟，慷慨输将，嘉惠灾胞，允堪钦佩！刻下尚未运沪，本会正向运输公司接洽装运，并请求捐助运费。

檀岛华侨又汇到医药费

檀香山华侨，对于国内公益善举，向甚热心赞助。其募捐团体，去夏业经特组檀岛中国救灾协会，为中国华洋义赈救灾总会之后盾。迩以国内受伤患病兵民，为数甚巨，又经成立檀岛华灾医药协济会，推定 Dr Fred Lam 为会长，专就当地筹募，接济本会，俾充治疗之用。据报告：中外人士所认捐款，合已缴、未缴计之，已达美金六万元，合国币二十六万余元。当于四月二十一等日光后汇到国币二万元，指定半数用于上海，余充各埠之需。余款拟俟收集后，陆续寄来。嗣接来电，谓已购医药必需品约三万元，运送来华，日内可以抵港。侨胞之爱国乐善，诚足令人感佩也。

中国妇女会慨助赈款

中国妇女会，为上海闺阁名流所组织之公益团体，遇有善举，无不热烈协助。鉴于近来难民之众多，救济团体，精疲力竭，除捐赠难民产妇医院开办费及第一月经费外，复将国币二千八百九十二元及港币一千八百九十七元四角五分，输助本会，俾资应用。慈肠义举，洵堪矜式！

职工热忱助赈

陈逵夫人现任本会执行委员，劝募赈款，甚为努力。近向海格路海格公寓演述难民苦况，各职工受其感动，解囊输助者，计有屠幸章等四十人，合捐国币三十元另五角，交由陈夫人转送充赈。款虽无几，热忱可佩也！

谢府赙仪助赈

谢桐侯先生，原籍浙江镇海，现寓本埠新重庆路，好施乐善，夙著仁声。五月十四日，为其封翁莲卿公，假净土庵设灵祭奠，亲友前往吊唁者甚众，所赠赙仪殊丰。

谢君垂念难民之苦况，因将所收现币，移充救济，所有拨助本会之三百元，当于翌日亲自备函送来。热忱义举，殊堪感佩！

利亚公司主人寿仪助赈

本埠爱多亚路一〇一〇号利亚公司主人黄佐文先生，为商男[界]巨子，急公好义，素著盛名，而交游广阔，又有晏平仲之称。近值海屋添筹，诸亲友纷纷馈赠贺仪，藉表庆祝。黄君垂念难民苦况，因于四月二十二日，将所收国币一百六十二元七角四分，移助本会，俾资救济。仁者必寿，定卜康强逢吉，松鹤齐年也！

征求橘皮

本会自担任本市十四善团各收容所难民给养以来，对于滋养方面，力求丰裕，俾维健康。前以橘皮富有营养分，经向各界征求，转送慕尔堂，煮成饮料，分送各所，以供难民解渴。第以搜集无多，仅敷八收容所代茶之用，刻拟广事征集，期能普遍供应。此项橘皮，吾人向视为废物，随处抛掷，尚希关心救济人士，此后留意保存，集有成数，径送汉口路虞洽卿路口慕尔堂为盼！

三善团收容所难民又归给养

本会担任之难民给养，原为上海国际救济会、世界红万字会、中华黄万字会、白万字会、祇园法会、至圣善院、广东旅沪同乡难民救济委员会、镇金丹溧扬五县同乡会、江宁六县公所、上海慈善团体联合救灾会战区难民救济委员会及其难民救济分会等十一善团所属各收容所一百七十余处，口粮约十五万份。近据上海市地方协会、上海市第一特区市民联合会、上海基督教普益社等申请，以经费竭蹶，所办收容所无法维持，难民给养一项，请为供应等情。本会原抱普救主义，能力所及，自乐为之接济，业已允其所请，自四月份起，按名输送，从此本会给养之难民，总数在十七万人以上。开支之巨，洵足惊人也！

老弱残废难民收容所成立

本会以难民处境，至不等齐，而老弱残废，能力缺乏，尤堪悯惜，经在小沙渡路澳门路转角特设收容所，优予赡养。其管理事宜，委由救世军切实负责，并经函知各善团选送收养。兹据红万字会申请，拟将所属各收容所上项难民转送该所云。

变更难民给养

难民给养品，前经本会规定，每百人一日之总量，计为米六十五磅、豆十二磅、麦十磅、菜蔬十四磅、油盐一又三分之二磅、煤五十三磅、柴十三磅。兹以存米日减，市价步昂，暂改为五十磅，而豆则增至二十二磅。期于营养方面，仍无不足，日后市况平定,储量充足,当仍回复原数也。

制备难民春衣

本会为筹备难民服用品起见,设有衣服一股,专司其事。前经发给冬衣,不下数十万件。兹以天时转暖,本市十余万难民,类多缺乏无衣。爰由该股多方设法,制就三万套,于四月底委托上海国际救济会,先行送往南市难民区施放。至两特区难民所需,正在积极筹办中。闻所费更巨,尚希各界善士,慷慨输助云。

剔厘难民平等给养

本会以难民处境,至不等齐,而各所待遇,亦有参差。因分函各善团,请剔厘力能自给之难民,另行居住,其必须留养者,不准再受他方给养品,以符平等救济之旨。兹录原函如下:"迳启者,查沪上办理难民救济工作,瞬逾九月,因时期之旷久,致供应之浩繁,处此筹募艰难之秋,不独本会经费渐形竭蹶,即受本会难民给养之各善团,亦不免同感困难。应付之法,或主遣散一部分难民,俾留养者得照旧待遇;或主依赈款多寡,支配给养,并平等待遇,使无厚薄之分。本会难民救济委员会业于本月十八日,开会讨论此问题,佥以力能自给者,不应再受救济。经议决,自本年六月十六日起,凡受本会给养之收容所,如查有其他方面,不论个人、团体,同时供给食品者,本会即停止其全所给养。本议决案所以规定六月十六日实行者,为留有余时间,各善团可剔厘难民,使能自给或由他方面给养者,另行居住。并将本屈[届]议案及其原委,遍谕留养之难民,俾共晓知办理救济者之苦心,凛遵恪守,互相劝勉,免得将来少数犯规,累及全群。为此录案函达,务恳鼎力合作,并转饬各所一体知照,如遇捐户以赈款品指定特种用途,请与说明原委,劝其改作通常捐款,以期实惠普及,否则与本会给养组接洽办理为荷。"

规定难民工资分配办法

本会工作委员会,自办理难民工场以来,成绩殊佳。所有难民工资分配办法,业经该委员会第二十四次会议议决,以百分之二十五抵偿伙食及训练费,百分之二十五代存银行,以备回籍之用,其余百分之五十,则付给现币。并为扩大生产计,拟拨五千至一万二千元,建筑大规模工场,已勘定惇信路愚园路地址,不日即可兴工。

难民推销团成绩良好

本会教育委员会,推进难民教育,不遗余力。近为实施职业训练,发挥劳动精神起见,特组织难民生产教育推销团,俾得徐谋自立。团员皆系青年难友,具有小学程度,又团后施以特殊训练,计分人格修养、体格锻炼、语吾[言]机智之练习、整洁礼貌之养成及生活训话等项。其销货种类,除国产化装品、日用品、文具、糖果四种外,并推销各收容所难民出品,以疏积滞。又特制定货单,代顾客采购各物。该团自二月十日开始营业以来,业将四月,成绩殊佳,计二月份二十天,获利最多者有七元余,最少者亦有二元四角,平均每人可得三元四角余,三月份则增至四元四角矣。

订定难童考试办法

本会教育委员会,自实施难童教育以来,颇著成效。兹以考核各收容所儿童班成绩,特订定考试办法如下:

(一)本会为考核各收容所儿童班教育成绩,并使难童出所升学起见,特制定本考试办法,饬令遵照办理。(二)各收容所儿童班之考试,由本会主持,届时派令各组干事及视察员前往负责办理,并协同评阅试卷,阅卷采取集中方式,调派各所教师担任之。(三)各所受教儿童,均须参加考试,应由各指导员先行造送学籍表,以备依据,表内无姓名之学生,不得与试,其有自行参与者,成绩概不核计。(四)考试采用测验法,内容包括国语、常识及算术三种,试题由本会就各年级混合拟制,评阅时依照各级及格标准核定成绩。(五)考试场所为各收容所原教室,或借用寝室。(六)考试日期,为六月六日至十日,各级轮流举行,另行编订时间表,印发各所遵照。(七)成绩及格之儿童,均由本会印发修业证明书,各年级成绩优良之前五名,则颁发奖状或奖品鼓励之。(八)试场规则另订之。(九)考试因病缺席者,不准补考。

难民教育工作汇志

本会教育及工作两委员会经办事项,择要汇志于下:

(一)师资训练——三月内曾举行师资训练四次,时间在每星期六下午两时,地点在四川路青年会及爱多亚路浦东同乡会大楼,分别训练慈联会及慈联分会各收容所难民教师,由该会主席陈鹤琴、干事庞任公二君,讲授新文学、注意(音)符号、常识教学法及训导方法,复请马静轩君讲授国语及算术教学法,马卢若女士指导唱歌。

(二)分发奖金——该会审查慈联会及慈联分会各收容所教师,得成绩优良者六十三人,按名给与奖励金四元,计二百五十二元。

(三)设置流通图书——愚园路金君及静安小学,捐赠该会儿童读物三五六二册,因分别门类,按视导员人数,携交各收容所轮阅。

(四)道德演讲——此项演讲,系为各所成人班举行,旨在灌输难民道德思想。其经费由冯炳南先生捐赠,冯君鉴于世风浇薄,人心奸险,故慨斥巨资,力谋挽救。经聘定杨馥根、钱颂平、李永涛、杨奋程四君,分赴各所担任演讲,三月内讲题为自助、品格、责任、节俭、互助、勇敢、公益、诚实等,计到六十收容所,共讲二百四十次,每次时间,一小时至两小时不等。

(五)电影教育——该会与电影教育社合作,至有电力设备及广大场所之各收容所轮映电影,三月份计到三十一所,共映四十二次。其影片有关于生产者,如养鱼法、制造肥皂、经营菜园等;关于常识者,如东印度群岛、救火、止血法等;关于滑稽者,如卓别麟[林]之酒醉、顽童班之司马光等,共计二十余种。各所难民观之,极感兴趣,常来请求放映。

(六)倡导生产——(1)在国际第六收容所筹设裁缝工场,聘请技师及管理员,对于难民之业成衣者加以训练。开工以来,情形颇佳,各项设备,逐渐完成。曾受上海女青年会委托,缝制难童单短衫裤二百套,殊满人意。刻经拟定工资表,由专员在外接洽承制。营业前途,极可乐观。(2)组织难民手工艺改进委员会,聘定委员多人,研究改进难民初任之手工艺,并实施联合推广,业经集会多次,订定简章。(3)在康悌收容所筹设草织工厂,事前经与大华工厂数次筹商,始告成立,刻已聘请技师及管理员开始工作。该项草织,颇易学习,女工不待训练期满,技能大都纯熟;复兴李祖虞君洽商改良草纸手袋,所有试验费用,均由李君负担,现已完成两种新出品。(4)在国际第二收容所筹设木工场,现已聘定技师,仿制各种玩具,并经推定专员,向各大公司推销,俟成绩满意,拟即建筑工场,大量制造。(5)此外尚筹备中者,有手摇机织袜、发网编织等,不日即将兴办。

办理难民防疫工作

本埠人口骤增,四郊又遗尸遍野,天时转暖,疫疠将乘机发生!收容所为难民麕集之处,尤宜及早预防,本会医务委员会有鉴于此,除在收容所办理消毒,并备大批浴缸,供难民入浴外,特设一防疫组,并购备大量霍乱伤寒混合苗,足供十二万人之用,请中华医学会派员轮赴各所,为难民注射防疫针。经组织防疫注射队三队,自四月十九日起,由刘纪元、杨传声、俞祖光三医师,分别率领出发。预计至迟至七月中旬,全沪三十万难民,均可注射完毕。此外又在各难民医院,增设隔离医院多处,通知各收容所,如遇难民患疫,立即送往治疗,至前办巡回及驻所诊疗,现仍继续进行。

规定重症难民送医办法

本会办理难民医务情形，前在中国华洋义赈救灾总会《救灾会刊》业有记载；兹经医务委员会规定重症难民送医办法，特照录如下：

(一) 公共租界各收容所，如有重症难民送院医治者，日间打电话三一五〇〇号，夜间则打二〇八〇六号，法租界收容所，应打八二〇五五号，请求派遣救护车，送往适当医院；惟车辆无多，故须预行接洽。(二) 为便利遣送病人入院计，中华医学会上海分会、上海慈善团体联合救灾会救济战区难民委员会及其难民救济分会卫生组，均可代办送院接洽手续，调查有无空余床位，及男女老幼数额。(三) 何种疾病应送何种医院，须由医师诊断决定之，以免误送被拒。(四) 拟送病人入院时，可打电话二〇八〇六号上海海格路四七六号接洽。

残废伤兵医院近况

当沪战初起时，本会曾设伤兵医院多处，从事救治，经治愈出院者达数千人。嗣以残废者尚未告痊，因特设残废伤兵医院于古拔路，除尽力治疗外，并授以适当教育与技能，俾资自立。目下该医院尚留伤兵约三百人，计伤一足或二足者一百四十人，伤臂者十人；其断腿伤兵三十五名，经装配假腿后，均能行动如常。所授工艺为针线、藤工、制皂、园艺、缝纫、染色及修理钟表无线电等，制皂、藤工两部，已有出品销售。而国文、算术及各学科成绩，均尚优良，自治组织，秩序亦佳。

难民产妇医院开幕有期

上海现有十余万难民，妇女占百分之三十三，其中产妇甚多，以公共租界一区计之，平均月有千人，原有产科医院，殊感不敷容纳。本会有鉴于此，爰联合上海国际救济会、慈联会难民救济委员会、难民救济分会、中华医学会、中华联青社、中华慈幼协会、全国基督教女青年协会、上海女青年会、中华妇女会、妇女联谊社、安息日会、救世军及公共租界卫生处，特组大规模难民产妇医院一所，以应需要。除本会总干事贝克博士为当然委员外，当推朱友渔夫人为主席，郭克悌夫人为秘书，韦伯祥君为司库兼财务组主任，陆梅僧君为设计组主任，黄逸慧医师为医务组主任，富文寿夫人为衣服组主任，陈鹤琴君为教育组主任，赵夫人为慈幼组主任，余英杰夫人为宣传组主任，共同筹备。经勘定劳勃生路一百十一号为院址，设置床位二百余；并就该处二十余亩之空地，搭盖大席棚四所，专收产妇家属，以便就近照料。所有经费，除以上各善团各有拨助外，中华妇女会赞助尤力，认捐开办费一千元，第一月经费三千元。而安息日会，则拨用百余床铺及其他用品。并派医师、看护与庶务各一人,前往服务。各善团及医药两界之参加者,亦异常努力。闻该院设置将竣,定于六月六日开幕云。

原载《中国红十字会月刊》1938年第38期

会讯:红十字新闻[节录]

饶神甫今晨抵沪

本市南市难民区主持人法国饶神父,曾于五月间,渡美筹募难民救济经费,事毕搭乘亚州[洲]皇后号离美返沪,船过日本时,神甫以旅途劳顿,在神户海滨日友家休憩,致神甫踪迹,一时引起国际间种种猜测,旋神甫踪迹证实,各界均为之宽慰。兹神甫已搭法国邮船公司斐立斯罗梭号来沪,该轮今晨六时,即可抵埠,停泊虹口公和祥码头,届时南市难民区监察委员会、国际红十字会、上海国际救济会等各慈善团体,均推代表赴埠头迎迓,表示热切慰劳之意,各善团并将分别召开会议,邀请神甫报告此番赴美筹募救济难民经费之经过云。(廿七年八月一日《生活日报》)

饶神甫发表谈话

南市难民区主持人饶家驹神甫,为救济我国难民,于本年五月间赴美呼吁,长途跋涉,事毕离美经日本,于昨晨搭法国邮船公司斐立斯罗梭号返沪。昨晨七时,船泊公和祥码头,于八时许饶神甫即改乘小火轮至新关码头登岸。国际红十字会、华洋义振会、国际救济会等代表,暨饶神甫秘书威尔逊及友好等,均在埠头迎迓,神甫精神健好,丰采依然,当向欢迎者一一握手称谢,并对各报社记者发表简短谈话,并约于午后再作长谈。旋即登车径赴天主堂街难民区办事处休憩,下午五时,神甫即在办事处对各报记者,报告此次赴美筹募难民救济经费经过,略谓:"余此次抵美后,目睹彼邦朝野人士,对中国被难民众之关切与同情,使余留深刻之印象。余沿途所经车站或埠头,当地人士及新闻界,均殷殷询问中国灾情。余抵檀香山时,该处华侨热烈欢迎,余曾演讲二次。抵美京后,曾拜谒罗斯福总统,并日夜与其政界及慈善界人士往还,并曾作广播演说,以推进募捐运动。当中日战争发生后,美国红十字会等即发起劝募捐款一百万美金,救济中国难民运动,现以该国人士一致热烈推动,已距预定目标不远。"旋神甫复述:"渠在赴美途中,应同船旅客之邀,亦曾演讲数次,每讲一次,即有捐款,此项捐款由船公司当局,直接汇寄中国。至渠在神户海滨日友家息劳,致引起各界友好关注,则渠深抱不安云。"又悉神甫稍息疲劳后,则赴难民区视察,并与各善团筹商推进各项救济事宜云。(民国廿七年八月二

日《生活日报》)

救济团体组联合办事处

本市救济难民各团体,为增加办事上效能起见,曾于日前召集会议,讨论合作办法。据记者向某慈善机关探悉,各该救济团体,业已同意组织"上海救济难民团体联合办事处",由中国红十字会、国际委员会、慈善团体联合救灾会、救济战区难民委员会及分会、国际救济会、红万字会、广东旅沪同乡会难民救济会及江宁六县旅沪同乡会七团体,各推代表参加组织,该办事处拟设管理、经济两组,每组设正、副主任各一人云。(廿七年八月四日《文汇报》)

华南米业公司捐赠难民米粮

华南米业公司曾于去年十一月及十二月间,捐赠公共租界内难民收容所西贡米共四千八百包,全数由工部局妥为分配,详情曾载一月一日本埠各报。最近该公司又将末批西贡米七百〇四包,交与工部局,请该局分赠公共租界内各难民收容所,该局副总办何德奎为商量分配此批食米起见,特于本月一日上午十时,召集界内各慈善机关代表在该局开会,当时到会者有慈善团体联合会、上海市救济分会、国际红十字会等救济团体代表十八人,何氏宣布开会宗旨后,将华南米业公司所赠之米七百零四包,应如何分配一案,提请公决。到会各代表佥以据工部局上月二十二日调查,公共租界内有收容所一百念余家,收容难民六万九千余人,遂即议决每一百人给米一包,奇零人数在五十人以上者以一百人计算,不满五十者不计,至于普善山庄工人,仍照前次分配办法,每一工人照难民三倍给粮。依此标准,慈善团体联合会主办之收容所四十六家,共得米二百九十三包;上海市救济会主办收容所四十三家,共得米二百四十七包;基督教联合会主办之收容所六家,共得米十包;广东同乡会主办之收容所三家,共得米七十包。此外尚有车主公会、红十字会、国际救济会及普善山庄等十四慈善团体,各按其可容难民人数多寡,分别得米二包至十五包不等。如此华南米业公司所赠之西贡米七百零四包业经全部公允分配完毕,该公司热心公益,嘉惠灾黎,殊堪感佩,工部局已去函道谢。(廿七年八月五日《导报》)

中国红十字会筹办时疫医院

中国红十字会总会,鉴于本年沪上人口拥挤,时值夏令,患真情霍乱者,日见增多,特在胶州路新闸路口筹备时疫医院一所,对贫病免费施治,闻该院设床位一百张,聘请吴利国医师担任院长,钱建初医师担任主任医师,日内即可开始收容病人。

(廿七年八月五日《新闻报》)

难民给养困难红会计划遣送

中国红十字会国际委员会,因难民众多,捐款来源日少,给养感受困难。现该会为谋长久计,一方举办工场,将难民中轻年男女,挑选训练作工,以求生产自给,业经举办大小工厂多处;一方设法遣送内地,参加农务垦殖,现正在办理登记手续,不日即可遣送。(廿七年八月六日《文汇报》)

各善团给养难民目前约十一万人

本市各善团收容所难民,迩来自动请求出所者,较前增多,同时如国际红十字会等,复尽力介绍难民出所工作,故本市留养难民,数字上已相当减少。据工部局卫生处调查报告,截至七月底止,界内收容所难民共六万八千六百五十三人。法租界方面,目前在所难民有一万四千人;南市难民区,现由该区监察委员会每日发放食米一百十余包,估计近三万人,如是合计,本市现由各善团给养难民,当在十一万人左右,较前有相当减少,但事实上各善团以给养困难,及天时炎热,拥挤难堪,以及收容所业主索回房屋,甚为急迫等种种关系,大多对原有难民,尽量允许出所,而后来难民,则严格限制,故在所难民虽渐见减少,而街头流浪难民,仍甚严重也。(廿七年八月七日《新闻夜报》)

各界厉行节约救济难胞

上海国际红十字会,于去年十月起办理收容所多处,收容流离失所之街头难民,至今达九万二千人,平日常感经济拮据,悉赖各方捐助,维持至今。日前该会管理人倍柯特士于赴该会经济委员会议前,查银行存款仅余六万八千元,该款维持难民衣食二星期,犹缺一万七千元,盖平均每一难民日须七分七厘,尚有医药等其他经用,则平均须九分,依此推算,须八万五千元,始得维持二星期,幸接工部局电话,告以局方所得娱乐捐中,提二万五千元予该会。兹接该会所作报告,自去年十月至本年六月,现款与公债收入总数为二、五二四、〇七八·七九元,支出总额为二、一三二、九〇五·七三元。

厉行节约救济难胞——本市各界纪念沪战周年,一致实行俭约节资救济难胞,上海国际救济会昨已收得该项捐款颇多,计有汇丰华经理龚子渔一千元、周文林夫人自捐五百元、经募精益厂三十六元,此外国际红十字会、市联救济会、慈联救济会等,亦均收有是项捐款,各界茹素节资捐助著,亦殊踊跃。(民国廿七年八月十五日《译报》)

红会整饬收容管理

中国红十字会国际委员会，原有给养、运输、房舍、视察、难民工作、食物管理六组，嗣以本市各收容所，对于设备、卫生、管理诸端，办理合度者，固属不乏，而简陋疏忽，亦所在多有，因增设收容所管理一组，并订定甲、乙两种标准，分发各收容所参照办理，并派员详为指导。兹悉该会复将乙种标准，修改至最低限度，分送各所管理员，嘱为照办，并请各主管善团督促进行，一二月内，经审核及格者，即给予奖状，以资鼓励。(民国廿七年八月二十日《文汇报》)

难民每人给养费较前增多二角

中国红十字会上海国际委员会，担任十四善团百余收容所之难民给养，其所发给养品标准，以百人一日计，原为米六十五磅、豆十二磅、麦十磅、蔬菜十四磅、油盐一又三分之二磅、煤五十三磅、柴十三磅。嗣为促令自立，并节省经费计，将米减为五十磅，豆增至二十二磅；并将白米减为次米，黄豆易为蚕豆，期于营养方面，仍无不足。经此一番变更，前之每人月需一元八角五分，乃减至一元六角五分。惟近因米、煤两项，市价步昂，每人每月给养费，已随而增至一元九角五分矣。该会以米、煤占难民给养之重要部份，现正筹划调节办法。(民国廿七年八月廿一日《大英夜报》)

财部救济本市难民

本市自八一三发生战事以来，以有特区所在难民纷集，各善团办理难民救济工作，历时一年，俱感精疲力竭，红会国际委员会以担任难民给养最多，故经济亦更形支绌，前经财政部曾先后拨助公债现币一百二十五万元，以资挹注，兹悉财政部当局，最近又续拨国币十万元，业已电汇到沪，交与该会购办振粮，当兹抗战推进，军用浩繁之际，仍复兼惠流亡，至德深仁，为国民同感。

上海国际救济会，系于去年八月十三日，由上海华洋义赈会、慈联救灾会、上海青年会、中国红十字总会、中国济生会、中国佛教会、中华公教进行会、世界红万字会等八善团代表，组织成立。一年来办理救济难民工作，颇著劳绩，该会日前举行常会时，以成立已及一载，经决议将一年来会务经过，汇编报告，藉期继续推进，并将财务情形送会计师审核云。

国际红十字会为谋难民出路，俾资自立，并减轻公众负担起见，经在九江路一百十三号，设立难民职业介绍所后，颇得各方赞助。本市各工厂、商号、住户，委托该所介绍者，殊称踊跃，荐出难胞，亦颇能得雇主之信仰，又该会对难胞在所生产工

作,亦尽力协助各善团推进云。(民国廿七年八月廿一日《华美报》)

收容所主任侵占案宣判

北京路国际红十字会第五十七收容所任瞿兴,前勾串该所难民朱元麒,将所内难民煮食之蚕豆六袋克扣,私自出售,得款分肥化用。经人报密,由国际红十字会报告捕房,将二人拘获,解由特一法院依法起诉,业已讯结。昨晨由钱鸿业刑庭长升座刑一庭宣告判决,任瞿兴侵占因公益所持有之物,处徒刑三年,并科罚金三百元,褫夺公权三年;朱元麒帮助侵占因公益所持有之物,处徒刑三月,缓刑二年。(廿七年八月廿一日《时报》)

国际红十字会维持给养标准

中国红十字会上海国际委员会,昨根据小组委员会议决,通告各善团,维持现定给养标准,勿自行增减任何物品,其给养标准单如下(每百人一日之总量):米五十磅、菜十四磅、柴三磅、麦十磅、油一又三分之一磅、煤四十八磅、豆二十二磅、盐三分之一磅。又该会目下以煤价昂贵,请各善团转知收容所管理员,务须尽量撙节云。(民国廿七年八月廿四日《生活日报》)

红会函商各中学添设难胞免费学额

中国红十字会上海国际委员会教育委员会,为推进中等学校肄业之难胞教育,连日分函上海各公私立中学,商请添设难民免费学额,培养中等程度之失学难胞,此项义举,海上各公私立中学定能予以赞助也。(廿七年八月卅一日《文汇报》)

原载《中国红十字会月刊》1938年第39期

会讯:红十字新闻[节录]

难民奖券救济会支配救济金

法商救济难民慈善奖券救济金支配委员会,于前晚假法国商会开第二次会议,计到主席饶神甫、委员柴斯伯、安献金(柴斯伯代)、琼司、李规庸、麦克诺登、柏的脱、浦伦、颜惠卿[庆]暨秘书韦尔逊等,当经决议,首期救济金七万五千元支配于下:(一)南市难民区国币一万八千七百五十元;(二)中国红十字会国币三万零七百五十元;(三)外国慈善团体联合会国币三千元;(四)恢复难民生计准备金国币二万二千五百元。该委员会并议决对于拨给中国红十字会之救济金三万零七百五十元有以下之建议:(甲)据中国麻疯[风]协会之请求,请酌拨救济金之一部份作为救济麻疯[风]难民之用;(乙)据徐家汇难民收容所之请求,请拨给该会三千元;

(丙)据第一特区市民联合会救济难民委员会之请求,请酌拨该会一部份款项。(民国廿七年九月二日《新闻报》)

沪市难民救济问题

本市难民救济工作,自去年"八一三"迄今,已逾一载。记者昨往访上海国际救济会常务委员李规庸氏,蒙发表谈话如次:(一)难民救济之在今日,已成一严重问题,昔之外国捐款,今后将移送内地,良以内地需要赈济,百倍于上海,故今后之难民,将由上海人士自谋矣;(二)今日之上海难民,在市政观瞻上及治安上,皆不如去年今日之受人注意,盖所有难民,已全为收容所所吸收,因纪律之严格,而不使之出外,故鲜为人注意,如一日不能维持,收容所宣告解散,则势必流离失所,在四乡交通不便之际,仍流落上海,其结果则较不收容为甚,而各善团之努力,亦将功亏一篑,故为治安计,在此时期,难民安置问题,实堪重视;(三)国际红十字会,自发给养与各收容所以来,成绩颇著。近因经济关系不得不将给养标准减低,但中西委员之意见不一,大低[抵]西人方面,以为减粮可以省费,而延长救济时期,此其一也;难民或因减粮而不满,自动出所,藉此解决整个问题,此其二也。华人方面,则以为现时减低之标准,实不足以维健康,而国人一般心理,大抵以为不救济则已,既施赈矣,必使之饱食,方可告无愧于社会。盖一旦收容所结束时,此辈难胞,乃保持其健全体格,足以自谋生计,不致因营养不足,而流为病夫,虽欲进取而不能,其时善团之负疚,十倍于不加援助于当初也;(四)各国人士,关怀中国难民,源源接济,实深感佩,惟上海为世界一都会,往昔之振济,未尝后人。今本市收容约十一万难胞(目前两租界及南市难民区之合数),而尚不能自给,在在仰赖外邦,似有未洽,一旦外款断绝,收容终结,则上海治安必成一大问题。故为上海人士自救救人计,亟应起而自谋,厉行节约,移资救济难胞,诚当前上海人士所应尽之责任也。(民国廿七年九月五日《译报》)

工部局协助解决本市难民居住问题

关于本市各善团若干难民收容所,以其现有房屋,业主亟须收回他用,致发生颇难解决之迁让问题,此事一再迁延,已历时数月。兹悉该项问题,经公共租界工部局之积极协助,行将渐次解决。慈联救济会七浦路慈乐,及四马路梅园两收容所,业于前日将房屋退回业主,而合并迁于申园之篮球房内,此外工部局代为觅定之延平路空地三方,慈联会等亦定日内动工兴建难民棚房,以便将其他收容所难民再行迁移,并由工部局卫生处对卫生设备,予以协助,按该处空地建筑棚房,约可容难民五千余人。惟据新声社记者所悉,收容所占用市房而发生迁让问题者,总共近两万人,故工部局与善团当局,现正继续征求空地,以谋早得全部解决。

慈联通告暂停收容——上海慈善团体联合救灾会救济战区难民委员会,以目前若干收容所,正准备迁移,同时给养亦至感困难,故该会顷已发表通告,暂停收容难民,截至昨日止,该会在所难民共为三万六千五百七十人,据该会计划,本月内拟续遣一部份难民返籍,并将现有生产工作者加以挑除,如是当可减少五千人之给养,而使真正赤贫者,得以持久云。

现有难民廿余万人——本市各慈善团体,除竭力设法将难民迁送或自动回籍从事耕种外,一面并实行推动移民垦殖办法,最近沪上一部份小规模工厂已陆续恢复开工,工界难胞,得有谋生机会,故沪市难民,因以上各种情形,已告锐减,但截止最近,据各慈善团之统计,公共租界及法租界尚有难民收容所一百十余处,难民十六万余人,南市难民区亦有难民五万余人。

给养将罄发生恐慌——本市收容所难民经费,除一部份由财政当局拨发巨款救济外,大都依赖各界捐助。自战事西迁后,上海金融业重心内移,工商团体资产阶级相继迁港,及西南各省暨海外侨胞捐款亦集中香港或汉口,因之沪市捐款锐减,难民给养发生恐慌。据慈善团称若以最近难民人数及每日给养计算,则所有存粮等,仅能敷二三月之需。

切盼各界继续捐助——据新新社记者向各慈善团体方面探悉,本市各慈善团体虽感目前困难重重,但决本初衷设法维持。现各重要善团,如国际红十字会、国际救济会、慈联救济会等,连日来正筹商办法,以利救济,更望各界人士继续踊跃输将,如尽一分力量多救一条性命,如有各种持久救济良好办法贡献,尤为欢迎。

推广难民工艺出品——各慈善团体,鉴于各收容所男女难民终日坐食,无所事事,非维养成懒惰性,而对国家、社会均受影响,爰特提倡难民自给运动,设立各种手工艺场及小规模工业容纳技术难民,提倡生产贴补给养开支。自实施以来,成绩良好,刻仍竭力设法,就原有难民工场,逐渐扩大各种工业,俾多量容纳难民工作,并盼各界对难民出品,多多购买,务使该项难民生产事业得以持久。

注意卫生实施教育——中国红十字会国际委员会,向处于各善团领导地位,除设法整顿各收容所难民教养,增加卫生设备,俾难民减少死亡率,并组织教育委员会,主持难民教育事宜,编订课本分发各收容所推行,以资普遍,实施以来,成绩甚良,最近复增设成人班,教以新文字,编印《民众常识》书本,以供难民阅读。

难民区情形安谧——去年十月初，法籍饶神甫及中西各慈善家鉴于难民日渐众多，亘以租界难民已无法容纳，乃商得中日双方同意，在南市设立难民区，成立以来，已达一年有余，各种设施在饶神甫指导下，成绩良好，除区内警务已由日方管理外，其他如救济卫生等事，则仍由难民区委员会主持，现区内有难民五万余人。(民国廿七年九月四日《大美报》)

国际红会救济中学程度失学难民

本市中国红十字会国际教育委员会，为救济各所中学程度失学难胞教育起见，特向各公私立中等学校商请设立免费学额，该会拟定《难民免费学额简则》如下：一、本会为免除中等程度难民之失学，培养为有用人才起见，特请上海公私立各中等学校设立难民免费学额救济之。二、各公私立学校对本会之请求得自由酌定。三、各校设立难民免费学额，由各校自定之，但至少初、高中各一名。四、此项学额一经规定，至少须维持一年，但希望能使受免费学生至一阶段为止。五、受免费学额之学生，须经各收容所主持人具函本会请求，方可报名。六、免费学生须绝对遵守各校校规，如有不守校规及其他不正当行为或懈怠学业，各该校得处罚或予除名。七、免费学生不分性别，但须依照各校之规定。八、免费学生须身体健全，品行端正，努力学业者为合格。九、免费范围：(一)全部学费(如有宿舍者免全部宿费)；(二)全部书籍费(膳费在收容所时间内，由收容所负责，将来收容所结束时另筹之)；(三)全部杂费。十、免费学生有代各该校公共服务之义务。十一、免费学生用考试方式决定之。十二、免费学生须受本会之指导与监督，每学期终学业成绩报告单，须呈交本会检阅。十三、各学校对于免费学生，如有困难，得随时通知本会协助之。十四、各学校对于免费学生如认为满意，而予以其他生活上之援助(如学校师生能集合斥资捐助该生生活费者)，尤为欢迎。(民国廿七年九月六日《新闻报》)

慈善游泳对抗

中国红十字会国际委员会举行之慈善游泳对抗大会，昨晚在丽都举行，中华队原定首对西青，临时改在明晚举行，昨晚则改战麦令斯。首项六十码自由式，麦令怪杰杜尔压倒朱炯培，惟成绩平平；二项一百码俯泳，黄学光以最佳恣[姿]态，首抵终点，成绩一分十二秒正，平等郭镇恒保持之埠际记录；一百码仰泳，曾荣忠因转身错误失格，致尽属麦令天下；两项接力，中华均系些微之差失败。总结果麦令获三十五分半冠军，中华以二十六分半惨败。今晚继续对抗西青，中华队全部好手均皆

出席。(民国廿七年九月六日《新闻报》)

国际红会收到慈善券救济金

本埠法商慈善奖券公司,原为筹集难民救济费而设,规定以券资百分之三十,分拨各慈善团体,俾充赈款,其首次奖券售款应派救济金七万五千元,前经支配委员会讨论分配,业记前报。兹闻拨给河南路五〇五号中国红十字会上海国际委员会(简称国际红十字会)之三万〇七百五十元(内三千元指充徐家汇收容所经费),业于昨日如数收到。(民国廿七年九月七日《大美报》)

慈善游泳赛华队产生经过

国际红十字会,为筹款救济难民,特假丽都举行各种技术表演,游泳一项由该会函请俞斌祺君筹划其事,因事关善举,并由俞君请示全国体育协进会沈嗣良及协会游泳委员凌奇陶君加以赞助,于三日晚在丽都游泳池举行男女公开比赛,结果男子组朱絅培以十一分获得第一,女子组崔启英、张嘉箴各获十分并列冠军,沈嗣良先生之女公子沈娜灵小姐,仅以一分之差,屈居亚军。(廿七年九月八日《新闻报》)

国际红十字会推进难民生产事业

本市国际红十字会,对难民生产事业极为注意,除协助各善团办理外,并在文监师路自办难民工场,每月训练工人二百至二百五十人,彼等熟练后,即介绍工作。其所得薪给,以百分之七十五归其本人所有,其中以百分之五十给以现金,百分之二十五代存银行,俟其离所返家时提取,尚有百分之二十五,则返还国际红十字会,以偿其膳食及训练之费用。据统计,该会训练费之支出四月为五一·八一元,五月为七三·六四元,六月为一五五·四五元;而返还之数,四月为三一·九二元,五月为三八·二五元,六月为八八·一一元,约合支出数之半额,易言之,受训练之难工,能自行负担其训练费之半数。又该会难民职业介绍所代难民觅得各项职业,截至八月二十六日,共达三〇三人,职业分类如下:织毛巾一〇〇人,纱厂六二人,绣花边五〇人,送米苦力二十五人,阿妈一八人,女仆、学徒、糖厂工人各六人,店员五人,清洁夫四人,保姆、漆匠、送煤、裁缝、厨司各二人,乳媪仆、欧电气匠、园丁、家仆、木匠、泥水匠各一人。(民国廿七年九月八日《新闻报》)

儿童收容所募衣款

中华慈幼协会设立上海战区儿童收容所,目下在所留养者共六百数十名,每月衣食所需为数甚巨,幸自本年六月起,中国红十字会上海国际委员会允许拨发该所难童给养,因而节省之款,得以补助经常费用。惟儿童衣着、鞋袜、被褥等项,时虞不敷，转瞬寒冬即届，该所一面募款购备布疋添制新衣，一面向各界呼求，倘有现款、布疋或旧衣、鞋袜等欲行捐赠者，请打该所电话二〇二三〇，当即派员领取，事关救济难童，谅各界仁人善士当必踊跃捐赠。(民国廿七年九月九日《新闻报》)

红会难民给养仅足维持至本月底

中国红十字会上海国际委员会担任本市各善团难民八万人给养，每月支出浩繁，该会救济经费，向由政府拨款协助及海外捐款，以资维持。现因内地灾情重大，上项拨款及捐款移转内地，致本市难民给养，成为严重问题。据记者所悉，该会本月份难民给养，尚可应付，下月即难维持。而其他善团艰困情形，亦复相同，况冬令将近，难民衣被亦须筹措，故本市难民救济，实已频自八一三以来最困难阶段，现各善团正筹议举办特种募捐运动，为灾黎继续请命。(廿七年九月九日《大英晚报》)

难民给养标准仍维现状

据国际红十字会消息，该会担任十四善团百余收容所之难民给养，经难民委员会规定标准，以每百人为单位，日给米五十磅、豆二十二磅、麦十磅、菜蔬十四磅、油盐一又三分之二磅、煤五十磅、柴十三磅。就营养方面论，实无不足，而各主管善团，则以国民食米性成，每人日食半磅，认为过少，每自行补充或减豆增米，在各善团原属慈怀善意，第待遇参差，由是而起。且与故令食苦，促进自立之旨不合，经声明用意，函请勿再任意增减。上海慈善团体联合救灾会救济战区难民委员会，爰提出变更给养标准意见，声请照办，同时本会难民委员会复延聘专家，组织小组委员会，详细研究，该会意见亦并案讨论，佥以现定标准，滋养尚丰，于健康尚无妨碍，应予维持云。(民国廿七年九月十五日《大晚报》)

战区难童向各界呼吁救济

自八一三沪战爆发后，中华慈幼协会立即在白克路崇敬村设立“战区儿童收容所”一处，收容四至十四岁之“战区难童”，惜当时以房屋所限，只收留难童一百数十人，一面给以衣食，一面按照小学课程，加以教育。迨至十一月间，战地转移，上海之难民徒[陡]增，而需要救济之难童，亦更加迫切，于是借得梵王渡极司非而路青年会弄内圣约翰青年中学校址(在兆丰公园后门外)，扩大收容，前后凡收留难童一千数百人，除已由其家人领回团聚者外，目今在该所留养者，约有六百数十人，此辈儿童，大都父母失散，或家属死亡净尽者，情殊可悯，而教养所需，亦为数甚巨，幸自本年六月起，中国红十字会上海国际委员会，允许拨发该所给养后，节省之费，得以补助一切经常费用，但秋风一起，天气已寒，转瞬严冬将届，一般儿童之衣裤、鞋袜及被褥等,旧者已破,新者未置。现该所一面向各界募款购置衣被,一面向各界呼吁,如有银钱、布疋及旧衣被、鞋袜、文具等,欲行捐赠者,请函该所(地址极司非而路青年会弄一八一号上海战区儿童收容所),或打电话二〇二三〇,当派员趋前拜领,事关救济难童,谅各界仁人善士,必踊跃捐赠也。(廿七年九月十八日《文汇报》)

国际红会主席白克尔返沪

上海国际红十字会主席白克尔君新由香港来沪,据称关于上海难民救济事项已有新方案,转瞬隆冬气候严寒,对于难民之御寒及食米问题,均较夏季为主要。同时关于健康及教育,亦不能不予以顾虑,因此现正着手进行与各关系方面会商中。复据接近白克尔君之某君谈,此项新的方案尤注重于自力更生及难民生产。(民国廿七年九月十八日《导报》)

红会国际会终止直接救济工作

中国红十字会上海国际委员会执行委员会,鉴于上海救济事宜,虽未尽合常轨,而与一年前情形相较则显有进步,且留沪之难民疏散,现已不甚严重,只须于调正[整]方面加以努力,故决至十月三十一日起,终止一切直接救济工作,回复原来筹募捐款、协助救济之主旨。兹将该委员会议决案录后:(一) 沪战勃发,数千万伤兵、难民急待救济,本会因于去秋成立,其主旨为筹募振款、协助善举;(二) 经一年之努力,上海境内之伤兵问题,业已完满结束,而难民亦已疏散过半,渐趋解决之途;(三) 目下疏散留沪难民已不复为急要问题,只须于调整方面加以努力,此项工作在本会权力范围之外;(四) 议决自本年十月三十一日起,本会只任筹募赈款、协助救济之职,募得之款视各善团经济情况,酌予拨助云。(民国廿七年九月廿五日《新闻报》)

红会停止难民给养

中国红十字会上海国际救济会,顷已将停止直接救济工作之决议案,通知各有关善团,按该会经执行委员会通过停止直接救济工作,系定自十月三十一日起,所谓停止直接救济工作者,换言之,即停止分发各善团给养,故自十月三十一日起,难民给养将归各善团自行负担。据慈善界某氏称,此种变迁,更以见本市难民给养问题之为形严重。(民国廿七年九月三十日《循环报》)

原载《中国红十字会月刊》1938年第40期

会讯：中国红十字会上海国际委员会近讯

（廿七年六月至八月）

六 月 份

支配赈款顾问委员会成立

本会为便于派拨各救济团体赈款起见，特组织支配赈款顾问委员会，以利进行，业于五月二十六日下午在国际饭店开会成立。首由颜惠庆博士致开会词，申述该委员会组织之原委，略谓："上海国际红十字会，业经特许并授权派拨中国各地国际救济委员会赈款，为便利进行计，因由上海国际红十字会、广东国际红十字会、南京国际救济委员会、杭州国际红十字会、汉口国际红十字会、苏州国际救济委员会、重庆国际救济委员会、天津国际救济委员会、开封国际救济委员会、福州国际救济委员会、华北调剂委员会，各选中西代表各一人，会同美国红十字会驻沪顾问委员会、英国华灾救济会、全国基督教协进会战事救济委员会代表各一人，组成支配赈款顾问委员会，赈款不论指充全国何处灾区之用，本会均得处理之。本会主旨在与各地善团联络，互通声气，以便彼此建议，用利救济，各位务与所代表之团体常川通讯，俾本会得悉各会在当地之工作进行状况"等云。嗣推选职员，当公推颜惠庆博士为主席，贝克博士为副主席，施思明医师为秘书，以施医师现不在沪，其职务当请贝克博士临时暂代。所有当日议决各案如下：（一）拟制调查表分发各善团，请填送收入、支出及请拨之赈款数目；（二）请各位代表与其本善团通讯，将本会议议定事项，作简明之报告；（三）请贝克博士及施医师拟制本会工作纲要。至该会拨给各地之赈款，截至六月七日止，计南京国际救济会三千五百十一元、华中国际救济委员会一万零三十三元四角七分、广东国际红十字会一万元、开封国际救济委员会二千五百元、苏州国际救济委员会二千元、华北调剂委员会二千元，共计三万零四十四元四角七分。

本会司库更替

本会财务委员会主席兼司库卞纳脱君，任职业逾九月，热心办事，为本会同人所钦佩。兹以职务繁冗，无暇兼顾，声请辞去司库兼职，当经执行委员会许可，并推定盖士利(W. G. Cassels)君继任，业于七月一日就职矣。

战区难民之估计及上海之实际调查

中日战争，瞬届一年，战区广达九省，其中河北、山西、山东、江苏、绥远、察哈尔等,几已全部沦陷,而河南、安徽、浙江亦已一部波及。此九省共有六百八十二县,面积广四百八十九万方里,居民约一万万八千二百四十万人。据国民政府振务委员会主席许世英氏估计,在此广大区域中,至少有三千万人,奔避他乡,除自投亲友及漂荡无依外,现由各省市设所收容者约计一百万人。此说各观察家均视为正确,但广东、河南等处被炸、被水者,未经计入。

上海难民中有新产婴孩、古稀老人,妇女、孩童占全体百分之八十,孤儿占百分之一。本会就一百十一收容所,一万四千一百六十三人男性难民,调查其籍贯及人数如下表:

江苏	一〇九二三人	浙江	一〇二四人
安徽	二五四人	山东	二八一人
河南	五二人	河北	一一八人
湖北	八六人	湖南	一七一人
江西	二〇人	福建	一一人
广东	一二一八人	山西	二人
云南	一人	辽宁	一人
青海	一人	共计	一四一六三人

财政部又拨到救济费

本会难民救济经费,前经财政部拨给公债现币一百万元。嗣又准接济三十五万元,其中十五万元,早由中央银行划到,六月四日又由中行汇来国币十万元,余允下月再拨。政府深恩厚泽,嘉惠流亡,令人感奋。

旧金山华侨捐款又有汇到

旧金山旅美华侨统一义捐救国总会,为该埠著名慈善团体,专以筹募捐款,协助国内善举为务。本会成立以来,已收到该会捐款四万五千元;六月十六日,又由广东银行汇到第四次难民救济费五千元。仁浆义粟,陆续输将,可感也!

檀岛华灾医药协济会又汇到捐款

檀香山华侨,组织檀岛华灾医药协济会,就地筹募,接济本会,俾充治疗之用,并经汇到国币二万元等情,业纪前期本刊。六月七日,该会又汇来捐款三万元。声明此后尚有现款、药品陆续寄来,是诚吾国受伤、患病者之福星也。

香港运到大批赈衣

本埠十余万难民，自战区仓皇逃出，类多衣履不完。时值夏令，暑气熏蒸，对于换洗单衣，尤感需要。本会衣服组，正筹供应之法，顷承香港国际医药筹赈会将檀香山方面捐来之旧衣二百五十八箱，转助本会，以利布施。解推高谊，良堪感佩！

宝隆洋行输粟助赈

上海广东路十七号英商宝隆洋行，对于我国公益善举，向甚热心赞助。近以本埠难民众多，各善团办理给养，时感困难，因以西贡米二十袋捐助本会，俾充赈品。指囷仁风，洵足感也！

赈款收支报告

本会财务概况，已详上期本刊总干事报告书。兹据财务委员会报告：自本会成立之日起，至六月二十五日止，赈款共收二百十九万四千八百四十七元零九分，共付一百九十八万四千四百八十六元九角八分。所有最近一月来重要收支，列表于下：

收　入　项	
国民政府财政部	一〇〇、〇〇〇．〇〇元
檀香山华灾医药协济会	三〇、〇〇〇．〇〇元
上海公共租界工部局	一〇、〇〇〇．〇〇元
英国华灾救济会	一三、〇〇〇．〇〇元
美国红十字会驻沪委办会	五二、九八〇．一〇元
旅美华侨统一义捐救国总会	五、〇〇〇．〇〇元
盐务稽核所外籍人员	四、〇〇〇．〇〇元
支　出　项	
难民救济委员会(口粮等项)	九九、五二四．二一元
医务委员会	一五、一九九．一五元
伤兵治疗委员会	八、九八九．〇〇元
南市难民区管理委员会	二〇、〇〇〇．〇〇元
救济广州难民拨款	一〇、〇〇〇．〇〇元
救济汉口难民拨款	一〇、〇〇〇．〇〇元

担任难童收容所给养

本会自担任十四善团各收容所给养以来，供应浩繁，开支巨大，经费时虞竭蹶，惟以难民生活所关,不得不广事张罗,勉力支持。近复接受中华慈幼协会之申请,供给极司斐尔路一八一号难童收容所之膳食,从此又增一重负担,深盼仁浆义粟,慷慨输将也!

资助用水设备

本市各收容所房屋,多属临时借用,其中取水设备,向极简陋,或竟缺乏。时值溽暑,难民用水较多,苟不普通[遍]设置,影响于卫生前途者殊大!本会有鉴于此,特向各界筹募捐款,以资应用。一面通知各善团,各收容所对于难民用水,务令充足,如无力添办用具、装设机件,可向本会请求领用或资助。刻下各所用水,均已充量供给,间有水管未备,亦正雇工装接。

调查难民经济实况

本会以难民处境至不等齐,苟不逐一查明,难施适当之救济,因拟就难民经济状况调查表一种,分发各收容所切实填报,送会汇核,今将该表分类说明如下:

甲类　经济极度困难者:包括

(一)绝无依靠者:专指无亲属、无金钱、无援助、无技能之难民。

(二)患重病者:专指身患重病,不能医治之难民。

(三)患轻病者:专指病愈后仍无工作能力之难民。

(四)孤儿:专指无父母亲属之难童。

(五)苦孩:专指父母亲属无力抚养之难童。

(六)年多无能者:专指年在六十以上,无力工作之难民。

(七)患疯病者:专指患各种疯病,不能治疗之难民。

乙类　经济比较困难者:包括

(一)轻病者:专指因病停工,不能自理医药费,及病愈后仍能工作者。

(二)失业难自给者:专指失业不能自维生活之难民。

(三)无力养家者:专指收入仅能自给,不足赡养家庭者。

丙类　经济比较良好者:包括

(一)能自给而缺住所者:专指自能给养(或有余力助人),但需住所之难民。

(二)食宿能自备者:专指有力自备膳宿者。

丁类　愿往他处者:包括

(一)愿往内地者:专指自愿离沪,迁居内地之难民。

(二)愿回乡者:专指愿遣送回乡之难民。

演讲夏令卫生常识

本会教育委员会，派员向难民演讲，灌输道德观念情形，前已纪载，兹以时值夏令，收容所多人杂处，时疫尤易发生，因于道德问题外，加讲卫生常识，如预防霍乱、扑灭蚊蝇以及洗涤清洁之重要，均为详细说明，经费概由冯炳南先生担任。由杨馥根、钱颂平、李永清、杨奋程四君分途演讲，每人每周所到收容所，约有十五处，每处讲述时间，约在一小时以上。听讲者甚为踊跃，并能依照实行云。

难民体育汇志

本会教育委员会，前以难民缺乏运动，有碍健康，特聘请视导员多人，分任各收容所推进体育事宜，所有办理情形，前已纪载，兹将五月份工作汇录于下：

（一）提倡拍球跳绳——分发各收容所小橡皮球及跳绳各若干，以供儿童游戏之用。

（二）筹建临时体育场——在国际第二所交通银行广场上，筑造一简易体育场，所有平地面、筑跑道等工作，即由该所难民担任。并与国际救济会合办各项设备，如足球、篮球架、小球场等，刻正次第设置，该场可容四五百人，将来即作难民公共体育场之用。至慈愿收容所之小球场、篮球场，均已先后完成。

（三）难民体育比赛——是项比赛，有小橡皮球及跳绳两种，五月份小橡皮球赛规模最大者，为在慈愿举行之慈联及慈教两锦标赛，参加者计教职员九队、难童十一队。是日比赛，教育员十三场、难童十一场。此外坤范、新光、三十二、四十七等二十余所，亦各有体育比赛。

（四）早操及国术——早操为各所盛行之体育，五月份已普及至八十九所，占全体百分之六十七，参加之难民约共九千余人，占全数百分之四十，较前月又有进展。力行不倦者，为道德、复兴、慈愿、广东第一、国际第一、第二各所，而红万第一、第六、国际第四等所，则国术最有进步。

举办难民学艺成绩展览

本会教育委员会，就收容所难民施行儿童、成人及职业三种教育以来，业有半载，为供观摩品评起见，因征集各善团收容所、习艺所、工场、学校各项难民成绩，如书法、缀法、试卷、笔记、图画、手工、草织、编造、缝纫、刺绣、印刷等品，于七月一日至四日，假上海爱多亚路一四五四号浦东大厦三楼第四中华职业学校教室，举行学艺成绩展览会，除陈列各种出品外，并附设售品室，发售制品。室内另辟一角，调派难民，当众工作，以期观者可得更清晰之印象。期前柬请各界参观指导，俾资改进。

闭幕后拟判定成绩优劣,给予奖品,以资鼓励。第此次展览成绩,尚偏于静的方面,将来更拟表示动的成绩。现第二学期之难教,即将开始,对于受教人数之扩充,教学内容之充实,生产工作之增加,已在缜密规划,务期按步实现,克底于成。今将本届展览品统计如下:

主办机关	儿童成绩	成人成绩	生产成绩	总　　计
慈联总会	一五八一	二四七	三二六	二一五四
慈联分会	一七五五	八〇五	二一四	二二七四
国际救济会	八六九	二一五	三九四	一四七八
其他	九六二	一七二	三五五	一四八九
总计	五一六七	九三九	一二八九	七三九五

难民职业介绍所成立

本会工作委员会,以难民群居闲食,日久适足养成惰性,为减轻担负,促进自立计,特组织难民职业介绍所于九江路一一三号三〇八号房间,负责代谋出路。事前曾拟就表格,分送各收容所,令调查难民技能,以便设法推荐。目下泥匠、木工、漆工、铜匠、铅匠、铁匠、缝工、鞋匠、花匠、厨司、侍役、店员、电器匠、硝皮匠、汽车夫以及纱厂、运输等各业工人之被收容者,统计不下数万人,均属经验丰富。各界如欲雇用,可向该所接洽,不需何项费用。闻经介绍者,计有美亚织绸厂之络丝女工、上海难童营养委员会之豆浆技师、中装裁缝、家乐食品公司之练习生等,服务成绩,均尚优良。又近接香港红十字会来函,谓有某君需用汽车驾驶及修理两种工人,上海难民中有无具上项技能而愿赴港工作者等云。经查有能驾驶者十五人,修理者三人,年龄均仅二三十岁,业已函复前途,请为介绍矣。

难民产妇医院近讯

本会联合本埠各公益慈善团体,筹办难民产妇医院于劳勃生路一百十一号,并搭盖席棚,安置产妇家属等情,业纪前期。经各员之努力筹备,业于五月底部置完毕,六月六日正式开幕,并通知各收容所,遇有分娩,即行送入。据该院主办人朱友渔夫人报告,至六月底止,已收容产妇二十三名,婴孩十三名,留院婴孩八名。

残废伤兵医院工作报告

本会残废伤兵医院,成立于本年一月,其办理情况,前期略有记载。兹据报告五月来工作,特为披露于下:

(一) 进出院人数——元月十日至三十一日，进院无肢伤兵共四十八名；二月一日以后，进院残肢伤兵共一百八十名；第十七医院余留伤兵共九十四名，共计三百二十二名。截至五月三十一日止，出院伤兵共一百廿四名，死亡伤兵廿四名，在院残肢伤兵现有一百九十四名。

(二) 治疗统计——自一月十日至五月底，共施手术一百三十余次，所治无肢伤兵，计截去上腿者一百零一名，截去下腿者三十五名，截去上臂者十名，截去下臂者两名。经向北平协和医学院置办假肢，为之装配，业经运到二批，已装就五十六只，验明行动无碍后，始令出院，计五月一日出院者五名，余于五月廿八日出院。

院中除无肢伤兵外，尚有残肢伤兵多名，其受伤之穴孔中，有浓汁凝聚，均经施以手术，并取去伤坏之骨。

按假肢之运送与装配，均需相当时间，预计院内伤兵全部装竣，尚须历时三月。届时再将去年八月底所留少数伤兵，送往难民医院治疗，本院即可结束。

孕妇儿童健康诊察

本会医务委员会，以孕妇、儿童之健康，与民族前途关系綦重。因于本年四月份起，规定每星期二、五(孕妇)、一、三(儿童)等日，为之分别诊察。对于就诊难童，先为沐浴、剪甲、洗发、衡体重、验体格，然后再施简易诊察，并由看护表演健康习惯，以示其母。四月份被诊婴孩及未届学龄之儿童，计有六十七名，共诊察九十一次。此等婴孩，系看护由各收容所选来，内有十一名患软骨及脚气病；一名缺乏维他命 A。同月诊察之孕妇，计初诊者三十九人，复诊者四十六人。初诊孕妇中，计有初胎者五人，患难产者卅四人。调查若辈难产孕妇，已共产一百八十九胎，婴孩死亡者达一百卅一名，其生存者只占百分之三十。至五月份共诊察二百九十人，其中一百十二人为孕妇。

七　月　份

增设收容所管理组

本会难民救济委员会，原有给养、运输、房舍、视察、难民工作、食物管理六组，近以本市各收容所，对于设备、卫生、管理诸端，办理合度者，固属不乏，而简陋疏忽，亦在所多有，因议决增设收容所管理一组，聘请杜达君为主任，会同各善团，指导各所改进内部，以谋难民幸福。业于七月十一日在河南路五〇五号、四〇六号房间开始办公，并通函知照矣。

工部局允缓迁难民收容所

本市各难民收容所，大都借用民间空屋，近以人口骤增，各业主均欲收回出租，纷请工部局转饬迁让，各善团因有择地建棚、移居难民之计划，第以觅地为难，而建筑材料，又不易采办，虽经多方设法，殊难顺利进行，曾一再商请展期，均蒙当局允许，讵至七月十日限期，所盖席棚，仍未完工，本会爰向工部局申请再序展缓，略谓："当此难民栖身无所之际，如强制驱逐，势必流为乞丐、盗贼，治安将大受影响，且任其流浪各处，更有专[传]播病菌之虞，于公众健康，不无危险，应请再准展期"等云。旋经查明属实，业已接受建议，凡遇业主请求驱逐难民，暂不照办。一面拟协助各善团，解决建棚之各种困难，并为谋迅速迁让计，委托本会组成迁让收容所筹备委员会，除邀各善团代表出席外，工部局卫生、警务二处职员，及难民调查委员会委员、秘书等，亦一致参加。刻已征得各善团同意，组织成立矣。

促进收容所管理

本市自去年八一三事变发生以来，难民四方云集，各善团设所收容，多至二百余处。第以办理仓卒，设备管理，未尽完善。本会难民救济委员会视察组，为督促改进起见，曾拟定甲、乙两种标准，分发各收容所，饬令参照办理，并派员详为指导。兹复将乙种标准修改至最低限度，分送各所管理员，嘱为照办，并请各主管善团督促进行，一二月内，经审核及格者，即给予奖状，以资鼓励。

副委员长饶神父返沪

本会为筹募难民救济费起见，曾公推副委员长饶家驹神父赴美与各界接洽，颇得同情赞助，经在全美各大城市举行"一碗饭"运动，备受热烈应响，成绩至为美满。饶氏以使命完成，乃整束行装，由温哥华乘亚洲皇后号轮回华，预计上月廿五日可以到沪，二十日道经日本横滨，因应日友藤川一雄之约，赴神父相访，未克如期旋返，以致外间纷传失踪，本会同人无不深为惊异。旋于廿九日上午九时，本会难民委员会秘书卫尔逊君，接得饶君自神父来电，谓："渠定三十日乘法国邮船公司斐立斯罗梭号轮来沪，八月一日晨到埠。"疑怀始释，刻已安然返会复命矣。

收容所指导团成立

本会对于各慈善团所办收容所，向抱协助主旨，兹为督促改进起见，特成立指导团，除本会所派人员外，复会同各善团专员曹临川、朱德亮、杨昌镛、朱启銮等，前往各所分别指导，以谋设备、管理等项之进步，业于上月间开始工作矣。

财部拨到第四次救济费

本会[埠]难民麕集，各慈善团体办理救济，俱感精疲力竭，本会担任十四善团百余收容所之难民给养，经费尤形支绌，国民政府财政部鉴厥困难，经三次拨助公债现币一百二十五万元，俾资挹注。七月十三日，又由中央银行汇到国币十万元。当兹军用浩繁之际，仍复兼惠流亡，至德深仁，全民同感！

美国华灾协济会又拨助赈款

美国华灾协济会，救济我国灾荒，仁声素著。本会成立以来，承协助赈款，先后已达九万元之巨。七月十一日，又由该会驻沪委办会，拨到国币六万元，救灾恤邻，同钦义举，不仅受惠者之感恩怀德已也！

一月来赈款收入报告

兹据财务委员会报告，截至七月三十日止，赈款共收二、四〇四、四七六.二八元，共付二、二二二、一九五.七九元。兹将六月二十六日起七月底止经收较巨赈款列表于下：

国民政府财政部	一〇〇、〇〇〇.〇〇元
美国华灾协济会驻沪委会	六〇、〇〇〇.〇〇元
英国华灾救济会	一四、八九一.九六元
奥国红十字会	七、七九九.六一元
荷兰华灾救济委员会	四、四一一.七六元
Ancient and Scottish Rite, Southern Jurisdiction	二、六九三.六〇元
无名氏	一、五五五.八〇元
夏威夷第一中国礼拜堂	一、三一五.七九元
江海关同人	一、〇〇〇.〇〇元
袁师南先生	一、〇〇〇.〇〇元
W. S. Y.	一、〇〇〇.〇〇元
上海蛋业同业公会	一、〇〇〇.〇〇元

难民给养费见增

本会规定之难民给养品，以百人一日计，原为米六十五磅、豆十二磅、麦十磅、蔬菜十四磅、油盐一又三分之二磅、煤五十三磅、柴十三磅。嗣为促令自立，并节省经费计,将米减为五十磅,豆增至二十二磅;并将白米改为次米,黄豆易以蚕豆,期与营养方面,仍无不足。经此一番变更,前之每人月需一元八角五分者,乃减至一元六角五分。近因米煤两项,市价步昂,每人每月给养费,随而增至一元九角五分矣。

一月来给养难民数报告

本会担任各善团难民给养,业逾半载,鉴于徙[徒]事留养,适足造成多数游手好闲之人,经创办工场,介绍职业,俾事生产而资自立,因而人数渐见减少。兹据各善团报告,列表于下:

善　团	六月二九日	七月六日	七月一三日	七月二〇日	七月二七日
慈联会	三四、八九六	三五、三三七	三四、五五五	三四、三四〇	三四、三四〇
慈联分会	三〇、八七七	二九、二八九	二九、五一五	二八、四二九	二七、八四七
广东同乡会	五、八六八	五、八六八	七、〇四一	六、〇〇五	六、〇〇五
镇金丹溧扬五县同乡会	三一〇	二九九	三〇五	三一一	三〇六
至圣善会	三七一	三七六	三七五	三六九	三五八
江宁六县公所	一、五一三	一、五一〇	一、五〇九	一、五〇二	一、五〇一
国际救济会	七、七八八	七、七九〇	七、九二六	七、六七六	七、八八〇
红卍字会	二、〇〇一	一、九六〇	一、九七五	一、八八六	一、八三九
祇园莲社	三四一	三二六	二九七	二八九	二八〇
尊金善会	五〇六	五〇六	五〇六	五〇六	四七二
地方协会	二〇三	二〇〇	二〇〇	一八五	一七九
一区市民联合会	六四二	六四〇	六四二	六四二	六四二
合　计	八五、三一六	八四、〇八三	八四、八四六	八二、一四〇	八一、六四九

告诫难民注意卫生

本会以时值炎暑,收容所人多杂处,时疫最易发生,思患预防,不容稍缓。特请中华医学会编印《夏令卫生须知》,就饮食、起居、环境诸方面详为指导,并附传染病医院一览,以便送疗。为谋普通[遍]遵守计,特检送各善团多份,请转发各所广为张贴,并饬管理员晓谕难民,严密注意,以期共同防范,保全健康。

难民棉织工厂毛巾部行将成立

本会为促进难民自立谋生起见，除自办难民工场，及协助各善团收容所办理生产事业外，近因收得国外捐款五千元、私人捐助一千元，均指充难民工作经费，爰由本会工作委员会秘书长李百强君，草成计划，利用此项资金，设立难民棉织工场，先办毛巾部，设置织机六十架，挑选熟练难民一百二十人，施以严格训练，分日、夜两班工作，以每人日织四十条计，每月可出毛巾十四万余条。据李秘书云："毛巾出产，向在内地，自乡村陷落后，大有供不应求之势，盖以上海一处三百万人口而论，五人月用一条，亦需六十万条。"此项计划，业经磋商决定，并觅定法租界拉都路第五十收容所为厂址，现正登记难工，购办机件。各收容所中，如有此项技能及经验者，均可向九江路一百十三号三楼三百〇八号，与李君或叶君接洽。闻办有成绩，尚拟扩充织袜、土布等部云。

新文字推进概况

本会教育委员会，前以新文字为扫除文盲之利器。特编教本，在各收容所推行，以谋普及，半载以来，成绩殊佳。并为造就师资起见，特集有志研究者，于五月十六日起至三十一日止，假四川路青年会开班训练，期满后，除继续办理外，经派充各所指导员。规定嗣后成人班应以新文字为必修课，业经拟订推进计划，分发各所，促令增设级数。至设班教授新文字之收容所，六月份计达三十处，共有七十四班，教师四十六人，受教者二千五百五十三人。

编印《民众常识》

本会教育委员会，对于难民教育，推进不遗余力。近为启牖智识起见，特编印《民众常识》一种，分发各收容所，以供难民阅读。是项刊物，每周出版一次，每期篇幅计四开新文纸两页，内容丰富。现已出至第八期，阅者均甚欢迎。

电影教育续志

本会教育委员会，以电影颇易引人兴趣，可于娱乐之中，隐寓教育之意，经与电影教育社合作，至有电力设备及广大场所之各收容所轮流放映，备受难民欢迎等情。五月份复将范围扩大，承青年会劳工部干事宋复元先生介绍，在八百将士收容所开映两次；应白约翰先生邀约，在残废伤兵医院演映一次，藉慰诸壮士苦闷。六月份在三十二处收容所共映三十五次。影片除关于卫生之清洁衣服、扑灭蚊蝇等外，并有卡通幻变片及笑片，共二十余张。为宣传难民种种实况，并留纪念起见，特约上海柯达公司，至各收容所摄取生活、教育、体育、生产等影片，现已摄成者，计有难童考试、篮球慈善赛及徐家汇平民村等三百余尺。

演讲加映幻灯

本会教育委员会，派员至各收容所演讲道德卫生情形，兹为增进兴趣计，特置幻灯两架，并向上海普益社借到灯片七百余张，由各演讲员携赴各所，轮流放映，同时为之详细说明。六月份所映者，为《纺织情况》、《陇海路风景》等片，所到三百余处，观者无不兴奋。

难民教育统计

本会教育委员会在收容所实施教育以来，进行尚称顺利，虽未达到普及目的，成绩已有可观。刻正拟订计划，力谋推广，并调查失学，督促各所开班授课。兹将六月份本市一百二十五收容所难民教育统计列表如下：

<table>
<tr><th colspan="3">难民数</th><th colspan="3">现受教育人数</th><th colspan="3">未受教育人数</th><th colspan="3">班级数</th><th colspan="3">教师数</th></tr>
<tr><td colspan="2" rowspan="2">儿童</td><td rowspan="2">二七六三九</td><td colspan="2" rowspan="2">儿童</td><td rowspan="2">一四五六〇</td><td colspan="2" rowspan="2">儿童</td><td rowspan="2">一六九九</td><td colspan="2" rowspan="2">儿童</td><td rowspan="2">三九一班四二三级</td><td rowspan="2">正式</td><td>男</td><td>二四七</td></tr>
<tr><td>女</td><td>一三六</td></tr>
<tr><td rowspan="3">成人</td><td>男</td><td>二四六九二</td><td rowspan="3">成人</td><td>男</td><td>二〇〇四</td><td rowspan="3">成人</td><td>男</td><td>三六九四</td><td rowspan="3">成人</td><td>男</td><td>六五班七一级</td><td rowspan="3">义务</td><td>男</td><td>一二三</td></tr>
<tr><td>女</td><td>二八四一九</td><td>女</td><td>四四二七</td><td>女</td><td>三五二二</td><td>女</td><td>一一三班一二三级</td><td>女</td><td>五一</td></tr>
<tr><td>合</td><td>八三九</td><td>合</td><td>三一〇</td><td>合</td><td>六一八</td><td>合</td><td>一七班一九级</td><td></td><td></td></tr>
<tr><td>共计</td><td colspan="2">八一五八九</td><td>共计</td><td colspan="2">二一三〇一</td><td>共计</td><td colspan="2">九五三三</td><td>共计</td><td colspan="2">五八六班六三六级</td><td>共计</td><td colspan="2">五五七</td></tr>
</table>

八　月　份

工部局又拨到娱乐捐

本埠公共租界工部局，为筹集难民救济费起见，特令各游艺场所征收娱乐捐，以利振务。本会担任十四善团各收容所难民给养，开支浩繁，经费支绌，前承鉴厥困难，拨给是项捐款三万元，俾资挹注。八月九日，又蒙续助二万五千元。难民受惠，诚不浅也！

太安丰同人难民援助协会慨助赈款

本市太平、安平、丰盛三保险公司联合办事处同人，赞襄善举，素著热忱。鉴于各善团收容难民，备感困难，特组织太安丰同人难民援助协会，按月筹募捐款，协助救济。其八月份一百七十一元九角五分，业于上月二十一日送交本会。仁风义举，洵堪矜式！

东吴大学热心助赈

东吴大学校，为基督教监理会所设最高学府，历史颇久，造就甚众。而职员、学生，对于公益事业，向甚热心赞助。近以慈善团体，赈款竭蹶，特乘八一三纪念之期，组织献金委员会，就师生中广募捐款，以充救济难民之用。至八月三十一日止，业经集有一千零十八元一角一分，由童希天、张培扬二君送交中国华洋义赈救灾总会转致本会矣。

十一月来现款收入总报告

本会收支状况，本刊前已公布。兹再根据财务委员会报告，将去年十月二日起，本年八月二十七日止，所收各项现款，汇列于下(至国民政府财政部拨助之公债未经售出者不列焉)：

计　开	
国民政府财政部拨款	八五〇、〇〇〇.〇〇元
公债售款(国府财部拨助救国公债五〇〇、〇〇〇.〇〇元内售存及拨助南京国际救济会三一三、九四〇.〇〇元卖得现款如下数)	一八六、〇六〇.〇〇元
英国华灾救济会	三二三、七六六.五五元
美国红十字会驻沪委办会	一八四、九三五.三三元
美国华灾协济会驻沪委办会	一五〇、〇〇〇.〇〇元
檀香山华灾医药协济会	八〇、〇〇〇.〇〇元
王正廷大使在美经募	七〇、〇〇〇.〇〇元
上海公共租界工部局	五五、〇〇〇.〇〇元
旧金山旅美华侨统一义捐救国总会	五〇、〇〇〇.〇〇元
上海银行公会	五〇、〇〇〇.〇〇元

续 表

上海慈善团体联合救灾会救济战区难民委员会转来	四〇、〇〇〇. 〇〇元
上海国际救济会	四〇、〇〇〇. 〇〇元
法国驻沪总领事转来	三〇、〇〇〇. 〇〇元
上海市募捐运动	二四、五〇二. 四九元
上海法租界公益慈善会	二〇、〇〇〇. 〇〇元
美国全国红十字会	一五、〇〇〇. 〇〇元
国民政府盐务稽核所西籍同人	一三、九〇〇. 〇〇元
奥国红十字会	一〇、九九〇. 三三元
伦敦中国妇女救济会	一〇、一〇五. 二六元
菲律滨[宾]华侨妇女慰劳会	一〇、〇〇〇. 〇〇元
中国红十字会总会	一〇、〇〇〇. 〇〇元
无名氏大善士(朱博泉先生转来)	一〇、〇〇〇. 〇〇元
上海中国妇女会	七、〇三六. 〇一元
其他	二三三、八二三. 〇六元
合　计	二、四七五、一一九. 〇三元

担任难童中学给养

上海威海卫路私立难童初级中学,系赵慰祖君所创办。多数学生曾于去年沪战时但[担]任童子军职务,及华军后退,室家荡然,乃栖留孤岛,流为难童,赵君悯厥无归,更不忍坐视失学,爰集合同志,创办是校,教养兼施。其经费向由上海慈善团体联合救灾会救济战区难民委员会及其分会共同拨助,嗣为减轻负担计,该分会主席篑延芳君函请本会担任该校教职员、学生全体给养,业于八月三日经难民委员会许可。旋接该校校长赵君函称:"学生年龄,均在发育时期,其食量非难民可比,倘不任其饱食,身体健康将蒙不良影响,请转准增加膳蔬,俾利营养"等语。本会以其尚无不合,亦予照准。

给养标准仍维现状

本会担任十四善团百余收容所之难民给养,经难民委员会规定标准,以每百人为单位,日给米五十磅、豆二十二磅、麦十磅、菜蔬十四磅、油盐一又三分之二磅、煤五十磅、柴十三磅。就营养方面论，实已毫无不足，而各主管善团，则以国民食米性成，每人日食半磅，认为过少，每自行补充，或减豆增米，期合难民嗜欲。在各善团原属慈怀善意，第待遇参差，由是而起，且与本会故令食苦，促进自立之旨不合。经声明用意，函请弗再任意增减，上海慈善团体联合救灾会救济战区难民委员会爰提出变更给养标准意见，声请照办。同时本会难民委员会复延聘专家，组织小组委员会，详细研究，该会意见亦并案讨论，佥以现定标准，滋养较丰，于健康尚无妨碍，应予维持云，业经报告难民委员会开会通过矣。

难妇工作补志

去年八一三事变发生时，正值炎暑，难民仓皇奔避，类多身着单衣，未携御寒物品，一届隆冬，自不免冷侵肌骨。上海公共租界工部局实业股亨特女士，悯厥惨苦，特捐资一百元，创议教授难妇结绒制鞋，以供自身与家属之用。其事务所系免费借用四川路三百二十号华懋地产公司房屋，内储各项原料，并雇用成衣匠一人裁剪鞋料，职员一人分发物品。所有经费，除私人捐助外，本会先后拨给四千五百元，以资应用。教师则商请济良所、慕尔堂及妇女青年会等处派来，纯尽义务。计自去年十二月成立，至本年六月结束，六十处收容所难妇所制各物，为鞋一三〇六五双、袜二九〇双、帽六〇顶、绒衫四一五五件、手套六〇双、背心二〇件。绒衫每件约费六角二分，单鞋、棉鞋平均每双一角四分云。

体育训练班成立

本会教育委员会，在各收容所中提倡难民体育情形，本刊前已纪载。兹复创办体育训练班，养成初级体育行政人员，业于八月二十四日开始施训。聘请邵汝干、王怀琪、张元生、闻完元诸君担任教师；学员皆系各所指导员；课程有体育原理、比赛方法、国术、田径大意、球类运动、器械操、简易体操及各种游戏教材等。

原载《中国红十字会月刊》1938 年第 40 期

会讯：红十字新闻[节录]

国庆节市民节衣缩食捐款救济难胞

本月十日为国庆纪念节，政府业已规定，仍循去年例，停止举行庆祝仪式。本市各学校、各商店暨一般市民，届时将悬旗纪念，并遵政府规定，不举行庆祝仪式。各界市民，因本市尚有难民甚众，转瞬冬季即届，前途给养堪虞，故将于是日自动节衣缩食，捐款送往国际红十字会、国际救济会等善团，以救济难民云。（民国廿七年

十月二日《文汇报》)

美红十字会捐助中国难民

美国红十字会驻沪某代表昨日声称,该会捐助中国难民,计碎麦五万六千箩、医药用品及罐头物品七千箱,将在下月中抵沪。此项物品,作为中国国庆纪念之大礼物,中外救济团体均深致感谢,如将来更捐助给养,则感激尤甚。美国红十字会在致该会上海顾问委员会电中,郑重声明此项碎麦等礼物,与中美现在谈判中之麦类借款绝不相关,而纯系救济中国受灾区中之平民。兹悉此次礼物,或将在十二月中旬抵沪,美国红十字会待此次施送完毕后,将继续捐助,运至其他港口,本市美国红十字会尚未得纽约之最后指示,惟悉此项物品之拨发工作,以及将来之运送事宜,将概由本市国际红十字会办事处主持云。(民国廿七年十月十一日《大英晚报》)

原载《中国红十字会月刊》1938年第41期

会讯:红十字新闻[节录]

难民学生挨饿亟应筹谋补救

国际红十字会与难民教育委员会,前以鉴于各收容所收容难民中,不少失业青年求学无力,特会同考试三百余人,分送本埠各大、中、小学校,请予免费入学肄业,住食仍由收容所供给,但实行以来,因各收容所与各学校相隔窎远,走读颇感不便,且上课与开饭时间为上午十时及下午四时,过时不能重开,各学生以此时适为学校上课时间,宁愿上课枵腹读书者大有人在,南阳路爱国女中难民女生八人,忍饥上课多日,同学不忍目睹,多凑集饭资供给,该校当局亦正谋救济办法,与该校附近延平路实验收容所商议,将此八人由各所调集该所,对吃饭问题特别设法,务期与上课时间不冲突为原则,其他各校对是项枵腹难民学生如何设法,尚无所闻,惟各方均望难民教育委员会对此问题,筹谋具体解决办法云。(民国廿七年十月廿五日《申报》)

国际红会给养运输等组本月底结束

中国红十字会上海国际委员会,已定本月底停止直接救济工作,故该会难民救济委员会下给养、运输、难民工作、食物管理、视察、房舍等各组,均已准备于本月底工作终了时,即行结束。惟该会执行委员会及支配振款顾问委员会,仍将继续行使职务,盖以后如续收国际捐款,仍须作适当之支配也。该会总干事贝克博士,现已经滇转黔、川、桂等内地各省，调查灾情。该会工作重心，将移转内地，以本市救济工作，已日见进步，且已有上海难民救济协会出任领导也。据记者向该会探悉，截至最近，请由该会拨发给养之善团，计共慈联会、慈联分会、上海国际救济会、红卍字会、白卍字会、至圣善院、江宁六县公所、镇丹五县同乡会、广东同乡会、市联救济会、中华慈幼协会、难童中学等十二单位，共八十七所，难民六万八千三百四十三人。上项善团难民，自下月一日起，均将由上海难民救济协会担任供给给养云。(民国廿七年十月廿七日《文汇报》)

难民生产品销售处招收女服务员

中国红十字会上海国际委员会教育委员会主办之难民生产品联合销售处，开幕迄今，已届一月，极得社会人士之赞助，故业务发展极速，原有服务人士，不敷应用。兹特招收女服务员五名，须受过相当教育，并能刻苦耐劳，愿为难民服务者，可于每日上午九时至十一时，往福熙路(同孚路东)四八三号该处接洽可也。(民国廿七年十月三十日《申报》)

难民生产品联售处录取女服务员

国际红十字会主办之难民生产品联合销售处，因业务发展，特招收女服务员五名，来应征者，甚形踊跃。经严格审查结果，已正式录取王觉瑛、张秀贞等五名，不日开始服务。(民国廿七年十一月一日《申报》)

第三期奖券救济金支配

第三期法商救济难民慈善奖券救济金计共六万元，业于第三期奖券开奖后归救济难民慈善奖券救济金支配委员会支配藏事，并已按照该会议决，如数拨付各慈善团体，计上海国际红十字会二万元、南市难民区监察委员会一万五千元、公教女青年会附设孤儿院三百元、南市慈安产科医院一千二百五十元、西人慈善协会八千四百五十元、恢复难民计准备金一万五千元。(民国廿七年十一月四日《新闻报》)

原载《中国红十字会月刊》1938年第42期

会讯：中国红十字会上海国际委员会近讯[节录]

救济团慨助振[赈]款

兹有某救济团，鉴于本会难民给养费十分支绌，特慨助法币一万五千元，交由本会宣传筹募委员会主席施肇基博士转致，并嘱隐匿真名。有功不居，尤堪钦佩！

慈善奖券公司拨到第三期难民救济金

本埠法商慈善奖券公司,以券资百分之三十拨充各善团难民救济费,本会前经收到第一、第二两期派拨之款五万八千六百四十一元三角四分;兹又续收第三期救济金二万元,业经掣发收据,备函鸣谢矣。

理发业举行慈善篮球赛

本市理发业同人,急公好义,向不后人,鉴于时届冬令,难民衣被需要甚亟,特于日前举行同业篮球赛,所售门票,悉充善举,计共收票资一百五十元,业由愚园路二百十三号百乐理发公司送交本会,指充难民寒衣之用。解推厚惠,洵堪感谢!

难民职业介绍所报告

本会难民职业介绍所成立以还,推荐难民至工厂、商店服务,先后不下千余人,颇能博得雇主满意。兹据该所报告,十月一日起至二十七日止,代为觅得职业之难民,计共五百三十七人。所以较前激增之原因:(一)近有多数纱厂、丝厂复业;(二)所发各业之请雇难工书五百件,均承同情赞助;(三)难民探悉振款出绌,难予长期留养,因感自谋生计之迫切;(四)天时温和,适于工作;(五)本所调查员,经验较富,能以言语启迪难民,使乐于工作。

目下各工厂需用多数女士,而在收容所中征求之,则殊感困难。据管理员称,所中女性难民,均愿在所从事手艺,可赖善团给养。

鸿章及永安第三两纱厂,对于本所介绍之生手难工,待遇特优,深堪感谢。

慈联会总务股努力与本所合作,每遇请求将难民迁至工厂邻近收容所,必为迅速办理,且每次用大卡车运送,无任钦感云。

上海难民救济协会成立

上海难民救济协会,系全沪中外慈善界人士所组织,其袖领[领袖]为商界元老虞洽卿氏,以筹募捐款、协助救济为宗旨。九月间着手筹备,至十月中旬,始行就绪,业于十月十八日在宁波同乡会举行成立大会,计到各慈善团体、各业工会、各同乡会、各公团代表及中外闻人三百余人,公推虞洽卿氏为主席。首由主席致开会词,次通过组织章程,推举理事,旋讨论提案,末合摄影片,一时冠盖如云,殊形热闹。计当时推定之理事为虞洽卿、麦克诺登、徐寄庼、马歇尔、凯雪克、卜雷德、米恰尔、唐纳、李铭、秦润卿、冯炳南、郭顺、吴蕴齐、奚玉书、江一平等十五人,嗣理事会复公推虞洽卿氏为理事长,麦克诺登、徐寄庼两君为副理事长;敦聘许世英君为名誉会长,施肇基、樊克令两君为名誉副会长,颜惠庆为名誉理事长;饶家驹、贝克、闻兰亭、黄涵之、箦延芳诸君为名誉副理事长;关炯[絅]之、林康侯、袁履登、张翼福、徐采丞、裴云卿、张兰坪、齐云青、李规庸、金廷荪、俞佐廷、杜达、陈良玉、丁贵堂、裘倬其、成静生诸君为名誉理事;袁履登君为秘书长;奚玉书君为司库;米恰尔、马歇尔、凯雪克、卜兰德、吴蕴齐、李馥荪、秦润卿、郭顺、裴云卿、金宗城、黄涵之、孙瑞璜、江一平、方椒伯、林康侯、卡内诸君为财务委员会委员;徐寄庼、闻兰亭、箦延芳、徐采丞、郭仲良、陈凌云、周邦俊、李规庸、张念萱、许晓初、陈济成、姚惠皋、何德奎、蒋君毅、陆介荪诸君为事务委员会委员;俞佐廷、许冠群、江万平、陈鹤琴、俞松筠、徐永祚、厉树雄、盛玉华、金观甫、江一平、魏伯桢、奚玉书、胡咏祺、卢馥、李文杰、龙筱云、俞叶封诸君为善后委员会委员;麦克诺登、唐纳、杜达、马瑞山、柴司伯、张翼枢、赵晋卿、林熙生、潘序伦、郭伯良、陈霆锐、冯炳南、马骥良、张德钦、谢驾千诸君为监察委员会委员。此外尚有劝募委员会委员三百七八十人,多属各业各界代表,姓名不及备载;其总主任为虞洽卿氏,方椒伯、盛丕华两君副之。该协会会址,现设于广东路九十三号航运俱乐部三楼。其募捐办法,经决定就职工薪给抽收百分之一;再向业主征收同数。难民给养,则规定标准,发给现款,由各救济团体自行采办各种食品云。

节约救难委员会开始工作

本市各界组织之节约救难委员会,筹备已久,业于十月九日在香港路银行俱乐部举行成立会,并通过下列各案:(一)委员会简章;(二)缘起及募捐办法;(三)委托代收节约救难捐款办法;(四)推裴云卿、徐寄庼、陈鹤琴、陈济成、杨怀僧、姚惠泉、许冠群、周邦俊、李文杰、孙瑞璜、胡咏祺十一人为常务委员;(五)节约救济捐款,统交上海难民救济协会。今录其缘起于下:

战事开始以来,死伤遍野,流亡载途,凡属人群,同深悯恻!沪渎收容难民,现尚数逾十万,内地伤兵灾黎,当更十百倍于斯。本会念救护抚绥之孔亟,认募捐乞振之宜先,特发起节约救难运动,期以节缩之资,宏解推之惠。敬请各界仕女,本仁民爱物之怀,广救死扶伤之德,或移喜庆筵席,慨助特捐;或节服食消靡,月认常款,薄小己以裕大己,俭一家而活万家,庶几积少成多,由近及远,既救人民,亦安我心,至诚吁恳,幸垂鉴焉!

国际救济会增辟难民织袜工场

上海国际救济会所属各收容所,现尚有难民一万二千余人,前曾设立织花、草绳、裁缝、刺绣、拖把、铅桶、银盾、藤器、花灯等场,令年壮难民入内工作,俾得藉一技之长,自谋生计,并可节省救济费用。难民之从事生产者,先后已达三千余人。

最近该会调查各难民职业,发见马斯南路第一收容所有织袜技能者甚多,因就该所增辟织袜工场,俾若辈得有工作。其无何项技能者,则垫付资本,批进国货,令其四出推销,藉增生产。

难民应服劳役

政府鉴于各地收容所难民多无相当工作,惟聚处所中,酣卧饱食,致精神、体格,日就萎疲,久且养成游惰恶习,特订定《收容所难民服务规则》,以资补救。兹照录如下:

(一) 凡属各省县收容所之难民,除老弱、残废、疾病外,均须服从救济机关指定相当工作,服任劳役或兵役。(二) 经指定相当工作之难民,有故意怠工或抗不履行者,救济机关得予以下列处分:(甲) 初患怠工者,延长其工作时间,并取消其例假;(乙) 再犯怠工者,禁闭三日至五日,在禁闭期内,减给膳食二分之一;(丙) 三犯怠工者,适合于兵役年龄之男子,令服兵役;不适于兵役年龄之男子及妇女,驱逐出境,不予救济;(丁) 违抗命令者,与犯怠工者同科。(三) 处以禁闭之难民,在禁闭期内确能悔过,得免除其未满之处分。(四) 处以令服兵役之难民,如有家属,仍须继续予以救济。(五) 处以不予救济之难民,须将其难民符号及其他证明文件一概缴销。

原载《中国红十字会月刊》1938 年第 42 期

1939 年

会讯:红十字新闻[节录]

檀岛华侨续汇捐款

檀岛华灾医药协济会,系旅檀华侨及各界热心人士所组织,筹募捐款,接济中国红十字会上海国际委员会,先后已达八万元之谱,最近又汇到国币五万元,指充长沙难民医药之用,该会已复函照办。(民国廿七年十一月廿八日《新闻报》)

美红会捐巨量碎麦

美国红十字会为救济中国难民,最近曾捐助碎麦五万六千箩,约合一千八百吨,预计可供上海难民半年之食,闻已由美国沙华夫拉轮装运来沪,约于本月十八日可到云。(民国廿七年十二月三日《新闻报》)

国际红会总干事贝克返沪

中国红十字会上海国际委员会总干事贝克博士,于本年十月八日由沪起程,前往内地各省调查灾情，计香港、海防、昆明、成都、重庆、贵阳、柳州、桂林、衡阳、长沙、醴陵、金华、丽水、温州等处，业于本月五日晚间返沪。据称，所经各地，虽流亡众多，但均经政府设法安插，就其固有技能分配职业，妇孺亦有适当工作，其年壮无能者，则令服兵役。难民到湖南、贵州边境时，概令登记，然后分派服务，故能各得其所，人民对于政府，均一致拥护，绝无罹难抱怨者。日机轰炸城市，居民司空见惯，毫不惊惧，就学者恒在上午六时至九时，下午四时至七时，余则避入防空室，惟由战区移往内地者甚众，房屋不敷居住，医药用品亦甚缺乏，尤以金鸡纳霜为甚，实一严重问题云。(民国廿七年十二月九日《文汇报》)

市民组劝募会欢迎林康侯

上海难民救济协会市民组劝募委员会，于昨日举行成立大会，同时并欢迎林康侯氏回国，兹分志各情如次：

欢迎林氏——该会成立大会，于昨日下午三时假座香港路银行俱乐部举行，计到协会理事长虞洽卿、徐寄庼，秘书长袁履登，司库奚玉书，劝募主任方椒伯，及该会委员、队长等一百余人。首先欢迎林康侯回国，由张一尘致欢迎词；旋即由林康侯报告出国参加日内瓦劳工大会及伦敦世界红十字会经过。该会全体委员及劝募队长，原拟举行联合公宴，惟林氏以国难期间，灾民遍地，再三坚辞，乃遵林氏之意，将公份全数移交协会，充作救济经费。各参加委员等，均慷慨解囊，当场共认得公份费国币二百二十八元，末由林氏捐助五十元，共二百七十八元，定明日汇齐缴送协会。

宣告成立——昨日成立会，公推林康侯主席，报告开会宗旨后，由协会虞洽卿、袁履登、徐寄庼、奚玉书、方椒伯相继致词；旋依议程，开始讨论，经决议各案如下：(一) 通过《市民组劝募委员会组织简章》；(二) 通过募捐办法；(三) 通过《劝募队组织大纲》；(四) 推举林康侯、许晓初、张一尘、陈济成、曹志功、王剑锷、周邦俊、张德钦、顾文生、戴春风、瞿振华、朱启祯、乐耕葆、屠开征、李锦章等十五人为常务委员；(五) 推举刘仲英为总干事，葛福田为副总干事；(六) 通过先成立劝募队三十队，讨论完毕后，当主席起立，向协会各代表伸谢指导，并谓本会委员会名单，容有遗漏，社会热心人士，当陆续加聘，各劝募队长如须补充人才，亦请随时通知，以便集中力量，共策推动。(民国廿七年十二月十一日《大美报》)

原载《中国红十字会月刊》1939年第43期

会讯：中国红十字会上海国际委员会近讯[节录]

本会难民教育将由救济协会接办

本会教育委员会，成立已达年余，所办儿童、成人、体育、生产、电影、新文字等项难民教育，无不成绩斐然。本会虽因经费竭蹶，停发各收容所给养，而该委员会工作，则仍照常进行。盖以教育之关系綦重，难民未经解散，自难遽行停止，况一年来已收良好效果，更不应半途而废。上海难民救济协会，对此亦颇重视，曾与该委员会主席陈鹤琴博士数度洽商，拟行接收，一切经费概由协会方面担任，俾便本已往精神，继续推行。兹已接洽就绪，不日即行移交。

难民救济协会监视组成立

监视工作，所以督促收容所改进，为难民力谋幸福，其关系甚为重要。上海难民救济协会有鉴于此，故有监察委员会之组织。近复成立监视一组，延聘杜达君为主任，所属各监视员，多系本会视察组旧有人员。驾轻就熟，成绩可期！上月间已正式办公矣。

四批垦荒难民赴桂

战区难民移殖协会，自在江西吉水县开辟垦区，成立新村以来，进行既甚顺利，成绩亦殊优良，业承振济委员会特予嘉奖。近复应广西省政府之邀请，在柳城、邕宁创办第二垦区。先由吉水办事处派遣农业技士及富有经验之垦民，前往布置；一面在沪举行移垦登记，计愿往桂省开垦者，约有二百五十余人，业于十一月中旬，由医师、技士率领，乘太古公司棠鲁轮出发，其行程先至温州，次经金华赴赣，再往广西。此为第四批移殖难民，其第五批正在登记中，闻拟于十二月初旬起程云。

青年会训练失业民众

本市基督教青年会，对于社会事业，向极注意。近因群众受战事影响，失业骤增，特筹设科学实验、化学工业两班，招收学生，训练工业技能，俾有一技之长，藉谋生计。每班各分两组，业于十一月底先后开课，其时间第一组为星期二、五下午六时半至九时半；第二组为星期三、六下午四时半至七时半。学科为肥皂、染色、电镀、墨水、火柴、镀镜、淀粉工业、化学魔术、日用化妆品等，各组每二月取费三元。

圣公会举办慈善市场

上海各中华圣公会合组之青年团契联合会，对于救济难民，素称努力。近又在南京路大新公司四楼，举办慈善市场。其办法：先由该会会员向各界兜销代价券，价目二角至数元不等，购户可持券至该市场选取价值相等之物品。所获余润，悉数用作救济本市难民。此在购户既惠而不费，难民则受赐良多，诚协助救济之善法也。

儿童保育会设立报童学校

上海自战事爆发后，市民经济窘迫，生活困难，藉贩报为生者，实繁有徒，其中年龄在十岁左右者，更居多数。本市儿童保育会为使若辈报童得受相当教育计，特聘福源儿童学校校长叶君，委以筹办模范报童学校之任。筹办以来，进行颇速，业已成立十校。其教室均借用学校或收容所，教师多数为义务职。各校学生，多者六十人，少亦三十余人。学费及教育用品，概不取资。上课时间为每晚七时至九时半。学科除国语、算术、常识外，并注意于新文字之灌输。闻各校经费，按月由申报馆补助，报童之马夹及冬帽，亦由该馆捐赠。

慈联工业社玩具制造近况

玩具在童儿教育上，颇占重要位置。我国纵有少数出品，第鲜教育价值。市场所售，多属舶来品，致成国际贸易上之一大漏卮。上海慈联会救济难民委员会，为推进难民生产计，曾组织工业合作委员会，筹备种种工场，俾资操作，而免游惰。复以玩具关系之切要，无可久任利权外溢，特于本年七月在北浙江路慈愿收容所内创办工业合作社玩具部，从事制造。主持其事者为教育家陈鹤琴博士，并延聘专门技术人员筹划设计，内分木工、漆工两部，工人约四十余名。工作时间为每日上午七时至十一时半，下午十二时半至五时。工资最高日给七角，次则五角四角不等。其出品之式样、大小、色泽，悉经陈氏审慎鉴定，期符教育准则。目前已有(一)推跑类；(二)球形类；(三)自由转动类；(四)有声类；(五)游戏用具类；(六)积木类；(七)器具类等三十七种，均属精美异常，驾外货而上之。除在社内设有销售处外，本市各大公司、商店、书局均有代售，各小学、幼稚园及家庭，亦乐于采用，几已风行全埠。闻该社尚拟提高品质，低廉价值，以便推销国内及南洋各埠云。

上海教育界组织儿童节约团

上海市节约救难委员会成立以来，各界群起赞助，节约运动，推行全市。本市教育界同人，因发起组织上海市儿童节约团，设总办事处于静安寺路私立上海中学。经推定现任节约救难委员会常务委员陈济成为总团长，吴志骞、张天百为副团长，孙育才为秘书长，林震公为总干事。为办事便利计，总团长之下，分为十区团，各设正、副区团长一人，主持各该区团推行节约事宜。是项运动，以学校为单位，拟由学生而至家长，再至各亲友。刻下加入该团体之大、中、小学校，已达三百五十余所，每校学生，多者千余，少亦二三百人，合计在十万人以上。其成绩当大有可观也！

中振会移殖难民垦发西南

中日启衅以来，战区日扩，难民日增。据最近估计，受战事损害者，约一万六千万人，赤贫无归者，达三千万以上；随战线转移迁往内地者，则有一千余万人。中央振济委员会，为根本救济流亡，并增加粮食生产计，已颁布《非常时期难民移垦规则》，积极在西南之川、湘、滇、黔等省开辟垦殖区，安插难民，现在各区从事垦荒者，约有三十万人。迩以云南已成经济国防中心，而滇西、蕴藏，多未开发，爰复组织滇西边地考察团，派委员林宗墉为团长，从事调查，以便垦发。林氏抵滇后，深得省府及中央各机关之赞助，已开始工作。参加者均系著名学子，其考察路线，系沿滇缅公路进行，直至缅甸国境为止。考察日期，预计两月。所需经费，均由振委会支用。又闻振委会决在滇境先成立茶桐试验区，已委派何堂杰前往筹备，滇省府深愿与之合作，不久即可遣大批茶农、桐工前往种植。

原载《中国红十字会月刊》1939 年第 43 期

会讯：红十字新闻[节录]

英救济中国难民会征集大批药品来华

伦敦救济中国难民委员会，对于中国难民捐款运动，由彼邦朝野人士热心赞助，先后汇华捐款，为数甚巨。兹闻现因难民需要西药甚殷，由中国驻英大使郭泰祺氏，向该会呼吁，近特由该会征集防疫药剂及其他药品一大批，数达百余箱，现已由英起运来华，约下月中旬可运到，内有三分之一系指定救济上海难民，本市红十字会已接到郭氏来电，此项药剂，备作来春之用，今后并将继续设法征集运华云。(民国廿七年十二月二十二日《新闻报》)

美振麦运沪卸载已竣事

美国工商界捐赠充作救济我国难民之美麦二千四百吨，装由萨狐克拉轮来华，除八千吨美麦在香港时卸去外，其余一千六百吨美麦，仍由该轮载运来上海，业于九日到达此间。据上海国际红十字会云，除美麦外，尚有牛奶七十五箱，调味之物料一百盒，大豆之类二十五箱，罐头食物七十五箱，小罐牛奶一百匣，婴儿服用之牛奶二十五箱，外科医药用品三十二包，奶粉五十箱，另有杂项货物一宗。闻萨狐克拉轮于卸去货物后，将于今晨离沪驶小吕宋载运糖类赴美，所谓将由卫利韩公司派驶新航线一节不确。闻该项物品，将由上海国际红十字会办理放赈云。(一月十二日《新闻报》)

难民协会教育组实施强迫教育

难民协会教育组，继红十字会教育委员会办理难民教育。根据十二月份调查报告，各收容所未受教男女成人，尚有六千三百余人之多。际兹二十八年度开始，该组特重行拟定《成人识字办法》，强迫实施，凡各所内自十六岁起至四十岁止之男女成人，除患病及残废者得缓学外，不论有无生产工作，一律须受四个月之识字教育，在受教期内，必须按时出席上课，不得无故请假，否则予以相当惩处。至各所教师工作，亦将加以调整，每教师以每日授课四节为标准，凡不满四节者须兼任成人教师，并订定《教师考勤办法》，此外复厘订《成人识字教育推进团办法》，凡各收容所内全体管教工作人员，均为推进团团员，每一团员须每日规定适当时间，负责教授至少四十人，并须训练十二岁以上具有小学五六年级程度之小先生十人；组织识字推进队，指导成人识字、写字、阅读书报等工作云。(民国廿八年一月八日《文汇报》)

贝克氏建议政府救济工作注重运输

中国红十字会上海国际委员会总干事贝克氏，去年冬赴内地各省视察被灾情形，事毕返沪后，对于被灾各区之详细情形，曾拟具详尽之报告。顷悉贝克氏鉴于内地各处之救济工作，每因运输困难，耽误甚多，爰特建议国府振济委员会，将国外所捐救济费，宜多用于购买运输车及医药用品，俾减少运输困难之苦，而利救济工作之推行云。(民国二十八年一月十四日《新闻报》)

原载《中国红十字会月刊》1939 年第 44 期

会讯：红十字新闻：救济难民健康

上海难民救济协会为注意难氏(民)健康问题计划，举办难民医院，及各种必要之专门治疗，以应需要。兹该会自办之第一难民医院，已于本月一日起，开始收容所患病难民。又万国红十字会难民婴儿临时医院、上海防痨会痨病医院、上海麻疯[风]救济会麻疯[风]医院，皆由该会按月补助经费，因此各收容所此后如有患病难民，均可分别送往下列各医院，请求诊治。兹探得各院地址如下：(一) 万国红十字会婴儿临时医院，威海卫路七三七号；(二) 上海防痨会痨病医院，白利南路三十七号B字;(三)上海麻疯[风]救济会麻疯[风]医院,白利南路十六号;(四)上海难民救济协会第一医院,北西藏路二四〇号。(民国廿八年二月四日《生活日报》)

原载《中国红十字会月刊》1939年第45期

会讯:红十字新闻:第五十团童军向红会报告服务经过[节录]

本市第五十团童子军,于八一三战事发动后,一部份团员即在红十字会服务运输、救护等工作;国军西移后,又随赴内地继续服务,截至去年年底为止,前后已达十六个月。现因红十字会在港举行执监全体会议,该团特提出工作报告,以便红十字会检讨,兹录该项报告如下:

运输工作——计第一期在上海服务,自廿六年八月十三日起至十一月八日止,共三个月,其工作为(一)负责押乘救护车辆,驰往前线各地,救护伤兵,运回各医院;(二)夜半出发,至天明始返,或转往他处,则三四日后始返,兼以民船押运伤兵至各地;(三)九月廿五日起,担任外交大楼伤兵分发总站工作;(四)十月廿八日国军正移新阵地,公路、桥梁均被轰炸,多数受损,救护工作无法施行,该团爰组织"探路急救队",冒险前往抢救伤兵,服务人数共六十人,经历江浙两省十余县,如吴淞、宝山、市中心区、北四川路、虬江码头、江湾、大场、庙行、顾家宅、罗店、刘行、浏河、杨行、月浦、真茹[如]、洛阳桥、南翔、嘉定、莘庄、七宝、青浦、太仓、昆山、常熟、苏州、无锡、南京、松江、嘉兴、杭州等处,出动一千八百七十一次,历程九万三千五百五十六公里,救护伤兵难民六万二千零七人。第二时期在内地……(略)

材料押运——担任内地红十字会材料库警卫及负责输送押运。

殉难团员——该团参加服务而殉难之团员,共计三人:(一)何国寿,二十二岁,上海合盛洋行职员,于廿六年八月廿二日下午一时到团报到服务,途经先施公司附近,遭弹炸死,尚有老母在堂,本人未婚;(二)杜象贤,年二十五岁,上海爱礼司洋行职员,在沪工作过度,积劳成疾,转成伤寒,于廿六年十月三十一日殁于宝隆医院,老母在堂,有兄一人,妹二人,本人未婚;(三)苍成全,年二十二岁,上海春生运动器具公司职员,因公途经贵阳,身罹瘴气,于廿七年十二月三十一日逝于贵阳中央医院,老父在堂,有兄一人,本人未婚。(民国廿八年二月廿七日《新闻报》)

原载《中国红十字会月刊》1939年第46期

会讯：红十字新闻[节录]

红十字会建议发行慈善邮票

战事发生后，中国难民需救甚殷，前有集邮同志王圣五君，曾向交部建议，发行难民慈善邮票，现尚在交通部计议中。兹悉最近中国红十字会总办事处，亦有同样向交部建议，请发行慈善邮票，并由上海总会向各邮票社购买各国之慈善邮票，以作参考。闻该会顷已请前交通部长叶恭绰氏计划邮票图案与式样，预计不久即可向交部建议执行，并闻红十字会深盼沪上各集邮同志各申意见，将各国慈善邮票捐赠该会以供参考，此事现正由红十字会在加紧进行云。

美国朝野，于中日战事发生后，屡次捐助巨额金钱、药物等，救济中国难民，近来美国邮局，又发行一种救济中国难民邮票，沪上某西人最近收到自纽约于三月中旬寄来之函件，其所贴邮票，即系此项救济中国难民邮票。闻此项救济邮票乃美国教会传导，由美邮局正式发行。(民国廿八年五月十三日《大英夜报》)

国际红会经募救济难民捐款

本市中国红十字会国际委员会，简称国际红十字会，为重要国际救济团体之一，该会成立于二十六年十月，其时适当沪战期间，四郊灾民，纷避租界，救济工作，至感急切。该会乃向海外筹募捐款，从事救济，欧美各友邦遂纷组善团，仗义援助，该会策动之力居多。民国二十七年一月起，该会复担任全市各善团给养，至是年十月始移交上海难民救济协会办理。据记者向该会询悉，该会自成立以至本年三月三十一日止，计收中外捐款及国民政府协款共三百十二万九千九百二十六元七角四分，共支出三百零八万九千三百四十二元八角六分，该会虽自上年十月底终止办理各善团给养，但与欧美各善团仍保持接触，良以中日战事继续进行，救济工作不容一日终止也。又悉该会现正编撰报告书，发表其成立以来之会务经过。(民国廿八年五月十六日《新闻报》)

国际救济会今后救济方针

昨日下午五时，本埠国际救济会假青年会九楼开会员大会，出席团体会员，如中国红十字会代表蒋君毅；世界红万字会代表张兰坪、李迪先；中国佛教会代表关絅之；上海慈善团联合救灾会代表黄涵之、闻兰亭；中华公教进行会代表陆隐耕；华洋义赈会代表朱吟江；上海青年会代表伍立夫；个人会员汪伯奇、胡咏骐、白约翰、陈鹤琴、巴山神甫、裕旦太太等三十余人，由西会长荷兰驻沪总领事鲍雪文氏主席，报告一年来工作概况，并由常务委员李规庸氏，就该会目前所遭逢之种种困难，如经济方面，每月必遇难关，倘遣散难民，则大半无家可归，而常务委员会方面，因有数人离沪或缺席，以至减低会务进行效率，但以过去工作观之，不论在收容所管理上，难童教育及生产活动上，均有优良之成绩，颇承社会人士所称道，所以今后何去何从，请大会公决云。经到会团体一致通过，按月给养，请上海难民救济协会赞助，医药、教育等费，另行设法筹募，维持现状，以免难民流离失所。（民国二十八年五月二十七日《新闻报》）

原载《中国红十字会月刊》1939 年第 48 期

会讯：红十字新闻：红会救护员徐正祥积劳殉职

本市第五十团童子军，服务战地，成绩卓著。昨接报告，该团团员徐正祥，服务红十字会救护运输事宜，因奔走积劳，患伤寒症，在桂林省立医院治疗无效，于本月九日下午六时零五分逝世。徐团员原任职于自来水公司，甬人，年二十三，已婚，尚无子女，而有父母在堂。八一三战事发生，该员自动填具志愿书，誓愿不惜牺牲，为国服务。今兹积劳殉职，深堪悼惜也。（民国廿八年六月十四日《中美日报》）

原载《中国红十字会月刊》1939 年第 49 期

会讯：红十字新闻：沪医药救护队抵前线服务

由上海各界资助赴华军前线救护之医药师三队，自由沪出发后，现已在华军根据地开始服务。据悉，三队医师，其中一队在桂林，一队在豫西、潼关、洛阳，一队在宝庆。渠等均系由军事最高当局指定工作地点者，不顾艰险，转程万里，颇著成绩。本市关系方面，迭接来电报告，近又将转赴湘鄂粤一带服务，本市各界对渠等服务精神，顷已去电慰勉云。（民国廿八年八月廿一日《新闻报》）

原载《中国红十字会月刊》1939 年第 51 期

1941 年

孤 岛 冬 赈

本会于廿九年冬季，拨给驻沪办事处振款三万元，兹闻已采办棉被四百条，贡米三百石，业于去年十一月散发，余款留俟今年再发春赈。

已故本会常务监事陆伯鸿之公子隐耕，以经办之三慈善机关经费支绌，函请本会捐助，经本会驻沪办事处核准，仍照前例，补助新普育堂二百元、圣心医院二百元、普慈疗养院一百元。

原载《中国红十字会会务通讯》1941 年第 2 期

上海平民妇孺医院参观记

(上海通讯)根据上海调查□□□□十万起生产中，能够得到医院服务的，只有百分之十五，因此，产妇婴儿的死亡率，仍觉甚高。若有相当的医药服务，那末，婴儿死亡率，可自每千中之二百五十起，减至五起，产妇的死亡率，也可由每千中五十人，减至一人。然而上海一般医院，除公立或私立之规模较大者，备有此种平民产妇免费床位，但觉为数不多，未能尽量收容外，其余尚乏此种设备。上海平民妇孺医院，原为上海难民产妇医院，成立于廿七年五月中，那时专为供应难民改善产妇急切的需要而设立，一切均属临时性质，所以屡次迁址，阻碍甚多。该院委员会，有鉴于斯，觉有继续办理，成为永久服务机关之必要，可使多数经济力量薄弱的平民，得有正当的医药服务，即以难民产妇医院与红十字会儿童医院合而为一，成为上海平民妇孺医院。原址威海卫路七三七号，因屋主改建公寓，幸于本年五月间，有妇孺福利协进会会长潘志铨，购得康脑脱路九九五号西式花园三层房屋一所，占地三亩，而以极低微(一元)之租价，租与该院。地处工厂区域之中心，在此为平民服务，最为相宜。去年六月，迁至该处，门诊数目，即呈显著的增进。该院名誉董事虞洽卿、冯炳南、阿乐满等，董事长潘志铨、院长王逸慧等具名发柬，于十二月廿六日下午三时，邀请各界参观新院址。笔者深佩该院历次宣传之热烈，尤其对于完全为平民服务之机关，更有参观之必要。当于下午三时到达，即蒙该院事务主任王君，引导参观，入口处有一清洁室，因来院产妇，以女工为多，故须先加清洁，然后方可住院。次为检验室，对于大小便痰，均可在此化验。导往二楼，则有临产室，内有床，专备平产之用，旁有手术台一，专备难产之用。临产室之外，均为病室，凡是分娩以后的娠妇，寝室于此。室内光线空气极佳，陈设整洁，平民产妇在此分娩就医，享受科学医药卫生的服务，□□空前幸福。病房榻位，每间至多七八床，间有二三榻一房者，则为稍出房金之病房，譬如，工厂女工头，或者普通职员之眷属虽较女工稍觉裕如，但仍无力踏进一般产科医院，所以特设这种变通的病房，稍示限止而已，共有免费床位四十个，取费二元者，仅有五个，三楼尚有婴儿室，内分初生及寄养二部，初生方面均为该院住院产妇初生之婴儿,寄养方面大都为无处容身之孤儿,每孩每月,单就奶粉所饲,至少卅元。小儿摇床,现暂以浅篮代替,该院空地,预备建筑新屋,尚须开办托儿所之用。门诊室内容相当宽大,内有检验产妇应用之设备,楼上有待产室,专为平民妊妇,入院待产之用。参观时,见有三五待产妇,在床手缝被单,据闻利用待产时间,代院略尽工作之义务,这种意义,甚为可取。

原载《中国红十字会会务通讯》1941 年第 2 期

五、杂　　组

组织：中国红十字会总会地址

中国红十字会总会：上海九江路三四二号，电报挂号：〇五七七，电话：九〇一〇〇、九〇一〇九；

第一医院：上海海格路，电话：七〇一六二、七〇一六三；

第二医院：上海新闸路，电话：三一二七六；

第三医院：上海十六铺，电话：南市二一〇一四；

护士学校：上海海格路，电话：七〇一六二。

原载《中国红十字会月刊》1935 年第 1 期

分会地名录

（中国红十字会全国各地分会通讯处）

江苏省：共七十处（节录）

上海市分会：上海城内光启路一七九号

吴淞分会：上海市吴淞镇荳市路十九号

嘉定分会：嘉定城内东门大街

青浦分会：青浦城内圣庙尊经阁

娄塘分会：嘉定娄塘镇

罗店分会：宝山罗店

宝山分会：宝山县城隍庙

南翔分会：嘉定南翔镇伊家弄十四号

泗泾分会：淞江泗泾镇中市保婴堂

闵行分会：上海县闵行镇

南汇分会：浦东鲁家汇镇铜的药号转

华庄分会：淞江华庄镇西市张宅

奉贤分会：奉贤胡家桥

白鹤江分会：青浦白鹤江镇南市

黄渡分会：黄渡

金山分会：金山县朱泾镇

朱家角分会：青浦朱家角商会内

七宝分会：上海西乡七宝镇三善堂

真如分会：上海市真如镇犁辕浜八三号

松江分会：松江马路桥若瑟医院内

原载《中国红十字会月刊》1935年第1期

传记：欧彬先生传

中国红十字会前常议员，华侨欧灵生先生，名彬，为人仁慈，慷慨好义。自少奔走澳洲为小贩经营，虽劳苦得资，而对于社会公益，以及祖国改革诸端，无不倾襄相助。迨至先施公司成立，首创于香港时，实为中国商业之模范，先生赞助甚力，成效大著。其后遂扩充于广州、上海，生平尤重教育以及实业，各处教会学校，多得其助。上海之广东银行、中华邮传公司、南洋烟草公司诸大商业，皆赖其擘划，为中华民国商业历史开幕之一人。又能将本宅新建房屋，大半为开办工艺学校及中学校之用，独立维持，专收贫苦孤独子弟，教育成人。俾自立，是为中华民国学业历史之曙星也。先生尽力于社会如此，方冀为平民造福。乃于民国一十年十月五日，溘然病逝，知先生者无不悼叹。先生为本会议员，热心捐振，时列议席。民国十年十一月九日，总会理事长唐露圆先生逝世，公推庄得之先生继任理事长，是为欧先生末次列席会议。旬日后，葬唐公，先生偕其夫人乘摩讬车送丧，御者不戒，陷于河中，凶遭灭顶，归大病遂不起，呜呼伤哉！赞曰：死寻死友，生为生佛，生劳社会，死登天国。

原载《中国红十字会月刊》1935年第4期

中国红十字会救护队编制表

职　别	名　　额	职　　掌
队长	一	管理全队一切事宜
副队长	一	协助队长办理本队一切事宜

续　表

职　别	名　　额	职　　掌
医务长	队长或副队长	兼承队长之命办理医疗事宜
医官	二	承医务长之命襄理医疗事宜
助理医官	四	承医官之命助理医疗事宜
书记	一	承队长之命经管文书、人事事项
庶务	二	承队长之命经理给养、会计、器材等事项
队员	一〇——二〇	承长官之命分任护士事务
公差	二	承长官之命服行传达、清洁勤务
厨役	三	
共计	一〇——十六、二〇	

附一：本队以收容五十卧床病人及二百轻伤病人为原则。
记二：医务长应兼任副队长或队长一职。

原载《中国红十字会月刊》1936 年第 7 期

中国红十字会救护队服装定式附图

一、服式：中山装。

二、服色：夏季用草黄色或国货哔叽或斜纹布，冬季用土黄色国货呢，差役冬夏季用黑色及蓝色国货布。

三、臂章：左上膊缠佩白地红十字臂章，按照《日来佛公约》，应呈由高级军事长官盖印。

四、帽章：帽用空军式帽章，用青天白日之国徽，直径三公分五。

五、帽袖金线：总会正、副会长均阔线三道，理监事均二阔一狭，队长、副队长均一阔一狭，其余各员均一阔；分会正、副会长均用线一阔一狭，理监事均用线二狭，队长、副队长均用线一阔，其余各员均用线一狭。以上阔线宽度一公分，狭线五公厘。

六、领章：用白地红十字圆形章，直径二公分五。

七、符号：用白色绸布，宽九公分、长五公分；边缘，队员、职员绿色，差役不着色；中央盖会长小章，缝于左上方衣袋之直上。

附图[略]

原载《中国红十字会月刊》1936 年第 7 期

中国红十字会登记分会暨附设医院地址表[节录]

名　　称	(详细地址)
上海市分会	上海城内光启路一七九号
松江分会	松江西门外长寿桥南超果寺大悲间
松江分会泖泾镇办事处	松江泖泾镇尹家桥湾内叶宅
南翔分会	嘉定南翔镇尹家街内十二号
南翔分会临时防疫医院	同上
崇明分会	崇明城内万安仓街万安仓内
崇明分会第四区办事处	崇明第四区福善乡阜康镇西第二保婴局
宝山分会	宝山城内南门邑庙
宝山分会救济院施医所	同上

原载《中国红十字会月刊》1937 年第 19 期

本会及绥远剿匪慰劳救护委员会暨各方征收药品由本会运寄前方者开列于后

第一次：二十五年十二月二十四日

寄往傅主席三十五军军医处及预备后方医院(高景阳)(牛惠善)

阿司匹林片	二瓶(每瓶一千粒)	苏打片	十瓶(每瓶一磅)
地司太司	四瓶(每瓶一磅)	沃度仿	二瓶(每瓶一磅)
汞色素	一瓶(500 gm)	福康灵 0.5%	一百五十盒
福康灵 2%	一百盒	葡萄糖钙 B	二十盒
葡萄糖钙 A	五盒	肾上腺素液	七十五盒
双氧水	二十瓶(每瓶一磅)	石灰碳	十瓶(每瓶一磅)
原包纱布	三十磅	沃仿纱布	三磅
棉花	六十磅	绷带布	五匹
肾上腺素液安瓿	二十盒	痛立安	二十五盒
葡萄糖安瓿 10%	二十盒	葡萄糖安瓿 20%	五盒
毛地黄精安葡萄糖安瓿	二十五盒	急救包	八万五千七百五十包

共计装一百八十六件。

寄往华北临时救委会

福康灵 0.5%	一百五十盒	福康灵 2%	一百盒
葡萄糖钙 B	二十五盒	葡萄糖钙 A	五盒
肾上腺素液	七十五盒	肾上腺素液安瓿	二十盒
痛立安	二十五盘	葡萄糖安瓿	二十盒(10%)
葡萄糖安瓿	五盒(20%)	樟脑油安瓿	一百盒
碘沃及升汞纱布	二十七盒	平净	二厅(每厅一加仑)
玻璃灌肠器	二具	万痛灵片	一瓶(五百粒)
地疾佛林	十瓶(每瓶十五瓦)	开刀	五把
弹钳	二十把	剪刀	二十把
毛地黄精安瓿	二十五盒	盐酸奴勿加因安瓿	二十盒
奴勿加因肾上腺素安瓿	三十盒	硼碱粉	一包(二十磅)
过锰酸钾	一包(十磅)	镊子	二十把
止血橡皮带	二十付	体温计	一打
卷棉子	五打		

共计装二箱。

寄往绥远分会

急救包	五千只	止血棉花	十磅
海碘方及升汞纱布	二十磅	三角巾	一百条
棉花	念五包	纱布	十七包
绷带卷	三十打	红十字急救囊	十只

共计装十三件。

第二次：二十六年一月十九日

寄往绥远军民联合会

纱布卷	七百十七卷	至尊油	一千盒
神效保安水	五百瓶	碘酒	十小瓶
汞络液	五小瓶	卫生包	一万包
丝绵背心	一百件	火酒	二小听

续 表

新布棉被心	六件	万用油	五百十九打
布卷	一包计二百八十五卷	救护袋	十只
线棉裤	二百条	消毒棉花	九大包
消毒纱布	十七大包		

共计装二十四箱又四麻袋。

寄往华北临时救委会

卫生包	一万包

共计装十八箱。

寄往绥远傅主席

卫生包	二万包

共计五十罐。

(完)

原载《中国红十字会月刊》1937 年第 20 期

对遣送难民的建议

日来大批难民,纷纷进入公共租界及法租界,鄙人怵然忧之,若辈遭逢不幸,深堪惨目伤心,其所受困苦,显然可见,无庸赘述。若辈骤然而来,食宿供给,当然极欠完备,故谓难民问题性质严重,殊非危言耸听。所有收容所,大都为私人组织之团体所设立,所收容之难民为数过于拥挤,似此情形,匪特对于难民自身之健康常有妨害,即全沪居民之福利,亦将受其威胁。医院既已人满,遂使患传染病之难民,倘欲入医院诊治,极感困难,难民如患传染病,现应采用隔离方法,并由合格医师为之疗治,然除非医院能收容,办理难民收容所之人,仅有两种办法,即非任其留居所内,使其他难民受其传染;即挥之出外,委弃于途,此两种办法,固均不堪设想,但此辈难民之应由何处医院收容,并应如何收容乃为立即发生之问题,不特此也,免费供给难民膳食,倘为时过于长久,则业为有限之本地食物供给,行将耗竭,而被振济之人,长此以往,且将养成倚赖之习惯。因此鄙人以为,解决难民问题之实际办法,莫如尽速遣送其回原籍,或送至其他较易觅得食物之处所,谚云"对于需助最殷之人,尽量资助,为最重要之义务,”鄙人深信,受害比难民较轻之沪上人士(住居上海之人,因受吾人所不能控制且非吾人过失所致之情况下,因多少均遭受其苦)。英国文学家史可德有言,人类若不互相资助,将至毁灭,自慈母襁褓其婴儿,以至于见垂死者之愿此,发慈心而为之揩拭,吾人固无时非有他人之助力而不能存在,故需要资助之人,有权向其同胞作将伯之呼,而力能助人者,倘拒绝布施,不能为无过,鄙意有若干办法,似宜采用。

(一) 各收容所之救济工作,宜有相当系统。凡可施行之卫生办法,虽其势不免因陋就简,均宜举行,庶使传染病之危险,纵不能完全预防,当亦可减少。(二) 倘上项办法尚未施行,应将各难民登记,俾目前既便于查察,随后亦可依照顺序遣送回籍,登记之要项为姓名、年龄、以前职业、籍贯及经济能力等。(三) 难民可分为三类:(甲) 自能担负完全遣送费用者;(乙) 仅能担负一部份之是项费用者;(丙) 赤贫而不能担负分毫者。(四) 难民回籍时,其有无亲友予以接待,或能否自行照顾,可令各难民自行陈明。(五) 凡因家宅在战区以内,而不能返乡之难民,应另为一类,是项难民与返乡后其亲友不克照顾,或倘无亲友照顾即无法自瞻之其他难民,大概均须送往可有相当之临时或永久工务可作之区域,惟欲如此办理,须先向各该区域之当道接洽,务使年富力强之难民,均须操作,以维持其生计。概括言之,是项难民均须助之使能仰赖自身,并自食其力。

上述各条,仅为原则上之大观建议,以备考虑。鄙人尚欲负责者,与领事团等各有关系当道协力,向中日海陆军当局,取得担保难民被遣送时之得安全通行,并应由各方商定一种特别辨认标识,同时并订立相当之预防流弊方法,以免此项标识之或被滥用,至于详细办法,当由各关系当道商定也。

原载《中国红十字会月刊》1937 年第 27 期

救济难民的根本方案

本市自战端开始后,战区的民众因为失掉生活的寄托,都向租界避难,势若潮涌,同时因其中贫苦的占多数,逃出了之后,食宿没有着落,街头弄口度着风餐露宿生活的难民,到处可见,后来由慈善团体和各同乡会设了数十处的收容所,把这大量难民收容下来,各同乡会等设法分批遣送回籍,不过因人数过多,未及离沪者还有十几万人,本来要收容如许难民,单是给养一项,已够费措筹,目前交通阻滞,所以“遣送同籍”也已很感困难,不消说再谋作根本的救济了。

凡遇战事发生后,因为一般失所和失业,巨量难民的产生是不免的,但如其听任这种现象扩大开来,不但要影响到社会秩序和妨碍军事,而且消耗有用的生产力,在作战意义上,也是很不经济的,所以救济是万不可少,说到救济的方法,大概可分消极和积极两种,最好当然能从积极方面着想,否则这两种方法也要跟着进行的,说得明白些,就是单靠治标,还不济事的,比方,现在已经遣送的难民,在消极方面,固然已尽救济的能事,可是他们回籍之后,怎样才能生活,怎样才能安堵,那就要有进一步的治本办法。第一,我们相信战端展开之后,战区势必逐渐地扩大,今天的非战区域,难保明日不也变成战区,所以遣送的地点,应先有考虑的必要;第二,战区既然逐渐扩大,难民当然也一天一天地增加起来,为未雨绸缪计,应有适当措施的准备;第三,难民失业回乡,生计当然发生问题,结果难免影响到地方治安,假使被人利用,那关系更重大了;第四,都市难民之中,很多擅有熟练的工技,若忽视了这广大的生产力,不啻削弱自己的力量。因此,我们认为根本的救济,实在是很迫切而需要的,近来有人提议移殖难民,就基于这种动机,然而我们知道,这种根本救济的方案,说似容易,实行起来,自然有许多困难,尤其因为事前没有准备,要骤然的举办,当然更加费力了。

讲到积极的救济一点,当然先要有整个计划,而其目标至少要使短期内不致再度沦为难民,一面要想法如何分配于各种生产事业,以安定他们的生计,而加强国家的力量,现在沿海各地,都已受到蹂躏,内地较为重要的地方,也受日机的轰炸,所以最好要拣乡僻较为安全而交通便利的区域,且要便于农作或工业的地方,我国向系入超,每年漏卮极巨,目下海口被人封锁,但是我不仅不受影响,反而是减少进口,振兴国货的良好机会,我国现在急需的当然是国防重工业,这需要国营的方式去策动的,其次生活必需的轻工业和手工艺,正可乘此时努力推展,以替代洋货,难民中既有不少熟手的技工,倘能善为利用,不但不白白的消耗物力,而且变为提供物力,所以希望原在安全地带的各工厂,尽量容纳之外,战区各厂的迁移计划,能早日实现,一面,仿照本市失业工人登记办法,在难民遣送之前,凡有一技之长的,先行登记其籍贯,所擅技能和通讯处,以便分类汇列,备供各厂随时征用,至于移殖到农业方面,则其中不少原系农民,有田的耕其原田,努力于增加农产,无田的移使垦殖,这点须先有整个的计划,由政府在目前较为安全的地点,指定若干区域,作为待垦区,所需的经费,由中央地方政府等分别负担,将来的收效,一定不会小的,不过要经过相当时间罢了。

我国内地向来是散漫而缺少组织的，平时还不要紧，现在战事期间，民众组织的严密与否，关系军事和后方治安很大，所以近来"组织民众"已成为普通的口号，同时一般青年和热心人士，正苦闷着效力的无由，有的并且很愿意回乡去担任工作，提倡所谓"回乡运动"，我以为这时倒是很好的机会，因为难民回籍后从事各种生产，倘能到乡间去把如何可以增加工业和农业生产的智识，指导他们，同时教育人民，宣传自卫的意识，灌输防空救护的常识，在组织民众上，都是很有价值的工作，再就金融界方面说，自都市企业停顿之后，资金没有出路，现乘移殖难民和迁厂的时候，正可投资内地，尽量贴放，使内地的工业周转灵敏，农村金融可以活泼起来，这也是极值得举办的事情。

总之，救济难民，当然不是一个简单的问题，要谋根本的解决，尤其要先有具体的计划，实行时还要靠各方面的合作和努力，以上不过一些原则上的刍见，希望各界都能加以深切的注意和讨论，一致起来举办。

原载《中国红十字会月刊》1937 年第 29 期

上海的难民教育

在我们偌大的城市中，有一个很大的特点，这个特点是世界上任何城市所没有的。在中国或在世界上没有一个城市，有三十万市民这样多的人口，分隔在许多草棚里过着避难的日子。这些草棚中，有些是很大的，几乎像市镇的样子。有一天，我自己去参观交通大学，在那里我看见整千整万的人们，年老和年青的，男性的和女性的，疾病的和健康的，都挤在一起，据说有一万七千人齐集在那里，其中有一千多人集合在一个大礼堂，用心开始练习功课，这景象使我大大地感动了。在这世界上，儿童到处都是一样的。这班儿童虽是受到灾害和凄惨地贫困，但是他们仍是很快乐可爱。在那天，我看见儿童们无疑的显示那童年时代的快乐的精神，表现一百多儿童在早晨运动，他们似乎在享受清新的晨光和健身的运动。

但是有些草棚的情形实在是很悲惨的。三天前我去看一个草棚，有两百多难民，也是青年的和老年的，疾病的和健康的，都挤在一个小小黑暗的场所，更可注意的是，我观见两群孩子们，在一个黑暗的角落里，接受两个先生的指导，热心的学习他们的功课，听说有一百多个儿童上课，并且他们上课也并不有规律。在大世界的娱乐场里，有着三千多难民，一星期前我曾去参观，那里至少有十分之七的人是躺在床上,却有八百个儿童们在上课,有六百个妇女们学做刺绣工作。可惜现在该收容所业已取消。

我很感觉上海城市里难民教育的重要。在租界中,包括南市安全区在内,共总由三十万难民之多。

一月以前,上海国际红十字会曾经设置一个委员会,由刘湛恩和兄弟二人主持,专任处理难民的教育,尤其着重儿童的教育。该会企图担负一种责任,并且想从三方面着手进行,即儿童教育、成人教育和职业教育。儿童教育由萌卢爱德主持;成人教育由傅若愚主持;职业教育由何清儒主持。成人教育包括文字教育、关于卫生和公民的演讲活动电影和说书等。该会并已组织各分委员会。该会决定无论如何,应重视难童的教育,将它置于第一位。

该会规定四种主要课程,即读法、写法、常识、算术及唱歌游戏,每课至少半小时,每级需上课两小时,每个先生一天须上三班课。

儿童们利用饼干罐和纸版[板],作他们的椅子和桌子。下面一张画片,表现孩子们很舒适的坐在饼干罐上面。

该会委派有十五六个视察员到各收容所去帮助他们组织儿童学校和成人学校,并供给一切教科书、文具及教员必需品。

现在二百〇五各收容所中,已有一百六十四个有儿童学校,受教育的儿童有二万七千九百四十八人。可是还有三十多个收容所,约有五千难民,仍然没有受教育的机会。

关于成人的教育,在有些难民收容所已经开始,可是为数很少。希望他们也很顺利的推行起来。教育的经费,预算是在六个月中,儿童每人仅需一元,成人只需五角。

职业教育于难民的幸福是很重大的,有些收容所已经从事妇女的刺绣和男人的编织、负贩等工作。

最后我必须声明,现在难民的情形实在是为难民服务和谋幸福的良好机会。在人口密集的收容所里,整千整万的难民预备受教育。有了教育,这些儿童将长成为国家有用的公民。有了教育,各收容所的难民会变成有益于社会的人们。我们难道可以仅仅为他们预备充足的事务、衣服、住所,而让他们闲居终日,无所事事吗?要是那样,他们一离开了收容所,对于社会将有何等的危险!

我们想法给他们受些教育,受些简易的职业训练和公民的训导,使他们离开了收容所，可以从事社会上健全的活动，这难道不是很必需的吗？任何民主的国家，如果有一大部份人口在贫穷和无知识中度日，决没有安全和繁荣的希望。所以难民的教育问题实在是一个当前的机会和迫切的挑战。

原载《中国红十字会月刊》1937 年第 31 期

对于难民教育实施的意见

救济难民是战时的重要问题，这是大家都知道的。现在上海各慈善团体对于难民的救济，很能尽力去做，施衣施食，使一般难民得免冻馁之忧，确是一件造福人群的事业。不但如此，上海国际救济会和中国救济会，都设有教育组，主办难民教育事业，使难民于饱食暖衣以后，更有受教育的机会，而获得正确的思想、普通的常识和谋生的技能，尤其是一件有利于个人和国家的工作。但是难民教育的实施，还得注意下列各点，才能增加教育的效果。

一、要有统一的行政——有了统一的行政，才能集中权力，便利指挥，确定划一的办法，办理整个的难民教育事业。倘若没有统一的行政，那末实施起来，不免有彼此冲突或重复的流弊，不但浪费，而且减低教育的效率。所以行政统一是实施难民教育的必要条件。现在国际救济会和中国救济会的教育组应该合并起来，另组难民教育委员会，即由教育组的负责人，并加聘热心的教育家，担任委员之职，负责设计、主持和督察的责任。各难民收容所或难民区的教育事业，如经费的支配、人员的任免、材料的供给等，都由委员会负责办理，以收事权集中的效果。

二、要有专责的人员——古语说得好："徒善不足以为政，徒法不能以自行"。我们实施难民教育，有了统一的行政和妥善的办法以后，还得有专责的人员去办理，才有效果。要是今天找某甲担任，明天某甲离去，又找某乙继续，这样责任不专，前后即不衔接，步骤必然紊乱，决没有多大的效果。所以在难民教育委员会里，要有专责办事的人，各收容所或难民区里要有专责施教的人。而且这些专责办事或施教的人，都具有相当的资格。如果聘请中小学教师担任，最为适当。所有教员应于每周内，给以数小时之训练，俾对于施教方针和方法，有更清楚之认识。

三、要有适当的教材——教材是实现教育目的所必需的工具。难民教育的目的，在使难民具有正确的思想、普通的常识和谋生的技能。所以难民教育的教材，应该包括思想训练、常识训练和职业训练三项。思想训练要注重正确的国家观念，积极、乐观、勇敢、前进等项。常识训练要注重时事、常识、卫生常识和公民常识等项。职业训练要依据现时社会的需要和个性的差别，施以适当的训练。这不过是大概而已，具体的材料，可由委员会聘请专家，分行编订，发给各收容所和难民区，遵照实施。

四、要有相当的经费和设备——难民教育虽是含有慈善性质的事业，但负责办事和施教的人员，不能责令他们枵腹从公，也得给以少量的酬报，以维持其生活。难民教育的实施，虽不必采取学校教育的方式，需要宽敞的校舍和丰富的设备，但适用的场所、桌椅和教学上必要的工具，也不可少。所以难民教育委员会还须负筹划经费的任务。我以为难民教育经费，应占全部难民救济费的百分之十，最近中央所拨的救济费五十万元，应该抽出一部份来作难民教育的经费。至于实施教育的场所，在各收容所里都应该专开一室，乃至几室，并须置备最低限度的设备，以便教学。

以上四点，系根据作者一时考虑所及，随笔写来。不妥之处，尚请读者指正。

原载《中国红十字会月刊》1937 年第 31 期

难民区负责人饶神父素描

淞沪战争三月，我沪东、闸北、沪西、南市、浦东的灾民不下数十百万，他们都流离失所，在战争、饥饿、寒冷中彷徨着，幸赖各慈善机关的热心救济收容，和外国人士热烈的同情救济，使得这近数十百万的灾民，才有一个暂时食宿的地方。

在这救济工作进行中，除了国人的努力外，使我们永不能忘记的是一位中国的友人——法国饶神父。他在我军从闸北撤退之后，就要求中日两方军事当局，划分南市一个区域作“难民区”，经他努力奔走的结果，“难民区”的设立终于实现了。

饶神父是法国人，崇信天主教，到中国已经约三十年了，一向努力慈善事业。现在担任华洋义赈会的会长、中国红十字会救济部的主任、国际救济委员的主席。他是聚精会神地在做救济难民工作，我们对于这位同情我们被难同胞的中国友人，深致敬意。

在天主教堂一间四五方丈的会客室里，四壁布着宗教的图画，一个看过去已靠近七八十岁，须发银白，精神矍铄，面色红润和蔼的黑衣神父走进来了。我们彼此微笑着，握着他那一只完整的左手。他的右手在二十年前给火药炸坏，装的是木手。

我首先呼他是中国的友人，向他致敬。他微笑地耸了耸肩，表示不敢当，接着我就向他提出：请他告诉我上海各国人士对于救济事业的情形和组织，他就微笑地说出来。下面是饶神父发表的谈话：

“首先我觉得，我现在担任中国的救济事业，认为非常荣幸快活。在中国的慈善团体很多，本人曾参加过很多慈善工作。但是从到中国来干慈善事业，更觉得今日兴奋愉快。因为中国是最博得人同情的民族，现在中国所遭遇的苦难很大，所以很容易获得人的同情，同时慈善事业是人道的一种使命，人道昌盛，慈善必愈加发达，慈善事业愈加发达，则人道愈加昌盛，这两者是互相因果的。”

“中国的幅员很广大，地大物博，物产丰富。倘若是中国兴盛起来，是世界上任何国家都比不上的。中国有时偶然发生不幸的事件，如天灾人祸，往往比其他国家来得严重，这也是因为地势的关系。譬如长江、黄河流域，经过几十里之长，遇到洪水泛滥的时候，因此常常几千里遭受水灾。这是因为中国幅员大，所以蒙受的灾难也较世界上其他国家来得大。但是在这伟大的中国，虽常遭到重大的祸患，同时也会获得极大的幸福。”

“天主对待人类是一律平等的。中国目前遭受很大祸患，也许是天主对中国将付与更大的厚望。因为人类往往从极大的祸患中种下幸福的种子，受苦愈大，种福也越大。现在中国虽经历无比的苦难，但大家不要灰心，现在的祸患虽大，将来的希望也是很大的。”

“至于说到中国的慈善机关很多，想大家都知道的。如华洋义赈会、国际救济会等。这各种的救济工作，都是希望帮助中国度过这苦难的关头，祸患的时代。这在我们担任救济事业的人，是觉得非常高兴的。”

“救济的事业是很广泛的。我们对天灾人祸固然要救济，但是目前有许多穷苦的学生，没有能力求学，以求深造。这许多极有希望的青年，应当是未来希望的种子，我们要尽量的来救济这些失学青年，使他们获得深造，这才是创造未来的无穷的收获。”

饶神父休息的时间已经到了，他每天上午五时就起身去工作，所以记者也不再打扰他了。在我们彼此微笑的互相言谢之后，我们告别了这位富有正义感的中国友人！

原载《中国红十字会月刊》1937 年第 31 期

难民教育的几个基点

“难民教育”确实是一个新名辞,是教育辞典中所没有的。这种教育又确实是一种新事业,是教育实施上所不见的,但名辞虽新,并非可喜;事业虽新,亦非甚难。现就管见所及,扼举数点,以与从事难民教育诸先生一商榷之。

一、性质的重要——难民教育虽非一种常时的与正轨的教育,但其性质的重要,并不减于常时的与正轨的教育,这有下面三个原因。

(甲)难民情绪需要安慰。当一个人在流离颠沛的时候,生活既不安定,情绪自然紧张,若不幸而遭遇妻离子散或家破人亡,那更是椎心泣血,宁死毋生,甚而至于疯癫,欲死不能,故难民的情绪总是紧张的,甚而至于变态的,其悲惨可怜实非吾人所能想象,其需要特殊的安慰自属不言而喻。人为情感的动物,任何人都需要情绪的安慰,在任何时候或任何地方,无人不需要安慰,至于无家可归,无路可走,求生不能,求死不得之难民,其所要特殊的安慰,更是人情之常。故吾人稍一推想,即不难感觉,吾人从事难民教育,第一须认识此种需要,而设法供给之。

(乙)难民思想需要培养。难民过的生活是情绪紧张的生活,情绪紧张自然影响到思想,况且逃难的同胞多来自乡村与劳动的区域,很多是缺乏知识的,思想自然是空虚的或简单的。思想空虚简单,很容易接受外来的思想,这一方面是很便利的,而另一方面又是很危险的,说便利是说正确的思想很容易培养,说危险是说错误的思想也很容易养成,但在情绪紧张的生活中,恐怕错误的思想比较正确的思想更容易接受。因此难民的思想也特别需要培养,需要小心谨慎的培养,一方面供他们的思想充实,生活有意义;一方面供他们的思想正确,行为有指导,这是吾人从事难民教育的人须认识的第二点。

(丙)难民行为需要指导。情绪紧张与思想简单的同胞,在行为上是很难自主的,也是很易错误的。换句话说,就是他们的心情很容易乱,心情紊乱,行为自然歧误,而需要他人的指导或监督。前面所说的情绪上的安慰与思想上的培养,实是行为指导的基本工作。但除此以外,在日常行动上还须随时加以指导,习惯上随时加以纠正。

上述难民的三种需要是非常迫切的,如难民的情绪不得安慰,尽管饱食暖衣,他们的生活还是凄惨难堪,如难民的思想不加倍[培]养,饱食终日,无所用心,许多邪念均可以发生的,如难民的行为不予指导,饱食之后,无所事事,许多问题均可以引起的,这是从消极方面说。从积极方面说,难民情绪又不仅需要安慰,还需要发扬,将思家情绪变为爱国情绪;难民思想需要培养,不仅是防止邪念,更是要成健全的观念;难民行为需要指导,也不只防遏问题,更是造成良好的行为。所以实在说,难民教育就是民众教育,是我国所急切需要的民众教育,其重要可想而知。这是吾人从事难民教育所需根本认识的基点之一。

二、内容的扼要——难民教育的重要既如上述,故吾人办理难民教育,亦不能随意为之,须对于各方面加以审慎,然后吾人的职责始尽,而难民教育的本质始能表现。兹先就内容而言,最要在能扼要,例如难民情绪的安慰,须采何种教材以实施之?上海难民收容所之由教会办理者,常采用颂主诗歌,使难民每日歌唱,其给予流离失所或漂泊无归者的安慰确实不少。但此外还须采选爱国歌曲,从积极方面发扬难民的爱国情绪,使他们愿意为国忍受,为国服务,甚至为国牺牲,又如难民思想的培植,须用何种教材,以健全其观念?须用何种教材,以充实其知识?例如欲培养其民族观念,则民族英雄的故事必不可少,而民族发展的史略与民族文化要义亦须尽量采用;又如欲培植其公民知识与卫生知识,则政治常识与日常生活所需的卫生常识,均须择采灌输。至于难民行为的指导,最好是从其日常生活中实施之,每日有人负专责,观察其日常行动,而加以积极的指导,而勿专事消极的干涉。此外如难民的职业知识与技术的培植,科学常识的灌输等,均甚需要,兹为篇幅所限,未及详论。要而言之,难民教育的内容不可过于简单,范围宜广,而材料须扼要,最好将内容编为数种,随时间的长短与程度的深浅而定其繁简,但无论繁简不同,其基本成分必须编入。这是吾人从事难民教育所须根本认识的基点之二。

三、实施的普遍——吾人既认难民教育为民众教育,则普遍一层应须做到,即应使全体难民利用此无事做的机会,受到其平日所无暇接受的教育。此点言之甚易,行之殊难,因目前难民人数之众、地方之不便、经费之不足、教师之缺乏等,皆为普遍实施的阻力。虽然如此,吾人不可不努力为之。在经济方面,甚盼上海热心人士能认识其重要,慷慨解囊,襄此义举;在教师方面,亦甚盼教育界人士能认识其重要,齐心协力,义务参加。若经费充足,教师人多,则人数及地方问题均有办法。此为吾人从事难民教育者所须根本认识的基点之三。

上举三点——性质的重要、内容的扼要、实施的普遍——为办理难民教育的根本,个人所见如此,尚请高明有以正之。再[在]此三点中,第一点个人认为特别重要,因现在的难民在过去皆为我国家的生产者与支持者,现因战事关系而遭此不幸,在彼固属无辜,而在吾辈则不能无责,何况这些民众对于国家前途所关甚大。消极言之,不使其无知识、无出路而变为奸刁顺民;积极言之,应使其有教育与能生产而成为国士良民。故吾人必须认识难民教育的重要,一方面抱宗教家悲天悯人之怀而从事之,一方面具爱国者匹夫有责之念而参加之,孟子曰:"志士不忘沟壑";又曰:"禹思天下有溺者,犹己溺之也,稷思天下有饥者,犹己饥之也,是以如是其急也"。难民教育,亦事之急首,愿上海的志士禹稷群起而赞助之。

原载《中国红十字会月刊》1938 年第 32 期

关于为难民请命略谈几个根本问题

八一三战事爆发以来,海上大慈善家、知名之士以及国际名流、各机关团体,目击难民痛苦,抱着己饥己溺的热诚,相率组织难民救济会,成立收容所数百处,收容难民数十万,义务从公,不辞劳怨。一般流离失所的同胞,得能苟延残喘,不致流落到饥寒和死亡的路上。可是战区扩大,财力有限,至今仍有不少难民,被摈在收容所门外,踟蹰于弄底街头,忍受风霜,饥寒交迫。其已被收容者,多数虽幸免冻馁,但少数仍在啼饥号寒。报上所载:侵占捐款,虚报人数,克扣食粮,种种事实不用说,未经揭穿的,想起来总还有。

在这民族存亡的关头,除极少数资产阶级,得能寄生异国,苟且偷安之外,谁都有倾家荡产,沦为难民的机会!看到这群婉转呻吟,最先遭难的同胞,不啻为自身将来写照,至少也应该寄予深切的同情,想不到竟还有人投井下石,从这般烽火余生,仅有一点粗衣陋食来维系残生的难民身上,毫不留情地侵吞剥削,这类丧失人道,泯灭良心的行为何异于变相的"谋杀"!

诚然,工作人员,本身何尝不是难民,同样需要"救济"。绝对义务,枵腹从公,事实上本难办到,少数人表面上担义务之名,暗地里从难民绅商剥削,生活逼人,固不得不出此非法手段,然使廉洁自持者,何以为生!

本来,如果社会组织合理化,人与人之间,甘苦共同,无所谓"救济",慈善事业的纷起,十足表现出社会的畸形。而主持的人员,还要超出最低限度生活条件之外,希冀到非分享乐,甚至轻轻地将个人"享乐"的基础,建立在一群难民的"悲哀"

上面,这罪恶谁都不能饶恕!

热心人士,往往努力于扩大募捐,筹募经费,对救济会内部人事问题,常常忽视。结果虽捐款踊跃,经费充足,而另方面浪费愈多,侵蚀愈甚,难民愈苦,以致社会怀疑,指摘纷起,造成捐款减少,机构停滞的现象。少数剥削者流,早已囊橐充盈,怡然自得。受苦的仍是无告的难民,即虽冻死饿死,也是“白死”!

害群之马,虽然是少数,如果不立刻检讨出来,严加惩处,则风气所及,滋长蔓生,直接促进经济无限的浪费,难民死亡的增加,间接妨碍救济事业的信誉,影响捐款收入。我们站在客观的地位,根据以往事实,为着人道的同情,社会的安全,民族的存亡。都不能讳疾忌医,任他溃腐。根本问题,应该:

一、酌给工作人员生活费,使他们节衣缩食,可以养廉;

二、随时视察难民实际生活;

三、开放收容所,任人参观,最低限度,捐款人可以凭收据自由地到各所去看。

这样,难民有申诉苦痛的机会,事实可以明明白白地摆在社会人士的眼前,而管理人员的功过,也就毫发不爽地表现出来,总该有点警惕。

现在,正是风雪漫天,饥寒啜泣的时候,要是让难民去“白死”,不妨装痴装聋,与人无忤,要想切实地救济他们,就该严密地组织内部,检讨内部,肃清少数吮吸难民血液的寄生虫,使全体难胞,呼吸到真正幸福的空气!

原载《中国红十字会月刊》1938 年第 32 期

为难民请命

远东之战事爆发以后,沦为战区之民众,虎口余生,尽成难民,悲惨之状,罄竹难书。际此隆冬天气,衣不能御寒,食不能果腹,住无完整之屋,行无可通之路,生难存身,死无葬地,路旁白骨,堆积如山,尸骸遍野,触目心惊!此情此景,非但历代所未有,各友邦闻之,亦莫不流同情之泪。想中国土地之广,占全世界四分之一,难民之足迹,几无地无之,人数之众,由此可知。内地姑且勿论,依沪埠而言,数亦惊人,难民所设有百数十处之多,尚不敷收容,日间仍有扶老携幼之难民,徘徊于马路之间,夜间则与风霜为伴,宿满街头。恻隐之心,人人有之,故海上热心人士,特为组织救济团体,专司其事,写捐募款,以资救济。虽经各界踊跃捐助,无奈人数众多,所以所得之数,均无异一勺之于汪洋,杯水车薪,无以济事。近来难民所中之难民,面黄肌瘦,伤亡日多,流浪于街头者,更无论矣。所以各慈善团体,莫不力竭声嘶的向各界求救，希望解囊援助，以竟全功，且有关心此事者，拟就办法，建议于救济难民团体，拟向书场、电影院、申曲、绍兴书场、群芳会唱、京剧馆、跳舞场及其他游艺场所，每票上加一成，场主与艺员方面照票款总数合提一成，权充救济难民之费，此举果能见诸实行，则难民受惠无穷。若进一步而言，此种情形，为我人见闻所及，极应人人节衣缩食，加以援助，以免难民有冻馁之苦，如能将虚掷于游艺场所之金钱，助之于难民，使难民得充份之救济，则效力尤广，可为一举两得，尽善尽美。况在此国难期中，亦无娱乐之可言，友邦人士，尚募集巨款，汇华救济我受难同胞，何况我等同属中华国民，岂能袖手旁观，坐视其待毙，于心何忍！为此笔者写成此篇，作将伯之呼，为数百万难民请命；深望全沪人士，大发慈悲之心，节省游乐之资，移作救济难民之用，诚为功德无量也。

原载《中国红十字会月刊》1938年第32期

为严重失业问题献言

自八一三沪战爆发以来，上海失业问题之严重及大众之疾苦情形，殆为有史以来所未见。由知识分子而至劳苦大众，已不知有多少为战事爆发而失业呢，有的是直接受到战事损害，流离失所，求死不得，求生不能，不但失业，而且成为难民；有的是间接受损害，因服务机关之停业，遂变成无事可为的失业者。虽他们都明了这次中日战争的意义，个人的牺牲事小，国家民族的存亡事大；然而，失业流浪的凄惨情形，固无异同沦于黑暗之地狱。人世间所有痛苦事，不平事，莫过于斯者矣。悲夫！

上海现在失业人数，据工部局上月份调查统计在报上发表过的，共达一百二十余万人，此一数字，诚足惊人。吾人试一默念沉思，如任令长久困于饥寒交迫之悲境，失业大众，这样流浪下去，不仅为上海社会之危机，实政府一种极度之损失。如何可消灭此不平之现象，如何可解除此种危机，乃为当前之严重问题。然而解决此一严重问题，则又显非政府所能为力！

吾人深知上海失业一般青年智识份子，以及熟谙技术的大量工人，远非国内其他地方所能易得的，故记者深盼政府当局，在这个严重失业问题方面，迅谋一个整个的计划来解决。须知民力的珍惜，应更重于物力，则国家前途，庶有济焉！

原载《中国红十字会月刊》1938年第32期

为难民问题向上海慈善家进一言

自八一三中日战争爆发以来，战区同胞，十室九空，辗转彷徨，流离失所，求死不得，求生不能，成千累万之难民，沿途皆是，有目共睹，其悲惨情形，殆更不堪言！不忍闻！天昏地暗，数十万难民无异同沦于黑暗之地狱；嗟呼，吾人试一默念沉思，固尚能认为人世间应有之现象耶？差幸国之志士仁人，自多方面贡献其力量，尽力设法收容，广厦万间，衣食兼施；难民之受惠者数十万人矣。此种为难民而牺牲之伟大精神，使人钦敬仰慕而莫能名已！

顾吾人于此有不能已于言者，诸慈善家之博爱精神是诚可风也，然来日方长，何以为继乎？若谓各大慈善家抱休戚同舟之谊，而长为救济，则事实上亦有所难能，况在社会为一种极大负担，在经济为一种大量消耗，而在难民本身，群居无事，适足以埋没其劳力，助长其依赖信[性]，今日为难民，他日不啻变为惰民，而至于为乱民；此时欲防遏其挺[铤]而走险，是岂可能耶？思念及此，是诚为社会之真危机矣。

记者无似，苦思焦虑，以为消极之救济一时，不如积极之移垦后方，较能维系于久远；此种办法，不但得多量难民之共同生产，且无须专门技术，仅凭各个难民之劳力，即可将事矣。据江苏省政府统计，全省官荒易垦殖者多至七百余万亩，在江南北高淳溧阳诸县者，亦数逾五六万亩，则其数尽足供海上现有三十万难民移垦之用。海上诸大慈善家类皆学识超群，对于移垦计划，不难集议研究。至于经费方面，可将每月预备救济难民之资金，临时动用，作为基金，他方面，则可分私人捐助，私人投资，或援照已颁布之非常时期救济难民办法大纲，呈请中央拨给救灾准备金，或向当地农业金融机关，或地方金融团体借贷，诸慈善家登高一呼，不难万众响应，记者将拭目以观其成焉。

原载《中国红十字会月刊》1938 年第 32 期

补白：救济难民的刍议

八一三以来，上海几乎成为难民世界，许多热心于难民的人士，东也设一个难民所，西也立一个救济会，专门收容那批流落街头，无家可归的难民。这种急公好义的慈善家，的确可以钦佩。然而整天的拿三顿饭供奉他们，也不是个办法。好在现在已经有许多人在提倡难民生产，至少可以减少吃饭不做事的流弊。但是实行的并不多,原因无非是产销不能合作,难民制成了物品,无人推销。所以鄙人建议难民和外界应联合起来,实行产销合作,那么物品有销路,难民自然安心工作了。何况难民只要吃口饭,又不要多少工钱,价格自然比较便宜,买者自然也乐于光顾。这样“产销合作”的办法,比较捐钱施衣,而令难民作寄生虫的,更为完美无弊了。

原载《中国红十字会月刊》1938 年第 32 期

创立平民所意见书

八一三战事发生以来,战区难民,麕集沪上,先后不下百余万人,嗣经分别遣送,或自谋栖枝,人数逐渐减少,而被各善团收容留养者,仍有十四万人,近因市况逐渐回复,工厂次第开工,收容所难民,因亦出外自谋生活。据调查所得,二月份各工厂已达三万人;而由本会(指中国红十字会上海国际委员会,以下同)给养者,则较上月减去一万人。可见苟可自立,故不愿伏处所中,寄生度日也。但以所减难民与各工厂工人相比较,仅占三分之一,似难民谋生转不及常人之踊跃,因知徒事留养为消极之救济,适足养成依赖性耳。

且查目下住所之难民,亦非全无资力。有购买零食果腹者;更有拒绝麦豆,仅食米饭,自备蔬菜充饥者;而收容所管理人员,且有既受本会给养,仍使难民付价购食者。在此种情形之下,若不力谋整顿,则其无谓耗费,将使救济前途大受影响。

况近来社会捐助力,日渐薄弱,本会捐款,已无前两月之多,各善团亦然,上海国际救济会等十一个善团,因捐款不易,无力维持,所办收容所,其难民均由本会给养,此后之益形减少,可以预知。更查本会前后所募一百四十万元,什九业已用尽,所余不满二十万金,而担任给养之一百四十收容所中,目下尚住难民十一万六千人。以存款之微,捐项之少,不能日久维持,自在意料之中。

为预谋撙节,期维救济,并促进自立,支持赤贫计,惟有于现有收容所中,剔厘平民之一法;所谓平民者,即上述尚有资力自备食品,或经派令工作,有相当收入,别于极贫至苦之难民而言也。此等人既尚能自给,即不应再由善团赡养,仅须供给住宿,即能维持生活,而无业无资之难民,则非兼供膳宿,势将尽为饿殍。剔厘之法,如仅恃调查而定,既需时日,令其自动迁入;一面暂行变更难民膳食,减发食米,仅给麦粉豆类及蔬菜三种;则有力者,必感生活太苦,自行迁居平民所,其自甘食苦者,必系真正难民,自当收容留养;并宜禁止任意出外,而小贩亦不得入所,使之无可购买;如此办理,平民、难民自可分别准确矣。

或谓人民食米成习,一旦废止,恐于健康方面,将生不良影响,亦非慈善家良心之所安;不知米中滋养素,比较麦豆菜蔬为少,仅食白米者,往往发生脚气病症,惟兼食麦豆蔬菜,始可免除此患;此为医师所公认,固无须鳃鳃过虑也。况在筹募艰难之秋,非预筹善后办法,一旦款项告罄,固难为无米之炊,万一迫而停办收容,则此数十万难民,自必尽填沟壑;小不忍而乱大谋,此岂办理救济者之初心哉?愚昧之见,未识是否允当,敬以就正于高明。

原载《中国红十字会月刊》1938 年第 33 期

难民生产教育的原则

关心难民生活的,没有不注意难民生产工作的,因为如果难民不从事生产,不但所费的给养完全消耗,并且难民在离开收容所以后,亦没有自立谋生的能力。所以在被收容的时候,应当受相当的生产训练,是一件很重要的事。但生产训练与普通教育不同,因为生产种类众多,不能一一使用,并且每种都有设备问题,技师问题,原料问题,出路问题等,不是很容易解决的。所以为难民举办各种生产训练,要按所选生产工作的性质,及所包含各种问题的实际情形,个别处置,方式不同。虽然如是,但有几项原则,是共同应用的,我们可以简单的提出讨论,以作实施难民生产教育的参考。

难民的生产教育,同为别种人所设施的生产教育一样,必需理论与实际并重,而因为难民程度的关系,更应多注意实际。所以生产教育应以生产工作为中心。每施行一种生产教育,即利用一种实际生产工作。由实地工作而得到大部的训练。例如训练草织技能,即举办草织工作,使难民实地去做,而学到技能。但有一点与完全生产工作不同的,即是在实际工作而外,仍应施以知识的训练,以补不足。

生产教育的种类,按照生产工作的性质,可分许多种类。实施难民生产教育的时候,必由多种中,选择数种,方可便利。选择的根据有数项:如难民原有技能的种类、工作地点的便利、开办费用的供给等等,而最重要的,是出路的流畅。此处所谓出路有两层意义:一是所生产的出品可以推销,不致积滞;一是所学习的技术将来可以应用,易得工作。这两个问题,如有正面的答复,这种生产工作即值得一试。

生产工作既每种性质不同,生产教育亦因种类的不同,不能混合施行。每一种生产教育,独自成为一个单位。训练的内容,管理的方法,都有特殊的地方。所以实施生产教育,以一时举办一种为最便利。每完成一种,可再进行另一种,这样可以继续增添,没有困难。况且在收容所中,往往缺少宽敞的地方,同时举办多种,事实上常有困难。如以一种为单位的进行,可以减少许多不便。

难民生产教育,如由各收容所负责,实施管理上或少问题,但各收容所分别进行,往往不能统盘筹划,难免发生重复遗漏的情形,所以最好由管理收容所的救济团体主持。但集中管理最重要的问题,即是要得到收容所管理人员的合作。例如在某收容搜实施一种生产教育工作,如果该收容所管理人员不了解这种工作的意义,不肯予以协助,进行上必感困难。所以负责实施生产教育的人,在实施以前,必要得到与收容所的合作。

为实行生产教育所举办的生产工作,都需要相当的费用,特别是在开办的时候。除开办时候的设备,原料等等,都需要费用外,平日的生产亦有时要有经济的供给。在开办的时候,往往需特别筹划,得到开支的来源。但经常的费用,最好能设法自给。生产的余利,除大部归难民报酬外,应有一部分供给一切经常的费用,使生产工作可以自给。这样,方能合乎正当生产的原则,值得去试验。

难民生产教育的生产工作,固然是以供给训练为主要目的,但不能完全是练习的性质,而不生利。所以生产的出品,都能以获利为最好。所获利益,自然应照上节所述,将一切经常的开支可以抵补,但大部应归从事工作的难民所有。作工的人得到工资,方能鼓励他们工作的兴趣,同时对于他们的生活,亦有具体的助益。他们将工资积存起来,可以作离开收容所时维持生活之用,或是为继续他们所受训练的生产工作,用作资金。无论如何,生产的人应是获利的人。

本文所举的几项原则,都是根据小模范试验的经验而来。在人力,财力,地方有限制的时候,最便利的方法,恐即一种一种的试验,以求渐渐推广增加。最理想的办法,固然要设立大规模的工场,收容多数的难民,施行一种或数种生产工作的训练;那样又便利,又经济,又可多得效果,较零散的办法,好得多。但事实上恐极为困难。即地点一项,即不易解决。况且得到多数工作的难民,亦非易事。即或能大规模施行,我们所讨论的原则,亦还可实用。所以本文对于实施难民生产教育的,总有参考的价值。

原载《中国红十字会月刊》1938年第33期

沪西战区内露尸火葬记

自去年八一三开战以来,兵与民死于飞机大炮流弹之下,不可胜数,难民麕集,疾病丛生,医治无效者,亦指不胜屈,战场上积尸累累,风侵雨袭,迄未收殓,马路上孩尸时现,乏钱购材,任意抛弃,难民区域城隍庙,环秀桥畔,棺木堆积如山,南市闸北,街头巷尾,所有遗骸,群狗争食,苟不设法掩埋,一至夏季,发生瘟疫,其害不堪设想。上海市地方协会有鉴于此,以为与其土葬,曷若火葬,盖一则不特购材需费,且所占之地太大,埋得太浅,天热后经野兽抓扒,臭气仍要外溢,一则辟一葬场,可以焚毁不少尸体,尸灰所占地位甚小,即欲保藏,臭气亦不致外溢。故中国红十字会总会,与同仁辅元堂、特区市民联合会、上海市商会、普善山庄、慈善团体联合会等各团体,均表示赞同。公共租界工部局卫生处与普善山庄两机关,现且已着手进行,在沪西林肯路上择定空地一块,约有五亩左右,系德商所有,双方商妥后,围以竹篱,而设简单之葬场。予昨日亲往参观,爰特就见闻所及,纪录如下,谅亦关心卫生事业者所愿闻也。

火葬各国是已实行,最好用电烧,次则用瓦斯烧,再次则以柴烧。我国以前和尚死后,以尸置于缸内,下架木柴,浇以煤油而燃烧。迷信者谓因是可以成佛,俗家不肯效尤。近来欧风东渐,沪上外人所设之火葬场,如静安寺附近所设者,规模宏大,甬道甚长,两旁古木参天、中筑一堂,约有四五丈见方,设座位七十余,铁门启后,柩从隧道之钢练上冉冉入内,将门关闭,用瓦斯燃烧。式虽精美,价值甚巨。曾充淞沪警察厅厅长之穆恕再,去年死后,即在该处火葬,耗费四百元之多,非普遍人所能担负。日本之火葬场用电烧,每具仅收费四十元,系集合二十具或三十具同时举行,故其价较廉。现在林肯路中之火葬场,限于经济,从节省方面着想,故燃料完全用木柴煤油。且所用之柴,并非出钱购办,系废物利用。即令苦力将江湾闸北等处焚余之梁柱,设法搬来应用。煤油则由卫生处出资购办,每日约用八九听,连焦木之运力,所费日需三百元左右。工作人员分两队,卫生处之人员由素兰尔(美国人)与卡明(日本人)率领,普善山庄之人员由赵、鲁二君领导。每日上午八时即出发。除搜寻战区内之暴露死体外,以曹家没义冢上浮厝之棺木,有已年久而腐烂者,有因棺薄而漏血者,均于卫生有关,故一并抬往焚烧。积尸四百具,即于架座上焦木上,遍洒煤油而焚烧。浓烟四起,火光冲天,数小时后已成灰烬。恐臭气触鼻,有碍卫生,故工作人员均戴口罩。据云开始迄今,虽仅两星期,因星期日照常工作,风雨无间,已焚去战士遗体七百余具,棺材四千九百余具,平民尸体三十余具,共计在六千以上。俟沪西办有成效,再行推广至大场、南市、江湾、闸北、真如、吴淞、南翔等处。希望距租界三十里内,打扫净尽,乃能免去瘟疫,以保上海市三百余万民众之健康。经费有限,尚希各界踊跃捐助。名为嘉惠死者,其实即保各人自己之性命。

原载《中国红十字会月刊》1938 年第 33 期

难民教育丛谈

自从八一三战事发生以来,凡是战区中的百姓,至少有一大部份都变成难民。难民太多了,食成问题,住也成问题,而教育问题尤其是许多问题中最重要的一个。

"难民教育"是一个新的名词,从前一向没有理论的基础和方法可供参考,现在又被事实上的需要所迫,所以只能略举所见,与诸先进同志谈谈:

一、统一的行政与确定的经费

在谈难民教育之先,就得注意行政组织本身的健全。难民是分散在各难民所内的,他们住在那里,吃在那里,男女多[老]少都有。办理他们的教育,确是一件不易的事情。假使行政组织一不健全,事权就易分散,结果收效必不多。所以难民教育在行政方面应以中央集权制为宜,比如说拿救济团体教育组为最高机关,那么各所教师及视察工作应统归其管理。

还有经费问题,没有钱就办不起事业,难民教育当然离不了经费。所以要使难民教育发生效力,就应当先确定一笔经费,毋使事业发生阻碍。

二、先从训练师资着手

难民教育是一种特殊的教育,所以就应当有一种特殊的教师。这种教师并不需要什么高深的学说,只要有刻苦耐劳的精神和受过这种专门训练的人才,就能胜任。难民教师的训练应从下列六点着眼:

(一) 要有教徒传教的精神——难民教师确实是一种最苦的事情,地位和物质的报酬,都谈不到。所以没有传教徒传教那样的精神,就不配做难民的教师。

(二) 要有刻苦耐劳的习惯——难民教师当然不能和其他一般的职业可比,想以此发财享乐,当然是不可能的。我们在训练难民教师的时候,就应注意养成他们的刻苦耐劳的习惯。

(三) 要有多方面的技能——普通的学校里,有许多的教师,各科的人材。难民教师,就大不相同了,他一个人应当具备许多的技能,国文教师是他,职业教师又是他,体操教师也是他。所以在训练难民教师的时候,就应当注意于各种技能的培养。

(四) 要有人类至高的同情心——难民是一种最可怜的人们,他们又是五方杂处:丑的、脏的、愚的、蠢的,各式都有。倘使教师抱有一种厌恶的观念,就很难行使职务了。所以在训练难民教师之先,就先应当培养他们的人类同情心。

(五) 要有丰富的常识和教育经验——难民教师,并不需要什么专门的高深的学识,只要富有普通的常识和教学的经验就行。

(六) 要有健全的体力——难民教师是一种辛苦的事业,繁重的工作,恶劣的环境,在在都要有强健的体格,才能胜任,所以锻炼体格,也是训练难民教师应当注意的一点。

三、教材应有特殊的编制

难民当然没有学校学生那样的整齐,包括了男女老幼,也包括农工商兵各种职业分子。在这种复杂情形之下,教材就应当适合各方面的需要,不能有什么偏颇,所以难民教育的教材应有特殊的编制。

原载《中国红十字会月刊》1938 年第 33 期

难民问题的展望

自八一三战事发生以来,难民问题可说是现在上海社会的中心问题了。上海在表面上看来,这问题好像看不出什么严重性,一般人熙熙攘攘,人山人海的依旧过着繁华都市的生活,但在另一方面看来,这数十万的难民,收容在收容所里,无家可归,无业可操,过着凄苦的生活,他们的生活前途怎样来解决,中外慈善家不断地在外劳力,替数十万难民谋衣食住、教育、生产的供给,想种种方法,使他们免堕沟壑,半年以来奔走不遑,这数十万的难民尚能生存到今天,这是各大慈善家和努力难民救济事业人士的造福,这种功德,实在是不可磨灭。本来救济事业是一种慈善事业,在平时发生一部份的灾害时,慈善家努力加以赈济,便轻而易举的把他完成了。上海战事发生以后,突然产生数十万难民,偌大的数量,如只凭着少数慈善家的努力,给养浩繁,万难长期无限制的担当这重大的责任。换句话说,这救济难民的问题,已不纯粹是一个慈善事业的问题,而是成了一个最严重的社会问题了,担当这个重任除了慈善家以外,还是要靠全上海的人士,努力输将。

收容难民的现阶段中，已由推进教育而从事生产工作了，可以说已渐渐由依赖分利而逐渐达到独立生利的生活了。只要我们努力工作下去，把他们从难民阶段，过渡成为良好的国民，到了这个时期，收容数十万难民，才算大告成功。否则他们的生活，依然是前途茫茫。现在各大慈善家努力于难民经费的筹措，进行颇觉顺利，这是难民的福音。我们一方面设法开源，一方面能用科学方法管理给养而节流，一方面增进难民生产工作的机会，始能收效。给养浩繁，要能持久的救济，还有待于全沪人士、机关、工厂和市政当局，热心捐助和予以深切的注意与协助。

原载《中国红十字会月刊》1938 年第 33 期

上海难民的食物

八一三以后，上海一隅，平添了十多万被难的人民。于是一般慈善家和国际人士们，群起设法来救济他们。救济事务。包括了衣、食、住及健康问题。其中自然以食比较最重要。因为没有东西吃下肚，任何人是不能生活的。

上海抗战，到现在已达七个月。在这说长不长，说短亦不能算短的时期中，难民的食品，亦经过了若干次的变迁。大规模收容难民的，起初是慈善家组合的慈善团体联合救灾会，继之以官办的上海市救济委员会。这两处收容的难民，去年八月底，数目总在十万以上。在当初主持救济者，目的只在如何营救难民出险，和怎样收容他们。所以视难民食品问题，尚属次要，每天只发大饼馒头，面包一次或二次不等。难民们亦幸自己逃出战区，而且庇身有所，食料只求能果腹，倒也不计较好坏。在那个时候，我们称之为“干粮时期”。

嗣后上海战区成相持之势，主持者于营救工作略松之际，乃注意到难民饮食问题，规定各收容所自烧自吃，按人数在总会内领取米、面、燃料，其不能自炊者，由民生食堂烧成米饭，包办分送。不过那时候民生食堂仅有少数炉灶，虽日以继夜地烧煮，仍是来不及。所以有时候有些收容所，一天只摊派到一顿饭，而且时间并无一定。但是这种情形，很快地就过去而渐渐地规律化。过了那个时候，他们每天有干饭、稀饭、菜蔬、馒头、咸菜、腐乳(酱油业捐送的)等可吃。普通贫民家庭的食物，亦不过如斯。所以自上海战局相持以至战争内移，这时期吾人称之谓“改良时期”。

我军退出上海后，上海米粮大感恐慌，菜蔬来源，亦告断绝，有钱的、没钱的都一样感受到饥馑的威胁，不过侥幸上海所存的面粉充足，一时尚不致有断炊之虞。当然难民们日常的食品不能不连带受了影响。大米饭与蔬菜是不能每天尝着了，就是咸菜如萝卜干、生雪里红等，亦不能常常有得吃。唯一的食品，就是馒头、面包、大饼，总逃不了以麦为原料来做食物的范围。不过那时候亦间或有一顿饭吃。是主持者体念生长南方的难民，不惯久食面饭的原故。如果管理者宣布某一天是吃米饭，那末难民们，必喜形于色，郑重其事地互相传告，"今天是吃大米饭啊"！当然在他们惴惴于断粮的时候，而忽然有次"久违"地米饭可吃，这是无怪他们要当做一桩大事来互相告诉。所以那个时候，我们就称之为"恐慌时期"。

上海食粮恐慌潮，已成过去。战局西移，战区已次第开放。难民的食品，自那时到现在，非但食物量的充足，即质的方面，亦大加改进，常常有蔬菜、粉条、黄豆，和少许荤菜，并且还有一种大头菜，其味非常鲜美，以之过饭，实在可口异常，同时食物亦甚有规律而合乎营养原则。实是安定而又丰富的时期。

难民儿童的食物，除和成人一样外，尚有其他补品可食，说来恐怕大家要觉得奇怪，但这是事实。但[担]任送补品给难童的有两处：一个是红十字会上海国际委员会，一个是公共租界工部局卫生处。送的食品有鱼肝油、豆腐浆、牛奶、豆饼，自三岁至十四岁的孩童，都有得吃。每天可吃两次鱼肝油、二次豆汁、一次牛奶。恐怕中下之家的小宝贝们，很少有这样幸福吧。儿童是国家未来的主人翁，但愿他们或她们一个个都吃得很肥胖，身体强壮，来担负未来的重任。这亦是主持者特具的眼光。

照现在难民的食物价格计算，每人每日约合一角左右，实是一种水平线上的生活，与内地平时民众食物相较，殊不能为苦。在四个月以前，公共租界工部局曾发给各收容所一种食物建议单，列举每一难民，每日所应有的食物名称数种，有牛猪肉、牛奶、青菜、米、麦等，可称是一种科学的标准食物单。但是经过我们一计算，以上海市价来合，日非五角一人不可。十五元大洋一月的伙食，在中国能享受的，恐怕是少数，这一点自非坐在华贵的写字楼里的洋大人所能顾虑到。我们对他替难民设想的美意，表示感谢，同时又深感到无法实行之苦。

原载《中国红十字会月刊》1938 年第 33 期

难　民　歌

呜呼！战时民众苦，飞机掷炸弹，人民遭涂炭，只炸得，妻孥散，父母不周全，衣物与财产，俱都被摧残，尸骨已载道，目睹好心酸，战区难民扶老携幼逃难真可惨。

慈善各机关，募化难民捐，收容所，来筹办，救苦救灾难，收容所里边，不收孤身男，要想进所去，必须带家眷，无有家眷要想进所难上又加难。

乞讨到街前，讨饭讨铜板，两三天，未进餐，腹内饥难堪，富人快行善，不宜袖手观，大发恻隐心，多多行方便，救济难民功德无量能积福寿绵。

原载《中国红十字会月刊》1938 年第 33 期

难民的精神给养和难民教育

我国不幸，罹此浩劫，自八一三以后，迄今已达七月，各地流离失所无家可归的难民，何止亿万。即以上海一隅而论，据最近统计，收容所约二百余处，难民不下二十万人，男女老幼，终日食宿于所中，当然不是最好的办法，所以中国红十字会上海国际委员会有教育委员会之组织，计划推进难民教育，想给难民一种精神上的给养。这种给养和物质给养，其重要相等，也许比物质给养更属重要。

难民教育就其性质，可分为儿童教育与成人教育，以及职业训练。儿童教育是对于年龄在六岁以上十六岁以下的难童，不论男女，施以相当的教育，以免失学。成人教育是对于十六岁以上四十岁以下不识字的难民，不论男女，授以相当的文字，藉以减少文盲。至于职业训练，是含有生产工作的意义，对于难民中没有职业训练的壮年男女，教以一种工艺上的技能，使他们能够谋生；或是对于有职业的难民，而该项职业在目前上海社会中需要的，便设法使他们参加工作，从事生产。

上面所说的儿童教育、成人教育及职业训练，我们希望每个难民收容所，都要努力推进。据事实告诉我们，有许多收容所，对于难民教育，的确很能重视，并且很努力很认真的进行，办理得成绩斐然，难民受惠的很多；但也有不少的收容所却非常忽略。主办收容所的先生们，对于难民教育忽视的原因，不外两种：一种以为难民只要给养不缺乏，已算尽其收容的能事，教育何必多问！还有一种是敷衍门面的，难儿班成人班居然都有，但平时的上课，训导既不能上轨道，也没有整个的计划，这样办法，耗费很多的经费其功效直等于零。这种情形各主办机关的当局应该予以严格的纠正。

我们要知道物质上的给养,对于难民,果然十分重要,而精神上的给养——教育,也未可轻视。教育是国家的命脉,复兴民族端赖教育,我们明了了这个意义,那么对于难民教育岂可不加注意?现在我们敬以十二分的诚意,希望主持收容所的先生们,和主持收容所难民教育的先生们对于难民精神上的给养——教育,已办的认真办理,未办者赶快努力进行!

原载《中国红十字会月刊》1938年第34期

怎样推进难民生产工作

自八一三战事爆发到现在计算已经七个半月了,各地避难进收容所的难胞到目前止,统计仍不下有十万人以上之多,这辈难胞过了七个半月的难民生活,现在观察他们可谓已养成惰性,弄得身体亏乏精神不振了,推其原因,无非因为整天除了"睡"和"吃"外,太不事勤劳所致。现在国际委员会最近组织生产设计委员会积极的策划推进难民生产工作,其目的就是因为要使各个难民除了"有饭可吃""有屋可住"外,并且再"有工可做",使每一个人都有生产技能,祛除懒惰恶习,而使增进健康,并使他们都能在这个时候积蓄些钱,预备将来回到故乡去做正经的用途,同时使他们一旦离了收容所后,亦能各持各的技能去生产,不必再倚赖人家周济而做无用的寄生虫!所以这个办法可谓维持难民生计永久性的最善计策!基于此理,那末任何人都应该对于这最伟大而最有意义的工作予以多多的拥护和多多的帮助,使这难民生产工作日益发扬光大!

不过此项工作,因范围广泛,情形复杂,所以必须下更大的努力去推进,方有卓著成效可收,笔者不敏,建议推进方法四点,以求主持此项工作及各主管机关的贤明当局,加以采纳和定夺:

(一)关于经济方面的:无论什么事情,欲收宏大的效果,当赖于金钱推动的力为居多,这是事实告诉我们,同时亦是任何人都公认的,我们对于此难民生产工作,范围既甚广阔,所需经费当亦甚巨,然则关于此项经济之确定,自应另成适度筹措,以期顺利发展。

(二)关于合作方面的:主办各收容所的机关,有慈联会的,有慈联分会的,有国际委员会的,有浦东同乡会的,有市民联合会的,有红万字会的,有广东同乡会的,还有其他私人设立的,因各有各的主管机关,所以指挥上自难统一,惟其如此,所以都自管自的去干,颇缺乏合作的精神！现在关于此项工作已经举办的,除国际红十字会外,尚有市民联合会亦进行得很有成效,但是这件工作,欲谋整个的发展,自应亟有连系的必要,笔者以为此项难民生产工作委员会,应有一个中心的组织,使无论那一个机关都参加此项工作,庶几在同一目标同一指挥之下,来共同努力,发展他的机能。

(三) 关于工业方面：我们应当调查工业的类别,何者学习简便,何者生利较丰,何者可以畅销,何者资本较轻,何者适合环境,凡此种种,均应有缜密的研究,待至决定,尤应向有关系的方面发生密切的连系,同时应聘请专家,研究具体的计划,俾生产率增强,且不致滞钝销售。

(四) 关于宣传方面：分对内对外二种,对外的应阐明发起难民生产工作的宗旨及立场,且将关于此项工作的宣传资料,广事宣传,使各界热心公益的人士都予以有力的赞助,俾收宏效;对内的又分口头与文字二种,这都是属于难民方面的,除用低浅的白话文字(如画图更佳)制成关于劝导难民生产工作的标语及刊物使难民观察外,并应时常派员赴各收容所演讲关于此难民生产工作的问题,使得各个难胞都很兴奋的来勤于工作,同时关于有许多收容所的难民,往往因利欲熏心,或受愚而赴某方所办工厂工作的,亦应多多的向他们劝阻,以免发生危险,而使工作统一,此事有关于我中华民族的切身问题,愿各收容所各负责人都深切的加以注意。

原载《中国红十字会月刊》1938 年第 34 期

难民教育在现教育阶段上的地位

难民教育在平时教育阶段上当然是不会成立的,可是在目前非常时期中,因着战事的关系,全国所有战区所发生的一个严重社会问题,便是难民问题。为了要减轻难民问题的严重性,除了收容和给养的设施以外,基本的解决方案,即在实施难民教育,因此,难民教育遂有了他的地位而在现教育阶段上站着更显著而重要的地位,其理由可分下列二点来说：

(一) 实施难民教育可以减少将来正轨教育的困难——我们中国地广人众,过去因政治关系,教育的发展未能有迅速的进步;以致全国文盲占全民众的百分之八十以上,失学儿童为数亦大。在过去数年中,教育部积极推进义务教育,救齐[济]失学儿童,办理民众教育,扫除全国文盲,一切计划正在进行,适逢中日战争,整个方案不得不忍痛停顿,因而只许多失学儿童与成年文盲,便找不到上学的机会;不仅如此,因着战事的关系,过去能上学的儿童,现在也因家破人亡,经济破产,变成失学,成年民众更无就学机会,不识字的人数量大增,目前再不设法救济,将来这个问题更加严重,影响国本甚大,所以难民教育如能认真施行,对于将来战事结束后的教育推进,一定有很大的裨益。

(二) 实施难民教育可以维持社会的秩序——收容所难民来自五方十处,份子复杂,实施严格训练,可以在生活上养成良好卫生的习惯,品行上得到修养的机会,技能上加以训练,公民道德及一切待人接物,加以潜移默化。小而言之,可以维持收容所内的秩序,大而言之,将来收容所结束,难民各返本乡,社会上秩序的维持,地方上一切问题的解决,一定要比过去容易得多。

从这两方面看来,难民教育,实为现在当前一个极属重要的事业,负责推进该项教育的人员,不可自觉轻微而不屑认真去办,各位的仔肩并不轻。同时望收容所负责人员更不要觉得这不是目前迫切的问题,而忽略了这和百年大计密切关系的教育问题,应该积极推进切实施行,尽国民职责以得救流离失所难胞,而赐予精神上的给养才是。

原载《中国红十字会月刊》1938 年第 34 期

难民教育的教学方法

教育词典上翻不出"难民教育"这名词,所以要谈难民教育,就不得不开辟新的途径。新的途径很多,由理论的探讨达到实际的需求,再由实际的需求回到理论的探讨,循环不竭,左右推敲,原希望难民教育在实施的效果上,到处能显出明著的成绩。可是一切总不能适合预期的顺利,一般从事难民教育的先生们,有的缺少经验;有的困于环境;有的限着精神;有的碍于学力;因此在进行的路线上,就时时受到了困难。谈难民教育是一种偶然的事,对于处理偶然的事中,我们需要的不必一定要有好的经验,不必一定要有好的环境,不必一定要有好的精神,也不必一定要有好的学力;而是好的方法。事实确是那样,如果一个从事于难民教育的先生,他不能运用一种优越的方法,那末任他经验丰富,精神饱满,学力充足,而且处事的环境也十分良好,结果也不一定能得优良的成绩,有了良好的方法,因对于难民教育上的方法问题,就是整个难民教育实施上的重要关键,不把关键解开,问题便永远不得解决。但是,什么叫做方法,我们又需要那种方法呢?我的意思,凡是从事难民教育工作的人,就等于一个老练的医师,做医师的对于病人,一方面要考察对象的体态病情,一方面又得研究处方的药味医性,倘使医生疏忽了两者间的任何一种,不仅会害了别人,而且还害了自己。何况,我们的病人——难民,他们从炮火中逃上深亡的旅途,痛苦啃啮着他们的心,如今他们困顿在难民收容所里,度着地狱般的生活。物质上的尝受是苦痛的,而心理上的感受更是酸辛,若果我们不用透视的目光,去分析难胞们底心情而不仅只是教他们读书识字,就算了事。此外如道德训练精神培养生产技能等都应注意,因为教育,尤其是难民教育?我们不能缺少的是各方面要素的总汇,那种要素的总汇能合成一股伟大的药剂,它会使垂死的人复活,它会使沉疴的人健康。难民们的病症是苦,是贫,是精神上的刺激,是心理上的怔惶,我们如果希望教育在他们身上获到相当的效果,一定要像医师对于病者的手段一样,先得诊断他们主要的病状,然后按照他们的病状而采用适合的药石,那末在"对症下药"的情形下,无碍地,一定能"药到病除"的,若不然,我们只根据一种死的公式去赴事,结果的失败,却是必要的事实。所以,今后我愿望一般从事难民教育的先生们,在训练那批苦难同胞的时候,不要光是读死书,我们要有变化能活用,才能达教育真正的目的。

原载《中国红十字会月刊》1938 年第 34 期

难民的德育与群育

在上海这都市里,虽然有人喻作"孤岛"了,但是因了各方面依然有密切的联系和可能的助力,还不能认为与外面绝缘的孤岛,所以我们还不能忘记在这时候里应该做的事情——教育难民。希望把这工作可以补偿他们过去身受的一切战祸的痛苦。我们须得勉力去干,因为这是艰难的负担,然而也不得不认为是伟大的尝试,与宝贵的机会。

难民教育在时间上是短促的,在环境上是简陋的,不容主持教育的人,作详密的或较长的计划以后再来办理,这时候唯一的信条将是"经济与效率"。我们希望在这困难环境之下采用任何教育的形式去达到教育的目的和收得良好的结果;因此难民教育的"训练""组织",或者是更超过了"文学书本上的教育价值",这种训练就是德育群育的注重与实施。

孙中山先生曾说过要维持民族和国家的长久地位,德育问题比武力更重要,这是对的。更进一步说,我国社会全民,对于私的道德,还能相当注意,如尊长,慈幼等，但是公德方面，就不为重视了，如入园折花，争先登车，随地吐痰，迷信神佛，大声喧哗等。而一般人的自私自利，缺乏团结的精神，以及无力自治等恶习，尤其显著，要纠正这种的行为，现在各个收容所内正可以使我们用全力教育难民，正可以对症发药改掉这种习惯，不容忽略到这一点，尤其在成人方面。

公德，亦即社会道德，以社会生活的道德为中心，其内容重视公共精神，社会思想，国家观念，以及关于国家公共生活的必要知识，有修养的问题，也有群众训练的问题。

具体的说难民教育目标首先应该是：

一、组织上的训练，便对于团体生活的规律，能遵守或习惯；

二、养成爱国爱人的情操，与对于国家民族前途的信仰；

三、养成科学头脑，排斥天命思想；

四、养成服从命令、守纪律、负责任的习惯；

五、难民间使之彼此相识，彼此相好，并给予合作互助之机会，如大扫除、疾病看护、生活座谈会、新文字研究班等。

我们改善了难民品格的修养，即所谓德育；我们训练了难民社会的适应，即所谓群育，也许后者还是前者的前提，相信参加教育工作的同志，有决心，也有能力可以打破"一盘散沙""自私自利"的传统的民族评语。

原载《中国红十字会月刊》1938 年第 34 期

残废伤兵医院

残废伤兵医院，本来是上海商界组织的第十七救护医院，后来为了经费的关系，改为中国红十字会，上海国际委员会残废伤兵医院。作者昨天去访问，细细地参观一下，觉得医院里的布置，以及院里为国家牺牲的伤兵们的生活，很有纪律。这儿我得告诉读者，关于医院的种种：

医院是隶属于红十字会上海国际委员会，院长美国医生司丹勒斯，副院长虞心炎医师。办事员十多人，不都是义务性质。除了正、副院长，还有沈李诸医师，女看护十六七人。教师是市商会童子军庄瑶卿女士、刘明传先生等十余人。虽都是义务，然而他们的工作，是有条不紊，精神都很饱满。经费由国际委员会负担，每月六千元。收容的伤兵二百六十人，都是残废的，不是折了一臂，便是断了一腿。院内服务的中心，是在在使残废的伤兵非但能够回复行动，而且受了学识工业的训练，将来可以自己生存。医务部最重要的手术室,由虞副院长自己担任那项工作,制造假腿的技师是北京协和医院来的王连元先生。

伤兵们虽都是残废,有的确已装上假腿,扶着木杖,在行动着,散步着。有许多却还不能行动,终天躺在病房里。据他们告诉作者,生活和军队中一样有纪律,早晨五点半钟起身,六时早餐,餐后上课或工作,但没有固定。下午三时到五时上课,功课分歌唱、国文、新文字。作者去的时候,正是庄瑶卿女士在教唱义勇军歌。庄女士一口北平话,声音很雄壮。国文课本用陶行知多少通,已上到第三册。礼拜一上午八时,举行纪念周,病重不能起床的,教师便到病房中教课。晚上九时入睡。出入要领通行证。卫生方面,相当注意,半个月换一次被褥。并由流通图书室、京戏,调剂他们的精神。因为生活有规律,伤兵们都感到满意。

伤兵自治会,伤兵们感到需要团结成立自治会。据该会长孟子寿的报告,成立自治会的目的,是为了伤兵在后方时时胡闹;发起自治会,自己管自己,一则可以减少医院当局的麻烦,同时希望推广到后方去。他们的组织,会长之下,有总务、交际、指导、文书四组,指导分工务、教务、事务三股。每病室由组长二人,管理着。并办有星期壁报,发表他们的作品。这是一种很有意义工作。

他们病室的壁上,有蒋委员长的像片,作者访问了孟子寿、沈鹏云、张秋明几位同志,征询他们感想。孟子寿说:"在这儿院长医官,都很热心,一切生活都好,弟兄们假腿已装好的达二十名。我现在虽是左腿踞去了,成了残废,可是炮弹炸得断我的腿,炸不断我的心,我还要做我的救国工作。我希望着长期抵抗,最后的胜利,毕竟是我们中国的。我的家里,妻和二个孩子全在广州,可是我的心,不系念他们而系念前线。我希望全国伤兵,都要自治维持后方的秩序,使前线兄弟们,在安心的冲锋,"沈云鹏会写字,他说:以前做过报馆记者,为了侵略者太欺侮我们,所以于八一三加入了战争,在罗店不幸被炮弹炸去了腿,现在装了假腿,勉强能走。他递给作者一张纸,上面写着:"不必因为我们断了腿,而悲哀,只要我们还存一口气,我们还是继续去抗战,但残废的人,再不能重上火线去杀敌,那末我们要留在后方工作,为国家生产。"写得多么有意思,他更做了一篇文章,题目是"我们要养活自己",那张秋明呢?他是八十八师的兵士,本来做铜匠,沪战后加入军队。他会画图画,曾送给作者铅笔画。他是四行仓库八百将士的一个,那八百人现在院里的只有他自己了。他没有了左臂,他却可以右手画图,做事。他会修枪,他说:"我们在这长期抗战时期，我虽残废，但我可以修枪去，并会画图来宣传给兄弟们。”他的话很有力，他非常的热情，使作者也很兴奋。

作者去的时候，却巧手术室里有一位兄弟在手术台上踞臂膀，已经踞下来了，鲜红的血还在流着。看护小姐们在忙着工作，虞院长也在旁边服务。作者看见鲜红的血！感到他的血是红的流得有价值，是为民族生存而流的。但听到那兄弟呻吟的声音，心里十分难过。这时刘明传主任约作者去看他们在院里服务的市商会童子军所露宿的白布帐篷。他说因为院里房子不够，有许多伤兵，住在木板搭的房子里，不能购享到舒适的起居，所以他们搭了这座白布帐篷。帐篷里有三张铺，都是铺着有花的毯子，一切很整洁而有秩序。

据刘先生告诉记者，有一位英国朋友艾黎先生，非常同情中国的抗战。他自己化了钱，替伤兵们每人拍了二张照片，一张贴在调查表上，一张贴在残废伤兵证上，而且那调查表和伤兵症，都是出于艾黎先生的设计。从调查表上统计下来，炮弹伤占百分之八十，伤在腿部百分之八十，(据伤兵说，因为腿部着弹的机会多。)耕种出身的伤兵占百分之九十，籍贯湖北河南最多。由于国家思想投军的占百分之四十，因家庭贫苦而当兵的百分之三十，为打土匪而投军的占百分之三十。不识字的百分之十，略识字百分之三十，受过相当教育的有百分之三十。他们情形不同，但不愿回到沦陷后的老家，则是一致的。他们宁愿牺牲家，而不肯屈服。他们说，现在受了工艺的训练，可以有自己求生存的能力了。伤兵证上写的：编号、姓名、年龄、籍贯、等级、军队、残废部位、何院医治、未从军前职业以及残废所学技能等，设计很精细，伤兵证是发给装订好了假腿可以出院的伤兵们用的。

写得太多了，只好就此告一段落。此次访问，承副院长虞心炎先生，热忱的招待，刘、陈两先生的详细指示，同时更受弟兄们热烈的欢迎着，统此致谢。

原载《中国红十字会月刊》1938 年第 35 期

贡献给难民教育工作人员的几点意见

任难民教育工作的同志们，我深信具有莫大的决心与诚挚和蔼的态度来教导难胞，在过去以及现在一定能同情这般流离失所的人群的困苦。可是，我们怎样去教导他们，训练他们，扫除他们固有的旧观念，灌以新的知能，这须凭以往的事实与经验来作一检讨，检讨我们所做的工作是否已够。

难民收容所,本是在战争过度期内的一个产物,它有时间性的,所以难民收容所教育的特殊性,也就在此了。因此每位难教工作的同志,除灌以难胞一般知识外,还须使他们领略过集体生活的意味,并授以生产的技能,使他们成为强有力的生产军,同时,把机械的——呆板的课本教育,改进到生动的活的训练,以祈达到幸福的境地。

为了训导他们,同时也就是锻炼自己,所以有一些意见,约略也申说一下:

一、工作计划:难民教育既非是一个单纯的狭义的课本教育,其范围当是非常广泛的,我们倘若没有详细的计划和步骤去干,决难达到我们所冀望的园地;获得良好的效果。所以我们在每月初或末,应拟定一整个而具体的工作计划大事,把自己所规定的成人与儿童教育的补充教材的单元,再分配到每周中去施行,如此,我想决不致茫无头绪,无所适从,定能循序而进达事半功倍的效能。

二、拉丁化语文的推行:拉化语文,确是消除文盲的最完善、最强有力的武器,在最短时间内,它能使不识字的人,可以自由写作、看书,更以过去的事实,确得社会人士们的好评与赞誉。目前,新文字运动,有几个难民收容所,已在积极推行,效果颇好。相信不久的将来,定能传播到每个社会层。

三、报告单:五日内的工作情形,须根据预定的计划去做,实施时的情形以及实施后的效果,亦须据实填写,或有困难之处,应即加以讨论。对于已解决或未解决的事件,和改善之意见,最好一一填入,尤以“拟改进之意见”一栏,至为重要。

四、教室问题:现在各收容所的难民人数,都很拥挤,一部份收容所的教室已发生问题,除非在办公室、天井、几里弄,可暂作为教育场所外,实无余地可供使用。因此,我们更得积极设法,利用行人较少的地方,用租绳或其他物件拦住,免得闲人走进,扰乱难民,同时亦须注意下列各项:

(一)切勿在阳光强烈之下,免伤目力;

(二)一切污秽之处,由清洁队负责扫除,以重卫生;

(三)教学时间过长而坐下者,须加入各种有兴趣之唱游,或课间操,俾克消除厌倦等现象。

以上几点,不过我个人随时所感触到的,若有所缺,尚希从事难教工作的同志们,给以指示。

原载《中国红十字会月刊》1938年第36期

难民移殖问题

难民移殖问题，在今日是成为一个严重问题了，许多人以为创办收容所，收容难民，是一个良好的办法，殊不知这种办法，还是不彻底的，创设收容所，固然能使一般难民暂时不至挨饿，但对于后方生产事业。还是毫无帮助的，后方生产如果没有良好的发展，对于整个民族，就有着极大的妨碍，而难民也必然日见增多，我们能漠视这一点吗?

什么叫做移殖难民呢，移殖难民，就是把上海或者其他一切战区的难民，移殖到别的广大的陆地上去，这不是像哥伦布般的去开拓新大陆，事实上，我们也不必去探寻新大陆，因为我们旧有的大陆已经很好，而且也很富饶，所缺乏的不过是人力而已。把难民移殖到一切距离战区较近或者很远的土地上去开垦创办集体农场，或做一切生产工作，这些都是移殖难民的唯一要件。

至于移殖难民特有的优点和好处，有下述几点。

第一，能矫正难民的懒惰性和依赖性，自从难民收容所创办以来，单就上海一地而论，英法两租界的大小收容所，已有数百，而收容所中的难民，更达三十余万之众，这自然是个极可惊人的数目，这些难民，在只消费不生产的状态中间，似乎已养成一种依赖和懒惰的习惯，他们只知道了需要吃饭，所以需要生存，他们不明白做人的意义，每天浑浑噩噩的过去，这是极危险的现象。如果要挽救这个现象，移殖难民到湖南江西等地去开垦，一方面使他们有集体工作的机会，另一方面更可藉此增进民族生产的事业。

第二，十年来国共战争后的江西，现在已变为一块荒漠的大陆，人口已减少百余万，一切生产和建设，都已陷入停顿状态，正需要大量人材去加以复兴，如果我们能将上海和全国各战区的难民，都移殖到江西或者其他一切具有上述情形的区域里去，不独生产和建设方面，有莫大的助力，而且也可以趁此机会来训练人民的自治能力。

第三，上面已经讲过，在被开垦的土地中，创设集体农场，是一件极重要的事，然而这是需要优秀的农村问题研究专家做指导的，在可能范围以内，也可趁此机会来分配和解决关于土地方面的问题。

根据这几点来讲，移殖难民，实在是一件刻不容缓的事，大家对这个问题，能加以详尽的讨论，更希望当局对这个问题，能有切实的规划。

原载《中国红十字会月刊》1938 年第 37 期

施赈方针之商榷

振务，急救工作也，所施振品，以能维持生命为要件，而难民日常享用如何，可不计及，何以故，曰，救济经费，类多临时筹募，未必十分充裕，不得不力事紧缩，以谋大多数难民之永久生活，否则开支过滥，一旦捐项告乏，无以为继，将何以处此芸芸嗷嗷之哀鸿。

今慈善家之施赈，每主张以难民之温饱舒适为准则，而受赈者亦以得享寻常生活相期望，此在赈款充足，振务简便，振期短暂之时，亦何尝不合，但以今日情形而论，实不宜出此，盖自战事发生以来，流亡遍地，饥寒交迫，凡我慈善界同人，应不分畛域，一体援救，倘竭其财力，仅图满足当地一部份难民之欲望，非特向隅者有不幸之感，尤恐此盈则彼绌，若辈将因求必须品而不得，致妨碍其生存，所谓生活必须品者，即上述维持生命所需要之物品也，人不幸流为难民，复以迫于衣食，而入收容所，固属天可怜惜，但慈善家以普救为主义，既不应厚于此而薄于彼，尤不应有厥始而无厥终，故对于一般难民之给养，仅以必需者为限，俾克维持生命，譬如狂风急浪中，操渡者只求舟中乘客，同登彼岸，而坐位之粗陋，人数之拥挤，舟身之颠簸，均无暇顾及也，明乎此，则施振应取之方针，不难解决矣。

顾或者每以上海难民给养太薄为苦，不知他处难民，其苦有十倍于此者。近据报告，定县乡民，刻以树叶、草根，和入食品充饥；泰安苦旱，麦收大减，将无以果腹，而山西潞安一带，灾情之严重，至称振不胜振，吾人试闭目静思，身处是境者，其困顿情形当如何。今上海难民，既有白米为食，更有菜蔬佐餐，试与以上各地被灾者相较，其苦乐为如何，乃少数扰乱分子，尤不知满足，鼓动风潮，拒食番芋、豆类，意欲全日米食，施振者就天良人道上着想，果应接受其要求与否，而收容所职员，对于限制难民食品，发给较廉食品，间有妄加非议者，抑何不思之甚耶。

且也，茹辛食苦，为中国普通人民之特性，统计各收容所现有十五万难民，除有财力或地位者已投亲友外，其中仅有大学毕业生一人，及高级工人若干人，多数系劳动阶级，其日常生活，向甚清苦，未必优于在收容所，设所予给养，不加节制，非特善团力有未逮，若辈且将因舒适而闲惰，不愿出外谋生，而真正孤苦无依者，反不获普遍救济，此岂施振者之本旨哉，若夫减低给养，约举其利，厥有数端，少壮有力之难民，可因不甘食苦而生利自给，一也；若辈既能自立，善团负担，即可减轻，二也；

善团可分其力量，扩充救济，使老弱残废皆有所养，三也；此外因生产之增加，贫困之获救，于社会安宁，国家元气，均有直接间接之利益。

鄙人办振有年，对于罹难人民，非不知同情优恤，特以环境、经费等种种关系，故有以上主张，愚昧之见，愿与当世高明一商榷也。

原载《中国红十字会月刊》1938 年第 37 期

上海亟待举办的事业
组织儿童保育会实施保育工作[节录]

儿童保育，不是一件简单易举的事业，就上海目前而论，至少要做下面六种工作：

（一）收养婴孩，在饮食上予以充份的滋养，在居处上予以相当卫生设备，身体随时检验，疾病则送治。

（二）收养灾童，除饮食的滋养，居处的卫生，十分注意外，并予以适当游戏机会，完善的儿童教育。

（三）收容街市流浪儿童，如小乞丐、拾垃圾童子之类，予以适当的保养与教育。

（四）调查各小学校的教学情形与卫生设备，有缺憾的地方，尽力协助，使他改进。

（五）调查育婴堂的抚育婴孩情形，有缺憾的地方尽力协助，使他改进。

（六）发行大众化的刊物，唤起家长对于儿童保育问题的注意，并给予保育的常识与方法。

即此六端，已非少数人的经济力与财力，所能办到，必也集合许多慈善家与各界热心份子的经济力，再集合许多教育家，医学家的才力，组成一所巩固的儿童保育会，继续不断的进行，不厌不倦的工作，力能获有相当的成绩。

据我所知，上海也颇有人同具此心，以私人的力量，收容若干灾儿，这的确是一件最有意义的善举，但个人的力量，终属有限，收容的数额，难以扩展，甚且收容的时期，也难以持久，即对于卫生设备，教育方法也未能周密妥善，况且各自为政，在于物力上才力上，总是消费多而成绩少，所以，要举办儿童保育事业非要组织儿童保育会不可。

概括言之，我们要谋人群进化，种族的绵延，要改善许多后生的命运，要救济危似倒悬的灾儿，非从儿童保育上做一番工作不行，要做一番儿童保育工作，非集合群才，群力组织儿童保育会不可。

原载《中国红十字会月刊》1938 年第 37 期

难民学艺成绩展览剪影

中国红十字会及上海国际委员会教育委员会联合主办的难民学艺成绩展览会，从七月一日起，假浦东同乡会展览四天。当然，它意义的重大，决不是普通一般展览会所可比拟，的确是和社会民生问题发生严重的关系，"教育难民须达到自力更生的目的为止"，"购买难胞工艺出品，就是救济灾黎"，这二条标语，很明显的告诉了我们它的使命和目的了，作者在开幕的一天上，便去参观了一遍，约略的写在下面。

这次参加陈列的，有慈善总会、国际救济会、各同乡会等主办的难民收容所难民习艺所等出品七千余件，在质和量的双方面，都是够丰富的，大概可分为儿童成绩、成人成绩及生产成绩三大类，包括教育、生产事业，共分六室陈列，有各种优美的刺绣品，编结精细的手套、藤椅、藤包、绒衣、缝纫的童衣、布鞋、木工玩具、家居、肥皂等日用品，书法、图画、缀法等的教育成绩，异常精彩。第一室中映庵、飞涯、月来的条幅书法，笔势很佳，图表方面，难民生产工作种类及参加人数统计表，是很详细的；第二室中二件藤制的汗背心，是精工的，新颖的作品；第四室中关于卫生方面的各种模型，尤其是对于蝇蚊之害，有着惊人的警告；第六室是展览难民习艺所的出品，出品较为精美，有肥皂、饮汽水用的纸管、毛巾、印刷品等。

除了六室成绩品外，为了救济难民起见，将难民的生产成品另辟售品部四室。价钱是很便宜的，像大幅双龙绣花枱毯，只售八十元，其他日用品也很贱，寓救济于购货，确是一举两得的事，很愿热心的人们都去选购，活动成绩也便在售品部里。

的确，帮助难民生产是救济难民的唯一根本办法，大家热诚的去救济吧。

原载《中国红十字会月刊》1938 年第 38 期

贡献点意见给救济难民者

孤岛上的难民，据最近的估计，尚有二十万众，这二十万难民，都是无业可营，无家可归,遣送的剩余者,长此收容在难民所里,从[纵]然是一日两餐,茅篷统铺,食宿不成问题,但每个难民的开支,照以前我在难民所里服务经验详细的统计,每人平均连水电、地租、医药等费,每月是四元五角。后来再加以节省,然至少亦须三元五角,那末这二十万难民,每月至少要七十万元开支,这样的巨大开支,外募终觉困难,政府接济,也有限制,而难民方面,过了这难民生活,其实不免痛苦,这可不可以不急求彻底救济的办法,孤岛上当然谈不到开恳[垦],即商业在此人浮于事的时候,也无从插入,比较起来,还只有叫他们做工。果然现在有许多难民所,是辅导难民做些小工业,但可惜办得并不普通[遍],而且他的办法似乎没有彻底,我以前服务在难民所的时候,曾经发起过难民工场,虽然因为特殊关系,没有实行,但我提议的时候,会长、主任、同事、难民,没有一个不赞成,我觉得我这计划,倒不是个人私见,所以我把这一个从前拟成的计划书,贡献给大家,希望一班热心救济的慈善家,共同讨论而加以采纳。

一、工厂——暂时假定用手摇机织袜。

二、资本——(甲)募款一千元(准备亏拆时,在此中划除);(乙)借款五千元(将来须还,亏拆时,不在此中划除);(丙)活动金五千元(准备进原料时出票面),计一万一千元,由筹资本人派出账房管理。

三、机数——暂订三打(即三十六张),应用者三十张,余六张准备修理时调换。

四、组织——暂订总数一百人,经理一人,总督工一人,司账兼书记一人,买货兼收款一人,工程师一人,跑街五人,计此十人为干部;余九十人,分九班,男工二班,女工五班,每班举班长一人。

五、学习——举熟手工人十人,每人教两人,第一批两星期教会初学二十人,第二批两星期内教会初学二十人,空时间熟练第一批二十人,第三批两星期内教会初学二十人,熟练第二批二十人,第四批两星期由教会初学二十人,熟练第三批二十人,这样两个月内,八十人完全变成熟手工人。

六、时间——每日工作分三班,每班三十人,日夜开工,每班工作八小时,每一班除缝线头另给其他难民工作外,而烫袜、装潢等手续,均由此三十人在八小时内一手做成。

七、产量——每日夜由一百打,增至一百五十打。

八、开支——水电、房屋、饮食、医药、教育,均由收容所供给,不另开支,而职员薪水,干部十人和熟手工人相等,不得多取,熟手工人工资多寡,按照上海普通惯例,由经理起至摇工止,每日每人只许支取工资六分,至一角,其余概存账房,算作资本,逐渐抽还借来资本五千元,此一百人就成为股东,如有盈余,仍存厂中,算作公积金,任何人不得支取,次待至收容所结束时,方始改组可支足薪给。

九、营业——无论本埠外埠零售□售,概以低价现金出卖,决不放赈,即或上下几天,付款者,亦必须有相当信用或保证。

十、保管——今既以积存工资算作资本那末工人自然有稽核的权限,每星期开班长谈话会一次,由会计部报告收支营业大概,盈余或亏折,每月开大会一次,以征求改良的意见,并由百人中公推一人以任监督,照以上办法,如有亏折,可以募来一千元中扣除,不至动摇借来款项,情形不对,即可收束,亦无大碍,决不至拖累,然工厂只进不出,绝对不会蚀本,并且可以预料不到半年,借来的款子,可以完全还掉,这些工厂,就是难民自己所有的,我们中国人,并不都是懒汉,大多因为找不到职业。厂既在是他自己所有的,我相信他们的工作,一定更来得起劲,他们既有了这样的稳固职业,我想这一百人,至少可以养活二百人,收容所也就可以卸下仔肩了,照这样推广下去,这一二十万难民问题,是不难解决的。

原载《中国红十字会月刊》1938 年第 38 期

参观国际难民学艺展览

本市难民学艺成绩展览会,系由中国红十字会上海国际委员会教育委员会主持,假做[座]爱多亚路浦东大厦三楼举行,于今晨开幕。会期共有四天,会内除陈列各收容所难民学艺成绩外。并有生产品甚多,制作颇为精美。成绩共陈列六室,同时并有生产售品处四室,出售难民生产品,价廉物美。会场不收门票,亦不募捐,欢迎各界人士参观,并踊跃购买生产品,本市各界人士,对于救济人民,极为注意。前往参观者,拥挤异常。

国际红十字会教育委员会,举办的难民学艺成绩展览会,今日在浦东同乡会开幕了,会场就是该同乡会三楼的第四中华职业学校,计估十一个房间,除了一间作临时办公室以外,展览室是在左边的六间,售品室是在右边的四间,除了售品以外,不收门票,场内不募捐的。

至参加展览的,有慈联总会、慈联分会、国际救济会、红万字会、男女青年会和其他同乡会慈善团体所主办的收容所,还有难民习艺所、难童中学、难民手工艺实习所等,都有成绩参加展览的。

展览会分为两大部:其一便是展览部,陈列着各难民收容所的成绩,种类分儿童成绩成人成绩及生产成绩三大类。儿童及成人成绩,又包含着各种文字符号上之作业,像书法、缀法、试卷、练习、笔记、图画、图表及手工等。生产成绩,便是难民的手工艺品或轻工业品,像草织、编制、缝纫、刺绣、纸扎、印刷及日用品之制造,名称有线袜、手提袋、肥皂、发网、童衣、绒衣、印刷、草绳、布鞋、纸花、藤包、藤椅、木工玩具、家具、绣枕及其他日用品。此外还有一种活动成绩,在展览室内另开一角,分成单位,调派各收容所难胞,当众实际工作,观众们可当场目睹制作情形。

另一部便是售品部,出售难民的生产品;他们很欢迎中外人士选购,多买一件东西,便多充实一份力量;浅显地说,购货便是间接救济难民。其他展览的,在于行政方面,如办理难教的表格、章则、各收容所管理种种统计与照相等等。

附带谈及的,是读者须深切明了"难民教育"的一切都在困难的环境中,仅短短的半年历史,他们没有理论的根据和确实的参考,再加以一切因陋就简,难胞在精神和物质上受了极大的损失,而感到深刻的痛苦之余,要和他们谈不能充饥,也不能蔽体,更不能立即兑现的"教育",能按序推进,虚心就教,实在是不大容易的事;而他们在今日之下居然能把成绩做出来展览,是值得我们褒扬的。

读者们尤须加以了解的它们这个难民学艺成绩展览会,根本没有拿"难民"的作品来□表功绩或炫耀耳目的目的。他们办理展览会的原因,不外三点:(一)对外,借这个机会使孤岛上的中外人士,明了"难民教育"的真相。(二)对内,以便自省,他们半年来办理的经过,作一个总结算,同时也为推进第二期难教的根据。(三)对各难民收容所,则着重在"观摩竞进"的四个字,取人之长,补己之短,俾彻底解除难民的痛苦。

展览会的情形已大概如上所述。笔者所希望的,孤岛上的人们,尽个人的力去选购实用的难民生产品。

原载《中国红十字会月刊》1938年第38期

难民生产工作的重要

八一三战事发生以来,各地难民逃到上海,现在一百多处的收容所中,尚有难民十余万人。各慈善团体及救济机关,对于这许多的难民,除了给以衣食之外,均逐渐感觉到生产工作的重要。笔者担任教授难民工艺技能,已有数月,现在先把这种工作的意义,作一个简略的说明:

一、难民生产工作,可以说是一种复兴民族的工作。因为这许多的难民,都是中国良好的国民,他们不愿受人利用,不怨恨政府,不为虎作伥,宁可在倾家荡产之后,过着极苦的收容所生活。如果任其食宿无事,逍遥度日,非但足以造成大批的社会游惰人民,抑且也使民族的精神,日趋消沉。

二、难民生产工作,是保持国际贸易的一种方法。因为上海是全国国际贸易的总枢纽,而上海附近各地,也就专应国际贸易上的需求,而从事各种工业。例如刺绣和花边,常年销路其大,大半都由洋行厂商发交浦东各地的乡间妇女承制,成为一种消闲的副业,及各地陷落以后,商人对于这些地方,均裹足不前,于是洋商大批的定[订]货,都无人承做,这种损失何等巨大!何况收容所的青年难妇,多能这种手艺,或是略加训练,就可以成为熟手工人。就十余万难民的十分之一来估计女工,其出品已极可观,而保持国际贸易的绣货一项,其成绩已甚宏大了。

三、难民生产工作,除了以上两种关系外,还有一种就是有关健康的问题。古人说:“户枢不蠹,流水不腐。”凡是劳动的人,疾病较少,这是一定不易的道理。而现在的难民,大半是吃了就睡,睡醒再吃,很少有运动的机会。恐怕无形之间,身体就渐渐虚弱了。笔者对于此项问题,曾经加以研究,有的难民说:因为收容所的粮食,不能尽量吃饱,若使运动起来,加速消化,必有忍饥挨饿的苦痛,所以只得吃睡的一法。这也许是实情,而尤其是年富力强的青年男女,是如此的。所以现在红会国际会有一种规定:凡是参加生产工作的难民,都许在规定两餐粮食之外,每天增加一餐。这样既可以鼓励他们工作的兴趣,身体就有活动的机会;并且他们得到工资之后,经济稍为宽裕,饮食也能自己添购,于营养上,是极有帮助的。

以上三点的意义,极为粗浅,我希望各收容所的负责人,均能时刻放在心上,来开导他们所内的难民;同时我更希望办难民收容所的人,不要把这种工作,认为是慈善性的惠施,而必须视为一种社会事业。至于要靠办理慈善,而谋自己利益的人,我尤希望他们能及早醒悟,把全副精神,来帮助难民,使他们有自力更生的光明出路!

至于举办这种难民生产工作，和普通的工厂，略有不同，所以应有以下的几个基本条件：

（一）收容所的房屋，均属暂时借用性质，不能如固定的工厂，可以装置机器，所以只能举办简便的手工业，如花边、刺绣、草织、缝工、糊纸盒之类。

（二）收容所的难民，大半是由各处乡村逃来的，其职业以耕种为多。将来时局平静，仍旧是要回到故乡的。所以教授这般难民的工艺，必须容易学习，期限不长，并且所学的技能，将来回到乡村，仍旧可以继续工作，成为一种农隙的副业。

（三）工业出品最大的问题，就是销路。所以主持难民生产工作当局，必须商请厂商，供给原料，制成以后，收受相当的工资。这样，出品的推销，就由厂商负责，我们可不顾虑它的销路，只要办理严格，工作效率增加，难民就可多得工资了。

（四）据最近的调查，上海尚有难民二十余万人，由红会国际会给养的有十余万人，每人每月以伙食三元计算，已经需要三四十万元。医药、教育、衣服等的补助，尚不计在内。所以举办难民生产工作，不能费用太大，增加救济机关的负担；凡是需要自备资本的工业，除了数目极少而属于试验性质外，均以不举办为是，因为难民生产工作，是不能以营业眼光来做的。

以上所论，不过简略说明这种工作，非但对于难民本身，有极大的裨益，而且也是保留国家元气复兴民族和维持国际贸易的方法。笔者是首先提倡难民习艺和生产工作的一人，数月来实际参加，不论晴阴风雨，又未尝一日间断。而现在各慈善团体及救济机关，在筹划难民衣食住之余，亦逐渐分出一部份力量，注意到此项工作，这是极可欣慰的一件事。

我们届计沪战至今已经九月，以有限之捐款，供无尽的消耗，欲其持久，当非易事。而况平常的人，尚须工作，然后有吃有住，何以难民反而例外，倒能终日无事，安坐闲食？所以我们除向各方呼吁求助，救济难民衣食之外，尤应努力提倡难民生产工作。因为在长期战争的局势下，这实系一种当前急务呀！近来上海国际救济会已拟在小沙渡路第四收容所，试行难民半自给制度；即以其工作的收入，补助他们日用的一部份。而基督教联合会并于四月一日起，停止所办收容所的难民给养，改为难民工厂，以营业收入，供给难民的食用。这的确是一种促进难民自立谋生的最好方法。至于中国红十字会上海国际委员会，则已在各收容所举办各种难民生产工作,如花边、刺绣、草织等,并规定凡已经登记做工而半途停止的难民,非有特殊理由,必须开除出所。

笔者谨以十二分的热忱,希望各善团对于难民生产工作,尽力提倡和协助,同时社会各界亦多多捐款,以便给养这十余万的难胞,并为他们谋得生活的出路。我们并想在教授难民工艺,使他们努力生产工作之外,再介绍他们做适当的职业;所以现在又有难民职业介绍所的筹划。这种为人类为国家服务的重大使命,都是需要群策群力,来共同完成的呀!

原载《中国红十字会月刊》1938 年第 39 期

收容所的纪律问题

集团生活,最重纪律,因为纪律是保守秩序,维持安宁的工具,如果没有纪律,就好比失去了指南针的船只,不知方向,随风飘荡,无所遵循。收容所是难民聚居的集团,也应该有如军队的严明纪律,才能够维持这一群的秩序,和团体的精神。英文称收容所 Refugee Camp,意译就是“难民的营地”,足见纪律在收容所中,是不可缺少的了。

抑尤有进者,收容所中的难民,来自各个不同的地方,品格良莠不齐,教育程度互异,各有各的宗教信仰,各有各的风俗习惯,要打算把一班人纳入正轨,陶冶一炉,更必须有简单而严明的纪律,俾众共守,方不致发生意外的事件。因为这一班人,虽然是同罹战祸,流离失所,应该有一种同病相怜的心理,但以素昧生平,既非亲戚邻舍,又非同乡故旧,陌生生地聚在一起,心底里本来没有感情,少不了怀着一种矛盾与隔膜的心绪,稍不如意,即易冲突,大有一触即发之势。

笔者从事救济工作,认为这是一种为国家为人类为社会的服务,并非为自己积德,子孙修福,来行善事。所以数月以来,奔走视察各收容所,除了提倡并指示难民习艺及生产工作之外,时常注意到这个有关社会治安的纪律问题。大凡收容所管理员、纠察员及教师(亦称指导员),能以身作则,从事训育,苦口婆心,随时随地劝导难胞,那末这个收容所,必定有和平的空气,整齐的秩序,和亲爱的精神。反之,办事人员,各分派别,利用难民,倾轧异己;或通同一气,狼狈为奸;这个收容所必定多事。据我个人所知,近来各收容所中,时常发生凶殴的事故,有的是难胞和难胞相打,有的是办事人员被难胞打伤,甚有办事人员,率同本所难民,殴打他所办事员,几乎成了一种好斗的风气。

我们细细分析它的原因，明知内容很为复杂，但是也作种种的解说，来原谅这班好斗的同胞们。譬如说：收容所的生活是非常的苦闷，因为没处发泄，于是出于相打的一途。又说：在收容所饮食不能尽量吃饱，因了物质的欲望不能满足，本此生存竞争的天性。就免不了相互争夺，这也是相打的原因之一。更有为了收容所的解散或合并，以致一部分人(包括办事人员在内)，流离失所，不得不为最后的挣扎；所谓困兽犹斗，而况于人。以上种种解脱，自然未尽确当，不过来开脱他们凶殴的过犯罢了。

现在我们有一点，要请各收容所的办事人员及难胞注意的，就是办理收容所的最大目的，并非完全是一种慈善的惠施，实在具有保留民族元气，和维持社会治安的两层重大意义。各收容所的办事人员，对于这种凶殴事件，如果不能防患未然，或事后制止，任其气焰嚣张，那末此风一长，非但足以妨碍社会治安，并且也可分散后方民众的力量。岂不失了救济难民，和办理收容所的重要意义吗?所以我十二分的诚意，敬告各收容所的办事人员及难胞，请你们时常想到战地民众的痛苦，和前方兵士的牺牲，处此非常时期，正是卧薪尝胆之日，凡事应该顾全大局，处处忍耐，个个团结，不可再作无谓的意气之事，以致破坏全所的纪律。

原载《中国红十字会月刊》1938 年第 41 期

上海难民今后之救济

当沪战发生之初，两租界以国际关系，幸免糜烂，附近难民，群相奔集，如水就壑，嗣以战区益广，战祸加烈，四方锋镝余生，更扶老携幼，相率来归，以去年十二月间为最多时间，竟达三十万人，中外慈善团体，咸抱负危救困热忱，纷纷设法收容，两特区弹丸之地以及南市难民区，大小收容所共有三百余处，旋经陆续遣送，自动出所，及其他疏散方法，为数遂逐渐减少；目下留沪难民，多数系无家可归，无亲可投，处境贫困，生计断绝者，据最近调查：全市现存收容所，计公共租界一一三处，法租界二〇处、徐家汇一五处、南市难民区一一三处，共计二六一处。难民公共租界尚有六四六九八人，法租界一五八四九人，徐家汇七九〇七人，南市难民区二一二三四人，又散居极贫住户须发赈粮者一九八〇三人，共计十二万九千四百九十一人。

当各善团办理收容时，本无预筹之救济费用，向恃临时筹集，以资挹注，其来源有政府拨款,友邦义捐,各埠侨胞之乐输,本市善士之慨助,故难民虽众,尚可勉强维持,今则海外赈款,既均移送内地,市内捐项,又较曩时锐减,闻各善团经一年来之长期救济,款项粮食,大都罄尽,而近月所收本市捐款,合计仅五万元左右,法商慈善奖券公司自减少发行额后,所提百分之三十救济费,亦抵月得六万元,以上两项收入,从能长期维持,亦不过每月十一万元,而十三万难民之给养医药被服等费,以每人按月三元计,月需三十六万元,收支相差,月达二十五万元之巨;苟无法弥补,则如善团救济工作,势必无以为继,惟有出诸全体遣散之一途,姑无论事实所不许,人道所难容,即此芸芸嗷嗷之哀鸿,一旦失其所依,能不挺[铤]而走险,扰及社会治安耶?故今后上海难民之救济,虽属万分困难,仍无停顿之可能,惟有以热心毅力,从筹募,生产两方面,努力进行,或可收标本兼治之效。不揣鄙陋,分述管见于下:

(一)关于筹募者——军兴以还,上海以租界所在,堪资庇护,各地人民,趋之若鹜,人口骤增至四百余万,市面亦随而繁盛,昔之冷僻区域,今已居民蚁聚,商店林立,试以四百万居民与难民十三万于较,约三十与一之比,虽非尽有为善余力,但于三十人中求一月捐三元救济难民者,当非奢望。商店虽无名[明]确之统计,总在十三万户以上,平均每户月任难民一人之救济费,更非难事。况上海商民素以有组织著称,募捐筹赈,着手较易,可请德望素孚之商界领袖,出而主持,召集各同业公会代表,请其就同业中逐户劝募,依营业范围之大小酌任月捐,或一家捐助难民数人之给养,或数家合认一人之赈款,似此集中筹募,可收众擎易举,集腋成裘之效,按月三十六万元之难民救济费,当不难立集;然后依收容所难民多寡,分配各善团,俾资挹注。此外各项特捐,仍照常劝募,集有成数,可用以举办难民生产事业,为积极的救济。诚以上海人口之众,自不乏乐善好施之士,慷慨解囊也。

(二)关于生产者——难民饱食闲坐,群居无事,足以养成惰性,日后遇有职务,将不愿操劳,影响所及,徒使国家社会陡增整千成万之蠹,故难民救济,不宜徒事留养,应设法令其生产,使趋自力更生之途。其法有二:

(甲)介绍职业——难民除老弱残废外,有相当技能者居多,可就调查登记,择其所能,向工厂商店居户为之介绍职务。

(乙)筹办工场——上海难民众多,自难全数荐出,其未经练习及技能低薄者,更非雇主所乐用,可由慈善团体筹设简易手艺工场,聘请技师,督造各种出品,教练生疏工人,俾能各挟所长,从事生产。

上述两项办法,可使难民各能自立,不再依赖救济,从此逐渐疏散,赈款既可递减,事业亦可发展,国计民生,胥受其利,实根本救济之道,不宜忽视者也。

以上仅就筹赈生产两端,聊贡一得,以备慈善当局之采纳,其详细施行计划,可由专家会商拟定,非本文所能尽述,第尚有附带陈述者;即各所内部,尚须改进;难民待遇,亦应平等;赈款开支,更应极力节省是也。缘各善团所办收容所,虽不乏管理严密,秩序良好者,但办事紊乱,不守纪律之处,所在多有。难民之饮食、起居、医药、卫生诸端,亦因主管善团经济状况之不同而互异,而用人行政,更不免滥沉分歧,此于募捐施赈诸方面,均有严重之影响。似宜由本市各善团、市政当局与慈善界具有经验人士,组织一管理机关,负以统制全权,责令切实整顿,庶几在统一指挥之下,可收款不虚靡,惠可均沾,并养成奉公守法之人民之效。愿办理救济之慈善家注意及之!

原载《中国红十字会月刊》1938 年第 41 期

难民之饭食问题

自上年八一三淞沪战事发生以后,难民纷避租界,如水就壑,慈善救济团体来者不拒,竭力收容,当国军撤退,战线西移之际,人数最多约计全沪最高额不下五十余万,而各收容所之主要给养饭食一项,遂成一困难而重要之问题。

各善团收容所对此当前之困难问题,胥经过缜密之考虑商讨,与实地试验,其一般困难问题如下:一、各收容所,内有空地可以建筑大型炉灶者,绝对少数;二、工部局准许建灶矣,而业主往往急欲收回房屋,不许筑灶;三、两租界工务卫生火政机关,辄以房屋狭小,不准筑灶;四、自办饭食稽考不易,流弊潜滋,所费较巨,收效益寡,盖收容所收容难民人数,多则数千,少亦数百,非有相当适度之大型炉灶,无从煮燃饭食。乃不得不委托民生简便食堂代办分送,民生简便食堂创办人凌有光氏发轫于民国廿四年五月,因鉴于市区等于牛马工作之苦力,所获低微之工资,在百物昂贵之下终日勤劳,往往不得一饱,同时失业者之饥饿群,分布于全沪,寖至因此之故,陷于蹈海投环死于非命者,层见叠出,乃发愿力以最低之代价,供必要之生活,民生简便食堂初仅创办于南市陆家浜小菜场内,饭菜价目以计算成本为低昂大概每人每餐化铜元十三枚,即可一饱,于是贫穷苦力,趋之若鹜,同时引起社会关心民瘼之慈善家注意,如王一亭、朱子桥、屈文六、黄涵之诸氏,均竭力赞助,于是分设于西门唐家湾小菜场,生涯鼎盛,骎骎为社会所瞩目矣。八一三以后,凌氏贾其余勇为难民供给饭食,初仅假爱多亚路棉布交易所小试其端,其后各善团签以上述困难,先后委由该食堂代办,旋迁至法租界霞飞路杜美路口,法公董局指定旷[广]场,临时架搭芦棚,因陋就简,成为一空前之(烧饭)场所,经该食堂承办者,计先后有慈善团体联合救灾会暨其分会、中国济生会、至圣善会、法公董局、基督教青年会、浸会堂、慕尔堂等,就该食堂服务难民饭食以来,代煮之饭,达一千三百斤,每日最高额达七万一千五百斤,全体职工由十余人,寖增至一百五十余人,且什九拔自各收容所难民,可谓洋洋大观矣。

此外慕尔堂自八一三以后米价十八元六角之际,委由该食堂代办每日四千斤,每斤门售三分二厘(即九十二文)一般贫民受惠匪[非]浅,直至本年三月十五日截止,该食堂于服务初期,设备未周,每一小时只能出饭三千斤,以致运送各收容所时间上恒有参差,颇为人诟病,旋经各善团力促调整,并购置大宗用具,改良设备,现已可增至五千斤,而各善团亦与严格订定送饭时间,第一次每日午前九时后十一时前,第二次午后四时后六时前送到,每一收容所延误在十五分钟以上者罚国币五元。

截至目下该食堂代办饭食:(一) 慈联救灾会每日约三万六千斤;(二) 法租界公董局约五千斤;(三) 个人约一百余斤。关于(一)(二)米粮自备,每一市斤煮饭代价计国币五厘半,生菜每斤煮费(包括油盐酱醋)计约国币二分,以上均连输送费在内,如果自煮,迭经试验,尚不若上开价之低廉。现在慈联救灾会供给难民给养标准每日每百人,计米六十五磅、麦十二磅、豆十磅,难民人数现约三万弱,即每日由该食堂代煮米约七十石(每石一五六斤),麦五十二包,豆十四包(每包一百八十斤)。又在抗战初期,开滦煤费每吨仅十九元,比以交通不便,运输困难,市价继涨增高达三十九元,此则影响该食堂者,殆非浅鲜,该食堂为社会特殊事业之一,且难民食粮标准问题,为时彦所聚讼,笔者爰略纪于此,以供关心民瘼者所参考焉。

原载《中国红十字会月刊》1938 年第 41 期

工赈刍议

上海各慈善团体收容难民,屈指一载余矣,当夫烽火连天,死伤遍地,人民田园灰烬,庐舍丘墟,骨肉分离,饥寒侵袭之秋,中外热心救济人士,奔走呼吁,慷慨布施,俾嗷嗷哀鸿不致流离失所,揆诸人道正义,自是分所应为;但救之为义,曰护曰助,济之为义,曰渡曰益,盖谓护其渡过难关,助之使能获益,实含临时性质,俟其既能自立,责任即为终了,并非如养老院之长期赡养也。乃一年以来,用于救济事业之款项，达数百万，慈善界同人，到处张罗，俱感精疲力竭，而难民则终日群居，酣卧闲食，不事生产，为之介绍职业，使之从事操作，率多畏劳图逸，规避不前，其心目中且视受人豢养为应得之权利，虽经当局苦口劝导，极力提倡，而服役操劳者仍居少数。循此一成不变，任其偷闲度日，不谋所以补救，日后习惯性成，徒足产生整千成万游手好闲之惰民，其为害于家庭，社会，国家者，诚不堪设想！是救之适以害之，济之适以病之，夫岂办理救济之本旨哉？

我国人本为勤苦耐劳之民族，不论老幼少壮，平时各有所事，而闲居坐食者殆鲜；今值国难家祸，幸而被救，正卧薪尝胆，勤劳奋斗之秋，乃谓从此有所依赖，可以安闲逸乐，坐享供养，无须再事劳动，揆诸情理，岂可谓平？况“流水不腐，户枢不蠹”，古训昭然，人苟习于偷惰，驯致精神体格，日就萎疲，渐成无用废物，在本身亦甚苦楚。挽救之道，除幼弱老病残废外，宜一律迫令工作；如有推诿规避，则依照政府所颁难民服务规则，请工部局合作，予以相当惩罚；屡犯怠工者，驱逐出所，不予救济。如此切实办理，则难民可逐渐自立，社会负担亦次第减轻，救济工作始有完了之日。不揣鄙陋，谨就管见所及，略述办法如下：

(一) 难民之工作

难民有儿童、成人、老年之分。儿童在十二岁以下者，应令就学，并使为正当游戏；其在十二岁以上者，则使半工半读。男性成人，就其固有职业，令为园艺、泥工、木工、藤工、制绳、裁缝、印刷、制皂等工作；其无固有职业者，则令选择学习，俾有一技之长，为日后谋生地步。在未经派定工作前，可令在本所担任制膳清洁等劳役。女性成人，应就其性之所近，为刺绣、洗涤、编草、结绳、裁缝、织补、制袜、毛巾等事；其无相当技能者，则先派令学习。老年人体力已衰，不能操劳，男性可派令在场监工，看守货物，及其他轻微工役。女性则令任保姆之职，凡儿童之起居、饮食、游戏等一切行动，责任随时当心。

(二) 难民之工场

难民既须强制工作，不可无适当工场为其服役之所。轻微手工，可在较大收容所拨出一部房屋，辟作工场，即令住所难民就近工作；至重大工业，则须特设工场，置备各种机件，并聘专门技师监督指导，方能从事制造；如善团经费充裕，原可独立经营，但出品之销路，亦须预为筹划，否则徒有制品而无售处，势必难以持久。鄙意宜征求工商实业界热心人士共同合作，其方法：(一) 以由难民承造为最稳妥；所有器具原料，均由厂商供给，而工人之训练监督，及货物之推销发售等事，亦由其担负,善团仅任劳力之供给。(二)与厂商合资办理;善团供给工人,其余训练、监督、推销等事,则由商家任之,并订明办有成效,即归并与厂商。(三)规模较小资本不多之工场,可由善团措资自办;但宜聘请有经验之厂商为顾问,以备咨询;并广托殷实可靠商店,包销制品;一面开办发售处,出卖各种货品,或组织推销团,令难民四出兜售;务使逐日所出不致堆积。(四)所办工场如尚不敷容纳难民,则就其所长设法推荐至工厂商店或居户服务。

以上各节,仅就一得之愚,聊陈梗概,若夫详细办法,是在当事者酌量情形,妥筹计划,善为设施;或通盘筹划,作大规模之运动,或先就一二所试办,俟有成效,再谋普遍推进。要在主持其事者之热忱努力,不畏难,不苟安,抱定主旨,勇往直前,务达目的而后已。如能依此办理,行见全沪十数万难胞,将老有所养,壮有所事,幼有所教,尽为自力更生健全有用之国民!而所用救济费,既不致徒掷虚牝,难民收容所,亦可免游民养成所之谈。夫难民工作,不特关系个人生计,并可振兴实业,发展贸易,实社会元气国家实力所系,愿吾忠诚之救济当局亟起图之。

原载《中国红十字会月刊》1938年第42期

对于上海难民救济事业的希望

八一三以后,各方难民前后麕集于上海租界者,约共有百余万之多;端赖中外急公好义的人士,起而组织各种团体积极从事救济,始得免于流离失所。计初时上海所举办的收容所,一共不下二百余处。范围宏大,事业繁多;每月所费,为数甚巨。但此种款项,多属临时劝募,终未免捉襟见肘;主其事者之艰苦支持的精神,诚足令人十分钦佩的。至今为期,已十有七月,老者得其养,病者得其医,幼者得其育,壮者得其教。不特难民本身受惠甚多;即社会国家,亦同受其益。

惟关于难民救济之举,顾名思义,原属一种暂时的性质。现在战区远移,有家可归者,可遣其回家,以谋自给;有职业可以介绍者,应尽量介绍,使得自食其力。此外,尚宜设法另筹的款,创设工厂,或与其他企业家合资设办,俾壮年难民而无技能者,有受职业训练的机会,以求自给生产。如此,不特难民可以逐渐减少,即在社会负担亦可次第减轻。这样去作育成材,为国家培养有用之人,其意义比较救济本身尚为重要。此种办法,凡主持救济工作者,应该急谋进行的。他若对于年幼或年老者,亦不能任其闲居坐食,无所事事。年幼者除使受相当教育外,并拟予以机会,作正当的游戏,及轻易的劳作;年老者虽不能过于操劳,但亦可使其从事于轻微的服务,如此,庶几全体难民可各有各事,或各有其所学,不致成为游手好闲之人,而反使社会国家受其病害了。

近闻若干难民仍不免好闲懒做,终日群居,不事生产,有人为之介绍职业,反"畏劳图逸,规避不前;其心目中且视受人豢养为其应得的权利。"如此情形,诚可伤心! 主持救济事业者,应急善言劝导,提倡自力更生的道理。劳动是美德,中国人民原为勤苦耐劳的民族。际此国难家祸,正应勤苦奋斗,自救救人;安可安闲逸乐,坐事供养? 难民如此,尤宜设法补救纠正,否则,任其偷闲度日,则救之适足以害之,济之适足以病之,决非是救济的本旨。

其次,尚当向救济团体进言者,即救济款项的支配及其报销问题是。中外热心救济的人士,慷慨输将,踊跃赞助,原本人类互助,同胞互助的精神。捐款不论多寡,来处均不容易。其中颇多血汗劳苦之钱,而从节衣节食中省下来的。故使用款项,应该十分慎重,尽量减除靡费;使所捐得的款,涓滴均用到难民救济的事业上才好。当然,在救济的团体中,不免亦有一些行政上的费用;但须力求其省。有人传说;这方面的用度,几乎化去每月全部救济费的一大部分,虽不知是否属实,但实动人听闻! 若果如此,则不免滥费,诚是救济事业上一种最大的诟病;主其事者,不特无以对诸捐助赈款者,且亦无以对诸社会国家。影响所及,必将大有妨碍于捐款的前途。故希望负责支配经济者。于用途报销力求缜密公开,以息浮言而收实效。

最后,我们尚要知道现在事已蔓延至十余省之多。田园荒芜庐舍圻墟,骨肉分离流离失所者,何止数百万人。各处同罹战祸,自顾不暇,安有能力救济他人。故其惨苦困难的情形,必非上海难民所可比。在救济本市难民之余,万万不要忘记内地颠沛流离,嗷嗷待哺的难民。这部分难民的救济,不特对于社会安宁甚有关系,且对于整个抗战亦甚有意义。希望上海人士们不要放弃这方面的义务与责任。在上海主持救济事业者。尤宜注意及此。救难即所以救国,内地难民的救济,其情形实比上海目下的情形更为重要。

原载《中国红十字会月刊》1938 年第 42 期

救济难民歌

难民遭浩劫　家破又人亡　剩兹伶仃身　无归路彷徨
间关走沪渎　到处受惊惶　街头行踟蹰　饥寒苦难当

蜷伏收容所　簇簇如群羊　褐衣与蔬食　度日似年长
风雨阴晦天　情景倍凄凉　视彼熙攘者　神仙在天堂
人类具同情　睹此应惨伤　愿共发慈悲　慷慨解仁囊
节缩充救济　福寿定无疆

原载《救灾会刊》1938年第14卷第12期

从扑满救难说起

孤岛上的救难运动,主其事者可说是大费头脑,除了演剧筹赈、播音劝募、征收娱乐捐之外,为了要想各界能够普遍救难起见,曾经提倡"一角运动",于今更求易于施行而又提倡到"扑满救难运动"了。

讲到扑满那件东西,是很有历史而又很有意义的一样玩具,在良好家庭中的孩子们,大都有这样东西。向来中国的扑满,是用陶瓷制成的,它的好处就是在只能藏储进去,而不能随便的拿了出来,非要储藏到满足了它的容量,然后把它扑碎开来,所以叫做扑满。现在新式玩具中的扑满,也跟着物质文明而改变了作风。曾经见过一家玩具公司里,把洋铁来做成了一只邮政信筒的雏形,储蓄的法币可以从那口缝里塞进去,不过中间却有一扇小门,可以钥匙来启开,像这种改良的扑满,果然可以免去扑碎的消费,可是有了那把钥匙,容易中途而废的把中间储藏的拿出来化用,所以我以为倘使把这种改良扑满赠给孩子的时候,那把钥匙,仅可以由家长保管起来,等到孩子们储蓄到相当的时候,再行把钥匙交给他,那时,孩子们一旦见得了自己已经储蓄得了那么多的金钱,非但当时感到了以前储蓄的快乐,更可以增添了继续储蓄的兴趣。

唯其扑满在良好家庭中,是儿童的一种有意义的恩物,故而推行扑满救难运动,除了养成孩子们仁慈观念之外,还可以促起他们自小就实行储蓄的好习惯。唯其扑满救难运动轻而易举,每天一分也好,一角也好,甚至一个铜板都可以,任凭各人自己的力量,随便储蓄,所以这项运动一定能够收到普遍推行的效果。况乎我在以前播音募捐的报告中,时常听得某小弟弟某小妹妹把他们的扑满来当作捐款的义举,可见小朋友们在仁慈的同情心下,是欢喜把他们的扑满来捐给难民的。那末,在这扩大的扑满救难的运动中,那些小朋友们,倘使再能得到他们贤明的家长的鼓励,一定益加愿意把他们的扑满捐给可怜的难民了。

有一次我在播音募捐节目中,听得张冶儿曾经这样的说过:"孤岛上的难童,有数千之多,骤然听来,好像的确是个很难解决的问题,然而我们返视孤岛上面黑牌汽车的号码,不是也有几千号的数目吗,倘使每一部黑牌汽车的主人,能够伸出一只金手来提携一个难童,那末,这个很严重的难童教养问题,不就能够很轻松的解决了吗?"这段话说的非常的幽默有味,我现在把他的话来应用到扑满救难上面,倘使每部黑牌汽车的小主人,都肯把他们的扑满来送给难民,这个数目也是很有可观呢,我想坐着黑牌汽车的主人,终不至于连孩子的那只扑满,都舍不得用来救难吧。

在这推行扑满救难中,我希望向来施行扑满储蓄的,把你们那只扑满,捐赠了难民,继续的储蓄下去,最好还得为着哀哀无告的难民,而较多的储蓄下去,至于那些平日没有扑满的人家,那末,请你们也去领一只来,为着垂怜难民,每天把日常费用中节省几分之几来储入这个救难扑满中吧。最后,我更因此而想到在这推行扑满救难声中,正逢急景凋年的时候,虽然如今距离阴历年底,还有许多日子,但因立春在即,所以已有许多人家,准备过着"腊年",这也是我们的旧习惯,每在过年之时,总是邀亲约友的大吃其"年夜饭",而少不得靡费去不少金钱。其实,我们正不妨把这互相请吃年夜饭的化费,加以相当的节约,而把这些节约下来的数目,储入那个救难扑满中,倘使每家都能节约年费,来推进扑满救难,那末,这一期的扑满运动,定能得到惊人的收获的。

原载《中国红十字会月刊》1939 年第 44 期

参观妇孺收容所

在以前"重男轻女"的社会里,女人是没有地位的。到了现在虽已好像"平等",但在大多数人的口里,女人是什么也不懂,什么也做不好的。我们常常可以听到人说:"女人晓得什么?""女人会干什么?"一类论调。所以虽已好像"平等",实际上还是有"轻女"的趋向。但事实胜雄辩。女人什么也不懂,什么也不能干,很难证实。而事实确确相反,女人一样是能干的,也许较"自尊"的男子更有毅力,更努力。

我个人因国际红十字会调查难民家庭状况,所以得了一个很好机会,参观了七八个收容所。但内容方面并不十分完善,而且设备很简陋,办事人员好像有气无力的很多。到最近因为学校里有一个研究难胞的组织。所以又得一个机会到女青年务[会]妇孺收容所——救济会编为六十四收容所——那天由该所屠主任李副主任供给了我们不少材料，这使我们非常感谢的，并且由屠主任引导我们到各处参观。现在追述如下：

关于生产工作方面——(一)绣花班——她们的工作是刺绣内衣、女子衬马甲、衬旗袍等，大半接受外来的定货。她们绣花的技能很高，而且是由该所训练出来的，确不是一件容易事。据屠主任说："她们很愿意接受外商的定货。"(二)贴花班——她们所作的是贴布花，便是用布剪成各类美丽的图案，贴在书包袋、小孩子的遗泥、内衣和其他美丽小东西。那天正在赶制一批定货，所以特别忙。(三)鞋子班——他们能做男子的和女子的鞋子。由鞋底(布的)起一直到完成一双鞋子，都是难胞担任。由做好的几双看来，成绩是很不错。(四)纸花班——她们做的便是各种纸花。那天因天气太潮所以停止工作，但她们所做的纸花值得介绍的，我买过几次都受到别人的赞美。(五)手套班——专门织手套。像现在市上流行的纱手套，他们都能编织，在那天有一位难胞发明一种新的织法，样子是非常好看，不过多费一些时间。但难胞的天才是不可抹煞的，他们很欢迎外界定购。(六)缝纫班——这也是接受外来的"生意"。(七)织补班——织补丝袜等。

关于教育方面——(一)低级班——教导年纪较幼的难童，我们参观的那天，正在教迷途的羔羊，的确她们在教一辈迷途的羔羊。(二)高级班——教导年纪较长的难童。那天在教地理讲的是农产品，什么省忘了。(三)幼稚班——这是最幼的难童教导班。那天因为在下午二点钟左右，所以他们都在午睡。墙上挂着不少卫生标语和挂图。最有趣是一幅晴雨表，每天由那天真的小孩子填上，他们都在饼干罐头上面，现在却都瘪得不堪，真像屠主任说"收容所里什么都需要各界捐助"。我想倘有人捐助几十只板凳，也是一件造福儿童的事。(四)妇女班——这是教育成人妇女。我们看到一个中年妇人在星期日很用心抄她的课本，不过因为在晚上上课我们没有看到。

卫生的设备方面——(一)病室——是供给略抱小恙的疗养之用。倘有重病那是送医院的，那天有一个小孩子因患痢疾，由该所送到医院里，诊费是由该所出的。(二)诊疗室——由一位医生，每天兼担任几点钟诊疗，所以有不十分严重的病由该医士诊治的。(三)浴室——供给难胞沐浴。

其他如厨房也很清洁，煮饭弄菜等，均由难胞担任。还有小先生、自治会等，据屠主任说"难胞现在不需要你怎么去管理她们。她们很能自治，只要你去监察他们"。这一半因她们组织完美合乎科学管理，班有班长，组有组长，管理方面是比较容易。一半却是她们训练得法，使难胞能自行管理。最后我们参观了许多统计表，这在大半收容所里很难找到。并且供给了不少统计材料。她们办事员的精神，毅力，是我们佩服的。而且最大优点是：不是“养”难胞，使养成怠惰依赖的恶习。而是训练教导难胞。据屠主任说：“难胞初来时，什么也不曾做，完全由我们教的。”现在至少每一个难胞已有一技之长了，多识了几个字，这不能不说是一桩成功的事。要是说女人不会干什么，不会懂什么，女青年会妇孺收容所便是推翻这一句话的铁证。

原载《中国红十字会月刊》1939 年第 45 期

难民习艺所的一瞥

劳工纪念日那天，笔者特地去参观新闸路戈登路转角的难民习艺所。这是个救济难胞最适合的组织，因为他不仅是招抚了难胞，使流离失所之余，得以喘一口气，他还在短短的期间内，给难胞们学会了一种社会上最实际最需要的技艺，使将来离所后，得以“自力更生”。

据徐所长说，该所每期招收习艺难胞自一百五十名至二百；第一期已经毕业了。现在第二期正在开始招收，而难胞毕业后，因所习技艺，都为社会上所切需，所以出路是毫无问题的。

由徐所长热心地领导着，我们得参观了该所的每个工场，如刺绣工场、裁缝作场、制手套作场、玩具工场、木制工场、洗染工场等等；以前还有个织毛巾的工场，因销路不畅，已中途停制了。

在裁缝作场上，我们看见许多难胞低着头在那里缝制着衣服，右边一间屋子里，是刺绣工场，里面有二三十位女同胞，手不停针地在刺绣着各种新奇的图案，你要是在铺子里买到一件难民习艺所出品的精美刺绣品，你于赞美之余，再跑到这里来看看时，你准会惊奇地问：“怎么！是脱手于这几位手胼足肘的女同胞之手的吗？”

我们弯进一间玩具的陈列室，里面有许多木牛、木马、木兔等玩具，在那玻璃橱窗里陈列着，技艺的精巧，是出于我们意料之外的。

此外如木制工场和洗染工场上，他们是比较活跃的一群，每个工人，身体都非常结实，这当然得归功于生活的纪律化。他们一壁作着工，一壁嘴里还哼着小曲，显出很得意的样子。

名义上他们虽是习艺,但也有相当酬劳,初进所时,每月由所津贴二元半零用钱,此后是以各人工作成绩的好坏为标准而逐渐增加的,现在最高的酬劳是二十五元。

笔者问到各种制作品的销路问题时,徐所长谦逊地告诉我们说:"这要推木制工场出品的东西较有把握了,因为这方面的难胞,大半本来是木匠出身的,我们再加以科学化的指导,出品便较市面上的美观,牢固,实用得多了。"

至于手套。在冬天里销路是颇为畅达的;而刺绣则不行,虽常有人来定制台毯、枕套等东西,因为系手工制作的关系,所以出品非常慢,其中最蒙损失的是玩具品,现在有大批东西都搁置起来,没有销路,这当然是人们醉心洋货的结果,近来而且劣货充斥市场,以其价格低廉,我们的东西更愈益无人过问了。

当我们与徐所长握别时,他感慨地说:"我希望同胞们与其空谈救济,莫如多多购用些我们这里的实用品,较为实惠得多。"

总之,难民习艺所给予我们的印象,实在太好太深刻了。

原载《中国红十字会月刊》1939 年第 47 期

第四编　复员时期(1946—1949)

一、综　　合

红十字会工作近况(转载申报特写)

——举办贫病诊疗所施放寒衣设儿童营养站业余补习班

本会从三十五年四月间开始复员，到年底为止，工作了九个月，得到新闻界的协力很多，如申报、新闻报、大公报、中央日报、正言报、和平日报、联合晚报、华美晚报、西文大陆报等，经常地给我们报导会务，使社会上时时得能知道我们工作的情形，我们是万分感激。这一篇文章刊登在三十五年十月三日的申报上，兹特转载本刊，以见本市新闻界对本会工作观感的一斑。

原载《中华民国红十字会上海市分会三十五年度工作特辑》

上海分会工作近况

红十字会的名词，是大众所熟稔的，但是红十字会的起源和组织，性质和任务，却并没有普遍地受人们所注意。为什么世界各国都有红十字会？而旗帜都是白地红十字的？首先揭起这个标帜的又是谁？

红十字会创始于瑞士日内瓦，一九五八[一八五九]年瑞士人杜南特从北菲[非]返籍，取道意法战争的沙法利诺战场，目击战场上死伤累累，呻吟哀号，血洒原野，惨极人寰，特地动员附近民众及过境商客，共起救护，把伤者安抚，死者埋葬。其后他便周游欧洲各国，宣传他救死扶伤的主张，经过多次国际会议的召集和国际公约的签订，各国红十字会便相继成立，各国代表为表示对瑞士国的敬意起见，特地规定瑞士国旗红地白十字的反式——白地红十字，为救护伤病的标帜。自此以还，白地红十字旗帜，便代表博爱和平，服务社会的崇高理想事业了，亦因为红十字旗帜飘扬所及，便有无数人获得解救，所以红十字标帜，便益发令人钦敬了。

根据一九三九年的调查，全世界已有六十一个国家成立红十字会，全世界红十字会会员，已有七千多万人，若以全世界人口廿一万万计，则每三十个人中，便有红十字会会员一人。中国红十字会，原是其中之一环。成立于一九〇四年日俄战争，已有四十二年历史，但是过去因为种种条件的限制和宣传工作做得不够，正式加入为会员的，为数很少。光复以后，来上海复员的红十字会干事，对征求会员经过一番努力后，现在上海一地，会员已扩增至六万人，但是这个数目，在美国红十字会的负责人看来，是惊为太微小的。在纽约城中，半数以上的市民，都是红十字会会员。

各国红十字会都有它的分会，少自数十个，多至数千个，我们中国红十字会战前已有分会五百十二处，抗战期中，受尽敌伪的摧残，或消灭，或失联系，损失异常浩大，胜利后，陆续复员的约有七十余处，预期在今后的一年之中，分会的数目，至少要增加四五倍以上。

红十字会是个民间服务团体，它从前的任务是"博爱恤兵救死扶伤"，现在它的使命扩大了，不但战时担任救护，且于平时推进社会服务工作，是贫病的救星。但可惜在上海，真正为贫病而服务的红十字会，就只一所，那是位于新闸路八五六号，一所破旧的老式房子中。

该会的总干事是殷新甫，主要的负责人，有干事童星门、干事兼服务课长汪涵万等，他们都是把终身献给社会服务，默默地苦干的一群，目前他们正在进行的慈善事业很多，举其重要的有下列四大工作：(一) 贫病诊疗——仅收挂号费二百元，覆诊一百元，药费全免，每天求治者约三四百人，以外科占多数，由诊疗室主任侯崧生医师亲自诊治。(二) 儿童营养站——该会自行总配得鲜牛奶三百箱，除经常分配给肺病患者及营养不良者(须经该会医师证明)免费饮食外，特举办儿童营养服务站，每天上午八时至十时，免费供饮淡牛奶，每日前往饮食的贫苦儿童约四百余人。(三) 施送冬衣——该会自美国红十字会得到大批救济寒衣，计男孩裤九百条，绒线衫一九五件，绒布睡衣四百件，女孩上衫及三角裤等多套，此外还有婴孩用具六百包，因为这些救济衣服都太讲究 了，譬如婴孩用具的包内，都是崭新的法兰绒料制成的，有尿布、绒毯、睡衣、外套等，恐怕连中上阶级的中国孩子都难得享受得到的，所以这使该会的负责分配人员觉得为难了，把它分配给赤贫吧，恐怕他们连用法都不知道，更怕他们会转卖市上，而使中国红十字会的信誉受到影响，所以他们在分配的对象上，费了很多脑筋，也经过好多手续的，除了委托本市各医院按实际需要化为分发外，现在尚有余下的，他们务必使它配给真正需要的人。(四) 业务补习班，创办的目的，原是为了使青年会员如学徒等有业余补习的机会，但是开办结果，倒是失学儿童占了多数。这学期学费高涨，一般经济拮据，薪水阶级子女，都读不起书了，他们除了只能望着校门叹气外，求知欲使他们找到了这个地方，化了二千元钱的报名费,每天夜间可以补习二个钟头,书籍费杂费全免,教员都是尽义务的,只拿五六万元车马费。因为投校的人多,该会已将办公室,候诊室都辟作临时教室了。

该会服务课课长汪君对记者说:看到中国清贫需助者的众多;像这样的纯慈善的机关,在上海一地,至少要有十个,但是到现在为止,就只有该会一所,该会尚余经费二千万,但是他们要做的服务工作正不知道有多多少少!

记者自红十字会上海分会参观回来,除了徒增无限感慨外,只觉得像五十八岁高龄的干事童星们,尚且日夜地为那些贫病奔走,年青的一辈,该怎样地有所警惕啊!(《申报》)

原载《红十字月刊》1947 年第 13 期

海上两红影:一在黄浦江头,一在珠江桥畔

前　言

展开本会分会分布图,我们很容易得到一个印象,那就是西南及中原几省的分会比沿海几省为多。就复员以后的情形说吧!在现在一百三十四个分会中,河南占三十一,四川占十六,山东有十个,而沿海的浙江、福建、广西、广东四省都只有四五个分会。江苏虽为总会所在,源流较近,但也只有十二个分会。究其原因,是由于西南和中原数省灾变(包括兵灾)频仍,人民常在流离困厄之中,不比东南人民生活之安逸,是以需要社会的救济甚为迫切。而红十字会的原始工作,即为救灾恤兵。"应运而生的原理",助长了这许多分会。也因为此,直到如今,那些分会仍然遗留在只以慈善为本的古老窠臼里,没有随时代的变化而加紧她的工作步伍。东南的分会在数量上虽不足比例,而其工作的进步和分量是远在内地分会之上的。

第二次世界大战后,人类的文明是作了一百八十度的急转,政治、经济以及社会制度都为适应新的需要而开始了一种新的措施。而生活在这原子时代的人民对于生命的安全感也受了极大的威胁。在此时代中,人民所最感需要的是如何求得生活的安定与保障,这就要我们来发挥人类的爱的力量。虽然现今世界的杀云四布,和平的景象只是一个尚未破灭的泡沫,但这种动乱的局面,虽是人类的恶魔,我们若要求得光明的前途与幸福的生活,只有发动社会力量来制裁我们的仇敌——灾害兵乱,以互爱来围成生命的安全圈。我们知道,任何军事、政治、经济的力量,今日都不足恃,惟有完成社会的安全才是人类生活的保障。红十字会是在人类的爱性中长成,它本身的目的只是增进人类的幸福,以前因为囿于时代的环境,它只

停驻在救灾恤兵的阶段，现在的世界是在极端动荡的状态，人类生活的唯一凭借，厥为社会力量的维系，那么红十字会的事业就不应限于救灾恤兵，而要积极的保障人类全面的生活。本会自胜利复员以后，就是针对了这一个原则，决定了工作的途径，同时并循此点，指示各地分会的工作范围。

东南沿海的都市因为接近海洋，国际文化沟通较速，文化、社会、经济各方面的动态都是随时适应着时代前进。上海、广州是东南海上的两大都市，其对新文化和新思潮的接收，是在国内任何都市之上，而本会上海、广州两分会的事业之表现出新的身手，亦所宜然。

这一篇文章，就是介述这两分会复员后的新工作。

上海市分会复员工作概况：

一、会员之征募

本分会征募工作，于三十五年五月十日起举行，分别聘请总队长、副总队长暨各界领袖六百五十人为征募队长，计至九月总结束时，共征得会员六万一千二百七十四人。其后入会者，至今仍络绎不绝。

二、会员之保健与联谊

会员交谊为本会工作之一，故于九月一日起在本分会二楼先行设会员交谊室，设报纸、图书、弈棋、台球等以供会员阅读游戏，并经常举行会员交谊会，同乐会，座谈会。计在一百天内参与会员共一万一千五百二十人。

保健之基本课题，在养成身心之康乐。本分会于双十节及十月二十七日在沪西中山公园举行青年会员园游会，到会会员极为踊跃，除赠送糖果并表演游艺节目外，并请名人演讲“宣扬红十字会之使命”与“青年会员之责任”。计两次园游会之表演节目，有上海基督教主曰学会之军乐，延平小学之舞踏，南屏女中之歌唱，第五区中心小学之体育表演，口琴专家石人望先生之口琴独奏及精武体育会之双杠、单杠、国术、摔角等。

会员保健除养成会员之健康身心外，还应培育他们的知识，以是自九月份起举办会员业余补习班，分初、中、高级之班，每班名额三十人，课程分国文、英文、数学三科，由分会职员兼任校务，并聘请义务教师一人。上课时间定为每日下午七时至九时，不收学费，入学者纷至沓来，各级学生均超出定额。

“天下一家”的精神，红十字会充分具有，所以各国红十字会都很注重国际会员联谊。美国红十字会首先馈赠本会糖果三〇二四〇袋，嘱转送本会青年会员，本分会乃在报纸刊发消息并通知各学校校长转知青年会员来会领取并制备受赠签名册一本,由各青年会员亲自签名册上,除分发青年会员外并匀出一些糖果,分赠孤儿院,救济院的灾童。

礼尚往来,友情亦在于互相珍贵,本分会为答谢美国红十字会青年会员馈赠之情,特向本分会青年会员征集答赠物品,作为圣诞节的礼物。该项物品均采取国产工艺品,因时间仓促,未能够多量征集,乃将所收得者,转送美国红十字会转发青年会员。兹获来函云,已完整收到。美红会青年部对这些精美礼品,尤感无限之珍贵,除转发青年会员外并将一部份礼品摄录照片,以广宣传。

三、医疗服务

本分会自上年四月二十二日起,即在会内开设诊疗所一所,专应门诊,只收挂号费初诊一百元,复诊五十元,急诊二百元,药品完全免费。开诊以来,工作日臻繁忙,原有诊疗、配药、候诊各室均感不敷应用,乃呈请总会拨款添建医室二大间,各科就诊人数日有增加,统计至上年年底止达五万零七百七十八人。

复于上年八月份起为扩大服务范围,乃接受学校工厂委托,专派医师护士携带药品,办理指定之医务事宜,现已开办者,有统益纱厂委办诊疗所,及大厦大学委办校医室,其他尚有励志社第九招待所及扬子木材厂等特约诊疗,此外中正中学并委办保健工作。

本分会又接准上海市青年军复员委员会来函,告以退伍青年远征军来沪或过境,嘱参加欢迎招待,并办理各项卫生事宜,当即派遣工作人员排日驰赴车站参加欢迎,并另派医疗队每日分赴各联络站担任防疫注射及致赠慰劳物品,并通知本会有关医院及各诊疗所,凡患病之青年军前来诊病,一律予以优待。

我们知道,治病不如防病,医疗不如保健。本分会为响应防疫运动,于去年夏曾接受卫生局委托由诊疗所免费注射防疫针计二万一千八百二十人,此外并由医务股派员分组前往各学校、各团体机关施行集团注射,计学校为武定、诸翟、税务、爱国、明德、三育、越旦、大厦、肇光、中国、正中、圣芳济、江苏、小闸等大中小学十四校。工厂为亚光手帕厂、恒大纱厂、义泰兴煤球厂、中华造纸厂、恒丰染织厂、亨利肥皂厂及证券交易所等七家,机关团体为盐务总局、杨家渡官仓、药材业同业工会、卷烟皂烛火柴同业公会等。受注射者计二万一千六百九十三人,每人有分二次或三次注射者,并由医务股另行派员随同流动服务站出发市郊施行街头注射,继应各区之请分赴各保集合住民注射,共达一万〇九百七十十人。

四、社会服务

本会为接近群众，深入下层社会，乃设立流动服务站，用新式大卡车一辆，装置广播器，自上年六月十九日起分赴徐家汇、曹家渡、梵皇渡、闸北、南市、虹口等处举办流动医疗服务，指导环境卫生，解答医药询问，同时广播防疫之重要性，深得各地居民欢迎。

健康才有生命，保健是卫生的基本工作。本分会鉴于此项工作的重要，特设立儿童营养站一处，登记营养不良儿童，每日上午八时至十时凭登记证至服务站饮奶一杯。自上年九月十一日开办，已逾四月。每日饮奶儿童平均在三百人以上，截至上年年底止，饮奶儿童共计二万三千零十一人，发出淡奶五千三百六十八听。

本分会又为顾及患有肺病会员之营养起见，特申请行政院善后救济总署上海分署发给淡奶三百箱，计一万四千四百听，爰即通知各会员凡患有肺病者，可至本分会医院检查，凭医师证明每月配发淡奶十听。自六月中旬起至年底止，领奶之会员共五百十八人，连同分发团体淡奶共计五千九百〇三听。

关于救济工作，本分会曾由总会拨来战前余存之大小棉衣袴及白布短衫裤等共三千五百〇六件，分发贫苦难民穿着，至上年年底止，已发放殆尽。[下略]

原载《红十字月刊》1947 年第 14 期

红十字会是什么？做什么？中国红十字会上海市分会告上海市各界书

亲爱的各界同胞们：

红十字会是一个民间的志愿团体，世界先进国家都有这样一个组织；在这组织里，由人民自动地“出钱出力”，来解决民生疾苦和谋取公共的以及全人类的福利，以“服务社会，博爱人群”作一切事业的出发点。

中国红十字会已有了四十三年的光荣历史；在八年的抗战过程中，更充分地发扬了“博爱恤兵，救死扶伤”的红十字牺牲服务精神；所有的工作人员更“艰苦卓绝，出生入死”地以实际工作换取了国际间无上的同情和有力的援助，担当了“伤兵之母，难民之家”的神圣使命，也可以说是促成抗战胜利的一大因素，这样伟大的成就，应归诸于大众；因红十字会是人民的组织“人人有帮助红十字会的义务”，同时“红十字会也有帮助人人的义务”。

一般人以为红十字会只不过是一个慈善机关，或则是专门救护伤兵，难民贫病的医院;其实这不过是红十字会的一部分的任务。红十字会的基本任务,因为是国际性的,社会的,博爱的,和平的,所以他的工作目标是“天下一家”。红十字会服务的对象是不分种族,不分国家,不论贫富,不论强弱,视整个世界为一个社会的整体,用种种方法,消极方面是去除一切病态,积极方面是谋取集体的安全与繁荣。因此,红十字会的业务是跟着时代进化的需要而发展,发展到人群的生活有着一日不可分离的密切关系。

红十字会是一个服务的团体,并且以启示“人”帮助“人”为目的。红十字会是针对“需要”而服务的。他到处举办有益社会的事业,例如在战时他举办恤兵,抚揖流亡;社会遭遇苦难的时候,他举办救济工作;劳工需要帮助,他就帮助劳工;学生需要帮助,他就帮助学生;职业青年们需要技能和正当的娱乐、社交的辅导、健康的运动、智识的学习,他于是便又设计各种程序,以适合群众需要。

就以上海来讲,红十字会要举办的事业太多了,例如: 要添设几个设备完善的医院和诊所,在各医院多多添设免费病床,设置青年及儿童的假日营、大量的营养供应站和社会服务站、老弱救济院、学校、广泛的保健、防疫、防痨运动,学术与科学的研究工作,普遍而健全的康乐活动网以及国内外的救济援助,国际间的联谊,这都是最迫切的理想中的服务工作。要实现这些理想,只有依赖全上海的市民,人人来帮助红十字会,然后红十字会才能去举办这些帮助人人的工作。天下事不能一蹴而成,我们愿与全上海的市民,共同以经年累月的协力,来谋取这共同的福利的实现!

本分会在战前原有相当成绩,如参加“一·二八”、“八一三”救护工作,和平时的救荒、救灾、医疗等工作;但会所毁于战时,以后本市沦陷与总会失去联络,工作停顿。胜利复员以来,积极推进业务,经一年多的经营,已粗具规模;不过与欧美先进国家各大都市的红十字会事业相比较,相差尚很远,可是上海是一个国际性的大都会,要想增进上海市在国际上的地位,发展红十字会上海市分会的业务,尤属重要。同时,“建国必先建设市政”,建设市政必先促进社会事业已为现代都市市民应有的信念! 因此,本分会对于三十五年度征求会员及募集经费运动,抱着莫大的期望。世界各国人民都以参加红十字会为无上光荣,我们希望每位市民绝不放弃参加红十字会会员的义务,同时还要请你尽量介绍你的亲友子弟参加,使红十字会的会员愈多,事业的成就愈大,我们要群策群力地高举起红十字的标帜,为建设美丽康乐的大上海努力,为建设富强康乐的中国与和平,博爱的人类的幸福而迈进!

原载《红十字月刊》1947 年第 17 期

二、专　　题

中国红十字会上海市分会首次理事会议议程

1. 公推临时主席
2. 行礼如仪
3. 主席报告——唐承宗
4. 总会代表报告——王晓籁
5. 臧前会长报告——廉逊
6. 社会部特派员训词——陆京士
7. 社会局代表训词
8. 推选常务理事
9. 讨论事项

(1) 定期办理移交呈报总会本市当局及分行有关机关;

(2) 确定会址,开始工作——定新闸路八五六号;

(3) 如何筹备开办经费——交常务理事会;

(4) 筹备举行征募大会——同(3);

(5) 按照总会颁发工作大纲择要推行业务。

中国红十字会上海市分会聘定理事名单

臧廉逊　南门内乔家浜勤慎坊七号

张杏荪　康脑脱路八八弄(涵养邨)十二号　电话三〇九七六号

夏理彬　华龙路永业大楼三十号内三楼五六号

赵曾珏　公用局

姚鑫之　林森中路四九七号内三号室益群事务委托所

电话八二五六二号

黄炳权　复兴中路五〇二号华商电气公司

电话八三七〇〇号

徐采丞　高恩路华盛顿大厦三六号地方协会

电话七八七〇四号

章荣初　爱麦虞限路七四号荣丰纺织厂

荣尔仁　江西路四二一号申新纱厂

电话一〇三五四号

唐承宗　齐物浦路鱼市场

电话五二三八〇号

金润庠　天后宫桥市商会

电话

俞松筠　三马路卫生局

电话一三〇四〇号

朱恒璧　善后救济分署卫生组

郭兰馨　爱多亚路中汇大楼二一二号通济公司

电话八〇一六〇号

杜维藩　通商银行

殷新甫　江西路二五九号英利企业公司

电话一八〇五四号

水祥云　南京路二三三号二楼二一一号中国劳动协会上海办事处

电话一〇九三三号

复员期间中华民国红十字会分会组织规程

第一条　本规程依据《复员期间中华民国红十字会总会组织规程》第九条之规定订定之。

第二条　复员期间分会办理之事务以征求会员筹募基金为中心工作，其服务事项依总会之规定执行。

第三条　分会以总会为主管机关，并在法令规定范围内受所在地政府之监督。其所在地设有总会办事处等单位者，应与密切联络。

第四条　分会以所在市县之名称定名为中华民国红十字会□□县市分会。

第五条　复员期间分会暂分为甲、乙、丙三级，以征求会员之多寡为标准。其区分如左：

甲级分会：征得会员在三万人以上者；

乙级分会：征得会员在二万人以上、三万人以下者；

丙级分会：征得会员在一千人以上、一万人以下者。

第六条　分会设理事九人至十三人，组织理事会，并由理事中互选常务理事五人为分会最高之权力机构。必要时，理事名额得呈请总会增减之。

第七条　分会设会长一人、副会长二人，由常务理事中互选之，综理一切会务，并于召开理事会及常务理事会时，由会长主席，会长因故不能出席时，由副会长代理之。

前条及本条会长、副会长、常务理事及理事等均呈请总会聘任之。

第八条　分会设总干事一人，承会长之命与常务理事会之决议掌理日常事务。

第九条　分会于总干事下设干事及助理。干事各三至五人，分掌总务、医务、服务、财务各项事宜，视业务之繁简酌情增减之。

前条及本条总干事、干事暨助理、干事均由分会派任，转报总会备案。

第十条　分会视所办业务之性质得设各种委员会负责办理各部门之业务，所需经费悉以筹募自给为原则。

第十一条　分会各项工作及经费收支情形，须按照总会各种规定按月呈报总会核备。

第十二条　本规则依照行政院《复员期间管理中华民国红十字会办法》之规定，至复员业务终了时废止之。

第十三条　本规则自公布之日施行。

中华民国红十字会总会主要人员名单

名誉会长　蒋总裁

名誉副会长　蒋宋美龄　戴季陶　孔祥熙　吴铁城　王正廷　宋子文

会长　蒋梦麟

副会长　杜月笙　刘鸿生

常务理事　蒋梦麟　蒋廷黻　金宝善　马超俊　吴有训　关颂声　徐国懋

理事　杜月笙　刘鸿生　钱大钧　张蔼真　谷正纲　杭立武　王晓籁　徐寄庼　刘瑞恒　王云五

秘　书　长　胡兰生

副 秘 书 长　曾大钧　汤蠡舟

救护总队部总队长　汤蠡舟

上海办事处主任　　印公田

原载上海市档案馆馆藏档案，档号：Q6－9－13－5

中国红十字会上海市分会理事会第一次会议纪录

时间：三十五年三月十一日下午四时

地点：新闸路八五六号红十字总会上海办事处

出席者：

朱恒璧　赵曾珏　殷新甫　金润庠　唐承宗　黄炳权　臧廉逊　夏理彬　姚鑫之　张杏荪　徐采丞　郭兰馨　荣尔仁　俞松筠　杜维藩

列席者：

总会理事王晓籁

社会部京沪特派员陆京士

社会局代表蔡殿荣

总会处长冯子明

总会上海办事处主任印公田

公推唐承宗为临时主席

纪录：金琪

行礼如仪：

报告事项

一、主席致开会辞；

二、王理事长晓籁致词；

三、冯处长子明代表总会致词；

四、前会长臧廉逊报告前上海分会经过；

五、社会部特派员陆京士致词；

六、社会局代表蔡殿荣致词。

选举事项

票选常务理事五人。

徐采丞　　以十四票当选

金润庠　　以十四票当选

章荣初　　以十一票当选

唐承宗　　以十票当选

郭兰馨　　以十票当选

讨论事项

一、定期办理移交呈报总会本市当局及分行有关机关如何办理法讨论案。

议决：交常务理事会定期办理。

二、确定会址，以便开始工作，请公决案。

议决：会址暂设新闸路八五六号总会上海办事处内，由常务理事向该处商洽办理。

三、如何筹备开办经费，请公议案。

议决：由常务理事会筹垫，并拟具预算呈请总会补助。

四、筹备举行征募会员大会，如何进行，请讨论案。

议决：通过，交常务理事会筹划办理。

五、按照总会颁发工作大纲择要推行业务案。

议决：通过，交常务理事会拟具实施办法进行。

散会时间：下午六时。

主席：唐缵之

中国红十字会上海市分会常务理事会第一次会议纪录

日期：三十五年三月十一日下午六时

地点：红十字总会上海办事处

出席者：徐采丞　金润庠　唐承宗　郭兰馨

主席：唐承宗

纪录：金琪

推选会长

公推徐采丞为会长；

公推唐承宗、章荣初为副会长；

推定殷新甫为总干事。

重要决议事项

一、常务理事会暂定每星期三召开一次；

二、函臧前会长廉逊定三月十五日下午四时，在办事处办理分会移交事宜，编拟经费预算向总会呈请补助；

三、工作进行，交总干事办理；

四、征募会员分队进行为原则，暂以二十万人为目标，详细进行计划交总干事拟具候核。

散会：下午七时。

主席：唐缵之

原载上海市档案馆馆藏档案，档号：Q6－9－13－12

征 募 大 会

遵照总会所颁《复员时期分会工作纲要》，于三十五年五月十日起，举行征募大会，分别聘请总队长、副总队长暨各界领袖六百五十人，分任征募队长，推行征求会员及筹募基金二项运动。当于总结束时，征得会员六万一千二百七十四人，业已连同会员名册，呈报总会备案。其后加入者，七千一百七十六人。故现有会员，共计六万八千四百五十人。（附表一）

征募大会征得会员统计表(附表一)

（三十五年十二月底止）

类　别	团　体	名誉	特别	普通	青年	总计
册报人数	11 100 人/单位	825 人	3 406 人	23 387 人	22 556 人	61 274 人
尚未册报人数		1 人	24 人	169 人	6 982 人	7 176 人
共计	11 100 人/单位	826 人	3 430 人	23 556 人	29 538 人	68 450 人
备注	每一单位以普通会员 100 人计					

中国红十字会上海市分会征募大会队长台衔

（民国三十五年度）

名 誉 总 队 长　蒋梦麟

名誉副总队长　杜月笙　刘鸿生

总　队　长　钱大钧

副 总 队 长　王晓籁　徐奇顾

顾　　问　马　迪　孔　雷　依　格　杨啸天　吴绍澍　陈霆锐　陆京士　朱学范

队　　长　丁同力　丁济万　王秀庭　王先青　王善祥　王心康　王　廉　王荣坤　王化南　王应祺　王越之　王佩贞　王紫芝　王槐青　王剑锷　王文奂　王慰曾　王汤凤美　王廉方　王培孙　王韫石　王祖篯　王少鲁　王杏滋　王金荣　王兆槐　方仲鹤　火耀祥　水祥云　白家权　石纯农　石邦藩　史致富　史兴发　中央银行　中国国货银行　中汇银行　中国农工银行　四明银行　甘振中　田淑君　朱春泉　朱若渼　朱恒璧　朱星江　朱安甫　朱祖舜　朱鸿圻　朱荣生　任长福　江长宏　朱学范　朱明道　朱良材　朱素萼　江承伯　任星联　朱宝琴　朱文德　宋梧生　沈采章　邢大治　吴涵远　杜月笙　沈维桢　吴应枫　李　华　李钟灵　沈桂祥　李元善　何梦雷　沈季清　吴之俊　余裕田　沂禹刚　余登秋　杜维藩　李辛阳　汪作人　吴义畊　吴开先　邢志刚　李雍寿　沂筱康　李浩仪　何恒富　吴保丰　汪东澄　吴文耀　沈曾静　李孝时　吕觉非　沈俊三　李培恩　李锦奎　周　璀　周慎修　季　灏　冼冠生　周洪元　周增霖　金彬章　周锡庆　金楚相　金润庠　周启咸　周本芳　邱金贵　周才耿　季国华　封雅瑛　凌桂根　姚义璋　俞根祥　凌宪扬　施汝雄　俞云九　俞自强　姜钟麟　姚文辉　胡怀天　姚鑫之　俞谒裕　姚联芳　俞正仪　祝铨寿　姚季琅　姜玉高　俞复明　俞珊玖　徐采丞　茹慎修　夏理彬　秦德明　殷新甫　唐端锡　唐靠山　徐炳福　洪念祖　高鹤龄　陈韶型　陈惠泉　张渊扬　张信昌　张国良　陆锡章　连铭忠　许观光　陈敏书　陈光麟　陈信康　张伟民　张嘉寿　张德鋆　张金保　张良宝　陆传芝　章友之　陈菊存　陶云山　纪莲生　徐子华　彭弼亚　翁善和　徐世钧　徐梦华　殷德兴　徐诵明　徐宝林　荀文波　徐婉珊　孙镜湖　浦心雅

唐天恩　夏其振　洪梅全　孙雨亭　洪佐尧　孙　远　韦琼莹
唐志良　唐世昌　奚生源　秦瑞庭　徐文照　唐承宗　浙江兴业银行
陈麟生　张继光　郭伯鸿　张文龙　陶星三　陈韫茜　陈廷骧
陈石泉　张珍候　曹静渊　陈其德　陈干臣　陈科美　郭琦元
张增泰　徐瑞珪　张杏荪　郭兰馨　张伯达　陈三莲　庄菘敬
陆君越　梅颂先　张浩如　陈贵生　曾季肃　崔坚吾　张元琦
侯寄远　张元贤　曹明权　陈九如　陈永年　陆荫初　侯隽人
陈吉卿　许晓初　章荣初　张寿松　陈湘泉　章鹏若　陈邦典
陈泮君　张莲夫　张松龄　陆京士　许士骐　程照邻　邮政汇业局
张锡麟　章子衡　叶翔皋　杨允中　杨焕南　杨大器　杨允吉
杨秉范　杨金坤　黄庆烂　杨叔艺　贾观仁　黄炳权　黄燕堂
杨永朱　叶世昌　傅其霖　杨师曾　叶守庭　傅敦厚　黄岳渊
冯见星　叶溯中　叶铭功　叶钧年　斯振根　黄伯禹　黄仁霖
杨锡珍　过福麟　葛承训　虞承芝　邬福仁　葛树明　詹连生
葛维菴　勤　德　赵文祥　赵承俊　赵苐因　荣泉仁　赵曾珏
赵维南　蔡昕涛　赵显吉　蔡　琦　潘士浩　郑光颖　邓着先
楼子桥　刘伯珩　刘屏孙　刘宝忠　潘文珍　郑方正　刘福根
刘光建　郑士龙　鲁继曾　郑耀南　蒋竹庄　潘介眉　卢文显
钱金发　薛伟英　龙沛云　钟可托　薛　正　臧绩人　臧廉逊
魏敦义　瞿同庆　萧勉哉　戴云龙　戴粹伦　戴畊莘　萧哲明
萧尔骏　瞿振华　罗树森　罗北辰　罗　正　罗择勤　庞任公
苏顽夫　顾天兴　顾兆文　顾荫千　铁　明　顾竹平　庞京周
顾　建　龚　夏　吕永昌

征得会员最多之前十队队长

台衔	朱文德	徐采丞	章荣初	朱良材	王兆槐	夏理彬	章鹏若	罗树森	陆荫初	吕觉非
人数	8 163	3 918	2 488	2 312	1 875	1 097	1 017	866	837	812

征得会费及捐款最多之前十队队长

台衔	徐采丞	朱文德	王先青	朱良材	章荣初	洪念祖	朱恒壁	夏理彬	王祖锼	王秀庭
金额	5 325 500	3 393 900	2 000 000	1 705 500	1 682 500	1 507 500	1 081 000	995 700	794 100	764 100

原载《中华民国红十字会上海市分会三十五年度工作特辑》

本会理事题名

名誉会长　颜惠庆
名誉副会长　何德奎　庞京周　吴开先　骆清华
会　　长　徐采丞
副 会 长　章荣初　唐承宗
常务理事　金润庠　郭兰馨
理　　事　赵曾珏　俞松筠　朱恒璧　黄炳权　姚鑫之　臧廉逊
张杏荪　夏理彬　荣尔仁　杜维藩　水祥云　殷新甫

本会干事题名

总 干 事　殷新甫
总务组长　汪涵万
业务组长　欧阳鸿钧
干　　事　蒋觉成　林鹤生　邵铭彝　丁纪纲　钱元华　闻智鹤
陆隐鸿
助理干事　张洁圣　邹震麟　沈景贤　邵瑞英

原载《中华民国红十字会上海市分会三十五年度工作特辑》

赠送糖果

此项糖果系美国红十字会馈赠，计一百四十箱，共三〇二四〇袋，嘱为转送本会青年会员者。每一青年会员，凭会员证受赠一袋。事前经由报纸披露新闻，及函请各征募队长各校校长，转知青年会员，来会领赠，并制受赠签名册一本，由受赠者亲自签名册上。该项糖果纸一部份，则分赠孤儿院，救济院，灾童，难胞等。(附表二)

糖果分发表(附表二)

赠 发 团 体	数 量	赠 发 团 体	数 量
土山湾孤儿院	275 包	上海贫儿院	132 包
圣母院拯亡会	478 包	上海儿童保育院	168 包
慈联养济院	296 包	圣铁昌孤儿院	166 包
中国救济妇孺总会	90 包	上海慈幼教养院	217 包
圣俄里格孤儿院	74 包	善牧会救济院	90 包
中国妇孺总会留养院	112 包	以马内利孤儿院	180 包
公谊怀幼院	20 包	济良所爱育堂	337 包
圣若瑟孤儿院	137 包	上海济良所	90 包
上海孤儿院	62 包	盲童学校	123 包
上海福幼院	245 包	圣若瑟贫民所	52 包
上海慈善团养济院	98 包	伯特利孤儿院	197 包
上海贫儿工艺院	82 包	平江儿童教养院附设义务小学	62 包
中华基督教抚育工儿院义务小学暨孤儿院	643 包	第五区区立国民第一夜校	400 包
上海福哑学校	84 包	本会青年会员	25 105 包
中华基督教主日校第 36 校	79 包		
闵行广慈苦儿院	50 包		
葡萄牙普善会	96 包	合　计	30 240 包

原载《中华民国红十字会上海市分会三十五年度工作特辑》

诊　疗　所

本会诊疗所自上年四月二十二日起开办，依照规定，专应门诊，只收挂号费初诊一百元，覆诊五十元，急诊贰百元，医药完全免费。嗣因物价日高，经呈报总会，于九月起改订挂号费为初诊贰百元，覆诊一百元，急诊一千元。开诊以来，业务日臻繁忙，原有诊疗、配药、候诊各室，均感不敷应用。除经常费及药品均承总会拨助外，复经呈准核拨扩充费用，添辟医室二大间。各科就诊人数，日有增加，统计至三十五年年底止，达四万二千五百八十七人。(附表三)(请参阅特写)

中国红十字会上海市分会诊疗所各科医疗人数统计表(附表三)

(三十五年四月至三十五年十二月止)

月份	诊别	内科	外科	眼耳鼻喉牙科	手术人数	检验人数	各科总数	防疫			体格检查
								牛痘接种	伤寒预防	霍乱预防	
四月份廿二日至卅日	初诊	112	116	371	2		601				
	覆诊										
	小计	112	116	371	2		601	30			1
五月份	初诊	433	418	110	17	6	984				
	覆诊	429	1 006	257			1 692				
	小计	862	1 424	367	17	6	2 676	84	58	235	
六月份	初诊	528	606	145	33	4	1 316				
	覆诊	495	1 510	322			2 327				
	小计	1 023	2 116	467	33	4	3 643	18	204	30 744	
七月份	初诊	718	718	215	54	20	1 724				
	覆诊	770	2 153	490			3 413				
	小计	1 488	2 870	705	54	20	5 137	4		23 930	
八月份	初诊	824	1 182	226	167	159	2 558				
	覆诊	955	3 224	510			4 689				
	小计	1 779	4 406	736	167	159	7 247			2 216	13
九月份	初诊	572	1 026	899	255	149	2 901				
	覆诊	393	2 171	317			2 881				
	小计	965	3 197	1 216	255	149	5 782			785	9
十月份	初诊	626	771	1 081	162	181	2 821				
	覆诊	603	2 586	1 187			4 376				
	小计	1 229	3 357	2 268	162	181	7 197	49	35	102	125
十一月份	初诊	443	491	732	102	193	1 961				
	覆诊	522	2 204	922			3 648				
	小计	965	2 695	1 654	102	193	1 961	94	13		100

续　表

月份	科别/诊别	内科	外科	眼耳鼻喉牙科	手术人数	检验人数	各科总数	防疫			体格检查
								牛痘接种	伤寒预防	霍乱预防	
十二月份	初诊	475	441	662	65	190	1 832				
	覆诊	485	1 467	910			2 862				
	小计	960	1 908	1 572	65	190	4 695	67	27		4
总计		9 383	22 089	9 356	857	902	42 587	346	337	57 512	252

原载《中华民国红十字会上海市分会三十五年度工作特辑》

访问了红十字会上海市分会的诊疗所

于一个偶然的机会下，存着漫然无调的心情，因拜访朋友，而得访问了新闸路中国红十字会上海市分会的医疗服务部分的诊疗所。

首先参观那所建筑，在新闸路卡德路口的偏西几步，一所巍峨而略带老式的三层洋房，“八一三”那年这里是中国红十字会总会会址，担负过“八一三”上海战役整个战场的救护事业，三个月之内救护而且医治了近五百名为国负伤的官兵，因此获得朝野中外最高名誉，也奠定了中国红十字会今日的事业基础。总会于复员期中随着首都所在迁到南京，这所建筑暂时支配给上海市分会作为会址。诊疗所是根据三十五年度总会工作计划所指示而设立的。为便利就诊人士起见，特分配这所建筑的底层之一大部分房舍为诊所只用。进门便是挂号处，求诊者正拥挤着，可是秩序很井然。越过短短的天井，那里有一长条的走廊和正厅一大间，排列十数只长条靠椅，满坐着候诊男女，除少数因病痛呻吟者外，大都静候无声。候诊室之内，并列油漆纯白板壁之房二室，整个集精会神为病人诊察，白衣小姐则和言温语为候诊病人解说。右侧有宽大房间一间，沙门之内，隐见健壮的外科医师正为一个解开衣服的病人在触摸诊察，三五个白衣小姐则各临一个露腿或臂的病人敷药裹创，外科诊察室的前侧一小间，一个医师带着额镜对准病人的口内详看。

跨过天井，左侧尽处，窗前挂着一面小牌，上写药房二字，二三男女，静立等候窗内白衣人员的给予，药房右侧一门，左右各悬一牌，分写 X 光室，检验室，门之再右侧，小木牌上，分明写着手术室，此为医院的禁地，笔者不禁遐想几许患症人们，在此一室中，挣扎生死于俄顷之间，医师的技术，何等伟大啊！

由挂号处的左侧缓步登楼，前排一列四间为办公室，后进楼房大厅为会员交谊室，许多青年孩子会员正分二处玩着台球，另一部分则在阅读书报，满室充满了生的活跃。走上三层楼，排列的四间房子，据说是工作人员宿舍，从玻[璃]窗隐隐看进去，知道里面是团体生活的居处，追忆起往年大学里宿舍的生活，未免神往！

匆匆已是午后五时了，听到这里的下班铃声，由朋友的介绍，认识了这里一位医师，他刚下班走上楼来，我们很普通的寒暄一下，就开始我们的谈话。

医师中年，很健壮的，一口不大顺耳的普通话，他告诉了他是十年工作于红十字会的救护事业了，他明白他在今日社会里的责任，他不肯贪图个人舒服而去赚钱，所以不开业，他还是“八一三”那时参加红会的，九年奔波于战场，危险，艰苦，都身历过。这个诊所的全部同时，都是老干红十字会工作的，战时都穿过士兵一样的制服，都吃过极其粗砺的军米，都能背着背包登山涉水走路。而今来到上海工作，吃白菜，用电灯，虽然不能天天吃荤菜，但是各人都增加体重，生活安定是最大的原因，知足是快乐的要素。

这里是去年四月开办的，本年十二月底以前是中国红十字会总会发给全部经费的，所有药品也是由总会供应的，所以除挂号酌收一百元外，余皆免费，但因经费不足，现已酌增挂号费为三百元，赤贫者仍可免费挂号，药品仍旧一律免费，这也是万不得已的办法，但较其他公立医院，还是便宜得多。

这里是分内、外、妇产三科，有相当完备的检验设备，X光除透视诊察外，并将备置摄影装置，所用药品，因系总会供给，故相当完备。九年抗战期中红十字会的医药优良，在内地的民众与军队官兵中，确是极负盛誉的。关于产科一项，正计划着确实施行产前检查，登门接生，产后访视的办法，以减轻产家的负担，与保障产妇及产儿的安全，听说南京红十字会分会诊疗所，这一层早已行之而且极有声誉了。

就诊的病人，每日至少有三百多人，最多达五百人，病家的分布，已渐渐由新闸路附近，伸展到扬[杨]树浦、北四川路与真茹[如]、南市等地了，就慢性病的复诊例而言，从四月份，迄今九月，患者每诊必来，可谓风雨无阻，他们花了往返近万元的车费，以生命前途，竭诚地寄赖于这些热忱的医护人员，彼此之间，都已有了无上的感情，这应是红会医护人员的安慰点，也是骄矜处，但更应竿头日上，以求更多人士的信赖，本年四月起至同年十二月底止，分列两表以见其工作成绩：

（一）治疗门

诊别 科别	初诊	复诊	手术	检验
内科	4 681	9 009		
外科	5 001	21 249		
产妇科	230	217		
合计	13 920 例	26 467 例	157 例	862 例

（二）保健预防门

牛痘接种	霍乱浆苗注射	伤寒浆苗注射	霍乱伤寒混合注射	体格检验	合计
340 人	56 645 人	363 人	48 人	225 人	57 721 人

表列的数字，是根据他们的工作旬报表所结计的，八个月不足的时间，有了这些成绩，即一万三千余人接受他的治疗，五万七千余人接受他们的保健，他们和病家彼此之间，没有商业的意味，也没有政治联络的色彩，更没有施惠者的矜骄与受惠者的怯懦，他们只认定这是合理的服务工作，病家则认为这是应享的社会给予，所以彼此都觉着这是天公地道的供求，只是可惜为了财力的限制，他们不能设备病房，以供给重病者必需的留治。

我们的谈锋，兴趣地转到了他们是否有更好的计划：

他谦虚地自认只是医务人员，他认为他们必需秉承红十字会全盘业务计划，以跟着推进。红十字会的合理业务，是积极的提高社会生活水准，消泯人类的相互残害，而不仅是消极的救济或救护，更不是因名利之故而与人们争功利。所以抗战期间，大部分的实力着重于辅助军医不足，编组了差近二百个流动医疗单位，分布于东西南北各战场。一小半实力则致力于卫生器材之储备与制造，卫生人员之训练与协助军队卫生机构的改进。及抗战晚期，更分移一部分实力以辅助地方卫生行政业务。桂黔撤退期间，黔川沿途千余里的难民的医药救济，红会几全部担当。迄乎抗战结束，红会储备器材尚余数百吨，大部分尽皆移赠，卫生人员亦大部分别转移其他卫生机构。红会此后业务，乃着眼于社会福利的增进，和基层组织的健全。为了这个广泛工作目标的开展，所以普遍的征求会员，确定社会服务纲要，医药服务不过为其中之一项，为配合其他社会服务工作起见，将尽可能先为会员担负保健责任。团体会员的卫生保健,他们尽先实施,本市数家工厂及学校的医疗工作,已是义务的在担任了,会员个人的医疗及保健顾问,已极力的在推行了。

社会的不安,政局的动荡,良善的人民,无辜的在遭受磨折,这里尚留着一个清澄的角落,崇高的精神的一环。我兴奋地辞了出来,万家灯火,象征着红十字会的精神是光明灿烂的。

原载《中华民国红十字会上海市分会三十五年度工作特辑》

委办诊疗所

接受学校工厂委托,派定医师护士,专任办理指定医务事宜。现已开办者,有统益纱厂委办诊疗所一所,自八月份起至十二月底止,就诊人数为一万另九百四十一人。(附表四)大厦大学委办校医室一所。其他尚有励志社上海分社第九招待所及扬子木材厂等特约医务暨中正中学委办保健工作等项。

统益纱厂委托中国红十字会上海市分会驻厂诊疗所半年工作报告表(附表四)

(三十五年八月至三十五年十二月止)

月份	诊别 \ 科别	内科人数	外科人数	眼耳喉鼻科人数	其他各科人数	各科总计人数	急诊人数	施行小手术人数	防疫	
									种痘人数	白喉预防针
八月	初诊	99	431	88	18	636	48	39		
	覆诊	346	1 515	464	64	2 389				
	小计	445	1 946	552	82	3 025	38	39		
九月	初诊	36	52	23	4	115	29	19		
	覆诊	356	1 013	511	57	1 937				
	小计	392	1 065	534	61	2 052	29	19		
十月	初诊	70	136	41	11	258	50	43		
	覆诊	444	1 515	563	59	2 581				
	小计	514	1 651	604	70	2 839	50	43		
十一月	初诊	8	13	16	3	40	29	4	70	
	覆诊	260	761	637	70	1 728				
	小计	268	774	653	73	1 768	29	4	70	

续 表

月份	诊别＼科别	内科人数	外科人数	眼耳喉鼻科人数	其他各科人数	各科总计人数	急诊人数	施行小手术人数	防疫	
									种痘人数	白喉预防针
十二月	初诊	7	11	6	2	26	23	3	61	143
	覆诊	241	448	525	17	1 231				
	小计	248	459	531	19	1 257	23	3	61	143
总计	初诊	220	643	174	38	1 075	179	108	131	143
	覆诊	1 647	5 252	2 700	267	9 866				
	小计	1 867	5 895	2 874	305	10 941	179	108	131	143

原载《中华民国红十字会上海市分会三十五年度工作特辑》

上海市分会诊疗所业务概况：本会医药服务概况报告第六篇

上海市分会诊疗所，设在新闸路卡德路西，一座旧式的洋房里。这建筑物系从前总会旧址，在“八一三”那年上海战役，他作为整个红十字会救护事业的总枢纽，战事西移，上海沦于敌手，这发源地也随之渐渐模糊了。胜利复员，总会就这个足以纪念的旧址，设了上海市分会诊疗所，为沪地平民服务，于三十五年四月二十二日正式开诊。人员均系抗战时医疗队同仁，故限于编制及经费，只足设内科、外科、药局三部门，开诊月余，就诊日多，始扩大编制，相继添聘医师、护士、主任、检查员、X光员及助产士，复于旧诊室对面另行修理四间房屋，作为诊察室及候诊室，将原有的诊察室改为检验室，X光室等，于是动的部份与静的部份分开。同年八月间检验科草草成立，本年一月间成立X光科，最近七月一日复开诊妇产科，因之略具诊所模形。

事实的表现，给我们以扩大的宣传。开诊以来，每日自二十余人增至四百人左右。病家的分布亦渐由新闸路附近，伸展到杨树浦、北四川路、江湾闸北、真如、南北等地。就慢性病例的复诊而言，大多数是每诊必来，风雨无阻，有的他们化了往返万余元的车资，有的抛弃了他们所信仰的名医，而求诊于贫富不分的诊所。他们绝不是在贪求此地号金的低廉，或者是药品的免费，而是医师和护士们真能有红十字会服务的精神，给痛苦的他们和她们以精神的安慰，同时把病痛治好的关系。

工作人员初只医师二人，护士四人，助理员二人，渐增至医师四人，护士主任一人,护士四人,助产士一人,助理员二人,检验员X光员各一人。事务方面,则事务员一人,会计员一人,社会服务二人。今年的夏天,附近助产士学校学生在暑假中自动来所实习,分派在检验科、产科、外科及保健防疫等科实习,她们都是早来晚归不求待遇义务服务,精神极可钦佩。

本所诊病时间,分上下午应诊,上午自八时半起至十二时,下午自二时至五时。每日上午七时半即有就诊者拥挤挂号处静候挂号,有的远道就诊者及抵所,已在十二时后,则自愿静候下午二时开诊,虽人数众多,可是秩序尚不纷乱。

以限于篇幅,兹将三十五年四月至三十六年七月三十一日止,按科分述统计如次:

(一) 内科

本科附有小儿科,由医师二人护士一人负责,就诊者每日初仅十数人,现已增至五百余人。病例以呼吸系消化系病最多,其他各系疾病次之,如法定传染病因上海卫生局规定,须送隔离医院,故只有轻症、赤痢及疟疾等有覆诊,小儿科病以消化不良为多,列表如次:

自开诊至三十五年十二月三十一日止　　第一表

初诊人数	4 579 人
复诊人数	4 889 人

自三十六年元月至七月三十一日　　第二表

初诊总数	6 212 人
复诊总数	7 524 人

自开诊至本年七月三十一日　　第三表

初诊总数	10 791 人
复诊总数	12 413 人

(二) 外科

本科附有五官科及皮花科,由医师一人、护士二人、助理员一人负责,诊室内附有门诊小手术室,此外尚设有无菌手术室一所,以备一般诊所中可行手术者用之。开诊初仅二十余人,现增至近三百之多,病例以外伤肿疡为首,花柳以梅毒为最,五官科沙眼在百分之五十以上。施行手术,初定一三五举行,后求诊日多以适应手术者亦增,故每日下午举行,如遇必要时随施行。手术种类以切开排脓、缝合、包皮切除等,眼科手术则沙眼、内外翻、异状嚌片等为多,兹列表如次:

自开诊至三十五年十二月三十一日止　　第一表

初诊总数	8 819 人
复诊总数	21 655 人

自三十六年元月至七月三十一日　　第二表

初诊总数	8 477 人
复诊总数	23 533 人

自开诊至三十六年七月三十一日　　第三表

初诊总数	17 296 人
复诊总数	45 188 人

(三) 妇产科

本科由医师一人、助产士一人负责,因种种关系,于本年七月始行应诊,计分产前检查、接生、家庭访视,同时与平民医院取得联络,如遇难产由本所代为办理手续直接送入该院。开办伊始,同时因本所附近有同德、大德、太和三助产学校,均有门诊部,故就诊人数较少,工作尚未展开,仅就七月份工作数字,列表于后:

自三十六年七月一日至三十一日

病　名		初诊数	复诊数
产科	产前检查	21	12
	接生	3	
	产后访视	4	1
妇科	月经病	14	21
	子宫病	7	23
	其他	7	8
小　计		56	65

(四) 检验室

本室成立于三十五年八月间,初仅施行血球、大小便等检查,经月余努力,增验康氏反应，因本室收价低廉，附近公私私立诊所多向本所接洽送检，但为人力所限，未能接受。

本表自三十五年八月起至三十六年七月三十一日止[下文缺失]。

原载《红十字月刊》1947 年第 20 期

流动服务站

本会为使接近群众及服务市郊居民起见，商得鱼市场之协助，借来新式大卡车一辆，装置广播器，组设流动服务站，于六月十九日起，分赴徐家汇、曹家渡、梵皇渡、闸北、南市、虹口等处，举办流动服务。由医务股派定医师看护，每到一处即举行街头免费注射防疫针，指导环境卫生，答覆医药询问，同时由服务股派员广播防疫之重要性，霍乱之危险性，劝告注射防疫，慎重注意饮食，并演讲本会使命，征求参加入会，深得各处居民欢迎。(请参阅特写)

原载《中华民国红十字会上海市分会三十五年度工作特辑》

记流动服务站
——怎样服务了一天

为了要使每个社会角落里都能有人知道一点红十字会的使命，为了要使每一个社会角落里都能有人得到一点红十字会的赞助，于是中国红十字会上海市分会，就在这“知道一点”和“得到一点”的原则下，举办了一个流动服务站。

流动服务站设立在一辆大卡车上，用红十字的大标识和布标语，替卡车穿上了一件美丽的外衣。在车顶前后装置二个大型传声筒，由车中一辆交流电的播音机上，传出了流动服务站所要说的话。

流动服务站由服务股和医务股双方派员组立。服务股担任的工作是：唤起市民注意预防霍乱，请打预防针，和宣扬红十字会的使命。医务股担任的工作是：替市民免费注射预防针，指导环境卫生和答覆医药谘询。

这正是热浪袭击得每个人连气都透不过来的天气，同时也是霍乱威胁得每个人的生命都有朝不保暮的紧急时期，流动服务站就在每天的早晨，像救火车一样的出动到每一个霍乱发生得最利[厉]害的地方，去尽力扑灭它的蔓延。曹家渡、徐家汇、南市、闸北、虹口，霍乱都很猖獗；尤其是曹家渡，工厂林立，人口密集，小河浜成了霍乱菌的大本营。今天在浜北发现了一个霍乱病患者，明天就一家挨一家的蔓延起来，不到几天，浜南的住户也遭到了同样的命运。那一带的居民够恐慌了，所以一瞧见悬着红十字旗帜的车子，就大家欢呼起来，这情景使人回想到红十字旗帜在战地上出现的时候，而于此也联想到红十字工作不论在战时或平时都是一样的重要。

车子一停，大家都围了拢来，医生护士就准备起打针的器械，服务员就开始在播音器里报告说：

"诸位：这辆车子是中国红十字会上海市分会的服务车，现在上海的霍乱，已经闹得很利[厉]害，染传的人一天一天在多起来，传染到这个毛病的人，利[厉]害一点的就可在二十四小时以内死掉，并且又呕又吐，非常的痛苦。传染的速度又非常的快，所以只有事先想法预防，预防的方法，就只有打防疫针，不要吃生冷的东西。

本市的各个卫生机关，为了霍乱的形势已经这样严重，所以都在想法怎样来扑灭这个时疫。并且已经规定买火车票轮船票，那要凭了防疫的注射证才能买到，不久还要在路上检查防疫证。我们红十字会是以服务社会为目的的机关，因此就设立这个流动服务站，便利各处的市民，可以就近打到防疫针，我们并不强迫，并不要费用，凡是知道霍乱的利[厉]害，而愿意打防疫针的市民，请就来打吧！"播音器的声浪放送得很远，市民愈聚愈多，服务员请他们排成了二个行列，挨着次序替他们注射。

接着，播音器里，又在报告了，第一遍是用国语说的，第二遍再用上海话讲，他说：

"中国红十字会上海市分会，现在正在举办征求会员大会，因为中国红十字会上海市分会是上海市市民的红十字会，所以希望全上海的市民，都去参加做一个会员。

红十字会工作的目的是"服务社会，博爱人群"，红十字会是"伤兵之母，难民之友"。红十字会是"贫病的救星，健康的导师"。"免去人群生活的匮乏，奠定社会秩序的安全"，是今后红十字会的重大使命。"丰富人的生命，涵煦人的精神，启迪人的智慧，泯除人的痛苦"，是今后红十字会的重要工作。

要使世界各国对中国国民服务社会的精神得到一个新的认识，必先奠定中国红十字会的基础，要想增进上海市市民在国际上的地位，必先发展红十字会上海市分会的事业。

加入红十字会做一个会员，一方面是享受会员的权利，一方面是尽了我们的义务。红十字会的会员越多,服务社会的力量就越大,蒙受到利益的人也就越广。

红十字会是国际性的社会团体,是万国公认的人民自动组织的团体,发扬人类互助精神的最崇高的团体。

要得到医药顾问,要保障身体健康,要享受团体生活,要希望服务社会,请加入红十字会,中国红十字会上海分会的会址在新闸路卡德路口,电话是三四三六六,各界如要加入做会员,请打电话接洽。

各区区公所也同红十字会代收会员,各位可以到区公所讨取志愿书人会。

现在各位假使愿意入会,就可以来填写志愿书,我们马上可以发给会证。

于是有好多人走到车旁陈设着笔砚的写字桌前,填写入会的志愿书。

播音器里不断的报告着上面所记的二节说话,伸着臂膀需要注射的市民自朝至暮总是保持着长长的两行,申请入会的朋友们你来我往的连绵不绝,可是太阳说要休息了,他把炎酷的热力,渐渐从地面上收敛了去,火红的光辉,也慢慢的隐藏到地平线下面,报告员开始在播音器里向群众道晚安,而群众则一致请求着明天再见,当然,在这样迫切需要的状况下,我们明天的工作,还是要在这一个区域里继续服务了!

原载《中华民国红十字会上海市分会三十五年度工作特辑》

上海市分会新猷:上海市民[营广]播电台商业同业公会协助上海市分会合办流动诊疗车

一、缘起

中国红十字会上海市分会复员以来,每年要举行一次征募大会,一方面是征求会员,一方面是筹集事工经费。本年度的征募大会,业已开始,本年度的工作计划,也已次第实施。上海市民营广播电台商业同业公会,基于"红十字会有帮助人人的义务,人人有帮助红十字会的义务"的信条,同时又为了要想解除贫病同胞经济方面的痛苦和交通方面的负担起见,就决定与中国红十字会上海市分会联合起来,发动一种流动诊疗车的医药救济事业,作为三十六年度服务社会工作之一。这一种工作的举办,自需相当经费,所以红十字会在三十六年度征募大会之下,设立一个空中劝募委员会,来负担劝募这一项工作经费的任务。

我们知道,一般贫民的患病,往往因了经济困难,以致轻病变成重病,不但耽误了他的生命,并且扩大了它的传染,使社会安全和民族健康,都受其害。中国红十字会对于救济贫病，素极注重，新闸路上海市分会的诊疗所，只收二千元挂号费，医药费完全免收，但路途较远的贫病，每次去诊病还得花上一二万元的车费，因不胜负担车费而耽误毛病的人，还有不知多少，所以要进一步的救济贫病，要更有效的减少贫病的困苦，在目前就只有举办流动诊疗车。

人世间最痛苦的人，要算是贫病交迫的人了！不但使他失掉了生产的能力，同是[时]还迫使他消耗了所有的财力；"愈穷愈病，愈病愈穷"，把一个在贫困和疾病的双重压迫下，毁灭了他的生机。……所以我们广播界同人，对于为了救济贫病而发动举办的流动诊疗车，我们愿出全力以赴，我们要祈求大众的同情，集合大众的力量，来救济大众——贫病交迫着的大众，服务社会——传染威胁着的社会。

广播界过去为各慈善机关服务，在空中劝募捐款，先后不下数百次：赖各界的信任和慷慨输将，对于救济事业颇多成就。这次为了举办流动诊疗车而在空中劝募经费；我们觉得其意义的重要，有下列几点：(一) 多捐一些钱，就多一辆诊疗车，就省了贫病者多少医药费和车费，多救许多因了耽误而轻病变成重病的人。(二) 流动诊疗车可以达到快救急救的目的，多一辆诊疗车，就可以减少许多传染病症。(三) 我们要做著举，必得求其快做实做，求其速效实效，流动诊疗车将使捐款诸君有目共睹，不但所捐之款，可以见到用在什么地方，就是捐欲以后，所得效果，也可以使诸君亲眼目睹。

我们要求大众，集合起来为善最乐的心愿，来实现这件为大众服务的善举，一方面希望各界多多捐款，一方面希望各界多多指教。

捐款奖励：

(一) 个人厂商或同业公会独自捐助汽车一辆者，即以捐助人或厂商名称为该车命名。

(二) 个人捐助一百万元以上者，将姓名刻在车上留念；五百万元以上者除刻姓名于车上外，并赠红十字会总会奖状一张。

(三) 团体捐助一千万元以上者，除刻团体名称于车上外，并赠红十字会总会荣誉奖状一张。

(四) 喜庆寿事礼金移助捐款在五百万元以上给奖与移助人，其办法同前。

二、实施纲要

(一) 诊疗车数量原则上多多益善，全视劝募所得经费而定，最终目标期能布成诊疗车网，自市区以及郊区均有流动诊疗车普遍服务。

(二) 初步计划暂定一辆募集国币五亿元,其用途支配如左:

甲、诊疗车一辆及改装费　二亿元

乙、附属品及医药设备费　一亿元

丙、经常费基金　二亿元

(三) 诊疗车一辆设医师一人助理医师一人护士二人事务挂号员一人司机一人。

(四) 诊疗车内部医药设备力求完备,切合实际效用。

(五) 诊疗车规定路线地点设站分上下午行驶两线,其路线地点视车辆数量逐步增添以避免浪费时间。

(六) 诊疗车之路线地点时间由各民营电台按日报告排为固定节目以期周知。

(七) 诊疗车出发规定地点诊治病人送诊给药完全免费。

(八) 流动诊疗车为中国红十字会上海市分会与上海市民营广播电台商业同业公会合办之社会事业,并由以上两团体合组流动诊疗车事业委员会,其委员会人选由双方负责人为当然委员外,并聘请社会热心人士及巨额捐款人为委员筹措经费及处理医药设备等事宜。

三、空中劝募委员会职员

总　干　事　王完白

副 总 干 事　苏祖国

总务组干事　周廉清　周汝杰　凌曙东　张寿椿　汪涵万　申屠长真

文书组干事　张元贤　殷翼有　陈永庆　王玉坤

会记组干事　沈仲明　黄卓群　丁纪纲

收款组干事　毛礼祚　严洪森　陈锦堂　张得荪

宣传组干事　陈信厚　赵乐事　葛正心　李介夫　史美申　陈起人
费伯春　朱智民　李凤霖

技术组干事　潘武鼎　沈怀白　张大伟　陈梦津

节目组干事　陆锦荣　陈福庆　陈子桢　王丹青　刘实椿　陈懋甫
潘武鼎

原载《红十字月刊》1947 年第 20 期

三个月来的流动诊疗车：上海市民营电台公会与本会上海市分会合办的医药服务事业

流动诊疗车自三十六年十月十日开始服务，到现在恰好是三个月了。我们对于这件工作，虽然是一种新的服务和新的实验，不独是分会的人和全市民营电台的工作通知，就是全市的无线电之友们与社会上的同情者，以及全体平民同胞，都寄予莫大的热忱和爱护，它的诞生成长，是靠大众的努力与支援，所以流动诊疗车今天不但是红十字会的事工，而且是社会的事工了。

一、筹备经过

流动诊疗事业的发起，有着一段小小的故事，在去年六月间，亚美电台的陈子桢先生，有一天到红十字会来，红会的总务组长汪涵万君，陪他参观诊疗所，陈先生便感觉到诊疗所免收医药费只收二千元的号金，对于平民的医疗工作上是极可推崇的，但是有许多远途来求治的人，往往车费比挂号费多了好几倍，当时陈汪两君，便有创办流动诊疗的动机，后来得到了红会冯主任、殷总干事、汪组长，和电台公会的张元贤、苏和国、王完白、王丹青、葛正心、陆锦荣、周汝杰、费伯卿、陈子桢诸理事的支持赞助，遂决定由红会及电台公会两团体合办流动诊疗车，并决定送诊给药，不取分文，作为澈[彻]底的救济贫病的一件事业。

从六月八日，双方不断的接触开会，第一次筹备会议的结果，确定在中正路中华自由电台成立流动诊疗车空中劝募委员会的筹备处，决定九月十五、十六、十七、三天全市十八家民营电台联合播送劝募特别节目，并推定周汝杰汪涵万两君主持筹备工作。

二、空中劝募三天情况

九月十五日是空中劝募的第一天，从清晨起中华自由电台的电波，便发出了动人的呼声，首由王玉坤小姐朗诵空中劝募大会的缘起，上午是一个别开生面的节目，全体民营电台小姐的大会事，开播音界未有的创举，可谓集报告小姐之报告大观，这一个上午劝募成绩，便超过了五百万元，在大阿姐周瑛领导之下，有的用国语，有的用沪语，纷纷说明流动诊疗的意义后，由莎静小姐唱“是真是假”，王玉坤小姐唱“好春宵”，华微小姐唱“天伦歌”，都十分动听。

下午银联设票友弹词，唱得纯熟。

第二天九月十六日空中劝募，在福州路中国文化电台举行，全体民营电台仍全国转播，由红十字小姐林佩燕报告流动诊疗的意义，播送流行歌曲唱片，舒少含先生所邀的歌星如云，参加的有雪影、玲芝、白露、邹莉华、郎音、逸敏、米老鼠等，潘武鼎先生邀到电影明星，韩兰根、殷秀岑、欧阳莎菲、屠光启等均到会担任歌唱及报告，下午平剧开始，陆锦荣、刘宝椿、唐宝琪、凌剑鸣诸先生的报告，苦口婆心，令人感动，加以剧目的精彩，票友的卖力，电话中点唱及捐款，十分踊跃。上海市参议员田淑君、张中原两先生亦莅会播唱平剧，名女票江焦鸿英与小生泰斗俞振飞合作的贩马记，可称双绝，捐款电话亦不绝，总会理事王晓籁、徐寄庼两氏，均莅会作广播演讲，阐述红会使命甚详。

第三天是九月十七日，由亚美麟记电台主播，张芝小姐首以流利国语将节目介绍于听众作为报告小姐二次会串的序曲，到会的陆进云、龙敏芝、张梦琪、黄静、华薇、邵玉华、沙静诸位。

下午银联社业务弹词再度登场，刘丽英小姐的长生殿开篇，哀艳动人，美国红十字会捐赠的救护车一辆，亦于下午四时开到西美电台门口，就是现在我们所使用的流动诊疗车。

无限电广播，确有意想不到的效力，有女画家韩安义女士，听到了收音机里的报告，亲持油画一帧，作为转赠美国红会的纪念品。

本次平剧节目，多系江一秋、陆锦荣二先生所邀排，阵容坚强，尤以今天江一秋大人、女梅兰芳焦鸿英女士的“凤还巢”，唱来珠圆玉润。江一秋氏之尊人为红十字会第一任秘书长，故江氏与红会渊源甚深，昔番贤伉俪为流动诊疗车筹募奔走，备极贤劳，而担任平剧报告的孙兰亭、汪真俊、龚兆熊诸先生亦非常卖力。又妇女互助会会长田淑君先生，亦于平剧节目中，莅会演讲，名伶马连良、剧后言慧珠，连翩莅临，更为大会生色不少。

综合三天特别节目，计募得一亿二千余万元。[在]大会充满和谐兴奋的情调中，圆满结束。

三、开始服务那天

十月十日国庆纪念日的一天，新闸路上海红十字会会所点缀得异常漂亮。诊疗车在事业委员会积极的准备下，从这天起开始服务。下午二时在红会举行剪彩式，到场的有各界来宾、流动车的捐款人、机关首长和两会同人，济济一堂，由江焦鸿英女士担任剪彩后，崭新的流动诊疗车遂即开出，大队的参观车辆跟进，浩浩荡荡直到本市文庙。就在民众教育馆，临时布置成立了一个诊疗室，挂号员、医师、护士敏捷地各在岗位展开工作，恰好卫生局张维局长也赶到，就请利用诊疗车上的播音机，向大众讲话。那天的情绪非常热烈，不论是来宾、工作人员、病家都充满了热情与新的期望，大家对于流动诊疗车，显示出高度的同情。这次应诊的竟有五十多人，事先并没有多大的宣传，可见流动诊疗事业与大众关系的重要，直到夕阳西下，流动诊疗车才完成使命，归还基地。

四、四个站头

流动诊疗车的诊疗站，是依着日程时间排列的，分为沪南、沪西、沪东、沪北四区。南西两处是每星期一三五下午，上午到文厂路民众教育馆的沪南站，那里的游人很多，人口比较密，每次病人都相当多，下午则去愚园路江苏路口念主布道所的沪西站，这是一个奉献给教会布道的地方，是一个小型的教堂，地方虽不大，却很精巧，病人以公馆住宅的佣人及附近的棚户为多，念主布道所，恰好是要道的边缘，往来行人车辆都能见到，东北区是每星期二四六上午去，上午到杨树浦桥的沪东公社沪东站，利用该社的图书室的设备，光线空气，挂号处安置诊疗桌药品等，出入口都很合理想，病人以工人家属为多，闸北设立闸北共和新路三德小学，病人对象是平民大众和苦力，这四个站，以沪东站较远。

五、到乡下去

流动诊疗车，虽然有了四个站给全市人民做免费的医疗工作，并且利用假期，开到乡间，深入农村去服务，给那些毫无近代医药设备的农民去服务。

第一次到的地方是青浦县的陈坊镇——佘山和青浦县城，因为时间限止，只得布种牛痘，施种的约二百多个人，同时又电台界的同志多位随行。

第二次因为接受嘉定红十字会的邀请，到那里去做医疗工作。在嘉定县城，分别去民教馆、云翔小学、西门大街数家应诊，求治人非常多，一面做医疗工作，一面车上还广播医药卫生和宣扬红十字精神。那天因为是星期日，恰好有光华大学学生多人，乘机器脚踏车郊游，途中覆车受伤求治，诊疗车的医生护士，立刻施行急救和包扎，病人也就转危为安，全天应诊病人共计二百多名。

六、在庇寒所

同情一群无告无援的受难者，而予以极需要的医疗救济，犹如一双慈母的手，在抚慰她创伤的儿女一样。——这便是流动诊疗车在庇寒所工作的写照。

上海市冬令救济会是由上海市长吴国桢，暨社会热心人士所组成的，该会在漕河泾设立了第一、第三两个庇寒所收容上海市上的难民，计共男女老幼一千五百多名,其病人和收容人口比较是十与三之比,据医生的报告,患梅毒及肺病的人,占总人数十之七八以上。

流动诊疗车本于救人治人一视同仁的宗旨,所以自十二月二十七日起,自动的参加庇寒所的医疗救济工作,现在已是第八次了。因为参加冬令救济我们特地将固定的沪北站——三德小学的诊疗工作暂停,一俟冬令救济工作完毕后,再行恢复。

七、无线电听众平时捐款情形

每一位无线电的听众,都有他独特爱好的节目和艺人的,从流动诊疗车的空中劝募,和平时的节目报告中看来,这一点非常的明显,譬如严雪亭君的弹词,不待报告流动车的情形,一上场便有人电话点唱,听众深受感动,踊跃输将,日无虚夕,严君个人经募捐款达一亿元,现在刘天韶君继续严雪亭的节目,情形也相仿佛。其他如万仰祖君,本来为华明烟草公司空中书场做广告节目,偶然有人赠以百万金香烟的赠品马连良的戏票二张,万君拟义卖转赠给流动诊疗车,激发了听众的热情,后来戏券抬高到六十万卖掉,并且引起了各听众的捐款,在空中书场里,每星期总有一千至二千万元,也是流动车劝募中的一段佳话。

又如范雪君女士给流动诊疗车劝募时,一张国画,义卖到一千五百万元,这也是无线电听众同情流动诊疗车的证明,总之每位听众无不同情诊疗车。流动诊疗车从开始服务至今天,一天比一天进步,捐款也一天比一天增加,无疑地这辆诊疗车是无线电听众热心社会的共同的表现。

到三十七年一月底为止,个人捐款最高的是一位姓顾的弹词听众,独捐二千五百万元,认定月捐也将近五百万元。流动诊疗车的捐款方式是空中捐募,所以捐款的来源,也全部是上海民营电台的听众。因为流动诊疗车上看病取药,不收任何费用,博得了捐款人最大的信仰,零零碎碎的自动的捐款,每天在各电台的节目中,由报告小姐向着捐款人报告道谢,三个月来简直没有停过。

只要红会总会的药品,可以源源不断的拨助,流动诊疗事业委员会的常务会议中,已决定在春天将要降临的那一个月份里,再添聘一班医护人员,增设四个诊疗站,到那时候,我再报导他们的工作状况。

原载《红十字月刊》1948 年第 25 期

儿童营养服务站

本会为补充贫弱儿童营养起见,特在本会二楼,设立儿童营养服务站一所,登记营养不良儿童四百人，每日上午八时至十时，凭登记证至服务站饮奶一杯。自九月十一日开办迄今，将告四月，每日饮奶儿童平均在三百人以上。并于饮奶期中，举行体格检查。截至年底止，领饮儿童计二万三千〇十一人，发去淡奶五千三百六十八听。三十六年度，尚拟在本市贫民区中，择要设立四个分站。（附表五）

牛奶收付总账(附表五)

（卅五年十二月卅一日）

收　入	付　出	备　注
五月份收牛奶300箱@48听＝14 400听	六月份肺病患者领去（10人2团体） 236听	有医生证明单
	七月份肺病患者领去（65人） 638听	同
	八月份肺病患者领去（160人） 1 566听	同
	九月份肺病患者领去（127人） 1 246听	同
	十月份肺病患者领去（72人） 705听	同
	十一月份肺病患者领去（30人） 300听	同
	十二月份肺病患者领去（54人） 540听	同
	九月份儿童营养站用去（7 510人） 1 762听	有日记账
	十月份儿童营养站用去（8 124人） 1 891听	同
	十一月份儿童营养站用去（3 834人） 875听	同
	十二月份儿童营养站用去（3 543人） 840听	同
	十月份捐赠劳动协会 480听	有收据

续 表

收 入	付 出	备 注
	十一月份捐赠善牧会救济院 192 听	同
	六月份报耗(坏锈) 864 听	发文 129 号
	十二月底结存 2 265 14 400 听	存数内尚有损耗
合 计	14 400 听	

原载《中华民国红十字会上海市分会三十五年度工作特辑》

肺病会员配给淡奶

本会为顾及患有肺病会员之营养起见,特申请行政院善后救济总署上海分署,发给淡牛奶三百箱,计一万四千四百听。当即通知各会员,凡患有肺病者,可至本会医院检查,经医师证明,每月配领淡奶十听。会员中之患肺病前来领发者,日有三四人。自六月中旬起至年底止,受赠者计五百十八人,连同分发会员团体淡奶,共计五千二百三十一听。(同附表五)

牛奶收付总账(附表五)

(卅五年十二月卅一日)

收 入	付 出	备 注
五月份收牛奶 300 箱@48 听=14 400 听	六月份肺病患者领去(10 人 2 团体) 236 听	有医生证明单
	七月份肺病患者领去(65 人) 638 听	同
	八月份肺病患者领去(160 人) 1 566 听	同
	九月份肺病患者领去(127 人) 1 246 听	同
	十月份肺病患者领去(72 人) 705 听	同

续　表

收　入	付　出	备　注
	十一月份肺病患者领去(30人)　300听	同
	十二月份肺病患者领去(54人)　540听	同
	九月份儿童营养站用去(7 510人)　1 762听	有日记账
	十月份儿童营养站用去(8 124人)　1 891听	同
	十一月份儿童营养站用去(3 834人)　875听	同
	十二月份儿童营养站用去(3 543人)　840听	同
	十月份捐赠劳动协会480听	有收据
	十一月份捐赠善牧会救济院　192听	同
	六月份报耗(坏锈)864听	发文129号
	十二月底结存　2 265	存数内尚有损耗
合　计　14 400听	14 400听	

原载《中华民国红十字会上海市分会三十五年度工作特辑》

发放儿童服装

此项儿童服装系美国红十字会送来，嘱为发放贫苦儿童，计有后方来沪失业工人临时招待所、平江儿童教养院、上海灾童教养所、各育婴堂、各产科医院、贫寒婴儿妇女互助会、区公所以及孤儿救济院等，经由本会制发调查表，委请社会各界知名人士及慈善团体调查证明后，由受领人持表来会调换领衣证，再行定期集合发放。发放时，领衣人领到衣服后，即签名盖章于领衣证上，并由美国红十字会派员

到场摄取电影及照相。该项童服总数四一四五份,现已发完。(附表六)

童孩衣服分配表(附表六)

品名 / 数量 / 配发团体	婴孩衣服	绒布睡衣	男用短裤	印花外衣	女用短衫	女用短裤	绒线外套	合计
后方来沪失业工人招待所	72		105	175	94	94		540
	30			20				50
中华妇女互助会	10							10
苏州育婴堂	80							80
新普育堂	10		16		20	20		66
仁善育婴堂	20							20
仁济育婴堂					50	150		200
善牧会救济院			114			76		190
上海灾童教养所			151			82		233
伯大尼孤儿乐园		34	124	28		71		257
申新纺织厂工人子弟学校		91		54		119	5	404
				21		54		75
第五区区公所			80		68	68		216
以马内利孤儿院		53						53
震脩小学	378	222	310	127	233	291	190	1 751
平江儿童教养院								
本会经费总计	600	400	900	425	600	1 025	195	4 145

原载《中华民国红十字会上海市分会三十五年度工作特辑》

施送棉衣

本会转准上海区办事处呈奉总会核准,拨发该处战前余存之大小棉衣裤及白布短衫裤等,计三千五百〇六件,分发贫民穿着,以资救济。其办法分门前散发及团体转发二种,由各慈善团体或保甲长证实,凭领据来会领衣。截至年底止,全部发完。(附表七)

寒衣分配表(附表七)

配发团体＼品名	棉袄	棉裤	童棉裤	童棉袄	棉旗袍	白布短衫	白布短裤	合计	备注
总工会	50	50				50	50	200	
妇女互助会			20	20	10			50	
第十一区区公所	10			50		150		300	(收文)435
第五区区公所	0			50		250		500	(同)440
常州旅沪同乡会	20					50		100	(同)441
上海普济协会	0					20		40	(同)481
各省旅沪难民自治会	50		40	40		140		320	(同)446
上海残疾院	20					40		80	(同)447
沪南公济善堂	10					50		100	(同)448
市立实验民众学校	0		50	50		50	50	200	(收文)450
中华麻疯[风]救济会	40					55	55	165	(同)460
吴淞区贫民	50					150	150	450	
善牧会救济院		30	20	20				70	
位中善堂	55	30				50	30	160	(同 468)
天主教堂胡国安君	15			7		50	50	157	
本会门前散发	0	25	2	28	21	325	115	614	
	50								
	50								
	98								
合计	1 013	135	132	265	31	1 430	500	3 506	

原载《中华民国红十字会上海市分会三十五年度工作特辑》

中华民国红十字会上海市分会经费收支报告表(附表八)

(中华民国三十五年三月二十六日起至十二月三十一日止)

科　目	收　入		科　目	支　出	
	细数	总数		细数	总数
总会补助：征募费	2,700,000.00		征募大会费		7,932,580.00
总会补助：闲置费	1,350,000.00		营养服务费		4,593,294.00
总会补助购置交谊室器具	1,190,000.00		诊疗所服务费		

续 表

科目	收入		科目	支出	
	细数	总数		细数	总数
总会补助：诊所事业费	28,529,230.00		代办统益纱厂诊所	5,544,572.00	
总会补助费总额		33,769,230.00	代办大夏大学诊所	400,000.00	
会费收入	48,416,000.00		本会附设诊疗所	32,479,330.00	
捐款收入	24,161,800.00		诊疗所费用总额		38,423,902.00
诊疗所业务收入	3,950,100.00		社会事业费		5,357,100.00
		76,527,900.00	会员服务事业费		17,233,971.95
利息收入	5,515,806.29		经常费		23,393,222.44
杂项收入	365,500.00	5,881,306.29	结余额		19,244,365.90
共计		116,178,436.29	共计		116,178,436.29

原载《中华民国红十字会上海市分会三十五年度工作特辑》

青年会员园游会

本会于双十节及十月二十七日，在沪西中山公园，分别举行两次青年会员园游会。到会会员，极为踊跃。除赠送糖果、表演节目外，并请名人演讲，宣扬红十字会之使命与青年会员之责任。两次园游会担任表演节目者，计上海基督教主日学会之军乐、延平小学之舞蹈、南屏女中之歌唱、本会补习班之歌唱、第五区中心小学之体育表演、口琴专家石人望先生之口琴独奏及精武体育会之单杠、双杠、国术、摔角。(请参阅特写)

原载《中华民国红十字会上海市分会三十五年度工作特辑》

青年会员园游会[特写]

中国红十字会上海市分会，为了联络青年会员的游艺和庆祝双十国庆纪念日，特为举行了一个园游会，地点是在沪西的中山公园，时间是十月十日的下午三时。

天气是那么的清新，环境是这样的幽雅，在一片绿色的草茵上，铺排着穿了五颜六色衣服的好几千的青年，从高的地方看下来，真是一幅绝妙的图案；场地四周是遍植着合抱的大树,浓荫像幕盖般张在人们的顶上,造成了整个绿色的天地。几面红十字的大旗,飘扬在这样绿色笼罩下的氛围里,更显示出色调的夺目和这标帜的伟大;它曾飘扬在千军万马尸骨遍野的战场上,它也曾飘扬在流离失所无衣无食的灾区中,它一直嗅到的是火药气和血腥气,听到的是救命声和呻吟声,它老是伸出它那慈爱的双手,来抚恤和救济着数千万的苦难的生命,可是它在民国三十五年的双十节,它却飘扬在浓荫密树浅草如茵的园地上,飘扬在天真烂漫活泼无邪的人群中,它嗅到的是芬芳的幽香,听到的是愉快的欢呼,它发觉它自己今天所处的环境是截然的异样。我想它一定会搓搓它的双手,张开了二条臂膀,来把一群可爱的孩子,拥抱在它仁慈的怀抱里,而透出一口经过了长时期窒息的闷气。

是开会的时候了,由主日学推行会的乐队开始奏乐,全体肃立,唱国歌,在庄严宏伟的歌声里,代表了到会的每个人的今天的心情;对国家致敬,对革命先烈致敬,对领袖致敬,并且对祖国的前途祝福!

业务组汪组长在“司令台”上以响亮的嗓子,流利的国语,讲出了园游会的宗旨,他从庆祝国庆说到红十字会对国家的贡献,再从红十字会的业务,说到青年会员应尽的责任,告诉我们二十世纪的现在的红会,已是跨入了新的时代;它非但是单纯的救灾和医疗的工作,它的最高的目的是“服务社会,博爱人群”;会员们听得很兴奋,在全场的鼓掌声里,结束了汪组长的开会词。

接着是余兴的节目了,有精武体育会的国术、双杠,主日学推行会的音乐,及石人望先生的口琴独奏,还有各学校青年会员们的歌唱及舞蹈表演等。

精武体育会开始了第一个节目,首先表演的是双杠及各种拳术。他们——精武会的同志,显露了强健的体格,臂膀粗粗的非常结实,依着次序每个人同样的表演着二条臂的力量,同时再个别的表演拳术、剑、刀、枪,最后还有摔角等,非常的精彩,使我们想起了“东亚病夫”的外来讥讽,希望着中国人都有这样的身体,来做我们应做的事情;——因为我记得“有了强健的身体,才能做繁重伟大的工作”的这句话。

是延平小学幼稚园的团体舞蹈登场了,这一群活泼的小天使,今天觉得特别的高兴,在和蔼可亲的老师领导之下,踏着风琴的节拍,歌唱、舞蹈,看得坐在绿色草地上的一大群青年人,都嬉开了嘴,合不拢来,面上洋溢着愉快得意的微笑。

还有精彩的紧跟在后面,那是石人望先生的口琴独奏。石先生是众所周知的口琴家,能够参加这个园游会,实在是生色不少,而且是那么出力;在石先生出现在扩音机前,还没有立定的时候,从草场上就送上了一阵最热烈的掌声,好像是胜利了的国家,庆祝伟大的纪念日的时候,发放礼炮一样,足有延长到三分钟之久!

的确不凡,石先生的口琴,在我们“外行”的听来,也非常的悦耳,有时候音调复杂而快速,犹如万马奔腾,在单纯处,则悠缓而柔和,使在场的听众,陶醉在这大自然的美妙的怀抱里——伟大的音乐家!

末了,是吴玉崑先生的单杠,他的精湛而惊险的技术,也博得了不少人的赞叹。因为时候已不早了,一天的兴奋,也当是休息的时候了,台上传下来愉快满足的口吻说:“……多谢各位热心的青年会员及参加表演的各位先生们及小朋友们,现在我们散会了……”

民国三十五年的双十节,也是我们中国红十字会上海市分会复员以来的第一次的园游会,大家带着快乐的情绪,踏上了归途,是那么轻松!

红十字会是国际性的社会团体,是发扬人类互助精神的最崇高的团体。

红十字会的会员越多,服务社会的力量就越大,而蒙受其福利的群众也越普遍。

红十字会在战时是:“伤病之母,难民之友。”在平时是:“贫病的救星,健康的导师。”

“免去人群生活的匮乏,奠定社会秩序的安全”,是今后中国红十字会的重大使命。

“丰富人的生命,涵煦人的精神,启迪人的智慧,泯除人的痛苦”,是今后中国红十字会的重大工作。

原载《中华民国红十字会上海市分会三十五年度工作特辑》

馈赠礼品

三十五年十二月,承美国红十字会馈赠本会青年会员圣诞礼品三百二十八箱,计一五七四四盒。(原领三百四十三箱,嗣由美红会要回十五箱,实领如上数)惟青年会员人数较多,礼品不敷支配,爰商承总会上海区办事处,转拨九箱,计四三二盒,两共一六一七六盒。规定青年会员亲来领赠者每人一盒,集体代领者每二人合一盒,发完为止。事先经本会登新申两报通告,定自十二月二十一日至二十四日来会领赠。第一日在会所内赠送,盛况空前,拥挤不堪。第二日起改在平民医院广场赠送,如期赠发完讫。(请参阅特写)

原载《中华民国红十字会上海市分会三十五年度工作特辑》

圣诞礼品赠发记

是一九四六年圣诞节的前夕,中国红十字会上海市分会有一批不算微薄的礼物,要送给青年会员,这给予青年会员自然是一个兴奋的好消息。

美国红十字会一向给我们不少的帮助,这次的圣诞礼品,也是从遥远的各个美国学校的美国红十字会青年会员赠给我们中国红十字会上海市分会的青年会员的,我们对这宝贵的友谊,深致谢意;但由于本会青年会员的人数要多出礼品的数量一倍有余,再三考虑和商讨的结果,惟有必须青年会员亲自携证来领,每人一盒,不得代领,才能普及,于是就这办法登报通告;但是学校方面的青年会员,则因在赠发以前召开了一个茶会,经学校方面的要求,为了解决学生亲自来回的困难,和顾及礼品数量的不敷惠赠,就决定"由学校当局备函携同会证,来会代领,二个会员,合领一盒",这样总算在无办法中,有了二个比较妥善公允的办法,来作为开始分发的准备。

是十二月廿一日的早晨,天空轻洒着濛濛细雨,新闸路卡德路口的一座古老洋房的大门前,已经聚集了一群年青人,他们是等候着接受从遥远寄来的盟国青年的美丽热情的礼品,脸上显出了无限的希望,心头充溢了不少的欢喜。

从九时起至十一时,由于本会同仁的努力维持,秩序很好,后来因为会员愈来愈多了,竟不能像开始时候的守秩序了,马路上、大门口、扶梯上,都挤满了人,一直拥挤到楼上赠发的地方也挤得水泄不通。工作发生了障碍,虽然极力请大家来遵守秩序,但是没有效用,使尽了种种方法,高级干部也唇焦舌敝的劝告,会员们还是挤啊挤的,像潮水般波动,好容易挨到了吃晚饭的时候,才结束了这一场热闹的圣诞礼品赠发的第一天。当晚干事部召开了次紧急会议,决定另选地方赠发,地点是新闸路胶州路口本市和市卫生局合办的平民医院的草场上——地方是宽敞得多了。

开始了第二天的赠发,会员们先在后门胶州路的人行道上,排列了约有二千多人的长行,秩序好得多了,依次前进,至草场上的赠发处,每人赠得一匣,个个喜气洋洋的在草地上争看着他们所领得的礼品。

"啊! 王美芳,我这匣子里面,有二个顶好的绸的蝴蝶结,还有一只哈巴狗头上带了鸭舌帽,嘴里衔了板烟嘴的别针呢! 哈哈真好玩!"是××女中的学生密司张对她同来的同学这样说。在草场上的另一角里也传出了快乐得意的顽皮男孩子的声音,说:“好东西,好东西,是吉普卡,还有飞机,外加一只外国顶针箍,套在手指的头上的;哈哈哈再有牙刷、牙膏、香肥皂、铅笔、尺,样样多好,真是顶好顶好,美国人顶好!”熙熙攘攘草地上坐满了男的女的孩子们,手里一模一样拿着美国孩子送来的礼品,不由得不使人浮起了一阵莫明[名]的感想,二个不同命运的二个胜利国家的孩子!

时光从来没有停留过,到二十四日,礼品也赠发得差不多了,我们的这件工作,也告了一个段落;但是,它已经告诉了上海的一部份市民,红十字会在社会上,并不单单是做医疗的事情,它是一个国际性的服务机构,它的最崇高的使命是服务社会,博爱人群,所以它的工作的对象是多方面的,它的范围是很广泛的。

圣诞节礼品的赠发,带来了欢喜,也带来了红十字会青年会员对国际上友谊的认识。

原载《中华民国红十字会上海市分会三十五年度工作特辑》

本会筹募事业基金:上海举行古今书画展追记

一、经过略纪(冯子明)

本会为了筹募事业基金,除发动全面征募运动之外,曾于上年十一月廿八日起,至十二月三日,在上海举行“古今名人书画展览会”七天,是由本会上海办事处聘请名画家许士骐先生主持的。征借古代名画二百余幅,均系沪上艺术界名家收藏希[稀]有之件,假成都路沧州书场中国画苑内展出。现代书画二百余幅,为各地名家踊跃捐赠者,假南京路中国国货公司二楼中国艺苑展售,门券定为二万元,同时可分往上述两处参观。因此,轰动了整个上海滩,文化界名流,如陈其采、李石曾、吴市长国桢夫妇、陈铭枢、刘海粟等,均莅场参观;一般爱好艺术者,莫不争先恐后,是以展期七天,无日不有户限为穿之感。洵盛事也!

关于古代名画:最足珍贵者,为陈定山先生借展之宋代赵金让名画“江邨(村)秋晚”图卷,朱屺瞻先生借展之明代名画南居益“草书立轴”,又王南屏先生借展之元代杨维桢名画“诗翰轴”,及吴湖帆先生借展之历代名人书展,琳琅满目,美不胜收。

关于今人名画:则有于右任、戴传贤、陈其采、方君璧、马公愚、许世英、刘海粟、俞剑华、许士骐、汪亚尘、陈树人、沈尹默、张聿光诸名家捐赠书法画宝,均属连城之作;其中尚有上海市长吴国桢先生及夫人黄卓群女士合作“紫藤双燕”立条一幅,标价五千万元,又平剧伶王梅兰芳先生名画“梅花”等件,均为收藏家董和甫君购去。

总之,这次书画展览会,经过成绩,极为圆满。于展览会闭幕之前,更举行展券号码摇奖,聘由上海市政府及各局代表监视摇彩,计第一奖二九〇三六,得吴青霞先生名画“飞鸿”一幅。二奖〇〇八五六,得俞剑华先生“山水”一幅。三奖〇七三五二,得徐黼华先生“仕女”一幅。四奖二〇一九五,得方君璧先生油画“古宫”一幅。五奖二九七一八,得徐黼华先生“归牧”一幅。得奖者兴趣浓厚,无不喜上眉梢云。

二、红十字会古今书画义展序(许士骐)

中国绘画,在魏晋六朝时期,所形成之宗教艺术,与欧洲古意大利壁画,采取题材与技巧,似有同源之趣。后因中国书法大昌,诗学发达,与书法在相沟通,流入自然主义之一途,以构成特殊风格。欧洲绘画,受十五世纪以来文艺复兴与科学影响,政[致]力于光影明暗之研究,其结果遂与中国绘画大异其旨趣。中国艺术之表现,是诗书画互相因缘,与现实人生有相当距离,构成高超理想意境。因时代不同,风格各异,宋人尚理,元人稍异其趣,宋人论画“造乎理者,能画物之妙,昧乎理者,则失物之真,惟画造其理者,能因性之自然,究物之微妙,心会神融,默契动静,察于一毫,投乎万象,则形质动荡,气韵飘然矣。”所以宋画能妙造自然,精工伟丽,为艺坛放一异彩,元人尚意,倪瓒云:“仆之所谓画者,不过逸笔草草,不求形似,聊以自娱者也。”云林胜水残山,寥寥数笔,写出诗人无限幽情,书画同源异趣,善画者必工书。中国书法,为抽象艺术,能表达作家情操,杨维桢云:“书盛于晋,画盛于唐,宋书与画一耳,士大夫工画者必工书,其画法即书法所在”,赵松雪诗云“石如飞白木如籀,写竹还应八法通。若还有人能会此,须知书画本来同。”书体能代表时代之转变与精神,籀文大篆,隶体草真,各臻其妙,为旷世罕俦,形而上之最高艺术。此次红十字会筹集事业基金,乃发起举行古今书画展览,分部陈列东西两会场,古代书画包括宋元明清诸家真迹百余件,陈列成都路中国画苑,现代书画均系海内名家捐赠作品计收到于右任、戴季陶、许世英、陈其采、沈尹默、马衡、马公愚、李石曾、郭沫若、汪亚尘、刘海粟、郑午昌、陈树人、张红薇、方君璧、王房昌、徐邦达先生等九十余人,作品二百余件,陈列南京路国货公司楼上中国艺苑,会期自十一月廿八日至十二月三日。

三、艺术的薰陶(孙福熙)

中国红十字会,于医药卫生上为全国民众服务,举世同仰。此次借筹募基金的机会,发起当代名作家书画展览会,于艺术上有重大的贡献,因特以艺术的熏陶为题,供同好的参考。

高山大水使人起伟大庄严之感;春花秋月引人作温柔愉悦之思。依据这种事实好比科学一样,经过观察分析比较综合之后,得到美的原则。我们采取这种理论制成作品,用了美来感动人,这就成为艺术。

科学的智识供给我们衣、食、住、行的生活,是物质方面的居多,而艺术供给我们的是衣、食、住、行的精神。

虽然物质和精神只是一件事的二方面,并无相互冲突的意义。

人类的肉体与精神均一张一弛,如肺之一呼一吸,心脏之一张一缩,工作与睡眠,紧张与宽驰,都是进退调剂开合相成,紧张又不能持久的缺陷,久必疲劳而停顿,故必利用调节的作用。艺术对于工作是利用休息,以消遣工作的余暇,化无用为有用,作种种精神的修养与安慰。

人生原是苦痛的、悲哀的,但因为有"美"来鼓励我们,使这一出苦戏,这一幕悲剧,演得更为认真,更为悲壮,更为哀艳!比如走路,原是苦事,倘若一路有香花美景,前面是灿烂的明灯,自可减少走路的疲劳与苦闷。其实这香花明灯既不能充饥止渴,而这明灯是移动的,人多走一步,灯亦移远一步,永远没有到达的时候,所能达到的只是明灯曾在的地方而已。

一切艺术都有如明灯一样,图画是平面的,触摸无物,音乐演奏后,烟消云散,雕刻的美人,何等的感人,但用手抚摩,只是冰冷硬顽的石头而已。然而一切艺术均能生动感人,而且使心脑中永留崇高的印象。

四、红十字会艺展赘言(陆丹林)

红十字会在中国的创立,是在民国前八年(即光绪三十年甲辰日俄战役),距今已有四十四年的历史了。但是,红十字会和我们国人相接触而有关系的,却有五十多年的悠久历史。国父孙中山先生在香港西医书院习医时,国父的业师康德黎医生在香港已经有赤十字救伤队的组织,训练了中西青年担任服务工作。其后国父漫游伦敦,认识了柯士宾医生。柯医生是伦敦赤十字会的总医员,著作了《赤十字社救伤第一法》。国父在伦敦被难的第二年,即民国前十五年(光绪廿二年丁酉),翻译了柯士宾的《赤十字社救伤第一法》,这是华文的第一部关于红十字会的书籍。

在民国以前,我国的红十字会,都称赤十字社。因为这个名称是由日本转来,日本称“红”都用“赤”字的原故。后来我们觉得不应该杜袭别人的称谓,而“赤”字在中国并不怎样的通行,意义也欠清晰,才把他正名为红十字会的。

中国红十字会是含有国际性的团体,自成立以来,救死扶伤,施医赠药,自总会以至各地的分会,他的业绩,彰彰在人耳目,用不着列举事实。最近为了配合实际的需要,推行医药救济和一切社会服务的工作,需费浩繁。可是会中素来没有固定基金,一切措施,自不能够措置裕如。于是特决定筹募事业基金五十亿元。筹款方法,举办书画展览,是其中之一,经已得到了各地的书画家热忱赞助,捐出了许多作品,这是在艺术家方面,已尽了他们的热心公益的责任了。而把这许多的艺术品变成了国币,来做红十字会的经费,做会中所决定应做的事业,那是需要社会人士的共同合作,乐观厥成了。

普遍的捐款,只是一笔捐款便了,而这次的红十字会的书画展览筹款,那就不同,买画等于捐助慈善事业的经费,捐助慈善事业的经费中,却得有书画的永留纪念,这又与普通的画展购画的区分。所以他的意义,是异常深厚的。

红十字会的书画展览筹款举行了,我们为着协助一个素有成绩的慈善团体——红十[字]会——我们每一字[“字”为衍文]个人应该尽我们的力量去扶助他,使他的事业,不特没有减缩或停息,更要使他的事业扩张与普遍,使无数遭受灾难疾病的都得着免除苦痛,恢复健康。这是社会人士的共同责任,绝非绅商的力量能够做得到的伟大事业。

五、参观后记[附图](秋霞)

红十字会举行的古今名人书画慈善展览会,现代部份的陈列品中,最引人注目的而代价也最高的,乃是吴市长夫妇合作的“紫藤双燕”图幅。吴夫人卓群女士作画,由吴市长题句。画则工整秀丽,字则潇逸不凡,可算得是景[锦]上添花,相得益彰。吴市长的题句是七绝一首:“璎珞垂垂艳紫霞,香囊贮露比清华,飞来双燕应相识,此是宣南掌故花。”(下图是吴市长与夫人合作的“紫藤双燕”)

出品中画的部份,名家很多,像吴湖帆、白蕉、贺天健、许士骐、俞剑华……等,佳作琳琅,而伶界大王梅畹华博士也有两帧参加,一帧是“墨松”,一帧是“墨梅”,倒也清雅不俗。伶人有此,自然不容易了。

堂法的部份有许士英先生中堂一幅,所写的是许先生登黄山天老峰绝顶所作的七律一首,书法是草体,笔法挺拔,结构茂密,却有功夫,绝不是野狐禅之流。国学家汪东先生有一副铁线篆的对联，集六朝人语："相赏有松石间意，望之若神仙中人"，固不能说是书家之书，而着实不俗，大概是书卷陶冶之功了。真正书家之书，有于右任老先生之草字对联："观其为文，不随世趣，与之定事，大有古风。"浩逸疏宕，真功夫从碑体中来。还有白蕉先生的字"自题书簏"，帖学造诣之深，当代第一。沈尹默先生字固有书卷气，但竣整凌练功夫，到底逊于白蕉先生。马公愚先生的字但写的规矩，笔气神变，我觉得还未能免俗。一进场子，最初触我眼帘的是新文学家郭沫若先生的草书联："独立千山谁与友，往看万壑争交流"。沫若先生在史学上有大成就，人也豪放不羁，所以字如其人，但就书法立场严格来说，不能说有怎样的功夫。刘海粟先生不参加画而参加四幅屏条草书，也只是挥洒不羁罢了。

党国要人的字，除了于老先生外，还有戴季陶先生的行楷联："精金美玉的人品，定从烈火中锻来。掀天揭地的事业，要向薄冰上履过。"李石曾先生的行楷联："惜竹不除当路笋，伐薪教护带巢枝。"还有陈铭枢先生临礼器碑一联："图书宜古奥，明月悬中天。"

下列书画作家捐赠红十字会系本月廿二日前收到(姓氏以笔划多寡为序)：

丁庆龄	丁　歧	于右任	文叙五	王房昌	王康乐	王小摩	方君璧
戈湘风	白　蕉	贝聿铭	朱梅邨	朱屺瞻	朱尔贞	伍蠡甫	邱橘农
沙孟海	何　遂	沈　雁	邵靓云	李石曾	李问渠	沈尹默	汪亚尘
汪声远	汪旭初	汪海澜	金秋生	周　振	季　康	吴湖帆	吴青霞
林雪岩	俞剑华	洪庶安	胡亚光	侯碧漪	柳芸湄	柳蘐图	孙福熙
徐黼华	陈树人	陈铭枢	陈秋草	陈其采	陆元鼎	陆翔初	姚虞琴
陶冷月	袁松年	徐邦达	郭沫若	马　衡	马公愚	马彦翀	马万里
马　慧	许世英	许德臣	许士骐	黄卓群	黄独峰	黄露犀	梅兰芳
商笙伯	贺天健	张大千	张聿光	张红薇	张凤秽	张乃燕	张宗祥
张泠僧	靳克天	雷佩芝	熊松泉	潘伯鹰	赵安之	荣君立	郑午昌
刘海粟	刘　狮	蒋孝游	蒋　运	楼味冰	谢伯子	钟寿芝	戴传贤
归　平	顾树森	娄永芬					

原载《红十字月刊》1947 年第 24 期

三、函　　件

上海市政府训令：沪秘四(三五)字第一一九〇五号[节录]

令本府所属各机关：

案奉行政院本年十月十五日节京玖字第一五七四三号训令内开：

据中华民国红十字会总会本年九月十三日京总二(三五)分字第一七一六号总代电称"查红十字会标识应为全世界红十字会所公有，除一九二九年国际红十字会公约规定中凡与军队随行之救护队及用于搬运诊视看护伤病以及从事管理救护队救匪场所之人员、随军之牧师等暨本国政府承认及允许救护队协会之人员以及救护材料均受该公约之保护并有使用白地红十字特别符号之权外，其他个人或协会等不得使用，更不得假冒此项红十字之符号及名称为商业或其他目的之用途，但我国自抗战以来各地非法定卫生机构及开业医师等普遍滥用白底红十字符号，实有碍国际信誉。兹值复员整理期间，拟请钧院通令各省市政府转饬所属会同地方卫生主管当局严加取缔，以正国际视听，理合电请鉴核示遵"等情应准图办，除指令并分行外合行令仰遵办并转饬所属一体遵照。

此令。

中华民国三十五年十月二十四日

市长吴国桢

原载《上海市政府公报》1946 年第 13 期

中国红十字会上海市分会为函送理事名单一份由致上海市卫生局笺

上海市卫生局收文摘由用笺

来文处所：中国红十字会上海分会

事由：函送理事名单一份，希查照由

收文 卫总环字第 01646 号

径启者，查本分会近奉中国红十字总会调整组织，重行聘请理事十七人，以便推行工作。爰于三月十一日假新闸路八五六号总会上海办事处召开首次理事会，推选常务理事五人并就常务理事中推出会长一人,副会长二人。同月十五日办理新旧会长交接葳事。会址暂设本市新闸路八五六号,即日开始办公。除呈报总会暨上海市政府淞沪警备司令部及分行有关机关外,相应检附理事名单一份一并函达。即希查照为荷。此致上海市卫生局。

中华民国红十字会上海市分会启

中华民国卅五年三月二十七日

卫总环 01646

中国红十字会上海市分会理事会名单

职别	姓名	别号	年龄	籍贯	学历	现任职务	通讯处及电话
常务理事兼会长	徐采丞					上海地方协会常务理事	高恩路华盛顿大厦三六号 电话七八七二四号
常务理事兼副会长	章荣初					荣丰纺织厂总经理	爱麦虞爱路七四号 电话九八三二四号
常务理事兼副会长	唐承宗	缵之	四一	上海	江南学院法学系毕业	上海鱼市场总经理	齐物浦路一〇号 电话五二三八〇号
常务理事	金润庠		五四	镇海	神州法律学院	上海市商会常务,民丰造纸厂总经理	爱多亚路一一〇号 电话一一〇四四号
	郭兰馨	李舟	三九	江苏	正风文学院毕业	通齐公司主任秘书	爱多亚路中汇大楼二一二号 电话八〇一六〇号
理事	赵曾珏	真觉	四五	上海	美国哈佛大学电机工程硕士	上海市公用局局长	合拉斯脱六三号 电话七九四二一号
	俞松筠					上海市卫生局局长	三马路卫生局 电话一二〇四〇号
	朱恒璧		五七	江苏	美国哈佛医学院毕业	国立上海医学院院长	福州路一〇二号 电话一三五七〇号
	王[黄]炳权		四七	南汇	交通大学	上海市第九区区长,华商电气公司协理	复兴中路五〇二号 电话八三七〇〇号

续　表

职别	姓名	别号	年龄	籍贯	学历	现任职务	通讯处及电话
	姚元鑫	鑫之	五三	上海	前清私塾	华商管道公司秘书长，沪南区救大口会常委	林森中路四九七号内八三号室 电话八二五六二号
	臧廉逊		六五	上海		商	南市乔家浜勤慎坊七号
	张杏荪		六五	吴县		中医	康脑脱路八八弄十二号 电话三〇九七六号
	夏理彬		四四	上海		中医师公会监事	华龙路永业大楼三十号内三楼五六号
	荣尔仁		三九	无锡	圣约翰大学	申新二五纱厂经理	江西路四二一号 电话一九六二八号
	杜维藩		三〇	上海	沪江大学	中国通商银行上海分行副经理	
	水祥云					中国劳动协会上海办事处主任	南京路二三三号二楼二一一号 电话一〇九三三号
理事兼总干事	殷新甫		四八	吴江	东吴大学理学院毕业	英利企业公司经理	江西路三五九号 电话一八〇五四号

原载上海市档案馆馆藏档案，档号：Q400－1－2109

中国红十字会总会上海区办事处用笺

上海市社会局摘由纸

姓名或机关：中国红十字会总会上海区办事处

摘由：为举行抗战殉职纪念碑揭幕典礼请参加

拟办：拟请派员参加，请丁冠歆同志参加

收文字第 15365 号

敬启者，查本会第一救护队苏副队长克己，队员谢惠贤、刘中武、陈秀芳于廿六年八一三淞沪之役在市郊罗店地方壮烈殉职。本会为永誌伟绩，表彰忠贞起见，特于殉难原址树碑纪念。兹定于[1946 年]十月十二日(星期六)下午三时举行纪念碑揭幕典礼。届时恭请拨冗参加，共悼忠魂，不胜荣幸之至。专肃，即颂公安。

(附单)

中华民国红十字会总会上海区办事处谨启

新闸路 856 号

本件业经遵谕前往参加。先在罗店区公所举行追悼会，由马一良先生主祭嗣[祀]。至罗店车站，举行揭幕礼，由孙诞石先生揭幕。到各机关代表，空军伞兵队、学校童军等千余人，摄影。散会已暮色苍茫矣。理合检同纪念碑文暨附祭张天一烈士等略备文报告。仰祈鉴核。

十月十六日

原载上海市档案馆馆藏档案，档号：Q6-10-390

中华民国红十字会抗战殉职烈士纪念碑

揭幕典礼秩序单

(一) 全体肃立

(二) 恭请孙诞石先生揭幕

(三) 全体向殉难烈士行致敬礼(一鞠躬)

(四) 中国红十字会总会上海区办事处主任读祭文

(五) 献花

(六) 陈前队长荣章报告烈士殉职经过

(七) 来宾致辞

(八) 遗族向来宾致谢(鞠躬)

(九) 礼成

原载上海市档案馆馆藏档案，档号：Q6-10-390

中国红十总会第一救护队抗战殉职烈士纪念碑

日寇嚣张，卢沟桥难作，八一三沪战继起，军民一致，敌忾同仇，全面抗战军兴。烽烟弥漫万里，八年浴血，丑类卒告降伏。而本会于抗战之役始终活跃枪林弹雨之中，贡献最丰，牺牲亦重，尤以本会第一救护队苏副队长克己，队员谢惠贤、刘中武、陈秀芳临难不苟，慷慨殉职，情形最为惨烈。既充分发挥本会服务国家社会之精神，更足为抗战史中可泣可歌者。苏克己，医师，江苏武进人，南洋医大卒业，任本会罗店医院院长。八一三沪战爆发，为本会第一救护队副队长。八月二十三日，罗店部队遭敌空袭，屋宇尽毁，全队方议西撤。适我空军斗士苑君对敌空战，机毁人伤，降于近郊。苏副队长闻讯，急率队员驰往救护。讵手术未终，寇兵遽至。苑君蒙苏君等掩护，匿猪圈中得不死。而苏君及队员等，因是被浮[俘]矣。据目击者言，苏氏被浮[俘]后，大节不屈，意气凛然，曾以药囊击群冠。敌大忿，立枪杀之，并支[肢]解其体为六段，血肉狼藉，惨不忍睹。队员谢慧贤、刘中武亦以不屈遭枪杀，陈秀芳伤腹部，旋亦死。时中华民国廿六年八月廿三日也。蒋主席夫人宋美龄女士于中央广播电台以日军残杀红十字会苏克己医师为题作英语播讲昭告世界，其死难之悲壮，敌寇之残酷，引起国际之感奋，自勿待言。以上壮烈事迹已由本会报请国史馆、国际红十字会分别载入史籍。爰特镌碑留念，以彰忠贞云尔。

诔曰：

炎炎华夏　浩浩相尘　八年抗战　注鬼惊神

壮哉诸子　罔顾艰辛　枪林弹雨　重义轻身

恤伤遇难　慷慨成仁　沸腾热血　惨烈绝伦

以寒敌胆　以式国人　河山不改　姓字常新

会长：蒋梦麟

副会长：杜月笙、刘鸿生

郭兰馨书

原载上海市档案馆馆藏档案，档号：Q6－10－390

张天一烈士事略

烈士张赞，字天一，江苏宝山县罗店区马桥乡人。年十九岁，为人刚毅勇敢。民国三十二年春，参加军事委员会，别働忠义救国军，任上海情报站第二组中尉。组员潜伏于京沪、沪杭、华中铁道两站路，为警乘之职。同年九月十五日夜半，在无锡参加铁路破坏工作。当场炸去火车十八节。九月十八日中午十二时，奉上海情报站站长殷丹天命，至前法租界杜美□电车站，携带定时炸弹至北火车站，轰炸火车龙头。因未□时先至食堂守候,讵知弹先爆炸,当场炸毙敌宪四名,大佐一名,自己亦遭惨死。以弹性剧烈,以致血肉横死,尸体不全,见者酸鼻。事后,一方派宪兵分往上海西宝安路三阳路念(廿)五号其兄寓所搜查,一面敌宪队将尸体移至赫德路验尸所查验,并将其兄搜□拘捕至此。四川路宪兵队本部询究连日,搜索数十次验尸所用侦查证据,以致延搁四天。然天气太热,用冰冻防腐但证据终未覆。时乃允草草收敛,搬运归本乡暂厝。查烈士遗产,年老父母,年轻弱妻。舍身取义,只因身没□条,迄今三载,尚未安葬云。

原载上海市档案馆馆藏档案,档号:Q6-10-390

上海市政府训令沪秘四(三五)字第一一九〇五号[节录]

令本府所属各机关:为奉行政院令取缔用红十字标识一案令仰本府所属各机关遵照由　吴国桢

案奉行政院本年十月十五日节京玖字第一五七四三号训令内开,据中华民国红十字会总会本年九月十三日京总二(三五)分字第一七一六号代电称"查红十字标识应为全世界红十字会所公有,除一九二九年国际红十字公约规定中凡与军队随行之救护队及用于搬运、诊视、看护伤病以及从事管理救护队、救护场所之人员、随军之牧师等暨本国政府承认及允许救护协会之人员以及救护器材均受该公约之保护并有使用白地红十字特别符号之权外,其他个人或协会等不得使用,更不得假冒此项红十字之符号及名称为商业或其他目的之用途。但我国自抗战以来,各地非法定卫生机构及开业医师等普遍滥用白底红十字符号,实有碍国际信誉。兹值复员整理期间,拟请钧院通令各省市政府转饬所属,会同地方卫生主管当局严加取缔,以正国际视听。理合电请鉴核示遵"等情。应准照办,除指令并分行外,合行令仰遵照并转饬所属一体遵照,此令。"等因,奉此。除分行外,合亟令仰遵照。此令。

中华民国三十五年十月二十四日

市长　吴国桢

原载《上海市政府公报》,1946年第5卷第13期

中国红十字会上海市分会致上海市公共交通公司筹备委员会函

沪(36)市字第六五〇号第一页

上海市公共交通公司筹备委员会收文面纸

来文处所：中国红十字会上海分会

文别：函

事由：为检送征募会友广告，请准予张贴各路行车由

拟办：拟转知保养场予以张贴

径启者，本会自上年复员，一本博爱之旨办理各项救济事业为社会服务。朞年以来，备荷各方鼎助，幸有相当进展。兹定于六月一日开始本届征募大会。鉴于世界各国红会事业之发达，允宜急起直追，以谋全人类之幸福，而得人多助为本会征友之最高理想。素仰贵公司利济人群，造福社会，敬恳惠予赞助，在本会举行征募期间，许可各路行驶车辆张贴征友广告(此项广告经公用局核准张贴)尚祈俯允，无任感祷。此致上海市公用局公共汽车公司。

附广告 300 张

中华民国红十字会上海市分会启　五月三日

红十字会是国际性的社会团体，是发扬人类互助精神的最崇高的团体。

红十字会的会员越多，服务社会的力量就越大，而蒙受其福利的群众也越普遍。

红十字会在战时是：“伤兵之母，难民之友。”在平时是：“贫病的救星，健康的导师。”

免去人群生活的匮乏，奠定社会秩序的安全，是今后中国红十字会的重大使命。

丰富人的生命，涵煦人的精神，启迪人的智慧，泯除人的痛苦，是今后中国红十字会的重大工作。

红十字会有帮助人人之义务

人人有帮助红十字会之义务

请参加中国红十字会

原载上海市档案馆馆藏档案，档号：Q417-1-812-48

中华民国红十字会上海市分会呈上海市社会局函

事由：为呈报属会举办流动诊疗车开始空中劝募日期祈鉴核备查由

拟办：拟准备查，兹饬补填申请表呈核

呈沪(36)市字第七九〇号

收文：秘字第29576号

窃属会自上年奉总会命复员，一秉博爱之旨为人群服务，岁月不居，已历年余。兹复奉命举行三十六年度征募大会并在市座暨钧长领导主持之下按照计划展开征募工作，幸有相当收获。兹谋解除贫病痛苦起见，拟举办流动诊疗车驰行郊市周流服务，不取医药费用。经募得本市民营广播电台同业公会之赞助，于征募大会下设置空中劝募会，定于本月十五十六十七三天在该会各电台敦请名人播讲及劝募。节目所得捐款悉数充作开办费用。如有不足，再行定期劝募。所有举办流动诊疗车空中劝募日期理合检附，缘起及实施纲要一并具文呈报。仰祈鉴核备查。谨呈上海市社会局局长吴。

附呈缘起及实施纲要各一份

中华民国红十字会上海市分会会长徐采丞　谨呈
新闸路856
中华民国三十六年九月十一日
原载上海市档案馆馆藏档案，档号：Q6-9-13-41

上海市社会局致红十字会上海分会批令

来文号数：福4133

文别：批

送达机关：红十字会上海分会

事由：据呈举办流动诊疗开始广播劝募，应准备查，仰知照由

中华民国三十六年九月十六日发出

批字第　号

具呈人：中国红十字会上海分会

呈一件(原由)

呈件刊悉，准予备查。兹仰依照规定补填申请表一式两份呈核。

此批件存(附件存科)

原载上海市档案馆馆藏档案，档号：Q6-9-13-41

上海市卫生局致中国红十字会上海分会函

上海市卫生局公函

送达机关：中国红十字会上海分会

文别：公函

承办处室：保健处

事由：为贵会流动诊疗车服务时间，已饬本局各该所随时照料等，分函警局饬各分局派警维护秩序□□查照由

局长：三十六年十月廿一日

案准贵会沪(36)市字第八一三号公函，为救助贫病，保障健康起见，举办流动诊疗车，嘱饬属照料维护秩序等由。事关公益，自当照办。除饬本局各该区卫生事务所随时照料并函请上海市警察局转饬各区分局派警维护秩序外，相应函复。即希查照为荷。此致中国红十字会上海分会。

局长　张

原载上海市档案馆馆藏档案，档号：Q400－1－3031

上海市卫生局训令

送达机关：长宁蓬莱杨树浦闸北区卫生所

文别：训令

附件：另文

承办处室：保健处

事由：准中国红十字会上海分会出请照料该会流动诊疗车令仰随时照料由

局长：三十六年十月廿一日

令长宁蓬莱杨树浦闸北区卫生所

案准中国红十字会上海分会本年十月十一日沪(36)市字第813号公函开(照录原函)等由。附特约流动诊疗车服务地点及日程表一份，准此。自应照办。除函请□察照饬属协助并分令外，合亟抄发原表一份，令仰该所在该车施诊时间随时注意照料为要。

此令。

局长　张

原载上海市档案馆馆藏档案，档号：Q400－1－3031

上海市卫生局公函

送达机关：市警察局

文别：公函

附件：表一份

事由：函请转饬所属各分局派警维护中国红十字会上海分会流动服务诊疗车秩序由

局长：三十六年十月廿一日

案准中国红十字会上海分会本年十月十一日沪36市字第813号公函开(录原函)等由。附特约流动诊疗车服务地点及时间表一份，准此。自应照办，除饬本局各该区卫生所随时照料外，相应抄奉原表一份，函请查照惠予，转饬各区分局随时饬警维护该车秩序。无任公感。此致上海市警察局。

局长　张

原载上海市档案馆馆藏档案，档号：Q400-1-3031

中华民国红十字会上海市分会致上海市卫生局函

事由：为流动诊疗车实施服务祈察照并饬属照料维护秩序由

拟办：拟派员访视并分令各该区卫生事务所照料，另转函警局拟办。

沪(36)市字第八一三号

径启者，敝会兹为救助贫病，保障健康起见，举办流动诊疗车，一应手续业已筹备就绪，定于双十节开始服务，并在本市东南西北区特约流动诊疗服务站，排日按时驶车到达，为公众义务医疗。事关善举，除分函警察局、民政局外，相应开具诊疗车服务站特约地点及日程表，函希察照。敬恳饬属知照，在敝会车辆到达施诊时间，烦予注意照料，藉维秩序，共襄公益，无任善感。此致上海市卫生局。

附特约流动诊疗车服务站地点及日程表一份

会长　　徐采丞

副会长　章荣初　唐承宗

中华民国三十六年十月八日

特约流动诊疗车服务站地点及日程表

站点	沪南站	沪西站	沪东站	沪北站
地点	文庙路民众教育馆	江苏路念主布道所	杨树浦桥沪东公社	共和新路三德小学
日期	每星期一三五	每星期一三五	每星期二四六	每星期二四六
时间	上午八时半—十一时半	下午一时半—五时	上午八时半—十一时半	下午一时半—五时

原载上海市档案馆馆藏档案，档号：Q400－1－3031

中国红十字会总会上海办事处用笺

上海市社会局收文摘由纸

来文机关：局长交下函壹件　蒋梦麟

文别：函

事由：函为中国红十字会总会定期举行古今名人书画慈善展览会请协助，准予备案由

拟办：批准予备案

三十六年十一月十七日

开先局长吾兄勋鉴：迳启者，本会自筹募事业基金以来，虽承各界人士踊跃赞助，但与预期目标相差甚巨。近承沪地大收藏家慨借宋元明清真迹书画及现代全国书画家捐助作品，特举行古今名人书画慈善展览会。复承吴市长夫妇捐赠合作宝绘一帧，足使会场生色不少。兹定于十一月二十八日起迄十二月三日止，分别假座中国画苑中国艺苑同时展览，事先劝售参观券每张二万元，藉收聚沙成塔之意，以补筹募之不足。除另函贵局申请备案外，专此奉告。务恳惠予鼎力协助，呈请拨冗莅场，参观是所。感祷，敬颂勋安。

弟　蒋梦麟谨启

卅六年十一月十一日

原载上海市档案馆馆藏档案，档号：Q6－9－13－41

中华民国红十字会总会公函

（第沪征字778号）

为举办古今名人书画慈善展览会请予备案由　　　　如文

案查本处自奉总会命，以本会复员之后工作益繁而经费来源极感困难。承蒋主席热心倡导发动筹募事业基金，上海方面特组织筹募委员会并承吴市长国桢慨任主任委员。自开始劝募以来，虽承各界人士踊跃赞助，但迄今仍未达到目标，爰定于十一月二十八日起至十二月三日止分别假座中国画苑、中国艺苑同时举行古今名人书画慈善展览会劝募。参观券每张二万元，寓提倡美术服务慈善意旨，藉收聚沙成塔以补筹募不足之效。兹附奉券样一张，相应函请查照准予备案，实为公感。此致上海市社会局。

主任　冯子明

中华民国三十六年十一月十二日

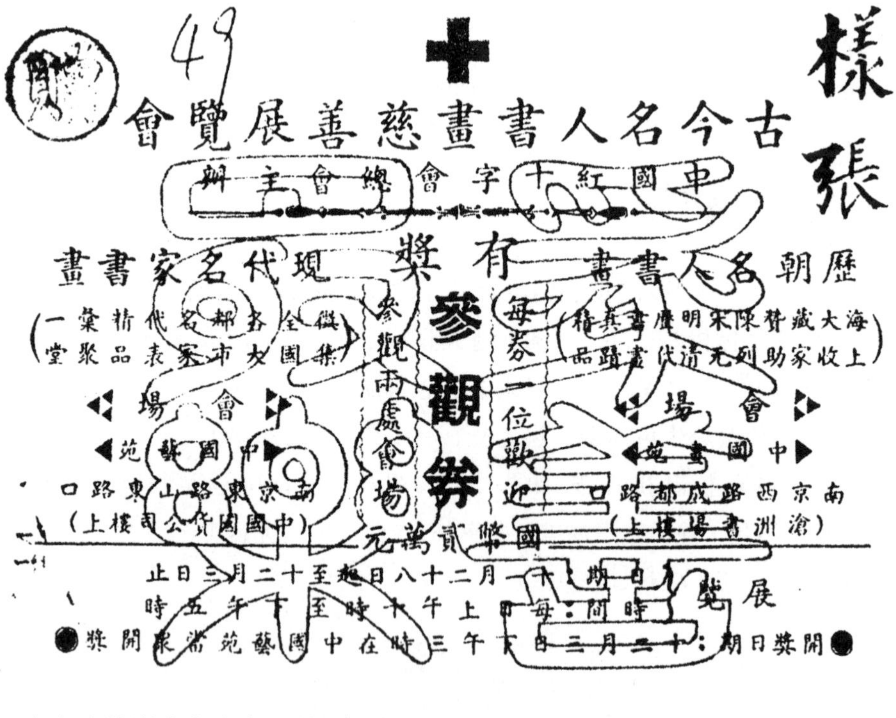

本会为答谢来宾盛意，增加参观兴趣起见，特订给奖办法如下：

（一）请保留参观券号码有得奖希望；

（二）全部名家捐助书画均编列号码，开奖时开出三号作为头、二、三奖奖品；

（三）订于十二月三日下午三时在中国艺苑当众开奖；

（四）届时敦请名人莅场主持，以昭慎重；

(五) 得奖号码次日在申新各报社会服务栏刊出,得奖者持原券号码向新闸路八五六号中国红十字会总会上海办事处领件。

原载上海市档案馆馆藏档案,档号: Q6－9－13－41

上海市社会局致中国红十字会上海办事处函

送达机关: 中国红十字会上海办事处

事由: 准函为定期举行书画义展应准备案希查照由

案准贵处沪征字第 778 号公函略开,以筹募事业基金定期举行书画义展,嘱查照案,备案等由,准此。应准备相应复请查照为荷。此致中国红十字会上海办事处。(局戳)

原载上海市档案馆馆藏档案,档号: Q6－9－13－41

中华民国红十字会上海市分会呈上海市社会局函

事由: 为呈奉总会核准举行三十七年度征募会定期开始仰祈鉴赐备案由

拟办: 拟指复开始劝募应依照规定手续,填申请表送核。

收文: 总收字第 12982 号

窃属会秉博爱恤兵宗旨,不分畛域,为人群服务,若灾害之振恤,医药之救护,病疫之防治,卫生保健之促进等项。兼筹并进,以期安定社会秩序,增进人类福祉。并年例举行征募大会,广求会员,筹募捐款,以厚力量而裕经费。历承本市机关首长、社会贤达竭诚赞助,宏赐倡导,会务利赖,感戴同深。兹者三十七年度征募会,业经呈准总会循例举行。自五月一日起以三个月为期展开征求会员与劝募运动,俾一年度事工推行得资维系。除分呈上海市政府外,理合具文呈报。仰祈鉴赐备案。谨呈上海市社会局局长吴。

中华民国红十字会上海市分会会长唐承宗

中华民国三十七年四月二十八日

原载上海市档案馆馆藏档案,档号: Q6－9－13－41

上海市社会局指令

送达机关: 红十字会上海市分会

文别: 指令

附件：申请表两份

事由：据呈定期开始举行卅七年度征募会仰遵照由

指令　　字第　号

令红十字会上海市分会呈一件(抄原由)

呈悉,准予备查,兹应于开始劝募前填具申请表一式两份报核,仰即遵照。此令。

附发申请表两份。

局长　吴开

原载上海市档案馆馆藏档案,档号：Q6-9-13-41

中华民国红十字会上海市分会批社会局训令

据红十字会上海分会呈为举行卅七年度征募会,定期开始,祈核备等情,令(批)仰知照由。

卅七年四月廿六日呈乙件(抄录原函)

窃属会禀博爱恤兵宗旨,不分畛域,为人群服务,若灾害之振恤,医药之救护,病疫之防治,卫生保健之促进等项。兼筹并进,以期安定社会秩序,增进人类福祉。并年例举行征募大会,广求会员,筹募捐款,以厚力量而裕经费。历承本市机关首长、社会贤达竭诚赞助,宏赐倡导,会务利赖,感戴同深。兹者三十七年度征募会,业经呈准总会循例举行。自五月一日起以三个月为期展开征求会员与劝募运动,俾一年度事工推行得资维系。除分呈社会局外,理合具文呈报。仰祈鉴赐备案。谨呈上海市政府市长吴。

中华民国红十字会上海市分会会长唐承宗

原载上海市档案馆馆藏档案,档号不详

中国红十字会蚌埠市分会函

各机关团体首长、社会贤达、各机关暨各大善士均鉴：

中国不幸,战饥频仍,经过八年艰苦之抗战,人民喘急未舒,方冀胜利同庆,获得休养生息之机,□□收获□气,不意天祸吾民,又起国共之争,攻城略地,到处争戎,烽火□灭,哀鸿遍野,一时愁云惨雾,□满人间。去冬蚌埠会战,中心南移,即以淮河北之双堆集为主力角逐地。双方动员五十余万众,往来鏖战于此方圆仅百里之地区,加以陆空战连绝兵之搏斗,如此成拉锯势者,时逾匝月,被毁村庄百余处,死伤人民逾万人,而被炮火之威胁弃家离徙者亦数近十万。满目荒凉,如临鬼域,方今死者暴骨未葬,伤者负创无医,□□生者亦少。缺食露宿于凄风苦雨之中,厥状之惨,□□□□□,亦难绘其形状于万一。谁无父母,谁无兄弟,谁无妻子,我□□之,孰令致之。伤心惨目,有如是耶。本会□近前线,目击情形,难安坐视。虽就力量所及,临时组织救护掩埋队,为死者掩埋遗骸。设立医院,为伤者医疗创痛,设置难民所,办施粥厂,俾生者暂免饥寒、露宿之苦。然……设备□周,仅能救助于一□,实难维护于……惟有向我各机关团体首长、社会贤达、各大善士代作将伯之呼,仰祈垂念,劫后生灵,如临水火,发发大慈悲,作慈航普渡。或请拨给振粮,或为募赐捐款,以为冬振之需,而施普遍救济,俾甘霖广沛,化棘路以为□台,义粟遥颁,生死人而肉白骨,感恩遐迩,造福无疆,迫切陈词,无任翘企,伏维□鉴,敬候福音。

中国红十字会蚌埠市分会

五月十四日

原载上海市档案馆馆藏档案,档号不详

上海市公用局总务室为请加入红十字会团体会员由致公共交通局筹备委员会函

上海市公共交通公司筹备委员会收文面纸

来文处所:公用局总务室

事由:请加入红十字会团体会员由,缴红十字会费 200 万元

收文字第 4462 号

上海市公用局总务公函　总字第五八四号　　中华民国三十七年六月七日

事由:请加入红十字会团体会员由

查本室奉 交洽办中国红十字会上海市分会三十七年度征募会事宜,业经呈奉局长批准,由本局及公共交通公司筹备委员会码头仓库管理处吴淞煤气厂、市轮渡公司等均加入为该会团体会员,各一次缴纳会费国币二百万元。除分函外,相应检送空白志愿书一份,函请查照。填就连同会费一并送空,以便汇转为荷。此致公共交通局筹备委员会。　　　　卅七年六月七日收到

附空白入会志愿书一份

原载上海市档案馆馆藏档案,档号:Q417-1-1509-37

上海市政府秘书处致红十字会上海市分会函

送达机关：红十字会上海市分会

文别：笺函

附件：如文

事由：随函检附表式口查照，径向该管届分所填报由

贵会三十五年十一月十八日沪(35)市字第三八九号一件，为呈请检赐抗战损失调查表，俾使填报等情，自应照办，相应检附表式一份，函情查照。依式照填三份，填毕递送该管区公所转呈为荷。此致红十字会上海市分会。

计附送损失报生单式样一份

上海市政府秘书处启

原载上海市档案馆馆藏档案，档号不详

中华民国红十字会上海市分会呈上海市政府函

窃查属会自抗战军兴，原有会所毁于日□炮火，荡然无存。公牍、器具同归于尽，损失重大。兹闻钧府对人民因抗战损失赔偿一案，特制定表格办理登记调查事宜，并规定一月内速报以便汇呈中央转令日本赔偿等因。具仰关心民瘼，公私交感。属会系属人民团体之一，自胜利复员，转呈奉钧府核准备案有案。前因抗战所受一切损害，自应依限填报以符规定。理合具奏，呈请鉴核，准予检赐各种损失。表格发由属会查填报请汇转，实为公便。谨呈上海市政府市长吴。

中华民国红十字会上海市分会会长徐采丞

中华民国三十七年十一月十日

原载上海市档案馆馆藏档案，档号不详

四、纪　　事

1946 年

红十字会征募大会发生舌战
——橡胶业大王大开联珠炮观众

中国红十字会上海分会复员，为了要推动会务，先着手征募会员，特地邀请钱市长担任征募总队长，当举行征募大会的一天，在临散场的时候，发生一场扫兴的舌战。

原来到会的征募队队长里，有位橡胶业大王王靖东，他认为过去上海的红十字会所办的医院，使市民是有最不良好的印象，尤其是医院的看护，发药的人，多数是瞧不起贫病的市民，甚至有见死不救的情形，这是很影响红十字会的名誉的，他更攻击红十字会医院，捐了人民的钱，不替人民谋福利，经过五分钟的激烈陈词，大开联珠炮，引起全场的惊异，报以一阵响亮的掌声。

万国红学会和美国红十字会的外国代表，听来固不很了解，看情形是已经明瞭大概，所以和在场的颜惠庆耳语，面部表示着强作笑容的样子。

结果，红十字会的医务高级人员，觉得太不成话后，郑重地辩论，说过去为了医院不是自己办的，虽是挂红十字会牌子，实际另有主持的人，但是这个解释，王靖东并不满意，幸亏司仪人员机警，马上宣告礼成，因此就草草终场。

原载《飘》1946 年第 8 期

前　　言

胜利以还，百废待举，本会于三十五年三月奉命复员，以原有会所及设备，全遭毁灭，权借总会驻沪办事处余屋为办公之所，即今会所是也。顾一切草创，当遵照总会指示，首先巨响征求会员及筹募捐款，以求基础之确立。嗣即分别缓急，举办事工，一本博爱精神，为社会尽其棉薄。鉴于战后元气凋伤，重在救济，首辟诊疗所，设内外眼耳鼻喉各科，分应门诊，免收药费，旨在减轻平民医疗负担。并分发肺病患者牛奶，及增设儿童营养站，散发清寒儿童服装，冬振棉衣等项。其他保健工作,会员事业,均经常举办,散见本会工作报告。兹以年度告终,为检讨过去,策励来兹起见,爰有本刊之编行,兼为关心本会事业者作综合报告。所望社会各界人士,本其既往热忱,继续匡助,使未来事业,益形开展,实所跂望。

原载《中华民国红十字会上海市分会三十五年度工作特辑》

会员交谊室

会员交谊,系属本会基本工作之一,故于本会二楼,先行辟设会员交谊室,因经费及地位关系,暂设阅报、图书、弈棋、乒乓等,以供会员阅读游戏,并经常举行会员交谊会,同乐会,座谈会等。自节约一日开办起至年底止,计开放一百天,参与会员计一万一千五百二十人。

原载《中华民国红十字会上海市分会三十五年度工作特辑》

会员业余补习班

分初级、中级、高级三班,每班名额三十人,自九月份起试办三个月。课程为国文、英文、数学。由本会职员兼任教师,并聘请义务教师一人,酌给津贴。时间为每日下午七时至九时。学费不收,只取报名费二千元。入学者纷至沓来,各级学员,均超出定额,惟学员程度参差不一,教授略感困难,现第二期正在筹划改善中。

原载《中华民国红十字会上海市分会三十五年度工作特辑》

征集答赠

本会为答谢美国红十字会青年会员盛情及联络国际友谊起见,特向本会青年会员,征集答赠物品一批,作为圣诞节礼物。该批答赠礼物,均为国产工艺品,爰经送往美国红十字会,请其转赠该会青年会员。此种国际馈赠,于本会青年会员,尚属创举,并以时日急迫,未能普遍征集,然已予美国红十字会一良好印象。

原载《中华民国红十字会上海市分会三十五年度工作特辑》

会员同乐会

本会于十月九日举行会员同乐会,参加者颇众,座为之满。是日敦请颜惠庆博士演说,并有各会员组成之游艺节目表演,及放映卫生电影。

原载《中华民国红十字会上海市分会三十五年度工作特辑》

图书展览会

本会会员名画家许士骐、张聿光两先生，出其精心杰作百余件，在本会交谊室举行图画展览会三天，临时并由本会顾问邱橘农先生，将其所临圣教序册页，加入展览，来会观摩者，日有数百人。

原载《中华民国红十字会上海市分会三十五年度工作特辑》

红会之友

本会鉴于以往从事红会工作人员綦众，均属本会良友，实有联系必要，爰组织“红会之友”，以期借重攻错，增益事功。现有会友七十余人，均服务本市各机关，经常举行聚餐会等，除联络感情外，献替会务，获助良多。

原载《中华民国红十字会上海市分会三十五年度工作特辑》

红光乒乓队

由本会一部份青年会员组成之红光乒乓队，日在本会交谊室练习，现有队员十六人，其中不乏能征惯战之乒乓老手，故与本市著名乒乓球队，举行友谊赛数次，尚能胜多负少。各队员对队务亦颇热心，假以时日，不难成为本市乒乓队中之一枝生力军也。

原载《中华民国红十字会上海市分会三十五年度工作特辑》

病院车

美国红十字会捐赠本会新式救护车一辆，除备作救护应用外，复酌收汽油费，供应患病会员及家属亲友，作为送院出院调院之用。

原载《中华民国红十字会上海市分会三十五年度工作特辑》

防疫运动

夏令本市时疫厉行，卫生当局发动防疫运动，本会为响应起见，接受卫生局委托由诊疗所免费注射防疫针，计二万一千八百二十人。此外并由医务股派员分组前往各学校各工厂各团体机关施行集团注射，计学校为武定、诸翟、税务、爱国、明德、三育、越旦、大厦、肇光、中国、正中、圣芳济、江苏、小闸等大学中小学十四校。

工厂为亚光手帕厂、恒大纱厂、义泰兴煤球厂、中华造纸厂、恒丰染织厂、亨利肥皂厂及证券交易所等七家。机关团体为盐务总局杨家渡官仓、药材业同业工会、卷烟皂烛火柴同业公会等。受注射者计二万一千六百九十三人,每人有分二次或三次注射者。医务股又另行派员随同流动服务站出发,至市郊各区及各联保办事处,集合各保居民,施行注射,共计一万〇九百七十人。

原载《中华民国红十字会上海市分会三十五年度工作特辑》

接待荣军担任医疗

本会接准上海市青年军复员委员会函知,以退伍青年远征军来沪或过境,嘱于届时参加欢迎招待,并担任办理各项卫生事宜。当由本会派遣工作人员,排日携带欢迎旗帜标语,驰赴车站,参加欢迎。并另派医疗队,每日分赴各联络站担任防疫注射及致赠慰劳物品。复通知本会有关医院及诊疗所等遇有患病青年军前来诊病,一概予以优待。

原载《中华民国红十字会上海市分会三十五年度工作特辑》

致美国红十字会青年会员书

亲爱的美国红十字会青年会员同志:

这是一件使我们非常兴奋和感谢的事,使我们每一个人都得到了一份珍贵的礼物,这礼物是从遥远的西半球里一个为我们一向敬爱的国家——美国——的红十字青年会员同志所寄来。

中国——我们的祖国——是有着四千余年的文化,一千一百余万方里的土地,和四万万七千万的人口的一个东方的爱好和平崇尚正义的国家。当我们的邻国——日本——向我们发动黩武的侵略的战争时,我们就为了祖国的存亡,为了世界的和平,在千辛万苦中,抗战了八个年头。虽然这么长久的苦战使我们蒙受到极大的损害,但是终于得到了世界上主持正义的国家的同情,给予了我们精神上、道德上、物质上的种种援助。尤其是,你们的祖国——美国——更和我们同心协力的并肩的在东战场上击败了法西司蒂的日报,得到了最后的胜利,结束了残酷的第二次世界大战,使全世界的人类又恢复了他们的宁静和平的生活。

经过这一次的对日战争,东西两大国家——你们的祖国和我们的祖国——彼此都有了更深切的认识和更紧密的连系。我们是未来的中国的主人翁,你们是未来的美国的主人翁，要使中美两国永远能够保持着现在这样的邦交，或者促使他们再有更进步的邦交，这个未来的使命和责任，是要在我们和你们的肩上，我们是伸着臂膀等待和你们携手合作。

现在让我们来谢谢你们惠赠给我们这样精美的糖果，但是我们应该怎样来答报你们呀！我们已在思索，已在筹备。在不久的将来，或将来聚集一点土产玩具，请中国红十字会上海市分会转送给你们。现在先写这一封信来表达我们的一点谢忱和心意。我们知道这一封信还是中美两国青年界中的创举，我们希望他要永远的留着纪念下去，将来——我们已不是年青的时候，或者在上海，在纽约，写信人和受信人当中的任何一位，握手相见，无意中谈到过去因了两国的红十字会青年会员而有过这么一段因缘时，你再提起这一封信的内容，我再感谢在年青时吃到你送给我的糖果，那是件多么有意思的事呢！

祝你们

快乐

你们的同志中国红十字会上海市分会青年会员

原载《中华民国红十字会上海市分会三十五年度工作特辑》

编者按：这一封信写在一本锦面的古色古香的纪念册上，每一位受赠到糖果的青年会员，都在信末签上了他的大名，正草隶篆，各样字体都有。王正廷先生的题眉，杜月笙先生的题字，和青年会员汪毓文女士在封面上画的一幅红梅，更为这本册子增加了意义和价值。现在这本册子已陈列在华盛顿的美国红十字会，它为中美两国红十字青年会员的国际通讯，开了一个创端，而将永远地留下一个可宝贵的纪念。

三十六年度工作纲要

会员事工

一、国际联谊——通讯、馈赠

二、会员交谊——同乐会、园游会、聚餐会、座谈会

三、青年会员服务团

四、救护训练班

五、会员业余补习班——国文、英文、会计、簿记

六、学术研究会

七、美艺展览会

八、旅行团及参观团

九、音乐会及歌咏团

十、球类运动——足球、篮球、乒乓球、网球、羽毛球

社会服务

一、设置医院免费病床

二、扩充医药救济业务

三、增设儿童营养服务站

四、推行防痨运动配发牛奶及鱼肝油精

五、预防传染病症——普遍免疫注射及接种牛痘

六、施送救济物品

七、失学青年就业训练

八、女子职业训练

九、妇女家事训练

十、托儿所

原载《中华民国红十字会上海市分会三十五年度工作特辑》

工 作 动 态

本会在抗战以前,原有各地分会五百十二处,战前大部份分会随战局演变,失去联络。兹值抗战胜利,国土重光,本会对于收复区失去联络之分会,积极予以调整,并厘定办法,以资实施,初步计划,从调查着手。本会虽系国际性中立团体,但依国家民族之利害而言,绝不容附逆份子,以辨忠奸,此为调整收复区分会之前提。其要点:一、依调查历年工作及经济状况;二、现任各负责人之身份,确定其扩大或改组。首先特别健全各大城市之分会,必须具有推行现代社会福利事业之能力,以为各地分会之示范。现据报请调整之分会,已有北平、汉口、南昌、信阳等多处。

本会第二处冯处长子明,于抗战胜利后,奉派赴沪,指导上海分会复员事宜,旋赴杭州、南京、汉口等地视察分会,并指导汉口分会改组事宜,前以公毕,返会述职,复于一月二十一日飞沪,主持上海分会改组。

本会复员计划,预定于上海、北平、汉口、广州、重庆五地成立"服务中心实验区",此后工作,得美国红十字会赞助,积极筹备。该会代表高理文氏,经常与本会

保持联络,还都后将派员参加工作,以臻密切。[下略]

原载《红十字月刊》1946年第1期

中国红十字新闻

上海市分会,前经派本会第二处处局冯子明,及总会上海区办事处主任印公田,协助推行复员工作以来,首次理事会已于三月十一日正式召开。前经总会聘定理事徐采丞、章荣初、唐承宗、金润庠、郭兰馨、赵曾钰、俞松筠、朱恒璧、王炳耀、姚元鑫、臧廉逊、张杏荪、夏理彬、荣尔仁、杜维藩、水祥云、殷新甫等十七人,俱为上海各界知名人士,且多从事社会事业,卓卓有声,此为上海市分会以往各届理事会之最大收获。现该理事会已公选徐采丞为常务理事兼会长,章荣初、唐承宗为常务理事兼副会长,金润庠、郭兰馨为常务理事,殷新甫为总干事,预定于五月中旬,举行征求会员大会,将以二十万人为目标。

本会分区设置办事处计划,业已次第实现,现经正式成立者,计上海、北平两区,在筹备中者,计汉口、广州两区。

[上略]本会为发展分会业务,经决定全国六大城市之分会尽先配设现代化诊疗所。计已配设完成者,为上海、汉口、重庆三处,正在部署者为南京一处,即将配设者为北平、汉口两处。[下略]

原载《红十字月刊》1946年第3、4期合刊

中国红十字会新闻

本会各地分会之组织,近一月来发展至速,并将各大城市分会之发展情形,择要分志如次:

上海市分会征求会员大会,于五月十日正式揭幕,目标为会员二十万人,经聘定名誉总队长蒋梦麟,名誉副总队长杜月笙、刘鸿生,总队长钱大钧,副总队长王晓籁、徐寄庼,设征求队六百五十队,每队设队长一人,均为上海各界领袖,并于各大银行设征募处,代收捐款。征求期间至五月底为止,应征入会者,极为踊跃,不经过征求队而亲往该分会申请入会者每日自早至暮,络绎不绝。此次成绩,定可圆满达到目标。[下略]

原载《红十字月刊》1946年第5期

中国红十字会新闻

[上略]将所有医疗队四十个，择其成绩优良者，改为诊疗所，除重庆早有设置外，于上海、南京、北平、广州、汉口各设具有现代设备之诊疗所一个，均归各当地分会直辖，计共保留医疗队十五个，以三个医疗队改成一个诊疗所）其余各队一律撤销，以期辅助地方卫生，而副本会"平时有备"之旨。

[上略]上海分会诊疗所增设眼科，极为发达，每月该所就诊病人已达百人以上。（七）京畿对岸之浦口，为津浦路之起止站，居交通之冲要。前经南京市夏令防疫运动委员会指定该地为红十字会担任防疫工作之地带，经派第四二医疗中队驻在浦口担任交通检疫及预防注射等工作，计保甲注射人数为八三六四人，车站注射六六八三人，合计一五〇四七人。

[上略]肆、总务

一、本会上海区办事处主任印公田因病请辞，调本会第二处长冯子明接充。

二、调本会第一处处长江晦鸣为第二处处长，仍暂兼代第一处处务。

原载《红十字月刊》1946 年第 6 期

中国红十字会新闻

征求会员工作，近一月来，所获之报告，分志如次：

甲、扩大征求者

上海市分会于五月十日开始以来，原定五月底结束，嗣以各征求队征求结果之报告，未能送齐，经两次展期，改至七月十五日结束。现查征求结果，普通会员及青年会员确数尚在精密统计中，已揭晓者为团体会员九十二个，名誉会员六百二十九位，特别会员二千四百七十五位，以后尚有增加。[下略]

上海市分会诊疗所，(一) 五六两月份医务统计：内科一八九〇人，外科三一八三人，眼耳鼻喉科七五六人，施行手术二八人，注射霍乱疫苗二四八二〇人，注射伤寒疫苗一九五人，接种牛痘九八人。(二) 响应上海市卫生局发动之防疫运动，经派医护人员分组前往各学校各工厂，各团体机关，施行集体预防注射。自五月中旬开始至六月底止，计参加学校十四个，工厂七个，机关团体三个，受预防注射者，计二一六九三人。(三) 为会员进行健康检查，并向行政院善后救济总署领到淡牛奶三百箱，计一万四千四百听，先正发动保甲广为宣传，凡经医师证明患有肺结核者，

每月配给淡奶十听。(四)承美国红十字会捐赠救护车一辆,已进行救护车服务计划,为患者服务。[下略]

原载《红十字月刊》1946年第7期

中国红十字会新闻

[上略]上海市分会征募运动,于五月十日开始以来,至七月十五日结束,其征募总成绩,业已揭晓。计征得会员五九·一三六人,收入会费及捐款五五·五八二·一〇〇元。征募队长成绩最优者,如朱文德、徐采丞、章荣初、朱良材、王兆槐、夏理彬、章鹏若、罗树森、朱恒璧、陆荫初、吕觉非、洪念祖、王祖镜、王秀庭、王先青等十五人。[下略]

原载《红十字月刊》1946年第8期

中国红十字会新闻

[上略]分会调整工作,本会为发展会务,坚强分会组织,乃就各大城市并战前已有分会组织者,选定四十处以为核心,使其具有(一)高度征募会员及基金之能力,(二)高度服务热忱之干部,(三)完全合乎时代需要之服务事业,其会员人数,最低限度须达成一万人至三万人以上,俾能予附近各地分会发生示范作用,兹志其地点如后:

☆南京　☆上海　☆武进　☆吴县(苏)　杭州　☆鄞县　☆永嘉(浙)　芜湖(皖)　☆汉口　武昌　宜昌(鄂)　长沙(湘)　☆北平　☆天津(冀)　☆洛阳　郑州(豫)　☆南昌　☆九江(赣)　☆重庆　成都　☆万县(川)　☆青岛　☆济南(鲁)　☆广州(粤)　桂林(桂)　☆柳江(桂)　☆昆明(滇)　贵阳(黔)　太原(晋)　☆西京(陕)　兰州(甘)　☆福州(闽)　☆长春(吉)　沈阳(辽)　西昌(康)　归绥(绥)　迪化(新)　宣化(察)　台湾　香港

以上地点中有☆记号者(为)已恢复分会组织,并已进行或正正在进行着征募运动,截至九月底止,计有二十二个单位。

……

肆、会务

复员以来,各地分会经整设完成者之重要人员名单,分志如次(以后陆续发表):

上海市分会

会长：徐采丞；副会长：章荣初、唐承宗；总干事：殷新甫。

原载《红十字月刊》1946 年第 9 期

中国红十字会新闻

[上略]征求会员工作，近一月来，因举行第五届中国红十字宣传周，全国各地分会，一致热烈进行，最具有规模者，为南京、上海、北平、汉口、广州、西京、武进等分会，宣传日程自十月一日起至十日止共为十天，活动节目各地分会各具有特色(详情另于本刊“分会园地”发表)。综合各种活动要目，计有特刊、广播、集会、画展、征文、电影、音乐、慰劳、教师联谊、康乐活动、健康检查等，极能引起社会对于红十字会工作，更增一番人士与兴趣，尤以青年红十字会员运动，在我国尚属萌芽时期，经此次宣传周活动，已引起青年特别爱好，故入会者较任何阶层为多。兹志三十五年一月起至十月止，各地分会征得会员人数分类统计如次：

团体会员	一五〇
名誉会员	一一一六
特别会员	三二五八
普通会员	四六八三五
青年会员	九三一一七
合计	一四四四七六

以上所列统计数字，其已报而未经分类者，及各地分会征募运动尚未结束者，其数目均未列入，截至十月底止，所征得会员，已近二十万。[下略]

本会上海区办事处及上海市分会为纪念八一三淞沪战役，本会因参加抗战救护牺牲之第一人——第一救护队副队长苏克己，护士谢惠贤、刘中武、陈秀芳四烈士，特于四烈士殉难处——罗店，树立殉职纪念碑，业于十月十二日，举行揭幕礼，到有上海市政府医师公会等机关团体，暨各界代表数百人，并有伞兵参加致祭。因苏烈士等之死，系为冒险救护被迫降落战地之空军人员，而遭敌寇所执，并加残杀，其英勇精神，至足矜式。

二、服务

本会社会服务工作，初选定南京、上海、北平、汉口、广州、重庆等地为服务实验区，自推行以来，以南京、上海、北平三处，成效最著，兹志其动态如次：

上海市分会原在诊疗所办理营养补助,当发现肺结核患者或营养不良者,则予牛乳补助,自十月份起变更办法,改设儿童营养站,平均每日饮奶者约二百人。

三、医务

各地分会诊疗所暨医院诊疗统计

区分	日期	初诊人数	复诊人数
上海市分会诊疗所	十月一日至二十日	一六六二	二七五二

[下略]

原载《红十字月刊》1946 年第 10 期

中国红十字会新闻

[上略]复员期间,本会为便于督促战后各地分会之恢复,特于上海、北平、汉口、广州、重庆五地各设区办事处一个,负责此项任务。惟查本会战前分会组织,最多时有五百十二处,现经恢复者一百三十二处,已达五分之一以上,且分布全国各省。又以各大城市分会,如南京、上海、西京、重庆、广州、北平、汉口、长春、昆明等地分会,渐具规模,将来可能发生示范作用,以资附近各地分会观摩。爰将各区办事处限十二月底取销(消),但为加强巡回督导工作起见,拟于明年度扩增视导名额,分区视察,替代区办事处任务。至上海方面,因国际关系对外接触频繁,正考虑设置相当机构,以臻连系。[下略]

上海市分会征募运动总成绩,截至三十五年十二月底止计征得团体会员一一〇个(内包含人数一一一〇〇人),名誉会员八二六人,特别会员三四四一人,普通会员二三三九三人,青年会员二五七四三人,合计会员五三五三三。(如包含团体会员人数应为六四五〇三人),共收会费及捐款为国币五七・三三三・四〇〇元。[下略]

本会秘书长胡兰生氏,于三十四年九月出国代表政府出席日内瓦国际红十字会委员会,及代表本会出席日内瓦红十字会国际联合会,历时十五阅月,曾顺道访问欧美各国红十字会,并受聘国际卫生会议中国代表团顾问,业于三十五年除夕乘海鹰轮安返国门。当时在上海轮埠欢迎者,计有本会高级职员,本会上海区办事处,上海市分会暨其诊疗所,本会上海市第一医院,本会上海市护士学校,上海医学院,上海市医师公会,圣约翰同学会等代表百余人,由护士学校学生代表献花。胡氏此行对于修订红十字公约贡献颇多,尤以代表东方国家红十字会发言,极为各方尊重,闻国际间各国红十字会对本会寄情,特别殷切,将于国际合作方面,以更臻密切。嗣返珂后即来京向会长述职并主持会务。[下略]

原载《红十字月刊》1946 年第 12 期

1947 年

中国红十字会新闻

[上略]奖励优良分会:三十五年度各地分会工作成绩业经考核评定,分为甲、乙两等。

凡业务能依照既定计划进行,并征募成绩优良者列为甲等,合于此项规定者有南京、上海、武进、广州、西安、北平、重庆、汉口等八个分会。[下略]

上海市分会儿童营养站自三十五年九月十一日起开始供应牛奶,至年底止,领奶儿童共二三〇一一人,发出牛奶五三六八听,又自三十五年六月一日起至年底止,肺病会员领奶者五一八人,发出牛奶五九〇三听。[下略]

各地分会诊所暨医院诊疗统计,兹将已收到者,分志如次:

区所	日期	初诊人数	复诊人数
上海市分会诊疗所	一月十一日至三十日	九七四	一六六一

[下略]

原载《红十字月刊》1947 年第 14 期

中国红十字会新闻

复员期间本会第三次理事会议,于五月二十八日上午十时在上海新生活俱乐部举行,出席理事于斌、徐国懋、钱大钧、谷正纲、徐寄庼、蒋梦麟、刘鸿生、杜月笙等八人……主要讨论提案为筹募本会事业基金,讨论结果,决定筹募基金国币五十亿元(向政府请拨五亿元,在国内各大都市劝募三十三亿元,义卖二亿元,向友邦红十字会及旅外侨胞募捐十亿元),时间暂定为三个月,自三十六年八月一日起至十月底止。[下略]

上海市分会本年度征募运动,于六月一日开始,聘请前本会会长王正廷博士及国民党上海市党部主任委员方治为正、副主任委员，上海市市长吴国桢为名誉总队长，上海市参议会议长潘公展为总队长，征募时间以一个月为期，预定征求会员十万人，收入会费六亿元。[下略]

青浦县分会本年度征募会员运动于四月二十日开始，预定征求会员一千人。[下略]

原载《红十字月刊》1947年第17期

中国红十字会新闻

[上略]上海市分会三十五年度征募会员至上年十二月底止，共计五〇·二九〇人，兹据呈报于今年春季，续征青年会员一六·三五二人，普通会员二二四人，特别会员九六人，名誉会员七人，团体会员二个，共计一六·六八一人。[下略]

又上海市分会于七月十九日开办妇女缝纫班一班，每期召收妇女二〇名。本会据报后，已将库存旧缝纫机拨给两架，以供使用。[下略]

上海市分会设有会员交谊室一处，内置有乒乓球、书报、弈棋等游乐玩具，六月份开放，二十五天，参加活动一〇·八〇八人。又该分会儿童营养站六月份发放牛奶一·〇九六听，供应人数四·三九九。[下略]

上海市分会七月成立巡回防疫注射队一队，备有汽车载乘医护人员巡回注射。[下略]

原载《红十字月刊》1947年第19期

中国红十字会新闻

本会为扩展社会服务，办理永久事业，经第三次理事会决定筹募事业基金五十亿元，分在全国各地及向海外侨胞劝募，自八月一日起由总会印制捐册、标语及征募特辑，分发各地分会办理筹募。南京上海两地于八月二十日同时举行筹募大会，由总会及上海办事处主办，分别组织筹募委员会及筹募总队，南京区筹募委员会由沈怡市长担任主任委员兼总队长，马副市长元放及参议会陈裕光议长担任副总队长，社会局谢征孚局长担任总干事，党政金融及各业公会领袖为劝募队长共一百五十余人，八月二十日上午十时假本市洪武路介寿堂举行茶会，招待劝募队及新闻记者，共到七十余人，由沈市长主席，总会胡秘书长兰生及南京市分会沈会长慧莲亲自招待，情况至为热烈。

上海区筹募委员会由吴市长国桢任主任委员，潘议长公展、徐副议长寄庼为副主任委员，工商金融各界领袖为委员，八月二十日下午三时假新生活俱乐部举行茶会，招待各界人士，到方治、吴蕴初、王晓籁等百余人，由本会蒋会长亲自主持。上海区募捐数额预定为十亿元，南京区预定为三亿元，预计当可达到目标。［下略］

上海市分会三十六年度征求会员运动于六月一日开始，至七月底已业得特别会员三百九十一人。［下略］

上海市分会组织流动诊疗车为贫民巡回施诊。［下略］

原载《红十字月刊》1947 年第 20 期

中国红十字会新闻

［上略］上海市分会因感上海市贫苦人民诊病不易，特与沪市民营广播电台同业公会，发起筹办流动诊疗车，嘉惠贫病。由十八家民营广播电台，自九月中旬起向各界作义务广播，劝募捐助基金，目标为五亿元，现已募得一亿二千万元，并蒙美国红十字会赞助，捐给救护车一辆，连同该分会原有之中型吉普改装后，两辆救护车现已开始工作，并在沪市东南西北四区分设诊疗站，为贫民诊治。［下略］

原载《红十字月刊》1947 年第 21 期

凯歌两载话当年
——抗战初起的青浦分会

远在民国十三年，甲子齐鲁之战，由于事实的需要，旅沪的青浦人士方士良、徐熙春、戴克宽等诸先生发起组织了青浦红十字会，从事收容难民、救护伤病、掩埋尸体等工作，虽然战事不久，也有相当成绩，得到过总会的嘉奖。

一·二八青浦虽没有攻陷，而嘉定、宝山的难民来青浦的很多，青浦红十字会妥为招待收容，租了轮船把留在青浦的难民，送到上海一带较安全的地带去。

八一三的烽火，猛烈地展开，不但嘉定、宝山的难民麇集青浦，就是沪宁线之苏锡常镇，沪杭线的杭嘉湖与浙永宁绍，以及江北淮阳通海与其他各地的旅沪难民也涌到了青浦。因之，青浦分会也就展开了繁忙的工作。

首先青浦各界寄徐先生以重命，徐先生乃从上海回青浦，召集各界共同推行救护救济等工作，青浦党政机关也常集叙一起讨论，推徐熙春先生为救护委员会主任，主要的责任是遣送难民。

廿六年八月十六日到廿一日，共遣送了一万四千二百八十六人。他们的籍贯：

江苏有一一九八〇人，计吴县、江宁、镇江、昆山、无锡、武进、常熟、丹阳、宜兴、吴江、江阴、通州、淮安、兴化、盐城、泰县、高邮、宝应、靖江等县。

浙江有二一三一人，计杭县、绍兴、宁波、湖州、嘉善、嘉兴、吴兴等县。

安徽省有休宁、徽州、歙县、合肥等一〇八人。

山东省有济南、烟台、利津、恩县等二八人。

湖北有汉口、武昌等十三人，河北有天津六人，广东南海二人，四川五人，江西九江三人，湖南平江三人，其他七人。

先后共征雇轮船民船七十三艘，驶往苏州二十四次、无锡七次、昆山二次、平湖一次、绍兴一次、嘉兴五次、江阴一次、杭州六次、震泽一次。在运送的时候，有时因为军用频繁，难民船被征用，难民也就为当地机关收容，或者再度流落。

遣送船只起椗之前，对于等候的人，分发粥及小菜，沿途又向各饼店定制大饼，每日分发充饥，至于无家可归的难民，设立了收容所留住。后来为培养难民的工作能力，对于收容的难民加以技术训练，分为缝纫和织履两组，先后共制成棉背心一千〇九件、白麻战鞋九八四双、棉被四十条、棉袴五十条，或请抗援会转送，或由分会同工亲赠前线将士。

伤病紧跟在战事而发生，分会便也开始了救护工作。关于器材药品，首先南翔红会理事长率领职员到青浦来合作，留下了一批器材和药品，上海总会也曾拨给四大箱，徐会长又曾到上海募捐了一些。

救护的对象，部分军民，有的是作战受伤，有的是轰炸受伤。八月廿六日，观音堂镇遭轰炸，由顾若樵先生及队员卅人驻守救护，十月一日孙少杨队长和队员赵烈钧、朱增祥、朱丙奎、陈勇敏，医师李哲声，乘救护船去嘉定、南翔等处工作。廿三日，又赴黄渡、白鹤港，往来两埠间工作。十月六日，董宝荣队长和李民生、朱嘉宗等趁救护船赴黄渡等处救护。廿三日，黄觉民等去黄渡、徐泾等处。

到十一月更积极的走上战场，队员黄觉民、陆振声、陈勇敏、褚求宜等及护士张月华、徐蕙英，带着衣服药品在前线从事救护，有的与军中医疗单位合作，有时单独工作，轻伤的当场包裹，重的送到城内治疗。

接着敌机又猛烈轰炸，于是分派队员在城厢分头救护，救护队长孙子杨先生因之殉职，不久局势益形紧张，接到驻军通知退出县城，于是迁金家庄办公，各地队员纷纷归来报告工作，因为局势混乱，工作无从推进了。

救护有计[记]载的计四十七人。

八七师——八名　　八八师——四名　　一七七师——四名

一六师——三名　　一七二师——二名　　一九师——二名

六一师——二名　　五七师——二六师、一五师、一九师、九师、六师及水上公安队各一名。

罗店人八名、青浦人四名、宝山嘉定等三人。

到十一月廿二日探悉日军已经离青浦,乃齐集队员返城工作,李鼎三先生曾努力主持掩埋工作,未几发生阻碍,乃改以红会名义办理,委李鼎三、黄觉民等为掩埋监督,由救护队员督工继续掩埋,所费概由红会负责。自十一月廿七日起,至十二月廿三日止,共埋军民尸体八六六具,畜类尸体一〇六具。

十一月廿七日因为各家门户被打破了,乃雇木匠数名,逐户将门钉好,城门亦加修理,晨启暮闭,以减少劫掠。是后局势迁变,工作便被迫停止了。从廿六年八月起,红会工作应运而生,青浦区人看到难民的惨状,以救济工作的热烈,谁都揭发正义,付予同情,大家捐钱、捐米、捐衣服,廿六年一月至廿七年一月捐款,捐款达四千余元。各机关团体以及友邻县分也都给以方便和帮助,譬如廿六年八月德和轮运送难民,到朱家角燃料告乏,朱镇商会马上劝募了三顿煤斤,使德和轮顺次地完成了任务。

从各界热烈的捐献协助,以及上述工作的表现,我们不难想像到当时工作者的兴奋和紧张努力的情况,我们敬向一百多位同工致敬,尤其是对于忠勇殉职的孙子杨队长悼念! 胜利已经二年了,现实的侵扰使人们感到不安,但是深信这些牺牲小我服务大众的精神和事绩,将永远存在在青浦区人的心里,赢得宇宙间正义的崇敬。

原载《红十字月刊》1947 年第 21 期

本会新闻:总会:筹募事业基金定期结束,海外捐募领馆复函允助

本会此次筹募事业基金国币五十亿元,原定筹募期间为三个月。捐额之分配:1. 政府——五亿元;2. 各大城市——三十三亿元:计“上海”十亿元,“南京”三亿元,“东北”、“台湾”、“广州”、“昆明”各二亿元,“北平”、“天津”、“西安”、“汉口”、“重庆”各一亿元,其余各省市县各一千万、五百万、一百万元不等;3. 义卖——二亿元;4. 国外募捐——十亿元。

上述四项捐募,除政府补助五亿元已由行政院拨发到会外,关于国内筹募工作

自八月二十日开始筹募以来,已逾两月,兹为如期结束,公告征信,业经通电各地分会并于京沪两地登报宣布于十一月二十日一律结束。至筹募成绩,除中原各地因受军事影响未能及时办理外,各大都市均组织筹募委员会及劝募总队展开工作,其已收得捐款者(十月底止)南京区——二〇八、六六六、〇〇〇元,上海区——二〇四、七〇〇、〇〇〇元,各地分会——五、五〇〇、〇〇〇元。此外军中劝募队及中央政府荣誉劝募队(由总会直接聘请)亦已送到捐款三〇、六七九、〇〇〇元,共计四四九、五四五、〇〇〇元。

义卖工作现分两种方式进行,一为书画展览,一为红十字襟章义售。书画展览由总会通令各大都市分会募集当地名书画家精品三十件送会,先在上海举行展览义卖,再后依次运至南京等大都市举行展览,现拟俟书画集有成数,即着手办理展览。售卖红十字襟章工作已开始,由总会同仁及分会同仁先行以友谊方式试售,该项襟章本会原存有三万五千余枚,现拟就此存数分发京沪两地各中西药房代为义售,每枚售国币壹万元,如全部售完,可得三亿五千万元。此项工作,欧美各国红十字会多在街头举行,其成绩并常超出预定目标,因其人民素重社会观念,对红十字会认识甚深,故推行顺利。本会此次义卖募捐,虽为首次,但一般说来,推行尚无太大困难,足征国人对红十字会之认识亦已渐进,是为吾人颇可引慰之事。

关于国外捐募,在抗战初期原为本会经费之最大来源,因系协助国家抗战并从事人道之救护,故各地侨胞无不竭力捐输。此次筹募事业经费,系为发展更大的社会事业,故仍寄望于海外侨胞之捐助。惟以大战之后,侨胞亦须生息,乃仅选请各地较为重要之侨团代为筹募,并经函请各地使节,协助进行,顷准驻槟榔屿领事馆复以事关社会救济事业,自当竭力协助云云。

原载《红十字月刊》1947 年第 22 期

本会新闻

[上略]征募运动:

1. 本会前为统一征募运动,曾于上月通令各分会自三十七年度起,各分会征求会员及筹募基金,均于每年十月一日至十日举行红十字宣传周时,合并办理,其有特殊需要须提前或迟后办理者,亦须事前呈报总会核准。

2. 本会此次筹募事业基金系分区办理,除南京区劝募队经募款额及捐款人台衔已于上期本刊公布外,兹将至目前为止,各区筹募款额分列于后:

一、中央及中区	七一、九九三、〇一〇元
二、南京区	三一三、六五四、五〇〇元
三、上海区	八三一、三四四、〇〇〇元
四、各地分会	一三三、五一〇、〇〇〇元
五、总会同仁	一七、三九二、〇〇〇元
六、义卖	一九三、二〇〇、〇〇〇元

以上七项共计收入国币一、五六一、〇九三、〇一〇元。[下略]

原载《红十字月刊》1947 年第 24 期

国际红十字会动态:美红会上海办事处结束

自战时开始之美红会驻华办事处,复员以来,移设上海雷士德大厦,兹已于本月底正式结束。一九四六年美红会曾以经费物资援助本会推展业务,一九四七年因国外救济业务停止,改以少数特殊项目在国际合作之目的下,奥尔逊女士曾来中国考察护理事业,由本会介绍前往卫生护理机构参观。该会驻华代表马迪成氏已于办事处结束后转任中美救济协定所设之中华救济处副主任,仍与本会维持密切之联系。

原载《红十字月刊》1947 年第 24 期

1948 年

本 会 新 闻

本会为展开红十字少年活动,加强服务工作,特自本年一月起组织红十字少年委员会,由总会各处室主管担任委员。该会工作除研究计划红十字少年应办之工作并拟具方案指导各分会实施外,并经常举行各种机会,研讨红十字少年训练的方法,藉以完成红十字少年的风格及服务的精神。现此项工作,据闻已指定南京、上海、武进、江都四处分会先行试办,俟办理成绩优良,再通令其他分会一致办理。在吾人理想中,红十字少年应比童子军的活动更为广泛、更为前进,因红十字少年的组合除学校外,尚有许许多多的团体都可联络组织,而红十字会的工作范围,更是毫无拘束与限制。[下略]

原载《红十字月刊》1948 年第 25 期

本会新闻

本会上年八月筹募事业基金开始以来，已有六月，共收捐款至二月底止为国币十八亿三千零九十二万陆仟九百七十元。兹将各区成绩分列于后：

一、南京区　　三二〇、四九四、五〇〇元

二、上海区　　一、一三五、九八四、〇〇〇元

三、中央暨军中　　一一七、三七一、四七〇元

四、各地分会　　二三六、七三五、〇〇〇元

五、总会同仁　　二〇、三四二、〇〇〇元

［下略］

原载《红十字月刊》1948年第26期

本会新闻

本会上年筹募事业基金，开始以来，至本月底止，共募捐款十八亿九千〇九十一万七千三百七十元。兹将各区成绩分别于后：

一、南京区　　二五六、〇九五、〇〇〇元

二、上海区　　一、一三五、九八四、〇〇〇元

三、各分会　　二五六、〇九五、〇〇〇元

四、中央暨军中区　　二二〇、一五一、四七〇元

五、同仁捐卖　　二二、五九二、〇〇〇元［下略］

上海分会三十七年征募运动，以应实际需要，提前于五月一日开始办理。［下略］

青浦分会鉴于该县一般贫苦病民无办就医，特在该县城内公堂街成立医院一所，由总会拨发医疗器械，于四月四日正式开幕。［下略］

原载《红十字月刊》1948年第27期

本会新闻

总会上年筹募事业基金开始以来，至本月底止，共收捐款国币二十二亿八千五百七十六万零九百七十元，美金一百元，兹将各区成绩分别列后：

一、上海区　　一、二九四、三六四、〇〇〇元

二、南京区　　三三一、四三四、五〇〇元
三、各分会　　二六五、〇九五、〇〇〇元
四、中央暨军中区　　三七〇、〇三五、四七〇元
五、国大代表　　二、一六〇、〇〇〇元
六、海外区　　(美金)一〇〇元
七、同仁捐卖　　二二、六七二、〇〇〇元
[下略]

原载《红十字月刊》1948年第28期

社会服务通讯：上海伤残重建服务处

上海伤残重建服务处，系由行政院善后救济总署委托中华职业教育社所附设，于民国三十六年六月成立。该处设主任、副主任各一人，受职教社总干事及副总干事之监督指导，执行主办之业务。其组织分社会服务、职业训练、职业介绍三组，外有顾问委员会，聘请热心社会服务人士及专家组织之。另由顾问委员会推选三人，组成常务委员会，辅导该处社会服务工作。顾问委员会名誉主席为顾维钧夫人，常务委员会主席为许仕廉博士，现该处主任为何清儒博士，副主任为宋思明先生。该处自开办以来，已登记各种伤残者一百二十余人，除个别予以介绍及重建外，并成立两个训练班，授以缝纫及制玩具之技能，均已达自立自养之阶段。本年暑期拟再成立制鞋及木工两班，并联合其他机关成立伤残登记处三处。

原载《红十字月刊》1948年第29期

本会新闻

征募运动：总会上年筹募事业基金开始以来，各区征募成绩，历志本刊。兹经统计，个人捐款在五百万元以上者、团体捐款在一千万元以上者及劝募队经募捐款满一千万元者甚多，按照本会所订奖励标准各发给奖状一份以表谢意。兹将受奖人名单公列于后：

(上海区)中央银行　交通银行　中国银行　中国农民银行　中央信托局
中央合作金库　邮政储汇局　金城银行　江杓　丁贵堂　陆子冬　戴耕莘
王章甫　刘敬宜　丁盘全　李祖贤　王良诚　奚玉书　曹廉逊　李坤泉
徐采丞　严欣淇　李慧兰　中国纺织建设公司 谷正纲　陆京士

闸北水电公司　招商局　上海市纱商业公会　奚亚夫　刘鸿生　林朝聘　吴哲生　大公报社　证券交易所[下略]

原载《红十字月刊》1948年第29期

上海市分会参加第七届全运会服务

本会上海市分会,应第七届全国运动会筹备会函聘参加全运会医疗卫生工作,自五月五日至十六日,每日派医护人员四人为一队,赴江湾全运会运动场担任救护工作(编为第六急救队)。并另派一队,于五至七日及十四至十六日,赴沪北水电路中央训练团选手宿舍内担任诊疗工作(编为第九队)。除会场方面,前三天由总会第一医院派医护人员一队服务外,其余八天及选手宿舍六天,悉由分会诊疗所及流动车,抽调医护人员轮流担任此项义务工作,并供应药品、急救包等,补充会场药品之不足。

全期十一天内,在运动会场急救治疗者一五四人,出动救护车六次,救护重伤病人赴医院者七人。选手宿舍六天诊疗结果:计诊治各省选手一五九人;内由本会车送医院病人乙人。

左列照片,系由摄影记者在会场及选手宿舍服务时所摄。

原载《红十字月刊》1948年第30期

本会新闻:五月二十日上海同仁联欢会

一个生气蓬勃的团体,正如一个充满着和爱气氛的大家庭,逢着什么良辰令节,来一次像合家欢一样的同乐会,就是我们红十字会也不好算是一个例外的事,何况行宪首任大总统的就任典礼,是一个普天同庆的良辰,而大总统还是我们的名誉会长,有着双重庆祝的意义,更应该集合起合家大小,欢乐一天,来表示出我们衷心的欣悦和至上的敬意。

上海是我们中国红十字会的策源地和发祥地,虽然现在总会随着国都的所在而移到了南京,但总会在这个策源和发祥的地上,还有着直接管辖的机构,总会上海办事处就代表着这个策源的存在,总会第一医院和护士学校是保持着那个发祥的事实,一批批的医护人才在这两个摇篮里面生长成熟,发祥到全国各地。再加了上海市分会的复员,一个新生的力量,在短短的两年中,更增加了在上海的红十字工作和设施,诊疗所、沙眼防治所、牙病诊所、流动诊疗车,四个经常的机构也相继成立。红十字会在上海不论是历史的或者是现实的，好像血统一样，总脱不了其流长的渊源。因此，在上海的红十字工作者，更感到他们所负使命的重大，而对于在沪各机构的联系，也有更须加强的必要，于是在总会名誉会长就任首届大总统大典的那天，以总会上海办事处为主动，上海市分会为主持的联合庆祝会便在多种意义下发动举行。真是一个充满了热情和愉快的盛会！虽然为了节省费用，没有华美的布置，没有丰富的茶点，没有更多的余兴节目，但精神享受超逾一切物质享受的滋味，是每一个红十字工作者永远会领略的。

中华民国三十七年五月二十日，这一个历史性的日子，在具有红十字历史性的上海新闸路八五六号屋内大楼上，又为中国红十字会添了一段故事。天气虽然阴晦，却盖罩不住这屋子里一群人的热情。这专在苦难中发出热情的一群，今天更流露出轻松的情调，在这些不同的脸上，发出相同的愉快和欢乐。大门口悬着“庆祝总会名誉会长蒋公就任大总统”的红布横幅，国旗和会旗交叉飘扬在中间，引起了马路上的群众，围聚而观。有失声喊出来的，“喔！原来蒋大总统还是红十字会的名誉会长”！

因为预计会放假一天而结果没有放假，好多种特约好的余兴节目，都因照常办公而不能参加表演。开会的时间也改到下午四时，可是还有一大部份同人为了尚在工作而未能出席。

庆祝会开始，全体肃立，向已在首都就任大总统的蒋名誉会长致敬。接着是总会上海办事处主任兼上海市分会总干事冯子明先生的报告，冯先生从蒋总统对国家民族的伟大成就和对中国红十字会的爱护，说到我们今天联合庆祝的意义，博得了全场的鼓掌。冯先生又客气地说：“这不过是开锣戏，好戏得请朱副会长来演”！

朱副会长就是第一医院的朱恒璧院长，在热烈的掌声中开始了他的演讲。他说这一次庆祝会也就是在上海的红十字工作同志的大集会，犹如家人团聚，庆祝家长做了大总统，不但热烈，尤感亲切，希望大家遵守宪法，和我们遵守红十字国公约一样。朱副会长的医学是大家夙所钦仰的，他的演讲也充满了仁心仁术的语句。他的演讲的姿态，给予听者的感觉是虽然他在讲台上，而姿态和我们促膝谈心一样的亲热。他也很客气地说：“好戏在后头，许士骐教授是最会演讲的”。他在一大阵的掌声中下来，又在一大阵掌声中把许教授送上了讲台。

许教授是名画家，艺术气氛当然因了他的修养而很浓厚，他就他三句不离本行，讲讲就讲到艺术方面。在一天到晚和病人药剂相处的人听着他的讲话，好像是都市里的人正在名胜地方游览一样，青山绿水，鸟语花香，处在了又是一个世界，一个恬静而明媚的世界。当许教授的讲词完毕时，大家还在出神地欣赏那清朗的风景，要不是有人先发觉许教授的讲词已完而鼓掌时，不知道大家会不会像梦醒般明白过来在听讲，而没有离开过座位一步。于是雷声的掌声，震动了那座具有红十字历史性的屋宇，使那座屋宇也明白了他仍旧在上海，而没有移动到过名胜地区。

庆祝大总统就任也是国庆，于是由国乐开始这个庆祝会的余兴。国乐是由法华镇的本会会员担任合奏，那中正而和平的格调，雍容而大方的节奏，象征着泱泱大国的元首，准是一位中正和平的伟人，以全场的掌声，替代了与会者每一个人藉着国乐所表达出的贺忱。

上海第一流的口琴家石人望先生，用一只小小的口琴，吹出了像一个大乐队所演奏出的成绩。经不住全场的要求，在“再奏一曲”，“再奏一曲”的呼声中，石先生又奏了一支“美国巡逻兵”的名曲。护士小姐们听得最兴奋，这主因当然是为了她们也会吹奏，不过没有石先生那么吹得精湛。

“文虎待射”开始，主其事者是总会上海办事处赵仙洲先生，赵先生的文虎不但别出心裁，并且都很应时应景，要不是冯子明先生事先关照，请他做得浅显一点，好让大家乐一乐，那么他所拟的“谜底”是很难捉摸到的。因为浅显，容易射中的多，所以事先公开商讨一个办法，免得抢射。这办法是大家发得一个号码先后，取得先射权，号码取得后的当然要反对，只有取得第一号的会当然赞成。“通不过！通不过！”小姐们叫的顶响。一个和事老式的提议提出来了，说：第一次小号头先射，第二次就翻过来让大号头先射，这样一次次的翻来翻去好了！“要得”！“要得”！在大后方抗战了好多年的救护专家们赞成了！于是开始猜射，他射中了！猪油一听！她也猜中了，菜肉一听！“不行！不行”！也能射中而取不到先射权的中号头吵起来了！“这样下去，永远是小号头大号头的天下了，我们大群占据多数的中间份子，还有机会射吗”？“大总统今天已经就任了！还要我们开国大代表会议来争取发言权吗？”不错，这情景倒可候一条什么格的文虎咧！于是重加调整名次，先从一号到十号，十一号至二十号……一百十一号到一百二十号，由一位同人呼号请射，只听见一号一号的喊下去，这又是什么格的文虎了，是“交易所”！射虎游戏，就在这紧张热烈、你射我中、皆大欢喜的情况下结束，不是一片掌声，而是一阵笑声。

为了人人有奖，门门不空，机会均等，有福同享，末了再举行摸奖游戏。参加的人都得了一份奖品，只有流动诊疗车上的金钟娟小姐拿了四份，因为她摸到的是头奖!

自己人到底是自己人,虽然因了工作的不在一处,不大见面,甚至从未相识,但一经在一个旗帜之下集合了起来,谁也感不到隔膜而疏远了！这是我们对于这次庆祝会的同感!

末了,还有一个报导,是"场外报导"。我们除了在庆祝会的"场内"有着这样热烈的情况外,在"场外"每一条马路上的墙壁,今天的清晨,就有着"庆祝总会名誉会长蒋公就任大总统"的白地红字标语！这自然也就是今天"场内"这一帮人去贴的呀!

原载《红十字月刊》1948 年第 30 期

红十字少年活动六个月[节录]

上海市分会对于红十字少年工作之推行列为主要项目,已成立红十字少年会之学校已有麦伦中学、市立戏剧学校及储能中学等。吾人六个月之努力有此结果,谨一次报告热心人士,深盼各分会理事及从业人员多予注意,积极发动,则事业前途幸甚。

上海市分会已成立少年会

学校团体名称	指导员	导师	干事会主席	会员人数	成立年月
私立麦伦中学	沈体兰	余之介	樊期曾	九十三人 (男八八)(女五)	三十七年六月
市立戏剧学校	熊佛西	吴天 邱艺	薛雯君	五十七人 (男三七)(女十九)	六月
市立储能中学	段力佩	邓则虞 苏蝉琴	胡国安	九十五人 (男六一)(女三四)	六月

原载《红十字月刊》1948 年第 30 期

本 会 新 闻

[上略]本会事业基金捐款统计:

南京区　　　　三三一、四三四、五〇〇元

上海区　　　　一、三六四、一三四、〇〇〇元

各分会　　五六六、〇九五、〇〇〇元

中央及军中区　　三九〇、二七五、四七〇元

海外区　　奖金一七〇元

合计国币二、六五一、九三八、九七〇元,美金一七〇元。[下略]

原载《红十字月刊》1948 年第 31 期

本会新闻

[上略]上海市分会会长徐采丞前以家务繁忙辞去会长,专任理事职务,经理事会改推副会长唐承宗继任会长,理事朱恒璧继任副会长。又总干事殷新甫亦以任职励志社工作繁忙不克兼顾,由理事会改推本会上海办事处主任冯子明兼任后,会务已整顿一新,各项业务均有显著进展。[下略]

原载《红十字月刊》1948 年第 33 期

五、杂　　组

卫　生　歌

四海光芒十字红，普济众生百世功。病者得治伤者病，解除痛苦进大同。
改造社会赖青年，高举十字向前进。中华民族需改进，改进责任在我们。
百万民众在沪滨，疯痨痼疠多疾病。家庭社会须卫生，努力改进赖我们。

原载《中华民国红十字会上海市分会三十五年度工作特辑》

服　务　歌

我愿春风风人，我愿夏雨雨人，我愿服务他人，尽我责任心。
我愿世界和平，更愿人类康宁，参加红十字会，发挥我精神。
社会要改进，人类需卫生。我愿参加服务，尽我责任心。
社会要改进，人类需卫生。我愿参加服务，尽我责任心。

原载《中华民国红十字会上海市分会三十五年度工作特辑》

本会新闻：白色诊疗车流动服务：陈范我先生编赠歌词

本会上海市分会鉴于贫病同胞之痛苦暨社会大众之需要，特联络上海民营广播电台中华自由、金都、亚美、麟记、大中华、大陆、东方、华美、元昌、鹤鸣、合众、福音、亚洲、合作、民声、九九、新声、大中国、新沪、大同、中国文化、建成等廿二家合办流动诊疗车，由上列廿二家电台于九月十七日至十九日三天，联合播送特别节目，举行空中劝募。三日所得，计国币一亿二千七百余万元，并蒙美国红十字会等慨助药品及救护车一辆，经多方之努力筹划并就救护车迅速改装为第一辆诊疗车。经过改装之后，车身披上洁白的颜色，车外漆有鲜红的红十字标记，并注明"中国红十字会上海市分会"及"上海市民营广播电台工会"合办"流动诊疗车"，左右首分别载明"美国红十字会捐赠"及捐款满一百万元以上之热心人士台衔。第一日开幕典礼，在"双十"国庆纪念日下午二时，假新闻路上海分会举行，到有诊疗事业委员会委员王显廷、苏祖国、汪涵万、周汝霖、张元贤、郭兰馨、尹新甫诸君暨各界代表,并请卫生局长张维揭幕,名票隽鸿英女士剪彩,情绪热烈,银剪一刀,诊疗车就开始他的生命,在东南西北四个诊疗站上轮流服务,服务详情,已迭志本刊。兹闻陈范我先生,为鼓励热心人士,赞助此项事业,普遍为民众服务,曾编赠歌词一阕,题为"穷人的救星开篇",词句剀切动人,特录之以飨读者。原词如下:

朔风凛凛近黄昏,秋尽冬来夜色沉。小楼一角声寂寂,独对寒灯闷黄昏。想我是,药炉茶社相依命,无端一病到如今。(可怜我)骨立形消成病态,面黄肌瘦误青春。可怜我,胃口全无胸膈闷,一盂薄粥过黄昏。(可怜我)咳嗽频来气又急,鲜红吐血沾衣襟。(可怜我)小鹿心头如烈火,肢酸足软苦呻吟。(可怜我)白发双亲来看护,劬老未报不安心。(可怜我)家无财产身沾病,典质无门两袖清。(可怜我)出门劳碌求医苦,来去奔波怨煞人。(如今是)忽来喜信传消息,确是穷人好救星,电台公会多提倡,红十字会诸公自赞成,(合办那)流动诊疗车一辆,施医给药好良心,内外各科多预备,更将药品送穷人,不须跋涉多行路,(仿佛那)出诊医生到我门。此中功德令人敬,永留印象好声名。(但是那)经费还须多劝募,(方能够)左右逢源事业成。诸君怜惜穷人苦,慷慨捐款表同情,集腋成裘从古道,聚沙为塔不虚文。(将来是)扩充内部范围大,毕竟穷人有救星,保佑(你)诸君多子孙。

原载《红十字月刊》1947 年第 24 期

2023